JUS PUBLICUM

Beiträge zum Öffentlichen Recht

Band 127

Martin Böse

Wirtschaftsaufsicht und Strafverfolgung

Die verfahrensübergreifende Verwendung von Informationen und die Grund- und Verfahrensrechte des Einzelnen

Mohr Siebeck

Martin Böse, geboren 1969; Studium der Rechtswissenschaften in Göttingen und Leuven; 1996 Promotion; 2003 Habilitation; Professor an der Universität Bonn.

ISBN 3-16-148559-9
ISSN 0941-0503 (Jus Publicum)

Die Deutsche Bibliothek verzeichnet diese Publikation in der Deutschen Nationalbibliographie; detaillierte bibliographische Daten sind im Internet über *http://dnb.ddb.de* abrufbar.

© 2005 Mohr Siebeck Tübingen.

Das Werk einschließlich aller seiner Teile ist urheberrechtlich geschützt. Jede Verwertung außerhalb der engen Grenzen des Urheberrechtsgesetzes ist ohne Zustimmung des Verlags unzulässig und strafbar. Das gilt insbesondere für Vervielfältigungen, Übersetzungen, Mikroverfilmungen und die Einspeicherung und Verarbeitung in elektronischen Systemen.

Das Buch wurde von Gulde-Druck in Tübingen aus der Garamond gesetzt, auf alterungsbeständiges Werkdruckpapier gedruckt und von der Buchbinderei Spinner in Ottersweier gebunden.

Für Elke

Vorwort

Die Arbeit wurde im Wintersemester 2003/2004 von der Juristischen Fakultät der Technischen Universität Dresden als Habilitationsschrift angenommen. Sie wurde für die Drucklegung geringfügig überarbeitet. Gesetzgebung, Rechtsprechung und Schrifttum konnten bis Ende 2003 berücksichtigt werden.

Mein Dank gebührt an erster Stelle meinem verehrten und geschätzten akademischen Lehrer, Herrn Prof. Dr. *Knut Amelung*, der die vorliegende Untersuchung angeregt und betreut hat. Er hat ihre Entstehung in vielfacher Weise unterstützt und begleitet, mir dabei aber stets den zu selbständiger wissenschaftlicher Forschung notwendigen Freiraum gelassen. Seine menschliche Wärme sowie seine unermüdliche Bereitschaft zu und Offenheit in der wissenschaftlichen Diskussion werden mir stets Vorbild und Ansporn sein.

Danken möchte ich zudem Herrn Professor Dr. *Hartmut Bauer* (Dresden), der sich der Mühe unterzogen hat, aus öffentlich-rechtlicher Sicht das Zweitgutachten zu erstellen. Für die Erstellung des auswärtigen Drittgutachtens bin ich Herrn Professor Dr. *Manfred Maiwald* (Göttingen) zu Dank verpflichtet, der die Anfänge meiner wissenschaftlichen Tätigkeit begleitet und gefördert hat, während ich als wissenschaftlicher Mitarbeiter an seinem Lehrstuhl tätig war; auch dafür sei an dieser Stelle gedankt.

Der Deutschen Forschungsgemeinschaft habe ich zu danken für eine großzügige Beihilfe zu den Druckkosten. Mein Dank gilt schließlich dem Verlag Mohr Siebeck für die Bereitschaft, die Arbeit in das Verlagsprogramm aufzunehmen.

Ich widme die Arbeit in tiefer Dankbarkeit meiner Frau, Elke Böse, welche die Entstehung dieser Arbeit in ihren Höhen und Tiefen begleitet hat und mir, wenn es nötig war, stets Mut gemacht, sie zu vollenden.

Dresden, am Reformationstag 2004   Martin Böse

Inhaltsübersicht

Vorwort V
Inhaltsverzeichnis XI
Abkürzungen XXV

A. Einleitung 1

  I. Problemstellung und Erkenntnisinteresse 1
  II. Begriffliche Präzisierung des Untersuchungsgegenstandes 3
    1. Wirtschaftsaufsicht (Wirtschaftsüberwachung) 3
    2. Strafverfolgung (i.w.S.) 5
  III. Gang der Untersuchung 5

B. Grundlagen: Staatliche Verfahren und Grundrechte als Rahmen der Informationsverarbeitung 9

  I. Strukturvergleich von Straf- und Verwaltungsverfahren 10
    1. Die Ziele des Strafverfahrens 10
    2. Die Ziele des Verwaltungsverfahrens 25
    3. Fazit 34
  II. Informationsverarbeitung und Grundrechte 39
    1. Die Grundrechtsbezüge des Verfahrens: Grundrechtsschutz durch und im Verfahren 39
    2. Grundrechte als informationelle Abwehrrechte 42
    3. Die berufsbezogenen Vertrauensverhältnisse als Verbindungen von Grundrecht und Verfahrensgarantie 87
    4. Der Grundsatz „Nemo tenetur se ipsum accusare" und seine verfassungsrechtlichen Grundlagen 114

C. Die verfahrensübergreifende Verwendung personenbezogener Informationen 201

  I. Die Informationserhebung im Verwaltungsverfahren und informationelle Abwehrrechte 202

1. Die Ermittlungsbefugnisse der Aufsichtsbehörden und die gesetzlichen Mitwirkungspflichten (Überblick) 202
2. Verfassungsrechtliche Grenzen der Informationserhebung durch die Aufsichtsbehörden 211
3. Zusammenfassung 278

II. Die Verwendung der im Verwaltungsverfahren erhobenen Daten zur Verfolgung von Straftaten und Ordnungswidrigkeiten 281
1. Das Recht auf informationelle Selbstbestimmung (Art. 2 I i.V.m Art. 1 I GG) 281
2. Das Brief-, Post- und Fernmeldegeheimnis (Art. 10 GG) 328
3. Die Unverletzlichkeit der Wohnung (Art. 13 GG) 334
4. Der verfassungsrechtliche Schutz von Berufsgeheimnissen 337
5. Die Konsequenzen rechtswidriger Informationserhebung für die weitere Informationsverarbeitung 346
6. Zusammenfassung 349

III. Die Verwendung von Daten aus dem Straf- und Ordnungswidrigkeitenverfahren zur Überwachung der Wirtschaft . . 352
1. Das Recht auf informationelle Selbstbestimmung (Art. 2 I i.V.m. Art. 1 I GG) 352
2. Das Brief-, Post- und Fernmeldegeheimnis (Art. 10 GG) 403
3. Die Unverletzlichkeit der Wohnung (Art. 13 GG) 409
4. Der verfassungsrechtliche Schutz von Berufsgeheimnissen 419
5. Die Konsequenzen rechtswidriger Informationserhebung für die weitere Informationsverarbeitung 428
6. Zusammenfassung 431

IV. Die Verwendung von Informationen aus dem Verwaltungsverfahren im Straf- und Ordnungswidrigkeitenverfahren und der Nemo-tenetur-Grundsatz 436
1. Der Nemo-tenetur-Grundsatz und die Mitwirkung im Verwaltungsverfahren 437
2. Die möglichen Konsequenzen für die vom Nemo-tenetur -Grundsatz erfassten Mitwirkungspflichten 454
3. Die Wahrnehmung von Überwachungs- und Verfolgungsaufgaben durch dieselbe Behörde 462
4. Die getrennte Wahrnehmung von präventiven und repressiven Aufgaben 523
5. Zusammenfassung 551

D. Zusammenfassung und Ausblick 557

Literaturverzeichnis 575

Stichwortverzeichnis 619

Inhaltsverzeichnis

Abkürzungen XXV

A. Einleitung 1

   I. Problemstellung und Erkenntnisinteresse 1
   II. Begriffliche Präzisierung des Untersuchungsgegenstandes ... 3
      1. Wirtschaftsaufsicht (Wirtschaftsüberwachung) 3
      2. Strafverfolgung (i.w.S.) 5
   III. Gang der Untersuchung 5

B. Grundlagen: Staatliche Verfahren und Grundrechte als Rahmen der Informationsverarbeitung 9

   I. Strukturvergleich von Straf- und Verwaltungsverfahren 10
      1. Die Ziele des Strafverfahrens 10
         a) Rechtsfrieden 10
            (1) Legitimation über die Strafzwecke 11
            (2) Wahrung subjektiver Rechte 17
         b) Maßstäbe für „Richtigkeit" 18
            (1) Materiale Gerechtigkeit 18
            (2) Wahrheitsermittlung 19
            (3) Prozedurale Gerechtigkeit 20
            (4) Justizförmigkeit als Teil der Verfahrensgerechtigkeit? ... 24
         c) Zwischenergebnis 25
      2. Die Ziele des Verwaltungsverfahrens 25
         a) Legitimation über die öffentliche Aufgabe (Wirtschaftsaufsicht) 26
            (1) Ziele der Wirtschaftsaufsicht 26
            (2) Wahrung subjektiver Rechte 28
          b) Maßstäbe für „Richtigkeit" 29
            (1) Materielle Rechtmäßigkeit 29
            (2) Zweckmäßigkeit, Effektivität, Effizienz, Optimalität ... 29
            (3) Wahrheitsermittlung 31
            (4) Prozedurale Gerechtigkeit, Konsens, Akzeptanz ... 32

        c) Zwischenergebnis 34
  3. Fazit 34
        a) Wahrheit im Strafverfahren 34
        b) Zweckmäßigkeit im Verwaltungsverfahren 35
        c) Konsens 36

II. Informationsverarbeitung und Grundrechte 39

  1. Die Grundrechtsbezüge des Verfahrens: Grundrechtsschutz durch und im Verfahren 39
  2. Grundrechte als informationelle Abwehrrechte 42
        a) Das Brief-, Post- und Fernmeldegeheimnis (Art. 10 GG) ... 43
            (1) Das Fernmeldegeheimnis 43
            (2) Das Brief- und Postgeheimnis 45
            (3) Die weitere Verarbeitung der erhobenen Informationen .. 48
        b) Die Unverletzlichkeit der Wohnung (Art. 13 GG) 50
            (1) Der Schutzbereich 51
            (2) Eingriffe und ihre verfassungsrechtliche Rechtfertigung .. 54
                (a) Art. 13 II GG (Durchsuchungen) 54
                (b) Art. 13 III GG (akustische Überwachung zur Strafverfolgung) 58
                (c) Art. 13 V GG (Schutz von Personen) 60
                (d) Art. 13 VII GG (sonstige Eingriffe und Beschränkungen) 60
            (3) Die Verarbeitung der erhobenen Informationen, insbesondere die anderweitige Verwertung 63
                (a) Art. 13 V S. 2 GG 64
                (b) Die weiteren Schranken für die Informationsverarbeitung 66
                    (i) Anwendung des Art. 13 VII GG 66
                    (ii) Anwendung der für die Erhebung geltenden Schranke („hypothetischer Ersatzeingriff") 67
                    (iii) Unzulässigkeit der Informationsverarbeitung? .. 67
                    (iv) Ablehnung eines Eingriffs in das Wohnungsgrundrecht 68
                    (v) Annahme einer ungeschriebenen Beschränkungsmöglichkeit 68
                    (vi) Konsequenzen 69
        c) Das Recht auf informationelle Selbstbestimmung (Art. 2 I i.V.m. Art. 1 I GG) 71
            (1) Schutzbereich und Schranken 71
            (2) Die Kritik am Recht auf informationelle Selbstbestimmung und ihre Konsequenzen für die Untersuchung 73
            (3) Die Grundrechtsberechtigung juristischer Personen 76
        d) Die Eigentumsgarantie (Art. 14 GG) 78

	(1) Schutz verkörperter Informationen	78
	(2) Betriebs- und Geschäftsgeheimnisse	82
e)	Die Berufsfreiheit (Art. 12 GG)	86

3. Die berufsbezogenen Vertrauensverhältnisse als Verbindungen
   von Grundrecht und Verfahrensgarantie 87
   a) Die betroffenen (Grund-)Rechte 88
      (1) Die Rechtsposition des sich Anvertrauenden 88
          (a) Das allgemeine Persönlichkeitsrecht (Art. 2 I i.V.m.
              Art. 1 I GG) 88
          (b) Das Rechtsstaatsprinzip 93
      (2) Die Rechtsposition des Berufsgeheimnisträgers 93
          (a) Die Berufsfreiheit (Art. 12 GG) 93
          (b) Die negative Meinungsfreiheit (Art. 5 I S. 1 GG) 95
      (3) Zwischenfazit 96
   b) Die Vertrauensverhältnisse im Einzelnen 97
      (1) Verteidiger 97
      (2) Rechtsanwälte 100
      (3) Notare 102
      (4) Patentanwälte 104
      (5) Steuerberater und Steuerbevollmächtigte 105
      (6) Wirtschaftsprüfer und vereidigte Buchprüfer 106
      (7) Bankangestellte 111
   c) Ergebnis 113
4. Der Grundsatz „Nemo tenetur se ipsum accusare" und seine
   verfassungsrechtlichen Grundlagen 114
   a) Die Gewissensfreiheit (Art. 4 I GG) 116
      (1) Die Straftat im Spiegel des Gewissens 116
          (a) Die Aussagepflicht als Pflicht zur
              „strafrechtsgeleiteten" Gewissensbetätigung? 118
          (b) Die Aussagepflicht als informationeller Eingriff in die
              Gewissensbildung 121
      (2) Die Aussage als Gegenstand einer
          Gewissensentscheidung 122
          (a) Religiös begründete Einwände gegen den Eid 123
          (b) Die Aussageverweigerung als Gewissensbefehl 124
   b) Die (negative) Meinungsfreiheit (Art. 5 I GG) 125
      (1) Eingriff in den Schutzbereich des Art. 5 I S. 1 GG 125
      (2) Der Gesetzesvorbehalt in Art. 5 II GG 126
   c) Das allgemeine Persönlichkeitsrecht (Art. 2 I, Art. 1 I GG) .. 128
      (1) Das Recht auf Selbstdarstellung und der Schutz vor
          Ehrverlust 128
      (2) Die Straftat als Bestandteil des innersten Kernbereichs .. 130
      (3) Das Recht auf informationelle Selbstbestimmung 131
      (4) Der innere Konflikt – ein Recht auf Selbsterhaltung? ... 135

d) Die Menschenwürde (Art. 1 I GG) 146
e) Zwischenfazit 149
f) Der Nemo-tenetur-Grundsatz als Verfahrensgrundrecht ... 149
   (1) Das Schweigerecht als Ausfluss der Stellung des
      Beschuldigten als „Prozesssubjekt" im rechtsstaatlichen
      Strafverfahren 150
   (2) Die historische Entwicklung des Nemo-tenetur-Prinzips
      im englischen Strafverfahren 150
   (3) Die Rezeption des Nemo-tenetur-Grundsatzes im
      reformierten Strafprozess 159
   (4) Konkretisierung: Anspruch auf rechtliches Gehör
      (Art. 103 I GG) 166
   (5) Zum Vergleich: Die Parteivernehmung im Zivilprozess
      (§§ 445 ff. ZPO) 170
   (6) Das Verhältnis zur Unschuldsvermutung 174
   (7) Die ratio: Wahrung von Einflussmöglichkeiten in einem
      ergebnisoffenen Verfahren 178
g) Zwischenfazit 181
h) Konsequenzen für das Verwaltungsverfahren und das
   Ordnungswidrigkeitenverfahren 181
   (1) Verwaltungsverfahren 181
   (2) Ordnungswidrigkeitenverfahren 183
      (a) Verfassungsmäßigkeit der Verfolgung durch
         Verwaltungsbehörden (Art. 92 GG) 183
         (i) Rechtsprechung – formale Begriffsbildungen ... 183
         (ii) Rechtsprechung – materielle Begriffsbildungen .. 185
         (iii) Konsequenzen für das OWiG 189
      (b) Anwendbarkeit des Nemo-tenetur-Grundsatzes 194
i) Die Geltung für juristische Personen 195
   (1) Die Ansicht des BVerfG 195
   (2) Kritik 196
   (3) Konsequenzen 197
j) Ergebnis 198

C. Die verfahrensübergreifende Verwendung personenbezogener Informationen 201

I. Die Informationserhebung im Verwaltungsverfahren und informationelle Abwehrrechte 202

1. Die Ermittlungsbefugnisse der Aufsichtsbehörden und die
gesetzlichen Mitwirkungspflichten (Überblick) 202
   a) Gesetzliche Informationspflichten gegenüber der Behörde .. 203
   b) Behördliche Auskunftsverlangen 204

c) Behördliche Vorlageverlangen 205
d) Gesetzliche Pflichten zur Ermöglichung der behördlichen Informationserhebung (insbesondere Aufzeichnungspflichten) 206
e) Die Entnahme von Proben und weitere Mitwirkungspflichten (Untersuchungen, Messungen, Auswertungen) 208
f) Anhalte- und Kontrollrechte, körperliche Durchsuchung ... 208
g) Behördliche Nachschau und Betriebsprüfung 209
h) Durchsuchung von Wohn- und Geschäftsräumen 210
i) Prüfung von Postsendungen 210
j) Überwachung des Brief-, Post- und Fernmeldeverkehrs 211
2. Verfassungsrechtliche Grenzen der Informationserhebung durch die Aufsichtsbehörden 211
   a) Das Recht auf informationelle Selbstbestimmung (Art. 2 I i.V.m. Art. 1 I GG) 212
      (1) Der Anlass als Eingriffsschwelle 213
      (2) Eingriffe in Rechte Dritter 221
      (3) Strafprozessuale Vorermittlungen der Aufsichtsbehörde? . 222
         (a) Die Aufsichtsbehörde als Informationsmittler: Der automatisierte Zugriff auf Kundendaten zu Zwecken der Strafverfolgung (§§ 24c III Nr. 2 KWG, 90 III Nr. 1 TKG) 223
         (b) Die Informationserhebung ohne Verwaltungsverfahren: Die Meldepflicht nach § 9 WpHG und die systematische Datenauswertung zur „Verdachtsgewinnung" 227
            (i) Einordnung als Maßnahme zur Strafverfolgung .. 228
            (ii) Verfassungsrechtliche Rechtfertigung des strafprozessualen Ermittlungseingriffs 230
         (c) Strafprozessuale Vorermittlungen oder Strukturprävention? – Die Inpflichtnahme Privater zur Geldwäschebekämpfung (§§ 14 II Nr. 2 GwG, 25a I Nr. 4 KWG) 235
            (i) Zweck der internen Sicherungsmaßnahmen 236
            (ii) Die Zulässigkeit der internen Datenverarbeitung . 238
         (d) Fazit 242
   b) Die Unverletzlichkeit der Wohnung (Art. 13 GG) 242
      (1) Das Betreten und Besichtigen von Wohn- und Geschäftsräumen 243
         (a) Der Eingriffscharakter der behördlichen Nachschau in Geschäftsräumen 243
         (b) Verfassungsrechtliche Rechtfertigung der behördlichen Nachschau (Art. 13 VII GG) 245
      (2) Die Durchsuchung 250

(a) Der Richtervorbehalt (Art. 13 II GG) 250
  (b) Die materiellen Voraussetzungen der Durchsuchung . 255
 c) Das Brief-, Post- und Fernmeldegeheimnis (Art. 10 GG) . . . 257
  (1) Das Öffnen und Prüfen vorgelegter Postsendungen 257
  (2) Die Überwachung des Brief-, Post- und
   Fernmeldeverkehrs 261
 d) Der verfassungsrechtliche Schutz von Berufsgeheimnissen . . 267
  (1) Allgemeine Ermittlungsbefugnisse (Auskunfts- und
   Vorlageverlangen) 268
  (2) Eingriffe in das Berufsgeheimnis aufgrund besonderer
   Vorschriften im Besteuerungsverfahren 272
   (a) Die Vorlage von für den vorlagepflichtigen Beteiligten
    aufbewahrten Urkunden (§ 104 II AO) 273
   (b) Die Anzeigepflicht von Notaren 275
  (3) Fazit 278
 3. Zusammenfassung 278

II. *Die Verwendung der im Verwaltungsverfahren erhobenen
Daten zur Verfolgung von Straftaten und
Ordnungswidrigkeiten* 281
 1. Das Recht auf informationelle Selbstbestimmung (Art. 2 I i.V.m.
  Art 1 I GG) 281
  a) Der Eingriff und die beteiligten Behörden 282
   (1) Die spontane Übermittlung oder Nutzung 283
   (2) Die Übermittlung auf Ersuchen 283
  b) Der Gesetzesvorbehalt 285
   (1) Der Gesetzesvorbehalt bei Eingriffen der
    Verfolgungsbehörde durch Übermittlung strafprozessualer
    Daten mit dem Auskunftsersuchen 285
    (a) Fehlen einer Übermittlungsbefugnis im
     Strafverfahrensrecht 286
    (b) Wahrung des Gesetzesvorbehaltes durch die
     ergänzende Anwendung der Datenschutzgesetze . . . 286
    (c) Die Übermittlungsbefugnisse nach den
     Datenschutzgesetzen 287
    (d) Die Vereinbarkeit der Datenübermittlung und
     -nutzung mit dem Bestimmtheitsgrundsatz und dem
     Erfordernis einer bereichsspezifischen Regelung 288
   (2) Der Gesetzesvorbehalt bei Eingriffen der Aufsichts-
    behörde durch Übermittlung und Nutzung 290
    (a) Strafprozessual relevante Übermittlungs- und
     Nutzungsbefugnisse in den Aufsichtsgesetzen 290
     (i) Die Verfolgung von Straftaten als Zweck-
      entfremdung 290

(ii) Die Zweckentfremdung zur Verfolgung von Ordnungswidrigkeiten	291
(iii) Das Fehlen von strafprozessualen Befugnisnormen, insbesondere zur Nutzung der erhobenen Daten durch dieselbe Behörde	292
(b) Allgemeine Befugnisse nach den Datenschutzgesetzen	294
(i) Das BDSG und gleichlautende Vorschriften in den Datenschutzgesetzen der Länder	295
(ii) Die vom BDSG abweichenden Vorschriften in den Datenschutzgesetzen der Länder	296
(iii) Das Verhältnis zu den Befugnisnormen in den Aufsichtsgesetzen	298
(iv) Die Vereinbarkeit der Befugnisse in den Datenschutzgesetzen mit dem Bestimmtheitsgebot	300
(3) Anzeigepflichten der Aufsichtsbehörden	303
c) Die materielle Verfassungsmäßigkeit der Eingriffe, insbesondere der Nutzung und Übermittlung von Daten zu repressiven Zwecken	305
(1) Der hinreichende Anlass (Verwendung beim Verdacht einer Straftat oder Ordnungswidrigkeit)	306
(2) Die Erhebungsschranken als Grenze der Zweckänderung: Der hypothetische Ersatzeingriff	307
(a) Die Intensität des Ermittlungseingriffs: Grenzen strafprozessualer Befugnisse	307
(b) Die Verwendung unter Unterschreitung der Verdachtsschwelle	310
(c) Die Verwendung von Daten gegen unbeteiligte Dritte	314
(3) Die gesteigerte Schutzwürdigkeit aufgrund von Art und Umfang der erhobenen Daten: besondere Amtsgeheimnisse	318
(4) Die Übermittlung personenbezogener Daten durch die Verfolgungsbehörde	327
2. Das Brief-, Post- und Fernmeldegeheimnis (Art. 10 GG)	328
a) Die Verwendung von Informationen aus der behördlichen Prüfung von Postsendungen	328
b) Die Verwendung von Informationen aus der Überwachung des Brief-, Post- und Fernmeldeverkehrs	330
3. Die Unverletzlichkeit der Wohnung (Art. 13 GG)	334
a) Die Verwendung von Erkenntnissen aus der behördlichen Nachschau	334
b) Die Verwendung von Informationen aus einer Durchsuchung	337
4. Der verfassungsrechtliche Schutz von Berufsgeheimnissen	337

a) Die Verwendung von Informationen aus vorgelegten
   Urkunden 338
b) Die Verwendung von Informationen aus notariellen
   Anzeigen 343
5. Die Konsequenzen rechtswidriger Informationserhebung
   für die weitere Informationsverarbeitung 346
   a) Die Verwendung im Ausgangsverfahren 346
   b) Die Verwendung im Straf- bzw. Ordnungs-
      widrigkeitenverfahren (Zweckentfremdung) 348
6. Zusammenfassung 349

III. Die Verwendung von Daten aus dem Straf- und Ordnungswidrigkeitenverfahren zur Überwachung der Wirtschaft 352

1. Das Recht auf informationelle Selbstbestimmung (Art. 2 I i.V.m.
   Art. 1 I GG) 352
   a) Der Eingriff und die beteiligten Behörden 353
   b) Der Gesetzesvorbehalt 354
      (1) Die Befugnisse der Verfolgungsbehörden und Gerichte .. 354
         (a) Die spontane Übermittlung („von Amts wegen") ... 354
            (i) Die allgemeinen Übermittlungsbefugnisse (§§ 12ff.
               EGGVG) 354
               (α) Der Inhalt der Befugnisse 354
               (β) Die Vereinbarkeit der Befugnisse mit dem
                   Bestimmtheitsgrundsatz 356
            (ii) Die speziellen Übermittlungsbefugnisse 357
               (α) Spezialität des Übermittlungszweckes 358
               (β) Spezialität der Herkunft der zu
                   übermittelnden Daten 359
               (γ) Die speziellen Befugnisse und der
                   Bestimmtheitsgrundsatz 360
         (b) Die Übermittlung auf Ersuchen 362
         (c) Die anderweitige Nutzung 364
      (2) Die Befugnis der Aufsichtsbehörde 367
      (3) Die Regelung einer Übermittlungspflicht 367
   c) Die materielle Verfassungsmäßigkeit der Eingriffe,
      insbesondere der Übermittlung zu präventiven Zwecken ... 368
      (1) Allgemeine Anforderungen an die Übermittlung
         personenbezogener Daten an die Aufsichtsbehörden ... 369
         (a) Das Erfordernis eines hinreichenden Anlasses 369
         (b) Die Güterabwägung (§ 13 II S. 1 EGGVG) 370
         (c) Die Übermittlung von Daten über unbeteiligte Dritte . 373
      (2) Mitteilung eines strafrechtlichen Vorwurfes gegen den
         Betroffenen 374

(a) Der staatliche Vorwurf als Ehrangriff	374
(b) Die Erforderlichkeit der Übermittlung	376
(c) Die Verhältnismäßigkeit (i.e.S.)	378
(3) Übermittlung von Informationen, die unter Einsatz besonderer Ermittlungsmethoden erlangt worden sind . .	384
(a) Hypothetische Ersatzeingriffe im Verwaltungsverfahren	384
(b) Die Voraussetzungen für eine Übermittlung auf Ersuchen (§ 477 II S. 2 StPO)	386
(i) Abwehr erheblicher Gefahren als verfassungsmäßiges Kriterium	386
(ii) Verfassungsmäßigkeit der Übermittlung in Bezug auf die übrigen Ermittlungsmethoden	391
(α) Ermittlungsmethoden mit nicht-informationellem Schwerpunkt	391
(β) Die Abweichung von den gesetzlichen Wertungen bei der Informationserhebung . . .	392
(c) Verfassungsmäßigkeit der spontanen Übermittlung . .	395
(d) Die Übermittlung von Informationen aus dem Steuerstrafverfahren zur Durchführung des Besteuerungsverfahrens	396
(4) Verfahrensrechtliche Schutzvorkehrungen – Auskunft und Unterrichtung	399
(5) Übermittlung personenbezogener Daten durch die Aufsichtsbehörde mit dem Ersuchen	402
2. Das Brief-, Post- und Fernmeldegeheimnis (Art. 10 GG)	403
a) Die spontane Übermittlung	403
b) Die Übermittlung auf Ersuchen	405
(1) Die Übermittlung personenbezogener Daten aus einer Überwachung des Fernmeldeverkehrs (§ 100a StPO) . . .	405
(2) Die Übermittlung von im Strafverfahren angeforderten Telekommunikationsverbindungsdaten (§ 100g StPO) . . .	406
(3) Die Übermittlung von Informationen aus beschlagnahmten Postsendungen und Telegrammen (§ 99 StPO)	408
3. Die Unverletzlichkeit der Wohnung (Art. 13 GG)	409
a) Die Übermittlung von Erkenntnissen aus einem „großen Lauschangriff" (§ 100c I Nr. 3 StPO)	410
(1) § 100f I Alt. 2 StPO als gesetzliche Grundlage	410
(2) Die materielle Verfassungsmäßigkeit der Übermittlung . .	412
b) Die Übermittlung von Informationen aus einer Durchsuchung (§§ 102ff. StPO)	414
4. Der verfassungsrechtliche Schutz von Berufsgeheimnissen	419
a) Die parallele Ausgestaltung des gesetzlichen Schutzes	420

　　　　b) Die Verwendung von Verdachtsanzeigen (§§ 10, 11 GwG) . . .   421
　　　　　　(1) Die Anzeigepflicht des Berufsgeheimnisträgers   422
　　　　　　(2) Die Verwendung des Inhalts der Anzeige   424
　　5. Die Konsequenzen rechtswidriger Informationserhebung für die
　　　　weitere Informationsverarbeitung   428
　　　　a) Die Verwertung im Ausgangsverfahren   429
　　　　b) Die Verwendung im Verwaltungsverfahren
　　　　　　(Zweckentfremdung)   430
　　6. Zusammenfassung   431

IV. Die Verwendung von Informationen aus dem Verwaltungs-
　　verfahren im Straf- und Ordnungswidrigkeitenverfahren und
　　der Nemo-tenetur-Grundsatz   436
　　1. Der Nemo-tenetur-Grundsatz und die Mitwirkung im
　　　　Verwaltungsverfahren   437
　　　　a) Der sachliche Anwendungsbereich des Nemo-tenetur-
　　　　　　Grundsatzes   437
　　　　　　(1) Die Auskunftspflichten   437
　　　　　　(2) Die gesetzlichen Anzeige- und Erklärungspflichten   438
　　　　　　(3) Die Vorlagepflichten   438
　　　　　　(4) Die übrigen Duldungs- und Mitwirkungspflichten
　　　　　　　　 bei der Informationserhebung   441
　　　　　　(5) Die Pflichten im Vorfeld der behördlichen
　　　　　　　　 Informationserhebung   442
　　　　　　　　 (a) Die Aufzeichnungspflichten   443
　　　　　　　　　　 (i) Einheit und Trennung von Aufzeichnungs- und
　　　　　　　　　　　　 Vorlagepflicht am Beispiel der Pflicht zur
　　　　　　　　　　　　 Buchführung (§§ 238 ff. HGB)   443
　　　　　　　　　　 (ii) Die fehlende Drittwirkung des Nemo-tenetur-
　　　　　　　　　　　　 Grundsatzes   445
　　　　　　　　　　 (iii) Übertragung auf andere Aufzeichnungs-
　　　　　　　　　　　　 pflichten.   447
　　　　　　　　　　 (iv) Die Aufzeichnungen selbsttätiger
　　　　　　　　　　　　 Messeinrichtungen   450
　　　　　　　　 (b) Die Kennzeichnungspflichten   450
　　　　　　　　 (c) Die Pflicht zur Bestellung eines Betriebsbeauftragten .   451
　　　　b) Der zeitliche Anwendungsbereich des Nemo-tenetur-
　　　　　　Grundsatzes   452
　　2. Die möglichen Konsequenzen für die vom Nemo-tenetur-
　　　　Grundsatz erfassten Mitwirkungspflichten   454
　　　　a) Die Lösungsmöglichkeiten zur Vermeidung eines Verstoßes
　　　　　　gegen den Nemo-tenetur-Grundsatz   455
　　　　　　(1) Die Einräumung von Mitwirkungsverweigerungsrechten
　　　　　　　　 im Verwaltungsverfahren   455

(2) Die Aussetzung des Verwaltungsverfahrens 455
(3) Der Verzicht auf die Verfolgung 456
(4) Die Annahme eines Verwertungsverbotes für das Straf-
und Ordnungswidrigkeitenverfahren 456
b) Die Konsequenzen für die Untersuchung 456
(1) Der Vorrang des Gesetzesrechts 456
(2) Die Folge der Nicht-Regelung: Verfassungswidrigkeit oder
ein verfassungsrechtliches Verwertungsverbot? 457
3. Die Wahrnehmung von Überwachungs- und
Verfolgungsaufgaben durch dieselbe Behörde 462
a) Die Besteuerung und die Verfolgung von Steuerstraftaten und
Steuerordnungswidrigkeiten 463
(1) Die Doppelfunktion der steuerverwaltenden
Finanzbehörden 463
(a) Die Finanzbehörde 463
(b) Die Steuerfahndung 466
(2) Das Verhältnis von Besteuerungsverfahren und Steuerstrafverfahren (Steuerordnungswidrigkeitenverfahren) . . . 469
(3) Verfassungsmäßigkeit der Aufgabenzuweisung 472
(4) Die steuerrechtlichen Mitwirkungspflichten und der
Nemo-tenetur-Grundsatz 475
(a) Wahrung durch das Verbot von Zwangsmitteln
(§ 393 I S. 2 AO) 476
(i) Sachlicher Schutzbereich (Gefahr der Selbstbelastung) 476
(ii) Persönlicher Schutzbereich (Steuerpflichtiger) . . 479
(iii) Belehrungspflicht (§ 393 I S. 4 AO) 480
(b) Zwang durch Schätzung (§ 162 AO) 482
(c) Zwang durch Androhung von Strafe (§ 370 AO) 485
(i) § 370 I Nr. 2 AO und (teil-)identische
Veranlagungszeiträume 486
(ii) § 370 I Nr. 2 AO und unterschiedliche
Veranlagungszeiträume – die Grundsätze der
„omissio libera in causa" 489
(iii) § 370 I Nr. 1 AO – Steuerhinterziehung durch
aktives Tun 494
(iv) Auswirkungen auf andere Straf- und
Bußgeldtatbestände 496
b) Die Wirtschaftsaufsicht und die Verfolgung von Straftaten und
Ordnungswidrigkeiten in den übrigen Fällen 497
(1) Die Doppelfunktion der Aufsichtsbehörden 497
(a) Die Zollbehörde als Verwaltungs- und
Strafverfolgungsbehörde 497

(b) Die Aufsichtsbehörde als Verwaltungs- und
Verfolgungsbehörde 499
(2) Das Verhältnis von Verwaltungsverfahren und Straf- bzw.
Ordnungswidrigkeitenverfahren 499
(3) Die verwaltungsrechtlichen Mitwirkungspflichten und der
Nemo-tenetur-Grundsatz 502
(a) Die Auskunftspflichten und die Aussagefreiheit 502
(i) Wahrung der Aussagefreiheit durch Auskunftsverweigerungsrechte 502
(ii) Die verfahrensübergreifende Geltung der
Aussagefreiheit 503
(iii) Konsequenzen 508
(b) Die Vorlagepflichten und § 95 StPO 514
(c) Die Anzeige- und Erklärungspflichten und die
Aussagefreiheit 515
(d) Die übrigen Duldungs- und Mitwirkungspflichten
bei der behördlichen Informationserhebung 521
(4) Die Pflichten im Vorfeld der behördlichen
Informationserhebung 521
(a) Die Aufzeichnungspflichten 521
(b) Die Kennzeichnungspflichten 522
4. Die getrennte Wahrnehmung von präventiven und repressiven
Aufgaben 523
a) Das Besteuerungsverfahren und die Verfolgung allgemeiner
Straftaten und Ordnungswidrigkeiten 523
(1) Schutz durch ein Verwertungsverbot (§ 393 II S. 1 AO) . . 523
(2) Exkurs: Fernwirkung des Verwertungsverbotes? 524
(3) Durchbrechung des Verwertungsverbotes (§ 393 II S. 2
AO) 526
(a) Mögliche Verstöße gegen den Nemo-tenetur-
Grundsatz 526
(i) Die steuerliche Relevanz der Angaben 527
(ii) Der selbstbezichtigende Charakter der Angaben . 528
(iii) Die Voraussetzungen des § 393 II S. 2 AO 530
(b) Die Lösungsmöglichkeiten auf der
einfach-gesetzlichen Ebene 532
(i) Die erweiternde Auslegung des Zwangsmittelverbotes (§ 393 I S. 2 AO) 532
(ii) Die teleologische Reduktion der Beschränkung
des Verwertungsverbotes 533
(iii) Die Aussetzung des Besteuerungsverfahrens . . . 534
(iv) Der Ausschluss der Strafbarkeit 535
(c) Die Verfassungswidrigkeit der gesetzlichen Regelung . 535

(4) Übermittlungsbefugnisse als weitere Durchbrechungen des Verwertungsverbotes? 536
    (a) Die Übermittlungspflichten nach §§ 31a, 31b AO . . . 536
    (b) Die Mitteilung von Bestechungsfällen (§ 4 V Nr. 10 EStG) 539
b) Das Verwaltungsverfahren und die Verfolgung allgemeiner Straftaten und Ordnungswidrigkeiten 541
  (1) Die Konflikte mit dem Nemo-tenetur-Grundsatz 541
    (a) Auskunftspflichten 542
    (b) Anzeige- und Erklärungspflichten 542
    (c) Vorlagepflichten 542
    (d) Aufzeichnungs- und Kennzeichnungspflichten 543
    (e) Sonstige Mitwirkungspflichten 543
  (2) Die Lösungsmöglichkeiten auf einfach-gesetzlicher Ebene 544
    (a) Berechtigung zur Mitwirkungsverweigerung 544
      (i) Der Schutz durch die verfahrensübergreifende Wirkung der Aussagefreiheit 544
      (ii) Die analoge Anwendung der Auskunftsverweigerungsrechte auf andere Aufsichtsgesetze . 544
      (iii) Die analoge Anwendung der §§ 27 I S. 2 BImSchG, 36a III KrW-/AbfG 546
      (iv) Die erweiternde Auslegung der Auskunftsverweigerungsrechte. 547
    (b) Annahme eines Verwertungsverbotes 548
    (c) Vorrang des Strafverfahrens 550
    (d) Ausschluss der Strafbarkeit 551
  (3) Ergebnis: Die Verfassungswidrigkeit der gesetzlichen Regelung 551
5. Zusammenfassung 551

D. Zusammenfassung und Ausblick 557

Literaturverzeichnis 575

Stichwortverzeichnis 619

Abkürzungen

a. A.	anderer Ansicht
aaO	am angegebenen Ort
ABlEG	Amtsblatt der Europäischen Gemeinschaften
Abschn.	Abschnitt
Abt.	Abteilung
AcP	Archiv für civilistische Praxis
a. E.	am Ende
a. F.	alte Fassung
AG	Amtsgericht
AK	Alternativ-Kommentar
AktG	Aktiengesetz
Alt.	Alternative
AMG	Arzneimittelgesetz
Anm.	Anmerkung
AnwBl	Anwaltsblatt
AO	Abgabenordnung
AöR	Archiv für öffentliches Recht
ARSP	Archiv für Rechts- und Sozialphilosophie
Art.	Artikel
AT	Allgemeiner Teil
AtG	Atomgesetz
Aufl.	Auflage
AWG	Außenwirtschaftsgesetz
BAFöG	Bundesausbildungsförderungsgesetz
BAnz.	Bundesanzeiger
BayObLG	Bayerisches Oberstes Landesgericht
BayObLGSt	Entscheidungen des Bayerischen Obersten Landesgerichts in Strafsachen
BayObLGZ	Entscheidungen des Bayerischen Obersten Landesgerichts in Zivilsachen
BayVBl	Bayerische Verwaltungsblätter
BB	Der Betriebs-Berater
BBodSchG	Bundesbodenschutzgesetz
Bd.	Band
BDSG	Bundesdatenschutzgesetz
BeurkG	Beurkundungsgesetz
BFH	Bundesfinanzhof
BFHE	Entscheidungen des Bundesfinanzhofes
BFH/NV	Sammlung amtlich nicht veröffentlichter Entscheidungen des Bundesfinanzhofes

BGB	Bürgerliches Gesetzbuch
BGBl.	Bundesgesetzblatt
BGH	Bundesgerichtshof
BGHSt	Entscheidungen des Bundesgerichtshofes in Strafsachen
BGHZ	Entscheidungen des Bundesgerichtshofes in Zivilsachen
BGSG	Bundesgrenzschutzgesetz
BierStG	Biersteuergesetz
BierStV	Biersteuer-Durchführungsverordnung
BImSchG	Bundes-Immissionsschutzgesetz
BKR	Zeitschrift für Bank- und Kapitalmarktrecht
BMF	Bundesministerium der Finanzen
BNatSchG	Bundesnaturschutzgesetz
BNotO	Bundesnotarordnung
BpO	Betriebsprüfungsordnung
BranntwMonG	Branntweinmonopolgesetz
BRAO	Bundesrechtsanwaltsordnung
BR-Drucks.	Bundesrats-Drucksache
BSG	Bundessozialgericht
BStBl	Bundessteuerblatt
BT	Besonderer Teil
BT-Drucks.	Bundestags-Drucksache
BtMG	Betäubungsmittelgesetz
BuW	Betrieb und Wirtschaft
BVerfG	Bundesverfassungsgericht
BVerfGE	Entscheidungen des Bundesverfassungsgerichts
BVerfGG	Bundesverfassungsgerichtsgesetz
BVerfSchG	Bundesverfassungsschutzgesetz
BVerwG	Bundesverwaltungsgericht
BVerwGE	Entscheidungen des Bundesverwaltungsgerichts
BZRG	Bundeszentralregistergesetz
bzw.	beziehungsweise
ChemG	Chemikaliengesetz
CR	Computer und Recht
DAR	Deutsches Autorecht
DB	Der Betrieb
ders.	derselbe
d.h.	das heißt
dies.	dieselbe/dieselben
Diss.	Dissertation
DJT	Deutscher Juristentag
DNotZ	Deutsche Notar-Zeitschrift
DÖV	Die öffentliche Verwaltung
DRiZ	Deutsche Richter-Zeitung
DSG	Datenschutzgesetz
DStR	Deutsches Steuerrecht
DStZ	Deutsche Steuer-Zeitung
DVBl	Deutsches Verwaltungsblatt
DZWir	Deutsche Zeitschrift für Wirtschafts- und Insolvenzrecht
EFG	Entscheidungen der Finanzgerichte

EG	Europäische Gemeinschaft bzw. Europäische Gemeinschaften
EGAO	Einführungsgesetz zur Abgabenordnung
EGGVG	Einführungsgesetz zum Gerichtsverfassungsgesetz
EGMR	Europäischer Gerichtshof für Menschenrechte
EGV	Vertrag zur Gründung der Europäischen Gemeinschaft
Einl.	Einleitung
EMRK	Europäische Menschenrechtskonvention
EnWG	Energiewirtschaftsgesetz
ErbStDV	Erbschaftssteuer-Durchführungsverordnung
ErbStG	Erbschaftsteuer- und Schenkungsteuergesetz
EStDV	Einkommensteuer-Durchführungsverordnung
EStG	Einkommensteuergesetz
etc.	et cetera
EuG	Gericht erster Instanz der Europäischen Gemeinschaften
EuGH	Gerichtshof der Europäischen Gemeinschaften
EuGRZ	Europäische Grundrechte-Zeitschrift
EZAR	Entscheidungssammlung zum Ausländer- und Asylrecht
FG	Finanzgericht
FinDAG	Finanzdienstleistungsaufsichtsgesetz
FinMFG	Finanzmarktförderungsgesetz
FlHG	Fleischhygienegesetz
FS	Festschrift
Fußn.	Fußnote
FVG	Finanzverwaltungsgesetz
G 10	Gesetz zur Beschränkung des Brief-, Post- und Fernmeldegeheimnisses (G 10-Gesetz)
GA	Goltdammers Archiv für Strafrecht
GaststättenG	Gaststättengesetz
GefAG	Gefahrenabwehrgesetz
GenTG	Gentechnikgesetz
GewArch	Gewerbearchiv
GewO	Gewerbeordnung
GG	Grundgesetz
ggf.	gegebenenfalls
GmbHG	Gesetz betreffend die Gesellschaften mit beschränkter Haftung
GrEStG	Grunderwerbsteuergesetz
GRUR	Gewerblicher Rechtsschutz und Urheberrecht
GS	Gerichtssaal
GSG	Gerätesicherheitsgesetz
GüKG	Güterkraftverkehrsgesetz
GÜG	Grundstoffüberwachungsgesetz
GÜV	Gesetz zur Überwachung strafrechtlicher Verbringungsverbote
GVBl.	Gesetz- und Verordnungsblatt
GVG	Gerichtsverfassungsgesetz
GVOBl.	Gesetz- und Verordnungsblatt
GWB	Gesetz gegen Wettbewerbsbeschränkungen
GwG	Geldwäschegesetz
Habil.	Habilitationsschrift
HandwO	Handwerksordnung

HdUR	Handwörterbuch des Umweltrechts
HeizölkennzV	Heizölkennzeichnungsverordnung
HGB	Handelsgesetzbuch
HK	Heidelberger Kommentar
Hrsg.	Herausgeber
HStR	Handbuch des Staatsrechts
i.e.S.	im engeren Sinne
IfSG	Infektionsschutzgesetz
INF	Die Information über Steuer und Wirtschaft
InsO	Insolvenzordnung
IPBPR	Internationaler Pakt über Bürgerliche und Politische Rechte
i.S.d.	im Sinne des
i.V.m.	in Verbindung mit
i.w.S.	im weiteren Sinne
JA	Juristische Arbeitsblätter
JöR	Jahrbuch des öffentlichen Rechts der Gegenwart
JR	Juristische Rundschau
JuMiG	Justizmitteilungsgesetz
Jura	Juristische Ausbildung
JuS	Juristische Schulung
JZ	Juristenzeitung
KaffeeStG	Kaffeesteuergesetz
KaffeeStV	Kaffeesteuer-Durchführungsverordnung
Kap.	Kapitel
KG	Kammergericht
KK	Karlsruher Kommentar
KonTraG	Gesetz zur Kontrolle und Transparenz im Unternehmensbereich
KritV	Kritische Vierteljahresschrift für Gesetzgebung und Rechtswissenschaft
KrW-/AbfG	Kreislaufwirtschafts- und Abfallgesetz
KrWaffG	Kriegswaffenkontrollgesetz
KUG	Gesetz betreffend das Urheberrecht an Werken der bildenden Künste und der Photographie
KWG	Kreditwesengesetz
LadschlG	Ladenschlussgesetz
LdWR	Lexikon des Rechts der Wirtschaft
LG	Landgericht
LK	Leipziger Kommentar
LKV	Landes- und Kommunalverwaltung
LMBG	Lebensmittel- und Bedarfsgegenständegesetz
LVerfG	Landesverfassungsgericht
MDR	Monatsschrift für Deutsches Recht
MinöStG	Mineralölsteuergesetz
MinöStV	Mineralölsteuerdurchführungsverordnung
MiStra	Anordnung über Mitteilungen in Strafsachen
MüKo	Münchener Kommentar
m.w.N.	mit weiteren Nachweisen
Nds. RPfl.	Niedersächsische Rechtspflege
n.F.	neue Fassung

NJW	Neue Juristische Wochenschrift
NK	Nomos-Kommentar
Nr.	Nummer
NStZ	Neue Zeitschrift für Strafrecht
NStZ-RR	NStZ-Rechtsprechungsreport
NuR	Natur und Recht
NVwZ	Neue Zeitschrift für Verwaltungsrecht
NVwZ-RR	NVwZ-Rechtsprechungsreport
NZG	Neue Zeitschrift für Gesellschaftsrecht
NZV	Neue Zeitschrift für Verkehrsrecht
o.Ä.	oder Ähnliches
OLG	Oberlandesgericht
OVG	Oberverwaltungsgericht
OWiG	Ordnungswidrigkeitengesetz
PAO	Patentanwaltsordnung
PBefG	Personenbeförderungsgesetz
PflSchG	Pflanzenschutzgesetz
PostG	Postgesetz
ProdSG	Produktsicherheitsgesetz
PStG	Personenstandsgesetz
PStR	Praxis Steuerstrafrecht
RBerG	Rechtsberatungsgesetz
RDV	Recht der Datenverarbeitung
RG	Reichsgericht
RGSt	Entscheidungen des Reichsgerichts in Strafsachen
RGZ	Entscheidungen des Reichsgerichts in Zivilsachen
Rn.	Randnummer
Rs.	Rechtssache
S.	Seite
s.	siehe
SchaumwZwStG	Gesetz zur Besteuerung von Schaumwein und Zwischenerzeugnissen
SchaumwZwStV	Verordnung zur Durchführung des Gesetzes zur Besteuerung von Schaumwein und Zwischenerzeugnissen
SGB	Sozialgesetzbuch
Slg.	Sammlung der Rechtsprechung des Gerichtshofes und des Gerichts erster Instanz der Europäischen Gemeinschaften
s.o.	siehe oben
SOG	Sicherheits- und Ordnungsgesetz
SprengG	Sprengstoffgesetz
StBerG	Steuerberatungsgesetz
StBp	Die steuerliche Betriebsprüfung
StGB	Strafgesetzbuch
StPO	Strafprozessordnung
StrÄndG	Strafrechtsänderungsgesetz
StraFo	Strafverteidiger-Forum
StrVG	Strahlenschutzvorsorgegesetz
StV	Strafverteidiger
StVÄG	Strafverfahrensänderungsgesetz
StVollzG	Strafvollzugsgesetz

StVZO	Straßenverkehrs-Zulassungs-Ordnung
s.u.	siehe unten
TabStG	Tabaksteuergesetz
TabStV	Tabaksteuer-Durchführungsverordnung
ThürVBl	Thüringer Verwaltungsblätter
TierSchG	Tierschutzgesetz
TierSG	Tierseuchengesetz
TKG	Telekommunikationsgesetz
UBGG	Gesetz über Unternehmensbeteiligungsgesellschaften
UPR	Umwelt- und Planungsrecht
UrhG	Urheberrechtsgesetz
UStG	Umsatzsteuergesetz
UTR	Jahrbuch des Umwelt- und Technikrechts
UWG	Gesetz gegen den unlauteren Wettbewerb
VAG	Versicherungsaufsichtsgesetz
VBlBW	Verwaltungsblätter für Baden-Württemberg
Verb. Rs.	Verbundene Rechtssachen
VerwArch	Verwaltungsarchiv
VfGH	Verfassungsgerichtshof
VG	Verwaltungsgericht
VGH	Verwaltungsgerichtshof
vgl.	vergleiche
VkBl	Verkehrsblatt
VSF	Vorschriftensammlung Bundesfinanzministerium
VVDStRL	Veröffentlichungen der Vereinigung der Deutschen Staatsrechtslehrer
VwGO	Verwaltungsgerichtsordnung
VwVfG	Verwaltungsverfahrensgesetz
WaffenG	Waffengesetz
WaStrG	Wasserstraßengesetz
WeinG	Weingesetz
WHG	Wasserhaushaltsgesetz
wistra	Zeitschrift für Wirtschaft, Steuer, Strafrecht
WM	Wertpapier-Mitteilungen
WPflG	Wehrpflichtgesetz
WpHG	Wertpapierhandelsgesetz
WPO	Wirtschaftsprüferordnung
WpÜG	Wertpapiererwerbs- und Übernahmegesetz
WRP	Wettbewerb in Recht und Praxis
WuW	Wirtschaft und Wettbewerb
z.B.	zum Beispiel
ZBB	Zeitschrift für Bankrecht und Bankwirtschaft
ZdtStrV (N.F.)	Zeitschrift für deutsches Strafverfahren (Neue Folge)
ZFdG	Zollfahndungsdienstgesetz
ZfS	Zeitschrift für Schadensrecht
ZfW	Zeitschrift für Wasserrecht
ZfZ	Zeitschrift für Zölle und Verbrauchssteuern
ZGR	Zeitschrift für Unternehmens- und Gesellschaftsrecht
ZHR	Zeitschrift für das gesamte Handelsrecht und Wirtschaftsrecht
ZIP	Zeitschrift für Wirtschaftsrecht

ZollVG	Zollverwaltungsgesetz
ZollVO	Zollverordnung
ZPO	Zivilprozessordnung
ZRP	Zeitschrift für Rechtspolitik
ZStW	Zeitschrift für die gesamte Strafrechtswissenschaft
ZZP	Zeitschrift für Zivilprozess

Im Übrigen wird hinsichtlich der verwendeten Abkürzungen verwiesen auf:
Hildebert Kirchner/Cornelie Butz, Abkürzungsverzeichnis der Rechtssprache, 5. Aufl., Berlin New York 2003.

A. Einleitung

I. Problemstellung und Erkenntnisinteresse

Die Überwachung der Wirtschaft und die Verfolgung von Wirtschaftsstraftaten sind häufig jeweils die Kehrseite ein- und derselben Medaille. Der einheitliche Sachverhalt wird unter unterschiedlichen Gesichtspunkten rechtlich gewürdigt. Dass von staatlicher Seite ein Interesse besteht, die informationellen Ressourcen in beiden Verfahren zu nutzen, kann daher nicht verwundern.

So sind beispielsweise die Informationen, die der Betreiber einer Anlage der Umweltaufsichtsbehörde durch Auskünfte und Vorlage von Unterlagen oder im Rahmen der Überwachung erstellten Aufzeichnungen übermittelt, bei dem Verdacht einer Umweltstraftat auch für die Staatsanwaltschaft von Interesse. Ein Zugriff der Strafverfolgungsbehörden auf diese Informationen erscheint gleichwohl vor dem Hintergrund bedenklich, dass es den Verfolgungsbehörden im Strafverfahren verwehrt ist, den Beschuldigten zu Auskünften, zur Vorlage von Unterlagen oder zur Fertigung von Aufzeichnungen zu zwingen.

Umgekehrt ist es denkbar, dass die Aufsichtsbehörde zur Abwehr von Umweltschäden Informationen benötigt, welche die Strafverfolgungsbehörden in einem Ermittlungsverfahren gegen den Anlagenbetreiber, z.B. durch eine Durchsuchung, erlangt hat. Die Übermittlung ist auch hier nicht frei von Bedenken, denn die Behörde erhält dadurch Informationen, die sie sich selbst auf diese Weise nicht unmittelbar, d.h. durch eine Durchsuchung, hätte verschaffen können.

Die gesetzliche Ausgestaltung der Eingriffsbefugnisse, insbesondere deren Begrenzung, verwirklicht in dem jeweiligen Verfahren den Schutz der Grund- und Verfahrensrechte des Einzelnen. Dieses vom Gesetzgeber geschaffene Schutzkonzept wird wirkungslos, wenn die Grenzen der Informationserhebung in dem einen Verfahren durch den Zugriff auf Informationen aus dem anderen Verfahren unterlaufen werden. Durch die informationelle Vernetzung zwischen Aufsichts- und Verfolgungsbehörden droht eine faktische Kumulation von Ermittlungsbefugnissen und eine Aushöhlung der Grund- und Verfahrensrechte des Einzelnen.

Der Ausgleich zwischen dem staatlichen Interesse an „informationeller Effizienz"[1] und der Wahrung von Grundrechten und Verfahrensrechten des Einzelnen ist Gegenstand der vorliegenden Untersuchung. Sie schließt damit einerseits an frühere Arbeiten an, in denen das Spannungsverhältnis zwischen öffentlich-rechtli-

---
[1] *Hoffmann-Riem*, in: Hoffmann-Riem/Schmidt-Aßmann, Effizienz (1998), S. 11, 30.

chen Mitwirkungspflichten und der strafprozessualen Aussagefreiheit („Nemo tenetur se ipsum accusare") zunächst im Steuerrecht[2], später im Verwaltungsrecht[3], insbesondere im Umweltrecht[4], untersucht worden ist. Die vorliegende Untersuchung greift jedoch über den Nemo-tenetur-Grundsatz hinaus, indem sie andererseits weitere Grundrechte als verfassungsrechtliche Hindernisse für den zwischenbehördlichen Informationsfluss einbezieht. Durch das Volkszählungsurteil[5] ist die informationelle Amtshilfe zwischen Aufsichts- und Verfolgungsbehörden den Grenzen des Rechts auf informationelle Selbstbestimmung (Art. 2 I i.V.m. Art. 1 I GG) unterworfen worden. Der verfassungsrechtliche Schutz vor der Erhebung und Verarbeitung personenbezogener Daten wird durch andere Grundrechte mit informationeller Schutzrichtung ergänzt (Art. 10, 13 GG). Die verfassungsrechtlichen Grenzen, welche diese Grundrechte der verfahrensübergreifenden Verwendung personenbezogener Daten setzen, sind bisher vor allem im Zusammenhang mit der Zusammenarbeit zwischen Polizei und Strafverfolgungsbehörden bzw. der doppelfunktionellen Tätigkeit der Polizei diskutiert worden.[6] Im Bereich der Wirtschaftsaufsicht wird die Problematik der informationellen Zusammenarbeit zwischen Aufsichtsbehörden und Strafverfolgungsbehörden hingegen nur vereinzelt behandelt.[7] Die vorliegende Untersuchung soll einen Beitrag dazu leisten, die in diesem Bereich bestehenden Lücken zu schließen.

Das Erkenntnisinteresse der Untersuchung ist nach alledem darauf gerichtet, die verfassungsrechtlichen Grenzen der verfahrensübergreifenden Verwendung personenbezogener Daten bzw. Informationen[8] durch Aufsichtsbehörden und Verfolgungsbehörden zu bestimmen und – daran anschließend – die bestehenden ge-

---

[2] *Reiß*, Besteuerungsverfahren und Strafverfahren (1987).
[3] *H.A. Wolff*, Selbstbelastung und Verfahrenstrennung (1997).
[4] *Mäder*, Betriebliche Offenbarungspflichten und Schutz vor Selbstbelastung (1997).
[5] BVerfGE 65, 1 ff.
[6] S. insoweit *Ernst*, Verarbeitung und Zweckbindung von Informationen im Strafprozess (1993); *Riegel*, Datenschutz bei den Sicherheitsbehörden, 2. Aufl. (1992); *Walden*, Zweckbindung und -änderung präventiv und repressiv erhobener Daten im Bereich der Polizei (1996); *Zöller*, Informationssysteme und Vorfeldmaßnahmen von Polizei, Staatsanwaltschaft und Nachrichtendiensten (2002); zu den damit zusammenhängenden Problemen der Verteilung der Gesetzgebungskompetenzen zwischen Bund (gerichtliches Strafverfahren, Art. 74 I Nr. 1 GG) und Ländern (polizeiliche Gefahrenabwehr) s. *Gärditz*, Strafprozess und Prävention (2003), S. 221 ff. m.w.N. Aufgrund der Gesetzgebungskompetenz des Bundes für das Recht der Wirtschaft (Art. 74 I Nr. 11 GG) stellen sich derartige Probleme im Rahmen der vorliegenden Untersuchung nicht.
[7] S. etwa *Herzog*, WM 1999, 1905 ff. (zur Geldwäsche); *Ransiek*, DZWir 1995, 53 ff. (zum Insiderhandel).
[8] Der Begriff der Information bezeichnet nicht nur die isolierte Aussage eines Datums, sondern schließt darüber hinaus dessen Deutung und Interpretation durch den Mitteilungsempfänger ein, s. *Albers*, in: Haratsch/Kugelmann/Repkewitz, Informationsgesellschaft (1996), S. 113, 121 f. m.w.N. Der Einzelne ist indessen in gleicher Weise gegen die Verarbeitung von Daten und Informationen geschützt, soweit sich diese auf seine Person beziehen, vgl. *Albers*, aaO, 125 ff. (passim), weshalb im Rahmen dieser Untersuchung auf eine Differenzierung verzichtet werden soll. Dem entspricht die vom Gesetzgeber in den §§ 474 ff. StPO getroffene formale Unterscheidung, wonach er die in einer Datei gespeicherten personenbezogenen Informationen als Daten bezeichnet, s. insoweit *Hilger*, in: Löwe-Rosenberg, StPO (25. Aufl.), § 483 Rn. 11.

setzlichen Regelungen an diesem Maßstab zu überprüfen und gegebenenfalls Regelungsalternativen aufzuzeigen.

II. Begriffliche Präzisierung des Untersuchungsgegenstandes

Die Untersuchung behandelt die verfahrensübergreifende Verwendung von Informationen im Rahmen von Wirtschaftsaufsicht und Strafverfolgung. Um den Untersuchungsgegenstand näher zu bestimmen, bedürfen diese Begriffe der Präzisierung.

1. Wirtschaftsaufsicht (Wirtschaftsüberwachung[1])

Nach traditionellem Verständnis bezeichnet der Begriff der Aufsicht ein staatliches Hinsehen zu dem besonderen Zweck, das Objekt der Beobachtung mit einem Richtmaß in Übereinstimmung zu bringen oder zu erhalten.[2] Die Wirtschaftsaufsicht besteht demnach nicht allein aus beobachtender Tätigkeit („auf etwas sehen"), sondern ist final darauf gerichtet, die Einhaltung des besagten Maßstabs zu sichern.[3] Dies wird durch Verhaltensanweisungen und – soweit erforderlich – deren Durchsetzung mit Hilfe von Zwang erreicht („Berichtigungsfunktion"[4]). Zum Teil wird die Vollstreckung auch als weitere, eigenständige Funktion der Wirtschaftsaufsicht angesehen.[5] Die der Berichtigung dienenden „imperativen Mittel" sind charakteristisch für die Wirtschaftsaufsicht.[6]

Gegenstand der Aufsicht ist die selbstverantwortliche Teilnahme am privaten Wirtschaftsverkehr.[7] „Wirtschaftsüberwachung ist Unternehmensüberwachung."[8] Die Wirtschaftsaufsicht ist insoweit abzugrenzen von der Leitung eines staatseige-

---

[1] Zum Teil wird der Begriff „Wirtschaftsüberwachung" gebraucht, um sich (auch) begrifflich von einem wohlfahrtspolizeilichen und etatistischen Verständnis der Wirtschaftsaufsicht abzusetzen, s. *Gröschner*, Überwachungsrechtsverhältnis (1992), S. 46; *Stober*, Allgemeines Wirtschaftsverwaltungsrecht (2002), S. 241. Die Begrifflichkeit des Gesetzgebers ist nicht einheitlich, im Schrifttum überwiegt der Terminus „Wirtschaftsaufsicht". Dem soll aus praktischen Erwägungen gefolgt werden, s. auch *Ehlers*, Ziele der Wirtschaftsaufsicht (1997), S. 3f. m.w.N.; s. ferner *Gramlich*, VerwArch 88 (1997), 598ff.; *Schuppert*, DÖV 1998, 831ff., 837.
[2] *Triepel*, Reichsaufsicht (1917), S. 111; ebenso *Ehlers*, Ziele der Wirtschaftsaufsicht (1997), S. 4; *R. Schmidt*, Öffentliches Wirtschaftsrecht AT (1990), S. 338f.
[3] *Mösbauer*, Staatsaufsicht (1990), S. 594ff.
[4] *Triepel*, Reichsaufsicht (1917), S. 120.
[5] *E. Stein*, Wirtschaftsaufsicht (1967), S. 17f., der die Überwachung, Berichtigung und Verhängung von Sanktionen als die drei Unterfunktionen der Wirtschaftsaufsicht ansieht.
[6] *Ehlers*, Ziele der Wirtschaftsaufsicht (1997), S. 4f.
[7] *R. Schmidt*, Öffentliches Wirtschaftsrecht AT (1990), S. 338.
[8] *Gröschner*, Überwachungsrechtsverhältnis (1992), S. 127. Diese Überwachung lässt sich unterteilen in die Überwachung von Betrieben, Anlagen und Produkten (*Gröschner*, aaO); s. auch *Mösbauer*, Staatsaufsicht (1990), S. 623ff., der zwischen der wirtschaftlichen Betätigung (Verhaltensaufsicht), deren Verkörperung durch Unternehmen (Personenaufsicht) und der Einrichtung von Märkten (z.B. Börsenaufsicht) differenziert.

nen Unternehmens, wo es an einer eigenverantwortlichen wirtschaftlichen Betätigung im Verhältnis zur Leitungsebene fehlt.[9]

Kennzeichnend für die Wirtschaftsaufsicht ist des Weiteren die punktuelle Korrektur wirtschaftlicher Tätigkeit.[10] Von der Wirtschaftsaufsicht abzugrenzen sind insofern staatliche Maßnahmen der Wirtschaftslenkung.[11] Im Gegensatz zur Aufsicht ist diese auf eine globale Steuerung der Wirtschaft ausgerichtet[12], indem die Kräfte des Marktes verdrängt werden und das Wirtschaftsleben zum allgemeinen Wohl gestaltet wird.[13] Wirtschaftsaufsicht ist mikrojuristisch, Wirtschaftslenkung makrojuristisch.[14] Soweit den Lenkungsinstrumenten keine Berichtigungs-, sondern nur eine Anreizfunktion zukommt, wie z.B. finanziellen Vergünstigungen, werden diese schon deshalb nicht der Wirtschaftsaufsicht zugeordnet (vgl. o.).[15] Erst recht gilt dies für die Sammlung von Informationen ohne Bezug zu einem bestimmten Wirtschaftsteilnehmer (allgemeine Marktbeobachtung, statistische Erhebungen), da diese Angaben keinen Aufschluss darüber geben, ob es der Berichtigung eines konkreten Verhaltens bedarf.[16]

Für die Ziele der vorliegenden Untersuchung soll an dem restriktiven Verständnis der Wirtschaftsaufsicht festgehalten werden.[17] Da die Wirtschaftslenkung weniger das Verhalten des Einzelnen als die Wirtschaft als Ganzes im Blick hat, ist nicht – wie bei der Wirtschaftsaufsicht (i.e.S.) – zu erwarten, dass sich die zugrundeliegenden Sachverhalte mit den für die Strafverfolgung relevanten Tatsachen decken oder in wesentlichen Teilen überschneiden. Die Gefahr einer Kollision von Verfahrens- und Abwehrrechten ist dagegen größer, wenn zwei Verfahren jeweils ein bestimmtes, „punktuell" normwidriges Verhalten des Betroffenen zum Gegenstand haben. Hinzu kommt, dass im Bereich der Wirtschaftslenkung nicht impera-

---

[9] *Ehlers*, Ziele der Wirtschaftsaufsicht (1997), S. 5; allerdings unterliegt das staatliche Unternehmen gegebenenfalls – wie das private – der allgemeinen Wirtschaftsaufsicht (*Ehlers*, aaO, S. 6). Da die mit der staatlichen Leitung von Unternehmen stellenden Grundrechtsprobleme völlig anders gelagert sind, besteht für die vorliegende Untersuchung kein Bedürfnis, derartige Leitungsfunktionen in den Begriff der Wirtschaftsaufsicht zu integrieren.
[10] *Mösbauer*, Staatsaufsicht (1990), S. 655; *R. Schmidt*, Öffentliches Wirtschaftsrecht AT (1990), S. 339.
[11] *Gröschner*, Überwachungsrechtsverhältnis (1992), S. 66; *Scholz*, Wirtschaftsaufsicht (1971), S. 20f.; i.E. ebenso *R. Schmidt*, Öffentliches Wirtschaftsrecht AT (1990), S. 299 (mit dem Gegensatzpaar: Wirtschaftsaufsicht – Wirtschaftspolitik).
[12] *Gröschner*, Überwachungsrechtsverhältnis (1992), S. 66; *R. Schmidt*, Öffentliches Wirtschaftsrecht AT (1990), S. 299.
[13] S. *Ehlers*, Ziele der Wirtschaftsaufsicht (1997), S. 67, zur Abgrenzung von Überwachung und Lenkung; beide Begriffe werden allerdings unter dem Begriff der Aufsicht zusammengefasst (aaO, S. 5, 67f.); s. auch *Gröschner*, LdWR, W 840, Stichwort Wirtschaftsüberwachung, S. 6.
[14] *Gröschner*, Überwachungsrechtsverhältnis (1992), S. 66.
[15] *Ehlers*, Ziele der Wirtschaftsaufsicht (1997), S. 5.
[16] So bereits *Triepel*, Reichsaufsicht (1917), S. 116.
[17] Anders *Ehlers*, Ziele der Wirtschaftsaufsicht (1997), S. 5, 67f., der die Lenkung und Überwachung der Wirtschaft unter dem Oberbegriff der Wirtschaftsaufsicht zusammenfasst.

tive Steuerungsinstrumente überwiegen und staatliche Eingriffsbefugnisse nur begrenzt vorgesehen sind.[18]

Die Aufgabe, eine ordnungsgemäße und vollständige Besteuerung sicherzustellen, wird zum Teil ebenfalls als Funktion der Wirtschaftsaufsicht angesehen.[19] Dies mag angesichts der Unterschiede zwischen Steuerrecht und öffentlichem Wirtschaftsrecht zweifelhaft erscheinen. Andererseits wird mit der Einbeziehung des Steuerrechts ein Referenzgebiet erschlossen, in dem die rechtlichen Probleme der verfahrensübergreifenden Verwendung von Informationen eine besondere Regelung erfahren haben (§ 393 AO), der möglicherweise über das Steuerrecht hinaus Modellcharakter zukommen könnte. Angesichts dieser möglichen Vorteile erscheint eine Erstreckung der Untersuchung auf das Steuerrecht angezeigt und die damit verbundene Ausweitung des Untersuchungsgegenstandes gerechtfertigt.

2. Strafverfolgung (i.w.S.)

Der Begriff der Strafverfolgung bezeichnet die staatliche Verfolgung von Straftaten. Diese Tätigkeit unterscheidet sich von der Wirtschaftsaufsicht darin, dass sie sich auf vergangenes Verhalten bezieht, indem sie dieses mit einer Strafe ahndet. In diesem Punkt gleichen sich die Strafverfolgung i.e.S. und die Verfolgung von Ordnungswidrigkeiten. Die vorliegende Untersuchung versteht den Begriff der Strafverfolgung daher in einem umfassenden Sinne als repressive staatliche Tätigkeit, d.h. eine solche, die auf die Ahndung eines vergangenen Verhaltens gerichtet ist.[20]

Für dieses weite Verständnis spricht, dass gerade im Bereich der Ordnungswidrigkeiten eine doppelte Zuständigkeit der Aufsichtsbehörden besteht, so dass eine besondere Gefahr der Umgehung von Verfahrensrechten oder der Aushöhlung von Grundrechten besteht. Der Mehraufwand der Einbeziehung des Ordnungswidrigkeitenrechts ist andererseits begrenzt, da die für das Strafrecht geltenden Grundsätze in weiten Teilen auch auf das Recht der Ordnungswidrigkeiten Anwendung finden[21].

III. Gang der Untersuchung

Der Gang der Untersuchung folgt dem oben skizzierten Erkenntnisinteresse: Zunächst werden die allgemeinen und verfassungsrechtlichen Grundlagen der verfahrensübergreifenden Verwendung personenbezogener Informationen dargelegt

---

[18] S. die oben genannten Beispiele. Dies gilt nicht für dort vorgesehene präventive Befugnisse, die der Verhütung von Straftaten und nicht unmittelbar der Wirtschaftslenkung dienen, s. z.B. die Verordnung des Rates (EG, Euratom) Nr. 2185/96, ABlEG 1996 L 292/2 (zur Betrugsbekämpfung).
[19] S. *Mösbauer*, Staatsaufsicht (1990), S. 556 ff.
[20] S. *Appel*, Verfassung und Strafe (1998), S. 238 f.
[21] S. dazu *Appel*, Verfassung und Strafe (1998), S. 238 f., 286 ff., 505 ff.; s. z.B.S. 113 (Schuldgrundsatz), 124 (Art. 103 II GG), 531 f. (Art. 103 III GG).

(B.). Im zweiten Hauptteil werden anschließend die gesetzlichen Regelungen auf ihre Vereinbarkeit mit den verfassungsrechtlichen Vorgaben untersucht (C.).

Die Untersuchung beginnt dementsprechend mit den Grundlagen, dem Verfahren als äußeren Rahmen und den Grundrechten des Einzelnen als normativen Grenzen der verfahrensübergreifenden Informationsverarbeitung (B.). Zunächst sollen die zur Strafverfolgung und zur Wirtschaftsaufsicht betriebenen Verfahren untersucht werden (B.I.). Das Interesse an der Nutzung personenbezogener Daten in einem Verfahren wird durch die Ziele dieses Verfahrens bestimmt. Mit den Verfahrenszielen steht im weiteren Verlauf der Untersuchung eine Grundlage zur Verfügung, um zu beurteilen, ob und in welchem Umfang in der jeweiligen Verfahrenskonstellation ein öffentliches Interesse an der Verwendung personenbezogener Informationen besteht.

Im zweiten Abschnitt wird der verfassungsrechtliche Rahmen der verfahrensübergreifenden Informationsverarbeitung untersucht (B.II.). Dabei wird zwischen den materiellen Grundrechten, die den Einzelnen vor der staatlichen Informationserhebung und -verarbeitung schützen, und den Verfahrensgrundrechten, die einen vergleichbaren Schutz gewähren, differenziert (B.II.1.). Anschließend wird zunächst die Bedeutung der materiellen Grundrechte als „informationelle Abwehrrechte" dargestellt (B.II.2.) und der verfassungsrechtliche Schutz des besonderen Vertrauensverhältnisses zu Berufsgeheimnisträgern analysiert (B.II.3.). Schließlich werden die verfassungsrechtlichen Grundlagen des Satzes „Nemo tenetur se ipsum accusare" herausgearbeitet (B.II.4.).

Auf diesen verfassungsrechtlichen Ausführungen aufbauend, wird im zweiten Hauptteil (C.) die Zulässigkeit der verfahrensübergreifenden Informationsverarbeitung nach Maßgabe des einfachen Gesetzesrechts untersucht. Im Rahmen der Untersuchung wird zwischen den verfassungsrechtlichen Grenzen, die dem Gesetzgeber durch die materiellen Grundrechte und durch den Schutz besonderer Vertrauensverhältnisse gezogen sind (C.I.–III.), und den Auswirkungen des Satzes „Nemo tenetur se ipsum accusare" (C.IV.) unterschieden.

Bei der Behandlung der materiellen Grundrechte ist zu Beginn ein eigener Abschnitt der Informationserhebung im Verwaltungsverfahren gewidmet (C.I.). Mit den Maßstäben, die auf die Informationserhebung Anwendung finden, wird einerseits ein Bezugspunkt für die verfassungsrechtliche Beurteilung der Verwendung bereits erhobener Informationen gewonnen. Andererseits erweist sich die Informationserhebung im Verwaltungsverfahren zum Teil als verfassungsrechtlich zweifelhaft, so dass der Einzelne möglicherweise bereits vor der Informationserhebung verfassungsrechtlich geschützt ist. Anschließend wird die Verwendung personenbezogener Informationen aus dem Verwaltungsverfahren zur Verfolgung von Straftaten und Ordnungswidrigkeiten (C.II.) und danach die Verwendung von Informationen aus dem Straf- oder Ordnungswidrigkeitenverfahren zur Gefahrenabwehr (C.III.) erörtert. Auf eine vorangehende Darstellung und verfassungsrechtliche Diskussion der Ermittlungsbefugnisse im Straf- bzw. Ordnungswidrigkeitenverfahren wird dabei verzichtet. Diese Befugnisse haben in der StPO eine in sich geschlossene Regelung erfahren, hinsichtlich ihrer Darstellung kann daher auf die einschlägigen Lehrbücher verwiesen werden.[1] Eine verfassungsrechtliche Diskussion der einzelnen Ermittlungsbefugnisse, z.B. des „großen Lauschangriffs", würde den Rahmen der vorliegenden Untersuchung sprengen; auch insoweit erscheint daher ein Verweis auf das entsprechende strafprozessuale Schrifttum vertretbar.[2]

Schließlich wird der Frage nachgegangen, ob die Verwendung von Informationen aus dem Verwaltungsverfahren zu repressiven Zwecken mit dem verfassungsrechtlichen Grundsatz „Nemo tenetur se ipsum accusare" vereinbar ist bzw. auf welche Weise ein Verstoß gegen diesen Grundsatz bei der Gesetzesanwendung vermieden werden kann (C.IV.).

Die Untersuchung endet mit einer Zusammenfassung und einem rechtspolitischen Ausblick (D.).

---

[1] S. etwa *Beulke*, Strafprozessrecht (2002), Rn. 233 ff.
[2] S. etwa *Mozek*, Der „große Lauschangriff" (2001), S. 148 ff. (zu § 100c I Nr. 3 StPO).

B. Grundlagen: Staatliche Verfahren und Grundrechte als Rahmen der Informationsverarbeitung

Den äußeren Rahmen der verfahrensübergreifenden Verwendung von Informationen bilden die Verfahren, in denen die personenbezogenen Daten erhoben und verarbeitet werden. In einem ersten Schritt sollen daher die Ziele des Strafverfahrens (bzw. Ordnungswidrigkeitenverfahrens) einerseits und des Verwaltungsverfahrens andererseits untersucht werden (I.), denn auf ihrer Grundlage kann das öffentliche Interesse bestimmt werden, das an der Erhebung bzw. Verwendung der betreffenden Information besteht.

Anschließend ist auf den Schutz des Einzelnen vor der staatlichen Erhebung und Verarbeitung personenbezogener Daten einzugehen. Die Grundrechte schützen das Interesse des Einzelnen, von staatlichen Informationseingriffen verschont zu werden und normieren damit den verfassungsrechtlichen Rahmen der verfahrensübergreifenden Verwendung personenbezogener Informationen (II.).

I. Strukturvergleich von Straf- und Verwaltungsverfahren

1. Die Ziele des Strafverfahrens

Als Ziel des Strafverfahrens soll das Gemeinwohlinteresse bestimmt werden, das die Durchführung des Verfahrens normativ legitimiert, also eine Antwort auf die Frage gibt, wozu ein Strafverfahren durchgeführt wird. Davon zu trennen ist die Frage nach der näheren Ausgestaltung des Verfahrens (Wozu führt der Staat Strafverfahren auf diese Art und Weise durch ?). Die Verfolgung weiterer Ziele im Strafverfahren ist zwar nicht ausgeschlossen, diese setzen jedoch die Durchführung eines Strafverfahrens und ein daran bestehendes Interesse bereits voraus.

a) Rechtsfrieden

Das Ziel des Strafverfahrens wird überwiegend in der (Wieder-) Herstellung von Rechtsfrieden gesehen.[1] Dieses Ziel „Rechtsfrieden" kann nicht rein prozessual als Herbeiführung einer abschließenden, rechtskräftigen Entscheidung verstanden werden. Eine solche empirische Sichtweise[2] liefert nur eine Beschreibung des Strafverfahrens, aber keinen Wertungsgesichtspunkt, der seine Durchführung legitimieren könnte.[3] Das Interesse an Rechtssicherheit vermag dies nicht zu leisten. Der rechtskräftige Abschluss des Strafverfahrens beseitigt die bis dahin bestehende Unsicherheit über die Verhängung einer Strafe. Diese Unsicherheit wird aber erst durch die Einleitung des Verfahrens geschaffen, mit anderen Worten, das Bedürfnis nach Rechtssicherheit kann begründen, warum das Verfahren irgendwann abgeschlossen werden muss[4], aber nicht, weshalb es überhaupt eingeleitet werden soll. Prozessualer „Rechtsfrieden" ließe sich am einfachsten bewahren, indem auf die

---

[1] *Beulke*, Strafprozessrecht (2002), Rn. 6; *Kühl*, Unschuldsvermutung (1983), S. 74; *Ranft*, Strafprozessrecht (1995), S. 2; *Rieß*, in: Löwe-Rosenberg, StPO (25. Aufl.), Einleitung Abschn. B Rn. 4; *Roxin*, Strafverfahrensrecht (1998), S. 2; *Schmidhäuser*, in: FS für Eb. Schmidt (1971), S. 511, 521f.; *Volk*, Prozessvoraussetzungen (1978), S. 183; *Wolter*, GA 1985, 49, 53.

[2] *Goldschmidt*, Prozess (1925), S. 150f., S. 151: „Rechtskraft als Prozessziel"; dementsprechend wird Rechtskraft „metarechtlich" als auf dem soziologischen Machtprinzip beruhende „Gerichtskraft" angesehen (aaO, S. 212f.).

[3] *Weigend*, Deliktsopfer (1989), S. 198f.

[4] S. dazu *Kaiser*, Beschwer (1993), S. 85; *Paeffgen*, Vorüberlegungen (1986), S. 26; die empirische Sichtweise (s.o.) vermag freilich auch dies nicht zu begründen, s. *Henckel*, Prozessrecht (1970), S. 49.

Durchführung von Strafverfahren verzichtet wird. Die innerprozessuale Sichtweise setzt den Prozess voraus, sie kann ihn aber nicht legitimieren.[5]

Der Rechtsfrieden ist daher im Hinblick auf den durch den Verdacht einer Straftat – nicht durch den Verfahrensbeginn – hervorgerufenen „Unfrieden" wiederherzustellen. Das Strafverfahren soll die Friedensstörung beseitigen und den Rechtsfrieden wiederherstellen. Die These, dass die Erhaltung und Wiederherstellung des Rechtsfriedens im Interesse der Allgemeinheit liegt und der Staat zu diesem Zweck Strafverfahren durchführt, ist zwar kaum zu widerlegen, der damit verbundene Erkenntnisgewinn ist andererseits aufgrund der Abstraktionshöhe des Begriffes „Rechtsfrieden" gering.[6] Letzten Endes lassen sich alle Rechtsnormen – und damit letztlich auch die darauf bezogenen Verfahren – auf den gemeinsamen Zweck „sozialer Frieden" zurückführen.[7] Das Ziel „Rechtsfrieden" erscheint auch insofern als zu weit gefasst, als zu dessen Wiederherstellung regelmäßig nicht allein die Verhängung von Strafe, sondern auch deren Vollstreckung erforderlich ist.[8] Daher soll das Prozessziel Rechtsfrieden im Folgenden präzisiert werden.

(1) Legitimation über die Strafzwecke

Schärfere Konturen könnte das Verfahrensziel bei einer Legitimation des Strafverfahrens über die mit der Strafe verfolgten Zwecke erhalten. Die Ziele von Strafverfahren und Strafe hängen eng miteinander zusammen. Das Strafverfahren setzt die Legitimation von Strafe überhaupt voraus. Mit anderen Worten, wenn kein Interesse der Gemeinschaft an Strafe besteht, entfällt auch das Interesse an der Durchführung von Strafverfahren. Die Legitimation des Strafverfahrens beruht – abstrakt gesehen – auf dem Interesse der Rechtsgemeinschaft an dem Einsatz von Strafe.[9] Ein Strafverfahren kann deshalb nur durchgeführt werden, wenn und solange die Möglichkeit besteht, dass es zu einer Sanktionierung führt. Der Zweck der Strafe wäre also zugleich auch der Zweck des Strafverfahrens.[10]

Das Strafverfahren ist allerdings in seinem Ausgang offen und kann daher sowohl mit der Verhängung von Strafe als auch mit einem Freispruch oder einer Verfahrenseinstellung abgeschlossen werden. In letzterem Fall wäre es zweifelhaft, ob angesichts der fehlenden Verhängung einer Strafe den Strafzwecken tatsächlich gedient wäre oder man nicht vielmehr konsequenterweise den Schluss ziehen müsste,

---

[5] *Henckel*, Prozessrecht (1970), S. 6, 48 („Prozess ist Selbstzweck"); *Volk*, Prozessvoraussetzungen (1978), S. 175.
[6] *Paeffgen*, Vorüberlegungen (1986), S. 28, 30; s. auch *Weigend*, ZStW 113 (2001), 271, 277.
[7] *Amelung*, Rechtsgüterschutz (1972), S. 380.
[8] Vgl. *Weigend*, Deliktsopfer (1989), S. 212: Das Strafverfahren dient der Schaffung von Rechtsfrieden, aber bezweckt diese nicht.
[9] *Paeffgen*, Vorüberlegungen (1986), S. 16.
[10] *Kaiser*, Beschwer (1993), S. 91; *Müssig*, GA 1999, 119, 122f.; s. auch *Volk*, Prozessvoraussetzungen (1978), S. 201f. (Zweck des Prozesses ist der Zweck des Rechts bzw. dessen Zielvorstellung); vgl. ferner *Beling*, Reichsstrafprozessrecht (1928), S. 25 („Strafprozess als Mittel im Dienste des Strafrechtsschutzzwecks").

das Prozessziel sei verfehlt worden.[11] Die Möglichkeit eines Freispruchs ist jedoch – anders als die Gefahr eines Fehlurteils – im Entscheidungsprogramm des Strafverfahrens angelegt und kann daher nicht grundsätzlich als fehlerhaftes Ergebnis angesehen werden. Daher kann das Prozessziel nicht in einer Weise definiert werden, dass es ausschließlich einen der möglichen Verfahrensabschlüsse, nämlich die Verhängung einer Strafe, legitimiert.[12]

Um die mit der Strafe verfolgten Zwecke verwirklichen zu können, muss der Staat jedoch auf den Verdacht einer Straftat reagieren, denn bereits mit einem solchen Verdacht wird die Geltungskraft der mit Strafe bedrohten Verhaltensnormen erschüttert.[13] Die darin liegende Störung des Rechtsfriedens ist durch Stabilisierung der verletzten Norm zu beseitigen. Wird der Verdacht bestätigt und der Schuldige verurteilt, so wird damit der festgestellten Normverletzung entgegengetreten.[14] Einer Begehung weiterer Taten durch den verurteilten Täter oder durch die Allgemeinheit wird auf diese Weise vorgebeugt (negative Spezial- und Generalprävention) und das Vertrauen der Allgemeinheit in die Geltung der strafrechtlichen Verhaltensnormen durch gerechte Bestrafung wiederhergestellt (positive Generalprävention, Vergeltung).[15] Der vom Staat erhobene Vorwurf und das mit dem Urteil abgegebene Unwerturteil ist die an den Täter gerichtete „Antwort", mit dem seine Tat zurückgewiesen[16] bzw. der Täter für sein Verhalten getadelt[17] wird. Indem diese Botschaft gegenüber dem Publikum kommuniziert wird, begründet sie die positiv generalpräventive Wirkung der Strafe.[18] Dieses kommunikative Element zeichnet die Strafe gegenüber anderen staatlichen Reaktionen auf begangenes Unrecht aus.[19]

---

[11] S. *Schroeder*, Strafprozessrecht (2001), S. 6.
[12] *Paeffgen*, Vorüberlegungen (1986), S. 16.
[13] *Kaiser*, Beschwer (1993), S. 87; *Sternberg-Lieben*, ZStW 108 (1996), 721, 726; *Weigend*, ZStW 113 (2001), 271, 277.
[14] *Kaiser*, Beschwer (1993), S. 87f.; *Sternberg-Lieben*, ZStW 108 (1996), 721, 726; *Walther*, Rechtsbruch (2000), S. 198f.
[15] Zur „vereinigenden" Verfolgung der Strafzwecke: BVerfGE 21, 391, 404; BGHSt 24, 40, 42; *Jescheck*, in: LK-StGB (11. Aufl.), Einl. Rn. 31 m.w.N.; s. dagegen *Lampe*, Strafphilosophie (1999), S. 3ff., 16ff.
[16] *Jakobs*, ZStW 107 (1995), 843, 844; *Müssig*, GA 1999, 119, 122.
[17] *Hörnle/von Hirsch*, GA 1995, 261, 272.
[18] *Hörnle/von Hirsch*, GA 1995, 261, 269, 271; s. auch *Jakobs*, ZStW 107 (1995), 843, 844f.: Mit der Strafe werde aus der Sicht des Systems „Gesellschaft" die gestörte Normgeltung wiederhergestellt und die unveränderte Identität der Gesellschaft dargestellt und bestätigt; weitergehend die Ansätze, die Recht als Kommunikationsmedium begreifen: *Bussmann*, Verbot familiärer Gewalt (2000), S. 258ff., 444ff.; *Müller-Tuckfeld*, Integrationsprävention (1998), S. 341ff., 350ff. Die Funktion von Strafrecht (d.h. auch bereits der Norm, noch ohne dass sie vollzogen worden ist) wird darin gesehen, als Kommunikationsmedium eine Vorstellung von Recht und Unrecht zu vermitteln und auf diese Weise das Erleben und die Bewertung von Realität zu steuern. Dieser Ansatz hat den Vorteil, dass sich eine „wirklichkeitskonstruierende Kraft des Rechts" auf ihre Relevanz für Orientierungen empirisch überprüfen lässt, s. *Bussmann*, aaO, S. 266f.; zur entsprechenden Kritik an der Theorie der positiven Generalprävention: *Müller-Tuckfeld*, aaO, S. 350ff.
[19] *Hörnle/von Hirsch*, GA 1995, 261, 266; *Jakobs*, ZStW 107 (1995), 843, 844, 865; vgl. auch *Krauß*, ZStW 85 (1973), 320, 344.

I. Strukturvergleich von Straf- und Verwaltungsverfahren

Unter Umständen wird gegen den Täter allerdings anstatt einer Strafe eine Maßregel der Besserung und Sicherung (§§ 61 ff. StGB) verhängt. Im Unterschied zur Strafe sind diese ausschließlich spezialpräventiv ausgerichtet, d.h. auf den einzelnen gefährlichen Täter bezogen.[20] Gemeinsamer Ausgangspunkt von Strafe und Maßregel ist die Begehung einer rechtswidrigen Tat („Anlasstat").[21] Die Zweispurigkeit des Sanktionensystems, die das System der Strafen um ein System spezialpräventiver Sanktionen ergänzt[22], führt dazu, dass das Strafverfahren auch auf die letztgenannten zu beziehen ist. Im Strafverfahren wird also über die mögliche Bestrafung des Täters hinaus darüber entschieden, ob der mit der Anlasstat gestörte Rechtsfrieden durch Verhängung einer Maßregel wiederherzustellen ist. Das Strafverfahren dient also auch der Entscheidung über präventive Maßnahmen, die aus Anlass der Tatbegehung zu ergreifen sind. Sieht man den Auftrag des materiellen Strafrechts darin, die mit der Straftat eingetretene Störung des Rechtsfriedens, umfassend zu bewältigen, so tritt zu dem öffentlichen Tadel und der Spezialprävention die Beseitigung des eingetretenen Schadens (Reparation) als „dritte Spur" hinzu.[23] Dessen ungeachtet bleibt die Strafe die primäre Sanktion des materiellen Strafrechts[24], auf die das Strafverfahren ausgerichtet ist.[25] Aus diesem Grund wird im Folgenden auf die mit der Strafe verfolgten Zwecke abgestellt.[26]

Auch der Freispruch eines Unschuldigen ist mit der Verfolgung dieser Ziele zu vereinbaren, da der in dem Verdacht liegende Geltungsangriff auf die strafrechtliche Verhaltensnorm bereits mit der Ausräumung des Verdachts abgewehrt ist. Die Normstabilisierung wird also ohne weitere Maßnahmen erreicht.[27] Eine Bestrafung wäre in Beziehung auf die mit der Strafe verfolgten Ziele „zwecklos"[28], also die „falsche" Entscheidung. Man wende nicht ein, in einem solchen Fall habe ein Strafverfahren von vornherein zu unterbleiben, denn dieses wird ja gerade zu dem Zweck durchgeführt, zu der vorausgesetzten „richtigen" Entscheidung zu gelangen[29]. Die Aufgabe des Strafverfahrens ist es zu klären, ob und gegebenenfalls wie

---

[20] *Hanack*, in: LK-StGB (11. Aufl.), Vor § 61 ff. Rn. 20.
[21] *Hanack*, in: LK-StGB (11. Aufl.), Vor § 61 ff. Rn. 26.
[22] S. dazu *Jescheck/Weigend*, Strafrecht AT (1996), S. 82 ff.
[23] S. insoweit *Walther*, Rechtsbruch (2000), S. 207 ff., 274 f.; s. auch S. 281 ff. (zu § 56b StGB), S. 297 ff. (zu Reformüberlegungen).
[24] Gegenüber der Maßregel hat die Strafe Vorrang, s. *Jescheck/Weigend*, Strafrecht AT (1996), S. 803 (mit Fußn. 2) m.w.N.; s. auch *Walther*, Rechtsbruch (2000), S. 293.
[25] Das Strafverfahren hat zumindest auch die mögliche Verhängung von Strafen zum Gegenstand.
[26] Dies gilt erst recht für Maßnahmen, welche die gleichen Zwecke wie die Strafen verfolgen, wie z.B. den Verfall (*Hoyer*, GA 1993, 406, 420; *Perron*, JZ 1993, 918, 920) und die Einziehung nach § 74 II Nr. 1 StGB (*Jescheck/Weigend*, Strafrecht AT (1996), S. 796 m.w.N.).
[27] *Kaiser*, Beschwer (1993), S. 88; *Kühl*, Unschuldsvermutung (1983), S. 74 f.; *Müssig*, GA 1999, 119, 122; *Ranft*, Strafprozessrecht (1995), S. 2. Gleiches gilt für die Einstellung des Verfahrens aus Opportunitätserwägungen, s. *Kaiser*, aaO, S. 89.
[28] *Hoyer*, GA 1993, 406, 420.
[29] Vgl. von *Hippel*, Strafprozess (1941), S. 2: „richtige Entscheidung über Schuld und Unschuld sowie zutreffende Bewertung von Tat und Täter zwecks gerechter Strafzumessung".

eine Person zu bestrafen ist.[30] Der Wert des Verfahrens wird nicht über die Art des Ergebnisses (Verurteilung, Freispruch, Einstellung) begründet, sondern er liegt darin, dass mit der Klärung des Verdachts und der gerichtlichen Entscheidung die bestehende Ungewissheit beseitigt wird.[31]

Das Verfahrensziel besteht demnach in der Herbeiführung einer im Hinblick auf die Strafzwecke richtigen Entscheidung, durch die Rechtsfrieden eintritt. Der Prozess zielt darauf ab, die durch den Verdacht eingetretene Störung des sozialen Friedens tatsächlich[32] zu beseitigen und auf diese Weise eine Erosion der Geltungskraft von strafrechtlichen Verhaltensnormen zu verhindern.[33]

Die Klärung des Verdachts soll es dem Einzelnen ermöglichen, die Ursachen der Tat zu verstehen, diese zu verarbeiten und in das eigene Leben einzuordnen, nicht zuletzt um einzuschätzen, ob im Hinblick auf eine Wiederholungsgefahr Schutzmaßnahmen zu treffen sind.[34] Das Strafverfahren bleibt jedoch nicht bei der Aufklärung und Erklärung der Straftat[35] stehen: Erst die Entscheidung, mit der autoritativ Tatverantwortung zugeschrieben oder der Verdacht ausgeräumt wird, ist Verdachtsklärung, die Rechtsfrieden schaffen kann.[36] Damit werden neben der Wahrheitsermittlung normative Elemente in den Begriff der Verdachtsklärung integriert und die „Klärung" des Verdachts meint dann nichts anderes mehr als die richtige Entscheidung über die strafrechtliche Schuld einer Person.[37]

Zum Teil wird das Interesse an der Wahrheitserforschung von den mit der Strafe verfolgten Zwecken abgelöst und als „autonomes"[38] Verfahrensziel angesehen. Zu Recht wird darauf hingewiesen, dass bereits die Aufklärung eines Verdachts zur Wiederherstellung des Rechtsfriedens beitragen, unter Umständen – wie das Bei-

---

[30] BGHSt 16, 374, 378; s. auch RGSt 4, 355, 357.
[31] S. *Köhler*, ZStW 107 (1995), 10, 12: „Das Verfahrensrecht seinerseits dient nicht unmittelbar der „Verbrechensbekämpfung", sondern der justizförmigen Verdachtsklärung."
[32] *Weigend*, Deliktsopfer (1989), S. 215. In Ermangelung einer Bezugsgröße für sozialen Frieden wird darunter überwiegend Rechtsfrieden kraft „normativer Dezision" in dem Sinne verstanden, dass nun von der Gemeinschaft vernünftigerweise erwartet werden könne, dass sie sich über den Verdacht beruhigt, s. *Kühl*, Unschuldsvermutung (1983), S. 74; *Schmidhäuser*, in: FS für Eb. Schmidt (1971), S. 511, 522; *Volk*, Prozessvoraussetzungen (1978), S. 201; s. auch *Kaiser*, Beschwer (1993), S. 89f.
[33] Demgegenüber ist die Normstabilisierung aus der Sicht des „strafrechtlichen Funktionalismus" nicht von derartigen tatsächlichen Auswirkungen der Strafe abhängig, sondern wird durch den in der Strafe liegenden Widerspruch zum Normbruch erreicht, s. *Jakobs*, Strafrecht AT (1991), S. 9f.; ZStW 107 (1995), 843, 844f. Im Ergebnis ist aber auch danach der Einsatz der Strafe präzise auf die verfolgten Zwecke (positive Generalprävention) abzustimmen (s. *Jakobs*, Strafrecht AT, S. 10f.), also ein Verfahren zur Richtigkeitsgewähr erforderlich.
[34] *Weigend*, Deliktsopfer (1989), S. 185f.; ebenso *Walther*, JZ 1998, 1145, 1150. *Krauß*, ZStW 85 (1973), 320, 344, bezeichnet die Klarheit bringende Erörterung der Straftat als „soziale Funktion" des Strafverfahrens.
[35] S. *Walther*, JZ 1998, 1145, 1150.
[36] So *Weigend*, Deliktsopfer (1989), S. 217f.; ebenso *Sternberg-Lieben*, ZStW 108 (1996), 721, 727 (Fußn. 32); anders in der Terminologie (nicht im Ergebnis): *Gropp*, JZ 1991, 804, 806.
[37] S. auch *Gerland*, Strafprozess (1927), S. 1 (Feststellung des Tatbestands als Verfahrensziel).
[38] *Walther*, JZ 1998, 1145, 1149.

spiel der Wahrheitskommissionen zeigt[39] – sogar als ausreichend angesehen werden kann. Das öffentliche Geständnis der Tat und die Feststellung der Wahrheit haben dort eine ähnliche Funktion wie die strafrechtliche Verurteilung.[40] Für das deutsche Strafverfahren gilt dies jedoch nicht. Es kann insbesondere keine Rede davon sein, dass die Strafzwecke vom Ziel der Verdachtsklärung in den Hintergrund gedrängt werden können, indem die Tat aufgeklärt, aber keine Strafe verhängt wird.[41] Die Verdachtsklärung – versteht man diese normativ (s.o.) – ist in diesem Fall bereits Teil der Strafe: Mit der Zuschreibung von strafrechtlicher Schuld und dem damit ihm gegenüber erhobenen Vorwurf erleidet der Täter eine Verletzung seines allgemeinen Persönlichkeitsrechts.[42] Die Strafzwecke mögen im Einzelfall mit dieser Primärsanktion ausreichend gewahrt sein und der Verhängung weiterer Sekundärsanktionen (wie Freiheitsstrafe, Geldstrafe) nicht bedürfen.[43] In den übrigen Fällen zeigt die Verhängung der Sekundärsanktion indes, dass sich das Strafverfahren gerade nicht in der Aufklärung des Verdachts erschöpft. Die Wahrheitsermittlung hat jedoch insofern eine besondere Bedeutung, als eine vollständige Tatbewältigung und damit auch die Wiederherstellung des Rechtsfriedens ohne eine umfassende Aufklärung des Sachverhalts schwerlich gelingen kann.[44]

Damit die „befriedende" Wirkung in der Gemeinschaft erzielt werden kann, muss das Verfahren Gewähr für die Richtigkeit seiner Ergebnisse bieten.[45] Erst der präzise auf die Strafzwecke abgestimmte Einsatz der Strafe begründet durch die mit dem Verfahren verbundene „Richtigkeitsgewähr" die Legitimation der verhängten Strafe.[46] Das Strafverfahren hat zum Ziel, den staatlichen Einsatz von Strafe zu lenken.[47] Zielt das Verfahren auf eine „richtige" Entscheidung und hält entsprechende Vorkehrungen bereit, so ist eine widerlegbare Vermutung für die Rich-

---

[39] S. z.B. zur Wahrheitskommission in Südafrika: *Goldstone*, Healing wounded People (1998), S. 5 ff.; *Huber/Umbreit*, in: Eser/Arnold, Systemunrecht, Bd. 1 (2000), S. 273, 275 ff.
[40] *Goldstone*, Healing wounded People (1998), S. 17, 35.
[41] S. aber *Weigend*, Deliktsopfer (1989), S. 214.
[42] *Appel*, Verfassung und Strafe (1998), S. 492 f., 496, 575; *Lagodny*, Strafrecht vor den Schranken der Grundrechte (1996), S. 115 ff., 127; s. auch die abweichende Meinung der Richterin *Graßhof*, BVerfGE 90, 199, 200 („Cannabis-Beschluss").
[43] Zu § 60 StGB: BGH, NJW 1996, 3350; s. auch *Maiwald*, ZStW 83 (1971), 663, 680; zu den Begriffen der Primärsanktion und Sekundärsanktion: *Appel*, Verfassung und Strafe (1998), S. 467 ff.
[44] *Weigend*, ZStW 113 (2001), 271, 277, 279.
[45] Vgl. *Kaiser*, Beschwer (1993), S. 89, der mit dieser Erwägung das Bedürfnis für Rechtsmittel begründet (aaO). Dem liegt die Einsicht zugrunde, dass nur ein gerechtes Urteil Rechtsfrieden schaffen kann (*Pawlowski*, Methodenlehre (1999), S. 426 m.w.N.); s. auch *Schmidhäuser*, in: FS für Eb. Schmidt (1971), S. 511, 523: „... der Weg zum Rechtsfrieden führt jedoch immer nur über das gewissenhafte Streben nach Gerechtigkeit ..."
[46] Vgl. auch *Krauß*, in: Schaffstein-FS (1975), 411, 425: „Die Vergeltung findet ihre inhaltliche Legitimation in einem Verfahren, darin nämlich, dass die Straftat als Ergebnis einer personalen und sittlichen Leistung aller Verfahrensbeteiligten zugeschrieben worden ist."
[47] S. auch *Volk*, Prozessvoraussetzungen (1978), S. 185: „selektive Funktion des Verfahrens".

tigkeit der im Verfahren gewonnenen Ergebnisse und somit auch für ein darauf gegründetes Vertrauen der Rechtsgemeinschaft gerechtfertigt.[48]

Das Institut der Rechtskraft widerspricht einem solchen Verständnis des Prozessziels nicht. Das Festhalten an einem „ungerechten" Urteil bedeutet zwar, dass sich das Interesse an einer richtigen Entscheidung nicht immer durchsetzen kann, es lässt hingegen nicht den Schluss zu, das hinter der Rechtskraft stehende Prinzip der Rechtssicherheit müsse ebenfalls in das Ziel des Strafverfahrens integriert werden[49]. Die Herbeiführung einer im Hinblick auf die Strafzwecke richtigen Entscheidung ist nicht als absolutes Ziel des Strafverfahrens zu verstehen; die Verfolgung dieses Zieles wird vielmehr durch gegenläufige Interessen der Allgemeinheit oder des Einzelnen (z.B. Rechtssicherheit) begrenzt. Die Einrichtung der Rechtskraft kann daher auch bei einem engeren Verständnis des Verfahrensziels zwar nicht über dieses selbst, aber über dessen Begrenzung begründet werden.[50] Dies ist auch deshalb sachgerecht, weil der Grundsatz der Rechtssicherheit – wie gesehen – nur ein Bedürfnis für den Abschluss des Strafverfahrens, nicht aber für seine Einleitung begründen kann. Zudem sind die Anforderungen an das zu bestimmende Verfahrensziel nicht zu überspannen: Es besteht insbesondere kein Bedürfnis, jedwede, auch die „unrichtige" Entscheidung mit Hilfe eines umfassenden Verfahrensziels zu legitimieren, sondern man sollte sich in diesem Fall eingestehen, dass das Verfahrensziel verfehlt worden ist.[51,52]

---

[48] Vgl. *Kaiser*, Beschwer (1993), S.89f.; *Bottke*, Verfahrensgerechtigkeit (1991), S.78, spricht von „Toleranzgrenzen, innerhalb derer das mutmaßlich richtige Recht hinzunehmen ist".

[49] So aber *Schmidhäuser*, in: FS für Eb. Schmidt (1971), S.511, 515, 521; einschränkend, aber im Ergebnis zustimmend *Volk*, Prozessvoraussetzungen (1978), S.198.

[50] *Neumann*, ZStW 101 (1989), 52, 64f.; *Stock*, in: Mezger-FS (1954), S.429, 447, 448.

[51] *Gaul*, AcP 168 (1968), 27, 58f.; *Schaper*, Studien (1985), S.163f.; a.A. *Volk*, Prozessvoraussetzungen (1978), S.199f., wonach eine Theorie vom Prozesszweck gegenüber richtigen und unrichtigen Entscheidungen indifferent sein müsse. Soll die Suche nach dem Prozesszweck allerdings eine Grundlage für die inhaltliche Legitimation des Strafverfahrens ergeben, ist eine solche Indifferenz kaum haltbar. Die Legitimation ergibt sich dann allein aus dem „Sinngehalt der Rechtskraft" (*Gaul*, aaO; s. dazu auch die Einwände gegen die Rechtskraft als Prozessziel).

[52] Unabhängig vom Verfahrensausgang lässt sich die Durchführung des Strafverfahrens auch unter einem weiteren prozessspezifischen Aspekt mit einem der Strafzwecke legitimieren. Im Strafverfahren werden die jeweiligen Strafvorschriften im öffentlichen Rechtsgespräch erörtert und ihre Geltung damit feierlich bekräftigt. Diese Bekräftigung bestätigt das Vertrauen der Gemeinschaft in die Geltung dieser Normen und wirkt daher im Sinne einer Integrationsprävention (*Weigend*, Deliktsopfer, 1989, S.194f.; unberücksichtigt bleiben insoweit die Strafzwecke der Vergeltung und der Spezialprävention). Ein solches Ziel ist zwar nicht geeignet, die mit dem Strafverfahren verbundenen Belastungen zu rechtfertigen, denn ein weniger aufwändiges Rechtsgespräch wäre ausreichend, um durch Thematisierung von Rechtsverstößen die Geltung von Strafrechtsnormen im öffentlichen Bewusstsein zu erhalten (s. auch die Kritik von *Walther*, JZ 1998, 1145, 1149, wonach Strafzwecke erst am Ende des Strafverfahrens – bei einer Verurteilung – verfolgt werden und diese daher nicht das Verfahren selbst legitimieren können. Dieser Vorwurf wird jedoch ausgeräumt, wenn man – wie *Weigend* – davon ausgeht, dass dem „Strafzweck" der Generalprävention auch gedient ist, wenn keine Strafe verhängt wird, sondern die Geltung der Rechtsordnung im Gespräch über den möglichen Normverstoß bestätigt wird; s. auch oben die Ausführungen im Text zum zielgenauen Einsatz von Strafe). Im Ergebnis stellt die vom Strafverfahren ausgehende generalpräventive Wirkung jedoch ein zusätzliches Element zu dessen Legitimation dar, s.

(2) Wahrung subjektiver Rechte

Das Prozessziel Rechtsfrieden wird nicht allein durch das öffentliche Interesse an Strafverfolgung konstituiert. Anders gesagt: Das Interesse an einem zielgenauen Einsatz von Strafe besteht nicht allein, um deren Wirkung nicht durch einen verschwenderischen Gebrauch zu gefährden[53], sondern auch, um den Einzelnen vor ungerechtfertigter Inanspruchnahme durch strafrechtliche Sanktionen zu schützen.[54] Aus diesem Grund wird von der doppelten Aufgabe des Strafverfahrens gesprochen, den Schuldigen zu strafen und den Unschuldigen zu schützen.[55] Dies schließt den Schutz des Schuldigen vor einer übermäßigen Bestrafung ein.[56]

Die Grundrechte als Abwehrrechte gegen staatliche Eingriffe gebieten ein Verfahren, das ihren effektiven Schutz gewährleistet.[57] Das Strafverfahren hat daher die Aufgabe, eine wirksame Sicherung der Grundrechte[58] des vom Gewicht der Strafe Bedrohten zu gewährleisten.[59] So ist das verfassungsrechtlich garantierte Prinzip, dass keine Strafe ohne Schuld verhängt werden darf, durch entsprechende verfahrensrechtliche Vorkehrungen abzusichern.[60] Die Aufgabe des Strafverfahrens geht damit über den Bereich des – zur Verfolgung der Strafzwecke – Zweckmäßigen hinaus.[61] Das Verfahren ist nicht nur „werdender Eingriff" im Hinblick auf die zu verhängende Strafe[62], sondern hat zugleich Rechtsschutzfunktion, indem es dem Schutz der Grundrechte des Beschuldigten dient.[63] Gegen den Einzel-

---

auch *Weigend*, Deliktsopfer (1989), S. 215, 217; s. ferner *Röhl*, Allgemeine Rechtslehre (2001), S. 504 (generalpräventive Wirkung als nicht unmittelbar intendierter Nebenzweck); vgl. auch *Beling*, Reichsstrafprozessrecht (1928), S. 26 („Volksaufklärung" als außerhalb des Strafverfahrens liegender Zweck).

[53] S. *Torka*, Nachtatverhalten (2000), S. 81.

[54] *I. Müller*, Rechtsstaat und Strafverfahren (1980), S. 197; *Rieß*, in: Löwe-Rosenberg, StPO (25. Aufl.), Einl. B Rn. 6; s. auch *Krauß*, ZStW 85 (1973), 320, 342f. (rechtsstaatliche Funktion des Strafverfahrens).

[55] BVerfGE 63, 45, 63; *Günther*, JR 1978, 89; *Eb. Schmidt*, Lehrkommentar zur StPO, Bd. I (1964), Nr. 21; ähnlich *Beling*, Reichsstrafprozessrecht (1928) S. 27.

[56] *Henkel*, Strafverfahrensrecht (1968), S. 88.

[57] BVerfGE 39, 276, 294; EuGRZ 1994, 592; *Denninger*, in: HStR, Bd. V (2000), § 113 Rn. 3f., unter Hinweis auf *Georg Jellinek*, System (1919), S. 105f., 124f.; s. auch die Nachweise bei *Rzepka*, Zur Fairness (2000), S. 119.

[58] Mit der strafgerichtlichen Verurteilung wird in das allgemeine Persönlichkeitsrecht (Art. 2 I i.V.m. Art. 1 I GG, durch den Schuldvorwurf) und die allgemeine Handlungsfreiheit (Art. 2 I GG) eingegriffen, im Falle einer Freiheitsstrafe zudem in das Recht auf Freiheit (Art. 2 II S. 2 GG), s. *Lagodny*, Strafrecht vor den Schranken der Grundrechte (1996), S. 134f. In der Geld- oder Vermögensstrafe liegt hingegen kein Eingriff in das Recht auf Eigentum, da Art. 14 GG nicht das Vermögen als solches schützt, s. *Lagodny*, aaO, S. 133 m.w.N.

[59] BVerfGE 57, 250, 275; 77, 65, 76f.; StV 1987, 325, 326; *Hassemer*, in: Lüderssen, V-Leute (1985), S. 71, 81, 84.

[60] BVerfGE 57, 250, 275; *Sax*, in: Bettermann/Nipperdey/Scheuner, Grundrechte, Bd. III/2 (1959), S. 909, 989f.

[61] *L. Schulz*, Normiertes Misstrauen (2001), S. 476f., unter Hinweis auf BVerfGE 17, 108, 117.

[62] S. *Kloepfer*, JZ 1979, 209, 214.

[63] Das Strafverfahren ist also nicht „grundrechtsneutral", sondern „grundrechtsgeprägt": *Denninger*, in: HStR, Bd. V (2000), § 113 Rn. 20; *Saliger*, in: Verantwortung (2000), S. 101, 120; *L. Schulz*, Normiertes Misstrauen (2001), S. 476f.; s. auch *Schlüchter*, Strafverfahren (1983), S. 2: „Das

nen soll um seiner selbst willen nur insoweit eine Strafe verhängt werden, als dies mit seinen verfassungsmäßigen Rechten vereinbar ist.

b) Maßstäbe für „Richtigkeit"

Als Prozessziel konnte nach den bisherigen Ausführungen die Herbeiführung der in Bezug auf die Strafzwecke und die Grundrechte des Einzelnen „richtigen" Entscheidung festgehalten werden. In einem zweiten Schritt sind nun die Maßstäbe zu entwickeln, nach denen die „Richtigkeit" einer Entscheidung über die Bestrafung einer Person zu beurteilen ist.

(1) Materiale Gerechtigkeit

Der erste Maßstab für Richtigkeit ist im Strafverfahren die Gerechtigkeit. Da Gerechtigkeit als Ideal nicht erreicht, sondern nur angestrebt werden kann, müsste das Prozessziel als das Streben nach Gerechtigkeit präzisiert werden.[64] Bei diesem Streben orientiert sich der Richter an der relativen Gerechtigkeit des positiven Rechts.[65]

Für das Strafverfahren werden diese Gerechtigkeitsmaßstäbe vorwiegend im materiellen Strafrecht konkretisiert.[66] Der Zweck des Strafverfahrens wird daher auch in der Verwirklichung des materiellen Strafrechts gesehen.[67] Unmittelbar verwirklicht wird dabei allein die strafrechtliche Sanktionsordnung.[68] An die zugrundeliegenden Verhaltensnormen wird nur in ihrer Funktion als Bewertungsnorm,

---

Streben nach Gerechtigkeit, Rechtssicherheit und dem Wahren der Menschenwürde miteinander zu versöhnen, ist zugleich Zweck des Strafprozesses."

[64] *Kleinknecht/Meyer-Goßner*, StPO (2003), Einleitung Rn. 4; *Kühl*, Unschuldsvermutung (1983), S. 74; *Paeffgen*, Vorüberlegungen (1986), S. 25 f.; *Peters*, Strafprozess (1985), S. 80, 82; *Eb. Schmidt*, Lehrkommentar zur StPO, Bd. I (1964) Nr. 20.

[65] *Schaper*, Studien (1985), S. 143.

[66] Dementsprechend wird die Herbeiführung der materiell richtigen Entscheidung als Prozessziel bezeichnet, so *Pfeiffer*, in: KK-StPO (2003), Einleitung Rn. 2; *Roxin*, Strafverfahrensrecht (1998), S. 2.

[67] *Henkel*, Strafverfahrensrecht (1968), S. 17; *Pfeiffer*, in: KK-StPO (2003), Einleitung Rn. 2; *Roxin*, Strafverfahrensrecht (1998), S. 2 f.; *Schreiber*, in: AK-StPO, Bd. 1 (1988), Einleitung Rn. 2; *Sternberg-Lieben*, ZStW 108 (1996), 721, 726; *Wolter*, GA 1985, 49, 53; s. auch *Volk*, Prozessvoraussetzungen (1978), S. 202 („Bewährung des materiellen Strafrechts"). Auf den Einwand, materielle Strafrecht könne nur durch Verhängung einer materiell-rechtlichen Rechtsfolge verwirklicht werden (*Paeffgen*, Vorüberlegungen (1986), S. 15), ist zu entgegnen, dass auch in einem Freispruch das im materiellen Strafrecht niedergelegte Gerechtigkeitskonzept verwirklicht wird. Das zeigt sich besonders deutlich, wenn die Entscheidung auf Vorschriften beruht, die eine Strafbarkeit ausschließen (z. B. §§ 24, 32, 35 StGB), s. *Weigend*, Deliktsopfer (1989), S. 191. Missverständlich erscheint hingegen die verbreitete Formulierung, es sei Aufgabe des Strafverfahrens, den staatlichen Strafanspruch durchzusetzen (s. etwa BVerfGE 57, 250, 275); kritisch zum Begriff „Strafanspruch": *Kaiser*, Beschwer (1993), S. 55 ff.; s. dazu ausführlich *Wolfslast*, Strafanspruch (1995), S. 72 ff.

[68] *Kaiser*, Beschwer (1993), S. 79 (in Fußn. 153); vgl. auch *Peters*, Strafprozess (1985), S. 7: „Es gibt keine Strafrechtsverwirklichung ohne Strafprozess.".

nicht als Bestimmungsnorm angeknüpft.⁶⁹ In letzterer Eigenschaft werden die Verhaltensnormen oft bereits durch ihre Befolgung in die Realität umgesetzt.⁷⁰ Soweit das Strafverfahren auf eine Stabilisierung und Einhaltung dieser Normen gerichtet ist, spiegelt sich darin seine Orientierung an den Strafzwecken wider (s.o.). Die Richtigkeit bzw. Gerechtigkeit der Entscheidung ist daher allein auf das materielle Recht im Sinne der Sanktionsordnung zu beziehen. Gerecht ist die Verurteilung des Schuldigen und der Freispruch des Unschuldigen.⁷¹

Kriterien materialer Gerechtigkeit finden sich jedoch nicht allein im materiellen Strafrecht, sondern auch im Strafprozessrecht. So enthalten die §§ 153, 153a StPO normative Vorgaben darüber, in welchen Fällen eine Bestrafung aus materiellen Gründen (Geringfügigkeit), vor allem aus general- oder spezialpräventiven Strafzweckerwägungen heraus, nicht geboten ist.⁷²

(2) Wahrheitsermittlung

Das materielle Strafrecht kann nicht angewendet werden, ohne zuvor den für die Subsumtion erforderlichen Sachverhalt zu ermitteln. Auch hier geht es nicht um die Ermittlung „irgendeines" Sachverhalts, sondern die „gerechte" Entscheidung hat den wahren Sachverhalt zur Grundlage.⁷³ Von daher verwundert es nicht, dass neben der Verwirklichung von Gerechtigkeit auch die Wahrheitsermittlung als Prozessziel angesehen wird.⁷⁴ Dagegen ist eingewandt worden, dass die Wahrheitsermittlung nur ein Mittel darstellt, um zu einer gerechten Entscheidung zu gelangen.⁷⁵ Das Strafverfahren ziele im Ergebnis nicht auf die Feststellung von Wahrheit, sondern auf eine Entscheidung über die Bestrafung des Täters.⁷⁶

Gegen eine solche Reduzierung der Wahrheitssuche auf ein Instrument des Strebens nach Gerechtigkeit wird angeführt, dass nicht „die Wahrheit", sondern der jeweilige Erkenntnisstand und damit die Nachhaltigkeit der Wahrheitssuche das „gerechte" Ergebnis bestimme; damit erhalte die Wahrheitssuche gegenüber

---

⁶⁹ Zu den Begriffen: *Raiser*, Das lebende Recht (1999), S. 185.
⁷⁰ *Schroeder*, Strafprozessrecht (2001), S. 6; *Weigend*, Deliktsopfer (1989), S. 193f.
⁷¹ *Gärditz*, Strafprozess und Prävention (2003), S. 53.
⁷² *Neumann*, ZStW 101 (1989), 52, 54f., 59: „materiale Gerechtigkeit prozessrechtlicher Normen". Zweckmäßigkeit wird insoweit zum Kriterium für Rechtmäßigkeit, s. *Erb*, Legalität und Opportunität, 1999, S. 50. Zur Berücksichtigung von Strafzweckerwägungen: *Schoreit*, in: KK-StPO (2003), § 153 Rn. 22, 25 m.w.N.; s. auch zu § 154 StPO: *Schoreit*, aaO, § 154 Rn. 8, 17.
⁷³ BVerfGE 57, 250, 275; *Kröpil*, JZ 1998, 135; *Peters*, Strafprozess (1985), S. 82; *Rzepka*, Zur Fairness (2000), S. 304; *Schaper*, Studien (1985), S. 158; *Sternberg-Lieben*, ZStW 108 (1996), 721, 726 (in Fußn. 31).
⁷⁴ *Paeffgen*, Vorüberlegungen (1986), S. 24; *Pfeiffer*, in: KK-StPO (2003), Einleitung Rn. 2; *Eb. Schmidt*, Lehrkommentar zur StPO, Bd. I (1964), Nr. 20; *Stock*, in: Mezger-FS (1954), S. 429, 446f.; *Wolter*, GA 1985, 49, 53.
⁷⁵ *Kaiser*, Beschwer (1993), S. 77; *Schmidhäuser*, in: FS für Eb. Schmidt (1971), S. 511, 512; *Weigend*, Deliktsopfer (1989), S. 178f.
⁷⁶ *Krauß*, in: Schaffstein-FS (1975), S. 411, 412; *Schaper*, Studien (1985), S. 160; *Volk*, Prozessvoraussetzungen (1978), S. 193.

der Gerechtigkeit eine eigenständige Dimension.[77] Daran ist richtig, dass im Strafverfahren nicht „die" Wahrheit ermittelt wird, sondern der Sachverhalt nur unter spezifischen rechtlichen Gesichtspunkten aufgeklärt wird.[78] Im Einzelnen können im Laufe der Untersuchung neue rechtliche Aspekte hinzukommen (z.B. die Frage der Notwehr). Insofern findet sich die Gerechtigkeit auch auf der Voraussetzungsseite der Wahrheit.[79] Dies kann sogar bedeuten, dass auf eine Wahrheitsermittlung verzichtet wird, soweit eine Aufklärung zur Herbeiführung einer materiell gerechten Entscheidung nicht erforderlich ist, wie z.b. bei einer Einstellung nach §§ 153, 154 StPO[80]. Dabei ist der Eigenwert der Aufklärung der Tat für die Herstellung von Rechtsfrieden nicht außer Acht zu lassen.[81] „Wahrheit" ist nach alledem ein maßgeblicher Parameter für die Richtigkeit der verfahrensabschließenden Entscheidung und insofern auch Bestandteil des Prozessziels.[82]

(3) Prozedurale Gerechtigkeit

Nach den bisherigen Ausführungen besteht das Prozessziel in der Herbeiführung einer unter materialen Gesichtspunkten gerechten Entscheidung auf der Grundlage eines als wahr erkannten Sachverhalts. Darüber hinaus könnten auch Elemente der Verfahrensgerechtigkeit als Richtigkeitsmaßstab heranzuziehen sein.

Zur Beantwortung dieser Frage ist an das Verfahrensziel des Grundrechtsschutzes anzuknüpfen. Der Schutz der Grundrechte des Einzelnen wird einerseits dadurch gewährleistet, dass im Strafverfahren eine nach materialen Kriterien richtige Entscheidung angestrebt wird. So dient das Gebot zur Aufklärung des wahren Sachverhalts im Strafverfahren der Sicherung der grundrechtlich verbürgten Freiheit (insbesondere des Art. 2 II GG) und des Schuldprinzips.[83]

Das Gebot des Grundrechtsschutzes erschöpft sich jedoch nicht in der Sicherung einer in der Sache richtigen Entscheidung. Indem die Grundrechte einen materiell-rechtlichen Freiheitsbereich garantieren, den der Einzelne in freier Selbstbestimmung ausfüllen kann, enthalten sie zugleich eine verfahrensrechtliche Komponente: Die Stellung des Einzelnen als Rechtssubjekt ist in den grundrechtsrelevanten Verfahren konsequent umzusetzen.[84] Nach der Rechtsprechung des

---

[77] *Paeffgen*, Vorüberlegungen (1986), S. 19.
[78] *Kaiser*, Beschwer (1993), S. 72; *Krauß*, in: Schaffstein-FS (1975), S. 411, 425, 427; nach Ansicht von *Krauß* werde der Strafrichter durch dogmatisch typisierte Vorgaben (z.B. zum subjektiven Tatbestand) sogar gezwungen, im Hinblick auf diese normativen Raster einen gewissen Realitätsverlust in Kauf zu nehmen und auf eine weitere Aufklärung zu verzichten (aaO, 416f., 419).
[79] *Paeffgen*, Vorüberlegungen (1986), S. 19.
[80] Eine Einstellung nach §§ 153, 154 StPO setzt einen Verdacht voraus, kann aber verfügt werden, ohne dass der Sachverhalt weiter aufzuklären ist, s. *Schoreit*, in: KK-StPO (2003), § 153 Rn. 6f., § 154 Rn. 22.
[81] S.o. S. 14f. (zur Verdachtsklärung und zur Bedeutung der Wahrheitskommissionen).
[82] *Perron*, Beweisantragsrecht (1995), S. 38; *Schaper*, Studien (1985), S. 158.
[83] BVerfGE 57, 249, 275; 70, 297, 308f.; 77, 65, 76; 86, 288, 317.
[84] *Denninger*, in: HStR, Bd. V (2000), § 113 Rn. 27; zum Strafverfahren: *Rieß*, in: Löwe-Rosenberg, StPO (25. Aufl.), Einl. B Rn. 6.

BVerfG ist ein effektiver, das Grundrecht sichernder Rechtsschutz ein wesentliches Element des Grundrechts selbst.[85] Dazu gehört auch ein Anspruch auf eine faire Verfahrensgestaltung.[86] Diese „aktionenrechtliche Sicht der Grundrechte"[87] bringt es mit sich, dass dem Einzelnen im Strafverfahren ein Mindestbestand an Verfahrensrechten einzuräumen ist, um staatliche Eingriffe in seine Grundrechte abzuwehren.[88] Diese Verfahrensrechte gründen sich im vorliegenden Zusammenhang (Strafverfahren) auf die Abwehrfunktion der Grundrechte („status negativus").[89] Ergänzend[90] kann die Rechtsprechung des BVerfG zu den Anforderungen an staatliche Verfahren im Zusammenhang mit aus Grundrechten abgeleiteten staatlichen Schutzpflichten herangezogen werden.[91] Das in den Grundrechten materiell verbürgte Recht auf Selbstbestimmung wird zu einem Verfahrensrecht auf Mitbestimmung.[92] Im Hinblick auf den Schutz von Grundrechten geboten ist zweckrational geleitete Kommunikation zwischen Staat und Bürger[93], in welcher der Entscheidungsprozess für letzteren transparent gemacht und ihm die Chance eröffnet wird, eigene Interessen geltend zu machen und den Inhalt der Entscheidung zu beeinflussen.[94] Die Beteiligung des Angeklagten am Verfahren (Anwesenheit, Recht auf

---

[85] Diese Rechtsprechung wurde im Zusammenhang mit der Eigentumsgarantie (Art. 14 GG) entwickelt (BVerfGE 24, 367, 401; 35, 348, 361; 37, 132, 148; 45, 297, 322, 333) und in der Folge auf andere Grundrechte übertragen (BVerfGE 39, 276, 294f.; 52, 380, 389f. – zu Art. 12 GG; BVerfGE 87, 48, 62 – zum Grundrecht auf Asyl, Art. 16 a GG n.F.; BVerfG, EuGRZ 1994, 591, 592 – zu Art. 2 I GG; s. zuletzt auch BVerfG, StV 2001, 206, 209f. zur grundrechtsschützenden Funktion des Richtervorbehaltes in Art. 13 II GG); s. auch das Sondervotum des Richters *Böhmer* (BVerfGE 49, 220, 228, 235): „Im Grunde ist ein ordnungsgemäßes Verfahren die einzige Möglichkeit, Grundrechte durchzusetzen oder wirksam zu gewährleisten."
Die Durchsetzung von Grundrechten im gerichtlichen Verfahren ist gleichwohl Gegenstand der eigenständigen Rechtsschutzgarantie (Art. 19 IV GG), s. BVerfGE 101, 106, 122; *Maurer*, in: FS 50 Jahre BVerfG (2001), Bd. II, S. 467, 477.
[86] BVerfGE 46, 324, 334f. (zu Art. 14); 52, 380, 389, 390 (zu Art. 12 GG).
[87] *Bethge*, NJW 1982, 1, 6.
[88] BVerfGE 57, 250, 275; *Rzepka*, Zur Fairness (2000), S. 301 f., jeweils unter Bezugnahme auf Art. 1 I GG.
[89] Vgl. *Bethge*, NJW 1982, 1, 7.
[90] Eines Rückgriffs auf die durch das BVerfG aus den Grundrechten abgeleiteten Schutzpflichten – s. *Saliger*, in: L. Schulz, Verantwortung (2000), S. 101, 125 – bedarf es insoweit nicht, s. *Denninger*, in: HStR, Bd. V (2000), § 113 Rn. 4; *Rzepka*, Zur Fairness (2000), S. 299f.: Der Anspruch auf die „Leistung" von Rechtsschutz ist bereits im klassischen System der subjektiven öffentlichen Rechte angelegt. Danach wird die Abwehrfunktion der Grundrechte („status negativus") durch den Anspruch auf Rechtsschutz, dem Zentrum des „status positivus" ergänzt, s. *G. Jellinek*, System (1919), S. 106, 124. Mit der Konstruktion eines „status activus processualis" wurden die verfahrensrechtlichen Konsequenzen aus der Ableitung materieller Leistungs- und Schutzpflichten des Staates aus den Grundrechten gezogen, s. dazu *Häberle*, VVDStRL 30 (1970), 43, 81, 86ff.
[91] S. *L. Schulz*, Normiertes Misstrauen (2001), S. 476f.; *Wolter*, ZStW 107 (1995), 793, 832, jeweils unter Hinweis auf BVerfGE 53, 30 – Mülheim-Kärlich.
[92] *Denninger*, in: HStR, Bd. V (2000), § 113 Rn. 28.
[93] Vgl. BVerfGE 45, 297, 335.
[94] *Denninger*, in: HStR, Bd. V (2000), § 113 Rn. 27, 29; zum Strafverfahren: *Hassemer*, Einführung (1990), S. 87, 139; s. im Einzelnen *Rzepka*, Zur Fairness (2000), S. 154ff., 191ff., 266ff., 340ff. m.w.N.

Verteidigung) erschöpft sich also nicht in der Funktion, zur dialektischen Erkenntnis materieller Wahrheit und Gerechtigkeit beizutragen.[95]

Der Eigenwert der Verfahrensgerechtigkeit lässt sich am deutlichsten anhand der „reinen Verfahrensgerechtigkeit" illustrieren, wie sie dem Glücksspiel oder der Wette zu Eigen ist. Der Ausgang eines Glücksspiels lässt sich nicht nach materiellen Kriterien als „richtig" bezeichnen.[96] Das Ergebnis ist daher auch nicht deshalb gerecht, weil das Verfahren Gewähr für dessen inhaltliche Richtigkeit bietet, sondern weil es bestimmte Regeln eingehalten hat.[97]

Nun ist das Strafverfahren kein Glücksspiel, sondern sein Ergebnis ist an materialen Kriterien der Gerechtigkeit zu messen.[98] Wenn die strafprozessualen Vorschriften gleichwohl als „Spielregeln"[99] bezeichnet werden, soweit diese darauf abzielen, dem Angeklagten die Befugnis verleihen, den Stand des Verfahrens (den „Spielstand") in seinem Sinne zu beeinflussen[100], so liegt dieser Anknüpfung an den Begriff der Fairness die oben genannte Vorstellung zugrunde, den Beschuldigten am Zustandekommen der gerichtlichen Entscheidung mitwirken zu lassen.[101]

Im Strafverfahren bleibt trotz der materiell-rechtlichen Determinanten Raum für eine Legitimation des Ergebnisses mit Hilfe von Elementen der Verfahrensgerechtigkeit. Die richtige Entscheidung über die Bestrafung einer Person steht nicht von vornherein fest und muss nicht nur noch „gefunden" werden. Bereits der relevante Sachverhalt wird auf der Grundlage eines subjektiven Vorverständnisses und selektiver Wahrnehmung „hergestellt".[102] Auch normativ ist die „richtige" Ent-

---

[95] *Rüping*, Rechtliches Gehör (1976), S. 119f., 133; s. dagegen *J. Meyer*, Dialektik (1965), S. 81, 90, 140 und passim; s. auch *Arndt*, NJW 1959, 6, 7.

[96] *Hoffmann*, Verfahrensgerechtigkeit (1992), S. 38; *Rawls*, Eine Theorie der Gerechtigkeit (1993), S. 107.

[97] *Rawls*, Eine Theorie der Gerechtigkeit (1993), S. 107; s. auch *Jansen*, Gerechtigkeit (1998), S. 56.

[98] S. o. S. 18f. *Rawls*, Eine Theorie der Gerechtigkeit (1993), S. 107, sieht das Strafverfahren als ein Beispiel unvollkommener Verfahrensgerechtigkeit an, da es dort keine gesetzliche Regel gibt, mit deren Hilfe man immer zum materiell (einzig) „richtigen" Ergebnis gelangt.

[99] S. auch *Gropp*, JZ 1991, 804, 807; *Sax*, in: Bettermann/Nipperdey/Scheuner, Grundrechte, Bd. III/2 (1959), S. 909, 989; *Eb. Schmidt*, Lehrkommentar zur StPO, Bd. I (1964), Nr. 41; im Gegensatz dazu werden hier als „Spielregeln", die für ein gerechtes Ergebnis konstitutiv sind, nicht sämtliche Verfahrensvorschriften verstanden, s. u. S. 24f. zur Justizförmigkeit; s. auch die Kritik von *Philipps*, in: Bockelmann-FS (1979), S. 831, 842.

[100] *Neumann*, ZStW 101 (1989), 52, 67f.

[101] *Hoffmann*, Verfahrensgerechtigkeit (1992), S. 38, bezeichnet den Begriff der Fairness als „terminologische Variante der prozeduralen Gerechtigkeit".

[102] *Hassemer*, Einführung (1990), S. 83, 85f., 148f.; *Lesch*, ZStW 111 (1999), 624, 625; *E. Müller*, in: Hanack-FS (1999), S. 67, 68; *Ransiek*, Die Rechte des Beschuldigten (1990), S. 94; *Weßlau*, in: Hilger-FS (2003), S. 57, 60f. Gleichwohl ist Wahrheit nicht rein prozedural als rationale Behauptbarkeit unter idealen Umständen, sondern als „unverlierbare Eigenschaft" einer Aussage zu verstehen (*Habermas*, Wahrheit und Rechtfertigung, 1999, S. 50), der rationale Diskurs ist allerdings die einzige Möglichkeit, sich der Wahrheit zu vergewissern (aaO, S. 51), indem das jeweilige Subjekt sie aufgrund eines Lernprozesses selbst erkennt (aaO, S. 54f.). Der Begriff der „Herstellung" (anstelle von Wahrheitsfindung) bringt diese Prozessabhängigkeit der Wahrheit besser zum Ausdruck – es geht um Intersubjektivität, nicht um Objektivität (*Hassemer*, aaO, S. 149) – und bleibt

scheidung nicht vollständig durch das materielle Recht vorherbestimmt, sondern wird erst im Verfahren erzeugt.[103] Die zunehmende Verwendung von Generalklauseln in Straftatbeständen führt dazu, dass das materielle Strafrechts häufig mehrere Auslegungsmöglichkeiten zulässt.[104] Zusätzliche Unwägbarkeiten ergeben sich aus der Möglichkeit der Einstellung aus Gründen der Opportunität (§§ 153 ff. StPO)[105] oder des Absehens von Strafe nach richterlichem Ermessen[106]. Wenngleich der Richter mit dem Anspruch auftritt, seine Entscheidung sei nach materiellen Gesichtspunkten die einzig richtige, so steht diese Entscheidung nicht von Anfang an fest, sondern wird erst im Verfahren auf der Grundlage einer rationalen Auseinandersetzung mit den Argumenten der Verfahrensbeteiligten entwickelt.[107] Die materielle Richtigkeit der Entscheidung kann durch das Strafverfahren letzten Endes weder verbürgt noch erwiesen werden; die Einhaltung der Verfahrensregeln ist hingegen überprüfbar und darin liegt der besondere Wert der Verfahrensrichtigkeit für die Legitimation des Ergebnisses.[108]

---

von der Kritik an einer (vollständigen) Prozeduralisierung des Wahrheitsbegriffs unberührt, s. insoweit *Gössel*, Ermittlung oder Herstellung (2000), S. 14 ff., 18 f.

[103] *Neumann*, ZStW 101 (1989), 52, 56, 70; *Rzepka*, Zur Fairness (2000), S. 304; *Zaczyk*, GA 1988, 356, 363; s. auch *Calliess*, Theorie der Strafe (1974), S. 97, 100 f.: „Prozess als dialogischer Prozess der Normgewinnung"; allgemein zum Gerichtsverfahren: *Hoffmann*, Verfahrensgerechtigkeit (1992), S. 202. Das soll nicht heißen, dass das materielle Recht grundsätzlich erst im Prozess zum konkreten, auf den Sachverhalt anwendbaren Recht wird, so aber *Pawlowski*, ZZP 80 (1967), 345, 368; ähnlich die Kreationstheorie, s. *Sauer*, Prozessrechtslehre (1951), S. 1 f., 18 f. Zu Recht weist *Volk*, Prozessvoraussetzungen (1978), S. 176 f., darauf hin, dass damit auf materiale Gerechtigkeitskriterien völlig verzichtet wird und das Ergebnis ausschließlich über das Verfahren legitimiert wird; eine Entscheidung kann nur „anders" als eine vorangehende, aber nicht materiell „richtig" oder „falsch" sein.

[104] Eine kritische Bestandsaufnahme zur Rechtswirklichkeit des Bestimmtheitsgebots findet sich bei *Süß*, in: Vom unmöglichen Zustand des Strafrechts (1995), S. 207, 209 ff.

[105] S. *Marxen*, Straftatsystem und Strafprozess (1984), S. 319. An die Stelle unbestimmter Rechtsbegriffe tritt das rechtlich gebundene Ermessen, s. dazu *Erb*, Legalität und Opportunität (1999), S. 52 ff.

[106] S. etwa die Vorschriften zur tätigen Reue: §§ 83a, 142 IV, 158, 306e I, 314a I, 320 I, II StGB.

[107] S. dazu *Alexy*, Theorie der juristischen Argumentation (1991), S. 259 ff., 349 ff., 399 ff.; ders., in: ders., Recht, Vernunft, Diskurs (1995), S. 94 ff.; zur regulativen Idee der einzig richtigen Entscheidung: *Alexy*, Theorie (1991), S. 264 ff. Dass das Strafverfahren aufgrund seiner institutionellen Vorgaben nicht die Voraussetzungen für einen herrschaftsfreien, rationalen Diskurs über den strafrechtlichen Vorwurf erfüllt – s. etwa *Rottleuthner*, KJ 1971, 60, 83 ff.; *Arthur Kaufmann*, in: Kielwein-FS (1989), 15, 22 f. –, ist im vorliegenden Zusammenhang irrelevant: Es geht nicht darum, den Beschuldigten als Teilnehmer in einen erkenntnistheoretischen Diskurs einzubeziehen, sondern um seine Chancen, am Zustandekommen ihn betreffender Entscheidungen mitzuwirken, s. *Hassemer*, Einführung (1990), S. 139; s. auch *Arthur Kaufmann*, aaO, 24. Auch für die durch das Strafverfahren vorgegebene „institutionelle Sprechsituation" kann eine Idealvorstellung entwickelt und die Kommunikationsmöglichkeiten des Beschuldigten können mit Blick auf dieses Ideal verbessert werden, s. *Hassemer*, aaO, 135; *Arthur Kaufmann*, aaO, 23 f.; *Schreiber*, ZStW 88 (1976), 117, 143, 146.

[108] *Hassemer*, Einführung (1990), S. 87; s. auch *Schünemann*, in: Pfeiffer-FS (1988), 461, 483, insbesondere 475 ff. (zur Überforderung der Justiz durch das Ziel materieller Wahrheitsfindung).

Die Ausgestaltung des Verfahrens hat daher gegenüber der materiellen Richtigkeit der Entscheidung einen eigenständigen, Gerechtigkeit schöpfenden Wert.[109] Das Strafverfahren zielt also auf eine Entscheidung, die Aspekte der materialen *und* der prozeduralen Gerechtigkeit berücksichtigt.[110] Dieses Ziel wird bei einer Verletzung materiellen Rechts ebenso verfehlt wie bei einem Verstoß gegen grundlegende Gebote der Verfahrensgerechtigkeit.[111]

(4) Justizförmigkeit als Teil der Verfahrensgerechtigkeit?

Sieht man als Ziel des Strafverfahrens die Herbeiführung einer Entscheidung an, die auch den Anforderungen der Verfahrensgerechtigkeit genügt, so liegt es nahe, die Justizförmigkeit des Verfahrens als Bestandteil dieses Zwecks anzusehen. Ziel des Verfahrens wäre danach (auch) die Beachtung der Verfassung und des Strafverfahrensrechts.[112]

Nun wird das Strafverfahren nicht betrieben, „um" das Strafverfahrensrecht einzuhalten.[113] Wenn oben im Hinblick auf die prozedurale Gerechtigkeit ausgeführt worden ist, dass auch Normen des Strafverfahrensrechts maßstabsbildend für eine gerechte Entscheidung sein können, ist damit nur gesagt, dass ein Teil dieser Normen die Qualität der Entscheidung über die Bestrafung einer Person sichert und in diesem Sinne Gerechtigkeit herstellt.

Andere Bestimmungen des Strafverfahrensrechts dienen hingegen nicht diesem Ziel, sondern dem Schutz außerprozessualer Interessen der Gemeinschaft oder des Einzelnen.[114] Soweit der Schutz dieser Interessen mit dem Ziel des Strafverfahrens in Konflikt gerät, ist ebenfalls ein gerechter Ausgleich dieser widerstreitenden Interessen anzustreben. Das Ergebnis dieser Abwägung wird als Gerechtigkeitskonzept in strafprozessualen Normen konkretisiert und damit gewissermaßen festgelegt, bis zu welchem Preis das Strafverfahren betrieben werden soll.[115] Ein derartiges Gerechtigkeitskonzept ist im Schutz des Einzelnen gegen strafprozessuale Grundrechtseingriffe ausgeformt.[116] Die Grundrechte werden insoweit nicht

---

[109] *Hoffmann*, Verfahrensgerechtigkeit (1992), S. 211; *Neumann*, ZStW 101 (1989), 52, 69; *Rzepka*, Zur Fairness (2000), S. 319.

[110] *Neumann*, ZStW 101 (1989), 52, 73 f.; ähnlich *Perron*, Beweisantragsrecht (1995), S. 39 („materielles Strafrecht und Strafverfahrensrecht als gleichberechtigte Partner zur Herstellung einer Wirkungseinheit staatlichen Strafens").

[111] *Neumann*, ZStW 101 (1989), 52, 70; a. A. *Rzepka*, Zur Fairness (2000), S. 317, die allerdings im Ergebnis der Verfahrensgerechtigkeit ebenfalls einen Eigenwert zumisst (aaO, S. 319).

[112] *Beulke*, Strafprozessrecht (2002), Rn. 5; *Pfeiffer*, in: KK-StPO (2003), Einleitung Rn. 2; *Roxin*, Strafverfahrensrecht (1998), S. 2 f.

[113] *Gärditz*, Strafprozess und Prävention (2003), S. 75; *Torka*, Nachtatverhalten (2000), S. 78.

[114] *Gärditz*, Strafprozess und Prävention (2003), S. 75; *Neumann*, ZStW 101 (1989), 52, 61, 63; s. auch *Sternberg-Lieben*, ZStW 108 (1996), 721, 727 („eigenständige Sekundärzwecke"); a. A. wohl die h. M., wonach verschiedene Verfahrensziele gegeneinander abgewogen werden, s. etwa *Roxin*, Strafverfahrensrecht (1998), S. 3 f.

[115] Vgl. BGHSt 14, 358, 365: „Es ist auch sonst kein Grundsatz der Strafprozessordnung, dass die Wahrheit um jeden Preis erforscht werden müsste."; s. auch BGHSt 31, 304, 309.

[116] Z. B. in § 53 I Nr. 1 StPO (Art. 4 GG), § 100a StPO (Art. 10 GG), § 102 StPO (Art. 13 GG);

„durch" das Strafverfahren als Ganzes geschützt, sondern der Einzelne wird „im" Strafverfahren (im Verlauf des Verfahrens) vor verfahrensbegleitenden Grundrechtsverletzungen geschützt.[117] Dementsprechend ist zwischen dem „Hauptprozess", in dem es um den Anklagevorwurf und für den Beschuldigten um seine von Strafe bedrohten Grundrechte geht, und den „Nebenprozessen", in denen die Zulässigkeit von Grundrechtseingriffen zur Durchführung des Strafprozesses überprüft wird, zu unterscheiden.[118] Neben individuellen Rechten können auch öffentliche Interessen der Durchführung eines Strafverfahrens entgegenstehen.[119] Diese Normen bestimmen das Verfahren nur insofern, als sie das Ziel des Strafverfahrens – die Herbeiführung einer gerechten Entscheidung über die Bestrafung – relativieren. Das Streben nach dieser Gerechtigkeit begründet also nicht ein Interesse an der Durchführung eines Strafverfahrens, sondern stellt eine Beschränkung dieses Interesses dar. Die Justizförmigkeit des Verfahrens ist daher als solche kein Ziel des Strafverfahrens.[120]

c) Zwischenergebnis

Das Strafverfahren wird somit durch das Gemeinwohlinteresse an der Verfolgung der Strafzwecke legitimiert. Das Ziel des Strafverfahrens besteht darin, eine gerechte Entscheidung über die Bestrafung einer Person herbeizuführen. Das Verfahren soll Gewähr für die Richtigkeit der Entscheidung bieten und damit einer zielgenauen Verwirklichung der Strafzwecke dienen. Diese Definition des Prozessziels ist freilich nicht abschließend, sondern lässt es zu, in das Strafverfahren die Verfolgung weiterer Ziele zu integrieren.[121] Diese Ziele setzen allerdings ein bereits eingeleitetes Strafverfahren voraus, sind also „akzessorisch".

2. Die Ziele des Verwaltungsverfahrens

Die Erfüllung der staatlichen Aufgabe der Wirtschaftsaufsicht vollzieht sich ebenso wie die Strafverfolgung im Rahmen eines staatlichen Verfahrens. Für das Verständnis dieses Verwaltungsverfahrens[122] sind die mit diesem Verfahren verfolgten

---

zum Begriff des strafprozessualen Grundrechtseingriffs: *Amelung*, JZ 1987, 737ff.; s. auch *Köhler*, ZStW 107 (1995), 10, 14.
[117] Zu dieser Unterscheidung im Verwaltungsverfahren: *Held*, Grundrechtsbezug (1984), S. 64f.; s. auch zum Strafverfahren: *L. Schulz*, Normiertes Misstrauen (2001), S. 476; s. dazu u. S. 39ff.
[118] *Fincke*, ZStW 95 (1983), 918, 920; *Satzger*, JZ 2001, 639, 644.
[119] S. § 153d StPO.
[120] *Gärditz*, Strafprozess und Prävention (2003), S. 75; *Neumann*, ZStW 101 (1989), 52, 61.
[121] *Beling*, Reichsstrafprozessrecht (1928), S. 26 (s. die §§ 403ff. StPO zur Durchsetzung zivilrechtlicher Ansprüche); *Sternberg-Lieben*, ZStW 108 (1996), 721, 728 (zur Rehabilitation des Angeklagten).
[122] Dies schließt die Verfahren zur Durchführung der Besteuerung ein, vgl. *Mösbauer*, Staatsaufsicht (1990), S. 564.

26 B. *Grundlagen: Verfahren und Grundrechte als Rahmen der Informationsverarbeitung*

Ziele von wesentlicher Bedeutung. Zugleich sind es wiederum diese Ziele und die darin sich widerspiegelnden Werte, welche die Durchführung des Verwaltungsverfahrens sachlich rechtfertigen.

a) Legitimation über die öffentliche Aufgabe (Wirtschaftsaufsicht)

Das Verwaltungsverfahren ist darauf ausgerichtet, eine bestimmte Aufgabe öffentlicher Verwaltung mit den der zuständigen Behörde zustehenden Befugnisse im Einzelfall zu erfüllen.[123] Die Zuweisung von Aufgaben und Befugnissen erfolgt durch den parlamentarischen Gesetzgeber, die Verwaltungstätigkeit ist dadurch verfassungsrechtlich legitimiert (Art. 20 II GG) und sachlich-inhaltlich festgelegt.[124] Im vorliegenden Zusammenhang hat sich das Verfahren also an den gesetzlichen Zielen staatlicher Wirtschaftsaufsicht auszurichten und findet in diesen die materielle Grundlage seiner Legitimation.

(1) Ziele der Wirtschaftsaufsicht

Auf der Grundlage dieser Begriffsbestimmung ist zu fragen, welchen Zielen eine so verstandene Wirtschaftsaufsicht dient, d. h. welche Interessen des Gemeinwohls die im Rahmen der staatlichen Wirtschaftsaufsicht vorgenommenen Grundrechtseingriffe rechtfertigen.[125]

Ihre inhaltliche Legitimation findet die Wirtschaftsaufsicht in dem Interesse der Allgemeinheit an der Abwehr von Gefahren, die von der wirtschaftlichen Betätigung des Einzelnen ausgehen.[126] Die Wirtschaftsaufsicht ist Teil der behördlichen Gefahrenabwehr: Wirtschaftsaufsichtsrecht ist „Sonderordnungsrecht".[127] Die Wirtschaftsaufsicht dient insofern – wie die Strafverfolgung – dem Schutz von individuellen und kollektiven Rechtsgütern (z.B. der Umwelt).[128] Der Schutz besonders wichtiger Rechtsgüter kann auch Maßnahmen zur Gefahrenvorsorge oder Risikovorsorge erfordern.[129]

---

[123] *Badura*, in: Erichsen, Allgemeines Verwaltungsrecht (2002), § 38 Rn. 1. Die Abhängigkeit des Verfahrensziels von der jeweiligen Verwaltungsaufgabe betont auch *Wahl*, VVDStRL 43 (1983), 151, 171 f.
[124] *Schmidt-Aßmann*, AöR 116 (1991), 329 ff., 357.
[125] Das Ziel der Wirtschaftsaufsicht kann nicht darin gesehen werden, dass die Einhaltung eines bestimmten Maßstabs sichergestellt wird, denn dieser Maßstab bedarf wiederum seinerseits der Legitimation.
[126] *Mösbauer*, Staatsaufsicht (1990), S. 655; *Scholz*, Wirtschaftsaufsicht (1971), S. 22; s. auch *R. Schmidt*, Öffentliches Wirtschaftsrecht AT (1990), S. 300, 342, die anderen dort angeführten Zwecke lassen sich jedoch bei einer Einbeziehung des Schutzes kollektiver Rechtsgüter (s.u.) in den Begriff der Gefahrenabwehr integrieren.
[127] BVerfGE 41, 344, 355.
[128] *Stober*, Allgemeines Wirtschaftsverwaltungsrecht (2002), S. 244.
[129] *Ehlers*, Ziele der Wirtschaftsaufsicht (1997), S. 62 ff., 65 ff.

Die Staatsaufsicht schließt die Aufgabe ein, eine ordnungsgemäße und vollständige Besteuerung sicherzustellen.[130] Daneben umfasst die bereits erwähnte Aufgabe des kollektiven Rechtsgüterschutzes auch die Sicherung bestimmter Wirtschaftsfunktionen (z.B. Kreditwirtschaft) und marktmäßiger Verhaltensweisen (Wettbewerb).[131] Der Staat übernimmt allerdings keine Verantwortung für die Entstehung dieser Funktionen, er setzt deren Erfüllung durch Private voraus. Wirtschaftsaufsicht knüpft an einen bereits bestehenden Wettbewerb und an eine vorhandene Kredit- oder Versicherungswirtschaft an; ihre Schaffung ist nicht Aufgabe der Wirtschaftsaufsichtsbehörden.[132] Dass es den Einzelnen überlassen bleibt, ob und wie sie sich wirtschaftlich betätigen, findet seine normative Grundlage nicht darin, dass dem öffentlichen Interesse an allgemeiner Bedarfsdeckung durch privates Unternehmertum auf diese Weise am besten zur Durchsetzung verholfen wird[133], sondern in der Gewerbefreiheit.[134]

Dementsprechend ist die Wirtschaftsaufsicht nicht auf einen umfassenden Funktionsschutz gerichtet.[135] Sie sichert vielmehr das Fortbestehen „gesellschaftsautonomer" Wirtschaftsfunktionen in dem jeweils konkreten Erscheinungsbild, indem sie funktionshindernde oder funktionsstörende Einflüsse abwehrt.[136] Die Abgrenzung von globaler Wirtschaftslenkung und punktueller Wirtschaftsaufsicht findet damit auf der Ebene der Zielsetzung ihre Entsprechung. Wirtschaftslenkung zielt auf die umfassende Sicherung von Funktionen; durch soziale Gestaltung schafft sie die Voraussetzung von Freiheit.[137] Wirtschaftsaufsicht ist hingegen „defensives Wächtertum"[138], das erst bei gegebenem Anlass einschreitet, um eine Gefahr (für die Freiheit anderer) abzuwenden oder eine Störung zu beseitigen: Wirtschaftsaufsicht ist grundsätzlich subsidiär.[139]

Dies gilt grundsätzlich auch für die staatliche Regulierung im Gefolge der Privatisierung staatlicher Aufgaben, solange nicht der Fall des Marktversagens eintritt und die unmittelbare staatliche Verantwortung für eine Grundversorgung wieder

---

[130] s. insoweit *Mösbauer*, Staatsaufsicht (1990), S. 556ff.

[131] *Scholz*, Wirtschaftsaufsicht (1971), S. 16f.; s. auch *R. Schmidt*, Öffentliches Wirtschaftsrecht AT (1990), S. 342; s. zu den entsprechenden Rechtsgütern des Wirtschaftsstrafrechts (Erhaltung der Finanzwirtschaft, Kreditwirtschaft etc.): *Tiedemann*, JuS 1989, 689, 691.

[132] *Scholz*, Wirtschaftsaufsicht (1971), S. 18f.; a.A. *E. Stein*, Wirtschaftsaufsicht (1967), S. 50 („Garantenstellung" des Staates für Bedarfsdeckung).

[133] *E. Stein*, Wirtschaftsaufsicht (1967), S. 26, 58, 79, und passim; dementsprechend wird die öffentlich-rechtliche (!) „Leitungsmacht" des Unternehmers nicht aus den Grundrechten, sondern aus dem Sozialstaatsgebot abgeleitet (aaO, S. 55).

[134] S. die ausführliche Kritik von *Gröschner*, Überwachungsrechtsverhältnis (1992), S. 46ff., insbesondere S. 57ff., S. 64 („Sozialisierung von Freiheit").

[135] *Gröschner*, Überwachungsrechtsverhältnis (1992), S. 66; a.A. *E. Stein*, Wirtschaftsaufsicht (1967), S. 26 (Schutz der Funktionsfähigkeit der Gesamtwirtschaft).

[136] *Scholz*, Wirtschaftsaufsicht (1971), S. 20f., 23.

[137] *Gröschner*, ThürVBl 1996, 217, 220.

[138] *Scholz*, Wirtschaftsaufsicht (1971), S. 21, im Gegensatz zur „offensiven Wirtschaftslenkung"; ebenso: *Mösbauer*, Staatsaufsicht (1990), S. 655; s. dagegen *E. Stein*, Wirtschaftsaufsicht (1967), S. 15, der Aufsicht und Lenkung nur nach der Intensität der Einwirkung unterscheidet.

[139] *Mösbauer*, Staatsaufsicht (1990), S. 602f., 628.

auflebt.[140] Solange die Marktteilnehmer zu einer solchen Grundversorgung grundsätzlich in der Lage sind, zielt Regulierung auf zweierlei: die Sicherung eines chancengleichen Wettbewerbs und die Abwehr bereichsspezifischer Gefahren.[141] Wirtschaftsaufsicht ist daher auf die Abwehr von Gefahren gerichtet, die von gesetzlich bestimmten Verhaltens- oder Zustandsstörern herrühren.[142] Die Ahndung von Zuwiderhandlungen, die in der Vergangenheit liegen (Strafverfolgung i.w.S., s.o.), fällt dagegen nicht unter diesen Begriff.[143] Strafverfolgung und Wirtschaftsaufsicht haben aber eine gemeinsame Legitimationsbasis: den Schutz von Rechtsgütern vor Gefahren durch wirtschaftliche Tätigkeit. Die Strafverfolgung ist repressive Tätigkeit im Hinblick auf vergangenes Verhalten, die Wirtschaftsaufsicht unmittelbare Prävention und auf die zukünftige bzw. gegenwärtige wirtschaftliche Betätigung bezogen. Für die Beurteilung von Gefahren kann freilich auch vergangenes Verhalten zu berücksichtigen sein.[144]

Das Verwaltungsverfahren hat also zum Ziel, eine „richtige" Entscheidung über die Einleitung von Maßnahmen zur Abwehr von aus wirtschaftlicher Tätigkeit resultierenden Gefahren hervorzubringen (Richtigkeitsgewähr).[145]

(2) Wahrung subjektiver Rechte

Das Verwaltungsverfahren dient – wie das Strafverfahren – auch dem Schutz von Grundrechten. Ziel des Verfahrens ist es, bei der Abwehr von Gefahren eine Verletzung von Grundrechten des von den Maßnahmen Betroffenen zu vermeiden und seine subjektiven Rechte zu wahren.[146] Das Verwaltungsverfahren ist also auch in Bezug auf die von der Entscheidung möglicherweise berührten Grundrechtspositionen auf die Herstellung eines „richtigen" Verfahrensergebnisses gerichtet.[147]

---

[140] Z.B. im Bereich der Telekommunikation, s. § 2 II Nr. 3 TKG und dazu *Gramlich*, VerwArch 88 (1997), 598, 625, 641 f.

[141] Zum TKG: *Gramlich*, VerwArch 88 (1997), 598, 632 f., 641. Soweit sich die Regulierung dabei „punktuell berichtigender" Eingriffe bedient, handelt es sich um Wirtschaftsaufsicht im vorliegenden Sinne; *Büdenbender*, Energierechtsreform (1999), S. 217, spricht insofern in Bezug auf die Wirtschaftsaufsicht nach dem KWG, PBefG, TKG und VAG einheitlich von „begrenzter Wirtschaftslenkung"; s. auch *Gröschner*, LdWR W 840 (Stichwort Wirtschaftsüberwachung), S. 7 (zum PBefG); a.A. (Wirtschaftslenkung): *Ehlers*, Ziele der Wirtschaftsaufsicht (1997), S. 67.

[142] *Gröschner*, Überwachungsrechtsverhältnis (1992), S. 127.

[143] Anders z.B. *Battis/Gusy*, Öffentliches Wirtschaftsrecht (1983), S. 196; *R. Schmidt*, Öffentliches Wirtschaftsrecht AT (1990), S. 300.

[144] *E. Stein*, Wirtschaftsaufsicht (1967), S. 18.

[145] Allgemein zum Ziel des Verwaltungsverfahrens: *Badura*, in Erichsen, Allgemeines Verwaltungsrecht (2002), § 33 Rn. 2; *Holznagel*, in: Hoffmann-Riem/Schmidt-Aßmann, Effizienz (1998), S. 205, 227; *Ossenbühl*, NVwZ 1982, 465, 466; *Pitschas*, Verwaltungsverantwortung (1990), S. 315; *Schmidt-Aßmann*, in: HStR, Bd. III (1996), § 70 Rn. 3; *Schoch*, Die Verwaltung 1992, 21, 25; *Weyreuther*, in: Sendler-FS (1991), 183.

[146] *Held*, Grundrechtsbezug (1984), S. 41 ff.; *Maurer*, Allgemeines Verwaltungsrecht (2002), § 19 Rn. 9.

[147] *Bergner*, Grundrechtsschutz (1998), S. 118.

Aus diesem Grund werden die Verwirklichung der Verwaltungsaufgaben und die Wahrung subjektiver Rechte als die zwei zentralen Funktionen des Verwaltungsverfahrens bezeichnet.[148]

b) Maßstäbe für „Richtigkeit"

Das Ziel des Verwaltungsverfahrens besteht also darin, zur Erfüllung der öffentlichen Aufgabe (Wirtschaftsaufsicht) und zur Wahrung subjektiver Rechte die Richtigkeit der verfahrensabschließenden Entscheidung zu gewährleisten. Auf die Maßstäbe, nach denen die Richtigkeit der Entscheidung im Verwaltungsverfahren zu beurteilen ist, soll im Folgenden eingegangen werden.

(1) Materielle Rechtmäßigkeit

Ob die das Verwaltungsverfahren abschließende Entscheidung richtig oder falsch ist, ist zunächst anhand materieller Kriterien zu beurteilen. Das Verwaltungsverfahren zielt auf einen unter materiellen Gesichtspunkten gerechten Ausgleich zwischen dem öffentlichen Interesse an Gefahrenabwehr und den betroffenen Grundrechtspositionen. Die für eine Entscheidung erforderlichen Gerechtigkeitskriterien finden sich in den gesetzlichen Vorgaben des positiven Verwaltungsrechts.[149] Das Verwaltungsverfahren dient der Verwirklichung und Konkretisierung des materiellen Verwaltungsrechts.[150] Dieses bedarf, soweit es nicht konkrete Rechte und Pflichten des Einzelnen begründet, sondern nur generelle Regeln zu deren Konkretisierung durch die zuständige Behörde aufstellt, des staatlichen Vollzuges im Verwaltungsverfahren und ist insoweit „verfahrensabhängig".[151]

(2) Zweckmäßigkeit, Effektivität, Effizienz, Optimalität

Handelt die Aufsichtsbehörde auf der Grundlage einer Ermessensnorm, so sind deren rechtliche Vorgaben allein nicht ausreichend, um die Entscheidung der Behörde als richtig oder falsch zu charakterisieren: Die Ablehnung eines Einschreitens ist unter dem Aspekt der Rechtmäßigkeit zunächst ebenso richtig wie – bei Vorliegen der tatbestandlichen Voraussetzungen – der Erlass eines Verwaltungsaktes.[152] Die Tätigkeit der Verwaltungsbehörde erschöpft sich gerade nicht in der Vollziehung der Gesetze im Sinne einer automatischen Subsumtionstätigkeit, sondern die Verwaltung konkretisiert und verwirklicht in eigener Verantwortung als

---

[148] *Badura*, in: Erichsen, Allgemeines Verwaltungsrecht (2002), § 33 Rn. 2; *Schoch*, Die Verwaltung 1992, 21, 23 ff., 25 ff.; s. auch *Wahl*, VVDStRL 41 (1983), 151, 159 ff. (Verwaltungseffizienz und Rechtsschutzauftrag).

[149] *Held*, Grundrechtsbezug (1984), S. 35; *Pitschas*, Verwaltungsverantwortung (1990), S. 313.

[150] *Hill*, Verwaltungsverfahrensgesetz (1987), S. 18; *Maurer*, Allgemeines Verwaltungsrecht (2002), § 19 Rn. 8; *Schoch*, Die Verwaltung 1992, 21, 25

[151] *Wahl*, VVDStRL 41 (1983), 151, 153.

[152] *Maurer*, Allgemeines Verwaltungsrecht (2002), § 7 Rn. 7 f.

zweite Staatsgewalt[153] die gesetzlichen Wertungen im Einzelfall.[154] Der angesprochene Entscheidungsspielraum ist jedoch kein Freibrief, die Verwaltungsbehörde ist auch im Rahmen dieses Spielraums rechtlich verpflichtet, die Entscheidung zu treffen, die sie in Anbetracht der Normzwecke für die richtige und beste hält.[155] Bei einer Ermessensentscheidung tritt neben die Rechtmäßigkeit der Maßnahme als weiteres Kriterium materieller Richtigkeit deren Zweckmäßigkeit.[156] In dieser Ausrichtung auf reale Ziele („Sachzugewandtheit") kommt das dynamische, gestaltende Element der Verwaltungstätigkeit zum Vorschein.[157] Der unzweckmäßige Verwaltungsakt, der, ohne ermessensfehlerhaft oder sonst rechtswidrig zu sein, den von der Verwaltungsbehörde zu verfolgenden Zwecken nicht voll oder sogar übervoll entspricht[158], ist insofern „unrichtig" und als Verstoß gegen einen das Verwaltungshandeln regelnden Rechtssatz (vgl. § 68 I S. 1 VwGO) auch rechtswidrig.[159]

Bei der Entscheidung über die Zweckmäßigkeit einer Maßnahme spielt deren Effektivität und Effizienz eine maßgebliche Rolle. Das Gebot effektiven Handelns besagt, dass – im Rahmen des rechtlich Zulässigen – für eine bestmögliche Erfüllung der öffentlichen Aufgabe zu sorgen ist (Maximierungsgebot).[160] Das Gebot effizienten Verwaltungshandelns verlangt hingegen, ein bestimmtes Ziel mit dem geringstmöglichen Aufwand an Mitteln zu erreichen (Minimierungsgebot).[161] Unter dem Gesichtspunkt effizienten Verwaltungshandelns kann es aus Gründen der Wirtschaftlichkeit zweckmäßig sein, von einem ordnungsbehördlichen Einschreiten zur Gefahrenabwehr abzusehen.[162] Effektivität und Effizienz sind dabei auf vorgegebene Werte bezogen, nämlich die o.g. öffentlichen Interessen an der Aufgabenerfüllung einerseits und der Schonung von Ressourcen andererseits. Sie können

---

[153] S. insoweit BVerfGE 49, 89, 125 f.; 68, 1, 86 f.

[154] *Rupp*, Grundfragen (1991), S. 200 ff., 208 f.; *Schmidt-Aßmann*, AöR 116 (1991), 329, 364; zur Wirtschaftsaufsicht: *Stober*, in: Blümel/Pitschas, Verwaltungsverfahren (1997), S. 131, 152.

[155] *Ehlers*, in: Erichsen, Allgemeines Verwaltungsrecht (2002), § 1 Rn. 48; *Gerhardt*, in: Ziekow, Handlungsspielräume der Verwaltung (2000), S. 57, 59 f.; *Held*, Grundrechtsbezug (1984), S. 44; *Rupp*, Grundfragen (1991), S. 210 ff. (s. dort auch zur Ablehnung der grundsätzlichen Unterscheidung von Gesetzesanwendung und Ermessensausübung, S. 200 ff.); s. ferner gegen „gesetzesfreie Räume" der Verwaltung: *Schmidt-Aßmann*, VVDStRL 34 (1976), 221, 230 f.

[156] *Hoffmann-Riem*, in: Hoffmann-Riem/Schmidt-Aßmann, Innovation (1994), S. 9, 27.

[157] *Held*, Grundrechtsbezug (1984), S. 36 f. m.w.N.

[158] S. die Definition des unzweckmäßigen Verwaltungsakts bei *Wolff/Bachof/Stober*, Verwaltungsrecht, Bd. 2 (2000), § 49 Rn. 75.

[159] *Ehlers*, in: Erichsen, Allgemeines Verwaltungsrecht (2002), § 1 Rn. 48. Die gerichtliche Kontrolle ist insoweit allerdings eingeschränkt (s. § 114 VwGO); dort wird die begriffliche Unterscheidung von Rechtmäßigkeit (i.e.S.) und Zweckmäßigkeit bedeutsam.

[160] *Ehlers*, in: Erichsen, Allgemeines Verwaltungsrecht (2002), § 1 Rn. 33; *Hoffmann-Riem*, in: Hoffmann-Riem/Schmidt-Aßmann, Effizienz (1998), S. 11, 18 f.; *Wahl*, VVDStRL 41 (1983), 151, 163.

[161] *Ehlers*, in: Erichsen, Allgemeines Verwaltungsrecht (2002), § 1 Rn. 33; *Hoffmann-Riem*, in: Hoffmann-Riem/Schmidt-Aßmann, Effizienz (1998), S. 11, 18 f., 23 (Effizienz als Optimierungsgebot); zu den Ressourcendimensionen, ebenda, S. 28 ff.

[162] *Hoffmann-Riem*, in: Hoffmann-Riem/Schmidt-Aßmann, Effizienz (1998), S. 11, 47; *Papier*, in: Hoffmann-Riem/Schmidt-Aßmann, Effizienz (1998), S. 231, 241.

nicht aus sich heraus bestimmen, welches Maß an öffentlicher Sicherheit zu gewährleisten ist und welche Mittel der Staat für diese Aufgabe bereitzustellen hat.[163]

Unter Berücksichtigung der Kriterien der Zweckmäßigkeit, Effektivität und Effizienz ist unter den betroffenen öffentlichen und privaten Interessen im Rahmen der rechtlichen Vorgaben ein optimaler Ausgleich zu finden. Das Verfahren dient nicht mehr allein der Rechtsfindung, sondern der Herbeiführung „der" optimalen Entscheidung (Optimalität als Verfahrensziel).[164] Dieses Optimierungsproblem wird anschaulich als „magisches Vieleck" bezeichnet.[165]

(3) Wahrheitsermittlung

Das Verwaltungsverfahren besteht zu einem wesentlichen Teil aus der Gewinnung und Verarbeitung von Information.[166] Die Aufklärung der entscheidungserheblichen Tatsachen ist Voraussetzung der materiell zutreffenden Entscheidung.[167] Die Wahrheit der ermittelten Tatsachen ist entscheidendes Kriterium für die Richtigkeit der verfahrensabschließenden Entscheidung. Die Ermittlung von Tatsachen und deren rechtliche Bewertung lassen sich im Verfahrensablauf nicht strikt voneinander trennen, sondern stehen in wechselseitiger Abhängigkeit.[168] Die Ermittlung der Wahrheit ist jedoch insofern dem Interesse an der rechtlich „richtigen" Entscheidung nachgeordnet, als sie nur die für die Entscheidung erheblichen Tatsachen umfasst und auf die verfahrensabschließende normative Bewertung ausgerichtet ist. Anders als im Strafverfahren hat die Aufklärung des Sachverhalts unter dem Aspekt der friedensstiftenden Wirkung keinen Eigenwert, da die Ermittlung der Wahrheit für sich allein der bestehenden Gefahr nicht entgegenwirkt. Aus der Sicht des Betroffenen liegt im Strafverfahren bereits in der Feststellung des Sachverhaltes, der den Schuldvorwurf trägt, ein Eingriff in das allgemeine Persönlichkeitsrecht, während dies im Verwaltungsverfahren regelmäßig nicht der Fall ist. Aufgrund der Bedeutung der wahren Tatsachengrundlage für eine richtige Entscheidung ist jedoch auch die Wahrheit konstitutiv für eine richtige Entscheidung und insofern Bestandteil des Verfahrensziels.[169]

---

[163] *Hoffmann-Riem*, in: Hoffmann-Riem/Schmidt-Aßmann, Effizienz (1998), S. 11, 18. Das öffentliche Interesse an der Aufgabenerfüllung gebietet allerdings ein Mindestmaß an Effektivität (vgl. BVerfGE 38, 105, 118 – für das Strafverfahren; 45, 297, 335 – für das Enteignungsverfahren).
[164] *Ossenbühl*, NVwZ 1982, 465f.; *Würtenberger*, VVDStRL 58 (1998), 139, 166.
[165] *Stober*, in: Blümel/Pitschas, Verwaltungsverfahren (1997), S. 131, 152f.; *Wahl*, VVDStRL 41 (1983), 151, 157.
[166] S. die Definition des Verwaltungsverfahrens bei *Schmidt-Aßmann*, in: HStR, Bd. III (1996), § 70 Rn. 1: „planvoll geordnete Vorgänge der Informationsgewinnung und -verarbeitung, die in der Verantwortung eines Trägers öffentlicher Verwaltung ablaufen und der Hervorbringung administrativer Entscheidungen dienen."
[167] *J.P. Schneider*, Nachvollziehende Amtsermittlung (1991), S. 89.
[168] *Gerhardt*, in: Ziekow, Handlungsspielräume der Verwaltung (2000), S. 57, 61 f. (Forderung nach Verortung der Tatsachenermittlung im materiellen Recht).
[169] *Pitschas*, Verwaltungsverantwortung (1990), S. 313, 318.

(4) Prozedurale Gerechtigkeit, Konsens, Akzeptanz

Die vorangegangenen Ausführungen haben für die Richtigkeit der verfahrensabschließenden Entscheidung allein materiale Kriterien benannt: Rechtmäßigkeit, Zweckmäßigkeit, Wahrheit. Richtig ist die in der Sache richtige Entscheidung. Wie im Strafverfahren könnte daneben die Richtigkeit des Verfahrens, die Verfahrensgerechtigkeit, ein Maßstab für die Richtigkeit der abschließenden Entscheidung sein.

Verfahrensgerechtigkeit kann zunächst allein in der Ausrichtung auf Sachrichtigkeit begriffen werden: So ist typischerweise das Verfahren der Ort rationaler Entscheidungsbildung, in dem Sachprobleme erfasst, Konflikte verarbeitet, Überzeugungen gebildet und in Entscheidungen umgesetzt werden.[170] Eine optimale Entscheidung über einen Ausgleich der öffentlichen und privaten Interessen kann am Besten erfolgen, wenn die Betroffenen diese Interessen und ihre (subjektive) Wertigkeit im Verfahren darlegen können. Die Beteiligung der Betroffenen kann zu einer qualitativen Verbesserung der Entscheidungsfindung beitragen.[171] Unter Umständen ergeben sich Möglichkeiten einer konsensualen Problemlösung; der gefundene Konsens wäre in diesem Fall Indiz einer geglückten Interessenoptimierung.[172] Verfahrensrichtigkeit wird auf diese Weise zur Sachrichtigkeit.[173]

Die Richtigkeit des Verfahrens geht aber über eine „dienende" Funktion in Bezug auf das sachrichtige Ergebnis hinaus.[174] Die Mitwirkungsrechte des betroffenen Grundrechtsträgers setzen die in den Grundrechten garantierte materielle Rechtsposition in eine verfahrensrechtliche Subjektstellung um.[175] Die Notwendigkeit eines solchen Gesprächs zwischen Verwaltung und Bürger entspricht dem grundgesetzlichen Verständnis der Stellung des Bürgers im Staat.[176] Er soll nicht „verwaltet", sondern in den Entscheidungsprozess integriert werden[177], indem ihm im Verfahren die Möglichkeit eröffnet wird, einen kommunikativen Gegenpol zur staatlichen Herrschaft zu bilden.[178] Die Richtigkeit des Verwaltungsverfahrens und seines Ergebnisses hat sich daher auch an den Maßstäben der Verfahrensge-

---

[170] *Pitschas*, Verwaltungsverantwortung (1990), S. 233.
[171] *Püttner*, Verwaltungslehre (2000), S. 308f. (Einbringung zusätzlicher Informationen und Ideen; das gründlichere, transparentere und objektivere Entscheidungsverfahren; stärkere Akzeptanz); zur Effizienz durch Beteiligung: *Wahl*, VVDStRL 41 (1983), 151, 164; *Hufen*, NJW 1982, 2160, 2169.
[172] *Hoffmann-Riem*, Konfliktmittler (1989), S. 6.
[173] *Ossenbühl*, NVwZ 1982, 465, 466.
[174] *Bergner*, Grundrechtsschutz (1998), S. 124; *Ossenbühl*, NVwZ 1982, 465, 466: Die Beteiligung von betroffenen Grundrechtsträgern dient nicht nur der Aufklärung, sondern hat einen Eigenwert.
[175] *Bergner*, Grundrechtsschutz (1998), S. 126; *Denninger*, in: HStR, Bd. V (2000), § 113 Rn. 27f., 31. So wird aus dem betroffenen Grundrecht ein Recht auf Anhörung im Verwaltungsverfahren abgeleitet: *Schmidt-Aßmann*, AöR 116 (1991), 329, 373.
[176] BVerfGE 45, 297, 335; *Schmidt-Aßmann*, HStR, Bd. III (1996), § 70 Rn. 4.
[177] *Ossenbühl*, NVwZ 1982, 465, 466; s. auch *J. P. Müller*, in: Eichenberger-FS (1982), 169, 173, 174f. (Humanisierung des politischen und rechtlichen Prozesses durch „structural due process").
[178] *Pitschas*, Verwaltungsverantwortung (1990), S. 227f., 234; s. auch *Würtenberger*, NJW 1991, 257, 261 („responsive Demokratie").

rechtigkeit, insbesondere der Fairness, auszurichten.[179] Die „richtige" Entscheidung steht nicht von Anfang an fest, sondern wird erst im und durch das Verfahren hervorgebracht.[180] Mit nachlassender Steuerungsintensität und Steuerungsfähigkeit[181] durch das materielle Recht nimmt die Bedeutung der Verfahrensgerechtigkeit zu. Das Entscheidungsverfahren wird zur „Legitimationsreserve"[182], die in wachsendem Maße aus sich heraus die Begründungs- und Legitimationsleistung im Hinblick auf das richtige Ergebnis erbringen soll.[183] Dem Ziel, durch das Verfahren eine auch unter prozeduralen Aspekten richtige Entscheidung hervorzubringen, ist auch das Streben nach Akzeptanz[184] und Konsens[185] zuzuordnen.[186] Diese können der Entscheidung ergänzende Legitimation verschaffen[187], sind jedoch nur im Rahmen der rechtlichen Vorgaben anzustreben.[188]

Ziel des Verwaltungsverfahrens ist demnach die nach materiellen Kriterien und unter dem Aspekt der Verfahrensgerechtigkeit richtige Entscheidung.[189] Dies

---

[179] *Pitschas*, Verwaltungsverantwortung (1990), S. 221 ff., 234.
[180] *Schoch*, Die Verwaltung 1992, 21, 47; s. auch *Pitschas*, Verwaltungsverantwortung (1990), S. 230 („Entdeckungsverfahren"). Der Entscheidende tritt gleichwohl mit dem Anspruch auf, seine Entscheidung sei die richtige; zur regulative Idee der einzig richtigen Entscheidung s.o. Fußn. 107. Die Kritik am „Dogma" der einzig richtigen Entscheidung (s. etwa *Pitschas*, aaO, S. 161) wird insoweit gegenstandslos.
[181] *Hoffmann-Riem*, in: Hoffmann-Riem/Schmidt-Aßmann, Reform (1993), S. 115, 135 f.; *Trute*, in: Schuppert, Jenseits von Privatisierung (1999), S. 11, 16 f. m.w.N.
[182] *Pitschas*, Verwaltungsverantwortung (1990), S. 233.
[183] *Wahl*, VVDStRL 41 (1983), 151, 158. Die Ausgestaltung des Verfahrens erlangt um so größeres Gewicht, je weniger präzise (und justitiable) Vorgaben das materielle Recht für das Entscheidungsergebnis macht: BVerfGE 53, 30, 74 f.; *Grimm*, NVwZ 1985, 865, 866; *Saliger*, in: L. Schulz, Verantwortung (2000), S. 101, 126; *Schoch*, Die Verwaltung 1992, 21, 28.
[184] *Ossenbühl*, NVwZ 1982, 465, 466; *Pitschas*, Verwaltungsverantwortung (1990), S. 313; *Würtenberger*, NJW 1991, 257, 260 f.
[185] *Held*, Grundrechtsbezug (1984), S. 61 f.; *Holznagel*, in: Hoffmann-Riem/Schmidt-Aßmann, Effizienz (1998), S. 205, 227; *Ossenbühl*, NVwZ 1982, 465, 466; *Pitschas*, Verwaltungsverantwortung (1990), S. 313; *Schmidt-Aßmann*, in: HStR, Bd. III (1996), § 70 Rn. 3.
[186] Konsens und Akzeptanz können außerdem unter Effizienzgesichtspunkten eine Rolle spielen, da sie eine zügige Umsetzung der Entscheidung ermöglichen und langwierige und kostenintensive Gerichtsverfahren vermeiden (s. *Würtenberger*, NJW 1991, 257, 261). Umgekehrt führt eine effiziente Verwaltungstätigkeit wiederum zu mehr Akzeptanz, s. *Hoffmann-Riem*, in: Hoffmann-Riem/Schmidt-Aßmann, Effizienz (1998), S. 11, 39.
[187] Vgl. *Hoffmann-Riem*, Konfliktmittler (1989), S. 5 f. (Akzeptanz und Konsens ergänzen Rechtmäßigkeit); weitergehend *Pitschas*, Verwaltungsverantwortung (1990), S. 216 ff., 234, 313, 749. Demokratische Legitimationsdefizite können jedoch weder durch Akzeptanz noch durch Konsens im Verwaltungsverfahren kompensiert werden, s. *Ossenbühl*, NVwZ 1982, 465, 466; *ders.*, Gutachten B, in: Verhandlungen zum 50. DJT (1974), B 122, 124 ff.; *Schmitt-Glaeser*, VVDStRL 31 (1973), 179, 220. Die Beteiligung des betroffenen Grundrechtsträgers hat eine verfahrensimmanente legitimatorische Bedeutung für das Verfahrensergebnis, kann jedoch nicht die Verwaltungstätigkeit als solche legitimieren, s. *Schmidt-Aßmann*, AöR 116 (1991), 329, 370 f., 373.
[188] *Bauer*, VerwArch 78 (1987), 241, 262; *Hoffmann-Riem*, Konfliktmittler (1989), S. 72. *Schoch*, Die Verwaltung 1992, 21, 32, bezeichnet die Akzeptanz daher als „bedingtes" Verfahrensziel. Konsens und Kooperation werden hingegen als Instrumente des Verwaltungshandelns angesehen (aaO, 31).
[189] *Hufen*, Fehler (2002), Rn. 17; *Pitschas*, Verwaltungsverantwortung (1990), S. 317, 221 ff. Dies gilt auch für gebundene Entscheidungen (*Hufen*, aaO, Rn. 16); zur wechselseitigen Ergänzung von

schließt ein, im Rahmen der rechtlichen Möglichkeiten eine Lösung zu suchen, die auf Konsens oder zumindest Akzeptanz der Beteiligten stoßen kann.

c) Zwischenergebnis

Das Ziel des Verwaltungsverfahrens ist es, eine zur Erfüllung der öffentlichen Aufgabe der Wirtschaftsaufsicht und zur Wahrung subjektiver Rechte Betroffener richtige Entscheidung herbeizuführen. Richtig ist die Entscheidung, die unter materiellen und prozeduralen Gesichtspunkten gerecht und rechtmäßig ist, auf einer wahren Tatsachengrundlage beruht und in diesem Rahmen zweckmäßig ist, indem sie zu einem optimalen Ausgleich der betroffenen Interessen führt.

3. Fazit

Die Untersuchung der Ziele von Strafverfahren und Verwaltungsverfahren hat Gemeinsamkeiten und Unterschiede zum Vorschein gebracht. Gemeinsam ist beiden Verfahren das Ziel, eine „richtige" verfahrensabschließende Entscheidung hervorzubringen.[190] Diese Richtigkeit bezieht sich zunächst auf die mit der verfahrensgegenständlichen hoheitlichen Maßnahme verfolgten Ziele und die Wahrung subjektiver Rechte. Sie ist an den Maßstäben der materialen Gerechtigkeit des positiven Rechts, der Wahrheit und der Verfahrensgerechtigkeit[191] zu messen. Genauere Beachtung verdienen die Unterschiede.

a) Wahrheit im Strafverfahren

Anders als im Verwaltungsverfahren kommt der Wahrheit im Strafverfahren eine eigenständige Bedeutung zu. Bereits die Aufklärung des Verdachts einer Straftat entfaltet eine befriedende Wirkung. Nur so ist es zu erklären, dass die Einrichtung von Wahrheitskommissionen aus rechtsvergleichender Sicht – zumindest teilweise – ein funktionales Äquivalent zur strafrechtlichen Aufarbeitung von staatlichem Systemunrecht darstellen.[192] Andererseits erleidet der Einzelne bereits mit der

---

materiellem und prozeduralem Recht: *Pitschas*, aaO, S. 160ff. Dem widerspricht auch nicht die Orientierung der Fehlerlehre des deutschen Verwaltungsrechts an der Auswirkung auf das Entscheidungsergebnis, vgl. *Holznagel*, in: Hoffmann-Riem/Schmidt-Aßmann, Effizienz (1998), S. 205, 220 m.w.N., denn mit dieser Regelung wird der verfahrensimmanente Zielkonflikt zwischen Rechtssicherheit und materieller Gerechtigkeit auf der einen und der Verfahrensgerechtigkeit auf der anderen Seite aufgelöst, aber nicht die Bedeutung der letzteren schlechthin negiert.

[190] S. auch *Weßlau*, in: Hilger-FS (2003), S. 57, 60.

[191] Auf den ersten Blick mag das Strafverfahren durch die Einräumung besonderer Verfahrensrechte mehr Gewähr für Verfahrensgerechtigkeit bieten als das Verwaltungsverfahren, s. *Weßlau*, in: Hilger-FS (2003), S. 11, 60f. Andererseits ist das Verwaltungsverfahren grundsätzlich offen für konsensuale Lösungen – s.u. S. 36 –, was unter dem Aspekt der Verfahrensgerechtigkeit positiv zu würdigen ist.

[192] S. *Arnold*, in: Eser/Arnold, Systemunrecht, Bd. 1 (2000), S. 11, 12ff., und die Diskussionsbei-

Feststellung des Sachverhaltes, der dem Schuldvorwurf zugrunde liegt, einen gravierenden Ehrverlust. Dieser selbständige Eingriff in das allgemeine Persönlichkeitsrecht (Art. 2 I i.V.m. Art. 1 I GG) ist als Teil des Verfahrensergebnisses nur gerecht, wenn der festgestellte Sachverhalt wahr ist.

b) Zweckmäßigkeit im Verwaltungsverfahren

Im Unterschied zum Strafverfahren wird das Verwaltungsverfahren durch den Parameter der Zweckmäßigkeit geprägt. Der Grund dafür liegt in der Ausrichtung der Verwaltungstätigkeit auf die Gestaltung eines konkreten, realen Sachverhalts, nämlich die Abwendung einer Gefahr bzw. die Beseitigung eines Schadens („Sachzugewandtheit"[193]). Hinzu tritt die Zielvorstellung der Optimalität mit den Aspekten der Effektivität und der Effizienz.

Das Strafverfahren ist zwar im Ergebnis ebenfalls an der tatsächlichen Erreichung von Zwecken (durch Repression vermittelte Prävention von Straftaten) ausgerichtet – Ziel ist nicht Rechtsfrieden kraft normativer Dezision[194] –, aber das Erreichen dieser mit der Strafe bezweckten Wirkungen in der Realität kann nicht, schon gar nicht im einzelnen Strafverfahren, überprüft werden.[195] Im Ergebnis wird die Zielerreichung damit weitgehend gleichbedeutend mit der Erfüllung eines Normprogramms[196], das der Gesetzgeber im Rahmen seines Einschätzungsspielraums zur Verwirklichung der Strafzwecke für geeignet und geboten erachtet. Das Ziel einer effektiven Strafverfolgung[197] ist dementsprechend auf die Verwirklichung dieses materiell-rechtlichen Normprogramms bezogen. Die Zweckmäßigkeit einer strafrechtlichen Reaktion wird nicht in jedem Einzelfall positiv begründet, sondern es wird allenfalls geprüft, ob eine Strafverfolgung nicht zweckmäßig ist und das Verfahren aus Opportunitätserwägungen eingestellt werden kann (s. §§ 153 ff. StPO).[198] Normativ gesehen ist eine solche Entscheidung aber weiterhin die Ausnahme zum grundsätzlich bestehenden Verfolgungszwang (§ 152 StPO). Erst bei der Strafzumessung sind auf die Strafzwecke bezogene Erwägungen – innerhalb des Schuldrahmens – zulässig und geboten (s. § 46 StGB).

Seinem Grundtypus nach folgt das Verwaltungsverfahren einer finalen Programmierung, d.h. der Entscheidungsträger orientiert sich an den zu erreichenden Fol-

---

träge von *Eser, Choukr, Ambos*, aaO, S. 408 f.; *Goldstone*, Healing wounded People (1998), S. 6, 17, 22, 35.

[193] *Badura*, DÖV 1968, 446, 453; *Held*, Grundrechtsbezug (1984), S. 37.
[194] S.o. S. 14 (mit Fußn. 32).
[195] *Hassemer*, Einführung (1990), S. 325 ff., 329; einen kritischen Überblick über die empirische Forschung zur positiven Generalprävention gibt *Müller-Tuckfeld*, Integrationsprävention (1998), S. 118 ff.
[196] Dies gilt erst recht bei einer funktionalistischen Straftheorie, s. etwa *Jakobs*, Strafrecht AT (1991), S. 6 ff., 14; *ders.*, ZStW 107 (1995), 843 ff.
[197] S. BVerfGE 38, 105, 118.
[198] S. (Hervorhebungen vom Verfasser) § 153 I S. 1 StPO („wenn … *kein* öffentliches Interesse an der Verfolgung besteht."), § 153a I S. 1 („… wenn diese Auflagen und Weisungen geeignet sind, das öffentliche Interesse an der Strafverfolgung zu *beseitigen* …").

gen seiner Entscheidung, während das Strafverfahren von einer konditionalen Programmierung bestimmt wird, die für einen bestimmten, in der Vergangenheit liegenden Sachverhalt eine bestimmte Entscheidung vorsieht.[199]

c) Konsens

Der unterschiedliche Stellenwert der materiellen Kriterien einer „richtigen" Entscheidung setzt sich in den prozeduralen Elementen fort.

Im Verwaltungsverfahren werden mit den zu treffenden Maßnahmen Zuständigkeiten für die Abwendung von Gefahren, also im Ergebnis Güter und Risiken verteilt. Die Verwaltungsaufgabe gibt dabei einen Gegenstand vor, der nicht unmittelbar an der Person des Betroffenen ansetzt, sondern an der abzuwehrenden Gefahr (s. o. Sachzugewandtheit), auch wenn dieser zunächst als für die Gefahr und deren Abwehr verantwortlich angesehen wird. Die finale Programmierung der Aufgabe der Gefahrenabwehr eröffnet der zuständigen Behörde Handlungsspielräume, innerhalb derer diese gemeinsam mit dem Betroffenen nach einer optimalen und konsensualen Lösung suchen kann, die alle Seiten möglichst wenig belastet. Es folgt bereits aus dem Verhältnismäßigkeitsprinzip, dass von einer Ermächtigungsgrundlage nicht Gebrauch zu machen ist, wenn ein milderes Mittel (etwa eine freiwillige Verpflichtung des Betroffenen) zur Verfügung steht.[200] Das Verfahren ist damit offen für das Streben nach Konsens.[201]

Das Ziel des Strafverfahrens besteht darin, den bestehenden Verdacht aufzuklären und die Geltung der Strafnorm gegenüber der Rechtsgemeinschaft (und ggf. dem Täter) zu bestätigen. Diese Kommunikation der Geltung von Werten und Normen kann nur gelingen, wenn die Adressaten das Verfahrensergebnis als wahr annehmen und als – materiell – gerecht empfinden.[202] Wegen dieser kommunikativen Funktion der Strafe ist die Ausrichtung des Strafverfahrens an materieller Wahrheit und Gerechtigkeit nicht disponibel.[203] Die oben angeführten Elemente der Verfahrensgerechtigkeit beziehen sich allein auf die kommunikative und argu-

---

[199] Zu den Begriffen: *Luhmann*, Legitimation durch Verfahren (1997), S. 130f.; zur Zweckprogrammierung der Verwaltung (im Unterschied zur Rechtsprechung), aaO, S. 207f. Dieser Zuordnung liegt ein stark vergröberndes Raster zugrunde; es soll nicht darüber hinwegtäuschen, dass auch das Verwaltungsverfahren zum Teil konditional programmiert ist, s. *Luhmann*, aaO, S. 210; s. auch *Aulehner*, in: Haratsch/Kugelmann/Repkewitz, Informationsgesellschaft (1996), S. 195, 201, der die Eingriffsverwaltung als konditional programmierte und die Leistungsverwaltung als final programmierte Tätigkeit einordnet. Auch das Strafverfahren ist nicht frei von Elementen finaler Programmierung (s. §§ 153 ff. StPO).

[200] *Bauer*, VerwArch 78 (1987), 241, 261.

[201] S. auch die Regelung zum öffentlich-rechtlichen Vertrag (§§ 54 ff. VwVfG) und zum gerichtlichen Vergleich (§ 106 VwGO).

[202] *Schünemann*, Gutachten B, Verhandlungen des 58. DJT (1990), S. 62; *Weigend*, ZStW 113 (2001), 271, 279.

[203] BVerfG, NStZ 1987, 419; *Rönnau*, Absprache (1990), S. 85; zur Verletzung der Pflicht zur Wahrheitsermittlung durch Prozessabsprachen: *Rönnau*, aaO, S. 148ff.; *Schünemann*, Gutachten B, Verhandlungen des 58. DJT (1990), S. 80ff.

I. Strukturvergleich von Straf- und Verwaltungsverfahren

mentative Einflussnahme auf die Herstellung des richtigen Ergebnisses.[204] Im Strafverfahren wird ein persönlicher Vorwurf „gegen" den Verdächtigen erhoben. Der behaupteten Normverletzung wird auf diese Weise von Seiten des Staates *widersprochen*. Im Strafverfahren ist also ein Antagonismus zwischen Beschuldigtem und Staat angelegt, der einem Streben nach Konsens bereits im Ansatz zuwiderläuft. Auf die Rechtsfolge bezogen: Der Sinn der Strafe besteht gerade darin, dem Betroffenen ein Übel zuzufügen, das von diesem und der Rechtsgemeinschaft auch als ein solches empfunden wird. Die Strafe ist gerade nicht unter dem Aspekt zu optimieren, dass sie den Täter möglichst wenig belastet und er sich daher mit ihr einverstanden erklären kann.

Eine Einschränkung gilt für das strafprozessuale Opportunitätsprinzip. Ähnlich wie im Verwaltungsverfahren eröffnet die Verfolgung der Strafzwecke im Einzelfall Spielräume und Möglichkeiten zu einer kooperativen Verfahrensbeendigung[205]. Das öffentliche Interesse an Strafverfolgung wird beseitigt, indem der Rechtsfrieden durch eine freiwillige Handlung des Beschuldigten wiederhergestellt wird[206], so dass von staatlicher Seite auf eine Bestrafung verzichtet werden kann.[207] Der Beschuldigte disponiert also nicht über den staatlichen Strafanspruch[208], sondern allein über die von seiner Handlung betroffenen Rechtsgüter und über die Möglichkeit, den gegen ihn bestehenden Verdacht durch eine Fortführung des Strafverfahrens klären zu lassen[209]. Insofern trägt das Zustimmungserfordernis auch unter dem Aspekt der Verfahrensgerechtigkeit zur Legitimation der Einstellungsentscheidung bei.[210] Über den Geltungsbereich des Opportunitäts-

---

[204] In diesem Sinne kann das Strafverfahren auch Rahmen für die „gemeinsame Suche nach dem Richtigen" sein, s. *Schreiber*, ZStW 88 (1976), 117, 144. Konsens ist im Strafverfahren wünschbar, für die Richtigkeit des Ergebnisses jedoch nicht konstitutiv (vgl. *Schreiber*, aaO).

[205] S. *Beulke*, in: Löwe-Rosenberg, StPO (25. Aufl.), § 153a Rn. 10; *Schöch*, in: AK-StPO, Bd. 2/1 (1992), § 153a Rn. 17.

[206] So ist die Verständigung zwischen Täter und Opfer über eine Wiedergutmachung erklärtes gesetzgeberisches Ziel (s. § 46a StGB, §§ 153a, 155a, b StPO). Diese „Konsensualisierung" des Strafverfahrens bezieht zunächst nur die privaten Interessen der Beteiligten (Täter und Opfer) ein; die Verständigung wirkt sich mittelbar auf das öffentliche Interesse an Strafverfolgung aus, indem der durch die Straftat gestörte Rechtsfrieden wiederhergestellt wird, s. zum Nebeneinander von öffentlichen und privaten Interessen im Strafverfahren: *Walther*, Rechtsbruch (2000), S. 167ff.

[207] BGHSt 28, 69, 70: „§ 153a StPO verfolgt das Ziel, ... den einsichtigen und sanktionswilligen Täter eines Delikts der Kleinkriminalität ... nach Erfüllung von Auflagen mit Strafe und deren Makel zu verschonen." Gegenüber diesem kriminalpolitischen Ziel des § 153a StPO (Entkriminalisierung) sind die vom Gesetzgeber angestrebten Beschleunigungs- und Vereinfachungseffekte (s. BT-Drucks. 7/550, S. 297) nur untergeordnete Ziele. s. BGH, aaO, 70f.; zum doppelten Zweck des § 153a StPO: *Beulke*, in: Löwe-Rosenberg, StPO (25. Aufl.), § 153a Rn. 3f.; *Schöch*, in: AK-StPO, Bd. 2/1 (1992), § 153a Rn. 1.

[208] S. auch *Rieß*, in: FS 100 Jahre Reichsjustizamt (1977), S. 373, 387 („Mitwirkung beim Verzicht auf den staatlichen Strafanspruch").

[209] In der Gesetzesbegründung zu § 153a StPO wird mehrfach betont, dass der Beschuldigte mit einer Verweigerung der Zustimmung den Fortgang des Verfahrens erzwingen kann, s. BT-Drucks. 7/551, S. 44; 7/1261, S. 27; ebenso *Rieß*, in: FS 100 Jahre Reichsjustizamt (1977), S. 373, 387.

[210] Die Zustimmung war daneben auch aus verfahrensökonomischen Gründen geboten, denn auf diese Weise kann eine Verfahrensverzögerung vermieden werden, indem ein Verfahren vorläu-

prinzips hinaus kann eine Zustimmung des Beschuldigten jedoch nicht zur Legitimation der abschließenden Entscheidung beitragen.[211] Das deutsche Strafverfahren ist grundsätzlich „vergleichsfeindlich".[212]

---

fig eingestellt wird, ohne dass der Beschuldigte bereit ist, die Auflagen oder Weisungen zu erfüllen, s. die Gesetzesbegründung, BT-Drucks. 7/550, S. 298.

[211] Zu Recht fragt *Weigend*, in: BGH-FS (2000), 1011, 1024 (Fußn. 56), ob die Absprachenpraxis in die StPO integriert werden kann, und weist daraufhin, dass „ein durch Konsens herbeigeführtes Verfahrensergebnis gegenüber einem durch prozessordnungsgemäße Wahrheitsermittlung gefundenen ein aliud ist." Die gängige Absprachenpraxis löst sich insgesamt von den Verfahrensregeln der StPO bzw. macht diese Regeln durch das Konsensprinzip überflüssig (*Weigend*, aaO, 1015f.). Bezeichnenderweise wird die umstrittene Praxis der Absprachen im Strafprozess nicht mit Erfordernissen der Verfahrensgerechtigkeit gerechtfertigt, sondern mit dem Gebot eines effizienten Einsatzes der vorhandenen Ressourcen, um ein „Maximum an „Sanktionierungs-Output" zu erreichen, s. etwa unter Annahme einer „Pflichtenkollision": *Braun*, Absprache (1998), S. 36.

[212] BGHSt 43, 195, 203.

II. Informationsverarbeitung und Grundrechte

1. Die Grundrechtsbezüge des Verfahrens: Grundrechtsschutz durch und im Verfahren

Den verfassungsrechtlichen Rahmen für die im Verfahren erfolgende Informationserhebung und deren Verwertung sowie deren Übermittlung und Verwertung in anderen Verfahren bilden die von diesen Maßnahmen berührten Grundrechte. Das Strafverfahren und das Verwaltungsverfahren berühren die Grundrechte dabei in mehrfacher Hinsicht.

Insofern, als das Verfahren dem Grundrechtsschutz dient, wird der Grundrechtsbezug über das Verfahrensergebnis hergestellt:[1] Die Entscheidung, mit der das Verfahren abgeschlossen wird, hat nicht nur eine innerprozessuale Bedeutung, sondern diese Entscheidung greift unter Umständen, wie beispielsweise eine strafrechtliche Verurteilung, über das Verfahren hinaus in die materielle Rechtssphäre des Einzelnen ein.[2] Aus diesem Grund werden den materiellen Grundrechten Anforderungen an die Ausgestaltung des Verfahrens entnommen.[3] Unabhängig davon wird dem Einzelnen zur Wahrung seiner Grundrechte durch das Rechtsstaatsprinzip und in Gestalt selbständig garantierter Verfahrensgrundrechte ein Minimum an Verfahrensrechten verfassungsrechtlich garantiert.[4]

Von den durch das Verfahrensergebnis bewirkten Grundrechtseingriffen und den Einschränkungen der darauf bezogenen Verfahrensrechte zu unterscheiden sind die Eingriffe in materielle Grundrechtspositionen, die im Verlauf des Verfahrens vorgenommen werden.[5] Diese „verfahrensbegleitenden Grundrechtseingrif-

---

[1] *Bergner*, Grundrechtsschutz (1998), S. 109.
[2] *Niese*, Doppelfunktionelle Prozesshandlungen (1950), S. 47; s. auch *Ossenbühl*, in: Eichenberger-FS (1982), S. 183, 186 (Eingriff in das Grundrecht auf Eigentum mit Abschluss des Enteignungsverfahrens).
[3] S.o. S. 17, 20ff.
[4] *Ossenbühl*, in: Eichenberger-FS (1982), S. 183, 184; s. auch *Laubinger*, VerwArch 73 (1982), 60, 83f., der unter Hinweis darauf eine Ableitung von Verfahrensrechten aus materiellen Grundrechten ablehnt.
[5] *Bergner*, Grundrechtsschutz (1998), S. 109f.; *Held*, Grundrechtsbezug (1984), S. 64f.; s. auch *Laubinger*, VerwArch 73 (1982), 60, 81, 85 (jeweils zum Verwaltungsverfahren); vgl. auch *L. Schulz*, Normiertes Misstrauen (2001), S. 476 (zum Strafverfahren).

fe"[6] können einer Reihe von Zwecken dienen.[7] In der Regel[8] haben sie zum Ziel, die Durchführung des jeweiligen Verfahrens bis zur abschließenden Entscheidung und deren Vollstreckung zu fördern und zu sichern.[9] Eine der wichtigsten prozessualen Funktionen ist in diesem Zusammenhang diejenige der Beweisgewinnung bzw. Beweissicherung.[10] Durch die entsprechenden Ermittlungsmaßnahmen wird der Erlass einer verfahrensabschließenden Entscheidung gefördert, indem eine Entscheidungsgrundlage geschaffen wird. Da diese verfahrensbegleitenden Maßnahmen neben der jeweils einschlägigen prozessualen Funktion auch eine materiell-rechtliche Bedeutung als Eingriff in ein materiell gewährleistetes Grundrecht haben[11], werden sie, soweit sie im Strafverfahren vorgenommen werden, als strafprozessuale Grundrechtseingriffe bezeichnet.[12] Das betroffene Grundrecht steht mit dem Verfahren und seinen Zielen in keinem unmittelbaren Zusammenhang, das Verfahren dient insbesondere nicht der Wahrung dieses „prozessexternen" Grundrechts. Der Zusammenhang wird erst dadurch hergestellt, dass die Durchführung des Verfahrens einen Eingriff in dieses Grundrecht erfordert. Der grundrechtliche Schutz richtet sich also dagegen, dass die betroffene Rechtsposition vom Staat zur Durchführung eines Verfahrens in Anspruch genommen wird. Es geht also insoweit nicht um Grundrechtsschutz *durch* Verfahren (Verfahren als Sicherung von Grundrechten), sondern um Grundrechtsschutz *im* Verfahren (Verfahren als Gefährdung von Grundrechten).[13] Allerdings erfolgt der Grundrechtsschutz im Verfahren wiederum auch durch Verfahren.[14] Eine entsprechende verfahrensrechtliche Schutzvorkehrung ist der Richtervorbehalt. In Bezug auf das Strafverfahren ist daher zwischen dem „Hauptprozess", in dem es um den Anklagevorwurf und für den Beschuldigten um seine von Strafe bedrohten Grundrechte geht, und den „Nebenprozessen", in denen die Zulässigkeit von Grundrechtseingriffen zur Durchfüh-

---

[6] *Amelung*, Rechtsschutz (1976), S. 20 (in Fußn. 28); *Held*, Grundrechtsbezug (1984), S. 65; *Kloepfer*, JZ 1979, 209, 213.
[7] S. den Überblick (zum Strafverfahren): *Amelung*, JZ 1987, 737, 739 f.; *Ranft*, Strafprozessrecht (1995), S. 138 ff.; *Schroeder*, Strafprozessrecht (2001), S. 67 ff.
[8] *Amelung*, JZ 1987, 737, 739, bezeichnet Grundrechtseingriffe mit dem Ziel, einen konkreten Strafprozess zu fördern, als „echte" strafprozessuale Grundrechtseingriffe, im Unterschied zu den „unechten" strafprozessualen Grundrechtseingriffen, die anderweitigen Zielen dienen (Abwehr von Gefahren, vorbeugende Verbrechensbekämpfung, s. *ders.*, aaO, 740).
[9] *Amelung*, Rechtsschutz (1976), S. 14. Ihre inhaltliche Legitimation bezieht die Maßnahme damit aus dem mit dem jeweiligen Verfahren verfolgten Ziel, so dass ihr Zweck letzten Endes in der Sicherung des Verfahrenszieles besteht, s. *Kühne*, Strafprozessrecht (2003), Rn. 396.
[10] *Amelung*, JZ 1987, 737, 739; *Niese*, Doppelfunktionelle Prozesshandlungen (1950), S. 48 f.; *Schroeder*, Strafprozessrecht (2001), S. 70.
[11] *Niese*, Doppelfunktionelle Prozesshandlungen (1950), S. 48, 50 f.; *Eb. Schmidt*, Lehrkommentar, Bd. I (1964), Nr. 36.
[12] *Amelung*, Rechtsschutz (1976), S. 14; *ders.*, JZ 1987, 737; zustimmend *Kühne*, Strafprozessrecht (2003), Rn. 395; s. ferner *Beulke*, Strafprozessrecht (2002), Rn. 233 (Überschrift); *Ranft*, Strafprozessrecht (1995), S. 138; *Schroeder*, Strafprozessrecht (2001), S. 65.
[13] *Held*, Grundrechtsbezug (1984), S. 64 f.; *Ossenbühl*, in: Eichenberger-FS (1982), S. 183, 188; *Saliger*, in: L. Schulz, Verantwortung (2000), S. 101, 124; s. auch *Gärditz*, Strafprozess und Prävention (2003), S. 75.
[14] *Saliger*, in: L. Schulz, Verantwortung (2000), S. 101, 124.

rung des Strafprozesses überprüft wird, zu unterscheiden.[15] Diese „Nebenprozesse" haben sich – nicht zuletzt als Folge der Diskussion um den „Rechtsschutz gegen strafprozessuale Grundrechtseingriffe"[16] – prozessual verselbständigt.[17]

Die Unterscheidung von Grundrechtsschutz im Verfahren und Grundrechtsschutz durch Verfahren hat Bedeutung für die verfassungsrechtliche Rechtfertigung eines Grundrechtseingriffs.

Der Grundrechtsschutz durch Verfahren ist auf das jeweilige Verfahrensergebnis bezogen. Die Rechtfertigung dieses Grundrechtseingriffs ist zwar nicht Gegenstand dieser Untersuchung, allerdings ergeben sich aus der betroffenen materiellen Grundrechtsposition Anforderungen an das Verfahren, die sich zu Verfahrensrechten verdichten können. Hinzu treten die selbständig garantierten Verfahrensgrundrechte (Art. 19 IV, 101, 103 I, 104 GG). Diese Rechte sind auf ein bestimmtes Verfahren bezogen, das Verfahren selbst ist Gegenstand verfassungsrechtlicher Gewährleistung.[18] Diese Rechte sind in ihrer Reichweite auf das jeweilige Verfahren beschränkt, sie gelten nur „prozessintern". Dies wird besonders augenfällig, sofern bereits der abstrakte Anwendungsbereich des Verfahrensgrundrechts begrenzt ist. So gilt der Anspruch auf rechtliches Gehör (Art. 103 I GG) nur im gerichtlichen Verfahren. Das bedeutet, dass der Einzelne allein durch eine Maßnahme im Verwaltungsverfahren nicht in seinem durch Art. 103 I GG garantierten Verfahrensgrundrecht verletzt werden kann. Die Maßstäbe für eine Grundrechtsverletzung können allein den im Verwaltungsverfahren geltenden Verfahrensgrundrechten entnommen werden, gegebenenfalls sind entsprechende Rechte aus den dort betroffenen materiellen Grundrechten herzuleiten. Dabei ist zu beachten, dass auch der Ausgangspunkt einer solchen Ableitung im Strafverfahren ein anderer ist als im Verwaltungsverfahren, denn einerseits wird mit einer Strafe in andere Grundrechte (Art. 2 I i. V.m. Art. 1 I, Art 2 II S. 2 GG) bzw. in das gleiche Grundrecht (Art. 2 I GG) in anderer Weise eingegriffen als mit einer gewerberechtlichen Untersagung oder dem Widerruf einer Erlaubnis (Art. 12 I GG), andererseits ist das zur Rechtfertigung dieser Eingriffe herangezogene öffentliche Interesse jeweils ein anderes.

Die verfahrensbegleitenden Eingriffe in prozessexterne materielle Grundrechte sind nur mittelbar auf die mit dem Verfahren verfolgten Ziele bezogen. Sie dienen unmittelbar der Durchführung des Verfahrens und erst mittelbar dessen Zielrichtung. Diese Grundrechtseingriffe lassen sich daher verfahrensübergreifend bestimmten Funktionen (Beweissicherung, Schutz vor Störungen etc.) zuordnen und dementsprechend finden sich im Verwaltungsverfahren und im Strafverfahren eine

---

[15] *Fincke*, ZStW 95 (1983), 918, 920; *Satzger*, JZ 2001, 639, 644; s. auch zu Zwischenverfahren i.w.S.: *Bohnert*, Beschränkungen der strafprozessualen Revision (1983), S. 19ff.
[16] So der Titel der Untersuchung von *Amelung* (1976).
[17] Diese „Rechtswegspaltung" läuft Gefahr, in Bezug auf die Verwertung der durch Ermittlungsmaßnahmen gewonnenen Informationen zu widersprüchlichen Entscheidungen zu führen, s. *Amelung*, in: BGH-FS (2000), Bd. IV, S. 911, 916f., 932; s. auch die Kritik unter dem Aspekt der Einheit der Hauptverhandlung bei *Bohnert*, Beschränkungen der strafprozessualen Revision (1983), S. 199ff.
[18] *Ossenbühl*, in: Eichenberger-FS (1982), S. 183, 184.

Reihe von parallelen, wenn nicht standardisierten Ermittlungsmaßnahmen (z.B. Durchsuchung und Beschlagnahme). Die parallele Regelung bedeutet für den Grundrechtsschutz im Verfahren, dass die betroffene Grundrechtsposition – die unabhängig von dem jeweiligen Verfahren besteht – in beiden Verfahren in gleicher Weise berührt ist. Ein Unterschied in der verfassungsrechtlichen Rechtfertigung kann sich daher allenfalls daraus ergeben, dass dem öffentlichen Interesse an der Verfahrensdurchführung oder der Bedeutung der Ermittlungsmaßnahme für das jeweilige Verfahren unterschiedliches Gewicht beigemessen wird. Das Ziel des Verfahrens und das öffentliche Interesse, das an seiner Erreichung besteht, geben damit die Grenze für staatliche Eingriffe in prozessexterne Grundrechte vor. Dabei kann es auch zum Konflikt des Verfahrensziels Grundrechtsschutz (durch Verfahren) mit dem Grundrechtsschutz im Verfahren kommen.[19]

Für den Grundrechtsschutz im Verhältnis von Strafverfahren und Verwaltungsverfahren lässt sich daher folgendes festhalten. Soweit im Verlauf des Verfahrens in prozessexterne materielle Grundrechte eingegriffen wird, besteht in beiden Verfahren im Ausgangspunkt das gleiche Schutzniveau. Unterschiede können allerdings aus der Wertigkeit des öffentlichen Interesses zur Rechtfertigung des jeweiligen Eingriffs ergeben. Soweit dagegen in dem jeweiligen Verfahren prozessinterne Verfahrensgrundrechte berührt werden, ist der verfassungsrechtliche Schutzniveau für das jeweilige Verfahren gesondert zu bestimmen. Die Zulässigkeit der Informationsverarbeitung ist also in diesem Fall nach rein verfahrensinternen Kriterien zu beurteilen.

2. Grundrechte als informationelle Abwehrrechte

Auf der Grundlage des Voranstehenden soll nunmehr auf die materiellen Grundrechte eingegangen werden, die verfahrensübergreifend auf einem im Ausgangspunkt einheitlichen Schutzniveau garantiert sind. Der folgende Überblick beschränkt sich entsprechend dem Thema der Untersuchung auf die Grundrechte, die von der Informationsverarbeitung im Verfahren betroffen sind, sei es durch Erhebung von Informationen und die entsprechenden Ermittlungsmaßnahmen, sei es durch deren Speicherung, Verwertung oder Übermittlung. Diese Grundrechte werden als „Informationsbeherrschungsrechte" bezeichnet.[20]

Der Schutz des Einzelnen vor staatlichen Informationseingriffen kann unter dem Oberbegriff „Schutz der Privatsphäre" zusammengefasst werden.[21] Dieser Informationsschutz wird zum einen durch Teilgewährleistungen in speziellen

---

[19] Saliger, in: L. Schulz, Verantwortung (2000), S. 101, 126; s. auch BGHSt 14, 358, 365 (keine Wahrheitsermittlung „um jeden Preis").
[20] S. dazu Amelung, Informationsbeherrschungsrechte (1990), S. 30ff.
[21] Vgl. Schmitt Glaeser, in: HStR, Bd. VI (2001), § 129 Rn. 4 („Privatsphärenschutz als Informationsschutz").

II. Informationsverarbeitung und Grundrechte

Grundrechten, zum anderen durch das allgemeine Persönlichkeitsrecht (Art. 2 I i.V.m. Art. 1 I GG) gewährleistet.

a) Das Brief-, Post- und Fernmeldegeheimnis (Art. 10 GG)

Mit der Anknüpfung an ein äußeres Merkmal, das Kommunikationsmedium, formalisiert die verfassungsrechtliche Gewährleistung des Brief-, Post- und Fernmeldegeheimnisses den Schutz der persönlichen Geheimsphäre.[22] Art. 10 GG will damit jenen Gefahren für die Vertraulichkeit begegnen, die sich gerade aus der Verwendung dieses Mediums ergeben, das dem staatlichem Zugriff leichter ausgesetzt ist als die Kommunikation unter Anwesenden.[23] Die in Art. 10 GG genannten Kommunikations- und Vermittlungswege stehen nicht zuletzt deshalb für ein hohes Maß an Intimität und Privatsphäre, so dass die einzelne Mitteilung unabhängig von ihrem Inhalt vor staatlicher Kenntnisnahme geschützt ist.[24]

(1) Das Fernmeldegeheimnis

Das Fernmeldegeheimnis schützt die Vertraulichkeit individueller Mitteilungen, die fernmeldetechnisch übertragen werden.[25] Charakteristisch für diese Übertragungsart ist die körperlose Übermittlung von Informationen (z.B. durch Draht oder Funk).[26] Das Fernmeldegeheimnis[27] schützt nicht nur den Inhalt der Mitteilung, sondern auch den Kommunikationsvorgang als solchen und die näheren Umstände der Kommunikation (Teilnehmer, Anschlüsse, Datum, Uhrzeit, Dauer).[28]

---

[22] *Duttge*, Begriff der Zwangsmaßnahme (1995), S. 97; *Gusy*, in: von Mangoldt/Klein/Starck, GG, Bd. 1 (1999), Art. 10 Rn. 24; *Rohlf*, Privatsphäre (1980), S. 170; *Schmitt Glaeser*, in: HStR, Bd. VI (2001), § 129 Rn. 61.
[23] BVerfGE 100, 313, 363 (zum Fernmeldegeheimnis); *Gusy*, in: von Mangoldt/Klein/Starck, GG, Bd. 1 (1999), Art. 10 Rn. 18f.
[24] *Gusy*, in: von Mangoldt/Klein/Starck, GG, Bd. 1 (1999), Art. 10 Rn. 24; *Rohlf*, Privatsphäre (1980), S. 166, 170; *Schmitt Glaeser*, in: HStR, Bd. VI (2001), § 129 Rn. 61.
[25] BVerfGE 67, 157, 172; 85, 386, 396; *Gusy*, in: von Mangoldt/Klein/Starck, GG, Bd. 1 (1999), Art. 10 Rn. 39; *Hermes*, in: Dreier, GG, Bd. 1 (1996), Art. 10 Rn. 32.
[26] *Gusy*, in: von Mangoldt/Klein/Starck, GG, Bd. 1 (1999), Art. 10 Rn. 40; *Hermes*, in: Dreier, GG, Bd. 1 (1996), Art. 10 Rn. 33; *Löwer*, in: von Münch/Kunig, GG, Bd. 1 (2000), Art. 10 Rn. 18.
[27] Zum Teil wird der durch das Postgeheimnis vermittelte Schutz als vorrangig angesehen, soweit der Fernmeldeanschluss von der Post betrieben wird, s. *Rohlf*, Privatsphäre (1980), S. 164; *Schmitt Glaeser*, HStR, Bd. VI (2001), § 129 Rn. 64. Im Ergebnis wirkt sich die unterschiedliche Einordnung nicht aus, da Post- und Fernmeldegeheimnis in gleicher Weise verfassungsrechtlich garantiert sind. Die Subsumtion unter das Fernmeldegeheimnis hat den Vorzug, dass sie die verfassungsrechtlichen Probleme infolge der Privatisierung der Post vermeidet und eine einheitliche und damit einfachere Grundrechtsprüfung ermöglicht. Auch das BVerfG zieht bei der Überwachung von Telefongesprächen ausschließlich das Fernmeldegeheimnis als betroffenes Grundrecht heran, s. BVerfGE 100, 313, 358.
[28] BVerfGE 85, 386, 396; 100, 313, 358; *Gusy*, in: von Mangoldt/Klein/Starck, GG, Bd. 1 (1999), Art. 10 Rn. 45; *Hermes*, in: Dreier, GG, Bd. 1 (1996), Art. 10 Rn. 36, 37; *Löwer*, in: von Münch/Kunig, GG, Bd. 1 (2000), Art. 10 Rn. 22; *Schmitt Glaeser*, in: HStR, Bd. VI (2001), § 129 Rn. 64.

Der persönliche Schutzbereich umfasst die natürlichen und inländischen juristischen Personen, die an dem geschützten Kommunikationsvorgang als Absender oder Empfänger beteiligt sind.[29] Ob auch der Betreiber von Telekommunikationsanlagen oder -diensten unter den Schutz des Fernmeldegeheimnisses fallen, wird nicht einheitlich beurteilt.

Das Fernmeldegeheimnis schützt den ungestörten Kommunikationsvorgang im Interesse der Kommunikationsteilnehmer. Die Betreiber von Fernmeldeanlagen ermöglichen diese Kommunikation, indem sie das Medium bereitstellen, sie haben jedoch insoweit kein eigenes schutzwürdiges Interesse an der Vertraulichkeit des Kommunikationsvorgangs.[30] Gleichwohl hat das BVerfG die Ansicht vertreten, das Fernmeldegeheimnis schütze auch die – damals noch staatliche – Post gegenüber anderen staatlichen Stellen.[31] Wenngleich die prinzipiellen Zweifel an der Grundrechtsträgerschaft der staatlichen Post mit deren Privatisierung entfallen sein mögen[32], so bedarf die Erweiterung des Schutzbereiches im Hinblick auf das Anliegen des Art. 10 GG (formalisierter Schutz der Privatsphäre) einer Begründung: In der Bereitstellung von Kommunikationsmöglichkeiten und der Erbringung entsprechender Dienstleistungen liegt für sich genommen noch keine unter dem Aspekt der Privatsphäre schützenswerte Kommunikation. Eine Einbeziehung derartiger Leistungen kann daher nur mit Blick auf den Schutz der Kommunikationsteilnehmer begründet werden; die Erbringer dieser Leistungen wären danach „mittelbare" Grundrechtsträger.[33]

Zum Schutz der Kommunikationsteilnehmer ist eine Erweiterung des Schutzbereiches jedoch keineswegs notwendig: Selbst wenn man deren grundrechtlichen Schutz als tatsächlich unzureichend ansieht und eine Berechtigung der Betreiber von Telekommunikationsanlagen und -diensten fordert, die Grundrechte der Kommunikationsteilnehmer durchzusetzen, wäre es nicht erforderlich, den Kreis der Grundrechtsträger zu erweitern. Ausreichend wäre vielmehr eine prozessuale Lösung in Form der Prozessstandschaft.[34] Auf diese Weise käme auch zum Ausdruck, dass es nicht um ein eigenes Vertraulichkeitsinteresse der Unternehmen

---

[29] *Hermes*, in: Dreier, GG, Bd. 1 (1996), Art. 10 Rn. 23; zur inländischen juristischen Person s. auch BVerfGE 100, 313, 356; 106, 28, 43; *Rüfner*, in: FS 50 Jahre BVerfG (2001), S. 55, 66.

[30] *Hermes*, in: Dreier, GG, Bd. 1 (1996), Art. 10 Rn. 25; *Pieroth/Schlink*, Grundrechte (2003), Rn. 767.

[31] BVerfGE 67, 157, 172; 85, 386, 396. Für die Entscheidungsbegründung war jeweils maßgeblich, dass das Post- bzw. Fernmeldegeheimnis nicht nur gegenüber der staatlichen Post, sondern auch gegenüber anderen staatlichen Stellen Schutz gewährt, s. BVerfG, aaO.

[32] S. dazu *Welp*, Überwachung und Kontrolle (2000), S. 117f. m.w.N.; zur Kritik am BVerfG: *Löwer*, in: von Münch/Kunig, GG, Bd. 1 (2000), Art. 10 Rn. 20.
Andererseits entfällt mit der Privatisierung auch die Grundlage dafür, den verfassungsrechtlichen Schutz der Post vor staatlichen Eingriffen als Ausprägung informationeller Gewaltenteilung innerhalb der öffentlichen Gewalt zu begründen, so *Schuppert*, in: AK-GG (1989), Art. 10 Rn. 20.

[33] So *Schmitt Glaeser*, in: HStR, Bd. VI (2001), § 129 Rn. 67; s. auch *Dürig*, in: Maunz/Dürig, GG, Art. 10 Rn. 26 („Reflexwirkung").

[34] Die Prozessstandschaft wird für die Verfassungsbeschwerde in bestimmten Konstellationen als zulässig erachtet, s. BVerfGE 77, 263, 269.

geht, sondern um die Durchsetzung von Privatsphärenschutz ihrer Kunden im eigenen wirtschaftlichen Interesse.[35] In letzterer Hinsicht werden zugleich eigene Grundrechte der Betreiber von Telekommunikationsdiensten berührt (Art. 12 I, Art. 2 I GG), auf die sich diese gegenüber staatlichen Beschränkungen berufen können.[36] Auch der Umstand, dass die Telekommunikationsunternehmen als Garanten des Fernmeldegeheimnisses anzusehen sind (s. §§ 85 III TKG, 206 StGB), begründet für diese keine entsprechende Grundrechtsposition.[37] Dass jemand dafür einzustehen hat, dass fremde Rechtsgüter nicht verletzt werden, macht ihn noch nicht zum Träger dieser Rechtsgüter. Die Betreiber von Telekommunikationsanlagen und -diensten werden daher vom Schutzbereich des Art. 10 GG nicht erfasst, soweit sie lediglich als Kommunikationsmittler tätig werden.[38]

Das Fernmeldegeheimnis schützt den Kommunikationsteilnehmer in erster Linie vor Eingriffen, mit denen sich der Staat[39] von einem geschützten Kommunikationsvorgang Kenntnis verschafft, sei es durch unmittelbaren Zugriff auf das Kommunikationsmedium (Mithören), sei es durch Anforderung von Informationen beim Kommunikationsmittler.[40]

Das Fernmeldegeheimnis steht unter einfachem Gesetzesvorbehalt (Art. 10 II S. 1). Eingriffe in dieses Grundrecht sind auf der Grundlage eines Gesetzes zulässig, das formell und materiell verfassungsmäßig ist, insbesondere einen legitimen Gemeinwohlzweck verfolgt und dem Grundsatz der Verhältnismäßigkeit entspricht.[41] Derartige gesetzliche Beschränkungen finden sich für das Strafverfahren in den §§ 100a, 100g StPO, im Bereich der Wirtschaftsaufsicht in § 39 AWG.

(2) Das Brief- und Postgeheimnis

Im Gegensatz zum Fernmeldegeheimnis betreffen das Brief- und das Postgeheimnis die körperliche Nachrichtenübermittlung.[42]

---

[35] Vgl. auch den Hinweis von *Hermes*, in: Dreier, GG, Bd. 1 (1996), Art. 10 Rn. 25, dass eine Abhörmaßnahme, die im Einverständnis der Kommunikationsteilnehmer, aber ohne Zustimmung des Anlagenbetreibers erfolgt, im Ergebnis nicht als Eingriff in das Fernmeldegeheimnis zu qualifizieren ist; s. insoweit auch *Gusy*, in: von Mangoldt/Klein/Starck, GG, Bd. 1 (1999), Art. 10 Rn. 49.
[36] *Hermes*, in: Dreier, GG, Bd. 1 (1996), Art. 10 Rn. 25; *Löwer*, in: von Münch/Kunig, GG, Bd. 1 (2000), Art. 10 Rn. 20.
[37] So aber *Welp*, Überwachung und Kontrolle (2000), S. 119.
[38] *Gusy*, in: von Mangoldt/Klein/Starck, GG, Bd. 1 (1999), Art. 10 Rn. 49; *Hermes*, in: Dreier, GG, Bd. 1 (1996), Art. 10 Rn. 25; *Löwer*, in: von Münch/Kunig, GG, Bd. 1 (2000), Art. 10 Rn. 20; s. auch *Pieroth/Schlink*, Grundrechte (2003), Rn. 767.
[39] Die Frage, inwieweit die privaten Telekommunikationsunternehmen, insbesondere die Nachfolgeunternehmen der staatlichen Post, an Grundrechte gebunden sind – s. dazu *Möstl*, Grundrechtsbindung (1999), S. 164 ff. –, kann im Rahmen dieser Untersuchung dahinstehen, da nur Maßnahmen von Überwachungs- und Strafverfolgungsbehörden behandelt werden.
[40] *Gusy*, in: von Mangoldt/Klein/Starck, GG, Bd. 1 (1999), Art. 10 Rn. 50, 59.
[41] BVerfGE 67, 157, 173; 100, 313, 359.
[42] *Gusy*, in: von Mangoldt/Klein/Starck, GG, Bd. 1 (1999), Art. 10 Rn. 33; *Löwer*, in: von Münch/Kunig, GG, Bd. 1 (2000), Art. 10 Rn. 12. Zum Teil wird allerdings angenommen, das Post-

Das Briefgeheimnis schützt den vor den Augen der Öffentlichkeit verborgenen Austausch von schriftlich fixierten Nachrichten, Gedanken und Meinungen.[43] Als „Brief" sind daher die an einen individuellen Empfänger gerichteten Äußerungen anzusehen sowie Sendungen, deren Inhalt vom Absender durch besondere Vorkehrungen vor Kenntnisnahme Dritter geschützt wurde und bei denen die Möglichkeit besteht, dass sie auch schriftliche Mitteilungen enthalten.[44] Vom Schutzbereich des Briefgeheimnisses nicht erfasst werden dagegen Sendungen, die keinen individuellen Kommunikationsinhalt haben und dies auch ohne weiteres erkennen lassen (z.B. Versand von Zeitungen oder Massendrucksachen).[45]

Der Schutzbereich des Postgeheimnisses geht darüber hinaus und umfasst alle Sendungen, die von der Post befördert werden, also neben Briefen und Paketen auch Waren- und Zeitungssendungen.[46] Aus verfassungsgeschichtlicher Sicht sollte das Postgeheimnis den Einzelnen, der auf die staatlich betriebene Post angewiesen war, vor einem infolge dieser Betriebsart leichten und unauffälligen Zugriff des Staates auf seinen Postverkehr schützen.[47] Diese besondere Schutzbedürftigkeit auslösende Staatsnähe ist mit der Privatisierung der Post entfallen, woraus zum Teil gefolgert wird, der Schutz des Postgeheimnisses in Art. 10 GG sei gegenstandslos geworden.[48]

Der Einzelne ist indes nach wie vor auf Postdienstleistungen angewiesen und muss sich daher der zu übermittelnden Nachricht entäußern, um von der grundrechtlichen Freiheit Gebrauch machen zu können.[49] Dass der Einzelne insoweit auch gegenüber privaten Diensten verfassungsrechtlichen Schutzes bedarf, zeigt der Vergleich mit dem Fernmeldegeheimnis, das nicht zwischen privater oder staatlicher Übermittlung unterscheidet.[50] Für einen verfassungsrechtlichen Schutz, der unabhängig von der Staatsnähe des Postbetriebes besteht, spricht auch der historische Ursprung des Postgeheimnisses als „Grundrecht von oben", mit dem die Territorialfürsten ihren eigenen Briefverkehr vor dem Zugriff der Reichsgewalt sicherten.[51] Gegen einen Wegfall des Postgeheimnisses spricht jedoch vor allem, dass der

---

geheimnis umfasse auch die fernmeldetechnische Nachrichtenübermittlung durch die Post, s. *Schmitt Glaeser*, HStR, Bd. VI (2001), § 129 Rn. 63.

[43] BVerfGE 67, 157, 171; *Gusy*, in: von Mangoldt/Klein/Starck, GG, Bd. 1 (1999), Art. 10 Rn. 27; *Hermes*, in: Dreier, GG, Bd. 1 (1996), Art. 10 Rn. 26.

[44] *Hermes*, in: Dreier, GG, Bd. 1 (1996), Art. 10 Rn. 26, 27; *Pieroth/Schlink*, Grundrechte (2003), Rn. 765.

[45] *Hermes*, in: Dreier, GG, Bd. 1 (1996), Art. 10 Rn. 28.

[46] *Groß*, JZ 1999, 326, 332; *Gusy*, in: von Mangoldt/Klein/Starck, GG, Bd. 1 (1999), Art. 10 Rn. 33; *Löwer*, in: von Münch/Kunig, GG, Bd. 1 (2000), Art. 10 Rn. 17; *Pieroth/Schlink*, Grundrechte (2003), Rn. 769.

[47] *Schuppert*, in: AK-GG (1989), Art. 10 Rn. 1. In Preußen hatte der Generalpostmeister in der ersten Hälfte des 19. Jahrhunderts zugleich eine leitende Position in der politischen Polizei, s. *Amelung*, in: AK-StPO, Bd. 2/1 (1992), vor §§ 99, 100 Rn. 6.

[48] *Hermes*, in: Dreier, GG, Bd. 1 (1996), Art. 10 Rn. 40.

[49] *Möstl*, Grundrechtsbindung (1999), S. 204; s. auch *Groß*, JZ 1999, 326, 333.

[50] *Möstl*, Grundrechtsbindung (1999), S. 204.

[51] S. insoweit *Amelung*, in: AK-StPO, Bd. 2/1 (1992), vor §§ 99, 100 Rn. 6.

Verfassungsgeber die mit dem Privatisierungsvorhaben erforderlichen Verfassungsänderungen (Art. 87f, 143b GG) vorgenommen hat, ohne den Wortlaut des Art. 10 GG im Hinblick auf das dort garantierte, nach der o.g. Ansicht obsolet gewordene Postgeheimnis anzutasten.[52] Angesichts dieser Verfassungsänderungen erscheint es daher möglich, wenn nicht geboten, den verfassungsrechtlichen Postbegriff nicht mehr formell, d.h. anstaltsbezogen zu definieren, sondern materiell, an der Art der erbrachten Dienstleistung orientiert zu verstehen.[53] Eine solche Auslegung hätte den weiteren Vorteil, dass durch den beschränkten Anwendungsbereich des Briefgeheimnisses auftretende Schutzlücken vermieden werden könnten und das Postgeheimnis als objektives Prinzip erhalten bliebe.[54] Das Postgeheimnis hat daher nicht infolge der Privatisierung der Post seinen Gegenstand verloren, sondern erstreckt sich nunmehr auch auf den privaten Postverkehr.[55]

Die umfassende Garantie des Postgeheimnisses hat zur Folge, dass dessen Gewährleistungsgehalt in weiten Teilen mit denen des Briefgeheimnisses identisch ist.[56] Das Briefgeheimnis behält jedoch in Randbereichen als „Annexgewährleistung" eigenständige Bedeutung, z.B. bei der Übermittlung durch private Boten.[57]

Der grundrechtliche Schutz des Brief- und Postgeheimnisses richtet sich gegen die staatliche Ausforschung des Sendungsinhalts und der näheren Umstände des Brief- oder Postverkehrs (Absender, Empfänger sowie Ort, Zeit, Art und Häufigkeit der Übermittlung).[58] Das Postgeheimnis reicht zeitlich von der Einlieferung der Sendung bis zu ihrer Ablieferung beim Empfänger und ist auf den Zeitraum beschränkt, in dem sich die Sendung im Herrschaftsbereich des Postunternehmens befindet.[59] Das Briefgeheimnis wirkt bis zur Kenntnisnahme durch den Empfänger fort.[60] Das Postdienstleistungsunternehmen selbst wird, soweit es die Sendung übermittelt, nicht von Art. 10 GG geschützt.[61]

---

[52] *Möstl*, Grundrechtsbindung (1999), S. 205.
[53] *Groß*, JZ 1999, 326, 332; *Löwer*, in: von Münch/Kunig, GG, Bd. 1 (2000), Art. 10 Rn. 13; *Möstl*, Grundrechtsbindung (1999), S. 204.
[54] *Löwer*, in: von Münch/Kunig, GG, Bd. 1 (2000), Art. 10 Rn. 13; *Möstl*, Grundrechtsbindung (1999), S. 205.
[55] *Gramlich*, CR 1996, 102, 112; *Groß*, JZ 1999, 326, 332; *Gusy*, in: von Mangoldt/Klein/Starck, GG, Bd. 1 (1999), Art. 10 Rn. 37; *Löwer*, in: von Münch/Kunig, GG, Bd. 1 (2000), Art. 10 Rn. 13; *Möstl*, Grundrechtsbindung (1999), S. 205; s. auch *Pieroth/Schlink*, Grundrechte (2003), Rn. 771.
[56] Dabei soll dahinstehen, ob man das Postgeheimnis als gegenüber dem Briefgeheimnis vorrangig ansieht – so *Löwer*, in: von Münch/Kunig, GG, Bd. 1 (2000), Art. 10 Rn. 16; *Schmitt Glaeser*, in: HStR, Bd. VI (2001), § 129 Rn. 62f. – oder auch den Brief in den Händen der Post als vom Briefgeheimnis geschützt ansieht, so *Gusy*, in: von Mangoldt/Klein/Starck, GG, Bd. 1 (1999), Art. 10 Rn. 29.
[57] *Möstl*, Grundrechtsbindung (1999), S. 204; s. auch *Gusy*, in: von Mangoldt/Klein/Starck, GG, Bd. 1 (1999), Art. 10 Rn. 29.
[58] BVerfGE 67, 157, 171f.; *Hermes*, in: Dreier, GG, Bd. 1 (1996), Art. 10 Rn. 29 (zum Briefgeheimnis); *Löwer*, in: von Münch/Kunig, GG, Bd. 1 (2000), Art. 10 Rn. 16, 17; *Pieroth/Schlink*, Grundrechte (2003), Rn. 767, 772; *Schmitt Glaeser*, in: HStR, Bd. VI (2001), § 129 Rn. 62, 63.
[59] *Löwer*, in: von Münch/Kunig, GG, Bd. 1 (2000), Art. 10 Rn. 17; *Pieroth/Schlink*, Grundrechte (2003), Rn. 769; *Schmitt Glaeser*, in: HStR, Bd. VI (2001), § 129 Rn. 63.
[60] *Löwer*, in: von Münch/Kunig, GG, Bd. 1 (2000), Art. 10 Rn. 16.
[61] S.o. S. 44f. die Nachweise zum Fernmeldegeheimnis.

Zum Eingriff in das Brief- und Postgeheimnis gelten die Ausführungen zum Fernmeldegeheimnis entsprechend. Art. 10 GG schützt davor, dass der Staat sich Kenntnis vom Inhalt einer Sendung (eines Briefes) verschafft oder auf andere Weise Informationen über den Brief- oder Postverkehr eines Grundrechtsträgers erhebt.[62]

Das Brief- und das Postgeheimnis stehen ebenfalls unter dem einfachen Gesetzesvorbehalt in Art. 10 II S. 1 GG. Die Anforderungen an die gesetzlichen Beschränkungen entsprechen denen, die für das Fernmeldegeheimnis gelten. Strafprozessuale Ermächtigungsgrundlagen für Eingriffe in das Brief- und Postgeheimnis enthalten die §§ 99, 100 StPO. Die entsprechenden Befugnisse der Wirtschaftsaufsichtsbehörden sind spezialgesetzlich geregelt (s. u. a. § 39 AWG).

(3) Die weitere Verarbeitung der erhobenen Informationen

Dem Schutz des Art. 10 GG unterliegt darüber hinaus jede weitere Verarbeitung der erlangten Daten und Informationen.[63] Die Speicherung, Verwertung und Übermittlung stellt daher einen selbständigen Grundrechtseingriff dar.[64] Die Weitergabe von im Rahmen einer Fernmeldeüberwachung erlangten Informationen an andere Behörden und die Verwertung in den dort anhängigen Verfahren unterliegt daher dem Schutz des Fernmeldegeheimnisses nach Art. 10 GG. Das Gleiche gilt für die Verarbeitung von durch einen Eingriff in das Brief- oder Postgeheimnis erhobenen Informationen.[65]

Der Gesetzesvorbehalt des Art. 10 II S. 1 GG fordert für die Verarbeitung dieser Informationen eine präzise und bereichsspezifische gesetzliche Regelung, in der insbesondere der Zweck der anderweitigen Verwertung festgelegt wird.[66] Dieser Zweck darf mit dem ursprünglich bei der Informationserhebung verfolgten Zweck nicht unvereinbar sein.[67] Ein schwerer Grundrechtseingriff kann häufig nur deshalb verfassungsrechtlich gerechtfertigt werden, weil die erlangten Informationen nur zu einem bestimmten Zweck verwendet werden. Eine Lockerung der Zweckbindung darf nicht dazu führen, dass grundrechtsgebotene Schranken der Informationserhebung unterlaufen werden.[68] Aus diesem Grund muss sichergestellt sein,

---

[62] *Hermes*, in: Dreier, GG, Bd. 1 (1996), Art. 10 Rn. 46.
[63] BVerfGE 100, 313, 359; BFH, NJW 2001, 2118, 2119; *Gusy*, in: von Mangoldt/Klein/Starck, GG, Bd. 1 (1999), Art. 10 Rn. 60; *Löwer*, in: von Münch/Kunig, GG, Bd. 1 (2000), Art. 10 Rn. 22; s. auch bereits BVerfGE 30, 1, 22f.; 67, 157, 182 (zur Übermittlung von Erkenntnissen aus der Telefonüberwachung); BGHSt 23, 329f. (zur Weitergabe einer Postsendung); *Amelung*, Informationsbeherrschungsrechte (1990), S. 33.
[64] BVerfGE 85, 386, 398; 100, 313, 366f.; BFH, NJW 2001, 2118, 2119; LG Kiel, NJW 1996, 1976; *Gusy*, KritV 2000, 52, 54f.; *Hermes*, in: Dreier, GG, Bd. 1 (1996), Art. 10 Rn. 45, 47; *Huber*, NVwZ 2000, 393, 395; a.A. *Globig*, ZRP 1991, 81, 83.
[65] *Hermes*, in: Dreier, GG, Bd. 1 (1996), Art. 10 Rn. 45, 46.
[66] BVerfGE 100, 313, 389; *Gusy*, in: von Mangoldt/Klein/Starck, GG, Bd. 1 (1999), Art. 10 Rn. 60; s. auch LG Kiel, NJW 1996, 1976.
[67] BVerfGE 100, 313, 389.
[68] BVerfGE 100, 313, 389f.; *Paeffgen*, StV 1999, 668, 675f.

dass dem Empfänger nicht der Zugang zu dem vollen Datenbestand gewährt wird, sondern die einzelnen Daten erst nach sorgfältiger Prüfung zur anderweitigen Verarbeitung weitergegeben werden.[69]

Die Informationsverarbeitung darf außerdem nicht gegen das Übermaßverbot verstoßen; der Eingriff darf nicht außer Verhältnis zu dem verfolgten Verarbeitungszweck stehen. Soweit mit der sekundären Verarbeitung eine Übermittlung verbunden ist, wird damit das Fernmeldegeheimnis erneut durchbrochen.[70] Zudem können als Folge der sekundären Informationsverarbeitung Maßnahmen gegen den Betroffenen ergehen; die Verarbeitung zur Strafverfolgung kann beispielsweise zur Einleitung eines Ermittlungsverfahren führen. Dieser Umstand kann einer sekundären Verwertung vor allem dann entgegenstehen, wenn der Grundrechtsträger nach dem ursprünglichen Verarbeitungszweck derartige Maßnahmen nicht zu befürchten hatte.[71]

Die Belange, denen die Informationsverarbeitung dient, müssen das Fernmeldegeheimnis überragen; das in Rede stehende Rechtsgut muss also besonders gewichtig sein.[72] Der Verhütung von Straftaten kommt dabei größeres Gewicht zu als deren Aufklärung und Verfolgung, da bei ersterer eine Verletzung des geschützten Rechtsgutes noch verhindert werden kann.[73] Im Rahmen der Güterabwägung kann man sich an den Maßstäben für die Informationserhebung orientieren, d.h. beispielsweise bei der Verwertung zur Strafverfolgung an der in § 100a StPO vorgenommenen Wertung.[74] Dafür spricht, dass der in der Übermittlung liegende Informationseingriff in seiner Intensität mit der Beeinträchtigung durch die Informationserhebung vergleichbar ist.[75] Dies gilt jedoch nicht uneingeschränkt. So wird man bei der Schwere des Grundrechtseingriffs zu berücksichtigen haben, dass die Vertraulichkeit eines abgehörten Gespräches bereits aufgehoben ist, da Dritte davon Kenntnis genommen haben. Die Übermittlung an weitere Personen wiegt unter diesem Gesichtspunkt weniger schwer als die Überwachung eines bis dahin vertraulichen Telefongespräches. Etwas anderes gilt für Informationen, welche die Kommunikationspartner anderen Personen gegenüber bereits offengelegt haben, z.B. durch Angabe von Empfänger und Absender auf einem Briefumschlag. Die Übermittlung solcher Informationen ist dem Erhebungseingriff daher sehr viel eher vergleichbar.

Die für die Informationserhebung geltenden Maßstäbe sind daher nicht ohne weiteres auf die anderweitige Verarbeitung der Information heranzuziehen. So ist eine Verwertung von Erkenntnissen aus einer Telefonüberwachung zur Verfolgung anderer als in § 100a StPO genannter Taten nicht von vornherein verfassungswid-

---

[69] BVerfGE 100, 313, 390.
[70] BVerfGE 100, 313, 391.
[71] BVerfGE 100, 313, 391f.
[72] BVerfGE 100, 313, 392.
[73] BVerfGE 100, 313, 394; *Möstl*, DVBl 1999, 1394, 1402; *Paeffgen*, StV 1999, 668, 676.
[74] *Möstl*, DVBl 1999, 1394, 1402; s. auch BVerfGE 100, 313, 393f.
[75] *Scheller*, Ermächtigungsgrundlagen (1997), S. 251.

rig. Das BVerfG hat ausdrücklich nicht gefordert, dass die erhobenen Informationen nur an Behörden übermittelt werden dürfen, die selbst zu entsprechenden Erhebungsmaßnahmen berechtigt sind.[76] Die Übermittlungs- und Verwertungsregelung ist vielmehr für sich genommen auf ihre Verhältnismäßigkeit zu überprüfen.[77] Da die Informationserhebung als Eingriff in Art. 10 GG jedoch wenigstens ebenso schwer wiegt wie die sekundäre Verarbeitung, ist letztere jedenfalls dann verhältnismäßig, wenn die Erhebung zu diesem Zweck nicht gegen das Übermaßverbot verstieße.

Das Verhältnismäßigkeitsprinzip ist auch bei der gesetzlichen Ausgestaltung der materiellen Voraussetzungen der Informationsverarbeitung zu beachten. Werden Informationen durch verdachtslose Überwachungsmaßnahmen mit einer großen Streubreite gewonnen, so ist eine Übermittlung und Verarbeitung dieser Informationen zu anderen Zwecken nur zulässig, wenn eine hinreichende Tatsachenbasis die Annahme rechtfertigt, dass die Daten für diese Zwecke relevant sind.[78] Auch insoweit bieten die Voraussetzungen für die Informationserhebung eine Orientierungshilfe.[79] Die durch einen Eingriff in das Fernmeldegeheimnis erlangten Informationen sind als solche zu kennzeichnen, um auch im Verlauf der anschließenden Informationsverarbeitung einen dem Art. 10 GG angemessenen Grundrechtsschutz gewährleisten zu können.[80]

b) Die Unverletzlichkeit der Wohnung (Art. 13 GG)

Art. 13 GG dient dem Schutz der räumlichen Privatsphäre.[81] Mit der Wohnung wird der Mittelpunkt freier Entfaltung der Persönlichkeit als ein Raum geschützt, in den der Einzelne sich zurückziehen kann und sich selbst besitzt.[82] Mit einem solchen Rückzugsbereich erhält er einen elementaren Lebensraum, in welchem er ein Recht darauf hat, in Ruhe gelassen zu werden.[83] Das Grundrecht des Art. 13 GG verleiht das Recht, darüber zu bestimmen, wer wann und unter welchen Bedingungen Zugang zu seiner Wohnung erhält, und damit zugleich die Befugnis, Informationen über Vorgänge und Gegenstände in der Wohnung zurückzuhalten.[84] Mit der Anknüpfung an die Wohnung wird der grundrechtliche Privatsphärenschutz – wie

---

[76] BVerfGE 100, 313, 390.
[77] *Möstl*, DVBl 1999, 1394, 1401.
[78] BVerfGE 100, 313, 392.
[79] BVerfGE 100, 313, 394 (zu § 100a StPO).
[80] BVerfGE 100, 313, 360f.
[81] BVerfGE 32, 54, 75; 75, 318, 328; *Duttge*, Begriff der Zwangsmaßnahme (1995), S. 100; *Hermes*, in: Dreier, GG, Bd. 1 (1996), Art. 13 Rn. 9; *Papier*, in: Maunz/Dürig, GG, Art. 13 Rn. 1.
[82] *Gornig*, in: von Mangoldt/Klein/Starck, GG, Bd. 1 (1999), Art. 13 Rn. 1; *Wesser*, NJW 2002, 2138; vgl. auch BVerfGE 27, 1, 6 (zu Art. 1 I GG).
[83] BVerfGE 32, 54, 75; 51, 97, 107; 75, 318, 328; 89, 1, 12.
[84] *Amelung*, Informationsbeherrschungsrechte (1990), S. 33; *Gornig*, in: von Mangoldt/Klein/Starck, GG, Bd. 1 (1999), Art. 13 Rn. 2; *Hermes*, in: Dreier, GG, Bd. 1 (1996), Art. 13 Rn. 9; *Kunig*, in: von Münch/Kunig, GG, Bd. 1 (2000), Art. 13 Rn. 1.

in Art. 10 GG – räumlich formalisiert[85], d.h. der Schutz besteht unabhängig davon, ob in der Wohnung tatsächlich Privates geschieht.[86]

(1) Der Schutzbereich

Der sachliche Schutzbereich wird in Art. 13 GG mit dem Begriff der Wohnung umschrieben. Entwickelt man diesen Begriff vor dem Hintergrund des von Art. 13 GG intendierten Privatsphärenschutzes, so wird man unter Wohnung eine Räumlichkeit zu verstehen haben, die zum Aufenthalt von Menschen für einen längeren Zeitraum geeignet und bestimmt ist und als Stätte privaten Lebens und Wirkens dient.[87] Die Wohnung wird durch eine entsprechende Willensbetätigung ihres Benutzers der Privatheit gewidmet.[88]

Neben der Wohnung im engeren Sinne bezieht das BVerfG auch Betriebs- und Geschäftsräume in den Schutzbereich des Art. 13 GG ein.[89] Der Wortlaut widerspricht auf dem ersten Blick einem dermaßen extensiven Verständnis von „Wohnung".[90] Die Analyse der historischen Wurzeln des Wohnungsgrundrechts zeigt indessen, dass sich dieser Schutz nicht auf die Wohnung als private Geheimsphäre, sondern auf das Haus als Wirtschaftseinheit („oikos") bezog.[91] Mit der Industrialisierung vollzog sich allerdings eine Trennung von Wohnung und Arbeitsplatz, infolge derer die Wohnung i.e.S. ihre soziale Funktion als intime und familiäre Geheimsphäre übernahm.[92] Gleichwohl galt die Arbeitsstätte vom Grundrechtsschutz nach wie vor als schutzwürdig, da die Verbindung von Wohnräumen und zum Erwerb genutzten Nebenräumen in der Sozialstruktur (Kleingewerbetreibende) weiterhin verbreitet war.[93] Dementsprechend lässt sich die weite Auslegung des

---

[85] *Kunig*, in: von Münch/Kunig, GG, Bd. 1 (2000), Art. 13 Rn. 10; *Rohlf*, Privatsphäre (1980), S. 156.
[86] *Gornig*, in: von Mangoldt/Klein/Starck, GG, Bd. 1 (1999), Art. 13 Rn. 1; *Kunig*, in: von Münch/Kunig, GG, Bd. 1 (2000), Art. 13 Rn. 10.
[87] *Gornig*, in: von Mangoldt/Klein/Starck, GG, Bd. 1 (1999), Art. 13 Rn. 13; *Hermes*, in: Dreier, GG, Bd. 1 (1996), Art. 13 Rn. 13.
[88] *Gornig*, in: von Mangoldt/Klein/Starck, GG, Bd. 1 (1999), Art. 13 Rn. 14; *Hermes*, in: Dreier, GG, Bd. 1 (1996), Art. 13 Rn. 14; *Kunig*, in: von Münch/Kunig, GG, Bd. 1 (2000), Art. 13 Rn. 10.
[89] BVerfGE 32, 54, 68ff.; 42, 212, 219; 44, 353, 371; 76, 83, 88; 96, 44, 51; 97, 228, 265; ebenso: *Duttge*, Begriff der Zwangsmaßnahme (1995), S. 101; *Gentz*, Unverletzlichkeit der Wohnung (1968), S. 30; *Herdegen*, in: BK-GG, Art. 13 Rn. 34; *Kunig*, in: von Münch/Kunig, GG, Bd. 1 (2000), Art. 13 Rn. 11; *Papier*, in: Maunz/Dürig, GG, Art. 13 Rn. 13; *Ruthig*, JuS 1998, 506, 509; *Scholl*, Behördliche Prüfungsbefugnisse (1989), S. 143; *Voßkuhle*, DVBl 1994, 611, 612f.; a.A. *Battis*, JuS 1973, 25, 30; *Behr*, NJW 1992, 2125, 2126; *Hermes*, in: Dreier, GG, Bd. 1 (1996), Art. 13 Rn. 23; *E. Stein*, Wirtschaftsaufsicht (1967), S. 122ff.; *E. Stein/Frank*, Staatsrecht (2002), S. 282.
[90] *Ennuschat*, AöR 127 (2002), 252, 264f.; *Lübbe-Wolff*, DVBl 1993, 762, 763; *E. Stein*, Wirtschaftsaufsicht (1967), S. 122, 124, unter Hinweis auf die Gegenüberstellung von Wohnung und Geschäftsräumen in §§ 123 StGB, 104 StPO.
[91] *Amelung*, in: Birtsch, Grund- und Freiheitsrechte (1987), S. 291, 301ff.
[92] *Amelung*, in: Birtsch, Grund- und Freiheitsrechte (1987), S. 291, 321f. Dementsprechend sieht *E. Stein*, Wirtschaftsaufsicht (1967), S. 127, nur die Wohnung i.e.S., d.h. den Mittelpunkt des Familienlebens und der Privatsphäre als geschützt an.
[93] *Amelung*, in: Birtsch, Grund- und Freiheitsrechte (1987), S. 291, 327.

Wohnungsbegriffes unter Einbeziehung von Geschäftsräumen in der deutschen Verfassungsgeschichte von der Frankfurter Reichsverfassung der Paulskirche (§ 140) bis zum Bonner Grundgesetz nachweisen und eine Änderung dieser Auslegung war bei der Formulierung des Art. 13 GG nicht beabsichtigt.[94] Dieses historisch begründete Verständnis von „Wohnung" entspricht auch dem heutigen Anliegen des Art. 13 GG: Die freie Entfaltung der Persönlichkeit vollzieht sich zu einem wesentlichen Teil auch über den ausgeübten Beruf; die Berufsfreiheit (Art. 12 GG) wird dementsprechend als Ausprägung des allgemeinen Persönlichkeitsrechts angesehen.[95] Dementsprechend ist der Einzelne auch zu schützen, soweit er eine abgeschlossene Räumlichkeit zu beruflichen Zwecken nutzt.[96] Das Private der häuslichen Sphäre setzt sich in dem beruflichen Lebenskontext fort.[97] Diese Parallele zu Art. 12 GG ist zwar lückenhaft, denn den Schutz des Art. 13 GG genießt zunächst der Unternehmer, nicht der einzelne Arbeitnehmer.[98] Es ist auch zuzugestehen, dass nicht alle Räumlichkeiten in einem größeren Betrieb in gleicher Weise „privat" sind. Aus der Trennung von Wohnbereich und Arbeitsplatz folgt jedoch nicht, dass der bis dahin parallel laufende Schutz durch das Wohnungsgrundrecht für den nunmehr abgetrennten beruflichen Bereich insgesamt entfallen ist.[99] Ausweislich der Beratungen zur letzten Änderung des Art. 13 GG wollte der Verfassungsgesetzgeber vielmehr an der Einbeziehung der Betriebs- und Geschäftsräume in den Schutzbereich des Wohnungsgrundrechts festhalten.[100] Der unterschiedslose Schutz des Art. 13 GG beruht darauf, dass das Wohnungsgrundrecht einen formalisierten Schutz der Privatsphäre gewährt.[101] Ebenso spricht es auch nicht gegen einen Schutz der Betriebs- und Geschäftsräume, dass der Betriebsinhaber diese zum Teil selbst für die Öffentlichkeit zugänglich macht (z.B. ein Ladenlokal oder eine Gaststätte) und insoweit die Privatheit dieser Räume aufhebt.[102] Sofern der Geschäftsinhaber der Betretung seiner Betriebsräume zustimmt, liegt aufgrund der damit erklärten Einwilligung kein Grundrechtseingriff vor.[103] Mit der Öffnung seiner Geschäftsräume für den Publikumsverkehr begibt sich der Unternehmer aber

---

[94] BVerfGE 32, 54, 69; *Ennuschat*, AöR 127 (2002), 252, 266; *Gornig*, in: von Mangoldt/Klein/Starck, GG, Bd. 1 (1999), Art. 13 Rn. 22.

[95] BVerfGE 7, 377, 379.

[96] BVerfGE 32, 54, 71; *Ennuschat*, AöR 127 (2002), 252, 267; *Gentz*, Unverletzlichkeit der Wohnung (1968), S. 29f.; *Herdegen*, in: BK-GG, Art. 13 Rn. 34; *Kunig*, in: von Münch/Kunig, GG, Bd. 1 (2000), Art. 13 Rn. 11; *Voßkuhle*, DVBl 1994, 611, 612.

[97] *Voßkuhle*, DVBl 1994, 611, 612.

[98] S. *Battis*, JuS 1973, 25, 27; *Hermes*, in: Dreier, GG, Bd. 1 (1996), Art. 13 Rn. 23; *E. Stein*, Wirtschaftsaufsicht (1967), S. 125. Arbeitnehmer sind in Bezug auf ihren Arbeitsplatz nicht Grundrechtsträger, s. *Gornig*, in: von Mangoldt/Klein/Starck, GG, Bd. 1 (1999), Art. 13 Rn. 32.

[99] *Battis*, JuS 1973, 25, 30; s. dagegen *E. Stein/Frank*, Staatsrecht (2002), S. 282.

[100] S. *Ennuschat*, AöR 127 (2002), 252, 266, mit den entsprechenden Nachweisen.

[101] Vgl. auch *Voßkuhle*, DVBl 1994, 611, 612f.

[102] So aber *Behr*, NJW 1992, 2125, 2126; s. auch *Papier*, in: Maunz/Dürig, GG, Art. 13 Rn. 14; *Pieroth/Schlink*, Grundrechte (2003), Rn. 876; *Ruthig*, JuS 1998, 506, 510.

[103] BayVGH, NVwZ 1991, 688, 690; *Gornig*, in: von Mangoldt/Klein/Starck, GG, Bd. 1 (1999), Art. 13 Rn. 45; *Hermes*, in: Dreier, GG, Bd. 1 (1996), Art. 13 Rn. 28, 40; *Kunig*, in: von Münch/Kunig, GG, Bd. 1 (2000), Art. 13 Rn. 19.

II. Informationsverarbeitung und Grundrechte

nicht seines Grundrechtsschutzes[104], sondern bleibt weiterhin berechtigt, staatlichen Organen den Zutritt zu verwehren.[105] Die generell erteilte Zutrittserlaubnis vermag den ausnahmslosen Ausschluss von öffentlich zugänglichen Geschäftsräumen aus dem Schutzbereich des Art. 13 GG nicht zu begründen.[106] Zudem geht aus der Schrankenbestimmung des Art. 13 VII GG hervor, dass diese auch Eingriffe in Bezug auf öffentlich zugängliche Räumlichkeiten erfasst (Betreten von Gaststätten zum Jugendschutz).[107] Schließlich vermögen auch die begrenzten Möglichkeiten zur Rechtfertigung eines Grundrechtseingriffs (s. Art. 13 II–VII) eine restriktive Auslegung des Wohnungsbegriffs nicht zu begründen[108], da der materielle Gehalt eines Grundrechts unabhängig von den Schrankenbestimmungen zu ermitteln ist.[109] Betriebs- und Geschäftsräume werden daher von Art. 13 GG geschützt.

Grundrechtsträger sind bei Wohnungen i.e.S. alle natürlichen Personen, welche die geschützten Räumlichkeiten bewohnen.[110] In Bezug auf Betriebs- und Geschäftsräume ist der Unternehmensinhaber geschützt.[111] Der persönlichkeitsrechtliche Zusammenhang mit der Berufsfreiheit (Art. 12 GG) spricht dafür, auch die in den Geschäftsräumen tätigen Arbeitnehmer als Grundrechtsträger anzusehen. Die überwiegende Ansicht lehnt dies ab, da den Arbeitnehmern keine Dispositionsbefugnis über diese Räume zustehe.[112] Nun könnte man dagegen einwenden, die Bestimmung des persönlichen Schutzbereiches solle erst klären, wem das Wohnungsgrundrecht die Berechtigung verleiht, Eingriffe in die räumliche Privatsphäre abzuwehren oder diese zu gestatten und dadurch über sein Grundrecht zu verfügen. Andererseits setzt eine räumliche Privatsphäre das Bestehen eines rechtlichen Basisschutzes voraus: Erst wenn der Einzelne aufgrund eines einfach-gesetzlichen Haus- und Besitzrechtes (§§ 858 ff. BGB) über die jeweilige Räumlichkeit disponie-

---

[104] *Herdegen*, in: BK-GG, Art. 13 Rn. 35; *Kunig*, in: von Münch/Kunig, GG, Bd. 1 (2000), Art. 10 Rn. 11; *Schmitt Glaeser*, in: HStR, Bd. VI (2001), § 129 Rn. 51; *Voßkuhle*, DVBl 1994, 611, 613.

[105] BVerfGE 97, 228, 265; *Gornig*, in: von Mangoldt/Klein/Starck, GG, Bd. 1 (1999), Art. 13 Rn. 27.

[106] Im Übrigen erscheint es widersprüchlich, die Geschäftsräume aus dem Schutzbereich des Art. 13 GG herauszunehmen, weil der Unternehmer diese aus seiner Privatsphäre entlassen habe (*Ruthig*, JuS 1998, 606, 510), andererseits eine Überwachung dieser Räume als Grundrechtseingriff anzusehen, da der Geschäftsinhaber mit derartigen Maßnahmen nicht rechnen müsse (*Ruthig*, aaO, 511).

[107] *Ennuschat*, AöR 127 (2002), 252, 267.

[108] S. aber *Lübbe-Wolff*, DVBl 1993, 762, 763.

[109] BVerfGE 32, 54, 72; *Voßkuhle*, DVBl 1994, 611, 612.

[110] BayVGH, NVwZ 1991, 688, 690; *Gornig*, in: von Mangoldt/Klein/Starck, GG, Bd. 1 (1999), Art. 13 Rn. 23; *Hermes*, in: Dreier, GG, Bd. 1 (1996), Art. 13 Rn. 18; *Papier*, in: Maunz/Dürig, GG, Art. 13 Rn. 12. Die Frage, ob eine juristische Person auch insoweit Grundrechtsträger sein kann (vgl. BVerfGE 42, 212, 219), ist wegen des Schutzes für Geschäfts- und Betriebsräume irrelevant, letzten Endes aber zu verneinen, da der Persönlichkeitsbezug fehlt bzw. eine juristische Person nicht „wohnt" (*Hermes*, aaO, Rn. 17, unter Hinweis auf Art. 19 III GG).

[111] *Gornig*, in: von Mangoldt/Klein/Starck, GG, Bd. 1 (1999), Art. 13 Rn. 32; *Scholl*, Behördliche Prüfungsbefugnisse (1989), S. 144.

[112] *Dibbert*, Ermittlungen (1999), S. 26; *Gornig*, in: von Mangoldt/Klein/Starck, GG, Bd. 1 (1999), Art. 13 Rn. 32; *Herdegen*, in: BK-GG, Art. 13 Rn. 37.

ren und andere vom Zugang auschließen kann, kann diese für ihn tatsächlich zu einem Rückzugsbereich werden.[113] Ein solcher Schutz besteht für Arbeitnehmer an ihrem Arbeitsplatz in aller Regel nicht. Diese sind daher grundsätzlich nicht Träger des Wohnungsgrundrechts. Etwas anderes gilt nur, wenn bestimmte Räumlichkeiten, wie z.B. betriebliche Sozialräume, mit dem Einverständnis des Geschäftsherrn dessen Dispositionsbefugnis entzogen werden und auf diese Weise ein eigenständiger räumlicher Schutzbereich geschaffen wird.[114]

Da der Grundrechtsschutz nicht von der Unternehmensform abhängig sein kann[115], können auch inländische[116] juristische Personen oder Personenvereinigungen Grundrechtsträger sein (Art. 19 III GG).[117]

(2) Eingriffe und ihre verfassungsrechtliche Rechtfertigung

Die Eingriffe in das Wohnungsgrundrecht werden in den Art. 13 II–VII GG einer differenzierten Schrankensystematik unterworfen. Zunächst werden die verfassungsrechtlichen Anforderungen an die Zulässigkeit näher bezeichneter Grundrechtseingriffe geregelt: Durchsuchung (Art. 13 II GG), technische Überwachung (Art. 13 III–VI). Art. 13 VII GG gilt für die übrigen Eingriffe und stellt insofern eine Auffangnorm dar.[118]

(a) Art. 13 II GG (Durchsuchungen)

Art. 13 II GG regelt die Zulässigkeit von Durchsuchungen. Der Begriff der Durchsuchung wird nach verbreiteter Ansicht definiert als „das ziel- und zweckgerichtete Suchen staatlicher Organe nach Personen oder Sachen oder zur Ermittlung eines Sachverhalts, um etwas aufzuspüren, was der Inhaber der Wohnung von sich aus nicht offenlegen oder herausgeben will".[119]

---

[113] Dies wird bedeutsam bei der Frage, inwieweit die räumliche Privatsphäre von Hausbesetzern geschützt ist, s. dazu *Amelung*, in: AK-StPO, Bd. 2/1 (1992), § 102 Rn. 19 m.w.N.
[114] *Berkemann*, in: AK-GG (1989), Art. 13 Rn. 36; *Voßkuhle*, DVBl 1994, 611, 614.
[115] BVerfGE 42, 212, 219; *Kunig*, in: von Münch/Kunig, GG, Bd. 1 (2000), Art. 13 Rn. 8.
[116] Im Anwendungsbereich des Gemeinschaftsrechts sind aufgrund des Diskriminierungsverbotes (Art. 12 EGV) auch juristische Personen aus anderen Mitgliedstaaten Grundrechtsträger, s. *Gornig*, in: von Mangoldt/Klein/Starck, GG, Bd. 1 (1999), Art. 13 Rn. 39; *Hermes*, in: Dreier, GG, Bd. 1 (1996), Art. 13 Rn. 25; a.A. *Rüfner*, in: FS 50 Jahre BVerfG (2001), S. 55, 71 f., der insoweit eine ausdrückliche Verfassungsänderung für notwendig erachtet.
[117] BVerfGE 42, 212, 219 (Kommanditgesellschaft); 44, 353, 371 (eingetragener Verein); 76, 83, 88 (GmbH); *Gornig*, in: von Mangoldt/Klein/Starck, GG, Bd. 1 (1999), Art. 13 Rn. 37f.; *Kunig*, in: von Münch/Kunig, GG, Bd. 1 (2000), Art. 13 Rn. 8; *Papier*, in: Maunz/Dürig, GG, Art. 13 Rn. 17; *Rüfner*, in: FS 50 Jahre BVerfG (2001), S. 55, 67; *Scholl*, Behördliche Prüfungsbefugnisse (1989), S. 144.
[118] *Kunig*, in: von Münch/Kunig, GG, Bd. 1 (2000), Art. 13 Rn. 6.
[119] BVerfGE 51, 97, 107; 75, 318, 327; 76, 83, 89; BVerwGE 47, 31, 37; 78, 251, 254; OVG Berlin, NVwZ-RR 1990, 194, 195; OVG Hamburg, DVBl 1997, 665, 666; KG, NJW 1997, 400, 401; *Gornig*, in: von Mangoldt/Klein/Starck, GG, Bd. 1 (1999), Art. 13 Rn. 60; *Kunig*, in: von Münch/Kunig, GG, Bd. 1 (2000), Art. 13 Rn. 25.

Im Anschluss an diese Definition wird zum Teil davon ausgegangen, das jedes Betreten einer Wohnung, das zusätzlich die Suche nach einer Person oder Sache oder die Erforschung eines Sachverhalts umfasst, eine Durchsuchung i.S.d. Art. 13 II GG sei.[120] Nach überwiegender Auffassung liegt dagegen keine Durchsuchung vor, wenn die Wohnung betreten und bei dieser Gelegenheit von Personen, Sachen oder Zuständen Kenntnis genommen wird.[121] Nach einer neueren Ansicht ist eine Durchsuchung dadurch gekennzeichnet, dass mit ihr weitere freiheitsbeschränkende Maßnahmen (Festnahme, Beschlagnahme, Pfändung) vorbereitet werden.[122]

Der weite Durchsuchungsbegriff wird damit begründet, dass der Schutz der Wohnung umfassend gewährleistet ist und die räumliche Privatsphäre bereits mit dem Betreten der Wohnung und nicht erst mit dem Durchsuchen von Schränken, Schreibtischen etc. berührt ist.[123] Daran ist richtig, dass mit dem Betreten der Wohnung ein Eingriff in das Wohnungsgrundrecht vorliegt. Das bedeutet jedoch keineswegs, dass dieser Eingriff zugleich eine Durchsuchung darstellt, denn Art. 13 II–VII GG enthält eine nach Intensität des Eingriffs gestaffelte Schrankenregelung. Der weite Durchsuchungsbegriff impliziert, dass Art. 13 II GG eine allgemeine Regelung von Grundrechtseingriffen zur Informationserhebung enthält, was bereits im Hinblick auf die Regelungen in Art. 13 III–VI GG fraglich erscheint. Die besonderen Anforderungen an die Zulässigkeit einer Durchsuchung (Richtervorbehalt) resultieren indessen wie bei Art. 13 III–VI GG nicht aus dem Zweck der Maßnahme (Informationserhebung), sondern aus der Intensität des Grundrechtseingriffes „Durchsuchung", nämlich dem „Herumwühlen"[124] in persönlichen Sachen. In Bezug auf die Eingriffsintensität ist das Betreten ein relativ geringer Eingriff, auch wenn dabei – und sei es gezielt – Informationen erhoben werden, während eine planmäßige Durchsuchung der gesamten Wohnung Gegenstände zu Tage fördert, die der Wohnungsinhaber bewusst den Blicken von Besuchern entziehen wollte, und insofern einen besonders schweren Eingriff in die Privatsphäre darstellt.[125] Von dem oben genannten engen Durchsuchungsbegriff scheint auch der Parlamentarische Rat bei der Formulierung des Wohnungsgrundrechts ausgegangen zu sein.[126] Dies gilt allerdings unabhängig davon, ob mit dem Durchsuchungseingriff

---

[120] So insbesondere *Scholl*, Behördliche Prüfungsbefugnisse (1989), S. 165; ebenso OVG Berlin, DÖV 1974, 28; *Gentz*, Unverletzlichkeit der Wohnung (1968), S. 138; s. ferner *Sachs*, NVwZ 1987, 560, 561 (behördliche Nachschau als Durchsuchung); *E. Stein/Frank*, Staatsrecht (2002), S. 283.
[121] BVerwGE 47, 31, 37; *Gornig*, in: von Mangoldt/Klein/Starck, GG, Bd. 1 (1999), Art. 13 Rn. 62, 64; *Voßkuhle*, DVBl 1994, 611, 616.
[122] *Wesser*, NJW 2002, 2138, 2139.
[123] *Scholl*, Behördliche Prüfungsbefugnisse (1989), S. 165.
[124] S. BVerfGE 75, 318, 327.
[125] S. *Voßkuhle*, DVBl 1994, 611, 616. Dass dieser Wertungsunterschied von den Vertretern eines weiten Durchsuchungsbegriffes nicht erkannt wird, zeigt sich besonders deutlich daran, dass sie ohne weiteres die Konsequenz ziehen, jedes Eindringen in eine Wohnung sei äußerlich bereits eine Durchsuchung, s. OVG Berlin, DÖV 1974, 28; *Gentz*, Unverletzlichkeit der Wohnung (1968), S. 138.
[126] S. die Ausführungen des Abgeordneten Dr. *Schmid*: „Durchsuchung bedeutet, daß von Organen der Obrigkeit im Hause Handlungen vorgenommen – Schränke aufgemacht, Nachfor-

weitere freiheitbeschränkende Maßnahmen vorbereitet werden sollen. Dagegen spricht bereits, dass der Betroffene dieser Maßnahmen nicht mit dem Wohnungsinhaber identisch sein muss; in diesem Fall wäre zu begründen, warum die Aussicht auf Eingriffe in Grundrechte anderer Personen eine besondere Eingriffsintensität in Bezug auf Art. 13 GG begründen sollte. Die Untauglichkeit des Kriteriums zeigt sich letztlich daran, dass auch das bloße Betreten und Besichtigen weitere Eingriffe vorbereiten kann, wie z.B. die Entnahme von Proben.[127] Im Übrigen ergibt sich aus dem Zweck der Nachschau, dass die dabei erlangten Erkenntnisse unter Umständen zu einer Entscheidung führen, die in die Grundrechte des Betroffenen eingreift (z.B. zu einer gewerberechtlichen Untersagung).

Eine Durchsuchung ist nach alledem nicht anzunehmen, wenn ein staatliches Organ eine Wohnung betritt und dabei von Personen, Gegenständen oder Zuständen Kenntnis nimmt, die ohne weiteres zugänglich bzw. erkennbar sind.[128] Dementsprechend hat die Rechtsprechung eine Durchsuchung verneint bei der Überprüfung der baulichen Beschaffenheit einer Wohnung[129], bei der Entnahme von Wasserproben[130], bei der Überwachung des Nachtbackverbotes[131] oder bei der Lebensmittelkontrolle in Supermärkten[132]. Die oben angeführte Definition ist dabei, soweit sie auf den Willen des Wohnungsinhabers Bezug nimmt, nicht streng subjektiv zu verstehen:[133] Es kommt nicht darauf an, ob der Grundrechtsträger will, dass bestimmte Informationen den Behörden verborgen bleiben, sondern ob die entsprechenden Tatsachen in der jeweiligen Situation für den Betretenden objektiv erkennbar sind.[134]

---

schungen angestellt – werden, um einen bestimmten Sachverhalt festzustellen. Wenn aber ein Beamter des Wohnungsamtes kommt und in der Wohnung nachsieht, ob sie überbelegt oder unterbelegt ist, so ist das keine Durchsuchung. Wenn die Polizei Nachschau hält, ob ein Milchhändler gepanschte Milch in seinem Eisschrank hat, so ist das eine Durchsuchung.", zitiert aus: JöR, Bd. 1 N.F. (1951), S. 140; s. dagegen *Ennuschat*, AöR 127 (2002), 252, 270, der in dem Öffnen eines Kühlschrankes keine Durchsuchung sieht, da die Kühlschranktür nicht vor Kenntnisnahme, sondern vor Kälteverlust schütze.

[127] S. etwa die im Zusammenhang mit der Nachschau geregelten Befugnisse in § 22b I S. 1 Nr. 3 FlHG, § 25 III S. 1 Nr. 2 GenTG und § 31 II S. 2 SprengG.

[128] OVG Hamburg, DÖV 1992, 221, 222; *Gornig*, in: von Mangoldt/Klein/Starck, GG, Bd. 1 (1999), Art. 13 Rn. 64; *Herdegen*, in: BK-GG, Art. 13 Rn. 51; *Hermes*, in: Dreier, GG, Bd. 1 (1996), Art. 13 Rn. 30; *Voßkuhle*, DVBl 1994, 611, 616.

[129] BayVGH, BayVBl 1987, 21, 22; s. auch OVG Hamburg, DVBl 1997, 665, 666.

[130] BayVGH, BayVBl 1991, 115, 116.

[131] OVG Hamburg, DÖV 1992, 221, 222.

[132] BVerwGE 78, 251, 254.

[133] S. dagegen auch *Wesser*, NJW 2002, 2138, 2139.

[134] *Kunig*, in: von Münch/Kunig, GG, Bd. 1 (2000), Art. 13 Rn. 26. Der Einwand, dieser Durchsuchungsbegriff sei subjektiv, da die Vollzugsorgane vor einem Antrag auf einen richterlichen Durchsuchungsbeschluss die Aufklärungsbedürftigkeit des Sachverhaltes einschätzen müssten – s. *Wesser*, NJW 2002, 2138, 2139 –, geht fehl, da er die Notwendigkeit einer Durchsuchung zur Aufklärung mit der Durchsuchung selbst gleichsetzt.

II. Informationsverarbeitung und Grundrechte

Der Wille des Wohnungsinhabers ist allerdings insofern von Bedeutung, als ein Einverständnis mit der Besichtigung oder der Durchsuchung den Grundrechtseingriff entfallen lässt.[135]

Liegt eine Dursuchung in dem o.g. Sinne vor, so bestimmt sich deren verfassungsrechtliche Zulässigkeit nach Art. 13 II GG. Wenngleich ein Gesetzesvorbehalt dort nicht ausdrücklich normiert worden ist, ergibt sich doch aus dem Wortlaut („in der dort vorgeschriebenen Form"), dass jede Durchsuchung einer gesetzlichen Grundlage bedarf.[136] In der Ermächtigungsgrundlage sind die materiellen Voraussetzungen einer Durchsuchung festzulegen.[137]

Eine Durchsuchung ist grundsätzlich nur zulässig, wenn sie zuvor von einem Richter angeordnet worden ist (Art. 13 II GG). Da eine Durchsuchung in der Regel ohne vorherige Anhörung des Betroffenen durchgeführt wird, kann dieser sich zunächst nicht selbst gegen die drohende Grundrechtsbeeinträchtigung wehren. Der Richtervorbehalt soll diesem Defizit abhelfen und eine unabhängige, neutrale Prüfung der formellen und materiellen Voraussetzungen der Durchsuchung sicherstellen: Der Richtervorbehalt dient dem vorbeugenden Rechtsschutz.[138]

Ausnahmsweise ist eine richterliche Anordnung bei Vorliegen von Gefahr im Verzug entbehrlich, soweit ein förmliches Gesetz dies vorsieht.[139] Dies setzt voraus, dass die vorherige Einholung einer richterlichen Anordnung den Erfolg der Durchsuchung gefährden würde.[140] Mit Rücksicht auf diesen Zweck des Richtervorbehaltes ist die in Art. 13 II GG vorgesehene Ausnahmeregelung eng auszulegen.[141] Dass die Regelzuständigkeit des Richters auch in der Durchsuchungspraxis gewahrt bleibt, ist durch organisatorische Vorkehrungen sicherzustellen.[142]

Wenngleich Art. 13 II GG keine materiellen Anforderungen für eine Durchsuchung aufstellt, so ist die Durchsuchung im Einzelfall auf ihre Verhältnismäßigkeit im Hinblick auf den Durchsuchungszweck zu prüfen.[143] In Bezug auf die Schwere des Grundrechtseingriffs ist zu berücksichtigen, dass eine Durchsuchung nicht nur

---

[135] *Gornig*, in: von Mangoldt/Klein/Starck, GG, Bd. 1 (1999), Art. 13 Rn. 63; *Hermes*, in: Dreier, GG, Bd. 1 (1996), Art. 13 Rn. 28; *Kunig*, in: von Münch/Kunig, GG, Bd. 1 (2000), Art. 13 Rn. 26.
[136] *Hermes*, in: Dreier, GG, Bd. 1 (1996), Art. 13 Rn. 33.
[137] *Hermes*, in: Dreier, GG, Bd. 1 (1996), Art. 13 Rn. 33.
[138] BVerfG, NStZ 2001, 382, 383; *Amelung*, Rechtsschutz (1976), S. 32f.; *Amelung*, NStZ 2001, 337, 338; a.A. *Rabe von Kühlewein*, Der Richtervorbehalt (2001), S. 89f.; dazu *Amelung*, NStZ 2001, 337, 343.
[139] *Gornig*, in: von Mangoldt/Klein/Starck, GG, Bd. 1 (1999), Art. 13 Rn. 74; *Kunig*, in: von Münch/Kunig, GG, Bd. 1 (2000), Art. 13 Rn. 33.
[140] BVerfGE 51, 97, 111; NStZ 2001, 382, 384; BVerwGE 28, 285, 291; *Gornig*, in: von Mangoldt/Klein/Starck, GG, Bd. 1 (1999), Art. 13 Rn. 72; *Kunig*, in: von Münch/Kunig, GG, Bd. 1 (2000), Art. 13 Rn. 32.
[141] BVerfG, NStZ 2001, 382, 383; *Amelung*, NStZ 2001, 337, 339.
[142] BVerfG, NStZ 2001, 382, 384.
[143] BVerfGE 20, 162, 186f.; 51, 97, 113; 59, 95, 97; 71, 64, 65; LVerfG Brandenburg, JR 2003, 15, 16; OVG Lüneburg, NVwZ 1990, 679; *Gornig*, in: von Mangoldt/Klein/Starck, GG, Bd. 1 (1999), Art. 13 Rn. 70, 89; *Hermes*, in: Dreier, GG, Bd. 1 (1996), Art. 13 Rn. 35. Auch die gesetzliche Ermächtigung muss den Anforderungen des Verhältnismäßigkeitsgrundsatzes genügen, s. *Gornig* und *Hermes*, jeweils aaO.

durch die Erhebung von Informationen in die räumliche Privatsphäre eingreift, sondern in dem körperlichen Eindringen und der Störung des Hausfriedens zugleich eine physische Beeinträchtigung der Unverletzlichkeit der Wohnung liegt.[144] Der richterliche Durchsuchungsbefehl muss eine Prüfung der Rechtmäßigkeit, insbesondere der Verhältnismäßigkeit erkennen lassen und durch eine geeignete Formulierung sicherstellen, dass der Grundrechtseingriff messbar und kontrollierbar bleibt[145], indem er Rahmen, Grenzen und Ziel der Durchsuchung definiert[146]. Die Kontrollfunktion hat auch Auswirkungen auf die Ausführung der richterlichen Durchsuchungsanordnung: Da der Richter die Zulässigkeit der Durchsuchung nach den jeweils vorliegenden Gegebenheiten beurteilt und sich mit dem Zeitablauf die tatsächliche Entscheidungsgrundlage ändert, kann eine Durchsuchung nicht mehr auf eine vor geraumer Zeit erlassene richterliche Anordnung gestützt werden.[147] Spätestens nach Ablauf eines halben Jahres kann eine richterliche Anordnung nicht mehr als Grundlage für eine Durchsuchung herangezogen werden.[148]

(b) Art. 13 III GG (akustische Überwachung zur Strafverfolgung)[149]

Art. 13 III GG betrifft den Einsatz technischer Mittel zur akustischen Überwachung. Es geht also um Grundrechtseingriffe durch das Abhören von Wohnungen, z.B. durch Wanzen, versteckte Mikrophone oder Aufzeichnungsgeräte.[150] Die optische Überwachung zur Strafverfolgung ist verfassungsrechtlich unzulässig.[151] Art. 13 III GG umfasst auch die weiteren zur Überwachung notwendigen Maßnahmen, wie das heimliche Betreten der Wohnung und das Anbringen der Überwachungsgeräte.[152]

Für die verfassungsrechtliche Rechtfertigung von Maßnahmen zur akustischen Wohnraumüberwachung enthält Art. 13 III GG formelle wie materielle Anforderungen.

Zunächst bedürfen die in Art. 13 III GG geregelten Grundrechtseingriffe einer gesetzlichen Grundlage (s. § 100c I Nr. 3 StPO).[153] Des weiteren ist ein qualifizier-

---

144 *Scheller*, Ermächtigungsgrundlagen (1997), S. 252.
145 BVerfGE 20, 162, 224; 42, 212, 220; NJW 1992, 551, 552; 1994, 2079; LVerfG Brandenburg, JR 2003, 15, 16; *Hermes*, in: Dreier, GG, Bd. 1 (1996), Art. 13 Rn. 36.
146 BVerfGE 96, 44, 52.
147 BVerfGE 96, 44, 52f.
148 BVerfGE 96, 44, 54.
149 Auf die in Art. 13 IV GG vorgesehenen Überwachungsmaßnahmen wird nicht eingegangen, da diese eine präventive, allerdings nicht im Rahmen der Wirtschaftsaufsicht relevante, Zielsetzung zum Ausgangspunkt haben.
150 *Papier*, in: Maunz/Dürig, GG, Art. 13 Rn. 79.
151 S. die Begründung zum Entwurf der Änderung des Art. 13 GG, BT-Drucks. 13/8650, S. 4; *Gornig*, in: von Mangoldt/Klein/Starck, GG, Bd. 1 (1999), Art. 13 Rn. 99.
152 *Papier*, in: Maunz/Dürig, GG, Art. 13 Rn. 79; vgl. auch die Begründung zu § 100c I Nr. 3 StPO, BT-Drucks. 13/8651, S. 13.
153 *Papier*, in: Maunz/Dürig, GG, Art. 13 Rn. 73; s. auch Art. 13 III S. 1 („durch Gesetz einzeln bestimmte besonders schwere Straftat").

II. Informationsverarbeitung und Grundrechte

ter Richtervorbehalt vorgesehen: Die akustische Wohnraumüberwachung zur Strafverfolgung muss grundsätzlich von einem mit drei Richtern besetzten Spruchkörper angeordnet werden; bei Gefahr im Verzug[154] kann ein einzelner Richter über die Anordnung entscheiden (Art. 13 III S. 3, 4 GG). Die einzelne Maßnahme ist zu befristen (Art. 13 III S. 2 GG).[155] Aus dem Grundrecht des Art. 13 GG folgt des weiteren ein Recht des Betroffenen, wenigstens nachträglich von der Abhörmaßnahme informiert zu werden.[156]

Art. 13 III S. 1 GG enthält darüber hinaus auch detaillierte Vorgaben zur materiellen Verfassungsmäßigkeit. Die Wohnraumüberwachung zum Zweck der Strafverfolgung setzt zunächst den auf konkrete Tatsachen gegründeten Verdacht voraus, dass jemand eine durch Gesetz bestimmte besonders schwere Straftat begangen hat (Art. 13 III S. 1 GG).[157] Dem Gesetzgeber ist es demnach grundsätzlich verwehrt, in den Katalog der Bezugsdelikte Straftatbestände aufzunehmen, deren Strafrahmen auch die Verhängung einer Geldstrafe zulässt.[158] Zweitens ist nur die Überwachung einer Wohnung zulässig, in der sich der Beschuldigte vermutlich aufhält (Art. 13 III S. 1 GG). Das bedeutet einerseits, dass nicht nur die Wohnung des Beschuldigten, sondern auch die Wohnung Dritter überwacht werden kann, sofern zu vermuten ist, dass sich der Beschuldigte dort aufhält.[159] Andererseits kann auf Art. 13 III GG keine lückenlose Überwachung aller Wohnräume Dritter gestützt werden, die der Beschuldigte möglicherweise aufsucht, sondern eine Überwachung ist nur zulässig, solange sich der Beschuldigte dort – vermutlich – aufhält.[160] Schließlich ist die akustische Wohnraumüberwachung nur zulässig, so-

---

[154] S. o. S. 57 zu Art. 13 II GG.
[155] § 100d IV S. 1 StPO sieht eine Befristung auf maximal vier Wochen vor. Gegebenenfalls kann die Maßnahme verlängert werden (§ 100d IV S. 2 StPO).
[156] *Gornig*, in: von Mangoldt/Klein/Starck, GG, Bd. 1 (1999), Art. 13 Rn. 119; *Papier*, in: Maunz/Dürig, GG, Art. 13 Rn. 85 ff., mit Hinweis auf BVerfGE 100, 313, 361 (zu Art. 10 GG); s. auch § 101 I StPO.
[157] Einen entsprechenden Straftatenkatalog enthält § 100c I Nr. 3 StPO.
[158] Vgl. den Bericht des Rechtsausschusses, BT-Drucks. 13/9661, S. 6, 11. Dies hatte zur Folge, dass mit der Einführung des Art. 13 III GG und des § 100c StPO für die Geldwäsche (§ 261 StGB) die Mindeststrafe von Geldstrafe auf eine Freiheitsstrafe von mindestens drei Monaten erhöht wurde, s. *Meyer/Hetzer*, NJW 1998, 1017, 1020 f.; kritisch zur Aufnahme der §§ 85, 87, 88, 99 StGB, die auch die Verhängung einer Geldstrafe vorsehen, in den Katalog des § 100c I Nr. 3 StPO: *Papier*, in: Maunz/Dürig, GG, Art. 13 Rn. 78.
Zum Teil wird gefordert, dass die Straftat zudem im konkreten Fall besonders schwer sein muss (so *Papier*, in: Maunz/Dürig, GG, Art. 13 Rn. 76, 78 m. w. N.). Aus der Formulierung des Art. 13 III S. 1 GG wird man dies nicht ableiten können: Die Formulierung „eine durch Gesetz einzeln bestimmte besonders schwere Straftat" stellt auf die gesetzliche Qualifizierung der Straftat als besonders schwer ab, anderenfalls hätten die Attribute „durch Gesetz einzeln bestimmt" und „besonders schwer" durch ein Komma getrennt werden müssen (s. die Regel R 90, Stichwort Komma, in: Duden, Rechtschreibung der deutschen Sprache, 20. Aufl., 1991). Davon unberührt bleibt die Berücksichtigung der Schwere der Tat im konkreten Fall bei der Prüfung der Verhältnismäßigkeit der einzelnen Maßnahme.
[159] *Gornig*, in: von Mangoldt/Klein/Starck, GG, Bd. 1 (1999), Art. 13 Rn. 102; *Kunig*, in: von Münch/Kunig, GG, Bd. 1 (2000), Art. 13 Rn. 40; *Papier*, in: Maunz/Dürig, GG, Art. 13 Rn. 81.
[160] *Papier*, in: Maunz/Dürig, GG, Art. 13 Rn. 81; vgl. auch § 100c II S. 5 StPO.

fern die Erforschung des Sachverhaltes auf andere Weise unverhältnismäßig erschwert oder aussichtlos wäre (Art. 13 III S. 1 GG a. E.). Diese Subsidiaritätsklausel stellt eine spezifische Verschärfung des Verhältnismäßigkeitsprinzips dar.[161] Auch im Übrigen ist bei der akustischen Überwachung der Grundsatz der Verhältnismäßigkeit zu wahren; dabei ist insbesondere zu berücksichtigen, in welchem Maße mit der Überwachung zugleich in andere Grundrechte des Beschuldigten oder weiterer Personen (Art. 4 I, II, 5 I S. 2, 6 I, 12 I GG) eingegriffen wird.[162]

(c) Art. 13 V GG (Schutz von Personen)

Art. 13 V GG enthält eine Sonderregelung für die Wohnraumüberwachung zu präventiven Zwecken, für welche grundsätzlich die Schrankenbestimmung des Art. 13 IV GG einschlägig ist. Art. 13 V GG ist insofern die speziellere Norm, als er den Einsatz technischer Mittel zum Schutz der bei einem Einsatz in Wohnungen tätigen Personen regelt.[163] Im strafrechtlichen Ermittlungsverfahren kann Art. 13 V GG insbesondere beim Einsatz verdeckter Ermittler (s. §§ 110a ff. StPO) zur Anwendung kommen.[164] Um eine zügige Entscheidung zum Schutz dieser Personen zu gewährleisten, soll eine Überwachung – anders als im Fall des Art. 13 IV GG – ohne vorherige richterliche Anordnung zulässig sein[165]; es genügt die Anordnung durch eine gesetzlich bestimmte Stelle (Art. 13 V S. 1 GG). Anders als im Rahmen des Art. 13 III GG umfasst Art. 13 V GG neben der akustischen auch eine optische Überwachung.[166] Um einer Umgehung der Art. 13 III, IV GG vorzubeugen, ist Voraussetzung für die Rechtfertigung nach Art. 13 V S. 1 GG, dass die Maßnahme ausschließlich dem Personenschutz dient.[167]

(d) Art. 13 VII GG (sonstige Eingriffe und Beschränkungen)

Die Zulässigkeit der nicht von Art. 13 II–V GG erfassten Grundrechtseingriffe bestimmt sich nach Art. 13 VII GG. Solche Eingriffe und Beschränkungen bestehen insbesondere in dem Betreten und Verweilen staatlicher Organe in dem geschützten Bereich.[168]

---

[161] *Papier*, in: Maunz/Dürig, GG, Art. 13 Rn. 82.
[162] *Gornig*, in: von Mangoldt/Klein/Starck, GG, Bd. 1 (1999), Art. 13 Rn. 110ff.; *Kunig*, in: von Münch/Kunig, GG, Bd. 1 (2000), Art. 13 Rn. 44; *Ruthig*, JuS 1998, 506, 514; s. ferner den Bericht des Rechtsausschusses zur Änderung des Art. 13 GG, BT-Drucks. 13/9660, S. 4.
[163] *Gornig*, in: von Mangoldt/Klein/Starck, GG, Bd. 1 (1999), Art. 13 Rn. 138.
[164] *Gornig*, in: von Mangoldt/Klein/Starck, GG, Bd. 1 (1999), Art. 13 Rn. 138; zum geschützten Personenkreis: *Papier*, in: Maunz/Dürig, GG, Art. 13 Rn. 110.
[165] Vgl. *Gornig*, in: von Mangoldt/Klein/Starck, GG, Bd. 1 (1999), Art. 13 Rn. 142.
[166] *Gornig*, in: von Mangoldt/Klein/Starck, GG, Bd. 1 (1999), Art. 13 Rn. 141; *Kunig*, in: Münch/Kunig, GG, Bd. 1 (2000), Art. 13 Rn. 49.
[167] S. den Bericht des Rechtsausschusses zur Änderung des Art. 13 GG, BT-Drucks. 13/9660, S. 4 f.; vgl. auch *Papier*, in: Maunz/Dürig, GG, Art. 13 Rn. 111.
[168] BVerfGE 65, 1, 40; 76, 83, 90; *Hermes*, in: Dreier, GG, Bd. 1 (1996), Art. 13 Rn. 39; *Papier*, in: Maunz/Dürig, GG, Art. 13 Rn. 121.

Sieht man von der verfassungsunmittelbaren Eingriffsermächtigung in Art. 13 VII Alt. 1 GG ab, so bestimmt sich die verfassungsrechtliche Zulässigkeit dieser Eingriffe nach Art. 13 VII Alt. 2 GG. Der Eingriff darf nur aufgrund eines Gesetzes erfolgen, d. h. es muss eine entsprechende Ermächtigung in einem förmlichen Gesetz oder in einer Rechtsnorm, die aufgrund eines förmlichen Gesetzes erlassen worden ist, gegeben sein.[169]

In materieller Hinsicht setzt Art. 13 VII Alt. 2 GG voraus, dass die jeweilige Maßnahme zur Verhütung einer dringenden Gefahr für die öffentliche Sicherheit[170] vorgenommen wird. Die öffentliche Sicherheit umfasst wie im Polizeirecht die Unverletzlichkeit der objektiven Rechtsordnung, einschließlich der subjektiven Rechte und Rechtsgüter des Einzelnen sowie der Einrichtungen und Veranstaltungen des Staates.[171]

Des Weiteren setzt eine Rechtfertigung nach Art. 13 VII Alt. 2 GG voraus, dass die jeweilige Maßnahme zur Verhütung dringender Gefahren getroffen wird. Der Begriff der Gefahr bezeichnet die hinreichende Wahrscheinlichkeit eines Schadenseintritts.[172] Eine „dringende" Gefahr setzt nach allgemeiner Ansicht voraus, dass ein Schaden an einem wichtigen Gemeinschaftsgut droht.[173] „Dringend" ist also – zumindest insoweit – in einem qualitativen Sinne zu verstehen.[174] Das herkömmliche Verständnis des Wortes „dringend" legt es nahe, diesen Begriff darüber hinaus in einem temporären Sinne dahingehend auszulegen, dass er eine zeitliche Nähe, ein unmittelbares Bevorstehen des drohenden Schadens verlangt.[175]

---

[169] *Gornig*, in: von Mangoldt/Klein/Starck, GG, Bd. 1 (1999), Art. 13 Rn. 170; *Hermes*, in: Dreier, GG, Bd. 1 (1996), Art. 13 Rn. 44; *Kunig*, in: von Münch/Kunig, GG, Bd. 1 (2000), Art. 13 Rn. 63; *Papier*, in: Maunz/Dürig, GG, Art. 13 Rn. 125; *Voßkuhle*, DVBl 1994, 611, 617.

[170] Die Rechtfertigung von Grundrechteingriffen zur Abwehr von Gefahren für die öffentliche Ordnung wird mit Recht als problematisch angesehen, s. *Kunig*, in: von Münch/Kunig, GG, Bd. 1 (2000), Art. 13 Rn. 66 m.w.N. Da die im Rahmen dieser Untersuchung zu schützenden Rechtsgüter vom Begriff der öffentlichen Sicherheit erfasst werden, bedarf es eines Rückgriffs auf die öffentliche Ordnung nicht.

[171] LVerfG Mecklenburg-Vorpommern, LKV 2000, 345, 350; *Ennuschat*, AöR 127 (2002), 252, 274; *Herdegen*, in: BK-GG, Art. 13 Rn. 76; *Kunig*, in: von Münch/Kunig, GG, Bd. 1 (2000), Art. 13 Rn. 65; *Papier*, in: Maunz/Dürig, GG, Art. 13 Rn. 126.

[172] S. zur dringenden Gefahr i.S.d. Art. 13 VII GG: BVerwGE 47, 31, 40; *Gornig*, in: von Mangoldt/Klein/Starck, GG, Bd. 1 (1999), Art. 13 Rn. 127; vgl. ferner die polizeirechtliche Definition der Gefahr in § 2 Nr. 1 a) des Niedersächsischen GefAG; zur Parallelität mit dem Polizeirecht: *Ennuschat*, AöR 127 (2002), 252, 275.

[173] BVerwGE 47, 31, 40; *Ennuschat*, AöR 127 (2002), 252, 279; *Gornig*, in: von Mangoldt/Klein/Starck, GG, Bd. 1 (1999), Art. 13 Rn. 127, 162; *Herdegen*, in: BK-GG, Art. 13 Rn. 77; *Hermes*, in: Dreier, GG, Bd. 1 (1996), Art. 13 Rn. 45; *Jarass*, in: Jarass/Pieroth, GG (2002), Art. 13 Rn. 29; *Kunig*, in: von Münch/Kunig, GG, Bd. 1 (2000), Art. 13 Rn. 67; *Papier*, in: Maunz/Dürig, GG, Art. 13 Rn. 135; *Scholl*, Behördliche Prüfungsbefugnisse (1989), S. 157f.; *Voßkuhle*, DVBl 1994, 611, 617.

[174] *Kunig*, in: von Münch/Kunig, GG, Bd. 1 (2000), Art. 13 Rn. 67; *Scholl*, Behördliche Prüfungsbefugnisse (1989), S. 158.

[175] *Gornig*, in: von Mangoldt/Klein/Starck, GG, Bd. 1 (1999), Art. 13 Rn. 127, 162; s. auch *Papier*, in: Maunz/Dürig, GG, Art. 13 Rn. 129ff., 135, der die zeitliche Nähe der Gefahr und die Wahrscheinlichkeit des Schadenseintritts ergänzend heranzieht.

Diese Einschränkung des Gefahrenbegriffes in zeitlicher Hinsicht wird allerdings im Kontext des Art. 13 VII GG durch den Begriff der „Verhütung" wieder aufgehoben.[176] Im Unterschied zur Gefahrenabwehr umfasst die Verhütung Maßnahmen im Vorfeld einer Gefahr, die bereits deren Entstehung vorbeugen.[177] Die Verhütung von konkreten Gefahren setzt also bei abstrakten Gefahrenlagen an; im Ergebnis kann daher die Rechtfertigung eines Grundrechtseingriffes nach Art. 13 VII Alt. 2 GG auch mit dem Vorliegen einer abstrakten Gefahr begründet werden.[178] Diese setzt insbesondere nicht voraus, dass eine Störung der öffentlichen Sicherheit unmittelbar bevorsteht.[179] Zwar wird die Abgrenzung zwischen abstrakter und konkreter Gefahr unabhängig von der zeitlichen Nähe des Schadenseintritts vorgenommen[180], jedoch ist bei einer abstrakten Gefahr die zeitliche Nähe des drohenden Schadens in der Regel nicht überprüfbar[181]. Dieses Kriterium kann daher nur dann maßgeblich für die Rechtfertigung eines Grundrechtseingriffs sein, wenn der Anwendungsbereich des Art. 13 VII Alt. 2 GG auf abstrakte Gefahren begrenzt würde, die sich typischerweise alsbald in einem Schaden realisieren[182]; eine solche Auslegung vertrüge sich indessen nicht mit den ausdrücklich in Art. 13 VII Alt. 2 GG genannten Rechtfertigungsmöglichkeiten, insbesondere von Maßnahmen zum Schutz gefährdeter Jugendlicher, die sich nicht auf derartige Gefahren beschränken.[183] Die überwiegende Ansicht stellt daher bei Eingriffen zur Verhütung dringender Gefahren[184] mit Recht allein auf den Rang des gefährdeten Rechtsgutes ab.[185] Zu den wichtigen Gemeinschaftsgütern, zu deren Schutz ein Grund-

---

[176] *Ennuschat*, AöR 127 (2002), 252, 278.
[177] BVerfGE 17, 232, 251f.; BayVGH, NVwZ 1991, 688, 690; *Gornig*, in: von Mangoldt/Klein/Starck, GG, Bd. 1 (1999), Art. 13 Rn. 161; *Herdegen*, in: BK-GG, Art. 13 Rn. 77; *Kunig*, in: von Münch/Kunig, GG, Bd. 1 (2000), Art. 13 Rn. 67; *Scholl*, Behördliche Prüfungsbefugnisse (1989), S. 157.
[178] BayVGH, NVwZ 1991, 688, 690; *Ennuschat*, AöR 127 (2002), 252, 276; *Herdegen*, in: BK-GG, Art. 13 Rn. 77; *Kunig*, in: von Münch/Kunig, GG, Bd. 1 (2000), Art. 13 Rn. 67; *Papier*, in: Maunz/Dürig, GG, Art. 13 Rn. 128; *Scholl*, Behördliche Prüfungsbefugnisse (1989), S. 158. Demgegenüber verlangt *Lübbe-Wolff*, DVBl 1993, 762, 764 (Fußn. 12), „besondere Anhaltspunkte für das Vorliegen einer dringenden Gefahr gerade im jeweiligen Einzelfall".
[179] *Rachor*, in: Lisken/Denninger, Handbuch des Polizeirechts (2001), Abschn. F Rn. 627.
[180] *Papier*, in: Maunz/Dürig, GG, Art. 13 Rn. 131.
[181] S. *Scholl*, Behördliche Prüfungsbefugnisse (1989), S. 159. Dementsprechend knüpfen die Polizeigesetze bei der Definition der gegenwärtigen Gefahr an den Begriff der konkreten Gefahr an, nicht an denjenigen der abstrakten Gefahr, s. § 2 Nr. 1 a), b), Nr. 2 GefAG Niedersachsen und § 3 Nr. 3 a), b), e) SOG Sachsen-Anhalt.
[182] *Papier*, in: Maunz/Dürig, GG, Art. 13 Rn. 134.
[183] *Ennuschat*, AöR 127 (2002), 252, 278f.; vgl. auch *Herdegen*, in: BK-GG, Art. 13 Rn. 77.
[184] Dies schließt es nicht aus, im Rahmen des Art. 13 IV GG bei der Abwehr von dringenden Gefahren eine unmittelbare zeitliche Nähe des drohenden Schadens zu fordern, s. *Gornig*, in: von Mangoldt/Klein/Starck, GG, Bd. 1 (1999), Art. 13 Rn. 127; zum Vergleich von Art. 13 IV GG und Art. 13 VII GG: *Ennuschat*, AöR 127 (2002), 252, 280f.
[185] BVerwGE 47, 31, 40; *Ennuschat*, AöR 127 (2002), 252, 279; *Herdegen*, in: BK-GG, Art. 13 Rn. 77; *Hermes*, in: Dreier, GG, Bd. 1 (1996), Art. 13 Rn. 45; *Jarass*, in: Jarass/Pieroth, GG (2002), Art. 13 Rn. 29; *Kunig*, in: von Münch/Kunig, GG, Bd. 1 (2000), Art. 13 Rn. 67; *Scholl*, Behördliche Prüfungsbefugnisse (1989), S. 157f.; *Voßkuhle*, DVBl 1994, 611, 617. Die unterscheidende Bedeu-

II. Informationsverarbeitung und Grundrechte 63

rechtseingriff nach Art. 13 VII Alt. 2 GG gerechtfertigt werden kann, zählen unter anderem die Gesundheit und das Leben des Einzelnen, der Umweltschutz oder die Funktionsfähigkeit eines Gewerbezweiges.[186] Der jeweilige Eingriff muss jedoch sowohl in Bezug auf die gesetzliche Grundlage als auch im konkreten Einzelfall den Anforderungen des Verhältnismäßigkeitsprinzipes genügen. Im Rahmen dieser Abwägung können auch die zeitliche Nähe der drohenden Gefahr oder die Wahrscheinlichkeit des Schadenseintritts berücksichtigt werden.[187]

Nach Maßgabe der genannten Voraussetzungen können Beschränkungen des Wohnungsgrundrechts, wie die Betretung und Besichtigung der geschützten Räumlichkeiten, im Rahmen des Art. 13 VII Alt. 2 GG verfassungsrechtlich gerechtfertigt werden.[188]

(3) Die Verarbeitung der erhobenen Informationen, insbesondere die anderweitige Verwertung

Bisher nicht erörtert wurden die verfassungsrechtlichen Anforderungen an die weitere Verarbeitung der durch einen Eingriff in das Wohnungsgrundrecht erhobenen Information. Das BVerfG hat Maßnahmen zur Verarbeitung einer durch einen Eingriff in das Fernmeldegeheimnis erlangten Information als weiteren, selbständigen Eingriff in dieses Grundrecht angesehen.[189] Art. 10 GG und Art. 13 GG ist gemeinsam, dass sie einen bestimmten Teil der Privatsphäre vor staatlicher Kenntnisnahme abschirmen; sie schützen den Einzelnen nicht nur vor Maßnahmen zur Informationserhebung, sondern auch vor der anschließenden staatlichen Informationsverarbeitung. Die Rechtsprechung des BVerfG ist daher auf das Wohnungsgrundrecht zu übertragen, d.h. die Verarbeitung von durch Eingriffe in dieses Grundrecht erlangten Informationen ist an Art. 13 GG zu messen.[190] Die Zuordnung der Informationsverarbeitung zum Schutzbereich des Wohnungsgrund-

---

tung des Merkmals „dringend" bleibt dabei – entgegen *Lübbe-Wolff*, DVBl 1993, 762, 764 (Fußn. 12) – erhalten, s. *Voßkuhle*, aaO (in Fußn. 94).

[186] *Ennuschat*, AöR 127 (2002), 252, 285f.; *Voßkuhle*, DVBl 1994, 611, 617; jeweils mit Verweis auf entsprechende Entscheidungen des BVerfG zu Art. 12 GG.

[187] *Ennuschat*, AöR 127 (2002), 252, 281; s. auch BVerwGE 47, 31, 40 (zur Berücksichtigung der Wahrscheinlickeit des Schadenseintritts). Für eine Gesamtwürdigung dieser Faktoren und der Hochrangigkeit des geschützten Gutes im Rahmen des Begriffes „dringend" dagegen *Papier*, in: Maunz/Dürig, GG, Art. 13 Rn. 135.

[188] S. zur behördlichen Betretung und Besichtigung von Wohnungen i.e.S.: OVG Hamburg, DVBl 1997, 665, 666; zur Nachschau in Geschäftsräumen s.u. S. 245 ff.

[189] BVerfGE 100, 313, 359, 366f.; s. dazu o. unter S. 48.

[190] LVerfG Mecklenburg-Vorpommern, LKV 2000, 345, 347; *Amelung*, StV 2001, 131, 132; *Macht*, Verwertungsverbote (1999), S. 208; *Gusy*, KritV 2000, 52, 56 (mit Fußn. 24); *Papier*, in: Maunz/Dürig, GG, Art. 13 Rn. 104, 148; *Wollweber*, NJW 2000, 3623, 3624; s. ferner *Walden*, Zweckbindung (1996), S. 323. Die Ansichten, die für die Verwertung das Grundrecht auf informationelle Selbstbestimmung einschlägig halten, sind mit der o.g. Entscheidung des BVerfG überholt, s. etwa *Schmitt Glaeser*, in: HStR, Bd. VI (2001), § 129 Rn. 83; s. ferner *Schwan*, VerwArch 66 (1975), 120, 121, 129.

rechts wird durch die ausdrückliche Regelung der anderweitigen Verwertung der zum Personenschutz erhobener Informationen unterstrichen (Art. 13 V S. 2 GG).

(a) Art. 13 V S. 2 GG

Art. 13 V S. 2 enthält die einzige ausdrückliche Regelung zur weiteren Verarbeitung von aus Eingriffen in das Wohnungsgrundrecht erlangten Informationen. Er betrifft die „anderweitige" Verwertung der erhobenen Informationen, denn die weitere Verwendung von Informationen zu dem mit der Erhebung verfolgten Zweck wird von der jeweils einschlägigen Schrankenbestimmung mitumfasst.[191]

Die Verwertung von Informationen, die zum Personenschutz erhoben worden sind, ist außer zu diesem Zweck nach Art. 13 V S. 2 GG auch zum Zweck der Strafverfolgung oder der Gefahrenabwehr zulässig. Da die Verwertung ein selbständiger Eingriff in das Wohnungsgrundrecht ist, darf sie nur auf gesetzlicher Grundlage erfolgen.[192] Art. 13 V S. 2 GG macht die Verwertung darüber hinaus davon abhängig, dass die Rechtmäßigkeit der Erhebungsmaßnahme zuvor richterlich festgestellt worden ist. Das Gericht hat dabei insbesondere zu prüfen, ob die Überwachungsmaßnahme *ausschließlich* zum Personenschutz angeordnet wurde. Auf diese Weise soll einer Umgehung der Voraussetzungen der Art. 13 III, IV GG auch verfahrensmäßig vorgebeugt werden.[193] Mit dem Erfordernis einer richterlichen Kontrolle wird der Richtervorbehalt, der bei der Überwachung zum Personenschutz nur ausnahmsweise nicht gilt, wenigstens nachträglich zur Geltung gebracht. So erklärt es sich auch, dass Gegenstand der gerichtlichen Entscheidung die Überwachungsmaßnahme zur Erhebung der Information ist. Nach dem Wortlaut des Art. 13 V S. 2 GG prüft das Gericht nicht die Rechtmäßigkeit der anderweitigen Verwertung dieser Information.[194] Art. 13 V S. 2 GG geht wie selbstverständlich davon aus, dass diese – sekundäre – Verwertung keinem Richtervorbehalt unterliegt – ansonsten hätte es nahegelegen, die nachträgliche Prüfung der Rechtmäßigkeit der Informationserhebung und die Prüfung der Zulässigkeit der anderweitigen Verwertung zusammenzufassen oder letztere wenigstens im Verfassungstext zu erwähnen. In den Beratungen zur Verfassungsänderung finden sich allein Hinweise auf die materiellen Grenzen einer anderweitigen Verwertung nach Art. 13 V S. 2 GG.[195] Das bedeutet, dass Art. 13 GG einerseits auch für die weitere Verarbeitung von nach Art. 13 V S. 1 GG erlangten Informationen die verfassungsrechtlichen

---

[191] *Ernst*, Verarbeitung und Zweckbindung (1993), S. 73 (zum Recht auf informationelle Selbstbestimmung). Nur unter der Voraussetzung, dass eine Verwendung der erhobenen Information zu einem weiteren Zweck geplant ist, ist die Erhebung selbst überhaupt verfassungsmäßig, da die Prüfung der Verhältnismäßigkeit einen solchen Zweck voraussetzt, s. *Schwan*, VerwArch 66 (1975), 120, 128f.

[192] So allgemein *Papier*, in: Maunz/Dürig, GG, Art. 13 Rn. 105.

[193] S. den Bericht des Rechtsausschusses zur Änderung des Art. 13 GG, BT-Drucks. 13/9660, S. 4f.; *Papier*, in: Maunz/Dürig, GG, Art. 13 Rn. 113.

[194] Vgl. *Papier*, in: Maunz/Dürig, GG, Art. 13 Rn. 115.

[195] S. BT-Drucks. 13/9660, S. 5.

Grenzen zieht, andererseits darauf verzichtet wurde, die weitere Informationsverarbeitung unter einen Richtervorbehalt zu stellen.

Im Verlauf des Verfahrens zur Änderung des Art. 13 GG wurde nur in Bezug auf die Verhältnismäßigkeit der Verwertung auf die Anforderungen der Art. 13 III, IV GG verwiesen, nicht auf die dort statuierten Richtervorbehalte. Diese gelten nicht für die nachfolgende anderweitige Informationsverarbeitung.[196] Zum einen erscheint es äußerst zweifelhaft, dass der Verfassungsgeber die anderweitige Verwertung von zwei gerichtlichen Entscheidungen abhängig machen wollte. Gegen eine entsprechende Anwendung der Richtervorbehalte spricht zudem deren Sinn und Zweck. Der Richtervorbehalt garantiert präventiven Rechtsschutz bei schweren Grundrechtseingriffen, vor denen die nachträgliche gerichtliche Kontrolle den Einzelnen nicht hinreichend zu schützen vermag.[197] Dies ist bei Maßnahmen zur Informationserhebung angezeigt, in Bezug auf die weitere Verarbeitung der Information ist jedoch auch im Nachhinein ein hinreichend effektiver Rechtsschutz gewährleistet. So entscheidet über die Verwertung der Information im Strafverfahren ohnehin ein Gericht.[198] Es besteht daher in Bezug auf die Weitergabe und Verwertung der Information kein vergleichbares Bedürfnis für eine präventive richterliche Kontrolle, solange diese im Rahmen des gerichtlichen Rechtsschutzes sichergestellt ist.[199]

Für eine solche Auslegung des Art. 13 V S. 2 GG spricht auch die unterschiedliche Intensität der Eingriffe. Die Überwachungsmaßnahme wiegt in zweifacher Hinsicht schwerer als die anschließende anderweitige Verwertung. Zum einen geht die Informationserhebung mit weiteren, nicht-informationellen Begleiteingriffen[200] einher. Es wird eine Wohnung betreten, dort werden Videokameras oder Abhörgeräte installiert, d.h. in die Unverletzlichkeit der Wohnung wird nicht nur informationell, sondern auch physisch eingegriffen.[201]

Zweitens wird die räumliche Privatheit bereits mit der Informationserhebung bis zu einem gewissen Grad aufgehoben; es haben bereits außenstehende Personen von Vorgängen in den geschützten Räumlichkeiten Kenntnis genommen.[202] Dies soll nicht bedeuten, dass die entsprechenden Informationen nun die Privatsphäre

---

[196] Vgl. insoweit *Ernst*, Verarbeitung und Zweckbindung (1993), S. 155f., wonach der Richtervorbehalt gegebenenfalls in einen Behördenleitervorbehalt umzudeuten ist; s. auch *Wolter*, in: SK-StPO, Vor § 151 Rn. 176.
[197] BVerfGE 103, 142, 151; *Amelung*, NStZ 2001, 337, 338; *ders.*, Rechtsschutz (1976), S. 32ff.; *Gusy*, JZ 1998, 167, 169.
[198] *Papier*, in: Maunz/Dürig, GG, Art. 13 Rn. 115.
[199] Vgl. BVerfGE 100, 313, 361, 395f. (zu Art. 10 GG).
[200] Zum Begriff: *Schwan*, VerwArch 66 (1975), 120, 129.
[201] A.A. *Scheller*, Ermächtigungsgrundlagen (1997), S. 251, die eine Störung bei heimlichen Eingriffen verneint. Da der Betroffene den Begleiteingriff nicht bemerkt, ist dieser zwar weniger intensiv, er verliert dadurch aber nicht seinen Eingriffscharakter, vgl. BGH, NJW 1997, 2189 (zu Begleitmaßnahmen bei der technischen Überwachung von Kraftfahrzeugen).
[202] *Globig*, ZRP 1991, 81, 84.

verlassen haben und beliebig verwendet werden dürfen.[203] Die weitere Verwendung unterliegt jedoch nicht den gleichen, strengen Anforderungen wie die Erhebung, da in das informationelle Abwehrrecht des Wohnungsinhabers bereits eine Bresche geschlagen worden ist und dieser die staatlichen Organe von diesen Informationen nicht mehr völlig ausschließen kann.[204] Etwas anderes gilt allerdings, wenn die Erhebung die informationellen Abwehrrechte des Wohnungsinhabers verletzt: Der Betroffene ist in diesem Fall so zu stellen, als sei die Information nicht erhoben worden, so dass auch eine Verwertung ausgeschlossen ist.[205] Dies wird auch in Art. 13 V S. 2 GG berücksichtigt, indem vor einer anderweitigen Verwertung die Rechtmäßigkeit der Informationserhebung überprüft wird. Die „anderweitige Verwertung" (Art. 13 V S. 2 GG) steht demnach nicht unter einem Richtervorbehalt.

In materieller Hinsicht ist die Verwertung nur in den Grenzen des Verhältnismäßigkeitsprinzips zulässig.[206] Die gesetzlichen Grenzen müssen zumindest denen für die Verwertung der nach Art. 13 III, IV GG gewonnenen Erkenntnisse entsprechen.[207] Wiederum geht es nicht um die verfassungsrechtlichen Anforderungen an die *Erhebung* von Informationen nach Art. 13 III, IV GG, sondern um die *Verwertung* von Informationen. Das heißt, dass zwar im Ausgangspunkt das Schutzniveau der für den jeweiligen Verwendungszweck einschlägigen Schranke heranzuziehen ist, dieses Niveau aber wegen der geringeren Eingriffsintensität der weiteren Informationsverarbeitung gesenkt werden kann. In Anlehnung an die Rechtsprechung zu Art. 10 GG ist eine Kennzeichnung der durch ein Abhören von Wohnungen gewonnenen Informationen erforderlich, damit der qualifizierte Schutz vor einer unverhältnismäßigen Verarbeitung gewährleistet ist.[208]

(b) Die weiteren Schranken für die Informationsverarbeitung

Weitere Regelungen zur Informationsverarbeitung enthält Art. 13 GG nicht, so dass sich die Frage nach der einschlägigen Schrankenbestimmung stellt.

(i) Anwendung des Art. 13 VII GG. In Betracht kommt zunächst Art. 13 VII GG. Dafür spricht zum einen der Wortlaut („Eingriffe und Beschränkungen ... im übri-

---

[203] S. aber *Globig*, ZRP 1991, 81, 83, der insoweit einen eigenständigen Grundrechtseingriff verneint.
[204] *Walden*, Zweckbindung (1996), S. 324.
[205] S. insoweit *Amelung*, Informationsbeherrschungsrechte (1990), S. 46 ff.; *Störmer*, Verwertungsverbote (1992), S. 223 ff.
[206] S. den Entwurf zur Änderung des Art. 13 GG, BT-Drucks. 13/8650, S. 5, und den Bericht des Rechtsausschusses zur Änderung des Art. 13 GG, BT-Drucks. 13/9660, S. 5; *Papier*, in: Maunz/Dürig, GG, Art. 13 Rn. 114; a. A. *Gornig*, in: von Mangoldt/Klein/Starck, GG, Bd. 1 (1999), Art. 13 Rn. 143, der dies für sinnlos hält, da die Überwachungsmaßnahme bereits erfolgt sei. Dabei wird indessen verkannt, dass es sich bei der Verwertung um einen selbständigen Eingriff handelt, s. *Papier*, aaO.
[207] S. den Bericht des Rechtsausschusses, BT-Drucks. 13/9660, S. 5.
[208] S. o. S. 50.

gen ...") und die Funktion als Auffangnorm. Gleichwohl begegnet dieser Maßstab Zweifeln, denn wegen der ausschließlich präventiven Ausrichtung des Art. 13 VII GG wäre der Informationsfluss nur in eine Richtung zulässig (von den Strafverfolgungsbehörden zu den Überwachungsbehörden).

(ii) Anwendung der für die Erhebung geltenden Schranke („hypothetischer Ersatzeingriff"). Sachgerechter erscheint es daher, die Anforderungen an den Verarbeitungsvorgang derjenigen Schrankenbestimmung zu unterstellen, die auf die Erhebung der Information zu dem jeweiligen Zweck anwendbar wäre. Jede Schrankenbestimmung würde auf diese Weise um einen Annex zur Informationsverarbeitung erweitert. Der Rückgriff auf bereits vorhandene Informationen kann gegenüber der Neuerhebung als „Ersatzvornahme" gesehen werden.[209] Von daher erscheint es geboten, die Weitergabe und Verwertung zu anderen Zwecken grundsätzlich an dem gleichen Maßstab zu messen wie eine Erhebung zu diesem Zweck (sog. „hypothetischer Ersatzeingriff").[210]

Allerdings weckt der Wortlaut des Art. 13 GG Zweifel an dieser Lösung. So wäre die anderweitige Verarbeitung der aus einer Durchsuchung gewonnenen Information ebenfalls als Durchsuchung anzusehen. Schon dieses Beispiel zeigt, wie eine solche Lösung dem allgemeinen Sprachgebrauch zuwiderläuft. Eine solche „Auslegung" wäre mit dem Wortlaut des Art. 13 GG nicht vereinbar.

Darüber hinaus entspräche eine Anwendung der Art. 13 II, III, IV GG auf die Informationsverarbeitung nicht dem Sinn und Zweck der Richtervorbehalte: Gegenüber der anderweitigen Informationsverarbeitung besteht in der Regel kein Bedürfnis für einen vorbeugenden Rechtsschutz.[211]

(iii) Unzulässigkeit der Informationsverarbeitung? Auf die Verarbeitung der im Wege eines Eingriffs in das Wohnungsgrundrecht gewonnenen Informationen sind dessen verfassungsrechtliche Schranken nach Art. 13 II–VII GG also nicht anwendbar. Aus diesem Befund zu schließen, eine anderweitige Verarbeitung der Information sei wegen Verstoßes gegen Art. 13 GG verfassungswidrig, wäre gleichwohl überzogen. Dass der Verfassungsgeber in Art. 13 GG die Verwertung unerwähnt ließ, um eine anderweitige Verarbeitung der gewonnenen Information kategorisch auszuschließen, kann ernsthaft nicht angenommen werden. So wurde in Bezug auf Art. 13 III GG die Einführung einer Verwertungsbeschränkung diskutiert[212] und auch im Übrigen die grundsätzliche Zulässigkeit einer anderweitigen

---

[209] *Schlink*, Die Amtshilfe (1982), S. 188f.
[210] S. LVerfG Mecklenburg-Vorpommern, LKV 2000, 345, 357; *Macht*, Verwertungsverbote (1999), S. 268; *Walden*, Zweckbindung (1996), S. 324f.; zum hypothetischen Ersatzeingriff: *Ernst*, Verarbeitung und Zweckbindung (1993), S. 155f.; *Wolter*, in: SK-StPO, Vor § 151 Rn. 176; s. dazu u. S. 307ff.
[211] S. o. S. 65.
[212] S. den Änderungsantrag des Abgeordneten *Hermann Bachmaier* zu Art. 13 III GG, Bericht des Rechtsausschusses, BT-Drucks. 13/9660, S. 2.

Verwertung vorausgesetzt[213]. Mit der Einführung des Art. 13 V S. 2 GG wurde nicht nur die sachliche Nähe des Informationsverarbeitungseingriffs zum Informationserhebungseingriff zum Ausdruck gebracht, sondern zugleich deutlich, dass der verfassungsändernde Gesetzgeber eine anderweitige Verwertung nicht für schlechthin unzulässig hält.

(iv) Ablehnung eines Eingriffs in das Wohnungsgrundrecht. Der Schrankenproblematik ledig ist man, sofern man von der oben angenommenen Prämisse abgeht, dass die anderweitige Informationsverarbeitung einen Eingriff in das Wohnungsgrundrecht darstellt. Das einschlägige Grundrecht wäre in diesem Fall das allgemeine Persönlichkeitsrecht (Art. 2 I i. V. m. Art. 1 I GG), d. h. das Recht auf informationelle Selbstbestimmung.[214]

Dem steht die bereits angeführte parallele Schutzrichtung der Art. 10 und 13 GG entgegen. Besonders deutlich wird dies bei einem Vergleich der Fernmeldeüberwachung mit dem „Lauschangriff" (Art. 13 III–VI GG). Das BVerfG hat die Verarbeitung von Informationen aus der Fernmeldeüberwachung bereits vor der Änderung des Art. 13 GG als selbständigen Grundrechtseingriff qualifiziert.[215] Aus den Materialien zur Änderung des Art. 13 GG ist nicht erkennbar, dass der Verfassungsgesetzgeber von diesem informationell geprägten Grundrechtsverständnis des BVerfG abweichen wollte. So erscheint es der Schwere der mit Abhörmaßnahmen verbundenen Grundrechtseingriffe nicht angemessen, die materiellen Anforderungen an die anderweitige Verwertung entsprechender Erkenntnisse allein dem Recht auf informationelle Selbstbestimmung zu entnehmen.[216] Zieht man jedoch ergänzend das Wohnungsgrundrecht als verfassungsrechtlichen Maßstab heran, so wäre es inkonsequent, einen Eingriff in dieses Grundrecht zu verneinen.[217]

(v) Annahme einer ungeschriebenen Beschränkungsmöglichkeit. Mit dem Verfassungstext wird nicht ganz so offen gebrochen, wenn man über die Art. 13 II–VII GG hinaus einen ungeschriebenen Gesetzesvorbehalt für die anderweitige Verarbeitung der durch einen Eingriff in das Wohnungsgrundrecht gewonnenen Informationen annimmt.[218] Solche ungeschriebenen Grundrechtsschranken sind dem

---

[213] S. den Bericht des Rechtsausschusses, BT-Drucks. 13/9660, S. 5: Dort wird für die Verwertung nach Art. 13 V S. 2 GG auf die engen Grenzen verwiesen, „die für die Verwertung der nach den Absätzen 3 oder 4 gewonnenen Erkenntnisse gelten."

[214] So *Hermes*, in: Dreier, GG, Bd. 1 (1996), Art. 13 Rn. 31; vgl. auch LVerfG Mecklenburg-Vorpommern, LKV 2000, 345, 347: „Das Grundrecht aus Art. 13 GG bleibt Maßstab auch für die Eingriffe nach Erhebung der Daten, also insbesondere deren Nutzung ... Mit dem Abstand von dem ersten Eingriff der Erhebung erlangen daneben aber auch andere Grundrechte, insbesondere dasjenige auf informationelle Selbstbestimmung, eigene Bedeutung."; s. auch, aaO, 356.

[215] BVerfGE 85, 386, 398.

[216] Vgl. den Bericht des Rechtsausschusses, BT-Drucks. 13/9660, S. 5.

[217] Im Ergebnis sieht das LVerfG Mecklenburg-Vorpommern daher in der Informationsverarbeitung nicht nur eine Verletzung des allgemeinen Persönlichkeitsrechts, sondern auch des Wohnungsgrundrechts, LKV 2000, 345, 356.

[218] Für eine über Art 13 II – VII GG hinausgehende Beschränkungsmöglichkeit in „außerge-

II. Informationsverarbeitung und Grundrechte

Grundgesetz keineswegs fremd. Jedes Grundrecht ist im Interesse anderer mit Verfassungsrang ausgestatteter Güter ungeschriebenen Begrenzungen unterworfen; zwischen diesen Werten ist im konkreten Einzelfall über eine Güterabwägung ein Ausgleich herzustellen.[219]

Gleichwohl sprechen die ausführlichen Schrankenregelungen des Wohnungsgrundrechts dafür, dass der Verfassungsgeber die denkbaren Güterkollisionen berücksichtigt und darüber hinaus keine weiteren Einschränkungen zulassen wollte. Die Schrankenregelungen des Art. 13 GG sind daher grundsätzlich abschließend.[220] In Bezug auf die Verarbeitung bereits erhobener Informationen schlagen diese Bedenken allerdings nicht durch, wie insbesondere die Beratungen zur Änderung des Art. 13 GG zeigen. Die anderweitige Verarbeitung von Informationen, die durch einen Eingriff in Art. 13 GG erhoben worden sind, kann daher im Rahmen einer ungeschriebenen Begrenzung durch kollidierende Verfassungsgüter gerechtfertigt werden.

(vi) Konsequenzen. Für die anderweitige Verarbeitung der nach Art. 13 II–VII GG erhobenen Informationen ergibt sich auf der Grundlage der obigen Überlegungen folgendes.

Zunächst ist eine gesetzliche Grundlage erforderlich, die den Zweck sowie Art und Umfang der weiteren Verarbeitung bestimmt.[221] Materiell setzt die verfassungsrechtliche Rechtfertigung der anderweitigen Informationsverarbeitung voraus, dass diese zur Wahrung eines mit Verfassungsrang ausgestatteten Gutes dient. Das Interesse an einer funktionstüchtigen Strafrechtspflege erfüllt diese Voraussetzung; in Bezug auf die mit der Wirtschaftsaufsicht verfolgten Ziele wird dies im Einzelnen zu untersuchen sein.

Die Prüfung der Verhältnismäßigkeit des Verarbeitungseingriffes nimmt ihren Ausgangspunkt an dem Maßstab, nach dem die Zulässigkeit der Informationserhebung zu beurteilen wäre.[222] Diese Anforderungen sind jedoch zu modifizieren, denn das Wohnungsgrundrecht wird durch die anderweitige Verarbeitung der Information nicht in gleicher Weise beeinträchtigt wie durch eine erneute Erhebung. Einerseits bleiben dem Betroffenen die mit der Informationserhebung verbundenen Begleiteingriffe erspart. Besonders deutlich wird dies bei einer Durchsuchung, in deren Verlauf der Hausfrieden bereits durch das Eindringen und die Prä-

---

wöhnlichen Konfliktlagen": *Gornig*, in: von Mangoldt/Klein/Starck, GG, Bd. 1 (1999), Art. 13 Rn. 173; vgl. auch BVerfGE 75, 318, 328.

[219] BVerfGE 28, 243, 261.

[220] *Hermes*, in: Dreier, GG, Bd. 1 (1996), Art. 13 Rn. 43; *Kunig*, in: von Münch/Kunig, GG, Bd. 1 (2000), Art. 13 Rn. 23.

[221] *Papier*, in: Maunz/Dürig, GG, Art. 13 Rn. 105. Das Zitiergebot (Art. 19 I S. 2 GG) gilt für ungeschriebene Grundrechtsschranken nicht, s. BVerfGE 83, 130, 154 (zu Art. 5 III GG). Der Verarbeitungseingriff muss daher nicht als solcher im Gesetz benannt werden; s. dazu u. S. 335f.

[222] Zur strafprozessualen Verwertung von Abhörmaßnahmen: LVerfG Mecklenburg-Vorpommern, LKV 2000, 345, 357; *Papier*, in: Maunz/Dürig, GG, Art. 13 Rn. 108, 115.; s.o. S. 67 zum hypothetischen Ersatzeingriff.

senz der staatlichen Organe gestört wird.[223] Eine vergleichbare Belastung ist mit der weiteren Informationsverarbeitung nicht verbunden. Andererseits wiegt die anderweitige Verwertung einer bereits erhobenen Information auch unter informationellen Gesichtspunkten weniger schwer als ein Zugriff auf Informationen, von denen bis dahin keine staatliche Stelle Kenntnis hatte.[224] Unter Umständen kann jedoch die weitere Verarbeitung, z.B. die Speicherung, den Betroffenen schwerer belasten als die Erhebung.

Da Art. 13 II GG für die Durchsuchung keine materiellen Anforderungen aufstellt, sind der anderweitigen Verarbeitung von Informationen, die aus einer Durchsuchung gewonnen wurden, über das allgemeine Verhältnismäßigkeitsprinzip hinaus keine verfassungsrechtlichen Grenzen gesetzt.

Materielle Anforderungen an die Informationserhebung enthalten vor allem die Art. 13 III–V GG. Für die Verarbeitung von Informationen, die im Rahmen eines strafrechtlichen Ermittlungsverfahrens gewonnen worden sind, ist daher Art. 13 IV GG der normative Ausgangspunkt. Danach ist ein Eingriff zulässig, wenn er zum Ziel hat, eine dringende Gefahr für die öffentliche Sicherheit abzuwehren. Diese Gefahr muss in Bezug auf die bedrohten Rechtsgüter, insbesondere deren Wertigkeit, den in Art. 13 IV S. 1 GG genannten Situationen (gemeine Gefahr, Lebensgefahr) vergleichbar sein.[225] Wie sich aus dem Begriff der Abwehr – im Gegensatz zur Verhütung – ergibt, ist eine konkrete Gefahrensituation erforderlich.[226] Aufgrund der geringeren Eingriffsintensität sind die Anforderungen des Art. 13 IV GG nicht in vollem Umfang auf die anderweitige Informationsverarbeitung anwendbar.[227] Dies gilt auch dann, wenn die geschützten Räumlichkeiten ohne Begleiteingriff akustisch überwacht werden (z.B. durch den Einsatz von Richtmikrophonen), denn die geringere Eingriffsintensität unter informationellen Aspekten bleibt davon unberührt.[228]

Die Information darf jedoch nur zu einem Zweck verarbeitet werden, der in seiner Wertigkeit wenigstens annähernd einem Zweck entspricht, zu dem die Information hätte erhoben werden dürfen.[229] Eine „anderweitige Verwertung" zur Ge-

---

[223] I.E. ebenso *Scheller*, Ermächtigungsgrundlagen (1997), S. 252; s. auch *Schwan*, VerwArch 66 (1975), 120, 129, der allerdings nur für den Begleiteingriff Art. 13 GG, für den Informationseingriff hingegen Art. 2 I GG als Prüfungsmaßstab heranzieht.
[224] S.o. S. 65.
[225] LVerfG Mecklenburg-Vorpommern, LKV 2000, 345, 350; s. auch die Begründung des Entwurfs zur Änderung des Art. 13 GG, BT-Drucks. 13/8650, S. 5; *Papier*, in: Maunz/Dürig, GG, Art. 13 Rn. 95.
[226] LVerfG Mecklenburg Vorpommern, LKV 2000, 345, 351, wonach überdies eine zeitliche Nähe des Schadenseintritts erforderlich ist.
[227] Vgl. auch die Modifikation der Erhebungsnorm beim „hypothetischen Ersatzeingriff": *Ernst*, Verarbeitung und Zweckbindung (1993), S. 156; *Wolter*, in: SK-StPO, Vor § 151 Rn. 176.
[228] A.A. *Scheller*, Ermächtigungsgrundlagen (1997), S. 251.
[229] Ähnlich LVerfG Mecklenburg-Vorpommern, LKV 2000, 345, 357 (auf den Vergleich mit dem ursprünglichen Erhebungszweck abstellend).

fahrenabwehr ist daher verfassungsrechtlich unzulässig, wenn die abzuwendende Gefahr die in Art. 13 IV GG enthaltenen Maßstäbe deutlich verfehlt.[230]

Verfassungsrechtliche Probleme wirft schließlich die Verwertung von Erkenntnissen aus Maßnahmen im Rahmen des Art. 13 VII GG, insbesondere der behördlichen Nachschau, zum Zwecke der Strafverfolgung auf. Maßgeblich für eine solche Verwertung und die entsprechende Weitergabe wäre grundsätzlich Art. 13 VII GG. Nach dieser Schrankenbestimmung können jedoch keine Maßnahmen zur Strafverfolgung verfassungsrechtlich gerechtfertigt werden, sondern nur solche zur Abwehr bzw. Verhütung von Gefahren. Eine Verwertung der erlangten Informationen im Strafverfahren ist gleichwohl nicht verfassungsrechtlich ausgeschlossen. Im Vergleich zu den behördlichen Nachschaurechten stellt sich die Durchsuchung als der schwerere Grundrechtseingriff dar. Soweit die Maßnahme zur Informationserhebung – wie die behördliche Nachschau – gegenüber der Durchsuchung als ein „minus" anzusehen ist, kann die Verwertung als verfassungsrechtlich zulässig angesehen werden. Dafür spricht auch die folgende Überlegung. Im Ergebnis würde die absolute Unzulässigkeit einer Weitergabe von Informationen an die Strafverfolgungsbehörden zu einer Mehrbelastung des Grundrechtsträgers durch strafprozessuale Durchsuchungen führen, die nur aufgrund der Unzulässigkeit einer Informationsübermittlung erfolgen müssten. Die Weitergabe und Verwertung der im Verwaltungsverfahren erhobenen Informationen sind demgegenüber für den Betroffenen weniger belastend.

c) Das Recht auf informationelle Selbstbestimmung
(Art. 2 I i.V.m. Art. 1 I GG)

Die Unverletzlichkeit der Wohnung und das Brief-, Post- und Fernmeldegeheimnis sind nur ein Ausschnitt des verfassungsrechtlichen Privatsphärenschutzes. Diese räumlich-gegenständlichen (Art. 13 GG) oder auf bestimmte Kommunikationsmedien bezogenen (Art. 10 GG) Teilgewährleistungen werden durch das allgemeine Persönlichkeitsrecht (Art. 2 I i.V.m. Art. 1 I GG) überwölbt, das dem Einzelnen einen umfassenden Schutz seiner Privatsphäre vor staatlichen Informationseingriffen garantiert.

(1) Schutzbereich und Schranken

Das BVerfG entnimmt dem allgemeinen Persönlichkeitsrecht die „Befugnis des Einzelnen, grundsätzlich selbst zu entscheiden, wann und innerhalb welcher Grenzen persönliche Lebenssachverhalte offenbart werden" (Recht auf informationelle Selbstbestimmung).[231] Wer nicht überschauen oder zumindest einigermaßen einschätzen kann, welche ihn betreffenden Informationen seinem jeweiligen Kommunikationspartner bekannt sind, kann in seiner Freiheit wesentlich gehemmt wer-

---
[230] So i.E. auch *Papier*, in: Maunz/Dürig, GG, Art. 13 Rn. 115.
[231] BVerfGE 65, 1, 42.

den.²³² Deshalb schützt Art. 2 I i.V.m. Art. 1 I GG den Einzelnen gegen die unbegrenzte Erhebung, Speicherung, Verwendung und Weitergabe seiner persönlichen Daten.²³³ Im Hinblick auf die Möglichkeiten der modernen Datenverarbeitung hat das BVerfG auch personenbezogene Daten in den Schutzbereich einbezogen, denen – isoliert betrachtet – keine Bedeutung zukommt.²³⁴

Zu den personenbezogenen Daten gehören auch Informationen über die wirtschaftlichen Verhältnisse des Einzelnen.²³⁵ Das Recht auf informationelle Selbstbestimmung schützt also auch den Unternehmer vor der staatlichen Erhebung und Verarbeitung von Daten, die sich auf seine unternehmerische Tätigkeit beziehen.²³⁶

Eingriffe in das Recht auf informationelle Selbstbestimmung bedürfen einer gesetzlichen Grundlage (s. Art. 2 I GG), aus der sich die Voraussetzungen und der Umfang der Beschränkungen klar und für den Bürger erkennbar ergeben (Gebot der Normenklarheit) und die den Anforderungen des Verhältnismäßigkeitsgrundsatzes genügt.²³⁷ Im Rahmen der Verhältnismäßigkeit ist zu berücksichtigen, dass die Erhebung und Verarbeitung persönlicher oder sogar intimer Informationen schwerer in das allgemeine Persönlichkeitsrecht eingreift als die Verarbeitung geschäftlicher Daten.²³⁸ Darüber hinaus hat der Gesetzgeber organisatorische und verfahrensrechtliche Vorkehrungen zu treffen, welche der Gefahr einer Verletzung des Persönlichkeitsrechts entgegenwirken.²³⁹

---

²³² BVerfGE 65, 1, 43.
²³³ BVerfGE 65, 1, 43.
²³⁴ S. BVerfGE 65, 1, 45, wonach es kein „belangloses" Datum mehr gibt.
²³⁵ BVerfG, NJW 1988, 3009; OLG Frankfurt, NJW 1988, 423; *Cosack/Tomerius*, NVwZ 1993, 841, 843; *Degenhart*, JuS 1992, 361, 368; *Erichsen*, NVwZ 1992, 409, 416; *Starck*, in: von Mangoldt/Klein/Starck, GG, Bd. 1 (1999), Art. 2 Rn. 111; *Wengert/Widmann*, StBp 1998, 57, 58; s. auch *Eilers*, Das Steuergeheimnis (1987), S. 24 f., 26 (zu Steuerinformationen); s. ferner BVerfGE 77, 121, 125. In BVerfGE 84, 239, 280, wird offen gelassen, ob der Informationszugriff auf privates Finanzkapital und seine Erträge als Vorgang des marktoffenbaren Erwerbs ohne besonderen persönlichkeitsgeprägten Gehalt vom verfassungsrechtlichen Datenschutz erfasst wird. Eine Reduzierung des Schutzbereiches wäre in diesem Fall nicht mit dem finanziellen Bezug der Daten, sondern mit der den Beteiligten bewussten Publizität des Geschäftsvorgangs („marktoffenbar") zu begründen, s. *Kirchhof*, in: Tipke-FS (1995), S. 27, 34 f., der i.E. einen Eingriff in den Schutzbereich bejaht. Zur Reduzierung des Schutzbereichs des Rechts auf informationelle Selbstbestimmung s. u. S. 73 ff.
²³⁶ *Erichsen*, NVwZ 1992, 409, 416. Zum Teil wird angenommen, unternehmensbezogene Daten seien nicht personenbezogen; ihr Schutz richte sich daher nicht nach Art. 2 I i.V.m. Art. 1 I GG, sondern nach Art. 12, 14 GG, s. etwa *Breuer*, in: HStR, Bd. VI (2001), § 148 Rn. 26; *M. Schröder*, UPR 1985, 394, 397. Auch Daten über die unternehmerische Tätigkeit einer Person sind jedoch auf diese Person bezogen und fallen daher in den Schutzbereich des Rechts auf informationelle Selbstbestimmung (s. *Erichsen*, aaO). Die Art. 12 und 14 GG können allenfalls als die spezielleren Grundrechte angesehen werden, s. dazu S. 78 ff., 86 f.
²³⁷ BVerfGE 65, 1, 44; 92, 191, 197; s. auch BVerfGE 67, 100, 143; 78, 78, 85; 96, 171, 182.
²³⁸ *Degenhart*, JuS 1992, 361, 368; *Erichsen*, NVwZ 1992, 409, 416 f.
²³⁹ BVerfGE 65, 1, 44.

(2) Die Kritik am Recht auf informationelle Selbstbestimmung und ihre Konsequenzen für die Untersuchung

Von Beginn an hat die weit ausgreifende Konzeption des Rechts auf informationelle Selbstbestimmung Kritik hervorgerufen. Seiner Ausgestaltung als Befugnis, selbst über die Preisgabe und Verwendung der eigenen Daten zu bestimmen, wird entgegengehalten, dass diese Daten nicht Gegenstand einer eigentumsanalogen, exklusiven rechtlichen Zuweisung sein können (vgl. § 903 BGB).[240] Das BVerfG hat sich im Volkszählungsurteil an anderer Stelle freilich von einem solch weitgehenden Verständnis des neuen Grundrechts distanziert: „Der einzelne hat nicht ein Recht im Sinne einer absoluten, uneinschränkbaren Herrschaft über „seine" Daten … Information, auch soweit sie personenbezogen ist, stellt ein Abbild sozialer Realität dar, das nicht ausschließlich dem Betroffenen allein zugeordnet werden kann."[241] Dass die Abwehr staatlicher Informationseingriffe, einschließlich der anschließenden Datenverarbeitung, Gegenstand eines (Grund-)Rechts sein kann[242], ergibt sich aus den auf Schutz vor staatlichen Einblicken gerichteten Grundrechten der Art. 10, 13 GG.[243] Die Bedenken gegen ein Recht auf „Bestimmung" über die eigenen Daten sind damit aber nicht ausgeräumt, denn im Unterschied zur Unverletzlichkeit der Wohnung und zum Brief-, Post- und Fernmeldegeheimnis wendet sich das Recht auf informationelle Selbstbestimmung gegen jedwede Erhebung und Verarbeitung personenbezogener Daten. Diese Daten werden zum Schutzgegenstand eines Grundrechts erhoben, ohne dass der Schutz tatbestandlich in einer anderen Grundrechten vergleichbaren Weise begrenzt wird.[244]

Diese weitgehende Konzeption sieht sich dem Einwand ausgesetzt, dass der Austausch personenbezogener Daten und Informationen notwendiger Bestandteil jedweder menschlichen Kommunikation ist.[245] Dies schließt die Weitergabe dieser Information an Dritte und damit die Unsicherheit der Kommunikationsteilnehmer ein, nicht genau zu wissen, „wer was wann und bei welcher Gelegenheit über

---

[240] *Deutsch*, Die heimliche Erhebung (1991), S. 83f.; *Krause*, DB-Beilage Nr. 23/1983, 1, 4; *Trute*, JZ 1998, 822, 825; kritisch zum „Recht am eigenen Datum" auch *Duttge*, Der Staat 36 (1997), 281, 304f.; *Ehmann*, AcP 188 (1988), 230, 266f.; *Simitis*, in: ders., BDSG (2003), EinleitungRn. 26, § 1 Rn. 39.
Nach Ansicht von *Duttge*, aaO, 292, unterstreicht das BVerfG die Analogie zum Eigentum durch den – zum Teil – ergänzenden Hinweis auf Art. 14 GG (s. etwa BVerfGE 67, 100, 142); diese Interpretation ist jedoch nicht haltbar, s. dazu u. S. 82f. (mit Fußn. 319).
[241] BVerfGE 65, 1, 43f.
[242] S. dazu *Amelung*, Informationsbeherrschungsrechte (1990), S. 30ff. Das Recht auf informationelle Selbstbestimmung stellt damit einen „Prototyp" eines Informationsbeherrschungsrechtes dar (aaO, S. 35).
[243] S. auch *Albers*, in: Haratsch/Kugelmann/Repkewitz, Informationsgesellschaft (1996), S. 113, 126; vgl. ferner *Trute*, JZ 1998, 822, 825 (Recht auf informatorische Gestaltung der eigenen Darstellung).
[244] *Duttge*, Der Staat 36 (1997), 281, 302; *Ernst*, Verarbeitung und Zweckbindung (1993), S. 50f.; *Rogall*, Informationseingriff (1992), S. 44, 45.
[245] *Aulehner*, in: Haratsch/Kugelmann/Repkewitz, Informationsgesellschaft (1996), S. 195, 213; *Hoffmann-Riem*, AöR 123 (1998), 513, 520; *Trute*, JZ 1998, 822, 825.

sie weiß"²⁴⁶.²⁴⁷ Ein Recht, über die Verwendung und Weitergabe der „eigenen" Daten zu bestimmen, hätte zur Konsequenz, sofern von ihm Gebrauch gemacht würde, die Kommunikation zwischen Dritten zu lähmen.²⁴⁸ Das Recht auf informationelle Selbstbestimmung erwiese sich für Dritte als eine – im Ergebnis untragbare – Freiheitsbeschränkung.²⁴⁹ Gerade vor dem Hintergrund der sich herausbildenden Informationsgesellschaft würde der Schutz der Person, auf die sich Daten und Informationen beziehen, einseitig herausgestellt und das Recht auf Teilhabe am Kommunikationsprozess einschließlich der Rechte auf Information vernachlässigt.²⁵⁰

Auch im Verhältnis des Einzelnen zum Staat wird dem Grundrecht auf informationelle Selbstbestimmung Einseitigkeit vorgehalten, indem die legitimen Interessen des Staates an Information bereits im Ansatz dem Datenschutz nachgeordnet werden.²⁵¹ Dem wird begegnet, indem das Recht auf informationelle Selbstbestimmung der staatlichen Aufgabe der Informationsvorsorge und dem „Grundrecht auf Sicherheit" gegenübergestellt wird.²⁵² Mitunter erfährt es dabei eine Umwandlung vom Grundrecht zum „verfassungsrechtlichen Schlüsselbegriff", der mit anderen gleichartigen Prinzipien in Ausgleich zu bringen ist.²⁵³

Die Kritik am Recht auf informationelle Selbstbestimmung ist berechtigt, soweit sie auf das Bedürfnis nach einer Relativierung des verfassungsrechtlichen Datenschutzes hinweist. Das BVerfG hat diesem Bedürfnis bisher auf der Ebene der Grundrechtsschranken Rechnung getragen und den weiten Schutzbereich mit weitgehenden Beschränkungsmöglichkeiten kompensiert.²⁵⁴ Auf diese Weise wird indessen allein der materielle Aspekt berücksichtigt, während die formalen Anforderungen an eine Grundrechtsbeschränkung, der Gesetzesvorbehalt, unberührt bleiben: Gilt jedwede Verarbeitung personenbezogener Informationen als Grundrechtseingriff, läuft dies auf einen informationellen Totalvorbehalt hinaus.²⁵⁵ Die

---

²⁴⁶ S. BVerfGE 65, 1, 43.
²⁴⁷ *Deutsch*, Die heimliche Erhebung, S. 78; *Krause*, DB-Beilage Nr. 23/1983, 1, 4.
²⁴⁸ *Duttge*, Der Staat 36 (1997), 281, 303; *Krause*, DB-Beilage Nr. 23/1983, 1, 4; *Simitis*, NJW 1984, 398, 400.
²⁴⁹ *Ehmann*, AcP 188 (1988), 230, 307f., 309f.; *Ernst*, Verarbeitung und Zweckbindung (1993), S. 55; *Gusy*, KritV 2000, 52, 59; *Krause*, DB-Beilage Nr. 23/1983, 1, 4; *Zöllner*, RDV 1991, 1, 8f.
²⁵⁰ *Hoffmann-Riem*, AöR 123 (1998), 513, 521, 522; *Trute*, JZ 1998, 822, 824f. In den Landesverfassungen wird das Grundrecht auf Schutz der persönlichen Daten zum Teil zusammen mit dem Recht auf Information geregelt, s. Art. 11 der Verfassung des Landes Brandenburg, Art. 6 der Verfassung des Landes Mecklenburg-Vorpommern, Art. 6 der Verfassung des Landes Sachsen-Anhalt; s. auch Art. 33, 34 der Verfassung des Freistaates Sachsen.
²⁵¹ *Hoffmann-Riem*, AöR 123 (1998), 513, 524; *Rogall*, Informationseingriff (1992), S. 53f.
²⁵² *Rogall*, Informationseingriff (1992), S. 50, 54f.; *Scholz/Pitschas*, Informationelle Selbstbestimmung (1984), S. 103f., 110, zu den Konsequenzen s. etwa S. 169f.; kritisch zur Relativierung des Rechts auf informationelle Selbstbestimmung: *Riepl*, Informationelle Selbstbestimmung (1998), S. 30ff.
²⁵³ *Aulehner*, in: Haratsch/Kugelmann/Repkewitz, Informationsgesellschaft (1996), S. 195, 208ff.
²⁵⁴ S. etwa BVerfGE 92, 191, 197 (zu §§ 111 OWiG, 163b StPO).
²⁵⁵ *Duttge*, Der Staat 36 (1997), 281, 292; *Ernst*, Verarbeitung und Zweckbindung (1993), S. 50; zum informationellen Totalvorbehalt: *Schwan*, VerwArch 66 (1975), 120, 127ff.

umfassende Verrechtlichung des Datenschutzes läuft Gefahr, sowohl den Gesetzgeber[256] als auch den Normadressaten[257] zu überfordern.

Der weite Schutzbereich beruht andererseits gerade auf der ratio des Rechts auf informationelle Selbstbestimmung, nämlich den Einzelnen vor informationeller Verunsicherung und dadurch bedingter Hemmung in der Wahrnehmung seiner Freiheitsrechte zu schützen.[258] Die einzelne Verarbeitungsmaßnahme beeinträchtigt den Einzelnen noch nicht in einem bestimmten Grundrecht, aber die Kumulation von intransparenten Erhebungs- und Verarbeitungsvorgängen begründet ein Gefahrenpotential für die Grundrechtsausübung.[259] Datenschutz ist vorverlagerter Schutz von Grundrechten.[260] Indem das Recht auf informationelle Selbstbestimmung an Gefahren, nicht an Beeinträchtigungen anknüpft[261], greift es notwendigerweise weiter aus als andere Grundrechte. Wie das Grundrecht der allgemeinen Handlungsfreiheit (Art. 2 I GG) zeigt, muss ein weiter Schutzbereich praktikablen Ergebnissen nicht entgegenstehen, sofern die Auslegung der Grundrechtsschranken dem Rechnung trägt.[262]

An dem Recht auf informationelle Selbstbestimmung ist daher grundsätzlich festzuhalten. Es hat sich in der Rechtsprechung[263] und im Schrifttum[264] zu einem festen Bestandteil des Grundrechtekanons entwickelt.[265] Dies steht einer neuen

---

[256] *Kloepfer*, JZ 1984, 685, 689.
[257] *Hoffmann-Riem*, AöR 123 (1998), 513, 516f.
[258] *Albers*, in: Haratsch/Kugelmann/Repkewitz, Informationsgesellschaft (1996), S. 113, 128.
[259] *Albers*, in: Haratsch/Kugelmann/Repkewitz, Informationsgesellschaft (1996), S. 113, 128, 129; *Amelung*, StV 1995, 165, 167; *Dreier*, in: Dreier, GG, Bd. 1 (1996), Art. 2 I Rn. 52; *Scholz/Pitschas*, Informationelle Selbstbestimmung (1984), S. 83.
[260] *Albers*, in: Haratsch/Kugelmann/Repkewitz, Informationsgesellschaft (1996), S. 113, 129; *Bleckmann*, Staatsrecht II (1997), § 51 Rn. 81; *Ernst*, Verarbeitung und Zweckbindung (1993), S. 60, 65.
[261] *Amelung*, StV 1995, 165, 167; *Ernst*, Verarbeitung und Zweckbindung (1993), S. 65; *Scholz/Pitschas*, Informationelle Selbstbestimmung (1984), S. 83; s. auch *Hoffmann-Riem*, AöR 123 (1998), 513, 527f.; *Rogall*, Informationseingriff (1992), S. 51, 61; *Trute*, JZ 1998, 822, 826f.; a. A. *Schmitt Glaeser*, in: HStR, Bd. VI (2001), § 129 Rn. 95.
[262] S. allerdings die Kritik an der weiten Auslegung des Art. 2 I GG und dementsprechend auch an dem Recht auf informationelle Selbstbestimmung: *Duttge*, Der Staat 36 (1997), 281, 293ff.
[263] BVerfGE 67, 100, 142f.; 78, 77, 84; 80, 367, 373; 96, 171, 181; BayVerfG JZ 1995, 299f.; LVerfG Sachsen, LKV 1996, 273, 279; BVerwG NJW 1990, 2761, 2762; NJW 1994, 2499; BGH, JZ 1995, 253f.
[264] *Bleckmann*, Staatsrecht II (1997), § 21 Rn. 52ff., 71ff.; *Dreier*, in: Dreier, GG, Bd. 1 (1996), Art. 2 I Rn. 52; *Kunig*, in: von Münch/Kunig, GG, Bd. 1 (2000), Art. 2 Rn. 38; *Murswiek*, in: Sachs, GG (2003), Art. 2 Rn. 72f.; *Pieroth/Schlink*, Grundrechte (2003), Rn. 377; *Schmitt Glaeser*, in: HStR, Bd. VI (2001), § 129 Rn. 76ff.; *Starck*, in: von Mangoldt/Klein/Starck, GG, Bd. 1 (1999), Art. 2 I Rn. 108; s. auch *Simitis*, in: ders., BDSG (2003), § 1 Rn. 46f. (Ableitung aus mehreren Grundrechten).
[265] S. auch die Grundrechte auf informationelle Selbstbestimmung bzw. auf Datenschutz in den Verfassungen der Länder Brandenburg (Art. 11), Mecklenburg-Vorpommern (Art. 6), Nordrhein-Westfalen (Art. 4 II), Saarland (Art. 2 S. 2), Sachsen (Art. 33), Sachsen-Anhalt (Art. 6) und Thüringen (Art. 6 II).

Konzeption dieses Grundrechts[266] bzw. einer Begrenzung des Schutzbereiches[267] nicht entgegen. Auf derartige Ansätze und die oben genannten Bedenken ist allerdings nur insoweit einzugehen, als dies für die Zwecke der vorliegenden Untersuchung erforderlich ist.

Die Freiheit der Kommunikation und die Grundrechte Dritter rechtfertigen eine tatbestandliche Begrenzung des Rechts auf informationelle Selbstbestimmung allenfalls, sofern der Einzelne seine personenbezogenen Daten freiwillig, d.h. im Rahmen einer von ihm gewollten Kommunikation preisgibt.[268] Insoweit kann er sich gegenüber Privaten wie gegenüber dem Staat vor den Gefahren, die durch die Verarbeitung seiner Daten entstehen, schützen, indem er diese nicht offenbart.[269] Verfassungsrechtlicher Schutz ist andererseits gegen die Verarbeitung von Daten geboten, die ohne oder gegen den Willen des Betroffenen erhoben wurden.[270] Die heimliche oder unter Einsatz von Zwang erfolgende Erhebung von Daten und deren weitere Verarbeitung greifen daher in jedem Fall in den Schutzbereich des Rechts auf informationelle Selbstbestimmung ein.[271] Im Rahmen der vorliegenden Untersuchung sollen nur derartige Erhebungsmaßnahmen behandelt werden. Da diese Maßnahmen vom Schutzbereich des Rechts auf informationelle Selbstbestimmung erfasst werden, bedarf es keiner abschließenden Stellungnahme zur Berechtigung eines darüber hinausgehenden verfassungsrechtlichen Datenschutzes. Die Ansätze zu einer Einschränkung des Schutzbereiches des Rechts auf informationelle Selbstbestimmung brauchen daher an dieser Stelle nicht erörtert zu werden.

(3) Die Grundrechtsberechtigung juristischer Personen

Grundrechtsträger ist zunächst die natürliche Person, auf die sich das zu erhebende bzw. zu verarbeitende Datum bezieht. Inländische juristische Personen können sich auf das allgemeine Persönlichkeitsrecht berufen, sofern dieses seinem Wesen nach auf jene anwendbar ist (Art. 19 III GG). Jedenfalls dort, wo der Grundrechtsschutz an Eigenschaften, Äußerungsformen oder Beziehungen anknüpft, die nur natürlichen Personen wesenseigen sind, ist eine Anwendung auf juristische Personen demnach ausgeschlossen.[272] Das BVerfG sieht die Aufgabe des allgemeinen Persönlichkeitsrechts darin, im Sinne des obersten Konstitutionsprinzips der „Würde

---

[266] S. insoweit *Albers*, in: Haratsch/Kugelmann/Repkewitz, Informationsgesellschaft (1996), S. 113, 123 ff., 129 ff.

[267] S. etwa *Hoffmann-Riem*, AöR 123 (1998), 513, 527 ff.; *Rogall*, Informationseingriff (1992), S. 51, 56 ff.

[268] *Gusy*, KritV 2000, 52, 59.

[269] *Gusy*, KritV 2000, 52, 60; zum Selbstschutz im Datenschutz: *Hoffmann-Riem*, AöR 123 (1998), 513, 531 f.; *Trute*, JZ 1998, 822, 829.

[270] *Gusy*, KritV 2000, 52, 59 f.

[271] *Gusy*, KritV 2000, 52, 60; ebenso *Ernst*, Verarbeitung und Zweckbindung (1993), S. 72, 75; s. auch *Aulehner*, in: Haratsch/Kugelmann/Repkewitz, Informationsgesellschaft (1996), S. 195, 209.

[272] BVerfGE 95, 220, 242 (keine Anwendbarkeit des Prinzips „Nemo tenetur se ipsum accusare" auf juristische Personen), s. dazu u. S. 195 ff.

des Menschen" die engere persönliche Lebenssphäre und die Erhaltung ihrer Grundbedingungen zu garantieren.[273] Aus dem Menschenwürdebezug wird zum Teil gefolgert, juristische Personen seien vom allgemeinen Persönlichkeitsrecht nicht geschützt, da diese keine Menschenwürde hätten und von Art. 1 I GG nicht erfasst würden.[274]

Wie die Einbeziehung der wirtschaftlichen Verhältnisse einer natürlichen Person in den Schutzbereich des Rechts auf informationelle Selbstbestimmung zeigt[275], weist der mit dem allgemeinen Persönlichkeitsrecht verbürgte Schutz der Privatsphäre nicht in allen Punkten einen so engen Menschenwürdebezug auf, dass eine Anwendung auf juristische Personen in jedem Fall ausgeschlossen wäre. Das BVerfG hat die Frage, ob juristische Personen sich auf das allgemeine Persönlichkeitsrecht berufen können, zunächst offen gelassen[276], in einer Entscheidung aber einen relativierenden Maßstab angelegt: Eine Grundrechtsträgerschaft juristischer Personen sei um so eher ausgeschlossen, als der Grundrechtsschutz im Interesse der Menschenwürde gewährt wird.[277] An dieser Formulierung wird deutlich, dass die Menschenwürdegarantie des Art. 1 I GG als Auslegungsrichtlinie zur Bestimmung von Inhalt und Grenzen des allgemeinen Persönlichkeitsrechts herangezogen wird, die einschlägige Grundrechtsnorm indessen Art. 2 I GG ist.[278] Die Anwendung dieses Grundrechts auf juristische Personen steht außer Frage.[279] Die unbegrenzte Sammlung und Verarbeitung auf sie bezogener Daten kann auch eine juristische Person in der Ausübung ihrer Grundrechte, insbesondere ihrer ökonomischen Freiheiten hemmen und damit zu einer Gefahr für die freie Grundrechtsausübung werden. Für eine eingeschränkte Anwendung auf juristische Personen[280]

---

[273] Vgl. BVerfGE 54, 148, 153; 79, 256, 268; 95, 220, 241.
[274] So aber *Jarass*, NJW 1989, 857, 860; *Kunig*, in: von Münch/Kunig, GG, Bd. 1 (2000), Art. 2 Rn. 39; *Schmitt Glaeser*, in: HStR, Bd. VI (2001), § 129 Rn. 88; s. auch *Kau*, Persönlichkeitsschutz (1989), S. 98f. Im Ergebnis wird ein vergleichbarer Schutz der juristischen Person über die Anwendung der Art. 12, 14 GG erreicht, s. *Jarass*, aaO; *Kau*, aaO, S. 107f., s. dazu u. S. 78ff., 86f.
[275] S. o. S. 72.
[276] BVerfGE 95, 220, 242; NJW 1994, 1784; zum Datenschutz: BVerfG, NJW 1995, 2839, 2840; NJW 2001, 811. In anderen Entscheidungen wird nicht deutlich, ob sich der Zusatz „gegebenenfalls in Verbindung mit Art. 19 Abs. 3 GG" nur auf Art. 14 GG oder auch auf das allgemeine Persönlichkeitsrecht bezieht (BVerfGE 67, 100, 142; 77, 1, 46).
[277] BVerfGE 95, 220, 242 (keine Anwendbarkeit des Prinzips „Nemo tenetur se ipsum accusare" auf juristische Personen); s. dazu u. S. 195ff.
[278] *Dreier*, in: ders., GG, Bd. 1 (1996), Art. 2 I Rn. 50; *Kunig*, in: von Münch/Kunig, GG, Bd. 1 (2000), Art. 2 Rn. 30; *Starck*, in: von Mangoldt/Klein/Starck, GG, Bd. 1 (1999), Art. 2 Rn. 40, 65; s. auch BVerfGE 27, 344, 350f.: „Das verfassungskräftige Gebot der Achtung der Intimsphäre hat seine Grundlage in dem durch Art. 2 Abs. 1 GG verbürgten Recht auf freie Entfaltung der Persönlichkeit. Bei der Bestimmung von Inhalt und Reichweite dieses Grundrechts ist zu beachten, daß nach der Grundnorm des Art. 1 Abs. 1 GG die Würde des Menschen unantastbar ist und von aller staatlichen Gewalt geachtet und geschützt werden muß."
[279] BVerfGE 10, 89, 99; 23, 208, 223; 44, 353, 372; *Dreier*, in: ders., GG, Bd. 1 (1996), Art. 19 III Rn. 24; *Rüfner*, in: FS 50 Jahre BVerfG (2001), S. 55, 65; *Stern*, Staatsrecht III/1 (1988), S. 1127.
[280] In diesem Sinne: BGHZ 98, 94, 97; *Degenhart*, JuS 1992, 361, 368; *Dreier*, in: ders., GG, Bd. 1 (1996), Art. 2 I Rn. 56; *Huber*, in: von Mangoldt/Klein/Starck, GG, Bd. 1 (1999), Art. 19 Rn. 333; *Pieroth/Schlink*, Grundrechte (2003), Rn. 151; *Rüfner*, in: FS 50 Jahre BVerfG (2001), S. 55, 64

spricht zudem, dass sich juristische Personen mit Art. 13 GG auf ein klassisches Grundrecht zum Schutz der Privatsphäre berufen können[281]. Der personale Bezug steht auch bei anderen Grundrechten einer Anwendung auf juristische Personen nicht entgegen, und das BVerfG trägt dem Umstand, dass ihre Ausübung dort nicht der Persönlichkeitsentfaltung dient, im Rahmen der Prüfung der Verhältnismäßigkeit von Grundrechtsbeschränkungen Rechnung.[282] Dementsprechend hat das BVerfG das Recht am gesprochenen Wort als Bestandteil des allgemeinen Persönlichkeitsrechts kürzlich auch juristischen Personen zugestanden.[283] Das Recht auf informationelle Selbstbestimmung gilt daher grundsätzlich auch für juristische Personen.[284]

d) Die Eigentumsgarantie (Art. 14 GG)

Über das Recht auf informationelle Selbstbestimmung hinaus könnte der Einzelne durch das Grundrecht auf Eigentum vor staatlichen Informationseingriffen geschützt sein. Eine solche Schutzrichtung des Art. 14 GG kommt zum einen in Betracht, soweit die Information in einem eigentumsfähigen Gegenstand verkörpert ist, zum anderen kann die Information selbst Vermögenswert haben und insoweit an der Eigentumsgarantie teilhaben.

(1) Schutz verkörperter Informationen

Zur Informationserhebung ist der Staat nicht allein auf das Wissen und die Auskunft von Personen angewiesen, sondern er kann statt dessen auf Daten und Informationen zugreifen, die in einem Gegenstand (Akte, Kartei, elektronische Datenträger) verkörpert sind. Steht dieser Datenträger im Sacheigentum einer Privatperson, so wird diese vor staatlichen Zugriffen auf diese Sache durch Art. 14 GG geschützt.[285] Verfassungsrechtlich geschützt ist darüber hinaus der berechtigte Besitz an einer Sache.[286] Mit der Beschlagnahme eines Datenträgers (s. §§ 94ff. StPO) wird dem Besitzer daher eine verfassungsrechtlich geschützte Position entzogen und, sofern dieser auch Eigentümer ist, in seine Nutzungsbefugnis eingegriffen.[287]

(Fußn. 55); *Stern*, Staatsrecht III/1 (1988), S. 1227f.; s. ferner *Starck*, in: von Mangoldt/Klein/Starck, GG, Bd. 1 (1999), Art. 2 Rn. 45, der das allgemeine Persönlichkeitsrecht unter Art. 2 I GG behandelt (s. Rn. 15) und eine Grundrechtsträgerschaft ohne Differenzierung bejaht.

[281] Zum persönlichen Schutzbereich des Art. 13 GG s.o. S. 54.
[282] S. BVerfGE 99, 367, 391f. (zu Art. 12, 14 GG).
[283] BVerfGE 106, 28, 42.
[284] *Huber*, in: von Mangoldt/Klein/Starck, GG, Bd. 1 (1999), Art. 19 Rn. 333 (für Geschäftsdaten); *Pieroth/Schlink*, Grundrechte (2003), Rn. 151; a.A. *Schmitt Glaeser*, HStR, Bd. VI (2001), § 129 Rn. 88.
[285] Zum verfassungsrechtlichen Schutz des privat-rechtlichen Eigentums an beweglichen Sachen: BVerfGE 42, 229, 232f.; *Wieland*, in: Dreier, GG, Bd. 1 (1996), Art. 14 Rn. 37.
[286] *Depenheuer*, in: von Mangoldt/Klein/Starck, GG, Bd. 1 (1999), Art. 14 Rn. 160; *Papier*, in: Maunz/Dürig, GG, Art. 14 Rn. 202; zum Besitzrecht des Mieters: BVerfGE 89, 1, 5.
[287] *Amelung*, in: AK-StPO, Bd. 2/1 (1992), § 94 Rn. 1; *ders.*, Informationsbeherrschungsrechte

II. Informationsverarbeitung und Grundrechte

Gleichwohl stellt sich die Frage, ob Art. 14 GG ein informationelles Abwehrrecht darstellt und damit auch für die weitere Informationsverarbeitung relevant ist. Dafür ist ein informationsbezogener Schutzzweck dieses Grundrechts erforderlich. Das Eigentumsrecht müsste also zumindest auch die Befugnis verleihen, Informationen zurückzuhalten bzw. ihrer Verwertung zu widersprechen.[288] Der BFH hat aus dem Eigentumsrecht der Bank an ihren Geschäftsunterlagen das Recht abgeleitet, deren Benutzung durch Abschreiben, Kopieren und Auswerten zu unterbinden (vgl. § 903 BGB), denn durch derartige Handlungen eigne sich der Staat das in den Papieren verkörperte Gedankengut an.[289] Insoweit wäre die Eigentumsgarantie gegenüber dem Recht auf informationelle Selbstbestimmung das speziellere Grundrecht.[290]

In der Tat spricht manches dafür, dass mit dem Herrschaftsrecht über die Sache auch die Beherrschung über die darin verkörperte Information geschützt ist, denn mit der Entscheidung über die Herausgabe entscheidet der Berechtigte zugleich über die Weitergabe der Information.[291] Der Eigentümer oder Besitzer des Datenträgers ist überdies häufig identisch mit der Person, auf die sich die Daten beziehen und die ein Interesse an ihrer Geheimhaltung hat. Die Eigentumsgarantie wäre daher geeignet, auch dem Interesse des Einzelnen am Schutz seiner Privatsphäre Geltung zu verschaffen.[292] Aus rechtsvergleichender Sicht deutet auch die einheitliche Regelung von Beschlagnahme und Durchsuchung im 4. Zusatz der US-amerikanischen Verfassung auf eine gemeinsame Schutzrichtung hin.[293] In der Tat wurde der 4. Verfassungszusatz zunächst eng und wortlautgetreu ausgelegt. Sein Anwendungsbereich erfasste danach – abgesehen von Personen – nur Gegenstände, nicht hingegen die telefonische Überwachung.[294] Von dieser gegenständlichen, auf das

---

(1990), S. 34; *Bär*, Zugriff auf Computerdaten (1992), S. 171; *Kühne*, Strafprozessrecht (2003), Rn. 402; *Papier/Dengler*, BB 1996, 2541, 2545; *Rudolphi*, in: SK-StPO, § 94 Rn. 1; s. auch LG Berlin, DB 2001, 409; a.A. *Benfer*, Rechtseingriffe (2001), S. 92. Dort wird allerdings übersehen, dass allein aufgrund der Tatsache, dass keine Enteignung vorliegt, nicht ein Eingriff in Art. 14 GG verneint werden kann.

[288] S. dazu *Amelung*, Informationsbeherrschungsrechte (1990), S. 30ff.

[289] BFH, wistra 1998, 110, 111; NJW 2001, 2997, 2998; 2001, 3655, 3656; 2002, 2340, 2341; LG Arnsberg, ZIP 1984, 889, 890; s. auch *Wengert/Widmann*, StBp 1998, 57, 59.

[290] Vgl. BVerfGE 79, 292, 304; 85, 219, 224.

[291] So *Amelung*, Informationsbeherrschungsrechte (1990), S. 34. Eine Verbindung von Eigentum und Hausrecht findet sich bereits bei *Fichte*, Grundlage des Naturrechts (1796/1979), § 19, S. 236: „Durch mein Haus wird mein absolutes Eigentum bestimmt." Dieser Schutz bezieht sich auch auf die Abwehr staatlicher Ausforschung, s. *Fichte*, aaO: „...der Staat weiß nicht, und soll nicht wissen, was darinnen ist ... Die Aufsicht des Staates geht bis zum Schlosse, und von da geht die meinige an."; s. dazu *Amelung*, in: Birtsch, Grund- und Freiheitsrechte (1987), S. 291, 315; *Austermühle*, Entwicklung eines persönlichen Geheimsphärenschutzes (2002), S. 43f.

[292] So zielte die Rechtsschutzkonzeption des Gesetzgebers der StPO von 1877 ausschließlich auf die gegenständlichen Folgen strafprozessualer Ermittlungseingriffe, s. *Amelung*, in: Roxin-FS (2001), S. 1258, 1278.

[293] *Amelung*, Informationsbeherrschungsrechte (1990), S. 34.

[294] S. die Entscheidung des Supreme Court in der Sache Olmstead v. United States, 277 U.S. 428, 464: „The amendment itself shows that the search is to be of material things – the person, the house, his papers or his effects ..."

80 B. Grundlagen: Verfahren und Grundrechte als Rahmen der Informationsverarbeitung

Sacheigentum bezogenen Auslegung[295] wandte sich der Supreme Court 1967 ab und bezog das von einer Telefonzelle geführte Ferngespräch in den Schutzbereich des Verfassungszusatzes ein.[296] Seit dieser Entscheidung wird die Privatsphäre als geschütztes Interesse angesehen.[297]

In Deutschland lassen sich die Parallelen zwischen Beschlagnahme und Durchsuchung damit erklären, dass sich im 19. Jahrhundert der Schutz der Privatsphäre als eigenständiges Prinzip auch bei der Beschlagnahme durchgesetzt hat.[298] Gegenstand des strafprozessualen Beschlagnahmeschutzes für Briefe und Papiere war die persönliche Geheimsphäre[299], nicht das Eigentumsrecht.[300] Erst mit der Ausdehnung des Schutzes über Briefe und Papiere hinaus durch die StPO von 1877 kam der Gedanke des Eigentumsschutzes hinzu.[301] Damit korrespondiert das gegenstandsbezogene Rechtsschutzkonzept des damaligen Gesetzgebers.[302] Die Eigenständigkeit des strafprozessualen Privat- oder Geheimsphärenschutzes bleibt davon indessen unberührt.[303]

Der Schutzbereich des Art. 14 GG knüpft jedoch nicht an das Interesse des Grundrechtsträgers an Privatheit an, sondern an ein Vermögensrecht. Dementsprechend werden auf das Eigentumsrecht gestützte Beweiserhebungsverbote damit begründet, dass mit der jeweiligen staatlichen Maßnahme die Sachsubstanz und damit der in der Sache verkörperte Wert vernichtet wird.[304] In der Regel bewirkt eine Beschlagnahme indessen nur, dass die Sache dem Besitzer vorübergehend entzogen und als Beweismittel für ein Verfahren genutzt wird. Gegenüber diesem relativ geringfügigen Eingriff[305] ist der mit der Beschlagnahme verbundene Eingriff in seine Privatsphäre gravierender und kann daher nicht allein unter dem Aspekt der Eigentumsbeeinträchtigung beurteilt werden. Dementsprechend hat das LVerfG Brandenburg die Verfassungsmäßigkeit der Beschlagnahme von Unterlagen in ers-

---

[295] S. *Dressler*, Understanding Criminal Procedure (1991), S. 56: Durchsuchung als „property-focused inquiry".
[296] Katz v. United States, 389 U.S. 347, 353.
[297] S. die concurring opinion des Richters Harlan, Katz v. United States, 389 U.S. 347, 362 („reasonable expectation of privacy"); s. auch *Cook*, Constitutional Rights, Vol. 1 (1985), § 3: 2, S. 296ff. m.w.N.
[298] S. dazu *Austermühle*, Entwicklung eines persönlichen Geheimsphärenschutzes (2002), insbesondere S. 107f., 124ff., 137ff.
[299] *Austermühle*, Entwicklung eines persönlichen Geheimsphärenschutzes (2002), S. 170.
[300] *Austermühle*, Entwicklung eines persönlichen Geheimsphärenschutzes (2002), S. 143, 189.
[301] *Austermühle*, Entwicklung eines persönlichen Geheimsphärenschutzes (2002), S. 177, 189.
[302] *Amelung*, in: Roxin-FS (2001), S. 1258, 1278.
[303] S. *Austermühle*, Entwicklung eines persönlichen Geheimsphärenschutzes (2002), S. 192, 193.
[304] *Beling*, Beweisverbote (1903), S. 23f.; *Spendel*, NJW 1966, 1102, 1106.
[305] Dass der in der Beschlagnahme liegende Eigentumseingriff als „quantité negligeable" angesehen wird, lässt sich auch daraus ersehen, dass Art. 14 GG im Unterschied zu Art. 2 I i.V.m. Art. 1 I GG als von der Beschlagnahme betroffenes Grundrecht in der Kommentarliteratur nicht erwähnt wird, s. etwa *Kleinknecht/Meyer-Goßner*, StPO (2003), Vor § 94 Rn. 1; s. auch *Pfeiffer*, in: KK-StPO (2003), Vor § 94 Rn. 1.

ter Linie am Maßstab des Rechts auf Datenschutz (Art. 11 der Verfassung des Landes Brandenburg) geprüft.[306]

Gleichwohl enthält die Eigentumsgarantie des Art. 14 GG persönlichkeitsrechtliche Elemente.[307] Art. 14 GG schützt den Umfang der mit einem Vermögenswert verbundenen Verhaltensalternativen, sein Gut im Wirtschaftsverkehr durch Nutzung oder Verfügung gegenüber Dritten zu verwerten oder dies zu unterlassen.[308] Die Eigentumsgarantie schützt damit die materiellen Grundlagen zur eigenverantwortlichen Lebensgestaltung.[309] Soweit der Einzelne sein Eigentum nutzt, um seine Persönlichkeit zu entfalten, ist Art. 14 GG gegenüber der allgemeinen Handlungsfreiheit und dem allgemeinen Persönlichkeitsrecht das speziellere Grundrecht.[310] Das Verhältnis des Art. 14 GG zum allgemeinen Persönlichkeitsrecht ist damit jedoch keineswegs erschöpfend beschrieben. Das allgemeine Persönlichkeitsrecht umfasst mehr als das, was durch Nutzung und Verwertung von Eigentum erreicht werden kann. Mit dem Recht auf informationelle Selbstbestimmung gewährt es insbesondere einen umfassenden Schutz vor staatlicher Ausforschung. Das Verhältnis zur Eigentumsgarantie ist in dieser Hinsicht nicht eines der Spezialität[311], sondern der Ergänzung.

Die Eigentumsgarantie wäre mit der Aufgabe, die Privatsphäre des Eigentümers oder Besitzers zu schützen, überfordert. Dies zeigt sich an der Lücke, die in einem über Art. 14 GG vermittelten Privatsphärenschutz entsteht, wenn gegenständlich verkörperte Daten die Privatsphäre einer Person berühren, die weder Eigentümer noch Besitzer des Datenträgers ist. Aufschlussreich ist der Vergleich mit dem Verhältnis des Wohnungsgrundrechts zur Eigentumsgarantie: Art. 14 GG schützt das an der Wohnung bestehende Besitzrecht des Mieters (bzw. das Wohnungseigentum) als Vermögensposition, Art. 13 GG setzt dieses Recht voraus und gewährleistet die räumliche Privatsphäre des Wohnungsinhabers.[312] In gleicher Weise wird bei Nutzungsbeschränkungen der Schutzbereich des Art. 14 GG von dem anderer

---

[306] LVerfG Brandenburg, JR 2003, 15, 17 (s. dort auch die anschließenden Ausführungen zum Eigentumsgrundrecht).
[307] BVerfGE 85, 219, 224.
[308] *Eschenbach*, Schutz des Eigentums (1996), S. 619, 623.
[309] BVerfGE 24, 367, 389, 400; 31, 229, 239; *Depenheuer*, in: von Mangoldt/Klein/Starck, GG, Bd. 1 (1999), Art. 14 Rn. 12; *Rozek*, Eigentumsbindung und Enteignung (1998), S. 43.
[310] BVerfGE 79, 292, 304.
[311] S. dagegen BVerfGE 85, 219, 224: Das BVerfG sieht in der Verpflichtung des Vermieters, den geltend gemachten Eigenbedarf und die Kündigung gegenüber dem Mieter zu begründen, einen Eingriff in sein „allgemeines Persönlichkeitsrecht als Element der grundrechtlichen Eigentumsverbürgung" und nimmt anschließend auf das Recht auf informationelle Selbstbestimmung Bezug (BVerfG, aaO). Das Vorliegen eines Eingriffs in Art. 14 GG (s. BVerfG, aaO, 223) kann allerdings damit begründet werden, dass die Datenerhebung ein Gefahrenpotential für die Ausübung der Eigentümerrechte (Art. 14 GG) schafft: Bereits die Aussicht, seinem Mieter gegenüber persönliche Entscheidungen offenbaren zu müssen (vgl. BVerfG, aaO, 224), hält den Vermieter möglicherweise von der Eigenbedarfskündigung ab. Zum Schutz vor mittelbaren Grundrechtsbeeinträchtigungen durch Informationsverarbeitung s. u. S. 86 f. (zu Art. 12 GG).
[312] BVerfGE 89, 1, 12; *Hermes*, in: Dreier, GG, Bd. 1 (1996), Art. 13 Rn. 57; *Papier*, in: Maunz/Dürig, GG, Art. 13 Rn. 150.

Grundrechte abgegrenzt: Der verfassungsrechtliche Schutz richtet sich grundsätzlich nach dem für die Nutzungshandlung einschlägigen Freiheitsrecht; erst wenn die Nutzungsbeschränkung die Vermögenssphäre berührt, ist Art. 14 GG einschlägig.[313]

Das Eigentumsrecht an einem Gegenstand schützt daher – wie auch der BFH[314] anerkennt – nicht vor der Kenntnisnahme der darin verkörperten Informationen.[315] Der Grundrechtseingriff liegt vielmehr darin, dass sich der Staat Gedankengut aneignet, über das zu verfügen allein der Eigentümer berechtigt ist.[316] Abgesehen davon, dass die Bank nicht das alleinige und ausschließliche Verfügungsrecht in Bezug auf die Daten ihrer Kunden innehat (s. § 6 BDSG), wird an der Terminologie („aneignen") deutlich, dass es um den Schutz einer Vermögensposition geht[317], genauer: um den Schutz vergeistigten, immateriellen Eigentums. Auf die Frage, inwieweit der Schutz von Betriebs- und Geschäftsgeheimnissen als immateriellen Vermögenswerten über Art. 14 GG ein gegen den Staat gerichtetes informationelles Abwehrrecht begründen kann, soll sogleich eingegangen werden.

Der Schutz von Sacheigentum knüpft nach alledem mit dem Vermögensrecht an ein Merkmal an, das weder für die Persönlichkeit noch für die Privatsphäre informationell relevant ist. Der von Art. 14 GG garantierte Schutz von Sacheigentum verleiht dem Grundrechtsträger daher kein informationelles Abwehrrecht.[318]

(2) Betriebs- und Geschäftsgeheimnisse

Soweit Betriebs- und Geschäftsgeheimnisse betroffen sind, wird der Geschäftsinhaber möglicherweise durch die Eigentumsgarantie des Art. 14 GG vor staatlichen Informationseingriffen geschützt. Das BVerfG zieht die Eigentumsgarantie in mehreren Entscheidungen neben dem allgemeinen Persönlichkeitsrecht als Grundlage des verfassungsrechtlichen Datenschutzes heran.[319]

---

[313] *Bryde*, in: von Münch/Kunig, GG, Bd. 1 (2000), Art. 14 Rn. 13; *Pieroth/Schlink*, Grundrechte (2003), Rn. 915 f.; *Rittstieg*, in: AK-GG (1989), Art. 14 Rn. 79; *Rozek*, Eigentumsbindung und Enteignung (1998), S. 293.

[314] S. BFH, wistra 1998, 110, 111: Die Aneignung des in den Unterlagen enthaltenen Gedankengutes wird dort von der „bloßen Kenntnisnahme" abgegrenzt.

[315] Dies schließt es nicht aus, dass der von Art. 14 GG gewährte Schutz vor Ermittlungsmaßnahmen weiter geht als derjenige des Rechts auf informationelle Selbstbestimmung; dieser Schutz ist jedoch – bezogen auf den informationellen Aspekt – nicht intendiert, sondern bloßer Rechtsreflex.

[316] S. BFH, aaO; ebenso LG Arnsberg, ZIP 1984, 889, 890, 891.

[317] Im Bankenbereich ist Diskretion eine Voraussetzung, unter der die Bank ihre Leistungen erbringt und von welcher der Erfolg der Transaktion abhängen kann, s. *von Hammerstein*, Privatsphäre im Steuerrecht (1993), S. 186. Ihre Wahrung hat daher für Bank und für den Kunden Vermögenswert. Aus diesem Grund wird bei Kontrollmitteilungen im Rahmen einer steuerlichen Außenprüfung ein Eingriff in das Eigentumsgrundrecht der Bank zum Teil nicht mit dem Sacheigentum an den Kontounterlagen, sondern mit dem Recht am eingerichteten und ausgeübten Gewerbebetrieb begründet, s. *Hamacher*, DB 1996, 2460, 2462; zu Art. 12 GG s.u. S. 86 f.

[318] S. auch *Ransiek*, StV 2002, 565, 568.

[319] BVerfGE 67, 100, 142; 77, 1, 46, 53, 57, 61; 84, 239, 280; NJW 1995, 2839, 2840. Mit dem Verweis auf Art. 14 GG soll allerdings kein eigentumsähnliches Informationsverfügungsrecht begrün-

II. Informationsverarbeitung und Grundrechte

Dabei ist zunächst zu klären, ob das Betriebs- und das Geschäftsgeheimnis vom sachlichen Schutzbereich des Art. 14 GG umfasst werden.[320] Der verfassungsrechtliche Eigentumsschutz erstreckt sich auf jedes private Vermögensrecht, welches dem Berechtigten in der Weise zugeordnet ist, dass er die damit verbundenen Befugnisse nach eigenverantwortlicher Entscheidung zu seinem privaten Nutzen ausüben darf.[321] „Eigentum" i.S.d. Art. 14 GG setzt also einen Vermögenswert voraus.[322] Betriebs- und Geschäftsgeheimnisse gehören zu den immateriellen Vermögensgegenständen eines Unternehmens (§ 266 II A.I. HGB) und verkörpern für sich genommen einen Vermögenswert.[323]

Art. 14 GG schützt allerdings nicht das Vermögen als solches[324], sondern grundsätzlich nur Vermögenspositionen, die sich durch gesetzliche Normierung zu einem Recht verdichtet haben.[325] Der Schutz vor der Offenbarung von Betriebs- und Geschäftsgeheimnissen ist vom Gesetzgeber insbesondere[326] in § 17 UWG normativ ausgestaltet worden. Die Angestellten des Unternehmers unterliegen einer arbeitsvertraglichen Verschwiegenheitspflicht.[327] Der Unternehmensinhaber kann die geheimen Informationen nutzen und über das Geheimnis verfügen, sei es, indem er dieses entgeltlich veräußert[328] oder zum Gegenstand einer Lizenz macht[329], sei es, indem er seiner Weitergabe zustimmt[330]. Die Betriebs- und Geschäftsgeheimnisse sind insofern vergleichbar mit den Urheber- und Patentrechten.[331]

Gegen diesen Vergleich wird eingewandt, dass das Betriebs- und Geschäftsgeheimnis im Unterschied zu den gewerblichen Schutzrechten der ausschließliche

---

det werden – so die Interpretation von *Duttge*, Der Staat 36 (1997), 281, 292 –, sondern das BVerfG nimmt damit das Vorbringen der Verfahrensbeteiligten auf, die Betriebs- und Geschäftsgeheimnisse als von der Eigentumsgarantie des Art. 14 GG, insbesondere dem Recht am eingerichteten und ausgeübten Gewerbebetrieb, geschützt ansahen, s. BVerfGE 67, 100, 118, 121; 77, 1, 24, 26, 38. Eine deutliche Trennung der Eigentumsgarantie von dem Recht auf informationelle Selbstbestimmung findet sich in BVerfG, NJW 2001, 811.

[320] Diese Frage hat das BVerfG bisher offen gelassen, s. BVerfG, Beschluss vom 12.10.1989–1 BvR 1347/88, unter 2.c); vgl. auch BVerfGE 18, 85, 90.

[321] BVerfGE 31, 229, 240f.; 78, 58, 71; 83, 201, 208; 89, 1, 6; *Rozek*, Eigentumsbindung und Enteignung (1998), S. 43f.; *Wieland*, in: Dreier, GG, Bd. 1 (1996), Art. 14 Rn. 38.

[322] *H.A. Wolff*, NJW 1997, 98, 100.

[323] *Waschull*, Das Unternehmen (1999), S. 89; s. auch BFHE 98, 282, 284 (zum „know-how"); 119, 410, 411 (zur ungeschützten Erfindung).

[324] BVerfGE 4, 7, 17; 75, 108, 154; 95, 267, 300; *Bryde*, in: von Münch/Kunig, GG, Bd. 1 (2000), Art. 14 Rn. 23.

[325] BVerfGE 24, 367, 396; 79, 29, 40; *Depenheuer*, in: von Mangoldt/Klein/Starck, GG, Bd. 1 (1999), Art. 14 Rn. 164.

[326] S. auch §§ 203 StGB, 404 AktG.

[327] S. dazu *Blomeyer*, in: Münchener Handbuch zum Arbeitsrecht, Bd. 1 (2000), § 53 Rn. 55ff. m.w.N.; s. auch § 90 HGB.

[328] S. RGZ 163, 1, 5.

[329] S. BGHZ 17, 41, 50f.; s. auch BFHE 98, 282, 284.

[330] Die Einwilligung des Betriebsinhabers schließt eine Strafbarkeit nach § 17 UWG aus, s. *Diemer*, in: Erbs/Kohlhaas, § 17 UWG Rn. 20.

[331] *Breuer*, NVwZ 1986, 171, 174; *Bullinger*, NJW 1978, 2173, 2178; *M. Schröder*, UPR 1985, 394, 397.

Zuweisungsgehalt fehle: Der Inhaber eines Geschäftsgeheimnisses könne einem Dritten, der die gleichen Kenntnisse durch eigene Leistung erworben hat, deren Nutzung nicht verbieten.[332] Das BVerfG hat jedoch eine patentfähige Erfindung vor der Patenterteilung als von Art. 14 GG geschützt angesehen, weil sie – wenngleich noch nicht Gegenstand eines ausschließlichen Rechts – bereits durch gesetzlich normierte Schutzansprüche des Erfinders geschützt ist und Gegenstand von Rechtsgeschäften sein kann.[333] Dementsprechend wird eine Ausschließlichkeit der Eigentumsposition in einem absoluten Sinne auch an anderer Stelle nicht gefordert; Art. 14 GG schützt vielmehr auch relative Rechte, wie z.b. einen Anspruch des Verkäufers gegen den Käufer auf Zahlung des Kaufpreises.[334] Dass der Gegenstand des Geschäftsgeheimnisses dem Inhaber nicht wie eine Sache zur ausschließlichen Nutzung zugewiesen ist, hindert also die Eigentumsqualität eines daran bestehenden Rechtes auf Geheimhaltung ebensowenig, wie mehrere Kaufverträge über dieselbe Sache es ausschließen, die vertraglichen Ansprüche der Käufer (§ 433 I S. 1 BGB) in den Schutzbereich des Art. 14 GG einzubeziehen. Maßgeblich ist allein, dass sich der Vermögenswert durch normative Ausgestaltung zu einer Rechtsposition verdichtet hat (s.o.). Betriebs- und Geschäftsgeheimnisse werden daher von Art. 14 GG geschützt.[335] Auch juristische Personen können sich auf die Eigentumsgarantie berufen (Art. 19 III GG).[336]

Damit stellt sich die Frage, ob mit einem staatlichen Zugriff auf diese Geheimnisse ein Eingriff in das Grundrecht auf Eigentum liegt. Wie die gewerblichen Schutzrechte hat das Betriebs- und Geschäftsgeheimnis ein persönlichkeitsrechtliches und ein vermögensrechtliches Fundament.[337] Ein Eingriff in die Eigentumsgarantie liegt nur vor, soweit die rechtlich geschützte Vermögensposition betroffen ist.[338]

---

[332] *H.A. Wolff*, NJW 1997, 98, 99f.

[333] BVerfGE 36, 281, 290f.

[334] BVerfGE 45, 142, 179; s. auch BVerfGE 89, 1, 8 (zu den vertraglichen Ansprüchen des Vermieters); allgemein zur Einbeziehung obligatorischer Rechte: *Papier*, in: Maunz/Dürig, Art. 14 Rn. 201; *Rozek*, Eigentumsbindung und Enteignung (1998), S. 47.

[335] *Breuer*, NVwZ 1986, 171, 174; *Bullinger*, NJW 1978, 2173, 2178; *Cosack/Tomerius*, NVwZ 1993, 841, 843; *Denninger*, GRUR 1984, 627, 633; *Eilers*, Das Steuergeheimnis (1987), S. 31; *Fluck*, NVwZ 1994, 1048, 1054; *Papier*, in: Maunz/Dürig, GG, Art. 14 Rn. 99; *M. Schröder*, UPR 1985, 394, 397; s. auch *Jarass*, in: Jarass/Pieroth, GG (2002), Art. 14 Rn. 19; a.A. *H.A. Wolff*, NJW 1997, 98, 100.
Die Frage, ob das Recht am eingerichteten und ausgeübten Gewerbebetrieb vom Schutzbereich des Art. 14 GG erfasst werden und Betriebs- und Geschäftsgeheimnisse als Teilgehalt dieses Rechtes geschützt werden – so z.B. *Eilers*, Das Steuergeheimnis, 1987, S. 29, 31 –, kann daher offen bleiben, s. für einen Schutz nach Art. 14 GG: *Rozek*, Eigentumsbindung und Enteignung (1998), S. 47ff. m.w.N. Das BVerfG hat diese Frage offen gelassen, s. zuletzt BVerfGE 96, 375, 397.

[336] BVerfGE 4, 7, 17; 23, 208, 223; 53, 336, 345.

[337] Zum betriebsbezogenen Datenschutz: *Depenheuer*, in: von Mangoldt/Klein/Starck, GG, Bd. 1 (1999), Art. 14 Rn. 137; zu den Immaterialgüterrechten: *Bryde*, in: von Münch/Kunig, GG, Bd. 1 (2000), Art. 14 Rn. 109; *Depenheuer*, in: von Mangoldt/Klein/Starck, GG, Bd. 1 (1999), Art. 14 Rn. 151; *Wieland*, in: Dreier, GG, Bd. 1 (1996), Art. 14 Rn. 51; zu den ideellen und kommerziellen Elementen des Persönlichkeitsrechts: *Götting*, Persönlichkeitsrechte (1995), S. 139, 275f.; s. auch BGH, GRUR 1981, 846, 847 („Recht auf geistige und wirtschaftliche Selbstbestimmung").

[338] S. *Eschenbach*, Schutz des Eigentums (1996), S. 632: Eingriff als verkehrswertsenkende oder

II. Informationsverarbeitung und Grundrechte

So wird bei der Frage, ob in der Verwendung von Zulassungsunterlagen des Erstanmelders im Rahmen einer Zweitanmeldung durch Dritte ein Eingriff in das Betriebsgeheimnis des Erstanmelders liegt, darauf abgestellt, ob dessen Vermögenswert berührt wird.[339] Der staatliche Zugriff auf Geschäfts- und Betriebsgeheimnisse zur Gefahrenabwehr oder zur Strafverfolgung mindert deren Vermögenswert nicht, solange die Informationen nur zu diesen Zwecken verwendet und nicht an Dritte weitergegeben werden.[340] Indem der Kreis der Geheimnisträger erweitert wird, wird das Risiko einer Geheimnisentwertung durch unbefugte Offenbarung erhöht. Die Schaffung oder Erhöhung einer solchen Gefahr bereits als Grundrechtseingriff anzusehen[341], ist jedoch nicht geboten, da dem Grundrechtsträger prozessuale Möglichkeiten zur Verfügung stehen, sich gegen drohende Grundrechtsverletzungen zu wehren. Gegenüber Gefahren von Seiten Privater besteht eine grundrechtliche Schutzpflicht[342], welcher der Staat genügt, indem er der Gefahr einer Offenbarung des Geschäftsgeheimnisses durch Geheimhaltungsvorschriften begegnet.[343] Solange die offenbarten Informationen nur zu präventiven oder repressiven Zwecken verwendet und nicht an Dritte weitergegeben werden, insbesondere der Informationsvorsprung des Unternehmers gegenüber der Konkurrenz erhalten bleibt, liegt nach alledem kein Eingriff in das Grundrecht auf Eigentum vor.[344] Das einschlägige informationelle Abwehrrecht ist das allgemeine Persönlichkeitsrecht.[345] Unter dieses Grundrecht fallen insbesondere Daten, die zu einer negativen Bewertung des Unternehmens an der Börse oder in der Öffentlichkeit führen könnten.[346] Ein Eingriff in das Grundrecht auf Eigentum ist hingegen zu bejahen, wenn das Betriebs- oder Geschäftsgeheimnis veröffentlicht wird und der Unternehmer mit dem Informationsvorsprung den in dem Geheimnis verkörper-

---

verwertungshindernde staatliche Maßnahme, die es ausschließt, dass der Berechtigte den mit dem Gut verbundenen Freiraum im Wirtschaftsverkehr ausschöpft.

[339] Während das VG Braunschweig (NJW 1985, 83, 85) einen Grundrechtseingriff verneint, weil die Benutzung nur als Reflex auf die Vermögensposition des Erstanmelders ausstrahle, wird im Schrifttum ein solcher Eingriff mit der Begründung bejaht, dass der Zweitanmelder von diesen Erkenntnissen profitiere und der Marktvorsprung des Erstanmelders nivelliert werde, s. *Papier*, NJW 1985, 12, 13; s. auch *Bullinger*, NJW 1978, 2173, 2178; *Fischer*, DVBl 2003, 777, 780.

[340] Dass sich die Verwertung der Unterlagen des Erstanmelders zugunsten des Zweitanmelders auswirkt, bedeutet noch nicht, dass dem Zweitanmelder damit eine wirtschaftliche Verwertung eines fremden Betriebsgeheimnisses ermöglicht wird, denn das Anmeldeverfahren wird im öffentlichen Interesse betrieben; s. auch zum Ausschluss eines entsprechenden bereicherungsrechtlichen Anspruches des Erstanmelders: LG Köln, NJW 1985, 2652f.

[341] So *Bullinger*, NJW 1978, 2173, 2178.

[342] S. dazu *Isensee*, in: HStR, Bd. V (2000), § 111 Rn. 86ff., 93, 97.

[343] § 30 VwVfG; s. auch §§ 30 AO, 9 KWG.

[344] S. auch VGH Mannheim, NVwZ 1991, 1009, 1011; *Albers*, in: Haratsch/Kugelmann/Repkewitz, Informationsgesellschaft (1996), S.113, 138; a.A. *Eilers*, Das Steuergeheimnis (1987), S.33; *M. Schröder*, UPR 1985, 394, 401 (letzterer auf der Basis der Annahme, dass der Schutz durch das Recht auf informationelle Selbstbestimmung nicht eingreift).

[345] S.o. S. 72, 77f.; vgl. auch *Winter/Wagenknecht*, DVBl 2003, 10, 17.

[346] Für einen Schutz dieser Daten auch *Fluck*, NVwZ 1994, 1048, 1054, der allerdings für wirtschaftsbezogene Daten allein Art. 14 GG für maßgeblich hält.

ten Vermögenswert verliert.³⁴⁷ Dies ist jedoch in der Regel weder im Verwaltungsverfahren noch im Strafverfahren zu befürchten. Das Gericht kann gegebenenfalls die Öffentlichkeit ausschließen (§ 172 Nr. 2 GVG). Der verfassungsrechtliche Schutz von Betriebs- und Geschäftsgeheimnissen nach Art. 14 GG begründet daher im Rahmen dieser Untersuchung ebenfalls kein informationelles Abwehrrecht.

e) Die Berufsfreiheit (Art. 12 GG)

Schutz vor staatlicher Kenntnisnahme von Betriebs- und Geschäftsgeheimnissen könnte neben Art. 14 GG auch die Berufsfreiheit (Art. 12 GG) verleihen. Auch hier stellt sich die Frage nach dem Eingriffscharakter informationsverarbeitender Maßnahmen. Mit der Freiheit von Wahl und Ausübung eines Berufes könnte der Einzelne zugleich vor der staatlichen Erhebung und Verarbeitung von Daten über die berufliche Tätigkeit geschützt sein.³⁴⁸ Die Handlungsfreiheiten haben indessen keine unmittelbar informationelle Dimension. Vor staatlicher Informationserhebung als solcher wird der Einzelne durch das einzelne Grundrecht nicht geschützt, sondern nur insofern, als deren Auswirkungen ihn in der Ausübung dieses Rechts beschränken.³⁴⁹ Gegen einen auf diese Weise begründeten informationsrechtlichen Schutz durch das jeweilige Grundrecht spricht, dass der Gegenstand der Informationserhebung (Beruf) nicht notwendigerweise mit dem Wirkungsbereich der Verarbeitung dieser Information (Berufsfreiheit) übereinstimmt. Wird die Meinungsäußerung oder die Teilnahme an einer Versammlung gespeichert und weiterverarbeitet, so kann dies den Einzelnen nicht nur davon abhalten, eine bestimmte Meinung zu äußern oder an einer Versammlung teilzunehmen, sondern ihn möglicherweise auch in seiner Berufsfreiheit beeinträchtigen. Der Einzelne bedarf auch und gerade vor der inkonnexen Verwendung personenbezogener Daten verfassungsrechtlichen Schutzes.³⁵⁰ Gerade weil sich Auswirkungen der Datenverarbeitung auf die Ausübung eines bestimmten Grundrechtes in vielen Fällen nicht nachweisen lassen, stellt das Recht auf informationelle Selbstbestimmung auf das Gefahrenpotential in Bezug auf die Ausübung von Grundrechten schlechthin ab.³⁵¹ Der Grundrechtsschutz gegen staatliche Informationseingriffe vollzieht sich also auf zwei Ebenen: Das Recht auf informationelle Selbstbestimmung gewährleistet einen all-

---

³⁴⁷ *Cosack/Tomerius*, NVwZ 1993, 841, 843; *Eilers*, Das Steuergeheimnis (1987), S. 32f.; *Erichsen*, NVwZ 1992, 409, 416; s. auch BVerfGE 36, 281, 292; vgl. ferner *Höppner*, DVBl 1969, 723, 725 („Enteignung durch bloße Information").
³⁴⁸ So *Scholz/Pitschas*, Informationelle Selbstbestimmung (1984), S. 95; s. auch *Cosack/Tomerius*, NVwZ 1993, 841, 843.
³⁴⁹ S. zur Versammlungsfreiheit (Art. 8 GG): BVerfGE 69, 315, 349; *Bäumler*, AöR 110 (1985), 30, 32, 45f.; *Gusy*, in: von Mangoldt/Klein/Starck, GG, Bd. 1 (1999), Art. 8 Rn. 44; *Schulze-Fielitz*, in: Dreier, GG, Bd. 1 (1996), Art. 8 Rn. 35.
³⁵⁰ S. BVerfGE 65, 1, 43.
³⁵¹ *Bleckmann*, Staatsrecht II (1997), § 21 Rn. 79, 81; s. auch *Schmitt Glaeser*, in: HStR, Bd. VI (2001), § 129 Rn. 86.

II. Informationsverarbeitung und Grundrechte

gemeinen Schutz vor den beschriebenen Freiheitsgefahren, das spezielle Grundrecht schützt punktuell vor den nachweislichen Auswirkungen und Beeinträchtigungen der jeweils einschlägigen Freiheit.[352] Aus diesem Grund ist das allgemeine Persönlichkeitsrecht das einschlägige Grundrecht, das den Einzelnen vor einer umfassenden Erhebung seiner persönlichen Daten aus allen Lebensbereichen schützt.

Die Erhebung geschäftlicher oder betrieblicher Informationen greift daher nicht als solche in die Berufsfreiheit ein. Die Informationsverarbeitung kann sich allerdings aufgrund ihrer mittelbaren Auswirkungen als Eingriff in die Berufsfreiheit – auch juristischer Personen (Art. 19 III GG)[353] – darstellen. Da die Wettbewerbsfreiheit prinzipieller Bestandteil der Berufsfreiheit ist[354], schützt Art. 12 GG den Unternehmer auch vor Maßnahmen, die den Wettbewerb beeinflussen und so die Ausübung der Berufsfreiheit behindern.[355] Dies ist bei einer finalen und grundrechtsspezifischen Veränderung der Markt- und Erwerbsbedingungen anzunehmen.[356] Des weiteren kann eine Verletzung der Berufsfreiheit darin gesehen werden, dass ein Betriebs- und Geschäftsgeheimnis des Erstanmelders im Rahmen einer Zweitanmeldung eines anderen Unternehmens verwertet wird.[357] Die Veröffentlichung von Betriebs- und Geschäftsgeheimnissen kann aber auch auf andere Weise die Wettbewerbsposition des Unternehmens beeinträchtigen und insoweit in Art. 12 GG eingreifen.[358] Der Eingriffscharakter staatlicher Informationsverarbeitung ist jedoch zu verneinen, sofern die erhobenen Informationen allein zur Gefahrenabwehr oder zur Strafverfolgung verwertet werden und eine Weitergabe an Dritte nicht stattfindet. Insoweit gelten sinngemäß die Ausführungen zu Art. 14 GG. Art. 12 GG ist daher ebenfalls nicht als informationelles Abwehrrecht zu berücksichtigen.

3. Die berufsbezogenen Vertrauensverhältnisse als Verbindungen von Grundrecht und Verfahrensgarantie

Der staatlichen Ausforschung der Privatsphäre sind auch Grenzen gesetzt, soweit der Einzelne zu anderen Personen ein besonderes Vertrauensverhältnis hat. Derartige Vertrauensverhältnisse erfahren zum Teil durch spezielle Grundrechte besonderen verfassungsrechtlichen Schutz, wie das Verhältnis zwischen Ehegatten oder

---

[352] *Albers*, in: Haratsch/Kugelmann/Repkewitz, Informationsgesellschaft (1996), S. 113, 128, 137f.
[353] BVerfGE 23, 208, 223; 53, 1, 13; 65, 196, 209f.
[354] *Scholz*, in: Maunz/Dürig, GG, Art. 12 Rn. 79, 136, 385.
[355] S. BVerfGE 86, 28, 37; *Wieland*, in: Dreier, GG, Bd. 1 (1996), Art. 12 Rn. 82.
[356] BVerwGE 71, 183, 190, 194 (Veröffentlichung von Arzneimitteltransparentlisten); s. auch BVerwGE 87, 37, 42ff.
[357] So *Denninger*, GRUR 1984, 627, 636; *Papier*, NJW 1985, 12, 17; s. dagegen VG Braunschweig, NJW 1985, 83, 84.
[358] *Breuer*, in: HStR, Bd VI (1989), § 148 Rn. 26; *Eilers*, Das Steuergeheimnis (1987), S. 36f.

88 B. Grundlagen: Verfahren und Grundrechte als Rahmen der Informationsverarbeitung

Familienangehörigen (Art. 6 I GG)³⁵⁹ oder das Beichtgeheimnis (Art. 4 I, II GG)³⁶⁰. Die folgenden Ausführungen beschränken sich auf die im Rahmen der Wirtschaftsaufsicht bzw. der Verfolgung von Wirtschaftskriminalität relevanten berufsbedingten Vertrauensverhältnisse.

a) Die betroffenen (Grund-)Rechte³⁶¹

An der Vertrauensbeziehung zu einem Berufsgeheimnisträger ist in erster Linie das Interesse des Auftraggebers an Geheimhaltung der offenbarten Informationen geschützt. Grundlage dieses verfassungsrechtlichen Schutzes ist das allgemeine Persönlichkeitsrecht (Art. 2 I i.V.m. Art. 1 I GG).³⁶² Soweit die Tätigkeit auf die Interessenwahrung in staatlichen Verfahren gerichtet ist, verleiht möglicherweise das Rechtsstaatsprinzip ergänzenden Schutz. Da der Informationseingriff bei dem Berufsgeheimnisträger erfolgt, sind aber nicht nur die Rechte des sich Anvertrauenden, sondern auch die Grundrechte desjenigen berührt, zu dem das jeweilige Vertrauensverhältnis besteht. Neben dessen Berufsfreiheit (Art. 12 GG) kommt als Abwehrgrundrecht auch die negative Meinungsfreiheit (Art. 5 I S. 1 GG) in Frage.

(1) Die Rechtsposition des sich Anvertrauenden

(a) Das allgemeine Persönlichkeitsrecht (Art. 2 I i.V.m. Art. 1 I GG)

Das allgemeine Persönlichkeitsrecht (Art. 2 I i.V.m. Art. 1 I GG) schützt den Auftraggeber davor, dass sich der Staat bei einem Berufsgeheimnisträger Informationen verschafft, die der Auftraggeber diesem zuvor anvertraut hat.³⁶³ Als einschlägiger Teilgehalt des allgemeinen Persönlichkeitsrechts wird zum Teil das Recht auf informationelle Selbstbestimmung herangezogen.³⁶⁴ Ein solcher Schutz wäre je-

---

³⁵⁹ *Hufen*, in: FS 50 Jahre BVerfG (2001), S. 105, 108; *Jarass*, in: Jarass/Pieroth, GG (2002), Art. 2 Rn. 37; *Starck*, in: von Mangoldt/Klein/Starck, GG, Bd. 1 (1999), Art. 2 I Rn. 101. Das BVerfG hat zunächst allein das allgemeine Persönlichkeitsrecht als Prüfungsmaßstab herangezogen (BVerfGE 27, 344, 351f.; 34, 205, 208f. – Ehescheidungsakten), inzwischen geht es aber davon aus, dass der allgemeine Privatsphärenschutz durch Art. 6 GG verstärkt wird (BVerfGE 57, 170, 178; s. ferner BVerfGE 60, 329, 339).
³⁶⁰ Bericht des Rechtsausschusses des Bundestages zur Änderung des Art. 13 GG, BT-Drucks. 13/9660, S. 4; LVerfG Sachsen, LKV 1996, 273, 285; *Rupp*, in: Verhandlungen zum 46. DJT (1966), Bd. I, Teil 3 A, S. 165, 199; *Würtenberger/Schenke*, JZ 1999, 548, 549.
³⁶¹ Neben den Grundrechten des sich Anvertrauenden und des Berufsgeheimnisträgers besteht auch ein öffentliches Interesse an der Wahrung des Geheimnisses, da die jeweilige berufliche Tätigkeit nur unter dieser Voraussetzung ihre soziale Funktion (Rechtspflege, Gesundheitswesen) erfüllen kann, s.u. S. 92 m.w.N.
³⁶² Der verfassungsrechtliche Schutz von Betriebs- und Geschäftsgeheimnissen nach Art. 12, 14 GG bleibt außer Betracht, s. dazu o. unter S. 82ff., 86f.
³⁶³ BVerfGE 32, 373, 378f. (zum Arzt); 33, 367, 376 (zum Sozialarbeiter); 44, 353, 372f.; NJW 1988, 2945; StV 1998, 355 (zur Suchtberatung); *Amelung*, Informationsbeherrschungsrechte (1990), S. 36; *Rengier*, Zeugnisverweigerungsrechte (1979), S. 15; *Schmitt*, Zwangsmaßnahmen (1993), S. 122 m.w.N.; s. zuletzt LG Köln, NJW 2002, 909, 910 (Betreuer einer „Babyklappe").
³⁶⁴ BGH, NJW 1993, 1638, 1639; KG, NJW 1992, 2771; LG Hamburg, NJW 1992, 842, 843;

II. Informationsverarbeitung und Grundrechte

doch zu unspezifisch, da der Geheimnisträger nicht nur auf die Person des Auftraggebers bezogene Daten erhebt und verarbeitet.[365] Primäres Kriterium für die Schutzwürdigkeit des Geheimnisses ist vielmehr das dem Berufsgeheimnisträger entgegengebrachte Vertrauen.[366] Gegenstand der persönlichkeitrechtlichen Gewährleistung ist dieses Vertrauensverhältnis.

Es gehört zu den unabweisbaren Bedürfnissen des Einzelnen, zur Bewältigung seiner Probleme die Dienste bestimmter Heil- und Beratungsberufe in Anspruch zu nehmen.[367] Der Erfolg der Hilfe und Beratung hängt davon ab, dass der Einzelne sich frei, offen und rückhaltlos anvertrauen kann, ohne befürchten zu müssen, dass diese Informationen anderen Personen offenbart werden.[368] Die Umstände, die ihn dazu veranlassen, fremde Hilfe zu suchen, begründen einen mittelbaren Zwang zur Kommunikation, der das Interesse an der Vertraulichkeit der mitgeteilten Informationen – gegenüber freiwilligen Auskünften – als besonders schutzwürdig erscheinen lässt. Hinzu kommt, dass in dem Gespräch mit dem Berufsgeheimnisträger häufig Dinge zur Sprache kommen, die privater, wenn nicht sogar höchstpersönlicher Natur sind.[369] Ein solches Beratungsgespräch steht aufgrund seines Gegenstandes unter dem verfassungsrechtlichen Schutz des allgemeinen Persönlichkeitsrechts.[370]

Das Berufsgeheimnis ist andererseits unabhängig vom konkreten Inhalt des Beratungsgespräches geschützt.[371] Wie bei dem Fernmelde-, Brief- und Postgeheimnis und der Unverletzlichkeit der Wohnung ist der Privatsphärenschutz – wenn auch nicht in einem speziellen Grundrecht – formalisiert.[372] Die Beratungs- und Heilberufe sind dadurch gekennzeichnet, dass ihre Ausübung häufiger und stärker

---

[365] *Sandkühler*, in: Arndt/Lerch/Sandkühler, BNotO (2003), § 18 Rn. 6; s. ferner *Baier*, Strafprozessuale Zeugnisverweigerungsrechte (1996), S. 69ff., nach dem allerdings auch das Recht auf informationelle Selbstbestimmung des Berufsgeheimnisträgers berührt ist, da er sich mit einer Aussage „selbst als Arzt oder Anwalt etc. eines Kriminellen offenbaren" müsse (aaO, S. 71). Dies ist insofern richtig, als das Bestehen eines Mandates sich auch auf den Rechtsanwalt bezieht und insofern ein personenbezogenes Datum darstellt. Dessen Schutz ist jedoch insofern nachrangig, als diese Information (Mandatierung) nichts anderes aussagt, als dass der Rechtsanwalt seinem Beruf nachgeht, zu dem auch die Verteidigung eines Beschuldigten gehören kann. Auch daran zeigt sich, dass es bei den berufsbedingten Vertrauensverhältnissen um mehr geht als um einen Eingriff in das Recht auf informationelle Selbstbestimmung, s. dazu sogleich im Text.
[365] *Rüpke*, Freie Advokatur (1995), S. 128 (zum Rechtsanwalt).
[366] *Rüpke*, Freie Advokatur (1995), S. 131 (zum Rechtsanwalt).
[367] BVerfGE 33, 367, 377; zum Rechtsanwalt: *Hermanns*, AnwBl 1980, 326; *Rengier*, Zeugnisverweigerungsrechte (1979), S. 16.
[368] BVerfGE 38, 312, 323; *Janssen*, Beschlagnahme (1995), S. 202f.
[369] BVerfGE 32, 373, 380 (zum Arztgeheimnis).
[370] OLG Koblenz, NJW 1985, 2038, 2040; DNotZ 1986, 423, 425; *Rengier*, Zeugnisverweigerungsrechte (1979), S. 14; *Rüpke*, Freie Advokatur (1995), S. 132. Diese Voraussetzung wurde bei einer beruflichen Tätigkeit als Tierarzt verneint, s. BVerfGE 38, 312, 320.
[371] Der Schutzbereich umfasst insbesondere auch geschäftliche Informationen, s. *Rüpke*, Freie Advokatur (1995), S. 133f.; s. auch OLG Koblenz, NJW 1985, 2038, 2040; DNotZ 1986, 423, 425; KG, NJW 1994, 462, 463.
[372] Vgl. *Rupp*, in: Verhandlungen des 46. DJT (1966), Bd. I, Teil 3 A, S. 165, 199 (zum Beichtgeheimnis und Art. 4 GG).

als andere berufliche Tätigkeiten Bereiche berührt, in denen schutzwürdige Geheimhaltungsinteressen des Einzelnen Beachtung verlangen.[373] Ein solches Interesse besteht in erster Linie in Bezug auf die Privatsphäre i.e.S. Zwar fallen auch Informationen über die wirtschaftlichen Verhältnisse des Einzelnen in den Schutzbereich des allgemeinen Persönlichkeitsrechts.[374] Besonderen Schutz nach Maßgabe dieses Grundrechts verdienen gleichwohl Vertrauensverhältnisse, in denen typischerweise – zumindest auch – persönliche Umstände und nicht ausschließlich wirtschaftliche Angelegenheiten offenbart werden.[375]

Anknüpfungspunkt des von dem konkreten Inhalt des Beratungsgespräches abstrahierten Schutzes ist das mit dem jeweiligen Berufsbild verbundene Vertrauensverhältnis.[376] Dieses muss sich zu einer Institution verfestigt haben, die auf der Seite des Berufsgeheimnisträgers in einem Berufsbild zum Ausdruck kommt, das durch eine ausschließlich „fremdbezogene", altruistische Tätigkeit (Hilfe bzw. Beratung)[377] und einer darauf beruhenden Erwartung von Vertraulichkeit[378] geprägt ist. Eine solche Erwartungshaltung kann unter anderem auf der unabhängigen und eigenverantwortlichen Stellung des Berufsgeheimnisträgers beruhen.[379]

Verfassungsrechtlich geschützt ist in erster Linie die natürliche Person, die sich einem Berufsgeheimnisträger anvertraut. Auf inländische juristische Personen ist das allgemeine Persönlichkeitsrecht nur mit Einschränkungen anwendbar. Zwar ist es ausgeschlossen, dass eine juristische Person einem Berufsgeheimnisträger höchstpersönliche oder sogar intime Tatsachen offenbart, aber auch sie hat möglicherweise ein berechtigtes Interesse an Vertraulichkeit. So gilt das allgemeine Persönlichkeitsrecht für juristische Personen, sofern deren Name oder Reputation betroffen sind.[380] Dass auch die „Ehre" der juristischen Person verfassungsrechtlich geschützt ist, lässt sich auch damit begründen, dass Ehre Voraussetzung von Kom-

---

[373] BVerfGE 38, 312, 323.
[374] BVerfGE 36, 281, 297; zum Recht auf informationelle Selbstbestimmung s.o. S. 71 ff.
[375] Missverständlich insofern BVerfGE 38, 312, 320. Dort wird ein verfassungsrechtlicher Schutz eines wirtschaftlichen Interesses an Geheimhaltung verneint und dem unantastbaren Bereich der Privatsphäre der Bereich der gewerblichen Betätigung gegenübergestellt. Die nachfolgenden Ausführungen (aaO, 320f.) sprechen allerdings dafür, dass das BVerfG die Informationen zur gewerblichen Betätigung dem Abwägungsbereich des allgemeinen Persönlichkeitsrechts zuordnet – und in diesem Rahmen von einem verfassungsrechtlichen Schutz ausgeht; s. auch BVerfGE 68, 226, 231 f.
[376] S. BVerfG, NJW 1988, 2945: Dort wird ein solchermaßen typisierter Schutz für die Tätigkeit als Drogenberater verneint. Darüber hinaus ist ein einheitliches Berufsbild nicht erforderlich, s. die insoweit berechtigte Kritik bei *Baier*, Strafprozessuale Zeugnisverweigerungsrechte (1996), S. 82 f.
[377] *Rengier*, Zeugnisverweigerungsrechte (1979), S. 17, 22.
[378] *Rüpke*, Freie Advokatur (1995), S. 132 (zum Rechtsanwalt); s. dagegen BVerfGE 33, 367, 379, 380 (Sozialarbeiter); NJW 1979, 1226 (Betriebsrat).
[379] Zu diesem Kriterium: BVerfGE 33, 367, 381; s. ferner *Görtz-Leible*, Die Beschlagnahmeverbote (2000), S. 103; *Rengier*, Zeugnisverweigerungsrechte (1979), S. 16 f.; *Rüpke*, Freie Advokatur (1995), S. 133.
[380] *Huber*, in: von Mangoldt/Klein/Starck, GG, Bd. 1 (1999), Art. 19 Rn. 333; *Pieroth/Schlink*, Grundrechte (2003), Rn. 151; *Rüfner*, in: FS 50 Jahre BVerfG (2001), S. 55, 64 (Fußn. 55); *Stern*, Staatsrecht III/1 (1988), S. 1228; zum Namensrecht: BGHZ 81, 75, 78; GRUR 1981, 846, 847; zum Ehrschutz: BGHZ 78, 274, 278 f.; BVerwGE 82, 76, 78.

II. Informationsverarbeitung und Grundrechte 91

munikation ist[381] und mit der Meinungsfreiheit juristischer Personen[382] auch der verfassungsrechtliche Schutz der Voraussetzung zur Ausübung dieser Freiheit seinem Wesen nach auf die juristische Person anwendbar ist. Soweit ein Vertrauensverhältnis typischerweise einen Gegenstand hat, an dessen Geheimhaltung auch eine juristische Person ein berechtigtes Interesse haben kann, gilt der verfassungsrechtliche Schutz auch für diese. Dies ist bei den rechts- und wirtschaftsberatenden Berufen zu bejahen[383]; ein Arztgeheimnis für juristische Personen gibt es hingegen nicht.

Eingriffe in das allgemeine Persönlichkeitsrecht bedürfen einer gesetzlichen Grundlage (s. Art. 2 I GG).[384] Darin sind die zu beschränkenden Vertrauensverhältnisse sowie die Voraussetzungen und die Grenzen eines Eingriffs festzulegen.[385] In jedem Fall unzulässig ist ein Eingriff in den innersten Kernbereich des allgemeinen Persönlichkeitsrechts.[386] Das dem Berufsgeheimnisträger Anvertraute ist nicht bereits als solches Teil dieses abwägungsfesten Kernbereichs, sondern nur, wenn das Geheimhaltungsinteresse im konkreten Einzelfall besonderen verfassungsrechtlichen Schutz verdient.[387] Die abstrakt garantierte Vertraulichkeit ist hingegen dem relativen Schutzbereich des allgemeinen Persönlichkeitsrechts zuzuordnen. Dort sind Eingriffe in das allgemeine Persönlichkeitsrecht zulässig, sofern diese im überwiegenden Interesse der Allgemeinheit und unter strikter Wahrung des Verhältnismäßigkeitsprinzips erfolgen.[388] Sowohl das öffentliche Interesse an einer effektiven Strafrechtspflege[389] als auch die Abwehr von Gefahren für kollektive wie individuelle Rechtsgüter[390] sind prinzipiell[391] geeignet, eine Beschränkung des Berufsgeheimnisses verfassungsrechtlich zu rechtfertigen.

Die Maßnahme muss geeignet und erforderlich sein, dem zur Rechtfertigung des Grundrechtseingriffs benannten Gemeinwohlinteresse mit Hilfe der erlangten Er-

---

[381] S. dazu *Amelung*, Die Ehre (2002), S. 26f., 43f.; zur juristischen Person, aaO, S. 53ff.
[382] S. BVerfGE 20, 162, 171; 66, 116, 130; 80, 124, 131.
[383] Vgl. *Degenhart*, JuS 1992, 361, 368: Das allgemeine Persönlichkeitsrecht der juristischen Personen ist „schwerpunktmäßig" auf den wirtschaftlichen Bereich ausgerichtet.
[384] BVerfGE 65, 1, 44; 78, 77, 85; 79, 256, 269; 92, 191, 197; *Dreier*, in: ders., GG, Bd. 1 (1996), Art. 2 I Rn. 59; *Kunig*, in: von Münch/Kunig, GG, Bd. 1 (2000), Art. 2 Rn. 42; *Starck*, in: von Mangoldt/Klein/Starck, GG, Bd. 1 (1999), Art. 2 I Rn. 21.
[385] LVerfG Sachsen, LKV 1996, 273, 285.
[386] BVerfGE 27, 1, 6; 32, 373, 379; 38, 312, 320; 57, 170, 178; 80, 367, 373; 90, 255, 260; *Kunig*, in: von Münch/Kunig, GG, Bd. 1 (2000), Art. 2 Rn. 43.
[387] Dies wird zum Teil in Bezug auf den Inhalt eines Testamentes angenommen, s. *Amelung*, DNotZ 1984, 195, 213. Die Rechtsprechung hält hingegen eine Beschlagnahme eines Testamentes beim Notar für zulässig, s. BVerfG, Beschl. v. 19. 8. 1983, 2 BvR 1281/83, Nds. Rpfl. 1984, 47; Beschl. vom 29. 1. 1998, 2 BvR 1922/97; LG Hildesheim, Beschl. v. 29. 7. 1983, 24 Qs 1/83, Nds. Rpfl. 1984, 46f.; LG Freiburg, wistra 1998, 35, 36.
[388] BVerfGE 32, 373, 379; 38, 105, 115f.
[389] *Moosburger*, wistra 1989, 252, 253.
[390] LVerfG Sachsen, LKV 1996, 273, 285; *Würtenberger/Schenke*, JZ 1999, 548, 554; zum Arztgeheimnis: BVerfGE 32, 373, 380f.
[391] Eine generelle Rechtfertigung von Informationseingriffen zur Strafverfolgung ist gleichwohl ausgeschlossen, s. BVerfGE 32, 373, 381; 44, 353, 379f.

kenntnisse zu dienen. Eingriffe in Vertrauensverhältnisse können daher nur dann gerechtfertigt werden, wenn keine milderen Mittel zur Informationsgewinnung zur Verfügung stehen.[392] Unter dem Aspekt der Erforderlichkeit ist auch der Hinweis des BVerfG auf die standesrechtliche Kammeraufsicht und Berufsgerichtsbarkeit zu sehen.[393] Zur Abwendung des befürchteten Missbrauchs von Zeugnisverweigerungsrechten ist deren Abschaffung oder Einschränkung nicht erforderlich, wenn ein solcher Missbrauch über die standesrechtliche Aufsicht vermieden werden kann.[394]

Bei der Verhältnismäßigkeit i.e.S. ist zu berücksichtigen, dass das Berufsgeheimnis nicht nur als Grundrechtsposition des Einzelnen geschützt ist, sondern auch ein allgemeines Interesse an dem Vertrauensverhältnis besteht. Die Verschwiegenheit des Anwalts ist Voraussetzung für das ordnungsgemäße Funktionieren der Rechtspflege[395], wie das Arztgeheimnis der Pflege und Förderung der Gesundheit der Bevölkerung dient.[396] Im Rahmen der Verhältnismäßigkeitsprüfung sind daher auf Seiten des allgemeinen Persönlichkeitsrechts auch öffentliche Interessen zu berücksichtigen.[397] Aus diesem Grund sind Eingriffe in solche Vertrauensbeziehungen nur zum Schutz besonders wichtiger Gemeinschaftsgüter, wie Leben, Gesundheit oder Freiheit zulässig.[398] Da von konkreten Gütern Schaden abgewendet werden kann, können zur Gefahrenabwehr schwerere Eingriffe gerechtfertigt werden als zum Zwecke der Strafverfolgung.[399] Die Grenze des verfassungsrechtlich Zulässigen ist erreicht, sofern bei Berufsgeheimnisträgern über das ihnen Anvertraute Informationen erhoben werden, ohne dass der Patient, Mandant, Klient, Auftraggeber etc. an der abzuwendenden Gefahr oder an der verfolgten Straftat beteiligt ist.[400]

---

[392] LVerfG Sachsen, LKV 1996, 273, 285.

[393] BVerfGE 33, 367, 383 f.

[394] Dementsprechend kommt es auf die standesrechtliche Aufsicht nicht mehr an, wenn ein Eingriff in das allgemeine Persönlichkeitsrecht nicht gegeben ist (s. BVerfGE 38, 312, 320, 324 – Tierarzt).
Eine ähnliche Kontrollfunktion hat die öffentlich-rechtliche Anerkennung als Suchtberatungsstelle (s. BVerfGE 44, 353, 379). Um eine notwendige Bedingung für ein Zeugnisverweigerungsrecht handelt es sich daher bei der standesrechtlichen Berufsaufsicht nicht, s. *Baier*, Strafprozessuale Zeugnisverweigerungsrechte (1996), S. 81 (mit Hinweis auf § 53 I Nr. 3 – Hebammen).

[395] BVerfGE 76, 171, 189 f.; *Baier*, Strafprozessuale Zeugnisverweigerungsrechte (1996), S. 75; *Görtz-Leible*, Die Beschlagnahmeverbote (2000), S. 99; *Krämer*, BB 1975, 1225, 1227; *Rengier*, Zeugnisverweigerungsrechte (1979), S. 73.

[396] BVerfGE 32, 373, 380; *Baier*, Strafprozessuale Zeugnisverweigerungsrechte (1996), S. 75; *Henssler*, NJW 1994, 1817, 1819 f.; *Rengier*, Zeugnisverweigerungsrechte (1979), S. 22 f.; s. auch *Würtenberger/Schenke*, JZ 1999, 548, 549, 551 (Eingriff in Art. 2 II S. 1 GG).

[397] *Henssler*, NJW 1994, 1817, 1820; s. auch *Görtz-Leible*, Die Beschlagnahmeverbote (2000), S. 81, die in dieser gesellschaftlichen Schutzfunktion die ratio der Zeugnisverweigerungsrechte sieht.

[398] LVerfG Sachsen, LKV 1996, 273, 285 (allgemein für Vertrauensbeziehungen).

[399] *Würtenberger/Schenke*, JZ 1999, 548, 551, 553.

[400] LVerfG Sachsen, LKV 1996, 273, 285; s. auch BVerfGE 44, 353, 379 f.; s. dagegen noch BVerfGE 30, 1, 33.

Die weitere Verarbeitung der erhobenen Daten, insbesondere die Weitergabe und Verwertung zu anderen Zwecken, ist ein selbständiger Eingriff in das allgemeine Persönlichkeitsrecht.[401] Der Eingriff bedarf daher einer gesetzlichen Grundlage, die Voraussetzungen und Umfang der Informationsverarbeitung hinreichend klar umschreibt und dem Grundsatz der Verhältnismäßigkeit genügt.[402] Bei der Verhältnismäßigkeitsprüfung ist zu berücksichtigen, dass das Vertrauensverhältnis ein Ausschnitt der Privatsphäre ist, der besonderen verfassungsrechtlichen Schutz genießt. Anders als im Verhältnis zu Art. 10 GG wird das Recht auf informationelle Selbstbestimmung zwar nicht durch das speziellere Grundrecht verdrängt[403], denn der Schutz der Vertrauensbeziehung beruht ebenso wie das Recht auf informationelle Selbstbestimmung auf Art. 2 I i.V.m. Art. 1 I GG. Innerhalb des allgemeinen Persönlichkeitsrechts ist der Schutz des Einzelnen vor einer Preisgabe der anvertrauten Informationen und deren weiterer Verarbeitung jedoch in höherem Maße gewährleistet als der vom Recht auf informationelle Selbstbestimmung garantierte „Basisschutz" vor der Erhebung und Verarbeitung personenbezogener Daten.

(b) Das Rechtsstaatsprinzip

Das Interesse an Vertraulichkeit der offenbarten Informationen kann sich nicht allein aus dem allgemeinen Persönlichkeitsrecht, sondern auch aus dem Rechtsstaatsprinzip ergeben. Staatliche Informationseingriffe beim Berufsgeheimnisträger verletzen unter Umständen das Recht des Einzelnen, sich dessen Hilfe bei der Wahrung seiner Interessen in staatlichen Verfahren zu bedienen. Dem Rechtsstaatsprinzip lässt sich ein solches Recht nicht für alle Berufsgeheimnisträger entnehmen; deshalb wird das Rechtsstaatsprinzip im Rahmen der einzelnen Berufsgruppen behandelt.

(2) Die Rechtsposition des Berufsgeheimnisträgers

(a) Die Berufsfreiheit (Art. 12 GG)

Die Erhebung von Informationen über den Auftraggeber bei dem Berufsgeheimnisträger wird als Eingriff in dessen Berufsfreiheit angesehen. Zwischen beruflicher Tätigkeit und dem Schutz vor Informationseingriffen besteht insofern ein Zusammenhang, als der Erfolg der beruflichen Tätigkeit davon abhängt, dass der Auftraggeber sich rückhaltlos anvertrauen und dabei die Geheimhaltung des Anvertrauten erwarten kann.[404] Insofern können sich auch allgemeine Pflichten, wie die Aussagepflicht als Zeuge, als Eingriff in die Berufsfreiheit darstellen.[405]

---

[401] S.o. S.72 die Nachweise zum Recht auf informationelle Selbstbestimmung.
[402] BVerfGE 65, 1, 44; 92, 191, 197; *Dreier*, in: ders., GG, Bd.1 (1996), Art.2 I Rn.59 m.w.N.
[403] S. insoweit BVerfGE 100, 313, 358; *Hermes*, in: Dreier, GG, Bd.1 (1996), Art.10 Rn.82.
[404] BVerfGE 33, 367, 377; LVerfG Sachsen, LKV 1996, 273, 285; *Amelung*, Informationsbeherrschungsrechte (1990), S.36; *Baier*, Strafprozessuale Zeugnisverweigerungsrechte (1996), S.56; *Rengier*, Zeugnisverweigerungsrechte (1979), S.13f.; *Rupp*, in: Verhandlungen zum 46. DJT (1966), Bd.I, Teil 3 A, S.165, 199f.; *Würtenberger/Schenke*, JZ 1999, 548, 552; zum Rechtsanwalt:

Das Grundrecht der Berufsfreiheit steht unter einfachem Gesetzesvorbehalt (s. Art. 12 I S. 2 GG).[406] Die materiellen Anforderungen der verfassungsrechtlichen Rechtfertigung dieses Eingriffs richten sich nach der Drei-Stufen-Theorie des BVerfG, die zwischen Beschränkungen der Berufsausübung, subjektiven und objektiven Berufswahlregelungen unterscheidet.[407] Da die Einschränkung des anwaltlichen Berufsgeheimnisses die Zulassung zum Anwaltsberuf unberührt lässt, wird darin ganz überwiegend eine Regelung der Berufsausübung gesehen.[408] Die freie Berufsausübung kann durch Gesetz oder auf Grund eines Gesetzes eingeschränkt werden, soweit vernünftige Erwägungen des Gemeinwohls es zweckmäßig erscheinen lassen und die Einschränkung verhältnismäßig ist.[409]

Die Berufsfreiheit schützt den Einzelnen nicht vor informationellen Zugriffen des Staates als solchen, sondern vor Maßnahmen, welche die Freiheit der beruflichen Betätigung beeinträchtigen.[410] Die Verarbeitung von Informationen, die durch einen Eingriff in diese Grundrechte erhoben werden, stellt daher als solche keinen weiteren Grundrechtseingriff dar. Nur in Ausnahmefällen sind staatliche Informationsakte aufgrund ihrer Auswirkungen als Eingriff in die Berufsfreiheit anzusehen.[411]

OLG Koblenz, NJW 1985, 2038, 2039; *Henssler*, NJW 1994, 1817, 1819; *Rüpke*, Freie Advokatur (1995), S. 134 ff., 148 ff.; zum Verteidiger: *Mörlein*, Schutz des Vertrauensverhältnisses (1993), S. 46 f.; zum Notar: OLG Koblenz, DNotZ 1986, 423 f.

[405] Zum Rechtsanwalt: *Henssler*, NJW 1994, 1817, 1819. Dies wurde vom BVerfG für die Tätigkeit als Sozialarbeiter (BVerfGE 33, 367, 387) und als Tierarzt (BVerfGE 38, 312, 324 f.) verneint; s. insoweit auch BGH, NJW 1991, 568, 569 (zur Pflicht von Notaren, Mandantendateien anonymisiert beim Datenschutzbeauftragten anzumelden).

[406] Der Gesetzesvorbehalt in Art. 12 I S. 2 GG wird auf das einheitliche Grundrecht der Berufsfreiheit bezogen und umfasst daher neben der freien Berufsausübung auch die freie Berufswahl, s. BVerfGE 7, 377, 402; 84, 133, 148; s. dazu *Wieland*, in: Dreier, GG, Bd. 1 (1996), Art. 12 Rn. 88 f.

[407] BVerGE 7, 377, 405 ff.

[408] BVerfG, wistra 1990, 97; *Henssler*, NJW 1994, 1817, 1820; *Krämer*, BB 1975, 1225, 1227; s. aber *Rüpke*, Freie Advokatur (1995), S. 148 ff.: Der Ausgangspunkt der verfassungsrechtlichen Rechtfertigung ändert sich, wenn das dem Rechtsanwalt Anvertraute nicht nur punktuell dem staatlichen Informationszugriff unterliegt, sondern das Anwaltsgeheimnis in nicht mehr vorhersehbarer Weise durchbrochen werden kann. In einem solchen Fall würde der Gesetzgeber auf das historisch gewachsene Berufsbild einer freien Advokatur zugreifen und den Gesamtcharakter der Berufstätigkeit einschneidend verändern, indem sich der Rechtsanwalt zum potentiellen Kontrolleur seines Mandanten entwickelte. Durch diese vorgegebene Staatsnähe würde der Anwaltsberuf zu einem aliud umgestaltet und für die bisherige Berufstätigkeit entstünde ein objektives Zulassungshindernis (aaO, S. 151 f.). Ein solcher Eingriff auf der dritten Stufe könnte nur zur Abwehr nachweisbarer oder höchstwahrscheinlicher, schwerer Gefahren für ein überragend wichtiges Gemeinschaftsgut gerechtfertigt werden (BVerfGE 7, 377, 408; im vorliegenden Zusammenhang: *Rüpke*, aaO, S. 152 f.).

[409] BVerfGE 7, 377, 405 f.; zum Rechtsanwalt: *Henssler*, NJW 1994, 1817, 1820.

[410] S. o. S. 87.

[411] S. o. S. 87.

(b) Die negative Meinungsfreiheit (Art. 5 I S. 1 GG)

Ergänzenden Schutz erfährt der Berufsgeheimnisträger durch Art. 5 I S. 1 GG. Das Grundrecht der Meinungsfreiheit gewährleistet das Recht auf Bildung und Äußerung einer Meinung ebenso wie das Recht des Einzelnen, eine Meinung nicht zu haben oder diese nicht mitzuteilen.[412] Eine Verpflichtung des Geheimnisträgers, über den Inhalt des Beratungsgespräches mit seinem Auftraggeber Auskunft zu geben, könnte daher gegen die negative Meinungsfreiheit verstoßen.

Nun wird der Berufsgeheimnisträger auch durch eine Aussagepflicht nicht zu einer Meinungsäußerung im strengen Sinne angehalten, denn konstituierend für eine Meinung sind Elemente der Stellungnahme, des Dafürhaltens, „Meinens" im Rahmen einer geistigen Auseinandersetzung[413]. Eine Aussagepflicht zielt dagegen auf die Mitteilung von Tatsachen. So hat das BVerfG in Bezug auf Angaben im Rahmen einer statistischen Erhebung einen Eingriff in die Meinungsfreiheit verneint.[414] Aufgrund der engen Verbindung von Meinungen und Tatsachen in den Äußerungen und Auseinandersetzungen von Grundrechtsträgern ist die Mitteilung von Tatsachen aber zumindest insoweit von Art. 5 I S. 1 GG geschützt, als diese Voraussetzung für die Bildung von Meinungen ist.[415] Dieser Schutz endet erst dort, wo die geäußerten Tatsachen zur verfassungsrechtlich gewährleisteten Meinungsbildung nichts beitragen können.[416] Die dem Berufsgeheimnisträger anvertrauten Tatsachen sind meinungsrelevant, denn sie bilden für diesen die Grundlage seines Rates, wie sich der Auftraggeber seiner Meinung nach verhalten sollte. Eine Auskunftspflicht wäre in jedem Fall als Eingriff in die negative Meinungsfreiheit anzusehen, wenn man Tatsachen ohne Einschränkung in den Schutzbereich einbezieht.[417]

Die negative Meinungsfreiheit schützt den Berufsgeheimnisträger davor, zu einer Äußerung über die ihm anvertrauten Tatsachen und den Inhalt des Gesprächs mit dem Auftraggeber gezwungen zu werden. Ein Eingriff in die negative Meinungsfreiheit liegt nur vor, soweit der Berufsgeheimnisträger zu einer Kommunikation mit dem Staat gezwungen wird. Art. 5 I S. 1 GG ist nicht berührt, sofern der Staat auf andere Art und Weise Informationen erhebt, wie durch eine Durchsuchung und Beschlagnahme von Unterlagen.[418]

---

[412] BVerfGE 57, 170, 192; *Schmidt-Jortzig*, in: HStR, Bd. VI (2001), § 141 Rn. 27; *Schulze-Fielitz*, in: Dreier, GG, Bd. 1 (1996), Art. 5 I, II Rn. 54; *Starck*, in: von Mangoldt/Klein/Starck, GG, Bd. 1 (1999), Art. 5 Rn. 18.
[413] S. BVerfGE 65, 1, 41.
[414] BVerfGE 65, 1, 41.
[415] BVerfGE 65, 1, 41; 85, 23, 31.
[416] BVerfGE 85, 1, 15; 90, 1, 15. Das BVerfG kommt damit im Ergebnis den im Schrifttum vertretenen Ansichten (s. die Nachweise in der folgenden Fußn.) nahe, die auch Tatsachenbehauptungen in den Schutzbereich des Art. 5 I GG einbeziehen, s. dazu *Rühl*, Tatsachen (1998), S. 245, 248ff.
[417] So *Herzog*, in: Maunz/Dürig, GG, Art. 5 I, II Rn. 43; *Schulze-Fielitz*, in: Dreier, GG, Bd. 1 (1996), Art. 5 I, II Rn. 54; *Stark*, Ehrenschutz (1996), S. 45 (mit Hinweis auf die entsprechende Gewährleistung in Art. 10 EMRK, in Fußn. 19).
[418] Anders wohl *Rüpke*, Freie Advokatur (1995), S. 136ff., 147, der jeden Zugang der Behörden zu den dem Anwaltsgeheimnis unterfallenden Inhalten als Grundrechtseingriff ansieht. Sicherlich

Ein Eingriff in die negative Meinungsfreiheit kann nach Maßgabe des Gesetzesvorbehaltes in Art. 5 II GG gerechtfertigt werden (Art. 5 II GG). „Allgemein" sind Gesetze, die sich nicht gegen die Äußerung einer Meinung als solche richten und dem Schutz eines schlechthin, d.h. ohne Rücksicht auf eine bestimmte Meinung, zu schützenden Rechtsgutes dienen.[419] Des weiteren müsste die Beschränkung der negativen Meinungsfreiheit verhältnismäßig sein.[420]

Die weitere Verarbeitung von Informationen, die durch einen Eingriff in die negative Meinungsfreiheit erhoben worden sind, greift nicht erneut in das in Art. 5 I S. 1 GG gewährleistete Grundrecht ein.[421]

(3) Zwischenfazit

Erhebt der Staat bei einem Berufsgeheimnisträger Informationen über die Person, die sich diesem zuvor anvertraut hat, so liegt darin ein Eingriff in deren allgemeines Persönlichkeitsrecht (Art. 2 I i.V.m. Art. 1 I GG). Hinzu tritt gegebenenfalls der verfassungsrechtliche Schutz nach Maßgabe des Rechtsstaatsprinzips.

In der Informationserhebung liegt zugleich ein Eingriff in die Berufsfreiheit des Geheimnisträgers. Dieser wird in der freien Ausübung eines Berufes geschützt, der von der Verschwiegenheit im Interesse der Rat- und Hilfesuchenden geprägt ist. Die Geheimhaltung der offenbarten Informationen wird allein in ihrem Interesse garantiert, sie können den Geheimnisträger von seiner Schweigepflicht entbinden. Art. 12 GG fungiert also nicht als informationelles Abwehrrecht, sondern soll verhindern, dass der Berufsgeheimnisträger infolge der Informationserhebung seinem Beruf nicht mehr nachgehen kann, weil das Vertrauensverhältnis zu seinem Auftraggeber gestört ist bzw. sich ein solches gar nicht erst entwickeln kann. In informationeller Hinsicht ist der Grundrechtsschutz nach Art. 12 GG also akzessorisch zum persönlichkeitsrechtlichen Schutz des Auftraggebers.[422] Selbständigen verfassungsrechtlichen Schutz genießt der Berufsgeheimnisträger, soweit Maßnahmen zur Informationserhebung unmittelbar in die Berufsfreiheit eingreifen, indem sie

---

schränkt die Beschlagnahme von Unterlagen den Freiraum anwaltlicher Kommunikation ein. Dies ist jedoch darauf zurückzuführen, dass ein Informationsbeherrschungsrecht verletzt worden ist und der Rechtsinhaber andere nicht mehr von der Nutzung dieser Information in der Kommunikation mit anderen ausschließen kann. Insofern liegt in der Beschlagnahme anwaltlicher Unterlagen kein spezifischer Eingriff in die (negative) Freiheit der Kommunikation vor, sondern die Beschränkung dieser Freiheit ist Folge des informationellen Eingriffs.

[419] BVerfGE 7, 198, 209f.; 62, 230, 243f.; 71, 162, 175.
[420] BVerfGE 71, 162, 181; *Schulze-Fielitz*, in: Dreier, GG, Bd. 1 (1996), Art. 5 I, II Rn. 127.
[421] S.o. S. 87, 94 zu Art. 12 GG. Die Verbreitung von Informationen kann allerdings dadurch in Art. 5 I S. 1 GG eingreifen, dass derjenige, auf den sich die Informationen beziehen, vom Kommunikationsprozess ausgeschlossen wird. Ehre ist insofern Voraussetzung von Kommunikation, s. dazu *Amelung*, Die Ehre (2002), S. 26f., 43f. Ein entsprechender Schutz ist allerdings bereits durch das allgemeine Persönlichkeitsrecht (Art. 2 I i.V.m. Art. 1 I GG) gewährleistet.
[422] *Rüpke*, Freie Advokatur (1995), S. 138f.; *Wichmann*, Das Berufsgeheimnis (2000), S. 194 (unselbständiger Schutz/Schutzreflex).

die Berufsausübung reglementieren (z.B. durch Dokumentations- und Anzeigepflichten).

Im Ergebnis verleiht die Berufsfreiheit des Geheimnisträgers dem Berufsgeheimnis also in informationeller Hinsicht keinen zusätzlichen Schutz, sondern begründet, warum der persönlichkeitsrechtliche Schutz des Auftraggebers auch im Interesse des Berufsgeheimnisträgers verfassungsrechtlich zu schützen ist.[423] Soweit Maßnahmen zur Informationserhebung in anderer Hinsicht, insbesondere durch nicht-informationelle Begleiteingriffe, in die Berufsfreiheit eingreifen, ist dies bei der Prüfung der Verfassungsmäßigkeit dieser Maßnahme zu berücksichtigen. Entsprechendes gilt für die negative Meinungsfreiheit des Berufsgeheimnisträgers: Auch diese betrifft eine bestimmte Art der Informationserhebung. Beide Grundrechte stellen jedoch keine informationellen Abwehrrechte dar und bleiben daher im Folgenden unberücksichtigt.

b) Die Vertrauensverhältnisse im Einzelnen

Auf der Grundlage der vorstehenden Überlegungen zu dem verfassungsrechtlichen Fundament, das allen Vertrauensverhältnissen zu Berufsgeheimnisträgern gemeinsam ist, soll nun versucht werden, den Umfang des verfassungsrechtlichen Schutzes der einzelnen Berufsgeheimnisse näher zu bestimmen. Der Grundrechtsbezug ist von unterschiedlicher Intensität, was eine Abstufung des verfassungsrechtlichen Schutzes zur Folge hat.

(1) Verteidiger

Bei einem Eingriff in das Vertrauensverhältnis zwischen Verteidiger und Beschuldigtem ist auf der Seite des letzteren zunächst das allgemeine Persönlichkeitsrecht berührt.[424] Das Strafverfahren greift – unabhängig von der Beziehung zum Verteidiger – einerseits durch den Vorwurf, andererseits durch die umfangreiche Aufklärung nicht nur der Tat, sondern auch der Persönlichkeit des Täters (s. § 46 II StGB) besonders schwer in dieses Grundrecht ein. Aus diesem Grund wird auch die Beratung durch seinen Verteidiger die persönliche Sphäre des Beschuldigten berühren, denn anderenfalls wäre ein Rat, ob und inwieweit der Beschuldigte seine Rechte im Verfahren wahrnehmen und an der Aufklärung mitwirken sollte, nicht möglich.

Die Vertraulichkeit der Kommunikation mit dem Verteidiger wird durch eine weitere verfassungsrechtliche Grundlage geschützt: das Rechtsstaatsprinzip.[425]

---

[423] Aus diesem Grund erscheint es naheliegend, in Bezug auf das allgemeine Persönlichkeitsrecht des Klienten eine Prozeßstandschaft des Berufsgeheimnisträgers als zulässig anzusehen: Aufgrund des eigenen Interesses an der Wahrung des Berufsgeheimnisses (Art. 12 GG) wäre dieser legitimiert, mit Zustimmung seines Klienten gegen eine Verletzung von dessen Persönlichkeitsrecht vorzugehen.
[424] S.o. S. 88 ff.; s. auch AE-ZVR (1996), S. 43 f.
[425] S. den Bericht des Rechtsausschusses zur Änderung des Art. 13 GG, BT-Drucks. 13/9660, S. 4; *Schmitt*, Zwangsmaßnahmen (1993), S. 177 f.; *Wessing*, Die Kommunikation (1985), S. 107; s.

Aus dem Rechtsstaatsprinzip folgt mit dem Anspruch auf ein faires Verfahren das Recht, sich des Beistandes eines frei gewählten Verteidigers zu bedienen (s. § 137 I S. 1 StPO).[426] Das Vertrauensverhältnis zwischen Verteidiger und Beschuldigtem ist konstitutives Element einer rechtsstaatlichen Grundsätzen genügenden Verteidigung.[427] Was diese objektive Funktion des Verteidigers für ein rechtsstaatliches Verfahren als „Organ der Rechtspflege"[428] anbetrifft, unterscheidet sich zunächst das öffentliche Interesse an dieser beruflichen Tätigkeit nicht von dem an der Tätigkeit eines Arztes und seinem Wirken für die Gesundheit der Bevölkerung: Die Erfüllung dieser Funktionen wäre nicht mehr gewährleistet, wenn sich der Einzelne nicht auf die Vertraulichkeit seiner Angaben verlassen könnte und ihn dies mittelbar davon abhielte, seinem Arzt bzw. seinem Verteidiger die erforderlichen Auskünfte zu geben.[429]

Der Unterschied liegt darin, dass der Eingriff in das Vertrauensverhältnis zum Verteidiger das Recht auf Verteidigung nicht nur mittelbar, sondern unmittelbar beeinträchtigt.[430] Während die ärztliche Behandlung des einzelnen Patienten für sich genommen keine Verschwiegenheit voraussetzt, ist eine erfolgreiche Verteidigung darauf angewiesen, dass die entwickelte Verteidigungsstrategie und Überlegungen zur Wahrnehmung prozessualer Rechte nicht offen gelegt werden. Das Rechtsstaatsprinzip verwehrt es dem Staat, das Verteidigungskonzept des Beschuldigten und seines Verteidigers auszuforschen und anschließend mit Hilfe der erlangten Kenntnisse zu durchkreuzen.[431] Mit anderen Worten, staatliche Informationseingriffe verbieten sich nicht allein deshalb, weil sie Beschuldigte davon abhalten könnten, die Hilfe eines Verteidigers in Anspruch zu nehmen oder sich diesem gegenüber in vollem Umfang anzuvertrauen[432], sondern weil die Ermittlungsbe-

---

ferner *Welp*, in: Gallas-FS (1973), S. 391, 417. Im AE-ZVR (1996) wird das Zeugnisverweigerungsrecht des Verteidigers hingegen allein mit dem engen Bezug zur Persönlichkeits- und Geheimsphäre des Beschuldigten begründet, s. AE-ZVR (1996), S. 43 f.

[426] BVerfGE 26, 66, 71; 34, 293, 302; 39, 156, 163; 63, 380, 390 f.; 66, 313, 318 f.; NJW 1984, 862, 863; OLG Hamburg, NJW 2000, 673, 677 f.; *Janssen*, Beschlagnahme (1995), S. 201 f.; *Schulze-Fielitz*, in: Dreier, GG, Bd. 1 (1996), Art. 19 IV Rn. 79; s. auch Art. 6 III c) EMRK, Art. 14 III b), d) IPBPR.

[427] *Mörlein*, Schutz des Vertrauensverhältnisses (1993), S. 30; *Wessing*, Die Kommunikation (1985), S. 107.

[428] BVerfG, NJW 1980, 1677 f.; BGHSt 9, 20, 22 f.; s. dazu *Beulke*, Der Verteidiger (1980), S. 164 ff. m.w.N.

[429] S. dazu o. S. 92; zum Verteidiger: *Mörlein*, Schutz des Vertrauensverhältnisses (1993), S. 47; *Welp*, in: Gallas-FS (1973), 391, 417.

[430] Ähnlich *Rüpke*, Freie Advokatur (1995), S. 148 f.; s. auch *Schmitt*, Zwangsmaßnahmen (1993), S. 178, wonach die Beziehung zum Verteidiger besonderen verfassungsrechtlichen Schutz genieße, um den Mandanten vor spezifisch prozessualen Belastungen zu schützen.

[431] *Dahs*, in: Meyer-GS (1990), S. 61, 67, 70.

[432] S. aber *Welp*, in: Bemmann-FS (1997), S. 626, 635: Eine komplexe Rechtsordnung müsse zugleich mit der Zuweisung von Rechten an den Einzelnen auch elementare Beratungsfunktionen garantieren und dürfe deren Inanspruchnahme nicht durch die Aussicht auf eine Offenbarung anvertrauter Geheimnisse behindern. Mit der gleichen Berechtigung ließe sich sagen, dass die Rechtsordnung mit der Garantie des Art. 2 II S. 1 GG auch die Inanspruchnahme ärztlicher Behandlung zur Rettung von Leben und Gesundheit nicht durch Aussicht auf Offenbarung des Arztgeheim-

II. Informationsverarbeitung und Grundrechte

hörde dem Beschuldigten und seinem Verteidiger mit einem solchen Eingriff „in die Karten sehen" und auf diese Weise die Umsetzung des ausgearbeiteten Verteidigungskonzeptes erschweren, wenn nicht sogar vereiteln könnte. Aus demselben Grund hat es der BGH als mit dem Rechtsstaatsprinzip unvereinbar angesehen, dass Unterlagen, die der Beschuldigte zu seiner Verteidigung angefertigt hat, beschlagnahmt und als Beweis gegen ihn verwertet werden.[433] Mit der Aufgabe, die Interessen des Beschuldigten effektiv gegenüber dem Staat zu vertreten, ist es prinzipiell unvereinbar, dass der Verteidiger zugleich den Informationsinteressen des Staates dienen soll.[434] Hinzu kommen die Folgen einer Auskunftspflicht für das weitere Vorbringen im Verfahren. Die Ausführungen des Verteidigers und sein selektives Schweigen bilden eine Einheit, so dass eine erzwungene Aussage des Verteidigers den Entscheidungsspielraum über Art und Inhalt der Ausführungen beschränken würde.[435]

Die aus dem Rechtsstaatsprinzip abzuleitenden Verfahrensrechte, insbesondere das Recht auf eine effektive Verteidigung, sind nicht absolut gewährleistet, sondern können eingeschränkt werden, um andere Rechtsgüter mit Verfassungsrang zu bewahren.[436] Es ist Aufgabe des Gesetzgebers, diese widerstreitenden verfassungsrechtlichen Belange gegeneinander abzuwägen und zwischen ihnen im Wege praktischer Konkordanz einen Ausgleich herzustellen.[437] Grundsätzlich ist auch das aus dem Rechtsstaatsprinzip abzuleitende Gebot einer effektiven, funktionstüchtigen Strafrechtspflege[438] geeignet, eine Beschränkung von Verfahrensrechten zu rechtfertigen.[439] Derartige Eingriffe können aber nur solange zulässig sein, wie sie eine effektive Verteidigung nicht unmöglich machen. Eine gezielte Beschlagnahme von auf das laufende Strafverfahren bezogenen Verteidigungsunterlagen wäre demzufolge verfassungswidrig.[440]

Zusammenfassend ist daher festzuhalten, dass das Vertrauensverhältnis zwischen Verteidiger und Mandant einen besonderen verfassungsrechtlichen Schutz genießt. Eingriffe in das Recht auf einen Verteidiger können auf gesetzlicher

---

nisses behindern dürfte. Ein besonderer verfassungsrechtlicher Schutz für das Berufsgeheimnis des Verteidigers lässt sich auf diesem Wege nicht begründen.

[433] BGH, NStZ 1998, 309, 310; NJW 1973, 2035, 2036f.; BGHR StPO § 97 Verteidigungsunterlagen Nr. 1 und 2; ebenso LG München, NStZ 2001, 612, 613; *Dahs*, in: Meyer-GS (1990), S. 61, 67, 70;

[434] *Schmitt*, Zwangsmaßnahmen (1993), S. 178; s. auch *Weigend*, Gutachten C, in: Verhandlungen zum 62. DJT, C 91 (Verteidiger kein „trojanisches Pferd zur Ausforschung des Beschuldigten"); *Welp*, NStZ 1986, 294: „Der Verteidiger ist nun aber offenbar keine Einrichtung des Strafprozesses, die dazu bestimmt wäre, den Verfolgungsbehörden Beweisvorteile zu verschaffen."

[435] Vgl. *Rüpke*, Freie Advokatur (1995), S. 139ff. (zum Rechtsanwalt und zu Art. 5 GG); s. auch zum Nemo-tenetur-Prinzip u. S. 125ff., 166ff.

[436] BVerfGE 49, 24, 55; OLG Hamburg, NJW 2000, 673, 678.

[437] BVerfGE 28, 243, 261; 30, 173, 193; 49, 24, 56.

[438] BVerfGE 33, 367, 383; 38, 312, 321.

[439] *Henssler*, NJW 1994, 1817, 1820f.; s. auch BVerfG, wistra 1990, 97 (Beschlagnahme von Unterlagen zu einem Rechtsanwaltsanderkonto bei einem Kreditinstitut).

[440] S. *Fiala/von Walter*, DStR 1998, 736, 739 (zur „Nach-Steuerfahndungsakte").

Grundlage verfassungsrechtlich gerechtfertigt werden, sofern sie dieses Recht nicht nachhaltig und irreversibel beeinträchtigen. Dies ist bei Informationseingriffen anzunehmen, die auf die Verteidigungskonzeption in einem laufenden Verfahren abzielen und eine effektive Verteidigung vereiteln.

(2) Rechtsanwälte

Auch beim Anwaltsgeheimnis ist der Ausgangspunkt des verfassungsrechtlichen Schutzes das allgemeine Persönlichkeitsrecht des Mandanten. Die Schutzwürdigkeit der Vertrauensbeziehung bestimmt sich nach der Intensität des Persönlichkeitsbezuges. Der Inhalt des anwaltlichen Beratungsgespräches kann sehr persönlicher Natur sein (z.B. in einem Scheidungsverfahren). Dies ist aber keineswegs die Regel, Gegenstand der Rechtsberatung kann auch eine geschäftliche Angelegenheit sein.

Im Gegensatz dazu ist der Inhalt eines Gespräches des Patienten mit seinem Arzt typischerweise persönlichkeitsrelevant, da Informationen über den Gesundheits- bzw. Krankheitszustand eines Menschen in erheblichem Maße das Urteil der Umwelt über die Persönlichkeit beeinflussen.[441] Im Hinblick auf das allgemeine Persönlichkeitsrecht erscheint das Anwaltsgeheimnis gegenüber dem Arztgeheimnis daher weniger schutzwürdig.[442] Ein abstrakt-genereller Schutz des Anwaltsgeheimnisses, der unabhängig vom Beratungsgegenstand gewährt wird, wäre also in höherem Maße Einschränkungen unterworfen.

Die Tätigkeit des Rechtsanwalts erstreckt sich auf die Beratung und Vertretung des Mandanten in allen Rechtsangelegenheiten (s. § 3 I BRAO). Dies schließt die Wahrnehmung der Mandanteninteressen in Verwaltungs- und Gerichtsverfahren ein, insbesondere die Vertretung des Mandanten in diesen Verfahren. Aus diesem Grund ist wie beim Verteidiger als weitere verfassungsrechtliche Grundlage des Anwaltsgeheimnisses das Rechtsstaatsprinzip heranzuziehen.[443] Der aus dem Rechtsstaatsprinzip folgende Anspruch auf ein faires Verfahren und die Garantie effektiven Rechtsschutzes (Art. 19 IV GG) begründen auch außerhalb des Strafverfahrens ein Recht, sich vor Gericht von einem gewählten Anwalt seines Vertrauens vertreten zu lassen (s.u.a.[444] §§ 79 ZPO, 11 ArbGG, 67 VwGO, 73 SGG).[445] So hat

---

[441] *Rohlf*, Privatsphäre (1980), S. 106.

[442] S. *Rohlf*, Privatsphäre (1980), S. 230, der für die Rechtsberatung – anders als für die ärztliche und psychologische Hilfe oder die Konfliktberatung – einen besonderen räumlichen Schutz verneint, da diese nicht der Lösung innerer Konflikte diene; s. auch die Privilegierung des Arztgeheimnisses in § 24 II S. 4 Nr. 2 b) BDSG a.F (BGBl 1990 I S. 2954).

[443] Eine Parallele zum Verteidiger sieht auch *Janssen*, Beschlagnahme (1995), S. 202.

[444] § 3 III BRAO gewährt kein Recht auf anwaltliche Vertretung, sondern setzt ein solches voraus, s. BVerwG, NJW 1974, 715, 716; NJW 1981, 2136; *Feuerich/Braun*, BRAO (2003), § 3 Rn. 23.

[445] *Hartstang*, Anwaltsrecht (1991), S. 264, 287f.; *Kissel*, GVG (2001), Einleitung Rn. 223; *Schmidt-Aßmann*, in: Maunz/Dürig, GG, Art. 19 IV Rn. 243; *R. Schneider*, Der Rechtsanwalt (1976), S. 56f.; zur Vertretung im Zivilprozess: *Benda/Weber*, ZZP 96 (1983), 285, 295; *Gottwald/Schwab*, Verfassung und Zivilprozess (1984), S. 39f. mit rechtsvergleichenden Hinweisen; einschränkend („nur ausnahmsweise"): BSG, NJW 1984, 888; s. auch allgemein zur Rechtsberatung:

II. Informationsverarbeitung und Grundrechte

das BVerfG aus dem Anspruch auf ein faires Verfahren das Recht des Zeugen abgeleitet, einen Rechtsbeistand seines Vertrauens zu seiner Vernehmung hinzuziehen, wenn er dies für erforderlich hält, um von seinen prozessualen Befugnissen seinen Interessen entsprechend sachgerecht Gebrauch zu machen.[446] Ein solches Recht steht dem Einzelnen grundsätzlich auch im Verwaltungsverfahren zu (s. § 14 VwVfG).[447] Zusammenfassend kann man sagen, dass eine Zulassung rechtskundigen Beistandes im Interesse des Betroffenen rechtsstaatlich geboten ist, wenn dieser in ein förmliches Verfahren eingebunden wird, in dem er einer mit autoritativem Anspruch auftretenden öffentlichen Stelle gegenübersteht.[448]

Das Recht des Einzelnen, sich in staatlichen Verfahren anwaltlich beraten und vertreten zu lassen, setzt ein Recht zur Geheimhaltung dieser Beratung vor den anderen Verfahrensbeteiligten voraus. Der Erfolg der anwaltlichen Tätigkeit hängt davon ab, dass der Inhalt der Beratung nicht demjenigen offenbart wird, gegenüber dem die Interessen des Mandanten wahrzunehmen sind. Dies kann entweder dadurch sichergestellt werden, dass Informationseingriffe von vornherein unterbleiben (s. §§ 53 I Nr. 3, 97 StPO), oder durch ein Verwertungsverbot für das Verfahren, in dem der Mandant von seinem Anwalt beraten und ggf. auch vertreten wird. Eine Maßnahme, durch die Informationen über eine Rechtsberatung in Bezug auf ein Gerichts- oder Verwaltungsverfahren in eben diesem Verfahren offengelegt und verwertet werden, würde demnach den Anspruch auf ein rechtsstaatliches Verfahren beinträchtigen. Dies gilt auch, soweit sich ein Zeuge des Beistandes durch einen Rechtsanwalt bedient. Berät sich der Zeuge im Verlauf seiner Vernehmung mit seinem Beistand, so darf er anschließend nicht über den Inhalt des Beratungsgespräches vernommen werden.[449]

Das aus dem Rechtsstaatsprinzip folgende Recht auf anwaltliche Vertretung vor Gericht und Behörden kann im überwiegenden Interesse der Allgemeinheit, insbesondere zur Aufrechterhaltung einer funktionstüchtigen Rechtspflege, unter Wahrung des Verhältnismäßigkeitsgrundsatzes eingeschränkt werden.[450] Da dem Man-

---

Weigend, Gutachten C, in: Verhandlungen zum 62. DJT (1998), C 91; *Welp*, in: Bemmann-FS (1997), S. 626, 635.
Art. 103 I GG begründet nach h.M. keinen Anspruch auf anwaltliche Vertretung im gerichtlichen Verfahren, s. BVerfGE 9, 124, 132; 31, 297, 301; 38, 105, 118; a.A. *Hartstang*, Anwaltsrecht (1991), S. 289 ff.; *R. Schneider*, Der Rechtsanwalt (1976), S. 46 f.
[446] BVerfGE 38, 105, 112, 115.
[447] BVerwGE 78, 93, 100; *Kopp/Ramsauer*, VwVfG (2003), § 14 Rn. 3; *Maurer*, Allgemeines Verwaltungsrecht (2002), § 19 Rn. 24; *Schoch*, NJW 1982, 545, 549; s. auch *Laubinger*, VerwArch 73 (1982), 60, 75.
[448] OVG Münster, AnwBl 1993, 190, 191; *Jessnitzer/Blumberg*, BRAO (2000), § 3 Rn. 10.
[449] Dieses Ergebnis wird zum Teil verfassungsrechtlich begründet (Art. 2 I i.V.m. Art. 1 I GG), s. *Thomas*, NStZ 1982, 489, 492; zustimmend *Gommolla*, Schutz des Zeugen (1986), S. 233 f.; i.E. ebenso, allerdings in Auslegung der einfach-gesetzlichen Vorschriften (§§ 53 I Nr. 3, 406 f StPO): OLG Düsseldorf, MDR 1991, 1082 f.; *Baier*, Strafprozessuale Zeugnisverweigerungsrechte (1996), S. 188.
[450] BVerfGE 31, 297, 302 ff.; 31, 306, 310 f.; 38, 105, 115 ff.; BVerwG, NJW 1981, 2136, 2137; OVG Bremen, NJW 1976, 770, 771; *Feuerich/Braun*, BRAO (2003), § 3 Rn. 27; *Schmidt-Aßmann*, in: Maunz/Dürig, GG, Art. 19 IV Rn. 243.

danten in anderen staatlichen Verfahren in der Regel nicht so schwerwiegende Grundrechtseingriffe drohen wie im Strafverfahren, genießt das Recht auf anwaltlichen Beistand nicht in gleicher Weise verfassungsrechtlichen Schutz wie das Recht auf einen Verteidiger.[451] Die Zulässigkeit einer Beschränkung des allgemeinen Rechts auf anwaltliche Vertretung lässt allerdings nicht den Schluss zu, insoweit sei auch eine Durchbrechung des Anwaltsgeheimnisses zulässig. Selbst wenn der Rechtsanwalt den Mandanten in dem jeweiligen Verfahren nicht vertreten kann, so bleibt eine Beratung und Unterstützung bei der Vorbereitung des Verfahrens davon unberührt.[452] Die Gründe für den Ausschluss staatlicher Informationserhebung bestehen insoweit fort.

Im Ergebnis verleiht das Rechtsstaatsprinzip dem Anwaltsgeheimnis ein solches verfassungsrechtliches Gewicht, dass es – wie das Arztgeheimnis – zu den verfassungsrechtlich geschützten Vertrauensbeziehungen gehört, die auf einem hohen Schutzniveau gewährleistet sind.[453]

(3) Notare

Der Notar ist für die Beurkundung von Rechtsvorgängen und andere Aufgaben auf dem Gebiet der vorsorgenden Rechtspflege bestellt (§ 1 BNotO).[454] Diese Tätigkeit kann einen sehr engen Persönlichkeitsbezug aufweisen[455], wie z.B. die Beurkundung eines Ehevertrages oder eines Testamentes (s. § 2232 BGB).[456] Bei der Beurkundung von Gesellschaftsverträgen oder Rechtsgeschäften, die den Erwerb oder die Veräußerung von Grundstücken betreffen, ist dies hingegen nicht der Fall. Wie die anwaltliche Rechtsberatung betrifft auch die Tätigkeit eines Notars in vielen Fällen nicht Angelegenheiten, in denen das allgemeine Persönlichkeitsrecht des Mandanten besonders stark berührt ist.[457] Gegen eine enge Vertrauensbeziehung des Ratsuchenden zum Notar könnte auch sprechen, dass der Notar nicht Vertre-

---

[451] Dies zeigt sich auch daran, dass nur das Recht auf einen Verteidiger im Strafverfahren ausdrücklich normiert wurde: Art. 6 III c) EMRK, Art. 14 III b), d) IPBPR.

[452] S. BVerwG, NJW 1974, 715, 717.

[453] S. *Rüpke*, Freie Advokatur (1995), S. 132, wonach das Anwalts-, das Arzt- und das Beichtgeheimnis den harten Kern verfassungsrechtlicher Gewährleistung beruflicher Verschwiegenheit bilden.

[454] Die Tätigkeit eines Notars in Baden-Württemberg auf dem Gebiet der Freiwilligen Gerichtsbarkeit (s. §§ 114, 115 BNotO und die §§ 1 I, II; 36ff. LFGG Baden-Württemberg) soll außer Betracht bleiben, da der Notar insoweit als Behörde tätig wird und bereits die Datenerhebung im Rahmen dieser Tätigkeit an Art. 2 I i.V.m. Art. 1 I GG zu messen ist. Aus diesem Grund sind die einfach-gesetzlichen Schutzvorschriften (§§ 53, 97 StPO) nicht auf die erhobenen Informationen anwendbar, s. LG Freiburg, wistra 1998, 35, 36; *Amelung*, DNotZ 1984, 195, 200, 213f.; *Keller*, DNotZ 1995, 99, 101.

[455] *Sandkühler*, in: Arndt/Lerch/Sandkühler, BNotO (2003), § 18 Rn. 6; *Schippel*, in: Schippel, BNotO (2000), § 18 Rn. 1; s. auch die Begründung zu § 51 BeurkG, BT-Drucks. V/3282, S. 41.

[456] Zum Schutz eines Testamentes vor Beschlagnahme s.o. Fußn. 387.

[457] S. auch § 53 I Nr. 3 AE-ZVR (1996), der das Zeugnisverweigerungsrecht des Notars als Grenzfall einstuft, ein solches aber im Ergebnis aufgrund der Parallele zum Rechtsanwalt vorsieht (Begründung, aaO, S. 44).

ter einer Partei ist, sondern unparteiischer Betreuer aller Beteiligten (§ 14 I S. 2 BNotO). Gleichwohl ist der Kreis der Personen, deren Interessen der Notar zu berücksichtigen hat, durch den Begriff des „Beteiligten"[458] in einer Weise begrenzt, dass zu diesen ein Vertrauensverhältnis aufgebaut werden kann.

Im Vergleich zum Rechtsanwalt ist im Rahmen der Verhältnismäßigkeit von Informationseingriffen zu berücksichtigen, dass der Notar unabhängiger Träger eines öffentlichen Amtes ist (§ 1 BNotO) und sein Beruf traditionell durch eine starke Anbindung an den Staat gekennzeichnet ist.[459] Aus dieser Stellung als Amtsträger ergeben sich aufgabenimmanente Beschränkungen des notariellen Berufsgeheimnisses.[460]

Ob dem Geheimhaltungsinteresse des Mandanten eines Notars ergänzender Schutz von Seiten des Rechtsstaatsprinzips zuteil wird, ist zweifelhaft. Die Vertretung von Mandanten vor Gerichten und Behörden gehört nicht zu den Aufgaben des Notars. Das Geheimhaltungsinteresse des Mandanten kann daher nicht mit seinem Recht auf Vertretung vor Gerichten und Behörden und das Rechtsstaatsprinzip gegründet werden.

Das Berufsgeheimnis des Notars ist demzufolge allein nach Maßgabe des allgemeinen Persönlichkeitsrechts geschützt. Im Ergebnis genießen die dem Notar offenbarten Informationen deshalb nicht in gleicher Weise verfassungsrechtlichen Schutz wie das Anwalts- und das Arztgeheimnis.[461]

---

[458] Beteiligte sind neben den formell Beteiligten (s. § 6 II BeurkG) auch die materiell Beteiligten, deren Rechte und Pflichten durch die notarielle Amtstätigkeit unmittelbar begründet, erweitert oder vermindert werden, s. *Sandkühler*, in: Arndt/Lerch/Sandkühler, BNotO (2003), § 14 Rn. 43.

[459] Zur historischen Entwicklung: *Conrad*, DNotZ 1960, 3 ff.: Am Ende des Mittelalters war der Notar als öffentliche Urkundsperson in Deutschland von der Kirche und/oder vom Kaiser autorisiert (aaO, 4); zum Teil wurde das Notariat später durch die Partikulargesetzgebung zu einem Institut des Landesherrn umgestaltet (aaO, 12 f.). Im 18. Jahrhundert verfolgte die preußische Justizreform mit der Verbindung von Notariat und Advokatur das Anliegen, den freien Advokaten durch den Justizkommissar als Staatsdiener, der die Aufgaben eines Anwaltes und eines Notars versehen sollte, zu ersetzen (aaO, 17). Unter französischem Einfluss wurden beide Tätigkeiten in den Rheinprovinzen strikt voneinander getrennt und auf diese Weise die richterähnliche Amtsstellung des Notars hervorgehoben (aaO, 19 f., 21; s. auch BVerfGE 73, 280, 292). Die Amtsstellung des Notars war für beide Modelle charakteristisch (aaO, 31 f.). Dementsprechend befindet sich der Notar auch heute nach Rechtsstellung und Aufgaben in nächster Nachbarschaft zum Beamten (BVerfGE 47, 285, 319) bzw. zum öffentlichen Dienst (BVerfGE 54, 237, 246; 73, 280, 292; 80, 257, 265); s. auch *Görtz-Leible*, Die Beschlagnahmeverbote (2000), S. 106.

[460] *Haas*, in: Schippel-FS (1996), S. 630, 633 f., zu öffentlich-rechtlichen Mitteilungs- und Auskunftspflichten des Notars (s. §§ 18 GrEStG, 34 ErbStG); s. zu den einzelnen Pflichten: *Eylmann*, in: Eylmann/Vaasen, BNotO (2000), § 18 Rn. 46 ff.; s. dazu auch S. 275 ff.

[461] Auf der Ebene des Gesetzesrechts zeigt sich dies auch daran, dass eine gesetzliche Privilegierung bei der Nichtanzeige geplanter Straftaten (§ 138 StGB) nur für Rechtsanwälte, Verteidiger und Ärzte, hingegen nicht für Notare vorgesehen ist (§ 139 III S. 2 StGB; s. auch – für Geistliche und Angehörige – § 139 II, III S. 1 StGB). Die Kritik an dieser Regelung – s. *Haas*, in: Schippel-FS (1996), S. 630, 634 f. – erweist sich vor dem Hintergrund der obigen Ausführungen als unberechtigt.

(4) Patentanwälte

Der Patentanwalt ist Berater und Vertreter in Angelegenheiten des gewerblichen Rechtsschutzes (§ 3 PAO). Trotz des persönlichkeitsrechtlichen Gehalts der gewerblichen Schutzrechte[462] offenbart der Mandant gegenüber seinem Patentanwalt regelmäßig keine höchstpersönlichen Sachverhalte, sondern Gegenstand der Schutzrechte – und damit des Beratungsgesprächs – ist deren wirtschaftliche Verwertung[463]. Geschäftsdaten sind im Rahmen des allgemeinen Persönlichkeitsrechts weniger schutzwürdig als Informationen aus der Privat- oder Intimsphäre.[464] Allerdings ist bei der Güterabwägung das besondere öffentliche Interesse zu berücksichtigen, das an der sozialen Funktion der Tätigkeit als Patentanwalt für die Volkswirtschaft und die rechtliche Sicherung ihres Innovationspotentials besteht.[465]

Neben dem allgemeinen Persönlichkeitsrecht ist als weitere verfassungsrechtliche Grundlage des patentanwaltlichen Berufsgeheimnisses das Rechtsstaatsprinzip heranzuziehen. Dem Patentanwalt obliegt neben der Beratung auch die Vertretung seines Mandanten vor dem Patentamt und dem Patentgericht sowie in weiteren Rechtsstreitigkeiten vor anderen Behörden und Gerichten (s. § 3 II, III PAO). Zwar besteht auch in diesen Verfahren die Möglichkeit, sich von einem Rechtsanwalt vertreten zu lassen (s. § 3 V PAO). Demgegenüber hat die Vertretung durch einen Patentanwalt den Vorteil, dass er in seiner Person technische oder naturwissenschaftliche Kenntnisse mit juristischer Kompetenz verbindet und deshalb als sachkundiger und zugleich rechtskundiger Berater besonders befähigt ist.[466] Hinsichtlich der gegenüber dem Mandanten übernommenen Aufgaben und Funktionen besteht zwischen Patentanwalt und Rechtsanwalt kein Unterschied.[467] Wie der Rechtanwalt ist der Patentanwalt ein unabhängiges Organ der Rechtspflege (§ 1 PAO). Aus der Sicht des Mandanten ist das Recht auf Vertretung durch einen Patentanwalt allenfalls deshalb leichter einschränkbar, weil eine Vertretung durch einen Rechtsanwalt zulässig ist – und umgekehrt. Solange die professionelle Beratung und Vertretung bei der Wahrung gewerblicher Schutzrechte sowohl durch Rechtsanwälte als auch durch Patentanwälte erfolgen kann, ist der Einzelne jedenfalls in seinem Anspruch auf rechtlichen Beistand in Bezug auf beide Berufsgruppen in gleicher Weise geschützt. Zu dem Recht auf eine effektive Vertretung vor Be-

---

[462] S. *Hubmann/Götting*, Gewerblicher Rechtsschutz (2002), S. 63, 66.
[463] S. §§ 9, 11 Nr. 1 PatG; §§ 11 I, 12 Nr. 1 GebrMG; s. dazu *Hubmann/Götting*, Gewerblicher Rechtsschutz (2002), S. 49, 177.
[464] In § 53 AE-ZVR (1996) wird den Patentanwälten daher kein Zeugnisverweigerungsrecht mehr eingeräumt, s. die Begründung (aaO), S. 44. Aufgrund der fehlenden Berücksichtigung des Rechtsstaatsprinzips (s. die folgenden Ausführungen im Text) wird diese Regelung zu Recht als „Übersteigerung eines singulären Prinzips" kritisiert, so *Welp*, in: Bemmann-FS (1997), S. 626, 636.
[465] *Görtz-Leible*, Die Beschlagnahmeverbote (2000), S. 110.
[466] S. die Entwurfsbegründung zur PAO, BT-Drucks. V/276, S. 46.
[467] BGH, VersR 2001, 62, 64, begründet auf diese Weise, dass der Patentanwalt gegenüber seinem Mandanten auch die gleichen Aufklärungs- und Beratungspflichten wie ein Rechtsanwalt hat; s. insoweit bereits BGHZ 52, 359, 362; ebenso *Görtz-Leible*, Die Beschlagnahmeverbote (2000), S. 109.

hörden und Gerichten gehört es auch, dass der Inhalt der verfahrensvorbereitenden Beratung geheim bleibt. Dementsprechend gehört die Schweigepflicht zu den Grundpflichten des Patentanwalts (s. § 39a II PAO). Für das Patentanwaltsgeheimnis gelten daher die Ausführungen zum Anwaltsgeheimnis als Ausfluss des Rechtsstaatsprinzips entsprechend. Insoweit genießt das Berufsgeheimnis des Patentanwaltes den gleichen verfassungsrechtlichen Schutz wie das des Rechtsanwaltes.

In Bezug auf das Anwaltsgeheimnis könnte ein höheres Schutzniveau allein mit dem (potentiell) stärkeren Persönlichkeitsbezug der gegenüber dem Rechtsanwalt offenbarten Umstände gerechtfertigt werden. Ebenfalls denkbar wäre es, bei dem Schutz vor staatlichen Informationseingriffen bei Rechtsanwälten nach dem Gegenstand des Mandatsverhältnisses und dessen Persönlichkeitsbezug zu differenzieren.[468] In diesem Fall wäre das Berufsgeheimnis eines Patentanwaltes in gleicher Weise schutzwürdig wie dasjenige eines ausschließlich in wirtschaftlichen Angelegenheiten tätigen Rechtsanwaltes.

(5) Steuerberater und Steuerbevollmächtigte

Steuerberater und Steuerbevollmächtigte[469] haben die Aufgabe, ihren Auftraggeber in Steuersachen zu beraten, sie zu vertreten und ihnen bei der Bearbeitung ihrer Steuerangelegenheiten, einschließlich der Erfüllung von Buchführungspflichten, Hilfe zu leisten (§ 33 StBerG). Diese Tätigkeit bezieht sich somit auf die wirtschaftlichen Verhältnisse des Auftraggebers (seine Steuerschuld); was die Persönlichkeitsnähe der Beratung angeht, besteht eine Parallele zum Patentanwalt.[470] Andererseits bestehen zwei gravierende Unterschiede, die einen darüber hinausgehenden verfassungsrechtlichen Schutz nach Art. 2 I i.V.m. Art. 1 I GG rechtfertigen. Zum einen legt der Auftraggeber gegenüber seinem Steuerberater seine wirtschaftlichen Verhältnisse vollkommen offen[471], während dem Patentanwalt nur der Ausschnitt offenbart wird, der das gewerbliche Schutzrecht betrifft. Zum anderen sind für die Bemessung der Steuerschuld eine Vielzahl persönlicher Angaben relevant, die im Beratungsgespräch zu erörtern sind (z.B. Unterhaltszahlungen, Aufwendungen aufgrund von Erkrankungen, Spenden an politische Parteien).[472] Der Steu-

---

[468] In diese Richtung geht auch der Vorschlag eines relativen Zeugnisverweigerungsrechtes in Bezug auf Informationen aus dem Kernbereich der Persönlichkeitssphäre, s. § 55 I Nr. 3 StPO, in: AE-ZVR (1996), S. 57 ff.; s. auch *Wolter*, ZStW 107 (1995), 793, 836 ff.
[469] Die Stellung des Steuerbevollmächtigten entspricht im Wesentlichen der des Steuerberaters, s. *Gehre*, StBerG (1999), § 32 Rn. 4 f.; s. aber §§ 32 III, 50, 65 StBerG. Im Text wird im Folgenden auf eine gesonderte Erwähnung verzichtet, da der Beruf des Steuerbevollmächtigten geschlossen worden ist; die Ausführungen zum Steuerberater gelten für den Steuerbevollmächtigten entsprechend.
[470] In § 53 AE-ZVR ist wegen der vermögensorientierten Tätigkeit der Steuerberater für diese kein Zeugnisverweigerungsrecht vorgesehen, s. die Begründung, aaO, S. 44; zur Kritik: *Welp*, in: Bemmann-FS (1997), S. 626, 635 f.
[471] *Gehre*, StBerG (1999), § 57 Rn. 57.
[472] S. BVerfGE 67, 100, 142 f. (zum Steuergeheimnis).

erberater erhält damit einen so umfassenden Einblick in die persönlichen und wirtschaftlichen Verhältnisse des Einzelnen wie kein anderer Berufsgeheimnisträger.[473] Darüber hinaus steht das Berufsgeheimnis des Steuerberaters unter dem Schutz des Rechtsstaatsprinzips. Steuerberatung ist Teil der Rechtsberatung.[474] Mit dem wachsenden Bedürfnis nach kompetenter Beratung in Steuerangelegenheiten hat sich dieser Teil der rechtsberatenden Tätigkeit verselbständigt.[475] In Steuerangelegenheiten gleicht die Funktion des Steuerberaters derjenigen des Rechtsanwalts.[476] Wie der Patentanwalt[477], übt der Steuerberater mit der Vertretung seines Auftraggebers vor Finanzbehörden und Gerichten einen Ausschnitt der Tätigkeit eines Rechtsanwalts aus.[478] Der Steuerberater vertritt als Organ der Steuerrechtspflege[479] die Interessen seines Auftraggebers.[480] Dies setzt eine Geheimhaltung der Beratung mit seinem Auftraggeber über das Vorgehen in dem jeweiligen Verfahren voraus. Den Schutz des Rechtsstaatsprinzips genießt das Geheimhaltungsinteresse des Auftraggebers also nicht, weil er sich einem Steuerberater anvertraut hat, sondern weil er dieses zu dem Zweck getan hat, sich von diesem rechtlich beraten und gegebenenfalls vertreten zu lassen. Für andere Tätigkeiten, wie die Buchführung, gilt dies nicht.[481]

Das Berufsgeheimnis des Steuerberaters ist daher nicht allein im Hinblick auf das Persönlichkeitsrecht des Auftraggebers gewährleistet[482], sondern auch, um diesem ein rechtsstaatliches Verfahren zu garantieren.

(6) Wirtschaftsprüfer und vereidigte Buchprüfer

Die berufliche Aufgabe der Wirtschaftsprüfer und vereidigten Buchprüfer besteht darin, betriebswirtschaftliche Prüfungen, insbesondere die Pflichtprüfungen von Kapitalgesellschaften (§§ 316 ff. HGB), durchzuführen und Bestätigungsvermerke

---

[473] *Gehre*, StBerG (1999), § 57 Rn. 57; *Meng*, Berufsrecht (1991), S. 93.
[474] BVerfGE 21, 173, 179; 54, 301, 315; 55, 185, 196; 80, 269, 280.
[475] S. *Görtz-Leible*, Die Beschlagnahmeverbote (2000), S. 111: Im Jahr 1891 wurde in Preußen das Recht, sich in Steuerangelegenheiten von einem Bevollmächtigten vertreten zu lassen, gesetzlich anerkannt (aaO).
[476] BVerfGE 80, 269, 280. *Görtz-Leible*, Die Beschlagnahmeverbote (2000), S. 112, konstatiert bereits unmittelbar nach dem 2. Weltkrieg eine „faktische Gleichstellung" von Rechtsanwalt und Steuerberater.
[477] *Görtz-Leible*, Die Beschlagnahmeverbote (2000), S. 113.
[478] Zur Tätigkeit des Steuerberaters als Prozessbevollmächtigter: *Mittelsteiner*, DStR 1993, 702 ff.
[479] BVerfGE 80, 269, 281; s. auch BVerfGE 21, 173, 179; 54, 301, 315; 55, 185, 196; 60, 215, 231.
[480] OLG Bremen, StV 1985, 282, 284; s. auch *Gehre*, StBerG (1999), § 57 Rn. 13.
[481] Das Rechtsstaatsprinzip wird deshalb nicht verletzt, wenn bei dem Steuerberater Unterlagen beschlagnahmt werden, die der Mandant vorzulegen verpflichtet ist und aus denen der Inhalt des Beratungsgespräches oder einzelner Ratschläge des Steuerberaters nicht ersichtlich ist (z.B. Buchführungsunterlagen). Wie § 97 I StPO in dieser Hinsicht auszulegen ist, ist umstritten, s. dazu u. S. 340 ff.
Das Gleiche gilt, soweit der Steuerberater als Unternehmensberater tätig wird. Zum Beratungspotential des Steuerberaters: *Schäfer*, DStR 1997, 794 ff.
[482] S. insoweit *F. Schreiber*, Beschlagnahme (1993), S. 120, 122.

II. Informationsverarbeitung und Grundrechte

über Vornahme und Ergebnis solcher Prüfungen zu erteilen (§§ 2 I, 129 I WPO – sog. Vorbehaltsaufgabe). Die Aufgabe des vereidigten Buchprüfers umfasst insofern nur das Gebiet des betrieblichen Rechnungswesens (§ 129 I WPO); Pflichtprüfungen kann er nur bei einer mittelgroßen GmbH (§ 267 II HGB) vornehmen (§ 319 I S. 2 HGB). Außerdem sind Wirtschaftsprüfer und vereidigte Buchprüfer befugt, ihre Auftraggeber in steuerlichen Angelegenheiten zu beraten und zu vertreten (§§ 2 II, 129 II WPO), diese in wirtschaftlichen Angelegenheiten zu beraten und deren Interessen zu wahren (§§ 2 III Nr. 2, 129 III Nr. 2 WPO), fremdes Vermögen treuhänderisch zu verwalten (§§ 2 III Nr. 3, 129 III Nr. 3 WPO) und als Sachverständige aufzutreten (§§ 2 III Nr. 1, 129 III Nr. 1 WPO).

Allen diesen Tätigkeiten ist gemeinsam, dass sich die bei ihrer Ausübung gegenüber dem Wirtschaftsprüfer offenbarten Informationen auf ein wirtschaftliches Unternehmen und dessen Geschäftstätigkeit beziehen und das allgemeine Persönlichkeitsrecht nur in seinen Randbereichen berühren.[483]

In Bezug auf die berufliche Kernaufgabe, der Prüfung, wird die geringe Schutzwürdigkeit dieser Informationen auch damit begründet, dass der Abschlussbericht des Prüfers einer Vielzahl an Personen zugänglich ist und damit erhebliche Publizität genießt.[484] Der Bestätigungsvermerk über das Ergebnis der Prüfung einschließlich der Beurteilung dieses Ergebnisses durch den Prüfer (s. § 322 I HGB) ist zum Handelsregister einzureichen (§ 325 I S. 1 HGB), in das jeder Einsicht nehmen kann (§ 9 I HGB).[485] Allerdings ist der Prüfungsbericht selbst nicht öffentlich zugänglich, sondern wird den Gesellschaftern (s. § 46 Nr. 1 GmbHG) bzw. dem Aufsichtsrat (§ 170 I AktG; ggf. i.V.m. § 52 GmbHG) vorgelegt[486]; insofern besteht keine Publizitätspflicht.[487] Überdies muss ein Wirtschaftsprüfer nicht alle Informationen, die er im Laufe der Prüfung erhoben hat, in seinen Prüfungsbericht aufnehmen, sofern dieser die gesetzlich festgelegte Mindestdarstellung enthält (s. §§ 321, 322 HGB).[488] Trotz der gesetzlich fixierten Auskunftspflichten der gesetzlichen Vertreter des zu prüfenden Unternehmens (§ 320 HGB) ist es für die Arbeit des Wirtschaftsprüfers hilfreich, wenn diese darauf vertrauen können, dass sensible Informationen über das Unternehmen vom Wirtschaftsprüfer nicht weitergegeben werden.[489]

Gleichwohl erscheint es fraglich, ob aufgrund dieser Umstände ein Vertrauensverhältnis zu dem Wirtschaftsprüfer entsteht. Ein wesentliches Element, das den bereits erörterten Vertrauensbeziehungen gemeinsam und zugleich Grundlage des

---

[483] Aus diesem Grund wird zum Teil die Abschaffung des Zeugnisverweigerungsrechts für Wirtschaftsprüfer gefordert, s. § 53 AE-ZVR (1996), und die Begründung (aaO), S. 44; s. auch *Weigend*, Gutachten C, in: Verhandlungen des 62. DJT (1998), C 94; a.A. *Baier*, wistra 2000, 165 ff.
[484] *Weigend*, Gutachten C, in: Verhandlungen des 62. DJT (1998), C 94.
[485] *Baier*, wistra 2000, 165, 166 f.
[486] *Adler/Düring/Schmaltz*, Rechnungslegung, § 316 HGB Rn. 19.
[487] Für eine erweiterte Offenlegung und gegen „informationsprivilegierte Zwischeninstanzen": *Hachmeister*, DStR 1999, 1453, 1459 f.
[488] *Baier*, wistra 2000, 165, 167.
[489] *Baier*, wistra 2000, 165, 167; s. auch LG Bonn, NJW 2002, 2261, 2262.

Vertrauens ist, besteht darin, dass der Berufsgeheimnisträger die Interessen desjenigen wahrnimmt, der sich ihm anvertraut. Die Aufgabe des Wirtschaftsprüfers besteht jedoch gerade darin, die auskunftspflichtigen Vertreter des Unternehmens (z.b. die Vorstandsmitglieder einer AG) zu kontrollieren[490] – auch wenn die Abschlussprüfung in der Praxis häufig mit der Beratung verbunden wird[491]. Mit dem Gesetz zur Kontrolle und Transparenz im Unternehmensbereich (KonTraG)[492] wurde die Distanz des Wirtschaftsprüfer gegenüber dem Vorstand erhöht, um die Stellung des Wirtschaftsprüfers und dessen Funktion zu stärken, den Aufsichtsrat bei der Kontrolle des Vorstandes zu unterstützen.[493] Es wäre also allenfalls der Aufsichtsrat, dessen Vertrauen der Wirtschaftsprüfer – stellvertretend für das des Unternehmens – in Anspruch nimmt.[494]

Aber auch diese Überlegung greift zu kurz, denn der Wirtschaftsprüfer wird nicht allein im Interesse des Unternehmens tätig, das ihm den Prüfungsauftrag erteilt hat. Die Abschlussprüfung dient nicht allein der gesellschaftsinternen Kontrolle, sondern auch den Informationsinteressen Dritter, die den bestätigten Jahresabschluss zur Grundlage vermögenswirksamer Entscheidungen machen.[495] Die Erfüllung der Vorbehaltsaufgaben liegt im öffentlichen Interesse[496], der Wirtschaftsprüfer hat eine öffentliche Funktion[497]. Er nimmt also nicht allein das Vertrauen des Unternehmens, sondern auch das der Öffentlichkeit in Anspruch.[498]

---

[490] *Weigend*, Gutachten C, in: Verhandlungen des 62. DJT (1998), C 93.
[491] Vgl. *Paa*, INF 1996, 437, 439: „Die Annahme, man könne Abschlussprüfungen ohne gleichzeitige Beratungstätigkeiten durchführen, entbehrt jeglichen Praxisbezuges." Die Kontrollfunktion setzt der Beratungstätigkeit jedoch rechtliche Grenzen, s. OLG Karlsruhe, DB 1995, 2514, 2515; einschränkend *Paa*, aaO, 438ff. m.w.N.
[492] KonTraG vom 27.4.1998, BGBl I S.786.
[493] *Hachmeister*, DStR 1999, 1453, 1454, 1457ff.; *Mattheus*, ZGR 1999, 682, 684, 686f., 707ff. Dieses Ziel verfolgte der Gesetzgeber bereits mit dem Bilanzrichtlinien-Gesetz vom 19.12.1985 (BGBl I S.2355), s. BT-Drucks. 10/317, S.95, 104; s. auch BayObLGZ 1987, 297, 310.
[494] Vgl. insoweit *Mattheus*, ZGR 1999, 682, 710.
[495] *Ebke*, in: MüKo-HGB (2001), §316 Rn.24.
[496] BVerfGE 98, 49, 65; *Adler/Düring/Schmaltz*, Rechnungslegung und Prüfung, §316 HGB Rn.3; *Baier*, wistra 2000, 165, 167. Soweit ein solches öffentliches Interesse verneint wird – s. *Ebke*, in: MüKo-HGB (2001), §316 Rn.29, 31 –, wird die gesellschaftsübergreifende Funktion des Wirtschaftsprüfers gleichwohl anerkannt (*Ebke*, aaO, Rn.24f.). Dass die Wirtschaftsprüfung nicht allein im Interesse der Gesellschaft, sondern auch im Interesse gesellschaftsexterner Dritter erfolgt, zeigt sich auch daran, dass der Wirtschaftsprüfer bei einer Verletzung seiner Prüfungspflicht auch gegenüber Dritten schadensersatzpflichtig nach §§823 II BGB, 332 HGB werden kann, s. *Ebke*, in: MüKo-HGB (2001), §323 Rn.78; *Schaal*, in: Erbs/Kohlhaas, §332 HGB Rn.1; zu §§823 II BGB, 403 AktG: OLG Karlsruhe, WM 1985, 940, 944. Strafrechtlich geschützt werden von §332 HGB alle Personen, die in wirtschaftlicher oder rechtlicher Beziehung zur geprüften Gesellschaft stehen oder in eine solche Beziehung eintreten wollen, s. *Quedenbeck*, in: MüKo-HGB (2001), §332 Rn.2; *Schaal*, aaO.
[497] BayObLGZ 1987, 297, 308; s. dagegen noch BGHZ 16, 17, 25 (Wirtschaftsprüfer ist ein Organ der Gesellschaft); 76, 338, 342 („wie ein Gesellschaftsorgan").
[498] *Schäuble*, Wirtschaftsprüfer (1971), S.34, 44; s. auch *Mattheus*, ZGR 1999, 682, 712.

Man wende nicht ein, auch der Notar sei nicht Vertreter einer Partei, sondern werde als unparteiischer Betreuer aller Beteiligten tätig (§ 14 I S. 2 BNotO).[499] In Bezug auf die Verpflichtung zur Unparteilichkeit besteht zwar eine Ähnlichkeit beider Berufe[500]; gleichwohl kann zu einem Notar ein Vertrauensverhältnis entstehen, da die Zahl der Beteiligten von vornherein begrenzt ist. Der Entwicklung von Vertrauen gegenüber dem Notar förderlich ist auch der Umstand, dass die Begründung dieses Verhältnisses von der Initiative des oder der Ratsuchenden abhängig ist: Das Tätigwerden des Notars setzt ein entsprechendes Ansuchen eines Beteiligten voraus[501], während die Notwendigkeit einer Abschlussprüfung sich unmittelbar aus dem Gesetz ergibt, also unabhängig vom Willen des Auftraggebers des Wirtschaftsprüfers besteht. Im Übrigen wurde bei der Behandlung des notariellen Berufsgeheimnisses darauf hingewiesen, dass dieses aufgrund der öffentlich-rechtlichen Bindungen der Rechtsstellung des Notars in höherem Maße Einschränkungen unterworfen werden kann.

Die Tätigkeit nach § 2 I WPO umfasst neben den Pflichtprüfungen auch Unternehmensprüfungen auf freiwilliger Basis.[502] Dies kann zum einen zu gesellschaftsexternen Zwecken geschehen, sei es, dass ein anderes Unternehmen den Prüfungsauftrag zur Vorbereitung eines Unternehmenskaufes erteilt[503], sei es, dass die Prüfung vorgenommen wird, um Kapitalanleger einzuwerben[504]. In diesen Fällen wird dem Wirtschaftsprüfer von Personen außerhalb der Gesellschaft Vertrauen entgegengebracht und im erstgenannten Fall die Prüfung auch von außen veranlasst. Ein enges Vertrauensverhältnis des geprüften Unternehmens zum Wirtschaftsprüfer besteht in diesen Fällen nicht. Anders sind lediglich die Fälle zu beurteilen, in denen die Prüfung ausschließlich zu gesellschaftsinternen Zwecken vorgenommen wird. So kann der Gesellschaftsvertrag einer Personengesellschaft eine Prüfung vorschreiben, um eine ordnungsgemäße Gewinnverteilung zu gewährleisten.[505] Der Wirtschaftsprüfer wird im Interesse der Gesellschafter tätig, und zu diesen kann ein Vertrauensverhältnis entstehen.

Da der Wirtschaftsprüfer und der vereidigte Buchprüfer im Rahmen ihrer Vorbehaltsaufgaben ihren Auftraggeber nicht vor Behörden oder Gerichten vertreten (oder ihn diesbezüglich beraten), genießt das Geheimhaltungsinteresse des geprüften Unternehmens insoweit nicht den verfassungsrechtlichen Schutz des Rechtsstaatsprinzips. Soweit Wirtschaftsprüfer und vereidigte Buchprüfer hingegen ihre Auftraggeber in Steuerangelegenheiten beraten und vertreten (s. §§ 2 II WPO, 129

---

[499] S. den Vergleich mit dem Notar bei *Baier*, wistra 2000, 165, 167; s. auch die Bezeichnung des Wirtschaftsprüfers als „Wirtschaftsnotar" (*Mattheus*, ZGR 1999, 682, 683 m.w.N.).
[500] BVerfGE 98, 49, 65f.
[501] *Schippel*, in: Schippel, BNotO (2000), § 14 Rn. 36.
[502] *Baier*, wistra 2000, 165, 168; *von Schweinitz*, Rechtsberatung (1975), S. 117f.; s. auch die Begründung zur WPO, BT-Drucks. II/784, S. 42.
[503] S. zu den entsprechenden Geheimhaltungspflichten: *Stoll*, BB 1998, 785, 786f.
[504] *Baier*, wistra 2000, 165, 168.
[505] *von Schweinitz*, Rechtsberatung (1975), S. 118.

II WPO[506]), gelten die Ausführungen zum Steuerberater entsprechend.[507] Das Interesse an Geheimhaltung der im Rahmen dieser Tätigkeit erlangten Informationen wird demnach vom Rechtsstaatsprinzip geschützt.

Für die übrigen Aufgabenbereiche (§§ 2 III, 129 III WPO) gilt folgendes: Die Beratung in wirtschaftlichen Angelegenheiten und die treuhänderische Verwaltung genießen weder nach Art. 2 I i.V.m. Art. 1 I GG noch nach Maßgabe des Rechtsstaatsprinzips besonderen verfassungsrechtlichen Schutz, da die offenbarten Informationen ausschließlich vermögensbezogen sind und deshalb nur eine geringe Persönlichkeitsnähe aufweisen und ihre Geheimhaltung auch nicht im Hinblick auf die Vertretung in einem staatlichen Verfahren geboten ist. Auch das öffentliche Interesse an der Gewährleistung dieser Funktionen ist im Vergleich zu den anderen, bereits erörterten Berufen gering.[508] Für das Auftreten als Sachverständiger gelten sinngemäß die Ausführungen zur Prüfung.[509]

Zusammenfassend ist festzuhalten, dass das Berufsgeheimnis der Wirtschaftsprüfer und vereidigten Buchprüfer einen verfassungsrechtlichen Schutz, der dem der bereits erörterten Vertrauensverhältnisse gleichkommt, nur insoweit genießt, als diese ihre Auftraggeber in steuerlichen Angelegenheiten beraten und vertreten. In Bezug auf die anderen Aufgaben, insbesondere die Prüfungstätigkeit als Kern ihres beruflichen Aufgabenfeldes, liegt ein verfassungsrechtlich in besonderer Weise schützenswertes Vertrauensverhältnis regelmäßig nicht vor. Das Berufsgeheimnis des Wirtschaftsprüfers ist daher nicht bereits als solches verfassungsrechtlich geschützt.[510] Darüber hinaus wird der hinsichtlich der steuerberatenden Tätigkeit gewährleistete Schutz dadurch relativiert, dass der Einzelne sich insoweit der Hilfe von Rechtsanwälten oder Steuerberatern bedienen kann.[511] Dem Rechtsstaatsprin-

---

[506] S. auch die dem beruflichen Tätigkeitsfeld akzessorische Befugnis zur Rechtsberatung (Art. 1 § 5 Nr. 2 RBerG).

[507] S. zur Vergleichbarkeit: *Baier*, wistra 2000, 165, 168 f.; *Weigend*, Gutachten C, in: Verhandlungen des 62. DJT (1998), C 94.

[508] *Baier*, wistra 2000, 165, 169; *Weigend*, Gutachten C, in: Verhandlungen des 62. DJT (1998), C 94.

[509] Für eine parallele Bewertung (allerdings mit gegenteiligem Ergebnis): *Baier*, wistra 2000, 165, 169.

[510] Dementsprechend wird eine Abschaffung des Zeugnisverweigerungsrechts für Wirtschaftsprüfer gefordert, s. § 53 AE-ZVR (1996), und die Begründung (aaO), S. 44; *Schünemann*, StV 1998, 391, 398; *Weigend*, Gutachten C, in: Verhandlungen des 62. DJT (1998), C 94; a.A. *Baier*, wistra 2000, 165 ff. So wird dem Wirtschaftsprüfer in den Niederlanden aufgrund seiner öffentlichen Funktion kein Zeugnisverweigerungsrecht eingeräumt, s. *Mark/Spehl*, in: Döser-FS (1999), S. 337, 342, und eine Sozietät von Rechtsanwälten und Wirtschaftsprüfern ist untersagt, s. dazu und zur gemeinschaftsrechtlichen Zulässigkeit des Verbots: EuGH, Urteil vom 19. 2. 2002, Rs. C-309/99, NJW 2002, 877 ff.
Solange der Gesetzgeber an dem umfassenden Schutz des Verhältnisses zum Wirtschaftsprüfer festhält, ohne nach den beruflichen Tätigkeitsfeldern zu differenzieren, ist eine einschränkende Auslegung der Schutzvorschriften nicht angängig, s. LG Bonn, NJW 2002, 2261 f.; s. aber die Einschränkung des § 97 StPO beim Steuerberater über § 104 II AO, s. u. S. 340 ff.

[511] Unter anderem deshalb besteht auch kein Zeugnisverweigerungsrecht für Rechtsbeistände und sonstige Rechtsberater, die ebenfalls nur in einem sehr begrenzten Umfang fremde Rechtsan-

zip wird Genüge getan, wenn der Einzelne kompetente Beratung und Hilfe erhalten kann und dabei Vertraulichkeit gegenüber den staatlichen Organen sichergestellt ist. Der Gesetzgeber kann sich daher beim Schutz des Berufsgeheimnisses der rechtsberatenden Berufe auf eine Auswahl dieser Berufe beschränken, insbesondere wenn der Kern der beruflichen Tätigkeit – wie im Fall des Wirtschaftsprüfers – auf anderen Gebieten liegt.

(7) Bankangestellte

Zu guter Letzt ist noch auf die Frage einzugehen, inwieweit die einer Bank von ihrem Kunden anvertrauten Informationen verfassungsrechtlichen Schutz genießen. Grundlage eines solchen Schutzes ist wiederum das allgemeine Persönlichkeitsrecht (Art. 2 I i.V.m. Art. 1 I GG).[512]

Soweit über das Bankkonto auch private Zahlungen abgewickelt werden, kann das Bankkonto als ausgelagerte Privatsphäre bezeichnet werden.[513] Allerdings sind die dem Kreditinstitut offenbarten Informationen nur in Ausnahmefällen höchstpersönlicher Natur.[514] In der Mehrzahl der Fälle beziehen sich die der Bank anvertrauten Informationen auf vermögensrechtliche oder wirtschaftliche Angelegenheiten.[515] Der Schutzbereich des allgemeinen Persönlichkeitsrechts erfasst zwar auch solche Umstände, soweit sie einer bestimmten Person zuzuordnen sind[516], das Interesse an ihrer Geheimhaltung ist jedoch verfassungsrechtlich nicht in gleicher Weise geschützt wie in Bezug auf persönliche Angelegenheiten i.e.S. Die finanzielle Gesamtsituation ist zwar insofern persönlichkeitsrelevant, als sie die soziale Stellung des Einzelnen mitprägt und für sein Selbstwertgefühl von Bedeutung ist[517]; insoweit ist der Einzelne allerdings in besonderem Maße rechtlichen Bindungen unterworfen, da die Rechtsordnung häufig gezielt an die finanzielle Leistungs-

---

gelegenheiten wahrnehmen dürfen, s. *Baier*, Strafprozessuale Zeugnisverweigerungsrechte (1996), S. 180f.

[512] *Bruchner*, in: Bruchner/Stützle, Bankgeheimnis und Bankauskunft (1990), S. 2; *Canaris*, Bankvertragsrecht (1988), Rn. 37; *Christopoulou*, Das Bankgeheimnis (1995), S. 23, 26; *Fisahn*, CR 1995, 632, 633; *Franken*, in: Heinsius-FS (1991), S. 147, 149; *C. Hirsch*, Auskünfte durch Kreditinstitute (1991), S. 6; *Kirchherr*, in: Sichtermann, Bankgeheimnis (1984), S. 40ff., 43f.; *Lerche*, ZHR 149 (1985), 165, 174f.; *Neuwald*, Das steuerliche Bankgeheimnis (1999), S. 18f.; *Sichtermann*, MDR 1965, 697, 697f.; s. auch BVerfGE 84, 239, 279f.; a.A. *Rehbein*, ZHR 149 (1985), 139, 144; *Rüth*, DStR 2000, 30, 38f. (Art. 2 I GG, Vertragsfreiheit).

Das bedeutet nicht, dass der Inhalt der einfach-gesetzlichen Ausgestaltung in vollem Umfang verfassungsrechtlich garantiert ist, wie z.b. das steuerrechtliche Bankgeheimnis nach § 30a AO, s. BVerfGE 84, 239, 279; *Hellwig*, in: Hübschmann/Hepp/Spitaler, AO, § 30a Rn. 7.

[513] *Dörn*, BuW 1997, 575, 577; zustimmend: BFH, FR 1998, 112, 116; *Neuwald*, Das steuerliche Bankgeheimnis (1999), S. 18.

[514] *Kirchherr*, in: Sichtermann, Bankgeheimnis (1984), S. 43, nennt als Beispiel Unterhaltszahlungen an ein nicht-eheliches Kind.

[515] *Canaris*, Bankvertragsrecht (1988), Rn. 36; *Kirchherr*, in: Sichtermann, Bankgeheimnis (1984), S. 43.

[516] Zum Bankgeheimnis: *Franken*, in: Heinsius-FS (1991), S. 147, 149f.

[517] *von Hammerstein*, Privatsphäre im Steuerrecht (1993), S. 187.

fähigkeit anknüpft (Steuerlast, Unterhaltszahlungen).[518] Das Bankgeheimnis gehört daher, was die Schutzwürdigkeit der einzelnen Informationen angeht, nicht zum Kern des allgemeinen Persönlichkeitsrechts.[519]

Zwischen Kreditinstituten und ihren Kunden besteht ein Vertrauensverhältnis[520], das maßgeblich von der vertraglichen[521] Schweigepflicht der Institute geprägt wird.[522] Da der Kunde über die bei seiner Bank geführten Konten eine Vielzahl von Transaktionen zu privaten und beruflichen Zwecken durchführt, erhält die Bank einen umfassenden Einblick in die Lebensführung ihres Kunden.[523] Insofern besteht eine Parallele zum Steuerberater und den ihm anvertrauten Informationen.[524] Gleichwohl steht bei der Tätigkeit eines Bankangestellten nicht die Beratung und Hilfe in Notsituationen im Vordergrund[525], sondern die Erbringung einer Dienstleistung, nämlich die Besorgung eines Bankgeschäftes (s. § 1 I S. 2 KWG).[526] Das Bankgeheimnis erscheint in dieser Hinsicht nicht in gleicher Weise schutzwürdig wie die bereits erörterten Berufsgeheimnisse.[527]

Da es nicht Aufgabe der Kreditinstitute ist, ihre Kunden rechtlich zu beraten bzw. zu vertreten, bleibt das Rechtsstaatsprinzip als Grundlage des Bankgeheimnisses außer Betracht. Im Vergleich zu den anderen Berufsgeheimnissen ist das Bankgeheimnis demnach verfassungsrechtlich auf relativ niedrigem Niveau geschützt.[528] Im Hinblick auf die bereits erwähnte Häufung personenbezogener Informationen bei den Kreditinstituten ist dieses Fazit mit einer Einschränkung zu

---

[518] Vgl. zum Steuerrecht: *von Hammerstein*, Privatsphäre im Steuerrecht (1993), S. 189.

[519] *Canaris*, Bankvertragsrecht (1988), Rn. 36; *C. Hirsch*, Auskünfte durch Kreditinstitute (1991), S. 6; *Neuwald*, Das steuerliche Bankgeheimnis (1999), S. 17.

[520] BFH, NJW 2000, 3157, 3160; FG Schleswig-Holstein, NJW 2001, 2350, 2352; s. auch § 30a AO.

[521] Die Verschwiegenheitspflicht ist konludent vereinbarte, selbstverständliche Nebenpflicht des Kreditinstitutes aus dem mit dem Kunden abgeschlossenen Vertrag, s. BGHZ 27, 241, 246.

[522] Dass insbesondere durch die Verschwiegenheit eine Vertrauensbeziehung zwischen dem Kreditinstitut und ihrem Kunden ermöglicht wird, gilt als unerlässliche Voraussetzung der Berufsausübung (s. Art. 12 GG), s. *Canaris*, Bankvertragsrecht (1988), Rn. 38; *Christopoulou*, Das Bankgeheimnis (1995), S. 29 f.; *C. Hirsch*, Auskünfte durch Kreditinstitute (1991), S. 7; *Neuwald*, Das steuerliche Bankgeheimnis (1999), S. 20; *Rehbein*, ZHR 149 (1985), 139, 141, 145; *Rüth*, DStR 2000, 30, 38.

[523] BFH, NJW 1997, 2067, 2072; *Franken*, in: Heinsius-FS (1991), S. 147, 148, 150.

[524] S. *Franken*, in: Heinsius-FS (1991), S. 147, 150 (Vergleich mit dem Steuergeheimnis).

[525] Vgl. *Rüth*, DStZ 2000, 30, 32; s. ferner *Baier*, Strafprozessuale Zeugnisverweigerungsrechte (1996), S. 171 f., der sogar einen Interessengegensatz feststellt, da eine Bank nur in dem Maß an einer Unterstützung ihres Kunden interessiert sei, wie ihr dies zugleich einen Vorteil gewähre.

[526] S. auch den von *Wieland*, JZ 2000, 272, 274, angestellten Vergleich mit anderen wirtschaftlichen Austauschbeziehungen (Arbeitgeber – Arbeitnehmer, Vermieter – Mieter); ähnlich *Baier*, Zeugnisverweigerungsrechte (1996), S. 172; s. auch BVerfG, NJW 2001, 811, 812 (zur Auskunftspflicht eines Energieversorgungsunternehmens über Kundenkonten).

[527] *von Hammerstein*, Privatsphäre im Steuerrecht (1993), S. 186; *Rüth*, DStZ 2000, 30, 32; s. auch BVerfG, ZfS 1982, 12 (zum Haftpflichtversicherer).

[528] Einfach-gesetzlich kommt dies darin zum Ausdruck, dass ein Zeugnisverweigerungsrecht für Bankangestellte im Zivilprozess (s. § 383 I Nr. 6), aber nicht im Strafprozess (s. § 53 StPO) oder im Besteuerungsverfahren (s. § 102 AO) vorgesehen ist; s. auch BFH, BStBl II 1993, 451; *Schall*, DStZ 1993, 574, 575 (zur AO); *Rengier*, Zeugnisverweigerungsrechte (1979), S. 213 f. (zur StPO).

versehen. Die Datenbestände der Kreditinstitute lassen einen umfassenden Einblick in die persönlichen und wirtschaftlichen Verhältnisse des Bankkunden zu. Ein staatlicher Zugriff auf diesen gesamten Datenbestand, um diesen anschließend auszuwerten, ist als massiver Eingriff in das allgemeine Persönlichkeitsrecht nur in engen gesetzlichen Grenzen verfassungsrechtlich zulässig.[529]

c) Ergebnis

Der verfassungsrechtliche Schutz der anvertrauten Informationen vor staatlichen Erhebungs- und Verarbeitungseingriffen wird in Abhängigkeit von der Berufszugehörigkeit des Geheimnisträgers gewährleistet. Dabei sind fünf Gruppen zu unterscheiden.

Das Vertrauensverhältnis ist nach Art. 2 I i.V.m. Art. 1 I GG geschützt. Die offenbarten Informationen beziehen sich allerdings ganz überwiegend auf vermögensrechtliche und geschäftliche Angelegenheiten, so dass Eingriffe in das allgemeine Persönlichkeitsrecht wegen des geringen Persönlichkeitsbezuges am Ehesten gerechtfertigt werden können. Da ein materielles Grundrecht betroffen ist, gilt der verfassungsrechtliche Schutz über das Verfahren, in dem die Information erhoben worden ist, hinaus auch in anderen Verfahren. Die dortige Verwertung und bereits die Übermittlung zu diesem Zweck sind daher ebenfalls am Maßstab des allgemeinen Persönlichkeitsrechts zu messen. Zu diesen Berufsgruppen zählen die Bankangestellten, die Wirtschaftsprüfer und die vereidigten Buchprüfer.

Das Vertrauensverhältnis zu den Notaren ist ebenfalls allein nach Maßgabe der Art. 2 I i.V.m. Art. 1 I GG geschützt. Im Unterschied zu den vorgenannten Berufsgruppen werden gegenüber einem Notar allerdings häufiger Sachverhalte mit einem starken Persönlichkeitsbezug offenbart, was einen stärkeren verfassungsrechtlichen Schutz des zu diesem bestehenden Vertrauensverhältnisses rechtfertigt. Im Übrigen gelten die Ausführungen zu der vorgenannten Gruppe entsprechend.

Der Schutz der übrigen Vertrauensverhältnisse wird nicht nur durch das allgemeine Persönlichkeitsrecht, sondern darüber hinaus auch durch das Rechtsstaatsprinzip gewährleistet. Was der Mandant seinem Patentanwalt offenbart, ist vor staatlichen Informationseingriffen nach Art. 2 I i.V.m. Art. 1 I GG geschützt. Dieser Schutz wird verfahrensübergreifend gewährleistet, ist aber wegen des geringen Persönlichkeitsbezuges der Informationen nicht besonders weitgehend (s.o. zur ersten Gruppe). Die Vertraulichkeit der offenbarten Informationen wird außerdem durch das Rechtsstaatsprinzip gewährleistet, da eine effektive Beratung und Vertretung anderenfalls nicht möglich wäre. Dieser Schutz gilt allerdings nur im Rahmen der Verfahren, in denen der Patentanwalt die Interessen seines Mandanten wahrnimmt. Mit anderen Worten, das Rechtsstaatsprinzip verleiht verfahrensüber-

---

[529] Zu dem gesteigerten Gefährdungspotential für das allgemeine Persönlichkeitsrecht beim staatlichen Zugriff auf Datensammlungen: *Bär*, Zugriff auf Computerdaten (1992), S. 458; s. auch BFH, NJW 1997, 2067, 2072 (kein gezieltes „Ausfiltern" von Konten durch Kontrollmitteilungen).

greifenden Schutz nur, soweit der Patentanwalt in diesen Verfahren für den Mandanten tätig wird.

Die Berufsgruppen der Rechtsanwälte, Steuerberater und Verteidiger genießen den höchsten verfassungsrechtlichen Schutz. Ihnen werden häufig persönliche Sachverhalte anvertraut, so dass in Bezug auf das allgemeine Persönlichkeitsrecht ein höheres Schutzniveau angezeigt ist als bei den Patentanwälten. Hinzu tritt die verfasungsrechtliche Garantie des Berufsgeheimnisses durch das Rechtsstaatsprinzip, die – wie im Falle des Patentanwaltes – allerdings nur in Abhängigkeit von dem (oder den) jeweiligen Verfahren gewährt wird. Eine herausragende Stellung kommt der Vertraulichkeit des Verkehrs mit dem Verteidiger zu.

4. Der Grundsatz „Nemo tenetur se ipsum accusare" und seine verfassungsrechtlichen Grundlagen

Ähnliche Zuordnungsprobleme wie der Schutz der Vertrauensverhältnisse zu Berufsgeheimnisträgern wirft auch der Grundsatz „Nemo tenetur se ipsum accusare" auf. Der Schutz des Einzelnen vor der Erhebung von Informationen mit Hilfe von Zwang, der Verarbeitung dieser Informationen und ihrer Weitergabe und Verwertung in anderen Verfahren, hängt zu einem wesentlichen Teil davon ab, ob die Aussagefreiheit ein Verfahrensgrundrecht ist, das eine Mitwirkung in einem bestimmten Verfahren garantiert, oder ein materielles Grundrecht, das verfahrensübergreifenden Schutz gegen staatliche Eingriffe gewährt.

Aus diesem Grund kommt der Frage nach der verfassungsrechtlichen Begründung des Nemo-tenetur-Grundsatzes für die vorliegende Untersuchung zentrale Bedeutung zu. Die Gefahr, dass Rechte Einzelner durch Verfahrensverbindungen unterlaufen werden, besteht an dieser Stelle in besonderer Weise, denn der nemo-tenetur-Grundsatz wird als spezifisch strafprozessualer Grundsatz verstanden[530]. Zwar steht sein verfassungsrechtlicher Rang außer Frage[531]; gleichwohl ist nach wie vor nicht geklärt, ob die Aussagefreiheit materielles Freiheitsrecht[532] oder Verfahrensgrundrecht[533] ist. Als materielles Freiheitsrecht wäre der Nemo-tenetur-Grundsatz prinzipiell geeignet, unabhängig von einem Strafverfahren auch in anderen Verfahren rechtlichen Schutz zu garantieren. Darüber hinaus besteht die Hoffnung, dass sich mit der verfassungsrechtlichen Grundlage auch die ratio des Nemo-tenetur-Grundsatzes näher bestimmen lässt und damit ein normativer Aus-

---

[530] *Rogall*, in: SK-StPO, Vor § 133 Rn. 147, 150 m. w. N.

[531] Die Auffassung, der Nemo-tenetur-Grundsatz sei nur auf (einfach-) gesetzlicher Grundlage verbürgt – so *Peters*, ZStW 91 (1979), 96, 121, 123 –, dürfte spätestens mit der Entscheidung BVerfGE 56, 37ff. („Gemeinschuldner") als überholt gelten.

[532] In diesem Sinne *Rogall*, Der Beschuldigte (1977), S. 129ff.; *ders.*, in: SK-StPO, Vor § 133 Rn. 135.

[533] In diesem Sinne *H. Schneider*, Selbstbegünstigungsprinzip (1991), S. 49; s. auch *Rogall*, in: SK-StPO, Vor § 133 Rn. 135 (zugleich materielles Freiheitsrecht und Justizgrundrecht).

II. Informationsverarbeitung und Grundrechte

gangspunkt für die Bestimmung der inhaltlichen Reichweite und Grenzen des Nemo-tenetur-Grundsatzes gewonnen werden kann.[534] Daher soll im Folgenden versucht werden, den materiellen Grund seiner verfassungsrechtlichen Geltung offen zu legen.

Das Fehlen einer ausdrücklichen Verfassungsgarantie[535] macht es erforderlich, als inhaltlichen Bezugspunkt einer verfassungsrechtlichen Herleitung an die einfach-gesetzliche Ausgestaltung anzuknüpfen.[536] Dafür spricht auch, dass es gerade Aufgabe des Gesetzgebers ist, Verfassungsgrundsätze zu konkretisieren und weiterzuentwickeln.[537] Die Orientierung der Auslegung von Verfassungsgrundsätzen an der einfach-gesetzlichen Ausgestaltung sieht sich allerdings der Gefahr ausgesetzt, dass zwischen dem Inhalt der verfassungsrechtlichen Vorgaben für das Gesetz und dem Gesetz selbst nicht mehr sauber getrennt werden kann. Mit anderen Worten, das Gesetz kann über die inhaltlichen Anforderungen der Verfassung hinausgehen, oder der Gesetzgeber kann umgekehrt die verfassungsrechtlichen Mindestvorgaben unterschreiten, indem er verfassungswidrige Gesetze erlässt.[538] Von einfach-gesetzlichen Konkretisierungen kann der Gesetzgeber, soweit sie nicht verfassungsrechtlich vorgegeben sind, in späteren Entscheidungen abweichen. Wenngleich die Aussagefreiheit weitgehend durch das einfache Recht konkretisiert und insofern „normgeprägt" ist, muss daher zwischen verfassungsrechtlicher Gewährleistung und einfach-gesetzlicher Ausgestaltung so weit wie möglich unterschieden werden.[539] Da es aber eines inhaltlichen Bezugspunktes, eines „Objektes" der Ableitung bedarf („Was wird abgeleitet?"), ist ein begrenzter Rückgriff auf das einfache Gesetzesrecht unumgänglich.[540] Um mögliche Folgerungen aus der verfassungsrechtlichen Begründung nicht vorzugreifen, erscheint es geboten, die Untersuchung auf den Kern des Nemo-tenetur-Grundsatzes, dem innerstaatlich unstreitig Verfassungsrang zukommt, zu beschränken: Niemand darf als Angeklagter gezwungen werden, gegen sich selbst auszusagen.[541] Positiv gewendet: Dem Be-

---

[534] *H. Schneider*, Selbstbegünstigungsprinzip (1991), S. 37; *Torka*, Nachtatverhalten (2000), S. 49; *H.A. Wolff*, Selbstbelastung (1997), S. 29; kritisch insofern *Rogall*, StV 1996, 63, 64; *Verrel*, Die Selbstbelastungsfreiheit (2001), S. 6ff.; s. ferner *Neumann*, in: Wolff-FS (1998), S. 373, 383.
[535] S. aber Art. 52 V der Verfassung des Landes Brandenburg: „Niemand darf gezwungen werden, gegen sich selbst oder durch Gesetz bestimmte nahestehende Personen auszusagen."
[536] Für eine Bestimmung des Gewährleistungsinhalts im Wege der „induktiven Analyse" des einschlägigen Gesetzesrechts: *Nothhelfer*, Selbstbezichtigungszwang (1989), S. 22f.; *Verrel*, NStZ 1997, 361, 364; *ders.*, Die Selbstbelastungsfreiheit (2001), S. 7f.; s. auch BVerfGE 56, 37, 42ff.
[537] *Reiß*, Besteuerungsverfahren (1987), S. 141; *Verrel*, Die Selbstbelastungsfreiheit (2001), S. 8f.
[538] *Bosch*, Aspekte (1998), S. 30; *Torka*, Nachtatverhalten (2000), S. 48.
[539] Vgl. *Lorenz*, JZ 1992, 1000, 1006. Die Herausarbeitung der auftretenden Interessen- und Wertkonflikte ist dabei notwendig (*Verrel*, Die Selbstbelastung, 2001, S. 7f.), zu ihrer Lösung bedarf es aber zugleich der Einordnung dieser Interessen in das verfassungsrechtliche Wertesystem. Eine Rekonstruktion der Aussagefreiheit kann daher nicht losgelöst von deren verfassungsrechtlicher Lozierung erfolgen (s. dagegen *Verrel*, aaO, S. 8). Im Rahmen dieser Vorgaben sind auf der Ebene des einfachen Gesetzesrechts die gesetzlichen Wertungen zur Inhaltsbestimmung der Aussagefreiheit heranzuziehen.
[540] S. auch *Bosch*, Aspekte (1998), S. 31.
[541] Art. 52 V Verfassung des Landes Brandenburg; s. auch Art. 14 III g) IPBPR: „Jeder wegen ei-

schuldigten steht es frei, sich zu der Beschuldigung zu äußern oder nicht zur Sache auszusagen (s. § 136 I S. 2 StPO).

a) Die Gewissensfreiheit (Art. 4 I GG)

Aufgrund der historischen Verbindungslinien der Glaubens- und Gewissensfreiheit mit dem Nemo-tenetur-Grundsatz[542] soll zunächst Art. 4 I GG als mögliche verfassungsrechtliche Grundlage untersucht werden. Die Gewissensfreiheit kann in zweierlei Hinsicht durch eine Pflicht zur Aussage berührt werden.[543] Zum einen könnte darin eine Verletzung des inneren Schutzbereichs liegen, indem die Gewissenbildung in Bezug auf die (möglicherweise) begangene Straftat beeinflusst oder ausgeforscht wird. Zum anderen könnte das Aussageverhalten selbst eine Gewissensangelegenheit sein, in die einzugreifen dem Staat verwehrt ist.

(1) Die Straftat im Spiegel des Gewissens

Wendet man sich dem in Art. 4 I GG garantierten Grundrecht der Gewissensfreiheit zu, so kommt als Gegenstand der Gewissensbetätigung zuallererst die (möglicherweise) begangene Straftat in Betracht. Die Freiheit, über den strafrechtlichen Vorwurf auszusagen oder zu schweigen, könnte auf der Freiheit beruhen, das eigene Gewissen über diese Tat richten zu lassen.

Die Gewissensfreiheit garantiert die moralische Identität und Integrität des Einzelnen.[544] Die Bildung und Bewahrung eigener Wertmaßstäbe und Überzeugungen sind der Kernbereich des grundrechtlichen Schutzes; dieses forum internum ist Grundlage und Voraussetzung innerer geistiger Selbstbestimmung.[545] Das Gewissen wird verstanden als eine innere Instanz, welche dem Einzelnen Normen als unbedingt verpflichtend vorgibt und zu konkreten Verhaltensgeboten aktualisiert.[546] Eine Gewissensentscheidung ist eine „ernste, sittliche, d. h. an den Kategorien von Gut und Böse orientierte Entscheidung, die der Einzelne in einer bestimmten Lage als für sich bindend und unbedingt verpflichtend innerlich erfährt, so dass er gegen sie nicht ohne ernste Gewissensnot handeln könnte".[547]

---

ner strafbaren Handlung Angeklagte hat in gleicher Weise im Verfahren Anspruch auf folgende Mindestgarantien: ... g) er darf nicht gezwungen werden, gegen sich selbst als Zeuge auszusagen oder sich schuldig zu bekennen."

[542] *Guradze*, in: Loewenstein-FS (1971), S. 151, 156; *Nothhelfer*, Selbstbezichtigungszwang (1989), S. 55; *Rogall*, Der Beschuldigte (1977), S. 127; *H.A. Wolff*, Selbstbelastung (1997), S. 31.

[543] Für eine Begründung des Nemo-tenetur-Grundsatzes aus Art. 4 I GG (und Schuldprinzip und Unschuldsvermutung): *Lorenz*, JZ 1992, 1000, 1006; s. ferner („Teilbereiche") *Bosch*, Aspekte (1998), S. 46.

[544] *Mager*, in: von Münch/Kunig, GG, Bd. 1 (2000), Art. 4 Rn. 32.

[545] *Filmer*, Das Gewissen (2000), S. 213.

[546] Im Anschluss an *Sigmund Freud* (Vorlesungen zur Einführung in die Psychoanalyse, Studienausgabe, Bd. I, S. 498 f.) kann das Gewissen als Teil des „Über-Ichs" verstanden werden, das vor einer vom Ich gewollten Handlung warnt und über diese Handlung richtet, s. *Klier*, Gewissensfreiheit (1978), S. 42, 137, 143 f.; s. dort auch zum Gewissen in der Psychologie.

[547] BVerfGE 12, 45, 55.

II. Informationsverarbeitung und Grundrechte

Das Gewissen hat damit eine handlungsleitende Funktion, es geht um Selbstbestimmung in Bezug auf zukünftiges Verhalten.[548] Die Bewertung einer bereits begangenen Tat ist zwar vergangenheitsbezogen[549], wird aber nach den gleichen Maßstäben vorgenommen wie die eines zukünftigen Verhaltens.[550] An die Stelle der Gewissensnot tritt das schlechte Gewissen. Die Bewertung eigenen (vergangenen) Verhaltens kann zudem normativer Ausgangspunkt für die Vornahme zukünftiger Handlungen (z.B. Wiedergutmachung) sein.[551] Die Auseinandersetzung mit dem eigenen Verhalten und die Selbstbewertung bringen Maßstäbe für künftiges Verhalten in vergleichbaren Situationen hervor. Die normative Selbstkontrolle ermöglicht es so dem Einzelnen, seine moralische Identität zu bewahren.[552] Daher ist auch die Bewertung vergangenen Verhaltens am Maßstab des eigenen Gewissens vom Schutzbereich des Art. 4 I GG umfasst.

Zur Begründung des Nemo-tenetur-Grundsatzes aus Art. 4 I GG heraus wäre allerdings weiterhin erforderlich, dass sich der Einzelne nach der Begehung der Tat wenigstens der inneren Selbstkontrolle durch sein Gewissen stellt – wenn dieses ihn auch nicht von der Straftat selbst abhalten konnte. Dafür, dass eine solche innere Auseinandersetzung im Allgemeinen stattfindet, jedenfalls zu vermuten ist[553], spricht der enge Zusammenhang von Strafnormen und Gewissen. Zwar ist die Begründung materiellen, kriminellen Unrechts über die Verletzung vorgegebener Kulturwerte inzwischen überwunden.[554] Der Kern[555] dieser Lehre lebt jedoch in der Charakterisierung der Kriminalstrafe als „sozial-ethisches Unwerturteil"[556] fort, welches seine Grundlage in dem moralischen Gewissen der sittlich autono-

---

[548] *Filmer*, Das Gewissen (2000), S. 199.
[549] *Luhmann*, AöR 90 (1965), 257, 266f.
[550] Nach *Schopenhauer*, Die Grundlage der Moral (1840), §§ 9, 20, liegt es in der Natur der Sache, dass das Gewissen erst hinterher als richtendes Gewissen spricht: „Vorher sprechen kann es nur im uneigentlichen Sinn, nämlich indirekt, indem die Reflexion aus der Erinnerung ähnlicher Fälle auf die künftige Missbilligung einer erst projektierten Tat schließt." (zitiert aus der Gesamtausgabe von Ludger Lütkehaus, 1988/1999, Bd. III, S. 526, 614).
[551] *Luhmann*, AöR 90 (1965), 257, 267; s. auch die von *Klier*, Gewissensfreiheit (1978), S. 53, referierte Unterscheidung von *R. E. Money Kurle* zwischen „persecutory conscience", dem strafenden Gewissen, das sich nach Versöhnung sehne, und „depressive conscience", das eine Wiedergutmachung anstrebe.
[552] *Amelung*, NJW 1990, 1753, 1758f. Nach *Erich Fromm*, Psychoanalyse und Ethik (1947), Gesamtausgabe, Bd. II, S. 102, ist das „humanistische Gewissen" (als Gegensatz zu dem „autoritären Gewissen" als Stimme einer nach innen verlagerten Autorität, s. dazu *Fromm*, aaO, S. 93ff., 101ff.) der „Hüter des wahren menschlichen Selbstinteresses".
[553] Will man dem Ergebnis (Schweigerecht als Freiraum der Gewissensbildung) nicht vorgreifen, verbietet sich eine Überprüfung im Einzelfall, in welcher der Einzelne seine Gewissensbildung darlegen müsste.
[554] S. insoweit *M. E. Mayer*, Rechtsnormen und Kulturnormen (1903), S. 116f.; zur Kritik: *Amelung*, Rechtsgüterschutz (1972), S. 298f.
[555] *M. E. Mayer*, Rechtsnormen und Kulturnormen (1903), S. 116f. (Fußn. 7), verstand den Begriff der Kultur bewusst in einem denkbar weiten Sinne, der neben den Geboten der Moral auch solche des Anstands, des Verkehrs und der Berufs- und Standessitte umfassen sollte.
[556] BVerfGE 27, 18, 28f.; 90, 145, 172; kritisch insoweit *Appel*, Verfassung und Strafe (1998), S. 482ff.; s. auch bereits *Amelung*, Rechtsgüterschutz (1972), S. 299.

men Persönlichkeit findet[557]. Dass diese sozial-ethischen Wertungen und die des Gewissens in weiten Teilen übereinstimmen, findet in der Formel von der Strafe als „stellvertretendem Gewissensurteil" des Richters Ausdruck.[558] Die Begehung von Straftaten ist daher „gewissensrelevant".[559]

(a) Die Aussagepflicht als Pflicht zur „strafrechtsgeleiteten" Gewissensbetätigung?

In einer Aussagepflicht könnte insofern ein staatlicher Eingriff in die Gewissensfreiheit vorliegen, als der Beschuldigte mit dem staatlichen Vorwurf konfrontiert wird und ihm mit den einschlägigen Strafvorschriften zugleich die Maßstäbe für die eine eigene, interne Bewertung vorgegeben werden.

Gerade im Strafrecht ist eine weitgehende Kongruenz innerer und äußerer Wertmaßstäbe zu beobachten.[560] Tatsächlich wirkt das Strafrecht in das Gewissen des Einzelnen hinein, darin liegt seine „sittenbildende Kraft"[561].

Die Entwicklung des eigenen Gewissens durch die Internalisierung von Wertvorstellungen ist ein umfassender Prozess, der im Rahmen der Sozialisation des Einzelnen von einer Vielzahl äußerer Faktoren beeinflusst wird.[562] Gewissensüberzeugungen sind dabei auch vielerlei Einflüssen durch das staatlich gesetzte Recht ausgesetzt. Darin kann jedoch kein Eingriff in die Gewissensfreiheit gesehen werden, solange der Staat nicht moralische oder religiöse Wertvorstellungen um ihrer selbst willen vorgibt. Trennung von Recht und Moral bedeutet aber nicht, dass der Staat den Einzelnen von rechtlichen Pflichten freistellt, die *auch* moralisch begründet werden können. Der Staat ist vielmehr aufgrund der Konkurrenz zu religiösen und weltanschaulichen Wertvorstellungen darauf angewiesen, in gewissen Grenzen für die in der positiven Rechtsordnung verkörperten Werte zu werben.[563] Gerade im Strafrecht ist eine Vielzahl ethischer Pflichten normiert worden, ohne dass dadurch die Bildung und Verwirklichung von Gewissensentscheidungen be-

---

[557] Zum Zusammenhang der „sozialethisch fundierten" Kulturgutlehre mit dem individuellen Gewissen: *Amelung*, Rechtsgüterschutz und Gesellschaft (1972), S. 298.

[558] *Lagodny*, Strafrecht vor den Schranken der Grundrechte (1996), S. 391, 405, unter Berufung auf *Arthur Kaufmann*, Jura 1986, 225, 232. Danach ist das Gewissen, auf dieses ethische Minimum bezogen, gleichsam eine „vertretbare Sache" (*Kaufmann*, aaO).

[559] Unter Umständen fielen damit Teile des Strafrechts (insbesondere des Nebenstrafrechts) und das Ordnungswidrigkeitenrecht aus dem Anwendungsbereich des Nemo-tenetur-Prinzips heraus. Dies spräche nicht von vornherein gegen die vorgeschlagene verfassungsrechtliche Begründung dieses Prinzips, sondern wäre seine Konsequenz. Eine Aufweichung des Nemo-tenetur-Prinzips in diese Richtung wird zum Teil auch angedacht (*Stürner*, NJW 1981, 1757, 1763, für „Bagatellverfahren"); s. dazu auch u. S. 183 ff.

[560] S.o. S. 117.

[561] Vgl. *Baumann/Weber/Mitsch*, Strafrecht AT (2003), S. 10 f.

[562] *Filmer*, Das Gewissen (2000), S. 214; *Herdegen*, Gewissensfreiheit (1989), S. 272; s. dazu aus der Sicht der Psychologie: *Klier*, Gewissensfreiheit (1978), S. 35 ff., 41 f., 55 f., 60, 79, 109, 113 f., 120 f. und passim sowie zusammenfassend auf S. 142 f.

[563] *Herdegen*, Gewissensfreiheit (1989), S. 273; einschränkend *Torka*, Nachtatverhalten (2000), S. 52 f., dem zufolge sich „ein erziehender oder moralisierender Charakter des Rechts verbietet."

II. Informationsverarbeitung und Grundrechte

einträchtigt werden. So wäre es absurd zu behaupten, durch die in § 323c StGB enthaltene Hilfspflicht verlöre der Einzelne die Möglichkeit, sich nach seinem Gewissen in eigener Verantwortung „als sittliche Person" zur Hilfeleistung zu entschließen.

Die Grenze zum Grundrechtseingriff ist bei manipulatorischen Zugriffen auf das Gewissen (Indoktrination)[564] und massiven Einflussnahmen auf die Gewissensbildung (Einsatz von Psychopharmaka, Gehirnwäsche etc.)[565] erreicht.[566] Zum Teil ist der Zwang des Beschuldigten, gegen sich selbst auszusagen, als eine ebensolche Verletzung der Gewissensfreiheit angesehen worden.[567] Durch eine Aussagepflicht werde der Beschuldigte von staatlicher Seite gezielt zur Gewissensbetätigung angehalten und gezwungen, sich als „reuiger Sünder" zu zeigen. Der Einzelne verlöre dadurch die Möglichkeit, sich als sittliche Person selbst vor seinem Gewissen zu verantworten.[568] Einen solchen Gewissensakt zu erzwingen, sei der Staat nicht berechtigt.[569]

Wird der Täter durch eine Aussagepflicht zu einem Schuldbekenntnis gezwungen, so werden ihm von außen Wertmaßstäbe oktroyiert. Er müsste sein Verhalten nach von außen vorgegebenen, strafrechtlichen Maßstäben, d.h. nicht nach der eigenen inneren Überzeugung, bewerten und diese Wertung für sich als maßgeblich anerkennen – so, wie im Zeitalter der Inquisition von dem Angeklagten verlangt wurde, der Ketzerei abzuschwören[570] und damit die Lehre der Kirche an die Stelle der eigenen Glaubensvorstellungen zu setzen.[571] In einem solchen Verlangen liegt

---

[564] *Filmer*, Das Gewissen (2000), S. 215; *Herdegen*, Gewissensfreiheit (1989), S. 274; *Preuß*, in: AK-GG (1989), Art. 4 I, II Rn. 40.

[565] *Kokott*, in: Sachs, GG (2003), Art. 4 Rn. 73; *Morlok*, in: Dreier, GG, Bd. 1 (1996), Art. 4 Rn. 88; *Starck*, in: von Mangoldt/Klein/Starck, GG, Bd. 1 (1999), Art. 4 Rn. 62.

[566] Zum Teil wird die Unzulässigkeit derartiger Maßnahmen auch aus der Menschenwürde – *Herzog*, in: Maunz/Dürig, GG, Art. 4 Rn. 14 – oder aus dem allgemeinen Persönlichkeitsrecht abgeleitet – so *Mager*, in: von Münch/Kunig, GG, Bd. 1 (2000), Art. 4 Rn. 26.

[567] *Hamel*, in: Bettermann/Nipperdey/Scheuner, Grundrechte, Bd. IV/1 (1960), S. 85; *Scholler*, Die Freiheit des Gewissens (1958), S. 150; s. auch *Zippelius*, in: BK-GG, Art. 4 Rn. 42 (bei Zwang durch Mißhandlung).

[568] *Hamel*, in: Bettermann/Nipperdey/Scheuner, Grundrechte, Bd. IV/1 (1960), S. 85; *Scholler*, Die Freiheit des Gewissens (1958), S. 150; s. auch *Bosch*, Aspekte (1998), S. 45; vgl. auch *Arzt*, JZ 2003, 456, 457.

[569] *Gneist*, Vier Fragen (1874), S. 84.

[570] Zur Möglichkeit des Verfolgten, sich durch Abschwören mit der Kirche auszusöhnen: *Lea*, Geschichte der Inquisition, Bd. 1 (1905), S. 511 f.; als Beispiel in Deutschland sei der Widerruf des Cornelius Loos in Trier 1592 genannt, s. *Behringer*, Hexen und Hexenprozesse (1988), S. 360 ff.

[571] An dieser Stelle liegt der eigentliche historische Zusammenhang zwischen Nemo-tenetur-Prinzip und der Glaubens- und Gewissensfreiheit: Dem Einzelnen wurde nicht die Freiheit zugestanden, sich innerlich an eigenen religiösen Vorstellungen zu orientieren, sondern er war insoweit einer kirchlichen bzw. staatlichen Kontrolle unterworfen, s. *Levy*, Origins (1986), S. 178, 194, 245 f.; *Rogall*, Der Beschuldigte (1977), S. 127. Mit der Trennung von Recht und Moral – s. insoweit *Rüping/Jerouschek*, Strafrechtsgeschichte (2002), S. 77 f. – waren die moralische Besserung und das Seelenheil des Einzelnen nicht mehr Sache des Staates, und die Pflicht, sich wegen einer Straftat vor seinem Gewissen zu verantworten und Reue zu zeigen, wurde dem Bereich der internen, sittlichen Pflichten des Einzelnen zugeordnet, s. *Gneist*, Vier Fragen (1874), S. 83 f.; s. auch *Rüping*, JR 1974, 135, 136. Dies schließt es jedoch keineswegs aus, im Hinblick auf ein rechtlich erhebliches Interes-

keine bloße Äußerlichkeit. Mit dem Bekenntnis zu ethischen Überzeugungen versichert sich der Mensch seiner normativen Identität. In dem Respekt vor der Befähigung des Menschen zur Selbstgesetzgebung (Autonomie) liegt der Menschenwürdegehalt der Gewissensfreiheit.[572] Die Verantwortung des Menschen für und vor sich selbst enthält auch eine „Autonomie der Verhaltensbewertung".[573] Mit dem strafrechtlichen Vorwurf kann die innere Selbstbewertung für rechtlich nicht maßgeblich erklärt werden, der Täter kann jedoch nicht gezwungen werden, den strafrechtlichen Vorwurf zu übernehmen und als eigene, innere Bewertung darzustellen.[574] Ihm wird auf diese Weise von vornherein die Möglichkeit genommen, selbst zu einer eigenständigen Bewertung des eigenen Verhaltens zu gelangen oder eine solche Bewertung vor sich aufrechtzuerhalten.[575] Die Autonomie der Selbstbewertung wird insgesamt negiert, wenn der Einzelne zu einem Bekenntnis gezwungen wird, das nicht seiner normativen Identität entspricht. Ein Zwang zur Verleugnung einer Gewissensüberzeugung würde den Kernbereich der Gewissensfreiheit verletzen.[576] Dies gilt erst recht, wenn man den Schutz des freien Bekenntnisses auch auf die Äußerung von Gewissensüberzeugungen erstreckt.[577]

Einer Aussagepflicht sind daher insofern verfassungsrechtliche Grenzen gesetzt, als der Täter nicht dazu gezwungen werden kann, die Verwerflichkeit seines Handelns im Sinne eines „mea culpa" zu bekennen. Davon unberührt bleibt aber eine Verpflichtung zur Aussage über die Tat selbst, ohne dass von dem Täter deren rechtliche oder moralische Bewertung verlangt wird. Bei einer solchen Aussagepflicht wäre eine Verletzung der Gewissensfreiheit unter dem o.g. Aspekt zu verneinen.[578]

Ein Eingriff in die Gewissensfreiheit kann schließlich auch nicht darin gesehen werden, dass der Beschuldigte mit dem strafrechtlichen Vorwurf konfrontiert wird. Ein solcher Anstoß zu einer inneren Auseinandersetzung mit der begangenen Tat geht bereits von der Pflicht zur Teilnahme am Strafverfahren aus und ist notwendigerweise mit dessen Durchführung verbunden. Der Eingriff in die (negative) Gewissensfreiheit ist daher kein Spezifikum der Aussagepflicht. Diese erhöht allerdings den Druck auf den Täter, denn aufgrund der Aussagepflicht müsste er sich entscheiden, wie er die Tat in seiner Aussage darstellen will, ob er sich etwa von ihr distanziert oder sie rechtfertigt. Ob Art. 4 I GG jedoch auch das Recht umfasst,

---

se des Staates an einer Auskunft über die begangene Straftat eine gesetzliche Aussagepflicht zu begründen, s. dazu sogleich im Text.
[572] S. zur Menschenwürde: *Enders*, Die Menschenwürde (1997), S. 237.
[573] *Lagodny*, Strafrecht von den Schranken der Grundrechte (1996), S. 405.
[574] Dies kommt auch in der Formulierung „stellvertretendes Gewissensurteil" zum Ausdruck, s. *Lagodny*, aaO, S. 405.
[575] Vgl. *H.A. Wolff*, Selbstbelastung (1997), S. 57.
[576] Vgl. zu Art. 4 I GG: *Ranft*, in: FS-Schwinge (1972), S. 111, 124f. (zu BVerfGE 32, 98).
[577] *Herdegen*, Gewissensfreiheit (1989), S. 270f.; *Morlok*, in: Dreier, GG, Bd. 1 (1996), Art. 4 Rn. 63; a.A. *Filmer*, Das Gewissen (2000), S. 218f. (Schutz des Bekenntnisses als Gewissensbetätigung, im Übrigen nur Schutz des religiösen und weltanschaulichen Bekenntnisses).
[578] S. dagegen *H.A. Wolff*, Selbstbelastung (1997), S. 57, der nicht zwischen der Bewertung und der tatsächlichen Wiedergabe der eigenen Handlung trennt.

sich zu einer bestimmten Fragen einer Gewissensentscheidung zu enthalten, ist zweifelhaft.[579] Jedenfalls verletzt eine Aussagepflicht nicht schlechthin das Grundrecht aus Art. 4 I GG. Schließlich werden von staatlicher Seite auch in anderen Bereichen Situationen geschaffen, in denen unter bestimmten Voraussetzungen vom Einzelnen eine Gewissensentscheidung verlangt und dann auch akzeptiert wird (z.B. Art. 4 III GG).[580]

(b) Die Aussagepflicht als informationeller Eingriff in die Gewissensbildung

Eine Aussagepflicht könnte jedoch dadurch in die freie Gewissensbildung eingreifen, dass sie den Täter zwingt, seine Gewissensbildung in Bezug auf die begangene Tat offen zu legen. Art. 4 I GG enthält als „negativen" Bestandteil das Recht, in Bezug auf religiöse und weltanschauliche Überzeugungen jegliche Auskunft zu verweigern.[581] Weitergehend wird formuliert, der Mensch habe das Recht, in Gewissensfragen zu schweigen; die Androhung materieller Nachteile, um ihn zur Offenbarung zu zwingen, sei verboten.[582] Ein Zwang zur Selbstbezichtigung verletze das „Personengeheimnis" und den Persönlichkeitskern.[583] In der Tat wird man dem Einzelnen einen verfassungsrechtlich garantierten Freiraum zugestehen müssen, in dem er sein Verhalten nach seinen eigenen Maßstäben bewerten kann, ohne zu einer Offenlegung dieser Bewertung gezwungen zu sein. Eine solche Offenbarung wird jedoch mit einer Selbstbezichtigung nicht unbedingt verlangt, sondern man könnte sich im Rahmen der Strafrechtspflege auf eine Schilderung der Tatbegehung beschränken, ohne Auskunft über das „schlechte Gewissen" des Täters nach der Tat oder „Gewissensnöte" vor ihrer Begehung zu verlangen.

Dabei stellt sich allerdings die Frage, inwieweit der Täter über die Tat Auskunft geben kann, ohne dass er zugleich auch seine Gewissensqualen offen legt. Der Schutz des „forum internum" könnte gebieten, dem Täter durch ein Schweigerecht auch in Bezug auf die zugrundeliegenden Tatsachen einen umfassenden Freiraum zur Gewissensbildung zu gewährleisten.[584] So genießt im Bereich des Art. 4 I GG

---

[579] Die überwiegende Ansicht lehnt eine negative Seite der Gewissensfreiheit ab: *Bethge*, in: HStR, Bd. V, § 137 Rn. 16; *Preuß*, in: AK-GG (1989), Art. 4 I, II Rn. 17f.; a.A. *Morlok*, in: Dreier, GG, Bd. 1 (1996), Art. 4 Rn. 62.

[580] Wäre allein die erzwungene Bewertung der Tat durch das eigene Gewissen der tragende Gedanke des Nemo-tenetur-Prinzips, so ließe sich auch nicht erklären, warum dieser Grundsatz eine Aussagepflicht in Bezug auf Straftaten zulässt, die nicht (mehr) verfolgt werden können., s. BVerfG, DB 1975, 1936; *Kleinknecht/Meyer-Goßner*, StPO (2003), § 55 Rn. 8 m.w.N.

[581] *Herzog*, in: Maunz/Dürig, GG, Art. 4 Rn. 56; *Kokott*, in: Sachs, GG (2003), Art. 4 Rn. 49; *Mager*, in: von Münch/Kunig, GG, Bd. 1 (2000), Art. 4 Rn. 38; s. auch BVerfG, NJW 1997, 2669, 2670. Die Ausnahme nach Art. 140 GG i.V.m. Art. 136 III S. 2 WRV ist im vorliegenden Zusammenhang nicht einschlägig.

[582] *Hamel*, in: Bettermann/Nipperdey/Scheuner, Grundrechte, Bd. IV/1 (1960), S. 58

[583] *Scholler*, Die Freiheit des Gewissens (1958), S. 150f.

[584] S. *L. Schulz*, Normiertes Misstrauen (2001), S. 154 (Fußn. 602): Ein Vorläufer des Nemo-tenetur-Grundsatzes in seiner heutigen Form, der kanonische Rechtssatz „Nemo tenetur se ipsum accusare", war auf den Schutz des forum internum gerichtet; zur historischen Entwicklung s. im Einzelnen u. S. 150ff.

das Beichtgeheimnis umfassenden Schutz (s. §§ 53 I Nr. 1 StPO, 383 I Nr. 4 ZPO).[585] Dieser Schutz gilt für das gesamte seelsorgerische Gespräch, betrifft also auch eher beiläufige Mitteilungen, die nicht mehr die eigene Gewissensnot zum Gegenstand haben.[586] Eine dem Beichtvater vergleichbare Rolle wird dem Tagebuch zugewiesen, da es der Gewissensprüfung in Form der Selbstkontrolle und der Bewahrung der eigenen Identität dient.[587] Mit dem Schreiben eines Tagebuchs werden interne Wertmaßstäbe herausgebildet, bewahrt und auf das eigene Verhalten angewendet.[588] Die Unzulässigkeit staatlichen Zwanges zur Selbstbelastung könnte eine ähnliche Funktion haben, nämlich dem Einzelnen zur Gewissensprüfung im Hinblick auf die begangene Tat den notwendigen Freiraum zu gewähren, gewissermaßen „mit sich und der Tat allein zu sein".

Bei näherer Betrachtung erweist sich ein Zwang zu selbstbelastenden Auskünften – bezogen auf die begangene Tat – gegenüber einer solchen Rückbesinnung auf sich selbst indessen als neutral. Während der Betroffene ohne Gewährleistung des Beichtgeheimnisses oder ohne Schutz des Tagebuchs Freiraum für seine Gewissensprüfung verliert, weil er befürchten muss, dass der Beichtvater zur Aussage gezwungen oder sein Tagebuch beschlagnahmt wird[589], wird seine Fähigkeit zur inneren Zwiesprache auch durch eine Aussagepflicht nicht beeinträchtigt, da eine Weitergabe bzw. Niederlegung von Informationen unterbleibt.

(2) Die Aussage als Gegenstand einer Gewissensentscheidung

Gegenstand der internen Selbstbewertung des Täters ist nicht allein die begangene Straftat, sondern auch das weitere Verhalten. Die Entscheidung für oder gegen eine Aussage, mit welcher der Täter sich selbst der begangenen Straftat bezichtigt, kann zur Gewissensentscheidung werden. Die Einflüsse einer rechtlichen Aussagepflicht auf die Bildung der Gewissensentscheidung kann dabei nach dem oben Gesagten außer Betracht bleiben. Derartige, im Rahmen der Sozialisation unvermeid-

---

[585] *Starck*, in: von Mangoldt/Klein/Starck, GG, Bd. 1 (1999), Art. 4 Rn. 86; ebenso der Bericht des Rechtsausschusses zur Änderung des Art. 13 GG („großer Lauschangriff") BT-Drucks. 13/9660, S. 4 („Kernbereich des Art. 4 I, II GG"). Ursprünglich beruhte der rechtliche Schutz des Beichtgeheimnisses nicht auf der Glaubens- und Gewissensfreiheit des Einzelnen, sondern auf dem öffentlichen Interesse daran, dass der Täter durch die Möglichkeit zur Beichte und entsprechende Buße geläutert werden sollte, s. dazu *Görtz-Leible*, Die Beschlagnahmeverbote (2000), S. 36 f.
[586] *Amelung*, NJW 1988, 1002, 1005.
[587] *Amelung*, NJW 1988, 1002, 1005; *ders.*, NJW 1990, 1753, 1758 f.; *Filmer*, Das Gewissen (2000), S. 216 f., 231; *Morlok*, in: Dreier, GG, Bd. 1 (1996), Art. 4 Rn. 36; nach der h.M. fällt das Tagebuch (allein) in den Schutzbereich des allgemeinen Persönlichkeitsrechts (s. BVerfGE 80, 367, 373 ff.).
[588] Auch wenn das Gewissen die schriftliche Auseinandersetzung veranlasst, ist die Gewissensbildung, nicht die Gewissensbetätigung berührt: *Albers*, in: Haratsch/Kugelmann/Repkewitz, Informationsgesellschaft (1996), S. 138 (in Fußn. 79); *Filmer*, Das Gewissen (2000), S. 217; *Lorenz*, GA 1992, 254, 273 f.; s. dagegen *Amelung* NJW 1990, 1753, 1754, 1759.
[589] S. *Amelung*, NJW 1988, 1002, 1005.

baren Einflüsse der Rechtsordnung auf die innere Wertordnung des Einzelnen sind hinzunehmen.[590]

Damit ist die Frage aufgeworfen, ob der äußere Aspekt der Gewissensfreiheit als Grundlage des Nemo-tenetur-Grundsatzes in Betracht kommt. Nach ganz überwiegender Ansicht gewährleistet Art. 4 I GG nicht nur das Innehaben von religiösen und weltanschaulichen Überzeugungen und die innere Orientierung an diesen in der Gewissensentscheidung, sondern auch – wenngleich nicht uneingeschränkt – die äußere Betätigung, d.h. Umsetzung dieser Entscheidung („forum externum").[591]

(a) Religiös begründete Einwände gegen den Eid

Eine Verletzung der äußeren Gewissensfreiheit könnte darin liegen, dass der Beschuldigte zu einem Eid gezwungen würde, wahrheitsgemäß über den dem Anklagevorwurf zugrundeliegenden Sachverhalt auszusagen. Gegen einen solchen Eid wurden bereits im 16. Jahrhundert religiös begründete Einwände erhoben.[592] Vor allem die in England verfolgten Puritaner machten geltend, ihr Gewissen verbiete ihnen die Ableistung des Eides. Dabei wurde auf das Verbot des Schwörens verwiesen[593] sowie auf die heilige Natur des Eides und das Verbot, Gottes Namen unnütz zu gebrauchen[594]. Der Angeklagte werde durch den Eid in Versuchung geführt, aus menschlicher Schwäche seinen Schwur zu brechen und seine Seele der Verdammnis preiszugeben.[595] Die religiöse Überzeugung vom Verbot des Schwörens genießt insofern auch nach Art. 4 I GG verfassungsrechtlichen Schutz, als ein Zeuge, falls ihm sein Gewissen verbietet, die Aussage zu beeiden, die Ableistung des Eides verweigern und stattdessen seine Aussage bekräftigen kann (vgl. §§ 66d StPO, 484 ZPO).[596]

---

[590] Ebenso *Bosch*, Aspekte (1998), S. 45.
[591] BVerfGE 78, 391, 395; *Herzog*, in: Maunz/Dürig, GG, Art. 4 Rn. 132 ff.; *Morlok*, in: Dreier, GG, Bd. 1 (1996), Art. 4 Rn. 64 jeweils m.w.N.
[592] Zur historischen Entwicklung s.u. S. 150 ff.
[593] So der Führer der radikalen Separatisten *Henry Barrow* (s. *Levy*, Origins, 1986, S. 157), unter Berufung auf Matthäus Kap. 5, 34 f.
[594] S. die Ausführungen des puritanischen Predigers *Thomas Cartwright* (*Levy*, Origins, 1986, S. 177), demzufolge der heilige Zweck des Reinigungseides „pervertiert" werde. Durch diesen Vergleich mit dem (zulässigen) Reinigungseid verliert die Argumentation – zumindest aus heutiger Sicht – an Konsistenz, indem sie das Eidesverbot im Hinblick auf bestehende Verfahrensregelungen relativiert.
[595] So eine puritanische Abhandlung aus dem Jahr 1605 (*Levy*, Origins, 1986, S. 215). Soweit in der Kritik am Offizialeid die Forderung nach Gewissensfreiheit – und die Ablehnung religiöser Verfolgung – hindurchscheint (s. die Ausführungen von *Robert Beale* (1585): „the oath ex officio whereby suspected persons were forced to accuse themselves in indifferent matters which should be left to conscience", vgl. *Levy*, Origins, 1986, S. 146), ist dies für die Begründung des Nemo-tenetur-Grundsatz aus der Gewissensfreiheit heraus unergiebig.
[596] BVerfGE 33, 23, 32 (mit abl. Sondervotum *von Schlabrendorff*); s. auch BVerfGE 47, 144, 145 (Vereidigung von Rechtsanwälten); 79, 69, 76 (Vereidigung von Kreistagsabgeordneten)

Die religiöse Argumentation wandte sich jedoch nicht gegen die erzwungene Selbstbelastung, sondern gegen den zu leistenden Eid.[597] Die auf den Eid bezogenen Gesichtspunkte sind daher nicht geeignet, das Verbot von Zwang zu einer unbeeideten selbstbelastenden Aussage zu begründen. Die Aussagepflicht des Zeugen bleibt von den oben genannten Vorschriften unberührt. Eine Grundrechtsverletzung wäre erst dann zu befürchten, wenn der Beschuldigte einen Eid auf seine Aussage zu leisten hätte, ohne die Möglichkeit zu haben, den Eid durch eine andere Bekräftigung zu ersetzen.[598]

(b) Die Aussageverweigerung als Gewissensbefehl

Ein Eingriff in die Freiheit der Gewissensverwirklichung setzt voraus, dass der Grundrechtsträger zu einem Handeln oder Unterlassen entgegen seiner Gewissensentscheidung verpflichtet wird oder an die Gewissensverwirklichung rechtliche Nachteile geknüpft sind.[599] Das Gewissen muss die Vornahme einer Handlung oder Unterlassung (die selbstbelastende Aussage) zwingend verbieten („Gewissensnot").[600] Auf den ersten Blick mag man die Auffassung teilen, das „Gewissen" des Täters werde diesen eher zu einer Aussage als zu deren Verweigerung treiben.[601] Andererseits ist es auch vorstellbar, dass das Gewissen des Einzelnen die eigene Selbsterhaltung gebietet.[602] An diesen Positionen wird deutlich, dass die Freiheit der Gewissensbetätigung ungeeignet ist, das Verbot der Selbstbelastung als allgemeinen und ausnahmslosen Grundsatz zu begründen.[603] Das Gewissen des Einzelnen und die von ihm als verbindlich empfundenen Maßstäbe für sein Handeln sind von Person zu Person verschieden, es kann weder festgestellt werden, dass eine Selbstbezichtigung im Strafverfahren immer eine Gewissensfrage ist[604], noch dass „das Gewissen" eine solche schlechthin verbietet.[605] Einen geschlossenen Kanon anerkannter (innerer!) Gewissensmaßstäbe gibt es nicht. Die Feststellung von Gewissensmaßstäben, die einer Selbstbelastung entgegenstehen, und die Prüfung der Ernsthaftigkeit der Gewissensentscheidung kann also nur anhand der

---

[597] *H.A. Wolff*, Selbstbelastung (1997), S. 31.
[598] In diesem Fall würde der Staat das religiöse Gewissen des Angeklagten zur Durchsetzung von Rechtspflichten instrumentalisieren, vgl. *Herdegen*, Gewissensfreiheit (1989), S. 276; der ex-officio-Eid und der daraus resultierende Gewissenszwang wurden im 16. Jahrhundert mit der Folter verglichen (s. die Nachweise bei *Levy*, Origins, 1986, S. 151, 195). Gleichwohl ist es nicht schlechthin unzulässig, wenn von Seiten des Staates durch den Appell an das Gewissen auf eine Verinnerlichung von Pflichten hingewirkt wird, s. zu dieser „Verstärkungsfunktion" bzw. „Ergänzungsfunktion" des Gewissens: *Filmer*, Das Gewissen, 2000, S. 35 ff., 67 ff.
[599] *Morlok*, in: Dreier, GG, Bd. 1 (1996), Art. 4 Rn. 88.
[600] BVerfGE 12, 45, 55; *Mager*, in: von Münch/Kunig, GG, Bd. 1 (2000), Art. 4 Rn. 22.
[601] *Fischer*, Divergierende Selbstbelastungspflichten (1979), S. 105.
[602] So *Nothhelfer*, Selbstbezichtigungszwang (1989), S. 56 f., unter Hinweis auf ein denkbares „verinnerlichtes, christlich oder profan fundiertes Naturrechtsdenken".
[603] *Nothhelfer*, Selbstbezichtigungszwang (1989), S. 57.
[604] *Bosch*, Aspekte (1998), S. 45; *H.A. Wolff*, Selbstbelastung (1997), S. 31.
[605] *Besson*, Das Steuergeheimnis (1997), S. 77; s. auch *Rogall*, Der Beschuldigte (1977), S. 129.

Umstände des konkreten Einzelfalls vorgenommen werden.[606] Die (äußere) Gewissensfreiheit kann demnach im Einzelfall einen Zwang zur Selbstbezichtigung unzulässig werden lassen; aus ihr kann jedoch kein allgemeines Verbot eines solchen Zwanges hergeleitet werden.[607]

b) Die (negative) Meinungsfreiheit (Art. 5 I GG)

Eine Verpflichtung des Angeklagten zur Aussage würde dessen Freiheit, über den strafrechtlichen Vorwurf zu kommunizieren (oder dies eben nicht zu tun), erheblich einschränken. Die Freiheit der Kommunikation ist in Art. 5 I GG gewährleistet.[608] Es liegt daher nahe zu untersuchen, ob der Nemo-tenetur-Grundsatz aus der Meinungsfreiheit (Art. 5 I GG) abgeleitet werden kann.[609]

(1) Eingriff in den Schutzbereich des Art. 5 I S. 1 GG

Nach Art. 5 I S. 1 GG hat jeder das Recht, seine Meinung in Wort, Schrift und Bild frei zu äußern. Das Grundrecht der Meinungsfreiheit gewährleistet das Recht auf Bildung und Äußerung einer Meinung ebenso wie das Recht des Einzelnen, eine Meinung nicht zu haben oder diese nicht mitzuteilen (negative Meinungsfreiheit).[610] Durch eine Aussagepflicht könnte der Beschuldigte zur Äußerung einer Meinung über den gegen ihn erhobenen strafrechtlichen Vorwurf gezwungen werden.

Der Beschuldigte wird durch eine Aussagepflicht nicht zu einer Meinungsäußerung im strengen Sinne gezwungen, denn konstituierend für eine Meinung sind Elemente der Stellungnahme, des Dafürhaltens, „Meinens" im Rahmen einer geis-

---

[606] *Nothhelfer*, Selbstbezichtigungszwang (1989), S. 57 f. Soweit der Gesetzgeber eine abstrakte Regelung geschaffen hat (vgl. §§ 66d StPO, 484 ZPO), konnte er dabei auf Erfahrungen mit Gewissensentscheidungen zurückgreifen. Im Falle des Nemo-tenetur-Prinzips fehlt es an Erkenntnissen über weltliche oder religiöse Überzeugungen, die dem Einzelnen eine Selbstbezichtigung verbieten.
[607] I.E. ebenso *Bosch*, Aspekte (1998), S. 46; *Rogall*, Der Beschuldigte (1977), S. 129; *H.A. Wolff*, Selbstbelastung (1997), S. 31.
[608] *Schulze-Fielitz*, in: Dreier, GG, Bd. 1 (1996), Art. 5 Rn. 27.
[609] Für eine Ableitung des Schweigerechts aus Art. 5 I GG: *Bäumlin*, VVDStRL 28 (1970), 3, 15; die Freiheit der Aussage soll hingegen aus dem allgemeinen Persönlichkeitsrecht folgen (aaO). Der Zusammenhang mit der Meinungsfreiheit ist auch in der Rechtsprechung des EGMR belegt, s. das Urteil vom 20. 10. 1997, Serves vs. Frankreich, Slg. 1997, 2159. Neben einer Verletzung des Schweigerechts als Ausprägung des Anspruchs auf ein faires Verfahren wird dort unter dem gleichen Gesichtspunkt (Aussage- und Eidespflicht eines Zeugen) eine Verletzung des Rechts auf freie Meinungsäußerung (Art. 10 EMRK) untersucht: Votum der EKMR, aaO, 2182 f. (Nr. 56); s. auch EGMR, aaO, unter Nr. 52 ff.; kritisch insoweit *Pieroth/Schlink*, Grundrechte (2003), Rn. 559.
[610] BVerfGE 57, 170, 192; 65, 1, 40; *Herzog*, in: Maunz/Dürig, GG, Art. 5 I, II Rn. 40; *Pieroth/Schlink*, Grundrechte (2003), Rn. 559; *Schmidt-Jortzig*, in: HStR, Bd. VI (2001), § 141 Rn. 27; *Schulze-Fielitz*, in: Dreier, GG, Bd. 1 (1996), Art. 5 I, II Rn. 54; *Starck*, in: von Mangoldt/Klein/Starck, GG, Bd. 1 (1999), Art. 5 Rn. 18, 32; kritisch zur negativen Dimension der speziellen Freiheitsrechte (nicht des Art. 2 I GG): *Stern*, Staatsrecht III/1 (1988), S. 629 ff., der diese Frage der Auslegung des einzelnen Grundrechts überantwortet.

tigen Auseinandersetzung[611]. Die Tatsachenbehauptung fällt jedoch in den Schutzbereich des Art. 5 I S. 1 GG, sofern sie Voraussetzung für die Bildung von Meinungen ist.[612]

Angesichts des gegen den Beschuldigten erhobenen strafrechtlichen Vorwurfes sind die von ihm mitzuteilenden Tatsachen mehr als rein statistische Daten. Seine Angaben sind – neben anderen Informationen – die Grundlage für die strafrechtliche Bewertung seines Verhaltens. Dies zeigt sich u.a. daran, daß solche Tatsachen als geeignet angesehen werden, den Betroffenen „verächtlich zu machen oder in der öffentlichen Meinung herabzuwürdigen" (§ 186 StGB).[613] Tatsachen, die einen strafrechtlichen Vorwurf rechtfertigen, tragen ihre (negative) Bewertung dadurch in sich, dass die zugrundeliegenden Normen in der Gesellschaft allgemein anerkannt sind („ethisches Minimum"). Aufgrund der Öffentlichkeit des Strafverfahrens sind die vom Angeklagten geäußerten Tatsachen Grundlage für deren Bewertung durch andere. Ein Eingriff in den Schutzbereich der (negativen) Meinungsfreiheit liegt damit vor. Zu dem gleichen Ergebnis gelangt man, wenn man die Äußerung von Tatsachen ohne Ausnahme in den Schutzbereich des Art. 5 I einbezieht. Eine Auskunftspflicht wäre danach in jedem Fall als Eingriff in dieses Grundrecht anzusehen.[614]

(2) Der Gesetzesvorbehalt in Art. 5 II GG

Eine Aussagepflicht des Beschuldigten verstieße nicht gegen die Meinungsfreiheit, wenn sie über den Vorbehalt der allgemeinen Gesetze (Art. 5 II GG) gerechtfertigt werden könnte. „Allgemein" sind Gesetze, die sich nicht gegen die Äußerung einer Meinung als solche richten und dem Schutz eines schlechthin, d.h. ohne Rücksicht auf eine bestimmte Meinung, zu schützenden Rechtsgutes dienen.[615]

Eine Aussagepflicht des Beschuldigten richtete sich nicht gegen die Meinungsäußerung als solche, sondern zielt auf eine Auskunft über Tatsachen. Soweit dies eine Meinungsäußerung einschließt, ist dies eine notwendige Folge, aber keineswegs Zweck der Aussagepflicht. Das Strafverfahren dient dem Schutz von Rechtsgütern, die ohne Rücksicht auf eine bestimmte Meinung zu schützen sind.[616] Eine in der StPO gesetzliche festgelegte Aussagepflicht wäre daher – ihre Verhältnismäßigkeit vorausgesetzt – ein allgemeines Gesetz.

Eine gesetzliche Pflicht zur Erteilung von Auskünften ist nicht als solche generell unverhältnismäßig. Die Unverhältnismäßigkeit einer solchen Verpflichtung könnte jedoch daraus resultieren, dass die mitzuteilenden Tatsachen nicht nur

---

[611] S. BVerfGE 65, 1, 41.
[612] BVerfGE 65, 1, 41; 85, 23, 31; s. dazu auch o. S. 95.
[613] *Lenckner*, in: Schönke/Schröder, StGB (2001), § 186 Rn. 5 i.V.m. § 185 Rn. 2
[614] So *Herzog*, in: Maunz/Dürig, GG, Art. 5 I, II Rn. 43; *Schulze-Fielitz*, in: Dreier, GG, Bd. 1 (1996), Art. 5 I, II Rn. 54; *Stark*, Ehrenschutz (1996), S. 45 (mit Hinweis auf die entsprechende Gewährleistung in Art. 10 EMRK, in Fußn. 19).
[615] BVerfGE 7, 198, 209f.; 62, 230, 243f.; 71, 162, 175.
[616] Vgl. BVerfGE 77, 65, 75 (zu §§ 94, 97 StPO).

II. Informationsverarbeitung und Grundrechte

Grundlage fremder Meinungsbildung werden, sondern der Verpflichtete selbst angehalten wird, sich über sein eigenes Verhalten eine eigene Meinung zu bilden und diese zu äußern.

Die Meinungsfreiheit verwehrt es staatlichen Stellen, den Einzelnen zur Abgabe eines bestimmten Werturteils zu zwingen.[617] Umgekehrt kann auch der Widerruf einer Meinungsäußerung mit Rücksicht auf Art. 5 I GG nicht mit staatlichen Mitteln erzwungen werden.[618] Dem liegt der bereits im Zusammenhang mit Art. 4 I GG erwähnte Gedanke zugrunde, dass der Einzelne in der Bildung und Anwendung seiner eigenen Wertmaßstäbe autonom ist. Auch die Meinungsfreiheit hat einen Menschenwürdegehalt: Der Einzelne kann nicht gezwungen werden, eine fremde Bewertung zu übernehmen und nach außen als eigene darzustellen. Anders als bei der Gewissensfreiheit beschränkt sich der an den Einzelnen herangetragene Maßstab im Rahmen des Art. 5 I GG nicht auf „gut" oder „böse", sondern kann z. B. auf die Bewertung als „richtig" oder „falsch" zielen. Auf der anderen Seite ist die Äußerung von Tatsachen auch deshalb stärkeren Beschränkungen unterworfen, weil ihnen als Grundlage von Werturteilen meinungsbildende Kraft innewohnt.[619]

Wie bereits im Zusammenhang mit Art. 4 GG ausgeführt worden ist, bleibt eine auf die Mitteilung von Tatsachen beschränkte Auskunftspflicht von diesen verfassungsrechtlichen Bedenken unberührt, da der Beschuldigten nicht zur Äußerung einer bestimmten Bewertung gezwungen wird. Ein Anspruch auf Widerruf der Behauptung von unwahren Tatsachen ist mit der Meinungsfreiheit vereinbar.[620] Eine Aussagepflicht, die auf die Mitteilung von Tatsachen abzielt, verstieße daher nicht generell gegen Art. 5 I S. 1 GG.[621] Die absolute Geltung des Nemo-tenetur-Grundsatzes lässt sich daher auch nicht über die Meinungsfreiheit begründen.[622]

---

[617] *Schmidt-Jortzig*, in: HStR, Bd. VI (2001), § 141 Rn. 27.
[618] BGH, NJW 1982, 2246; 1989, 774; OLG Karlsruhe, AfP 1998, 72, 74; *Löffler/Ricker*, Handbuch des Presserechts (2000), S. 386; *Starck*, in: von Mangoldt/Klein/Starck, GG, Bd. 1 (1999), Art. 5 Rn. 208.
[619] *Stark*, Ehrenschutz (1996), S. 157; s. auch *Rühl*, Tatsachen (1998), S. 297, wonach bei Tatsachenbehauptungen wegen deren verhaltensorientierender Funktion Wahrheits- bzw. Sorgfaltspflichten zu beachten sind.
[620] S. die Nachweise in Fußn. 618.
[621] Als Tatsachenäußerung wird eine Aussage verstanden, die prinzipiell empirisch überprüfbar ist, s. *Hilgendorf*, Tatsachen und Werturteile (1998), S. 126 f.; s. auch *Rühl*, Tatsachen (1998), S. 239 ff.
[622] Entsprechendes gilt für die allgemeine Handlungsfreiheit (Art. 2 I GG), soweit diese als Grundlage des Nemo-tenetur-Grundsatzes herangezogen wird (*Kühl*, JuS 1986, 115, 117; *Rüping*, JR 1974, 135, 137; s. auch BVerfGE 56, 37, 41). Soweit sich der Grundrechtsschutz gegen den Zwang zu einer Aussage richtet, ist Art. 5 I GG das speziellere Grundrecht. Im Übrigen ließe sich eine Aussagepflicht des Beschuldigten auch nach Maßgabe einer Abwägung im Rahmen des Art. 2 I GG verfassungsrechtlich rechtfertigen, s. auch *Rogall*, Der Beschuldigte (1977), S. 137.

128   B. Grundlagen: Verfahren und Grundrechte als Rahmen der Informationsverarbeitung

c) Das allgemeine Persönlichkeitsrecht (Art. 2 I, Art. 1 I GG)[623]

Ein grundrechtliches Abwehrrecht gegen einen Zwang zur Selbstbezichtigung könnte sich aus dem allgemeinen Persönlichkeitsrecht ergeben (Art. 2 I i.V.m. Art. 1 I GG).[624] Dieses Grundrecht ist zum einen auf den Innenbereich persönlicher Lebensgestaltung, zum anderen auf die Beziehungen des Einzelnen zur Außenwelt bezogen.[625] Im Hinblick auf die verfassungsrechtliche Zulässigkeit einer Aussagepflicht wird zunächst auf den Schutz des Einzelnen in seiner Beziehung zur Außenwelt durch ein Recht auf Selbstdarstellung einzugehen sein [(1)]. Andererseits könnte das allgemeine Persönlichkeitsrecht insofern ein Recht zur Aussageverweigerung gewähren, als es einen von staatlicher Kenntnisnahme abgeschirmten, höchstpersönlichen Lebensbereich garantiert [(2)]. Als weitere verfassungsrechtliche Grundlage des Nemo-tenetur-Grundsatzes ist das Recht auf informationelle Selbstbestimmung in Betracht zu ziehen [(3)]. Schließlich ist zu untersuchen, ob das Recht zur Aussageverweigerung als ein eigenständiger Teilgehalt des allgemeinen Persönlichkeitsrechts begründet werden kann [(4)].

(1) Das Recht auf Selbstdarstellung und der Schutz vor Ehrverlust

Das allgemeine Persönlichkeitsrecht (Art. 2 I i.V.m. Art. 1 I GG) schützt die soziale Identität des Einzelnen, das Bild, das andere von ihm haben.[626] Das Recht auf Selbstdarstellung umfasst den Schutz des sozialen Geltungsanspruchs und der Ehre[627] als Grundlage sozialer Kontaktmöglichkeiten[628]. Das allgemeine Persönlichkeitsrecht gewährt nicht nur Schutz gegen Ehrangriffe von Seiten Privater, sondern auch gegen staatliche Eingriffe, wie die Beschuldigung im Rahmen eines Strafver-

---

[623] S. zum Folgenden bereits *Böse*, GA 2002, 98, 99ff.

[624] Grundlegend *Rogall*, Der Beschuldigte (1977), S. 139ff.; s. ferner BVerfG, NStZ 1993, 482; DVBl 1997, 604, 606f.; StV 1999, 71; BGHSt 36, 328, 332; 38, 214, 220; *Besson*, Das Steuergeheimnis (1997), S. 80f.; *Beulke*, Strafprozessrecht (2002), Rn. 125; *Drope*, Strafprozessuale Probleme (2002), S. 188; *Gollwitzer*, in: Löwe-Rosenberg, StPO (24. Aufl.), Art. 6 MRK/Art. 14 IPBPR Rn. 249; *Günther*, GA 1978, 193, 198; *Ransiek*, Die Rechte des Beschuldigten (1990), S. 53; *Rogall*, in: SK-StPO, Vor § 133 Rn. 136; *Schlüter*, Strafbarkeit von Unternehmen (2000), S. 102; *Stürner*, NJW 1981, 1757, 1758.
Die Menschenwürdegarantie des Art. 1 I GG ist insoweit nicht das betroffene Grundrecht, sondern nur Auslegungsrichtlinie, s. dazu *Dreier*, in: ders., GG, Bd. 1 (1996), Art. 2 I Rn. 50 m.w.N. Zur Bedeutung der Menschenwürde für die Herleitung des Nemo-tenetur-Grundsatzes s.u. S. 146ff., 198

[625] *Dreier*, in: ders., GG, Bd. 1 (1996), Art. 2 I Rn. 50; *Rohlf*, Privatsphäre (1980), S. 124f.; *Schmitt Glaeser*, in: HStR, Bd. VI (2001), § 129 Rn. 11, 30f.; *Scholz/Pitschas*, Informationelle Selbstbestimmung (1984), S. 69f.

[626] *Schmitt Glaeser*, in: HStR, Bd. VI (2001), § 129 Rn. 31; s. dazu aus soziologischer Sicht: *Goffman*, Wir alle spielen Theater (1959/1969), S. 19ff., 230f.

[627] BVerfGE 54, 208, 217; 75, 369, 380; NStZ 1996, 26, 27; *Kunig*, in: von Münch/Kunig, GG, Bd. 1 (2000), Art. 2 Rn. 32, 35.

[628] Vgl. BVerfGE 99, 185, 194; zum Verständnis der Ehre als Voraussetzung von und Möglichkeit zur Kommunikation: *Amelung*, Die Ehre (2002), S. 26f., 43f.

fahrens.[629] Der vor der Gesellschaft in der Hauptverhandlung gegenüber dem Beschuldigten erhobene staatliche Vorwurf greift demnach in das allgemeine Persönlichkeitsrecht ein.[630] Daher liegt auch in der Pflicht zur Selbstbezichtigung ein Grundrechtseingriff, denn der Einzelne wird gezwungen, gegenüber anderen über ehrenrührige Tatsachen Auskunft zu geben[631], und ist insofern in seiner Selbstdarstellung nach außen nicht mehr frei.[632] Mit dem Nemo-tenetur-Grundsatz soll der Einzelne vor einer Ehrverletzung[633] und Demütigung[634] durch sich selbst geschützt werden. Seinem Schamgefühl soll erspart werden, ein Verbrechen eingestehen zu müssen.[635]

Zwar können andere Strafverfolgungsmaßnahmen – wie z.B. die staatlich veranlasste Aussage eines Belastungszeugen – eine ähnliche Belastung für die Ehre des Beschuldigten darstellen wie eine Selbstbezichtigung. Ein wesentlicher Unterschied liegt indessen darin, dass der Beschuldigte sich von den Äußerungen anderer leichter distanzieren kann; er kann immerhin versuchen, das von diesen geschaffene Bild in der Öffentlichkeit zu korrigieren. Hat er sich selbst einer Straftat bezichtigt, so wird er zunächst an dieser Aussage festgehalten. Er kann sich von ihr nicht lösen, ohne dass seine Selbstdarstellung inkonsistent wird und damit seine Chance schwindet, auf sein Bild in der Öffentlichkeit maßgeblich Einfluss zu nehmen.[636] Dieser Umstand begründet die für eine Aussagepflicht über eigenes Verhaltens spezifische Schwere des Eingriffs in das Recht auf freie Selbstdarstellung.

Gleichwohl ist zweifelhaft, ob das Recht auf freie Selbstdarstellung eine solche Aussagepflicht schlechthin verbietet. Ein solches Verbot würde nicht nur eine Aussagepflicht des Beschuldigten im Strafprozess betreffen, sondern sich grundsätzlich auf jede Verpflichtung zur Auskunft über (potentiell) ehrenrühriges eigenes Verhalten erstrecken. Das bisherige Verständnis des Nemo-tenetur-Prinzip als Recht des Beschuldigten im Strafprozess müsste vor diesem Hintergrund revidiert werden. Andererseits sind gewichtige öffentliche Interessen, wie das Interesse an einer effektiven Strafrechtspflege, nicht von vornherein ungeeignet, einen derarti-

---

[629] *Lagodny*, Strafrecht vor den Schranken der Grundrechte (1996), S. 122f.
[630] *Lagodny*, Strafrecht vor den Schranken der Grundrechte (1996), S. 123; zur Bekanntgabe ehrenrühriger Tatsachen s. etwa BVerfGE 78, 77, 87.
[631] Aufgrund der in Bezug auf die Schuldfrage bestehenden Ungewissheit ist es unvermeidbar, dass auch der tatsächlich Unschuldige, der sich nicht selbst bezichtigen müsste, in den Schutzbereich des Nemo-tenetur-Grundsatzes einbezogen wird, s. *Verrel*, Die Selbstbelastungsfreiheit (2001), S. 244.
[632] *Bosch*, Aspekte (1998), S. 63; *Peres*, Beweisverbote (1991), S. 121 (in Verbindung mit dem Ehrschutz); s. ferner *Müssig*, GA 1999, 121, 126; *Neumann*, in: Wolff-FS (1998), S. 373, 381.
[633] *Lagodny*, StV 1996, 167, 171 (in Fußn. 54).
[634] *Kunig*, in: von Münch/Kunig, GG, Bd. 1 (2000), Art. 2 Rn. 35; vgl. auch *Grünwald*, JZ 1981, 423, 425; s. dagegen *Torka*, Nachtatverhalten (2001), S. 89.
[635] *Puppe*, GA 1978, 289, 303f. (Scham wird dabei „im weitesten Sinne" verstanden); s. dagegen *Keller*, Provokation von Straftaten (1989), S. 134; *Pawlik*, GA 1998, 378, 379.
[636] S. *Luhmann*, Grundrechte als Institution, 4. Aufl. (1999), S. 75 (mit Fußn. 59); vgl. auch *Müssig*, GA 1999, 121, 126: Schweigen des Beschuldigten als „letzte Möglichkeit konsistenter (Selbst-)Darstellung".

gen Grundrechtseingriff zu rechtfertigen. So wird die Pflicht des Zeugen, auch über potentiell ehrenrührige Tatsachen, insbesondere Vorstrafen, Auskunft zu geben, sofern dies unerlässlich ist (s. § 68a StPO), vom BVerfG als verfassungsmäßig angesehen.[637] Ein absolutes Aussageverweigerungsrecht wäre folglich auf der Grundlage des Rechts auf freie Selbstdarstellung nicht zu begründen.

Die Aussagefreiheit des Beschuldigten fällt demnach zwar in den Schutzbereich des Rechts auf freie Selbstdarstellung als Teilaspekt des allgemeinen Persönlichkeitsrechts. Dieses schützt die Aussagefreiheit jedoch nicht umfassend, sondern lässt gesetzliche Einschränkungen zu (vgl. § 68a StPO). Möglicherweise gewährt ein anderer Teilaspekt des allgemeinen Persönlichkeitsrechts weiteren, darüber hinausgehenden Schutz.

(2) Die Straftat als Bestandteil des innersten Kernbereichs

Ein Aussageverweigerungsrecht könnte Ausfluss des nach innen gerichteten Teilgehalts des allgemeinen Persönlichkeitsrechts verfassungsrechtlich garantiert sein. Dieser gewährleistet einen von staatlicher Kenntnisnahme abgeschirmten Lebensbereich, in dem der Einzelne sich selbst überlassen ist.[638] Er sichert die personale Identität des Einzelnen, seine Möglichkeit zur Selbstidentifikation.[639] Dieser Kernbereich des allgemeinen Persönlichkeitsrechts unterliegt keiner Abwägung und genießt absoluten Schutz.[640] Das Verbot eines Zwangs zur Selbstbelastung könnte als Bestandteil dieses abwägungsfesten Kernbereichs anzusehen sein.[641]

Eine Verletzung dieses Kernbereichs wird zum Teil angenommen, wenn höchstpersönliche Aufzeichnungen in einem Tagebuch als Beweismittel im Strafverfahren verwertet werden.[642] Gegenstand des verfassungsrechtlichen Schutzes ist dort aber nicht das Geheimhaltungsinteresse in Bezug auf die begangene Tat, denn Informationen über den mit Strafe bedrohten Eingriff in die Rechte Dritter gehören als solche nicht mehr dem Intimbereich an.[643] Geschützt wird vielmehr der höchst-

---

[637] S. BVerfGE 38, 105, 117.
[638] BVerfGE 27, 1, 6; 35, 35, 39; 57, 170, 178; 90, 255, 260; *Dreier*, in: ders., GG, Bd. 1 (1996), Art. 2 I Rn. 51.
[639] *Schmitt Glaeser*, in: HStR, Bd. VI (2001), § 129 Rn. 31.
[640] BVerfGE 6, 32, 41; 32, 373, 379; 34, 238, 245; 80, 367, 373f.; *Dreier*, in: ders., GG, Bd. 1 (1996), Art. 2 I Rn. 60.
[641] *Berthold*, Zwang zur Selbstbezichtigung (1993), S. 5, 9; *Besson*, Das Steuergeheimnis (1997), S. 81; *Dingeldey*, JA 1984, 407, 409; *Rogall*, Der Beschuldigte (1977), S. 147.
[642] In der zweiten Tagebuchentscheidung des BVerfG begründen die vier Richter *Böckenförde*, *Franßen*, *Graßhof* und *Mahrenholz* auf diese Weise die Unverwertbarkeit der Tagebuchaufzeichnungen (s. BVerfGE 80, 367, 380f.).
[643] *Bosch*, Aspekte (1998), S. 54; *Günther*, GA 1978, 193, 197. In der zweiten Tagebuchentscheidung (BVerfGE 80, 367) begründen die vier Richter *Träger*, *Klein*, *Kruis* und *Kirchhof* ihre Ansicht, dass der unantastbare Kernbereich des Persönlichkeitsrechts nicht berührt sei, sogar mit dem Argument, dass der Inhalt der Aufzeichnungen in engem Zusammenhang mit der Straftat und ihren Ursachen stehe (aaO, 377f.). Das Abstellen auf den Inhalt der Aufzeichnungen (s. auch BVerfGE 34, 238, 248; BGHSt 19, 325, 331) lässt jedoch die Funktion dieser Aufzeichnungen und ihre daraus folgende Schutzwürdigkeit außer Acht, s. dazu *Amelung*, NJW 1990, 1753, 1756.

II. Informationsverarbeitung und Grundrechte 131

persönliche, intime Charakter derartiger Aufzeichnungen.[644] Eine Verwertung im Strafverfahren legt diese innere Zwiesprache offen und nimmt ihm die Möglichkeit, „mit sich und der Tat allein zu sein".

Diese Möglichkeit wird dem Beschuldigten durch eine Aussagepflicht nicht genommen, die sich auf die Wiedergabe der den Tatvorwurf betreffenden Tatsachen beschränkt. Bei der Beschlagnahme und Verwertung von Tagebuchaufzeichnungen ist eine solche Differenzierung kaum möglich, denn mit der Beschlagnahme und Durchsicht werden die darin enthaltenen Informationen zunächst ohne Unterschied offenbart.[645] Eine Auskunftspflicht kann dagegen von vornherein auf Angaben zum Tathergang beschränkt werden. Der Täter kann auf diese Weise weiterhin in eigener Verantwortung vor sich selbst zu seiner Tat Stellung nehmen, ohne diese innere Zwiesprache gegenüber den staatlichen Strafverfolgungsorganen offen legen zu müssen.[646] Der Nemo-tenetur-Grundsatz ist daher nicht als innerster Kernbereich des allgemeinen Persönlichkeitsrechts gewährleistet.[647]

(3) Das Recht auf informationelle Selbstbestimmung

Der Nemo-tenetur-Grundsatz könnte schließlich als Ausprägung des Rechts auf informationelle Selbstbestimmung verfassungsrechtlich garantiert sein.[648] Im Volkszählungsurteil leitete das BVerfG aus Art. 2 I i.V.m. Art 1 I GG das Recht des Einzelnen ab, grundsätzlich selbst über die Preisgabe und Verwendung seiner persönlichen Daten zu bestimmen.[649] Angaben über das eigene Verhalten in der Vergangenheit sind persönliche Daten und fallen als solche auch dann in den Schutzbereich des Rechts auf informationelle Selbstbestimmung, wenn der Betroffene mit dem jeweiligen Verhalten gegen Strafgesetze verstoßen hat. Das Recht auf informationelle Selbstbestimmung schützt den Einzelnen vor einer Pflicht zur Offenbarung seiner persönlicher Daten.[650] Mit einer Verpflichtung des Beschuldigten zur Aussage wäre demnach ein Eingriff in den Schutzbereich des Rechts auf informationelle Selbstbestimmung gegeben.

Das Recht auf informationelle Selbstbestimmung kann jedoch gesetzlichen Einschränkungen unterworfen werden, soweit dies zum Schutz öffentlicher Interessen unerlässlich ist.[651] Ein solches öffentliches Interesse besteht an der Verfolgung von Straftaten. Dazu ist deren Aufklärung und die Erhebung entsprechender In-

---

[644] S. BVerfGE 80, 367, 380, 381.
[645] Aus diesem Grund wird gefordert, die Durchsicht beschlagnahmter Tagebücher einem Richter zu übertragen, s. Amelung, NJW 1988, 1002, 1006; NJW 1990, 1753, 1760.
[646] S.o. S. 122 zu Art. 4 I GG; s. auch *Rogall*, Informationseingriff (1992), S. 67 (Beschränkung des Kernbereichs des allgemeinen Persönlichkeitsrechts auf das „forum internum").
[647] *Reiß*, Besteuerungsverfahren (1987), S. 164f.
[648] So *Keller*, Provokation von Straftaten (1989), S. 132; *Nothhelfer*, Selbstbezichtigungszwang (1989), S. 82f., 91; *Renzikowski*, JZ 1997, 710, 714; s. auch *Besson*, Das Steuergeheimnis (1997), S. 81.
[649] BVerfGE 65, 1, 43.
[650] BVerfGE 84, 192, 195.
[651] BVerfGE 65, 1, 44.

formationen erforderlich. Ein absolutes Recht des Einzelnen, von ihm begangene Straftaten geheim zu halten[652], kann nicht anerkannt werden: Soweit ein öffentliches Interesse an der Verfolgung der Straftat besteht, wird das Interesse des Täters an der Geheimhaltung der Tat vielmehr durch das staatliche Aufklärungsinteresse weitgehend verdrängt; anderenfalls wäre eine Verfolgung und Verurteilung des Täters ausgeschlossen.[653]

Es stellt sich also die Frage, weshalb gerade eine Aussagepflicht als Akt der Informationserhebung das Recht auf informationelle Selbstbestimmung verletzen könnte. Nun könnte man durch dieses Grundrecht nur die freie Entscheidung darüber als geschützt ansehen, ob man durch aktives Verhalten persönliche Daten offenbart.[654] Auf dieser Grundlage wäre auch der Nemo-tenetur-Grundsatz nur in diesem Umfang verbürgt, nämlich soweit er den Einzelnen davor schützt, durch aktives Verhalten (Aussage) Informationen über persönliche Umstände preiszugeben.[655] Das Gefährdungspotential, das von modernen Datenverarbeitungssystemen ausgeht, besteht jedoch auch bei Daten, die auf andere Art und Weise erhoben worden sind. Das BVerfG betont daher zu Recht, dass das Recht auf informationelle Selbstbestimmung generell vor der staatlichen Erhebung und Verarbeitung personenbezogener Daten schützt.[656] Angesichts dieses weiten Schutzbereiches bleibt nur auf der Ebene der verfassungsrechtlichen Rechtfertigung des Grundrechtseingriffs die Möglichkeit einer Differenzierung. Mit anderen Worten, eine gesetzlich angeordnete Aussagepflicht des Beschuldigten kann verfassungsrechtlich nicht gerechtfertigt werden, wenn eine solche Aussagepflicht sich im Vergleich zu anderen – verfassungsrechtlich zulässigen – Ermittlungseingriffen als unverhältnismäßig erwiese.

Die besondere Eingriffsschwere wird zum Teil damit begründet, dass der Einzelne nicht nur zu einem Geständnis gezwungen werde, sondern dieses Geständnis anschließend im Strafverfahren gegen ihn verwendet werde. Aus diesem Verwendungszusammenhang (Funktionalisierung des Einzelnen) könnte sich die Unverhältnismäßigkeit des Eingriffs ergeben.[657] Dagegen spricht indessen, dass die Erhebung von Informationen ohne gesetzlich festgelegten Zweck unzulässig wäre[658], eine „Funktionalisierung" der Auskunft und damit auch der Auskunftsperson also unabdingbar ist, um einen Eingriff in das Recht auf informationelle Selbstbestimmung überhaupt verfassungsrechtlich rechtfertigen zu können. Die Verwendung

---

[652] S. BVerfGE 38, 105, 114f.; s. auch *Rogall*, Der Beschuldigte (1977), S. 147, der im Rahmen des allgemeinen Persönlichkeitsrechts allerdings noch weitere Aspekte heranzieht.
[653] *Reiß*, Besteuerungsverfahren (1987), S. 166; *H. Schneider*, Selbstbegünstigungsprinzip (1991), S. 47; s. auch *Lesch*, ZStW 111 (1999), 624, 637.
[654] So *Nothhelfer*, Selbstbezichtigungszwang (1989), S. 91f.
[655] *Nothhelfer*, Selbstbezichtigungszwang (1989), S. 92.
[656] BVerfGE 78, 77, 84.
[657] In dieser „zugespitzten Version der Funktionalisierung des einzelnen" sieht *Keller*, Provokation von Straftaten (1989), S. 132, den Grund für die Verfassungswidrigkeit einer Aussagepflicht; insoweit zustimmend *Rogall*, StV 1996, 63, 64.
[658] BVerfGE 65, 1, 46.

II. Informationsverarbeitung und Grundrechte

persönlicher Daten im Strafverfahren ist aus sich heraus ebenfalls nicht unverhältnismäßig, da mit dem Strafverfahren wichtige, öffentliche Interessen verfolgt werden.[659]

Die Intensität eines Eingriffs in das Recht auf informationelle Selbstbestimmung wird nach einer Reihe von Kriterien bestimmt[660], von denen an dieser Stelle nur auf diejenigen eingegangen werden soll, die als Grundlage einer Differenzierung zwischen einer Aussagepflicht und anderen strafprozessualen Ermittlungsmaßnahmen dienen könnten.[661] Die Aussagepflicht zeichnet sich vor allem dadurch aus, dass die Information unter Einsatz von Zwang, d. h. gegen den Willen des Betroffenen, erhoben wird.[662] Da das Recht auf informationelle Selbstbestimmung auch das Wissen um die Erhebung und Verarbeitung der Daten umfasst[663], liegt in der heimlichen Erhebung und Verarbeitung von Daten ohne Wissen des Betroffenen allerdings ein intensiverer Eingriff in das Recht auf informationelle Selbstbestimmung als bei der offenen Erhebung mit Hilfe von Zwang.[664] Zudem werden dem Einzelnen bei heimlicher Informationserhebung Abwehr- und Rechtsschutzmöglichkeiten ganz oder zum Teil genommen.[665] Unter dem Aspekt der informationellen Selbstbestimmung wiegt die heimliche Informationserhebung beim Beschuldigten (wie z.B. die Observation, das Abhören von Wohnungen oder Telefonanschlüssen) als Grundrechtseingriff also erheblich schwerer als eine Aussagepflicht.[666] Da erstere in gewissen Grenzen verfassungsrechtlich zulässig ist (s. Art. 13 III GG), kann die Verfassungswidrigkeit einer Aussagepflicht des Beschuldigten nicht allein darauf gestützt werden, vom Betroffenen würden unter Einsatz von Zwang Informationen erhoben.[667]

Eine weitere mögliche Differenzierung unter informationellen Gesichtspunkten könnte darin liegen, dass mit einer Aussagepflicht ein neues Beweismittel geschaffen, mit anderen Ermittlungsmaßnahmen nur auf bereits existierende Informationsträger zugegriffen würde (z.B. Beschlagnahme von Aufzeichnungen).[668] Abge-

---

[659] S. dazu o. S. 10ff.
[660] S. dazu *Ernst*, Verarbeitung und Zweckbindung (1993), S. 71ff.; *Rogall*, Informationseingriff (1992), S. 62ff.; *Rosenbaum*, Jura 1988, 178, 182.
[661] Beispielsweise kann die Sensibilität der Information (ehrenrühriger Vorwurf), die Art ihrer Verwertung und die verarbeitende Stelle (Gericht, öffentliche Hauptverhandlung) insoweit außer Betracht bleiben, da diese Faktoren jede Informationserhebung im Rahmen des Ermittlungsverfahrens bestimmen.
[662] Darauf abstellend *Renzikowski*, JZ 1997, 710, 714.
[663] Vgl. BVerfGE 65, 1 , 43: „Mit dem Recht auf informationelle Selbstbestimmung wären eine Gesellschaftsordnung und eine diese ermöglichende Rechtsordnung nicht vereinbar, in der Bürger nicht mehr wissen können, wer was wann und bei welcher Gelegenheit über sie weiß."
[664] *Bäumler*, in: Lisken/Denninger, Handbuch (2001), Abschn. J Rn. 25; *Riepl*, Informationelle Selbstbestimmung (1998), S. 11f.; *Rosenbaum*, Jura 1988, 178, 182; *Weichert*, Informationelle Selbstbestimmung (1990), S. 25.
[665] *Ernst*, Verarbeitung und Zweckbindung (1993), S. 92, 93f.; *Weichert*, Informationelle Selbstbestimmung (1990), S. 114; s. ferner *Rogall*, Informationseingriff (1992), S. 64.
[666] A.A. *Renzikowski*, JZ 1997, 710, 714.
[667] S. auch *Bosch*, Aspekte (1998), S. 54.
[668] *Nothhelfer*, Selbstbezichtigungszwang (1989), S. 92.

134 B. Grundlagen: Verfahren und Grundrechte als Rahmen der Informationsverarbeitung

sehen von den Ergebnissen, zu denen eine solche Differenzierung führen würde[669], stellt sich die Frage nach der Berechtigung der zugrunde liegenden Wertung. Was begründet die höhere Schutzwürdigkeit von Informationen, die bereits auf Informationsträgern „real verkörpert" sind im Verhältnis zu solchen, die zunächst nur dem Betroffenen bekannt sind? Ein Grund könnte darin zu sehen sein, dass der Betroffene sich mit der Fixierung auf einen Informationsträger in gewisser Weise der jeweiligen Information freiwillig „entäußert".[670] Mit einem solchen Verhalten verzichtet der Täter jedoch nicht bereits – sei es auch nur teilweise – auf seinen grundrechtlichen Schutz. Wie das Beispiel des Tagebuchs zeigt, besteht sein Interesse an der Nichtweitergabe persönlichster Informationen fort und genießt weiterhin verfassungsrechtlichen Schutz. Selbst wenn man in Bezug auf „entäußerte" Informationen von einer geringeren Schutzwürdigkeit ausgeht, so könnte aber auch diese Differenzierung die weitgehende Zulässigkeit der heimlichen Informationserhebung (die ebenfalls neue Beweismittel schafft) nicht erklären, wenn man zugleich eine Aussagepflicht für grundsätzlich verfassungswidrig erachtet.

Schließlich kann auch nicht deshalb von einer besonders hohen Eingriffsintensität ausgegangen werden, weil der Beschuldigte selbst als Auskunftsperson in einem ihn betreffenden Strafverfahren herangezogen wird.[671] Im Gegenteil, eine Erhebung beim Betroffenen selbst ist gegenüber einer Erhebung bei Dritten als milderes Mittel anzusehen, da der Betroffene auf diese Weise von der Datenerhebung erfährt und gegebenenfalls gegen diese vorgehen kann.[672] Zudem ist der Beschuldigte aufgrund des gegen ihn bestehenden Tatverdachts in höherem Maße „aufopferungspflichtig" als am Strafverfahren unbeteiligte Dritte.[673]

Ein verfassungsrechtliches Verbot einer gesetzlichen Aussagepflicht des Beschuldigten kann dem Recht auf informationelle Selbstbestimmung daher nicht entnommen werden. Eine solche Pflicht würde zwar in den Schutzbereich des allgemeinen Persönlichkeitsrechts eingreifen, wäre aber im Hinblick auf das öffentliche Interesse an einer effektiven Strafrechtspflege grundsätzlich rechtfertigungsfähig.[674] Eine besondere Eingriffsintensität, mit der ein generelles verfassungsrechtli-

---

[669] *Bosch*, Aspekte (1998), S. 55, weist etwa darauf hin, dass die Schaffung eines neuen Beweismittels durch eine Blutentnahme (§ 81a StPO) verfassungswidrig wäre.
[670] Vgl. *Rogall*, Informationseingriff (1992), S. 67.
[671] *Bosch*, Aspekte (1998), S. 53; *Lorenz*, JZ 1992, 1000, 1006.
[672] S. § 4 II BDSG und dazu *Gola/Schomerus*, BDSG (2002), § 4 Rn. 21; zur polizeirechtlichen Befragung: *Bäumler*, in: Lisken/Denninger, Handbuch (2001), Abschn. J Rn. 745.
[673] *Köhler*, ZStW 107 (1995), 110, 121.
[674] Die Aussage des BVerfG, dass ein überwiegendes Allgemeininteresse an der Datenerhebung regelmäßig überhaupt nur an Daten mit Sozialbezug unter Ausschluss intimer Angaben und von Selbstbezichtigungen bestehe (BVerfGE 65, 1, 46), widerspricht dem nicht. Die Selbstbezichtigung wird dort dem Intimbereich zugeordnet (a.A. *Reiß* Besteuerungsverfahren, 1987, S. 170) und den Daten mit Sozialbezug gegenübergestellt. Personenbezogene Daten, die sich auf die Begehung einer Straftat beziehen, weisen einen Sozialbezug auf (Eingriff in fremde Rechtsgüter) und sind insofern nicht mehr Bestandteil des Intimbereichs (BVerfGE 80, 367, 377f.). Die Selbstbezichtigung ist allerdings insoweit dem Intimbereich zuzuordnen, als es um die Bewertung der eigenen Tat geht, also um die Frage, ob der Täter die Tat vor sich selbst rechtfertigt oder bereut. An dieser Informati-

ches Verbot einer gesetzlichen Aussagepflicht begründet werden könnte, ist nicht festzustellen. Wegen seines umfassenden Schutzbereiches kann das Recht auf informationelle Selbstbestimmung den Nemo-tenetur-Grundsatz in dessen Randbereichen allenfalls ergänzen und gegen Umgehung sichern.[675]

(4) Der innere Konflikt – ein Recht auf Selbsterhaltung?

Kann der Nemo-tenetur-Grundsatz nicht aus einem der Teilaspekte des allgemeinen Persönlichkeitsrechts hergeleitet werden, so lässt er sich möglicherweise als eigenständiger Teilgehalt dieses Rechts begreifen. Der Nemo-tenetur-Grundsatz wird von der überwiegenden Auffassung unmittelbar aus dem allgemeinen Persönlichkeitsrecht (Art. 2 I i.V.m. Art. 1 I GG) als ein Recht abgeleitet, das den Beschuldigten davor bewahren soll, sich selbst durch seine Aussage erheblichen Schaden zufügen zu müssen.[676] Dass sich ein solches Recht nicht in die bisherigen Ausprägungen des allgemeinen Persönlichkeitsrechts einfügen lässt, steht einer solchen verfassungsrechtlichen Begründung nicht entgegen. Das allgemeine Persönlichkeitsrecht kann nicht abschließend umschrieben werden, seine Ausprägungen sind von Fall zu Fall herauszuarbeiten.[677] Es ist „entwicklungsoffen".[678] Ein Recht auf Aussagefreiheit kann von daher durchaus als weiterer, eigenständiger Teilgehalt dieses Grundrechts angesehen werden. Eine solche Eigenständigkeit des Nemo-tenetur-Prinzips kommt auch in der Bezeichnung als „besonderes Persönlichkeitsrecht" zum Ausdruck.[679] Die Einbeziehung in das allgemeine Persönlichkeitsrecht (Art. 2 I, Art. 1 I GG) bedarf allerdings einer inhaltlichen Begründung, die Antwort auf die Frage gibt, weshalb ein Recht auf Selbsterhaltung schützenswert ist.

Schutzwürdig und rechtlich geschützt sind die von Strafe bedrohten Güter des Einzelnen, wie das Leben und das Eigentum. Die Verteidigung dieser Güter ist daher grundsätzlich legitim.[680] Die Rechtsordnung bestimmt indessen zugleich die Grenzen dieses Schutzes. In welchen Grenzen das Interesse des Einzelnen an der Erhaltung seiner Rechtsgüter geschützt ist, bestimmt sich also nach dem einschlägigen Grundrecht und den danach zulässigen gesetzlichen Beschränkungen. So hat

---

on besteht grundsätzlich kein Allgemeininteresse und ein Zwang zur Offenbarung wäre verfassungswidrig, s.o. S. 116 ff. zu Art. 4 I GG und S. 130 f. zum inneren Kernbereich des Persönlichkeitsrechts.

[675] *Bosch*, Aspekte (1998), S. 52 ff., 55 („Komplementärfunktion").
[676] S. BVerfG, NStZ 1993, 482; DVBl 1997, 604, 606 f.; StV 1999, 71; BGHSt 36, 328, 332; 38, 214, 220; *Beulke*, Strafprozessrecht (2002), Rn. 125; *Gollwitzer*, in: Löwe-Rosenberg, StPO (24. Aufl.), Art. 6 MRK/Art. 14 IPBPR Rn. 249; *Günther*, GA 1978, 193, 198; *Ransiek*, Die Rechte des Beschuldigten (1990), S. 53; *Rogall*, in: SK-StPO, Vor § 133 Rn. 136; *Stürner*, NJW 1981, 1757, 1758.
[677] BVerfGE 54, 148, 153 f.; 65, 1, 41.
[678] *Schmitt Glaeser*, in: HStR, Bd. VI (2001), § 129 Rn. 28.
[679] *Rogall*, in: SK-StPO, Vor § 133 Rn. 136.
[680] *Rogall*, Der Beschuldigte (1977), S. 146; zustimmend *Torka*, Nachtatverhalten (2000), S. 68; s. die entsprechende naturrechtliche Begründung der Selbstbelastungsfreiheit als eines gegen den Staat gerichteten Notwehrrechtes: *Turin*, Verteidigung (1801), S. 28, 39 f.; *Vassalli*, Betrachtungen, Bd. I (1869), S. 142 f.

der Verurteilte das in der berechtigten Strafe liegende Opfer an Freiheit von Rechts wegen hinzunehmen. Sein Interesse, von Strafe verschont zu bleiben, wird von der Verfassungsordnung nicht geschützt und ist im Hinblick auf die Rechtmäßigkeit der staatlichen Beschränkung illegitim.[681] Mit der Schutzwürdigkeit der von Strafe bedrohten Rechtsgüter kann der Nemo-tenetur-Grundsatz also nicht begründet werden.

Die Begründung eines über den rechtlichen Schutz dieser Interessen hinausgehenden Rechts auf Selbsterhaltung folgt einem naturalistischen Ansatz[682]: Den Beschuldigten zu zwingen, an seiner eigenen Überführung mitzuwirken, verletze die psychologischen Gesetzmäßigkeiten des Selbsterhaltungstriebes.[683] Der Selbsterhaltungstrieb müsse als ein natürlicher Wesenszug des Menschen bei der Ausgestaltung und Auslegung von Rechtsnormen berücksichtigt werden.[684] Der Einzelne habe bei Gefahr einer Bestrafung ein natürliches Recht auf Selbstschutz.[685]

Unter normativen Gesichtspunkten könnten diese Umstände relevant werden, wenn sie die tatsächliche Fähigkeit des Menschen zur Befolgung von Normen völlig aufheben, wie es der Hinweis auf „psychologische Gesetzmäßigkeiten" oder den „Selbsterhaltungstrieb" nahe legt: Mit einer Selbstbezichtigung werde vom Einzelnen „Übermenschliches" verlangt.[686] In der Tat dürfen Zwangsmittel nicht eingesetzt werden, sofern die vorzunehmende Handlung unmöglich ist. Die Verfassungswidrigkeit eines solchen Zwanges ergibt sich bereits aus seiner fehlenden Eignung zur Zweckerreichung.

Ein individualpsychologischer Automatismus, der es von vornherein ausschließt, dass sich der Täter selbst bezichtigt, existiert jedoch nicht.[687] Es geht also

---

[681] *H. Schneider*, Selbstbegünstigungsprinzip (1991), S. 52 f.; *Ulsenheimer*, GA 1972, 1, 24.

[682] S. die entsprechende Kritik: *Lesch*, ZStW 111 (1999), 624, 637; *Pawlik*, GA 1998, 378, 379 f.; *H. Schneider*, Selbstbegünstigungsprinzip (1991), S. 48; s. auch *Köhler*, ZStW 107 (1995), 10, 33 („dogmengeschichtlich überholter empirischer Erklärungsversuch"); kritisch ferner *Müssig*, GA 1999, 119, 127; *Verrel*, Die Selbstbelastungsfreiheit (2001), S. 240.

[683] *Erdmann*, Selbstbegünstigungsgedanke (1969), S. 57 f.; *Günther*, GA 1978, 193, 194; *Rogall*, Der Beschuldigte (1977), S. 146; *ders.*, in: SK-StPO, Vor § 133 Rn. 132; *Eb. Schmidt*, NJW 1969, 1137, 1139.

[684] *Torka*, Nachtatverhalten (2000), S. 50 ff., 53 („Gebot der intrapersonalen Orientierung des Rechts").

[685] *Welzel*, JZ 1958, 494, 496; s. auch BGHSt 11, 353, 356; *Besson*, Das Steuergeheimnis (1997), S. 73. Die Freiheit vom Zwang, sich selbst bezichtigen zu müssen, war im Naturrechtsdenken verbreitet, s. etwa *Pufendorf*, De iure naturae et gentium (1759/1967), Bd. I, Lib. IV. Cap. I § 20 (S. 463 f.); *Thomasius*, Über die Folter (1705/1960), Cap. I § 5 (S. 168 ff.); zum Nemo-tenetur-Prinzip im Naturrechtsdenken: *von Gerlach*, in: Hanack-FS (1999), S. 117, 128 f.; *Rüping*, JR 1974, 135, 136; s. ferner (zu *Pufendorf*): *Levy*, Origins (1986), S. 373.

[686] *Eb. Schmidt*, NJW 1969, 1137, 1139; s. auch *Starck*, in: von Mangoldt/Klein/Starck, GG, Bd. 1 (1999), Art. 1 Rn. 51, demzufolge der Nemo-tenetur-Grundsatz nicht aus Art. 1 I GG folgt, sondern darauf beruht, dass die Möglichkeiten fehlen, den Beschuldigten zu einer Aussage zu zwingen.

[687] *H. Schneider*, Selbstbegünstigungsprinzip (1991), S. 382 (zur Selbstbegünstigung); s. auch die entsprechende Kritik an einer psychologischen Deutung des § 35 StGB: *Bernsmann*, „Entschuldigung" (1989), S. 179 f.

Aus der Sicht der Psychoanalyse wird vielmehr ein bewusster oder unbewusster Geständnis-

II. Informationsverarbeitung und Grundrechte 137

nicht darum, den Einzelnen zu Unmöglichem zu zwingen.⁶⁸⁸ Der Beschuldigte befindet sich in einer inneren Konfliktsituation, in der ihm die Befolgung einer Aussagepflicht im Hinblick auf die eigenen Interessen besonders schwer fällt. Seine Fähigkeit, Normen (eine Aussagepflicht) zu befolgen, ist, soweit ihm dieses zum Nachteil gereichte, lediglich eingeschränkt. Der Einsatz von staatlichem Zwang ist also grundsätzlich geeignet, den Täter zu selbstbelastenden Angaben zu bewegen.⁶⁸⁹

Seine Willensfreiheit wird durch diese Beeinträchtigung seiner Fähigkeit zu normgemäßen Verhalten nicht in besonderer Weise schutzwürdig, insbesondere hat der Einzelne keinen verfassungsrechtlichen Anspruch, vor inneren Konfliktsituationen geschützt zu werden.⁶⁹⁰ Dass der Nemo-tenetur-Grundsatz nicht zum Ziel hat, den Einzelnen vor einer inneren Konfliktssituation zu bewahren⁶⁹¹, ergibt sich darüber hinaus aus folgendem: Wäre es entscheidend, dass der Beschuldigte der „Qual der Wahl" ausgesetzt wird, sich zwischen Selbstbelastung und den bei einer Weigerung zu verhängenden Zwangsmaßnahmen zu entscheiden, so könnte man ihm diese Last abnehmen, indem man so schwere Zwangsmaßnahmen androht, dass ihm die Wahl der Selbstbezichtigung leicht fiele.⁶⁹² Ein Zwang zur Selbstbezichtigung bringt den Beschuldigten zwar typischerweise in einen inneren Zwiespalt. Gegenstand verfassungsrechtlichen Schutzes kann aber sinnvollerweise nur das Interesse sein, das in diesem Konflikt dem Interesse an der Vermeidung von Zwangsmaßnahmen gegenüber steht: das Interesse an Selbsterhaltung.⁶⁹³,⁶⁹⁴

---

zwang angenommen, der aus dem Schuldgefühl des Täters und seinem Bedürfnis nach Strafe resultiert, s. *Reiwald*, Die Gesellschaft und ihre Verbrecher (1948/1973), S. 170, 171 ff.
⁶⁸⁸ So auch *Vassalli*, Betrachtungen, Bd. I (1869), S. 149.
⁶⁸⁹ Eine andere Frage ist es, ob der Gesetzgeber aus kriminalpolitischen Zweckmäßigkeitserwägungen (Generalprävention) für bestimmte Selbstbegünstigungshandlungen auf den Einsatz von staatlichem Zwang in Form von Strafe verzichtet, s. dazu *H. Schneider*, Selbstbegünstigungsprinzip (1991), S. 187 ff., 382 ff.
⁶⁹⁰ *Ransiek*, Die Rechte des Beschuldigten (1990), S. 50; s. auch BVerfG, NStZ 1995, 599, 600; *Böse*, wistra 1999, 451, 454 f.
⁶⁹¹ So aber *Grünwald*, JZ 1981, 423, 428; *Puppe*, GA 1978, 289, 299.
⁶⁹² *Ransiek*, Die Rechte des Beschuldigten (1990), S. 50; s. auch *Neumann*, in: Wolff-FS (1998), S. 373, 380. Mit *Nothhelfer*, Selbstbezichtigungszwang (1989), S. 76, ist allerdings davon auszugehen, dass ein solches Vorgehen aus anderen Gründen verfassungsrechtlichen Bedenken ausgesetzt wäre (Verhältnismäßigkeit im Hinblick auf die zu erwartende Sanktion). Das Beispiel bleibt jedoch von diesem Einwand unberührt, da es den Blick auf die eigentliche Schutzrichtung des Nemo-tenetur-Grundsatzes lenkt.
⁶⁹³ In diesem Sinne ist es auch zu verstehen, wenn die Rechtsprechung im Zusammenhang mit dem Nemo-tenetur-Grundsatz die Konfliktsituation des Betroffenen erwähnt, s. BVerfGE 56, 37, 41 f.: „Durch rechtlich vorgeschriebene Auskunftspflichten kann die Auskunftsperson in die Konfliktsituation geraten, sich entweder selbst einer strafbaren Handlung zu bezichtigen oder durch eine Falschaussage gegebenenfalls ein neues Delikt zu begehen oder aber wegen ihres Schweigens Zwangsmitteln ausgesetzt zu werden. *Wegen dieser Folgen* (Hervorhebung vom Verfasser) ist die erzwingbare Auskunftspflicht als Eingriff in die allgemeine Handlungsfreiheit sowie als Beeinträchtigung des Persönlichkeitsrechts im Sinne des Art. 2 Abs. 1 GG zu beurteilen."
⁶⁹⁴ S. *Ransiek*, Die Rechte des Beschuldigten (1990), S. 51 (Freiheitsbeschränkung maßgeblich, nicht die Unzumutbarkeit oder Schwierigkeit einer Wahl); s. auch *Keller*, Provokation von Strafta-

Die Schutzwürdigkeit dieses Interesses gilt es normativ zu begründen. Es ist also zu untersuchen, ob das allgemeine Persönlichkeitsrecht das Selbsterhaltungsinteresse um seiner selbst willen, d. h. über das Maß des rechtlichen Schutzes des jeweils bedrohten Rechtsgutes hinaus, schützt, indem es dem Einzelnen einen Freiraum belässt, auf die Erhaltung seiner Existenz hinzuwirken. Eine solche Freiheit kann aus dem Rechtsverhältnis des Einzelnen zum Staat begründet werden. Nach der Wertordnung des Grundgesetzes wird der Staat vom Einzelnen her legitimiert.[695] „Der Staat ist um der Menschen willen da, nicht der Mensch um des Staates willen."[696] Der Einzelne ist damit bereits vorstaatlich als (potentieller) Träger von Rechten anerkannt[697], die ihm die Verfolgung eigener Interessen ermöglichen.[698] Die theoretische Konstruktion des Staates über den Abschluss eines Staatsvertrages basiert auf dem von *Thomas Hobbes* im Leviathan formulierten Gedanken, dass der Einzelne sich der staatlichen Gewalt unterwirft, um den Naturzustand des „bellum omnium contra omnes" zu beseitigen.[699] Mit der staatlichen Rechtsordnung und ihrer Durchsetzung werden die Bedingungen für Sicherheit und Frieden geschaffen.[700] Die dem Einzelnen auferlegten Rechtspflichten stellen somit die „Kosten" rechtlich gesicherter Freiheit dar.[701] Der Zweck des Staates besteht also aus der Sicht des Einzelnen darin, die Erhaltung der eigenen Existenz zu sichern. Eine Pflicht, sich selbst zu vernichten, kann daher auf den Staatsvertrag nicht gegründet werden.[702] Existenzvernichtende Gewalt zu dulden, um die eigene Existenz zu sichern, ist aus der Sicht des Einzelnen wenig sinnvoll.[703] Der Einzelne ist daher nicht verpflichtet, an der Vernichtung der eigenen Existenz durch eine selbstbelastende Aussage mitzuwirken.[704] Das Nemo-tenetur-Prinzip könnte auf diese Weise über die Theorie des Staatsvertrages verfassungsrechtlich begründet werden.[705]

---

ten (1989), S. 134 (Nemo-tenetur-Prinzip kein „Sensibilitätsgebot"); zustimmend *Weßlau*, ZStW 110 (1998), 1, 25.

[695] *Isensee*, in: HStR, Bd. I (1995), § 13 Rn. 100; zum Strafprozess: *Köhler*, ZStW 107 (1995), 11, 17.

[696] Art. 1 I des Entwurfs des Grundgesetzes im Bericht über den Verfassungskonvent auf Herrenchiemsee vom 10.–23. August 1948, zitiert nach: Der Parlamentarische Rat 1948–1949, Akten und Protokolle, Bd. 2, S. 504, 580.

[697] *Enders*, Die Menschenwürde (1997), S. 502 f.; *Isensee*, in: HStR, Bd. I (1995), § 13 Rn. 100; zur Entstehungsgeschichte des GG: *Stern*, Staatsrecht, Bd. III/1 (1988), S. 169.

[698] So i. E. auch *Pawlik*, GA 1998, 378, 383. Bei einem anderen Staatsverständnis mag sich ein Schweigerecht nicht begründen lassen (s. *Pawlik*, aaO, 382, unter Hinweis auf die Illegitimität reiner Individualinteressen bei *Rousseau*).

[699] S. dazu *Hobbes*, Leviathan (1651/1966), 13. Kap. (S. 96), 17. Kap. (S. 134 f.).

[700] *Isensee*, in: HStR, Bd. I (1995), § 13 Rn. 56, 63 f.

[701] *Pawlik*, GA 1998, 378, 380.

[702] *Hobbes*, Leviathan (1651/1966), 14. Kap. (S. 101), 21. Kap. (S. 168); s. dazu *Bernsmann*, „Entschuldigung" (1989), S. 277 f.

[703] *Bernsmann*, „Entschuldigung" (1989), S. 285, 307.

[704] S. bereits *Hobbes*, Leviathan (1651/1966), 21. Kap. (S. 168): „Wird ein Mensch vom Souverän oder seinem Beauftragten verhört, so ist er, wenn ihm nicht Gnade zugesichert wird, nicht verpflichtet, es zu gestehen, denn niemand kann ... durch Vertrag verpflichtet werden, sich selbst anzuklagen."; s. auch 14. Kap. (S. 107).

[705] Einen Zusammenhang zwischen Nemo-tenetur-Prinzip und Staatsvertrag sieht auch *H.A.*

II. Informationsverarbeitung und Grundrechte

Diese normative Begründung eines Freiraums zur Selbsterhaltung impliziert eine Begrenzung des Anwendungsbereiches auf existenzbedrohende Gefahren.[706] Ein allgemeines Recht auf Erhaltung der eigenen Güter bzw. ein Recht auf Selbstbegünstigung kann auf diese Weise nicht begründet werden. Wenngleich das Streben nach Wohlbefinden als anthropologische Konstante angesehen werden kann[707], so besteht die Funktion des Rechts doch gerade darin, diesen natürlichen Wesenszug des Menschen (im Sinne von *Hobbes*: den Naturzustand) zu bändigen und den Einzelnen darauf zu verweisen, im Rahmen seiner grundrechtlich garantierten Freiheit sein Glück zu suchen. Ein Recht auf Selbstbegünstigung wäre ein Recht (?) des Stärkeren, durch das der Rahmen rechtlich verbürgter Freiheit gesprengt würde.[708] Ein solches Recht wäre daher „illegitim" und wegen seiner normunterminierenden Wirkung eine Gefahr für die Geltung der Rechtsordnung.[709] Ein Recht auf Selbsterhaltung kann daher nur als Ausnahme anerkannt werden. Es ist also nicht von vornherein unzumutbar und verfassungswidrig, wenn der Einzelne verpflichtet wird, an Eingriffen in seine Rechtsgüter mitzuwirken.[710]

Ein Verständnis des Nemo-tenetur-Grundsatzes als eines Rechts zur Selbsterhaltung orientiert sich eng am materiell-strafrechtlichen Prinzip der Unzumutbarkeit und seiner positiv-rechtlichen Ausprägung im entschuldigenden Notstand (§ 35 StGB).[711] Anhand dieser Parallele lassen sich die Schwächen einer solchen Begründung des Nemo-tenetur-Grundsatzes aufzeigen.[712]

Die Orientierung am Unzumutbarkeitsgedanken hätte zur Folge, dass jedwedes Verhalten, mit dem der Beschuldigte sich der Verhängung einer Freiheitsstrafe zu entziehen sucht, prinzipiell vom Schutzbereich des Nemo-tenetur-Grundsatzes umfasst wäre.[713] Hält man ein so weitgehendes Verständnis des Nemo-tenetur-

---

Wolff, Selbstbelastung (1997), S. 57f.; s. ferner *G. Bauer*, Die Aussage (1972), S. 41f.; *Torka*, Nachtatverhalten (2000), S. 53.

[706] S. auch die naturrechtlichen Begründungen, etwa *Thomasius*, Über die Folter (1705), S. 170/171: Es verstoße gegen Grundsätze des Naturrechts, wenn Menschen gezwungen würden, sich durch eigenes Verhalten den Untergang zu bereiten. Auch in der Entwicklungsgeschichte des Nemo-tenetur-Grundsatzes lässt sich ein Aussageverweigerungsrecht nachweisen, soweit Leib oder Leben des Angeklagten durch die Strafe gefährdet waren, s. *Levy*, Origins (1986), S. 182, 257.

[707] Vgl. *Torka*, Nachtatverhalten (2000), S. 53f.

[708] S. *Pawlik*, GA 1998, 378, 380.

[709] S. *H. Schneider*, Selbstbegünstigungsprinzip (1991), S. 33, 53.

[710] *Puppe*, GA 1978, 289, 298f.

[711] S. zum entsprechenden Verständnis des § 35 StGB: *Bernsmann*, „Entschuldigung" (1989), S. 285, 306ff.; s. auch *Hobbes*, Leviathan (1651/1966), 21. Kap. (S. 170 – Widerstand gegen die Todesstrafe). Eine Parallele von Nemo-tenetur-Prinzip und Notstand sehen *Erdmann*, Selbstbegünstigungsgedanke (1969), S. 57f.; *Eser*, ZStW 79 (1967), 565, 571 (Fußn. 24); *Gneist*, Vier Fragen (1874), S. 82; *Günther*, GA 1978, 193, 194; *Schramm*, Verpflichtung des Abwassereinleiters (1990), S. 46; s. auch BVerfGE 56, 37, 49 („unzumutbar").

[712] Auf einen weiteren, grundsätzlichen Einwand weist *Ulsenheimer*, GA 1972, 1, 25, hin: Der Täter hat die durch Strafverfolgung drohende Gefahr selbst herbeigeführt und kann sich deshalb nicht auf den entschuldigenden Notstand berufen (s. § 35 I S. 2 StGB); s. bereits RGSt 54, 338, 340; 72, 19.

[713] So in der Tat *Vassalli*, Betrachtungen, Bd. I (1869), S. 147: Der Angeklagte habe das natürliche

Grundsatzes im Hinblick auf die Effektivität der Strafrechtspflege für ausgeschlossen, so müsste das Selbsterhaltungsinteresse einer Abwägung mit konfligierenden öffentlichen Interessen (Strafrechtspflege) unterworfen werden.[714] In diesem Fall wäre jedoch unerfindlich, warum ein bestimmtes Verhalten (Verweigerung der Aussage) verfassungsrechtlich privilegiert werden sollte, wenn ein anderes sich im Hinblick auf die Erhaltung der eigenen Existenz ebenso schädlich auswirken könnte (Weigerung, die Tatwaffe herauszugeben). Auch die von der überwiegenden Ansicht[715] vertretene Differenzierung zwischen aktivem Tun und passiver Unterlassung bzw. Duldung erscheint als zu grober Maßstab, um die absolute Unzulässigkeit aktiver Mitwirkungspflichten begründen zu können. Unzumutbar kann auch die Beachtung eines Handlungsverbots sein (s. § 35 StGB). Häufig liegt in dem zu duldenden Eingriff auch eine stärkere Beeinträchtigung, weshalb der Beschuldigte in diesen Fällen geneigt ist, den Eingriff durch seine „freiwillige" Mitwirkung abzuwenden.[716] Ein „Recht auf Passivität" kann daher schwerlich als Ergebnis einer Abwägung nachvollzogen werden.[717]

Auch andere Abwägungskriterien erscheinen im Ergebnis wenig überzeugend.[718] Der Maßstab „Persönlichkeitsnähe"[719] benennt das einschlägige Grundrecht und deutet einen intensiven Eingriff an, gibt aber kein Kriterium, um die Eingriffsintensität – die „Nähe" zur Persönlichkeit – zu bestimmen. Soweit die Differenzierung zwischen geistiger und körperlicher Inanspruchnahme auf dieses Kriterium gestützt wird, ist dem entgegenzuhalten, dass der Körper nicht allein als Materie[720], sondern als Seins- und Bestimmungsfeld der Persönlichkeit geschützt

---

Recht, sich der Strafe zu entziehen und zu diesem Zweck alle ihm zu Gebote stehenden Mittel anzuwenden; s. dagegen *Pawlik*, GA 1998, 378, 379.

[714] *Pawlik*, GA 1998, 378, 379. Dies stünde im Widerspruch zum Verständnis des Nemo-tenetur-Prinzips als absolut, d.h. abwägungsfest, gewährleisteten Rechts, s. etwa *Hassemer*, in: Maihofer-FS (1988), S. 183, 203; zur entsprechenden Kritik an der Herleitung des Nemo-tenetur-Grundsatzes aus Art. 2 I i.V.m. Art. 1 I GG: *Reiß*, Besteuerungsverfahren (1987), S. 168.

[715] BGHSt 34, 39, 46; *Boujong*, in: KK-StPO (2003), § 136 Rn. 10; *Dingeldey*, JA 1984, 407, 412; *Erdmann*, Selbstbegünstigungsgedanke (1969), S. 40; *Eser*, ZStW 86 (1974) (Beiheft), 136, 146; *Hanack*, in: Löwe-Rosenberg, StPO (25. Aufl.), § 136 Rn. 21; *Lemke*, in: HK-StPO (2001), § 136 Rn. 17; *R. Müller*, EuGRZ 2002, 546, 555; *Rogall*, Der Beschuldigte (1977), S. 158; *H. Schneider*, Selbstbegünstigungsprinzip (1991), S. 36.

[716] *Weßlau*, ZStW 110 (1998), 1, 31. Diese Abwendungsmöglichkeit beruht auf dem Grundsatz der Verhältnismäßigkeit, s. *Neumann*, in: Wolff-FS (1998), S. 373, 387.

[717] S. vor allem die treffende Kritik an der inkonsequenten Rechtsprechung zur Beobachtung, körperlichen Untersuchung und Gegenüberstellung bei *Bosch*, Aspekte (1998), S. 285ff.; kritisch zur Differenzierung der h.M.: *Lorenz*, JZ 1992, 1000, 1006; *Radtke*, in: Meyer-Goßner-FS (2001), S. 321, 331; *Torka*, Nachtatverhalten (2000), S. 55ff., 62ff.; *Verrel*, NStZ 1997, 415, 418; *ders.*, Die Selbstbelastungsfreiheit (2001), S. 209ff., 222, 235; *Weßlau*, ZStW 110 (1998), 1, 31; s. auch *Reiß*, Besteuerungsverfahren (1987), S. 174ff.; *H. Schneider*, Selbstbegünstigungsprinzip (1991), S. 47f.

[718] Die in der Aussage liegende Selbstbezichtigung ist im Hinblick auf eine mögliche Demütigung bzw. Ehrverletzung – s. *Verrel*, NStZ 1997, 415, 419; *ders.*, Die Selbstbelastungsfreiheit (2001), S. 260) – bereits erörtert worden, s.o. S. 128ff.

[719] *Verrel*, NStZ 1997, 415, 418; *ders.*, Die Selbstbelastungsfreiheit (2001), S. 256ff

[720] *Verrel*, NStZ 1997, 415, 418; *ders.*, Die Selbstbelastungsfreiheit (2001), S. 256; s. auch *Schöch*, DAR 1996, 44, 49.

wird und insofern einen gesetzlich ausgeformten Teil des allgemeinen Persönlichkeitsrechts darstellt.[721]

Des Weiteren wird die Zuverlässigkeit der Mitwirkungsergebnisse als Argument für eine verfassungsrechtliche Rechtfertigung anderer Mitwirkungspflichten (z.B. die Duldung einer Blutentnahme zur Analyse der Blutalkoholkonzentration) herangezogen.[722] Nun ist bereits zweifelhaft, ob eine Ermittlungsmethode, die nicht schlechthin untauglich, sondern nur weniger erfolgversprechend als andere ist, allein dadurch verfassungswidrig wird. Gravierender ist die Ambivalenz des vorgeschlagenen Kriteriums: Dem größeren Nutzen für die Strafverfolgung entspricht der größere potentielle Nachteil beim Beschuldigten: Die Gefahr einer Verurteilung wird erhöht.[723] Dies wird besonders deutlich, wenn als weiteres Kriterium die psychisch-soziale Belastung angeführt wird, die im Falle einer Aussagepflicht besonders hoch sei, da der Beschuldigte mit einem Geständnis die vollständige Grundlage für die eigene Verurteilung schaffe, während andere Mitwirkungspflichten nur Teilerkenntnisse zu Tage förderten.[724] In diesem Fall wird der Akzent auf den potentiellen Nachteil für den Beschuldigten gelegt und der Nutzen eines Geständnisses für die Strafverfolgungsbehörden ausgeblendet.[725]

Gegen eine Herleitung des Nemo-tenetur-Prinzips aus einem Recht auf Selbsterhaltung spricht jedoch vor allem ein weiterer Punkt, nämlich die oben begründete immanente Begrenzung auf rechtliche Pflichten, deren Erfüllung für den Beschuldigten existenzbedrohend wäre. Dementsprechend hat der Gesetzgeber den entschuldigenden Notstand auf die Erhaltung besonders wichtiger Rechtsgüter (Leben, Leib, Freiheit) beschränkt.

Seit der Abschaffung der Todesstrafe durch Art. 102 GG ist die physische Existenz des Täters von Strafe nicht mehr bedroht. Auch eine körperliche Züchtigung hat der Angeklagte im deutschen Strafverfahren nicht zu befürchten. Wenngleich die lebenslange Freiheitsstrafe ohne die Chance, wieder Freiheit zu erlangen, gerade wegen ihrer existentiellen Auswirkungen auf den Verurteilten verfassungswidrig ist[726], verbleibt ein Bereich, in welchem dem Angeklagten in Gestalt der zeitigen

---

[721] BGHZ 124, 52, 54. Auch nach ihrer Abtrennung werden Körperbestandteile vom Recht auf körperliche Unversehrtheit geschützt, wenn sie wieder eingepflanzt werden sollen. Aber auch falls dies nicht der Fall ist, setzt sich das allgemeine Persönlichkeitsrecht an den abgetrennten Körperbestandteilen fort und überlagert das mit der Abtrennung entstandene Sacheigentum (BGH, aaO, 55). Wegen des engen Persönlichkeitsbezuges wird auch das zur Fortpflanzung entnommene und konservierte Sperma von dem Recht auf körperliche Unversehrtheit geschützt (BGH, aaO, 56).
[722] *Verrel*, NStZ 1997, 415, 418; einschränkend *ders.*, Die Selbstbelastungsfreiheit (2001), S. 258f.
[723] S. *Dallmeyer*, StV 1997, 606, 608.
[724] *Verrel*, NStZ 1997, 415, 418; *ders.*, Die Selbstbelastungsfreiheit (2001), S. 259.
[725] Die Differenzierung zwischen Verurteilungsgrundlage und Teilerkenntnis würde darüber hinaus eine eingeschränkte Aussagepflicht (z.B. in Bezug auf den Aufenthaltsort zur Tatzeit) grundsätzlich zulassen, vgl. EGMR, Heaney and McGuinness v. Ireland, Urt. vom 21.12. 2000, 34720/97, Nr. 24, 57 (Pflicht zur Angabe des Aufenthaltsortes zu einem bestimmten Zeitpunkt nach Sect. 52 des Offences Against the State Act 1939).
[726] BVerfGE 45, 187, 228f., 239.

Freiheitsstrafe eine Gefahr für ein in § 35 StGB angeführtes, existentielles Rechtsgut droht. Das durch Geld- und Vermögensstrafen berührte Rechtsgut (Vermögen) liegt hingegen außerhalb des Anwendungsbereiches des § 35 StGB.[727]

Dennoch ist die Einschätzung verbreitet, im Strafverfahren gehe es immer auch um die Existenz des Angeklagten[728]. Mit der Strafe erleidet der Verurteilte in der Tat mehr als eine Entziehung an Freiheit oder Vermögen. Kennzeichen der Strafe ist der persönlichkeitsrechtsrelevante Ehrverlust, der dadurch eintritt, dass der Staat gegenüber dem Verurteilten und der Rechtsgemeinschaft mit der Strafe seine Missbilligung der Tat zum Ausdruck bringt.[729] Stigmatisierung ist insofern notwendiger Bestandteil sozialer Kontrolle durch Strafrecht.[730] Die Konsequenzen im sozialen Umfeld des Verurteilten sind der Wirklichkeitsgehalt des durch die Verurteilung eingetretenen Ehrverlustes: Dadurch, dass ihm die ehrrelevante Eigenschaft abgesprochen wird, grundlegende Rechtsnormen einzuhalten, werden seine Möglichkeiten zu sozialem Kontakt, insbesondere zur Kommunikation mit anderen Menschen eingeschränkt.[731]

Darüber hinaus hat der Zustand des „Bestraft-Seins"[732] für den Einzelnen eine Reihe negativer Statusfolgen.[733] In diesem „verminderten Rechtsstatus"[734] liegt eine weitere Beschränkung seiner Möglichkeiten zur freien Entfaltung. Darin liegt jedoch nicht mehr und nicht weniger als die normative Umsetzung der mit dem Urteil ausgesprochenen Missbilligung von Täter und Tat, mit welcher ersterem die ehrrelevante Eigenschaft, sich rechtskonform zu verhalten, abgesprochen wird. An diese Bewertung knüpft die Rechtsordnung Konsequenzen.

Die Minderung des rechtlichen und sozialen Status findet ihre Grenze in dem verfassungsrechtlich garantierten Anspruch des Verurteilten auf Resozialisierung.[735] Durch eine Strafe, die auf eine besondere Stigmatisierung des Täters über die Verbüßung seiner Strafe hinaus abzielt, wird eine Wiedereingliederung des Tä-

---

[727] So die ganz h.M.: *Kühl*, Strafrecht AT (2002), § 12 Rn. 26; *Roxin*, Strafrecht AT I (1997), § 22 Rn. 22; s. auch die Gesetzesbegründung zur Ergänzung des entschuldigenden Notstandes um das Rechtsgut „Freiheit", BT-Drucks. IV/650, S. 161.

[728] *Puppe*, GA 1978, 289, 299; *Rogall*, Der Beschuldigte (1977), S. 146; *Torka*, Nachtatverhalten (2000), S. 52; *Verrel*, Die Selbstbelastungsfreiheit (2001), S. 260; *H.A. Wolff*, Selbstbelastung (1997), S. 55; s. auch BGHSt 1, 342, 343: „Im Strafverfahren geht es nicht nur um die Frage, ob der Angeklagte schuldig geworden ist und Strafe verdient hat, sondern um seine bürgerliche Ehre und sein Dasein."

[729] S. *Lagodny*, Strafrecht vor den Schranken der Grundrechte (1996), S. 123, 134f.

[730] *Kaiser*, Kriminologie (1996), S. 277, 285f.; s. auch. *H.J. Schneider*, Kriminologie (1987), S. 557.

[731] S. dazu *Amelung*, Die Ehre (2002), S. 26f., 43f.; zur sozialen Ausgliederung und Isolation durch Stigmatisierung: *Kaiser*, Kriminologie (1996), S. 277f.

[732] *Eb. Schmidt*, Lehrkommentar, Bd. I (1964), Nr. 30.

[733] S. *Jescheck/Weigend*, Strafrecht AT (1996), S. 786; *H.A. Wolff*, Selbstbelastung (1997), S. 50.

[734] *H.A. Wolff*, Selbstbelastung (1997), S. 54, unter Berufung auf *E.A. Wolff*, ZStW 97 (1985), 786, 822.

[735] *Kaiser*, Kriminologie (1996), S. 278; zum Anspruch auf Resozialisierung: BVerfGE 35, 202, 235f.; 45, 187, 239; *Calliess/Müller-Dietz*, StrVollzG (2002), Einl. Rn. 31 m.w.N.

ters in die Gesellschaft erschwert.⁷³⁶ Aus diesem Grund wurden die Ehrenstrafen abgeschafft⁷³⁷ und die Stigmatisierung durch die oben genannten Statusfolgen auf das unverzichtbare Maß beschränkt⁷³⁸. Dies zeigt sich auch daran, dass die Rechtsordnung nach Anzahl und Art der Vorstrafen differenziert.⁷³⁹ So werden Geldstrafen bis zu 90 Tagessätzen oder Freiheitsstrafen bis zu drei Monaten nicht in das Führungszeugnis aufgenommen.⁷⁴⁰ In diesem partiellen Ehrverlust liegt also keine vollständige „Entehrung" des Verurteilten. Dies gilt auch für die Konsequenzen im sozialen Umfeld des Täters, die für diesen Täter möglicherweise gravierender sind als die eigentliche Bestrafung⁷⁴¹. Der Täter wird jedoch nicht aus der Gesellschaft ausgeschlossen.⁷⁴² Die brandmarkende Wirkung einer langjährigen Freiheitsstrafe soll keineswegs geleugnet werden⁷⁴³, jedoch können derartige Auswirkungen nicht unterschiedslos auf jedwede strafrechtliche Verurteilung übertragen werden. Das Ausmaß der von einer Verurteilung ausgehenden Stigmatisierung ist zu unterschiedlich, als dass man generell von einer existentiellen Gefahr für die Persönlichkeit des Verurteilten reden könnte.⁷⁴⁴

---

⁷³⁶ Begründung des Alternativ-Entwurfs eines StGB (1969), S. 75, 77; *Nelles*, JZ 1991, 17, 19; s. auch *Radbruch*, Entwurf eines Allgemeinen Deutschen StGB (1922/1952), S. 53: „Nicht als Entehrter, sondern als Entsühnter soll der Bestrafte in die Gesellschaft zurückkehren."
⁷³⁷ Zur Abschaffung der Ehrenstrafen: *O. Schwarz*, Aberkennung der Amtsfähigkeit (1991), S. 35 ff.
⁷³⁸ Vgl. Begründung des Alternativ-Entwurfs eines StGB (1969), S. 77 („unverzichtbare Folgen"). Vor diesem Hintergrund wird auch die Abschaffung des § 45 StGB gefordert: *Jescheck/Weigend*, Strafrecht AT (1996), S. 786; *Nelles*, JZ 1991, 17, 24; zu verfassungsrechtlichen Bedenken: *O. Schwarz*, Aberkennung der Amtsfähigkeit (1991), S. 81 ff.
⁷³⁹ S. z.B. etwa § 48 BBG (Beendigung des Beamtenverhältnisses bei Verurteilung zu einer Freiheitsstrafe von mindestens einem Jahr bzw. sechs Monaten im Falle der §§ 80–101a StGB) wegen vorsätzlicher Straftat; § 47 AuslG (Ausweisung).
⁷⁴⁰ S. § 32 II Nr. 5 BZRG, s. dort auch die weiteren Ausnahmen; s. insoweit auch *B. Fischer*, Divergierende Selbstbelastungspflichten (1979), S. 37.
⁷⁴¹ Vgl. *Schöch*, in: Jescheck-FS, Bd. 2 (1985), S. 1081, 1096.
⁷⁴² *B. Fischer*, Divergierende Selbstbelastungspflichten (1979), S. 36 f. Eine Art „bürgerlicher Tod" war allerdings bis 1994 im französischen Sanktionssystem (Art. 34 Code Pénal) vorgesehen, nämlich die lebenslange Entziehung der bürgerlichen Ehrenrechte (Ausschließung von öffentlichen Ämtern, Verlust des aktiven und passiven Wahlrechts). Nach Art. 131–26 Nouveau Code Pénal ist diese Maßnahme nunmehr auf maximal zehn Jahre zu befristen. Die alte Regelung war im Hinblick auf den Resozialisierungsgedanken bereits heftig kritisiert worden, s. dazu *Zieschang*, Sanktionensystem (1992), S. 56 m. w. N.
⁷⁴³ S. insoweit *Lüderssen*, Kriminologie (1984), S. 194 f.; *H.J. Schneider*, Kriminologie (1987), S. 823.
In Bezug auf eine langjährige Freiheitsstrafe wird man im Übrigen bereits aufgrund der darin liegenden Freiheitsbeschränkung eine existentielle Bedrohung des Verurteilten sehen können, s. sogleich im Text.
⁷⁴⁴ S. *H.J. Schneider*, Kriminologie (1987), S. 555 f., mit Hinweisen auf empirische Studien, nach welchen den zu einer Freiheitsstrafe Verurteilten, die nach Verbüßung der Haftstrafe entlassen werden, das „Brandmal ihrer Verurteilung" auf ganz unterschiedliche Weise anhaftet. Danach erleiden z.B. wegen eines Kunstfehlers verurteilte Ärzte keine Statusdegradierung. S. auch *B. Fischer*, Divergierende Selbstbelastungspflichten (1979), S. 36, mit dem Hinweis darauf, dass eine strafrechtliche Verurteilung öffentlich häufig kaum wahrgenommen wird.

144 B. *Grundlagen: Verfahren und Grundrechte als Rahmen der Informationsverarbeitung*

Der in der Strafe liegende Ehrverlust hat für den Verurteilten in den heutigen Verhältnissen[745] daher nicht ohne weiteres existentielle Bedeutung.[746] Dem Beschuldigten bleibt vielmehr auch im Status des „Bestraft-Seins" ein Bestand an Freiheit, der ihm eine Existenz in freier Selbstbestimmung ermöglicht. Dementsprechend wird es auch nicht als verfassungsrechtlich zwingend angesehen, das Rechtsgut „Ehre" in den § 35 StGB aufzunehmen, sondern diese Frage dem gesetzgeberischen Gestaltungsspielraum überlassen.[747]

Legt man diese Wertung zugrunde, wäre eine Aussagepflicht verfassungswidrig, soweit Rechtsgüter von besonderem Gewicht (Leib, Leben, Freiheit) bedroht sind.[748] Da der durch eine Verurteilung drohende Ehrverlust und der Vermögensverlust diese Rechtsgüter nicht berühren, wäre eine gesetzliche Aussagepflicht denkbar, soweit dem Einzelnen lediglich eine Geldstrafe oder Geldbuße droht. In diesem Bereich wäre die Aussagefreiheit daher der Ausgestaltung des Gesetzgebers überlassen und nicht verfassungsrechtlich garantiert.[749] Das Recht auf Selbsterhaltung wäre nicht verletzt, da eine z.B. wegen eines Verkehrsverstoßes verhängte Geldbuße den Einzelnen nicht „in seiner ganzen Existenz" trifft.[750] Der bisherige Gewährleistungsumfang des Nemo-tenetur-Grundsatzes wäre auf Straftaten zu beschränken, welche die Verhängung einer Freiheitsstrafe nach sich ziehen können.

Schließt man sich diesen Folgerungen nicht an und fordert eine Erweiterung des Kanons der für die Erhaltung der eigenen Existenz um weitere Rechtsgüter (z.B.

---

[745] Zu Zeiten von *Hobbes* war die Situation mit Sicherheit eine andere, vgl. *dens.*, Leviathan (1651/1966), 14. Kap. (S. 101: „Verletzung, Ketten, Gefängnis"); s. aber die erst 1994 abgeschaffte lebenslange Entziehung der bürgerlichen Ehrenrechte im französischen Sanktionensystem, s. dazu *Zieschang*, Sanktionensystem (1992), S. 55f.; s. nunmehr Art. 131–26 Nouveau Code Pénal.

[746] Soweit die wirtschaftliche oder berufliche Existenz bedroht ist, ist dies kein Spezifikum der Strafe, s. sogleich im Text das Beispiel des Entzuges einer Gaststättenerlaubnis wegen Trunksucht. Die beruflichen Folgen einer Verurteilung werden auch in der Bevölkerung generell eher gering eingeschätzt, s. *Schöch*, in: Jescheck-FS, Bd. 2 (1985), S. 1081, 1097.

[747] S. *Lagodny*, Strafrecht vor den Schranken der Grundrechte (1996), S. 411. Der Gesetzgeber hat es bewusst abgelehnt, die Ehre als notstandsfähiges Rechtsgut in § 35 StGB aufzunehmen (s. BT-Drucks. IV/650, S. 161). Dennoch wird – auf der Ebene des einfachen Gesetzes – eine Analogie für persönlichkeitsnahe Rechtsgüter als zulässig angesehen: *Neumann*, in: NK-StGB, § 35 Rn. 13; *Stratenwerth*, Strafrecht AT I (2000), S. 248; s. dagegen *Kühl*, Strafrecht AT (2002), § 12 Rn. 26; *Roxin*, Strafrecht AT I (1997), § 22 Rn. 23; für eine Erweiterung des § 35 StGB aus verfassungsrechtlicher Sicht: *Bernsmann*, „Entschuldigung" (1989), S. 312f.

[748] Soweit in der Entstehungsgeschichte des Nemo-tenetur-Grundsatzes auch eine Gefährdung der Ehre als ausreichend angesehen wurde, um ein Aussageverweigerungsrecht zu begründen, wurde dieses Recht dem Zeugen auch dann eingeräumt, wenn diesem kein Strafverfahren mehr drohte, s. *Levy*, Origins (1986), S. 270, 317. Ein absoluter Schutz dürfte jedoch in der heutigen Zeit – insbesondere nachdem die stigmatisierenden Auswirkungen einer Straftat bzw. einer Verurteilung weggefallen sind – nicht mehr zwingend geboten sein (s. auch die Regelung in § 68a StPO).

[749] Konsequenterweise wird dies im Schrifttum ansatzweise vertreten: *Günther*, GA 1978, 193, 205 (Ordnungswidrigkeiten geringerer Bedeutung); *Stürner*, NJW 1981, 1757, 1759, 1763 („Bagatellverfahren", insbesondere bei Ordnungswidrigkeiten); s. auch *Rieß*, GA 1981, 47, 48; *Schäfer*, in: Dünnebier-FS (1982), S. 11, 46.

[750] *Bosch*, Aspekte (1998), S. 33f.; *Günther*, GA 1978, 193, 205; s. auch *B. Fischer*, Divergierende Selbstbelastungspflichten (1979), S. 38.

Ehre und Vermögen), so ließe sich eine Beschränkung des Nemo-tenetur-Grundsatzes auf das Strafverfahren nur noch schwer begründen. So muss der Einzelne auch im Verwaltungsverfahren unter Umständen damit rechnen, dass die bei ihm erhobenen Informationen Grundlage einer Entscheidung werden, die gegen seine Interessen verstößt. So könnte von einem Gastwirt Auskunft darüber verlangt werden, ob er alkoholabhängig ist (§ 22 I GaststättenG), um in diesem Fall die Erlaubnis zu widerrufen (§§ 4 I Nr. 1, 15 II GaststättenG). Durch eine solche Entscheidung wird nicht nur sein Ansehen, seine äußere Ehre, beschädigt, sondern er wird zudem um seine wirtschaftliche Existenz gebracht. Die Begründung des Nemo-tenetur-Prinzips mit dem naturrechtlichen Selbsterhaltungstrieb würde also dazu führen, dass diesem Gedanken auch in anderen staatlichen Verfahren Raum zu geben wäre, in denen für den Beteiligten wesentliche Interessen auf dem Spiel stehen.[751] So könnte der Gastwirt in dem oben genannten Beispiel wegen der Gefahr für seine Ehre und seine wirtschaftliche Existenz die Auskunft verweigern. Das GaststättenG, das ein solches Auskunftsverweigerungsrecht bisher nicht vorsieht (s. § 22 III GaststättenG), wäre um ein derartiges Recht zu ergänzen. Auch beim Umfang des Aussageverweigerungsrechts des Zeugen im Strafprozess (§ 55 StPO) wäre die Gefahr von nachteiligen Entscheidungen in anderen Verfahren zu berücksichtigen.[752]

Ein dermaßen extensiver Anwendungsbereich des Nemo-tenetur-Prinzips wird jedoch einhellig abgelehnt.[753] Das Recht zur Aussageverweigerung wird vielmehr als eine spezifisch strafprozessuale Garantie angesehen.[754] So hat das BVerfG eine Auskunftspflicht des Gemeinschuldners im Insolvenzverfahren als verfassungsrechtlich zulässig angesehen, auch wenn seine Aussage möglicherweise seinen eigenen Interessen zuwiderläuft.[755] Nur für das Strafverfahren dürfte die auf diese Weise gewonnene Information nicht verwertet werden.[756] Es ist daher auch im Hinblick auf andere staatliche Verfahren daran festzuhalten, dass ein Recht auf Selbsterhaltung nur bestehen kann, soweit existentielle Rechtsgüter des Einzelnen (Leben, Leib, Freiheit) bedroht sind.

Zusammenfassend ist daher festzuhalten, dass ein Recht auf Selbsterhaltung zwar einen intuitiven Zugang zum Verständnis des Nemo-tenetur-Grundsatzes eröffnet. Es wäre auch hinnehmbar, dass das Selbsterhaltungsrecht in Bezug auf den Umfang des geschützten Verhaltens erheblich über das herkömmliche Verständnis des Nemo-tenetur-Grundsatzes hinausgeht. So wird im Schrifttum bereits gefordert, auch aktives Verhalten in den Schutzbereich des Nemo-tenetur-Prinzips ein-

---

[751] *H.A. Wolff*, Selbstbelastung (1997), S. 46 f., mit weiteren Beispielen (Gewerberecht, Steuerrecht); s. dazu auch *Scholl*, Prüfungsbefugnisse (1989), S. 127 f., 129; zu vergleichbaren Auswirkungen einer Verurteilung im Zivilprozess (z.B. wegen Wuchers oder unlauteren Wettbewerbs): *B. Fischer*, Divergierende Selbstbelastungspflichten (1979), S. 37 f. mit zahlreichen Beispielen.
[752] S. *Bosch*, Aspekte (1998), S. 34.
[753] S. zum Verwaltungsrecht: *Scholl*, Prüfungsbefugnisse (1989), S. 126 ff.
[754] *H.A. Wolff*, Selbstbelastung (1997), S. 47; s. auch *Kölbel/Morlok*, ZRP 2000, 217, 218.
[755] BVerfGE 56, 37, 50.
[756] BVerfGE 56, 37, 51.

zubeziehen.⁷⁵⁷ Gravierender wiegt der Umstand, dass ein Recht auf Selbsterhaltung erst eingreift, wenn der Einzelne in seiner *Existenz* bedroht ist. Normativ begründen lässt sich nur ein Recht auf *Selbsterhaltung*, nicht ein solches auf Selbstbegünstigung. Das bedeutet, dass mit Hilfe der obigen Herleitung nur ein Minimalgehalt der in unserer Rechtsordnung gewährleisteten Aussagefreiheit begründet werden könnte.⁷⁵⁸ Um zu einer darüber hinausgehenden, umfassenden Gewährleistung der Aussagefreiheit zu gelangen, bedarf es einer anderen verfassungsrechtlichen Grundlage.

d) Die Menschenwürde (Art. 1 I GG)

In der Rechtsprechung⁷⁵⁹ und im Schrifttum⁷⁶⁰ wird der verfassungsrechtliche Rang des Nemo-tenetur-Prinzips mit dem Gebot zur Achtung der Menschenwürde (Art. 1 I GG) begründet. Derartige Begründungsansätze finden sich bereits in der Zeit vor Inkrafttreten des Grundgesetzes.⁷⁶¹ Seither bestehen Zweifel, ob sich der Inhalt der Menschenwürde und ihrer rechtlichen Gewährleistung überhaupt bestimmen lässt.⁷⁶² Eine umfassende Diskussion um den normativen Gehalt des Art. 1 I GG kann an dieser Stelle nicht geleistet werden⁷⁶³, sondern es soll allein die Tragfähigkeit der bisher vertretenen Begründungen des Nemo-tenetur-Grundsatzes mit Hilfe der Menschenwürdegarantie des Art. 1 I GG untersucht werden.⁷⁶⁴

---

⁷⁵⁷ S. etwa *Torka*, Nachtatverhalten (2001), S. 127, 135 f.; s. auch S. 56 f., 91 ff. m.w.N.
⁷⁵⁸ *Bosch*, Aspekte (1998), S. 35.
⁷⁵⁹ BVerfGE 38, 105, 114 f.; 55, 144, 150; 56, 37, 49; 95, 220, 241; NStZ 1995, 555; StV 1999, 71; BGHSt 14, 358, 364; 36, 44, 48; 38, 214, 220.
⁷⁶⁰ *Besson*, Das Steuergeheimnis (1997), S. 80; *Dreier*, in: ders., GG, Bd. 1 (1996), Art. 1 Rn. 81; *Eser*, ZStW 86 (1974) (Beiheft), 136, 145; *Geddert-Steinacher*, Menschenwürde (1990), S. 158; *Kühl*, JuS 1986, 115, 117; *Kühne*, Strafprozessrecht (2003), Rn. 103; *Niemöller/Schuppert*, AöR 107 (1982), 387, 421; *Nothhelfer*, Selbstbezichtigungszwang (1989), S. 77; *Rogall*, in: SK-StPO, Vor § 133 Rn. 132; *Rüping*, JR 1974, 135, 137; *Stürner*, NJW 1981, 1757 f.; *Torka*, Nachtatverhalten (2000), S. 57; *Wolter*, ZStW 107 (1995), 793, 814; einschränkend *Schlüter*, Strafbarkeit von Unternehmen (2000), S. 103, 105; *H. A. Wolff*, Selbstbelastung (1997), S. 62.
⁷⁶¹ Vgl. *Beling*, Beweisverbote (1903), S. 37.
⁷⁶² *Beling*, Beweisverbote (1903), S. 37.
⁷⁶³ S. dazu *Enders*, Die Menschenwürde (1997), S. 377 ff. Auf die Frage, ob Art. 1 I GG ein subjektives Recht verleiht oder objektives Konstitutionsprinzip ist – so die h.M., s. dazu *Dreier*, in: ders., GG, Bd. 1 (1996), Art. 1 I Rn. 67 ff. m.w.N. –, kommt es hingegen im Ergebnis nicht an, da der Einzelne über Art. 2 I GG auch eine Verletzung objektiver Prinzipien gerichtlich geltend machen kann, s. *Nothhelfer*, Selbstbezichtigungszwang (1989), S. 65; *Rogall*, Der Beschuldigte (1977), S. 140 f.
⁷⁶⁴ Dagegen erscheint es nicht angängig, wenn man auf der Grundlage einer „Homogenität der Wertauffassung" den Nemo-tenetur-Grundsatz als Bestandteil der Verfassungsgarantie des Art. 1 I GG ansieht und dieses Ergebnis nur daraufhin überprüft, ob die gegen diese Wertung vorgebrachten Einwände stichhaltig sind (so *Nothhelfer*, Selbstbezichtigungszwang, 1989, S. 73, 74 ff.). Die Verankerung in Art. 1 I GG bedarf vielmehr – insbesondere vor dem Hintergrund der zunehmenden Kritik einer Ableitung aus Art. 1 I GG, s. *Bosch*, Aspekte (1998), S. 37 ff.; *H. Schneider*, Selbstbegünstigungsprinzip (1991), S. 45 ff.; *Starck*, in: von Mangoldt/Klein/Starck, GG, Bd. 1 (1999), Art. 1 I Rn. 51 – einer positiven Begründung. Falls sich diese Begründungen als nicht tragfä-

Dem Nemo-tenetur-Grundsatz kann man sich zunächst von einem positiven Begriffsverständnis der Menschenwürde nähern. Menschenwürde bezeichnet danach den dem Menschen zukommenden Eigenwert, seine Fähigkeit, sich seiner selbst bewusst zu werden und über sich selbst frei zu bestimmen (Selbstreflexion und Selbstbestimmung).[765] Im Zwang zu einer selbstbelastenden Aussage könnte eine Verletzung der Menschenwürde zu sehen sein, weil der Einzelne seine Persönlichkeit, sein Denken, einsetzen müsse, um einen staatlichen Zugriff auf eben diese Persönlichkeit zu ermöglichen. In diesem inneren Widerspruch sei Selbstreflexion nicht mehr möglich.[766] Durch eine Aussagepflicht werde der Einzelne vielmehr in eine Lage gebracht, in der er sich unausweichlich in Widersprüche verwickele; die Bildung und Erhaltung einer Identität werde ihm auf diese Weise unmöglich gemacht.[767]

Wie im Zusammenhang mit Art. 4 I, 5 I GG bereits dargelegt worden ist, umfasst diese Selbständigkeit des Einzelnen auch eine Autonomie in der Bewertung des eigenen Verhaltens. Der Menschenwürdegehalt der Grundrechte in Art. 4 GG und Art. 5 GG liegt darin, dass dem Einzelnen kein Werturteil dadurch aufgezwungen werden darf, dass er dieses nach außen als sein eigenes darstellen muss. Der Mensch darf nicht zu einer bestimmten Bewertung seines Verhaltens (z.B. durch ein Schuldbekenntnis) verpflichtet werden. Die Möglichkeit zur Selbstbewertung wird dem Einzelnen durch eine Aussagepflicht jedoch nicht genommen, solange er frei ist, sein eigenes Verhalten selbst zu bewerten und diese Bewertung zu äußern – oder dies nicht zu tun. Unter diesem Aspekt kann Art. 1 I GG die verfassungsrechtliche Geltung des Prinzips „Nemo tenetur se ipsum accusare" folglich nicht begründen.

Ein zweiter Ansatz zur Herleitung des Nemo-tenetur-Prinzips aus Art. 1 I GG knüpft an die „Objekt-Formel" an.[768] Diese Formel definiert die Menschenwürde vom Verletzungsvorgang her[769], indem unter Bezugnahme auf Kant[770] ein Verstoß gegen die Menschenwürde darin gesehen wird, dass der Mensch nicht als Zweck an

---

hig erweisen, bedarf es einer Auseinandersetzung mit weiteren Argumenten gegen eine Herleitung aus Art. 1 I GG nicht mehr, s. etwa *Starck*, in: von Mangoldt/Klein/Starck, GG, Bd. 1 (1999), Art. 1 I Rn. 50f.; s. dagegen *Nothhelfer*, Selbstbezichtigungszwang (1989), S. 75f. Aus diesem Grund kann auch auf eine Diskussion des auf die Selbstdarstellungsleistung des Einzelnen gegründeten Würdekonzeptes verzichtet werden, vgl. *Luhmann*, Grundrechte (1999), S. 60ff.

[765] *Enders*, Die Menschenwürde (1997), S. 237, 491ff.; *Vitzthum*, JZ 1985, 201, 205; ähnlich *Dreier*, in: ders., GG, Bd. 1 (1996), Art. 1 I Rn. 44 (Wahrung der Subjektstellung); zur historischen Entwicklung eines weltlichen Menschenwürdebegriffs, ausgehend von *Giovanni Pico della Mirandola* (1486): *Enders*, aaO, S. 184ff.; zur Autonomie (Selbstgesetzgebung) als Grund der menschlichen Würde s. ferner *Kant*, Grundlegung zur Metaphysik der Sitten (1785/1999), S. 61ff.
[766] *H.A. Wolff*, Selbstbelastung (1997), S. 45.
[767] Vgl. *Enders*, Die Menschenwürde (1997), S. 85. Im Ergebnis wird der Nemo-tenetur-Grundsatz als Ausfluss des allgemeinen Persönlichkeitsrechts angesehen (aaO, 466); s. dagegen o. S. 128ff.
[768] S. etwa *Eser*, ZStW 86 (1974) (Beiheft), 136, 145.
[769] *Vitzthum*, JZ 1985, 201, 202; s. auch *Dürig*, AöR 81 (1956), 117, 127.
[770] *Kant*, Grundlegung zur Metaphysik der Sitten (1785/1999), S. 60.

sich selbst, sondern als Mittel zum Zweck, als Objekt eines staatlichen Verfahrens behandelt wird.[771] Die Objekt-Formel wurde vom BVerfG aufgenommen.[772] Durch einen Geständniszwang würde der Beschuldigte zum Beweis-„Mittel" des staatlichen Strafverfahrens. Er wäre insofern nicht mehr Zweck an sich selbst. Wird er jedoch durch eine Aussagepflicht zum Objekt des Strafverfahrens herabgewürdigt?

Jede Behandlung setzt eine Vergegenständlichung voraus und macht den Menschen auf diese Weise zum Objekt.[773] Im Ergebnis besteht gleichwohl Einigkeit darüber, dass nicht jede staatliche Regelung, die den Menschen zum Gegenstand hat, dessen Menschenwürde verletzt.[774] Selbst die zwangsweise Veränderung der Haar- und Barttracht zum Zweck einer Gegenüberstellung hat das BVerfG nicht als Verletzung des Art. 1 I GG angesehen[775], obwohl der Beschuldigte auf diese Weise „zum Schauobjekt degradiert" wurde.[776] Das BVerfG hat die Objekt-Formel deshalb dahingehend präzisiert, dass die Subjektqualität des Menschen durch die staatliche Behandlung nicht prinzipiell in Frage gestellt werden dürfe.[777] Der Einzelne darf in einem Verfahren also nicht zum rechtlosen Objekt werden.[778] Der Beschuldigte ist Beteiligter, nicht Gegenstand des Verfahrens.[779] Der Schutz seiner Rechte ist (auch) Ziel des Strafverfahrens.[780] Die Stellung des Beschuldigten als mit eigenen Rechten ausgestattetes Prozesssubjekt ist verfassungsrechtlich garantiert.[781] Der Beschuldigte ist jedoch nicht ausschließlich Prozesssubjekt, sondern nach wie vor staatlichen Zwangsmaßnahmen unterworfen (und insoweit „Objekt").[782] Der Beschuldigte hat eine „Doppelstellung" inne[783], in welcher das staatliche Interesse an einer effektiven Strafrechtspflege und das Interesse des Einzelnen an der Wahrung seiner Persönlichkeit aufeinander treffen.[784]

Die verfassungsrechtlich garantierte Stellung als Prozesssubjekt wird nicht allein durch die Aussagefreiheit gewährleistet, sondern auch durch eine Reihe anderer Rechte, z.B. den Anspruch auf rechtliches Gehör (Art. 103 I GG).[785] Der Angeklagte kann entlastende Umstände vorbringen und insoweit Beweisanträge stellen

---

[771] *Dürig*, AöR 81 (1956), 117, 127; *Wintrich*, in: Laforet-FS (1952), S. 227, 236.
[772] BVerfGE 27, 1, 6.
[773] *Luhmann*, Grundrechte (1999), S. 59f. (in Fußn. 18).
[774] *Bosch*, Aspekte (1998), S. 37f.; *Verrel*, NStZ 1997, 415, 417.
[775] BVerfGE 47, 239, 247.
[776] *Bosch*, Aspekte (1998), S. 40; s. auch (zur körperlichen Untersuchung) *Neumann*, in: Wolff-FS (1998), S. 373, 382.
[777] BVerfGE 30, 1, 26.
[778] BVerfG, JZ 1978, 20, 21; *Wintrich*, in: Laforet-FS (1952), S. 227, 236.
[779] BGHSt 5, 322, 333f.
[780] S. dazu S. 17f.
[781] BVerfGE 57, 250, 274f.; 66, 313, 318; s. auch o. S. 17f., 20ff.
[782] *Günther*, GA 1978, 193, 196; *Verrel*, NStZ 1997, 415, 417.
[783] *Peters*, Strafprozess (1985), S. 203.
[784] *Henkel*, Strafverfahrensrecht (1968), S. 170; *Rieß*, in: Löwe-Rosenberg, StPO (25. Aufl.), Einl. Abschn. I Rn. 65.
[785] *Sax*, in: Bettermann/Nipperdey/Scheuner, Grundrechte, III/2 (1959), S. 909, 971.

und er hat die Möglichkeit, auf eine ihm günstige rechtliche Würdigung der Tat oder jedenfalls eine milde Bestrafung hinzuarbeiten. Eine Aussagepflicht ist also insofern mit der Stellung des Beschuldigten vereinbar, als dieser weiterhin aktiv am Verfahren mitwirken kann. Der Beschuldigte würde also auch im Falle einer Aussagepflicht nicht zum rechtlosen „Objekt" des Strafverfahrens. Aus Art. 1 I GG und der Objekt-Formel lässt sich der Nemo-tenetur-Grundsatz unmittelbar nicht begründen.[786] Anders gesagt, Art. 1 I GG lassen sich nicht konkrete, inhaltliche Vorgaben für die strafprozessualen Verfahrensrechte des Einzelnen entnehmen. Durch Art. 1 I GG ist der Beschuldigte im Strafverfahren jedoch abstrakt als Träger möglicher Rechte anerkannt und erhält ein „Recht auf Rechte".[787] Der Frage, ob diese Rechte auch ohne Geltung des Nemo-tenetur-Grundsatzes eine aktive Teilnahme des Beschuldigten an dem ihm zukommenden Rechtsschutz gewährleisten[788], lässt sich nur im Zusammenhang mit den einschlägigen Verfahrensgrundrechten beantworten. Dies wird im Folgenden zu erörtern sein.

e) Zwischenfazit

Die verfassungsrechtliche Grundlage des Grundsatzes „Nemo tenetur se ipsum accusare" ist insofern gefunden, als der Beschuldigte nicht gezwungen werden kann, sich schuldig zu bekennen (Art. 14 III g) Alt. 2 IPBPR). Der Menschenwürdegehalt der Grundrechte aus Art. 4 I, 5 I GG verbieten es, den Einzelnen zu zwingen, sein vergangenes Verhalten mit einem bestimmten Werturteil zu versehen bzw. ein solches Werturteil als sein eigenes nach außen darzustellen.

Andererseits konnte ein verfassungsrechtliches Verbot eines auf Tatsachen beschränkten Aussagezwanges (Art. 14 III g) Alt. 1 IPBPR) nicht begründet werden, wenngleich auch in dieser Beziehung einschlägige Grundrechtspositionen ausgemacht werden konnten, insbesondere das Recht auf Kommunikation (Art. 5 I GG) und das Recht auf Selbstdarstellung (Art. 2 I i.V.m. Art. 1 I GG). Auf sie wird zurückzukommen sein, wenn im Folgenden versucht wird, den Nemo-tenetur-Grundsatz als strafprozessuales Verfahrensgrundrecht zu begründen.

f) Der Nemo-tenetur-Grundsatz als Verfahrensgrundrecht[789]

Die bisherigen Ausführungen haben gezeigt, dass sich der Grundsatz „Nemo tenetur se ipsum accusare" allenfalls zum Teil aus den materiellen Grundrechten ableiten lässt. Die Bedeutung dieses Grundsatzes wird sich möglicherweise erschließen,

---

[786] So i.E. auch *Günther*, GA 1978, 193, 198; *H. Schneider*, Selbstbegünstigungsprinzip (1991), S. 49.
[787] S. *Enders*, Die Menschenwürde (1997), S. 502 f. Dieses Recht auf Rechte gewährt noch keinen vollziehbaren, inhaltlich bestimmten Anspruch, sondern bedarf als abstrakter Grundsatz der Durchführung und Entfaltung durch die Verfassungsordnung (aaO, 503).
[788] S. BVerfGE 38, 105, 114.
[789] S. zum Folgenden bereits *Böse*, GA 2002, 98, 108 ff.

150 B. Grundlagen: Verfahren und Grundrechte als Rahmen der Informationsverarbeitung

wenn man ihn als verfahrensrechtliche Verfassungsgarantie versteht.[790] Der Nemo-tenetur-Grundsatz könnte entweder aus einzelnen Verfahrensgrundrechten abzuleiten (rechtliches Gehör, Unschuldsvermutung) oder als Bestandteil des Rechtsstaatsprinzips verfassungsrechtlich gewährleistet sein.

(1) Das Schweigerecht als Ausfluss der Stellung des Beschuldigten als „Prozesssubjekt" im rechtsstaatlichen Strafverfahren

Aus historischer Sicht besteht ein enger Zusammenhang zwischen der Herausbildung des Nemo-tenetur-Grundsatzes und der Entstehung des liberalen Rechtsstaates.[791] Im reformierten Strafprozess des 19. Jahrhunderts wurde es als Konsequenz des „wahren Rechtsstaats" angesehen, die Freiheit des Einzelnen auch im Strafverfahren zu achten und den Beschuldigten als „frei gegenüber stehenden Gegner" zu behandeln.[792] Die deutsche Diskussion um den reformierten Strafprozess orientierte sich eng am englischen Strafverfahren, das als reiner Anklageprozess ausgestaltet war und in dem der Angeklagte nicht zu einer Aussage verpflichtet war. Die Wurzeln des Nemo-tenetur-Grundsatzes in seiner heutigen Fassung werden deshalb in der Auseinandersetzung um die kirchliche Strafgerichtsbarkeit in England im 16. und 17. Jahrhundert gesehen.[793] Die historische Entwicklung des Nemo-tenetur-Grundsatzes soll im Folgenden nachgezeichnet werden, um die Begründung aus dem Rechtsstaatsprinzip zu bewerten und gegebenenfalls auf einzelne Verfahrensgarantien zu konkretisieren.

(2) Die historische Entwicklung des Nemo-tenetur-Prinzips im englischen Strafverfahren

Bereits im kanonischen Recht findet sich bei dem Kirchenlehrer Johannes Chrysostomus[794] eine frühe Form des Nemo-tenetur-Prinzips: Danach sei der Einzelne nicht gehalten, sich öffentlich bloßzustellen, noch sich bei einem anderem anzuklagen.[795] Aufgrund seiner Ursprünge im römischen Recht war das kanonische Straf-

---

[790] S. R. *Müller*, EuGRZ 2002, 546, 554f.; H. *Schneider*, Selbstbezichtigung (1991), S. 49.

[791] Zur entsprechenden Begründung des Nemo-tenetur-Grundsatzes: *Reiß*, Besteuerungsverfahren (1987), S. 145ff., 158ff.

[792] *Zachariae*, Gebrechen und Reform (1846), S. 68f. In der deutschen Rechtsgeschichte wird der Nemo-tenetur-Grundsatz zum ersten Mal im 18. Jahrhundert erwähnt. Im Sachsenspiegel wird berichtet, dass sich ein Angeklagter auf „das heylge recht daz nymande twingit czu eyme bekenntnisse" beruft, um die Verwertung seines durch Folter abgepressten Geständnisses abzuwenden, zitiert nach *Sellert/Rüping*, Studien- und Quellenbuch, Bd. 1 (1989), S. 186f.; s. dazu auch *Gerlach*, in: Hanack-FS (1999), S. 117, 123; *Rogall*, Der Beschuldigte (1977), S. 88.

[793] *Rogall*, Der Beschuldigte (1977), S. 76; kritisch dazu im Hinblick auf den Nemo-tenetur-Satz des mittelalterlichen Gemeinen Rechts: L. *Schulz*, Normiertes Misstrauen (2001), S. 130 (Fußn. 466).

[794] Bischof von Konstantinopel (344/354–407).

[795] „Non tibi dico ut te prodas in publicum, neque apud alium accuses.", zitiert bei *Thomas von Aquin*, Summa Theologica, II – II, Quaestio LXIX Art. 1.

II. Informationsverarbeitung und Grundrechte 151

verfahren anfangs akkusatorisch ausgestaltet[796], d.h. eine Verurteilung setzte eine Anklage voraus. Einer Anklage bedurfte es allerdings nicht, wenn ein glaubwürdiges[797] Gerücht (fama publica) vorhanden war, demzufolge eine bestimmte Person eine Straftat verübt hatte.[798] Seit dem Ende des 12. Jahrhunderts führte der Richter in einem solchen Fall von Amts wegen („ex officio mero") eine gerichtliche Untersuchung durch.[799] Der Angeklagte konnte zur Ableistung eines Eides gezwungen werden, der ihn verpflichtete, auf alle Fragen des Gerichts wahrheitsgemäß zu antworten („iuramentum de veritate dicenda").[800] Vor der Einleitung des Hauptverfahrens (und der Auferlegung des Eides) war jedoch das Vorliegen der „fama publica" zu prüfen.[801] Ein bloßes Gerücht reichte nicht aus, vielmehr mussten konkrete Umstände für eine Begehung durch den Beschuldigten sprechen.[802] Die Funktion der „fama publica" entsprach damit ungefähr der eines Verdachtes.[803] Des weiteren war die Vernehmung des Angeklagten auf den Gegenstand der Untersuchung be-

---

[796] *Biener*, Geschichte des Inquisitionsprozesses (1827), S. 16; *S. Bruns*, Geschichte des Inquisitionsprozesses (1994), S. 15; *Helmholz*, in: The Privilege (1997), S. 17, 21 ff. („Nemo punitur sine accusatore."); *Henkel*, Strafverfahrensrecht (1968), S. 35; *Rogall*, Der Beschuldigte (1977), S. 71.

[797] S. Decretales Gregorii IX., Lib. V Tit. I (De accusationibus) Cap. 24: „... si per clamorem et famam ad aures superioris pervenerit, non quidem a malevolis et maledicis, sed a providis et honestis, nec semel tantum, sed saepe, quod clamor innuit sed diffamatio manifestat, debet coram ecclesiae senioribus veritatem diligentius perscrutari ...", zitiert nach *Friedberg*, Corpus Iuris Canonici (1879), II, S. 746.

[798] *Biener*, Geschichte des Inquisitionsprozesses (1827), S. 20 f. Der Beschuldigte konnte sich entweder durch einen Reinigungseid von dem Vorwurf entlasten oder musste die Strafe auf sich nehmen, s. *Biener*, aaO, S. 21; *Henkel*, Strafverfahrensrecht (1968), S. 36.

[799] *Biener*, Geschichte des Inquisitionsprozesses (1827), S. 38, 45; *S. Bruns*, Geschichte des Inquisitionsprozesses (1994), S. 16; *Henkel*, Strafverfahrensrecht (1968), S. 35 f.; *Rogall*, Der Beschuldigte (1977), S. 71; *Rüping/Jerouschek*, Strafrechtsgeschichte (2002), S. 16; s. auch Decretales Gregorii IX., Lib. V Tit. XXXIV (De purgatione canonica) Cap. 10 „... nec illud etiam improbamus, quod, licet num nullus accusator legitimus apparet, ex officio tuo tamen, fama publica deferente, voluisti plenius inquirere veritatem ...", zitiert nach *Friedberg*, Corpus Iuris Canonici (1879), II, S. 873. Papst Innozenz III. führte das Inquisitionsverfahren im Jahr 1199 ein, um die Verfolgung von Verfehlungen innerhalb der Kirche effektiver zu gestalten, insbesondere die übliche Entlastung mit Hilfe des Reinigungseides auszuschließen (*Biener*, aaO, S. 40 f.). Der Reinigungseid wurde subsidiär (*Biener*, aaO, S. 27).

[800] *Rogall*, Der Beschuldigte (1977), S. 71 f.; s. auch *Helmholz*, in: The Privilege (1997), S. 17, 25 und passim; s. ferner Decretales Gregorii IX., Lib. V Tit. X (De testibus et attestationibus) Cap. 2 „... recepto iuramento de veritate dicenda iniungas dictis abbati et priori, ut tam ponendo quam respondendo dicant veritatem, quam super positionibus tibi sub bulla nostra transmissis ipsi sciunt, et per illos intelligunt, in quorum animas iuraverunt ...", zitiert nach *Friedberg*, Corpus Iuris Canonici (1879), II, S. 1002; s. auch die weiteren Nachweise bei *Wigmore*, Evidence, Vol. 8, § 2250, S. 273 (Fußn. 23).

[801] *Biener*, Geschichte des Inquisitionsprozesses (1827), S. 49; s. auch Decretales Gregorii IX., Lib. V Tit. I (De accusationibus) Cap. 24: „... [debet] inquisitionem clamosa insinuatio praevenire ...", zitiert nach *Friedberg*, Corpus Iuris Canonici (1879), II, S. 746.

[802] *Biener*, Geschichte des Inquisitionsprozesses (1827), S. 49; *Helmholz*, in: The Privilege (1997), S. 17, 23 f. So finden sich in der mittelalterlichen Praxis der Kirchengerichte auch Belege dafür, dass der Angeklagte mit dem Bestreiten einer fama publica die Leistung des Offizialeides abwenden konnte, s. *Helmholz*, aaO, S. 34.

[803] *Helmholz*, in: The Privilege (1997), S. 17, 23 (in Bezug auf das US-amerikanische Strafverfahren – „probable cause"); s. auch *L. Schulz*, Normiertes Misstrauen (2001), S. 154 f.

152 B. Grundlagen: Verfahren und Grundrechte als Rahmen der Informationsverarbeitung

schränkt. Der Beschuldigte war also nicht verpflichtet, bisher verborgene Verfehlungen im Verhör zu offenbaren.[804] Hinsichtlich des bereits bestehenden Verdachts konnte sich der Beschuldigte mit seiner Aussage nicht mehr „bloßstellen" oder „verraten"[805]; ein rechtliches Hindernis für eine Aussage- bzw. Eidespflicht bestand demzufolge nach damaliger Ansicht nicht.[806] Das Inquisitionsverfahren und der Offizialeid wurden seit der Mitte des 13. Jahrhunderts auch von den Kirchengerichten in England angewandt.[807] Auch Laien wurden zur Ableistung des Eides „de veritate dicenda" gezwungen.[808] Mit der Verfolgung der Ketzerei gewann das – ursprünglich als Ausnahme vorgesehene[809] – Inquisitionsverfahren zunehmend an Bedeutung. Die oben beschriebenen Beschränkungen der richterlichen Untersuchungsbefugnisse wurden nach und nach außer Kraft gesetzt.[810] Besonders weitgehende Befugnisse, einschließlich der zur Auferlegung des Offizialeides hatten die Sondergerichte der Krone („Prerogative Courts"), die Sternkammer („Star Chamber") und die Hohe Kommission („High Commission").[811] Letztere diente als kirchliches Sondergericht zur Verfolgung derer, die mit der Ablehnung der Staatskirche auch eine Gefahr für die politische Macht des Monarchen darstellten.[812] In diesen Verfahren wurde die verfolgte Person gezwungen, den Offizialeid abzulegen, ohne dass zuvor der Gegenstand der Untersuchung und der Pflicht zur wahrheitsgemäßen Aussage auf einen bestimmten Vorwurf festgelegt worden war.[813]

---

[804] *Biener*, Geschichte des Inquisitionsprozesses (1827), S. 53; *Helmholz*, in: The Privilege (1997), S. 17, 26ff. („Nemo tenetur detegere turpitudinem suam"); s. Decretales Gregorii IX., Lib. V Tit. I (De accusationibus) Cap. 17 a.E.: „Formam vero iuramenti, quam a clericis Novariensibus super inquisitione facienda in hoc negotio recepistis in similibus volumus observari, ut videlicet iurent clerici, quod super his, quae sciunt vel credent esse in sua ecclesia reformanda tam in capite quam in membris, *exceptis occultis criminibus*, meram et plenam dicant inquisitoribus veritatem" (Hervorhebung vom Verfasser), zitiert nach *Friedberg*, Corpus Iuris Canonici (1879), II, S. 739; s. ferner *Thomas von Aquin*, Summa Theologica, II–II, Quaestio LXIX Art. 1: „Non enim aliquis tenetur omnem veritatem confiteri, sed illam solum quam ab eo potest et debet requirere iudex secundum ordinem iuris ..."

[805] *Thomas von Aquin*, Summa Theologica, II–II, Quaestio LXIX Art. 1: „... quando aliquis secundum ordinem iuris a iudice interrogatur, non ipse se prodit, sed ab alio proditur, dum ei necessitas respondendi imponitur per eum obedire tenetur."; s. auch den bei *Wigmore*, Evidence, Vol. 8, § 2250, S. 276, zitierten Satz des kanonischen Rechts: „Licet nemo tenetur seipsum prodere, tamen proditus per famam tenetur seipsum ostendere utrum possit suam innocentiam ostendere et seipsum purgare."

[806] *Helmholz*, in: The Privilege (1997), S. 17, 28; *Rogall*, Der Beschuldigte (1977), S. 71; *Wigmore*, Evidence, Vol. 8, § 2250, S. 276.

[807] *Levy*, Origins (1986), S. 46f.; *Rogall*, Der Beschuldigte (1977), S. 73f.

[808] *Levy*, Origins (1986), S. 48.

[809] *Biener*, Geschichte des Inquisitionsprozesses (1827), S. 56; *Henkel*, Strafverfahrensrecht (1968), S. 36.

[810] *Helmholz*, in: The Privilege (1997), S. 17, 30.

[811] *Levy*, Origins (1986), S. 101, 106, 126f.; *Rogall*, Der Beschuldigte (1977), S. 75f.

[812] Die Kommission wurde im Jahr 1557 von Mary Tudor eingesetzt und erhielt unter Elisabeth I. den Status eines geistlichen Gerichts. Unter dem Vorsitzenden John Whitgift, dem Erzbischof von Canterbury, erreichte sie den Höhepunkt ihrer Macht, s. *Levy*, Origins (1986), S. 76, 126.

[813] *Guradze*, in: Loewenstein-FS (1971), S. 151, 152; *Levy*, Origins (1986), S. 129, 131; *Wigmore*, Evidence, Vol. 8, § 2250, S. 276.

Zunächst versuchten die Beschuldigten, sich gegenüber dieser Praxis auf die Verfahrensgrundsätze des kanonischen Rechts zu berufen (Erfordernis einer Anklage oder einer „fama publica").[814] Ergänzend wurden die religiösen Bedenken gegen die Eidesleistung vorgebracht: Die verfolgten Puritaner beriefen sich auf das Verbot des Schwörens[815] sowie auf die heilige Natur des Eides und das Verbot, Gottes Namen unnütz zu gebrauchen[816]. Als sich diese Argumente nicht durchsetzen konnten[817], bot sich als letzter Ausweg die Anrufung der zentralen Gerichte des Common Law (King's Bench und Court of Common Pleas) mit der Begründung, das Verfahren vor den Kirchengerichten verletze die Common-Law-Gerichtsbarkeit.[818] Die Common Law Gerichte untersagten in einem solchen Fall mit einem „writ of prohibition" die Fortführung des Verfahrens.[819] Die Kontrolle der kirchlichen Gerichtsbarkeit durch die Common Law Gerichte mit Hilfe „interjurisdiktioneller Grundregeln" bildete den rechtlichen Rahmen für die weitere Entwicklung des Nemo-tenetur-Prinzips.[820] Im Jahre 1606 erstellten der Vorsitzende Richter der King's Bench, Popham, und der Vorsitzende Richter des Court of Common Pleas, Coke, ein Gutachten über die Untersuchungsbefugnisse der Kirchengerichte.[821] Danach war der ex-officio-Eid bei Verbrechen, die auch nach Common Law strafbar waren, unzulässig, da er als kirchliches Untersuchungsinstrument im Common Law nicht vorgesehen war.[822] Des weiteren war eine eidliche Vernehmung des Beschuldigten nur in Bezug auf einen konkreten Anklagevorwurf zulässig. Bei der von der High Commission geübten Praxis, den Angeklagten „ins Blaue hinein" zu befragen, wäre hingegen zu befürchten, dass auch Delikte in der ausschließlichen oder konkurrierenden Zuständigkeit der Common Law Gerichte untersucht und deren Kompetenzen verletzt würden.[823] Wenngleich sich das im Gutachten enthaltene grundsätzliche Verbot, Laien unter Eid zu vernehmen[824], nicht durchsetzen konnte[825], nahmen die „writs of prohibition" zu Anfang des 17. Jahr-

---

[814] *Helmholz*, in: The Privilege (1997), S. 17, 39.
[815] So der Führer der radikalen Separatisten Henry Barrow (s. *Levy*, Origins, 1986, S. 157), unter Berufung auf Matthäus Kap. 5, 34 f.
[816] S. die Ausführungen des puritanischen Predigers Thomas Cartwright (*Levy*, Origins, 1986, S. 177), demzufolge der heilige Zweck des Reinigungseides „pervertiert" werde, s. dazu o. S. 123 f.
[817] S. etwa die Argumentation des Vorsitzenden der High Commission, Whitgift, der Beschuldigte sei durch den Verdacht bereits verraten, *Levy*, Origins (1986), S. 139; s. auch o. bei Fußn. 805.
[818] *Helmholz*, in: The Privilege (1997), S. 17, 39.
[819] *Gray*, in: The Privilege (1997), S. 47, 49; *Levy*, Origins (1986), S. 217 f., 220 f. Bereits im Jahr 1568 verfügte der Court of Common Pleas die Freilassung des katholischen Rechtsanwalts Leigh, den die High Commission wegen Verweigerung des Offizialeids ins Gefängnis hatten werfen lassen, s. *von Gerlach*, Der Angeklagte (1964), S. 10 f.; *Gerlach*, in: Hanack-FS (1999), S. 117, 125; *Levy*, Origins (1986), S. 95 f.
[820] *Gray*, in: The Privilege (1997), S. 47, 48, 51 ff.
[821] *Gray*, in: The Privilege (1997), S. 47, 61 ff.; *Levy*, Origins (1986), S. 230 f.
[822] *Gray*, in: The Privilege (1997), S. 47, 62.
[823] *Gray*, in: The Privilege (1997), S. 47, 61 f.
[824] *Gray*, in: The Privilege (1997), S. 47, 63 f.; *Levy*, Origins (1986), S. 231. Einzige Ausnahme waren Prozesse in Ehe- und Testamentsangelegenheiten.
[825] *Gray*, in: The Privilege (1997), S. 47, 81.

hunderts stetig zu.⁸²⁶ Politischer Hintergrund dieses Kompetenzkonfliktes war der Machtkampf zwischen dem König und dem maßgeblich von Puritanern beeinflussten Parlament, dessen Abgeordnete sich zur Sicherung ihrer ständischen Freiheiten auf das Common Law beriefen. Das Vorrecht des Königs zur Einsetzung der Sondergerichte wurde dabei zunehmend in Zweifel gezogen.⁸²⁷ Der Versuch Charles' I., das Parlament durch Auflösung zu entmachten, scheiterte; als dieses 1641 nach mehr als elf Jahren wieder zusammentrat⁸²⁸, wurde als eine der ersten Maßnahmen die Abschaffung der Sondergerichte beschlossen.⁸²⁹

Der Widerstand gegen die Vernehmungspraxis der High Commission und der Star Chamber führte dazu, dass der ex-officio-Eid und andere inquisitorische Elemente aus dem englischen Strafverfahren verschwanden.⁸³⁰ Es bleibt jedoch die Frage bestehen, wie sich ein Schweigerecht des Angeklagten im Strafverfahren des Common Law entwickeln konnte. Der Widerstand gegen den Offizialeid richtete sich gegen die Sondergerichte, nicht gegen die Strafgerichtsbarkeit des Common Law.

Im Strafverfahren des Common Law wurde der Beschuldigte im Vorverfahren von dem Friedensrichter verhört und war zur Aussage verpflichtet.⁸³¹ Zu Beginn der Hauptverhandlung musste der Angeklagte sich für „schuldig" oder „nicht schuldig" im Sinne der Anklage erklären und auf diese Weise dem Gerichtsverfahren unterwerfen.⁸³² Auch in der Verhandlung bestand eine Aussagepflicht, die allerdings nicht strafbewehrt war.⁸³³ Der Angeklagte wurde auch nicht wie ein Zeuge unter Eid vernommen, da er im Verfahren eigene Interessen verfolgte und deshalb als Beweismittel ungeeignet erschien („disqualification for interest")⁸³⁴; zudem befürchtete man, den Angeklagten auf diese Weise zu einem Meineid zu drängen⁸³⁵. Da die Geschworenen nicht aufgrund fester Beweisregeln, sondern aus eigener Erkenntnis über Schuld oder Unschuld des Angeklagten entschieden, war es für den

---

⁸²⁶ *Levy*, Origins (1986), S. 226, 241.
⁸²⁷ In dem Strafverfahren gegen Richard Maunsell und Thomas Ladd vertrat deren Verteidiger Nicholas Fuller 1607 die Ansicht, die Tätigkeit der High Commission sei von dem ihrer Einsetzung zugrundeliegenden Gesetz nicht gedeckt und verstoße gegen die Magna Charta, s. dazu *Gray*, in: The Privilege (1997), S. 47, 72ff.; *Levy*, Origins (1986), S. 235ff. Im Laufe der Auseinandersetzung zwischen dem Parlament und James I. wurde der dem König unliebsame Vorsitzende Richter am Court of Common Pleas, Sir Edward Coke, 1613 zum Vorsitzenden der King's Bench „weggelobt" und 1616 nach einem Streit mit James I. entlassen. Wenige Jahre später wurde er als Parlamentsabgeordneter verhaftet und verbrachte 7 Monate im Tower, s. dazu *Levy*, Origins (1986), S. 252ff., 261.
⁸²⁸ 1629 hatte Charles I. das Parlament aufgelöst und es 1640 zur Bewilligung von Finanzmitteln für den Krieg gegen Schottland wieder einberufen, es aber sogleich wieder aufgelöst.
⁸²⁹ *Levy*, Origins (1986), S. 281.
⁸³⁰ *Gerlach*, in: Hanack-FS (1999), S. 117, 125.
⁸³¹ *von Gerlach*, Der Angeklagte (1964), S. 13; s. den „Acte to take theexaminacon of Prysoners suspected of Manslaughter or Felonye", 2 & 3 Phil. & Mary, cap. 10, zitiert nach: The Statutes of the Realm, Vol. IV/1, S. 286.
⁸³² *Rogall*, Der Beschuldigte (1977), S. 73.
⁸³³ *von Gerlach*, Der Angeklagte (1964), S. 10.
⁸³⁴ *von Gerlach*, Der Angeklagte (1964), S. 15f.; *Levy*, Origins (1986), S. 324.
⁸³⁵ *H.E. Smith*, in: The Privilege (1997), S. 145, 149.

Angeklagten allerdings weniger entscheidend, ob er zu einer Aussage verpflichtet war oder nicht, sondern dass es ihm gelang, die Geschworenen von seiner Unschuld zu überzeugen.[836] Diese Form des Strafverfahrens war darauf angelegt, dass der Angeklagte redete und sich verteidigte.[837] Ein Recht zu schweigen wäre in dieser Prozesssituation „ein Recht, Selbstmord zu begehen", gewesen.[838]

Der Widerstand gegen den Offizialeid hatte den Grundsatz „Nemo tenetur se ipsum prodere" als abstraktes Prinzip etabliert, das Strafverfahren des Common Law aber weitgehend unberührt gelassen.[839] Seine Verwendung als Argumentationsfigur in der Gerichtspraxis am Ende des 17. Jahrhunderts lässt nicht den Schluss zu, dass ein Schweigerecht des Angeklagten zu diesem Zeitpunkt bereits anerkannt war.[840] Der Beschuldigte blieb weiterhin verpflichtet, in der Voruntersuchung vor dem Friedensrichter wahrheitsgemäß auszusagen; dieser konnte in der anschließenden Verhandlung als Zeuge vernommen werden.[841] Diese bis in das 19. Jahrhundert hinein andauernde gerichtliche Praxis wäre mit der Anerkennung eines Schweigerechts kaum zu vereinbaren.[842]

---

[836] *Gray*, in: The Privilege (1997), S. 47; *Langbein*, in: The Privilege (1997), S. 82, 96 m.w.N.

[837] *Gerlach*, in: Hanack-FS (1999), S. 117, 126; *Langbein*, in: The Privilege (1997), S. 82, 83f., 89f.; s. auch *von Gerlach*, Der Angeklagte (1964), S. 12.

[838] *Langbein*, in: The Privilege (1997), S. 82, 107: „... in a system that emphasized capital punishment, the right to remain silent was tantamount to the right to commit suicide."

[839] Die Gedanken, die zur Abschaffung des des Offizialeides geführt hatten, wirkten zwar auch in den Strafprozess des Common Law hinein. So berief sich der Buchdrucker John Lilburne, der noch auf Anordnung der Star Chamber wegen seiner Weigerung, den Offizial-Eid abzuleisten, öffentlich ausgepeitscht worden war, im Jahr 1649 in einem Strafprozess wegen Hochverrats auf sein Recht, jede ihn betreffende Frage nicht zu beantworten, und weigerte sich sogar, sich für schuldig oder nicht schuldig im Sinne der Anklage zu erklären. Auf sein Plädoyer hin wurde er schließlich von den Geschworenen freigesprochen. Die Verteidigungsstrategie von Lilburne war indessen darauf ausgerichtet, die Anklage für die vorgeworfene Tat führen zu lassen und diesen sodann durch eigenen Vortrag zu widerlegen. Abgesehen davon, dass diese Taktik gegenüber den Geschworenen nur in politischen Verfahren Aussicht auf Erfolg bot, setzte auch sie eine aktive Verteidigung (d.h. mehr als die Berufung auf ein Schweigerecht) voraus. Die Einschätzung, John Lilburne sei der Begründer des modernen Nemo-tenetur-Prinzips (*Levy*, Origins, 1986, S. 313; *Rogall*, Der Beschuldigte, 1977, S. 79), greift der historischen Entwicklung demnach voraus (s. im Einzelnen *Langbein*, in: The Privilege, 1997, S. 82, 103/244f. – Fußn. 123; zu John Lilburne s. auch *Levy*, Origins, 1986, S. 271ff., 298ff.). Dementsprechend ist auch der Umstand, dass sich der Puritaner Udall 1590 als erster Angeklagter in einem Strafverfahren nach Common Law auf den Nemo-tenetur-Grundsatz berief (*Levy*, Origins, 1986, S. 168), auf den Umstand zurückzuführen, dass dieses Verfahren von der High Commission initiiert und von ihrer Untersuchungspraxis (einschließlich des ex-officio-Eides) geprägt worden war.

[840] So aber *Levy*, Origins (1986), S. 313f.; *Reiß*, Besteuerungsverfahren (1987), S. 152; *Rogall*, Der Beschuldigte (1977), S. 81; *Wigmore*, Evidence, § 2250, S. 290f.; s. dagegen *Gerlach*, in: Hanack-FS (1999), S. 117, 125; *Langbein*, in: The Privilege (1997), S. 82, 105; s. auch *ders.*, aaO, S. 103ff. zu den Belegen der gegenteiligen Ansicht von *Wigmore*, aaO: Die Willkür in der Anwendung des Nemo-tenetur-Grundsatzes zeigt sich darin, dass dieser vor allem in den Hochverrats-Prozessen unter den Stuarts Charles II. und James II. am Ende des 17. Jahrhunderts zum Schutz der Zeugen der Anklage (!) herangezogen wurde; s. insoweit auch *Levy*, Origins (1986), S. 317, 319.

[841] *von Gerlach*, Der Angeklagte (1964), S. 13; *Levy*, Origins (1986), S. 325; *Reiß*, Besteuerungsverfahren (1987), S. 152.

[842] *Langbein*, in: The Privilege (1997), S. 82, 92.

Ein Schweigen im Strafverfahren wurde dem Angeklagten vielmehr erst dadurch möglich, dass ein anderer in der Verhandlung seine Verteidigung übernahm: Ein Schweigerecht konnte sich daher nur auf der Grundlage des Rechts auf einen Verteidiger entwickeln.[843] Ein solches Recht wurde erstmals im Jahr 1696 unter dem Eindruck der willkürlichen und politisch motivierten Hochverrats-Prozesse gegen die Gegner der Stuarts Charles II. und James II. eingeführt, allerdings auf derartige Verfahren beschränkt.[844] Mit der zunehmenden Beteiligung des Verteidigers am Strafverfahren veränderte sich die Struktur des adversatorischen Strafverfahrens: Dem Ankläger tritt nicht mehr der Angeklagte entgegen, sondern dessen Verteidiger.[845] Seine Hilfe ermöglicht dem Angeklagten eine Verteidigung, ohne dass dieser sich selbst zum Beweismittel macht.[846] Der Widerstand gegen die Begründung und Erweiterung von Rechten der Verteidiger vor Gericht gründete sich vor allem auf den Informationswert der Einlassungen des Angeklagten: Der Unschuldige spreche am besten für sich selbst, während der Schuldige mit seiner – nicht von einem Verteidiger verfälschten – Aussage die Wahrheit selbst ans Licht bringe.[847] Das Schweigen des Angeklagten bzw. das Auftreten des Verteidigers an seiner Stelle wurde in der Diskussion um die Verteidigerrechte im 19. Jahrhundert vielfach thematisiert, ein Schweigerecht indessen nirgends erwähnt.[848] Im Jahr 1836 wurde das Recht des Verteidigers, vor Gericht aufzutreten und vor den Geschworenen zu plädieren, gesetzlich garantiert[849] und damit das Strafverfahren für ein Schweigerecht des Angeklagten geöffnet. Der Angeklagte konnte nunmehr unbesorgt schweigen, denn ein anderer, nämlich sein Verteidiger, sprach für ihn. Der Angeklagte musste nunmehr sämtliche Ausführungen durch seinen Verteidiger vorbringen lassen.[850] Diese Passivität des Angeklagten eröffnete dem Verteidiger zusätzlichen Handlungsspielraum. An die Stelle der „naiven" Verteidigung („Die Unschuld spricht

---

[843] *Langbein*, in: The Privilege (1997), S. 82, 83f.; s. auch *Gerlach*, in: Hanack-FS (1999), S. 117, 126f.; vgl. ferner *Levy*, Origins (1986), S. 331.

[844] „Act for regulateing of Tryals in Cases of Treason and Misprision of Treason" (Treason Act), 7 & 8 Will. 3 cap. 3, zitiert nach: The Statutes of the Realm, Vol. VII, S. 6; s. dazu *Langbein*, in: The Privilege (1997), S. 82, 96f. Darin waren vorgesehen: der Anspruch auf eine Abschrift der Anklage fünf Tage vor Prozessbeginn, das Recht auf Beratung mit dem Verteidiger; das Recht, Zeugen der Verteidigung zu laden und unter Eid zu befragen; das Recht des Verteidigers, Zeugen zu befragen und vor der Jury zu plädieren.

[845] *Langbein*, in: The Privilege (1997), S. 82, 97: Das Modell „accused-speaks" wird durch das Modell „testing the prosecution" ersetzt; s. auch *Levy*, Origins (1986), S. 323.

[846] *Langbein*, in: The Privilege (1997), S. 82, 87.

[847] *Langbein*, in: The Privilege (1997), S. 82, 86 (unter Hinweis auf die 1721 erschienene Abhandlung „Pleas of the Crown" von William Hawkins); s. dazu *Langbein*, aaO, 87: „Hawkins's message is that it is desirable for the accused to speak, either to clear himself or to hang himself."

[848] *H.E. Smith*, in: The Privilege (1997), S. 145, 164f., 166f., 169.

[849] „Act for enabling persons indicted of Felony to make their defence by Counsel or Attorney", 6 & 7 Will. 4 cap. 114, zitiert nach: The Statutes of the Realm, Vol. XIV, S. 338; s. *H.E. Smith*, in: The Privilege (1997), S. 145, 164.

[850] *von Gerlach*, Der Angeklagte (1964), S. 12, 16: Dort weist der Vorsitzende Richter, Lord Coleridge, den Antrag des Angeklagten, sich nach dem Plädoyer seines Verteidigers noch einmal selbst an die Geschworenen zu wenden, zurück: „Prisoner, your counsel has spoken for you, I cannot hear both." (R. v. Boucher, 1838 8 C. & P. 141).

II. Informationsverarbeitung und Grundrechte

für sich selbst.") trat die professionalisierte Verteidigung: Die Anklage wird auf ihre Tragfähigkeit untersucht („testing the prosecution"), es werden Prozessstrategien entwickelt und dabei die taktischen Vorteile, die das Schweigen des Angeklagten bietet, erkannt.[851]

Das Schweigen des Beschuldigten war bis dahin Gegenstand unterschiedlicher Beweisregeln. In der Hauptverhandlung war eine Vernehmung des Angeklagten als Zeuge ausgeschlossen („disqualification for interest"). Sein Schweigen war insofern obligatorisch, d.h. unabhängig von einem ausgeübten Aussagezwang.[852] Im Vorverfahren war hingegen die Vernehmung des Beschuldigten durch den Friedensrichter zulässig. Dieser durfte den Angeklagten jedoch nicht zwingen, ein Geständnis abzulegen; ein erzwungenes Geständnis war im Strafverfahren nicht als Beweis verwertbar (confession rule).[853] Diese Regel hatte jedoch – anders als das heutige Verständnis des Nemo-tenetur-Prinzips – keine individualschützende Funktion, sondern ihre ratio lag in der Sicherung der Wahrheitsermittlung: Ein durch Zwang herbeigeführtes Geständnis war als Beweismittel untauglich.[854] Dementsprechend wurde das Vorliegen von Zwang („compulsion") erst dann angenommen, wenn die Einwirkung auf den Beschuldigten Zweifel an der Wahrhaftigkeit der Aussage aufkommen ließ.[855] Dem modernen subjektiv-rechtlichen Verständnis eines Schweigerechts am nächsten kam das sog. „witness privilege". Danach war es einem Zeugen erlaubt, das Zeugnis zu verweigern, sofern ihn dies einer strafrechtlichen Verfolgung aussetzen würde.[856] Zwar zielte auch diese Regel in erster Linie darauf, eine wahrheitsgemäßen Aussage zu erhalten. Dies wollte man indes erreichen, indem man ausschloss, dass die Aussage für den Zeugen negative Folgen haben würde.[857] So wurde auch ein Aussageverweigerungsrecht bei dro-

---

[851] *Langbein*, in: The Privilege (1997), S. 82, 98.
[852] *H.E. Smith*, in: The Privilege (1997), S. 145, 151f.: Die englische Formulierung („… could not be compelled to give evidence …") bringt gerade nicht ein Schweigerecht zum Ausdruck („compelled" i.S.v. gezwungen), sondern den objektiven Ausschluss eines Beweismittels („compelled" i.S.v. vorgeladen).
[853] S. dazu *H.E. Smith*, in: The Privilege (1997), S. 145, 153ff.
[854] S. die Entscheidung The King v. Jane Warickshall von 1783 (1 Leach 263/264, 168 English Reports 234/235: „… a confession forced from the mind by the flattery of hope, or by the torture of fear, comes in so questionable shape when it is to be considered as the evidence of guilt, that no credit ought to be given to it; and therefore it is rejected." Die Verwertung des erzwungenen Geständnisses war damit zwar ausgeschlossen, nicht jedoch die Verwertung der aufgrund des Geständnisses aufgefundenen Diebesbeute; s. dazu auch *H.E. Smith*, in: The Privilege (1997), S. 145, 154; s. auch die Nachweise bei *Eser*, ZStW 79 (1967), 565, 589 (Fußn. 90); s. hingegen *Levy*, Origins (1986), S. 327f., der in dem geringen Beweiswert eines erzwungenen Geständnisses nicht den ursprünglichen, sondern einen zusätzlichen Grund für die Unzulässigkeit der Ausübung von Zwang auf den Beschuldigten sieht.
[855] *H.E. Smith*, in: The Privilege (1997), S. 145, 155. Tendenzen zur Ausweitung unter Bezugnahme auf das Nemo-tenetur-Prinzip zeichneten sich allerdings bereits ab, s. *H.E. Smith*, aaO, S. 156; s. auch *Eser*, ZStW 79 (1967), 565, 588f.: Die Anklagebehörde trägt die Beweislast für die Freiwilligkeit der Aussage.
[856] *H.E. Smith*, in: The Privilege (1997), S. 145, 156ff.
[857] *H.E. Smith*, in: The Privilege (1997), S. 145, 158.

158 B. Grundlagen: Verfahren und Grundrechte als Rahmen der Informationsverarbeitung

hender zivilrechtlicher Haftung diskutiert[858], mit dem Erlass des Witnesses Act von 1806 allerdings abgelehnt.[859] Dass das „witness privilege" in dieser Form nicht im Interesse des Zeugen, sondern um seiner Aussage willen bestand, wird auch daran deutlich, dass im Falle einer Verletzung die erlangte Aussage im Strafverfahren gegen den Zeugen keinem Verwertungsverbot unterlag[860].

Die unterschiedliche Behandlung des Beschuldigten (confession rule) und des nicht beschuldigten Zeugen (witness privilege) wurde zunehmend als widersprüchlich empfunden, und im Jahr 1847 wurde das nach der confession rule bestehende Verwertungsverbot auf die erzwungene Zeugenaussage ausgedehnt.[861] Der überkommene Nemo-tenetur-Grundsatz bot als thematische Verbindungslinie zwischen witness privilege und confession rule eine willkommene Begründung, diese zu einem Schweigerecht des Beschuldigten zusammenzufassen.[862] Die Verletzung dieses Rechtes – und nicht die Unzuverlässigkeit der Aussage als Beweismittel – wird Grundlage des Verwertungsverbotes.[863] Den Schlusspunkt setzte das Jervis's Act im Jahr 1848, durch das eine Pflicht des Friedensrichters eingeführt wurde, den Beschuldigten über sein Schweigerecht zu belehren.[864] Die Grundlage des modernen Verständnisses von „Nemo tenetur se ipsum accusare" war damit gelegt. Die Kehrseite dieser subjektiv-rechtlichen Begründung eines Schweigerechts bildet die allmähliche Abschaffung der „disqualification of interest".[865] Im Strafverfahren wurde dieser Schritt allerdings erst im Criminal Evidence Act von 1898 vollzogen und geregelt, dass der Angeklagte nicht als Zeuge vernommen werden könne, es sei denn, er stelle einen solchen Antrag.[866]

Voraussetzung dieser Entwicklung war das Recht auf einen Verteidiger. Dem Angeklagten wurde es auf diese Weise möglich, seine Funktion als Beweismittel von seiner Stellung als Prozesspartei zu trennen. Der Verteidiger schuf Raum für ein Schweigen des Angeklagten. Erst auf dieser Grundlage konnten die bestehenden Regeln, die der Wahrheitsermittlung und nicht den Interessen des Einzelnen dienten, auf einer subjektiv-rechtlichen Grundlage zu einem Schweigerecht zu-

---

[858] S. die Nachweise bei *H.E. Smith*, in: The Privilege (1997), S. 145, 157.

[859] S. dazu *H.E. Smith*, in: The Privilege (1997), S. 145, 159ff.

[860] *H.E. Smith*, in: The Privilege (1997), S. 145, 157.

[861] S. die Entscheidung des Central Criminal Court, Regina v. Edmund Garbett (1 Den. 236, 249ff.), 169 English Reports 227, 232f.; s. dazu *H.E. Smith*, in: The Privilege (1997), S. 145, 175f.

[862] S. bereits die entsprechenden Stellungnahmen im Schrifttum bei *H.E. Smith*, in: The Privilege (1997), S. 145, 162.

[863] S. die rhetorische Frage des Richters *Alderson B.* in der Entscheidung des Central Criminal Court, Regina v. Edmund Garbett (1 Den. 236, 257), 169 English Reports 227, 235: „Is not this the true ground of exclusion – that his liberty of refusing to say anything on the subject has been infringed – rather than that this evidence is not receivable, because it is possibly not true?"; s. dazu und zur Rezeption im Schrifttum: *H.E. Smith*, in: The Privilege (1997), S. 145, 175ff.

[864] Act to facilitate the Performance of the Duties of Justices of the Peace out of Sessions within England and Wales with respect to Persons charged with Indictable Offenses, 11 & 12 Vict. cap. 42; s. *H.E. Smith*, in: The Privilege (1997), S. 145, 169f.

[865] *H.E. Smith*, in: The Privilege (1997), S. 145, 179f.

[866] 61 & 62 Vict. cap. 36; *H.E. Smith*, in: The Privilege (1997), S. 145, 179; s. dazu *von Gerlach*, Der Angeklagte (1964), S. 15ff.

sammengefasst werden. Aufgrund seiner historischen Entwicklung kann das Schweigerecht des Beschuldigten als Ausfluss seiner Parteistellung angesehen werden.

(3) Die Rezeption des Nemo-tenetur-Grundsatzes im reformierten Strafprozess

Mit dem in Deutschland bis zu Beginn des 19. Jahrhunderts geltenden Inquisitionsprozess des gemeinen Rechts war eine Parteistellung des Beschuldigten nicht vereinbar. Dass der Richter in seiner Person Anklage, Verteidigung und Gericht vereinigte, wurde als einer der Kardinalfehler des Inquisitionsprozesses angesehen.[867] Ein objektives Urteil erschien angesichts der dadurch bedingten Voreingenommenheit des Richters als psychologische Unmöglichkeit.[868] Um eine unvoreingenommene Haltung des Richters gegen den Angeklagten zu gewährleisten, wurde mit Blick auf das englische und französische Strafverfahren gefordert, das Amt des Anklägers von dem des Richters zu trennen.[869] Wie im Zivilverfahren die Parteien sollten sich Ankläger und Angeklagter vor einem neutralen Richter gegenüber stehen.[870] Diese Reformvorschläge wurden mit der Einführung der Staatsanwaltschaft umgesetzt; der Anklagegrundsatz wurde dabei in einem formalen Sinne verstanden: Die Einleitung des Strafverfahrens sollte der Staatsanwaltschaft obliegen, die abschließende Entscheidung über die Anklage dem Gericht.[871]

Als formales Prinzip war die Anklageform indessen nicht geeignet, dem eigentlichen Hauptmangel des gemeinrechtlichen Inquisitionsprozesses zu begegnen: Der Beschuldigte war ausschließlich Objekt der gerichtlichen Untersuchung („inquisitus") und nicht als Person mit eigenen Rechten anerkannt.[872] Da die Verteidigung des Beschuldigten vom Gericht wahrgenommen wurde, war ein Verteidiger nach der Konzeption des Inquisitionsprozesses überflüssig, wenn nicht sogar hinderlich.[873] Es ist daher nicht verwunderlich, dass das Recht auf einen Verteidiger weitgehenden Beschränkungen unterlag.[874] Mit der Einführung der Staatsanwaltschaft wurden zwar der Allmacht des Untersuchungsrichters Grenzen gesetzt[875], der Be-

---

[867] *Glaser*, Archiv für Criminalrecht 1851, 70ff., zitiert aus *ders.*, Kleine Schriften (1883), S. 407, 419; *Zachariae*, Gebrechen und Reform (1846), S. 144; s. auch *Gneist*, Vier Fragen (1874), S. 112.
[868] *Köstlin*, Wendepunkt (1849), S. 78f.; s. auch *Sax*, in: Bettermann/Nipperdey/Scheuner, Grundrechte, III/2 (1959), S. 909, 989; *Eb. Schmidt*, Geschichte der deutschen Strafrechtspflege (1983), S. 328.
[869] *Zachariae*, Gebrechen und Reform (1846), S. 264.
[870] *Glaser*, Archiv für Criminalrecht, 1851, 70ff., zitiert aus *ders.*, Kleine Schriften (1883), S. 407, 411; *Zachariae*, Gebrechen und Reform (1846), S. 267 (s. auch S. 53f.); s. auch *Mittermaier*, Gesetzgebung (1856), S. 275ff.
[871] S. *Wohlers*, Staatsanwaltschaft (1994), S. 57, 59.
[872] *Köstlin*, Wendepunkt (1849), S. 60, 66, 80f.; *Zachariae*, Gebrechen und Reform (1846), S. 47, 53.
[873] *Biener*, GS 7.1 (1855), 408, 424; *Zachariae*, Gebrechen und Reform (1846), S. 62f.
[874] *Biener*, GS 7.1 (1855), 408, 424; *Köstlin*, Wendepunkt (1849), S. 82f.; *Zachariae*, Gebrechen und Reform (1846), S. 148f.
[875] *Limbach*, Strafrecht der Paulskirchenverfassung (1995), S. 100, sieht darin eine Ausprägung der Gewaltenteilung; zu den Funktionen der Staatsanwaltschaft (Kontrolle der Gerichte, Gewähr

schuldigte erhielt aber noch keine eigenen Rechte zur Verteidigung. Im Gegenteil, er stand nunmehr zwei Inquirenten (dem Richter und dem Staatsanwalt) gegenüber.[876] Es stellte sich also die Frage, ob und ggf. welche materiellen Folgerungen aus der Einführung des Anklageprozesses zu ziehen waren, also in welchem Umfang die „neuen" Prozessbeteiligten eigene, prozessuale Mitwirkungsbefugnisse erhalten sollten. Die Besonderheit des englischen Strafverfahrens lag nicht in der Anklageform, sondern in der Parteistellung von Staatsanwalt und Angeklagtem.[877] In der deutschen Diskussion kam dies in dem Vergleich mit dem Zivilprozess zum Ausdruck.

So wurde gefordert, dem Angeklagten und dem Staatsanwalt sollten als den „Parteien" des Strafverfahrens grundsätzlich die gleichen Rechte zustehen.[878] Ein Verhör des Beschuldigten durch den Ankläger sei daher unzulässig, da die eine Partei damit der Gewalt der anderen preisgegeben sei und von gleichgestellten Parteien keine Rede mehr sein könne.[879] Auf der Grundlage eines solchermaßen materiell verstandenen Anklageprinzips war auch ein Verhör durch den Richter ausgeschlossen, denn im Anklageprozess sei die Präsentation von Beweismaterial nicht Aufgabe des Richters, sondern der Parteien.[880]

Dem Vergleich mit dem Zivilprozess wurde entgegengehalten, dass das Strafverfahren den Zielen der Wahrheit und Gerechtigkeit verpflichtet sei und nicht den Interessen von Parteien.[881] Im Hinblick auf diese Zielvorgabe sei es undenkbar, dass Staatsanwalt und Angeklagter – wie im Zivilprozess – über den Gegenstand des Strafverfahrens verfügen könnten.[882] In der Tat wurde eine Dispositionsbefugnis der „Parteien" des Strafverfahrens von den Vertretern der Gegenansicht abgelehnt[883], was ihnen wiederum den Vorwurf der Inkonsequenz einbrachte[884]. Im Strafverfahren gelte, so die Gegner eines materiell verstandenen Anklageprinzips,

---

für deren Objektivität durch Übernahme der Voruntersuchung); s. auch *Wohlers*, Staatsanwaltschaft (1994), S. 60ff.

[876] *Mittermaier*, Gesetzgebung (1856), S. 279; s. auch *Degener*, GA 1992, 443, 444 (in Fußn. 4).

[877] Vgl. *Planck*, Strafverfahren (1857), S. 157: Der reformierte Strafprozess glich als „Untersuchungsprozess mit akkusatorischen Beigaben" mehr dem französischen Strafverfahren als dem Englands und Nordamerikas. Zum Vorbild der französischen Staatsanwaltschaft: *L. Schulz*, Normiertes Misstrauen (2001), S. 203 f.; s. auch *Wohlers*, Staatsanwaltschaft (1994), S. 63 ff.

[878] *Mittermaier*, Gesetzgebung (1856), S. 286; *Zachariae*, Gebrechen und Reform (1846), S. 58, 143, 267, und (zum Grundsatz der Waffengleichheit) 278.

[879] *Glaser*, Archiv für Criminalrecht, 1851, 70 ff., zitiert aus *ders.*, Kleine Schriften (1883), S. 407, 423; *Zachariae*, Gebrechen und Reform (1846), S. 54.

[880] *Glaser*, Archiv für Criminalrecht, 1851, 70 ff., zitiert aus *ders.*, Kleine Schriften (1883), S. 407, 419; *Gneist*, Vier Fragen (1874), S. 115; *Mittermaier*, GS 1.1 (1849), 17, 22 f.

[881] *Sundelin*, GS 12 (1860), 19, 36.

[882] *Dalcke*, GA 7 (1859), 734, 744; *Köstlin*, Wendepunkt (1849), S. 21; s. auch *Sundelin*, GA 6 (1858), 624, 631.

[883] *Mittermaier*, Gesetzgebung (1856), S. 294, 304; *Zachariae*, Gebrechen und Reform (1846), S. 40 f., (zum Geständnis) 56 f.

[884] *Köstlin*, Wendepunkt (1849), S. 43, 46.

II. Informationsverarbeitung und Grundrechte

weiterhin die – durch die Anklageform modifizierte – Untersuchungsmaxime[885], d.h. der Richter habe von Amts wegen den wahren Sachverhalt aufzuklären und zu diesem Zweck den Beschuldigten zu vernehmen.[886] Der Richter könne dabei an das Gewissen des Beschuldigten und seine sittliche[887] Pflicht zur Wahrheit appellieren.[888] Die freie Persönlichkeit des Angeklagten müsse jedoch gewahrt bleiben, dieser dürfe daher nicht mit List und Gewalt zu einem Geständnis gezwungen werden.[889] Dem Angeklagten müssten im Strafverfahren wenigstens die gleichen Verteidigungsbefugnisse zugebilligt werden wie im Zivilprozess.[890]

Die Stellung des Beschuldigten als Prozesssubjekt war also – unabhängig von der Konzeption des Strafverfahrens als Anklageprozess[891] – allgemein anerkannt.[892] Sie entstand im Kontext des Übergangs vom Absolutismus zum konstitutionellen, liberalen Rechtsstaat.[893] Entsprach die Stellung des Richters im gemeinrechtlichen Inquisitionsprozess noch der des unbeschränkten Monarchen, dessen Gewalt der Einzelne unterworfen war[894], so war er in dem um die Mitte des 19. Jahrhunderts entstehenden liberalen Rechtsstaat als Staatsbürger mit eigenen Grundrechten versehen und auch noch im Strafverfahren als freie Rechtsperson anerkannt.[895] Mit der Einführung des Anklageprozesses (Art. X § 179 der Frankfurter Reichsverfassung 1848) war – trotz der begrifflichen Unklarheiten[896] – ein Strafverfahren verfassungsrechtlich verbürgt, in dem der Angeklagte nicht zu einem Geständnis gezwungen werden durfte.[897] Die Aussagefreiheit war also wie im englischen Straf-

---

[885] *Abegg*, Strafprocess-Gesetzgebung (1841), S. 45; *Planck*, Strafverfahren (1857), S. 156f.; *Schwarze*, GS 11 (1859), 1, 16f.; *Sundelin*, GA 6 (1858), 624, 631; s. auch *Mittermaier*, Strafverfahren, Bd. 1 (1845), S. 203.
[886] *Gerau*, ZdtStrV (N.F.) 1 (1844), 261, 268f.; *Köstlin*, Wendepunkt (1849), S. 97; *Planck*, Strafverfahren (1857), S. 246, 360; *Rehm*, GS 12 (1860), 1, 5f.; *Sundelin*, GA 6 (1858), 624, 630.
[887] Eine rechtliche Pflicht zur wahrheitsgemäßen Aussage bestand nicht mehr, s. *Gneist*, Vier Fragen (1874), S. 81f., 83; *Rüping*, JR 1974, 135, 136.
[888] *Köstlin*, Wendepunkt (1849), S. 98; *Sundelin*, GA 6 (1858), 624, 635.
[889] *Köstlin*, Wendepunkt (1849), S. 98, 101; *Planck*, Strafverfahren (1857), S. 247; *Sundelin*, GA 6 (1858), 624, 628, 634; zu den Ungehorsamsstrafen: *Köstlin*, aaO, S. 101ff.; *Sundelin*, aaO, 635.
[890] *Gerau*, ZdtStrV (N.F.) 1 (1844), 261, 282.
[891] Den Kontrahenten war die Übereinstimmung in den wesentlichen Ergebnissen bewusst, s. *Köstlin*, Wendepunkt (1849), S. 55; s. auch *Glaser*, Handbuch, Bd. I (1883), S. 36 (Fußn. 11): „Streit um Worte"; s. ferner *Reiß*, Besteuerungsverfahren (1987), S. 147; *Wohlers*, Staatsanwaltschaft (1994), S. 58f.
[892] *Reiß*, Besteuerungsverfahren (1987), S. 147; *Rüping*, JR 1974, 135, 136.
[893] *Reiß*, Besteuerungsverfahren (1987), S. 146, 155f., 158ff.; *Rüping/Jerouschek*, Strafrechtsgeschichte, (2002), S. 98.
[894] *Köstlin*, Wendepunkt (1849), S. 81; *Zachariae*, Gebrechen und Reform (1846), S. 139.
[895] *Zachariae*, Gebrechen und Reform (1846), S. 68f. Die Anerkennung der freien Persönlichkeit des Angeklagten kam auch in § 210 II der österreichischen Strafprocess-Ordnung vom 17.1.1850 zum Ausdruck, wonach dem Angeklagten vor der Vernehmung die Fesseln abzunehmen seien, zitiert nach *Häberlin*, Sammlung der neuen deutschen Strafprozessordnungen (1852), S. 126f.
[896] Die Abgeordneten der Nationalversammlung hatten keine genauen Vorstellungen über den Inhalt des Anklageprozesses, sondern verbanden mit diesem vor allem eine Abkehr vom gemeinrechtlichen Inquisitionsprozess, s. *Limbach*, Strafrecht der Paulskirchenverfassung (1995), S. 99; *Mittermaier*, Gesetzgebung (1856), S. 275.
[897] *Bosch*, Aspekte (1998), S. 99; *Reiß*, Besteuerungsverfahren (1987), S. 146f., 158; *H. Schneider*,

verfahren Konsequenz der verfahrensrechtlichen Subjektsstellung des Beschuldigten.[898] Den Beschuldigten zu einem Geständnis zu zwingen, war eines Rechtsstaates und seines Richters unwürdig.[899]

Der Streit um das „richtige" Verständnis des Anklageprozesses wirkte in der Auseinandersetzung um die Funktion der Vernehmung des Beschuldigten fort: Sollte diese unter völliger Aufgabe des Untersuchungszwecks ausschließlich dazu dienen, dem Beschuldigten Gelegenheit zu seiner Verteidigung zu geben? Auf dem 7. Deutschen Juristentag wurde die Frage diskutiert, ob von dem Angeklagten, der sich für nicht schuldig erkläre, noch eine spezielle Einlassung auf die Anklage verlangt werden solle. In dem vorbereitenden Gutachten wurde eine solche inquisitorische Vernehmung mit der neutralen, parteilosen Stellung des Richters für unvereinbar gehalten.[900] Im Verhör sollte der Angeklagte vielmehr zur Verteidigung angeleitet und angehalten werden.[901] In der Aussprache wurde dieser Auffassung heftig widersprochen. Ziel des Strafverfahrens sei die Ermittlung der Wahrheit, der Richter habe daher ein Recht, die Wahrheit zu ermitteln, indem er den Angeklagten vernehme; dieses Recht könne nicht von vornherein ausgeschlossen werden.[902] Der in England zu dieser Zeit obligatorische Ausschluss einer Vernehmung des Angeklagten wurde allgemein abgelehnt.[903] Einig war man sich auch darin, dass der Beschuldigte nicht zu einer Aussage gezwungen werden dürfe und in seiner Vernehmung Gelegenheit zur Verteidigung haben müsse.[904] Die Mehrheit wollte den Zweck der Vernehmung jedoch nicht auf letzteres beschränken, sondern der Richter sollte weiterhin die Möglichkeit haben, von sich aus auf eine „freiwillige" Aussage des Beschuldigten hinzuwirken.[905] So wurde schließlich eine gegenüber der ursprünglichen Formulierung und dem Gutachten deutlich abgeschwächte Fassung angenommen: Dem Angeklagten sollte eine Einlassung auf die Anklage „nicht zur Pflicht gemacht" werden.[906]

Selbstbegünstigungsprinzip (1991), S. 41. In Österreich wird der Nemo-tenetur-Grundsatz aus der Verfassungsgarantie des Anklageprozesses (Art. 90 II B-VG) hergeleitet, s. VfGH, EuGRZ 1990, 162, 164; 1995, 672, 673; s. ferner *R. Müller*, EuGRZ 2002, 546, 547f.; *Öhlinger*, in: Klecatsky-FS (1990), S. 193f. m.w.N.

[898] Am deutlichsten hatte das englische Vorbild in § 43 der Strafprozessordnung Braunschweigs vom 22. 8. 1849 seinen Niederschlag gefunden. Danach hatte der Untersuchungsrichter dem Angeklagten im ersten Verhör zu eröffnen, „dass er zu keiner Antwort oder Erklärung auf die vorzulegenden Fragen gehalten sei", zitiert nach *Häberlin*, Sammlung der neuen deutschen Strafprozessordnungen (1852), S. 730.

[899] *Gerau*, ZdtStrV (N.F.) 1 (1844), 261, 282; *Gneist*, Vier Fragen (1874), S. 82.

[900] *Glaser*, in: Verhandlungen des 7. DJT (1868), S. 86, 88.

[901] *Glaser*, in: Verhandlungen des 7. DJT (1868), S. 86, 90; zustimmend *Stenglein*, aaO, S. 109.

[902] *Graevenitz*, in: Verhandlungen des 7. DJT (1868), S. 112f.; s. ferner die Beiträge von *Kalb*, aaO, S. 114; *Brauer*, aaO, S. 115; *von Pestel*, aaO, S. 119.

[903] *Mittelstaedt*, in: Verhandlungen des 7. DJT (1868), S. 119; s. auch *Glaser*, aaO, S. 86, 90.

[904] Dies wird in den Beiträgen von *Mittelstaedt* (aaO, S. 119) und *Stenglein* (aaO, S. 121) betont.

[905] Dass dies mit der unparteilichen Stellung des Richters durchaus vereinbar ist, solange der Richter nicht einseitig auf ein Geständnis drängt, wurde auch von Glaser anerkannt, s. *ders.*, Handbuch, Bd. I (1883), S. 620f.

[906] Verhandlungen des 7. DJT (1868), S. 122; s. dazu die Erläuterungen von *Schwarze*, aaO,

II. Informationsverarbeitung und Grundrechte

In den Vorarbeiten zur StPO[907] schien man zunächst mit einer Beschränkung des Vernehmungszwecks auf die Gewährung rechtlichen Gehörs zu sympathisieren, wie sich aus der Begründung des Entwurfs des preußischen Justizministeriums ersehen lässt.[908] Auch in den Beratungen gingen die Bemühungen dahin, dem Recht auf Verteidigung gegenüber der vom Inquisitionsprozess geprägten Praxis der Strafgerichte Geltung zu verschaffen und den Nemo-tenetur-Grundsatz deutlich zum Ausdruck zu bringen.[909] Aus diesem Grund wurde die Verteidigungsfunktion der Vernehmung im Gesetz deutlich hervorgehoben (§ 136 II StPO).[910] Der Beschuldigte sollte vor allem die Möglichkeit haben, *für* sich selbst zu sprechen.

An dem inquisitorischen Element der Vernehmung wurde jedoch festgehalten. So wird bereits in der Begründung des Gesetzentwurfes der vom Bundesrat eingesetzten StPO-Kommission auf den Wert des freiwillig dargebotenen Geständnisses als Untersuchungsmittel hingewiesen.[911] Eine Belehrung des Beschuldigten über sein Schweigerecht wurde u. a. mit der Begründung abgelehnt, dies erwecke den Anschein, als werde eine sittliche Pflicht zur wahrheitsgemäßen Aussage verneint.[912] Im Abschlussbericht wurde ausdrücklich an der Vernehmung zu Untersuchungszwecken festgehalten: Der Beschuldigte sei nicht nur als Partei, wie im Zivilprozess, zu behandeln. Seine Aussage sei ein wichtiges Erkenntnismittel für das Gericht. Eine Vernehmung des Beschuldigten auszuschließen, entspreche weder

---

S. 235 ff., 237: „Ich bitte also, den Beschluß in dem Sinne aufzufassen, daß, wenn wir auf der einen Seite die Möglichkeit des Verhörs im allgemeinen Interesse der Ermittelung der Wahrheit wie im speziellen Interesse der Vertheidigung nicht für ausgeschlossen halten, es doch auf der andern Seite dem Angeklagten nicht zur Pflicht gemacht werden soll, über die Anklage sich zu äußern ..." Im Gegensatz dazu war der Beschuldigte nach § 72 der StPO der Hansestadt Hamburg von 1869 zur Aussage verpflichtet, die Erfüllung dieser Pflicht war allerdings nicht erzwingbar, s. *Hahn/Stegemann*, Materialien zur StPO (1881), Abt. 1, S. 138.

[907] S. dazu *Degener*, GA 1992, 443, 456 ff.; *Lesch*, ZStW 111 (1999), 624, 633.

[908] S. die Begründung des Entwurfes des preußischen Justizministeriums, in: Motive zu dem Entwurf einer Deutschen Strafprozessordnung (1872), S. 93. In der vom Bundesrat eingesetzten StPO-Kommission wurde ein Änderungsantrag, der diesen (alleinigen) Zweck der Vernehmung (rechtliches Gehör) klarstellen sollte, indessen abgelehnt, s. *Schubert/Regge*, Entstehung und Quellen der Strafprozessordnung von 1877 (1989), S. 186; s. insoweit auch *Lesch*, ZStW 111 (1999), 624, 633; *Reiß*, Besteuerungsverfahren (1987), S. 145.

[909] S. die Ausführungen des Abg. *Herz*, unter Bezugnahme auf das englische Strafverfahren und die Braunschweiger StPO, in: *Hahn/Stegemann*, Materialien zur StPO (1881), Abt. 1, S. 701. Auch in der Diskussion um den Umfang der Belehrung (mögliche Verwertung der Einlassung als Beweismittel) wird eine Beeinträchtigung der Verteidigung des Beschuldigten problematisiert, weil der Beschuldigte durch eine einseitige Belehrung möglicherweise zu einer ihm nachteiligen Entscheidung (in diesem Fall Schweigen) gedrängt werde (s. die Abg. *Schwarze* und *Hanauer*, aaO, S. 702 f.); s. dazu *Gneist*, Vier Fragen (1874), S. 84 („eine sehr gütige, aber unnöthige Fürsorge").

[910] S. die Beratung des entsprechenden Antrages, in: *Hahn/Stegemann*, Materialien zur StPO (1881), Abt. 1, S. 701 ff.

[911] Motive zum Entwurf einer Deutschen Strafprozessordnung. Nach den Beschlüssen der vom Bundesrath eingesetzten Kommission, Berlin, 1873, S. 71 f.; s. auch *Lesch*, ZStW 111 (1999), 624, 634; *Reiß*, Besteuerungsverfahren (1987), S. 145 f.

[912] *Hahn/Stegemann*, Materialien zur StPO (1881), Abt. 1, S. 139; s. dazu *Dingeldey*, JA 1984, 407, 408 (Fußn. 14); *Eser*, ZStW 86 (1974) (Beiheft), 136, 140 f.; zu anderen Argumenten gegen eine Belehrungspflicht s. o. Fußn. 909.

den Bedürfnissen der Praxis, noch den Interessen des Angeschuldigten, noch den Rechtsanschauungen des Deutschen Volkes.[913]

Der reine Anklageprozess nach englischem Vorbild widersprach dem deutschen Rechtsverständnis, nach dem auch der Richter dem öffentlichen Interesse an Wahrheit und Gerechtigkeit verpflichtet war. Da sich eine Dispositionsbefugnis des Angeklagten in Form eines Schuldbekenntnisses („guilty plea") nicht hatte durchsetzen können[914], war der ohnehin kritisierte obligatorische Ausschluss der Vernehmung des Angeklagten im englischen Strafverfahren (s. o. „disqualification for interest") im deutschen Strafverfahren nicht mehr zu rechtfertigen: Wollte man es dem reuigen Angeklagten nicht von vornherein verwehren, selbst auf die eigene Verurteilung hinzuwirken, so blieb auf der Grundlage der Untersuchungsmaxime nur die Möglichkeit, an dem (freiwilligen) Geständnis des Beschuldigten als Untersuchungsmittel festzuhalten.[915]

Nach dem Willen des historischen Gesetzgebers hatte die Vernehmung des Beschuldigten also eine doppelte Funktion: Sie sollte dem Beschuldigten Gelegenheit zur Verteidigung geben und der Wahrheitsermittlung dienen.[916] Der Grundsatz „Nemo tenetur se ipsum accusare" wurde umgesetzt, indem der Untersuchungszweck der Verteidigungsfunktion nachgeordnet wurde. Die Gewährung rechtli-

---

[913] *Hahn/Stegemann*, Materialien zur StPO (1881), Abt. 2, S. 1554; s. auch den Abgeordneten *Becker*, in: *Hahn/Stegemann*, Materialien zur StPO (1881), Abt. 1, S. 704.

[914] In Preußen war der Angeklagte im Strafverfahren vor Geschworenengerichten nach § 98 der Verordnung über die Einführung des mündlichen und öffentlichen Verfahrens mit Geschworenen vom 3.1.1849 darüber zu befragen, ob er sich schuldig bekenne oder nicht. Im erstgenannten Fall war sofort das Urteil abzufassen; zitiert nach *Häberlin*, Sammlung der neuen deutschen Strafprozessordnungen (1852), S. 216. Derartige Regelungen wurden jedoch im deutschen Strafverfahren als Ausnahme angesehen, s. *Planck*, Strafverfahren (1857), S. 358f.; s. insoweit die Kritik von *Mittermaier*, GS 1.1 (1849), 431, 435ff., 438: Anders als im Zivilverfahren der Beklagte könne sich der Angeklagte nicht freiwillig einer Strafe unterwerfen, sondern diese sei nur dann aufzuerlegen, wenn und soweit der Angeklagte im Sinne der Anklage schuldig sei; s. insoweit auch *Eb. Schmidt*, Lehrkommentar, Bd. 1 (1964), Nr. 379 (Fußn. 100): „höchst gefährliche, keinesfalls nachahmenswerte Einrichtung".

[915] Vgl. *Köstlin*, Wendepunkt (1849), S. 99: Die Feststellung, das Bewusstsein der Schuld sei das traurige Eigentum des Beschuldigten, verbiete es zwar, dem Beschuldigten dieses Eigentum gewaltsam zu entreißen, führe jedoch nicht dazu, dass der Staat auf den Versuch, dieses freiwillig abgetreten zu erhalten, schlechthin verzichten müsse.

[916] *Bosch*, Aspekte (1998), S. 163; *Lesch*, ZStW 111 (1999), 624, 633ff., 635; s. auch *Stenglein*, StPO (1885), § 136 Anm. 1; *Ullmann*, Strafprocessrecht (1893), S. 384; ebenso bereits *Köstlin*, Wendepunkt (1849), S. 97f. Dies entspricht der heute h.M.: *Boujong*, in: KK-StPO (2003), § 136 Rn. 1; *Hanack*, in: Löwe-Rosenberg, StPO (25. Aufl.), § 136 Rn. 35; *Rogall*, in: SK-StPO, § 136 Rn. 7, jeweils m.w.N.
Im Hinblick auf § 136 II StPO wurde gleichwohl die Ansicht vertreten, die Vernehmung dürfe nur Mittel zur Verteidigung, nicht zur Überführung des Beschuldigten sein: *Löwe/Hellweg*, StPO, 9. Aufl. (1898), § 136 Anm. 3; *Henschel*, GS 74 (1909) – 1. Beilage, S. 68f. Dementsprechend wird zum Teil nach wie vor in der Gewährung rechtlichen Gehörs der alleinige Zweck der Vernehmung gesehen, s. *Degener*, GA 1992, 443, 455; *Prittwitz*, Der Mitbeschuldigte (1984), S. 223; *Weßlau*, ZStW 110 (1998), 1, 12 (Fußn. 34).

chen Gehörs wurde also zum vorrangigen Vernehmungszweck.[917] Der Unterschied zum englischen Strafverfahren bestand allein darin, auf welche Weise der Beschuldigte mit Hilfe eines Schuldbekenntnisses auf das Verfahrensergebnis Einfluss nehmen konnte: Aus dem Recht, über den Prozessgegenstand zu disponieren („guilty plea"), wurde im deutschen Strafverfahren die Möglichkeit, mit einem Geständnis ein Beweismittel[918] gegen sich selbst zu schaffen.

Zweifellos wichtiger – und darin glichen sich beide Verfahren – war das Recht auf Verteidigung gegen den Anklagevorwurf. Durch den Grundsatz „Nemo tenetur se ipsum accusare" wurde die inquisitorische Funktion der Vernehmung zu Gunsten der Verteidigungsrechte des Angeklagten zurückgedrängt. In England wurde mit der Einführung des Verteidigers die Verteidigungsfunktion von der Beweisfunktion gelöst: Der Angeklagte wurde auf seine Rolle als Partei reduziert und schied als Beweismittel aus. Das Recht auf Verteidigung wurde durch eine Aussagepflicht als Zeuge nicht beeinträchtigt und durch ein Aussageverweigerungsrecht in der Voruntersuchung abgesichert.

Anders als im englischen Strafverfahren war der Beschuldigte in Deutschland bei seiner Vernehmung weiterhin Prozessbeteiligter *und* Auskunftsperson. Seine Aussage ist zugleich Beweismittel und Vorbringen eines Prozessbeteiligten. Dessen Recht auf Verteidigung wird beeinträchtigt, wenn er in ein- und derselben Vernehmung zu dem Anklagevorwurf Stellung nehmen und gegen sich selbst aussagen muss. Dieses Spannungsverhältnis wurde nicht – wie in England – formal durch eine Trennung der Rollen „Beschuldigter" und „Zeuge" aufgelöst, sondern mit Hilfe eines umfassenden Schweigerechts. Der Beschuldigte erhielt damit den notwendigen Freiraum, darüber zu bestimmen, was er zu seiner Verteidigung vorbringen wollte.[919] Dementsprechend war es Konsequenz der Subjektstellung des Beschuldigten, dass er auch darin frei war, das Verfahren mit seiner Aussage zu fördern und diese als Beweismittel anzubieten – wie es schließlich auch im englischen Strafverfahren anerkannt wurde[920].

---

[917] *Eisenberg*, Beweisrecht (2002), Rn. 510; *Hanack*, in: Löwe-Rosenberg, StPO (25. Aufl.), § 136 Rn. 35; *E. Müller*, in: Hanack-FS (1999), 67, 68; *Rüping*, Rechtliches Gehör (1976), S. 159.

[918] Die Aussage des Beschuldigten ist nicht Beweismittel im formellen Sinne (vgl. § 244 I StPO), unterliegt aber der Beweiswürdigung durch das Gericht und ist insofern Beweismittel im materiellen oder weiteren Sinne, s. BGHSt 2, 269, 270; *Beulke*, Strafprozessrecht (2002), Rn. 179; *Degener*, GA 1992, 443, 462; *Herdegen*, in: KK-StPO (2003), § 244 Rn. 1; *Kleinknecht/Meyer-Goßner*, StPO (2003), § 244 Rn. 2; *Rogall*, Der Beschuldigte (1977), S. 32. Eine Verwertung der Aussage ist auch nach den Ansichten zulässig, welche diese nicht als Beweismittel ansehen, s. etwa *Prittwitz*, Der Mitbeschuldigte (1984), S. 229.

[919] *Stenglein*, in: Verhandlungen des 7. DJT (1868), S. 121; s. auch *Lesch*, ZStW 111 (1999), 624, 638: Freiheit, über die Art und Weise der Verteidigung zu bestimmen.

[920] Der Ausschluss des Verhörs im englischen Strafverfahren wird bereits von *Sundelin*, GA 6 (1858), 624, 630, als „Inkonsequenz" bezeichnet.

Diese Argumentation lässt indessen die Auswirkungen einer erzwungenen Aussage auf die eigene Verteidigung unberücksichtigt. Durch Statuierung einer Aussagepflicht würde der Ablauf und Inhalt dieser Kommunikation zu einem wesentlichen Teil festgelegt und dem Einfluss des Beschuldigten entzogen.[939] Diese Festlegung geht über die Dauer der Vernehmung hinaus, für ihn besteht faktisch kaum die Möglichkeit, sich vom Inhalt seiner Aussage zu distanzieren bzw. diese in Frage zu stellen.[940] Auch bei einer Aussage in der Rolle „Zeuge" wird in die Freiheit der Selbstdarstellung eingegriffen.[941] Die Beeinträchtigung seines Rechts auf Selbstdarstellung erschöpft sich nicht in der Aussage selbst, sondern das auf diese Weise geschaffene Bild wirkt in der Beeinträchtigung künftiger Selbstdarstellungen fort: Entweder lässt er sich durch seine Aussage auf eine bestimmte Darstellung festlegen oder seine Selbstdarstellung wird insgesamt inkonsistent und widersprüchlich. In beiden Fällen wird er das durch die Aussage geschaffene Bild durch sein Verteidigungsvorbringen nicht mehr revidieren können.

Das Verteidigungsvorbringen des Beschuldigten kann zwar auch durch Erkenntnisse, die auf andere Weise im Rahmen der Ermittlungen gewonnen wurden, widerlegt werden. Davon unberührt bleibt jedoch – und darum geht es – die Möglichkeit zu einer unbeeinflussten, von inneren Widersprüchen freien Selbstdarstellung im Strafverfahren.[942] Eine Aussagepflicht würde den Beschuldigten gerade deshalb in seinem Anspruch auf rechtliches Gehör verletzen, weil er seine Verteidigung und die Erfüllung seiner Aussagepflicht durch die gleichen äußeren Handlungen vornehmen würde, nämlich durch Kommunikation im gerichtlichen Verfahren. Eine freie *und* konsistente Selbstdarstellung im Strafverfahren ist bei einer gesetzlichen Aussagepflicht so gut wie ausgeschlossen.

Aussageverhalten und Verteidigung können daher nicht voneinander getrennt betrachtet werden. Wenn man in der Vernehmung das staatliche Interesse an Aufklärung dem Anspruch auf rechtliches Gehör nachordnet, ergibt sich daraus zwangsläufig, dass der Einzelne nicht gegen seinen Willen zu einer Aussage gezwungen werden darf.[943] Anderenfalls würde man seiner Entscheidung über seine Verteidigungsstrategie vorgreifen. Eine Aussagepflicht widerspricht dem Recht des Beschuldigten, selbst über die Art und Weise seiner Verteidigung zu entscheiden.[944] Dieses Recht wird man dem verfassungsrechtlich garantierten Anspruch

---

nicht aus, an anderer Stelle eine prozessuale Mitwirkungspflicht zu normieren, s. *Rogall*, Der Beschuldigte (1977), S. 125; s. auch *Verrel*, Die Selbstbelastungsfreiheit (2001), S. 243.

[939] *Bosch*, Aspekte (1998), S. 103.
[940] Die Vernehmungspraxis zielt bereits heute darauf ab, den Beschuldigten mit seiner Aussage so auf ein Geständnis festzulegen, dass ein späterer Widerruf der Aussage von vornherein aussichtslos ist, s. die Nachweise bei *Bosch*, Aspekte (1998), S. 104f. (in Fußn. 372).
[941] S. dazu o. S. 128ff. zum Recht auf Selbstdarstellung; s. auch *Köhler*, ZStW 107 (1995), 10, 30 („Selbstmitteilung").
[942] So auch *Bosch*, Aspekte (1998), S. 63; s. auch *Müssig*, GA 1999, 119, 126.
[943] *Bosch*, Aspekte (1998), S. 166.
[944] *Lesch*, ZStW 111 (1999), 624, 638. Dieses Recht wird nicht eingeräumt, um die Akzeptanz des Verfahrensergebnisses zu gewährleisten und Protest zu absorbieren (s. *Lesch*, aaO, 624, mit Hinweis auf *Luhmann*), sondern es verkörpert ein Element der Verfahrensgerechtigkeit und hat

auf rechtliches Gehör zuordnen können: Art. 103 I GG. Dass sich der Nemo-tenetur-Grundsatz nicht unmittelbar aus dem Wortlaut des Art. 103 I GG ergibt[945], widerspricht diesem Ergebnis nicht, da eine Einbeziehung vom Sinn und Zweck dieses Prozessgrundrechts getragen wird und der Schutzbereich des Art. 103 I GG auch andere, nicht ausdrücklich genannte Rechte (z.B. auf Information über den Verfahrensstand[946]) umfasst[947].

Auf der Basis dieser verfassungsrechtlichen Begründung des Nemo-tenetur-Prinzips wird ein weiterer gegen eine Ableitung aus Art. 103 I GG vorgebrachter Einwand gegenstandslos: Der Nemo-tenetur-Grundsatz sei kein Recht auf Teilhabe am Verfahren, sondern das Schweigerecht diene dem Beschuldigten vielmehr dazu, dem Staat Informationen vorzuenthalten.[948] Als Informationsbeherrschungsrecht konnte der Nemo-tenetur-Grundsatz nicht begründet werden, insbesondere fehlt eine tragfähige Begründung für die besondere Schutzwürdigkeit der beim Beschuldigten vorhandenen Information.[949] Der Beschuldigte wird nicht als Wissensträger geschützt[950], sondern als Verfahrens- und Kommunikationsteilnehmer. Der Nemo-tenetur-Grundsatz schützt den Einzelnen vor einem Zwang zur Offenbarung von Informationen nur insoweit, als diese seine Möglichkeiten zur verfahrensinternen Kommunikation und konsistenten Selbstdarstellung im Strafverfahren beeinträchtigen.[951] Wird der Nemo-tenetur-Grundsatz in diesem Sinne als Ausfluss eines Rechts auf Verteidigung begründet, entfällt der monierte Widerspruch.[952]

Gegen eine Ableitung des Nemo-tenetur-Grundsatzes aus Art. 103 I GG ist ferner eingewandt worden, der Anspruch auf rechtliches Gehör gelte seinem Wortlaut nach nur „vor Gericht", während der Nemo-tenetur-Grundsatz nach herkömmlicher Ansicht bereits im Ermittlungsverfahren anwendbar sei.[953] Dem ist zu

---

insofern einen Eigenwert (S. 20ff.); zur Kritik an *Lesch*: *Verrel*, Die Selbstbelastungsfreiheit (2001), S. 241f.

[945] S. *Nothhelfer*, Selbstbezichtigungszwang (1989), S. 53, auch zu den einschlägigen Gesetzesbestimmungen.

[946] BVerfGE 89, 28, 35; *Maurer*, in: FS 50 Jahre BVerfG (2001), Bd. II, S. 467, 497f.; *Nolte*, in: von Mangoldt/Klein/Starck, GG, Bd. 3 (2001), Art. 103 Rn. 30.

[947] Vgl. *Bosch*, Aspekte (1998), S. 166.

[948] *Nothhelfer*, Selbstbezichtigungszwang (1989), S. 53f.

[949] S.o. S. 131 ff. zum Recht auf informationelle Selbstbestimmung.

[950] So aber *Frister*, ZStW 106 (1994), 303, 319; *Reiß*, Besteuerungsverfahren (1987), S. 178; *Verrel*, Die Selbstbelastungsfreiheit (2001), S. 254, 260; *Weßlau*, ZStW 110 (1998), 1, 34f.; s. auch *Keller*, Provokation von Straftaten (1989), S. 134; zur Kritik an *Reiß*: *Torka*, Nachtatverhalten (2000), S. 90.

[951] Insofern könnte man zu Recht von einem „unselbständigen Reflex" sprechen, vgl. *Lesch*, ZStW 111 (1999), 624, 638.

[952] Diese Begründung befindet sich im Einklang mit anderen Bestrebungen, den Nemo-tenetur-Grundsatz auf kommunikative Akte zu beschränken: *Lorenz*, JZ 1992, 1000, 1006; *Schöch*, DAR 1996, 44, 49; *Verrel*, NStZ 1997, 415, 417f.; *ders.*, Die Selbstbelastungsfreiheit (2001), S. 253 ff. Auch im Common Law werden nur verbale Mitwirkungsakte vom Schutzbereich des Nemo-tenetur-Grundsatzes erfasst, s. *Weigend*, ZStW 113 (2001), 271, 293 (Fußn. 76 m.w.N.); s. auch den Wortlaut des Art. 14 III g) IPBPR.

[953] *Nothhelfer*, Selbstbezichtigungszwang (1989), S. 52; *H.A. Wolff*, Selbstbelastung (1997), S. 32.

entgegnen, dass auch ein Aussagezwang im Ermittlungsverfahren die Kommunikation vor Gericht inhaltlich festlegen und auf diese Weise das rechtliche Gehör beeinträchtigen würde. Dies bestätigt auch die historische Entwicklung des Schweigerechts, welches zunächst in der Hauptverhandlung bestand und erst später auf die Voruntersuchung ausgeweitet wurde.[954]

In einem weiteren Einwand wird darauf hingewiesen, Art. 103 I GG sei auch deshalb nicht als Grundlage des Nemo-tenetur-Grundsatzes geeignet, weil seine Geltung nicht auf das Strafverfahren beschränkt sei und er daher kein spezifisch strafprozessuales Verfahrensgrundrecht begründen könne.[955] In der Tat lässt es die Ableitung des Nemo-tenetur-Grundsatzes aus dem Anspruch auf rechtliches Gehör naheliegend erscheinen, in dem Nemo-tenetur-Grundsatz ein allgemeines prozessuales Prinzip zu sehen.[956] Da die Rezeption des Nemo-tenetur-Grundsatzes im reformierten Strafprozess maßgeblich von dem Vergleich des Beschuldigten mit der Partei im Zivilprozess geprägt wurde, soll dem im Folgenden anhand eines Vergleichs mit der Parteivernehmung im Zivilverfahren nachgegangen werden.

(5) Zum Vergleich: Die Parteivernehmung im Zivilprozess (§§ 445 ff. ZPO)

Vorläufer der Parteivernehmung in der heutigen Form war der Parteieid nach den §§ 410–439 der Civilprozeßordnung (CPO).[957] Dort war vorgesehen, dass eine Partei der anderen antragen konnte, über eine zu beweisende Tatsache einen Eid abzulegen („zugeschobener Eid"). Durch die Eidesleistung war der volle Beweis für diese Tatsache erbracht (§ 428 I CPO), durch die Verweigerung galt das Gegenteil als voll bewiesen (§ 429 II CPO). Eine dritte Möglichkeit bestand darin, den Eid auf die antragende Partei „zurückzuschieben" (§ 413 CPO). Das Gericht konnte auch von sich aus einer Partei einen Eid auferlegen (§ 437 CPO 1877). Dies setzte zwar voraus, dass ein Anfangsbeweis für die zu beweisende Tatsache bereits erbracht war. Im Unterschied zu dem zugeschobenen Eid war der richterlich auferlegte Eid jedoch nicht subsidiär zu anderen Beweismitteln.[958]

Wenngleich der Parteieid vom Gesetzgeber der CPO als Beweismittel eingeordnet worden war, enthielt der zugeschobene Eid zugleich Elemente eines Vergleichsvertrages.[959] Im Schrifttum war diese Vermischung so unterschiedlicher Funktionen (Parteidisposition und Beweismittel) bereits vor Inkrafttreten der CPO kritisiert

---

[954] Entsprechendes gilt für die Verankerung eines Auskunftsverweigerungsrechtes in anderen Verfahrensordnungen (vgl. den Einwand bei *Verrel*, Die Selbstbelastungsfreiheit, 2001, S. 244): Ist die Einleitung eines Strafverfahrens zu befürchten, wird der Einzelne auch in anderen Verfahren vor einer Beeinträchtigung seiner Verteidigungsfreiheit geschützt.
[955] *H. A. Wolff*, Selbstbelastung (1997), S. 32; s. auch *B. Fischer*, Divergierende Selbstbelastungspflichten (1979), S. 108.
[956] So *Luhmann*, Legitimation durch Verfahren (1997), S. 97.
[957] Civilprozeßordnung vom 30. 1. 1877, RGBl S. 83; s. dazu im Einzelnen *Münks*, Parteieid (1992), S. 136 ff.
[958] *Münks*, Parteieid (1992), S. 153, 140 ff.
[959] Die Vergleichsnatur wird in der Begründung des Gesetzesentwurfs der CPO ausdrücklich anerkannt, s. *Hahn/Stegemann*, Materialien zur ZPO, Abt. 1, S. 331, 338.

worden.⁹⁶⁰ Diese Kritik und weitere, gegen den Eid als solchen gerichteten Einwände hatten zu der Forderung geführt, die Vernehmung der Partei als Beweismittel einzuführen.⁹⁶¹ Dem war entgegengehalten worden, die Partei werde damit unter Aufgabe ihrer Parteistellung zu einem Beweismittel heruntergedrückt.⁹⁶² Mit einem solchen Beweismittel, so die Begründung des CPO-Entwurfs, würde im deutschen Zivilprozess die Inquisitionsmaxime eingeführt.⁹⁶³ Die Sorge um eine zu starke (inquisitorische) Stellung des Richters erwies sich in der Folgezeit als unberechtigt, während der Widerstand gegen den Parteieid zunahm.⁹⁶⁴ Dadurch, dass die Eidesauflage in der Regel durch ein bedingtes Endurteil ausgesprochen wurde (§ 425 CPO)⁹⁶⁵, wurde die Partei einer besonderen Versuchung zum Meineid ausgesetzt, da sie vor die Wahl gestellt wurde, entweder den Eid zu schwören oder den Prozess definitiv zu verlieren.⁹⁶⁶ In das Zentrum der Kritik geriet die formale Beweiswirkung des Eides: Da dieser keine Gewähr für die materielle Wahrheit bieten konnte, wurde die gesetzlich angeordnete volle Beweiswirkung als mit dem Prinzip der freien Beweiswürdigung als unvereinbar angesehen.⁹⁶⁷ Mit der ZPO-Novelle vom 27. Oktober 1933⁹⁶⁸ wurde die Vernehmung der Partei als reines Beweismittel eingeführt:⁹⁶⁹ Die Partei ist seither grundsätzlich wie ein Zeuge zu vernehmen (s. § 451 ZPO). Die ZPO unterscheidet damit nunmehr zwischen der Parteianhörung (§ 141 ZPO), in welcher die Partei Tatsachen vorträgt, und der Parteivernehmung (§§ 445ff. ZPO), in welcher sie zum Beweismittel für streitige Tatsachen wird.⁹⁷⁰ In dem einen Fall gibt sie „Willenserklärungen", im anderen „Wissenserklärungen" ab.⁹⁷¹

---

⁹⁶⁰ *Endemann*, AcP 43 (1860), 349, 360, 364.
⁹⁶¹ *von Bar*, Verhandlungen des 8. DJT (1869), S.12, 36ff.; *Endemann*, AcP 43 (1860), 349, 370ff., 379ff., setzte sich stattdessen für eine differenzierte Regelung des Beweiseides auf der einen und des Schiedseides auf der anderen Seite ein. Zum Streit um die Ersetzung des Parteieides durch die Parteivernehmung: *Münks*, Parteieid (1992), S.130ff.
⁹⁶² *Wach*, KritV XIV (1872), 329, 366.
⁹⁶³ *Hahn/Stegemann*, Materialien zur ZPO, Abt. 1, S.330; s. dagegen die Ausführungen des Abgeordneten *Reichensperger*, aaO, S.653, und die Erwiderung des Abgeordneten *Bähr*, aaO, S.654; s. ferner bereits die Bedenken der Mehrheit auf dem 8. Deutschen Juristentag, Verhandlungen des 8. DJT (1869), Bd.II, S.327.
⁹⁶⁴ S. dazu ausführlich *Münks*, Parteieid (1992), S.157ff.
⁹⁶⁵ S. dazu *Münks*, Parteieid (1992), S.150f.
⁹⁶⁶ *Sperl*, in: Verhandlungen des 36. DJT (1931), Bd.I, S.239, 280f.; *Strauss*, Die Parteivernehmung (1936), S.25; s. auch *Rosenberg*, in: Verhandlungen des 36. DJT (1931), Bd.II, S.670, 672. In der Zusammenfassung der Ergebnisse spricht *Rosenberg*, aaO, S.832, 833, von einer „Bekämpfung der Meineidsseuche".
⁹⁶⁷ S. etwa *Püschel*, in: Verhandlungen des 36. DJT (1931), Bd.I, S.716, 770f.; *Rosenberg*, in: Verhandlungen des 36. DJT (1931), Bd.II, S.670, 673f.; s. ferner *Münks*, Parteieid (1992), S.170ff. m.w.N.
⁹⁶⁸ RGBl I S.780. Die Novelle basierte auf den Reformvorschlägen des 36. Deutschen Juristentages, s. Verhandlungen des 36. DJT, Bd.II, S.734; s. auch die Zusammenfassung in der Plenarsitzung, aaO, S.835f.
⁹⁶⁹ *Münks*, Parteieid (1992), S.175.
⁹⁷⁰ BGH, NJW 1960, 100; MDR 1967, 834; WM 1987, 1562, 1563; NJW 1992, 1558, 1559.
⁹⁷¹ *Leipold*, in: Stein/Jonas, ZPO, Bd.2 (1994), Vor § 128 Rn.179f.; kritisch zur der Trennung von Anhörung und Vernehmung: *Polyzogopoulos*, Parteianhörung (1976), S.123ff.

Die Beweismittelfunktion wird damit von der Ausübung von Parteirechten gelöst. Die Partei wird in der Wahrnehmung ihrer Rechte (Anspruch auf rechtliches Gehör) durch die Einführung dieses Beweismittels nicht unmittelbar beeinträchtigt. Wird die Partei als Beweismittel in Anspruch genommen, kann sie sich ihrer Vernehmung durch einfache Weigerung entziehen (§ 446 ZPO). Gleiches gilt für die Beeidigung der Aussage (§ 453 II ZPO). Gegen die Partei können keine Zwangs- oder Ordnungsmittel verhängt werden, um sie zu einer Aussage zu zwingen.[972] Wie im Strafverfahren ist also ein Zwang zur Aussage unzulässig.[973]

Die Weigerung der Partei, sich vernehmen zu lassen, ist indes nicht folgenlos, sondern kann Beweisnachteile mit sich bringen: Nach § 446 ZPO hat das Gericht unter Berücksichtigung der gesamten Sachlage, insbesondere der für die Weigerung vorgebrachten Gründe, nach freier Überzeugung zu entscheiden, ob es die behauptete Tatsache als erwiesen ansehen will. In der Regel soll eine Weigerung ohne Angabe von Gründen auf die Wahrheit der unter Beweis gestellten Tatsache schließen lassen.[974]

Mit der richterlichen Würdigung der Weigerung einer Partei, sich vernehmen zu lassen, wird diese zwar gegen ihren Willen zum Beweismittel. Dies widerspricht jedoch nicht ihrem Anspruch auf rechtliches Gehör (Art. 103 I GG): Mit ihrer Weigerung, sich vernehmen zu lassen, legt die Partei ihr Vorbringen gerade nicht inhaltlich fest. Sie kann der rechtlichen Bewertung dieser Weigerung mit eigenen Ausführungen entgegentreten, ohne sich selbst widersprechen zu müssen. Der Anspruch auf rechtliches Gehör wird also durch die richterliche Würdigung nicht beeinträchtigt.

Gleichwohl kann die Weigerung einer Partei, sich vernehmen zu lassen, im Ergebnis den Beweis für eine dieser Partei nachteiligen Tatsache erbringen und zu einer Prozessniederlage führen. Dies ist Ausfluss der aus der Beibringungsmaxime folgenden Verantwortung der Parteien für den Vortrag von Tatsachen und deren Beweis.[975] Zwar muss grundsätzlich jede Partei nur die Tatsachen darlegen und be-

---

[972] Die Verweisung in § 451 ZPO auf die Vorschriften zur Vernehmung von Zeugen umfasst nicht die Rechtsgrundlagen für die Verhängung von Ordnungsgeld, Ordnungs- und Beugehaft (§§ 380, 390 ZPO).

[973] *Münks*, Parteieid (1992), S. 179 f., unter Hinweis auf die Gesetzesbegründung, S. 337; *B. Fischer*, Divergierende Selbstbelastungspflichten (1979), S. 31; *Rosenberg/Schwab/Gottwald*, Zivilprozessrecht (1993), S. 728. Etwas anderes gilt, soweit eine Pflicht zur Auskunft materiell-rechtlich begründet werden kann, wie die Offenbarungspflicht des Vollstreckungsschuldners aus seiner rechtskräftig festgestellten materiell-rechtlichen Einstandspflicht, s. insoweit *B. Fischer*, Divergierende Selbstbelastungspflichten (1979), S. 53.

[974] *Leipold*, in: Stein/Jonas, ZPO, Bd. 4/2 (1999), § 446 Rn. 8; s. auch *Arens*, ZZP 96 (1983), 1, 24 m.w.N. Gibt die Partei dagegen nachvollziehbare Gründe für ihre Weigerung an, so wird man nicht ohne Weiteres negative Rückschlüsse aus der Weigerung ziehen dürfen, *Münks*, Parteieid (1992), S. 179 f. In diese Richtung zielt auch die Kritik von *Stürner*, Die Aufklärungspflicht (1976), S. 236, der anstelle einer nachteiligen Beweiswürdigung eine prozessuale Sanktion für die verweigerte Mitwirkung an der Sachverhaltsaufklärung in Form einer Fiktion der für diese Partei ungünstigen Tatsache vorschlägt, s. im Einzelnen, aaO, S. 234 ff., 256.

[975] Zur Prozessverantwortung als immanenter Begrenzung des Anspruchs auf rechtliches Gehör: *Schmidt-Aßmann*, in: Maunz/Dürig, GG, Art. 103 I Rn. 5, 18; zu § 138 ZPO: *Leipold*, in:

weisen, aus denen sie die ihr günstigen Rechtsfolgen herleitet.[976] Diese Verteilung der Darlegungs- und Beweislast unterliegt jedoch Modifikationen, bei denen die Nähe der jeweiligen Partei zu den Tatsachen und deren Beweis und ihre Möglichkeiten zur Informationsgewinnung berücksichtigt werden können.[977] Wenngleich eine allgemeine prozessuale Aufklärungspflicht der Partei des Zivilprozesses nicht besteht[978], sondern derartige Pflichten allein dem materiellen Recht entnommen werden können[979], so kann die Weigerung einer Partei, an der Aufklärung des Sachverhalts mitzuwirken, im Einzelfall zu einer Beweislastumkehr führen oder im Rahmen der richterlichen Beweiswürdigung zu ihrem Nachteil ausschlagen.[980]

Mit der Parteivernehmung wird der zu vernehmenden Partei also eine prozessuale Last aufgebürdet.[981] Diese kann einen erheblichen Druck auf die Partei entfalten, sich vernehmen zu lassen.[982] Die Konfliktsituation zwischen Parteienrolle und Beweismittelfunktion wird allerdings durch die Subsidiarität der Parteivernehmung so weit wie möglich aufgelöst.[983]

Der Nemo-tenetur-Grundsatz kann also durchaus als Ausfluss eines Grundsatzes verstanden werden, der nicht nur im Strafverfahren Geltung beansprucht. Auch die Partei im Zivilverfahren kann nicht zu einer Aussage gezwungen werden. Ihr wird allerdings zugemutet, die Folgen einer Weigerung, sich vernehmen zu lassen, zu tragen. Auf der Basis dieses weiten Verständnisses des Nemo-tenetur-Grundsatzes lässt sich ohne weiteres nachvollziehen, dass eine Anwendung auf das Zivilverfahren in der Entstehungsgeschichte des Nemo-tenetur-Grundsatzes immer wieder diskutiert worden ist.[984] Der Vergleich mit dem Zivilprozess be-

---

Stein/Jonas, ZPO, Bd.2 (1994), Vor § 128 Rn.75, 77; *Rosenberg/Schwab/Gottwald*, Zivilprozessrecht (1993), S.425; s. auch *Böse*, wistra 1999, 451, 453.
[976] *Hartmann*, in: Baumbach/Lauterbach/Albers/Hartmann, ZPO (2003), Anh § 286 Rn.3, 4; *Rosenberg/Schwab/Gottwald*, Zivilprozessrecht (1993), S.671, 677.
[977] *Leipold*, in: Stein/Jonas, ZPO, Bd.2 (1994), § 138 Rn.22a; *Rosenberg/Schwab/Gottwald*, Zivilprozessrecht (1993), S.673ff.
[978] BGH, NJW 1990, 3151; BGHZ 116, 47, 56; *Leipold*, in: Stein/Jonas, ZPO, Bd.2 (1994), § 128 II Rn.22; *Rosenberg/Schwab/Gottwald*, Zivilprozessrecht (1993), S.680; a.A. *Stürner*, Die Aufklärungspflicht (1976), S.85ff.; s. dagegen *Arens*, ZZP 96 (1983), 1, 10ff.
[979] BGH, NJW 1990, 3351; *Leipold*, in: Stein/Jonas, ZPO, Bd.2 (1994), § 138 Rn.22; s. auch die Anknüpfung an das materielle Recht in § 421 ZPO.
[980] *Arens*, ZZP 96 (1983), 1, 24; *Leipold*, in: Stein/Jonas, ZPO, Bd.2 (1994), § 138 Rn.22a, 28; s. auch BGH, NJW 1990, 3351f.; a.A. (für eine prozessuale Sanktionierung einer Verletzung der Aufklärungspflicht): *Stürner*, Die Aufklärungspflicht (1976), S.234ff.
[981] *Leipold*, in: Stein/Jonas, ZPO, Bd.4/2 (1999), § 446 Rn.1; *Rosenberg/Schwab/Gottwald*, Zivilprozessrecht (1993), S.728; a.A. *Stürner*, Die Aufklärungspflicht (1976), S.81, 84 (nicht erzwingbare Pflicht).
[982] Entgegen *Hartmann*, in: Baumbach/Lauterbach/Albers/Hartmann, ZPO (2003), § 446 Rn.2, liegt der Zweck der Regelung allerdings nicht (auch) darin, einen solchen Druck auf die zu vernehmende Partei auszuüben. In diesem Sinne allerdings *Stürner*, Die Aufklärungspflicht (1976), S.234ff.
[983] *Glücklich*, Parteivernehmung (1938), S.102; *Geimer/Greger*, in: Zöller, ZPO (2002), Vor § 445 Rn.5.
[984] Unter Berufung auf *Johann Grevius* führt etwa *Christian Thomasius*, Über die Folter (1705), S.170/171, aus, es sei in Zivilsachen unbillig, vom Beklagten ein Geständnis zu verlangen, s. dazu

stätigt eine Ableitung aus Art. 103 I GG nach alledem mehr, als dass er ihr widerspricht.

(6) Das Verhältnis zur Unschuldsvermutung

Die Ausführungen zur Parteivernehmung können nicht darüber hinwegtäuschen, dass die Rechtsstellung der Partei im Zivilprozess hinter der des Beschuldigten im Strafverfahren zurückbleibt. Im Strafverfahren obliegt die Verantwortung für die Darlegung und den Nachweis der Schuld des Täters nicht den Prozessbeteiligten gemeinsam, sondern allein dem Staat. Nach dem Grundsatz der Unschuldsvermutung (Art. 6 II EMRK, Art. 14 II IPBPR) hat jeder wegen einer Straftat Angeklagte bis zu dem im gesetzlichen Verfahren erbrachten Nachweis seiner Schuld als unschuldig zu gelten. Die Unschuldsvermutung ist als Bestandteil des Rechtsstaatsprinzips verfassungsrechtlich garantiert.[985]

Wird die prozessuale Stellung des Beschuldigten wesentlich von der Unschuldsvermutung bestimmt, so liegt es nahe, diese als verfassungsrechtliche Grundlage des Nemo-tenetur-Grundsatzes heranzuziehen.[986] So wird behauptet, wer als unschuldig vermutet werde, könne nicht gehalten sein, sich selbst zu bezichtigen.[987]

Die Unschuldsvermutung garantiert, dass die Frage der Schuld des Angeklagten bis zu seiner Verurteilung offen ist.[988] Vorher darf er nicht als Schuldiger behandelt werden, indem gegen ihn Strafen oder Maßnahmen verhängt werden, die einer Strafe oder einem Schuldspruch gleichkommen.[989] Von dem Angeklagten eine Süh-

---

von Gerlach, in: Hanack-FS (1999), S. 117, 129. Im US-Staat Delaware wurde 1776 die Geltung des Nemo-tenetur-Grundsatzes auf Zivilverfahren erstreckt, s. *Levy*, Origins (1986), S. 409 f.; s. auch *Guradze*, in: Loewenstein-FS (1971), 151; vorsichtiger *Moglen*, in: The Privilege (1997), S. 109, 135. In England wurde die Ausweitung auf den Zivilprozess diskutiert, durch den Erlass des Witnesses Act (1806) jedoch abgelehnt, s. dazu *H. E. Smith*, in: The Privilege (1997), S. 145, 159 f.

[985] BVerfGE 19, 342, 347; 22, 254, 265; 25, 327, 331; 74, 358, 370; *Paeffgen*, Vorüberlegungen (1986), S. 68; *L. Schulz*, Normiertes Misstrauen (2001), S. 483; *Stuckenberg*, Unschuldsvermutung (1998), S. 547. Zum Teil wird auch die Menschenwürdegarantie als verfassungsrechtliche Grundlage herangezogen, BGHSt 14, 358, 364; *Meyer*, in: Tröndle-FS (1989), S. 61, 62; *Sax*, in: Bettermann/Nipperdey/Scheuner, Grundrechte III/2 (1959), S. 909, 987, oder die Unschuldsvermutung auf Art. 1 I GG und das Rechtsstaatsprinzip gegründet: *Gollwitzer*, in: Löwe-Rosenberg, StPO (24. Aufl.), Art. 6 MRK/Art. 14 IPBPR Rn. 105; *Gropp*, JZ 1991, 804 f.

[986] So *Arndt*, NJW 1966, 869, 870; *G. Bauer*, Die Aussage (1972), S. 51; *Dingeldey*, JA 1984, 407, 409; *Guradze*, in: Loewenstein-FS (1971), S. 151, 160; *I. Müller*, Rechtsstaat und Strafverfahren (1980), S. 63; *Müller-Dietz*, ZStW 93 (1981), 1177, 1263; *Schubarth*, Unschuldsvermutung (1978), S. 8 ff.; *Vogler*, in: IntKommEMRK, Art. 6 Rn. 466; s. auch *Lorenz*, JZ 1992, 1000, 1006; s. ferner *Mittermaier*, Gesetzgebung (1856), S. 287.

[987] *Dingeldey*, JA 1984, 407, 409; *Guradze*, in: Loewenstein-FS (1971), S. 151, 160.

[988] S. insoweit *Stuckenberg*, Unschuldsvermutung (1998), S. 530 ff., insbesondere 531; s. auch *Bosch*, Aspekte (1998), S. 95; *Haberstroh*, NStZ 1984, 289; *L. Schulz*, Normiertes Misstrauen (2001), S. 479, 507.

[989] BVerfGE 74, 358, 371; EuGRZ 1992, 120, 122 f.; *Bosch*, Aspekte (1998), S. 95; *Frister*, Schuldprinzip (1988), S. 93; *Gropp*, JZ 1991, 804, 807; *Kühl*, Unschuldsvermutung (1983), S. 19 f.; *Meyer*, in: Tröndle-FS (1989), S. 61, 69; *Paeffgen*, Vorüberlegungen (1986), S. 53 f.; *Stuckenberg*, Unschuldsvermutung (1998), S. 457.

neleistung in Form eines Schuldbekenntnisses zu verlangen[990], würde eine Verurteilung vorwegnehmen und daher die Unschuldsvermutung verletzen.[991] Eine Aussagepflicht des Beschuldigten ließe sich indessen mit dem öffentlichen Interesse an der Sachverhaltsaufklärung begründen. Eine solche, neutrale Zielrichtung würde einer Verurteilung des Angeklagten nicht vorgreifen; in einer Aussagepflicht kann daher keine mit der Unschuldsvermutung unvereinbare Vorverurteilung des Beschuldigten gesehen werden.[992]

Eine andere Begründung geht dahin, dass die Unschuldsvermutung gegenstandslos werde, wenn der Angeklagte gezwungen werden dürfe, selbst an der gegen ihn gerichteten Strafverfolgung mitzuwirken und sich einer entgegengesetzten Vermutung seiner Schuld ausgesetzt zu sehen, falls er nicht aussage.[993]

Die Unschuldsvermutung besagt, dass der Beschuldigte bis zum gesetzlichen Nachweis seiner Schuld als unschuldig zu gelten hat. Die Unschuld wird also nur bis zum gesetzlichen Schuldnachweis vermutet, der Angeklagte wird jedoch nicht davor geschützt, dass die Vermutung seiner Unschuld durch einen solchen Nachweis widerlegt wird.[994] Auf welche Weise der Schuldnachweis geführt werden kann, lässt die Unschuldsvermutung offen.[995] Mit anderen Worten, sie verbietet es nicht, den Beschuldigten zu vernehmen und ihm so die schuldhafte Begehung der Tat nachzuweisen. Art 6 II EMRK enthält kein Beweismittelverbot.

Allerdings könnte mit einer Aussagepflicht die Voraussetzung für eine Würdigung des Schweigens als Schuldeingeständnis und damit eine Schuldvermutung geschaffen werden.[996] Verletzt die negative Würdigung des Schweigens die Un-

---

[990] So *Henkel*, Strafverfahrensrecht (1953), S. 225 f.
[991] *Köster*, Rechtsvermutung der Unschuld (1979), S. 175; *Wessels*, JuS 1966, 169, 173.
[992] *Bosch*, Aspekte (1998), S. 96; *Nothhelfer*, Selbstbezichtigungszwang (1989), S. 39; *Puppe*, GA 1978, 289, 299 (in Fußn. 42); *H. A. Wolff*, Selbstbelastung (1997), S. 36 f.; s. auch *Torka*, Nachtatverhalten (2000), S. 67 f. Das dort vorgetragene Argument, aus Sicht der Unschuldsvermutung sei eine Aussagepflicht unbedenklich, wenn nicht geboten, da ein Unschuldiger nur Entlastendes vorbringen könne, ist jedoch fragwürdig und widerspricht seinem eigenen Ansatz. So muss *Torka*, aaO, S. 68, ohne nähere Begründung konzedieren, dass die StPO in der Frage der Aussagepflicht von der Schuld des Angeklagten ausgeht, s. dagegen auch *Bosch*, Aspekte (1998), S. 35. Nach der hier vertretenen Ableitung aus dem Grundsatz des rechtlichen Gehörs ist es Sache des Beschuldigten, darüber zu entscheiden, auf welche Art er sich – ob schuldig oder unschuldig – in einem ergebnisoffenen Verfahren verteidigt.
[993] *Arndt*, NJW 1966, 869, 870; *Bauer*, Die Aussage (1972), S. 51.
[994] *Paeffgen*, Vorüberlegungen (1986), S. 51.
[995] BGHSt 21, 306, 308; *Gollwitzer*, in: Löwe-Rosenberg, StPO (24. Aufl.), Art. 6 MRK/Art. 14 IPBPR Rn. 146; *Paeffgen*, Vorüberlegungen (1986), S. 45; *Vogler*, in: IntKommEMRK, Art. 6 Rn. 393.
[996] *Arndt*, NJW 1966, 869, 870; *Bauer*, Die Aussage (1972), S. 51. Dagegen spricht nicht das Argument von *Rogall*, Der Beschuldigte (1977), S. 111, eine Schuldvermutung könne keine Aussagepflicht begründen. Begründet wird die Aussagepflicht durch das Interesse an der Aufklärung des Sachverhalts, die Frage ist, ob eine solche Aussagepflicht auf andere Weise als durch Statuierung einer Schuldvermutung die Unschuldsvermutung verletzt. Die Aussage, der Nemo-tenetur-Grundsatz müsste auch dann gelten, wenn der Angeklagte als schuldig vermutet würde (*Rogall*, aaO), formuliert das gefundene Ergebnis lediglich um; zur entsprechenden Kritik: *Bosch*, Aspekte (1998), S. 94 (in Fußn. 324); *Schubarth*, Unschuldsvermutung (1978), S. 8 f. (in Fußn. 38).

schuldsvermutung⁹⁹⁷, so könnte es geboten sein, dem Angeklagten ein ausdrückliches Schweigerecht einzuräumen, um der Möglichkeit eines Verstoßes gegen die Unschuldsvermutung bereits im Vorfeld zu begegnen.⁹⁹⁸

In der Tat ist die Unschuldsvermutung nicht ausschließlich in einem formellen Sinne zu verstehen, dass sie das Verfahren davor schützt, durch Vorwegnahme des Ergebnisses desavouiert zu werden.⁹⁹⁹ Der normative Gehalt der Unschuldsvermutung bedarf im Hinblick auf das Verfahrensziel eines grundrechtlichen Bezugspunktes¹⁰⁰⁰, der insbesondere im Schuldgrundsatz gefunden werden kann¹⁰⁰¹. Die Unschuldsvermutung dient der verfahrensmäßigen Sicherung des Schuldgrundsatzes.¹⁰⁰² Aus diesem Grund obliegt dem Staat die Beweislast für die Schuld des Angeklagten.¹⁰⁰³ Darüber hinaus lassen sich der Unschuldsvermutung auch materielle Anforderungen für den „gesetzlichen Nachweis" der Schuld entnehmen.¹⁰⁰⁴ Daher verbietet sich eine Regelung, die als Folge des Aussageverhaltens des Beschuldigten dessen Schuld zur gesetzlichen Fiktion erhebt.¹⁰⁰⁵ Gleichwohl sind Schuldvermutungen nicht in jedem Fall als Verstoß gegen die Unschuldsvermutung anzusehen¹⁰⁰⁶, sondern können in Form gesetzlicher Beweisregeln zulässig sein.¹⁰⁰⁷ Dies ist der Fall, wenn sie an ein Verhalten anknüpfen, das nach den tatsächlichen Umständen auf die schuldhafte Begehung der Tat schließen lässt¹⁰⁰⁸. Daher ist das erkennende Gericht durch die Unschuldsvermutung nicht gehindert, aus dem Aussageverhalten des Angeklagten, d.h. auch aus seinem Schweigen, Schlussfolgerungen zu ziehen und auf dieser Grundlage den Beweis für die Schuld des Angeklagten als

---

⁹⁹⁷ Zum Verbot, das völlige Schweigen des Angeklagten zu dessen Nachteil zu würdigen: BVerfG, NStZ 1995, 555; BGHSt 20, 281, 283; *Engelhardt*, in: KK-StPO (2003), § 261 Rn. 39; *Gollwitzer*, in: Löwe-Rosenberg, StPO (25. Aufl.), § 261 Rn. 75; *Hanack*, in: Löwe-Rosenberg, StPO (25. Aufl.), § 136 Rn. 26. Dies wird allerdings nicht aus der Unschuldsvermutung, sondern aus dem Schweigerecht abgeleitet, das durch eine negative Würdigung mittelbar beeinträchtigt würde, s. die oben angeführten Nachweise; vgl. auch BVerfGE 80, 109, 121f.

⁹⁹⁸ *L. Schulz*, Normiertes Misstrauen (2001), S. 500 (in Fußn. 152).

⁹⁹⁹ So *Stuckenberg*, Unschuldsvermutung (1998), S. 530ff.; zur Kritik *L. Schulz*, Normiertes Misstrauen (2001), S. 491ff.; *ders.*, GA 2001, 226ff., 234ff.

¹⁰⁰⁰ *L. Schulz*, Normiertes Misstrauen (2001), S. 492.

¹⁰⁰¹ S. BVerfGE 82, 106, 114f.; StV 1987, 325, 326.

¹⁰⁰² *Frister*, Schuldprinzip (1988), S. 89ff.

¹⁰⁰³ EGMR, Urteil vom 8.2. 1996, Murray v. United Kingdom, Slg. 1996, 30, 52; *Gollwitzer*, in: Löwe-Rosenberg, StPO (24. Aufl.), Art. 6 MRK/Art. 14 IPBPR Rn. 147; *Meyer*, in: Tröndle-FS (1989), S. 61, 66; *Schubarth*, Unschuldsvermutung (1978), S. 8; *Vogler*, in: IntKommEMRK, Art. 6 Rn. 414; s. auch *Paeffgen*, Vorüberlegungen (1986), S. 54f.; *L. Schulz*, Normiertes Misstrauen (2001), S. 477f., 479, 485.

¹⁰⁰⁴ *Paeffgen*, Vorüberlegungen (1986), S. 45; *L. Schulz*, Normiertes Misstrauen (2001), S. 485, 505, unter Annahme eines Optimierungsgebotes (Garantie des bestmögliches Beweises).

¹⁰⁰⁵ *Stürner*, NJW 1981, 1757, 1758; s. auch *Gollwitzer*, in: Löwe-Rosenberg, StPO (24. Aufl.), Art. 6 MRK/Art. 14 IPBPR Rn. 148 (Verbot einer unwiderleglichen Schuldvermutung).

¹⁰⁰⁶ BVerfGE 9, 167, 169; NStZ 1988, 21; NJW 1994, 377.

¹⁰⁰⁷ *Graul*, Abstrakte Gefährdungsdelikte (1991), S. 323f.; *Stuckenberg*, Unschuldsvermutung (1998), S. 482.

¹⁰⁰⁸ S. BVerfGE 9, 167, 170f.; EGMR, Urteil vom 7.10. 1988, Salabiaku v. France, Ser. A, Vol. 141, S. 18 (Nr. 30); *Gollwitzer*, in: Löwe-Rosenberg, StPO (24. Aufl.), Art. 6 MRK/Art. 14 IPBPR Rn. 148.

erbracht anzusehen.[1009] Der gesetzliche Nachweis der Schuld vollzieht sich nach den Grundsätzen der freien Beweiswürdigung (§ 261 StPO).[1010] So ist eine Würdigung des sog. teilweisen Schweigens auch zu Lasten des Angeklagten nach h.M. zulässig[1011], soweit es Schlussfolgerungen auf seine Schuld in der Sache rechtfertigt.[1012] Allein das völlige Schweigen des Angeklagten lässt in der Regel keine Schlussfolgerungen in Bezug auf die Schuld des Angeklagten zu, denn es gibt keinen Erfahrungssatz, dass der Unschuldige redet und der Schuldige schweigt.[1013] Bei einer Würdigung völligen Schweigens im Sinne eines Schuldeingeständnisses bestünde deshalb die Gefahr, dass dessen Beweiswert überschätzt[1014] und eine Rechtsvermutung zu Lasten des Beschuldigten begründet wird.[1015] Dass die Befürchtung nicht unrealistisch ist, an den Einzelnen könnten entsprechende Mitwirkungserwartungen gestellt werden, die in ihren Wirkungen einer Rechtsvermutung vergleichbar sind, zeigt die Praxis der „freiwilligen" DNA-Massentests.[1016]

Die Unschuldsvermutung enthält daher kein ausnahmsloses Verbot, das Schweigen des Angeklagten zu dessen Nachteil zu würdigen. Es ist daher ausgeschlossen, auf diesem Wege ein Schweigerecht zu begründen, das insbesondere auch dann

---

[1009] *Günther*, JR 1978, 89, 92; *Rogall*, Der Beschuldigte (1977), S. 248 f.; s. auch EGMR, Urteil vom 8.2.1996, Murray v. United Kingdom, Slg. 1996, 30, 51 f.; a.A. *Rüping*, JR 1974, 134, 138.

[1010] S. insoweit auch *Böse*, wistra 1999, 451, 454.

[1011] BGHSt 20, 298, 300; NJW 2002, 2260; OLG Hamm, NJW 1974, 1880, 1881; *Gollwitzer*, in: Löwe-Rosenberg, StPO (25. Aufl.), § 261 Rn. 78; *Kleinknecht/Meyer-Goßner*, StPO (2003), § 261 Rn. 17.
Die Gegenansicht leitet die Unzulässigkeit einer negativen Würdigung aus dem Nemo-tenetur-Grundsatz ab: Der Beschuldigte werde mit einer solchen Würdigung – ebenso wie bei der Würdigung völligen Schweigens (vgl. BGHSt 20, 281, 283) – mittelbar zu einer Aussage gezwungen, s. etwa *Keiser*, StV 2000, 633, 637; *Rogall*, Der Beschuldigte (1977), S. 254; *Rüping*, JR 1974, 134, 138; kritisch zur Inkonsistenz der h.M. auch *Stuckenberg*, in: KMR-StPO, § 261 Rn. 54.

[1012] BGH, NJW 2002, 2260. Auf den geringen Beweiswert auch des teilweisen Schweigens weisen zu Recht hin: *Gollwitzer*, in: Löwe-Rosenberg, StPO (25. Aufl.), § 261 Rn. 78; *Stuckenberg*, in: KMR-StPO, § 261 Rn. 54.

[1013] OLG Oldenburg, NJW 1969, 806; *Keiser*, StV 2000, 633, 636; s. dazu *Hanack*, in: Löwe-Rosenberg, StPO (25. Aufl.), § 136 Rn. 26 m.w.N.

[1014] S. die Entscheidung des OLG Hamburg, GA 74 (1930), 315, und die Kritik von *Stree*, JZ 1966, 593, 594 f.

[1015] *Böse*, wistra 1999, 451, 453 f. Von der Würdigung des Schweigens als eines tatsächlichen Indizes ist nur ein kleiner Schritt zu einer entsprechenden Erwartungshaltung der Justiz, die dem Beschuldigten für belastende Umstände eine „Erklärungslast" zuweist und damit die Würdigung von Tatsachen zu einer Rechtsvermutung werden lässt, s. *Eser*, ZStW 86 (1974) (Beiheft), 136, 161 f.; s. auch die englischen Regelungen in Section 34–37 des Criminal Justice and Public Order Act 1994, und die Kritik bei *Ashworth*, ZStW 109 (1997), 677, 679 ff.
Entsprechendes gilt für Rückschlüsse aus dem übrigen Prozessverhalten des Angeklagten, z.B. der Weigerung, einen Zeugen von der Verschwiegenheitspflicht zu entbinden, s. BGH, JZ 2000, 683, und dazu *Keiser*, StV 2000, 633 ff.

[1016] S. *Satzger*, JZ 2001, 639, 647 f. Die Unschuldsvermutung schützt gleichwohl nur vor ungerechtfertigten Schlussfolgerungen aus der Verweigerung einer Teilnahme und nicht davor, dass sich der Kreis der Verdächtigen durch Ausschluss der Getesteten auf die Verweigerer eines solchen Tests verengt. Ein entsprechendes Verwertungsverbot kann nur damit begründet werden, dass anderenfalls die Freiwilligkeit der Teilnahme nicht gewährleistet ist, s. *Satzger*, aaO, 648.

noch gilt, wenn seine Wahrnehmung vom erkennenden Gericht gewürdigt werden kann.[1017]

Der Nemo-tenetur-Grundsatz kann demnach nicht aus der Unschuldsvermutung hergeleitet werden.[1018] Gleichwohl ist ein inhaltlicher Zusammenhang der beiden Grundsätze nicht zu verkennen.[1019] Die Unschuldsvermutung ergänzt den Nemo-tenetur-Grundsatz, indem sie von dem Angeklagten den Druck nimmt, seine Unschuld beweisen zu müssen, und auf diese Weise die Voraussetzung für eine Verteidigung durch Schweigen schafft.[1020] Der Nemo-tenetur-Grundsatz sichert die dem Beschuldigten mit der Unschuldsvermutung verliehene Position dadurch, dass er es dem Staat verwehrt, diesen prozessualen Vorteil durch eine Aussagepflicht wertlos werden zu lassen.[1021]

Der gemeinsame Grundgedanke beider Prinzipien liegt darin, dass es Aufgabe des Staates, nicht des Angeklagten ist, den Beweis für die schuldhaft begangene Tat zu führen.[1022] Die Unschuldsvermutung schützt den Beschuldigten vor einer Aussagelast, der Nemo-tenetur-Grundsatz vor einem Aussagezwang.

(7) Die ratio: Wahrung von Einflussmöglichkeiten in einem ergebnisoffenen Verfahren

Nach alledem wird die Subjektstellung des Beschuldigten im Strafverfahren in besonderer Weise durch die Unschuldsvermutung und den Anspruch auf rechtliches Gehör in seiner Ausprägung als Nemo-tenetur-Grundsatz geprägt. Da die Aussagefreiheit – trotz der aufgezeigten Parallele im Zivilprozess – nach wie vor als strafprozessuales Prinzip verstanden wird, soll abschließend auf die Besonderheiten des

---

[1017] Die Gegenansicht, die eine Würdigung des Schweigens insgesamt ablehnt, begründet dies mit dem Schweigerecht, nicht mit der fehlenden Tragfähigkeit entsprechender Schlussfolgerungen (s.o. in Fußn. 1011). Auf der Basis einer solchen Begründung kann eine Ableitung des Schweigerechts selbst aus der Unschuldsvermutung nicht erfolgen, ohne das Ableitungsergebnis bereits vorauszusetzen.

[1018] *Bosch*, Aspekte (1998), S. 96; *Drope*, Strafprozessuale Probleme (2002), S. 183; *Nothhelfer*, Selbstbezichtigungszwang (1989), S. 40; *Rogall*, Der Beschuldigte (1977), S. 112; *Torka*, Nachtatverhalten (2000), S. 67f.; *H.A. Wolff*, Selbstbelastung (1997), S. 37.

[1019] *Bosch*, Aspekte (1998), S. 93 (funktionale Verknüpfung); *H. Schneider*, Selbstbegünstigungsprinzip (1991), S. 41f.; s. auch *H.A. Wolff*, Selbstbelastung (1997), S. 62, der beide Prinzipien auf den Schuldgrundsatz zurückführt; s. ferner BVerfG, StV 1987, 325, 326, zum engen Zusammenhang der Unschuldsvermutung mit dem Recht, den staatlichen Strafanspruch abzuwehren und sich zu verteidigen.

[1020] *Bosch*, Aspekte (1998), S. 93, 96; *Torka*, Nachtatverhalten (2000), S. 67 (in Fußn. 278); s. auch *Rogall*, Der Beschuldigte (1977), S. 112: Im Falle einer Schuldvermutung wäre eine Aussagepflicht überflüssig.

[1021] *Nothhelfer*, Selbstbezichtigungszwang (1989), S. 40.

[1022] *H.A. Wolff*, Selbstbelastung (1997), S. 36; s. auch *Reiß*, Besteuerungsverfahren (1987), S. 177; *Weßlau*, ZStW 110 (1998), 1, 36 (zum Nemo-tenetur-Prinzip).
Ein ähnlicher Gedanke findet sich auch im Zivilprozess, vgl. BGH, NJW 1990, 3151: „Es bleibt vielmehr bei dem Grundsatz, dass keine Partei gehalten ist, dem Gegner für seinen Prozesssieg das Material zu verschaffen, über das er nicht schon von sich aus verfügt."

Strafverfahrens eingegangen und die ratio des Nemo-tenetur-Grundsatzes im Strafverfahren herausgearbeitet werden.

Ziel des Strafverfahrens ist die Schaffung von Rechtsfrieden durch die richtige Entscheidung über die Bestrafung einer Person.[1023] Legitimiert wird das Verfahren einerseits durch das Interesse der Rechtsgemeinschaft an Verdachtsklärung und andererseits durch das Interesse des Verdächtigen an der Wahrung seiner Grundrechte. Zu diesem Zweck ist dem Beschuldigten ein Minimum an Mitwirkungsrechten einzuräumen, zu denen auch der Anspruch auf rechtliches Gehör zählt. Dies umfasst nicht nur Rechte zur Kommunikation (Art. 5 I GG) und zur Selbstdarstellung (Art. 2 I, 1 I GG), sondern Art. 103 I GG zeichnet sich als Verfahrensgrundrecht gegenüber anderen Grundrechten dadurch aus, dass es auch ein Minimum an Wirkungsmacht verbürgt: Der Beschuldigte hat nicht allein die Freiheit, seine Ansicht zu äußern (Art. 5 I GG), er muss auch „gehört" werden (Art. 103 I GG). Voraussetzung für eine Möglichkeit zur Einflussnahme ist allerdings die Offenheit des Verfahrensausgangs: Nur wenn das Ergebnis noch nicht feststeht, ist das Verfahren „offen" für eine Einwirkung von Seiten des Beschuldigten. Diese Offenheit des Verfahrens ist im Rechtsstaat eine Selbstverständlichkeit[1024] und unabdingbare Basis für die Sinnhaftigkeit von Mitwirkungsrechten.[1025]

Diese Offenheit und damit die in Art. 103 I GG verbürgte Wirkungsmacht geriete im Strafverfahren durch eine Aussagepflicht in besonderer Weise in Gefahr. Im Unterschied zu anderen staatlichen Verfahren wird das Verfahrensziel im Strafverfahren wesentlich durch die Sachverhaltsklärung mitbestimmt; die Suche nach der Wahrheit hat eine eigenständige Bedeutung.[1026] Mit einer Aussagepflicht müsste sich der Angeklagte einen Teil des staatlichen Vorwurfs zu eigen machen, indem er dessen tatsächliche Grundlage wiedergibt bzw. schafft. Auf diese Darstellung wird er mit seiner Aussage festgelegt und wird sich nicht mehr mit Aussicht auf Erfolg von ihr distanzieren können. Der Angeklagte hat damit keine realistische Chance mehr, zum Sachverhalt eine eigene Version in das Verfahren einzubringen, sondern wird gedrängt, fremde Situationsdefinitionen zu übernehmen.[1027] Nur soweit der Beschuldigte keine Kenntnis von dem Sachverhalt hat, kann er noch Einfluss auf die Tatsachenfeststellung nehmen.

Dem Angeklagten bleibt die Möglichkeit, an der Bewertung der festgestellten Tatsachen durch das Gericht mitzuwirken. Realistischerweise hat jedoch auch dieses Bemühen wenig Aussicht auf Erfolg. Werden die dem Anklagevorwurf zugrunde liegenden Tatsachen festgestellt, so erfolgt in der Regel eine Verurteilung. Die

---

[1023] S.o. S. 10ff.
[1024] *Haberstroh*, NStZ 1984, 289.
[1025] Das Recht auf Verteidigung wurde noch zur Zeit des Inquisitionsprozesses gerade damit legitimiert, dass die Schuld des Angeklagten noch nicht feststehe, s. *Turin*, Verteidigung (1801), S. 37f., 39f.
[1026] S.o. S. 34.
[1027] Vgl. *E. Müller*, in: Hanack-FS (1999), 67, 68; *Ransiek*, Die Rechte des Beschuldigten (1990), S. 94.

weitgehende Übereinstimmung in der rechtlichen Bewertung eines strafbaren Verhaltens ist bereits verfassungsrechtlich „programmiert" (Art. 103 II GG).

Die Konsequenz ist, dass der Beschuldigte mit einem Zwang zu selbstbelastenden Auskünften seine Möglichkeiten, auf den Schuldspruch Einfluss zu nehmen, weitgehend verlöre. Wie es mit seiner Mitwirkung an der Strafzumessung stünde, mag hier dahinstehen, denn das wesentliche Ergebnis des Strafverfahrens liegt in der Klärung des Verdachts und der darin liegenden Botschaft an die Rechtsgemeinschaft.[1028] In dieser Hinsicht ist das Verfahren mit der erzwungenen Selbstbezichtigung des Beschuldigten de facto nicht mehr offen. Durch den Zwang, sein Verhalten im Strafverfahren zu schildern, bezichtigt sich der Täter selbst mit seinen eigenen Worten der ihm vorgeworfenen Handlungen. Der Beschuldigte unterwirft sich mit seinem Schuldbekenntnis der Anklage.[1029] Nicht zu Unrecht wird in der Aussage eine weitere (Selbst-)Anklage („accusare") gesehen.[1030] Selbst wenn der Täter sich die Tat damit nicht selbst als verwerflich vorhalten mag, so wird die in einer Verurteilung liegende Stigmatisierung weitgehend vorweggenommen.[1031] Mit seiner Selbstbezichtigung als Reaktion auf den Anklagevorwurf verkündet der Angeklagte bereits selbst die in einer späteren Verurteilung liegende Botschaft an die Rechtsgemeinschaft.

Der Nemo-tenetur-Grundsatz garantiert daher im Strafverfahren den Anspruch des Angeklagten auf rechtliches Gehör in doppelter Hinsicht: Zum einen schützt er dessen Freiraum, eine eigene, konsistente Verteidigungsposition zu bestimmen und diese frei von staatlichem Zwang zu äußern. Zum anderen garantiert der Nemo-tenetur-Grundsatz in Bezug auf diese Äußerung ein Minimum an Wirkungspotential, indem das Verfahren ergebnisoffen gestaltet wird. Der Kerngedanke[1032] des Nemo-tenetur-Prinzips liegt also darin, dass es dem Angeklagten nicht von vornherein unmöglich gemacht wird, ein eigenes Prozessziel zu definieren und die entsprechende Verteidigungsposition im Strafverfahren vertreten zu können, ohne

---

[1028] S.o. S.12 zur kommunikativen Funktion der Strafe.
[1029] *Puppe*, GA 1978, 289, 304.
[1030] *Verrel*, NStZ 1997, 415, 419.
[1031] Ein solcher „Ehrangriff gegen sich selbst" tritt ein, ohne dass der Beschuldigte selbst eine Missbilligung seines eigenen Verhaltens zum Ausdruck bringt, indem er dieses rechtlich bewertet. Einer solchen Bewertung bedarf es nicht, da die Behauptung von Tatsachen, die einen strafrechtlichen Vorwurf begründen und damit „ehrenrührig" (vgl. § 186 StGB) sind, die Ehrverletzung in sich trägt, s.o. S.129f.
[1032] Dieser Kern des Nemo-tenetur-Grundsatzes zeigt sich besonders deutlich in der Rechtsprechung des EuGH, der ein Auskunftsverweigerungsrecht der betroffenen Unternehmen im kartellrechtlichen Bußgeldverfahren nicht anerkennt. Gleichwohl darf die Kommission nicht die Verteidigungsrechte des Unternehmens beeinträchtigen; ihr ist es deshalb verwehrt, den Unternehmen die Verpflichtung aufzuerlegen, Antworten zu erteilen, durch die es das Vorliegen einer Zuwiderhandlung eingestehen müsste, für welche die Kommission den Beweis zu erbringen hat, EuGH, Slg. 1989, 3283, 3351 – Orkem ./. Kommission; ebenso EuG, Slg. 1995, II-545, 570 – Société Générale ./. Kommission; für eine allgemeine Anerkennung des Nemo-tenetur-Grundsatz dagegen *Weiß*, Die Verteidigungsrechte (1996), S.392.

sich selbst zu widersprechen bzw. zuvor bereits die gegnerische Position bestätigt zu haben.[1033]

g) Zwischenfazit

Als Ergebnis ist festzuhalten, dass der Nemo-tenetur-Grundsatz verfassungsrechtlich als Bestandteil des Anspruchs auf rechtliches Gehör (Art. 103 I GG) gewährleistet ist. Art. 103 I GG umfasst als Verfahrensgrundrecht das Recht des Angeklagten, über die Art und Weise seiner Verteidigung zu bestimmen. Dieses Recht schließt die Aussagefreiheit des Angeklagten mit ein. Eine erzwungene Aussage würde sein Vorbringen entweder festlegen oder – im Falle einer Distanzierung – seine Selbstdarstellung im Verfahren insgesamt widersprüchlich erscheinen lassen. Aufgrund der hohen Bedeutung der Wahrheitsermittlung im Strafverfahren würde eine erzwungene Aussage das Verfahrensergebnis weitgehend vorwegnehmen und damit eine Einflussnahme auf das Verfahren im Sinne der eigenen Interessen vereiteln.

h) Konsequenzen für das Verwaltungsverfahren und das Ordnungswidrigkeitenverfahren

Der Grundsatz des rechtlichen Gehörs vermag die Geltung des Satzes „Nemo tenetur se ipsum accusare" im Strafverfahren zu begründen. Nunmehr soll der Frage nachgegangen werden, welche Konsequenzen sich aus einer solchen Ableitung für das Verwaltungsverfahren und das Ordnungswidrigkeitenverfahren ergeben.

(1) Verwaltungsverfahren

Art. 103 I GG gilt für das rechtliche Gehör „vor Gericht", d.h. in Verfahren vor einem Richter i.S.d. Art. 92 GG.[1034] Im Verwaltungsverfahren ist Art. 103 I GG nicht anwendbar.[1035] Erhebt der Betroffene gegen die Maßnahmen der Aufsichtsbehörde vor dem Verwaltungsgericht Klage, so hat er in dem sich anschließenden Verwaltungsgerichtsprozess einen Anspruch auf rechtliches Gehör. Dieses gerichtliche

---

[1033] Vgl. *Zachariae*, Gebrechen und Reform (1846), S. 54: „... [weder Ankläger noch Angeklagter] ist der Gewalt des Gegners oder des Richters in der Art überlassen, daß von ihr etwas erzwungen werden könnte, was die freie Verfolgung oder Verteidigung des Rechtes ausschließen muß."
[1034] BVerfGE 101, 397, 405; *Kunig*, in: von Münch/Kunig, GG, Bd. 3 (2003), Art. 103 Rn. 4; *Nolte*, in: von Mangoldt/Klein/Starck, GG, Bd. 3 (2001), Art. 103 Rn. 17; *Schmidt-Aßmann*, in: Maunz/Dürig, GG, Art. 103 Rn. 49; *Schulze-Fielitz*, in: Dreier, GG, Bd. 3 (2000), Art. 103 I Rn. 15.
[1035] BVerfGE 101, 397, 404; *Degenhart*, in: Sachs, GG (2003), Art. 103 Rn. 5; *Kopp/Ramsauer*, VwVfG (2003), § 28 Rn. 3a; *Kunig*, in: von Münch/Kunig, GG, Bd. 3 (2003), Art. 103 Rn. 5; *Nolte*, in: von Mangoldt/Klein/Starck, GG, Bd. 3 (2001), Art. 103 Rn. 20; *Rüping*, in: BK-GG, Art. 103 Rn. 89; *Schmidt-Aßmann*, in: Maunz/Dürig, GG, Art. 103 Rn. 62; *Schulze-Fielitz*, in: Dreier, GG, Bd. 3 (2000), Art. 103 I Rn. 17; für eine entsprechende Verfassungsänderung: *Knemeyer*, in: HStR, Bd. VI (2001), § 155 Rn. 63; a.A. (analoge Anwendung des Art. 103 I GG im Verwaltungsverfahren): *Feuchthofen*, DVBl 1984, 170, 173.

Verfahren hat jedoch eine andere Funktion als das vorangegangene Verwaltungsverfahren: Ersteres dient ausschließlich dazu, die Rechtmäßigkeit des Handelns der Verwaltungsbehörde zu überprüfen, während das Verwaltungsverfahren eigenständige Zwecke (Wirtschaftsaufsicht) verfolgt. Das strafprozessuale Ermittlungsverfahren und die gerichtliche Hauptverhandlung bilden dagegen im Strafverfahren eine Einheit, da beide zusammen auf eine gerechte Bestrafung des Täters abzielen. Aus diesem Grund kann der Anspruch auf rechtliches Gehör im Verwaltungsverfahren – anders als im strafprozessualen Ermittlungsverfahren – keine Vorwirkung entfalten.

Gleichwohl gebietet es der aus dem Rechtsstaatsprinzip folgende Grundsatz des fairen Verfahrens, dass der Einzelne vor einer Entscheidung, die seine Rechte betrifft, Gelegenheit zur Stellungnahme erhält, um Einfluss auf das Verfahren und dessen Ergebnis nehmen zu können.[1036] Dieses Anhörungsrecht ist allerdings nicht in gleichem Umfang gewährleistet wie der Anspruch auf rechtliches Gehör nach Art. 103 I GG[1037], sondern seine Ausgestaltung ist abhängig von dem Zweck und der Struktur des jeweiligen Verwaltungsverfahrens.[1038] Ein weiterer Grund liegt in den unterschiedlichen Aufgaben von Verwaltungs- und Gerichtsverfahren.[1039] In letzteren wird letztverbindlich über die Rechte des Einzelnen entschieden, deshalb ist es unabdingbar, ihm in diesen Verfahren Gelegenheit zur Stellungnahme zu geben.[1040] Das rechtsstaatliche Gebot der Anhörung im Verwaltungsverfahren kann daher mit dem verfassungsrechtlichen Anspruch auf rechtliches Gehör vor Gericht nicht gleichgesetzt werden.

Kommt danach allenfalls eine abgeschwächte Übertragung der obigen Ausführungen auf das Verwaltungsverfahren in Betracht, so scheitert diese daran, dass das Ergebnis des Verwaltungsverfahrens durch eine Auskunftpflicht nicht in dem Maße vorherbestimmt wird, wie dies im Strafverfahren der Fall ist. Im Verwaltungsverfahren geht es den Aufsichtsbehörden um die Abwehr einer Gefahr, während im Strafverfahren bereits die Aufklärung eines Sachverhaltes einen Eigenwert hat und das Verfahrensergebnis weitgehend vorwegnimmt.[1041] Der Grundsatz „Nemo tenetur se ipsum accusare" gilt aus diesen Gründen nicht im Verwaltungsverfahren.

[1036] BVerfGE 56, 298, 352; 101, 397, 405; BVerwG, NVwZ 2001, 94, 95; *Bonk/Kallerhof*, in: Stelkens/Bonk/Sachs, VwVfG (2001), § 28 Rn. 2; *Degenhart*, in: Sachs, GG (2003), Art. 103 Rn. 5; *Kopp/Ramsauer*, VwVfG (2003), § 28 Rn. 3a; *Rüping*, in: BK-GG, Art. 103 Rn. 89; s. auch o. die Ausführungen zum Grundrechtsschutz durch Verfahren S. 17, 20 ff., 28 ff., 32 ff.

[1037] *Rüping*, in: BK-GG, Art. 103 Rn. 89; s. auch zur gesetzlichen Ausgestaltung: *Bonk/Kallerhof*, in: Stelkens/Bonk/Sachs, VwVfG (2001), § 28 Rn. 27.

[1038] *Schmidt-Aßmann*, in: Maunz/Dürig, GG, Art. 103 Rn. 63.

[1039] *Nolte*, in: von Mangoldt/Klein/Starck, GG, Bd. 3 (2001), Art. 103 Rn. 20.

[1040] Aus diesem Grund ist Art. 103 I GG ausnahmsweise im Verwaltungsverfahren anzuwenden, soweit der Betroffene mit seinem Vorbringen im gerichtlichen Verfahren präkludiert ist, s. *Knemeyer*, in: HStR, Bd. VI (2001), § 155 Rn. 60.

[1041] Vgl. o. die Ausführungen zu den Zielen des Straf- und Verwaltungsverfahrens S. 34 ff.

(2) Ordnungswidrigkeitenverfahren

Wie im Verwaltungsverfahren könnte die Anwendbarkeit des Nemo-tenetur-Grundsatzes auch im Ordnungswidrigkeitenverfahren ausgeschlossen sein. Die Anwendung des Art. 103 I GG auf das Ordnungswidrigkeitenverfahren setzt voraus, dass ein Gericht die dort vorgesehene Sanktion (Geldbuße) verhängt. Im Regelfall wird das Verfahren jedoch von einer Verwaltungsbehörde geführt[1042], die auch den Bußgeldbescheid erlässt. Dieser Umstand kann allerdings nur dann eine Geltung des Nemo-tenetur-Grundsatzes ausschließen, sofern die Ahndung von Ordnungswidrigkeiten durch Verwaltungsbehörden mit der Verfassung vereinbar ist. Die Übertragung dieser Aufgabe auf die Verwaltungsbehörden könnte gegen Art. 92 GG verstoßen.

(a) Verfassungsmäßigkeit der Verfolgung durch Verwaltungsbehörden (Art. 92 GG)

Nach Art. 92 GG ist die rechtsprechende Gewalt den Richtern anvertraut. Der Begriff der rechtsprechenden Gewalt wird von der Verfassung selbst nicht definiert. In der Diskussion um den Terminus der rechtsprechenden Gewalt stehen sich formale und materielle Ansätze gegenüber.

(i) Rechtsprechung – formale Begriffsbildungen. Dem Begriff der rechtsprechenden Gewalt kann man sich zunächst von einem formalen Verständnis her nähern, indem man darunter die Summe der Aufgaben fasst, die der Gesetzgeber den Spruchgerichten zugewiesen hat.[1043] Nach dieser Ansicht stünde Art. 92 GG einer gesetzlichen Übertragung der Zuständigkeit zur Verfolgung von Ordnungswidrigkeiten auf die Verwaltungsbehörden nicht entgegen, denn auf diese Weise wird zugleich der gesetzliche Aufgabenkreis der Richter begrenzt.[1044] Aber genau an diesem Punkt setzt die Kritik an: Versteht man unter der Rechtsprechung alle Aufgaben, die Richtern übertragen sind, so erschöpft sich Art. 92 GG in einer Tautologie.[1045] Art und Umfang der Aufgaben der rechtsprechenden Gewalt lägen im Belieben des Gesetzgebers.[1046]

Eine ähnliche Ansicht erklärt anstelle der gesetzlichen Aufgabenzuweisung die in der Verfassung den Gerichten zugewiesenen Aufgaben (s.u.a. Art. 13 II, III, IV, Art. 14 III S. 4, Art. 19 IV, Art. 34 S. 3, Art. 104 II, III GG) für maßgeblich. Nach dieser Ansicht fasst Art. 92 GG die in anderen Verfassungsnormen enthaltenen Richtervorbehalte und Rechtsweggarantien zusammen und garantiert darüber hi-

---

[1042] S. aber die Zuständigkeit der Staatsanwaltschaft nach §§ 40ff. OWiG.
[1043] *Gossrau*, NJW 1958, 929, 931; s. auch *Schmidt-Bleibtreu/Klein*, GG (1999), Art. 92 Rn. 2.
[1044] Vgl. auch *Gossrau*, NJW 1958, 929, 931.
[1045] *Achterberg*, in: BK-GG, Art. 92 Rn. 65; *Gärditz*, Strafprozess und Prävention (2003), S. 144; *Voßkuhle*, Rechtsschutz (1993), S. 70; *Wassermann*, in: AK-GG (1989), Art. 92 Rn. 27.
[1046] *Achterberg*, in: BK-GG, Art. 92 Rn. 65; *Arndt*, in: Schmid-FS (1962), S. 5, 9; *Bettermann*, in: HStR, Bd. III (1996), § 73 Rn. 18; *Wassermann*, in: AK-GG (1989), Art. 92 Rn. 27.

naus keinen eigenständigen, den Richtern zugewiesenen Aufgabenbereich.[1047] Auch nach dieser Ansicht wäre eine Übertragung der Zuständigkeit zur Verfolgung von Ordnungswidrigkeiten auf die Verwaltungsbehörden unproblematisch, da die Auferlegung einer Geldbuße verfassungsrechtlich nicht unter einem expliciten Richtervorbehalt steht.[1048]

Allerdings hätte Art. 92 GG auch nach dieser Ansicht keine eigenständige Funktion.[1049] Diese Variante der formalen Betrachtungsweise nimmt zwar zu Recht ihren Ausgangspunkt in der Verfassung[1050] und nicht in der Praxis der Gesetzgebung, es ist jedoch überaus fraglich, ob der Verfassungsgeber die Aufgaben der dritten Gewalt mit den in der Verfassung verstreuten Aufgabenzuweisungen erschöpfend umschrieben hat.[1051] Dagegen spricht insbesondere, dass die Zuständigkeit der Gerichte für bürgerlich-rechtliche Streitigkeiten nicht erfasst wird.[1052] Mit der gleichen Berechtigung ließe sich die These vertreten, der Exekutive seien nur die Aufgabenbereiche verfassungsrechtlich garantiert, die ihr ausdrücklich in den einzelnen Verfassungsvorschriften zugewiesen seien.[1053] Umgekehrt lässt sich gegen eine formale Anknüpfung an die verfassungsrechtlich zugewiesenen Aufgaben einwenden, dass sich aus den Normen nicht erkennen lässt, ob es sich tatsächlich um originäre Rechtsprechungstätigkeit oder um weitere, den Richtern aus anderen Gründen zugewiesene Aufgaben handelt.[1054]

Art. 92 GG steht als zentrale Grundsatznorm am Anfang des IX. Abschnittes des Grundgesetzes über die Rechtsprechung und konkretisiert den Grundsatz der Gewaltenteilung, indem er die Staatsfunktion der Rechtsprechung ausschließlich den Gerichten zuweist.[1055] Sinn und Zweck des Art. 92 GG ist es also, den staatlichen Gerichten einen bestimmten Aufgabenbereich exklusiv vorzubehalten.[1056] Dieser Kernbereich rechtsprechender Gewalt ist einer rein formalen Bestimmung, sei es unter Anknüpfung an die gesetzliche Aufgabenzuweisung, sei es als Summe

---

[1047] *Herzog*, in: Maunz/Dürig, GG, Art. 92 Rn. 43; *Lorenz*, Rechtsschutz des Bürgers (1973), S. 193.

[1048] Vgl. *Herzog*, in: Maunz/Dürig, GG, Art. 92 Rn. 48, 50.

[1049] Dies wird von den Vertretern dieser Ansicht durchaus gesehen, s. *Lorenz*, Rechtsschutz des Bürgers (1973), S. 199f.

[1050] *Herzog*, in: Maunz/Dürig, GG, Art. 92 Rn. 34; *Lorenz*, Rechtsschutz des Bürgers (1973), S. 193.

[1051] S. auch *Achterberg*, in: BK-GG, Art. 92 Rn. 67, 92.

[1052] *Achterberg*, in: BK-GG, Art. 92 Rn. 100; *Mattes*, Ordnungswidrigkeiten, Bd. 2/2 (1982), S. 381.

[1053] Vgl. hingegen BVerfGE 9, 268, 279f.; 67, 100, 139 (zum Kernbereich der Exekutive).

[1054] *Mattes*, Ordnungswidrigkeiten, Bd. 2/2 (1982), S. 384ff., 387f., 391f.

[1055] *Achterberg*, in: BK-GG, Art. 92 Rn. 46; *Dütz*, Rechtsstaatlicher Gerichtsschutz (1970), S. 86; *Herzog*, in: Maunz/Dürig, GG, Art. 92 Rn. 6, 17; *Meyer*, in: von Münch/Kunig, GG, Bd. 3 (2003), Art. 92 Rn. 1; *Schulze-Fielitz*, in: Dreier, GG, Bd. 3 (2000), Art. 92 Rn. 16; *Smid*, Rechtsprechung (1990), S. 37; *Stern*, Staatsrecht II (1980), S. 893; *Voßkuhle*, Rechtsschutz (1993), S. 66f.; *Wassermann*, in: AK-GG (1989), Art. 92 Rn. 8.

[1056] *Stern*, Staatsrecht II (1980), S. 893.

II. Informationsverarbeitung und Grundrechte

der in der Verfassung enthaltenen Aufgabenzuweisungen, nicht zugänglich, sondern bedarf einer materiellen Begriffsbestimmung.[1057]

(ii) Rechtsprechung – materielle Begriffsbildungen. Die spezifische Aufgabe der rechtsprechenden Gewalt besteht in der Wahrung des Rechts[1058], d. h. in der autoritativen und damit verbindlichen, verselbständigten Entscheidung in Fällen bestrittenen oder verletzten Rechts in einem besonderen Verfahren.[1059] Rechtsprechung wird daher definiert als durch ein besonders geregeltes Verfahren zur letztverbindlichen Entscheidung führende rechtliche Beurteilung von Sachverhalten in Anwendung des geltenden Rechts durch ein unbeteiligtes Staatsorgan.[1060] Gegenüber der vollziehenden Gewalt, die ebenfalls an Gesetz und Recht gebunden ist, unterscheidet sich die dritte Gewalt darin, dass sie ausschließlich der Rechtswahrung dient und ihre Tätigkeit darüber hinaus keine weiteren – politischen oder von den fachlichen Aufgaben bestimmte – Ziele verfolgt.[1061] Zum Teil wird als weiteres Merkmal der Rechtsprechung die Streitentscheidung hinzugefügt.[1062] Im vorliegenden Zusammenhang ist von Bedeutung, wie diese Ansätze die Verfolgung von Ordnungswidrigkeiten einordnen. Aufgrund des engen Zusammenhanges soll zuvor darauf eingegangen werden, ob der materielle Rechtsprechungsbegriff die Strafrechtspflege einschließt, mit der Konsequenz, dass nach Art. 92 GG diese Aufgabe ausschließlich den Gerichten zugewiesen ist.

Auf der Basis der oben angeführten Definition geht es bei der Ausübung von Strafgewalt um einen Fall des verletzten Rechts.[1063] Ein staatliches Organ wendet

---

[1057] BVerfGE 22, 49, 73 ff.; *Achterberg*, in: BK-GG, Art. 92 Rn. 73; *Appel*, Verfassung und Strafe (1998), S. 546; *Arndt*, in: Schmid-FS (1962), S. 5, 9; *Bettermann*, in: HStR, Bd. III (1996), § 73 Rn. 18; *Classen*, in: von Mangoldt/Klein/Starck, GG, Bd. 3 (2001), Art. 92 Rn. 7; *Gärditz*, Strafprozess und Prävention (2003), S. 144; *Kissel*, GVG (2001), Einleitung Rn. 145; *Schulze-Fielitz*, in: Dreier, GG, Bd. 3 (2000), Art. 92 Rn. 24 f.; *Stern*, Staatsrecht II (1980), S. 893; *Wassermann*, in: AK-GG (1989), Art. 92 Rn. 28; kritisch zu einer materiellen Begriffsbestimmung: *Aschmann*, Der Richtervorbehalt (1999), S. 46 ff.

[1058] *Arndt*, in: Schmid-FS (1962), S. 5, 10; *Degenhart*, in: HStR, Bd. III (1989), § 75 Rn. 1; *Lorenz*, Rechtsschutz des Bürgers (1973), S. 192; *Mattes*, Ordnungswidrigkeiten, Bd. 2/2 (1982), S. 402; s. auch Art. 220 (ex-Art. 164) EGV: „Der Gerichtshof sichert die Wahrung des Rechts bei der Auslegung und Anwendung des Vertrages."

[1059] *Degenhart*, in: HStR, Bd. III (1989), § 75 Rn. 1; *Gusy*, JZ 1998, 167, 170; *Hesse*, Verfassungsrecht (1995), Rn. 548; *Kissel*, GVG (2001), Einleitung Rn. 150; *Scheuner*, in: Smend-FS (1952), S. 253, 278; *Wassermann*, in: AK-GG (1989), Art. 92 Rn. 28; ähnlich (Beseitigung von Rechtsungewissheit durch Rechtserkenntnis): *Arndt*, in: Schmid-FS (1962), S. 5, 11 f.; *Mattes*, Ordnungswidrigkeiten, Bd. 2/2 (1982), S. 405 f., 411.

[1060] *Kissel*, GVG (2001), Einleitung Rn. 150; *Stern*, Staatsrecht, Bd. II (1980), S. 898; *Wassermann*, in: AK-GG (1989), Art. 92 Rn. 30; ähnlich *Meyer*, in: von Münch/Kunig, GG, Bd. 3 (2003), Art. 92 Rn. 7.

[1061] *Hesse*, Verfassungsrecht (1995), Rn. 550 f.; *Scheuner*, in: Smend-FS (1952), S. 253, 278; *Smid*, Rechtsprechung (1990), S. 243.

[1062] *Bettermann*, in: HStR, Bd. III (1996), § 73 Rn. 39; *Classen*, in: von Mangoldt/Klein/Starck, GG, Bd. 3 (2001), Art. 92 Rn. 10; *Friesenhahn*, in: Thoma-FS (1950), S. 21, 27; *Gärditz*, Strafprozess und Prävention (2003), S. 154.

[1063] *Degenhart*, in: HStR, Bd. III (1996), § 75 Rn. 1.

das materielle Strafrecht auf einen Sachverhalt an. Dieses Organ ist im Strafverfahren unbeteiligter Dritter, denn es ist an dem zu beurteilenden Geschehen weder als Täter noch auf der Seite des Opfers beteiligt. Der Amtsträger ist nicht mehr und nicht weniger von der Straftat betroffen als jedes andere Mitglied der Rechtsgemeinschaft. Er verfolgt im Prozess keine eigenen Interessen, sondern ist allein der Wahrung des Rechts verpflichtet.

Gegen eine Zuordnung der Strafgerichtsbarkeit zur rechtsprechenden Gewalt wird eingewandt, der Strafrichter entscheide nicht allein am Maßstab des Rechts, sondern übe im Rahmen der Strafzumessung nach Maßgabe der Strafzwecke auch ein Ermessen aus.[1064] Dem Strafrichter ist bei der Strafzumessung in der Tat ein Spielraum eingeräumt, der nach unten durch die schon schuldangemessene Strafe und nach oben durch die noch schuldangemessene Strafe begrenzt wird.[1065] Dieser Schuldrahmen wird nach rechtlichen Maßstäben festgelegt und ist revisibel.[1066] Zum Teil wird auch die Verhängung einer Strafe innerhalb dieses Rahmens nicht als Ermessensausübung, sondern als rechtlich gebundene Entscheidung angesehen.[1067] Jedenfalls ist eine zunehmende Verrechtlichung der Strafzumessung festzustellen, die sich auch in einer höheren Kontrolldichte der revisionsgerichtlichen Überprüfung niederschlägt.[1068] Soweit am Begriff des tatrichterlichen Ermessens festgehalten wird, wird gleichzeitig der Charakter der Strafzumessung als Rechtsanwendung betont.[1069] Ungeachtet der terminologischen Frage[1070], ob der Strafrichter ein Ermessen ausübt, ist die Entscheidung über die Bestrafung einer beschuldigten Person in einem Ausmaß von rechtlichen Maßstäben bestimmt, dass der verbleibende Entscheidungsspielraum die Zugehörigkeit der strafrichterlichen Tätigkeit zur rechtsprechenden Gewalt nicht in Frage stellt.[1071] Dass auch der Richter mitunter ein Ermessen ausübt, zeigen entsprechende Bestimmungen im Bereich der Zivilgerichtsbarkeit.[1072]

Zweifelhaft ist die Zuordnung der Strafrechtspflege indessen, sofern man das Merkmal der Streitentscheidung für maßgeblich erklärt.[1073] Die Vertreter dieser

---

[1064] So aber *Classen*, in: von Mangoldt/Klein/Starck, GG, Bd. 3 (2001), Art. 92 Rn. 17.
[1065] So die h.M. („Spielraumtheorie"): BGHSt 7, 28, 32; 20, 264, 266f.; 24, 132, 133; *Bruns*, Strafzumessung (1985), S. 105 ff.; *Gribbohm*, in: LK-StGB (11. Aufl.), § 46 Rn. 20; *Jescheck/Weigend*, Strafrecht AT (1996), S. 881.
[1066] S. BGHSt 29, 319, 320; NStZ 1990, 334.
[1067] *Bruns*, Strafzumessung (1985), S. 29 (Beurteilungsspielraum bei der Auslegung eines unbestimmten Rechtsbegriffes); *Grasnick*, JZ 1992, 260, 261.
[1068] *Jescheck/Weigend*, Strafrecht AT (1996), S. 871; *Maurach/Gössel/Zipf*, Strafrecht AT-2 (1989), S. 615 f.; *Streng*, JuS 1993, 919, 920.
[1069] S. etwa *Jescheck/Weigend*, Strafrecht AT (1996), S. 871.
[1070] *Reichert*, Intersubjektivität durch Strafzumessungsrichtlinien (1999), S. 70; s. auch *Maurach/Gössel/Zipf*, Strafrecht AT-2 (1989), S. 615.
[1071] S. *Hesse*, Verfassungsrecht (1995), Rn. 551; *Stern*, Staatsrecht II (1980), S. 896; s. auch *Bettermann*, in: HStR, Bd. III (1996), § 73 Rn. 51.
[1072] *Bettermann*, in: HStR, Bd. III (1996), § 73 Rn. 58, s. etwa die §§ 315 III S. 2, 319 I S. 2, 343 BGB; § 938 ZPO.
[1073] S. die entsprechende Kritik an diesem Merkmal: *Achterberg*, in: BK-GG, Art. 92 Rn. 98; *Hesse*, Verfassungsrecht (1995), Rn. 548.

II. Informationsverarbeitung und Grundrechte

Einschränkung schließen die Strafgerichtsbarkeit gleichwohl ein, indem sie darauf verweisen, dass Staatsanwalt und Angeklagter um das Bestehen des staatlichen Strafanspruches[1074] streiten.[1075] Gegen eine solche Konstruktion spricht indessen, dass der deutsche Strafprozess nicht als Parteiprozess ausgestaltet ist[1076], die Parteien also insbesondere nicht über den Streitgegenstand verfügen können.[1077] Ein Strafprozess wird auch dann durchgeführt, wenn sich der Angeklagte und der Staatsanwalt über die Berechtigung und Höhe der Strafe einig sind, ein Streit also nicht (mehr) besteht.[1078]

Der von den Strafgerichten zu entscheidende Streit liegt vielmehr in der Vergangenheit. Der Täter hat die Geltung der Rechtsordnung „bestritten" und die darin liegende Friedensstörung kann auch durch eine reuige Haltung des Täters und die Wiederherstellung des materiellen Schadens nicht beseitigt werden, da sie das Vertrauen der Rechtsgemeinschaft in die Geltung der Rechtsordnung besonders tief erschüttert hat.[1079] Diesen – vergangenen – Streit entscheidet das Strafgericht.[1080] Entweder weist es mit einer Verurteilung die in der Tat zum Ausdruck gekommene Ansicht zurück und stellt so die Geltung der verletzten Rechtsnorm wieder her oder es spricht den Täter frei, da in dessen Verhalten kein Angriff auf die Geltung der Rechtsordnung zu sehen ist, und beseitigt auf diese Weise die in dem Verdacht liegende Störung des Rechtsfriedens.[1081] Liegt die Aufgabe der Rechtsprechung darin, die Geltung des Rechts zu gewährleisten, so umfasst dies auch und gerade die staatliche Reaktion auf die in einer Straftat liegende, besonders schwere Störung des Rechtsfriedens. Dabei ist das Ergebnis eines Strafverfahrens in besonderem Maße auf Überzeugungskraft angewiesen, da es den Rechtsfrieden durch eine symbolische Handlung, durch einen kommunikativen Akt wiederherstellen soll.[1082] Aus diesem Grund ist ein Verfahren notwendig, das ein Höchstmaß an Richtig-

---

[1074] Die Haltbarkeit dieser rechtlichen Konstruktion soll an dieser Stelle nicht vertieft werden. Zur Kritik: *Mattes*, Ordnungswidrigkeiten, Bd. 2/2 (1982), S. 425 ff.; zum staatlichen Strafanspruch: *Wolfslast*, Strafanspruch (1995), S. 72 ff.

[1075] *Bettermann*, in: HStR, Bd. III (1996), § 73 Rn. 44; *Friesenhahn*, in: Thoma-FS (1950), S. 21, 44.

[1076] *Arndt*, in: Schmid-FS (1962), S. 5, 11; *Gärditz*, Strafprozess und Prävention (2003), S. 161.

[1077] *Smid*, Rechtsprechung (1990), S. 188. Wegen der fehlenden Dispositionsbefugnis der Beteiligten im Strafprozess ist es auch irrelevant, wenn zwischen der Partei im prozessualen Sinne und derjenigen im materiellen Sinne unterschieden wird und für das Merkmal der Streitentscheidung auf letztere abgestellt wird, s. *Friesenhahn*, in: Thoma-FS (1950), S. 21, 44.

[1078] *Classen*, in: von Mangoldt/Klein/Starck, GG, Bd. 3 (2001), Art. 92 Rn. 17; *Voßkuhle*, Rechtsschutz (1993), S. 73 f.; s. dagegen *Bettermann*, in: HStR, Bd. III (1996), § 73 Rn. 44: Die Strafgerichtsbarkeit sei streitige Gerichtsbarkeit, gleichgültig, wie viel oder wenig im Einzelfall gestritten werde. Damit wird das Merkmal der „Streit"-Entscheidung weitgehend aufgegeben. Dass die Qualifikation durch den Gesetzgeber (s. §§ 12, 13 GVG) maßgeblich sein soll (s. *Bettermann*, aaO), widerspricht dem Leitgedanken einer materiellen Begriffsbestimmung, die gerade nicht in das Belieben des Gesetzgebers gestellt sein soll.

[1079] *Mattes*, Ordnungswidrigkeiten, Bd. 2/2 (1982), S. 433 f.

[1080] S. dazu *Gärditz*, Strafprozess und Prävention (2003), S. 162 f.

[1081] *Gärditz*, Strafprozess und Prävention (2003), S. 164; s. auch o. die entsprechenden Ausführungen zu den Zielen des Strafverfahrens S. 10 ff.

[1082] S. o. S. 12.

keitsgewähr bietet und durch seine Autorität gewährleistet, dass die Norm durch die verfahrensabschließende Entscheidung stabilisiert wird.[1083]

Diese besondere Eignung des gerichtlichen Verfahrens zur Wiederherstellung des Rechtsfriedens als Argument heranzuziehen, um die Strafgerichtsbarkeit der rechtsprechenden Gewalt zuzuordnen, entspricht einer neueren verfahrensbezogenen Definition von Rechtsprechung als Summe der Aufgaben, die aufgrund ihres speziellen Leistungsprofils offensichtlich nur in dem von der Verfassung vorgegebenen „Neutralen Verfahren" als stark selektivem Verfahren bewältigt werden können.[1084]

An dieser Stelle bedarf es insoweit keiner abschließenden Stellungnahme zum Rechtsprechungsbegriff, denn nach dem oben Gesagten enthält auch das Urteil des Strafrichters Elemente einer Streitentscheidung, so dass auch die Strafrechtspflege zur rechtsprechenden Gewalt i.S.d. Art. 92 GG zu zählen ist.[1085] Es ist also unerheblich, ob man bei der Definition der rechtsprechenden Gewalt auf das Merkmal der Streitentscheidung verzichtet und auf das ungewisse[1086] bzw. verletzte Recht abstellt oder an diesem Merkmal festhält, es aber in dem obigen, weiten Sinne versteht.

Dass zur Rechtsprechung i.S.d. Art. 92 GG die Ausübung von Strafgewalt gehört, entspricht der Rechtsprechung des BVerfG und der überwiegenden Ansicht im Schrifttum.[1087] Soweit ergänzend darauf hingewiesen wird, dass die Strafgerichtsbarkeit zu den traditionellen Kernbereichen der Rechtsprechung zählt[1088], trägt dies das gefundene Ergebnis zwar mit, das Kriterium ist aber nicht geeignet, im Hinblick auf andere Bereiche wie das Ordnungswidrigkeitenrecht zu einem Erkenntnisgewinn beizutragen. Gleiches gilt für das Argument, dass dem Angeklagten in Gestalt der Strafe ein erheblicher Eingriff in seine Grundrechte droht, der einer präventiven Kontrolle bedarf.[1089] Art. 92 GG konkretisiert den Grundsatz der Gewaltenteilung, grenzt also horizontal den Aufgabenbereich der unterschiedlichen Gewalten gegeneinander ab, sagt jedoch nichts darüber aus, in welchem Ausmaß der Einzelne im vertikalen Verhältnis gegenüber dem Staat zu schützen ist.[1090]

[1083] Vgl. *Arndt*, in: Schmid-FS (1962), S. 5, 14f.

[1084] *Voßkuhle*, Rechtsschutz (1993), S. 130, 141.

[1085] Insoweit besteht eine Parallele zur Normenkontrolle, vgl. *Bettermann*, in: HStR, Bd. III (1996), § 73 Rn. 46.

[1086] S. *Arndt*, in: Schmid-FS (1962), S. 5, 11f.

[1087] BVerfGE 8, 197, 207; 12, 264, 274; 22, 49, 79f.; *Achterberg*, in: BK-GG, Art. 92 Rn. 103; *Bettermann*, in: HStR, Bd. III (1996), § 73 Rn. 22; *Classen*, in: von Mangoldt/Klein/Starck, GG, Bd. 3 (2001), Art. 92 Rn. 18; *Detterbeck*, in: Sachs, GG (2003), Art. 92 Rn. 22; *Mattes*, Ordnungswidrigkeiten, Bd. 2/2 (1982), S. 438; *Meyer*, in: von Münch/Kunig, GG, Bd. 3 (2003), Art. 92 Rn. 9; *Schmidt-Bleibtreu/Klein*, GG (1999), Art. 92 Rn. 3; *Schulze-Fielitz*, in: Dreier, GG, Bd. 3 (2000), Art. 92 Rn. 32; a.A. *Appel*, Verfassung und Strafe (1998), S. 555 (nur für Freiheitsstrafen); *Gossrau*, NJW 1958, 929, 932; *Herzog*, in: Maunz/Dürig, GG, Art. 92 Rn. 49ff.

[1088] S. BVerfGE 22, 49, 77f.

[1089] S. BVerfGE 22, 49, 79, 80; *Appel*, Verfassung und Strafe (1998), S. 549, 553 (intensiver Grundrechtseingriff, der nur schwer umkehrbar); s. ferner *Smid*, Rechtsprechung (1990), S. 191f., 194.

[1090] *Dütz*, Rechtsstaatlicher Gerichtsschutz (1970), S. 90f.; *Mattes*, Ordnungswidrigkeiten, Bd. 2/2 (1982), S. 385ff., 387f., 395. Dass diese beiden Dimensionen zu trennen sind, zeigt auch

II. Informationsverarbeitung und Grundrechte

Diese zuletzt genannte Funktion kommt den verfassungsrechtlichen Richtervorbehalten (Art. 13 II, Art. 104 II, III GG) und der Rechtsschutzgarantie (Art. 19 IV GG) zu.[1091]

(iii) Konsequenzen für das OWiG. Auf der Grundlage der vorstehenden Überlegungen ist nunmehr zu prüfen, ob die Verfolgung von Ordnungswidrigkeiten unter materiellen Gesichtspunkten Rechtsprechung i.S.d. Art. 92 GG ist.
Im Ausgangspunkt gilt das Gleiche wie für die Strafverfolgung.[1092] Mit der Ordnungswidrigkeit stellt der Täter die Geltung der verletzten Verhaltensnorm in Frage. Da der Staat allein wegen der begangenen Ordnungswidrigkeit einschreitet, liegt in der entsprechenden Tätigkeit die Entscheidung über einen in der Vergangenheit liegenden Streit zwischen dem Staat als Vertreter des Normgeltungsanspruches und dem Einzelnen, der diesen Anspruch bestritten hat. Die Entscheidung über den Vorwurf, eine Ordnungswidrigkeit begangen zu haben, wird wie im Strafverfahren anhand rechtlicher Maßstäbe gefällt.[1093] Dies schließt – wiederum wie im Strafprozess – eine Einstellung aus Opportunitätserwägungen nicht aus.[1094]

Das BVerfG[1095] ist gleichwohl der Ansicht, dass die Verfolgung von Ordnungswidrigkeiten – im Unterschied zur Strafrechtspflege – nicht materielle Rechtsprechung i.S.d. Art. 92 GG ist, weil der Geldbuße der Ernst der staatlichen Strafe fehle und dem Täter mit der Sanktionierung kein ethischer Schuldvorwurf gemacht werde.

Es muss jedoch bezweifelt werden, dass es Sache des Staates ist, dem Einzelnen – über den rechtlichen Vorwurf hinaus – einen ethischen Vorwurf zu machen und sich auf diese Weise mit einer bestimmten Sozialethik zu identifizieren.[1096] Jeden-

---

Art. 10 II S. 2 GG: Dort wird die Kontrolle von Eingriffen in das Fernmeldegeheimnis – unter Abweichung der Aufgabenzuweisung in Art. 92 GG – nicht der rechtsprechenden Gewalt, sondern dem Parlament übertragen. Dass eine Kontrolle derartiger Grundrechtseingriffe durch eine unabhängige Instanz zum Schutz des Einzelnen geboten ist, kommt in Art. 19 IV GG zum Ausdruck; die parlamentarische Kontrolle ist insofern dem gerichtlichen Rechtsschutz gleichwertig (s. BVerfGE 30, 1, 23); s. auch *Classen,* in: von Mangoldt/Klein/Starck, GG, Bd. 3 (2001), Art. 92 Rn. 18 (mit Fußn. 65), der einen Richtervorbehalt für das Strafrecht nicht auf Art. 92 GG, sondern auf eine Gesamtanalogie zu den verfassungsrechtlichen Richtervorbehalten und das Verhältnismäßigkeitsprinzip stützen will.
[1091] Ob der durch Richtervorbehalte gewährleistete vorbeugende Rechtsschutz zur Rechtsprechung im materiellen Sinne zu zählen ist, kann hier offen bleiben, s. dagegen *Aschmann,* Der Richtervorbehalt (1999), S. 56ff.; *Gusy,* JZ 1998, 167, 170; a.A. *Voßkuhle,* Rechtsschutz (1993), S. 145.
[1092] S. insoweit *Mattes,* Ordnungswidrigkeiten, Bd. 2/2, S. 456ff.
[1093] S. auch (für die gerichtliche Entscheidung im Ordnungswidrigkeitenverfahren): *Bettermann,* in: HStR, Bd. III (1996), §73 Rn. 24. Warum die gerichtliche Entscheidung als Erkenntnis Rechtsprechung im materiellen Sinne sein soll (einschließlich einer Einstellung, s. §47 II OWiG), die Entscheidung der Verwaltungsbehörde im Hinblick auf §47 I OWiG hingegen nicht (s. *Bettermann,* aaO), wird dort allerdings nicht deutlich.
[1094] S. §47 OWiG, §§153ff. StPO.
[1095] BVerfGE 22, 49, 78f., 81; 27, 18, 28f.
[1096] *Appel,* Verfassung und Strafe (1998), S. 486; *Mattes,* Ordnungswidrigkeiten, Bd. 2/2 (1982), S. 286. Dass der Täter durch seine Strafe möglicherweise auch zu einer inneren Entsühnung geführt

falls vermag dieses Kritierium nicht zu begründen, warum der Ausspruch eines ethischen Vorwurfes nach Art. 92 GG Richtern vorbehalten bleiben muss.[1097] Deren Aufgabe liegt vielmehr in der Wahrung und Durchsetzung des *Rechts*. In dieser Beziehung ist Straftaten und Ordnungswidrigkeiten gemeinsam, dass die Geltung der Rechtsordnung mit ihrer Begehung in Frage gestellt wird. Ihr Unterschied liegt in der Intensität des Angriffs auf die Rechtsordnung: Bei einer Ordnungswidrigkeit ist die Störung des Rechtsfriedens nicht so gravierend wie bei einer Straftat.[1098] Die Einstufung der Zuwiderhandlung als Ordnungswidrigkeit und die vorgesehene Sekundärsanktion (Geldbuße) lassen erkennen, dass der staatliche Vorwurf im Vergleich zur Kriminalstrafe geringeres Gewicht hat. Aus diesem Grund bedarf es zur Rechtswahrung nicht unbedingt eines autoritativen Rechtsspruches einer unabhängigen Stelle, sondern es ist ausreichend, wenn die Geltung der verletzten Norm auf andere Weise bestätigt wird.

Nach h.M. ist der Bußgeldbescheid der Verwaltungsbehörde anders als das strafgerichtliche Urteil ein Angebot an den Betroffenen, das Verfahren dadurch zum Abschluss zu bringen, dass er die in dem Bescheid festgesetzten Rechtsfolgen hinnimmt.[1099] Durch einen solchen Akt der „Selbstunterwerfung"[1100] bringt er zum Ausdruck, dass er die Verbindlichkeit der Norm akzeptiert, und der Rechtsfrieden ist wieder hergestellt. Der „Rechtsstreit" wird gewissermaßen in einem Vorschaltverfahren beigelegt, der Bußgeldbescheid ist insofern nur eine vorläufige Entscheidung.[1101] Dieses Vorverfahren wird in ein gerichtliches Hauptverfahren überführt, wenn der Adressat des Bußgeldbescheides diesen nicht hinnimmt, sondern Ein-

---

wird, mag wünschenswert erscheinen, der Staat darf jedoch nicht zu diesem Zweck gezielt auf den Täter einwirken, s. *Mattes*, aaO, S. 286f.

Zum Teil werden die mit Strafe bewehrten Normen als solche charakterisiert, die der Einzelne im Verlauf seiner Sozialisation als Gewissensnormen internalisiert hat, s. *Amelung*, Rechtsgüterschutz (1972), S. 292. Dies impliziert nicht, dass der Staat sich an die Stelle des einzelnen Gewissens setzt, sofern die Einordnung als Straftat von einem externen Standpunkt aus vorgenommen wird, vgl. *Amelung*, aaO, S. 296f. Dies ändert nichts daran, dass diese Abgrenzung für die Auslegung des Art. 92 GG unergiebig ist, s. sogleich im Text; s. auch *Amelung*, aaO, S. 296.

[1097] Vgl. allgemein zur Untauglichkeit dieses Abgrenzungskriteriums: *Appel*, Verfassung und Strafe (1998), S. 483f.; *Herzog*, in: Maunz/Dürig, GG, Art. 92 Rn. 50.

[1098] Die überwiegende Ansicht folgt daher einer quantitativen Abgrenzung von Straftaten und Ordnungswidrigkeiten, s. *Mitsch*, Ordnungswidrigkeitenrecht (1995), § 3 Rn. 10 m.w.N.; s. auch BVerfGE 45, 272, 289; 51, 60, 74 („gradueller Unterschied"). Soweit ein qualitativer Unterschied angenommen wird, wird dieser ebenfalls in dem Unrechtsgehalt gesehen, s. etwa *Rogall*, in: KK-OWiG (2000), Vor § 1 Rn. 2.

[1099] Begründung des Gesetzesentwurfs zum OWiG 1968, BT-Drucks. V/1269, S. 32; OLG Frankfurt, NJW 1976, 337; OLG, Stuttgart NJW 1976, 1905; *Göhler*, OWiG (2002), Vor § 65 Rn. 6; *Kurz*, in: KK-OWiG (2000), § 65 Rn. 8; *Lemke*, OWiG (1999), § 65 Rn. 5; *Mitsch*, Ordnungswidrigkeitenrecht (1995), § 7 Rn. 3.

[1100] Begründung des Gesetzesentwurfs zum OWiG 1968, BT-Drucks. V/1269, S. 32; OLG Frankfurt, NJW 1976, 337; *Göhler*, OWiG (2002), Vor § 65 Rn. 6.

[1101] OLG Köln, NJW 1970, 211; *Göhler*, OWiG (2002), Vor § 65 Rn. 6; *Lemke*, OWiG (1999), § 65 Rn. 5; *Mitsch*, Ordnungswidrigkeitenrecht (1995), § 7 Rn. 3; einschränkend *Bohnert*, in: KK-OWiG (2000), § 67 Rn. 3.

II. Informationsverarbeitung und Grundrechte 191

spruch einlegt.[1102] In diesem Fall hat das Gericht zu entscheiden, ob und wie das Verhalten des Betroffenen zu sanktionieren ist.

Gegen eine solche Deutung des Ordnungswidrigkeitenverfahrens wird der Einwand erhoben, auch die Ahndung durch eine Geldbuße setze voraus, dass die Behörde mit dem Anspruch der Richtigkeit über den staatlichen Vorwurf entscheidet, anderenfalls fehlt die Grundlage für die Verhängung einer Sanktion.[1103] Der Bußgeldbescheid hat insofern – ebenso wie das strafgerichtliche Urteil – Erkenntnischarakter.[1104] Die Annahme eines „Angebots" kann diese Richtigkeit nicht ersetzen.[1105] Auch die Rechtskraftwirkung des Bußgeldbescheides (§ 84 I OWiG) kann nur mit einem solchen Anspruch auf Richtigkeit erklärt werden: Die „Selbstunterwerfung" ist dafür nicht konstitutiv, sondern beseitigt lediglich die Anfechtbarkeit der Entscheidung.[1106] Die Zuständigkeit der Verwaltungsbehörde zur Ahndung von Ordnungswidrigkeiten verstieße demnach gegen die Aufgabenzuweisung nach Art. 92 GG.[1107]

Es stellt sich allerdings die Frage, ob Art. 92 GG verlangt, dass die verfahrensabschließende Entscheidung in jedem Fall von einem Gericht getroffen wird. In der Strafrechtspflege ist es nämlich keineswegs so, dass ausschließlich die Gerichte die abschließende Entscheidung treffen. Der überwiegende Teil der Verfahren wird vielmehr von der Staatsanwaltschaft eingestellt, ohne dass das zuständige Gericht beteiligt wird (s. §§ 153 I S. 2, 170 II StPO). Es würde die Gerichte überfordern, in allen diesen Fällen selbst über den Abschluss eines Ermittlungsverfahrens entscheiden zu müssen. Dies ändert nichts daran, dass auch die Staatsanwaltschaft in diesen Verfahren mit dem Anspruch auf Richtigkeit entscheidet. Im Unterschied zum Ordnungswidrigkeitenverfahren wird gegen den Beschuldigten allerdings keine Sanktion verhängt, die Entscheidung der Staatsanwaltschaft greift also nicht in Grundrechte ein. Dem kommt es allerdings nahe, sofern der Staatsanwalt das Verfahren unter Auflagen und Weisungen nach § 153a I S. 7 i.V.m. § 153 I S. 2 StPO ohne Zustimmung des Gerichts einstellt, da darin eine Sanktionierung des Beschuldigten gesehen werden kann.[1108] Dem entspricht auch der eingeschränkte Strafklageverbrauch (§ 153a I S. 4 StPO).

Letztlich kann es in Bezug auf Art. 92 GG jedoch keinen Unterschied machen, ob die jeweilige Entscheidung den Einzelnen belastet oder nicht. Dieser konkreti-

---
[1102] BGHSt 29, 173, 175f.
[1103] *Mattes*, Ordnungswidrigkeiten, Bd. 2/2 (1982), S. 464.
[1104] *Mattes*, Ordnungswidrigkeiten, Bd. 2/2 (1982), S. 461.
[1105] *Mattes*, Ordnungswidrigkeiten, Bd. 2/2 (1982), S. 463f. Das BVerfG hat im Bereich der Strafverfolgung ein derartiges Vorverfahren mit Selbstunterwerfung als verfassungswidrig abgelehnt, seine Einführung zur Verfolgung von Ordnungswidrigkeiten aber im gleichen Atemzug für zulässig erklärt, s. BVerfGE 22, 49, 81.
[1106] *Mattes*, Ordnungswidrigkeiten, Bd. 2/2 (1982), S. 462f.
[1107] *Mattes*, Ordnungswidrigkeiten, Bd. 2/2 (1982), S. 456ff., 465.
[1108] S. insoweit *Stuckenberg*, Unschuldsvermutung (1998), S. 566f., der für eine Verfahrenseinstellung nach § 153a StPO aufgrund des Art. 92 GG generell die Mitwirkung eines Richters für erforderlich hält.

siert den Grundsatz der Gewaltenteilung und sichert den Kompetenzbereich der rechtsprechenden Gewalt gegenüber den anderen Gewalten. Insofern ist es unerheblich, ob die jeweilige Entscheidung im Ergebnis den Einzelnen belastet oder nicht, sondern maßgeblich, ob und inwieweit der dritten Gewalt die Kompetenz zur Entscheidung über eine belastende Maßnahme entzogen wird.[1109]

Stellt man in Rechnung, dass bereits die bisherige Belastung der Strafgerichte die Kapazitätsgrenze der Justiz erreicht, wenn nicht überschreitet[1110], so erscheint es sachlich gerechtfertigt, dass anstelle der Gerichte eine Behörde in bestimmten Fällen über den Abschluss eines Verfahrens entscheidet und auf diese Weise dafür sorgt, dass nur die Verfahren gerichtlich entschieden werden, in denen dies zur Wahrung des Rechtsfriedens erforderlich ist.[1111] Mit dem Ziel, die Justiz zu entlasten[1112], überträgt der Gesetzgeber auch an anderer Stelle die Aufgaben der – allerdings nicht verbindlichen[1113] – Konfliktbewältigung auf nicht-richterliche staatliche Organe. So ist neben den bereits erwähnten Befugnissen der Staatsanwaltschaft zur Einstellung des Verfahrens im Privatklageverfahren ein Sühneversuch vor einer Vergleichsbehörde (§ 380 StPO) vorgesehen. Auch im Zivilprozess vor dem Amtsgericht können die Länder nach Maßgabe des § 15a EGZPO ein obligatorisches Schlichtungsverfahren vor einer Gütestelle einführen.[1114]

Neben dem Umstand, dass eine Ordnungswidrigkeit den Rechtsfrieden nicht in dem gleichen Umfang stört wie eine Straftat, spricht dafür auch, dass die Verfolgung von Ordnungswidrigkeiten von einer Vielzahl gleichförmiger Verfahrensabläufe geprägt ist[1115], so dass die besondere Richtigkeitsgewähr, die ein gerichtliches

---

[1109] S. dagegen *Gärditz*, Strafprozess und Prävention (2003), S. 172 f., der die entgegengesetzte Folgerung zieht, dass ein Richtervorbehalt für Strafen aus den Grundrechten und nicht aus Art. 92 GG als Ausprägung des Gewaltenteilungsgrundsatzes abzuleiten ist.

[1110] S. dazu *Freitag*, Staatliche Handlungspflichten im Justizbereich (2000), S. 26 ff.; zur Gefahr einer Überlastung der dritten Gewalt: *Herzog*, in: Maunz/Dürig, GG, Art. 92 Rn. 54.

[1111] Vgl. *Amelung*, Rechtsgüterschutz (1972), S. 295: Strafe und Resozialisierung sei nur bei schwerwiegenden Mängeln in der Sozialisation angezeigt, in den übrigen Fällen genüge eine Erinnerung an die Rechtspflichten.

[1112] Der Gesetzgeber versprach sich von dem OWiG 1968 eine Entlastung der Strafjustiz, s. die Begründung des Entwurfs, BT-Drucks. V/1269, S. 30.

[1113] S. zur Abgrenzung gegenüber privaten und staatlichen Schiedsstellen: *Meyer*, in: von Münch/Kunig, GG, Bd. 3 (2003), Art. 92 Rn. 9.

[1114] Als weiteres Argument für die Zulässigkeit außergerichtlicher Streitbeilegung werden die Schiedsgerichte nach §§ 1025 ff. ZPO angeführt, s. *Lorenz*, Rechtsschutz des Bürgers (1973), S. 194. Das Schiedsgericht entscheidet nach rechtlichen Maßstäben (s. im Einzelnen § 1051 ZPO). Seine Entscheidung hat zwischen den Parteien die Wirkung eines rechtskräftigen Urteils (§ 1055 ZPO) und kann nur unter bestimmten Voraussetzungen von einem ordentlichen Gericht aufgehoben werden (§ 1059 ZPO). Art. 92 GG wird insoweit allerdings nicht berührt, da er die rechtsprechende Gewalt nur im Verhältnis zu den anderen staatlichen Gewalten, aber nicht gegenüber privaten Einrichtungen schützt, s. *Meyer*, in: von Münch/Kunig, GG, Bd. 3 (2003), Art. 92 Rn. 3; *Wassermann*, in: AK-GG (1989), Art. 92 Rn. 51.

[1115] Begründung des OWiG 1968, BT-Drucks. V/1269, S. 30; *Mitsch*, Ordnungswidrigkeitenrecht (1995), § 3 Rn. 2.

II. Informationsverarbeitung und Grundrechte 193

Verfahren auszeichnet, nicht in dem gleichen Maße geboten erscheint wie bei der Strafverfolgung.[1116]

Am ehesten ist eine solche Auslegung des Art. 92 GG mit dem neueren funktionsbezogenen Rechtsprechungsbegriff vereinbar: Danach kommt dem Kriterium der Effizienz bei der Aufgabenerfüllung für die Kompetenzverteilung zwischen zweiter und dritter Gewalt maßgebliches Gewicht zu.[1117] Für die Zulässigkeit von Regelungen, die staatlichen Behörden eine Filterfunktion für nachfolgende gerichtliche Verfahren zuweisen, sprechen daneben folgende Erwägungen. Die Verfassung weist eine solche Funktion an anderer Stelle ebenfalls einem nicht-richterlichen Organ zu, nämlich dem Bundesrat im Bund-Länder-Streit (Art. 84 IV GG). Der Gesetzgeber könnte befugt sein, ebenfalls derartige Vorschaltverfahren vorzusehen. In diesem Sinne könnte man den materiellen Rechtsprechungsbegriff mit dem BVerfG[1118] als vom Gesetzgeber mitgeprägt ansehen.[1119] Auf der Grundlage dieser Erwägungen ist es daher nach Art. 92 GG zulässig, dass die Behörde eine Geldbuße verhängt und die Geltung der Rechtsordnung bestätigt wird, indem der Betroffene es dabei bewenden lässt und die verletzte Norm auf diese Weise anerkennt.[1120]

Die Zuweisung einer solchen Filterfunktion ist jedoch nur solange mit Art. 92 GG vereinbar, wie die Kompetenz der Gerichte zur Entscheidung der „ausgefilterten" Fälle unberührt bleibt. Im Bereich der Verfolgung von Ordnungswidrigkeiten bleibt das Rechtsprechungsmonopol insoweit gewahrt, da das Gericht in eigener Zuständigkeit über eine Sanktionierung entscheidet. Anders als der verwaltungsgerichtliche Rechtsschutz dient das gerichtliche Verfahren nicht der Kontrolle der Rechtmäßigkeit des Verwaltungshandelns, sondern es dient der Untersuchung des ordnungswidrigen Verhaltens des Betroffenen.[1121] Das Gericht hat die gleiche Entscheidungskompetenz wie die Verwaltungsbehörde[1122] und ist nicht an deren Beurteilung gebunden.[1123] Sie entscheidet über die verfahrensgegenständliche Tat unter allen rechtlichen Gesichtspunkten.[1124]

[1116] Vgl. die Begründung des OWiG 1968, BT-Drucks. V/1269, S. 29: Es sei nicht angemessen, dass jeder Bagatellverstoß im ordentlichen Strafverfahren verfolgt werden müsse.

[1117] *Voßkuhle*, Rechtsschutz (1993), S. 140f.

[1118] BVerfGE 64, 175, 179; 76, 100, 106.

[1119] Vgl. auch *Meyer*, in: von Münch/Kunig, GG, Bd. 3 (2003), Art. 92 Rn. 14; *Schulze-Fielitz*, in: Dreier, GG, Bd. 3 (2000), Art. 92 Rn. 36; s. ferner *Achterberg*, in: BK-GG, Art. 92 Rn. 92, der einen Einfluss des Gesetzesrechts auf den Rechtsprechungsbegriff annimmt, soweit dieses das Vorverständnis des Verfassungsgebers geprägt hat.

[1120] Darin ist kein Vertrag zu sehen, der den Anspruch auf Richtigkeit ersetzt, s. dazu o. S. 36ff.

[1121] BGHSt 23, 336, 341; BayObLG, NJW 1972, 1771; *Lemke*, OWiG (1999), § 67 Rn. 1; *Mitsch*, Ordnungswidrigkeitenrecht (1995), § 7 Rn. 3.

[1122] Eine Einstellung des Verfahrens aus Opportunitätserwägungen bedarf allerdings der Zustimmung der Staatsanwaltschaft (§ 47 II OWiG).

[1123] BayObLG, NJW 1972, 1771. Das Gericht hat allerdings das Verbot der reformatio in peius (§ 72 III S. 2 OWiG) zu beachten.

[1124] Begründung des Gesetzesentwurfs zum OWiG 1968, BT-Drucks. V/1269, S. 32; OLG Frankfurt, NJW 1976, 337; OLG, Köln NJW 1970, 211.

Im Ergebnis bedeutet dies, dass der Gesetzgeber durch Art. 92 GG nicht gehindert ist, den Verwaltungsbehörden bei der Verfolgung von Ordnungswidrigkeiten in einem Vorverfahren eine Filterfunktion für das gerichtliche Verfahren zuzuweisen. Die gegenwärtige Regelung des Ordnungswidrigkeitenverfahrens ist daher mit Art. 92 GG vereinbar.[1125] Im Ergebnis entspricht dies der Rechtsprechung des EGMR, nach welcher die Ahndung von weniger schwerwiegenden Zuwiderhandlungen durch Verwaltungsbehörden nicht gegen Art. 6 EMRK verstößt, sofern die Entscheidung der Behörde auf Antrag des Beschuldigten von einem Gericht überprüft werden kann, das den Anforderungen des Art. 6 EMRK entspricht.[1126]

(b) Anwendbarkeit des Nemo-tenetur-Grundsatzes

Da die Verfolgung und Sanktionierung von Ordnungswidrigkeiten durch Verwaltungsbehörden sich nicht als verfassungswidrig erwiesen hat, ist die Anwendung des Grundsatzes „Nemo tenetur se ipsum accusare" nicht bereits deshalb geboten, weil eine Geldbuße verfassungsrechtlich zwingend von einem Gericht auszusprechen ist.

Andererseits ist das Verfahren zur Verfolgung von Ordnungswidrigkeiten so ausgestaltet, dass die Verwaltungsbehörde vorläufig entscheidet. Unterwirft sich der Betroffene nicht dem Bußgeldbescheid, so wird das Vorverfahren in ein Hauptverfahren übergeleitet. In diesem gerichtlichen Hauptverfahren hat der Betroffene einen Anspruch auf rechtliches Gehör und dieser Anspruch würde bei einer Auskunftspflicht im Vorverfahren beeinträchtigt. Anders als das Verwaltungsverfahren und der anschließende Verwaltungsgerichtsprozess sind die Sanktionierung durch die Verwaltungsbehörde und das gerichtliche Verfahren als eine Einheit anzusehen.[1127] Dies zeigt sich auch daran, dass Behörde und Gericht anhand desselben Prüfungsmaßstabes entscheiden.

Der Anspruch auf rechtliches Gehör entfaltet daher vor der für die Verfolgung von Ordnungswidrigkeiten zuständigen Verwaltungsbehörde die gleiche Vorwirkung wie im strafprozessualen Ermittlungsverfahren.[1128] Der Grundsatz „Nemo

---

[1125] So i.E. die h.M.: BVerfGE 22, 49, 79, 81; 27, 18, 28; *Appel*, Verfassung und Strafe (1998), S. 555; *Bettermann*, in: HStR, Bd. III (1996), § 73 Rn. 24; *Classen*, in: von Mangoldt/Klein/Starck, GG, Bd. 3 (2001), Art. 92 Rn. 18 (Fußn. 65); *Kissel*, GVG (2001), Einleitung Rn. 152; *Meyer*, in: von Münch/Kunig, GG, Bd. 3 (2003), Art. 92 Rn. 14; *Schmidt-Bleibtreu/Klein*, GG (1999), Art. 92 Rn. 3; *Schulze-Fielitz*, in: Dreier, GG, Bd. 3 (2000), Art. 92 Rn. 37; s. auch bereits BVerfGE 8, 197, 207 f.; *Friesenhahn*, in: Thoma-FS (1950), S. 21, 44 f.

[1126] EGMR, Urt. v. 27. 5. 1983, Öztürk, Ser. A, Vol. 73, Nr. 56; Urt. v. 25. 8. 1987, Lutz, Ser. A, Vol. 123, Nr. 57.

[1127] S. BGHSt 29, 173, 175 f.: „[Der Einspruch] ... bewirkt vielmehr den Übergang der Sache aus dem Bereich der Verwaltung an den Richter, den Eintritt einer Prozesslage, die das bisherige Verfahren als bloßes Vorverfahren erscheinen läßt ..."

[1128] Folgt man dem nicht, wäre zu erwägen, ob der Nemo-tenetur-Grundsatz auf den rechtsstaatlichen Grundsatz des rechtlichen Gehörs, der auch im Verwaltungsverfahren gilt, s.o. S. 182, gestützt werden könnte: Mit der Erfüllung seiner Auskunftspflicht würde der Betroffene der Wirkungsmacht seines Anhörungsrechtes in Bezug auf das Verfahrensergebnis weitgehend verlustig gehen; die Ausführungen zu Art. 103 I GG gelten insofern entsprechend.

tenetur se ipsum accusare" gilt demnach auch im Ordnungswidrigkeitenverfahren.[1129]

i) Die Geltung für juristische Personen

Angesichts der Geltung des Grundsatzes „Nemo tenetur se ipsum accusare" im Recht der Ordnungswidrigkeiten stellt sich die weitere Frage, ob dieser Grundsatz auch juristische Personen und Personenvereinigungen vor einem Zwang zur Selbstbezichtigung schützt. Nach einer Darstellung der Rechtsprechung des BVerfG [(1)] wird dessen Ansicht vor dem Hintergrund der verfassungsrechtlichen Begründung des Nemo-tenetur-Grundsatzes kritisch gewürdigt [(2)], bevor abschließend ein Ergebnis formuliert wird [(3)].

(1) Die Ansicht des BVerfG

Während das BVerfG in einigen früheren Entscheidung von einer Geltung des Grundsatzes „Nemo tenetur se ipsum accusare" für juristische Personen ausging[1130], hat es in einer Entscheidung aus dem Jahr 1997 die Ansicht vertreten, dass der verfassungsrechtliche Schutz vor einem Zwang zur Selbstbezichtigung juristischen Personen nicht zugute kommt.[1131] Das Gericht sieht das allgemeine Persönlichkeitsrecht (Art. 2 I i.V.m. Art. 1 I GG) als verfassungsrechtliche Grundlage des Schutzes vor einem Zwang zur Selbstbezichtigung an.[1132] Nach Art. 19 III GG sei eine Erstreckung dieses Schutzes auf juristische Personen ausgeschlossen, wenn er an Eigenschaften, Äußerungsformen oder Beziehungen anknüpfe, die nur natürlichen Personen wesenseigen seien.[1133] Der Schutz vor einem Zwang zur Selbstbezichtigung beruhe vor allem auf der Menschenwürde (Art. 1 I GG), so dass eine Erstreckung des Nemo-tenetur-Grundsatzes auf juristische Personen abzulehnen sei.[1134] Bei einer Zuwiderhandlung sei allein die natürliche Person Täter, wohingegen die juristische Person nur eingeschränkt verantwortlich sei, denn die gegen sie verhängte Geldbuße enthalte weder einen Schuldvorwurf noch eine ethische Missbilligung, sondern schaffe einen Ausgleich für die aus der Tat gezogenen Vorteile.[1135]

[1129] *Dingeldey*, NStZ 1984, 529, 530; *Mäder*, Betriebliche Offenbarungspflichten (1997), S. 118; *Rogall*, Der Beschuldigte (1977), S. 165; ders., in: SK-StPO, Vor § 133 Rn. 148; *Schäfer*, in: Dünnebier-FS (1982), S. 11, 48; *Schramm*, Verpflichtung des Abwassereinleiters (1990), S. 53; *H.A. Wolff*, Selbstbelastung (1997), S. 66; s. auch BVerfGE 55, 144, 150; einschränkend *Günther*, GA 1978, 193, 205; *Stürner*, NJW 1981, 1757, 1759.

[1130] BVerfG, BB 1975, 1315 (kein Schweigerecht des ausgeschiedenen Vorstandsmitgliedes einer AG); s. auch BVerfGE 55, 144, 150f. (die Beschwerdeführer waren dort Geschäftsführer einer GmbH).

[1131] BVerfGE 95, 220, 242.
[1132] BVerfGE 95, 220, 241.
[1133] BVerfGE 95, 220, 242.
[1134] BVerfGE 95, 220, 242.
[1135] BVerfGE 95, 220, 242.

(2) Kritik

Mit der Begründung des Nemo-tenetur-Grundsatzes aus dem allgemeinen Persönlichkeitsrecht (Art. 2 I i.V.m. Art. 1 I GG) werden die verfassungsrechtlichen Grundlagen des Satzes „Nemo tenetur se ipsum accusare" verkannt.[1136] Dementsprechend ist dem BVerfG vorgehalten worden, die verfahrensrechtliche Bedeutung dieses Grundsatzes und seine Begründung aus dem Rechtsstaatsprinzip zu ignorieren.[1137] Dem ist angesichts der oben entwickelten Herleitung des Nemo-tenetur-Grundsatzes aus dem Anspruch auf rechtliches Gehör (Art. 103 I GG) zuzustimmen. Nach allgemeiner Auffassung – auch derjenigen des BVerfG[1138] – sind juristische Personen und Personenvereinigungen Träger dieses Verfahrensgrundrechts.[1139] Dies hat zur Folge, dass sich diese – unabhängig von Art. 19 III GG[1140] – auf den Grundsatz „Nemo tenetur se ipsum accusare" berufen können.

Abgesehen von diesem grundlegenden Einwand erscheint die Argumentation des BVerfG auch in anderer Hinsicht kritikwürdig. So wird die Bedeutung des Menschenwürdebezuges als Auslegungsmaßstab für Art. 19 III GG überschätzt und nicht berücksichtigt, dass jedes Grundrecht einen solchen Bezug aufweist.[1141] Dies zeigt sich nicht zuletzt daran, dass sich auch der Anspruch auf rechtliches Gehör auf das Gebot zur Achtung der Menschenwürde (Art. 1 I GG) zurückführen lässt.[1142] Die Ausführungen des BVerfG zur Rechtsnatur der Geldbuße begegnen ebenfalls Zweifeln. Auf die Vorbehalte gegenüber einer „ethischen" Missbilligung von Seiten des Staates ist bereits hingewiesen worden.[1143] Überdies würden diese Ausführungen auch für die gegen natürliche Personen verhängten Geldbußen gelten. Das BVerfG geht jedoch offenbar davon aus, dass der Nemo-tenetur-Grundsatz grundsätzlich auch im Ordnungswidrigkeitenverfahren gilt.[1144] Dem BVerfG ist auch nicht darin zu folgen, dass gegen juristische Personen verhängte Geldbußen (allein?) darauf gerichtet sind, einen Ausgleich für die aus der Tat gezogenen

---

[1136] S.o. S. 128 ff,. 149 ff. Das Argument, bei einer Geltung des Nemo-tenetur-Grundsatzes für juristische Personen könne diesen auch die Berufung auf das Selbstbegünstigungsprinzip nicht versagt werden – so *Arzt*, JZ 2003, 456, 458 –, greift daher nicht.

[1137] *Dannecker*, ZStW 111 (1999), 256, 286; s. auch *Weiß*, JZ 1998, 289, 294.

[1138] BVerfGE 12, 6, 8; 61, 82, 104; 64, 1, 11.

[1139] *Kunig*, in: von Münch/Kunig, GG, Bd. 3 (2003), Art. 103 Rn. 7; *Nolte*, in: von Mangoldt/Klein/Starck, GG, Bd. 3 (2001), Art. 103 Rn. 24; *Pieroth*, in: Jarass/Pieroth, GG (2002), Art. 103 Rn. 6; *Schmidt-Aßmann*, in: Maunz/Dürig, GG, Art. 103 Rn. 31; *Schulze-Fielitz*, in: Dreier, GG, Bd. 3 (2000), Art. 103 I Rn. 26.

[1140] BVerfGE 12, 6, 8; 64, 1, 11; *Nolte*, in: von Mangoldt/Klein/Starck, GG, Bd. 3 (2001), Art. 103 Rn. 24; *Schmidt-Aßmann*, in: Maunz/Dürig, GG, Art. 103 Rn. 31; zu Art. 19 III GG im vorliegenden Zusammenhang: *Weiß*, JZ 1998, 289, 293 f., 296.

[1141] *Drope*, Strafprozessuale Probleme (2002), S. 191 f.; *Weiß*, JZ 1998, 289, 294.

[1142] S. *Kunig*, in: FS 50 Jahre BVerfG (2001), Bd. II, S. 421, 426; *Rüping*, Rechtliches Gehör (1976), S. 122 ff.; *Schmidt-Aßmann*, in: Maunz/Dürig, GG, Art. 103 I Rn. 2.

[1143] S.o. S. 189 f.

[1144] S. BVerfGE 95, 220, 241, wonach der Einzelne vom Staat nicht in eine Konfliktlage gebracht werden solle, in der er sich selbst strafbarer Handlungen „oder ähnlicher Verfehlungen" bezichtigen müsse; s. auch BVerfG, aaO, 242 (zur eingeschränkten Veranwortlichkeit juristischer Personen „im Hinblick auf Straftaten und Ordnungswidrigkeiten").

Vorteile zu schaffen. Vielmehr ist auch die gegen eine juristische Person verhängte Geldbuße auf die Ahndung einer Zuwiderhandlung gerichtet, sie dient also repressiven Zwecken[1145], und zwar unabhängig davon, ob sie gegen eine natürliche oder juristische Person verhängt wird.[1146] Die Verbandsgeldbuße dient zwar auch dem Zweck, Gewinne aus der Tat abzuschöpfen.[1147] Dieser Aspekt stellt jedoch nur einen Ausschnitt aus den mit der Geldbuße verfolgten Sanktionszwecken dar.[1148] Mit der Geldbuße werden Ziele verfolgt, zu deren Erreichung der Gesetzgeber im Strafrecht unterschiedliche Instrumente (Strafe und Verfall) geschaffen hat.[1149] Die Gewinnabschöpfung ist insoweit keine Besonderheit der Verbandsgeldbuße.[1150] Nach alledem ist festzuhalten, dass die gegen juristische Personen und Personenvereinigungen verhängten Geldbußen keine Besonderheiten aufweisen, die es rechtfertigen können, die Geltung des Nemo-tenetur-Grundsatzes im Ordnungswidrigkeitenverfahren in Zweifel zu ziehen.

(3) Konsequenzen

Der Grundsatz „Nemo tenetur se ipsum accusare" gilt nach alledem auch für juristische Personen und Personenvereinigungen.[1151] Dementsprechend geht die h.M. davon aus, dass diese sich im Ordnungswidrigkeitenverfahren auf ihre Aussagefreiheit berufen können (§ 46 I OWiG i.V.m. §§ 432 II, 444 II S. 2 StPO[1152], § 46 I OWiG i.V.m. § 55 StPO[1153]).[1154] Bei einer juristischen Person wird dieses Recht durch die vertretungsberechtigten Organe ausgeübt.[1155]

[1145] *Rogall*, in: KK-OWiG (2000), § 30 Rn. 16 m.w.N.
[1146] *Weiß*, JZ 1998, 289, 295; s. auch *Rogall*, in: KK-OWiG (2000), § 30 Rn. 16; *Schuler*, JR 2003, 265, 268.
[1147] § 30 III i.V.m. § 17 IV OWiG; s. auch *Rogall*, in: KK-OWiG (2000), § 30 Rn. 18 m.w.N.
[1148] *Dannecker*, ZStW 111 (1999), 256, 285; *Weiß*, JZ 1998, 289, 295.
[1149] Dementsprechend scheidet die Anordnung eines Verfalls nach Verhängung einer Geldbuße aus, s. §§ 29a I, 30 V OWiG.
[1150] S. § 17 IV OWiG, auf den § 30 III OWiG verweist.
[1151] *Dannecker*, ZStW 111 (1999), 256, 285 f.; *Ruegenberg*, Steuergeheimnis (2001), S. 195 f.; *Schuler*, JR 2003, 265, 270; *Weiß*, JZ 1998, 289, 296; a.A. *Arzt*, JZ 2003, 456, 457 f.; *Mäder*, Betriebliche Offenbarungspflichten (1997), S. 304; für eine grundsätzliche Geltung unter dem Vorbehalt gesetzlicher Einschränkungen: *Drope*, Strafprozessuale Probleme (2002), S. 199, 202 ff.; *Schlüter*, Strafbarkeit von Unternehmen (2000), S. 119 ff.; s. auch die Einschränkungen für das Ordnungswidrigkeitenverfahren bei *Drope*, aaO, S. 201; *Schlüter*, aaO, S. 157 f. Die Frage wird offen gelassen von *Günther*, ZfW 1996, 290, 293; s. auch zur Geltung dieses Grundsatzes für juristische Personen im Gemeinschaftsrecht und nach der EMRK: *Weiß*, aaO, 290 f., 292 f. m.w.N.
[1152] *Dannecker/Biermann*, in: Immenga/Mestmäcker, GWB (2001), Vor § 81 Rn. 168; *Deringer*, WuW 1988, 933, 941; vgl. auch zu Art. 103 I GG: *Rogall*, in: KK-OWiG (2000), § 30 Rn. 205; s. auch §§ 88 III, 87 II S. 1 OWiG, die indessen als unzureichend angesehen werden, s. *Dannecker/Biermann*, in: Immenga/Mestmäcker, GWB (2001), Vor § 81 Rn. 168.
[1153] *Achenbach*, in: FK-GWB, § 81 Rn. 232; *Dannecker/Biermann*, in: Immenga/Mestmäcker, GWB (2001), Vor § 81 Rn. 168.
[1154] *Achenbach*, in: FK-GWB, § 81 Rn. 232; *Deringer*, WuW 1988, 931, 941 f.; *Göhler*, OWiG (2002), § 55 Rn. 8; *Grützner/Reimann/Wissel*, Kartellamtsermittlungen (1993), S. 116; *Wache*, in: KK-OWiG (2000), § 55 Rn. 14; *von Winterfeld*, BB 1976, 344, 345.
In Bezug auf die im Verwaltungsverfahren bestehenden Auskunftsverweigerungsrechte sind die

j) Ergebnis

Verfassungsrechtliche Grundlage des Grundsatzes „Nemo tenetur se ipsum accusare" ist der Anspruch auf rechtliches Gehör (Art. 103 I GG). Der Grundsatz gilt im Straf- und im Ordnungswidrigkeitenverfahren, hingegen nicht im Verwaltungsverfahren. Der Schutz vor einem Zwang zur Selbstbezichtigung kommt auch juristischen Personen und Personenvereinigungen zugute.

Der Anspruch auf rechtliches Gehör lässt sich seinerseits auf das Gebot der Achtung der Menschenwürde (Art. 1 I GG) und das Rechtsstaatsprinzip zurückführen.[1156] Aufgrund seiner Ableitung aus dem Anspruch auf rechtliches Gehör hat auch der Nemo-tenetur-Grundsatz an dieser verfassungsrechtlichen Garantie Teil. Dies entspricht im Ergebnis den Ansichten, die den Nemo-tenetur-Grundsatz in Art. 1 I GG[1157] oder im Rechtsstaatsprinzip[1158] verwurzelt sehen. Als Verfahrensgrundrecht ist der Nemo-tenetur-Grundsatz allein in den Verfahren zu berücksichtigen, die in seinen Anwendungsbereich fallen (Straf- und Ordnungswidrigkeitenverfahren). Das bedeutet, dass er kein verfahrensübergreifendes informationelles Abwehrrecht verleiht. Einer Verarbeitung von Informationen, die im Verwaltungsverfahren unter Verletzung des Nemo-tenetur-Grundsatzes erhoben wurden, steht dieser Grundsatz also nicht entgegen. Umgekehrt kann allerdings die strafprozessuale Verwertung einer im Verwaltungsverfahren mit Hilfe von Zwang erhobenen Information gegen das Nemo-tenetur-Prinzip verstoßen, da bereits die Verwertung die Gewährung rechtlichen Gehörs im Strafverfahren beeinträchtigt, da der Einzelne mit einer eigenen Position konfrontiert wird, von der er sich nicht mehr mit Erfolg distanzieren kann.

Ansichten hingegen geteilt, s. (für ein Auskunftsverweigerungsrecht der juristischen Person): *Grützner/Reimann/Wissel*, Kartellamtsermittlungen (1993), S. 127; *Klaue*, in: Immenga/Mestmäcker, GWB (2001), § 59 Rn. 39; *Quack*, in: FK-GWB, § 46 (a.F.) Rn. 59; s. auch *Pottmeyer*, KrWaffG (1994), § 14 Rn. 20; a.A. *Braun*, in: Boos/Fischer/Schulte-Mattler, KWG (2000), § 44 Rn. 56; *Kollhosser*, in: Prölss, VAG (1997), § 83 Rn. 20; *Scholl*, Behördliche Prüfungsbefugnisse (1989), S. 120f.; *Schultz*, in: Langen/Bunte, Kartellrecht (2001), § 59 GWB Rn. 19; s. auch *Szagunn/Haug/Ergenzinger*, KWG (1997), § 44 Rn. 46.

[1155] BVerfG, BB 1975, 1315; *Drope*, Strafprozessuale Probleme (2002), S. 213f.; *Göhler*, OWiG (2002), § 55 Rn. 8; *Wache*, in: KK-OWiG (2000), § 55 Rn. 14.

[1156] *Kunig*, in: FS 50 Jahre BVerfG (2001), Bd. II, S. 421, 426; *Rüping*, Rechtliches Gehör (1976), S. 122ff.; *Schmidt-Aßmann*, in: Maunz/Dürig, GG, Art. 103 I Rn. 2.

[1157] S.o. die Nachweise auf S. 146 (zur Herleitung aus Art. 1 I GG).

[1158] S. insbesondere *Paeffgen*, Vorüberlegungen (1986), S. 71 f.; *Reiß*, Besteuerungsverfahren (1987), S. 157; *H. Schneider*, Selbstbegünstigungsprinzip (1991), S. 40; s. ferner BVerfGE 56, 37, 43; 80, 109, 120, 121; StV 1999, 71; BGHSt 36, 44, 48; *Ransiek*, Die Rechte des Beschuldigten (1990), S. 53; *Schramm*, Verpflichtung des Abwassereinleiters (1990), S. 51; a.A. *Nothhelfer*, Selbstbezichtigungszwang (1989), S. 50f.; *Rogall*, Der Beschuldigte (1977), S. 138f.; s. auch *Stürner*, NJW 1981, 1757f.

Entsprechendes gilt für die Begründung über den Anspruch auf ein faires Verfahren, s. insoweit: BVerfG, NStZ 1995, 555; BGHSt 36, 44, 48; 38, 214, 220; 38, 263, 266; *Rzepka*, Zur Fairness (2000), S. 387 m.w.N.

Für eine Ableitung aus dem Schuldprinzip: *H.A. Wolff*, Selbstbelastung (1997), S. 59ff., 62; s. insoweit die Kritik von *Torka*, Nachtatverhalten (2000), S. 87f.

II. Informationsverarbeitung und Grundrechte

Die Ausführungen zu den materiellen Grundrechten haben gezeigt, dass Teilgehalte dieses Rechtes auch durch materielle Grundrechte verfassungsrechtlich verbürgt sind. Soweit diese Grundrechte ein informationelles Abwehrrecht verleihen, ist der Einzelne über das Strafverfahren hinaus, d.h. verfahrensübergreifend vor informationsverarbeitenden Maßnahmen geschützt. Dies gilt für das allgemeine Persönlichkeitsrecht (Art. 2 I i.V.m. Art. 1 I GG) und informationellen Eingriffen in die Gewissensfreiheit (Art. 4 I GG).[1159] Dieser Schutz ist aber in seiner Reichweite begrenzt und nicht absolut, d.h. er unterliegt im Rahmen der Verhältnismäßigkeit gesetzlichen Beschränkungen. Die Vereinbarkeit der staatlichen Informationseingriffe mit den materiellen Grundrechten bedarf insoweit keiner besonderen Prüfung, sondern kann im Rahmen der allgemeinen, von diesen Grundrechten gezogenen verfassungsrechtlichen Grenzen erörtert werden.[1160]

Soweit durch den Anspruch auf rechtliches Gehör ein weitergehender Schutz gewährt wird, ist die Verfassungsmäßigkeit der Informationseingriffe hingegen in einem eigenen Abschnitt zu untersuchen.[1161]

[1159] S.o. S. 121 f., 128 ff. Ob dies auch für das Recht gilt, sein eigenes Verhalten selbst zu bewerten und nicht zur Übernahme und Wiedergabe einer fremden Bewertung gezwungen zu werden (Art. 4 I, Art. 5 I GG), kann offen bleiben, da derartige Pflichten verfassungsrechtlich unzulässig und dementsprechend weder im Straf- noch im Verwaltungsverfahrensrecht normiert sind.
[1160] S.u. S. 202 ff.
[1161] S.u. S. 436 ff.

C. Die verfahrensübergreifende Verwendung personenbezogener Informationen

Nachdem der verfassungsrechtliche Rahmen verfahrensübergreifender Informationsverarbeitung geklärt worden ist, soll diese nun im Einzelnen untersucht werden. Die unterschiedlichen Bereiche der Wirtschaftsaufsicht sollen dabei nicht getrennt betrachtet werden, sondern es soll versucht werden, auf der Grundlage der informationellen Abwehrrechte des Einzelnen allgemeine Grundsätze für die verfahrensübergreifende Informationsverarbeitung zu entwickeln. Vorausgeschickt werden soll ein Überblick über die Informationserhebungsbefugnisse im Verwaltungsverfahren und deren verfassungsrechtliche Würdigung (I.). Danach wird die Verarbeitung der auf diese Weise erhobenen Informationen im Straf- und Ordnungswidrigkeitenverfahren untersucht (II.). Sodann wird die Zweckentfremdung von Daten aus einem Straf- oder Ordnungswidrigkeitenverfahren zu präventiven Zwecken behandelt (III.). Auf eine Darstellung der Ermittlungsbefugnisse im Straf- bzw. Ordnungswidrigkeitenverfahren wird aus Platzgründen verzichtet; ihre Vereinbarkeit mit den verfassungsrechtlichen Vorgaben wird als gegeben vorausgesetzt.[1] Schließlich werden in einem besonderen Abschnitt der Grundsatz „Nemo tenetur se ipsum accusare" und seine Folgen für die Verwertung von Informationen, die im Verwaltungsverfahren erhoben worden sind, zur Strafverfolgung zu erörtern sein (IV.).

---

[1] S. etwa den Überblick über die strafprozessualen Ermittlungsbefugnisse bei *Beulke*, Strafprozessrecht (2002), Rn. 233 ff.

I. Die Informationserhebung im Verwaltungsverfahren und informationelle Abwehrrechte

Zum besseren Verständnis soll zunächst ein Überblick über die behördlichen Ermittlungsbefugnisse im Verwaltungsverfahren und die Mitwirkungspflichten des Beteiligten gegeben werden (1.). Soweit diese Befugnisse mit Blick auf die informationellen Abwehrrechte des Beteiligten verfassungsrechtlichen Bedenken ausgesetzt sind, soll dem auf der Grundlage der Ausführungen im Teil B.II.2. und 3. nachgegangen werden (2.). Hat bereits die Erhebung einer Information im Hinblick auf ein solches Abwehrrecht zu unterbleiben, so erübrigt sich die Frage nach der Zulässigkeit ihrer Verwertung in einem anderen Verfahren.[1]

1. Die Ermittlungsbefugnisse der Aufsichtsbehörden und die gesetzlichen Mitwirkungspflichten (Überblick)

Die Beteiligten des Verwaltungsverfahrens sollen an der Ermittlung des Sachverhaltes mitwirken (§ 26 II S. 1 VwVfG). Dies wird allgemein im Sinne einer Mitwirkungslast verstanden:[2] Unterlässt es der Beteiligte, Umstände vorzubringen, die in seinem Verantwortungsbereich liegen, so ist die Aufklärungspflicht der Behörde (§ 24 VwVfG) insoweit begrenzt.[3] Eine erzwingbare Pflicht zur Mitwirkung an der Sachverhaltsaufklärung besteht hingegen nach Maßgabe anderer gesetzlicher Vorschriften (s. § 26 II S. 3 VwVfG). In diesen wird der Einzelne entweder unmittelbar gesetzlich zur Mitwirkung an der Aufklärung des Sachverhalts verpflichtet oder der Behörde werden dort Befugnisse zur Informationserhebung eingeräumt.

---

[1] Zu der Frage, ob die Verletzung eines informationellen Abwehrrechtes ein Verwertungsverbot begründet, s. u. S. 346 ff. (zur Verwertung im Ausgangsverfahren) und S. 348 f. (zur Verwertung im Straf- bzw. Ordnungswidrigkeitenverfahren).
[2] *Badura*, in: Erichsen, Allgemeines Verwaltungsrecht (2002), § 37 Rn. 3; *Kopp/Ramsauer*, VwVfG (2003), § 26 Rn. 40; *Maurer*, Allgemeines Verwaltungsrecht (2002), § 19 Rn. 25; *Stelkens/Kallerhoff*, in: Stelkens/Bonk/Sachs, VwVfG (2001), § 26 Rn. 44.
[3] BVerwG, DÖV 1983, 207; NVwZ 1987, 404, 405; OVG Münster, NVwZ-RR 1994, 386, 387; *Stelkens/Kallerhoff*, in: Stelkens/Bonk/Sachs, VwVfG (2001), § 24 Rn. 28 f. Bei der Sachverhaltsermittlung im Besteuerungsverfahren gilt der Grundsatz der „sphärenorientierten Mitverantwortung", s. *Tipke/Lang*, Steuerrecht (2002), S. 729, 772.

a) Gesetzliche Informationspflichten gegenüber der Behörde

Die gesetzlichen Anzeigepflichten[4] zielen darauf ab, dass die Behörde unmittelbar über den anzeigepflichtigen Vorgang informiert wird. In der Regel wird die Behörde erst mit der Anzeige in die Lage versetzt, ihre Überwachungsaufgabe in diesem konkreten Fall wahrzunehmen; die Anzeige wird deshalb als „conditio sine qua non" der behördlichen Überwachung bezeichnet.[5] Der Grund für die Anzeigepflicht kann in betriebsbezogenen[6], anlagebezogenen[7] oder produktbezogenen[8] Gefahren der unternehmerischen Tätigkeit bestehen. Die Anzeige kann auch zur Ermittlung der überwachungsrechtlich verantwortlichen Personen geboten sein.[9] Im Steuerrecht dient die Anzeige einer gewerblichen Tätigkeit der steuerlichen Erfassung der Steuerpflichtigen.[10] Mit einer Anzeigepflicht können auch mehrere Zwecke zugleich verfolgt werden: Die Pflicht zur Gestellung von Waren im grenzüberschreitenden Verkehr[11] dient einerseits der Abgabenerhebung, andererseits der Überwachung der Einhaltung von Verboten und Beschränkungen im grenzüberschreitenden Warenverkehr.[12] Gegenstand der Anzeigepflicht können der Beginn[13], das Ende[14] und die Änderung[15] der jeweiligen unternehmerischen Tätigkeit sein.[16]

Die Pflicht kann auch auf die regelmäßige Meldung bestimmter Vorgänge gerichtet und damit Teil einer fortlaufenden Überwachung sein.[17] Hierzu zählt die Unterrichtung über Herstellung von und Bestand an gefährlichen Produkten[18], im

---

[4] S. z.B. §§ 29, 67 AMG; §§ 137ff. AO; § 15 BImSchG; §§ 18, 24a BtMG; § 4 I ChemG; §§ 8 II, 21 GenTG; § 14 GewO; §§ 13, 14, 24, 28 I KWG; §§ 12 V, 12a KrWaffG; §§ 9, 19, 21a, 25 PflSchG; § 36 PostG; § 14 SprengG; § 9 TierSG; § 4 TKG; § 37 WaffenG.
[5] *Gröschner*, Das Überwachungsrechtsverhältnis (1992), S. 246.
[6] S. z.B. § 14 GewO; § 4 TKG.
[7] S. z.B. § 15 BImSchG; § 21 GenTG.
[8] S. z.B. § 29 AMG; §§ 18, 24a BtMG; § 4 I S. 1 ChemG; §§ 12 V, VI, 12a KrWaffG; § 21a PflSchG.
[9] S. die Mitteilungspflichten zur Betriebsorganisation nach §§ 53 KrW-/AbfG, 52a BImSchG.
[10] S. §§ 137ff. AO.
[11] S. Art. 40 Zoll-Kodex.
[12] S. § 1 I-III ZollVG und Art. 4 Nr. 13 Zoll-Kodex; *Witte*, in: Witte, Zoll-Kodex (2002), Art. 4 – Stichwort zollamtliche Überwachung; s. hingegen §§ 46 III S. 1 AWG, 21e BNatSchG (Gestellungspflicht zur Überwachung von Verboten und Beschränkungen).
[13] S. §§ 138 I S. 1, 139 I S. 1 AO; § 14 I S. 1 GewO; § 14 S. 1 SprengG.
[14] S. §§ 138 I S. 4 AO, 14 I S. 2 Nr. 3 GewO, 14 S. 1 SprengG.
[15] S. §§ 138 I S. 4 AO, 14 I S. 2 Nr. 1, 2 GewO; §§ 7 VII, IX; 11 VII, IX; 22 X MinöStV; § 9 TabStV. Unter den Begriff der Änderungsanzeige fällt jedwede Veränderung sachlicher Art – s. *Gröschner*, Das Überwachungsrechtsverhältnis (1992), S. 248 f. –, also z.B. die Anzeige von Großkrediten (§ 13 KWG), einer längeren Betriebsstörung im öffentlichen Personenverkehr (§ 2 V PBefG), von Unfällen (§ 26 II SprengG) oder Störfällen (§ 11 I der 12. BImSchVO), von Verlust oder Vernichtung (§§ 12 VI Nr. 3 KrWaffG, 26 I SprengG, 37 II WaffenG, zum Steuerrecht: §§ 9 BierStV, 22 VIII MinöStV, 15 SchaumwZwStV).
[16] So die Einteilung von *Gröschner*, Das Überwachungsrechtsverhältnis (1992), S. 246; s. hingegen die differenziertere Typologie von *H. A. Wolff*, Selbstbelastung (1997), S. 169ff.
[17] *H. A. Wolff*, Selbstbelastung (1997), S. 171.
[18] S. etwa § 18 BtMG. Aufgrund der besonderen Anfälligkeit für Abgabenhinterziehungen unterliegen auch zoll- und verbrauchssteuerpflichtige Waren der laufenden Überwachung (§§ 209ff.

Finanzsektor die kontinuierliche Meldung von Wertpapiergeschäften[19] und die Vorlage von Jahresabschluss, Lagebericht und Prüfungsberichten[20]. Im Umweltrecht finden sich derartige Pflichten im Rahmen der Eigenüberwachung[21], wie z.B. die Pflicht zur Abgabe einer Emissionserklärung[22]. Im Steuerrecht ist der Einzelne nach Maßgabe der Steuergesetze in regelmäßigen Abständen verpflichtet, eine Steuererklärung abzugeben.[23]

Kennzeichen der Anzeige- und Erklärungspflichten ist, dass die gesetzliche Regelung den Adressaten unmittelbar verpflichtet, sich gegenüber der Behörde zu äußern.[24] In manchen Vorschriften ist auch eine Anzeigepflicht Dritter vorgesehen.[25] Die Verletzung der Anzeigepflicht stellt in der Regel eine Ordnungswidrigkeit dar.[26]

b) Behördliche Auskunftsverlangen

Zur Aufklärung des Sachverhalts kann die Behörde den Einzelnen auch dazu auffordern, ihr über bestimmte Vorgänge Auskunft zu erteilen.[27] Im Unterschied zu

---

AO), s. dazu *Hann*, Die Steueraufsicht (1988), S.20ff., 38ff. Die Hersteller verbrauchssteuerpflichtiger Waren haben daher in regelmäßigen Abständen ihre Bestände festzustellen und diese der Behörde anzuzeigen, s. §§ 11 BierStV, 4 IV KaffeeStV, 7 IV MinöStV, 16 SchaumwZwStV, 32 TabStV.

[19] § 9 WpHG.
[20] § 26 KWG; § 21 I Nr. 2 UBGG.
[21] Der Begriff der Eigenüberwachung bedeutet, dass der Betroffene nicht an der behördlichen Überwachung mitwirkt, sondern eigenverantwortlich zur Gefahrenabwehr tätig wird, s. *Kloepfer/Rehbinder/Schmidt-Aßmann*, UGB-AT (1991), S.294; s. z.B. § 4 II, III BBodSchG. Die Eigenüberwachung ersetzt in diesem Fall (partiell) die behördliche Überwachung, s. *Kloepfer*, Umweltrecht (1998), § 5 Rn. 140.
[22] § 27 BImSchG i.V.m. § 4 der 11. BImSchVO; s. auch § 36a KrW-/AbfG. *H.A. Wolff*, Selbstbelastung (1997), S. 164 (in Fußn. 302), bildet für die Mitwirkungspflichten im Rahmen der Eigenüberwachung eine eigene Gruppe, der er auch die Pflicht zur Abgabe einer Emissionserklärung zuordnet. Der Charakter der Pflicht als unmittelbar aus dem Gesetz abzuleitende Informationspflicht bleibt davon unberührt, s. auch *H.A. Wolff*, aaO, S. 166 (in Fußn. 316).
[23] § 149 I S. 1 AO; s. insoweit z.B. §§ 25 III EStG, 49 KStG, 18 III UStG; s. auch die zollrechtliche Pflicht zur Abgabe einer summarischen Anmeldeerklärung bzw. zur Erklärung über die zollrechtliche Bestimmung (Art. 43ff. Zoll-Kodex). Bei der Umsatzsteuer (§ 18 I S. 1 UStG) und den Verbrauchssteuern (§§ 9 KaffeeStG, 10 MinöStG, 8 SchaumwZwG, 12 TabStG) hat der Steuerpflichtige die Steuerschuld selbst zu berechnen (Steueranmeldung, § 150 I S. 2 AO).
[24] S. OVG Berlin, UPR 1982, 277; *Hahn*, Offenbarungspflichten (1984), S. 97; *Nobbe/Vögele*, NuR 1988, 313, 314; *H.A. Wolff*, Selbstbelastung (1997), S.167f.
[25] § 12 VI Nr. 4 KrWaffG; § 9 III TierSG; im Steuerrecht: §§ 33, 34 ErbStG; § 18 GrEStG.
[26] S. die Nachweise bei *H.A. Wolff*, Selbstbelastung (1997), S. 167 (in Fußn. 320); zum Steuerrecht s. z.B. § 379 II Nr. 1 AO; unter Umständen kommt auch eine Strafbarkeit nach § 370 I Nr. 2 AO in Betracht, s. *Joecks*, in: Franzen/Gast/Joecks, Steuerstrafrecht (2001), § 370 Rn. 164f., 170ff. m.w.N.
[27] S. z.B. § 64 IV Nr. 3 AMG; § 93 I S. 1 AO; §§ 44 I S. 1, 46 II AWG; § 19 II S. 2 AtG; § 52 II S. 1 BImSchG; § 23 I BNatSchG; § 22 I Nr. 2 BtMG; § 18 II S. 1 EnWG; § 22b I S. 1 Nr. 2 FlHG; § 22 I GaststättenG; § 25 II GenTG; § 29 I GewO; § 7 I S. 1 GSG; §§ 12 I S. 3, 21a III S. 1 GüKG; § 59 I Nr. 1 GWB; § 40 I S. 1 KrW-/AbfG; §§ 44 I S. 1, II S. 1, 44c I S. 1 KWG; § 14 III Nr. 1 KrWaffG; § 41 III Nr. 4 LMBG; § 54a I S. 1 Nr. 2 PBefG; § 38 I PflSchG; § 45 I Nr. 1 PostG; § 31 I SprengG; § 16 II TierSchG; § 73 II TierSG; § 72 I Nr. 1 TKG; § 21a I UBGG; § 83 I S. 1 Nr. 1 VAG; § 39 I WaffenG; § 21 I S. 3 WHG; § 16 IV WpHG; § 40 II WpÜG; § 12a I S. 1 ZollVG.

I. Verwaltungsverfahren und informationelle Abwehrrechte

den gesetzlichen Anzeige- und Erklärungspflichten entsteht die Auskunftspflicht erst mit dem behördlichen Auskunftsverlangen.[28] Zur Auskunft verpflichtet ist grundsätzlich, wer der Überwachung unterliegt.[29] Zum Teil wird die Auskunftspflicht auf die Geschäftspartner des überwachten Unternehmens ausgedehnt.[30] Unbeteiligte Dritte sind nur auskunftspflichtig, soweit dies im Einzelfall gesetzlich vorgesehen ist.[31] Das Auskunftsverlangen gegenüber dem Betroffenen genießt in einem solchen Fall Vorrang.[32] Der Auskunftspflicht werden zum Teil durch Auskunftsverweigerungsrechte Grenzen gesetzt.[33] In den meisten Fällen sollen diese Vorschriften den Betroffenen davor bewahren, sich selbst oder einen Angehörigen wegen einer Straftat oder Ordnungswidrigkeit zu bezichtigen.[34]

Nach allgemeiner Ansicht ist das Auskunftsverlangen ein Verwaltungsakt.[35] Dieser kann erforderlichenfalls mit Hilfe behördlicher Zwangsmittel durchgesetzt werden. Wird einem behördlichen Auskunftsverlangen nicht Folge geleistet, so kann dies zudem als Ordnungswidrigkeit verfolgt werden.[36]

c) Behördliche Vorlageverlangen

Die Auskunftspflicht wird ergänzt durch die Pflicht des Betroffenen, auf Verlangen der Aufsichtsbehörde Geschäftsbücher, Aufzeichnungen und andere Unterla-

---

[28] OVG Berlin, UPR 1982, 277; *Hahn*, Offenbarungspflichten (1984), S. 98; *Nobbe/Vögele*, NuR 1988, 313, 314; *H.A. Wolff*, Selbstbelastung (1997), S. 167f.

[29] S. z.B. §§29 I GewO, 44 I S. 1 KWG (betriebsbezogen); §52 II S. 1 BImSchG (anlagebezogen); §§24 BtMG, 31 I SprengG (produktbezogen); zusammenfassend *H.A. Wolff*, Selbstbelastung (1997), S. 155; zum materiellen und formellen Überwachungsrechtsverhältnis: *Gröschner*, Das Überwachungsrechtsverhältnis (1992), S. 161ff.; zu den innerhalb eines Unternehmens Verpflichteten: *Scholl*, Behördliche Prüfungsbefugnisse (1989), S. 27ff., 35.

[30] S. z.B. §21a II S. 1, III GüKG; §83 V VAG; s. auch §44 II AWG („wer unmittelbar oder mittelbar am Außenwirtschaftsverkehr teilnimmt"), und dazu *Hocke/Berwald/Maurer*, Außenwirtschaftsrecht, §44 AWG Anm. 6.

[31] *Scholl*, Behördliche Prüfungsbefugnisse (1989), S. 37; s. z.B. §93 I S. 1 AO, §11 II S. 2 GewO, §89 VI TKG.

[32] *Scholl*, Behördliche Prüfungsbefugnisse (1989), S. 38; s. auch §93 I S. 3 AO (s. aber §208 I S. 3 AO); s. dazu u. S. 221.

[33] S. insbesondere §§101ff. AO.

[34] S. z.B.: §52 V BImSchG; §23 III BNatSchG; §24 II BtMG; §22b II FlHG; §22 III GaststättenG; §25 IV GenTG; §29 III GewO; §7 I S. 2 GSG; §12 I S. 4 GüKG; §59 V GWB; §44 VI KWG; §40 IV KrW-/AbfG; §14 VI KrWaffG; §47 IV LMBG; §54a I Nr. 2 S. 2 PBefG; §38 V PflSchG; §45 IV PostG; §31 III SprengG; §73 VI TierSG; §16 IV TierSchG; §72 VII TKG; §83 V VAG; §39 I S. 2 WaffenG; §21 IIa WHG; §40 V WpÜG; s. dazu im Einzelnen u. S. 436ff.

[35] Besonders deutlich zeigt sich dies in den neueren Regelungen, s. §§45 II PostG, 72 II TKG; s. dazu im Bereich der Wirtschaftsüberwachung (i.e.S.): *Scholl*, Behördliche Prüfungsbefugnisse (1989), S. 84ff. m.w.N.; zum Steuerrecht (§93 AO): FG Düsseldorf, EFG 1997, 582, 583; *Tipke/Lang*, Steuerrecht (2002), S. 777.

[36] S. *H.A. Wolff*, Selbstbelastung (1997), S. 149 m.w.N. (in Fußn. 184). Im Besteuerungsverfahren kann die Finanzbehörde den Beteiligten auffordern, dass er die Richtigkeit der von ihm behaupteten Tatsachen an Eides statt versichert (§95 I S. 1 AO). Bei den nicht am Verfahren beteiligten Auskunftspersonen kommt eine eidliche Vernehmung in Betracht (§94 AO).

gen zur Einsichtnahme vorzulegen.[37] Zum Teil kann die Behörde zu diesem Zweck auch das Datenverarbeitungssystem des Vorlagepflichtigen nutzen (unmittelbarer Datenzugriff) oder verlangen, dass ihr die gespeicherten Unterlagen und Aufzeichnungen auf einem Datenträger zu Verfügung gestellt werden (Datenträgerüberlassung).[38] Die Behörde ist berechtigt, von den vorgelegten Unterlagen Kopien oder Abschriften anzufertigen.[39] Darüber hinaus kann die Behörde den Betroffenen auffordern, Gegenstände, auf die sich die Überwachung bezieht, vorzulegen.[40]

Hinsichtlich der Vorlagepflicht unbeteiligter Dritter[41], der Einordnung des behördlichen Verlangens als Verwaltungsakt[42] und der Ahndung von Zuwiderhandlungen[43] gelten die Ausführungen zur Auskunftspflicht entsprechend. Anders als bei der Auskunftspflicht ist ein Recht zur Verweigerung der Vorlage zum Schutz vor einer Selbstbezichtigung grundsätzlich nicht vorgesehen.[44]

d) Gesetzliche Pflichten zur Ermöglichung der behördlichen Informationserhebung (insbesondere Aufzeichnungspflichten)

Die Pflicht zur Vorlage von Aufzeichnungen und Unterlagen ist zur Gewinnung von Informationen nur geeignet, sofern diese zuvor von dem Vorlagepflichtigen angefertigt worden sind. Eine entsprechende Verpflichtung enthalten die handelsrechtlichen Buchführungs- und Aufzeichnungsvorschriften.[45] Das Steuerrecht bestimmt ausdrücklich, dass der Steuerpflichtige diese Pflichten auch für die Besteuerung zu erfüllen hat.[46] Im Recht der Wirtschaftsaufsicht ist der Betroffene zur Anfertigung und Aufbewahrung von Aufzeichnungen verpflichtet, soweit dies zur

---

[37] S. z.B. § 97 I S. 1 AO; § 44 I S. 2 AWG; § 52 II S. 1 BImSchG; § 23 II BNatSchG; §§ 22 I Nr. 1, 24 I BtMG; § 22b I S. 1 FlHG; §§ 6 III S. 1, 25 III S. 1 Nr. 3, S. 3 GenTG; § 29 II S. 1 GewO; § 59 I Nr. 1 und 2 GWB; § 14 V KrWaffG; §§ 44 I S. 1, II S. 1, 44c I S. 1 KWG; § 38 II S. 1 Nr. 3, S. 3 PflSchG; § 45 I Nr. 2, III PostG; § 73 III, V TierSG; § 16 III S. 1 Nr. 3, S. 2 TierSchG; § 72 I Nr. 2, III TKG; § 21a I UBGG; § 83 I S. 1 Nr. 1 VAG; § 21 I S. 3 WHG; § 16 IV WpHG; § 40 II WpÜG; s. auch § 64 IV Nr. 2 AMG; § 18 III S. 1 EnWG; § 22 II S. 1 GaststättenG; §§ 12 IV S. 1 Nr. 2, 21a II S. 2 GüKG; § 14 III Nr. 2 KrWaffG; § 40 II S. 1 KrW-/AbfG; § 41 III Nr. 3 LMBG; § 54a I S. 1 Nr. 1 PBefG; § 31 II S. 1 SprengG; § 39 II S. 1 WaffenG.
[38] S. § 147 VI AO (im Rahmen einer steuerrechtlichen Außenprüfung); s. dazu *Apitz*, StBp 2002, 33, 40ff.
[39] S. etwa §§ 64 IV Nr. 2 AMG, 22 I Nr. 1 BtMG, 25 III S. 1 Nr. 3 GenTG, 41 III Nr. 3 LMBG.
[40] § 46 I S. 1 AWG (Vorlage eingeführter, ausgeführter oder durchgeführter Gegenstände); § 27 II PflSchG (Übersendung von Pflanzenschutzgeräten zur Prüfung); § 39 III WaffenG (Vorzeigen von Waffen und Munition); s. auch § 100 I S. 1 AO (Vorlage von Wertsachen, die möglicherweise der Besteuerung unterliegen).
[41] S. auch § 97 I S. 1 AO.
[42] S. *Scholl*, Behördliche Prüfungsbefugnisse (1989), S. 84ff.
[43] S. die Zusammenstellung bei *H. A. Wolff*, Selbstbelastung (1997), S. 162 (in Fußn. 280).
[44] S. aber das Vorlageverweigerungsrecht nach § 16 II S. 4, 2. Halbsatz IfSG und § 104 AO.
[45] S. insbesondere §§ 238ff. HGB.
[46] § 140 AO. Diese derivativen Pflichten werden durch originär steuerrechtliche Pflichten zur Buchführung (§ 141) und zur Aufzeichnung des Eingangs und Ausgangs von Waren (§§ 143, 144 AO) ergänzt; s. auch die Aufzeichnungspflicht nach § 22 I UStG.

Überwachung von Betrieben[47], Anlagen[48] oder Produkten[49] geboten ist. Im Rahmen der Finanzaufsicht ist auch eine Pflicht zur Aufzeichnung von Informationen über Dritte vorgesehen.[50] Diese Pflichten zielen häufig nicht allein darauf, eine behördliche Kontrolle zu ermöglichen, sondern halten den Betroffenen zugleich zu einer eigenverantwortlichen Gefahrenabwehr an.[51]

Zur Informationserhebung durch die Behörde bedarf es in allen diesen Fällen noch eines weiteren Aktes, denn die Informationen werden zwar aufgezeichnet, aber noch nicht weitergegeben. Dies geschieht erst mit einer – gesetzlich oder behördlich – veranlassten Übermittlung, z.B. aufgrund eines Vorlageverlangens.[52] Die gesetzliche Pflicht zur Sammlung und Vorhaltung von Informationen und der Zugriff auf diese Information werden daher als Einheit betrachtet.[53]

Der Betroffene kann auch in anderer Weise im Vorfeld einer behördlichen Prüfung verpflichtet sein, die behördliche Informationserhebung zu ermöglichen oder zu erleichtern. So bestehen im Rahmen der Steueraufsicht zur vollständigen Erfassung der steuerpflichtigen Waren Pflichten, die Ware zu kennzeichnen[54] oder diese auf eine bestimmte Art und Weise zu verpacken[55], zu lagern[56], zu behandeln[57] oder zu verschließen.[58] Ähnlich steht es mit den überwachungsrechtlichen Kennzeichnungspflichten[59], welche die behördliche Informationserhebung erleichtern. Auch die Pflicht zur Bestellung eines Betriebsbeauftragten[60] bewirkt, dass dieser Infor-

---

[47] §§ 49 IV S. 4 PBefG, 11a I S. 1 TierSchG; s. insbesondere § 10 Makler- und Bauträgerverordnung und dazu *Gröschner*, Das Überwachungsrechtsverhältnis (1992), S. 254.
[48] S. § 14 II Druckbehälterverordnung, § 11 Getränkeschankanlagenverordnung, § 5 der 3. BImSchV sowie § 11 der 2. BImSchV, und dazu *Gröschner*, Das Überwachungsrechtsverhältnis (1992), S. 254, 255; s. auch §§ 6 III S. 1 GenTG, 19i II WHG.
[49] S. etwa die Aufzeichnungen über den Bestand: §§ 17 BtMG, 12 II KrWaffG, 16 SprengG, 23 WaffenG. Wegen der besonderen Gefahr von Steuerhinterziehungen bestehen derartige Pflichten auch bei verbrauchssteuerpflichtigen Waren, s. §§ 10 I, II BierStV; 4 I,II, 10 I KaffeeStV; 7 I, II, 11 I, II, 22 II, III, 40 I, II MinöStV; 12 I, II, III, 40 I, II SchaumZwStV; 30 TabStV.
[50] S. die Pflichten im Rahmen der Geldwäschebekämpfung (§§ 2 ff. GwG); s. auch § 12 II S. 5 WpHG; s. ferner die steuerrechtliche Identifikationspflicht (§ 154 III S. 1 AO).
[51] S. z.B. die Pflicht zur eigenverantwortlichen Einstufung eines gefährlichen Stoffes (§ 13 I S. 2 ChemG) mit den daran anknüpfenden Prüfungs-, Verpackungs- und Kennzeichnungspflichten (kontrollierte Eigenverantwortlichkeit), s. *Kloepfer*, Umweltrecht (1998), § 4 Rn. 55; s. dazu u. S. 450 f.
[52] S. etwa §§ 5 III S. 1 BBodSchG, 31 BImSchG, 6 III S. 1 GenTG, 7 I S. 4 GSG.
[53] *Gröschner*, Überwachungsrechtsverhältnis (1992), S. 252; *H.A. Wolff*, Selbstbelastung (1997), S. 214; s. dazu u. S. 442 ff.
[54] S. § 3 II S. 2 MinöStG und die HeizölkennzV.
[55] S. den Verpackungszwang nach § 14 TabStG.
[56] S. §§ 8 BierStV, 10 SchaumwZwStV. Um eine wirksame Kontrolle zu gewährleisten, müssen Herstellungsbetriebe und Lagerstätten bestimmten Anforderungen entsprechen, s. §§ 2 KaffeeStV; 5, 10 MinöStV; 9 SchaumwZwStV.
[57] S. §§ 7 KaffeeStV, 12 MinöStV.
[58] S. § 11 SchaumwZwStV.
[59] S. §§ 23 Nr. 4 KrW-/AbfG, 14 I S. 1 BtMG, 8 I FlHG, 16 I S. 1 LMBG, 20 PflSchG, 11a II S. 1 TierSchG, 13 I WaffenG.
[60] § 53 BImSchG; § 6 IV GenTG; § 54 KrW-/AbfG; §§ 8b, 16 IVa TierSchG; § 21a WHG; s. auch den Geldwäschebeauftragten (§ 14 II Nr. 1 GwG).

mationen sammelt, welche später möglicherweise der Behörde zugänglich gemacht werden.[61] Allen diesen Pflichten ist gemeinsam, dass sie im Vorfeld eines informationellen Eingriffs liegen, diesen aber ermöglichen oder erleichtern, indem sie gewährleisten, dass bestimmte Informationen vorgehalten werden.

e) Die Entnahme von Proben und weitere Mitwirkungspflichten (Untersuchungen, Messungen, Auswertungen)

Die Sachverhaltsaufklärung erfordert in vielen Fällen den Einsatz technischer Hilfsmittel. In diesem Zusammenhang ist die Behörde nach Maßgabe des jeweiligen Gesetzes zur Entnahme von Proben ermächtigt[62], die im Anschluss an die Entnahme wissenschaftlich untersucht werden. Die Behörde kann auch unmittelbar vor Ort technische oder wissenschaftliche Untersuchungen durchführen.[63]

Stattdessen ist zum Teil auch vorgesehen, dass die Behörde den Betroffenen auffordert, selbst Untersuchungen, z.B. Messungen, durchzuführen und das Ergebnis der Behörde vorzulegen.[64] Des Weiteren kann der Betroffene im Rahmen einer Betriebsprüfung verpflichtet werden, elektronisch gespeicherte Daten über die Buchführung und andere geschäftliche Vorgänge nach den Vorgaben der Behörde auszuwerten.[65]

f) Anhalte- und Kontrollrechte, körperliche Durchsuchung

Nach Maßgabe der gesetzlichen Vorschriften sind die Überwachungsbehörden ermächtigt, Personen und Fahrzeuge zu Kontrollzwecken anzuhalten.[66] Im Rahmen der zollamtlichen Überwachung[67] stehen der Zollbehörde weitreichende Kontrollbefugnisse zu, insbesondere kann sie das Beförderungsmittel, dessen Ladung, das Gepäck des Betroffenen sowie diesen selbst durchsuchen.[68] Der Betroffene ist zur

---

[61] S. *H.A. Wolff*, Selbstbelastung (1997), S. 222.
[62] S. z.B. § 65 I S. 1 AMG; § 23 I S. 1 BtMG; § 22b I S. 1 Nr. 3 FlHG; § 25 III S. 1 Nr. 2 GenTG; § 22 GÜG; §§ 42 I S. 1, 46d III S. 2 LMBG; § 38 II S. 1 Nr. 2 PflSchG; § 31 II S. 2 SprengG; § 12 StrVG; § 16 III S. 1 Nr. 4 TierSchG; § 73 IV TierSG; § 39 II S. 1 WaffenG; im Steuerrecht: § 210 III S. 4 AO; §§ 33 BierStV, 4 VI, 25 KaffeeStV, 7 VI, 11 VI, 22 IX MinöStV, 31 TabStV.
[63] S. etwa § 52 II S. 1 BImSchG; § 25 III S. 1 Nr. 2 GenTG; § 7 II S. 1, III GSG; § 40 II S. 2 KrW-/AbfG; § 16 III Nr. 4 und 5 TierSchG; § 21 I S. 3 WHG.
[64] S. § 28 III, IIIa AMG (als Auflage); § 7 I S. 3 GSG; § 36a KrW-/AbfG; §§ 26, 27, 28, 29, 29a BImSchG; § 19i II Nr. 4 WHG. Soweit die Ergebnisse von vornherein zur Vorlage bei der Behörde bestimmt sind, liegt bereits in der Verpflichtung zur Untersuchungsmaßnahme und der anschließenden Übermittlung ein Informationserhebungseingriff. So kann der Einzelne z.B. verpflichtet werden, die Ergebnisse einer kontinuierlichen Messung fortlaufend zu übermitteln (s. BVerwG, DVBl 1997, 726).
[65] § 147 VI S. 2 Alt. 1 AO (mittelbarer Datenzugriff im Rahmen einer steuerlichen Betriebsprüfung); s. dazu *Apitz*, StBp 2002, 33, 40ff.
[66] S. etwa § 12 I S. 2 GüKG; s. ferner § 210 III AO.
[67] S. § 1 ZollVG; s. ferner § 210 III AO, § 74 I Nr. 1 AMG; § 48 I S. 2 Nr. 1 LMBG; § 35 I S. 2 PflSchG, § 15 IV SprengG; § 8 II S. 1 Nr. 1 StrVG.
[68] S. § 10 ZollVG (s. auch § 12a I S. 4 ZollVG). Entsprechendes gilt für die Überholung (§ 11

I. *Verwaltungsverfahren und informationelle Abwehrrechte*

Vorlage von Ausweis- und Begleitpapieren verpflichtet[69] und hat die im Rahmen der Kontrolle erforderliche Hilfe zu leisten[70].

g) Behördliche Nachschau und Betriebsprüfung

Ein weit verbreitetes Instrument der behördlichen Überwachung ist die Nachschau, d. h. die Befugnis, während der üblichen Öffnungszeiten Betriebs- und Geschäftsräume und die zugehörigen Grundstücke zu betreten und zu besichtigen.[71] In bestimmten Fällen besteht eine solche Befugnis auch in Bezug auf Wohnräume[72], unter Umständen sogar gegenüber Dritten[73]. Die Nachschau findet häufig im Rahmen einer Betriebsprüfung statt.[74] Mit der Prüfungsanordnung werden dem Betroffenen nicht nur die Pflicht zur Duldung der Nachschau selbst, sondern auch darüber hinausgehende Mitwirkungspflichten auferlegt, insbesondere zur Erteilung von Auskünften und zur Vorlage von Geschäftsunterlagen.[75] Der Betroffene ist verpflichtet, dem Prüfer die erforderliche Hilfe zu leisten.[76]

ZollVG), s. dazu *Kampf*, in: Witte/Wolffgang, Europäisches Zollrecht (2003), S. 74 f.; s. ferner §§ 46 I S. 3 AWG, 2 I, II S. 1 GÜV.

[69] S. § 210 III S. 2 AO.

[70] S. § 210 III S. 4 AO; §§ 10 I S. 6, 11 II ZollVG.

[71] § 64 IV Nr. 1 AMG; § 19 II S. 1 AtG; § 44 I S. 4 AWG; § 52 II S. 1 BImSchG; § 23 III BNatSchG; § 22 I Nr. 3 BtMG; § 18 III EnWG; § 22b I Nr. 1 FlHG; § 22 II S. 1 GaststättenG; § 25 III S. 1 Nr. 1 GenTG; § 29 II S. 1 GewO; §§ 7 II S. 1, 13 GSG; § 12 IV Nr. 1 GüKG; § 20 I S. 2 Nr. 3 GÜG; § 59 III S. 1 GWB; §§ 44 I S. 3, 44c II KWG; § 14 III Nr. 3, IV KrWaffG; § 40 II S. 2 KrW-/AbfG; § 41 III Nr. 1, 46d III S. 1 LMBG; § 45 I Nr. 2 PostG; § 54a I S. 2 PBefG; § 38 II S. 1 Nr. 1 PflSchG; § 31 II S. 1 SprengG; § 73 III TierSG; § 16 III S. 1 Nr. 1 TierSchG; § 72 I Nr. 2, IV TKG; § 21 II UBGG; § 83 I S. 1 Nr. 2 VAG; § 39 II S. 1 WaffenG; § 21 I S. 2 Nr. 1 WHG; § 16 III S. 2, 3 WpHG; zum Steuerrecht: §§ 99 I S. 1, 200 III S. 2, 210 I, II AO, 27b I UStG; s. auch § 14 II ZollVG.

[72] §§ 99 I S. 3, 210 II S. 1 AO; § 52 II S. 1 BImSchG; § 22 I Nr. 3 S. 2 BtMG; § 25 III S. 2 GenTG; § 29 II S. 2 GewO; § 40 II S. 3 KrW-/AbfG; § 41 III Nr. 2 b) LMBG; § 38 II S. 2 PflSchG; § 73 IIIb TierSG; § 16 III S. 1 Nr. 2 b) TierSchG; § 21 I S. 2 Nr. 2 WHG; § 16 III S. 3 WpHG.

[73] S. etwa §§ 52 VI BImSchG, 21 I S. 2 Nr. 3 WHG.

[74] S. § 44 I S. 3, 4 AWG; § 52 II S. 1 BImSchG; § 22 I Nr. 3 BtMG; § 29 II S. 1 GewO; § 20 I S. 2 Nr. 3 GÜG; § 59 I Nr. 2, III S. 1 GWB; § 44 I S. 2, 3 KWG; § 14 II, III Nr. 3, IV KrWaffG; § 41 III Nr. 1, 2 LMBG; § 54a I S. 1, 2 PBefG; § 31 II S. 1 SprengG; § 39 II S. 1 WaffenG; zum Steuerrecht: §§ 193ff., 200 III AO (Außenprüfung). Davon zu unterscheiden ist die Nachschau im Rahmen der Steueraufsicht (§ 210 I, II AO): Im Unterschied zur Außenprüfung bezieht sie sich nicht auf einen konkreten, bereits vorliegenden steuerlich relevanten Sachverhalt, sondern dient der fortlaufenden Kontrolle des Verkehrs mit zoll- und verbrauchsteuerpflichtigen Waren, s. *Hann*, Die Steueraufsicht (1988), S. 48f.; *Trzaskalik*, in: Hübschmann/Hepp/Spitaler, AO, Vor §§ 209–217 Rn. 10.

[75] S. z. B. §§ 211 I S. 1 AO, 27b II UStG; s. auch die Nachweise bei den Auskunfts- und Vorlagepflichten.

[76] §§ 200 II S. 2, 211 I S. 1 AO; § 52 I S. 4 BImSchG; § 24 I BtMG; § 22c FlHG; § 25 III S. 3 GenTG; §§ 7 II S. 2, 13 GSG; § 12 V S. 1 Nr. 3 GüKG; § 40 III KrW-/AbfG; §§ 43, 46d III S. 2 LMBG; § 54a I S. 3 PBefG; § 16 III S. 2 TierSchG; § 27b II UStG; § 21 I S. 3 WHG.

h) Durchsuchung von Wohn- und Geschäftsräumen

Das Recht der Behörde, Grundstücke und Räumlichkeiten zur Nachschau zu betreten und zu besichtigen, schließt nicht die Befugnis ein, diese auch zu durchsuchen.[77] Ein Recht zur Durchsuchung von Wohn- und Geschäftsräumen ist den Behörden nur in wenigen Gesetzen eingeräumt.[78] Dort ist auch eine Befugnis zur Beschlagnahme der aufgefundenen Gegenstände vorgesehen.[79] Des Weiteren wird dem Recht der Zollbehörden, Personen und Beförderungsmittel zu kontrollieren, auch die Befugnis entnommen, der Wohnung dienende Räumlichkeiten (Schiffskabinen, Wohnwagen) zu durchsuchen.[80]

i) Prüfung von Postsendungen

Zur Überwachung des grenzüberschreitenden Verkehrs ist die Zollbehörde befugt, Postsendungen zu öffnen und auf ihren Inhalt zu prüfen.[81] Zu diesem Zweck sind die Nachfolgeunternehmen der Deutschen Bundespost bei Anhaltspunkten für ei-

---

[77] Zur Abgrenzung von Betretungs- und Besichtigungsrechten und Durchsuchung s.o. B.II.2.b)(2)(a); a.A. (zur Nachschau nach § 210 I, II S. 1 AO): *Hellmann*, Neben-Strafverfahrensrecht der AO (1995), S. 241, wonach es der Regelungssituation des § 210 II AO immanent sei, dass nach Schmuggelwaren „gesucht" werden müsse. Deren Entdeckung mag das Ziel der Nachschau sein; dies bedeutet gleichwohl nicht, dass § 210 II S. 1 AO eine Durchsuchungsbefugnis enthält, denn grundsätzlich geeignet zum Erreichen dieses Zieles ist auch die einfache Nachschau. Die Abgrenzung von Nachschau und Durchsuchung ist – entgegen *Hellmann*, aaO, 240f. – auch nicht von der inneren Willensrichtung (der Verheimlichungsabsicht) des Betroffenen abhängig zu machen, sondern von der Eingriffsintensität der Maßnahme: Besichtigen oder „Herumwühlen", s. dazu o. S. 54.

[78] §§ 210 II S. 2 AO, 44c III KWG (Wohn- und Geschäftsräume); §§ 59 IV GWB, 45 IV PostG, 72 V TKG (Geschäftsräume).

[79] § 58 GWB; §§ 45 IV PostG, 72 VI TKG; s. auch § 44c IV KWG.

[80] S. zu § 10 I, II, V ZollVG: *Dißars/Dißars*, ZfZ 1996, 130, 137; *Schulz*, in: Erbs/Kohlhaas, § 10 ZollVG Rn. 10; *Schwarz/Wockenfoth*, Zollrecht, § 10 ZollVG Rn. 5f.; zur Vereinbarkeit mit Art. 13 II GG s.u. S. 250ff.

[81] §§ 2 II S. 1 GÜV, 10 IV ZollVG. Nach verbreiteter Ansicht – s. *Dürig*, in: Maunz/Dürig, Art. 10 Rn. 65; *Schulz*, in: Erbs/Kohlhaas, § 1 GÜV Rn. 1 – handelt es sich bei der Prüfung nach §§ 2, 3 GÜV um eine strafprozessuale Maßnahme. Zwar wird die Postkontrolle in der Begründung des Gesetzgebers als eine „das Eingreifen der Staatsanwaltschaft vorbereitende strafprozessuale Ermittlungstätigkeit" qualifiziert, s. die Begründung im Regierungsentwurf, BT-Drucks. III/1285, S. 262f. (zum ursprünglich vorgesehenen § 44 AWG; diese Vorschriften wurden im weiteren Verlauf des Gesetzgebungsverfahrens ohne sachliche Änderungen zum GÜV verselbständigt, s. dazu *Lüttger*, MDR 1961, 809, 810). Dies dient jedoch allein der Abgrenzung zur verfassungsrechtlich unzulässigen (Art. 5 I S. 3 GG) Zensur (s. die Begründung, aaO, S. 263). Die strafprozessuale Tätigkeit fungiert insoweit als Gegenbegriff zur Präventivzensur, was sich auch daran zeigt, dass die verwaltungsrechtliche Feststellung, dass ein gesetzliches Einfuhrverbot eingreift, als repressive Maßnahme eingeordnet wurde (s. BVerfGE 33, 52, 74 – zu § 5 II GÜV). Die Kontrolle nach § 2 GÜV dient also nicht der Strafverfolgung, sondern dem (präventiven) Ziel, die Einhaltung der Einfuhr- und Verbreitungsverbote sicherzustellen (*Lüttger*, MDR 1961, 809, 812, 813, 815; s. auch die Begründung, aaO, S. 262). Es handelt sich also um eine Tätigkeit im Rahmen der zollamtlichen Überwachung. Dies kommt auch in der Begründung des Gesetzgebers zum Ausdruck, s. den Regierungsentwurf, BT-Drucks. III/1285, S. 262.

I. Verwaltungsverfahren und informationelle Abwehrrechte

nen Verstoß gegen ein Einfuhr-, Ausfuhr- oder Durchfuhrverbot verpflichtet, der Zollbehörde die betreffende Sendung zur Prüfung vorzulegen.[82]

j) Überwachung des Brief-, Post- und Fernmeldeverkehrs

Über die Prüfungsbefugnis hinsichtlich einzelner Sendungen hinaus ist zur Verhütung bestimmter Straftaten nach dem Außenwirtschaftsgesetz (AWG) oder nach dem Kriegswaffenkontrollgesetz (KrWaffG) eine allgemeine Befugnis zur Überwachung des Brief-, Post- und Fernmeldeverkehrs vorgesehen.[83] Danach ist die Behörde berechtigt, dem Brief-, Post- und Fernmeldegeheimnis unterliegende Sendungen zu öffnen und einzusehen sowie die Telekommunikation zu überwachen und aufzuzeichnen, sofern in Bezug auf die zu überwachende Person Tatsachen die Annahme rechtfertigen, dass sie eine der angeführten Straftaten plant.[84] Die Überwachung bedarf der Anordnung durch das Landgericht.[85] Sobald der Zweck der Maßnahme dadurch nicht gefährdet wird, ist der Betroffene von den Überwachungsmaßnahmen zu benachrichtigen.[86]

2. Verfassungsrechtliche Grenzen der Informationserhebung durch die Aufsichtsbehörden

Die behördliche Informationserhebung im Rahmen der Wirtschaftsaufsicht unterliegt verfassungsrechtlichen Grenzen. Es würde den Rahmen der Untersuchung sprengen, die angeführten Ermittlungsbefugnisse daraufhin zu überprüfen, ob sie in jeder Hinsicht mit der Verfassung vereinbar sind. Die Prüfung soll daher auf die Aspekte beschränkt bleiben, die für die verfahrensübergreifende Verarbeitung von Informationen bedeutsam sind, d.h. auf die verfassungsrechtlich garantierten informationellen Abwehrrechte. Dies bedeutet, dass die Vereinbarkeit der Ermittlungseingriffe mit anderen Grundrechten, z.B. der Berufsfreiheit (Art. 12 GG)[87]

---

[82] §§ 3 GÜV, 5 I S. 1 ZollVG. Nach der letztgenannten Vorschrift gilt dies nur, sofern die Sendung nicht bereits aufgrund gemeinschaftsrechtlicher Vorschriften zu gestellen ist; zur zollrechtlichen Behandlung von Postsendungen: Art. 38 IV Zoll-Kodex, § 5 I Nr. 2 ZollVO; s. dazu *Henke*, in: Witte, Zollkodex (2002), Art. 61 Rn. 41 ff.

[83] S. §§ 39–43 AWG. Das für die Überwachungsmaßnahmen zuständige Zollkriminalamt (s. § 5a FVG) wird insoweit zur Gefahrenabwehr tätig, s. *Fehn*, in: Hohmann/John, Ausfuhrrecht (2002), § 39 AWG Rn. 10; *Ricke*, in: Bieneck, Außenwirtschaftsrecht (1998), § 25 Rn. 15; *Schroth*, Außenwirtschaftsverkehr (1994), Rn. 806.

[84] § 39 I S. 1, II S. 1 Nr. 1 AWG; zur Überwachung weiterer Personen: § 39 II S. 1 Nr. 2 und 3, S. 2 AWG.

[85] Örtlich zuständig ist das LG Köln (s. § 40 III AWG). Bei Gefahr im Verzug genügt die Anordnung des Bundesministers der Finanzen (§ 40 II AWG); zu Inhalt und Dauer der Anordnung s. § 40 IV AWG.

[86] § 41 IV AWG.

[87] Z.B. durch die Pflicht zur Bestellung eines Betriebsbeauftragten.

und dem Grundrecht auf Eigentum (Art. 14 GG)[88], nicht erörtert wird.[89] Einem selbständigen Abschnitt vorbehalten bleibt wegen ihrer spezifisch strafprozessualen Bedeutung die Frage der Vereinbarkeit mit dem Grundsatz „Nemo tenetur se ipsum accusare".[90] Zu untersuchen sein wird im Folgenden die Vereinbarkeit der Informationserhebung mit dem allgemeinen Persönlichkeitsrecht (Art. 2 I i. V. m. Art. 1 I GG), zum einen in seiner Ausprägung als Recht auf informationelle Selbstbestimmung [a)], zum anderen als Grundlage des verfassungsrechtlichen Schutzes von Berufsgeheimnissen [d)], mit dem Wohnungsgrundrecht (Art. 13 GG) [b)] und mit dem Brief-, Post- und Fernmeldegeheimnis (Art. 10 GG) [c)].

a) Das Recht auf informationelle Selbstbestimmung
(Art. 2 I i.V.m. Art. 1 I GG)

Das Recht auf informationelle Selbstbestimmung (Art. 2 I i.V.m. Art. 1 I GG) schützt den Betroffenen vor der staatlichen Erhebung von auf seine Person bezogenen Daten. Zu diesen gehören auch geschäfts- und betriebsbezogene Informationen. Da die oben angeführten Methoden der behördlichen Informationserhebung auf rechtlichen Mitwirkungs- und Duldungspflichten beruhen, die gegebenenfalls auch unter Anwendung staatlicher Zwangsmittel durchgesetzt werden können[91], liegt in der Informationserhebung ein Eingriff in das informationelle Selbstbestimmungsrecht des Betroffenen.

Dieser Eingriff bedarf einer gesetzlichen Grundlage, die den Geboten der Bestimmtheit und Normenklarheit entsprechen muss. In materieller Hinsicht darf die Gesetzesnorm nicht gegen das Verhältnismäßigkeitsprinzip verstoßen, d.h. sie muss zur Erreichung des vom Gesetzgeber verfolgten Zieles geeignet und erforderlich sein und der Eingriff darf nicht außer Verhältnis zu dem öffentlichen Interesse stehen, zu dessen Wahrung der Eingriff erfolgt.

Eine in formeller Hinsicht ausreichende gesetzliche Grundlage für die behördliche Informationserhebung ist in der Regel gegeben.[92] In materieller Hinsicht ist das öffentliche Interesse an der Abwehr von Gefahren, die aus der jeweiligen unternehmerischen Tätigkeit resultieren, grundsätzlich geeignet, die zur Erfüllung dieser Aufgabe erforderlichen Informationserhebungseingriffe zu rechtfertigen. In Anbetracht dessen, dass eine umfassende Prüfung der staatlichen Informationserhebung auf ihre Vereinbarkeit mit dem Recht auf informationelle Selbstbestimmung

---

[88] Z.B. durch die behördliche Entnahme einer Probe.
[89] S. dazu o. S. 78ff., 86f.; zu den von Art. 12 GG und Art. 14 GG gezogenen Grenzen im Rahmen der Eigenüberwachung: *Reinhardt*, AöR 118 (1994), 617, 648ff.
[90] S. dazu Teil u. S. 436ff.
[91] Zur Einschränkung des Schutzbereichs auf ohne oder gegen den Willen des Betroffenen erhobene Daten im Rahmen der vorliegenden Untersuchung s.o. B.II.2.c)(2).
[92] Zum Umweltrecht: *Reinhardt*, AöR 118 (1994), 617, 660; s. auch die Nachweise auf S. 202ff., jeweils in den Fußnoten. Dass besonders schwerwiegende Eingriffe insoweit erhöhten Anforderungen unterliegen, kann an dieser Stelle nicht vertieft werden, vgl. die Ausführungen zu § 14 II Nr. 2 GwG u. S. 238ff.

an dieser Stelle nicht geleistet werden kann, sollen nur die allgemeinen Grenzen aufgezeigt werden, die der Informationserhebung durch Art. 2 I i.V.m. Art. 1 I GG gezogen werden.

(1) Der Anlass als Eingriffsschwelle

Zur Bestimmung der verfassungsrechtlichen Grenzen der Informationspflichtigkeit des Einzelnen kann an die verwaltungsrechtliche Dogmatik der Störerverantwortung angeknüpft werden. Die ordnungsrechtliche Verantwortung greift zwar grundsätzlich erst ein, wenn festgestellt worden ist, dass eine Gefahr besteht. Liegen indessen objektive Anhaltspunkte für eine Gefahr vor (Gefahrenverdacht), so kann derjenige, der im Gefahrenfall der Verantwortliche ist, vorläufig in Anspruch genommen werden.[93] Es ist daher nicht unverhältnismäßig, wenn der vermeintliche Störer zu Ermittlungseingriffen herangezogen wird und ihm insoweit Duldungs- und Mitwirkungspflichten bei der Aufklärung des Sachverhaltes auferlegt werden.[94] Aus diesem Grund ist die Prüfung eines Unternehmens nach § 44c I S. 1 KWG zulässig, wenn „Tatsachen die Annahme rechtfertigen, dass es ... nach §3 verbotene Geschäfte betreibt ...". Die Hauptzollämter können eine Kontrolle nach §2 I, II GÜV nur vornehmen, wenn „sich tatsächliche Anhaltspunkte für den Verdacht ergeben, dass Gegenstände unter Verstoß gegen eines der in § 1 bezeichneten Strafgesetze in den räumlichen Geltungsbereich dieses Gesetzes verbracht werden ..." Durch das gesetzliche Erfordernis eines Gefahrenverdachts wird dem Recht auf informationelle Selbstbestimmung hinreichend Rechnung getragen.

Die ordnungsrechtliche Verantwortlichkeit kann sich auch auf eine abstrakte Gefahr beziehen. Der Gesetzgeber hat die mit der Ausübung eines Gewerbes, dem Betrieb von Anlagen oder dem Umgang mit Produkten verbundenen abstrakten Gefahren zum Anlass genommen, die entsprechenden Tätigkeiten unter einen Erlaubnis- bzw. Genehmigungsvorbehalt zu stellen. Mit dieser präventiven Kontrolle ist eine fortlaufende Überwachung der Betroffenen verbunden, die notwendigerweise der Erhebung von Informationen über die überwachungspflichtigen Vorgänge bedarf. Die Informationserhebung dient wie der Erlaubnis- bzw. Genehmigungsvorbehalt dazu, möglichst frühzeitig zu erkennen, ob und gegebenenfalls welche Rechtsverstöße und Gefahren zu befürchten sind.[95] Dies erfordert, dass die Behörde nicht erst dann tätig wird, wenn eine konkrete Gefahrensituation erkennbar wird.[96] Es ist daher nicht unverhältnismäßig, wenn die Behörde im Rahmen ih-

---

[93] VGH Mannheim, DÖV 1985, 687, 688; DVBl 1990, 1047, 1048; *Götz*, Polizei- und Ordnungsrecht (2001), Rn. 155.
[94] OVG Koblenz, NVwZ 1987, 240, 241; VGH Mannheim, DÖV 1985, 687, 688; s. auch BVerwG, BB 1983, 1950, 1951. Die Aufklärung des Sachverhaltes bleibt jedoch weiterhin Aufgabe der Behörde (s. § 24 VwVfG) und darf nicht auf den Betroffenen abgewälzt werden, s. OVG Koblenz, aaO.
[95] OVG Berlin, UPR 1982, 277; *Hahn*, Offenbarungspflichten (1984), S. 66f.; *Scholl*, Behördliche Prüfungsbefugnisse (1989), S. 61.
[96] OVG Münster, DVBl 1979, 320, 321.

rer gesetzlichen Befugnis regelmäßig Kontrollen, z.B. Stichproben, vornimmt, ohne dass Anzeichen für einen Pflichtenverstoß vorliegen.[97] Die behördlichen Befugnisse werden durch die jeweilige Überwachungsaufgabe begrenzt, d.h. es dürfen nur Informationen erhoben werden, die zur Abwehr der mit dem Betrieb, der Anlage oder den Produkten verbundenen Gefahren benötigt werden.[98] Eine allgemeine und ungezielte Ausforschung des Betriebes ist demzufolge unzulässig.[99]

Diese Grundsätze gelten zunächst für die Überwachung von Gewerbebetrieben.[100] So können beispielsweise von einem Kreditinstitut, das über die erforderliche Erlaubnis (§ 32 KWG) verfügt, im Rahmen routinemäßiger Kontrollen die für die Ausübung der Aufsicht über dieses Institut erforderlichen Informationen eingeholt werden (§ 44 I S. 1 KWG).[101] Dass dort hervorgehoben wird, eine Prüfung könne „auch ohne besonderen Anlass" (§ 44 I S. 2 KWG)[102] erfolgen, bedeutet nichts anderes, als dass der Informationserhebung ein „allgemeiner" Anlass zugrundeliegt, nämlich die mit dem laufenden Gewerbebetrieb verbundene abstrakte Gefahr.[103] Die Tatsache, dass ein überwachungspflichtiger Vorgang vorliegt, steht im Rahmen des formellen Überwachungsrechtsverhältnisses[104] fest und kann somit eine Erhebung von Informationen zur Abwehr der mit diesem Vorgang verbundenen Gefahren materiell rechtfertigen. Das Gleiche gilt, wenn aufgrund von Umständen im Einzelfall anzunehmen ist, dass ein solcher überwachungspflichtiger Vorgang vorliegt, ohne dass bereits ein formelles Überwachungsrechtsverhältnis besteht.[105] So kann die Prüfung eines Unternehmens auch dann erfolgen, wenn „Tatsachen die Annahme rechtfertigen, dass es ein Institut ist ..." (§ 44c I S. 1 KWG), das Unternehmen also eine erlaubnispflichtige und somit überwachungs-

---

[97] LVerfG Mecklenburg-Vorpommern, LKV 2000, 149, 153; BVerwGE 8, 336, 338; 37, 283, 287, 291; OVG Berlin, UPR 1982, 277f.; OVG Münster, DVBl 1979, 320, 321; OLG Frankfurt, BB 1958, 1279; *Scholl*, Behördliche Prüfungsbefugnisse (1989), S. 60.
Zum Teil wird zur Begründung der anlasslosen Kontrollen auch auf die generalpräventive Wirkung anlassloser Kontrollen abgestellt, s. BVerwGE 37, 283, 291; OVG Münster, DVBl 1979, 320, 321; *Scholl*, Behördliche Prüfungsbefugnisse (1989), S. 62.
[98] *Scholl*, Behördliche Prüfungsbefugnisse (1989), S. 58f.; zur Gewerbeaufsicht: *Marcks*, in: Landmann/Rohmer, GewO, § 29 Rn. 10; *Tettinger/Wank*, GewO (1999), § 29 Rn. 16.
[99] OVG Berlin, UPR 1982, 277; *Hahn*, Offenbarungspflichten (1984), S. 67; *Jarass*, BImSchG (2002), § 52 Rn. 32; *Scholl*, Behördliche Prüfungsbefugnisse (1989), S. 59.
[100] S. zu den Befugnissen nach § 29 GewO: *Marcks*, in: Landmann/Rohmer, GewO, § 29 Rn. 6, 9; *Tettinger/Wank*, GewO (1999), § 29 Rn. 16.
[101] *Mösbauer*, Staatsaufsicht (1990), S. 314.
[102] S. auch § 83 I S. 1 Nr. 2 VAG.
[103] S. *Bödecker*, Prüfungen (1986), S. 19. Die ratio der Gesetzesformulierung ist daher verallgemeinerungsfähig, s. auch *Scholl*, Behördliche Prüfungsbefugnisse (1989), S. 64 („richtungsweisende Bedeutung"). Im Gesetzgebungsverfahren wurde die entsprechende Änderung in § 44 KWG damit begründet, dass die negativen Auswirkungen, die Sonderprüfungen für das jeweilige Kreditinstitut haben, durch die Vornahme regelmäßiger und anlassloser Prüfungen vermieden werden könnten, s. BT-Drucks. 7/3657, S. 16; ebenso *Bödecker*, aaO, S. 25; *Scholl*, aaO; *Szagunn/Haug/Ergenzinger*, KWG (1997), § 44 Rn. 14.
[104] S. dazu *Gröschner*, Das Überwachungsrechtsverhältnis (1992), S. 165 ff.
[105] *Scholl*, Behördliche Prüfungsbefugnisse (1989), S. 60.

I. Verwaltungsverfahren und informationelle Abwehrrechte

bedürftige Tätigkeit betreibt.[106] Auf die gleiche Art und Weise können die entsprechenden Anzeigepflichten gerechtfertigt werden: In diesem Fall hat der Betroffene die Behörde von sich aus über den abstrakt gefährlichen und somit überwachungspflichtigen Umstand zu informieren.

Die abstrakte Gefahr, die zur Rechtfertigung einer anlasslosen Informationserhebung herangezogen wird, kann auch auf dem Betrieb einer Anlage oder dem Umgang mit gefährlichen Produkten beruhen. So setzen die Prüfungsbefugnisse gegenüber dem Betreiber einer Anlage (§ 52 BImSchG)[107] oder gegenüber dem Hersteller oder Importeur gefährlicher Produkte (§ 21 ChemG)[108] weder eine konkrete Gefahr noch einen entsprechenden Verdacht voraus. Gleiches gilt für die Prüfungsbefugnisse im Zusammenhang mit der Teilnahme am Außenwirtschaftsverkehr.[109]

Verfassungsrechtlich problematisch sind jedoch Eingriffe, die nicht durch eine hinreichende Beziehung zwischen dem Betroffenen und einer Gefahr für das zu schützende Rechtsgut oder eine entsprechende Gefahrennähe legitimiert sind.[110] Das LVerfG von Mecklenburg-Vorpommern hat eine polizeirechtliche Befugnis zur anlasslosen Identitätsfeststellung auf Durchgangsstraßen, wie z.B. Bundesautobahnen, als verfassungswidrig angesehen.[111] Allerdings hat das Gericht deutlich gemacht, dass es dem Gesetzgeber nicht von vornherein verwehrt ist, eine derartige Befugnis zu schaffen.[112] In materieller Hinsicht ist danach eine anlasslose Kontrolle nur zur Verhütung von besonders gewichtigen Straftaten zulässig.[113] Weiterhin muss die Identitätsfeststellung auf der Grundlage von Lagebildern erfolgen, die in Bezug auf die zu kontrollierenden Personen eine allgemeine Verdachts- bzw. Gefährdungslage ergeben haben.[114] Diese Voraussetzungen sind in der gesetzlichen Ermächtigung niederzulegen; soweit die Norm aufgrund der Anknüpfung an Lagebilder ein notwendiges Maß an Unbestimmtheit aufweist, ist dies durch Verfahrensregeln und Dokumentationspflichten zu kompensieren.[115] Im Gegensatz zu der anlasslosen Kontrolle im Landesinneren hat das Gericht die Befugnis zur Iden-

---
[106] S. auch § 83 II VAG. Dieser Gedanke ist verallgemeinerungsfähig – s. *Scholl*, Behördliche Prüfungsbefugnisse (1989), S. 60 – und lässt sich auf andere, weniger präzise formulierte Befugnisse übertragen, s. z.B. § 21 ChemG und dazu *Schiwy*, ChemG, Anm. zu § 21, S. 4.
[107] S. *Hahn*, Offenbarungspflichten (1984), S. 66; *Jarass*, BImSchG (2002), § 52 Rn. 32.
[108] S. *Schiwy*, ChemG, Anm. zu § 21, S. 6. In § 64 III S. 2 AMG gibt der Gesetzgeber darüber hinaus vor, dass eine Besichtigung und Probenahme in der Regel alle zwei Jahre zu erfolgen hat.
[109] Zur Möglichkeit routinemäßiger Außenwirtschaftsprüfungen nach § 44 AWG: *Hocke/Berwald/Maurer*, Außenwirtschaftsrecht, § 44 AWG Anm. 1; *Ricke*, in: Bieneck, Außenwirtschaftsrecht (1998), § 22 Rn. 16.
[110] LVerfG Mecklenburg-Vorpommern, LKV 2000, 149, 153; s. auch LVerfG Sachsen, LKV 1996, 273, 280f.
[111] LVerfG Mecklenburg-Vorpommern, LKV 2000, 149, 152ff.
[112] LVerfG Mecklenburg-Vorpommern, LKV 2000, 149, 155.
[113] LVerfG Mecklenburg-Vorpommern, LKV 2000, 149, 154.
[114] LVerfG Mecklenburg-Vorpommern, LKV 2000, 149, 155.
[115] LVerfG Mecklenburg-Vorpommern, LKV 2000, 149, 156.

titätsfeststellung im Grenzgebiet als verfassungsmäßig angesehen.[116] Das Grenzgebiet wird durch die Nähe zu (unerlaubten) Grenzübertritten und zur grenzüberschreitenden Kriminalität charakterisiert. Dort besteht eine – vom Gesetzgeber normierte – allgemeine Gefährdungslage[117], die es rechtfertigt, von der Festlegung einer (weiteren) Eingriffsschwelle abzusehen.[118]

Im Recht der Wirtschaftsaufsicht bestehen derartige, auf die besondere Gefährdungssituation im Grenzgebiet zugeschnittene Befugnisse im ZollVG. Mit dem grenzüberschreitenden Warenverkehr ist zum einen die Gefahr verbunden, dass Zölle und andere Abgaben, die im Rahmen des grenzüberschreitenden Warenverkehrs erhoben werden, nicht entrichtet werden.[119] Zum anderen werden unter Umständen Verbote und Beschränkungen des grenzüberschreitenden Warenverkehrs – z.B. durch die unerlaubte Einfuhr von Betäubungsmitteln (§ 29 I Nr. 1 BtMG) – missachtet.[120] Beide Gefahren weisen einen spezifischen Bezug zum Grenzgebiet auf, so dass es auch im Rahmen der zollamtlichen Überwachung[121] gerechtfertigt ist, den Zollbehörden Befugnisse zur Informationserhebung einzuräumen, ohne dass im konkreten Einzelfall ein besonderer Anlass, z.B. ein Verdacht, vorliegen muss. Da der Bezug zu der abzuwehrenden Gefahr über das Grenzgebiet sehr allgemein gehalten ist, ist hinsichtlich der Intensität der Ermittlungseingriffe auf das Prinzip der Verhältnismäßigkeit besonders Bedacht zu nehmen. Das LVerfG von Mecklenburg-Vorpommern hat daher verlangt, dass für Eingriffe, die über das Anhalten und die Aufforderung, sich auszuweisen, hinausgehen, höhere, auf den konkreten Einzelfall bezogene Eingriffsschwellen gelten müssten. Demgegenüber ist im Rahmen der zollamtlichen Überwachung nicht nur eine Befugnis zum Anhalten und zur Identitätsfeststellung vorgesehen[122], sondern die Zollbehörde kann außerdem die Vorlage der Beförderungspapiere verlangen und das Beförderungsmittel, Gepäck und Ladung prüfen[123]. Gleichwohl sind diese Befugnisse nicht unverhältnismäßig. Die von dem LVerfG gezogenen Grenzen sind im Zusammenhang mit den darauf bezogenen polizeirechtlichen Aufgaben zu sehen, nämlich der Unterbindung des unerlaubten Aufenthaltes und der vorbeugenden Bekämpfung von Straftaten der grenzüberschreitenden Kriminalität. Bei der letztgenannten Aufgabe ist der Gefahrzusammenhang mit dem Grenzgebiet so vage, dass er über die Identitätsfeststellung hinausgehende Grundrechtseingriffe nicht zu tragen vermag. Die erstgenannte Aufgabe weist hingegen einen spezifischen Bezug zum Grenzgebiet auf, denn für die Gefahrensituation ist ein unerlaubter

---

[116] LVerfG Mecklenburg-Vorpommern, LKV 2000, 149, 156.
[117] Das LVerfG Mecklenburg-Vorpommern, LKV 2000, 149, 156, vergleicht das Grenzgebiet mit den gefährlichen und gefährdeten Orten (§ 29 I S. 2 Nr. 1–3 SOG Mecklenburg-Vorpommern), an denen ebenfalls eine anlasslose Kontrolle zulässig ist.
[118] LVerfG Mecklenburg-Vorpommern, LKV 2000, 149, 156.
[119] S. § 1 I, II ZollVG.
[120] S. § 1 III ZollVG.
[121] Zu den Aufgaben der Zollverwaltung: § 1 I-III ZollVG.
[122] S. § 10 I S. 1, 2 ZollVG.
[123] § 10 I S. 3, 5 ZollVG; zu weiteren Mitwirkungspflichten: § 10 I S. 6 ZollVG.

Grenzübertritt von Personen charakteristisch.[124] Dementsprechend ist es zur Unterbindung des unerlaubten Aufenthaltes ausreichend, dass die betroffene Person sich ausweist. Im Rahmen der zollamtlichen Überwachung geht es hingegen um den grenzüberschreitenden Verkehr von Waren, so dass Informationen über Personen allein nicht ausreichen können. Aufgrund des spezifischen Zusammenhangs des grenzüberschreitenden Warenverkehrs mit den abzuwendenden Gefahren erscheinen die auf die Beförderungsmittel und seine Ladung, d.h. die beförderten Sachen, bezogenen Prüfungsbefugnisse daher gerechtfertigt. Auf der anderen Seite werden weitergehende Maßnahmen von höheren Eingriffsschwellen abhängig gemacht: So setzt eine körperliche Durchsuchung tatsächliche Anhaltspunkte voraus, dass vorschriftswidrig Waren mitgeführt werden, die der zollamtlichen Überwachung unterliegen.[125] Im Rahmen der zollamtlichen Überwachung kann daher über die ortsbezogene Eingriffschwelle „Grenzgebiet" ein für die Informationserhebung hinreichender Gefahrzusammenhang hergestellt werden.

Der Gegenstand der Überwachung ist allerdings als Legitimationsgrundlage für Ermittlungseingriffe nicht mehr geeignet, sofern sich die Informationserhebung mit seiner Hilfe nur noch unzureichend einschränken lässt. Diese Gefahr besteht vor allem im Steuerrecht. Steuerpflichten bestehen in nahezu allen Lebensbereichen, so dass der Steuerpflichtige potentiell mit seiner ganzen Persönlichkeit den Ermittlungen der Steuerverwaltung ausgesetzt ist.[126] Wird das Instrumentarium an Ermittlungsbefugnissen, das der Finanzbehörde zur Erfüllung ihrer Aufgaben im Besteuerungsverfahren (§ 85 AO) zur Verfügung steht, entsprechend genutzt, so könnten durch eine umfassende Überwachung des Steuerpflichtigen seine steuerlichen Verhältnisse lückenlos erfasst werden; auf diese Weise wäre eine vollständige Steuererhebung bestmöglich gewährleistet. Eine solche „totale" Überwachung des Einzelnen steht jedoch außer Verhältnis zu dem öffentlichen Interesse an einer vollständigen und gleichmäßigen Besteuerung.[127]

Der Große Senat des BFH hat daher bereits 1968 eine schrankenlose Ermittlungstätigkeit der Finanzverwaltung für unzulässig erklärt und auf der Grundlage einer verfassungskonformen Auslegung der Ermittlungsbefugnis deren Ausübung an die Voraussetzung geknüpft, es müsse ein begründeter Anlass für die Maßnahme vorliegen.[128] Diesen Anforderungen hat der BFH in der Folge Auskunftsersuchen nach § 93 AO unterworfen.[129] Inbesondere die Tätigkeit der Steuerfahndung nach § 208 I S. 1 Nr. 3 AO zur Ermittlung unbekannter Steuerfälle setzt demnach einen begründeten Anlass voraus.[130] Das BVerfG hat die Rechtsprechung des BFH auf-

---

[124] S. auch LVerfG Mecklenburg-Vorpommern, LKV 2000, 149, 156.
[125] S. § 10 III S. 1 ZollVG. Zur Durchsuchung von Wohnräumen s.u. S. 250ff.
[126] *von Hammerstein*, Privatsphäre im Steuerrecht (1993), S. 175.
[127] *von Hammerstein*, Privatsphäre im Steuerrecht (1993), S. 175.
[128] BFH (GS), BStBl II 1968, 365, 369.
[129] BFHE 148, 108, 114; BFH, BStBl II 1987, 484; 1990, 198, 199f.; 1990, 280, 282; 1991, 277, 278; BFH/NV 1992, 791, 792f.; NJW 2002, 2340, 2342.
[130] BFHE 148, 108, 113; BFH, BStBl II 1987, 484; 1988, 359, 361; BFH/NV 1992, 791, 792f.

218 C. Die verfahrensübergreifende Verwendung personenbezogener Informationen

genommen und auf ihrer Grundlage eine Verletzung des Rechts auf informationelle Selbstbestimmung (Art. 2 I. i. V. m. Art. 1 I GG) durch ein Auskunftsersuchen verneint.[131] Ermittlungsmaßnahmen „ins Blaue hinein" sind hingegen grundsätzlich unzulässig.[132] Das Verhältnismäßigkeitsprinzip gebietet es vielmehr, dass ein hinreichender Anlass für die jeweilige Maßnahme gegeben ist.[133] Ein hinreichender Anlass setzt voraus, dass die Finanzbehörde aufgrund von konkreten Umständen oder belegbaren allgemeinen Erfahrungen im Wege vorweggenommener Beweiswürdigung zu dem Ergebnis gelangt, dass die Maßnahme zur Aufdeckung steuererheblicher Tatsachen führen kann.[134] Die „konkreten Umstände" müssen keinen strafprozessualen Anfangsverdacht begründen, es genügt vielmehr die Möglichkeit einer Steuerverkürzung.[135] Ein hinreichender Anlass kann z.b. bestehen, wenn Wertgegenstände in einer Chiffre-Anzeige zum Verkauf angeboten werden.[136] Beruht die Ermittlungsmaßnahme auf allgemeinen Erfahrungen der Finanzbehörde, so muss ebenfalls gewährleistet sein, dass der Ermittlungsanlass objektivierbar und damit überprüfbar ist.[137] Dies setzt zum einen eine Typisierung voraus, d.h. es müssen Personengruppen gebildet werden, die durch ein bestimmtes Umfeld oder besondere Merkmale gekennzeichnet sind.[138] Zum anderen muss verlässlich und weitestmöglich statistisch belegt werden können, dass bei einer bedeutenden Zahl dieser Gruppe der steuerlich relevante Tatbestand gegeben ist.[139] Schließlich muss durch Tatsachen belegbar sein, dass der zu bearbeitende Fall mit den bisherigen Fällen vergleichbar ist.[140] Dies entspricht inhaltlich den Vorgaben des LVerfG von Mecklenburg-Vorpommern für das Polizeirecht („Lagebild", Gefährdungslage). Die Informationserhebung wird damit an ein Konzept gebunden, das von der Be-

---

[131] BVerfG, NJW 1990, 701, 702.
[132] BVerfG, NJW 1990, 701, 702; BFH, BStBl II 1988, 359, 362; 1990, 198, 199; 1991, 277, 278; 1997, 499, 505; NJW 2002, 2340, 2342; *von Hammerstein*, Privatsphäre im Steuerrecht (1993), S. 174; *Söhn*, in: Hübschmann/Hepp/Spitaler, AO, § 88 Rn. 144; *Tipke*, in: Tipke/Kruse, AO, § 86 Rn. 2.
[133] BVerfG, NJW 1990, 701, 702; BFH, BStBl II 1990, 280, 282; *von Hammerstein*, Privatsphäre im Steuerrecht (1993), S. 174; *Söhn*, in: Hübschmann/Hepp/Spitaler, AO, § 86 Rn. 45; *Tipke/Lang*, Steuerrecht (2002), S. 731.
[134] BFH, BStBl II 1968, 365, 369; 1990, 198, 199; 1997, 499, 505; NJW 2002, 2340, 2342.
[135] BFH, BStBl II 1968, 365, 369; 1987, 484; *Brockmeyer*, in: Klein, AO (2003), § 93 Rn. 2; *Leist*, Verfassungsrechtliche Schranken (2000), S. 105.
[136] BFH, BStBl II 1988, 359, 361; BVerfG, NJW 1990, 701, s. dazu mit weiteren Beispielen: *Leist*, Verfassungsrechtliche Schranken (2000), S. 106; s. zuletzt BFH, NJW 2002, 2340, 2342 ff. (Spekulationsgewinne am Neuen Markt)
[137] *Leist*, Verfassungsrechtliche Schranken (2000), S. 103.
[138] *Geurts*, DStR 1997, 1871, 1872; *Leist*, Verfassungsrechtliche Schranken (2000), S. 108 ff., 115; s. z.B. die Gruppe der Kreditvermittler, BFH, BStBl II 1987, 484.
[139] *Geurts*, DStR 1997, 1871, 1873, 1874; *Leist*, Verfassungsrechtliche Schranken (2000), S. 110 ff., 116.
[140] *Leist*, Verfassungsrechtliche Schranken (2000), S. 116. Insoweit sind konkrete Umstände also auch bei durch allgemeine Erfahrungen veranlassten Ermittlungen unverzichtbar, s. FG Hamburg, EFG 2001, 246, 247.

I. Verwaltungsverfahren und informationelle Abwehrrechte

hörde aufgrund allgemeiner und belegbarer Erfahrungen entwickelt wird und die Ausübung der Erhebungsbefugnis lenkt.[141]
Eine ähnliche Ausgangssituation wie im Steuerrecht ist im Wettbewerbsrecht vorzufinden. Eine abstrakte Gefahr, die in spezifischer Weise mit der unternehmerischen Tätigkeit zusammenhängt und damit Grundlage für ein formelles Überwachungsrechtsverhältnis ist, besteht dort nicht. Die allgemeine Gefahr, dass ein Unternehmen sich wettbewerbswidrig verhält, ist so unspezifisch, dass sie eine anlasslose Überwachung der Unternehmen nicht zu rechtfertigen vermag.[142] Aus rechtsstaatlichen Gründen hat der Gesetzgeber von der Normierung eines allgemeinen Auskunfts- und Prüfungsrechtes der Wettbewerbsbehörden abgesehen.[143] Die h.M. legt die Auskunfts- und Prüfungsbefugnisse der Kartellbehörde so aus, dass deren Ausübung einen Anfangsverdacht voraussetzt, d.h. es muss ein mit vertretbaren Argumenten belegter, auf konkrete tatsächliche Umstände gestützter Verdacht vorliegen, dass ein bestimmter kartellrechtlicher Tatbestand verwirklicht ist.[144] Verfassungsrechtlich geboten ist das Erfordernis eines Anfangsverdachts – wie die obigen Ausführungen zum Steuerrecht zeigen – jedoch keineswegs. Die Orientierung am strafprozessualen Verdacht[145] mag zum einen darauf zurückzuführen sein, dass die für die Wettbewerbsaufsicht zuständigen Zivilgerichte geneigt sind, eher auf strafprozessuale als auf ordnungsrechtliche Prüfungsmaßstäbe zurückzugreifen. Zum anderen zeichnet sich das Ermittlungsinstrumentarium der Kartellbehörde dadurch aus, dass es auch ein Durchsuchungsrecht umfasst (§ 59 IV GWB), für das gegenüber den anderen Prüfungsrechten keine höhere Eingriffsschwelle festgelegt ist. Mit anderen Worten, die Durchsuchung wird den gleichen materiellen Anforderungen unterworfen wie die Auskunfts- und Prüfungsrechte (§ 59 I–III GWB).[146] Dieser einheitliche Maßstab ist so zu bestimmen, dass er den für die Durchsuchung geltenden verfassungsrechtlichen Anforderungen (Art. 13 II GG) entspricht. Die Durchsuchung eines Unternehmens ist jedoch ein so schwerwiegender Grundrechtseingriff, dass er nur materiell gerechtfertigt werden kann, wenn im konkreten Einzelfall tatsächliche Anhaltspunkte für ein wettbewerbswidriges Verhalten vorliegen.[147] Auf der Basis der derzeitigen gesetzlichen Regelung ist der h.M. daher im Ergebnis zuzustimmen Der Gesetzgeber ist jedoch nicht daran

---

[141] S. zu Polizeikontrollen ohne Gefahrverdacht: *Möllers*, NVwZ 2000, 382, 387.
[142] Vgl. *Quack*, in: FK-GWB, § 46 (a.F.) Rn. 31 f.
[143] S. die Ablehnung eines entsprechenden Änderungsvorschlages des Bundesrates durch die Bundesregierung: BT-Drucks. II/1158, S. 83 (zum Änderungsvorschlag: S. 72).
[144] BGHZ 91, 178, 184; KG, Beschluss vom 3.5. 1982, WuW/E/OLG, 2620, 2621; Beschluss vom 26.1. 1983, WuW/E/OLG, 2961, 2962; *Bechtold*, GWB (2002), § 59 Rn. 4; *Klaue*, in: Immenga/Mestmäcker, GWB (2001), § 59 Rn. 20; *Quack*, in: FK-GWB, § 46 (a.F.) Rn. 34; *Schultz*, in: Langen/Bunte, GWB, Bd. 1 (2001), § 59 Rn. 10; s. auch *Hermanns*, Ermittlungsbefugnisse (1972), S. 45 f.; s. dagegen *Scholl*, Behördliche Prüfungsbefugnisse (1989), S. 64.
[145] S. die ausdrückliche Bezugnahme des KG, Beschluss vom 4.2. 1981 Kart 5/81 („Metro-Kaufhof"), WuW/E/OLG, 2433, 2436.
[146] KG, Beschluss vom 4.2. 1981 – Kart 3/81, WuW/E/OLG, 2440.
[147] Zu Art. 13 II GG s.u. S. 255 ff.

gehindert, die Eingriffsschwellen für die Auskunfts- und Prüfungsrechte im Wege einer Gesetzesänderung zu senken. Allerdings bleibt die Frage, ob die steuerrechtlichen und kartellrechtlichen Ermittlungsbefugnisse dem Bestimmtheitsgebot hinreichend Rechnung tragen. In Bezug auf die polizeirechtliche Informationserhebung hatte das LVerfG gefordert, dass in der Befugnisnorm die materielle Eingriffsschwelle festgelegt werden muss.[148] Zwar findet sich das Kriterium des hinreichenden Anlasses in den steuerrechtlichen Eingriffsermächtigungen ebensowenig wie der Anfangsverdacht in den kartellrechtlichen Ermittlungsbefugnissen. Gleichwohl setzt deren Wortlaut der Informationserhebung materielle Grenzen. In § 93 AO wird dies an den Wendungen „erheblichen Sachverhalts" und „erforderlich" erkennbar.[149] Gleiches gilt für § 59 I GWB („erforderlich").[150] Deutlicher ist der Gesetzgeber bei der Außenprüfung, indem er diese an die Voraussetzung knüpft, dass „die für die Besteuerung erheblichen Verhältnisse der Aufklärung bedürfen" (§ 193 II Nr. 2 AO). Darüber hinaus ist der Gesetzgeber nicht gehindert, im Wege der gesetzlichen Typisierung eine Prüfungsbedürftigkeit zu unterstellen, wie bei der Außenprüfung von Unternehmern und freiberuflich Tätigen (§ 193 I AO).[151] Da bei diesen Tätigkeiten Grund zu der Annahme besteht, dass zu versteuernde Einnahmen erzielt werden, bedarf es zur Informationserhebung keines darüber hinausgehenden, begründeten Anlasses.[152] Die oben genannten Voraussetzungen der Informationserhebung („hinreichender Anlass") präzise und abschließend im Gesetz festzulegen, ist aus praktischen Gründen unmöglich. Die Erhebungsbefugnis weist daher, wie auch das LVerfG Mecklenburg-Vorpommern anerkennt[153], ein nicht zu vermeidendes Maß an Unbestimmtheit auf. Der „hinreichende Anlass" bedarf keiner ausdrücklichen Erwähnung im Tatbestand der gesetzlichen Ermächtigung, da deren Wahrnehmung auf der Rechtsfolgenseite mit dem Konzepterfordernis eine besondere Ermessensgrenze gezogen wird.[154] Gleiches gilt für den Anfangsverdacht in Bezug auf die kartellrechtlichen Ermittlungsbefugnisse.[155]

---

[148] LVerfG Mecklenburg-Vorpommern, LKV 2000, 149, 155 f.
[149] FG Münster, EFG 1980, 517; *Brockmeyer*, in: Klein, AO (2003), § 93 Rn. 2; s. auch BFH, BStBl II 1988, 359, 362; 1990, 198, 199 f.; s. auch zur entsprechenden Auslegung des § 44 KWG a.F.: BT-Drucks. 7/3657, S. 16.
[150] BGHZ 91, 178, 184; KG, Beschluss vom 3.5.1982, WuW/E/OLG, 2620, 2621; Beschluss vom 26.1.1983, WuW/E/OLG, 2961, 2962; *Klaue*, in: Immenga/Mestmäcker, GWB (2001), § 59 Rn. 19; *Quack*, in: FK-GWB, § 46 (a.F.) Rn. 32.
[151] *Eckhoff*, in: Hübschmann/Hepp/Spitaler, AO, § 193 Rn. 77, 122; *Tipke*, in: Tipke/Kruse, § 193 Rn. 18.
[152] *von Hammerstein*, Privatsphäre im Steuerrecht (1993), S. 175; s. auch *Eckhoff*, in: Hübschmann/Hepp/Spitaler, AO, § 193 Rn. 77.
[153] LVerfG Mecklenburg-Vorpommern, LKV 2000, 149, 156.
[154] S. insoweit *Möllers*, NVwZ 2000, 382, 386 f.; zur Bestimmtheit der Prüfungsbefugnis nach § 44 I S. 2 KWG durch den Gesetzeszweck und die daran gebundene Ermessensausübung: *Bödecker*, Prüfungen (1986), S. 20 ff., 23.
[155] Zur Vereinbarkeit der Befugnisse mit dem Recht auf informationelle Selbstbestimmung: KG, Beschluss vom 18.11.1985, WuW/E/OLG, 3721, 3728 f.

Im Verwaltungsverfahren ist der Einzelne somit nicht schrankenlos staatlichen Informationseingriffen ausgesetzt. Mit dem Erfordernis des hinreichenden Anlasses werden der Ausübung der Ermittlungsbefugnisse Grenzen gesetzt.

(2) Eingriffe in Rechte Dritter

Im Verlauf der staatlichen Ermittlungen kommt es mitunter zu Eingriffen in die Rechte von Personen, die nicht als Adressat behördlicher Überwachungsmaßnahmen in Betracht kommen. In die Rechte unbeteiligter Dritter kann einerseits dadurch eingegriffen werden, dass die Behörde sich dieser bedient, um Informationen über den Beteiligten zu erhalten. Andererseits kann es bei Erhebungseingriffen gegenüber dem Beteiligten dazu kommen, dass dieser nicht nur Informationen über die eigene Person, sondern auch solche über Dritte offenlegt.

Die zuerst genannte Konstellation ist beispielsweise gegeben, wenn die Finanzbehörde, anstatt von dem Steuerpflichtigen selbst die erforderlichen Auskünfte und die Vorlage der einschlägigen Unterlagen zu verlangen, sich an einen Dritten, z.B. seine Hausbank wendet, um die benötigten Informationen zu erhalten.[156] Ermittlungseingriffe in die Rechte von Personen, die nicht an dem jeweiligen Verfahren beteiligt und insoweit überwachungspflichtig sind, bedürfen einer besonderen Rechtfertigung, denn anders als Überwachungspflichtige ist der Dritte nicht ordnungsrechtlich verantwortlich („Nicht-Störer").[157] Hinzu kommt, dass die Informationserhebung bei Dritten auch in die informationellen Abwehrrechte des Betroffenen schwerer eingreift, da er nicht automatisch von der staatlichen Informationserhebung Kenntnis erlangt. Die Informationserhebung bei Dritten ist daher nur zulässig, sofern die gesetzliche Ermächtigungsgrundlage dies ausdrücklich vorsieht.[158]

Des Weiteren folgt aus dem Grundsatz der Verhältnismäßigkeit, dass Ermittlungseingriffe bei Dritten nur vorgenommen werden dürfen, wenn und soweit dies erforderlich ist. Der Überwachungspflichtige ist daher bei der Informationserhebung vorrangig heranzuziehen, d.h. die Inanspruchnahme unbeteiligter Dritter ist subsidiär.[159] Kann die benötigte Information bei dem Betroffenen nicht erhoben werden, steht der Verhältnismäßigkeitsgrundsatz einer Informationserhebung bei Dritten jedoch nicht entgegen. So kann eine Erhebung bei dem Betroffenen ausscheiden, weil dieser (noch) nicht bekannt ist oder der Erfolg der Ermittlungen nicht gefährdet werden soll. So bringt es die Aufgabe der Steuerfahndung, unbekannte Steuerfälle aufzudecken (§ 208 I S. 1 Nr. 3 AO)[160], regelmäßig mit sich, dass der Steuerpflichtige erst im Verlauf des Verfahrens ermittelt wird. Um die Ermitt-

---

[156] S. §§ 93, 97 AO.
[157] *Scholl*, Behördliche Prüfungsbefugnisse (1989), S. 37.
[158] *Scholl*, Behördliche Prüfungsbefugnisse (1989), S. 37.
[159] *Scholl*, Behördliche Prüfungsbefugnisse (1989), S. 38; s. z.B. auch §§ 93 I S. 3, 97 II S. 1 AO.
[160] Diese Aufgabe ist dem Besteuerungsverfahren, nicht dem Steuerstrafverfahren zuzuordnen, s. dazu u. S. 468f.

lungen der Steuerfahndung nicht zu erschweren, ist diese von dem gesetzlich angeordneten Vorrang der Informationserhebung beim Beteiligten befreit.[161]

Die Rechte unbeteiligter Dritter können außerdem dadurch beeinträchtigt werden, dass im Rahmen der Ermittlungen nicht nur Informationen über den Beteiligten, sondern auch über den Dritten erhoben werden.[162] Insoweit wird in dessen Recht auf informationelle Selbstbestimmung (Art. 2 I i. V. m. Art. 1 I GG) eingegriffen. Da die Behörde diese Informationen zur Erfüllung ihrer Aufgaben nicht benötigt, darf sie von diesen grundsätzlich nur Kenntnis nehmen, soweit sich dies im Rahmen der Erhebung von Informationen über den Beteiligten nicht oder nur unter unverhältnismäßig großem Aufwand vermeiden lässt. Die notwendigen Schutzvorkehrungen bestimmen sich nach der Persönlichkeitsrelevanz der jeweiligen Information. Werden im Rahmen einer klinischen Prüfung von Arzneimitteln Krankheitsdaten der Studienteilnehmer aufgezeichnet, so werden an die Überwachungsbehörde nur Studienunterlagen weitergeleitet, aus denen die Identität des Patienten bzw. Probanden nicht ersichtlich ist. Zur Überprüfung der korrekten Übertragung der Daten kann die Behörde Einsicht in die Aufzeichnungen mit den personenbezogenen Daten verlangen.[163] Auf diese Weise ist sichergestellt, dass die personenbezogenen Daten der Studienteilnehmer nur offenbart werden, soweit dies zur Überwachung unumgänglich ist.

Entsprechendes gilt für die oben[164] erwähnten, verfassungsrechtlich geschützten Vertrauensverhältnisse zu Berufsgeheimnisträgern. Werden von dem Berufsgeheimnisträger Informationen über seine berufliche Tätigkeit verlangt, so hat dieser mit Rücksicht auf die Vertrauensbeziehung zu seinem Klienten ein Auskunftsverweigerungsrecht.[165] Das staatliche Aufklärungsinteresse wird durch die Pflicht gewahrt, auf Anforderung des Finanzamtes Aktenauszüge, Zusammenstellungen oder Nachweise über nicht dem Auskunftsverweigerungsrecht unterliegende Tatsachen und Vorgänge zusammenzustellen.[166]

(3) Strafprozessuale Vorermittlungen der Aufsichtsbehörde?

Im Bereich der Wirtschaftsaufsicht finden sich Regelungen zur staatlichen Informationserhebung, die sich nicht dem zu diesem Zweck durchgeführten Verwaltungsverfahren zuordnen lassen. Werden die erhobenen Daten zum Zweck der Strafverfolgung verwendet, so liegt es nahe, dass in dieser Verarbeitung der eigentliche, primäre Zweck der Informationserhebung liegt. In diesem Fall muss das öffentliche Interesse an Strafverfolgung bereits die Informationserhebung und nicht erst die Zweckentfremdung legitimieren. Ob die vorgesehenen Ermittlungseingriffe dem strafrechtlichen Ermittlungsverfahren zuzuordnen sind und sie auf dieser

---

[161] § 208 I S. 3 AO schließt die Anwendung der §§ 93 I S. 3, 97 II S. 1 AO aus.
[162] S. insoweit zum Strafverfahren: *Wolter*, in: SK-StPO, Vor § 151 Rn. 56a, 56f, 93.
[163] S. § 40 I Nr. 2 AMG.
[164] S. o. S. 87ff.
[165] § 102 I Nr. 3 a), b) AO; s. aber die Ausnahme für Notare (§ 102 IV AO).
[166] BFH, BStBl 1958 III, 86, 88f.; BFH/NV 1995, 954, 955.

I. *Verwaltungsverfahren und informationelle Abwehrrechte* 223

Grundlage verfassungsrechtlich gerechtfertigt werden können, soll im Folgenden an drei Beispielen erörtert werden: der Informationserhebung durch die Aufsichtsbehörde als Informationsmittler der Strafverfolgungsbehörden [(a)], der Informationserhebung ohne ein darauf bezogenes Verwaltungsverfahren [(b)] und schließlich der Verarbeitung personenbezogener Daten durch Private [(c)].

(a) Die Aufsichtsbehörde als Informationsmittler: Der automatisierte Zugriff auf Kundendaten zu Zwecken der Strafverfolgung (§§ 24c III Nr. 2 KWG, 90 III Nr. 1 TKG)

Eine Informationserhebung außerhalb des Verwaltungsverfahrens zur Wirtschaftsaufsicht findet statt, wenn die Behörde als Informationsmittler tätig wird, indem sie auf Ersuchen der Gerichte und Strafverfolgungsbehörden personenbezogene Daten erhebt. Als Beispiel mag der automatisierte Zugriff auf Kundendaten dienen. Kreditinstitute und Telekommunikationsunternehmen sind zur Führung von Kundendateien verpflichtet, in denen sie die Stammdaten ihrer Kunden (Konto- bzw. Rufnummern sowie Angaben zur Person) vorhält.[167] Die Aufsichtsbehörde hat auf ein Ersuchen der Strafverfolgungsbehörden hin einzelne Daten und Datensätze in einem automatisierten Verfahren aus dieser Datei abzurufen und weiterzuleiten.[168] Die Aufsichtsbehörde prüft die Zulässigkeit der Übermittlung nur, soweit dazu ein besonderer Anlass besteht; die Verantwortung für die Übermittlung trägt die Strafverfolgungsbehörde.[169] Das Unternehmen hat durch technische Vorkehrungen sicherzustellen, dass ihm Abrufe nicht zur Kenntnis gelangen.[170]

Da der automatisierte Abruf der Kundendaten strafprozessualen Zwecken dient, ist der darin liegende Eingriff in das informationelle Selbstbestimmungsrecht der betroffenen Kunden nach den für strafprozessuale Grundrechtseingriffe geltenden Regeln verfassungsrechtlich zu rechtfertigen.[171] Materieller Grund des Erhebungseingriffs ist nicht das Bestehen einer Gefahr, sondern das Vorliegen eines Verdachts. Zur Recht wird daher in der Gesetzesbegründung darauf hingewiesen, dass ein Abruf von Kontendaten zur Strafverfolgung erst nach Einleitung eines Ermittlungsverfahrens, also nicht ohne einen Anfangsverdacht in Betracht kommt.[172] Im Wortlaut der gesetzlichen Ermächtigung kommt diese Voraussetzung darin zum Ausdruck, dass die Auskunft aus den Kundendateien zur Erfüllung der gesetzlichen Aufgaben erforderlich sein muss.[173]

---
[167] §§ 90 I TKG, 24c I KWG.
[168] § 90 II S. 1, III Nr. 1, IV S. 1 TKG; § 24c III Nr. 1 Nr. 2, S. 2 KWG; zum technischen Ablauf des Auskunftsverfahrens: *Zubrod*, WM 2003, 1210, 1212f.
[169] § 90 IV S. 2, 3 TKG; § 24c III S. 3, 4 KWG.
[170] § 90 II S. 2 TKG; § 24c I S. 6 KWG.
[171] Nicht untersucht wird an dieser Stelle, wie die finanziellen Belastungen der Kreditinstitute verfassungsrechtlich zu würdigen sind, s. insoweit die Kritik bei *Scherp*, WM 2003, 1254, 1258f.
[172] S. die Begründung des Regierungsentwurfes (zu § 24c KWG), BT-Drucks. 14/8017, S. 123. Entsprechendes gilt für § 90 TKG; s. auch *Zubrod*, WM 2003, 1210, 1215.
[173] § 90 III TKG; § 24c III Nr. 2 KWG; s. die ähnliche Auslegung des § 93 AO (Auskunftsersuchen nur bei hinreichendem Anlass), s.o. S. 217f.

Dies bedeutet noch nicht, dass der automatisierte Zugriff auf personenbezogene Daten mit dieser Maßgabe verfassungsrechtlich unbedenklich wäre. So wurde die Befürchtung geäußert, mit einem solchen Verfahren könnten die in der StPO vorgesehenen Schranken von Ermittlungskompetenzen umgangen werden.[174] Dem ist entgegenzuhalten, dass eine Pflicht der Unternehmen, die angeforderten Auskünfte zu erteilen und die entsprechenden Unterlagen vorzulegen, bereits in Gestalt der strafprozessualen Zeugnis- und Vorlagepflicht (§§ 48ff., 94ff., 161a StPO)[175] besteht. Die neue Regelung erleichtert es den Strafverfolgungsbehörden festzustellen, ob für eine bestimmte Person ein Konto geführt wird: Der automatisierte Zugriff tritt an die Stelle einer Vielzahl von Einzelbefragungen.[176] Angesichts dessen kann die Einschätzung, die automatische Abfrage stehe im Hinblick auf ihre Eingriffsintensität mit der Rasterfahndung (§ 98a StPO), dem Einsatz verdeckter Ermittler (§ 110a StPO) und der Überwachung der Telekommunikation (§ 100a StPO) auf einer Stufe[177], nicht geteilt werden. Von diesen Maßnahmen unterscheidet sie sich insbesondere darin, dass sie nur den Zugriff auf eine von vornherein begrenzte Datenmenge ermöglicht. Solange sich der automatisierte Zugriff auf die Kontostammdaten[178] beschränkt, wird man das Abrufsystem daher nicht als unverhältnismäßig ansehen können.[179] Um weitere Informationen zu erlangen, muss sich die Strafverfolgungsbehörde weitergehender Ermittlungsbefugnisse bedienen (z.B. Durchsuchung und Beschlagnahme von Kontounterlagen) und die dort vorgesehenen Schranken beachten.[180]

Verfassungsrechtlichen Bedenken begegnet indessen die Regelung, wonach die Unternehmen sicherzustellen haben, dass ihnen Abrufe nicht zur Kenntnis gelangen.[181] Diese Verpflichtung widerspricht dem datenschutzrechtlichen Gebot der Transparenz[182] und konterkariert die Pflicht des Gesetzgebers, organisatorische

---

[174] S. die Stellungnahme des Bundesrates zu § 24c KWG, BT-Drucks. 14/8017, S. 168.
[175] S. dazu *Bruckner*, in: Schimanski/Bunte/Lwowski, Bankrechts-Handbuch, Bd. 1 (1997), § 39 Rn. 45ff., 57.
[176] Vgl. insoweit die Begründung des Regierungsentwurfes, BT-Drucks. 14/8017, S. 123 (zur Abfrage im Rahmen der Überwachung von Kreditinstituten).
[177] So *Zubrod*, WM 2003, 1210, 1215.
[178] Diese umfassen die Nummer eines Kontos bzw. Depots, den Tag der Errichtung und den Tag der Auflösung (§ 24c I S. 1 Nr. 1 KWG) und den Namen, bei natürlichen Personen den Tag der Geburt, des Inhabers und eines Verfügungsberechtigten sowie Name und Anschrift eines abweichenden wirtschaftlich Berechtigten (§ 24c I S. 1 Nr. 2 KWG).
[179] S. auch *Trute*, in: Trute/Spoerr/Bosch, TKG (2001), § 90 Rn. 10; s. hingegen die Bedenken des Bundesrates, dass nach § 24c KWG nicht nur das Konto betreffende Informationen, sondern auch der Name sowie bei natürlichen Personen Tag und Ort der Geburt anzugeben sind, s. BT-Drucks. 14/8017, S. 168. Diese Angaben beschränken sich jedoch auf das für eine sichere Identifikation des Kontoinhabers Notwendige.
[180] S. die Gegenäußerung der Bundesregierung, BT-Drucks. 14/8017, S. 183; kritisch insoweit *Zubrod*, WM 2003, 1210, 1215f.
[181] §§ 90 II S. 2 TKG, 24c I S. 6 KWG.
[182] *Trute*, in: Trute/Spoerr/Bosch, TKG (2001), § 90 Rn. 13; s. BVerfGE 65, 1, 43: „Mit dem Recht auf informationelle Selbstbestimmung wären eine Gesellschaftsordnung und eine diese ermöglichende Rechtsordnung nicht vereinbar, in der Bürger nicht mehr wissen können, wer was wann und bei welcher Gelegenheit über sie weiß."

I. Verwaltungsverfahren und informationelle Abwehrrechte

und verfahrensrechtliche Vorkehrungen zu treffen, um der Gefahr einer Verletzung des Rechts auf informationelle Selbstbestimmung entgegenzuwirken[183].[184] Gerade bei dem automatisierten Zugriff auf personenbezogene Daten besteht die Gefahr einer Grundrechtsverletzung, da die Daten ohne Zutun der speichernden Stelle übermittelt werden. Für den automatisierten Datenabruf ist daher generell vorgesehen, dass die speichernde Stelle die Datenübermittlung zumindest in Stichproben überprüfen muss (§ 10 IV S. 2 BDSG).[185] Müssen die Unternehmen nach den oben genannten Regelungen sicherstellen, dass ihnen Abrufe gar nicht erst zur Kenntnis gelangen, ist eine Überprüfung durch die speichernde Stelle ausgeschlossen.[186]

Es stellt sich die Frage, welche Gründe für diese Abweichung von den allgemeinen Schutzvorkehrungen angeführt werden können. Der Gesetzgeber scheint die informationelle Abschottung der Unternehmen mit dem Schutz der Kunden begründen zu wollen: Deren Verwicklung in ein Strafverfahren bleibt den Unternehmen auf diese Weise verborgen.[187] Ein vergleichbarer Schutz des Beschuldigten ist jedoch im strafrechtlichen Ermittlungsverfahren nicht vorgesehen, wenn bei Dritten personenbezogene Daten über den Beschuldigten erhoben werden. Zudem sind andere Schutzmechanismen denkbar, welche die Transparenz der Datenverarbeitung weniger stark beeinträchtigen.[188] Es liegt daher nahe, den Grund für die obligatorische Unkenntnis der Unternehmen nicht im Datenschutz, sondern in dem öffentlichen Geheimhaltungsinteresse zu sehen.[189] Aber auch das Interesse daran, die Ermittlungen gegenüber dem Beschuldigten geheim zu halten, vermag die informationelle Abschottung des Unternehmens nicht zu rechtfertigen, da die Bank im Übrigen grundsätzlich berechtigt ist, ihre Kunden über strafprozessuale Maßnahmen zu unterrichten.[190] Im Übrigen kann diesem Anliegen durch ein Mitteilungsverbot[191] hinreichend Rechnung getragen werden. Wird dem Unternehmen verboten, seinen Kunden über den Abruf zu informieren, bleibt dem Beschuldigten ein Sachwalter seines Interesses erhalten, denn das Unternehmen ist aufgrund der vertraglichen Beziehungen zu seinem Kunden gehalten, dessen Interesse an Vertraulichkeit Rechnung zu tragen.[192]

---

[183] BVerfGE 65, 1, 44.
[184] *Herzog/Christmann*, WM 2003, 6, 10, 13.
[185] Eine spezielle Regelung für die Überwachung des Außenwirtschaftsverkehrs enthält § 45 V S. 3 AWG.
[186] *Trute*, in: Trute/Spoerr/Bosch, TKG (2001), § 90 Rn. 13.
[187] Nach der Begründung des Regierungsentwurfes (zu § 90 II S. 2 TKG) seien aus datenschutzrechtlichen Gründen technische und organisatorische Maßnahmen zu treffen, die eine Kenntnisnahme von Abrufen ausschließen, BT-Drucks. 13/3609, S. 56f. Die gleichlautende Regelung in § 24c I S. 6 KWG wurde vom Finanzausschuss ohne Begründung eingefügt, s. BT-Drucks. 14/8600, S. 106; vgl. auch BT-Drucks. 14/8601, S. 24; s. auch *Herzog/Christmann*, WM 2003, 6, 10.
[188] *Trute*, in: Trute/Spoerr/Bosch, TKG (2001), § 90 Rn. 13, nennt als Beispiel das an die Unternehmen gerichtete Verbot, den Kunden nach einem Abruf nachteilig zu behandeln.
[189] *Trute*, in: Trute/Spoerr/Bosch, TKG (2001), § 90 Rn. 13.
[190] *Bruckner*, in: Schimanski/Bunte/Lwowski, Bankrechts-Handbuch, Bd. 1 (1997), § 39 Rn. 60.
[191] Vgl. die entsprechende Regelung in § 89 VI S. 2 TKG; s. ferner § 11 III GwG.
[192] So ist es den Kreditinstituten mit Rücksicht auf das zu wahrende Bankgeheimnis verwehrt,

C. *Die verfahrensübergreifende Verwendung personenbezogener Informationen*

Mag man die an der Erforderlichkeit geweckten Zweifel noch damit überwinden, dass eine Unkenntnis der Unternehmen die Geheimhaltung wirksamer gewährleistet als ein Mitteilungsverbot, so steht der Nutzen dieser Regelung jedenfalls außer Verhältnis zu dem Interesse des Einzelnen an wirksamen organisatorischen und verfahrensrechtlichen Vorkehrungen gegen eine Verletzung seines Rechts auf informationelle Selbstbestimmung. Das entscheidende Defizit der gesetzlichen Regelung liegt darin, dass sie nicht erkennen lässt, auf welche Weise sichergestellt ist, dass eine wirksame Überprüfung des automatisierten Datenzugriffs erfolgt und Möglichkeiten einer nachträglichen Kontrolle bestehen.[193] Die materiellen Kriterien wie das Erfordernis eines Anfangsverdachts erweisen sich als wirkungslos, wenn ihre Einhaltung nicht überprüft wird. Sicherlich ist es verfassungsrechtlich nicht geboten, den automatisierten Abruf von einem Richtervorbehalt abhängig zu machen.[194] Die vorliegende Regelung führt jedoch dazu, dass auch nachträglicher Rechtsschutz gegen eine Abfrage ausgeschlossen ist, da weder der Kunde noch das speichernde Unternehmen von der Abfrage erfahren.[195] Eine anderweitige Kontrolle durch eine neutrale Stelle ist ebenfalls nicht vorgesehen.[196] Die Aufsichtsbehörde überprüft die Zulässigkeit des Abrufes in der Regel nicht, sondern nur bei besonderem Anlass.[197] Zudem kann allenfalls die Regulierungsbehörde als neutrale Stelle angesehen werden[198], in Bezug auf die Bundesanstalt für Finanzdienstleistungsaufsicht wären insoweit Zweifel angebracht, da sie die Kundendateien auch zu Abfragen für eigene Zwecke nutzt.[199] Auch die allgemeine Kontrolle durch den Datenschutzbeauftragten (§ 24 BDSG) vermag dies nicht zu

---

eine Anfrage der Staatsanwaltschaft zu beantworten, soweit sie damit nicht die Vorladung eines Mitarbeiters zur Vernehmung (§ 161a StPO), die Vollziehung eines richterlichen Durchsuchungs- und Beschlagnahmebeschlusses (§§ 94, 98 StPO) oder eine richterliche Anordnung der Herausgabe von Kontounterlagen (§ 95 StPO) abwendet (Abwendungsauskunft bzw. -vorlage), s. *Bruckner*, in: Schimansky/Bunte/Lwowski, Bankrechts-Handbuch, Bd. 1 (1997), § 39 Rn. 58.

[193] S. auch *Trute*, in: Trute/Spoerr/Bosch, TKG (2001), § 90 Rn. 14.
[194] So auch die Bundesregierung, BT-Drucks. 14/8017, S. 183; s. aber die Forderung des Bundesrates, aaO, S. 168; s. auch *Escher*, BKR 2002, 652, 658.
[195] *Escher*, BKR 2002, 652, 658; *Herzog*, in: Kohlmann-FS (2003), S. 427, 439.
[196] Die Protokollierung eines jeden Abrufes dient der datenschutzrechtlichen Kontrolle durch „die jeweils zuständige Stelle" (§§ 24c IV S. 1 KWG, 90 IV S. 4 TKG), d.h. durch die ersuchende Stelle selbst; vgl. zum Zusammenhang von Protokollierung und einer unabhängigen Kontrolle: BVerfGE 100, 313, 395f. (zu Art. 10 GG).
[197] § 90 IV S. 2 TKG; § 24c III S. 3 KWG.
[198] S. die Bundesregierung, BT-Drucks. 13/4438, S. 40 (zu § 90 TKG).
[199] S. § 24c II KWG. Diese Ermächtigung zielt ausweislich der Begründung auf die Geldwäschebekämpfung, s. BT-Drucks. 14/8017, S. 122, 123, und weist damit enge Berührungspunkte mit der Strafverfolgung auf, so dass von einer „neutralen" Stelle nicht mehr die Rede sein kann. Dieses weite Verständnis des § 24c II KWG ist allerdings im Hinblick auf die gesetzliche Aufgabenzuweisung (§ 6 KWG), die eine Aufsicht über die Kreditinstitute, nicht aber über deren Kunden umfasst, bedenklich. Unter diese Aufgabe kann die Bekämpfung des illegalen Schattenbankwesens und des unerlaubten Betreibens von Bankgeschäften subsumiert werden, nicht aber das unmittelbar gegen Bankkunden gerichtete Vorgehen zur Geldwäschebekämpfung.

leisten.²⁰⁰ Der Ausschluss einer effektiven Kontrolle der automatisierten Abfrage verstößt somit gegen das Recht auf informationelle Selbstbestimmung.²⁰¹ Als Ergebnis ist festzuhalten, dass der automatisierte Zugriff auf Kundenstammdaten zur Strafverfolgung grundsätzlich nicht gegen das informationelle Selbstbestimmungsrecht verstößt. Es muss jedoch durch organisatorische Vorkehrungen und Verfahrensregelungen gewährleistet sein, dass die materiellen Eingriffsvoraussetzungen beachtet werden. Die Verpflichtung der Unternehmen, dafür Sorge zu tragen, dass Abrufe nicht zu ihrer Kenntnis gelangen, führt nicht nur zu einer Intransparenz des Datenverkehrs, sondern schließt eine solche Überprüfung de facto aus, ohne dass andere Kontrollmechanismen vorgesehen sind.²⁰² Darin liegt eine Verletzung des informationellen Selbstbestimmungsrechts (Art. 2 I i.V.m. Art. 1 I GG).

(b) Die Informationserhebung ohne Verwaltungsverfahren: Die Meldepflicht nach § 9 WpHG und die systematische Datenauswertung zur „Verdachtsgewinnung"

Im Grenzbereich zwischen Strafverfolgung und Wirtschaftsaufsicht befindet sich das im Jahr 1994 zur Bekämpfung des Insiderhandels eingerichtete Überwachungssystem.²⁰³ Nach § 9 WpHG sind Kreditinstitute und Finanzdienstleistungsinstitute verpflichtet, jedes im Zusammenhang mit einer Wertpapierdienstleistung oder als Eigengeschäft abgeschlossene Geschäft mit Wertpapieren oder Derivaten an die Bundesanstalt für Finanzdienstleistungsaufsicht zu melden. Die Meldepflicht war ursprünglich so ausgestaltet, dass die Identität des Kunden nicht offenbart werden musste²⁰⁴, sondern nur das gemeldete Wertpapiergeschäft mit einem Kennzeichen zu versehen war. Mit dem Vierten Finanzmarktförderungsgesetz²⁰⁵ wurde § 9 WpHG dahingehend ergänzt, dass die Meldung ab dem 1. April 2003 auch ein Kennzeichen zur Identifikation des Depotinhabers oder des Depots und ein Kenn-

---

²⁰⁰ Ansonsten hätte es auch der Regelung in § 10 IV S. 2 BDSG nicht bedurft.
²⁰¹ *Herzog/Christmann*, WM 2003, 6, 13. Aus dem gleichen Grund verstößt die Regelung gegen die Rechtsschutzgarantie (Art. 19 IV GG), s. *Zubrod*, WM 2003, 1210, 1216; s. auch BVerfGE 100, 313, 398f. Diese verfassungsrechtlichen Bedenken gelten entsprechend für den neu eingeführten automatisierten Abruf von Kontoinformationen im Besteuerungsverfahren nach § 93b AO i.V.m. § 24c KWG, s. das Gesetz zur Förderung der Steuerehrlichkeit vom 23. 12. 2003 (BGBl. I S. 2928).
²⁰² S. auch die Entschließung der 63. Konferenz der Datenschutzbeauftragten des Bundes und der Länder vom 7.3. – 8.3. 2002: Dort wird gefordert, dass die Kreditinstitute mit der Einführung des Abrufverfahrens dazu verpflichtet werden, ihre Kunden über dieses System zu informieren. Zugleich soll dadurch eine effektive Wahrnehmung des Auskunftsrechtes der Kunden gewährleistet werden, s. den 19. Tätigkeitsbericht des Bundesbeauftragten für den Datenschutz, BT-Drucks. 15/888, S. 67. Ein solches Auskunftsrecht gegen die Bank wird jedoch gegenstandslos, wenn die Bank von einem Abruf gar keine Kenntnis erhält.
²⁰³ Die nachfolgenden Ausführungen gelten entsprechend für die Überwachung des Verbots der Kurs- und Marktpreismanipulation (§§ 20a, 20b WpHG).
²⁰⁴ *Süßmann*, WM 1996, 937, 944.
²⁰⁵ BGBl 2002 I S. 2010.

zeichen für den Auftraggeber, sofern dieser nicht mit dem Depotinhaber identisch ist, enthalten muss.[206]

Ziel der Meldepflicht ist es ausweislich der Gesetzesbegründung, der Aufsichtsbehörde mit den erhobenen Daten eine Informationsgrundlage zur Überwachung des Insiderhandels zu verschaffen.[207] Die laufende Überwachung der börslichen und außerbörslichen Geschäfte in Insiderpapieren (§ 16 WpHG) erfolgt im Wesentlichen auf der Grundlage der systematischen Auswertung der Meldungen nach § 9 WpHG.[208] Bei Anhaltspunkten für Insidertransaktionen nimmt die Bundesanstalt weitere Ermittlungen vor (§ 16 II–V WpHG). Gelangt sie nach den dabei gewonnenen Erkenntnissen zu dem Schluss, dass der Verdacht eines strafbaren Insidergeschäftes gegeben ist, so hat sie die dem Verdacht zugrundeliegenden Tatsachen der zuständigen Staatsanwaltschaft anzuzeigen (§ 18 WpHG).

(i) Einordnung als Maßnahme zur Strafverfolgung. Der Verfahrensablauf spricht für die Annahme, die Ermittlungen der Bundesanstalt einschließlich der Meldepflicht dienten strafprozessualen Zwecken. Nach dem Gesetzeswortlaut besteht das Ziel der laufenden Überwachung darin, „Verstößen gegen die Verbote nach § 14 entgegenzuwirken" (§ 16 I WpHG). Dies wird in der Gesetzesbegründung dahingehend präzisiert, dass die Meldepflicht und die Überwachung der Verhinderung von Insidergeschäften dienen.[209] Auch im Schrifttum wird von einer präventiven Ausrichtung ausgegangen.[210] In den folgenden Bestimmungen fehlen indessen die zur Erfüllung einer solchen präventiven Aufgabe notwendigen Entscheidungskompetenzen. Ein Verwaltungsverfahren, an dessen Ende z.B. die Rückabwicklung der getätigten Geschäfte angeordnet wird[211] oder Geschäftsleiter abberufen werden[212], ist dort nicht vorgesehen. Die Bundesanstalt hat lediglich die allgemeine Befugnis, die erforderlichen Anordnungen zu treffen, um Missstände zu beseitigen und zu verhindern (§ 4 S. 3 WpHG). Selbst wenn man in einem einzelnen Insidergeschäft einen „Missstand" zu sehen vermag[213], so stellt sich die Frage, welche Maß-

---

[206] S. § 9 II Nr. 7 und 8 WpHG n.F.; s. dazu *Knauth*, WM 2003, 1593, 1594f.
[207] S. die Begründung des Regierungsentwurfes, BT-Drucks. 12/6679, S. 43f.; *Dreyling*, in: Assmann/Schneider, WpHG (2003), § 9 Rn. 1; *Geibel*, in: Schäfer, WpHG/BörsenG/VerkProspG (1999), § 9 WpHG Rn. 1; *Süßmann*, WM 1996, 937.
[208] S. die Begründung des Regierungsentwurfs, BT-Drucks. 12/6679, S. 49 (zu § 16 I WpHG); *Carl/Klos*, wistra 1995, 10, 13; *Siebold*, Das neue Insiderstrafrecht (1994), S. 259.
[209] S. die Begründung des Regierungsentwurfes, BT-Drucks. 12/6679, S. 43 (zu § 9 WpHG).
[210] *Carl/Klos*, wistra 1995, 10, 13; *Dreyling*, in: Assmann/Schneider, WpHG (2003), § 16 Rn. 4; *Schäfer*, in: Schäfer, WpHG/BörsenG/VerkProspG (1999), § 16 WpHG Rn. 4; *Süßmann*, WM 1996, 937.
[211] Vgl. etwa § 37 KWG (zur Rückabwicklung von nach § 3 KWG verbotenen oder ohne die erforderliche Erlaubnis – s. § 32 KWG – getätigten Bankgeschäften).
[212] Vgl. § 36 KWG.
[213] Als „Missstand" wird in § 4 WpHG jedes Verhalten, welches den Zielen des WpHG oder den im Einzelnen zur Verwirklichung dieser Ziele normierten Pflichten zuwiderläuft, angesehen, s. *Geibel*, in: Schäfer, WpHG/BörsenG/VerkProspG (1999), § 4 WpHG Rn. 14; s. auch *Dreyling*, in: Assmann/Schneider, WpHG (2003), § 4 Rn. 8. In Bezug auf § 6 KWG wird ein Missstand hinge-

I. Verwaltungsverfahren und informationelle Abwehrrechte

nahmen die Bundesanstalt ergreifen kann, um diesen zu verhindern oder zu beseitigen. Da das Insidergeschäft erst nach dem Abschluss aufgedeckt wird, kommen präventive Maßnahmen insoweit nicht mehr in Betracht. Über eine Entziehung der Erlaubnis oder eine Abberufung von Geschäftsleitern wird zudem allein nach Maßgabe des KWG entschieden.[214] Soweit ersichtlich, werden im Schrifttum keine Anordnungen nach § 4 S. 3 WpHG erwähnt, die darauf gerichtet sind, Insidergeschäfte zu verhindern oder deren Folgen zu beseitigen.[215] Selbst wenn im Einzelfall eine derartige Anordnung ergehen könnte, ist festzuhalten, dass die Befugnis nach § 4 S. 3 WpHG zu unspezifisch ist, als dass die Ermittlungen nach §§ 9, 16 I WpHG von vornherein auf ihre Anwendung gerichtet sein können.[216] Die laufende Überwachung des Geschäfts in Insiderpapieren ist somit nicht auf die verwaltungsrechtliche Durchsetzung eines bestimmten Verhaltens gerichtet, ihr fehlt die „Berichtigungsfunktion"[217]. Sie ist nicht Teil eines Verwaltungsverfahrens, das auf eine bestimmte Sachentscheidung abzielt. Das Ziel der behördlichen Überwachung besteht vielmehr darin, als „verwaltungsrechtliches Vorverfahren" das strafrechtliche Ermittlungsverfahren vorzubereiten.[218] Dies bestätigt der rechtsvergleichende Blick auf andere Staaten, in denen der Aufsichtsbehörde von vornherein auch die Befugnis zur strafrechtlichen Verfolgung verbotener Insidergeschäfte übertragen worden ist.[219] Ziel der fortlaufenden Überwachung und damit auch der Meldepflicht nach § 9 WpHG ist also die strafrechtliche Verfolgung von verbotenen Insidergeschäften.[220] Der Unterschied zum „normalen" Strafverfahren besteht allein darin, dass die Ermittlungen zunächst von einer Wirtschaftsaufsichtsbehörde – gewissermaßen als „Börsenpolizei"[221] – geführt werden.[222]

---

gen erst bei erheblichen und nachhaltigen negativen Abweichungen vom Standard angenommen, s. *Fülbier*, in: Boos/Fischer/Schulte-Mattler, KWG (2000), § 6 Rn. 37, 38, 41; Straftaten sollen nur im Ausnahmefall einen Missstand darstellen, aaO, Rn. 47; s. auch *Findeisen*, WM 1998, 2410, 2411.
[214] *Dreyling*, in: Assmann/Schneider, WpHG (2003), § 4 Rn. 5.
[215] S. die Zusammenstellungen bei *Dreyling*, in: Assmann/Schneider, WpHG (2003), § 4 Rn. 12ff.; *Geibel*, in: Schäfer, WpHG/BörsenG/VerkProspG (1999), § 4 WpHG Rn. 19ff.
[216] So aber wohl *Habetha*, WM 1996, 2133, 2140.
[217] S. o. S. 3
[218] S. auch *Benner*, in: Wabnitz/Janovsky, Handbuch des Wirtschafts- und Steuerstrafrechts (2000), Kap. 4 Rn. 58 („Vorermittlungen").
[219] S. *Benner*, in: Wabnitz/Janovsky, Handbuch des Wirtschafts- und Steuerstrafrechts (2000), Kap. 4 Rn. 74 (USA, England); *Siebold*, Das neue Insiderstrafrecht (1994), S. 88f. (Frankreich, England). Eine Zusammenarbeit von Verwaltungsbehörden und Staatsanwaltschaft ist hingegen in Italien und Spanien vorgesehen, s. *Siebold*, aaO, S. 90, 92f.
[220] So wohl auch *Ransiek*, DZWir 1995, 53, 54, 55; s. auch *Moosmayer*, wistra 2002, 161, 167, der zwar betont, dass es sich nicht um strafprozessuale, sondern verwaltungsrechtliche Maßnahmen handelt, zugleich aber eingesteht, dass diese auf eine strafrechtliche oder bußgeldrechtliche Ahndung abzielen.
[221] S. *Carl/Klos*, wistra 1995, 10, 11, die sich aber später von diesem Begriff distanzieren, aaO, 14.
[222] S. *Dreyling*, in: Assmann/Schneider, WpHG (2003), § 16 Rn. 8; s. dagegen *ders.*, aaO, § 18 Rn. 2 („verwaltungsrechtliche Untersuchung mit verwaltungsrechtlichen Mitteln").

(ii) Verfassungsrechtliche Rechtfertigung des strafprozessualen Ermittlungseingriffs. Die Einordnung der Meldepflicht und der Auswertung der Daten als strafprozessuale Ermittlungsmaßnahme hat zur Folge, dass diese Maßnahmen nicht mit dem öffentlichen Interesse an der Abwehr von Gefahren, sondern allein mit dem öffentlichen Strafverfolgungsinteresse begründet werden können.

Ziel des Strafverfahrens ist die Wiederherstellung des Rechtsfriedens durch Klärung eines bestehenden Verdachts und – im Falle seiner Bestätigung – die gerechte Bestrafung des Täters.[223] Der Verdacht ist somit Anlass und prozessbezogener Grund des Strafverfahrens.[224] Mit dem Erfordernis des Anfangsverdachts werden die strafprozessualen Ermittlungsbefugniss in rechtsstaatlich gebotener Weise begrenzt.[225] Derartige Eingriffe dürfen grundsätzlich nicht vorgenommen werden, um einen bis dahin nicht bestehenden Verdacht zu gewinnen.[226] Ist ein Verdacht nicht gegeben, also eine Störung des Rechtsfriedens nicht eingetreten, so besteht kein öffentliches Interesse an der Durchführung eines Strafverfahrens.[227] Nach diesem Maßstab wären die mit der Meldung und Auswertung der Daten verbundenen Eingriffe verfassungsrechtlich problematisch, da ein Verdacht in Bezug auf den Abschluss eines Insidergeschäftes nicht besteht. Bei derartigen Ermittlungen im Vorfeld eines Anfangsverdachts besteht aufgrund der fehlenden Anbindung der Maßnahme an das mit einem Strafverfahren zu verfolgende Ziel (Verdachtsklärung) ein verfassungsrechtliches Legitimationsdefizit.[228]

Ein öffentliches Interesse an derartigen verdachtslosen Informationseingriffen kann jedoch in bestimmten Fällen auf andere Weise begründet werden. Dies gilt zunächst für die vorsorgliche Sammlung von Informationen für künftige Strafverfahren. Der Gesetzgeber hat eine solche Möglichkeit in § 81g StPO vorgesehen. Die Entnahme von Körperzellen zur Anfertigung einer DNA-Analyse ist danach allerdings nur bei Personen zulässig, bei denen Grund zu der Annahme besteht, dass in Zukunft ein Strafverfahren wegen bestimmter Taten durchzuführen sein wird.[229] Die Meldepflicht nach § 9 WpHG dient jedoch nicht der Informationsvorsorge für die Zukunft, sondern die Daten werden unmittelbar nach ihrer Übermittlung ausgewertet. Darüber hinaus wird die Erhebung und Verarbeitung der personenbezogenen Daten von keiner Eingriffsschwelle abhängig gemacht, die wie die Prognose (s. § 81g StPO) dem Anfangsverdacht prinzipiell vergleichbar wäre. Bei den von der Meldepflicht betroffenen Personen handelt es sich um Anleger, bei denen für eine Prognose strafbarer Insidergeschäfte jeder Anhaltspunkt fehlt.

---

[223] S.o. S.10ff.
[224] *L. Schulz*, Normiertes Misstrauen (2001), S.475.
[225] *Walder*, ZStW 95 (1983), 862, 867; *Weßlau*, Vorfeldermittlungen (1989), S.240, 279.
[226] *Fincke*, ZStW 95 (1983), 918, 919; *Lisken*, in: Lisken/Denninger, Handbuch des Polizeirechts (2001), Abschn. K Rn.107; *L. Schulz*, Normiertes Misstrauen (2001), S.538; *Weßlau*, Vorfeldermittlungen (1989), S.278f.
[227] S. dazu o. S.14.
[228] S. auch *Gärditz*, Strafprozess und Prävention (2003), S.60f.
[229] Kritisch zur Zulässigkeit derartiger, auf personenbezogene Prognosen gestützter Ermittlungsmaßnahmen: *Weßlau*, Vorfeldermittlungen (1989), S.299ff.

I. Verwaltungsverfahren und informationelle Abwehrrechte

Strafprozessuale Vorermittlungen können des Weiteren damit gerechtfertigt werden, dass sie der Klärung dienen, ob ein Anfangsverdacht (§ 152 II StPO) besteht.[230] Derartige Ermittlungen werden beispielsweise nach einem Leichenfund durchgeführt (§ 159 I StPO).[231] In derartigen Fällen besteht zwar noch kein Anfangsverdacht, aber es liegen Ansatzpunkte für sachdienliche Erhebungen vor, um zu klären, ob ein solcher Verdacht besteht oder nicht.[232] Während diese Art von Vorermittlungen mit einem öffentlichen Interesse an einem *möglicherweise* einzuleitenden Strafverfahren im konkreten Fall gerechtfertigt werden kann, scheidet dies bei den sogenannten Initiativermittlungen aus, bei denen die Strafverfolgungsbehörden von sich aus Informationen gewinnen, um Ansätze zu weiteren Ermittlungen zu erhalten.[233] Ob Initiativermittlungen angesichts des fehlenden Bezuges zu einem konkreten Verfahren verfassungsrechtlich gerechtfertigt werden können[234], bedarf an dieser Stelle keiner Entscheidung. Selbst wenn man von ihrer Zulässigkeit ausgeht, ist an der begrenzenden Funktion des Anfangsverdachts in Bezug auf drohende Ermittlungseingriffe festzuhalten.[235] Dementsprechend ist allgemein anerkannt, dass den Strafverfolgungsbehörden in diesem Verfahrensstadium strafprozessuale Zwangs- und Eingriffsbefugnisse nicht zustehen.[236] Zulässig sind allein Maßnahmen ohne Eingriffscharakter (z.B. die Polizeistreife[237]) oder Bagatelleingriffe (z.B. informatorische Befragung).[238]

Die laufende Überwachung des Wertpapierhandels erfolgt anlassunabhängig, die Aufsichtsbehörde führt also Initiativermittlungen durch, um aus eigener Er-

---

[230] Nach h.M. sind derartige Vorermittlungen zulässig, s. LG Offenburg, NStZ 1993, 506; *Beulke*, in: Löwe-Rosenberg, StPO (25. Aufl.), § 152 Rn. 34; *Keller/Griesbaum*, NStZ 1990, 416, 417; *Wolter*, in: SK-StPO, Vor § 151 Rn. 156a; s. dazu *Lange*, Vorermittlungen (1999), S. 34ff. m.w.N., auch zur Gegenansicht; s. aber die rechtspolitischen Bedenken gegen eine gesetzliche Regelung bei *Hilger*, in: Hilger-FS (2003), S. 11, 19f.

[231] *Keller/Griesbaum*, NStZ 1990, 416, 417; *Wolter*, in: SK-StPO, Vor § 151 Rn. 156a.

[232] S. die weiteren Beispiele bei *Keller/Griesbaum*, NStZ 1990, 416, 417.

[233] S. Nr. 6.1. der gemeinsamen Richtlinien der Justizminister/-senatoren und der Innenminister/-senatoren der Länder über die Zusammenarbeit von Staatsanwaltschaft und Polizei bei der Verfolgung der Organisierten Kriminalität, abgedruckt in: *Kleinknecht/Meyer-Goßner*, StPO (2003), Anlage E zur RiStBV.

[234] Die überwiegende Ansicht lehnt dies ab, s. *Hilger*, in: Hilger-FS (2003), S. 11, 16f.; *Keller/Griesbaum*, NStZ 1990, 416, 418; *Schoreit*, in: KK-StPO (2003), § 152 Rn. 18c; *Weßlau*, in: SK-StPO, § 152 Rn. 21; a.A. *Plöd*, in: KMR-StPO, § 152 Rn. 19; ebenso Nr. 6.1. der gemeinsamen Richtlinien der Justizminister/-senatoren und der Innenminister/-senatoren der Länder über die Zusammenarbeit von Staatsanwaltschaft und Polizei bei der Verfolgung der Organisierten Kriminalität, abgedruckt in: *Kleinknecht/Meyer-Goßner*, StPO (2003), Anlage E zur RiStBV.

[235] Vgl. *Keller/Griesbaum*, NStZ 1990, 416, 417; s. auch LG Offenburg, NStZ 1993, 506 (zur Verhältnismäßigkeit strafprozessualer Zwangsmaßnahmen im Rahmen von Vorermittlungen).

[236] *Wolter*, in: SK-StPO, Vor § 151 Rn. 156b; ebenso Nr. 6.2. Absatz 2 S. 3 der gemeinsamen Richtlinien der Justizminister/-senatoren und der Innenminister/-senatoren der Länder über die Zusammenarbeit von Staatsanwaltschaft und Polizei bei der Verfolgung der Organisierten Kriminalität, abgedruckt in: *Kleinknecht/Meyer-Goßner*, StPO (2003), Anlage E zur RiStBV; s. auch *Artzt*, Vorfeldermittlungen (2000), S. 12f.; *Beulke*, in: Löwe-Rosenberg, StPO (25. Aufl.), § 152 Rn. 34; *Lange*, Vorermittlungen (1999), S. 157f.

[237] S. dazu *Artzt*, Vorfeldermittlungen (2000), S. 44f.

[238] *Wolter*, in: SK-StPO, Vor § 151 Rn. 156b.

kenntnis Sachverhalten nachzugehen.²³⁹ Die laufende Meldung jedes getätigten Geschäftes und die systematische Auswertung der gemeldeten Daten stellt zudem einen erheblichen Eingriff in das informationelle Selbstbestimmungsrecht der an dem jeweiligen Geschäft Beteiligten dar.²⁴⁰ In Bezug auf die Eigengeschäfte der meldepflichtigen Institute liegt dies auf der Hand.²⁴¹ Aber auch hinsichtlich der Kunden scheidet ein Eingriff nicht etwa deshalb aus, weil aus den gemeldeten Daten die Identität der betroffenen Person nicht zu erkennen ist.²⁴² Darin, dass der Name des Depotinhabers bzw. Auftraggebers nicht gemeldet werden muss, liegt ohne Zweifel eine wichtige Schutzvorkehrung, um einen Missbrauch der gemeldeten Daten zu verhindern.²⁴³ Ein Bezug zu den am Geschäft beteiligten Personen bleibt jedoch herstellbar, d.h. die gemeldeten Daten sind personenbezogen. Bereits bei der ursprünglichen Ausgestaltung der Meldepflicht waren über das Kennzeichen des getätigten Geschäftes die daran beteiligten Personen zu ermitteln. Die Übermittlung erfolgt also nicht anonymisiert²⁴⁴, d.h. ohne Personenbezug, sondern pseudonymisiert²⁴⁵, d.h. in einer Weise, dass die Verbindung des getätigten Wertpapiergeschäfts mit den daran beteiligten Personen durch ein Auskunftsverlangen²⁴⁶ wiederhergestellt werden kann. Es liegt also auch ein Eingriff in das informationelle Selbstbestimmungsrecht der an dem Wertpapiergeschäft beteiligten Kunden vor.²⁴⁷ Die Neufassung hat die Möglichkeiten zur Verarbeitung personenbezogener Daten noch erweitert, indem nunmehr alle Geschäfte, die von einem Auftraggeber und einem Depotinhaber getätigt werden, nach bestimmten Kriterien ausgewertet werden können, um einen Verdacht zu generieren. Dass der Gesetzgeber die Möglichkeit eröffnet hat, anstatt des Depotinhabers das Depot mit einem Kennzeichen zur Identifikation zu versehen²⁴⁸, ist nur für diejenigen Kunden bedeutsam, die bei einer Bank mehrere Depots unterhalten. Bezeichnenderweise wurde diese Regelung nicht im Hinblick auf das informationelle Selbstbestimmungsrecht der Kunden geschaffen, sondern um den Verwaltungsaufwand für die meldepflichtigen Unternehmen zu reduzieren.²⁴⁹ Nicht ohne Grund wird daher

---

²³⁹ S. auch die Begründung des Regierungsentwurfes, BT-Drucks. 12/6679, S. 43 (zu § 9 WpHG).
²⁴⁰ Der Schutzbereich des Rechts auf informationelle Selbstbestimmung umfasst auch geschäftliche Informationen, s.o. S. 72; zum vorliegenden Zusammenhang: *Habetha*, WM 1996, 2133, 2139; s. dagegen *Ransiek*, DZWir 1995, 53, 55.
²⁴¹ S. *Müller*, wistra 2001, 167, 169; *Süßmann*, WM 1996, 937, 938.
²⁴² S. aber *Carl/Klos*, wistra 1995, 10, 13, 14.
²⁴³ *Dreyling*, in: Assmann/Schneider, WpHG (2003), § 9 Rn. 33.
²⁴⁴ So aber *Carl/Klos*, wistra 1995, 10, 13.
²⁴⁵ S. § 3 VIa BDSG.
²⁴⁶ S. § 16 II S. 3 WpHG.
²⁴⁷ Vgl. § 3 I BDSG, wonach als personenbezogene Daten Einzelangaben über persönliche und sachliche Verhältnisse einer bestimmten oder *bestimmbaren* Person anzusehen sind; s. ferner § 3 VIa BDSG (Pseudonymisierung von Daten).
²⁴⁸ S. die entsprechende Änderung in den Beschlussempfehlungen des Finanzausschusses, BT-Drucks. 14/8600, S. 55.
²⁴⁹ S. den Bericht des Finanzausschusses, BT-Drucks. 14/8601, S. 18.

befürchtet, dass diese Beschränkung der Meldepflicht nicht lange aufrechterhalten wird.[250] Im Ergebnis läuft das Verfahren auf eine Rasterfahndung (§ 98a StPO) hinaus, die in einem „normalen" Strafverfahren von einem zuvor bestehenden Verdacht abhängig und überdies nur zur Verfolgung bestimmter Straftaten von erheblicher Bedeutung zulässig wäre.[251] Das Strafverfolgungsinteresse vermag einen so schweren Eingriff ohne das Bestehen eines Anfangsverdachts verfassungsrechtlich nicht zu rechtfertigen.[252]

Gegenüber verfassungsrechtlichen Bedenken gegen die Überwachung des Wertpapierhandels ist darauf hingewiesen worden, dass eine effektive Bekämpfung des Insiderhandels zwingend geboten ist, um den deutschen Finanzmarkt nicht der Bedeutungslosigkeit anheimfallen zu lassen.[253] Das Verbot des Insiderhandels schützt die Funktionsfähigkeit des Finanzmarktes, indem es die ungerechtfertigte Verwertung eines Informationsvorsprungs untersagt.[254] Die Funktionsfähigkeit des Finanzmarktes hängt dabei wesentlich von dem Vertrauen der Anleger ab, gleich behandelt und gegen die unrechtmäßige Verwendung von Insiderinformationen geschützt zu werden.[255] Der Gesetzgeber hat die Einführung der Meldepflicht und der systematischen Auswertung der gemeldeten Daten damit begründet, dass eine effektive Überwachung des Wertpapierhandels auf diese Instrumente angewiesen sei; anderenfalls könne sich die Aufsichtsbehörde nur auf zufällig erlangte Informationen stützen und so ihrer Aufgabe nicht gerecht werden.[256] Die Notwendigkeit von Initiativermittlungen wird ebenso wie in anderen Bereichen der Strafverfolgung[257] damit begründet, dass die verbotenen Geschäfte im Verborgenen getätigt werden und nur durch staatliche Ermittlungen aufgedeckt werden könnten.[258]

---

[250] *Lehnhoff*, WM 2002, 687.
[251] So im Hinblick auf die Verarbeitung der nach den § 16 II – V WpHG erhobenen Daten: *Habetha*, WM 1996, 2133, 2134; *Müller*, wistra 2001, 167, 168f.; *Ransiek*, DZWir 1995, 53, 55 (in Fußn. 23).
[252] Abgesehen von den grundsätzlichen Bedenken gegen Ermittlungseingriffe im Vorfeld eines Verdachts weckt auch die Schwere der zu verfolgenden Taten Zweifel an deren Berechtigung, denn ausweislich des für Insiderdelikte vorgesehenen Strafrahmens bleibt deren Unrechtsgehalt hinter dem der meisten in § 98a I StPO genannten Straftaten zurück.
[253] *Dreyling*, in: Assmann/Schneider, WpHG (2003), § 16 Rn. 11, mahnt insoweit alternative Konzepte an; zum rechtspolitischen Hintergrund des deutschen Insiderrechts und den ausländischen Einflüssen: *Assmann*, ZGR 1994, 494, 497.
[254] *Assmann*, ZGR 1994, 494, 499; zum Rechtsgut der §§ 38, 14 WpHG: *Lücker*, Missbrauch von Insiderinformationen (1998), S. 20ff. (insbesondere S. 24f.); kritisch insoweit *Haouache*, Börsenaufsicht durch Strafrecht (1996), S. 72f.
[255] S. die Begründung des Regierungsentwurfes, BT-Drucks. 12/6679, S. 33; *Assmann*, ZGR 1994, 494, 499; *Lücker*, Missbrauch von Insiderinformationen (1998), S. 25.
[256] S. die Begründung des Regierungsentwurfes, BT-Drucks. 12/6679, S. 43; ebenso *Carl/Klos*, wistra 1995, 10, 13; *Müller*, wistra 2001, 167, 168.
[257] S. zur Organisierten Kriminalität: Nr. 6.1. der gemeinsamen Richtlinien der Justizminister/-senatoren und der Innenminister/-senatoren der Länder über die Zusammenarbeit von Staatsanwaltschaft und Polizei bei der Verfolgung der Organisierten Kriminalität, abgedruckt in: *Kleinknecht/Meyer-Goßner*, StPO (2003), Anlage E zur RiStBV
[258] *Dreyling*, in: Assmann/Schneider, WpHG (2003), § 16 Rn. 10.

Hinzu kommt, dass die Marktmissbrauchs-Richtlinie[259] die Mitgliedstaaten gemeinschaftsrechtlich verpflichtet, die zuständigen Stellen mit den für die Erfüllung ihrer Aufgaben notwendigen Kompetenzen sowie Kontroll- und Ermittlungsbefugnissen auszustatten.[260] Beschränkt sich der deutsche Gesetzgeber auf die strafprozessuale Bewältigung von Verdachtsfällen, so dürfte er damit seiner gemeinschaftsrechtlichen Verpflichtung nicht gerecht werden. Eine effektive Verfolgung von Insidergeschäften setzt vielmehr voraus, dass die Aufsichtsbehörde auch ohne einen Anfangsverdacht Ermittlungen aufnehmen kann. Da sich die Notwendigkeit behördlicher Initiativermittlungen auf Vorgaben des Gemeinschaftsrechts zurückführen lässt, treten die insoweit bestehenden verfassungsrechtlichen Bedenken zurück.[261]

Andererseits lässt die Richtlinie den Mitgliedstaaten einen Spielraum, auf welche Weise sie den darin enthaltenen Verpflichtungen nachkommen.[262] Das gemeinschaftsrechtliche Gebot, die Einhaltung des Verbotes von Insidergeschäften zu gewährleisten, erfordert keineswegs eine verdachtsunabhängige Rasterfahndung. Eine laufende Überwachung kann auch auf der Basis anonymisierter Meldungen stattfinden, d.h. in einer Weise, dass eine Verbindung des getätigten Wertpapiergeschäftes mit den daran beteiligten Personen nicht mehr hergestellt werden kann. Auf diese Weise kann ein Eingriff in das Recht auf informationelle Selbstbestimmung vermieden werden. Die Aufsichtsbehörde hat nach wie vor die Möglichkeit, die gemeldeten Daten auf auffällige Umsatzschwankungen zu untersuchen und auf diesem Wege Anhaltspunkte für verbotene Insidergeschäfte zu gewinnen. Liegen derartige Anhaltspunkte vor, so kann die Aufsichtsbehörde weitere Ermittlungsmaßnahmen ergreifen (§ 16 II–V WpHG). Streng genommen, wird die Behörde auch in diesem Verfahrensstadium noch im Vorfeld eines Anfangsverdachts tätig (s. § 18 WpHG).[263] Verfassungsrechtliche Bedenken lassen sich jedoch durch eine restriktive Auslegung des Begriffes „Anhaltspunkte" ausräumen, die sich zumindest insoweit am Verdachtsbegriff orientiert[264], als bloße Vermutungen für ein Auskunfts- und Vorlageersuchen nicht ausreichen[265]. Diesen Anforderungen genügt es, wenn vor Bekanntgabe einer wichtigen Unternehmensinformation abrupte Kurs- und Umsatzschwankungen festgestellt werden.[266]

---

[259] S. die Richtlinie Nr. 2003/6/EG über Insidergeschäfte und Marktmanipulation vom 28.1. 2003, ABlEG L 96/16.
[260] Art. 8 II der Richtlinie.
[261] S. insoweit *Habetha*, WM 1995, 2133, 2136; s. dazu ausführlich: *Streinz*, Bundesverfassungsgerichtlicher Grundrechtsschutz (1989), S. 183 ff. (zur Differenzierung zwischen gemeinschaftsrechtlich und innerstaatlich bedingten Grundrechtsbeeinträchtigungen), 186 ff. (zur Richtlinie), 247 ff. (zur Modifizierung des Prüfungsmaßstabes in Bezug auf das Gemeinschaftsrecht).
[262] *Schäfer*, in: Schäfer, WpHG/BörsenG/VerkProspG (1999), § 16 WpHG Rn. 3.
[263] S. *Schäfer*, in: Schäfer, WpHG/BörsenG/VerkProspG (1999), § 18 WpHG Rn. 1.
[264] S. auch *Habetha*, WM 1996, 2133, 2134, 2140; *Müller*, wistra 2001, 167, 169.
[265] S. die Begründung des Regierungsentwurfes, BT-Drucks. 12/6679, S. 49, wonach bei Hinweisen oder Tatsachen, die einen Verstoß gegen § 14 WpHG vermuten lassen, zunächst nur weitere interne Prüfungen vorzunehmen seien; s. auch *Habetha*, WM 1996, 2133.
[266] Begründung des Regierungsentwurfes, BT-Drucks. 12/6679, S. 49; *Dreyling*, in: Assmann/

I. Verwaltungsverfahren und informationelle Abwehrrechte

Schließlich sollte die gemeinschaftsrechtliche Pflicht, für die Einhaltung des Verbotes von Insidergeschäften Sorge zu tragen, nicht auf die strafrechtliche Verfolgung verengt werden. In diesem Zusammenhang ist auf die berechtigten Zweifel hinzuweisen, die an der Effektivität strafrechtlicher Instrumente geäußert werden.[267] Die Antwort darauf ist nicht in einer stetigen Ausweitung staatlicher Ermittlungsbefugnisse zu suchen[268], sondern in der Stärkung von alternativen Instrumenten zur Prävention.[269]

Nach alledem ist die Meldepflicht (§ 9 WpHG) und die anschließende Auswertung der gemeldeten Daten (§ 16 I WpHG) wegen Verletzung des Rechts auf informationelle Selbstbestimmung (Art. 2 I i.V.m. Art. 1 I GG) verfassungswidrig. Die verfassungsrechtlichen Schranken für strafprozessuale Ermittlungseingriffe können nicht durch eine Flucht in verwaltungsrechtliche Formen umgangen werden, sondern die Informationserhebung zur Verfolgung von Straftaten muss diesen Anforderungen auch und gerade dann genügen, wenn sie von Verwaltungsbehörden durchgeführt wird.

(c) Strafprozessuale Vorermittlungen oder Strukturprävention?
– Die Inpflichtnahme Privater zur Geldwäschebekämpfung
(§§ 14 II Nr. 2 GwG, 25a I Nr. 4 KWG)

Zu guter Letzt ist auf die staatlich veranlasste Informationsverarbeitung durch Private einzugehen. Soweit eine solche Verarbeitung im Zusammenhang mit der späteren Einleitung eines Strafverfahrens steht, könnte auch hier angenommen werden, dass die Verarbeitung personenbezogener Daten von vornherein der Strafverfolgung dient und den insoweit geltenden verfassungsrechtlichen Schranken unterliegt. Entzündet hat sich die Diskussion an der Pflicht von Privatpersonen und Unternehmen, interne Grundsätze sowie angemessene geschäfts- und kundenbezogene Sicherungssysteme und Kontrollen zur Verhinderung der Geldwä-

---

Schneider, WpHG (2003), § 16 Rn. 13; *Ransiek*, DZWir 1995, 53, 55; *Schäfer*, in: Schäfer, WpHG/BörsenG/VerkProspG (1999), § 16 WpHG Rn. 5; a. A. *Müller*, wistra 2001, 167, 169.

[267] *Ransiek*, DZWir 1995, 53, 54ff. Diese seien von vornherein nur geeignet, „ungeschickt" durchgeführte Taten aufzudecken (aaO, 55f.). Die Verbindung zwischen dem getätigten Geschäft und dem Insider könne ohne großen Aufwand verschleiert werden, von den Ermittlungsbehörden aber nur mit erheblichen Informationseingriffen in die persönlichen Verhältnisse aller potentiellen Primärinsider wiederhergestellt werden (aaO, 56f.). Innerhalb von Familien werde die Aufklärung überdies durch entsprechende Auskunftsverweigerungsrechte (§ 16 VI WpHG) erschwert (aaO, 56). Schließlich sei der Tatnachweis, insbesondere zur subjektiven Tatseite, schwer zu führen (aaO, 57); s. ferner *Knauth*, WM 2003, 1593, 1598, mit Zweifeln an dem praktischen Nutzen der neuen Kennzeichen in der Meldung an die Bundesanstalt für Finanzdienstleistungsaufsicht (§ 9 II Nr. 7 und 8 WpHG).

[268] S. aber *Benner*, in: Wabnitz/Janovsky, Handbuch des Wirtschafts- und Steuerstrafrechts (2000), Kap. 4 Rn. 24.

[269] *Ransiek*, DZWir 1995, 53, 58, unter Hinweis auf die Pflicht zur unverzüglichen Veröffentlichung wichtiger Unternehmensinformationen, s. insoweit die §§ 15, 15a WpHG n.F. und dazu *Hutter/Leppert*, NZG 2002, 649, 652ff.

sche zu entwickeln (§ 14 II Nr. 2 GwG[270]). Der Kreis der Verpflichteten umfasst nicht nur Kredit- und Finanzdienstleistungsinstitute, Versicherungsunternehmen und Spielbanken, sondern auch Angehörige der freien Berufe, wie z.B. Rechtsanwälte, Wirtschaftsprüfer und Steuerberater.[271] Für Kredit- und Finanzdienstleistungsinstitute besteht darüber hinaus eine spezielle Regelung: Diese sind verpflichtet, über angemessene, geschäfts- und kundenbezogene Sicherungssysteme gegen Geldwäsche und gegen betrügerische Handlungen zu Lasten des Instituts zu verfügen, insbesondere Sachverhalten, die auf Grund des Erfahrungswissens über Methoden der Geldwäsche zweifelhaft oder ungewöhnlich sind, vor dem Hintergrund der laufenden Geschäftsbeziehung und einzelner Transaktionen nachzugehen (§ 25a I Nr. 4 KWG[272]). Ausweislich der Gesetzesbegründung wird damit insbesondere den Banken die Pflicht auferlegt, im Wege der elektronischen Datenverarbeitung Finanztransaktionen aufzuspüren.[273] Die Aufsichtsbehörde hatte bereits aus der alten Fassung des § 14 II Nr. 2 GwG eine Verpflichtung der Kreditinstitute abgeleitet, Finanztransaktionen auch ohne entsprechenden Anlass auf mögliche Geldwäschehandlungen zu untersuchen (Research) und bei zweifelhaften oder ungewöhnlichen Transaktionen die laufende Geschäftsbeziehung einer längerfristigen Überwachung zu unterwerfen (Monitoring).[274]

(i) Zweck der internen Sicherungsmaßnahmen. Welchem Zweck diese von den Banken vorzunehmende Informationsverarbeitung dient, wird unterschiedlich beurteilt. Nach einer Auffassung liegt darin ein Beitrag zur Geldwäscheprävention, indem das Kreditinstitut durch die vorgenommenen Maßnahmen verhindert, zum Zwecke der Geldwäsche missbraucht zu werden.[275] Die Gegenansicht verweist auf die Nähe zu der strafprozessualen Anzeigepflicht des Kreditinstitutes (§ 11 GwG) und sieht in den bankinternen Überwachungsmaßnahmen Vorermittlungen, die darauf abzielen, einen Anfangsverdacht zu gewinnen und so die Grundlage für ein strafprozessuales Ermittlungsverfahren zu schaffen.[276]

Für eine strafprozessuale Ausrichtung der internen Sicherungsmaßnahmen spricht auch die allgemeine Zielsetzung des GwG, die strafrechtliche Verfolgung

---

[270] In der Fassung des Geldwäschebekämpfungsgesetzes vom 8. 8. 2002, BGBl I S. 3105.
[271] S. im Einzelnen § 14 I Nr. 1–8 GwG.
[272] In der Fassung des Vierten Finanzmarktförderungsgesetzes vom 21. 6. 2002, BGBl I S. 2010; kritisch zu dieser Regelung die Stellungnahme des Bundesrates, s. BT-Drucks. 14/8017, S. 170; s. die Gegenäußerung der Bundesregierung, aaO, S. 184.
[273] S. die Begründung des Regierungsentwurfes (zu § 25a I Nr. 4 KWG), BT-Drucks. 14/8017, S. 124.
[274] S. die Verlautbarung des Bundesaufsichtsamtes für das Kreditwesen vom 30. 3. 1998, Nr. 18 und 30; s. dazu *Findeisen*, WM 1998, 2410, 2417f.; *Herzog*, in: Kohlmann-FS (2003), S. 427, 433f.
[275] *Bergles/Eul*, BKR 2002, 556, 562; *Findeisen*, wistra 1997, 121, 123f.; *ders.*, WM 1998, 2410, 2413; *Scherp*, WM 2003, 1254, 1258; s. auch die Begründung des Regierungsentwurfes zu § 14 GwG, BT-Drucks. 12/2704, S. 19.
[276] *Fülbier*, in: Fülbier/Aepfelbach, GwG (1999), § 14 Rn. 141, 143; *Herzog*, WM 1996, 1753, 1758, 1760; *ders.*, WM 1999, 1905, 1916, 1917; *ders.*, in: Kohlmann-FS (2003), S. 427, 449; *Werner*, Bekämpfung der Geldwäsche (1996), S. 64.

der Geldwäsche zu intensivieren.[277] In Bezug auf die anderen Pflichten (Identifikation, Aufzeichnung, Anzeige) ist anerkannt, dass diese der Strafverfolgung dienen. Der Zusammenhang mit diesen Pflichten spiegelt sich auch in der Begründung zur Novellierung des GwG wider.[278]

Im Wortlaut des § 14 II Nr. 2 GwG findet diese Interpretation allerdings keine Bestätigung, die Formulierung „Sicherungssysteme und Kontrollen zur Verhinderung der Geldwäsche" spricht vielmehr für eine präventive Funktion der internen Maßnahmen. Gleiches gilt für den eng an diese Norm angelehnten § 25a I Nr. 4 KWG. Auch in der jeweiligen Gesetzesbegründung wird die präventive Natur dieser Vorschriften betont.[279] Der Zweck der dort enthaltenen Pflichten liegt nicht darin, durch Informationsverarbeitung die Abwehr von Gefahren durch die Aufsichtsbehörde zu ermöglichen, sondern die Verhaltenspflichten zielen darauf ab, dass das Institut selbst präventiv tätig wird, indem es seine Organisationsstruktur so ausgestaltet, dass es nicht mehr für Geldwäscheaktivitäten missbraucht werden kann.[280] Bei den Verhaltenspflichten nach §§ 14 II Nr. 2 GwG, 25a I Nr. 4 KWG handelt es sich also um Pflichten zur Eigenüberwachung.[281] Für diese Einordnung spricht im Fall des § 25a I Nr. 4 KWG auch der systematische Zusammenhang mit den anderen in diesem Absatz genannten Organisationspflichten.[282] Soweit die Aufsichtsbehörde sich Kenntnis von den im Rahmen der internen Sicherungsmaßnahmen verarbeiteten Daten verschafft (§ 44 KWG), geschieht dies allein, um zu überwachen, ob das Institut seine materiell-rechtlichen Pflichten zur Eigenüberwachung erfüllt, und gegebenenfalls die erforderlichen Maßnahmen zu ergreifen (s. §§ 14 IV GwG, 25a I S. 2 KWG).[283] Dass die internen Sicherungsmaßnahmen auf die Geldwäscheprävention und nicht auf die Förderung der strafrechtlichen Er-

---

[277] *Fülbier*, in: Fülbier/Aepfelbach, GwG (1999), § 14 Rn. 141, mit Hinweis auf die allgemeine Begründung des Regierungsentwurfes, in dem der strafrechtliche Kontext des Gesetzes hervorgehoben wird, s. BT-Drucks. 12/2704, S. 10.
[278] S. BT-Drucks. 14/8739, S. 10: „Der Schwerpunkt der Gesetzesänderung liegt zum einen in der Verschärfung der vom Geldwäschegesetz geforderten Identifizierungs- und Anzeigepflichten bei verdächtigen Transaktionen. Damit wird die Anpassung des Geldwäschegesetzes an die verstärkte Nutzung elektronischer Medien verbunden. ... Innerorganisatorische Verbesserungsmaßnahmen, z.B. verstärkter Einsatz von softwarebasierten Research- und Monitoringsystemen, müssen ergriffen werden, um aus der Masse der unbaren und automatisierten Geschäfte – computergestützt – Verdachtsmomente für Geldwäsche herauszufiltern."; s. auch *Werner*, Bekämpfung der Geldwäsche (1996), S. 64.
[279] S. die Begründung der Regierungsentwürfe, BT-Drucks. 12/2704, S. 19 (§ 14 GwG); BT-Drucks. 14/8739, S. 17 (§ 14 II Nr. 2 GwG n. F.); BT-Drucks. 14/8017, S. 124 (§ 25a I Nr. 4 KWG).
[280] *Findeisen*, wistra 1997, 121, 123, 125; *ders.*, WM 1998, 2410, 2418, mit Hinweis auf andere Sicherungssysteme gegen Wirtschaftskriminalität, z.B. Kreditbetrug oder Missbrauch von Kreditkarten.
[281] Zum Begriff der Eigenüberwachung s.o. S. 204 (in Fußn. 21).
[282] § 25a I Nr. 1 KWG dient der Sicherung der anvertrauten Vermögenswerte, § 25a I Nr. 2 KWG soll sicherstellen, dass Bankgeschäfte ordnungsgemäß durchgeführt werden; allein die in § 25a I Nr. 3 KWG enthaltenen Dokumentationspflichten sind auf die staatliche Aufsicht bezogen, s. zu alledem *Braun*, in: Boos/Fischer/Schulte-Mattler, KWG (2000), § 25a Rn. 11. Eine strafprozessuale Mitwirkungspflicht wäre in dieser Norm ein Fremdkörper.
[283] *Findeisen*, wistra 1997, 121, 126.

mittlungen gerichtet sind, zeigt sich schließlich daran, dass zu den zu treffenden Vorkehrungen auch die Ablehnung einer Transaktion oder der Abbruch der Geschäftsbeziehungen zählen kann.[284] Der Prävention wird gegenüber dem Strafverfolgungsinteresse von der Aufsichtsbehörde ausdrücklich Vorrang eingeräumt: Bleiben bei dem Institut Zweifel darüber bestehen, ob eine Geldwäschehandlung vorliegt, so kann das Institut die Geschäftsbeziehung zu dem Kunden auch dann abbrechen, wenn die Strafverfolgungsbehörden durch eine Weiterführung des Kontos weitere, wertvolle Informationen erhalten könnten.[285] Mit der Feststellung, dass die internen Sicherungsmaßnahmen der Prävention dienen und keine strafprozessualen Vorermittlungen darstellen, ist jedoch noch nicht gesagt, dass der Zusammenhang mit der Anzeigepflicht (§ 11 GwG) für die Zulässigkeit der bankinternen Datenverarbeitung keine Bedeutung hat, wie im Folgenden gezeigt werden soll.

(ii) Die Zulässigkeit der internen Datenverarbeitung. Die Zulässigkeit der bankinternen Datenverarbeitung zur Geldwäscheprävention hängt maßgeblich davon ab, ob in der entsprechenden Verpflichtung der Institute ein staatlicher Eingriff in das informationelle Selbstbestimmungsrecht der betroffenen Kunden zu sehen ist.

Die Datenerhebung und -verarbeitung durch Private greift nicht in das Grundrecht auf informationelle Selbstbestimmung ein.[286] Dies kommt unter anderem in der dem BDSG zugrunde liegenden Differenzierung zwischen der Datenverarbeitung durch öffentliche Stellen (§§ 12 ff. BDSG) und der Datenverarbeitung durch nicht-öffentliche Stellen (§§ 27 ff. BDSG) zum Ausdruck. Da die Adressaten der oben genannten Pflichten privatrechtlich organisiert sind (§ 2 IV S. 1 BDSG)[287], ist ein staatlicher Eingriff zu verneinen. Erst die staatliche Informationserhebung greift in das informationelle Selbstbestimmungsrecht ein, wie z.B. die Prüfung des Instituts (§ 44 KWG) oder dessen Verpflichtung, Verdachtsfälle bei der zuständigen Strafverfolgungsbehörde und beim Bundeskriminalamt anzuzeigen (§ 11 GwG).[288] Deren Vereinbarkeit mit dem Recht auf informationelle Selbstbestimmung steht jedoch im vorliegenden Zusammenhang nicht zur Diskussion.

Die gesetzliche Regelung könnte allerdings dadurch in das informationelle Selbstbestimmungsrecht der betroffenen Kunden eingreifen, dass sie den Institu-

---

[284] S. die Verlautbarung des Bundesaufsichtsamtes für das Kreditwesen vom 30.3.1998, Nr. 30. Nach § 6a I Nr. 2 KWG n.F. (BGBl. 2003 I S. 2146) kann die Bundesanstalt für Finanzdienstleistungsaufsicht dem Institut sogar Verfügungen über ein bei ihm geführtes Konto oder Depot untersagen, wenn bestimmte Tatsachen darauf schließen lassen, dass die Transaktion der Finanzierung einer terroristischen Vereinigung dienen würde.

[285] S. die Verlautbarung des Bundesaufsichtsamtes für das Kreditwesen vom 30.3.1998, Nr. 30; s. die entsprechende Kritik von *Scherp*, WM 2003, 1254, 1257.

[286] *Auernhammer*, BDSG (1993), Einführung Rn. 11.

[287] Die öffentlich-rechtliche Organisationsform (z.B. bei Sparkassen und Spielbanken) ist die Ausnahme und soll hier nicht weiter vertieft werden; s. insoweit die Gleichstellung öffentlich-rechtlicher Wettbewerbsunternehmen mit nicht öffentlichen Stellen (§ 27 I S. 1 Nr. 2 BDSG).

[288] *Kaufmann*, Einbeziehung von Bankmitarbeitern (2000), S. 171.

ten eine öffentlich-rechtliche Pflicht zur Verarbeitung kundenbezogener Daten auferlegt.[289] Den Instituten könnten auf diese Weise im Wege der Beleihung hoheitliche Aufgaben übertragen worden sein, so dass eine Datenverarbeitung durch eine öffentliche Stelle gegeben wäre (§ 2 IV S. 2 BDSG).[290] Einer solchen Annahme ist jedoch entgegenzuhalten, dass die Institute nicht hoheitliche Aufgaben in eigener Verantwortung wahrnehmen, sondern ihnen lediglich bestimmte gewerberechtliche Pflichten auferlegt worden sind.[291] Mit der Eigenüberwachung wird den Instituten nicht eine hoheitliche Aufgabe übertragen, sondern die hoheitliche Überwachung wird reduziert und dem Privaten zur eigenverantwortlichen Gefahrenabwehr überantwortet.[292] Gefahrenabwehr ist kein staatliches Monopol.[293] Mit der Eigenüberwachung ist für den Einzelnen auch die Pflicht verbunden, die erforderlichen Informationen zu erheben und vorzuhalten. So ist der Hersteller eines Produktes nicht nur verpflichtet, ein gefährliches Produkt zurückzurufen[294], sondern auch die dafür erforderlichen Daten über die Abnehmer vorzuhalten.[295] Es liegt in der Konsequenz des Konzeptes der Eigenüberwachung, dass mit der Verlagerung der Prävention auf den privaten Bereich auch die Regeln über die Datenverarbeitung durch Private Anwendung finden. In der bankinternen Datenverarbeitung liegt daher kein staatlicher Grundrechtseingriff.[296] Das bedeutet, dass die Zulässigkeit der bankinternen Datenverarbeitung nach den allgemeinen Regelungen des BDSG zu beurteilen ist, soweit nicht andere, spezielle Regelungen eingreifen.[297]

Eine solche spezielle Regelung könnte in den §§ 14 II Nr. 2 GwG, 25a I Nr. 4 KWG zu sehen sein, denn die Entwicklung „kundenbezogener" Sicherungssysteme impliziert, dass personenbezogene Daten über Kunden verarbeitet werden. Gleichwohl bestehen Zweifel, ob diesen Normen eine Pflicht der Kunden zur Duldung einer solchen Informationsverarbeitung entnommen werden kann. Dagegen

---

[289] S. *Herzog*, WM 1996, 1753, 1757; *ders.*, WM 1999, 1905, 1916. In der Neufassung des § 14 II GwG und des § 25a I KWG wird allerdings eine dem Gesetzesvorbehalt genügende gesetzliche Ermächtigungsgrundlage gesehen, s. *Herzog/Christmann*, WM 2003, 6, 11.
[290] So *Dahm*, WM 1996, 1285, 1288; *Dahm/Hamacher*, wistra 1995, 206, 214.
[291] Gegen eine Beleihung und für die Annahme einer Inpflichtnahme Privater: *Fülbier*, in: Fülbier/Aepfelbach, GwG (1999), § 14 Rn. 142; *Herzog*, WM 1996, 1753, 1758f.; *Werner*, Bekämpfung der Geldwäsche (1996), S. 96.
[292] So ist z. B. der zur Eigenüberwachung bestellte Betriebsbeauftragte nach h.M. nicht Beliehener, s. *Kloepfer*, Umweltrecht (1998), § 5 Rn. 127 m.w.N.
[293] *Steiner*, DVBl 1987, 1133.
[294] S. § 4 II Nr. 2 ProdSG. Zu den „angemessenen Maßnahmen" zur Abwehr der von einem Produkt ausgehenden Gefahren gehören auch individuelle Rückrufschreiben an Kunden und Endverbraucher, s. *Klindt*, ProdSG (2001), § 4 Rn. 12.
[295] Zur Zulässigkeit der Speicherung der Daten von Abnehmern zur Durchführung von Rückrufaktionen: *Gola/Schomerus*, BDSG (2002), § 28 Rn. 27; *Simitis*, in: ders., BDSG (2003), § 28 Rn. 77, 148, 157.
[296] *Kaufmann*, Einbeziehung von Bankmitarbeitern (2000), S. 171f.; *Scherp*, WM 2003, 1254, 1258. Die öffentlich-rechtliche Inpflichtnahme eines Privaten führt – entgegen *Herzog*, WM 1996, 1753, 1758f.; *Werner*, Bekämpfung der Geldwäsche (1996), S. 96 – nicht dazu, dass dieser einer Grundrechtsbindung unterliegt, s. *Stern*, Staatsrecht III/1 (1988), S. 1335; zum vorliegenden Zusammenhang: *Dahm/Hamacher*, wistra 1995, 206, 213 m.w.N.
[297] S. § 4 I S. 1 BDSG.

spricht, dass die Kunden nicht der Aufsicht nach dem KWG unterliegen und daher auch nicht Adressaten der dort geregelten Pflichten im Rahmen der Eigenüberwachung sein können.[298] Dies gilt entsprechend für den im Rahmen der Geldwäschebekämpfung mitwirkungspflichtigen Personenkreis.[299] Den Instituten wird es ohne eine Duldungspflicht der betroffenen Kunden nicht unmöglich, die oben genannten Sicherungssysteme einzurichten; sie sind dabei allerdings an die §§ 27 ff. BDSG gebunden. Die Regelungen der §§ 14 II Nr. 2, 25a I Nr. 4 KWG sind zu unbestimmt[300], als dass auf sie eine darüber hinausgehende Verarbeitung von Kundendaten gestützt werden könnte.[301]

Nach alledem ist die bankinterne Datenverarbeitung nach Maßgabe der §§ 27 ff. BDSG auf ihre Zulässigkeit zu untersuchen. Als rechtliche Grundlage für die Einrichtung interner Sicherungssysteme zur Verhinderung der Geldwäsche wird § 28 I S. 1 Nr. 2 BDSG herangezogen.[302] Danach ist eine Verarbeitung personenbezogener Daten zulässig, wenn diese zur Wahrung berechtigter Interessen erforderlich ist und kein Grund zu der Annahme besteht, dass das schutzwürdige Interesse des Betroffenen an dem Ausschluss der Verarbeitung überwiegt. Das berechtigte Interesse der Bank an dem Einsatz interner Sicherungsmaßnahmen liegt darin, einerseits nicht zur Geldwäsche missbraucht zu werden und damit ihren geschäftlichen Ruf zu riskieren, andererseits ihren berufsrechtlichen Pflichten zu genügen und dadurch zu vermeiden, dass die Behörde Aufsichtsmaßnahmen ergreift. Ob der Datenverarbeitung ein schutzwürdiges Interesse der Betroffenen entgegensteht, ist nach dem verfolgten Zweck der Verarbeitung, den verarbeiteten Daten und der Intensität der Verarbeitung zu beurteilen.[303] Im Rahmen der Geldwäscheprävention

---

[298] Ebenso *Herzog*, WM 1996, 1905, 1917.

[299] S. § 14 I Nr. 1–8 GwG.

[300] Im Verhältnis zu dem Institut begegnet die Unbestimmtheit keinen Bedenken, da sie diesem die Freiheit belässt, selbst zu entscheiden, auf welche Weise das Ziel erreicht, d. h. die Geldwäsche verhindert werden soll. Derart unbestimmte Pflichten zur Gefahrenabwehr finden sich auch an anderer Stelle (s. z. B. § 4 BBodSchG). Die Unbestimmtheit der Verpflichtung ist jedoch nur zulässig, solange dem Adressaten dieser Freiraum erhalten bleibt und nicht von der Aufsichtsbehörde als Ermächtigung verstanden wird, die es durch Verlautbarungen o. Ä. auszufüllen gilt (so aber *Findeisen*, WM 1998, 2410 ff.; s. dagegen *Herzog*, WM 1999, 1905, 1909 ff.; s. auch *Eul*, RDV 1999, 199, 204). Der Kunde hat einen solchen Spielraum nicht, sondern müsste die vom Institut bestimmte Art und Weise der Informationsverarbeitung hinnehmen. Hinreichend bestimmt sind Normen, welche die Art und Weise der Datenverarbeitung genau festlegen, wie z. B. Aufzeichnungs- und Aufbewahrungspflichten (s. z. B. § 17 I Nr. 2, 6 BtMG, § 9 GwG). Diesen Normen ist eine Pflicht der betroffenen Personen zu entnehmen, die Verarbeitung zu dulden.

[301] So insbesondere zur neuen Fassung der §§ 14 II Nr. 2 GwG, 25a I Nr. 4 KWG: *Bergles/Eul*, BKR 2002, 556, 562; s. auch *Herzog*, in: Kohlmann-FS (2003), S. 427, 449, der allerdings von einem staatlichen Eingriff in das Recht auf informationelle Selbstbestimmung ausgeht; s. aber *Herzog/Christmann*, WM 2003, 6, 11. Der Bundesbeauftragte für den Datenschutz hält die Regelung des § 25a I Nr. 4 KWG demgegenüber für „akzeptabel", s. den 19. Tätigkeitsbericht, BT-Drucks. 15/888, S. 67.

[302] *Bergles/Eul*, BKR 2002, 556, 562; *Eul*, RDV 1999, 199, 203; *Findeisen*, WM 1998, 2410, 2419; a. A. *Herzog*, WM 1996, 1753, 1758; *ders.*, WM 1999, 1905, 1917; *ders.*, in: Kohlmann-FS (2003), S. 427, 449.

[303] *Gola/Schomerus*, BDSG (2002), § 28 Rn. 36; *Simitis*, in: ders., BDSG (2003), § 28 Rn. 163.

wird die Bank nicht tätig, um im eigenen Interesse gegen sie selbst gerichtete Straftaten zu verhindern (z. B. Betrug)[304], sondern primär im öffentlichen Interesse.[305] Anders ist es nicht zu erklären, dass § 25a I Nr. 4 KWG zur Geldwäscheprävention weitergehende Verhaltenspflichten normiert als zur Verhinderung von Betrugsfällen.[306] Die Banken haben daher an der Geldwäscheprävention nur ein mittelbares Interesse. Dieses geht dahin, dass die Verwicklung in Geldwäscheaktivitäten zu einem Verlust an Ansehen führen kann, was auch wirtschaftliche Folgen haben könnte[307], und dass die Bank ein Interesse an der Erfüllung ihrer Pflichten zur Eigenüberwachung hat, um Maßnahmen der Aufsichtsbehörde zu vermeiden. Demgegenüber wird das Interesse des Kunden am Schutz seiner Daten durch die Zahl der verarbeiteten Daten und die Art der Verarbeitung massiv beeinträchtigt. Die elektronische Auswertung sämtlicher Finanztransaktionen eines Kunden nach einem bestimmten Raster trifft eine Vielzahl Unbeteiligter und gleicht in der Eingriffsintensität einer strafprozessualen Rasterfahndung (§ 98a StPO).[308] Neben der Intensität der Datenverarbeitung sind auch die möglichen Folgen für die im Einzelfall betroffene Person zu berücksichtigen.[309] Da die bankinternen Sicherungsmaßnahmen dazu führen, dass Geldwäscheaktivitäten bzw. zumindest entsprechende Verdachtsfälle aufgedeckt werden, müssen die betroffenen Kunden mit einer Anzeige rechnen, zumal die Banken gesetzlich zu einer solchen Anzeige verpflichtet sind (§ 11 GwG). Infolge der Verarbeitung der personenbezogenen Daten droht den Kunden nicht nur ein Strafverfahren wegen Geldwäsche, sondern die in der Anzeige enthaltenen Informationen können auch im Besteuerungsverfahren verwendet werden (§ 11 V GwG). Diese Folgen sind so gravierend, dass das schutzwürdige Interesse des betroffenen Kunden an dem Ausschluss der Verarbeitung das an einer solchen Verarbeitung bestehende Interesse der Bank überwiegt.[310] § 28 I S. 1 Nr. 2 BDSG scheidet daher als rechtliche Grundlage für bankinterne Siche-

---

[304] S. zu den insoweit bestehenden Sicherungssystemen: *Findeisen*, WM 1998, 2410, 2418; zu deren Zulässigkeit s. auch *Simitis*, in: ders., BDSG (2003), § 28 Rn. 152, 154.

[305] Die Maßnahmen dienen also nicht unmittelbar dem Selbstschutz, s. auch *Fülbier*, in: Fülbier/Aepfelbach, GwG (1999), § 14 Rn. 141; differenzierend *Eul*, RDV 1999, 199, 203.

[306] S. *Escher*, BKR 2002, 652, 662.

[307] *Bergles/Eul*, BKR 2002, 556, 562f.

[308] S. insoweit auch *Fülbier*, in: Fülbier/Aepfelbach, GwG (1999), § 14 Rn. 144f.; *Herzog*, WM 1996, 1753, 1759ff.; *Werner*, Bekämpfung der Geldwäsche (1996), S. 180f.; s.o. S. 227ff. zu §§ 9, 16 I WpHG. Der Hinweis auf die letztgenannten Normen ist daher nicht geeignet, die Zulässigkeit derartiger bankinterner Sicherungssysteme zu begründen, s. aber *Findeisen*, wistra 1997, 121, 122, 124 (in Fußn. 25); ähnlich *Scherp*, WM 2003, 1254, 1257.

[309] *Gola/Schomerus*, BDSG (2002), § 28 Rn. 35; *Simitis*, in: ders., BDSG (2003), § 28 Rn. 163; s. auch BVerfGE 100, 313, 391 (zu staatlichen Eingriffen in Art. 10 GG).

[310] I.E. ebenso *Fülbier*, in: Fülbier/Aepfelbach, GwG (1999), § 14 Rn. 140f.; *Herzog*, WM 1999, 1905, 1918; differenzierend *Bergles/Eul*, BKR 2002, 556, 563f.; *Eul*, RDV 1999, 199, 204. Die Position der Datenschutzbeauftragten scheint insoweit uneinheitlich zu sein: Während der Berliner Datenschutzbeauftragte Research-Systeme für unzulässig hält – vgl. *Bergles/Eul*, aaO, 556 (in Fußn. 4), 563 –, wird in einer Entschließung der 63. Konferenz der Datenschutzbeauftragten des Bundes und der Länder vom 7.3. – 8.3. 2002 lediglich gefordert, die Überprüfung müsse auf eine Weise stattfinden, die ein datenschutzkonformes Vorgehen sicherstelle.

rungsmaßnahmen (Research und Monitoring) aus. Da eine andere Grundlage in den §§ 28 ff. BDSG nicht ersichtlich ist[311], sind diese Maßnahmen nur zulässig, soweit der betroffene Kunde zuvor eingewilligt hat (§ 4 I S. 1, § 4a BDSG).

(d) Fazit

Die Quintessenz der vorstehenden Ausführungen geht dahin, dass die verfassungsrechtliche Rechtfertigung der behördlichen Informationserhebung maßgeblich davon abhängt, ob diese einem von der Behörde zur Gefahrenabwehr durchzuführenden Verwaltungsverfahren oder der Strafverfolgung dient. Wird die Information zur Verfolgung von Straftaten erhoben, so sind die für strafprozessuale Grundrechtseingriffe geltenden Schranken (Verdachtsschwelle) zu beachten [s.o. (a)]. Diese verfassungsrechtlichen Grenzen können nicht durch eine Flucht in das Verwaltungsrecht umgangen werden [s.o. (b)].

Diese Grundsätze gelten auch für die Informationsverarbeitung durch Private. Dabei ist zu beachten, dass diese nicht nur bei einer Ausrichtung auf ein Verwaltungsverfahren präventiven Zwecken dient, sondern auch dann, wenn das Unternehmen zur eigenverantwortlichen Gefahrenabwehr Informationen verarbeitet. In diesem Fall sind die verfassungsrechtlichen Schranken für strafprozessuale Grundrechtseingriffe nicht einschlägig [s.o. (c)].

Nicht behandelt wurde der Fall, dass Private im öffentlichen Auftrag strafprozessuale Ermittlungen vornehmen. Eine Übertragung von Strafverfolgungsaufgaben auf Private ist nur im Rahmen einer Beleihung zulässig, die wiederum einer ausdrücklichen gesetzlichen Ermächtigung bedarf.[312] Im Hinblick auf die bei Privaten fehlende Gewähr für die Objektivität und Neutralität der Ermittlungen bedarf eine solche Beleihung einer besonderen materiellen Begründung.[313] Soweit der Betroffene über die Informationserhebung und -verarbeitung in Unkenntnis bleibt, sind an die verfassungsrechtliche Rechtfertigung erhöhte Anforderungen zu stellen.[314]

b) Die Unverletzlichkeit der Wohnung (Art. 13 GG)

Zur Erfüllung ihrer gesetzlichen Aufgaben ist die Aufsichtsbehörde befugt, in das Grundrecht der Unverletzlichkeit der Wohnung (Art. 13 GG) einzugreifen. Dieses Grundrecht wird durch behördliche Betretungs- und Besichtigungsrechte (Nach-

---

[311] § 28 III S. 1 Nr. 2 BDSG (Verfolgung von Straftaten) greift nicht ein, da die Datenverarbeitung nicht der Strafverfolgung, sondern der Eigenüberwachung dient, s.o. S. 236 ff.; s. ferner (zu § 28 I S. 1 Nr. 1 BDSG): *Herzog*, WM 1999, 1905, 1918.
[312] S. zu Ermittlungen Privater in Bezug auf Verkehrsordnungswidrigkeiten: BayObLG, DAR 1997, 206; NJW 1999, 2200; s. auch KG, DAR 1996, 504, 505.
[313] S. auch *Kaufmann*, Einbeziehung von Bankmitarbeitern (2000), S. 162.
[314] *Herzog*, WM 1996, 1753, 1762.

I. Verwaltungsverfahren und informationelle Abwehrrechte

schau) berührt [(1)].[315] Weniger verbreitet sind Vorschriften, welche die Behörde zur Durchsuchung von Wohn- und Geschäftsräumen ermächtigen [(2)].[316]

(1) Das Betreten und Besichtigen von Wohn- und Geschäftsräumen

Die verfassungsrechtliche Zulässigkeit der behördlichen Nachschau hängt zunächst davon ab, ob das Betreten und Besichtigen von Geschäftsräumen zu den üblichen Öffnungszeiten als Eingriff in das Wohnungsgrundrecht anzusehen ist [(a)]. Wird ein Eingriff verneint, bedarf es nicht mehr der Erörterung der verfassungsrechtlichen Schranken des Wohnungsgrundrechts. Soweit die behördliche Nachschau in Art. 13 GG eingreift, ist der Frage nachzugehen, unter welchen Voraussetzungen sich ein solcher Eingriff verfassungsrechtlich rechtfertigen lässt [(b)].

(a) Der Eingriffscharakter der behördlichen Nachschau in Geschäftsräumen

Das BVerfG hat in Bezug auf das Betreten und Besichtigen von Geschäftsräumen während der allgemeinen Öffnungszeiten einen Eingriff in Art. 13 GG verneint und die Verfassungsmäßigkeit dieser Maßnahmen nicht nach Art. 13 GG, sondern nach Art. 2 I GG beurteilt.[317] Begründet wird diese Auslegung mit der geringeren Schutzwürdigkeit beruflich oder geschäftlich genutzter Räumlichkeiten, die der Geschäftsinhaber überdies selbst durch die Widmung für den Publikumsverkehr nach außen geöffnet habe.[318]

Der Ausschluss eines Grundrechtseingriffs ist inkonsequent, denn das BVerfG bezieht Geschäftsräume einerseits in den Schutzbereich des Art. 13 GG ein[319], schließt aber zugleich aufgrund der geringeren Schutzwürdigkeit dieser Räume einen Eingriff generell aus.[320] Die soziale Funktion der Räumlichkeiten mag jeweils eine andere sein[321], dies ist jedoch eine Frage des Schutzbereiches. Bei der Frage des Eingriffs geht es darum, ob ein staatliches Handeln diesen Schutzbereich berührt. Das Betreten von Räumlichkeiten, die in den sachlichen Schutzbereich des Art. 13 GG fallen, ist daher einheitlich zu beurteilen. Dies gilt auch für Räume, die der Geschäftsinhaber für den Publikumsverkehr geöffnet hat: Stimmt der Grundrechtsträger aus freien Stücken dem Betreten und Besichtigen seiner Geschäftsräume zu, so liegt bereits aufgrund der darin liegenden Einwilligung kein Grundrechtseingriff vor[322]; im Übrigen werden diese Räume durch eine generelle Zutrittserlaubnis

---

[315] S.o. S.209.
[316] S.o. S.210.
[317] BVerfGE 32, 54, 76; zustimmend *Herdegen*, in: BK-GG, Art. 13 Rn. 72; *Kunig*, in: von Münch/Kunig, GG, Bd. 1 (2000), Art. 13 Rn. 60; *Papier*, in: Maunz/Dürig, GG, Art. 13 Rn. 144; *Rachor*, in: Lisken/Denninger, Handbuch des Polizeirechts (2001), Abschn. F Rn. 613.
[318] BVerfGE 32, 54, 75 f.; *Kunig*, in: von Münch/Kunig, GG, Bd. 1 (2000), Art. 13 Rn. 60; *Ruthig*, JuS 1998, 507, 510.
[319] S. dazu o. S. 51 ff.
[320] *Pieroth/Schlink*, Grundrechte (2003), Rn. 890; *Voßkuhle*, DVBl 1994, 611, 613.
[321] Vgl. *Kunig*, in: von Münch/Kunig, GG, Bd. 1 (2000), Art. 13 Rn. 60.
[322] S. aber zu heimlichen Kontrollen: *Ennuschat*, AöR 127 (2002), 252, 273 f.

nicht dem Schutzbereich des Art. 13 GG entzogen.[323] Darüber hinaus vermag die Argumentation mit der freiwilligen Öffnung nicht zu erklären, warum auch die Rechte zum Betreten und Besichtigen nicht öffentlich zugänglicher Räume nicht in das Grundrecht nach Art. 13 GG eingreifen sollen.[324] Die angeführten Kriterien (Geschäftsräume, Zugänglichkeit) sind im Rahmen der verfassungsrechtlichen Rechtfertigung zu berücksichtigen, der mit der Ablehnung eines Grundrechtseingriffs vorgegriffen wird.[325] Überdeutlich wird dies an der ergebnisorientierten Argumentation, die behördliche Nachschau könne im Rahmen des Art. 13 VII GG nicht gerechtfertigt werden[326], diese Schrankenregelung sei daher für derartige Maßnahmen „eklatant unpassend"[327]. Dabei ist es keineswegs ausgeschlossen, dass die behördlichen Betretungs- und Besichtigungsrechte im Rahmen des Art. 13 VII GG verfassungsrechtlich gerechtfertigt werden können.[328]

Das BVerfG ist mittlerweile selbst vorsichtig von seiner bisherigen Rechtsprechung abgerückt, indem es ein gesetzliches Recht auf Zugang zu Geschäfts- und Betriebsräumen zur Kurzberichterstattung im Fernsehen nunmehr als Eingriff in Art. 13 GG bezeichnet.[329] Das Gericht führt dort weiter aus, die Weite des Wohnungsbegriffes habe jedoch zur Folge, dass an die Zulässigkeit von Eingriffen und Beschränkungen im Sinn des Art. 13 VII GG (Art. 13 III GG a. F.) je nach Nähe der Örtlichkeiten zur räumlichen Privatsphäre unterschiedlich hohe Anforderungen gestellt würden.[330] Das BVerfG verweist sodann auf seine bisherige Rechtsprechung zur Zulässigkeit behördlicher Betretungs- und Besichtigungsrechte, mit dem Unterschied, dass als Prüfungsmaßstab nunmehr Art. 13 GG – und nicht Art. 2 I GG – herangezogen wird.[331] Auch wenn eine Auseinandersetzung mit den Voraussetzungen der Schrankenregelung des Art. 13 VII GG unterbleibt[332], wird dennoch deutlich, dass das BVerfG die Zulässigkeit derartiger Eingriffe nunmehr einheitlich nach Art. 13 GG beurteilt.[333] Nach alledem liegt daher ein Eingriff in

---

[323] S. o. S. 52f.
[324] *Ennuschat*, AöR 127 (2002), 252, 267.
[325] *Ennuschat*, AöR 127 (2002), 252, 256; *Voßkuhle*, DVBl 1994, 611, 613.
[326] *Herdegen*, in: BK-GG, Art. 13 Rn. 72; *Papier*, in: Maunz/Dürig, GG, Art. 13 Rn. 141; s. auch BVerfGE 32, 54, 76.
[327] So *Lübbe-Wolff*, DVBl 1993, 762, 764; s. dagegen *Voßkuhle*, DVBl 1994, 611, 613.
[328] S. dazu *Scholl*, Behördliche Prüfungsbefugnisse (1989), S. 156ff., und u. S. 245ff.
[329] BVerfGE 97, 228, 265, 266 („Der Eingriff ist verfassungsrechtlich nicht zu beanstanden.")
[330] BVerfGE 97, 228, 266.
[331] BVerfGE 97, 228, 266; insoweit zustimmend *Papier*, in: Maunz/Dürig, GG, Art. 13 Rn. 145.
[332] Kritisch dazu *Papier*, in: Maunz/Dürig, GG, Art. 13 Rn. 145.
[333] S. *Kühne*, in: Sachs, GG (2003), Art. 13 Rn. 52; s. auch *Ennuschat*, AöR 127 (2002), 252, 281 (in Fußn. 135); *Jarass*, in: Jarass/Pieroth, GG (2002), Art. 13 Rn. 30; a. A. *Papier*, in: Maunz/Dürig, GG, Art. 13 Rn. 145, der in der Entscheidung keine dogmatische Neuorientierung des BVerfG sieht, da die behördlichen Betretungsrechte ein vorhersehbarer Annex zu bestehenden öffentlich-rechtlichen Pflichten der Berufsausübung darstellten, was bei Zugangsrechten Dritter zur Kurzberichterstattung nicht der Fall sei. Ein solcher qua Berufsausübung zu duldender Annex kann jedoch ebenso gut bei beruflichen Leistungen mit starkem Öffentlichkeitsbezug angenommen werden. Dies zeigt, wie problematisch es ist, einen Grundrechtseingriff unter Hinweis auf mit der

I. Verwaltungsverfahren und informationelle Abwehrrechte

das Wohnungsgrundrecht vor, wenn Behördenvertreter Betriebs- und Geschäftsräume ohne oder gegen den Willen des Geschäftsinhabers betreten und besichtigen.[334]

(b) Verfassungsrechtliche Rechtfertigung der behördlichen Nachschau (Art. 13 VII GG)

Die behördliche Nachschau greift in das Wohnungsgrundrecht (Art. 13 GG) ein. Dieser Eingriff ist nach Maßgabe des Art. 13 GG verfassungsrechtlich zu rechtfertigen. Nach den obigen Ausführungen gilt dies auch dann, wenn die Behörde Betriebs- und Geschäftsräume während der üblichen Öffnungszeiten betritt und besichtigt.

Der Eingriff in das Wohnungsgrundrecht bedarf zunächst einer gesetzlichen Grundlage, die Voraussetzungen und Grenzen der Nachschau festlegt. Diesen Anforderungen genügen die in den einzelnen Aufsichtsgesetzen vorgesehenen Nachschaubefugnisse.[335] Des Weiteren muss in dem Gesetz das eingeschränkte Grundrecht bezeichnet werden (Art. 19 I S. 2 GG). Der Gesetzgeber hat dem weitgehend Folge geleistet.[336] Allerdings hat die Entscheidung des BVerfG, in der bei der behördlichen Nachschau in Geschäftsräumen ein Eingriff in Art. 13 GG verneint wird (s. o.), dazu geführt, dass dieses Grundrecht zum Teil nicht als eingeschränktes Grundrecht genannt wird.[337] Zum Teil zitiert der Gesetzgeber allerdings auch bei einer Nachschau während der üblichen Geschäftszeiten Art. 13 GG als eingeschränktes Grundrecht.[338] In einigen Fällen können die auf die Nachschau in Wohnräumen bezogenen Sätze des Gesetzgebers in verfassungskonformer Weise so ausgelegt werden, dass sie auch die Nachschau in Geschäftsräumen umfassen.[339] Diese Möglichkeit besteht auch bei allgemein gefassten Hinweisen auf die eingeschränkten Grundrechte am Ende eines Gesetzes.[340] Wird Art. 13 GG in dem Ge-

---

Aufnahme bestimmter Tätigkeiten verbundene „Lasten" zu verneinen; s. auch die Kritik von *Ennuschat*, AöR 127 (2002), 252, 268.

[334] *Gornig*, in: von Mangoldt/Klein/Starck, GG, Bd. 1 (1999), Art. 13 Rn. 155; *Pieroth/Schlink*, Grundrechte (2003), Rn. 890; *Voßkuhle*, DVBl 1994, 611, 614.

[335] S. die Nachweise o. S. 209.

[336] S. § 64 IV Nr. 1 AMG; § 19 II S. 4 AtG; § 44 I S. 4 AWG; § 52 II S. 1 BImSchG; § 18 III S. 2 EnWG; § 22b I S. 2 FlHG; § 22 II S. 3 GaststättenG; § 25 III S. 4 GenTG; § 29 II S. 2 GewO; §§ 7 II S. 3, 13 S. 2 GSG; § 59 III S. 2 GWB; § 14 IV S. 2 KrWaffG; § 40 II S. 4 KrW-/AbfG; § 41 III Nr. 2 LMBG; § 38 IV PflSchG; § 31 II S. 5 SprengG; § 16 III S. 1 Nr. 2 TierSchG; § 72 IV S. 2 TKG; § 39 II S. 3 WaffenG; § 21 I S. 2 a.E. WHG.

[337] S. § 23 II S. 1 BNatSchG; § 12 IV Nr. 1 GüKG; §§ 44 I S. 3, 44c II KWG; §§ 41 III Nr. 1, 46d III S. 1 LMBG; § 45 I Nr. 2 PostG; § 54a I S. 2 PBefG; § 73 III TierSG; § 16 III Nr. 1 TierSchG.

[338] S. § 17 II S. 3 HandwO; § 72 IV S. 2 TKG.

[339] S. § 22 I Nr. 3 S. 1 und 2 BtMG; § 25 III S. 4 GenTG; § 40 II S. 4 KrW-/AbfG; § 38 IV PflSchG; § 31 II S. 5 SprengG; § 39 I S. 3 WaffenG; i.E. ähnlich *Ennuschat*, AöR 127 (2002), 252, 288.

[340] S. § 413 AO. Eine dermaßen allgemeine Verweisung auf die eingeschränkten Grundrechte erscheint zwar im Hinblick auf den Hinweis- und Informationszweck des Zitiergebotes bedenklich, wird aber gleichwohl als ausreichend angesehen, s. *Huber*, in: von Mangoldt/Klein/Starck, GG, Bd. 1 (1999), Art. 19 Rn. 98; *Stern*, Staatsrecht III/2 (1994), S. 757f.; kritisch insoweit *Herzog*,

setz, das die Nachschaubefugnis enthält, insoweit nicht als eingeschränktes Grundrecht genannt, so liegt ein Verstoß gegen das Zitiergebot (Art. 19 I S. 2 GG) vor. Nach h.M. führt ein solcher Verstoß zur Nichtigkeit des Gesetzes.[341] Die Nichtigkeit der gesetzlichen Ermächtigungen zur behördlichen Nachschau würde jedoch dem Umstand nicht gerecht, dass der Gesetzgeber auf der Grundlage der überkommenen Rechtsprechung des BVerfG von einer Zitierung des Art. 13 GG in dem jeweiligen Aufsichtsgesetz abgesehen hat.[342] Es wäre daher zu erwägen, die neue Auslegung des Art. 13 GG im Hinblick auf das Zitiergebot (Art. 19 I S. 2 GG) erst ab dem Zeitpunkt gelten zu lassen, in dem das BVerfG sich von dieser Rechtsprechung abwendet.[343] Darüber hinaus bestehen auch grundsätzliche Bedenken, ob die Verletzung einer formellen Pflicht die schwerwiegende Konsequenz der Nichtigkeit eines Gesetzes gebietet.[344] Die h.M. trägt dem Gewicht dieser Rechtsfolge durch eine restriktive Auslegung des Art. 19 I S. 2 GG Rechnung.[345] Dem Sinn und Zweck des Zitiergebotes wird jedoch viel eher Rechnung getragen, indem man auf der Rechtsfolgenseite ansetzt und auf die Rechtsprechung des BVerfG zu den „Appellentscheidungen" zurückgreift:[346] In derartigen Entscheidungen hatte das BVerfG die Verfassungswidrigkeit des Gesetzes festgestellt, zugleich aber die befristete Fortgeltung des Gesetzes angeordnet.[347] Damit wird zwar die Funktion des Art. 19 I S. 2 GG, den Gesetzgeber bereits bei der Verabschiedung des Gesetzes anzuregen, sich über die Grundrechtsbeschränkung und ihre Notwendigkeit Gedanken zu machen, beeinträchtigt. Diese Funktion wird jedoch noch weniger erfüllt, wenn das Zitiergebot aufgrund der restriktiven Auslegung der h.M. praktisch leerläuft.[348] Der Gesetzgeber wird damit aufgefordert, die Verfassungswidrigkeit des Gesetzes innerhalb der gesetzten Frist zu beheben.[349] Soweit das Wohnungsgrundrecht in den gesetzlichen Ermächtigungsgrundlagen nicht als eingeschränktes Grundrecht zitiert wird, kann die Nichtigkeit der Gesetzesnorm nach Maßgabe dieser Rechtsprechung vermieden werden. Gleichwohl ist der Gesetzgeber gehal-

---

in: Maunz/Dürig, GG, Art. 19 I Rn. 56; s. auch (zu § 413 AO): *Engelhardt*, in: Hübschmann/Hepp/Spitaler, AO, § 413 Rn. 1.

[341] BVerfGE 5, 13, 15 f.; *Krebs*, in: von Münch/Kunig, GG, Bd. 1 (2000), Art. 19 Rn. 18; *Lerche*, in: HStR, Bd. V (2000), § 122 Rn. 42.

[342] Vgl. *Ennuschat*, AöR 127 (2002), 252, 288.

[343] So *Herzog*, in: Maunz/Dürig, GG, Art. 19 I Rn. 60, in Bezug auf eine Änderung der bisher vorherrschenden restriktiven Auslegung des Art. 19 I S. 2 GG.

[344] *Stern*, Staatsrecht III/2 (1994), S. 760.

[345] *Lerche*, in: HStR, Bd. V (2000), § 142 Rn. 42; zur Notwendigkeit einer engen Auslegung des Art. 19 I S. 2 GG: BVerfGE 28, 36, 46; 35, 185, 188.

[346] *Huber*, in: von Mangoldt/Klein/Starck, GG, Bd. 1 (1999), Art. 19 Rn. 103; *Stern*, Staatsrecht III/2 (1994), S. 760; s. auch *Dreier*, in: ders., GG, Bd. 1 (1996), Art. 19 I Rn. 17; *Herzog*, in: Maunz/Dürig, GG, Art. 19 I Rn. 60.

[347] S. BVerfGE 33, 1, 13; 41, 251, 266 f.

[348] Zur Kritik an der h.M. s.u. S. 331 f.

[349] *Stern*, Staatsrecht III/2 (1994), S. 760.

I. Verwaltungsverfahren und informationelle Abwehrrechte

ten, dem darin liegenden Verstoß gegen das Zitiergebot (Art. 19 I S. 2 GG) durch eine Novellierung abzuhelfen.[350] Die materiellen Anforderungen an die behördlichen Betretungs- und Besichtigungsrechte ergeben sich aus Art. 13 VII GG. Voraussetzung für eine verfassungsrechtliche Rechtfertigung der behördlichen Nachschau ist danach, dass zur Verhütung einer dringenden Gefahr für die öffentliche Sicherheit und Ordnung in das Grundrecht eingegriffen wird (Art. 13 VII Alt. 2 GG).

Bestandteil der öffentlichen Sicherheit ist die Unverletzlichkeit der Rechtsordnung.[351] Eine dringende Gefahr für die öffentliche Sicherheit ist gegeben, wenn aufgrund der Nichteinhaltung gesetzlicher Vorschriften ein besonders wichtiges Gemeinschaftsgut gefährdet ist.[352] Die Wirtschaftsaufsicht hat zum Ziel, Gefahren abzuwehren, die von dem Betrieb eines Wirtschaftsunternehmens ausgehen. Die behördliche Nachschau dient in diesem Zusammenhang der Prüfung, ob der Einzelne den mit der Ausübung seines Gewerbes verbundenen Pflichten nachkommt oder ob zu diesem Zweck Maßnahmen gegen ihn ergriffen werden müssen, wie z.B. eine Gewerbeuntersagung oder die Entziehung einer Erlaubnis. Derartige Maßnahmen sind als berufswahlbezogene Eingriffe in Art. 12 GG nur zum Schutz wichtiger Gemeinschaftsgüter zulässig.[353] Soweit der Gesetzgeber der Berufsfreiheit zum Schutz der Verbraucher[354], zur Erhaltung eines Gewerbezweiges[355], zum Schutz der Gesundheit in der Bevölkerung[356] oder zum Schutz eines anderen wichtigen Gemeinschaftsgutes zulässigerweise gesetzliche Grenzen zieht, liegt mit dem wichtigen Gemeinschaftsgut zugleich eine materielle Begründung für die behördliche Nachschaubefugnis vor.[357] Dies gilt nicht nur für die Abwehr von Gefahren, die unmittelbar aus der betrieblichen Tätigkeit herrühren, sondern auch für anlage- und produktbezogene Gefahren. Dort dienen behördliche Betretungs- und Besichtigungsrechte dem Schutz von Umwelt und Gesundheit, die ebenfalls als wichtige Gemeinschaftsgüter anzusehen sind.[358] Dass eine Rechtfertigung der behördlichen Nachschau insoweit auf Art. 13 VII GG gestützt werden kann, findet seine Bestätigung darin, dass in Art. 13 VII Alt. 2 GG ein vergleichbares Ziel (Bekämpfung der Seuchengefahr) ausdrücklich genannt wird.[359]

---

[350] *Voßkuhle*, DVBl 1994, 611, 618; einschränkend *Ennuschat*, AöR 127 (2002), 252, 288, der eine Verletzung des Zitiergebotes verneint, soweit sich der Gesetzgeber an der Rechtsprechung des BVerfG orientiert hat und ihm demzufolge das Spannungsverhältnis der Nachschaurechte zu Art. 13 GG bewusst war.
[351] S.o. S. 61 f.
[352] Zum qualitativen Verständnis des Merkmals „dringend" s.o. S. 61 f.
[353] BVerfGE 7, 377, 406 f.; 13, 97, 107; 19, 330, 337; 25, 236, 247; 69, 209, 218.
[354] BVerfGE 19, 330, 338; 54, 301, 314.
[355] BVerfGE 13, 97, 110 (Förderung eines leistungsfähigen Handwerksstandes).
[356] BVerfGE 25, 236, 247; 78, 179, 192.
[357] *Ennuschat*, AöR 127 (2002), 252, 285 f.; *Voßkuhle*, DVBl 1994, 611, 617.
[358] *Ennuschat*, AöR 127 (2002), 252, 285 f.; *Voßkuhle*, DVBl 1994, 611, 617; zum Schutz der Gesundheit s.o. (in Fußn. 356); zum Schutz der Umwelt s. Art. 20a GG.
[359] *Ennuschat*, AöR 127 (2002), 252, 286; s. insoweit § 41 III Nr. 1 und 2 LMBG.

Entsprechendes gilt für die Nachschau im Besteuerungsverfahren.[360] Die Unverletzlichkeit der Steuerrechtsordnung ist Teil der öffentlichen Sicherheit.[361] Die Sicherung des Steueraufkommens und die gleichmäßige Besteuerung sind Rechtsgüter von hohem verfassungsrechtlichen Rang[362], die prinzipiell geeignet sind, einen Grundrechtseingriff nach Art. 13 VII GG verfassungsrechtlich zu rechtfertigen.[363] Das Betreten und Besichtigen von Wohn- und Geschäftsräumen durch die Finanzbehörde, insbesondere im Rahmen der Außenprüfung, dient also der Verhütung einer dringenden Gefahr für die öffentliche Sicherheit, indem verhindert wird, dass Steuern nicht erhoben werden.

Die behördliche Nachschau ist auch mit dem Verhältnismäßigkeitsprinzip vereinbar. Die Aufsichtsbehörde kann ihre gesetzlichen Aufgaben nicht erfüllen, ohne Kontrolle vor Ort vorzunehmen. Je nach Ursprung der überwachten Gefahr sind dies die Räumlichkeiten, in denen der Überwachungspflichtige die gewerbliche Tätigkeit ausübt, die Anlage betreibt oder die Produkte herstellt bzw. vertreibt. Auch im Steuerrecht ist die Prüfung vor Ort bei Gewerbetreibenden in der Regel unerlässlich.[364] Da nach Art. 13 VII GG bereits Eingriffe zum Schutz vor abstrakten Gefahren zulässig sind, können derartige Kontrollen auch routinemäßig, d.h. ohne einen bestimmten Anlass oder Anzeichen für eine konkrete Gefahr, vorgenommen werden.[365] Dies ist nicht unverhältnismäßig, denn in der Nachschau liegt nur eine kurzfristige Beeinträchtigung des Wohnungsgrundrechts.[366] Die mit der Nachschau verbundene informationelle Belastung geht nicht über das unbedingt notwendige Maß hinaus; es werden nur Informationen erhoben, die beim Betreten der Räumlichkeiten ohne Weiteres erkennbar sind. In Bezug auf diese Informationen ist das Interesse des Geschäftsinhabers am Schutz seiner räumlichen Privatsphäre weniger stark ausgeprägt. Dies gilt insbesondere bei Betriebs- und Geschäftsräumen, die für die Öffentlichkeit allgemein zugänglich sind, sofern die Nachschau

---

[360] §§ 99 I, 210 I, II S. 1 AO; s. auch § 200 II, III AO (im Rahmen der Außenprüfung).
[361] *Söhn*, in: Hübschmann/Hepp/Spitaler, AO, § 99 Rn. 22. Zum Teil wird die Steuerrechtsordnung als Teil der öffentlichen Ordnung angesehen, s. *Helsper*, in: Koch/Scholtz, AO (1996), § 99 Rn. 7; *Tipke*, in: Tipke/Kruse, AO, § 99 Rn. 5. Am Ergebnis ändert dies nichts, s. auch *Tipke*, aaO.
[362] S. BVerfGE 84, 239, 268ff.
[363] *Söhn*, in: Hübschmann/Hepp/Spitaler, AO, § 99 Rn. 21f.; *Tipke*, in: Tipke/Kruse, AO, § 99 Rn. 5.
[364] In besonderen Ausnahmefällen ist § 200 II AO verfassungskonform so auszulegen, dass die Prüfung bei fehlendem Einverständnis des Betroffenen mit dem Betreten seiner Geschäftsräume an der Amtsstelle stattzufinden hat, s. FG Rheinland-Pfalz, EFG 1980, 11, 12; *Rüsken*, in: Klein, AO (2003), § 200 Rn. 21.
Im Bereich der Zölle und Verbrauchssteuern besteht aufgrund der hohen Abgabensätze ein besonderer Anreiz zur Hinterziehung, deshalb sind weitere Kontrollen in den Betriebs- und Geschäftsräumen für eine exakte Warenerfassung und eine gleichmäßige Besteuerung unabdingbar, s. *Hann*, Die Steueraufsicht (1988), S. 38, 40.
[365] *Scholl*, Behördliche Prüfungsbefugnisse (1989), S. 158; a.A. *Lübbe-Wolff*, DVBl 1993, 762, 764 (in Fußn. 12).
[366] *Ennuschat*, AöR 127 (2002), 252, 285.

I. Verwaltungsverfahren und informationelle Abwehrrechte

während der üblichen Öffnungszeiten stattfindet.[367] Die gesetzlichen Regelungen tragen dem Rechnung, indem sie eine Nachschau in Geschäftsräumen außerhalb der Öffnungszeiten besonderen Anforderungen unterwerfen.

Der besonderen Schutzwürdigkeit von Wohnräumen i.e.S. hat der Gesetzgeber in den Vorschriften über die behördliche Nachschau Rechnung getragen. Soweit die Nachschau nicht bereits auf Betriebs- und Geschäftsräume beschränkt wird[368], begrenzt der Gesetzgeber die Befugnis zur Nachschau in Wohnräumen, indem er diese nur zur Verhütung dringender Gefahren für die öffentliche Sicherheit und Ordnung zulässt.[369] Wenngleich der Gesetzestext damit nur den Wortlaut des Art. 13 VII Alt. 2 GG wiedergibt, kommt in der unterschiedlichen Regelung der Nachschau in Betriebs- und Geschäftsräumen während der üblichen Öffnungszeiten einerseits und der Nachschau in Wohnräumen andererseits zum Ausdruck, dass letztere nur unter besonders engen Voraussetzungen betreten und besichtigt werden dürfen. Dies liegt nicht nur an der höheren Schutzwürdigkeit von Wohnräumen, sondern auch daran, dass die überwachungspflichtige wirtschaftliche Tätigkeit dort nicht ausgeübt wird, ein Ermittlungseingriff in Wohnräumen also im Hinblick auf die Eignung zur Erfüllung der gesetzlichen Aufgabe einer besonderen Begründung bedarf. Diese kann darin liegen, dass konkrete Anhaltspunkte dafür bestehen, dass die Wohnräume für die gewerbliche Tätigkeit genutzt werden.[370] Besteht kein vergleichbarer Zusammenhang mit dem Gegenstand der behördlichen Überwachung, ist die gesetzliche Ermächtigung so auszulegen, dass eine Nachschau in Wohnräumen nur zur Abwehr einer konkreten Gefahr zulässig ist.[371] Vereinzelt macht der Gesetzgeber die Nachschau in Wohnräumen ausdrücklich von einer solchen Voraussetzung abhängig.[372] Darüber hinaus gebietet Art. 13 GG bei Wohnräumen in besonderem Maße, nicht mehr als unbedingt notwendig in die räumliche Privatsphäre des Einzelnen einzugreifen. So kann im Besteuerungsverfahren ein milderes Mittel darin bestehen, dass die Weigerung des Wohnungsinhabers, Zutritt zu seinen Wohnräumen zu gewähren, nachteilig gewürdigt wird,

---

[367] Die Schutzwürdigkeit spiegelt sich auch in den Voraussetzungen wider, unter denen das BVerfG bereits einen Eingriff in Art. 13 GG verneint, s. BVerfGE 32, 54, 77.

[368] S. z.B. § 17 II S. 2 HandwO. Im Rahmen der steuerlichen Außenprüfung kann eine Vorlage der Bücher in den Wohnräumen des Steuerpflichtigen (§ 200 II S. 1 AO) nur verlangt werden, wenn der Steuerpflichtige dies von sich aus wünscht, s. BFH, BStBl 1987 II, 360.

[369] § 99 I S. 3 AO; § 52 II S. 1 BImSchG; § 22 I Nr. 3 S. 2 BtMG; § 25 III S. 2 GenTG; § 29 II S. 2 GewO; § 40 II S. 3 KrW-/AbfG; § 41 III Nr. 2 b) LMBG; § 38 II S. 2 PflSchG; § 73 IIIb TierSG; § 16 III S. 1 Nr. 2 b) TierSchG; § 21 I S. 2 Nr. 2 WHG.

[370] S. §§ 64 IV Nr. 1 AMG, 25 III S. 2 GenTG, 29 II S. 2 GewO; zum Erfordernis konkreter Anhaltspunkte: *Rehmann*, AMG (2003), § 64 Rn. 6.

[371] So ausdrücklich zu § 41 III Nr. 2 b) LMBG: *Rathke*, in: Zipfel/Rathke, Lebensmittelrecht, § 41 LMBG Rn. 42; s. auch die Nähe zum polizeirechtlichen Begriff der – konkreten – Gefahr bei *Marcks*, in: Landmann/Rohmer, GewO, § 29 Rn. 17 (zu § 29 II S. 2 GewO); *Jarass*, BImSchG (2002), § 52 Rn. 29 (zu § 52 II S. 1 BImSchG).

[372] S. die sog. Verdachtsnachschau (§ 210 II S. 1 AO), die nur unter Voraussetzungen zulässig ist, die denen für eine strafprozessuale Durchsuchung vergleichbar sind; zum Teil wird die Verdachtsnachschau daher als strafprozessuale Maßnahme eingeordnet, s. *Hellmann*, Neben-Strafverfahrensrecht der AO (1995), S. 241; s. dazu o. S. 210 (in Fußn. 77).

insbesondere sofern steuermindernde Umstände aufgeklärt werden sollten (z.B. bei einem häuslichen Arbeitszimmer).[373]
Nach alledem können die behördlichen Befugnisse zur Nachschau nach Art. 13 VII Alt. 2 GG verfassungsrechtlich gerechtfertigt werden.[374]

(2) Die Durchsuchung

Neben den Betretungs- und Besichtigungsrechten ist der Aufsichtsbehörde in einigen Gesetzen die Befugnis übertragen worden, Betriebs- und Geschäftsräume und gegebenenfalls auch Wohnungen zu durchsuchen. Eine gesetzliche Grundlage, in der Art. 13 GG als eingeschränktes Grundrecht zitiert wird (Art. 19 I S. 2 GG)[375], ist jeweils vorhanden. Im Hinblick auf die Verfassungsmäßigkeit der Durchsuchungsbefugnisse ist das Augenmerk zunächst auf den Richtervorbehalt (Art. 13 II GG) zu richten [(a)]. Sodann stellt sich im Hinblick auf die Verhältnismäßigkeit einer Durchsuchung die Frage, unter welchen materiellen Voraussetzungen ein solcher Eingriff zulässig ist [(b)].

(a) Der Richtervorbehalt (Art. 13 II GG)

Nach Art. 13 II GG dürfen Durchsuchungen nur durch den Richter, bei Gefahr im Verzuge auch durch die in den Gesetzen vorgesehenen anderen Organe angeordnet werden.[376] In den meisten Durchsuchungsbefugnissen hat der Gesetzgeber die verfassungsrechtlichen Vorgaben wortgetreu in einfaches Gesetzesrecht umgesetzt.[377] Dies gilt nicht für die Befugnisse der Finanzbehörden. Im Rahmen der Steueraufsicht ist allein die Durchsuchung „ohne richterliche Anordnung" geregelt (§ 210 II S. 2 AO) und in den Prüfungsbefugnissen der Zollbehörde (§ 10 I, II ZollVG), die nach h.M. eine Durchsuchung von nach Art. 13 GG geschützten Räumlichkeiten (z.B. Wohnwagen oder Schiffskabinen)[378] einschließen[379], findet die richterliche Anordnung keine Erwähnung.

---

[373] S. *Helsper*, in: Koch/Scholtz, AO (1996), § 99 Rn. 7; *Tipke*, in: Tipke/Kruse, AO, § 99 Rn. 6.
[374] BVerfGE 17, 232, 251 f.; *Ennuschat*, AöR 127 (2002), 252, 286; *Hermes*, in: Dreier, GG, Bd. 1 (1996), Art. 13 Rn. 45; *Scholl*, Behördliche Prüfungsbefugnisse (1989), S. 160; *Schröder/Hansen*, ZBB 2003, 113, 115; *Voßkuhle*, DVBl 1994, 611, 617; zum Steuerrecht: *Söhn*, in: Hübschmann/Hepp/Spitaler, AO, § 99 Rn. 22; *Tipke*, in: Tipke/Kruse, AO, § 99 Rn. 5. In Bezug auf Geschäftsräume verneint die h.M. auf der Grundlage von BVerfGE 32, 54 ff., bereits einen Eingriff in Art. 13 GG, s. BFHE 155, 4, 8.
[375] §§ 413 AO, 44c III S. 2 KWG. In Bezug auf die Durchsuchungsbefugnisse nach §§ 59 IV GWB, 72 V TKG, 45 IV PostG ist die Zitierung im vorangehenden Absatz (§§ 59 III S. 2 GWB, 72 IV S. 2 TKG; s. auch § 45 IV PostG) auch auf die Durchsuchung zu beziehen; s. auch § 10 V ZollVG, s. dazu sogleich im Text.
[376] Zu den Anforderungen an den richterlichen Durchsuchungsbeschluss s.o. S. 58. Entgegen der von *Schröder/Hansen*, ZBB 2003, 113, 115, vertretenen Ansicht (zu § 44c III KWG) sind die Anforderungen an die Bezeichnung der gesuchten Beweismittel nicht geringer als bei einer strafprozessualen Durchsuchung.
[377] § 59 IV S. 1, 3 GWB; § 44c III S. 1, 3 KWG; § 72 V S. 1, 3 TKG; s. auch § 45 IV PostG.
[378] S. insoweit zum Schutzbereich des Art. 13 GG: FG Hamburg, EFG 1985, 638, 639; *Gornig*, in: von Mangoldt/Klein/Starck, GG, Bd. 1 (1999), Art. 13 Rn. 18; *Hermes*, in: Dreier, GG, Bd. 1

I. Verwaltungsverfahren und informationelle Abwehrrechte

Der Wortlaut des Art. 13 II GG („nur durch den Richter") bringt klar zum Ausdruck, dass der Richtervorbehalt, abgesehen von dem dort geregelten Ausnahmefall (Gefahr im Verzug), ohne Einschränkung gilt. Ansätzen zu einer teleologischen Reduktion hat das BVerfG eine klare Absage erteilt.[380] Der Richtervorbehalt des Art. 13 II GG zielt auf eine vorbeugende Kontrolle der Durchsuchung durch eine unabhängige und neutrale Instanz. Der Richter prüft nicht nur die rechtlichen Voraussetzungen der Maßnahme, sondern steckt auch den äußeren Rahmen der Durchsuchung ab.[381] Diese grundrechtssichernde Funktion des Richtervorbehaltes gebietet es, den Ausnahmecharakter der nichtrichterlichen Anordnung durch eine enge Auslegung des Begriffes „Gefahr im Verzug" sicherzustellen.[382] Gefahr im Verzug muss mit konkreten Tatsachen begründet werden, die bloße Möglichkeit des Beweismittelverlustes genügt nicht.[383] Bevor mit einer Durchsuchung begonnen wird, muss regelmäßig versucht werden, eine richterliche Anordnung zu erlangen; nur wenn bereits die zeitliche Verzögerung infolge eines solchen Versuches den Erfolg der Durchsuchung gefährden würde, kann hiervon abgesehen werden.[384] Durch organisatorische Vorkehrungen haben die Gerichte sicherzustellen, dass ein Richter für die Behörde erreichbar ist.[385]

Diesen strengen Vorgaben kann eine gesetzliche Regelung nicht gerecht werden, die von vornherein auf eine richterliche Anordnung verzichtet. Eine solche Regelung ist auch nicht dadurch zu retten, dass man ihren Anwendungsbereich auf die Fälle reduziert, in denen auch nach den Kriterien des BVerfG Gefahr im Verzug vorliegt[386], und die Vorschrift auf diese Weise praktisch bedeutungslos werden

---

(1996), Art. 13 Rn. 15 (in Fußn. 44); *Kareseit*, ZfZ 1987, 98, 102; *Kunig*, in: von Münch/Kunig, GG, Bd. 1 (2000), Art. 13 Rn. 10.

[379] *Dißars/Dißars*, ZfZ 1996, 130, 137; *Kampf*, in: Witte, Zollkodex (2002), Art. 37 Rn. 12; *Schulz*, in: Erbs/Kohlhaas, § 10 ZollVG Rn. 10; s. auch FG Hamburg, EFG 1985, 638, 639. Sähe man in § 11 ZollVG eine Befugnis, die auch zu Eingriffen in das Wohnungsgrundrecht ermächtigt – vgl. *Kampf*, in: Witte/Wolffgang, Europäisches Zollrecht (2003), S. 75 –, so wäre diese Befugnis wegen Verletzung des Zitiergebotes (Art. 19 I S. 2 GG) verfassungswidrig. Der Grundsatz der verfassungskonformen Auslegung gebietet es daher, § 11 ZollVG einschränkend so auszulegen, dass er sich nicht auf die Überholung von Räumlichkeiten erstreckt, die in den sachlichen Schutzbereich des Art. 13 GG fallen, vgl. auch *Bender*, wistra 1990, 285 (in Fußn. 3). Für eine solche Auslegung spricht auch die unterschiedliche Regelung in §§ 10, 11 ZollVG: Dass der Gesetzgeber von einer dem § 10 V ZollVG entsprechenden Vorschrift in § 11 ZollVG abgesehen hat, lässt den Umkehrschluss zu, dass bei der Überholung nicht in das Wohnungsgrundrecht eingegriffen werden sollte. Dies schließt es jedoch nicht aus, dass die Zollbehörde im Rahmen einer Überholung von den Befugnissen nach § 10 ZollVG – nach Maßgabe der dort geregelten Voraussetzungen – Gebrauch macht, so zur körperlichen Durchsuchung (§ 10 III ZollVG) im Rahmen einer Überholung: *Schulz*, in: Erbs/Kohlhaas, § 11 ZollVG Rn. 1.

[380] S. zu § 758 ZPO: BVerfGE 51, 97, 105 ff.
[381] BVerfGE 103, 142, 151.
[382] BVerfGE 103, 142, 153.
[383] BVerfGE 103, 142, 155; BayObLG, JR 2003, 300, 301.
[384] BVerfGE 103, 142, 155 f.; zu einem solchen Ausnahmefall: BayObLG, JR 2003, 300, 301 f.; kritisch insoweit *Krehl*, JR 2003, 302 f.
[385] BVerfGE 103, 142, 152, 156; BayObLG, JR 2003, 300, 301.
[386] In diesem Sinne *Mösbauer*, DStZ 1988, 267, 270.

lässt. Eine solche Beschränkung wäre willkürlich: Das öffentliche Interesse an einer Durchsuchung zur Sachverhaltsaufklärung besteht unabhängig davon, ob ein Richter erreichbar ist oder nicht. Es ist kein sachlicher Grund dafür erfindlich, eine Durchsuchung nur durchzuführen, falls kein Richter erreichbar ist. Dieses Kriterium missachtet das verfassungsrechtlich angeordnete Verhältnis von richterlich und nicht richterlich angeordneter Durchsuchung. Eine auf nicht richterlich angeordnete Durchsuchungen beschränkte Auslegung der oben genannten Befugnisse wäre somit verfassungswidrig.

Verfassungsrechtlich geboten ist es vielmehr, die richterlich angeordnete Durchsuchung in die gesetzliche Regelung einzubeziehen. Nach allgemeiner Ansicht kann eine Vorschrift, die für eine Durchsuchung keine Bestimmung über das Erfordernis einer richterlichen Anordnung enthält, im Wege der verfassungskonformen Auslegung um den Richtervorbehalt nach Art. 13 II GG ergänzt werden.[387] In § 210 II S. 2 AO finden sich im Wortlaut Anzeichen, dass die dort geregelte Befugnis auch die Durchsuchung auf der Grundlage eines richterlichen Durchsuchungsbefehls umfasst („*auch* ohne richterliche Anordnung").[388] Die Durchsuchung nach § 210 II S. 2 AO bedarf daher grundsätzlich einer richterlichen Anordnung.[389] Analog § 287 IV S. 3 AO ist das Amtsgericht zuständig, in dessen Bezirk die Durchsuchung vorgenommen werden soll. Eine Durchsuchung ohne richterlichen Durchsuchungsbefehls ist nur nach Maßgabe der vom BVerfG aufgestellten Bedingungen zulässig.

Mit dieser verfassungsrechtlich gebotenen Auslegung des § 210 II S. 2 AO wäre es unvereinbar, wollte man „Gefahr im Verzug" regelmäßig annehmen.[390] Durch organisatorische Vorkehrungen ist vielmehr sicherzustellen, dass eine richterliche Entscheidung im Regelfall herbeigeführt werden kann (s.o.); in diesem Fall findet die richterliche Prüfung in engem zeitlichen Zusammenhang mit der beabsichtigten Durchsuchung statt.[391] Dem kann auch nicht entgegengehalten werden, dass die gerichtliche Entscheidung damit zur „Formsache" reduziert werde[392], wenn dieses Argument dazu verwendet wird, diese in jedem Fall „schützende Form" zu beseitigen.[393] Bei einer zeitnahen richterlichen Entscheidung führt der Richtervor-

---

[387] BVerfGE 51, 97, 114; 57, 346, 354f.; 76, 83, 89; BVerwGE 28, 285, 290; OVG Lüneburg, NVwZ 1990, 679; *Pieroth/Schlink*, Grundrechte (2003), Rn. 885; *E. Stein/Frank*, Staatsrecht (2002), S. 283; kritisch *Herdegen*, in: BK-GG, Art. 13 Rn. 54; *Hermes*, in: Dreier, GG, Bd. 1 (1996), Art. 13 Rn. 34.
[388] *Hellmann*, Neben-Strafverfahrensrecht der AO (1995), S. 240.
[389] *Hann*, Die Steueraufsicht (1988), S. 133f.; s. auch *Hellmann*, Neben-Strafverfahrensrecht der AO (1995), S. 241, der die Durchsuchung allerdings dem Steuerstrafverfahren zuordnet.
[390] So zur zollrechtlichen Überholung: *Anton*, ZfZ 1991, 370, 371; s. insoweit hingegen *Kareseit*, ZfZ 1987, 98, 104.
[391] S. die entsprechende Forderung von *Anton*, ZfZ 1991, 370, 371.
[392] So aber *Anton*, ZfZ 1991, 370, 371 (zur zollrechtlichen Überholung).
[393] Der Widerspruch zeigt sich darin, dass sich *Anton*, aaO, zur Begründung für sein Ergebnis (weite Auslegung des Begriffs „Gefahr im Verzug") auf die Rechtsprechung des BVerfG beruft, nach welcher die Auslegung des Art. 13 GG zu wählen sei, welche die juristische Wirkungskraft des Grundrechts am Stärksten entfalte; s. dagegen nunmehr BVerfGE 103, 142, 153.

behalt auch nicht zu Kontrolldefiziten, die dem gemeinschaftlichen Zollrecht widersprächen.[394] Nach Art. 13 Zollkodex werden zollamtliche Prüfungen „unter den im geltenden Recht vorgesehenen Voraussetzungen" vorgenommen. Das gemeinschaftliche Zollrecht verweist damit auf das nationale Recht.[395] In einem Bereich, in dem sogar ein Gemeinschaftsorgan (die Kommission) das Gemeinschaftsrecht vollzieht und die Mitgliedstaaten zu dessen Unterstützung verpflichtet sind, hat der EuGH ausdrücklich anerkannt, dass bei einer solchen Verweisung das nationale Recht maßgeblich ist, und insoweit auch einen Richtervorbehalt für Maßnahmen der nationalen Behörden nicht beanstandet.[396] Nach alledem kann § 210 II S. 2 AO auf eine Weise ausgelegt werden, dass er nicht gegen Art. 13 II GG verstößt, und verletzt somit nicht das Wohnungsgrundrecht.[397]

Für die Kontrollbefugnisse der Zollbehörde (§ 10 I, II ZollVG) gilt im Ausgangspunkt das Gleiche wie für die Durchsuchungsbefugnis im Rahmen der Steueraufsicht (§ 210 II S. 2 AO): Liest man diese Befugnisse so, dass sie Durchsuchungen ohne richterliche Anordnung über die Ausnahmen für Gefahr im Verzug hinaus zulassen[398], so sind sie wegen Verstoßes gegen Art. 13 II GG verfassungswidrig. Es erscheint naheliegend, auch die Kontrollbefugnisse der Zollbehörde (§ 10 I, II ZollVG) verfassungskonform um einen Richtervorbehalt zu ergänzen.[399] Eine andere Möglichkeit besteht darin, diese Befugnis so auszulegen, dass sie nur zum Betreten und Besichtigen der Räumlichkeiten, nicht aber zu deren Durchsuchung ermächtigt. In diesem Fall wäre Art. 13 VII GG maßgebliche Schrankenbestimmung, nach welcher die Betretungs- und Besichtigungsrechte der Finanzbehörden verfassungsrechtlich gerechtfertigt werden können.[400] Es können also zwei Wege beschritten werden, um die Kontrollbefugnis nach § 10 I, II ZollVG verfassungskonform auszulegen: als Durchsuchungsbefugnis unter Ergänzung um den Richtervorbehalt (Art. 13 II GG) oder als Betretungs- und Besichtigungsrecht (Art. 13 VII GG).

---

[394] So aber *Anton*, ZfZ 1991, 370, 372 (zur zollrechtlichen Überholung). Diesem Einwand begegnet das FG Hamburg, EFG 1985, 638, 640, mit dem Hinweis, der Betroffene werde in vielen Fällen in eine Durchsuchung einwilligen, um seine Fahrt zügig fortsetzen zu können.
[395] *Henke/Huchatz*, ZfZ 1996, 262, 267.
[396] EuGH, Verb. Rs. 46/87 und 227/88 (Hoechst/Kommission), Slg. 1989, 2859, 2928.
[397] *Hann*, Die Steueraufsicht (1988), S. 133f.
[398] Vgl. *Kampf*, in: Witte, Zollkodex (2002), Art. 37 Rn. 12. In diesem Sinne wohl auch *Dißars/Dißars*, ZfZ 1996, 130, 137, nach denen „dem Prüfungsrecht der Zollverwaltung der Vorrang vor Art. 13 GG eingeräumt" ist.
[399] So *Schwarz/Wockenfoth*, Zollrecht, § 10 ZollVG Rn. 5. In Bezug auf den mittlerweile außer Kraft getretenen § 7 Zollgesetz wurde dies bejaht von: FG Hamburg, EFG 1985, 638, 639; *Kareseit*, ZfZ 1987, 98, 102ff., 106. Entgegen *Anton*, ZfZ 1991, 370, 371, wäre in diesem Fall nicht das Finanzgericht zuständig, sondern analog § 287 IV S. 3 AO das AG, in dessen Bezirk die Durchsuchung stattfinden soll (s. o. zu § 210 II S. 2 AO).
[400] S. dazu o. S. 245ff. Zu § 7 Zollgesetz wurde diese Ansicht auch im Schrifttum vertreten, vgl. FG Hamburg, EFG 1985, 638, 640.

Wenngleich der Gesetzgeber davon ausging, dass § 10 ZollVG die Befugnis verleiht, „Gepäck, Beförderungsmittel und deren Ladung zu durchsuchen"[401], lässt sich dem Wortlaut („prüfen") nicht zweifelsfrei entnehmen, zu welcher Art von Eingriff § 10 I, II ZollVG ermächtigt. Mit diesem Wortlaut lässt sich eine auf das Betreten und Besichtigen beschränkte Kontrolle von Wohnräumen ohne weiteres vereinbaren, während sich die verfassungsunmittelbare Ergänzung des Normtextes um einen Richtervorbehalt an der äußersten Grenze der verfassungskonformen Auslegung bewegt.[402] Dementsprechend wurde dieser Weg bisher nur bei Regelungen beschritten, in denen ausdrücklich eine Durchsuchung vorgesehen war, die verfassungskonforme Ergänzung also unausweichlich war, um nicht zu einer Verfassungswidrigkeit der Norm zu gelangen. Im Gegensatz dazu kann § 10 ZollVG auch auf andere Weise verfassungskonform ausgelegt werden, indem die Prüfung auf das Betreten und Besichtigen von der Wohnung dienenden Räumlichkeiten beschränkt wird. Auf diese Weise werden die mit einer verfassungsunmittelbaren Ergänzung aufgeworfenen Folgeprobleme (Zuständigkeit, Verfahren) vermieden[403] und einer grundrechtsfreundlicheren Auslegung des Gesetzes der Vorrang gegeben[404]. Darüber hinaus erscheint es widersprüchlich, dass der Gesetzgeber den Eingriff in das Wohnungsgrundrecht erkannt (§ 10 V ZollVG), die Anforderungen des Art. 13 II GG jedoch schlichtweg übersehen haben sollte.[405]

Aus den angeführten Gründen ist eine Auslegung der § 10 I, II ZollVG vorzugswürdig, nach welcher zwar ein Eingriff in das Wohnungsgrundrecht, aber – entgegen der h.M. – keine Durchsuchung zulässig ist. Die Zollbediensteten dürfen in den Schiffskabinen, Wohnwagen etc. nicht zielgerichtet suchen, um etwas aufzuspüren, was der Inhaber der Wohnung von sich aus nicht offenlegen oder herausgeben will; sie sind hingegen befugt, diese Räumlichkeiten zu betreten, zu besichtigen und bei dieser Gelegenheit von Personen, Sachen oder Zuständen Kenntnis zu nehmen, die ohne weiteres zugänglich bzw. erkennbar sind.[406]

---

[401] S. den Regierungsentwurf, BT-Drucks. 12/3734, S. 15; s. auch den Gesetzentwurf der Regierungsfraktionen im Bundestag, BT-Drucks. 12/3436, S. 14.

[402] S. die gegen die verfassungskonforme Ergänzung der Durchsuchungsbefugnisse formulierten Bedenken, s. *Herdegen*, in: BK-GG, Art. 13 Rn. 54; *Hermes*, in: Dreier, GG, Bd. 1 (1996), Art. 13 Rn. 34. Dass der Gesetzgeber in § 10 III ZollVG den Begriff der Durchsuchung gebraucht, spricht ebenfalls dagegen, in den Anwendungsbereich des § 10 I, II ZollVG auch die Durchsuchung von Wohnräumen einzuschließen.

[403] S. dazu *Dittmann*, Die Verwaltung 1983, 17, 22f.

[404] Vgl. BVerfGE 13, 97, 105. Bei der Auslegung von Grundrechtsnormen ist derjenigen der Vorzug zu geben, welche die Wirkungskraft des Grundrechts am Stärksten entfaltet, s. BVerfGE 6, 55, 72; 32, 54, 71; 39, 1, 38; 51, 97, 110; 103, 142, 153.

[405] Im Regierungsentwurf (BT-Drucks. 12/3734, S. 16) und im Entwurf der Regierungsfraktionen (BT-Drucks. 12/3536, S. 15) heißt es: „Absatz 5 nennt die Grundrechte, die durch Art. 10 eingeschränkt werden." In der bis dahin geltenden Befugnisnorm (§ 71 II Zollgesetz) war Art. 13 GG nicht als eingeschränktes Grundrecht zitiert, in Bezug auf die körperliche Durchsuchung (§ 71 III Zollgesetz) wurde auf Art. 2 II GG verwiesen, s. die Gesetzesbegründung, BT-Drucks. III/2201, S. 70.

[406] S.o. S. 56.

I. Verwaltungsverfahren und informationelle Abwehrrechte

Diese Auslegung mag Einwänden aus der Praxis ausgesetzt sein, denn sie lässt in Bezug auf Wohnräume nur noch eine oberflächliche Kontrolle zu. Mit dieser können immerhin extreme Missbräuche dieser Räume als Lager- und Transportmittel aufgedeckt werden. Auch bleibt die Durchsuchung von Gepäck und Ladung von der oben genannten Einschränkung unberührt. Schließlich ist im Falle eines konkreten Verdachts eine Durchsuchung nach den Regeln der §§ 102ff. StPO möglich. Andererseits ist auch die verfassungskonforme Ergänzung des § 10 ZollVG um einen Richtervorbehalt nicht frei von derartigen praktischen Bedenken, denn nach den strengen Kriterien des BVerfG wird die Einschaltung eines Richters in den meisten Fällen möglich sein, was den mit der Kontrolle verbundenen Aufwand erhöht.[407] Nach alledem enthält § 10 I, II ZollVG keine Befugnis zur Durchsuchung von Beförderungsmitteln oder Teilen von diesen, die als Wohnung i.S.d. Art. 13 GG genutzt werden.[408] Eine Verletzung des Richtervorbehaltes (Art. 13 II GG) liegt also nicht vor.

(b) Die materiellen Voraussetzungen der Durchsuchung

Die Durchsuchung greift intensiver in das Wohnungsgrundrecht ein als das bloße Betreten und Besichtigen der geschützten Räumlichkeiten. Die im Vergleich zur behördlichen Nachschau höhere Eingriffsintensität ist im Rahmen des Verhältnismäßigkeitsprinzips auch bei der materiellen Rechtfertigung des Durchsuchungseingriffs zu berücksichtigen.[409]

Diesen Anforderungen wird im Strafverfahren durch die §§ 102, 103 StPO Genüge getan. Danach setzt eine Durchsuchung entweder voraus, dass gegen den Betroffenen der Verdacht der Beteiligung an einer Straftat besteht und zu vermuten ist, dass die Durchsuchung zur Auffindung von Beweismitteln führen werde (§ 102 StPO), oder dass Tatsachen vorliegen, aus denen zu schließen ist, dass die gesuchte Sache sich in den zu durchsuchenden Räumen befindet (§ 103 StPO). Die Notwendigkeit einer Durchsuchung muss also im konkreten Einzelfall begründet werden können.[410]

Die behördlichen Durchsuchungsbefugnisse enthalten auf den ersten Blick keine vergleichbaren Einschränkungen. So enthält § 59 IV GWB nur Regelungen über den Richtervorbehalt und ergänzende Verfahrensregelungen. Die materiellen Voraussetzungen einer Durchsuchung ergeben sich aus den allgemeinen Schranken der Ermittlungsbefugnisse der Kartellbehörde: Deren Ausübung – und damit auch die Durchsuchung – muss zur Erfüllung der gesetzlichen Aufgaben „erforderlich" sein (§ 59 I GWB).[411] Die h.M. leitet daraus das Erfordernis eines Verdachts ab, d.h.

---

[407] *Kampf*, in: Witte, Zollkodex (2002), Art. 37 Rn. 12; s. dazu o. S. 252f. zu § 210 II S. 2 AO.
[408] S. auch – zur Überholung – *Bender*, wistra 1990, 285 (mit Fußn. 3).
[409] S.o. S. 57f.
[410] Zu den materiellen Anforderungen im Einzelnen: *Amelung*, in: AK-StPO, Bd. 2/1 (1992), § 102 Rn. 2f., § 103 Rn. 10f., jeweils m.w.N.
[411] KG, Beschluss vom 4.2.1981 Kart 3/81, WuW/E/OLG, 2440; *Klaue*, in: Immenga/Mestmä-

es muss ein mit vertretbaren Argumenten belegter, auf konkrete tatsächliche Umstände gestützter Verdacht vorliegen, dass ein bestimmter kartellrechtlicher Tatbestand verwirklicht ist.[412] Aus dem Prinzip der Erforderlichkeit folgt außerdem, dass nur nach geschäftlichen Unterlagen gesucht werden darf, die für die Begründung der verfahrensgegenständlichen Kartellverfügung erforderlich sind.[413] Aufgrund ihrer besonderen Eingriffsintensität ist die Durchsuchung im Vergleich zu den anderen Ermittlungsmaßnahmen besonders strengen Anforderungen unterworfen[414]; sie ist als ultima ratio nur zulässig, wenn andere Aufklärungsmittel ergebnislos angewendet worden sind oder ihre Anwendung keine Aussicht auf Erfolg bietet.[415]

Entsprechendes hat für die Durchsuchungsbefugnisse nach §§ 72 V TKG, 45 IV PostG zu gelten[416], die den kartellrechtlichen Ermittlungskompetenzen nachgebildet sind.[417] Auch die Durchsuchungsbefugnis im Rahmen der Bankenaufsicht (§ 44c III KWG) weist eine vergleichbare Regelungsstruktur auf. Die Aufnahme von Ermittlungen zur Verfolgung unerlaubter Bankgeschäfte setzt voraus, dass Tatsachen die Annahme rechtfertigen, dass das betroffene Unternehmen ein Institut ist oder nach § 3 KWG verbotene Geschäfte betreibt (§ 44c I S. 1 KWG); ohne einen solchen „Verdacht"[418] kann auch eine Durchsuchung nicht vorgenommen werden. Zu den Grenzen der Durchsuchungsbefugnis gelten die Ausführungen zu § 59 IV GWB entsprechend.[419] Das Gleiche gilt für die Durchsuchungsbefugnis der Finanzbehörde (§ 210 II S. 2 AO), die wie die unmittelbar zuvor geregelte Verdachtsnachschau (§ 210 II S. 1 AO) voraussetzt, dass Tatsachen die Annahme rechtfertigen, dass sich in den betreffenden Räumen Schmuggelwaren oder nicht ordnungsgemäß versteuerte Waren befinden oder dort sonst gegen Vorschriften oder Anordnungen verstoßen wird, deren Einhaltung durch die Steueraufsicht gesichert werden soll. Der Gesetzgeber wollte diese Ermittlungseingriffe nur in konkreten

---

cker, GWB (2001), § 59 Rn. 55; *Schultz*, in: Langen/Bunte, Kartellrecht, Bd. 1 (2001), § 59 Rn. 40; s. auch *Quack*, in: FK-GWB, § 46 (a. F.) Rn. 97.

[412] S. o. S. 219.

[413] *Junge*, in: GK-GWB, § 46 (a. F.) Rn. 23.

[414] *Quack*, in: FK-GWB, § 46 (a. F.) Rn. 97 (zu § 46 GWB a. F.).

[415] S. allgemein zum Verhältnis der kartellrechtlichen Ermittlungsbefugnisse: KG, Beschluss vom 4.2. 1981 Kart 5/81 („Metro-Kaufhof"), WuW/E/OLG, 2433, 2437; *Schultz*, in: Langen/ Bunte, Kartellrecht, Bd. 1 (2001), § 59 Rn. 16; s. auch (zur Durchsuchung): *Junge*, in: GK-GWB, § 46 (a. F.) Rn. 23 (zu § 46 GWB a. F.).

[416] S. im Einzelnen *Badura*, in: BeckPostG-Komm (2000), § 45 Rn. 14f., 38 (zu § 45 IV PostG); *Kerkhoff*, in: BeckTKG-Komm (2000), § 72 Rn. 15, 17, 40ff. (zu § 72 V TKG).

[417] *Badura*, in: BeckPostG-Komm (2000), § 45 Rn. 4, 6 (zu § 45 PostG); *Kerkhoff*, in: BeckTKG-Komm (2000), § 72 Rn. 1, 2; *Spoerr*, in: Trute/Spoerr/Bosch, TKG (2001), § 72 Rn. 3 (zu § 72 TKG).

[418] Zur Parallele mit dem strafprozessualen Verdacht: *Lindemann*, in: Boos/Fischer/Schulte-Mattler, KWG (2000), § 44c Rn. 6; *Schröder/Hansen* ZBB 2003, 113, 114. Die Ermittlungsbefugnisse nach § 44c KWG sind gleichwohl nicht strafprozessualer, sondern gewerbepolizeilicher Natur, s. *Lindemann*, aaO, Rn. 1f.

[419] S. insoweit *Lindemann*, in: Boos/Fischer/Schulte-Mattler, KWG (2000), § 44c Rn. 28.

I. Verwaltungsverfahren und informationelle Abwehrrechte

Verdachtsfällen zulassen.[420] Allen Befugnissen ist somit gemeinsam, dass eine Durchsuchung nur bei auf bestimmten Tatsachen beruhenden Anhaltspunkten für eine konkrete Gefahr zulässig ist. Die behördlichen Durchsuchungsbefugnisse erfahren auf diese Weise eine Begrenzung, die im Hinblick auf den Schutz des Wohnungsgrundrechts den gesetzlichen Einschränkungen der strafprozessualen Durchsuchungsbefugnisse (§§ 102, 103 StPO) gleichwertig ist.[421] Demnach sind die behördlichen Durchsuchungsbefugnisse nicht unverhältnismäßig und damit in materieller Hinsicht mit dem Wohnungsgrundrecht (Art. 13 GG) vereinbar.

c) Das Brief-, Post- und Fernmeldegeheimnis (Art. 10 GG)

Zur Überwachung des grenzüberschreitenden Warenverkehrs sind den Zollbehörden gesetzliche Befugnisse zu Eingriffen in das Brief-, Post- und Fernmeldegeheimnis (Art. 10 GG) eingeräumt worden, deren Verfassungsmäßigkeit im Folgenden untersucht werden soll. Dabei ist zwischen dem Öffnen von Postsendungen, die das Postunternehmen der Zollbehörde im Einzelfall vorlegt [(1)][422], und der Überwachung des Brief-, Post- und Fernmeldeverkehrs [(2)][423] zu differenzieren.

(1) Das Öffnen und Prüfen vorgelegter Postsendungen

Die Befugnis zur Öffnung von Postsendungen und die Verpflichtung des Postunternehmens, bei Anhaltspunkten für die Verletzung eines Verbringungsverbotes die betreffende Sendung vorzulegen, greifen in das verfassungsrechtlich garantierte Brief- und Postgeheimnis (Art. 10 GG) ein. Der Gesetzesvorbehalt (Art. 10 II S. 1 GG) und das Zitiergebot (Art. 19 I S. 2 GG) werden dabei beachtet.[424] In materieller Hinsicht ist zu untersuchen, ob sich der in dem Öffnen und Prüfen der geschützten Sendungen liegende schwere Eingriff in das Grundrecht der am Brief- und Postverkehr Beteiligten[425] verfassungsrechtlich rechtfertigen lässt. Die Kontrollbefugnisse der Zollbehörden und die damit korrespondierenden Vorlagepflichten der Post dienen dem Gemeinwohlinteresse, das dem jeweiligen Verbringungsverbot zugrundeliegt. Unter den geeigneten Mitteln zur zollamtlichen Überwachung ist auch kein milderes Kontrollinstrument ersichtlich; der „gestufte" Eingriff über eine Vorlagepflicht der Post erlaubt es vielmehr, den staatlichen

---

[420] S. die Begründung des Regierungsentwurfes, BT-Drucks. VI/1982, S. 166; s. auch *Tipke*, in: Tipke/Kruse, AO, § 210 Rn. 7; *Trzaskalik*, in: Hübschmann/Hepp/Spitaler, AO, § 210 Rn. 12.
[421] S. auch KG, Beschluss vom 4. 2. 1981 Kart 5/81, WuW/E/OLG, 2433, 2436 (zu den Ermittlungsbefugnissen des Bundeskartellamtes).
[422] S. o. S. 210 f.
[423] S. o. S. 211.
[424] Zum Zitiergebot s. §§ 5 I S. 2, 10 V ZollVG, § 4 GÜV.
[425] Ein Eingriff in das Grundrecht der Deutsche Post AG aus Art. 10 GG liegt insoweit nicht vor, s. o. S. 47. Neben deren Berufsfreiheit (Art. 12 GG) ist durch die Beschränkung der Kontrollbefugnisse auf die Deutsche Post AG Art. 3 I GG betroffen, da konkurrierende Postunternehmen keiner Vorlagepflicht unterliegen, s. *Löwer*, in: von Münch/Kunig, GG, Bd. 1 (2000), Art. 10 Rn. 39.

Kontrolleingriff auf ein Minimum zu reduzieren, da die Zollbehörde erst bei zureichenden Anhaltspunkten für einen Verstoß gegen ein Verbringungsverbot informiert wird und nicht von vornherein den gesamten Brief- und Postverkehr überwacht.[426]

Der Umstand, dass nunmehr die Postbediensteten verpflichtet werden, den Brief- und Postverkehr im öffentlichen Interesse im Hinblick auf mögliche Verstöße gegen Verbringungsverbote zu sichten, lässt jedoch Zweifel entstehen, ob eine solche Verpflichtung in Verbindung mit der nachfolgenden Öffnung und Prüfung durch die Zollbehörden noch verhältnismäßig i.e.S. ist. Dagegen spricht allerdings, dass die Postbediensteten nicht zu einer besonderen Kontrolltätigkeit angehalten werden, sondern nur zur Vorlage verpflichtet sind, soweit die Postsendung im Rahmen der betrieblichen Behandlung dazu Anlass gibt.[427] Dies ist nur bei zureichenden tatsächlichen Anhaltspunkten für einen Verstoß gegen ein Verbringungsverbot der Fall (s. §§ 5 I S. 1 ZollVG, 3 GÜV). Der Gesetzgeber knüpft mit dieser Formulierung an den strafprozessualen Anfangsverdacht an (§ 152 II StPO).[428] Ebensowenig wie Hinweise allgemeiner Art eine Vorlagepflicht begründen können[429], sind Stichproben zulässig.[430] Zu beachten ist, dass die Grenzen der Vorlagepflicht der Post im Verhältnis zu dem Postkunden zugleich die Grenzen einer Vorlagebefugnis darstellen: Sind die Voraussetzungen der § 3 GÜV, § 5 I S. 1 ZollVG nicht gegeben, macht sich der Postangestellte mit der Vorlage nach § 206 I StGB strafbar.[431] Die materiellen Voraussetzungen der Vorlagepflicht entsprechen der „Verdachtsschwelle" der Postbeschlagnahme nach §§ 99, 100 StPO. Auch in Bezug auf den Gegenstand des Verdachts bzw. der Gefahr bestehen gleich hohe Anforderungen. § 3 GÜV betrifft von vornherein (s. § 1 GÜV) nur Verdachtsfälle in Bezug auf Straftaten. § 5 I S. 1 ZollVG erfasst zunächst sämtliche Verbringungsverbote, schließt jedoch mit der Verweisung auf § 46 III S. 1 OWiG (§ 5 III ZollVG) eine Vorlagepflicht in Bezug auf Verbringungsverbote aus, die nicht mit Kriminalstrafe, son-

---

[426] S. insoweit auch die für Postsendungen geltende Befreiung vom Zollstraßenzwang (§ 5 I Nr. 2 ZollVO).
[427] *Schulz*, in: Erbs/Kohlhaas, § 3 GÜV Rn. 3.
[428] Zu §§ 2, 3 GÜV: Begründung des Regierungsentwurfes, BT-Drucks. III/1285, S. 262 (zum ursprünglich vorgesehenen § 44 AWG, der ohne sachliche Änderungen in das GÜV übernommen wurde, s. insoweit *Lüttger*, MDR 1961, 809, 810); *Lüttger*, aaO, 813; zu § 5 ZollVG: *Schulz*, in: Erbs/Kohlhaas, § 5 ZollVG Rn. 1; in der Begründung findet sich dort die Bezeichnung „Verdachtsfälle", s. den Regierungsentwurf, BT-Drucks. 12/3734, S. 14; den Entwurf der Regierungsfraktionen, BT-Drucks. 12/3436, S. 13.
[429] *Schulz*, in: Erbs/Kohlhaas, § 3 GÜV Rn. 3.
[430] S. dagegen *Schulz*, in: Erbs/Kohlhaas, § 2 GÜV Rn. 9. Zureichende tatsächliche Anhaltspunkte für einen Verstoß gegen ein Einfuhrverbot ergeben sich nicht allein daraus, dass aus dem Ausland gleichartige Massensendungen eingehen (aaO, Rn. 7). In den Zeiten des kalten Krieges mag dies bei Massensendungen aus der damaligen DDR aufgrund „jahrelanger, verlässlicher Erfahrungen" eine entsprechende Folgerung getragen haben (s. BT-Drucks. III/1285, S. 263; *Lüttger*, MDR 1961, 809, 813), diese lassen sich jedoch nicht auf die heutige Zeit übertragen.
[431] *Lenckner*, in: Schönke/Schröder, StGB (2001), § 206 Rn. 13; s. auch § 39 PostG; zur Durchbrechung des Postgeheimnisses: § 39 III S. 3 PostG. Eine Vorschrift zur Freistellung von der strafrechtlichen Verantwortlichkeit (vgl. § 12 GwG) existiert insoweit nicht.

I. Verwaltungsverfahren und informationelle Abwehrrechte

dern nur mit einer Geldbuße bewehrt sind.[432] Soweit an der Einhaltung der Verbringungsverbote jedoch ein öffentliches Interesse besteht, welches den Einsatz von Kriminalstrafe rechtfertigt, ist dieses auch geeignet, auf der Grundlage eines entsprechenden Verdachts die Kontrolle von Brief- und Postsendungen zu legitimieren (vgl. § 99 StPO).

Im Unterschied zu § 100 StPO ist allerdings in §§ 5 I S. 1, 10 IV ZollVG; §§ 2 II S. 1, 3 GÜV weder hinsichtlich der Vorlage noch in Bezug auf die Öffnung und Prüfung der Brief- und Postsendungen ein Richtervorbehalt vorgesehen. Anders als in Art. 13 II GG (Durchsuchung) ist ein solcher bei Eingriffen in das Brief- und Postgeheimnis allerdings auch nicht verfassungsrechtlich zwingend vorgesehen (s. Art. 10 II GG). Selbst im Strafverfahrensrecht hat der Gesetzgeber Durchbrechungen des Richtervorbehaltes zugelassen (s. § 100 I, III S. 2 StPO).[433] Das BVerfG hat zwar die Notwendigkeit verfahrensrechtlicher Sicherungen vor einer Verletzung des Fernmeldegeheimnisses betont.[434] Eine präventive Kontrolle durch unabhängige und an keine Weisungen gebundene Organe, wie sie der Richtervorbehalt gewährleistet, hat es insbesondere wegen der entstehenden Rechtsschutzlücken als geboten angesehen, die infolge der Unbemerkbarkeit und Undurchsichtigkeit der mit der Überwachung des Fernmeldeverkehrs verbundenen Grundrechtseingriffe entstehen.[435] Bei der auf eine einzelne, konkrete Postsendung bezogenen Überprüfung besteht eine solche Gefahr nicht. Vielmehr ist das Postunternehmen aufgrund des zu dem Postkunden bestehenden Vertrags- und Vertrauensverhältnisses gehalten, dessen Interesse an der Vertraulichkeit seines Brief- und Postverkehrs Rechnung zu tragen. Wie bereits ausgeführt, sind die Postbediensteten dazu unter Androhung von Strafe verpflichtet. Auch die Eingriffsintensität gebietet nicht von vornherein eine präventive richterliche Kontrolle[436], vielmehr erscheint es ausreichend, wenn dem Betroffenen insoweit die Möglichkeit nachträglichen gerichtlichen Rechtsschutzes offensteht (Art. 19 IV GG).[437] Schließlich ist zu berücksichtigen, dass der Richtervorbehalt nicht die einzig mögliche verfahrensrechtliche Sicherung darstellt.[438] Auch der Gesetzgeber misst den Gefahren für das Fernmel-

---

[432] *Schulz*, in: Erbs/Kohlhaas, § 5 ZollVG Rn. 4; s. auch *Schwarz*, in: Schwarz/Wockenfoth, Zollrecht, § 5 ZollVG Rn. 8. Die wörtliche Auslegung des § 5 III ZollVG, nach welcher die Kontrolle zur präventiven zollamtlichen Überwachung die Einschränkung der Ermittlungsbefugnisse im repressiven Ordnungswidrigkeitenverfahren „nicht berührt", würde darauf hinauslaufen, dass § 5 III ZollVG keinerlei Bedeutung hätte, da § 46 III S. 1 OWiG auch ohne diese Vorschrift präventive Befugnisse nicht einschränken könnte.
[433] *Schulz*, in: Erbs/Kohlhaas, Vor § 1 GÜV Rn. 4; s. dagegen noch *Dürig*, in: Maunz/Dürig, GG, Art. 10 Rn. 65.
[434] BVerfGE 100, 313, 383 f.; s. auch (zu Art. 2 I i.V.m. Art. 1 I GG): BVerfGE 65, 1, 46.
[435] BVerfGE 100, 313, 361.
[436] Zur Funktion des Richtervorbehaltes s.o. S. 65.
[437] Die Entscheidungen zu Art. 10 GG, auf die das BVerfG (Fußn. 435) verweist, betreffen Konstellationen, in denen der gerichtliche Rechtsschutz gegen die Überwachungsmaßnahmen ausgeschlossen ist (Art. 10 II S. 2 GG), s. BVerfGE 30, 1, 23 f., 30; BVerfGE 67, 157, 185.
[438] S. BVerfGE 100, 313, 395; OLG Düsseldorf, StV 1998, 170, 172; s. auch *Gusy*, in: von Mangoldt/Klein/Starck, GG, Bd. 1 (1999), Art. 10 Rn. 74; s. ferner (zu Art. 2 I i.V.m. Art. 1 I GG):

degeheimnis größere Bedeutung bei, da er in Bezug auf strafprozessuale Eingriffe in das Brief- und Postgeheimnis keine vergleichbaren materiellen Anforderungen aufgestellt hat (s. den Straftatenkatalog, § 100a I StPO). An präventive Kontrollbefugnisse dürfen schließlich auch deshalb nicht so strenge verfassungsrechtliche Anforderungen gestellt werden, weil das öffentliche Interesse an der Verhütung einer bevorstehenden Straftat größer ist als das Interesse an der Aufklärung und Verfolgung einer bereits begangenen Straftat.[439] Das Fehlen eines Richtervorbehaltes führt also nicht dazu, dass die Befugnisse nach §§ 2 II, 3 GÜV bzw. §§ 5 I, 10 IV ZollVG das Brief- und Postgeheimnis (Art. 10 GG) verletzen. Der Betroffene kann jedoch nur dann auf die Möglichkeit nachträglichen Rechtsschutzes verwiesen werden, wenn er dieses Recht auch tatsächlich wahrnehmen kann. Dies setzt wiederum voraus, dass er Kenntnis von dem Grundrechtseingriff hat. Der Betroffene ist daher von Verfassungs wegen (Art. 10 GG, Art. 19 IV GG) über den vorgenommenen Grundrechtseingriff zu informieren.[440] Zwar können Ausnahmen von der Mitteilungspflicht verfassungsrechtlich zulässig sein, z.B. weil mit einer Offenbarung der Untersuchungszweck gefährdet würde.[441] Eine Mitteilung an den Betroffenen kann jedoch nicht generell aus Gründen der Verwaltungspraktikabilität ausgeschlossen werden.[442] Eine Benachrichtigung des Betroffenen von der Kontrolle der Postsendung ist daher grundsätzlich verfassungsrechtlich geboten.[443]

Eine Benachrichtigung des Betroffenen ist in den §§ 2 II, 3 GÜV und den §§ 5 I S. 1, 10 IV ZollVG nicht vorgesehen. Die darin liegende Verletzung des Brief- und Postgeheimnisses führt zur Verfassungswidrigkeit der dort geregelten Befugnisse, sofern nicht die Möglichkeit besteht, deren Geltung im Wege einer verfassungskonformen Auslegung[444] zu bewahren. In Betracht käme eine Analogie zu den Benachrichtigungspflichten nach § 101 I StPO und § 41 IV AWG.[445] Das Gebot der verfassungskonformen Auslegung umfasst nach der Rechtsprechung des BVerfG nicht nur die Auslegung des Gesetzes, sondern unter Umständen auch die Rechtsfortbildung „praeter legem".[446] Dies schließt die teleologische Reduktion[447] und

---

VfGH Bayern, DVBl 1995, 347, 352; s. dagegen *Amelung*, NStZ 2001, 337, 342 (für eine Verallgemeinerung des in Art. 13 II GG enthaltenen Rechtsgedankens).
[439] S. BVerfGE 100, 313, 394.
[440] BVerfGE 100, 313, 364f., 398; *Jarass*, in: Jarass/Pieroth, GG (2002), Art. 10 Rn. 19.
[441] BVerfGE 100, 313, 397f.; zu Beschränkungen nach Art. 10 II S. 2 GG: BVerfGE 67, 157, 183ff.; 100, 313, 397.
[442] BVerfGE 100, 313, 398.
[443] So zu § 2 II GÜV: *Dürig*, in: Maunz/Dürig, GG, Art. 10 Rn. 65; a.A. *Schulz*, in: Erbs/Kohlhaas, Vor § 1 Rn. 4.
[444] Zur verfassungskonformen Auslegung: *Dreier*, in: ders., GG, Bd. 1 (1996), Art. 1 III Rn. 61 m.w.N.
[445] S. auch die Benachrichtigungspflichten gemäß §§ 98b IV S. 1, 110d I, 163d V StPO. Im Strafverfahren wird zum Teil eine analoge Anwendung des § 101 StPO als verfassungsrechtlich geboten angesehen, s. *Wolter*, in: SK-StPO, § 163f Rn. 20.
[446] BVerfGE 88, 145, 166f.; a.A. *Geis*, NVwZ 1992, 1025, 1026f.: Das BVerfG sei kein „Ersatzgesetzgeber", die interpretatorische Fortbildung des einfachen Rechts sei nicht seine Aufgabe. Dem ist zu entgegnen, dass bereits die Auslegung des einfachen Rechts vom BVerfG nur in Anspruch genommen wird, wenn und soweit eine verfassungskonforme Auslegung zur Erhaltung

die Analogie[448] mit ein. Die Grenze der verfassungskonformen Auslegung ist erst erreicht, wenn das Ergebnis im Widerspruch zu dem Wortlaut *und* dem klar erkennbaren Willen des Gesetzgebers steht.[449] Jeweils für sich genommen, stehen aber weder der Wortlaut[450] noch der historische Wille des Gesetzgebers[451] einer verfassungskonformen Auslegung (i.w.S.) entgegen. Die vorgenommene Auslegung muss allerdings nicht nur verfassungskonform, sondern auch „methodenkonform" sein, sich also im Rahmen des methodisch Zulässigen bewegen.[452]

Eine Analogie setzt voraus, dass eine planwidrige Gesetzeslücke besteht und die analog anzuwendende Norm einen im Hinblick auf den Regelungszweck ähnlichen Sachverhalt regelt.[453] Eine Gesetzeslücke besteht insofern, als eine Benachrichtigung des Betroffenen in den §§ 2, 3 GÜV bzw. §§ 5, 10 ZollVG nicht geregelt ist. Dass der Gesetzgeber diese Lücke bewusst geschaffen hat, kann nicht angenommen werden. Immerhin war bereits bei Inkrafttreten des GÜV eine Benachrichtigung nach Maßgabe von Verwaltungsvorschriften vorgesehen.[454] Die Ähnlichkeit mit den in §§ 101 StPO, 41 IV AWG geregelten Sachverhalten ergibt sich daraus, dass von Seiten des Staates in das Brief- und Postgeheimnis (Art. 10 GG) des Einzelnen eingegriffen wird und diesem mit Hilfe der Benachrichtigung die Möglichkeit verschafft werden soll, den Eingriff gerichtlich überprüfen zu lassen. Die Voraussetzungen einer Analogie liegen also vor. Die §§ 2, 3 GÜV und §§ 5, 10 ZollVG sind daher im Wege einer verfassungskonformen Analogie um eine Benachrichtigungspflicht zu ergänzen (§§ 101 I StPO, 41 IV AWG). Mit dieser Maßgabe greifen die §§ 5 I S. 1, 10 IV ZollVG, §§ 2 II S. 1, 3 GÜV nicht in unverhältnismäßiger Weise in das Brief- und Postgeheimnis der am Postverkehr Beteiligten ein und sind daher mit Art. 10 GG vereinbar.[455]

(2) Die Überwachung des Brief-, Post- und Fernmeldeverkehrs

Die Befugnis zur Überwachung des Brief-, Post- und Fernmeldeverkehrs (§ 39 AWG) beschränkt sich nicht auf die Prüfung einzelner, „verdächtiger" Brief- und Postsendungen, sondern ermächtigt das Zollkriminalamt, den gesamten Brief-,

---

der Norm dies gebieten. Die Rechtsfortbildung im Wege der verfassungskonformen Analogie geht darüber nicht hinaus, solange sie sich im Rahmen des methodisch Zulässigen hält, s. dazu sogleich im Text.
[447] BVerfGE 88, 145, 167; s. auch BVerfGE 85, 69, 75.
[448] BVerfGE 86, 288, 320f.
[449] BVerfGE 90, 263, 275.
[450] BVerfGE 88, 145, 166.
[451] BVerfGE 49, 148, 157.
[452] *Geis*, NVwZ 1992, 1025, 1026.
[453] *Bydlinski*, Methodenlehre (1991), S. 473, 475.
[454] S. *Lüttger*, MDR 1961, 809, 816 (in Fußn. 69); s. auch *Schulz*, in: Erbs/Kohlhaas, Vor § 1 GÜV Rn. 4; s. ferner Nr. 208 VI RiStBV.
[455] S. zu §§ 2, 3 GÜV: BVerfGE 27, 88, 102; *Löwer*, in: von Münch/Kunig, GG, Bd. 1 (2000), Art. 10 Rn. 39; *Schulz*, in: Erbs/Kohlhaas, Vor § 1 GÜV Rn. 3f.; a.A. *Gusy*, in: von Mangoldt/Klein/Starck, GG, Bd. 1 (1999), Art. 10 Rn. 72; zu §§ 5 I S. 1, 10 IV ZollVG: *Schwarz*, in: Schwarz/Wockenfoth, Zollrecht, § 5 ZollVG Rn. 3.

Post- und Fernmeldeverkehr einer bestimmten Person zu überwachen. Über die Einführung einer so weitreichenden Überwachungsbefugnis wurde bereits im Gesetzgebungsverfahren heftig diskutiert.[456] Im Schrifttum wurde sie zum Teil als mit Art. 10 GG unvereinbar angesehen.[457]

Die in § 39 I AWG vorgesehenen Maßnahmen greifen in das Brief-, Post- und Fernmeldegeheimnis (Art. 10 GG) ein. Das Zitiergebot (Art. 19 I S. 2 GG) wird beachtet.[458] Der Gesetzesvorbehalt (Art. 10 II S. 1 GG) fordert über das Bestehen einer gesetzlichen Grundlage für den Eingriff hinaus, dass diese auch hinreichend bestimmt ist und dem Gebot der Normenklarheit Rechnung trägt.[459] In Bezug auf § 39 I S. 1, II AWG könnte dies wegen der dort enthaltenen Begriffe „Personen, bei denen Tatsachen die Annahme rechtfertigen", „Straftat von erheblicher Bedeutung" (§ 39 II S. 1 Nr. 1 AWG) zweifelhaft sein.[460] In Bezug auf die „Tatsachen", welche die Annahme rechtfertigen, eine Person plane eine bestimmte Straftat, beruhen diese Zweifel auf dem weiten Begriffsverständnis der Gesetzesbegründung.[461] Andererseits hat sich der Gesetzgeber bei der Formulierung bewusst an den Voraussetzungen für Ermittlungseingriffe in den Landespolizeigesetzen orientiert und damit Maßstäbe für die Auslegung vorgegeben.[462] Gegenüber den gesetzlichen Voraussetzungen der strafprozessualen Überwachung (§ 100a I S. 1: „bestimmte Tatsachen den Verdacht begründen") ist die Gesetzesfassung in § 39 II S. 1 Nr. 1 AWG nicht weniger bestimmt. Davon zu unterscheiden ist die Frage, ob sich die Überwachung unterhalb der Verdachtsschwelle materiell rechtfertigen lässt.[463] Gleiches gilt für den Begriff der „Straftat von erheblicher Bedeutung", der mittlerweile in zahlreichen strafprozessualen Befugnissen Verwendung gefunden hat[464], so dass ebenfalls Ansätze zu einer Konturierung dieses Begriffes vorhanden sind.[465] Eine Verletzung des Bestimmtheitsgebotes liegt daher nicht vor.[466]

---

[456] Zum Gesetzgebungsverfahren: *Hetzer*, ZfZ 1995, 34 ff.
[457] *Gusy*, StV 1992, 484 ff.; *Hund*, NJW 1992, 2118 ff.; kritisch auch *Hetzer*, ZfZ 1995, 34, 38 ff.
[458] S. § 39 I S. 2 AWG.
[459] BVerfGE 100, 313, 360, 372; *Gusy*, StV 1992, 484; vgl. auch o. S. 48.
[460] *Gusy*, StV 1992, 484, 485 f., sieht darin eine Verletzung des Bestimmtheitsgebotes.
[461] Nach der Begründung des Regierungsentwurfes sollen nachrichtendienstliche Hinweise genügen, s. BT-Drucks. 12/1134, S. 10; s. dazu sogleich im Text.
[462] S. die Begründung des Regierungsentwurfes, BT-Drucks. 12/1134, S. 10; eine wortgleiche Formulierung findet sich z.B. auch in § 44c I KWG; zur Bestimmtheit durch Bezugnahme auf andere Gesetze vgl. auch BVerfGE 100, 313, 372 (zu §§ 1 I, 3 I G 10 a.F.).
[463] S. dazu sogleich im Text. Auch die Bedenken gegen den Begriff „planen" in § 39 II S. 1 Nr. 1 AWG (s. *Gusy*, StV 1992, 484, 486) beruhen letztlich auf materiellen Bedenken über die Überwachung im Vorfeld einer Gefahr, s. auch BVerfGE 100, 313, 395; *Gusy*, aaO, 487 f. Der Begriff des Planens ist aus sich heraus hinreichend bestimmt (vgl. etwa auch § 138 StGB).
[464] S. §§ 98a I S. 1, 100c I Nr. 1 b), 110a I S. 1, 163e I S. 1, 163f I S. 1 StPO.
[465] Als eine „Straftat von erheblicher Bedeutung" wird eine Tat zumindest mittelschwerer Kriminalität angesehen, die den Rechtsfrieden empfindlich stört und geeignet ist, das Gefühl der Rechtssicherheit in der Bevölkerung erheblich zu beeinträchtigen, s. *Kleinknecht/Meyer-Goßner*, StPO (2003), § 98a Rn. 5; *Lemke*, in: HK-StPO (2001), § 98a Rn. 9; s. auch BVerfG, NStZ 2001, 328, 329. Zum Teil wird auch eine Orientierung an § 24 I Nr. 3 GVG befürwortet, so *Nack*, in: KK-StPO (2003), § 110a Rn. 21.
[466] S. auch BVerfGE 100, 313, 372 f.: Dort wurde in Bezug auf eine ähnliche Formulierung in § 3

I. Verwaltungsverfahren und informationelle Abwehrrechte 263

Damit stellt sich die Frage, ob die Beschränkungen des Brief-, Post- und Fernmeldegeheimnisses materiell mit Art. 10 GG vereinbar sind. Ziel des § 39 AWG ist die Verhütung dort im Einzelnen bestimmter Straftaten. Die darin geschützten Rechtsgüter sind die äußere Sicherheit der Bundesrepublik Deutschland, das friedliche Zusammenleben der Völker und die auswärtigen Belange der Bundesrepublik Deutschland.[467] Die Maßnahmen sind geeignet, gegen diese Rechtsgüter gerichtete Straftaten zu verhüten. An der Eignung fehlt es nicht deshalb, weil zur Verfolgung derartiger Straftaten entsprechende Überwachungsbefugnisse vorgesehen sind (§§ 99, 100a I S. 1 Nr. 3 StPO), denn die in § 39 AWG vorgesehenen Beschränkungen greifen bereits im Vorfeld eines strafprozessualen Verdachts.[468] Die Befugnisse nach § 39 AWG sind auch erforderlich, da andere Maßnahmen zur Überwachung des Außenwirtschaftsverkehrs, wie z.B. die Außenwirtschaftsprüfung (§ 44 AWG), nicht in gleicher Weise geeignet sind.[469] Gleiches gilt für die Vorschläge, den Export bestimmter Güter generell zu verbieten oder deren Produktion und Ausfuhr durch Kontrollen vor Ort zu überwachen[470], da auch in diesem Fall die Möglichkeit besteht, dass sich Einzelne über dieses Verbot hinwegsetzen und sich den Kontrollen entziehen.[471]

Entscheidende Bedeutung kommt damit der Verhältnismäßigkeit der Überwachung zu. Wie das BVerfG anerkannt hat, schützen die in den §§ 34, 35 AWG und den §§ 19ff. KwKG enthaltenen Verbringungsverbote hochrangige Gemeinschaftsgüter, die prinzipiell geeignet sind, auch schwerwiegende Eingriffe in Art. 10 GG zu rechtfertigen.[472] Gegenstand der Entscheidung des BVerfG war zwar nicht die gezielte Überwachung einer bestimmten Person, sondern die weniger eingriffsintensive strategische Überwachung.[473] Diese Form der Überwachung beschränkt sich jedoch nicht auf eine entpersonalisierte Kontrolle[474], sondern auch die dort gewonnenen Erkenntnisse haben einen Personenbezug[475], so dass die Ausführungen

---

I S. 2 Nr. 3 G 10 a. F. („zur Sammlung von Nachrichten über Sachverhalte, deren Kenntnis notwendig ist, um die Gefahr ... rechtzeitig zu erkennen und einer solchen Gefahr zu begegnen", „Fälle von erheblicher Bedeutung") eine Verletzung des Bestimmtheitsgebotes verneint.

[467] S. die Begründung des Regierungsentwurfes, BT-Drucks. 12/1134, S. 9.
[468] Das Argument, aufgrund der Strafbarkeit der Verbrechensverabredung (§ 30 II StGB) sei auch eine strafprozessuale Überwachung im Vorfeld der Tatausführung möglich (s. *Hund*, NJW 1992, 2118, 2122), gilt nicht für die in § 34 AWG enthaltenen Vergehenstatbestände.
[469] *Jahnke*, ZRP 1992, 83; *Ricke*, in: Bieneck, Außenwirtschaftsrecht (1998), § 25 Rn. 20.
[470] *Hund*, NJW 1992, 2118, 2121; s. auch *Gusy*, StV 1992, 484, 488.
[471] Zudem ist fraglich, ob es sich bei einer flächendeckenden Kontrolle um ein „milderes Mittel" handelt, da alle Wirtschaftsteilnehmer von ihr betroffen sind. Entgegen *Hund*, NJW 1992, 2118, 2121, handelt es sich insoweit gerade nicht um gezielte Eingriffe, sondern bei näherer Betrachtung erweist sich die Überwachung nach § 39 AWG – trotz der Betroffenheit anderer Personen – als zielgenauer, da sie an einen bestimmten Anlass („tatsächliche Anhaltspunkte", s. dazu sogleich im Text) anknüpft.
[472] BVerfGE 100, 313, 373, 382 (zu § 3 I S. 2 Nr. 3 G 10 a.F.); s. auch (zu § 39 AWG): *Fehn*, in: Hohmann/John, Ausfuhrrecht (2002), § 39 AWG Rn. 12.
[473] S. BVerfGE 100, 313, 384.
[474] S. aber *Gusy*, StV 1992, 484, 487.
[475] BVerfGE 100, 313, 381.

des BVerfG Rückschlüsse auf die gezielte Überwachung einer Person – wie in § 39 AWG – zulassen. Dies zeigt sich in den nachfolgenden Ausführungen zur Übermittlung der erlangten Kenntnisse und der Orientierung an § 100a StPO.[476] Nach dieser Norm kann zur Verfolgung der in § 39 II S. 1 Nr. 2 AWG angeführten Straftaten eine Überwachung des Fernmeldeverkehrs angeordnet werden, ohne dass ausdrücklich ein Verdacht hinsichtlich einer „Straftat von erheblicher Bedeutung" gefordert wird (§ 100a I S. 1 Nr. 3 StPO).[477] § 100a I S. 1 StPO geht auch insofern über § 39 II S. 1 Nr. 1 AWG hinaus, als er eine beliebige Straftat zur Vorbereitung einer Katalogtat als Grundlage für die Anordnung einer Überwachung ausreichen lässt. Soweit dort im Hinblick auf das Verhältnismäßigkeitsprinzip eine einschränkende Auslegung gefordert wird[478], ist dies in § 39 III AWG ausdrücklich gesetzlich vorgeschrieben.[479] Im Hinblick auf das weniger hochrangige Rechtsgut der auswärtigen Belange der Bundesrepublik Deutschland[480] kann die Überwachungsbefugnis zudem mit Hilfe des einschränkenden Merkmals „Straftat von erheblicher Bedeutung" verfassungskonform ausgelegt werden.[481] Dabei wird maßgeblich darauf abzustellen sein, ob eine militärische Nutzung der ausgeführten Güter zu erwarten ist.[482]

Im Unterschied zu der Überwachung des Fernmeldeverkehrs im Rahmen eines strafrechtlichen Ermittlungsverfahrens greifen die Beschränkungen nach § 39 AWG allerdings bereits im Vorfeld eines Verdachts in das Brief-, Post- und Fernmeldegeheimnis des Einzelnen ein („Personen, bei denen Tatsachen die Annahme rechtfertigen"). Eine weitere Vorverlagerung der staatlichen Eingriffsbefugnisse bewirkt die Verknüpfung dieses Merkmals mit der Planung von Straftaten.[483] Hinzu kommt, dass es sich bei den in § 39 II S. 1 Nr. 1 AWG genannten Delikten zum Teil um abstrakte Gefährdungsdelikte handelt.[484] Der Eingriff findet damit weit im Vorfeld einer drohenden Rechtsgutsverletzung statt, so dass die verfassungsrechtlichen Anforderungen an die Rechtfertigung eines Eingriffs in das Grundrecht aus Art. 10 GG steigen.[485]

---

[476] S. BVerfGE 100, 313, 392ff.

[477] Von der Verfassungsmäßigkeit dieser strafprozessualen Befugnis soll im Folgenden ausgegangen werden. Diese hat das BVerfG mit ihrer Heranziehung als verfassungsrechtlicher Vergleichsmaßstab inzident bestätigt, s. BVerfGE 100, 313, 393ff.

[478] S. etwa *Rudolphi*, in: SK-StPO, § 100a Rn. 10.

[479] S. auch *Hantke*, NJW 1992, 2123, 2125; kritisch zu § 39 III AWG: *Hund*, NJW 1992, 2118, 2122.

[480] S. insoweit die grundsätzlich berechtigten Bedenken von *Gusy*, StV 1992, 484, 487.

[481] Vgl. auch *Fuhrmann*, in: Erbs/Kohlhaas, § 39 AWG Rn. 7. Das Zollkriminalamt hat z.B. bei Hinweisen auf einen geplanten Embargo-Verstoß durch die Einfuhr von Elektrokabeln aus Serbien eine erhebliche Bedeutung verneint, s. *Ricke*, in: Bieneck, Außenwirtschaftsrecht (1998), § 25 Rn. 17.

[482] *Fehn*, in: Hohmann/John, Ausfuhrrecht (2002), § 39 AWG Rn. 13, 19, 26; *Ricke*, in: Bieneck, Außenwirtschaftsrecht (1998), § 25 Rn. 17f.

[483] BVerfGE 100, 313, 395 (zur Übermittlung von Telekommunikationsdaten zur Verhinderung von Straftaten).

[484] *Gusy*, StV 1992, 484, 486; s. auch *Hetzer*, ZfZ 1995, 34, 37.

[485] BVerfGE 100, 313, 392.

I. Verwaltungsverfahren und informationelle Abwehrrechte

In Anbetracht dessen erscheint es verfassungsrechtlich bedenklich[486], wenn ausweislich der Gesetzesbegründung als „Tatsachen" i.S.d. § 39 II S. 1 Nr. 1 AWG bereits Tipps und Hinweise aus dem Ausland oder Auslandshinweise des Bundesnachrichtendienstes genügen sollen, die auf bevorstehende Machenschaften im Inland hindeuten, ohne dass diese bereits soweit konkretisiert werden könnten, dass strafprozessuale Instrumente eingesetzt werden können.[487] In Bezug auf das G 10 (a.F.) hat das BVerfG betont, dass in Bezug auf die Ermächtigungsgrundlage für eine Datenübermittlung das Tatbestandsmerkmal „tatsächliche Anhaltspunkte" den verfassungsrechtlichen Anforderungen im Ansatz nur genügen kann, wenn eine einengende Auslegung bereits sicherstellt, dass nicht im Wesentlichen Vermutungen, sondern konkrete und in gewissem Umfang verdichtete Umstände vorliegen.[488] Das bedeutet, dass auf nachrichtendienstliche Hinweise, die nicht näher konkretisiert werden (können), eine Überwachung nach § 39 AWG nicht gestützt werden kann[489], sondern es muss sich um konkrete, nachprüfbare Tatsachen handeln, die bei vernünftiger Würdigung den Schluss zulassen, dass die Person solche Straftaten plant.[490]

Dies führt nicht dazu, dass die Kontrollbefugnis nach § 39 AWG leerläuft[491], da dieser Norm gegenüber den strafprozessualen Ermittlungsbefugnissen im Vorfeld einer Straftat[492] ein eigenständiger Anwendungsbereich verbleibt. Auf der Grundlage tatsächlicher Anhaltspunkte in dem obigen, verfassungskonformen Sinne lässt sich eine solche Befugnis zu Vorfeldermittlungen[493] verfassungsrechtlich legitimieren. Soweit der Gesetzgeber Vorbereitungshandlungen unter Strafe stellt (s. § 30 II StGB), ist eine Überwachung des Fernmeldeverkehrs zur Strafverfolgung nach h.M. zulässig.[494] In verfassungsrechtlicher Hinsicht erscheint es indessen nicht überzeugend, die Zulässigkeit von Ermittlungseingriffen danach zu beurteilen, inwieweit das materielle Strafrecht bereits das Vorfeld einer Rechtsgutsverletzung kriminalisiert. Sieht der Gesetzgeber von der Schaffung derartiger Straftatbestände

---

[486] *Gusy*, StV 1992, 484, 485; *Hetzer*, ZfZ 1995, 34, 38f.; *Hund*, NJW 1992, 2118, 2121f.
[487] S. die Begründung des Regierungsentwurfes, BT-Drucks. 12/1134, S. 10.
[488] BVerfGE 100, 313, 395.
[489] In diesem Sinne wohl auch *Hetzer*, ZfZ 1995, 34, 39; *Hund*, NJW 1992, 2118, 2122; s. auch *Fehn*, in: Hohmann/John, Ausfuhrrecht (2002), § 39 AWG Rn. 21f.; s. als Beispiel das Szenario von *Michalke*, StV 1993, 262, 268f.
[490] *Fehn*, in: Hohmann/John, Ausfuhrrecht (2002), § 39 AWG Rn. 21; *Fuhrmann*, in: Erbs/Kohlhaas, § 39 AWG Rn. 7.
[491] So aber *Hund*, NJW 1992, 2118, 2122.
[492] Bei § 34 AWG wird das Versuchsstadium frühestens mit dem Verladen der Ware erreicht, s. *Fuhrmann*, in: Erbs/Kohlhaas, § 34 AWG Rn. 30; s. auch die entsprechende Stellungnahme eines Staatsanwalts im Gesetzgebungsverfahren, zitiert bei *Jahnke*, ZRP 1992, 83. Die Strafbarkeit der Vorbereitung (§ 30 II StGB) betrifft nur Verbrechen.
[493] Der Klarheit halber sei darauf hingewiesen, dass es sich um Ermittlungen zur Gefahrenabwehr, nicht um strafprozessuale Vorfeldermittlungen handelt; zu den gegen letztere bestehenden Bedenken s.o. S. 230 ff.
[494] BGHSt 32, 10, 15 f.; *Kleinknecht/Meyer-Goßner*, StPO (2003), § 100a Rn. 5; *Lemke*, in: HK-StPO (2001), § 100a Rn. 9; *Rudophi*, in: SK-StPO, § 100a Rn. 10; *Schäfer*, in: Löwe-Rosenberg, StPO (24. Aufl.), § 100a Rn. 11; a.A. *Maiwald*, in: AK-StPO (1992), § 100a Rn. 5.

ab⁴⁹⁵, so bedeutet dies nicht, dass eine Überwachung im (straflosen) Vorbereitungsstadium unverhältnismäßig wäre.⁴⁹⁶ Insoweit kommt wiederum der Gedanke zum Tragen, dass an die Verhütung von Straftaten (s. § 39 I S. 1 AWG) wegen der noch nicht eingetretenen Rechtsgutverletzung nicht so strenge Anforderungen an die verfassungsrechtliche Rechtfertigung zu stellen sind wie bei strafprozessualen Ermittlungseingriffen.⁴⁹⁷ Aus diesem Grund sind auch die prinzipiellen Bedenken gegen Vorfeldermittlungen, die gegen § 39 AWG angeführt werden⁴⁹⁸, unbegründet.⁴⁹⁹

Auch die Erstreckung der Überwachung auf andere Personen (s. § 39 II S. 1 Nr. 2 und 3, S. 2 AWG) ist nicht unverhältnismäßig. Die Überwachung von natürlichen oder juristischen Personen oder Personenvereinigungen, für welche die Zielperson tätig ist (§ 39 II S. 1 Nr. 2 AWG), setzt voraus, dass tatsächliche Anhaltspunkte die Annahme rechtfertigen, dass die Zielperson an deren Postverkehr teilnimmt oder deren Telekommunikationsanschluss benutzt (§ 39 II S. 2 AWG). Die Überwachung anderer Personen ist nur zulässig, wenn aufgrund bestimmter Tatsachen anzunehmen ist, dass diese Person als Nachrichtenmittler fungiert oder ihr Anschluss von einem solchen benutzt wird (§ 39 II S. 1 Nr. 3 AWG). Die Überwachung kann in diesem Fall entweder auf das Verhalten (Nachrichtenmittler) oder tatsächliche Umstände im Verantwortungsbereich des Überwachten (Nutzung des Anschlusses bzw. Teilnahme am Postverkehr) gestützt werden.⁵⁰⁰ Inhaltlich entspricht der zu überwachende Personenkreis damit weitgehend dem einer strafprozessualen Überwachung des Fernmeldeverkehrs (§ 100a I S. 2 StPO). Dies gilt auch für den Umstand, dass von der Überwachung unvermeidbar Dritte betroffen werden (§ 39 III S. 2 AWG).⁵⁰¹ Auf deren Grundrechte ist allerdings im Rahmen der Abwägung Rücksicht zu nehmen (§ 39 III S. 1 AWG).⁵⁰² Aus diesen Gründen lässt sich auch in § 39 I S. 1 AWG eine Ausweitung des überwachten Personenkreises verfassungsrechtlich rechtfertigen. Dies setzt allerdings voraus, dass man auch hier eine enge

---

⁴⁹⁵ S. den Vorschlag der SPD-Opposition, anstelle der Überwachungsbefugnis nach § 39 AWG den Anwendungsbereich der strafprozessualen Befugnisse über eine Ausweitung der Strafbarkeit zu erweitern, s. dazu *Hetzer*, ZfZ 1995, 34, 35, 36.

⁴⁹⁶ So wird die Einbeziehung einer Tat zur Vorbereitung einer Katalogtat als Grundlage einer Überwachung nach § 100a StPO de lege ferenda nicht im Hinblick auf ihre Unverhältnismäßigkeit kritisiert, sondern weil Strafverfolgungsorganen auf diese Weise versteckt die (präventive !) Aufgabe zugewiesen wird, Straftaten zu verhindern, s. *Maiwald*, in: AK-StPO (1992), § 100a Rn. 5.

⁴⁹⁷ BVerfGE 100, 313, 394 (zur Zulässigkeit der Übermittlung der erlangten Daten zum Zweck der Strafverfolgung); *Möstl*, DVBl 1999, 1394, 1402.

⁴⁹⁸ *Hund*, NJW 1992, 2118, 2120.

⁴⁹⁹ *Fehn*, ZfZ 1995, 347, 348, unter Hinweis auf die Vorfeldermittlungen der Steuer- und Zollfahndung nach § 208 I S. 1 Nr. 3 AO; s. auch *Möstl*, DVBl 1999, 1394, 1398 f.; s. zu den Grenzen präventiver Vorfeldermittlungen o. S. 213 ff. und strafprozessualer Vorfeldermittlungen o. S. 230 ff.

⁵⁰⁰ S. hingegen BVerfGE 100, 313, 380, zur Überwachung einer Person, die mit dem Verhalten der überwachten Person in keiner Weise in Beziehung gebracht werden könnte oder durch diese veranlasst worden wäre; vgl. auch BVerfG, aaO, 392.

⁵⁰¹ *Hund*, NJW 1992, 2118, 2121, verweist in diesem Zusammenhang auf Kunden des Unternehmens.

⁵⁰² Kritisch insoweit *Hund*, NJW 1992, 2118, 2121.

Auslegung der Begriffe „tatsächliche Anhaltspunkte" bzw. „bestimmte Tatsachen" zugrundelegt.

Die bei Eingriffen in Art. 10 GG gebotenen verfahrensrechtlichen Sicherungen[503] sind mit dem Gerichtsvorbehalt (§ 40 II S. 1 AWG) ebenfalls gegeben. Die strengen Anforderungen des BVerfG zum Vorliegen von Gefahr im Verzug[504] sind auf die ministerielle Eilkompetenz (§ 40 II S. 1 a.E.) zu übertragen, so dass diese kaum mehr zur Anwendung kommen dürfte.[505] Der Zustimmung des Bundesministers für Finanzen bedarf es in jedem Fall (§ 40 I AWG).[506] Darüber hinaus hat dieser einem parlamentarischen Gremium von neun Abgeordneten über die Durchführung der §§ 39 ff. AWG zu berichten (§ 41 V AWG). Schließlich wird durch die Pflicht, die Staatsanwaltschaft über eine Beschränkung nach § 39 AWG zu informieren (§ 39 IV AWG), gewährleistet, dass es nicht zu einem Übermaß an untereinander nicht abgestimmten Grundrechtseingriffen kommt. Mit der Benachrichtigungspflicht (§ 41 IV AWG) wird dem Informationsinteresse des Betroffenen, insbesondere im Hinblick auf die Rechtsschutzgarantie (Art. 19 IV GG), Rechnung getragen.

Nach alledem greift die Überwachungsbefugnis nach § 39 AWG nicht unverhältnismäßig in das Brief-, Post- und Fernmeldegeheimnis ein und ist daher mit Art. 10 GG vereinbar.[507]

d) Der verfassungsrechtliche Schutz von Berufsgeheimnissen

Abschließend ist auf den verfassungsrechtlichen Schutz der Berufsgeheimnisse bei der Ermittlungstätigkeit der Aufsichtsbehörden einzugehen. Das allgemeine Persönlichkeitsrecht (Art. 2 I i.V.m. Art. 1 I GG) schützt den Einzelnen vor staatlichen Informationseingriffen in das zu dem Berufsgeheimnisträger bestehende Vertrauensverhältnis; dieser Schutz wird zum Teil durch das Rechtsstaatsprinzip verstärkt.[508] Aufgrund dieser auf den Mandanten bezogenen Schutzrichtung wird im Folgenden darauf verzichtet, die Ermittlungseingriffe zur Überwachung des Berufsgeheimnisträgers zu behandeln, denn die erhobenen Informationen werden

---

[503] S. BVerfGE 100, 313, 383 f.
[504] S. zu Art. 13 II GG: BVerfGE 103, 142, 153 ff.; s. dazu auch S. 251.
[505] Die Bedenken, dass dem Minister die Befähigung zum Richteramt fehlen könnte und er deshalb keine rechtliche Kontrolle ausüben könnte – s. *Michalke*, StV 1993, 262, 268 (in Fußn. 67) –, bedürfen aus diesem Grund keiner Vertiefung.
[506] Auch die ausschließliche Zuständigkeit des Zollkriminalamtes und die Ablehnung einer allgemeinen Überwachungsbefugnis der Zollfahndungsämter unterstreicht nach Ansicht des Gesetzgebers den Ausnahmecharakter der Überwachungsbefugnis, s. die Begründung des Regierungsentwurfes, BT-Drucks. 12/1134, S. 10.
[507] *Fehn*, ZfZ 1995, 347, 348 f.; *ders.*, in: Hohmann/John, Ausfuhrrecht (2002), § 39 AWG Rn. 11; *Fuhrmann*, in: Erbs/Kohlhaas, § 39 AWG Rn. 1; *Hantke*, NJW 1992, 2123, 2125; *Jahnke*, ZRP 1992, 83, 84; *Schroth*, Außenwirtschaftsverkehr (1994), Rn. 85.
[508] S. o. S. 88 ff.

268 C. Die verfahrensübergreifende Verwendung personenbezogener Informationen

dort nicht in einem gegen den Mandanten betriebenen Verfahren verwendet.[509] Die Untersuchung beschränkt sich auf die Informationserhebung in Verwaltungsverfahren, an denen der Mandant beteiligt ist, und widmet sich der Frage, ob und unter welchen Voraussetzungen dort eine behördliche Informationserhebung bei dem Berufsgeheimnisträger zulässig ist.

Angesichts der zum Teil sehr weit gefassten behördlichen Ermittlungsbefugnisse ist zunächst zu erörtern, ob ein Berufsgeheimnisträger auf der Grundlage dieser allgemeinen Befugnisse der Aufsichtsbehörde zur Auskunft über seinen Mandanten und zur Vorlage entsprechender Unterlagen verpflichtet werden kann [(1)]. Im Anschluss daran ist auf ausdrücklich geregelte Eingriffe in das Berufsgeheimnis einzugehen [(2)].

(1) Allgemeine Ermittlungsbefugnisse (Auskunfts- und Vorlageverlangen)

Die Ermittlungsbefugnisse der Aufsichtsbehörde umfassen das Recht, von dem Einzelnen die erforderlichen Auskünfte und die Vorlage der einschlägigen Unterlagen zu verlangen. Es erscheint nicht von vornherein ausgeschlossen, dass die Behörde im Rahmen dieser Befugnisse nicht nur den betroffenen Unternehmer selbst, sondern z.b. auch dessen Rechtsanwalt zur Mitwirkung an der Sachverhaltsaufklärung verpflichten kann.

Bei vielen Ermittlungsbefugnissen setzt allerdings bereits der Wortlaut der gesetzlichen Ermächtigung derartigen Eingriffen in das verfassungsrechtlich geschützte Berufsgeheimnis Grenzen, indem dort nur für diejenigen eine Mitwirkungspflicht begründet wird, die ordnungsrechtlich für die jeweilige Gefahr verantwortlich sind[510], also z.b. ein Gewerbe ausüben[511] oder eine Anlage betreiben[512]. Zum Teil wird die Auskunftspflicht bei Unternehmen ausdrücklich auf den

---

[509] Eine Verwendung gegen den Mandanten setzt eine Zweckentfremdung voraus, der in der Regel dadurch vorgebeugt wird, dass die Aufsichtsaufgaben von Selbstverwaltungskörperschaften (Kammern) wahrgenommen werden. Soweit staatliche Behörden mit der Aufsicht betraut sind, wie in Bezug auf die Erhebung von Steuern, ist das Berufsgeheimnis durch Auskunftsverweigerungsrechte geschützt (s. § 102 AO). Der Berufsgeheimnisträger kann auch als Beteiligter in einem Besteuerungsverfahren die Auskunft verweigern und – soweit das Auskunftsverweigerungsrecht reicht – auch die Vorlage von Aufzeichnungen ablehnen. Er ist aber verpflichtet, auf Anforderung des Finanzamtes Aktenauszüge, Zusammenstellungen oder Nachweise über nicht dem Auskunftsverweigerungsrecht unterliegende Tatsachen und Vorgänge herzustellen und vorzulegen, s. BFH, BStBl 1958 III, 86, 88f.; BFH/NV 1995, 954, 955; s. ferner BFH, NJW 2002, 2903f.
Eine vergleichbare Regelung fehlt in den Befugnissen nach § 16 WpHG. Da diese dem Strafverfahren zuzuordnen sind – s.o. S. 228f. –, gelten die strafprozessualen Zeugnisverweigerungsrechte (§ 53 StPO) analog, da es ein unerträglicher Wertungswiderspruch wäre, den Berufsgeheimnisträger in den Vorermittlungen zur Auskunft zu verpflichten, ihm nach Einleitung eines Ermittlungsverfahrens durch die Staatsanwaltschaft hingegen ein Zeugnisverweigerungsrecht zu gewähren, insoweit *Wirth*, BB 1996, 1725f.
[510] S. die ausdrückliche Bezugnahme in § 14 V KrWaffG.
[511] S. § 29 I GewO.
[512] S. § 52 II S. 1 BImSchG. Dort werden außerdem der Eigentümer einer Anlage und der Eigentümer oder Besitzer eines Grundstücks, auf dem eine Anlage betrieben wird, genannt; Dritte sind

Inhaber, dessen Vertreter, bei juristischen Personen auf die nach Gesetz oder Satzung zur Vertretung berufenen Personen beschränkt.[513] Der Berufsgeheimnisträger wird also bereits tatbestandlich nicht von der behördlichen Erhebungsbefugnis erfasst.

Anders verhält es sich mit behördlichen Befugnissen, in denen der Kreis der potentiellen Adressaten eines Auskunftsverlangens nach dem Gesetzeswortlaut sehr weit gefasst ist. Im Außenwirtschaftsrecht ist auskunftspflichtig, wer unmittelbar oder mittelbar am Außenwirtschaftsverkehr teilnimmt.[514] Im Rahmen der produktbezogenen Überwachung ist die Aufsichtsbehörde berechtigt, „von natürlichen und juristischen Personen und nicht rechtsfähigen Personenvereinigungen alle erforderlichen Auskünfte, insbesondere über die Herstellung, die zur Verarbeitung gelangenden Stoffe und deren Herkunft zu verlangen"[515]. Der Gesetzeswortlaut dieser Befugnisse erfasst auch ein an den Rechtsanwalt des ordnungsrechtlich Verantwortlichen gerichtetes Auskunftsverlangen.[516] Das Gleiche gilt für die übrigen Berufsgeheimnisträger.

Ein solcher Eingriff in das verfassungsrechtlich geschützte Berufsgeheimnis bedarf jedoch einer gesetzlichen Grundlage, die klar und präzise Voraussetzungen und Ausmaß dieses Eingriffs formuliert.[517] Es ist Aufgabe des Gesetzgebers, nicht der Exekutive, festzulegen, zugunsten welcher Rechtsgüter in die geschützten Vertrauensverhältnisse eingegriffen werden darf und welchen Grenzen dieser Eingriff unterliegt.[518] Diesen Anforderungen werden die behördlichen Befugnisse nicht gerecht: Dort wird weder festgelegt, ob zur Informationserhebung in besonders geschützte Vertrauensverhältnisse (bzw. in welche) eingegriffen werden darf, noch werden besondere Voraussetzungen für einen solchen Eingriff festgelegt.[519] Der Gesetzeswortlaut legt vielmehr nahe, dass von den Berufsgeheimnisträgern die Auskunft und die Vorlage von Dokumenten unter den gleichen Voraussetzungen verlangt werden kann wie von dem Überwachungspflichtigen selbst.[520] Dies wäre

---

lediglich zur Duldung behördlicher Informationseingriffe verpflichtet (§ 52 VI BImSchG); s. ferner §§ 25 II GenTG, 40 II KrW-AbfG, 21 I S. 1 WHG.

[513] §§ 59 II GWB, 72 III TKG; s. auch §§ 44 I S. 1 KWG, 83 I VAG. Das bedeutet, dass andere Angestellte (Prokuristen, Handlungsbevollmächtigte, nachgeordnete Mitarbeiter) nicht auskunftspflichtig sind, s. *Junge*, in: GK-GWB, § 46 (a.F.) Rn. 10; *Kerkhoff*, in: BeckTKG-Komm (2000), § 72 Rn. 12.

[514] § 44 II AWG.

[515] § 41 III Nr. 4 LMBG; s. auch die §§ 64 IV Nr. 3 AMG, 21 I Nr. 2 BtMG, 21 III S. 1 ChemG, 38 I PflSchG, 73 II TierSG, 16 II TierSchG; s. aber die Aufzählung der verantwortlichen Personen in § 31 I SprengG.

[516] Dementsprechend wird vereinzelt eine Auskunftspflicht von Rechtsanwälten bejaht, s. *Rehbinder*, in: Rehbinder/Kayser/Klein, ChemG (1985), § 21 Rn. 14.

[517] S. o. S. 91.

[518] LVerfG Sachsen, LKV 1996, 273, 285.

[519] Vgl. hingegen die detaillierte Regelung in § 3 I GwG in der Fassung des Geldwäschebekämpfungsgesetzes vom 8. 8. 2002, BGBl I S. 3105. Da die dort geregelten Pflichten dem Strafverfahren zuzuordnen sind, werden sie im vorliegenden Zusammenhang nicht erörtert.

[520] S. auch die Kritik von *Schiwy*, ChemG, § 21, S. 4: „bedenklich weit und konturenlos gefasste Auskunftspflicht".

jedoch mit dem besonderen verfassungsrechtlichen Schutz, unter dem diese berufsbedingten Vertrauensverhältnisse stehen, nicht vereinbar. Die allgemeinen behördlichen Befugnisse stellen daher für derartige Informationseingriffe keine geeignete gesetzliche Grundlage dar.

Unabhängig von diesen verfassungsrechtlichen Erwägungen zum Schutz des Berufsgeheimnisses ist auch aus anderen Gründen eine restriktive Auslegung der behördlichen Auskunfts- und Vorlagerechte vorzugswürdig, wonach ungeschriebene Voraussetzung der Auskunftspflicht eine Verbindung der Auskunftsperson zu der Gefahrenquelle (dem Produkt) ist. Dafür spricht nicht nur der Umstand, dass diese Personen aufgrund ihrer Nähe zu der überwachten Gefahr eine verlässlichere Informationsquelle sind als der betriebsexterne Rechtsanwalt oder Steuerberater, sondern die primäre Heranziehung des materiell Ordnungspflichtigen entspricht auch allgemeinen polizeirechtlichen Grundsätzen.[521] Dass der Gesetzgeber sich an diesen Grundsätzen orientiert hat, belegt der Umstand, dass er eine derartige, auf die Gefahrenquelle bezogene Einschränkung für die behördliche Nachschau vorgesehen hat, indem er diese auf die betrieblich genutzten Räume begrenzt hat.[522] Soweit er darüber hinaus die Nachschau in Wohnräumen zulässt, die nicht zu betrieblichen Zwecken genutzt werden, widerspricht dies einer solchen Auslegung nicht. Die ungeschriebene Begrenzung der Auskunftspflicht wird dort vielmehr bestätigt, denn eine solche Nachschau ist nur zulässig in Wohnräumen „der ... zur Auskunft Verpflichteten"[523]: Dieser Zusatz macht nur Sinn, wenn man ihn als zusätzliche Voraussetzung der Nachschaubefugnis, d.h. als Einschränkung versteht. Ein solches Verständnis impliziert, dass nicht jede natürliche Person zur Auskunft verpflichtet ist, sondern nur ein eingeschränkter Personenkreis. Im Hinblick auf den Zweck der Aufsicht (Gefahrenabwehr) liegt eine Begrenzung auf die oben genannten Adressaten nahe. Dementsprechend werden als auskunftspflichtig der Inhaber des Betriebes bzw. bei juristischen Personen deren Organe angesehen.[524] Zum Teil wird darüber hinaus eine Auskunftspflicht der Personen angenommen, die mit dem Herstellen, Behandeln und Inverkehrbringen des Produktes befasst sind.[525] Auch im Außenwirtschaftsrecht orientiert man sich bei der Bestimmung des „mittelbar" am Außenwirtschaftsverkehr Beteiligten an dem Umgang mit den zu verbringenden Waren.[526] Betriebsexterne Personen wie der außerhalb des Un-

---

[521] S.o. S.221.
[522] S. z.B. §§ 64 IV Nr.1 AMG, 73 IIIb TierSG.
[523] § 41 III Nr.2 b) LMBG; s. auch § 16 III Nr.2 b) TierSchG.
[524] *Rathke*, in: Zipfel/Rathke, Lebensmittelrecht, § 41 LMBG Rn. 50, 51; *Rehmann*, AMG (2003), § 64 Rn. 8; s. auch *Schiwy*, ChemG, § 21, S. 4: Auskunftspflichtig ist nur derjenige, der die Vorschriften des ChemG verantwortlich einzuhalten hat oder bei dem der begründete Verdacht besteht, dass er den Vorschriften des ChemG unterworfen ist.
[525] *Rathke*, in: Zipfel/Rathke, Lebensmittelrecht, § 41 LMBG Rn. 50, 50a; s. dazu allgemein *Scholl*, Behördliche Prüfungsbefugnisse (1989), S. 30ff. Dies gilt nicht bei den Befugnissen, in denen die Auskunftspflicht ausdrücklich auf den materiell Überwachungspflichtigen beschränkt wird, z.B. § 52 II S. 1 BImSchG und dazu *Jarass*, BImSchG (2002), § 52 Rn. 36 m.w.N.; a.A. *Scholl*, aaO, S. 32 (in Fußn. 26).
[526] Neben den Angestellten des Unternehmens werden als Beispiele für auskunftspflichtige

ternehmens selbständig tätige Berufsgeheimnisträger werden hingegen nicht erfasst.[527]

Die Berufsgeheimnisträger im Wege einer einschränkenden Auslegung von den Mitwirkungspflichten im Rahmen der behördlichen Informationserhebung auszunehmen, könnte indessen Zweifeln begegnen, soweit der Berufsgeheimnisträger bei dem überwachungspflichtigen Unternehmen angestellt ist und seine Tätigkeit im Rahmen dieses Arbeitsverhältnisses ausübt. Die Beschäftigten des überwachungspflichtigen Betriebes werden in einigen Vorschriften ausdrücklich in den Kreis der auskunftspflichtigen Personen einbezogen.[528] In Bezug auf die bereits erwähnten, weit gefassten Vorschriften im Rahmen der produktbezogenen Überwachung gelangt man im Rahmen der Auslegung zu dem gleichen Ergebnis.[529] Es stellt sich also die Frage, ob die Aufsichtsbehörde von dem Syndikusanwalt eines Unternehmens Auskunft über die geschäftliche Tätigkeit seines Arbeitgebers verlangen kann.

Der Syndikusanwalt darf seinen Arbeitgeber zwar nicht vor Gerichten und Schiedsgerichten vertreten.[530] In dem ihm verbleibenden Aufgabenfeld (Rechtsberatung) ist er jedoch weiterhin als Rechtsanwalt tätig, der persönlichkeitsrechtliche[531] Schutz des Vertrauensverhältnisses zwischen Rechtsanwalt und Mandant besteht also auch dann, wenn der Rechtsanwalt seinen Mandanten im Rahmen eines Arbeitsverhältnisses in rechtlichen Angelegenheiten berät.[532] Dafür, die Berufsgeheimnisträger auch in solchen Fällen von den gegenüber der Behörde bestehenden Auskunfts- und Vorlagepflichten auszunehmen, spricht die einfach-gesetzliche Wertung des Gesetzgebers, die in den entsprechenden Zeugnisverweigerungsrechten im Straf- und Zivilprozess zum Ausdruck kommt.[533] Dass in Bezug auf die behördlichen Ermittlungsbefugnisse vergleichbare Vorschriften fehlen,

---

Personen die Vorlieferanten des Ausführers, der Versicherer, die Abnehmer und Endverwender der ausgeführten Waren genannt, s. *Fehn*, in: Hohmann/John, Ausfuhrrecht (2002), § 44 AWG Rn. 12, 14. Eine ähnliche Erstreckung der Auskunftspflicht auf Vertragspartner enthalten die §§ 21a II S. 1 GüKG, 83 V VAG.

[527] So die h.M.: *Fehn*, in: Hohmann/John, Ausfuhrrecht (2002), § 44 AWG Rn. 13; *Hocke/Berwald/Maurer*, Außenwirtschaftsrecht, § 44 AWG Anm. 6; *Schroth*, Außenwirtschaftsverkehr (1994), Rn. 821; *H.F. Schulz*, Außenwirtschaftsrecht (1965), § 44 Rn. 58.

[528] S. §§ 19 II S. 2 AtG, 54a I S. 1 Nr. 2 PBefG.

[529] *Rathke*, in: Zipfel/Rathke, Lebensmittelrecht, § 41 LMBG Rn. 50a. Allgemein wird eine Mitwirkungspflicht der Mitarbeiter angenommen von *Scholl*, Behördliche Prüfungsbefugnisse (1989), S. 34.

[530] § 46 I BRAO.

[531] Der vom Rechtsstaatsprinzip verliehene Schutz des anwaltlichen Berufsgeheimnisses entfällt insoweit, s. dazu o. S. 93.

[532] *Hassemer*, wistra 1986, 1, 14; *Roxin*, NJW 1992, 1129, 1130, 1131, 1134. Dementsprechend hat auch der Syndikusanwalt im Straf- und Zivilprozess ein Zeugnisverweigerungsrecht: *Kleinknecht/Meyer-Goßner*, StPO (2003), § 53 Rn. 15; *Hartmann*, in: Baumbach/Lauterbach/Albers/Hartmann, ZPO (2003), § 383 Rn. 12; jeweils m.w.N.

[533] §§ 53 StPO, 383 I Nr. 6 ZPO; für eine Übertragung der Wertung des Gesetzgebers auf § 44 AWG: *H.F. Schulz*, Außenwirtschaftsrecht (1965), § 44 Rn. 58; s. auch *Schroth*, Außenwirtschaftsverkehr (1994), Rn. 821.

rechtfertigt nicht den Umkehrschluss, dass der Gesetzgeber dort einen Eingriff in die beruflichen Vertrauensverhältnisse zulassen wollte. Anders als im Straf- oder Zivilprozess besteht im Verwaltungsverfahren keine allgemeine Aussagepflicht.[534] Da die Mitwirkungspflichten in der Regel ausdrücklich an die ordnungsrechtliche Verantwortlichkeit anknüpfen, den Berufsgeheimnisträger also nicht erfassen, bestand insoweit auch kein Bedürfnis für derartige Regelungen. Sofern der Gesetzgeber die Auskunfts- und Vorlagepflichten hingegen ausdrücklich auch auf Dritte ausgedehnt hat[535], finden sich auch für das Verwaltungsverfahren Vorschriften zum Schutz des Berufsgeheimnisses, die denen des Straf- und Zivilverfahrensrechts entsprechen.[536]

Die Aufsichtsbehörde ist daher nicht berechtigt, aufgrund ihrer allgemeinen Ermittlungsbefugnisse von einem Berufsgeheimnisträger Auskunft darüber zu verlangen, was diesem von seinem Mandanten bzw. Auftraggeber im Rahmen des besonders geschützten Vertrauensverhältnisses anvertraut worden ist. Dies gilt jedoch nicht, soweit der Berufsgeheimnisträger Aufgaben übernimmt, die nicht zu seinem berufstypischen Tätigkeitsfeld gehören: Der Rechtsanwalt, der selbst eine berufsfremde überwachungspflichtige Tätigkeit vornimmt, z.B. Waren exportiert[537], unterliegt einer Auskunftspflicht ebenso wie der Syndikusanwalt, der ausschließlich Managementaufgaben wahrnimmt[538] oder zum Kartellvertreter bestellt worden ist[539].

(2) Eingriffe in das Berufsgeheimnis aufgrund besonderer Vorschriften im Besteuerungsverfahren

Im Besteuerungsverfahren erhebt die Finanzbehörde nicht nur bei dem Verfahrensbeteiligten, sondern auch bei anderen Personen Informationen.[540] Soweit es sich bei den mitwirkungspflichtigen Personen um Berufsgeheimnisträger handelt, wird dem Geheimhaltunginteresse des Mandanten, Klienten oder Auftraggebers dadurch Rechnung getragen, dass dem Berufsgeheimnisträger das Recht eingeräumt wird, die Auskunft über ihm beruflich anvertraute oder bekanntgewordene

---

[534] S. § 26 II S. 3 VwVfG.
[535] S. §§ 93 I S. 1, 97 I S. 1 AO; § 11 II S. 2 GewO.
[536] S. §§ 102 AO, 11 II S. 3 GewO. Soweit Unbeteiligte von der Kartellbehörde als Zeugen vernommen werden können (§ 57 GWB), steht den Berufsgeheimnisträgern ein Zeugnisverweigerungsrecht zu (§ 57 II GWB i.V.m. § 383 I Nr. 6 ZPO), s. *Quack*, in: FK-GWB, § 46 (a.F.) Rn. 55. Soweit die geschützte Beratungstätigkeit von einem Unternehmen erbracht wird (z.B. einer Wirtschaftsprüfungsgesellschaft) kommt dieses zwar grundsätzlich als Adressat eines Auskunftsverlangens in Betracht, es wird aber gleichwohl als unzulässig angesehen, auf diese Weise Informationen zu erheben, die der beruflichen Schweigepflicht unterliegen, s. *Klaue*, in: Immenga/Mestmäcker, GWB (2001), § 59 Rn. 27; *Quack*, in: FK-GWB, § 46 (a.F.) Rn. 41, 55.
[537] *Schroth*, Außenwirtschaftsverkehr (1994), Rn. 821.
[538] *Hassemer*, wistra 1986, 1, 14; *Roxin*, NJW 1992, 1129, 1134.
[539] S. §§ 13, 59 II GWB und dazu *Jessen*, BB 1962, 278, 281; *Junge*, in: GK-GWB, § 46 (a.F.) Rn. 11.
[540] S. §§ 93 I S. 1, 97 I S. 1 AO.

I. Verwaltungsverfahren und informationelle Abwehrrechte

Tatsachen (§ 102 I Nr. 3 AO) und insoweit auch die Vorlage von Urkunden und Wertsachen (§ 104 I AO) zu verweigern. Dieser Schutz wird in zweifacher Hinsicht durchbrochen, nämlich in Bezug auf die Vorlage von für den Beteiligten aufbewahrten Urkunden (§ 104 II AO) und in Bezug auf die Anzeigepflichten des Notars (§§ 102 IV, 104 I S. 2 AO). Die Verfassungsmäßigkeit dieser Einschränkungen soll im Folgenden näher untersucht werden.

(a) Vorlage von für den vorlagepflichtigen Beteiligten aufbewahrten Urkunden (§ 104 II AO)

Nach § 104 II S. 1 AO kann der Berufsgeheimnisträger die Vorlage von Urkunden nicht verweigern, die für den Beteiligten aufbewahrt werden, soweit der Beteiligte bei eigenem Gewahrsam zur Vorlage verpflichtet wäre. Die gesetzliche Regelung geht davon aus, dass die für den Beteiligten geführten Geschäftsbücher und sonstigen Aufzeichnungen auch für diesen aufbewahrt werden (§ 104 II S. 2 AO).

In den von dieser Regelung erfassten Fällen ist der Berufsgeheimnisträger also verpflichtet, die ihm anvertrauten Urkunden der Finanzbehörde vorzulegen (§ 97 I S. 1 AO). Mit dieser Pflicht wird in das besondere Vertrauensverhältnis zwischen dem Berufsgeheimnisträger und seinem Mandanten, Klienten oder Auftraggeber eingegriffen. Der auf diesem Vertrauensverhältnis beruhende Schutz vor staatlicher Informationserhebung wird in erster Linie durch das allgemeine Persönlichkeitsrecht gewährleistet (Art. 2 I i.V.m. Art. 1 I GG).[541] Mit der Vorlage der anvertrauten Gegenstände ermöglicht der Berufsgeheimnisträger den staatlichen Zugriff auf persönlichkeitsrelevante Informationen, auf deren Geheimhaltung der Mandant, Klient oder Auftraggeber vertraut hat. Das Vorlageverlangen greift daher, soweit ein Weigerungsrecht des Berufsgeheimnisträgers nicht besteht (§ 104 II AO), in das allgemeine Persönlichkeitsrecht des Mandanten, Klienten oder Auftraggebers ein.

Dieser Eingriff erfolgt auf einer gesetzlichen Grundlage (§§ 97, 104 II AO). Fraglich ist, ob die Durchbrechung des Berufsgeheimnisses materiell verfassungsmäßig ist, d.h. den Anforderungen des Verhältnismäßigkeitsprinzips entspricht. Die §§ 97, 104 II AO dienen der Sachverhaltsaufklärung im Besteuerungsverfahren und sollen eine gleichmäßige und vollständige Steuererhebung sicherstellen. Der Gesetzgeber wollte mit § 104 II AO verhindern, dass der Beteiligte durch Auslagerung seiner Geschäftsbücher und Aufzeichnungen deren Einsichtnahme durch die Finanzbehörde vereitelt.[542] Insoweit ist die Vorlagepflicht der Berufsgeheimnisträger geeignet, die oben genannten Ziele zu erreichen. Diese Vorlagepflicht ist auch erforderlich, da sie erst dann eingreift, wenn der Beteiligte selbst die Urkunde oder den Gegenstand nicht vorlegt bzw. nicht unmittelbar selbst vorlegen kann.[543]

---

[541] S. o. S. 88 ff.
[542] S. die Begründung des Regierungsentwurfs, BT-Drucks. VI/1982, S. 138.
[543] Um zu verhindern, dass außenstehende Dritte Kenntnis von den persönlichen Verhältnissen des Steuerpflichtigen erhalten, sollen diese erst dann zur Aufklärung herangezogen werden, wenn

274 C. Die verfahrensübergreifende Verwendung personenbezogener Informationen

Die Vorlagepflicht des Berufsgeheimnisträgers darf schließlich nicht unverhältnismäßig in das verfassungsrechtlich geschützte Vertrauensverhältnis eingreifen. Da die Vertrauensbeziehung nicht nur im Interesse des sich Anvertrauenden, sondern auch im öffentlichen Interesse besonderen Schutz genießt, sind Eingriffe nur zum Schutz besonders wichtiger Gemeinschaftsgüter zulässig.[544] Das öffentliche Interesse an einer vollständigen und gleichmäßigen Steuererhebung ist ein solches Gemeinschaftsgut.[545] Es ist jedoch fraglich, ob dieses Interesse die Vorlagepflicht auch jener Berufsgeheimnisträger (z.B. der Rechtsanwälte) rechtfertigen kann, deren Beziehung zu ihrem Mandanten einen besonders hohen verfassungsrechtlichen Schutz genießt.[546] § 104 II AO knüpft an die Vorlagepflicht des Mandanten, Klienten oder Auftraggebers an, deren Verfassungsmäßigkeit außer Frage steht.[547] Die in der Vorlagepflicht des Berufsgeheimnisträgers liegende informationelle Belastung geht nicht darüber hinaus, sondern verlängert die bereits bestehende Vorlagepflicht des Beteiligten in den Bereich des Berufsgeheimnisträgers hinein.[548] Der Zweck des § 104 II AO liegt darin, eine Umgehung dieser Pflicht durch den Beteiligten zu verhindern. Diese Vorschrift kann also nicht in einem Sinne ausgelegt werden, die darüber hinaus auf eine Ausforschung des Berufsgeheimnisträgers über die Verhältnisse seines Mandanten oder Klienten gerichtet ist. Der Finanzbehörde darf daher von dem Berufsgeheimnisträger eine Vorlage von Urkunden und anderen Gegenständen nur verlangen, soweit dieser ihrer Kenntnis nach für einen bestimmten Beteiligten tätig ist und bestimmte Gegenstände für ihn (den Beteiligten) verwahrt. Ist hingegen ungewiss, ob der Berufsgeheimnisträger für den Beteiligten Unterlagen aufbewahrt oder ob der Beteiligte zu seinen Mandanten gehört, so würde ein Vorlageverlangen zugleich auf eine Auskunft gerichtet sein und das von § 104 II AO unangetastete Auskunftsverweigerungsrecht unterlaufen. Bei dieser restriktiven Auslegung des § 104 II AO wird dem Berufsgeheimnisträger nicht abverlangt, unmittelbar selbst Informationen über das ihm Anvertraute preiszugeben, sondern er wird lediglich verpflichtet, in demselben Umfang wie der Beteiligte, nämlich durch das Vorlegen von Urkunden oder Wertsachen, an der behördlichen Informationserhebung mitzuwirken.

Nichts anderes gilt für Unterlagen, die der Berufsgeheimnisträger für den Beteiligten erstellt hat (s. § 104 II S. 2 AO). Der Beteiligte ist insoweit verpflichtet, Informationen für die Finanzbehörden vorzuhalten. Die zu diesem Zweck gefertigten Aufzeichnungen sind von vornherein für das Besteuerungsverfahren bestimmt (s.

---

die Aufklärung beim steuerpflichtigen Beteiligten nicht zum Ziel führt. Die Vorlagepflicht Dritter ist daher subsidiär, s. § 97 II S. 1 AO; *von Hammerstein*, Privatsphäre im Steuerrecht (1993), S. 149, 152ff.

[544] S.o. S. 92.
[545] S.o. S. 248 (zu Art. 13 VII GG).
[546] S.o. S. 100ff., 114.
[547] S. dazu *von Hammerstein*, Privatsphäre im Steuerrecht (1993), S. 147ff.
[548] Vgl. auch *Vogelbruch*, DStZ A 1978, 340, 342.

§§ 140 ff. AO)⁵⁴⁹; sie verkörpern bereits das Informationsrecht der Finanzbehörde, das mit dem Vorlageverlangen aktualisiert wird. Dieses gegenstandsbezogene Informationsrecht besteht fort, wenn die Unterlagen an einen Berufsgeheimnisträger weitergegeben werden, oder entsteht ebenso, wenn dieser die Aufzeichnungen für den Vorlagepflichtigen erstellt. Der Steuerpflichtige kann sich zur Erfüllung seiner Aufzeichnungspflichten eines Berufsgeheimnisträgers bedienen, indem er beispielsweise die Buchführung von seinem Steuerberater vornehmen lässt; die Buchführung wird dadurch allerdings nicht zu einer vertraulichen Angelegenheit, die dem Zugriff der Finanzbehörden entzogen ist.

Im Übrigen unterliegen die dem Berufsgeheimnisträger anvertrauten Informationen weiterhin dem verfassungsrechtlich geschützten Berufsgeheimnis. § 104 II AO verleiht der Finanzbehörde nicht das Recht, Aufzeichnungen des Berufsgeheimnisträgers einzusehen, die dieser im Rahmen seiner beruflichen Tätigkeit fertigt (Handakten, Patientenkarteien etc.).⁵⁵⁰ Nach alledem bleibt das Berufsgeheimnis also im Wesentlichen unangetastet; § 104 II AO ermöglicht nur den Zugriff auf Informationsträger, auf die zuzugreifen die Finanzbehörde bereits aufgrund anderer Vorschriften berechtigt ist.

Auch das Rechtsstaatsprinzip wird durch § 104 II AO nicht verletzt.⁵⁵¹ Die Rechte des Verfahrensbeteiligten werden durch die Vorlagepflicht nicht berührt, da diese sich nicht auf Aufzeichnungen über das Vorgehen im Besteuerungsverfahren bezieht. Die Finanzbehörde erhält also keinerlei Einblicke in die Beratung und Vertretung des Beteiligten im Besteuerungsverfahren.

Die mit § 104 II AO vorgenommene Einschränkung des Vorlageverweigerungsrechts der Berufsgeheimnisträger ist demnach nicht als verfassungswidrig anzusehen.⁵⁵²

(b) Die Anzeigepflicht von Notaren

Eine weitere Durchbrechung des Berufsgeheimnisses stellen die Anzeigepflichten der Notare dar (s. §§ 34 ErbStG, 18 GrEStG, 54 EStDV). Soweit eine solche Anzeigepflicht besteht, sind die Notare auch zur Auskunft und zur Vorlage von Urkunden verpflichtet (§§ 102 IV, 104 I S. 2 AO).

Diese Anzeigepflichten greifen in das persönlichkeitsrechtlich geschützte Vertrauensverhältnis der Beteiligten zu dem Notar ein.⁵⁵³ Die für einen solchen Ein-

---

⁵⁴⁹ Dementsprechend werden von § 104 II S. 2 AO die in § 147 I AO genannten Unterlagen umfasst, s. *Szymczak*, in: Koch/Scholtz, AO (1996), § 104 Rn. 8.
⁵⁵⁰ *Mösbauer*, DB 1985, 410, 416; *Söhn*, in: Hübschmann/Hepp/Spitaler, AO, § 104 Rn. 14b.
⁵⁵¹ Vgl. o. S. 93, 97 ff.
⁵⁵² Von der Verfassungsmäßigkeit des § 104 II AO wird allgemein ausgegangen, vgl. *Söhn*, in: Hübschmann/Hepp/Spitaler, AO, § 104 Rn. 14; *Tipke*, in: Tipke/Kruse, AO, § 104 Rn. 3. Selbst diejenigen, die im Strafverfahren eine Beschlagnahme der von § 104 II S. 2 AO erfassten Unterlagen für unzulässig halten, stellen die Verfassungsmäßigkeit des § 104 II AO nicht in Frage, s. etwa *F. Schreiber*, Beschlagnahme (1993), S. 130.
⁵⁵³ Vgl. o. S. 102 f.

C. Die verfahrensübergreifende Verwendung personenbezogener Informationen

griff erforderliche gesetzliche Grundlage liegt vor; fraglich ist allein die materielle Verfassungsmäßigkeit der steuerrechtlichen Beistandspflichten des Notars.

Die Anzeigepflichten dienen der Sicherung des Steueraufkommens; die Finanzbehörde erhält auf diese Weise Kenntnis von steuerpflichtigen Erwerbsvorgängen.[554] Die Beistandspflichten sind geeignet, auf eine vollständige Steuererhebung hinzuwirken. Zweifel bestehen an der Erforderlichkeit der mit diesen Pflichten verbundenen Eingriffe in das notarielle Berufsgeheimnis, denn die steuerpflichtigen Vorgänge könnten auch erfasst werden, indem man dem Steuerpflichtigen eine Anzeigepflicht auferlegt. Eine solche Pflicht ist in der Tat auch vorgesehen.[555] Kommt der Steuerpflichtige seiner Verpflichtung nicht nach, um einer Besteuerung auszuweichen, so bleibt der steuerpflichtige Vorgang der Finanzbehörde verborgen. Diese hat in der Regel keinen Anlass, von sich aus ein Besteuerungsverfahren einzuleiten. Die Anzeigepflicht des Notars stellt demgegenüber ein wirksameres Mittel zur vollständigen Erfassung der steuerpflichtigen Vorgänge dar. Dementsprechend hat ihr der Gesetzgeber den Vorrang gegenüber der Anzeigepflicht des Steuerpflichtigen eingeräumt.[556]

Der Eingriff in das notarielle Berufsgeheimnis darf schließlich nicht außer Verhältnis zu dem öffentlichen Interesse an einer vollständigen Steuererhebung stehen. Dieses Interesse ist ein besonders wichtiges Gemeinschaftsgut, das Eingriffe in besonders geschützte Vertrauensverhältnisse rechtfertigen kann.[557] Im Unterschied zu § 104 II AO wird der Notar durch die ihm auferlegten Anzeigepflichten selbst dazu angehalten, der Behörde Informationen über das ihm Anvertraute zu geben. Zwar trifft den Beteiligten und Mandanten des Notars eine – verfassungsmäßige[558] – Pflicht, den steuerlich relevanten Erwerbsvorgang anzuzeigen; die Anzeigepflicht des Notars geht inhaltlich nicht über diese Pflicht hinaus und auch zur Auskunft und zur Vorlage von Urkunden ist der Notar nur in diesem Umfang verpflichtet[559].

---

[554] *Meincke*, ErbStG (2002), § 34 Rn. 1; *Pahlke*, in: Pahlke/Franz, GrEStG (1999), § 18 Rn. 1; *Viskorf*, in: Boruttau, GrEStG (2002), § 18 Rn. 11.

[555] S. §§ 30 ErbStG, 19 GrEStG. Hinsichtlich der Gewinne aus der Veräußerung von Anteilen an einer Kapitalgesellschaft (vgl. die notarielle Anzeigepflicht nach § 54 EStDV) besteht eine Erklärungspflicht im Rahmen der Einkommensteuererklärung (§ 25 III EStG).

[556] Vgl. § 30 III ErbStG. Dieser Vorrang kommt auch in §§ 54 III EStDV, 21 GrEStG zum Ausdruck, wonach den Beteiligten die Urkunden erst ausgehändigt bzw. Ausfertigungen und beglaubigte Abschriften erst erteilt werden dürfen, wenn die Anzeige an die Finanzbehörde abgesandt worden ist.

[557] S.o. S. 274.

[558] S. dazu *von Hammerstein*, Privatsphäre im Steuerrecht (1993), S. 147ff. Die Anzeigepflicht übernimmt insoweit die Funktion einer allgemeinen Steuererklärungspflicht, s. *Jülicher*, in: Troll/Gebel/Jülicher, ErbStG, § 30 Rn. 2.

[559] *Eylmann*, in: Eylmann/Vaasen, BNotO (2000), § 18 Rn. 47. Der Notar ist daher nicht verpflichtet, auf Verlangen der Finanzbehörde die gesamte Handakte vorzulegen, sondern nur diejenigen Schriftstücke, die den Inhalt der notariellen Urkunde ergänzen und verdeutlichen, s. BFHE 135, 248, 252; zur Beschränkung der Anzeigepflicht nach § 18 GrEStG auf den gesetzlich vorgeschriebenen Inhalt (§ 20 GrEStG): BFH/NV 1996, 357, 358.

I. Verwaltungsverfahren und informationelle Abwehrrechte

Der Umstand, dass der Mandant selbst diese Umstände nicht vor der Finanzbehörde geheimhalten darf, führt jedoch nicht dazu, dass er insoweit keinen verfassungsrechtlichen Schutz verdient. Das Vertrauensverhältnis zum Notar umfasst alles, was er diesem anvertraut; der verfassungsrechtliche Schutz ist formalisiert. Der Notar kann daher nicht ohne weiteres als „Informationsreserve" herangezogen werden, sobald der Mandant als Informationsquelle ausfällt. Allerdings ist das Interesse des Mandanten an der Wahrung des notariellen Berufsgeheimnisses weniger schutzwürdig, soweit dieser selbst zur Auskunftserteilung verpflichtet ist. Im Fall des Notars ist eine punktuelle Durchbrechung des Berufsgeheimnisses auch deshalb legitim, weil dieser ein öffentliches Amt versieht und somit nicht allein im Interesse der Beteiligten tätig wird. Die steuerrechtlichen Beistandspflichten des Notars sind aufgabenimmanente Beschränkungen des Berufsgeheimnisses.[560] Aus diesem Grund werden sie im Zusammenhang mit den entsprechenden Pflichten von Gerichten und Behörden geregelt.[561]

Die Anzeigepflicht des Notars belastet den Steuerpflichtigen auch nicht dadurch übermäßig, dass die Informationen bei einem Dritten und nicht direkt bei dem Steuerpflichtigen erhoben werden. Um zu verhindern, dass außenstehende Dritte Kenntnis von den persönlichen Verhältnissen des Steuerpflichtigen erhalten, sollen diese erst dann zur Aufklärung herangezogen werden, wenn die Aufklärung beim steuerpflichtigen Beteiligten nicht zum Ziel führt. Die Auskunftspflicht Dritter ist daher subsidiär (s. § 93 I S. 3 AO).[562] Gegenüber dem Notar werden die steuerlich relevanten Umstände indessen ohnehin weitestgehend offenbart. Soweit der Beteiligte aufgrund der notariellen Anzeigepflicht zu ergänzenden Angaben angehalten wird[563], liegt darin keine übermäßige Belastung. Da sich die Durchbrechung des notariellen Berufsgeheimnisses unmittelbar aus Rechtsvorschriften ergibt, kann der Beteiligte diese im Voraus übersehen.[564]

Die steuerrechtlichen Beistandspflichten des Notars greifen daher nicht in verfassungswidriger Weise in das allgemeine Persönlichkeitsrecht des Beteiligten ein.[565]

---

[560] S.o. S.103. Der Notar wird daher zum Teil als „Mittler zwischen Staat und Steuerzahler" angesehen, s. *Kapp/Ebeling*, ErbStG, § 34 Rn. 10.
[561] S. §§ 34 ErbStG, 18 GrEStG; s. dagegen § 33 ErbStG.
[562] *von Hammerstein*, Privatsphäre im Steuerrecht (1993), S. 152ff.
[563] S. § 8 I S. 2, IV ErbStDV. Die hiernach vom Notar zu ermittelnden Angaben halten sich inhaltlich im Rahmen der Anzeigepflicht des Beteiligten.
[564] *Schippel*, in: Schippel, BNotO (2000), § 18 Rn. 20. Dass die steuerlich relevanten Umstände an das Finanzamt weitergegeben werden, ergibt sich zumeist auch aus dem Kontext des Beurkundungsverfahrens. So hat der Notar die Beteiligten darauf hinzuweisen, dass eine Grundbucheintragung erst bei Vorliegen der steuerrechtlichen Unbedenklichkeitsbescheinigung vorgenommen werden darf (§ 29 BeurkG), was eine Mitteilung der relevanten Umstände an das Finanzamt voraussetzt. Nach § 8 I S. 5, IV ErbStDV hat der Notar die Beteiligten bei einer Schenkung oder Zweckzuwendung auf die Steuerpflicht hinzuweisen; s. ferner das Verbot, vor Absendung der Anzeige Urkunden auszuhändigen bzw. Ausfertigungen oder Abschriften zu erteilen (§§ 54 III EStDV, 21 GrEStG).
[565] Die Verfassungsmäßigkeit dieser Durchbrechung der Verschwiegenheitspflicht des Notars

(3) Fazit

Das verfassungsrechtlich geschützte Berufsgeheimnis bleibt im Verwaltungsverfahren weitgehend unangetastet. Die Auslegung der allgemeinen Ermittlungsbefugnisse der Aufsichtsbehörde hat ergeben, dass diese nicht zu Eingriffen in das Vertrauensverhältnis zu dem Berufsgeheimnisträger ermächtigen. Darüber hinaus fehlt den gesetzlichen Befugnisnormen die im Hinblick auf einen so schwerwiegenden Eingriff gebotene Bestimmtheit.

Eine ausdrückliche und hinreichend bestimmte gesetzliche Ermächtigung zu Eingriffen in das Berufsgeheimnis findet sich hingegen im Steuerrecht. Die für alle Berufsgeheimnisträgerträger ohne Unterschied geltende Durchbrechung des Geheimnisschutzes kann vor allem deshalb gerechtfertigt werden, weil es sich um einen einzelnen, punktuellen Eingriff in Bezug auf vorzulegende Unterlagen handelt. Bei der Erörterung der notariellen Anzeigepflichten kam hingegen den Besonderheiten dieser Gruppe von Berufsgeheimnisträgern maßgebliche Bedeutung zu. Das Ergebnis könnte daher nicht ohne Weiteres auf vergleichbare Mitwirkungspflichten anderer Berufsgeheimnisträger übertragen werden.

3. Zusammenfassung

Im Verwaltungsrecht wird der Beteiligte in vielfacher Hinsicht zur Mitwirkung bei der Sachverhaltsaufklärung angehalten.[566] Die Mitwirkungspflichten greifen dabei nicht nur in das Recht auf informationelle Selbstbestimmung (Art. 2 I i.V.m. Art. 1 I GG), sondern auch in spezielle verfassungsrechtliche Gewährleistungen zum Schutz der Privatsphäre (Art. 10, Art. 13 GG) ein.

Soweit der Informationserhebung durch das Recht auf informationelle Selbstbestimmung Grenzen gesetzt werden, folgt aus dem Grundsatz der Verhältnismäßigkeit, dass der Erhebungseingriff nur bei einem „hinreichenden Anlass" erfolgen darf. Ein solcher Anlass kann einerseits aufgrund einer abstrakten Gefahr, wie z.B. bei dem Betrieb einer Anlage, gegeben sein. Darüber hinaus liegt ein hinreichender Anlass vor, wenn aufgrund konkreter Umstände oder belegbarer allgemeiner Erfahrungen anzunehmen ist, dass die Ermittlungsmaßnahme zur Aufdeckung einer Gefahrensituation führen kann. Die verfassungsrechtlichen Anforderungen bleiben damit hinter denen eines strafprozessualen Anfangsverdachts zurück.[567] Eingriffe in Rechte unbeteiligter Dritter unterliegen im Rahmen der Informationserhebung erhöhten verfassungsrechtlichen Anforderungen, da sie nicht ordnungsrechtlich für die zu überwachende Gefahr verantwortlich sind. An die Erforderlichkeit und die Verhältnismäßigkeit der Ermittlungsmaßnahmen sind besonders

---

wird im Schrifttum nicht in Frage gestellt, s. etwa *Eylmann*, in: Eylmann/Vaasen, BNotO (2000), § 18 Rn. 46 ff.; *Schippel*, in: Schippel, BNotO (2000), § 18 Rn. 21 ff., 33 ff.

[566] S.o. S. 202 ff.
[567] S.o. S. 212 ff.

I. Verwaltungsverfahren und informationelle Abwehrrechte

strenge Maßstäbe anzulegen; gegebenenfalls sind Schutzvorkehrungen zugunsten des Dritten zu schaffen.[568]

Einige Aufsichtsgesetze enthalten Regelungen zur Informationserhebung, die sich nicht dem Verwaltungsverfahren zuordnen lassen. Die Verfassungsmäßigkeit dieser Regelungen bedarf daher einer gesonderten Betrachtung: Dies gilt zunächst, soweit die Aufsichtsbehörde als Informationsmittler zum Zwecke der Strafverfolgung tätig wird und den automatisierten Zugriff auf Kundendaten von Banken und Telekommunikationsunternehmen ermöglicht. Eine solche Regelung lässt sich zwar grundsätzlich verfassungsrechtlich legitimieren. Das datenschutzrechtliche Transparenzgebot steht aber einer gesetzlichen Regelung entgegen, wonach sicherzustellen ist, dass die Abrufe den betroffenen Unternehmen nicht zur Kenntnis gelangen.[569]

Bereits im Ansatz verfassungsrechtlich problematisch ist eine Meldepflicht in Bezug auf getätigte Wertpapiergeschäfte und deren anschließende Auswertung nach möglichen Insidergeschäften. Dieses Verfahren dient nicht der Gefahrenabwehr, sondern der Strafverfolgung, so dass die im Strafverfahren geltenden Eingriffsschwellen anwendbar sind. Ein Abweichen von dem Erfordernis des Anfangsverdachts kann in diesem Fall verfassungsrechtlich nicht gerechtfertigt werden.[570]

Wiederum anders zu beurteilen ist die von staatlicher Seite veranlasste Informationsverarbeitung durch Private, wie sie im Bereich der Geldwäschebekämpfung vorgesehen ist. Die bankinternen Sicherungsmaßnahmen sind als Form der Eigenüberwachung zu qualifizieren, d.h. sie dienen präventiven Zwecken. Da die aufsichtsrechtlichen Pflichten der Banken zu unbestimmt sind, um eine Duldungspflicht der betroffenen Kunden zu begründen, ist die Datenverarbeitung nur nach Maßgabe der für die private Datenverarbeitung geltenden Regelungen des BDSG zulässig.[571]

Soweit die Aufsichtsbehörde bei ihren Ermittlungen in das Wohnungsgrundrecht (Art. 13 GG) eingreift, ist zwischen der behördlichen Nachschau und der Durchsuchung zu unterscheiden. Die behördliche Nachschau stellt, auch soweit sie in Geschäftsräumen während der üblichen Öffnungszeiten vorgenommen wird, einen Eingriff in das Wohnungsgrundrecht dar.[572] Dieser Eingriff kann jedoch nach Art. 13 VII Alt. 2 GG verfassungsrechtlich gerechtfertigt werden, da die Nachschau der Wirtschaftsaufsicht und somit der Verhütung dringender Gefahren für die öffentliche Sicherheit dient.[573]

Soweit in den Aufsichtsgesetzen eine Durchsuchungsbefugnis vorgesehen ist, kann diese verfassungsrechtlich nur unter der Voraussetzung gerechtfertigt wer-

---

[568] S.o. S. 221 f.
[569] S.o. S. 222 ff.
[570] S.o. S. 227 ff.
[571] S.o. S. 235 ff.
[572] S.o. S. 243 ff.
[573] S.o. S. 245 ff.

den, dass aufgrund konkreter Umstände Grund für die Annahme einer Gefahr besteht.[574] Findet in dieser Befugnis der verfassungsrechtlich zwingende Richtervorbehalt keine Erwähnung, so ist die Norm in verfassungskonformer Weise entweder als Nachschaubefugnis auszulegen oder um einen Richtervorbehalt zu ergänzen.[575]

Aufsichtsrechtliche Eingriffe in das Brief-, Post- und Fernmeldegeheimnis (Art. 10 GG) sind ausschließlich im Zoll- und Außenwirtschaftsrecht vorgesehen. Die Befugnis zum Öffnen und Prüfen von Postsendungen verstößt nicht gegen Art. 10 GG; sie bedarf allerdings der Ergänzung um eine Pflicht der Behörden, den Betroffenen über die Öffnung und Prüfung zu informieren.[576] Die Befugnis des Zollkriminalamtes zur Überwachung des Brief-, Post- und Fernmeldeverkehrs ist mit Art. 10 GG vereinbar.[577]

In Bezug auf den verfassungsrechtlichen Schutz des Vertrauensverhältnisses zu Berufsgeheimnisträgern ist festzuhalten, dass die allgemeinen Ermittlungsbefugnisse der Aufsichtsbehörde keine geeigneten gesetzlichen Ermächtigungen darstellen, um zur Aufklärung des Sachverhaltes auf den Berufsgeheimnisträger (z.B. den Anwalt oder Steuerberater) zurückzugreifen, dem sich der Überwachungspflichtige anvertraut hat.[578] Soweit im Besteuerungsverfahren Ausnahmen vorgesehen sind, insbesondere in Gestalt der notariellen Beistandspflichten, sind diese indessen mit den verfassungsrechtlichen Vorgaben vereinbar.[579]

---

[574] S.o. S. 255 ff.
[575] S.o. S. 250 ff.
[576] S.o. S. 257 ff.
[577] S.o. S. 261 ff.
[578] S.o. S. 268 ff.
[579] S.o. S. 272 ff.

II. Die Verwendung der im Verwaltungsverfahren erhobenen Daten zur Verfolgung von Straftaten und Ordnungswidrigkeiten

Nachdem die Informationserhebung im Verwaltungsverfahren dargestellt und ihre verfassungsrechtlichen Grenzen erörtert worden sind, geht es nun in einem zweiten Schritt um die weitere Verarbeitung der auf diese Weise erhobenen Daten. Werden diese nicht zu dem ursprünglichen Erhebungszweck, d. h. zur Gefahrenabwehr, verwendet, sondern zur Verfolgung einer Straftat oder Ordnungswidrigkeit, so stellt sich die Frage nach der Zulässigkeit einer solchen Zweckänderung. Die im Rahmen der Überwachung erlangte Information, dass bei dem Betrieb einer Anlage die zulässigen Grenzwerte für Emissionen überschritten werden, kann nicht nur verwendet werden, um z.B. durch eine Stilllegungsverfügung Gefahren abzuwehren (s. § 20 BImSchG), sondern es ist darüber hinaus in Betracht zu ziehen, die Informationen in einem gegen den Betreiber der Anlage einzuleitenden Strafverfahren (s. § 325 StGB) zu verwenden. Informationen, die im Rahmen einer behördlichen Nachschau erhoben werden, können möglicherweise auch in einem Strafverfahren relevant werden.

Die verfassungsrechtliche Zulässigkeit derartiger Zweckänderungen bestimmt sich in erster Linie nach dem Recht auf informationelle Selbstbestimmung (Art. 2 I i.V.m. Art. 1 I GG), das am Beginn der folgenden Ausführungen steht (1.). Anschließend wird auf die Grenzen eingegangen, die spezielle Grundrechte (Art. 10, 13 GG) bzw. Gewährleistungen des allgemeinen Persönlichkeitsrechts (Vertrauensverhältnisse zu Berufsgeheimnisträgern) der Zweckänderung bei der Verarbeitung personenbezogener Informationen ziehen (2.–4.). Zu guter Letzt wird untersucht, ob die entwickelten Maßstäbe auch auf Informationen Anwendung finden, die im Verwaltungsverfahren rechtswidrig erhoben worden sind (5.).

1. Das Recht auf informationelle Selbstbestimmung (Art. 2 I i.V.m. Art. 1 I GG)

Dem Recht auf informationelle Selbstbestimmung (Art. 2 I i.V.m. Art. 1 I GG) ist der allgemeine Maßstab für die Zulässigkeit der verfahrensübergreifenden Informationsverarbeitung zu entnehmen. Dabei wird zunächst zu erörtern sein, auf welche Weise die Verarbeitung von Informationen aus dem Verwaltungsverfahren zur Verfolgung von Straftaten und Ordnungswidrigkeiten in dieses Grundrecht eingreift [a)]. Sodann ist zu untersuchen, inwieweit für diese Eingriffe eine gesetzliche Grundlage besteht [b)]. Abschließend wird auf die materiellen Anforderungen an eine verfassungsmäßige Änderung des Verarbeitungszwecks eingegangen [c)].

a) Der Eingriff und die beteiligten Behörden

Die Verarbeitung einer personenbezogenen Information zu einem anderen Zweck als dem, zu welchem sie erhoben worden ist, d.h. eine Zweckentfremdung, stellt einen Eingriff in das Grundrecht auf informationelle Selbstbestimmung dar.[1] Eine Zweckentfremdung kann allerdings nur festgestellt werden, wenn zuvor der ursprüngliche Zweck bestimmt worden ist. Dieser primäre Erhebungszweck ergibt sich aus der gesetzlichen Aufgabe, zu deren Erfüllung die personenbezogenen Daten erhoben werden.[2] Häufig besteht der Zweck in der Durchführung des zur Erfüllung dieser Aufgabe eingeleiteten Verfahrens.[3]

Werden personenbezogene Daten, die im Verwaltungsverfahren zur Gefahrenabwehr erhoben worden sind, zur Verfolgung einer Straftat oder Ordnungswidrigkeit verwendet, so wird der ursprüngliche präventive in einen repressiven Verarbeitungszweck geändert (s.o. die eingangs genannten Beispiele).[4] Die darin liegende Zweckentfremdung greift in das Recht auf informationelle Selbstbestimmung ein. Mit dieser Feststellung ist jedoch noch nicht die Frage beantwortet, von welcher Behörde bzw. von welchem Verarbeitungsakt der Eingriff ausgeht: In Betracht kommt zum einen die Behörde, welche die Informationen im Verwaltungsverfahren erhoben hat und diese übermittelt, zum anderen die Behörde, welche die zu präventiven Zwecken erhobenen Informationen empfängt und zu repressiven Zwecken verarbeitet. In Bezug auf die Beteiligung der beiden Behörden an dem Grundrechtseingriff sind zwei Konstellationen zu unterscheiden, nämlich die von der Erhebungsbehörde ausgehende „spontane" Übermittlung bzw. Nutzung [(1)] und die auf ein entsprechendes Ersuchen der Verfolgungsbehörde erfolgende Übermittlung [(2)].

---

[1] BVerfGE 65, 1, 46, 66; *Albers*, in: Haratsch/Kugelmann/Repkewitz, Informationsgesellschaft (1996), S. 113, 132f.; *Gusy*, KritV 2000, 52, 63; s. auch o. S. 71f.

[2] *Auernhammer*, BDSG (1993), § 14 Rn. 7; *Dammann*, in: Simitis, BDSG (2003), § 14 Rn. 42; *Gola/Schomerus*, BDSG (2002), § 14 Rn. 9; *Simitis*, NJW 1986, 2795, 2799; s. auch *Tinnefeld/Ehmann*, Datenschutzrecht (1998), S. 315.

[3] S. *Gusy*, KritV 2000, 52, 62. Unabhängig von dem Verwaltungsverfahren wird der Zweck durch das zu dem Betroffenen bestehende Überwachungsrechtsverhältnis konkretisiert, s. dazu *Gröschner*, Das Überwachungsrechtsverhältnis (1992), S. 160ff. Ob eine auf den Einzelfall bezogene Zweckbindung – so *Dammann*, in: Simitis, BDSG (2003), § 14 Rn. 43; *Simitis*, NJW 1986, 2795, 2799; s. auch *Gola/Schomerus*, BDSG (2002), § 14 Rn. 9 – oder eine eine abstrakte, auf die Aufgaben bezogene Betrachtungsweise – so *Walden*, Zweckbindung (1996), S. 130 – geboten ist, muss an dieser Stelle nicht entschieden werden, da bei einer Verwendung von zur Gefahrenabwehr erhobenen Daten zur Verfolgung von Straftaten (bzw. Ordnungswidrigkeiten) nach beiden Ansichten eine Zweckänderung vorliegt, s. insbesondere *Walden*, aaO, S. 293ff.

[4] Davon zu unterscheiden ist die wechselseitige Unterrichtung der Behörden im Rahmen der Gefahrenabwehr, s. z.B. §§ 22a IV Nr. 2 FlHG, 12 VI S. 1 GüKG, 40 III Nr. 2 LMBG.

(1) Die spontane Übermittlung oder Nutzung

Die Initiative zur Zweckänderung und Übermittlung der erhobenen Daten an die Strafverfolgungsbehörden (bzw. an die zur Ahndung von Ordnungswidrigkeiten zuständigen Behörden) kann von der Aufsichtsbehörde ausgehen, welche die Daten im Verwaltungsverfahren erhoben hat. In diesem Fall übermittelt sie die Daten aus eigenem Antrieb („spontan") und führt diese damit zugleich einem neuen Verarbeitungszweck zu. Die Empfangsbehörde nimmt die Information lediglich entgegen; sie ist weder an der Zweckänderung noch an der Übermittlung aktiv beteiligt. Die datenschutzrechtliche Verantwortung für die Übermittlung und die darin liegende Zweckänderung liegt allein bei der übermittelnden Behörde.[5] Sie ist es, die in das Recht auf informationelle Selbstbestimmung eingreift.

Dies gilt entsprechend für den Fall, dass die Behörde sowohl präventive als auch repressive Aufgaben wahrnimmt. Die Aufsichtsbehörde ist in der Regel auch zur Verfolgung von Ordnungswidrigkeiten zuständig[6] und zum Teil sind den Verwaltungsbehörden auch Aufgaben im Rahmen des strafrechtlichen Ermittlungsverfahrens zugewiesen.[7] In diesem Fall bedarf es keiner Übermittlung an eine andere Behörde, sondern die Aufsichtsbehörde beschränkt sich darauf, bei einem Anfangsverdacht den bisherigen Verarbeitungszweck zu verändern und die erhobene Information zu repressiven Zwecken zu nutzen.

(2) Die Übermittlung auf Ersuchen

Von der spontanen Übermittlung zu unterscheiden ist die Übermittlung, die auf ein entsprechendes Ersuchen der Staatsanwaltschaft oder anderer Verfolgungsbehörden erfolgt. Mit dem Ersuchen werden unter Umständen auch personenbezogene Daten an die Aufsichtsbehörde übermittelt. Damit ist zwar keine Zweckentfremdung verbunden, denn das Ersuchen hat den Zweck, mit den auf diese Weise erlangten Informationen die Verfolgung der Straftat bzw. Ordnungswidrigkeit zu ermöglichen, d.h. die übermittelten Daten werden insoweit zu dem Zweck verwendet, zu dem sie im Straf- bzw. Ordnungswidrigkeitenverfahren erhoben worden sind. Eine Änderung des Verwendungszweckes ist jedoch keine notwendige Voraussetzung für die Annahme eines Eingriffs in das Recht auf informationelle Selbstbestimmung, sondern ein Grundrechtseingriff kann auch dann vorliegen, wenn die Information zu dem ursprünglichen Erhebungszweck an Dritte übermittelt wird.[8] Im Strafverfahren wird durch den Öffentlichkeitsgrundsatz in das Recht auf informationelle Selbstbestimmung eingegriffen, denn alle personenbezogenen

---

[5] So für die Übermittlung: § 15 II S. 1 BDSG und die entsprechenden Regelungen in den Datenschutzgesetzen der Länder.
[6] S. z.B. §§ 81 IV GWB, 61 IV KrW-/AbfG, 60 KWG; s. auch u. S. 499.
[7] S. z.B. §§ 386 I AO, 30c BNatSchG, 20 GüKG; s. dazu u. S. 497ff.
[8] S. BVerfGE 78, 77, 84 (zur Bekanntgabe einer Entmündigung nach ihrer gerichtlichen Anordnung, § 687 ZPO a.F.); für die Annahme eines Eingriffs bei einer Übermittlung ohne Zweckänderung auch *Scheller*, Ermächtigungsgrundlagen (1997), S. 208; a.A. *Groß*, AöR 113 (1988), 161, 208.

Daten, die in der mündlichen Verhandlung erörtert werden, werden damit zugleich an die Zuhörer übermittelt.[9] In der vorliegenden Konstellation ist dies insbesondere der Fall, wenn es nicht vermieden werden kann[10], dass mit dem Ersuchen die Person des Beschuldigten mitgeteilt wird. Die Bekanntgabe der Tatsache, dass gegen ihn ein Strafverfahren eingeleitet worden ist, ist bereits als solche geeignet, die sozialen Kontaktmöglichkeiten des Beschuldigten einzuschränken, und kann für ihn erhebliche Folgen haben.[11] Ein Eingriff in das allgemeine Persönlichkeitsrecht (Art. 2 I i.V.m. Art. 1 I GG) ist daher gegeben.[12]

Entspricht die Aufsichtsbehörde dem Ersuchen, so greift sie ihrerseits durch die Übermittlung personenbezogener Daten zu repressiven Zwecken in das Recht auf informationelle Selbstbestimmung ein; auf die Ausführungen zur Spontanübermittlung kann insoweit verwiesen werden.

Allerdings stellt sich die Frage, ob und inwieweit die ersuchende Behörde an diesem Eingriff beteiligt ist, denn sie hat die Übermittlung durch Stellung des Ersuchens veranlasst. Nach § 15 II S. 2 BDSG ist die Empfangsbehörde für die Übermittlung datenschutzrechtlich verantwortlich.[13] Dementsprechend prüft die übermittelnde Behörde nur, ob das Übermittlungsersuchen im Rahmen der Aufgaben der Verfolgungsbehörde liegt, es sei denn, dass besonderer Anlass zur Prüfung der Zulässigkeit der Übermittlung besteht (§ 15 II S. 3 BDSG).[14] Mit dieser eingeschränkten Prüfungspflicht der ersuchten Behörde wird erreicht, dass die in dem Ersuchen zu übermittelnden Daten und somit auch der darin liegende Grundrechtseingriff auf ein Minimum reduziert werden können.[15] Dies ändert allerdings nichts daran, dass die ersuchte Behörde die personenbezogenen Daten übermittelt und insoweit in das informationelle Selbstbestimmungsrecht des Betroffenen eingreift. Demgegenüber lässt sich aus dem Umstand, dass die ersuchende Behörde die Übermittlung veranlasst und für diese datenschutzrechtlich einen Teil[16] der

---

[9] *Pätzel*, DRiZ 2001, 24; zum Verhältnis von Öffentlichkeitsgrundsatz und informationellem Selbstbestimmungsrecht: *Riepl*, Informationelle Selbstbestimmung (1998), S. 34 ff.
[10] Vgl. Nr. 4a S. 2 RiStBV.
[11] *Fleig*, NJW 1991, 1016, 1017; *Krumsiek*, DVBl 1993, 1229, 1230; s. dazu im Einzelnen u. S. 374 ff.
[12] So auch *Scheller*, Ermächtigungsgrundlagen (1997), S. 209, 230 f. (zur Weitergabe von Informationen in einem an ausländische Behörden gerichteten Rechtshilfeersuchen).
[13] S. auch die entsprechenden Vorschriften in den Landesdatenschutzgesetzen: § 16 II S. 2 (Baden-Württemberg), Art. 18 II S. 2 (Bayern), § 14 II S. 2 (Mecklenburg-Vorpommern), § 14 III S. 2 (Rheinland-Pfalz), § 14 II S. 2 (Sachsen), § 11 II S. 2 (Sachsen-Anhalt), § 21 II S. 2 (Thüringen).
[14] S. auch die entsprechenden Vorschriften in den Landesdatenschutzgesetzen: § 16 II S. 3 (Baden-Württemberg), Art. 18 II S. 3 (Bayern), § 14 II S. 3 (Mecklenburg-Vorpommern), § 14 III S. 3 (Rheinland-Pfalz), § 14 II S. 3 (Sachsen), § 11 II S. 3 (Sachsen-Anhalt), § 21 II S. 3 (Thüringen); s. auch § 14 III S. 2, 3 (Brandenburg), § 13 III S. 2, 3 (Bremen), § 14 II S. 2, 3 (Hamburg), § 11 II S. 2, 3 (Niedersachsen), § 13 II S. 2, 3 (Nordrhein-Westfalen), § 14 II S. 2, 3 (Saarland); eine weitergehende Prüfung durch die übermittelnde Stelle sehen vor § 12 III (Berlin), § 14 (Hessen) und § 14 II S. 2–4 (Schleswig-Holstein).
[15] *Dammann*, in: Simitis, BDSG (2003), § 15 Rn. 19.
[16] Aus der Prüfungspflicht der übermittelnden Behörde (§ 15 II S. 3 BDSG) ergibt sich, dass die

Verantwortung trägt, nicht ableiten, dass bereits die Stellung des Ersuchens in das Recht auf informationelle Selbstbestimmungsrecht eingreift.[17] Ungeachtet der Pflicht, dem Ersuchen zur Übermittlung zu entsprechen[18], entscheidet die ersuchte Behörde als Hoheitsträger selbst über die Übermittlung und kann – anders als Private – grundsätzlich nicht zur Übermittlung gezwungen werden.[19] Sie allein nimmt die Übermittlung vor. Dass die ersuchende Behörde gegenüber dem Betroffenen im Außenverhältnis für die Übermittlung verantwortlich ist und für Folgen einer rechtswidrigen Übermittlung einzustehen hat[20], ist Konsequenz der einfach-gesetzlichen Ausgestaltung der verfahrensübergreifenden Übermittlung personenbezogener Daten. Die verfassungsrechtliche Beurteilung wird dadurch nicht präjudiziert. In Bezug auf die Übermittlung personenbezogener Daten durch die Aufsichtsbehörde greift also allein diese in das informationelle Selbstbestimmungsrecht des Betroffenen ein.[21]

b) Der Gesetzesvorbehalt

Jeder Eingriff in das Recht auf informationelle Selbstbestimmung bedarf einer gesetzlichen Grundlage.[22] Die Behörden dürfen die oben angeführten Eingriffe also nur vornehmen, soweit für diese eine gesetzliche Ermächtigung vorliegt. Im Folgenden wird zwischen den Eingriffen der Verfolgungsbehörde [(1)] und solchen der Aufsichtsbehörde [(2)] unterschieden.

(1) Der Gesetzesvorbehalt bei Eingriffen der Verfolgungsbehörde durch Übermittlung strafprozessualer Daten mit dem Auskunftsersuchen

Soweit die Verfolgungsbehörde mit dem Ersuchen personenbezogene Daten übermittelt, liegt ein Grundrechtseingriff vor, der einer gesetzlichen Ermächtigung bedarf.

---

datenschutzrechtliche Verantwortung bei der Übermittlung auf Ersuchen zwischen dieser und der Empfangsbehörde verteilt ist, s. *Dammann*, in: Simitis, BDSG (2003), § 15 Rn. 22.

[17] Anders ist diese Frage bei der internationalen Amts- und Rechtshilfe zu beurteilen, wenn ein ausländischer Staat aufgrund eines Ersuchens deutscher Behörden in Grundrechte eingreift. In diesem Fall liegt kein unmittelbarer Eingriff durch deutsche Behörden vor, so dass auf das Ersuchen als Grundlage einer Zurechnung der Grundrechtsbeeinträchtigung zurückgegriffen werden muss, s. dazu im Einzelnen *Scheller*, Ermächtigungsgrundlagen (1997), S. 155 ff.

[18] § 161 I S. 2 StPO, ggf. i.V.m. § 46 II OWiG; zur Pflicht der Behörden, dem Auskunftsersuchen der Staatsanwaltschaft zu genügen, s. *Kleinknecht/Meyer-Goßner*, StPO (2003), § 161 Rn. 1a m.w.N.

[19] Ein Eingriff ist dementsprechend in Fällen anzunehmen, in dem sich die Verfolgungsbehörde die Informationen unmittelbar verschafft, z.B. durch Durchsuchung und Beschlagnahme (§§ 94, 103 StPO); zur Beschlagnahme von Behördenakten: BGHSt 38, 237, 240 ff.

[20] *Dammann*, in: Simitis, BDSG (2003), § 15 Rn. 20; zur Verantwortung gegenüber der ersuchten Behörde im Innenverhältnis s. § 7 II VwVfG.

[21] Dementsprechend sind Rechtsbehelfe gegen die Übermittlung der Information gegen die ersuchte Behörde zu richten, s. *Bonk/Schmitz*, in: Stelkens/Bonk/Sachs, VwVfG (2001), § 7 Rn. 9; *Kopp/Ramsauer*, VwVfG (2003), § 7 Rn. 11.

[22] S.o. S. 72.

(a) Fehlen einer Übermittlungsbefugnis im Strafverfahrensrecht

Da diese Übermittlung der Durchführung des Straf- bzw. Ordnungswidrigkeitenverfahrens dient, in dessen Rahmen sie erhoben worden sind, finden die Befugnisse für verfahrensübergreifende Mitteilungen (§§ 12ff. EGGVG, 49a OWiG) keine Anwendung.[23] Auch die Übermittlungsbefugnisse nach den §§ 474ff. StPO gelten nur für verfahrensexterne Zwecke.[24] Für die Übermittlung personenbezogener Informationen an die in einem Verfahren mitwirkenden Stellen hat der Gesetzgeber die jeweils einschlägigen Verfahrensvorschriften, wie z.B. die §§ 27 III, 41, 163 II, 306 II, 320, 321, 347, 354, 355 StPO, als einschlägig angesehen.[25]

Als gesetzliche Grundlage für eine Datenübermittlung wäre demnach § 161 I S. 1 StPO in Betracht zu ziehen. Dessen Wortlaut („... ist die Staatsanwaltschaft befugt, von allen Behörden Auskunft zu verlangen...") lässt es allerdings als zweifelhaft erscheinen, ob in dieser Norm eine gesetzliche Befugnis zur Übermittlung personenbezogener Daten an die ersuchte Behörde gesehen werden kann. Angesichts der vergleichbar unbestimmten Formulierungen der in der Gesetzesbegründung angeführten Vorschriften[26] verwundert es nicht, dass dem Gesetzgeber die Auffassung unterstellt wird, der Gesetzesvorbehalt gelte nicht für verfahrensinterne Übermittlungen.[27]

Hält man auf der Grundlage der obigen Ausführungen zum Eingriff[28] an der Notwendigkeit einer gesetzlichen Ermächtigung fest und sieht man in § 161 I S. 1 StPO insoweit keine geeignete Befugnisnorm, so bleibt als möglicher Ausweg allein der Rückgriff auf die allgemeinen Übermittlungsbefugnisse nach den Datenschutzgesetzen.

(b) Wahrung des Gesetzesvorbehaltes durch die ergänzende Anwendung der Datenschutzgesetze

Grundsätzlich gilt, dass weder das BDSG noch die Datenschutzgesetze der Länder anwendbar sind, soweit speziellere Gesetze die Datenverarbeitung regeln.[29] Im

---

[23] § 12 I S. 2 EGGVG (i.V.m. § 49a IV S. 1 Nr. 1 OWiG); s. auch die Begründung des Regierungsentwurfes, BT-Drucks. 13/4709 S. 20.

[24] S. die Begründung des Regierungsentwurfes zum StVÄG 1999, BT-Drucks. 14/1484, S. 25; *Brodersen*, NJW 2000, 2536, 2540.

[25] S. die Begründung des Regierungsentwurfes zum StVÄG 1999, BT-Drucks. 14/1484, S. 25f.; *Brodersen*, NJW 2000, 2536, 2540.

[26] Keinen Hinweis auf eine Übermittlung personenbezogener Daten enthalten z.B. die §§ 27 III, 41, 306 II StPO.

[27] So *Hilger*, NStZ 2001, 15 (Fußn. 65); s. auch *Paeffgen*, in: Hilger-FS (2003), S. 153, 155 (mit Fußn. 4); s. ferner *Groß*, AöR 113 (1988), 161, 208.

[28] S. o. S. 283 ff.

[29] § 1 III S. 1 BDSG; s. die entsprechenden Regelungen in den Landesdatenschutzgesetzen: § 2 V S. 1 (Baden-Württemberg); Art. 2 VII (Bayern); § 2 V (Berlin); § 2 III S. 2 (Brandenburg); § 1 II S. 3 (Bremen); § 2 VII (Hamburg); § 3 III (Hessen); § 2 IV S. 1 (Mecklenburg-Vorpommern); § 2 VI (Niedersachsen); § 2 III (Nordrhein-Westfalen); § 2 VII S. 1 (Rheinland-Pfalz); § 2 III S. 2 (Saar-

II. Die Verwendung der im Verwaltungsverfahren erhobenen Daten

Strafverfahrensrecht ist die Datenverarbeitung zu verfahrensinternen Zwecke allenfalls ansatzweise geregelt. Aus dem Gesetzgebungsverfahren zum StVÄG 1999 ergibt sich, dass der Gesetzgeber die Verwendung personenbezogener Daten im Strafverfahren nicht abschließend regeln, sondern eine ergänzende Anwendung der Datenschutzgesetze des Bundes und der Länder zulassen wollte.[30] Die Datenschutzgesetze sind daher subsidiär anwendbar.[31]

Bevor der Frage nachzugehen ist, ob diese Gesetze eine Befugnis für die Datenübermittlung zu verfahrensinternen Zwecken verleihen, ist zunächst zu klären, ob insoweit das BDSG oder die Datenschutzgesetze der Länder Anwendung finden. Das BDSG regelt die Erhebung, Verarbeitung und Nutzung von Daten durch die öffentlichen Stellen des Bundes.[32] Das bedeutet, dass das BDSG anwendbar ist, soweit eine Bundesbehörde das Ordnungswidrigkeitenverfahren durchführt[33] oder die Bundesanwaltschaft ein Ermittlungsverfahren leitet[34]. Darüber hinaus gilt das BDSG für öffentliche Stellen eines Landes, soweit der Datenschutz nicht durch Landesgesetz geregelt ist und soweit sie als Organe der Rechtspflege tätig werden und es sich nicht um Verwaltungsangelegenheiten handelt.[35] Soweit die Landesdatenschutzgesetze in ihren Datenschutzgesetzen keine Regelung getroffen haben[36], gilt für Gerichte und Staatsanwaltschaften also das BDSG. Im Übrigen findet auf Gerichte und Staatsanwaltschaften das Datenschutzgesetz des jeweiligen Landes Anwendung.[37] Dieses gilt auch für die zur Verfolgung von Ordnungswidrigkeiten zuständigen Landesbehörden.

(c) Die Übermittlungsbefugnisse nach den Datenschutzgesetzen

Soweit das BDSG anwendbar ist, kommen dessen Regelungen über den Umgang mit personenbezogenen Daten als gesetzliche Ermächtigungsgrundlagen für eine Übermittlung zur Strafverfolgung in Betracht (§§ 12 ff. BDSG). Das BDSG fungiert insoweit als „Auffanggesetz" und enthält Eingriffsbefugnisse für den Fall,

---
land); § 1 IV (Sachsen); § 3 III S. 1 (Sachsen-Anhalt); § 3 III (Schleswig-Holstein); § 2 III S. 1 (Thüringen).
[30] S. den Bericht des Rechtsausschusses, BT-Drucks. 14/2595, S. 29; s. auch die Begründung des Regierungsentwurfes zum Justizmitteilungsgesetz, BT-Drucks. 14/1484, S. 26.
[31] *Brodersen*, NJW 2000, 2536, 2537; *Gemählich*, in: KMR-StPO, Vor § 474 Rn. 4; *Kleinknecht/Meyer-Goßner*, StPO (2003), Vor § 474 Rn. 3; *Schoreit*, in: KK-StPO (2003), § 12 EGGVG Rn. 3.
[32] § 1 II Nr 1 BDSG; zum Begriff der öffentlichen Stellen des Bundes: § 2 I S. 1 BDSG.
[33] Dies ist z.B. bei der Bundesanstalt für Finanzdienstleistungsaufsicht der Fall (§ 60 KWG).
[34] S. § 142a GVG.
[35] § 1 II Nr. 2 b) BDSG.
[36] S. die Datenschutzgesetze der Länder Brandenburg (§ 2 I S. 2), Bremen (§ 1 IV), Mecklenburg-Vorpommern (§ 2 IV S. 2), Saarland (§ 2 I S. 4), Schleswig-Holstein (§ 3 I S. 2).
[37] S. die Datenschutzgesetze der Länder Baden-Württemberg (§ 2 I; s. dagegen § 2 III S. 2), Bayern (Art. 2 I), Berlin (§ 2 I), Hamburg (§ 2 I S. 1 Nr. 1), Hessen (§ 3 I S. 1), Niedersachsen (§ 2 I S. 1), Nordrhein-Westfalen (§ 2 I S. 1), Rheinland-Pfalz (§ 2 I S. 1 Nr. 2), Sachsen (§ 2 I), Sachsen-Anhalt (§ 3 I S. 1), Thüringen (§ 2 I).

dass entsprechende Vorschriften in den Spezialgesetzen, in diesem Fall in der StPO und dem OWiG, fehlen.[38]

Nach § 15 I BDSG ist eine Übermittlung personenbezogener Daten zulässig, wenn sie zur Erfüllung der in der Zuständigkeit der übermittelnden Stelle liegenden Aufgaben erforderlich ist und die Voraussetzungen für eine Nutzung nach § 14 BDSG vorliegen. Nach § 14 I S. 1 BDSG ist eine Nutzung zulässig, wenn sie zur Erfüllung der in der Zuständigkeit der verantwortlichen Stelle liegenden Aufgaben erforderlich ist und für die Zwecke erfolgt, für welche die Daten erhoben worden sind. Soweit personenbezogene Daten übermittelt werden, weil sich dies im Zusammenhang mit einem Ersuchen nicht vermeiden lässt, dient diese Übermittlung der Verfolgung der Straftat bzw. Ordnungswidrigkeit, d.h. dem Zweck, zu dem die Daten erhoben worden sind. Diese Aufgabe liegt in der Zuständigkeit der ersuchenden und insoweit übermittelnden Stelle. Die Voraussetzungen des § 15 I BDSG sind damit erfüllt. Die Übermittlung kann also auf eine gesetzliche Grundlage gestützt werden. In den Landesdatenschutzgesetzen ist ebenfalls eine derartige Übermittlungsbefugnis vorgesehen, so dass auch insoweit eine gesetzliche Ermächtigung gegeben ist.[39]

(d) Die Vereinbarkeit der Datenübermittlung und -nutzung mit dem Bestimmtheitsgrundsatz und dem Erfordernis einer bereichsspezifischen Regelung

Dem Gesetzesvorbehalt wird nur eine gesetzliche Ermächtigung gerecht, aus der sich die Voraussetzungen und der Umfang des Eingriffs klar und für den Bürger erkennbar ergeben und die dem rechtsstaatlichen Gebot der Normenklarheit entspricht.[40] Das BVerfG hat im Volkszählungsurteil vom Gesetzgeber gefordert, dass dieser den Verwendungszweck bereichsspezifisch und präzise festlegt.[41] Diese Aussage ist dahingehend interpretiert worden, dass der Datenschutz in jede Rechtsmaterie zu integrieren und dort speziell zu regeln ist.[42] Ein Rückgriff auf die Datenschutzgesetze als gesetzliche Grundlage für Eingriffe in das Recht auf informationelle Selbstbestimmung wird aus diesem Grund im Polizei- und Strafverfahrensrecht abgelehnt.[43]

---

[38] *Gola/Schomerus*, BDSG (2002), § 1 Rn. 16; *Simitis*, in: ders., BDSG (2003), § 1 Rn. 107; zu § 15 I BDSG: *Gola/Schomerus*, BDSG (2002), § 15 Rn. 6.
[39] S. §§ 16 I, 15 I (Baden-Württemberg); Art. 18 I, 17 I (Bayern); §§ 14 I S. 1, 13 I S. 2 (Brandenburg); §§ 13 I S. 1, 12 I (Bremen); §§ 14 I S. 1, 13 I (Hamburg); §§ 14 I, 10 I, II (Mecklenburg-Vorpommern); §§ 11 I, 10 I S. 1 (Niedersachsen); §§ 14 I S. 1, 13 I S. 2 (Nordrhein-Westfalen); §§ 14 I, 13 I S. 2 (Saarland); §§ 14 I, 13 I (Sachsen); §§ 11 I, 10 I (Sachsen-Anhalt); §§ 14 I, 13 II (Schleswig-Holstein); §§ 21 I, 20 I (Thüringen). Eine allgemeine Befugnis zur Verarbeitung zu dem Erhebungszweck enthält § 13 I des Hessischen Datenschutzgesetzes; zweifelhaft ist eine solche Befugnis bei den § 12 I S. 2 des Berliner und § 14 I des rheinland-pfälzischen Datenschutzgesetzes.
[40] BVerfGE 65, 1, 44.
[41] BVerfGE 65, 1, 46.
[42] *Riegel*, Datenschutz bei den Sicherheitsbehörden (1992), S. 12.
[43] *Bäumler*, in: Lisken/Denninger, Handbuch des Polizeirechts (2001), Abschn. J Rn. 52; *Riegel*, Datenschutz bei den Sicherheitsbehörden (1992), S. 12, 138, 147; *Simitis*, in: ders., BDSG (2003), § 1

II. Die Verwendung der im Verwaltungsverfahren erhobenen Daten

Die Aussage des BVerfG im Volkszählungsurteil ist auf die bereichsspezifische Bestimmung des Verwendungszwecks begrenzt und steht überdies in engem Zusammenhang mit dem Grundsatz der Zweckbindung.[44] Ein neuer Verwendungszweck wird in § 15 I BDSG und den entsprechenden landesrechtlichen Befugnissen nicht festgelegt, sondern diese Regelungen knüpfen an den ursprünglichen Verwendungszweck, also den Erhebungszweck an. Eine Zweckentfremdung ist also mit dem hier behandelten Eingriff in das informationelle Selbstbestimmungsrecht nicht verbunden. Eine Anwendung der Datenschutzgesetze auf den vorliegenden Eingriff widerspricht daher nicht den im Volkszählungsurteil des BVerfG aufgestellten Kriterien für eine bereichsspezifische Eingriffsbefugnis.[45]

Diese Trennung zwischen Zweckentfremdung und anderen Eingriffen ist auch in der Sache berechtigt. Solange personenbezogene Daten zu einem bestimmten Zweck – hier: Durchführung eines Straf- bzw. Ordnungswidrigkeitenverfahrens – genutzt und verarbeitet werden, bleiben die Eingriffe in das Recht auf informationelle Selbstbestimmung für den Betroffenen transparent und vorhersehbar. Auf der Grundlage dieser Unterscheidung zwischen zweckwahrender und zweckentfremdender Verwendung personenbezogener Daten wird auch die Notwendigkeit einer spezialgesetzlichen Ermächtigung für Datenübermittlungen im Wege der Amtshilfe bestimmt: Eine bereichsspezifische Ermächtigungsgrundlage wird erst dann als notwendig angesehen, wenn die Übermittlung eine Zweckentfremdung darstellt, d.h. die Daten die Grenzen der sachlichen Zuständigkeit überwinden und von der Empfangsbehörde in den Dienst eines anderen Zwecks gestellt werden, während für eine Übermittlung, die örtliche Zuständigkeitsgrenzen überwindet, pauschale Querschnittsregelungen als ausreichend gelten.[46] Nach dieser Differenzierung kann die Übermittlung von Informationen im Rahmen eines Ersuchens aufgrund der fehlenden Zweckentfremdung auf ein Querschnittsgesetz, wie z.B. das BDSG, gestützt werden.

Soweit die Forderung nach einer bereichsspezifischen Regelung mit der Eingriffsintensität der Erhebungs- und Verarbeitungseingriffe durch die Polizei- und Strafverfolgungsbehörden begründet wird[47], ist dem zwar grundsätzlich zuzustimmen. Bei der Übermittlung innerhalb eines konkreten Verfahrens ist die Eingriffsintensität aufgrund der fortbestehenden Zweckbindung jedoch so gering, dass sie das Bedürfnis für eine bereichsspezifische Regelung nicht zu begründen

---

Rn. 110; s. auch *Deutsch*, Die heimliche Erhebung (1992), S. 175 ff.; *Scheller*, Ermächtigungsgrundlagen (1997), S. 290.

[44] BVerfGE 65, 1, 46: „Ein Zwang zur Angabe personenbezogener Daten setzt voraus, dass der Gesetzgeber den Verwendungszweck bereichsspezifisch und präzise bestimmt ... Die Verwendung der Daten ist auf den gesetzlich bestimmten Zweck begrenzt. ..."

[45] Vgl. auch *Groß*, AöR 113 (1988), 161, 208, der allerdings insoweit eine weitere gesetzliche Grundlage überhaupt nicht für erforderlich hält.

[46] Grundlegend *Schlink*, Die Amtshilfe (1982), S. 202; *ders.*, NVwZ 1986, 249, 253, 254 f.; ebenso *Gubelt*, in: von Münch/Kunig, GG, Bd. 2 (2001), Art. 35 Rn. 15; *Pieroth*, in: Jarass/Pieroth, GG (2002), Art. 35 Rn. 2; s. auch *Bauer*, in: Dreier, GG, Bd. 2 (1998), Art. 35 Rn. 18.

[47] *Dammann*, in: Simitis, BDSG (2003), § 14 Rn. 2; *Simitis*, ebenda, § 1 Rn. 110.

vermag. In Bezug auf weniger schwerwiegende Eingriffe wird dementsprechend allgemein zugestanden, dass die in den Datenschutzgesetzen enthaltenen Regelungen nicht von vornherein als Ermächtigungsgrundlagen für Grundrechtseingriffe ungeeignet sind, sondern nur insoweit, als aufgrund der Eingriffsintensität eine spezialgesetzliche Grundlage erforderlich ist.[48]

Zum Teil wird die fehlende Eignung der Vorschriften der Datenschutzgesetze als Eingriffsgrundlagen auch mit deren Unbestimmtheit begründet.[49] Dem ist entgegenzuhalten, dass die §§ 15 I, 14 I BDSG trotz der vagen Bezugnahme auf „in der Zuständigkeit der übermittelnden Stelle ... liegenden Aufgaben" durch die Bindung an den Erhebungszweck (§ 14 I S. 1 BDSG) hinreichend präzise bestimmt wird. Zum Teil wird sogar angenommen, dass bei der Verwendung personenbezogener Daten im Rahmen eines konkreten Verfahrens die Unbestimmtheit einer gesetzlichen Ermächtigung unschädlich ist, da der Verfahrensbezug die Verwendungsmöglichkeiten in ausreichender Weise begrenzt.[50]

§ 15 I BDSG und die entsprechenden Regelungen in den Landesdatenschutzgesetzen sind daher als gesetzliche Ermächtigungen für eine zweckwahrende Übermittlung personenbezogener Daten im Zusammenhang mit einem Auskunftsersuchen mit dem verfassungsrechtlichen Gebot der Bestimmtheit vereinbar und widersprechen insbesondere nicht der Forderung nach einer bereichsspezifischen Befugnis.[51]

(2) Der Gesetzesvorbehalt bei Eingriffen der Aufsichtsbehörde durch Übermittlung und Nutzung

Die Eingriffe der Aufsichtsbehörde in das Recht auf informationelle Selbstbestimmung bedürfen ebenfalls einer gesetzlichen Grundlage. Neben entsprechenden Befugnissen in den einzelnen Aufsichtsgesetzen [(a)] sind die Vorschriften in den Datenschutzgesetzen als gesetzliche Ermächtigung zur Zweckänderung und Übermittlung in Betracht zu ziehen [(b)].

(a) Strafprozessual relevante Übermittlungs- und Nutzungsbefugnisse in den Aufsichtsgesetzen

(i) Die Verfolgung von Straftaten als Zweckentfremdung. In vielen Aufsichtsgesetzen finden sich gesetzliche Vorschriften, die eine Übermittlung der im Verwaltungsverfahren erhobenen Informationen an die zur Verfolgung von Straftaten zu-

---

[48] *Simitis*, in: ders., BDSG (2003), § 1 Rn. 110; s. auch zur Anwendung des BDSG als Eingriffsgrundlage im Verwaltungsverfahren: *Badura*, in: Erichsen, Allgemeines Verwaltungsrecht (2002), § 37 Rn. 40; *Kopp/Ramsauer*, VwVfG (2003), § 5 Rn. 20.
[49] *Deutsch*, Die heimliche Erhebung (1992), S. 176 (zu den Speicherungsbefugnissen); s. auch *Gola/Schomerus*, BDSG (2002), § 1 Rn. 16.
[50] *Gusy*, KritV 2000, 52, 62f.
[51] In Bezug auf die Erhebung von Informationen bei Privaten ergibt sich eine entsprechende Befugnis aus § 16 I Nr. 1 BDSG.

ständigen Behörden ausdrücklich zulassen.[52] Zum Teil ist die Verarbeitungsbefugnis auf einen bestimmten Sachbereich beschränkt. So ist eine uneingeschränkte Offenbarung von Daten aus dem Besteuerungsverfahren nur zur Verfolgung von Steuerstraftaten zulässig.[53]

Die meisten dieser Befugnisse sind so formuliert, dass sie sowohl eine spontane Weitergabe von Informationen als auch die Übermittlung auf ein Ersuchen der Staatsanwaltschaft umfassen.[54] Zum Teil wird ausdrücklich zwischen diesen beiden Konstellationen getrennt.[55] Allerdings regeln die Ermächtigungsnormen allein die Übermittlung bzw. Offenbarung von Informationen, während die zugleich stattfindende Zweckentfremdung der Information unerwähnt bleibt.[56] Gleichwohl ist davon auszugehen, dass die Übermittlungsbefugnis auch die Befugnis zur Änderung des Verwendungszwecks umfasst. Von der erstgenannten kann nur in sinnvoller Weise Gebrauch gemacht werden, falls die übermittelte Information anschließend auch zu dem neuen Verwendungszweck (Strafverfolgung) verwertet werden kann. Insoweit gilt das Gleiche wie für die Informationserhebung.[57] Anderenfalls wäre die Offenbarung (Erhebung) nicht geeignet, die Verwirklichung des mit ihr verfolgten Zweckes zu fördern, und somit rechtswidrig. Aus diesem Grund schließt z.B. die Befugnis der Finanzbehörde, der Staatsanwaltschaft zur Verfolgung von Steuerstraftaten Informationen zu übermitteln, die dem Steuergeheimnis unterliegen, die Befugnis zu der damit vorgenommenen Änderung des Verwendungszwecks ein.[58]

(ii) Die Zweckentfremdung zur Verfolgung von Ordnungswidrigkeiten. Gesetzliche Befugnisse zur Zweckentfremdung von Informationen zur Verfolgung von Ordnungswidrigkeiten sind weniger verbreitet. Die meisten dieser Befugnisse beschränken sich auf Ordnungswidrigkeiten, die einen sachlichen Zusammenhang mit den präventiven Aufgaben der Aufsichtsbehörde aufweisen.[59] Dies gilt insbesondere für die Ordnungswidrigkeiten, deren Verfolgung in die Zuständigkeit der

---

[52] S. insbesondere §§ 11 V S. 3 GewO, 9 I S. 3 Nr. 1 KWG, 84 IV Nr. 1 VAG, 12 S. 1 ZollVG. Allgemeine Verweisungen auf die GewO (und somit auch § 11 V S. 3) enthalten die §§ 31 GaststättenG, 49 I SprengG; s. auch § 25 V GenTG, wonach die erhobenen Daten zur Verfolgung von Straftaten „verwendet" werden dürfen. Der Begriff der Verwendung schließt als Oberbegriff von Nutzung und Verarbeitung die Übermittlung ein, s. § 3 V BDSG; s. ferner die Übermittlungsbefugnisse: § 19 I S. 4 AtG; § 45 I S. 1 AWG; § 139b I S. 3 GewO (i.V.m. § 19 I S. 3 AtG); s. auch § 12 VI S. 2 GüKG („Das Recht, Straftaten oder Ordnungswidrigkeiten anzuzeigen, bleibt unberührt.").
[53] § 30 IV Nr. 1 AO; zur Verwendung in Bezug auf andere Straftaten s. § 30 IV Nr. 4 und 5 AO.
[54] S. §§ 25 V GenTG, 11 V S. 3 GewO, 9 I S. 3 Nr. 1 KWG, 84 IV Nr. 1 VAG; s. hingegen die §§ 19 I S. 4 AtG, 12 VI S. 2 GüKG, 12 S. 1 ZollVG (spontane Übermittlung).
[55] S. § 24a S. 5 und 6 BtMG.
[56] S. aber § 25 V GenTG, der mit dem allgemeinen Begriff der Verwendung die Übermittlung und Zweckänderung einschließt.
[57] S.o. S.64.
[58] *Koch*, in: Koch/Scholtz, AO (1996), § 30 Rn. 17; *Kühn/Hofmann*, AO (1995), § 30 Anm. 3.b); i.E. ebenso *Rüsken*, in: Klein, AO (2003), § 30 Rn. 61.
[59] S. §§ 12 VI S. 1, 2 GüKG; 12 S. 1 ZollVG; s. hingegen die relativ weit gefassten Befugnisse nach § 139b VII GewO; s. insoweit auch § 139b I S. 3 GewO („Verfolgung von Gesetzwidrigkeiten").

Aufsichtsbehörde fällt. Für diese Fälle hat der Gesetzgeber zum Teil eine ausdrückliche gesetzliche Ermächtigung geschaffen, die im Verwaltungsverfahren erhobenen Informationen zu repressiven Zwecken zu verwenden.[60] In anderen Bestimmungen hat er die Verwendung der erhobenen personenbezogenen Daten zur Durchführung des jeweiligen Gesetzes für zulässig erklärt[61], also die Zweckbindung so weit formuliert, dass diese die Ahndung der in dem Aufsichtsgesetz enthaltenen Ordnungswidrigkeiten einschließt.[62]

Eine gesetzliche Ermächtigung, die auch die Übermittlung von Daten auf ein entsprechendes Ersuchen der Verfolgungsbehörde hin umfasst, ist nur vereinzelt vorgesehen.[63] Im Übrigen sind die Eingriffsbefugnisse so formuliert, dass sie entweder nur eine Verwendung in einem von der Behörde selbst betriebenen Ordnungswidrigkeitenverfahren zulassen[64] oder zu einer spontanen Übermittlung an die zuständige Verfolgungsbehörde ermächtigen[65].

(iii) Das Fehlen von strafprozessualen Befugnisnormen, insbesondere zur Nutzung der erhobenen Daten durch dieselbe Behörde. Die Vielzahl der datenschutzrechtlichen Befugnisnormen in den Aufsichtsgesetzen kann nicht darüber hinwegtäuschen, dass die Nutzung und Übermittlung der im Verwaltungsverfahren erhobenen Daten zur Verfolgung von Straftaten und Ordnungswidrigkeiten in den Aufsichtsgesetzen nur lückenhaft geregelt ist. In einigen Gesetzen fehlen derartige Regelungen.[66] Zum Teil sind die Bestimmungen aber auch unvollständig, indem sie allein die Übermittlung der Daten, nicht aber deren anderweitige Nutzung durch dieselbe Behörde regeln. Nicht erfasst wird ferner die Konstellation, in der eine im Verwaltungsverfahren erhobene Information von derselben Behörde zur Verfolgung von Straftaten verwendet werden soll.

Dies ist beispielsweise der Fall, wenn die Finanzbehörde bei dem Verdacht einer Steuerhinterziehung selbst ein strafrechtliches Ermittlungsverfahren einleitet und die im Besteuerungsverfahren erhobenen Daten zu repressiven Zwecken verwendet. Eine Offenbarung von Daten an eine andere Behörde ist in diesem Fall (noch) nicht erforderlich, so dass die gesetzliche Ermächtigungsgrundlage (§ 30 IV Nr. 1 AO) ihrem Wortlaut nach nicht einschlägig ist.[67] Der Umstand, dass § 30 IV Nr. 1

---

[60] S. § 84 III Nr. 3 VAG; s. auch § 30 IV Nr. 1 AO. Zum Teil wird eine solche Verwendungsbefugnis stillschweigend vom Gesetzgeber vorausgesetzt, z.B. in § 9 I S. 3 Nr. 1 KWG (Übermittlung von Informationen an die für Bußgeldsachen zuständigen Gerichte), s. dazu u. S. 298 ff.
[61] S. § 11 I S. 1 i.V.m. § 11 IV GewO („bei der Durchführung gewerberechtlicher Vorschriften und Verfahren"); § 25 V GenTG („zur Durchführung dieses Gesetzes"). Allgemeine Verweisungen auf die GewO (und somit auch § 11 I S. 1, IV) enthalten die §§ 31 GaststättenG, 49 I SprengG.
[62] *Marcks*, in: Landmann/Rohmer, GewO, § 11 Rn. 5 (zu § 11 GewO).
[63] § 139b I S. 3 GewO kann in diesem Sinne ausgelegt werden.
[64] § 11 IV i.V.m. § 11 I S. 1 GewO; § 25 V GenTG; § 83 III Nr. 3 VAG.
[65] § 12 VI S. 1, 2 GüKG; § 12 S. 1 ZollVG.
[66] Vgl. z.B. §§ 57 ff. GWB, 14 KrWaffG, 41 LMBG.
[67] Der Wortlaut spricht sogar auf den ersten Blick dagegen, denn § 30 IV Nr. 1 AO enthält ausdrücklich nur eine Offenbarungs-, keine Verwertungsbefugnis, während § 30 II Nr. 1 und 2 AO neben der unbefugten Offenbarung auch die unbefugte Verwertung erwähnen. Ein Umkehr-

AO eine Offenbarung von Informationen aus dem Besteuerungsverfahren zur Durchführung eines Steuerstrafverfahrens einschließlich der anderweitigen Verwendung dieser Informationen zulässt, spricht dafür, erst recht die anderweitige Verwendung ohne Offenbarung an eine andere Behörde zuzulassen.[68]
Interpretatorisch könnte man dies erreichen, indem man auch die Offenbarung innerhalb der Behörde als von § 30 IV Nr. 1 AO umfasst ansieht, denn für die Verfolgung von Steuerstraftaten und -ordnungswidrigkeiten ist in den meisten Ländern eine besondere Dienststelle des zuständigen Finanzamtes eingerichtet.[69] § 30 AO war ursprünglich als Schutznorm nicht an die Finanzbehörde, sondern an den einzelnen Amtsträger gerichtet, wie die beinahe wortgleich formulierte Strafvorschrift (§ 355 StGB) belegt. Mit der Begründung des Rechts auf informationelle Selbstbestimmung wurde das Steuergeheimnis allerdings in einen neuen, datenschutzrechtlichen Kontext gestellt.[70] § 30 AO wird seitdem als einfach-gesetzliche Ausprägung des Rechts auf informationelle Selbstbestimmung verstanden[71], dessen Durchbrechung als Grundrechtseingriff einer gesetzlichen Grundlage bedarf.[72] Den Ausnahmetatbeständen wird damit die Funktion als öffentlich-rechtliche Befugnisnorm unterlegt.[73] Der Gesetzgeber hat diese Transformation durch die Einführung des § 30 VI AO als Rechtsgrundlage für die automatisierte Datenverarbeitung sanktioniert.[74]

---

schluss auf die Unzulässigkeit der anderweitigen Verwertung ist gleichwohl nicht angezeigt, da der Begriff „Verwertung" nicht in einem datenschutzrechtlichen Sinne zu verstehen ist, sondern auf die wirtschaftliche Nutzung bezogen ist. Dass ursprünglich allein an die wirtschaftliche Verwertung gedacht war, zeigt sich im Regierungsentwurf der AO (BT-Drucks. V/1982, S. 16) daran, dass ein Verwerten nur in Bezug auf Betriebs- und Geschäftsgeheimnisse verboten wurde (§ 5 I Nr. 3 AO), s. auch die ursprüngliche Fassung des § 355 StGB, BT-Drucks. 7/550, S. 35, 287. Eine Verwertungsbefugnis ist dementsprechend nicht eingeführt worden, da eine (wirtschaftliche) Verwertung generell als unzulässig gilt, vgl. *Alber*, in: Hübschmann/Hepp/Spitaler, AO, § 30 Rn. 128.
[68] So ausdrücklich *Kühn/Hofmann*, AO (1995), § 30 Anm. 4; s. auch *Förster*, DStZ 1995, 621, 622.
[69] S. *Hellmann*, Neben-Strafverfahrensrecht der AO (1995), S. 137 f.; s. dazu u. S. 463 ff.
[70] Das BVerfG bezeichnet die §§ 30, 31 AO im Volkszählungsurteil als Normen, „die in die verfassungsrechtlich gebotene Richtung weisen", s. BVerfGE 65, 1, 45; ebenso BVerfG, NJW 1990, 701; s. ferner BVerfGE 84, 239, 280 f.
[71] *Besson*, Das Steuergeheimnis (1997), S. 15; *Blesinger*, wistra 1991, 230, 240; *Carl/Klos*, DStZ 1990, 341, 343; *Koch*, in: Koch/Scholtz, AO (1996), § 30 Rn. 3; *Kruse*, in: Tipke/Kruse, AO, § 30 Rn. 6; *Tipke*, Die Steuerrechtsordnung, Bd. I (2000), S. 217.
[72] *Benda*, DStR 1984, 351, 355; *Carl/Klos*, DStZ 1990, 341, 343; *Eilers*, Steuergeheimnis (1987), S. 26; *Tipke*, Die Steuerrechtsordnung, Bd. I (2000), S. 217; s. auch *Besson*, Das Steuergeheimnis (1997), S. 16.
[73] Vgl. zu § 30 IV AO: *Benda*, DStR 1984, 351, 355; *Eilers*, Steuergeheimnis (1987), S. 37 ff.; *Teske*, Abgrenzung der Zuständigkeiten (1987), S. 346.
[74] S. die Begründung des § 30 VI AO im Regierungsentwurf, BT-Drucks. 10/1636, S. 38: „Die Vorschrift dient damit der Konkretisierung und Sicherung des Datenschutzes."
Das gewandelte Verständnis der Durchbrechungen des Steuergeheimnisses (§ 30 IV, V AO) hat bei der Auslegung des Offenbarens in den entsprechenden Straftatbeständen (§§ 203 II, 355 StGB) Spuren hinterlassen. Ausgehend von dem Verständnis, dass der Straftatbestand eine an den Amtsträger gerichtete Verhaltensnorm enthält, wird man auch die behördeninterne Weitergabe von Informationen als „offenbaren" ansehen müssen, s. *Kühl*, in: Lackner/Kühl, StGB (2001), § 355

Adressat der Offenbarungsbefugnis nach § 30 IV Nr. 1 AO ist die Finanzbehörde, nicht die einzelne Dienststelle. Soweit sie nicht in Rechtsvorschriften niedergelegt ist, lässt die innerbehördliche Aufgabenverteilung die sachliche Zuständigkeit der Behörde im Außenverhältnis zum Bürger unberührt.[75] Gegenüber dem Betroffenen handelt es sich daher bei der Weitergabe von Informationen an die Bußgeld- und Strafsachenstelle innerhalb desselben Finanzamtes nicht um eine Offenbarung i.S.d. § 30 IV Nr. 1 AO, sondern um eine von dieser Befugnis nicht erfasste anderweitige Nutzung.[76]

Die Befugnis nach § 30 IV Nr. 1 AO enthält daher eine Lücke, von der nicht angenommen werden kann, dass sie der Intention des Gesetzgebers entspricht, ganz zu schweigen von den Bedürfnissen der Praxis. Will man den Wortlaut des § 30 IV Nr. 1 AO nicht in fragwürdiger Weise überdehnen oder diesen sogar ignorieren, so bleibt als Ausweg, die Gesetzeslücke mit Hilfe der allgemeinen Datenschutzgesetze zu schließen.[77] Dies gilt ebenso hinsichtlich der Aufsichtsgesetze, die entweder keine oder ebenfalls unvollständige Befugnisse zur Übermittlung oder Nutzung der erhobenen Daten enthalten.

(b) Allgemeine Befugnisse nach den Datenschutzgesetzen

Nicht in allen Aufsichtsgesetzen ist eine Befugnis der Behörde vorgesehen, die im Verwaltungsverfahren erhobenen Daten zur Verfolgung von Straftaten und Ordnungswidrigkeiten zu verwenden und zu diesem Zweck an die zuständigen Behör-

---

Rn. 5. Überträgt man jedoch das Verständnis der Offenbarungsbefugnisse (§ 30 IV AO) als öffentlich-rechtliche Eingriffsgrundlagen in das Strafrecht, so liegt in der behördeninternen Weitergabe zur weiteren Sachbearbeitung kein Grundrechtseingriff und dementsprechend wird zum Teil bereits ein Offenbaren verneint, s. zu § 355 StGB: *Lenckner/Perron*, in: Schönke/Schröder, StGB (2001), § 355 Rn. 14; zu § 203 StGB: OLG Frankfurt a.M., NStZ-RR 1997, 69; *Schünemann*, in: LK-StGB, § 203 Rn. 44; s. auch die Bezugnahme auf das Volkszählungsurteil, aaO, Rn. 150. Sofern man strikt zwischen der Behörde und dem Amtsträger trennt (s.o.), kann § 30 IV AO neben der gesetzlichen Eingriffsgrundlage weiterhin eine Befugnis im strafrechtlichen Sinne entnommen werden – s. *Hoyer*, in: SK-StGB, § 355 Rn. 15 –, als Erlaubnissatz kommt aber auch die behördeninterne Aufgabenverteilung, die Dienstpflicht des Amtsträgers o.Ä. in Betracht, vgl. *Schünemann*, in: LK-StGB, § 203 Rn. 150. Zieht man aufgrund des engen Zusammenhanges von § 355 StGB und § 30 AO eine einheitliche Auslegung des Begriffs „offenbaren" vor, so wäre dieser allerdings im erstgenannten Sinne auszulegen.

[75] *Maurer*, Allgemeines Verwaltungsrecht (2002), § 21 Rn. 50. Dementsprechend begründet der Verstoß gegen interne Geschäftsverteilungsregeln nicht die Rechtswidrigkeit einer Maßnahme, s. OVG Münster, ZfW 1988, 300, 303; *Sachs*, in: Stelkens/Bonk/Sachs, VwVfG (2001), § 44 Rn. 166.

[76] Dementsprechend finden auf die behördeninterne Weitergabe von Informationen nicht die Vorschriften des BDSG über die Übermittlung (§ 15), sondern über die Nutzung (§ 14) Anwendung, s. *Tinnefeld/Ehmann*, Datenschutzrecht (1998), S. 162. Der Gesetzgeber folgt damit im BDSG einem organisatorischen Verständnis der „öffentlichen Stelle" (§ 2 BDSG). Um den Einzelnen umfassend vor einer Zweckentfremdung der erhobenen Daten zu schützen, wurde zuvor ein funktionaler, aufgabenbezogener Begriff der datenverarbeitenden Stelle vertreten, s. *Simitis*, NJW 1986, 2795, 2800. Mit der Einführung der Regelung über die anderweitige Nutzung erhobener Daten (§ 14 BDSG) ist das interpretatorische Ziel dieser Ansicht erreicht worden, s. *Dammann*, in: Simitis, BDSG (2003), § 2 Rn. 17.

[77] S. dazu u. S. 298 ff.

II. Die Verwendung der im Verwaltungsverfahren erhobenen Daten

den zu übermitteln. Aus dem Fehlen einer entsprechenden Regelung in dem jeweiligen Aufsichtsgesetz die Schlussfolgerung zu ziehen, eine Verwendung zu repressiven Zwecken sei verfassungswidrig[78], wäre gleichwohl verfrüht. Es stellt sich vielmehr die Frage, ob die Zweckänderung und gegebenenfalls auch die Übermittlung auf die allgemeinen Datenschutzgesetze des Bundes und der Länder gestützt werden kann.

Wiederum ist zunächst zu klären, ob auf die Verwendung einer im Verwaltungsverfahren erhobenen Information zur Strafverfolgung und die zu diesem Zweck erfolgende Übermittlung das BDSG oder die Datenschutzgesetze der Länder Anwendung finden.

Da das BDSG die Erhebung, Verarbeitung und Nutzung durch die öffentlichen Stellen des Bundes regelt[79], findet es Anwendung, soweit eine Bundesbehörde das Verwaltungsverfahren durchführt. Dies ist z.B. bei der Aufsicht durch die Bundesanstalt für Finanzdienstleistungsaufsicht der Fall.[80]

Die Datenschutzgesetze der Länder haben die Erhebung, Verarbeitung und Nutzung von Daten durch öffentliche Stellen des jeweiligen Landes einschließlich der Gemeinden und Landkreise zum Gegenstand. Das BDSG ist insoweit subsidiär, d.h. es gilt nur, soweit der Landesgesetzgeber den Datenschutz nicht geregelt hat (s. § 1 II Nr. 2 BDSG). Soweit eine Landesbehörde mit der Durchführung von Verwaltungsverfahren im Rahmen der Wirtschaftsaufsicht betraut ist, ist daher grundsätzlich das Datenschutzgesetz des jeweiligen Landes anwendbar; nur soweit dieses einen Bereich nicht geregelt hat, ist auf das BDSG zurückzugreifen.[81]

(i) Das BDSG und gleichlautende Vorschriften in den Datenschutzgesetzen der Länder. Soweit das BDSG nach Maßgabe der obigen Ausführungen anwendbar ist, kommen dessen Regelungen über den Umgang der Behörden mit personenbezogenen Daten als gesetzliche Ermächtigungsgrundlagen für die Zweckänderung und Übermittlung zur Strafverfolgung in Betracht (§§ 12ff. BDSG). Das BDSG fungiert insoweit als „Auffanggesetz" und enthält Eingriffsbefugnisse für den Fall, dass entsprechende Befugnisse in den Spezialgesetzen fehlen.[82]

Eine solche Auffangbefugnis stellt § 14 II Nr. 7 BDSG dar.[83] Danach ist die Nutzung erhobener Daten zu einem anderen als dem Erhebungszweck zulässig, wenn sie zur Verfolgung von Straftaten oder Ordnungswidrigkeiten erforderlich ist. Diese Vorschrift ermächtigt Behörden mit einer Doppelfunktion, die zu präventiven

---

[78] So *Lupberger*, Auskunfts- und Prüfungsverfahren (1987), S. 130, 135f., 220, in Bezug auf die Verwendung der von der Kartellbehörde im Verwaltungsverfahren erhobenen Daten zur Verfolgung von Ordnungswidrigkeiten.
[79] § 1 II Nr. 1 BDSG.
[80] S. die §§ 1, 4 des FinDAG vom 22.4.2002, BGBl I S. 1310.
[81] *Simitis*, in: ders., BDSG (2003), § 1 Rn. 124.
[82] *Simitis*, in: ders., BDSG (2003), § 1 Rn. 106f.
[83] Zu § 14 BDSG: *Auernhammer*, BDSG (1993), § 14 Rn. 4; *Dammann*, in: Simitis, BDSG (2003), § 14 Rn. 2; s. auch *Gola/Schomerus*, BDSG (2002), § 4 Rn. 8.

Zwecken erhobenen Daten auch im Rahmen eines Straf- bzw. Ordnungswidrigkeitenverfahrens zu verwenden.

Besteht eine derartige Zuständigkeit der Aufsichtsbehörde nicht, stellt sich die Frage nach der Zulässigkeit der Datenübermittlung an die Verfolgungsbehörde. Diese ist zulässig, wenn sie zur Erfüllung der in der Zuständigkeit des Empfängers liegenden Aufgaben erforderlich ist (§ 15 I Nr. 1 BDSG) und die Voraussetzungen vorliegen, unter denen eine Nutzung nach § 14 BDSG zulässig wäre (§ 15 I Nr. 2 BDSG). Die Übermittlung an die zur Verfolgung zuständige Behörde (s. § 15 I Nr. 1 BDSG) ist daher ebenfalls zulässig, soweit sie zur Verfolgung einer Straftat oder Ordnungswidrigkeit erforderlich ist (§ 15 I i.V.m. § 14 II Nr. 7 BDSG). In diesem Fall schließt die Übermittlungsbefugnis die damit einhergehende Zweckänderung ein.[84] Die Übermittlungsbefugnis bezieht sich dabei sowohl auf die spontane Übermittlung als auch auf die Übermittlung auf ein entsprechendes Ersuchen.[85] Dies zeigt sich an den Regelungen über die für die Übermittlung verantwortliche Stelle, die zwischen der spontanen Übermittlung als Regelfall (§ 15 II S. 1 BDSG) und der Übermittlung auf ein Ersuchen (§ 15 II S. 2, 3 BDSG) unterscheidet. Für die Bundesbehörde, die einem Auskunftsersuchen der Staatsanwaltschaft entspricht, ergibt sich die Übermittlungsbefugnis also aus §§ 15 I, 14 II Nr. 7 BDSG.[86]

In den Landesdatenschutzgesetzen finden sich überwiegend Regelungen, die den Befugnissen nach §§ 14 II Nr. 7, 15 I BDSG nachgebildet sind.[87] Für die Zweckänderung und Übermittlung durch die von den Landesbehörden erhobenen Daten kann daher insoweit auf die obigen Ausführungen verwiesen werden.

(ii) Die vom BDSG abweichenden Vorschriften in den Datenschutzgesetzen der Länder. Anders steht es mit den Datenschutzgesetzen der Länder, die sich nicht an § 14 II Nr. 7 BDSG orientieren, sondern die Befugnis zur Zweckänderung abweichend geregelt haben. In diesen Datenschutzgesetzen ist die Behörde zur anderweitigen Nutzung und insoweit auch zur Übermittlung befugt, wenn sich bei Gelegenheit der rechtmäßigen Aufgabenerfüllung Anhaltspunkte für Straftaten oder

---

[84] Eines Rückgriffs auf § 14 II Nr. 7 BDSG bedarf es insoweit nicht, denn die übermittelnde Behörde nutzt die Daten nicht selbst. Darüber hinaus werden die Begriffe „verarbeiten", der das Übermitteln einschließt (§ 3 V BDSG), und „nutzen" im BDSG als einander ausschließend verwendet (§ 3 VI BDSG).

[85] S. auch *Tinnefeld/Ehmann*, Datenschutzrecht (1998), S. 320 (zu § 14 II Nr. 7 BDSG).

[86] *Kleinknecht/Meyer-Goßner*, StPO (2003), § 161 Rn. 1a; *Plöd*, in: KMR-StPO, § 161 Rn. 2; *Wache*, in: KK-StPO (2003), § 161 Rn. 4. Dementsprechend wird auch bei der Amtshilfe im Verwaltungsverfahren nicht § 5 VwVfG, sondern § 15 I BDSG als gesetzliche Ermächtigung für die mit der Leistung der Amtshilfe verbundenen Eingriffe in das informationelle Selbstbestimmungsrecht angesehen, s. *Bonk/Schmitz*, in: Stelkens/Bonk/Sachs, VwVfG (2001), § 5 Rn. 19; *Kopp/Ramsauer*, VwVfG (2003), § 5 Rn. 21; s. auch *Schlink*, NVwZ 1986, 249, 252.

[87] §§ 15 II Nr. 8, 16 I (Baden-Württemberg); Art. 17 II Nr. 10, 18 I S. 1 (Bayern); §§ 12 II Nr. 4, 14 I S. 1 (Bremen); §§ 13 II Nr. 5, 14 I S. 1 (Hamburg); §§ 10 III Nr. 7, 14 I (Mecklenburg-Vorpommern); §§ 13 II Nr. 2, 14 I (Rheinland-Pfalz); §§ 13 II Nr. 3, 14 I (Sachsen); §§ 10 II Nr. 7, 11 (Sachsen-Anhalt); §§ 20 II Nr. 7, 21 I (Thüringen). Im Berliner Datenschutzgesetz wird auf die Regelungen des BDSG verwiesen (§ 6 II DSG).

II. Die Verwendung der im Verwaltungsverfahren erhobenen Daten

Ordnungswidrigkeiten ergeben.[88] Zum Teil wird als weitere Voraussetzung formuliert, dass die Unterrichtung der zur Verfolgung zuständigen Behörden geboten erscheinen muss.[89]

Diese Regelungen erfassen also zunächst den Fall, dass die Verwaltungsbehörde von sich aus die Verfolgungsbehörde über ihren Verdacht informiert, d. h. die spontane Übermittlung. Ob die Nutzung der Daten zu repressiven Zwecken, ohne dass eine Übermittlung stattfindet, von der gesetzlichen Ermächtigung gedeckt ist, erscheint zumindest in Bezug auf die Datenschutzgesetze zweifelhaft, die voraussetzen, dass eine Unterrichtung der Verfolgungsbehörden geboten ist. Die Formulierung legt nahe, dass dort nur eine Befugnis zur Übermittlung geregelt ist. Entscheidend für den Inhalt einer Befugnis ist jedoch nicht, an welche tatbestandlichen Voraussetzungen sie geknüpft ist, sondern mit welchem Inhalt der Gesetzgeber sie auf der Rechtsfolgenseite versehen hat. Ausweislich des Wortlauts wird in den Datenschutzgesetzen eine Befugnis zur Verarbeitung begründet, die in der Begrifflichkeit der Landesdatenschutzgesetze die Nutzung einschließt.[90] Das bedeutet, dass eine Aufsichtsbehörde, falls sie auch zur Verfolgung von Straftaten oder Ordnungswidrigkeiten zuständig ist, die im Verwaltungsverfahren erhobenen Daten zu repressiven Zwecken zu nutzen befugt ist. Die zusätzliche Voraussetzung, dass eine Unterrichtung der Verfolgungsbehörde geboten erscheint, wird in diesem Fall gegenstandslos.

Problematisch bleibt die Übermittlung von Daten auf ein Ersuchen der Verfolgungsbehörden. Diese wird von den angeführten Befugnissen in den Datenschutzgesetzen einiger Länder nicht erfasst. Eine Übermittlung könnte gleichwohl aufgrund anderer Vorschriften zulässig sein, welche die Aufsichtsbehörde zu einer Übermittlung ermächtigen, wenn diese zur Erfüllung der in der Zuständigkeit des Empfängers liegenden Aufgaben erforderlich ist und eine Rechtsvorschrift dies vorsieht[91] bzw. erlaubt[92].

Diese Befugnisnormen könnten auf die Ermittlungsbefugnis der Staatsanwaltschaft (§ 161 I S. 1 StPO) und die Pflicht der Behörden, einem Auskunftsersuchen der Staatsanwaltschaft zu entsprechen (§ 161 I S. 2 StPO) verweisen.[93] Eine Über-

---

[88] §§ 13 II g), 14 I S. 1 (Brandenburg); §§ 13 II, 12 II Nr. 4 (Hessen); §§ 10 II Nr. 3, 11 I (Niedersachsen); §§ 13 II S. 1 h), 14 I S. 1 (Nordrhein-Westfalen); §§ 13 II h), 14 I (Saarland); §§ 13 III Nr. 3, 14 I (Schleswig-Holstein). In Hessen ist ausdrücklich nur eine Verarbeitungsbefugnis, keine Übermittlungsbefugnis vorgesehen (§ 13 II DSG); der Begriff der Verarbeitung schließt jedoch den der Übermittlung ein (§ 2 II S. 1 Nr. 3 DSG).
[89] § 13 II g) (Brandenburg); § 10 II Nr. 3 (Niedersachsen); § 13 II S. 1 h) (Nordrhein-Westfalen); § 13 II h) (Saarland).
[90] S. § 3 II S. 1 der Datenschutzgesetze Brandenburgs, Niedersachsens, Nordrhein-Westfalens und des Saarlands; s. auch § 2 II S. 1 der Datenschutzgesetze Hessens und Schleswig-Holsteins.
[91] § 13 II i.V.m. § 12 II Nr. 1 (Hessen); § 11 I i.V.m. §§ 10 II S. 1 Nr. 2, 9 I S. 3 Nr. 1 (Niedersachsen).
[92] § 14 I S. 1 i.V.m. § 13 II S. 1 a) (Brandenburg); § 14 I S. 1 i.V.m. § 13 II S. 1 a) (Nordrhein-Westfalen); § 14 I i.V.m. § 13 II S. 1 a) (Saarland); § 14 I i.V.m. § 13 III Nr. 1 (Schleswig-Holstein).
[93] Im Ordnungswidrigkeitenverfahren gilt § 161 I StPO für die Verfolgungsbehörde entsprechend (§ 46 II OWiG).

mittlung personenbezogener Daten zu repressiven Zwecken ist in diesen gesetzlichen Vorschriften ausdrücklich vorgesehen. Die Pflicht der ersuchten Behörde, dem Ersuchen zu entprechen, kann auch als gesetzliche Erlaubnis angesehen werden, die in der Auskunft enthaltenen personenbezogenen Daten zu übermitteln. Dass in einigen Datenschutzgesetzen nicht der neutrale Begriff „vorsieht" verwendet wird, sondern darauf abgestellt wird, dass eine Rechtsvorschrift die Verarbeitung „erlaubt", bedeutet nicht, dass der Gesetzgeber damit Pflichten zur weiteren Verarbeitung und Übermittlung ausnehmen wollte. Die Formulierung betont vielmehr, dass in dem datenschutzrechtlichen Kontext entscheidend ist, ob die gesetzliche Pflicht zugleich eine Befugnis zur Datenverarbeitung begründet oder nicht vielmehr ihrerseits eine solche Befugnis voraussetzt. Die Pflicht der Behörde, dem Auskunftsersuchen nach § 161 I S. 1 StPO zu entsprechen, ist ihrem Sinn und Zweck nach so auszulegen, dass eine Übermittlung personenbezogener Daten vorbehaltlich besonderer gesetzlicher Schutzvorschriften generell für zulässig erklärt werden soll. Soweit die Landesdatenschutzgesetze vom BDSG abweichen, ist die Landesbehörde also ebenfalls nach den dort vorgesehenen, oben genannten Bestimmungen i.V.m. § 161 I StPO (ggf. i.V.m. § 46 II OWiG) befugt, zur Verfolgung einer Straftat oder Ordnungswidrigkeit auf ein entsprechendes Ersuchen der zuständigen Verfolgungsbehörde personenbezogene Daten zu übermitteln.

(iii) Das Verhältnis zu den Befugnisnormen in den Aufsichtsgesetzen. Dem jeweils anwendbaren Datenschutzgesetz lässt sich somit eine Befugnis der Aufsichtsbehörde entnehmen, die erhobenen Daten entweder selbst zur Verfolgung einer Straftat oder Ordnungswidrigkeit zu nutzen oder zu diesem Zweck an die zuständigen Behörden zu übermitteln, sei es aus eigenem Entschluss oder auf ein entsprechendes Ersuchen. Angesichts dessen stellt sich die Frage nach der Bedeutung der speziellen Nutzungs- und Übermittlungsbefugnisse und dem Verhältnis der Datenschutzgesetze zu den Aufsichtsgesetzen.[94]

Grundsätzlich gilt, dass weder das BDSG noch die Datenschutzgesetze der Länder anwendbar sind, soweit die Aufsichtsgesetze selbst spezielle Regelungen über die behördliche Datenverarbeitung enthalten.[95] Der Vorrang des speziellen Gesetzes gilt nicht nur, soweit der Aufsichtsbehörde dort Nutzungs- und Übermittlungsbefugnisse eingeräumt werden, sondern vor allem, soweit die Verarbeitung

---

[94] § 1 IV BDSG, der dem BDSG Vorrang vor dem VwVfG einräumt, „soweit bei der Ermittlung des Sachverhalts personenbezogene Daten verarbeitet werden", ist nicht so auszulegen, dass im Übrigen, d.h. für die Nutzung und Verwendung (s. § 3 V BDSG), das VwVfG das BDSG verdrängt, sondern es ist vielmehr von einem umfassenden Vorrang des BDSG auszugehen, s. dazu *Macht*, Verwertungsverbote (1999), S. 221 ff.

[95] § 1 III S. 1 BDSG; s. die entsprechenden Regelungen in den Landesdatenschutzgesetzen: § 2 V S. 1 (Baden-Württemberg); Art. 2 VII (Bayern); § 2 V (Berlin); § 2 III S. 2 (Brandenburg); § 1 II S. 3 (Bremen); § 2 VII (Hamburg); § 3 III (Hessen); § 2 IV S. 1 (Mecklenburg-Vorpommern); § 2 VI (Niedersachsen); § 2 III (Nordrhein-Westfalen); § 2 VII S. 1 (Rheinland-Pfalz); § 2 III S. 2 (Saarland); § 2 IV (Sachsen); § 3 III S. 1 (Sachsen-Anhalt); § 3 III (Schleswig-Holstein); § 2 III S. 1 (Thüringen).

II. Die Verwendung der im Verwaltungsverfahren erhobenen Daten

personenbezogener Daten ausgeschlossen oder eingeschränkt wird. Eine Anwendung der weitergehenden, allgemeinen Befugnisse nach den Datenschutzgesetzen würde der Absicht des Gesetzgebers zuwiderlaufen, den Einzelnen in diesem Bereich stärker gegen staatliche Eingriffe in sein Recht auf informationelle Selbstbestimmung zu schützen.

Bestimmt ein Aufsichtsgesetz, dass die erhobenen personenbezogenen Daten nur zur Durchführung dieses Gesetzes oder zur Verfolgung einer Straftat verwendet werden dürfen[96], so ergibt sich daraus, dass eine Verwendung zur Verfolgung von Ordnungswidrigkeiten grundsätzlich ausgeschlossen ist, soweit diese Aufgabe nicht im Rahmen der „Durchführung dieses Gesetzes" erfüllt wird.[97] Eine Übermittlung der erhobenen Daten zur Verfolgung anderer Ordnungswidrigkeiten läuft dem Willen des Gesetzgebers zuwider und kann daher auch nicht auf die allgemeine Befugnis in den Datenschutzgesetzen gestützt werden. Auch eine Übermittlung auf ein Ersuchen der Verfolgungsbehörde scheidet insoweit aus.

Auf der anderen Seite können die Datenschutzgesetze herangezogen werden, um vom Gesetzgeber nicht beabsichtigte Lücken in den Aufsichtsgesetzen zu schließen.[98] Im Steuerrecht ist bereits auf eine solche Lücke hingewiesen worden.[99] Dort ist der Finanzbehörde nur die Befugnis eingeräumt worden, Daten aus einem Besteuerungsverfahren zur Durchführung eines Steuerstrafverfahrens an eine andere Behörde zu offenbaren, während die Befugnis, diese Daten selbst zur Durchführung eines Steuerstrafverfahrens zu nutzen, fehlt. Dass der Gesetzgeber eine solche Verwendung ausschließen wollte, kann nicht angenommen werden. Die mit der Doppelfunktion der Finanzbehörden vom Gesetzgeber angestrebten Synergieeffekte[100] lassen sich vielmehr nur unter der Voraussetzung eines freien Informationsflusses zwischen Besteuerungsverfahren und Steuerstrafverfahren erreichen. Für eine solche Auslegung spricht in Bezug auf das Steuergeheimnis schließlich auch § 88a AO, der die Verwendung erhobener Daten für künftige Steuerstrafverfahren ausdrücklich gestattet (§ 88a S. 2 AO). Diese im Jahr 1993, also zehn Jahre nach dem Volkszählungsurteil, eingeführte Regelung sollte klarstellen, dass Daten nicht nur für ein konkretes Verwaltungsverfahren, sondern auch für Zwecke künftiger Verfahren gesammelt und verwendet werden dürfen.[101] Der Gesetzgeber sah also die Verwendung erhobener Daten in anderen, bereits laufenden Steuerstraf-

---
[96] § 25 V GenTG; s. auch § 11 V S. 3 GewO.
[97] S.o. S. 292.
[98] Das BDSG gilt subsidiär (§ 1 III S. 1 BDSG); s. etwa *Szagunn/Haug/Ergenzinger*, KWG (1997), § 9 Rn. 18 (zum KWG).
[99] S.o. S. 292ff.
[100] Zu den Gründen für die Doppelfunktion der Finanzbehörden: Begründung des Regierungsentwurfes zur AO, BT-Drucks. V/1812, S. 21; s. auch *Joecks*, in: Franzen/Gast/Joecks, Steuerstrafrecht (2001), § 386 Rn. 8; *Rüster*, wistra 1988, 49, 55; kritisch insoweit *Hellmann*, Neben-Strafverfahrensrecht der AO (1995), S. 402ff.
[101] S. die Begründung des Ergänzungsantrages des Bundesrates, BT-Drucks. 12/6267, S. 19; zur Verfassungsmäßigkeit des § 88a AO: *Söhn*, in: Hübschmann/Hepp/Spitaler, AO, § 88a Rn. 5.

verfahren als zulässig an.[102] Eine Ergänzung des § 30 IV Nr. 1 AO durch die datenschutzrechtliche Befugnis zur Nutzung personenbezogener Daten aus dem Besteuerungsverfahren zur Verfolgung einer Steuerstraftat widerspricht daher nicht den Wertungen des Gesetzgebers und ist somit zulässig.[103]

In ähnlicher Weise unvollständig zeigen sich die Aufsichtsgesetze in Bezug auf die Verfolgung von Ordnungswidrigkeiten. Dort ist zum Teil eine Befugnis vorgesehen, die erhobenen Daten an die Strafverfolgungsbehörden oder die für Straf- und Bußgeldsachen zuständigen Gerichte weiterzugeben.[104] Aus dem Umstand, dass keine Ermächtigung vorgesehen ist, Informationen an Behörden zu übermitteln, die zur Verfolgung von Ordnungswidrigkeiten zuständig sind, ist abzuleiten, dass ein Rückgriff auf die allgemeinen Datenschutzgesetze insoweit ausscheidet. Andererseits lässt die ausdrückliche Erwähnung der für Bußgeldsachen zuständigen Gerichte darauf schließen, dass eine Verwendung der im Verwaltungsverfahren erhobenen Daten zur Verfolgung von Ordnungswidrigkeiten nicht schlechthin unzulässig ist. So wird eine solche Nutzung, soweit sie von der Aufsichtsbehörde selbst vorgenommen wird, vom Gesetzgeber für zulässig erklärt.[105] Zu dem gleichen Ergebnis gelangt man durch einen Rückgriff auf die allgemeinen Datenschutzgesetze, soweit in den Aufsichtsgesetzen lediglich eine Übermittlungsbefugnis vorgesehen ist und der Aufsichtsbehörde sowohl präventive als auch repressive Aufgaben übertragen sind.[106]

Im Übrigen bleibt ein spezialgesetzlich besonders gewährleisteter Datenschutz unberührt. So kann über einen Rückgriff auf die allgemeinen Datenschutzgesetze nicht das gesetzlich besonders geschützte Steuergeheimnis durchbrochen werden, um Straftaten oder Ordnungswidrigkeiten zu verfolgen, die außerhalb des Zuständigkeitsbereichs der Finanzbehörden liegen, sondern dies ist nur unter den in § 30 IV Nr. 4 und 5 AO angeführten Voraussetzungen zulässig.

(iv) Die Vereinbarkeit der Befugnisse in den Datenschutzgesetzen mit dem Bestimmtheitsgebot. Soweit sie nicht von spezielleren Regelungen verdrängt werden, können die in den Datenschutzgesetzen des Bundes und der Länder enthaltenen Befugnisse demnach prinzipiell als gesetzliche Grundlage für die Nutzung und Übermittlung der von der Aufsichtsbehörde erhobenen Daten zur Verfolgung von

---

[102] In § 88a AO wird dementsprechend keine Einschränkung des § 30 IV AO gesehen, s. *Söhn*, in: Hübschmann/Hepp/Spitaler, § 88a Rn. 8.

[103] S. allgemein zur ergänzenden Anwendung der Datenschutzgesetze: *Alber*, in: Hübschmann/Hepp/Spitaler, AO, § 30 Rn. 16; *Kruse*, in: Tipke/Kruse, AO, § 30 Rn. 5.

[104] § 9 I S. 3 Nr. 1 KWG.

[105] S. insoweit auch die ausdrückliche Regelung in §§ 84 III Nr. 3, IV Nr. 1 VAG.

[106] So nehmen die Zollbehörden bei der Verfolgung Straftaten im Außenwirtschaftsverkehr auch Aufgaben im Rahmen des strafrechtlichen Ermittlungsverfahrens wahr (§ 37 II AWG), s. dazu u. S. 497 ff. Eine Übermittlung von Daten, die im Rahmen der zollamtlichen Überwachung erhoben worden sind (§§ 1 III, 11 ZollVG) kann auf § 12 S. 1 ZollVG gestützt werden, während auf die anderweitige Nutzung, d. h. im Rahmen eigener Ermittlungen, § 14 II Nr. 7 BDSG Anwendung findet.

II. Die Verwendung der im Verwaltungsverfahren erhobenen Daten

Straftaten und Ordnungswidrigkeiten herangezogen werden. Den verfassungsrechtlichen Anforderungen des Rechts auf informationelle Selbstbestimmung genügt indessen nur eine gesetzliche Befugnis, die Voraussetzungen und Grenzen des Grundrechtseingriffes klar und hinreichend präzise normiert.[107]

In den §§ 14 II Nr. 7, 15 BDSG und den entsprechenden Vorschriften der Landesdatenschutzgesetze werden die Voraussetzungen der Nutzung und Übermittlung insofern niedergelegt, als der neue Verwendungszweck (Verfolgung einer Straftat oder Ordnungswidrigkeit) bestimmt und die Nutzung bzw. Übermittlung davon abhängig gemacht wird, dass sie erforderlich ist, damit die Verfolgungsbehörde ihre gesetzlich zugewiesenen Aufgaben erfüllen kann. Die für sich genommen unbestimmte Bezugnahme auf die „in der Zuständigkeit ... des Dritten, an den die Daten übermittelt werden, liegenden Aufgaben" (§ 15 I Nr. 1 BDSG) ist zwar verfassungsrechtlich problematisch.[108] Der gesetzliche Inhalt der Befugnis wird aber in der vorliegenden Konstellation durch die Verweisung auf den Verarbeitungszweck (§ 15 I Nr. 2 i.V.m. § 14 II Nr. 7 BDSG), der zugleich die gesetzliche Aufgabe (Verfolgung von Straftaten bzw. Ordnungswidrigkeiten) präzisiert, deutlich erkennbar. Soweit in den Landesdatenschutzgesetzen die spontane Übermittlung bzw. Nutzung zur Verfolgung von Straftaten und Ordnungswidrigkeiten nur unter der Voraussetzung für zulässig erklärt wird, dass eine Unterrichtung der Verfolgungsbehörde geboten erscheint[109], ist damit kein höheres Maß an Bestimmtheit verbunden, da man darin nicht mehr als einen allgemeinen Hinweis auf eine sachgerechte Ermessensausübung, insbesondere unter Beachtung des Verhältnismäßigkeitsprinzips, erblicken kann. Die in einigen Datenschutzgesetzen enthaltene Verweisung auf § 161 I S. 2 StPO normiert ebenfalls klar und deutlich die Voraussetzungen einer Übermittlung auf ein Ersuchen. Ein Auskunftsersuchen darf nur zur Durchführung des Ermittlungsverfahrens gestellt werden (§ 161 I S. 1 StPO).[110] Wie sich insbesondere aus der Prüfungspflicht der übermittelnden Behörde ergibt[111], setzt auch die Übermittlung durch die Aufsichtsbehörde aufgrund eines solchen Ersuchens voraus, dass diese der Erfüllung der gesetzlichen Aufgaben der Verfolgungsbehörde dient. Eine gesetzliche Übermittlungspflicht ist darüber hinaus insofern präziser, als sie die Rechtsfolge (Übermittlung) bei Eingreifen der tatbestandlichen Voraussetzungen nicht von der Ermessensentscheidung der übermittelnden Behörde abhängig macht.

Eine präzisere Regelung hätte man gleichwohl erreichen können, indem man die Übermittlung bzw. Nutzung von weiteren, zusätzlichen Voraussetzungen abhängig macht, die nicht in einer allgemeinen, horizontalen Befugnis, sondern in einer speziellen Regelung in dem jeweiligen Aufsichtsgesetz niederzulegen wären. Es

---

[107] S.o. S. 72; s. auch o. S. 212.
[108] S. die Kritik von *Simitis*, in: ders., BDSG (2003), § 1 Rn. 108.
[109] S.o. S. 297.
[110] Vgl. o. S. 297f.
[111] S. die Datenschutzgesetze Brandenburgs, Hessens, Niedersachsens, Nordrhein-Westfalens, des Saarlands und Schleswig-Holsteins, s.o. S. 296f.

stellt sich also wiederum[112] die Frage, ob das Bestimmtheitsgebot dem Gesetzgeber die Schaffung bereichsspezifischer Übermittlungs- und Nutzungsbefugnisse aufgibt.

In Bezug auf den neuen Verwendungszweck handelt es sich bei den oben angeführten Befugnissen um bereichsspezifische Regelungen, da sie zu Eingriffen in das Recht auf informationelle Selbstbestimmung zur Erfüllung einer bestimmten Aufgabe ermächtigen (Verfolgung von Straftaten und Ordnungswidrigkeiten). Der Zweck der anderweitigen Nutzung und Verarbeitung der erhobenen Daten wird damit präzise benannt.[113] Dass die Befugnis zur Datenerhebung in einem speziellen Aufsichtsgesetz enthalten ist, ist kein Grund, dass auch die Nutzung und Übermittlung dieser Daten in diesem Gesetz geregelt sein muss. Im Gegenteil, die Schaffung zahlreicher Einzelvorschriften würde zu Unübersichtlichkeit führen und damit dem Ziel des Gebots der Normenklarheit zuwiderlaufen.[114] Zudem wäre damit keineswegs eine größere Bestimmtheit der einzelnen Norm verbunden, wie der Umstand zeigt, dass die in den Übermittlungs- und Verwendungsregelungen der Aufsichtsgesetze enthaltenen Eingriffsvoraussetzungen ähnlich weit formuliert sind wie die Übermittlungs- und Nutzungsbefugnisse in den Datenschutzgesetzen. Zum Teil wird in den Aufsichtsgesetzen sogar ausdrücklich auf die Datenschutzgesetze verwiesen.[115] Aus diesem Grund kann auch nicht angenommen werden, dass der Umstand, dass die Befugnis nicht in der StPO bzw. im OWiG geregelt ist, eine Verletzung des Bestimmtheitsgebotes begründet.

Davon zu trennen ist die Frage, ob im Hinblick auf die Eingriffsintensität der Zweckentfremdung eine spezielle Regelung verfassungsrechtlich geboten ist.[116] So kann in der besonderen Schwere des Erhebungseingriffs ein Grund dafür liegen, die anderweitige Verwendung der erhobenen Daten im Zusammenhang mit dem Erhebungseingriff zu regeln. Aus diesem Grund ist beispielsweise bei Eingriffen in besonders geschützte Grundrechtspositionen (Art. 10, 13 GG), bei besonders eingriffsintensiven Methoden zur Datenerhebung oder bei der anderweitigen Verwendung besonders sensibler Daten eine Befugnisnorm mit hoher Regelungsdichte erforderlich.[117] Der Gesetzgeber ist in diesen Fällen aufgerufen, der Exekutive strikte Vorgaben für die Ausübung der Befugnisse und der Prüfung der Verhältnis-

---

[112] S.o. S. 288 ff.
[113] S. dagegen die Amtshilfevorschriften der §§ 4ff. VwVfG, die nach h.M. keine geeignete Ermächtigung für Eingriffe in das informationelle Selbstbestimmungsrecht darstellen, s. *Badura*, in: Erichsen, Allgemeines Verwaltungsrecht (2002), § 37 Rn. 40; *Gubelt*, in: von Münch/Kunig, GG, Bd. 2 (2001), Art. 35 Rn. 15; *Kopp/Ramsauer*, VwVfG (2003), § 5 Rn. 18, 21; *Schlink*, NVwZ 1986, 249, 254.
[114] S. *Walden*, Zweckbindung (1996), S. 136; s. auch die entsprechende Kritik am Justizmitteilungsgesetz: *Pätzel*, DRiZ 2001, 24, 26.
[115] § 56 KrW-/AbfG; s. auch § 16 VI S. 3 TierSchG.
[116] S. *Dammann*, in: ders., BDSG (2003), § 14 Rn. 2; *Simitis*, ebenda, § 1 Rn. 110.
[117] S. die entsprechenden Beispiele bei *Simitis*, in: ders., BDSG (2003), § 1 Rn. 110: Krankenhausgesetze (Gesundheitsdaten als sensible Daten), Polizeigesetze (wegen der dort vorgesehenen Erhebungseingriffe); s. auch *Gola/Schomerus*, BDSG (2002), § 1 Rn. 16 m.w.N.

mäßigkeit der Maßnahme im Einzelfall an die Hand zu geben. Unter Umständen ist eine anderweitige Verwendung der erhobenen Daten auf wenige Ausnahmen (Sekundärzwecke) zu beschränken.

Das Bestimmtheitsgebot steht also in einem engen Zusammenhang mit der materiellen Verhältnismäßigkeit. Solange eine Nutzung und Übermittlung auf der Grundlage einer generellen, d. h. nicht bereichsspezifischen, Befugnisnorm prinzipiell rechtfertigungsfähig und nur im Einzelfall aufgrund besonderer Umstände unverhältnismäßig ist, ist es indessen verfassungsrechtlich nicht geboten, in einer gesetzlichen Ermächtigung für den Regelfall weitere Anforderungen zu normieren. Soweit sich die Umstände, die eine besondere Eingriffsintensität begründen und dadurch die Verhältnismäßigkeit der Maßnahme in Zweifel ziehen, typisieren lassen, ist hingegen eine gesetzliche Regelung angezeigt.

Als Ergebnis ist daher festzuhalten, dass die Änderung des Verarbeitungszweckes und die Nutzung und Übermittlung der erhobenen Daten zu diesem Zweck für sich genommen keinen so gravierenden Eingriff in das Recht auf informationelle Selbstbestimmungsrecht darstellt, dass die Nutzungs- und Übermittlungsbefugnisse bereichsspezifisch ausgeformt werden müssten. Dass bedeutet nicht, dass die Datenschutzgesetze als gesetzliche Grundlage für beliebige Nutzungs- und Übermittlungseingriffe herangezogen werden können. Soweit derartige Eingriffe aufgrund zusätzlicher Umstände besonders schwer in das Recht auf informationelle Selbstbestimmung eingreifen, wird möglicherweise eine besondere Regelung geboten sein. Diese Frage steht in engem Zusammenhang mit der materiellen Verhältnismäßigkeit der Eingriffe in das informationelle Selbstbestimmungsrecht, auf die nunmehr einzugehen sein wird. Möglicherweise besteht danach Anlass, für bestimmte Eingriffe eine gesonderte, unter Umständen bereichsspezifische Befugnis zu fordern.

(3) Anzeigepflichten der Aufsichtsbehörden

Die Übermittlung und Nutzung personenbezogener Daten zu repressiven Zwecken bedarf einer gesetzlichen Ermächtigung. Dies gilt unabhängig davon, ob die Aufsichtsbehörde zu einer Übermittlung (Nutzung) verpflichtet ist oder diese in ihrem Ermessen steht. Davon zu unterscheiden ist die Frage, ob eine solche Pflicht auch bei einer bereits bestehenden Befugnis ausdrücklich gesetzlich normiert sein muss.

Soweit die Aufsichtsbehörde zugleich für die Verfolgung von Straftaten zuständig ist, ist diese Frage mit dem im Strafverfahren geltenden Legalitätsprinzip und der daraus folgenden generellen Verfolgungspflicht (§ 152 II StPO) entschieden; in Bezug auf Ordnungswidrigkeiten steht die Nutzung der Daten zu repressiven Zwecken aufgrund des im Ordnungswidrigkeitenverfahren geltenden Opportunitätsprinzips (§ 47 I OWiG) im Ermessen der Verfolgungsbehörde. Beide Vorschriften geben im Hinblick auf den Gesetzesvorbehalt keinen Anlass zu verfassungsrechtlichen Bedenken.

Anders steht es bei der spontanen Übermittlung von Informationen zu repressiven Zwecken. Der Gesetzgeber hat nur vereinzelt eine Pflicht der Verwaltungsbehörde zur Anzeige von Straftaten vorgesehen.[118] Über diese speziellen Pflichten hinaus besteht keine allgemeine Anzeigepflicht der Aufsichtsbehörden.[119] Gleichwohl bestehen auf Landesebene Ministerialerlasse, in denen eine Pflicht der Aufsichtsbehörden zur Anzeige von Straftaten vorgesehen ist, insbesondere im Rahmen der Gewerbeaufsicht[120] und des Umweltschutzes[121].[122]

Diese Erlasse haben im Hinblick auf den Gesetzesvorbehalt verfassungsrechtliche Bedenken hervorgerufen.[123] Dass die Statuierung einer Anzeigepflicht als „wesentliche", dem Gesetzgeber vorbehaltene Frage anzusehen ist, kann allerdings nicht mit dem Recht auf informationelle Selbstbestimmung begründet werden.[124] Für den Betroffenen macht es keinen Unterschied, ob die Behörde aufgrund einer Befugnis oder einer Verpflichtung in sein Grundrecht eingreift, solange die im Gesetz niedergelegten Voraussetzungen und Grenzen eines solchen Eingriffs die gleichen sind. Zwar wirkt sich ein Verzicht auf eine Anzeigepflicht rein tatsächlich vorteilhaft für den Betroffenen aus, da das Risiko einer Anzeige geringer ist. Der Verwaltungsbehörde in diesem Umfang einen Entscheidungsspielraum zu belassen, begegnet jedoch keinen verfassungsrechtlichen Bedenken.

Die „Wesentlichkeit" der Anzeigepflicht ergibt sich aus einem anderen Aspekt. Durch die Pflicht zur Anzeige von Straftaten wird der Aufsichtsbehörde die Möglichkeit genommen, insoweit ein Ermessen auszuüben und dabei Zweckmäßigkeitserwägungen in Bezug auf das von ihr geführte Verwaltungsverfahren anzustellen. Im Interesse einer effektiven Gefahrenabwehr ist im Umweltrecht eine Information und Kooperation zwischen der Verwaltungsbehörde und dem Anlagenbetreiber geboten.[125] Angesichts eines drohenden Strafverfahrens wird dieser nicht

---

[118] §§ 116 I AO, 2 I S. 2 GÜV, 13 GwG, 6 SubventionsG, 12 S. 1 ZollVG. Eine Pflicht zur Anzeige von Ordnungswidrigkeiten ist nur in § 12 S. 1 ZollVG vorgesehen. Nicht in den vorliegenden Zusammenhang gehört die Anzeigepflicht nach § 18 WpHG, da dort bereits die Informationserhebung Teil des strafrechtlichen Ermittlungsverfahrens ist, s.o. S. 228ff. Die Übermittlungspflicht entspricht also der strafverfahrensinternen Weiterleitungspflicht der Polizei, s. § 163 II StPO.

[119] *Breuer*, AöR 115 (1990), 448, 475; s. auch OLG Frankfurt, ZfW 1988, 236, 244.

[120] S. dazu *Heine/Meinberg*, Gutachten D, in: Verhandlungen des 57. DJT (1988), Bd. I, D 71 m.w.N.

[121] S. insoweit *Breuer*, AöR 115 (1990), 448, 472 ff.; *Mäder*, Betriebliche Offenbarungspflichten (1997), S. 241 ff., jeweils m.w.N.

[122] S. auch zur Begründung einer Anzeigepflicht der gesetzlichen Krankenkassen und der kassenärztlichen Vereinigungen beim Verdacht auf Abrechnungsbetrug: *Schnapp/Düring*, NJW 1988, 738.

[123] *Breuer*, AöR 115 (1990), 448, 478 ff.; *Nobbe/Vögele*, NuR 1988, 313, 318; *Rogall*, in: Verhandlungen des 57. DJT (1988), Bd. II, L 227; s. auch *Papier*, in: UTR, Bd. 3 (1987), S. 65, 79; *Schink*, DVBl 1986, 1074 ff.

[124] So *Rogall*, in: Verhandlungen des 57. DJT (1988), Bd. II, L 227; s. auch *Breuer*, AöR 115 (1990), 448, 484; zur Vereinbarkeit einer behördlichen Anzeigepflicht mit dem Nemo-tenetur-Grundsatz s.u. S. 436 ff.

[125] S. den Bericht des Rechtsausschusses zum 18. Strafrechtsänderungsgesetz, BT-Drucks. 8/3633, S. 21; *Breuer*, AöR 115 (1990), 448, 461 ff., 482; *Nobbe/Vögele*, NuR 1988, 313, 318.

mehr bereit sein, bei der Abwehr und der Beseitigung von Gefahren mit der Behörde zusammenzuarbeiten.[126] Mit einer solchen Pflicht wird dem öffentlichen Interesse an der Strafverfolgung generell der Vorrang vor dem Interesse an einer effektiven Gefahrenabwehr eingeräumt hat, da die Behörde keine Möglichkeit hat, letzteres bei ihrer Entscheidung über eine Weitergabe der erlangten Informationen zu berücksichtigen.[127] Diese Wertung – der prinzipielle Vorrang des Strafverfolgungsinteresses – hat ein solches Gewicht, dass sie als „wesentlich" dem Gesetzgeber vorbehalten bleiben muss.[128] Dies gilt erst recht, soweit der Gesetzgeber – wie im Umweltrecht[129] – bewusst von der Normierung einer behördlichen Anzeigepflicht abgesehen hat.[130]

Ein Erlass ist daher nicht geeignet, eine generelle Anzeigepflicht der Aufsichtsbehörde zu begründen und die Ausübung eines Ermessens insoweit auszuschließen.[131] Die Behörde bleibt vielmehr berechtigt, insoweit Zweckmäßigkeitserwägungen anzustellen. In diesem Rahmen lassen sich die meisten Erlasse der Länder verfassungskonform als Ermessensrichtlinien auslegen, die das behördliche Ermessen binden, aber nicht aufheben.[132]

c) Die materielle Verfassungsmäßigkeit der Eingriffe, insbesondere der Nutzung und Übermittlung von Daten zu repressiven Zwecken

Im Folgenden soll untersucht werden, ob die Eingriffe in das Recht auf informationelle Selbstbestimmung auch in materieller Hinsicht mit diesem Grundrecht vereinbar sind. Der Schwerpunkt der Untersuchung liegt dabei auf der Zweckentfremdung der im Verwaltungsverfahren erhobenen Daten zu repressiven Zwecken [(1)–(3)]. Im Anschluss daran wird auf die Übermittlung von Daten durch die Verfolgungsbehörde im Zusammenhang mit einem Ersuchen eingegangen [(4)].

Die Übermittlung und Nutzung der im Verwaltungsverfahren erhobenen Daten zu repressiven Zwecken ist materiell verfassungsmäßig, wenn sie den Anforderun-

---

[126] *Breuer*, AöR 115 (1990), 448, 461 ff., 481; *Gorny*, in: Verhandlungen des 57. DJT (1988), Bd. II, L 231 f.; *Weber*, ebenda, L 184 f.; s. auch *Mäder*, Betriebliche Offenbarungspflichten (1997), S. 245 f.
[127] *Breuer*, AöR 115 (1990), 448, 482.
[128] *Breuer*, AöR 115 (1990), 448, 482; a. A. (Zulässigkeit der Regelung von Anzeigepflichten durch Verwaltungsvorschrift): *Keller*, in: Verhandlungen des 57. DJT (1988), Bd. II, L 7, L 25; *Mäder*, Betriebliche Offenbarungspflichten (1997), S. 242 f.; s. auch den entsprechenden Beschluss auf dem 57. Deutschen Juristentag, in: Verhandlungen des 57. DJT (1988), Bd. II, L 289, Nr. 34 b).
[129] S. den Bericht des Rechtsausschusses zum 18. Strafrechtsänderungsgesetz, BT-Drucks. 8/3633, S. 20 f.
[130] S. die verfassungsrechtlichen Bedenken gegen die Ländererlasse aufgrund des Vorrangs des Gesetzes und des Bundesrechts: *Breuer*, AöR 115 (1990), 448, 477; *Papier*, in: UTR, Bd. 3 (1987), S. 65, 79; *Schink*, DVBl 1986, 1074, 1075; s. auch *Kühl*, in: Lackner/Kühl, StGB (2001), § 258 Rn. 7a.
[131] *Breuer*, AöR 115 (1990), 448, 485.
[132] *Breuer*, AöR 115 (1990), 448, 486; s. auch de lege ferenda: *Heine/Meinberg*, Gutachten D, in: Verhandlungen zum 57. DJT (1988), Bd. I, D 157; *Keller*, ebenda, Bd. II, L 7, L 24; Beschluss Nr. 34 b), ebenda, L 289 f.; a. A. *Mäder*, Betriebliche Offenbarungspflichten (1997), S. 242 (in Fußn. 53).

gen des Verhältnismäßigkeitsprinzips entspricht.[133] Ziel der Übermittlung und Nutzung der personenbezogenen Daten ist es, die Durchführung eines Straf- bzw. Ordnungswidrigkeitenverfahrens zu ermöglichen oder zu fördern. An der prinzipiellen Eignung dieser Maßnahmen, mit denen Informationen zur Sachverhaltsaufklärung in das Verfahren eingeführt werden, besteht kein Zweifel. Dass die Übermittlung (bzw. Nutzung) im Einzelfall erforderlich sein muss, ergibt sich in der Regel bereits aus der gesetzlichen Ermächtigungsgrundlage.[134] Die Nutzung bzw. Übermittlung ist gegenüber einer erneuten Erhebung der Daten regelmäßig als das mildere Mittel anzusehen. Darüber hinaus ist eine erneute Erhebung nicht immer möglich. Eine Aufklärung des Sachverhalts mag im Einzelfall auch unter Verzicht auf die Information möglich sein. Da der Wahrheitsermittlung im Strafverfahren jedoch eine besondere Bedeutung zukommt und „die Wahrheit" nicht ermittelt wird, sondern im Verfahren nur eine Annäherung an diese erfolgt[135], fördert jede zusätzliche Information das Prozessziel. Für die materielle Verfassungsmäßigkeit der Nutzung und Übermittlung der Daten zu repressiven Zwecken ist demnach entscheidend, ob die entsprechenden Befugnisse und ihre Ausübung im Einzelfall im engeren Sinne verhältnismäßig sind.

Im Rahmen der folgenden Prüfung werden dabei drei Aspekte unterschieden: Das Erfordernis des hinreichenden Anlasses [(1)], die Art und Weise der Informationserhebung im Verwaltungsverfahren [(2)] sowie Art und Umfang der erhobenen Daten [(3)].

(1) Der hinreichende Anlass (Verwendung beim Verdacht einer Straftat oder Ordnungswidrigkeit)

Bei der Erörterung der Verhältnismäßigkeit der Informationserhebung im Verwaltungsverfahren war festgehalten worden, dass der Erhebungseingriff grundsätzlich nur verfassungsrechtlich gerechtfertigt werden kann, wenn ein hinreichender Anlass für die Ermittlungsmaßnahme besteht.[136] Dieses Ergebnis ist auf die weiteren Schritte der Informationsverarbeitung zu übertragen. Bei der Nutzung und Übermittlung erhobener Informationen zur Verfolgung von Straftaten und Ordnungswidrigkeiten entspricht das Erfordernis des hinreichenden Anlasses der Verdachtsschwelle: Grund zur Durchführung eines Strafverfahrens besteht grundsätzlich erst dann, wenn aufgrund konkreter Umstände ein Anfangsverdacht in Bezug auf eine Straftat besteht.[137]

Die Verdachtsschwelle ist jedenfalls überschritten, sofern die Staatsanwaltschaft oder die zur Verfolgung der jeweiligen Ordnungswidrigkeit zuständige Behörde nach Einleitung eines Ermittlungsverfahrens ein Auskunftsersuchen an die Ver-

---

[133] S.o. S.72.
[134] S. §§ 14 II Nr. 7, 15 I Nr. 1 BDSG.
[135] S.o. S.19f., 34f.
[136] S.o. S.213ff.
[137] S.o. S.230.

waltungsbehörde richtet (§ 161 I S. 1 StPO). Der in der daraufhin erfolgenden Übermittlung liegende Eingriff durch die Aufsichtsbehörde begegnet daher im Hinblick auf den Anlass der Übermittlung keinen verfassungsrechtlichen Bedenken.

Eine spontane Übermittlung personenbezogener Daten an die Staatsanwaltschaft oder Verfolgungsbehörde ist ebenfalls nur auf der Grundlage konkreter Anhaltspunkte für eine Straftat oder Ordnungswidrigkeit zulässig. In den Landesdatenschutzgesetzen wird dies als Voraussetzung zum Teil ausdrücklich niedergelegt. Die Befugnisnormen der übrigen Datenschutzgesetze und der einzelnen Aufsichtsgesetze sind entsprechend auszulegen. Wie im Rahmen der Informationserhebung ausgeführt[138], lässt sich eine solche Interpretation einerseits aus dem Wortlaut der einzelnen Ermächtigungen begründen, soweit diese voraussetzen, dass die Übermittlung zur Verfolgung von Straftaten bzw. Ordnungswidrigkeiten „erforderlich" sein muss[139], zum anderen ist sie im Hinblick auf den Verhältnismäßigkeitsgrundsatz verfassungsrechtlich geboten.

Die obigen Ausführungen gelten entsprechend für die Nutzung der erhobenen Daten zu repressiven Zwecken durch die Aufsichtsbehörde selbst, soweit diese auch für die Verfolgung von Straftaten oder Ordnungswidrigkeiten zuständig ist.

Das aus dem Verhältnismäßigkeitsprinzip folgende Erfordernis des hinreichenden Anlasses für die Nutzung und Übermittlung der erhobenen Daten bleibt somit gewahrt, indem diese nur bei konkreten Anhaltspunkten für eine Straftat oder Ordnungswidrigkeit erfolgen dürfen.

(2) Die Erhebungsschranken als Grenze der Zweckänderung:
Der hypothetische Ersatzeingriff

Im Rahmen der Verhältnismäßigkeit der Nutzung und Übermittlung der zur Gefahrenabwehr erhobenen Daten zur Verfolgung von Straftaten und Ordnungswidrigkeiten ist des Weiteren die Art und Weise der Informationserhebung von Bedeutung. Sind bestimmte Erhebungseingriffe im Straf- und Ordnungswidrigkeitenverfahren ausgeschlossen oder von bestimmten Voraussetzungen abhängig, so sind diese Wertungen möglicherweise auf die Verwertung der im Verwaltungsverfahren erlangten Informationen zu repressiven Zwecken zu übertragen.

(a) Die Intensität des Ermittlungseingriffs: Grenzen strafprozessualer Befugnisse

Zentraler Bestandteil des Rechts auf informationelle Selbstbestimmung ist die Bindung der Informationsverarbeitung an den mit der Erhebung verfolgten Zweck. Gesetzliche Durchbrechungen der Zweckbindung sind zwar zulässig, dürfen aber das Schutzkonzept des Grundrechts nicht unterlaufen. Aus diesem Grund werden gegen die gesetzliche Zulassung von Zweckänderungen verfassungsrechtliche Be-

---

[138] S.o. S. 220.
[139] S. §§ 14 II Nr. 7, 15 I Nr. 1 BDSG; §§ 25 V GenTG, 11 V S. 3 GewO.

denken erhoben, soweit diese nicht an die Voraussetzung geknüpft werden, dass die Information auf die gleiche Art und Weise auch zu dem neuen Verarbeitungszweck hätte erhoben werden dürfen.[140] Die Orientierung am hypothetischen Ersatzeingriff wird zum Schutzinstrument für das Recht auf informationelle Selbstbestimmung.[141]

Der hypothetische Ersatzeingriff soll bei der Zweckänderung gewährleisten, dass das informationelle Schutzniveau in dem Verfahren, in dem die Information verwertet werden soll, nicht unterlaufen wird. Mit den dort vorgesehenen gesetzlichen Grenzen der Informationserhebung bringt der Gesetzgeber zum Ausdruck, dass er sich zur Verfolgung von Straftaten informationellen Beschränkungen unterwirft. Diese Beschränkungen könnten sinngemäß auf die Verwertung von auf diese Weise erhobenen Informationen übertragen werden und ein Verwertungsverbot begründen.[142]

Zunächst ist festzuhalten, dass das in der Erhebungsbefugnis niedergelegte Schutzkonzept einer Verwertung nicht entgegensteht, sofern die zu verwertende Information mit derselben Methode auch zur Verfolgung des neuen Zweckes erhoben werden könnte. Ein Verwertungsverbot besteht in diesen Fällen nicht. Lässt der Gesetzgeber eine solche Verwertung ausdrücklich zu, bringt er damit regelmäßig zugleich zum Ausdruck, dass eine darüber hinausgehende anderweitige Verwertung im Strafverfahren grundsätzlich ausgeschlossen sein soll.[143] In diesem Fall kann der Regelung ein einfach-gesetzliches Verwertungsverbot entnommen werden, das unter Umständen auch eine anderweitig gegebene Verwertungsbefugnis derogieren kann.

Davon zu trennen ist die Frage, ob der Gesetzgeber von Verfassungs wegen daran gehindert ist, eine Verwertung der in einem anderen Zusammenhang erhobenen Information auch in Fällen zuzulassen, in denen die angewandte Methode zur Informationserhebung im Strafverfahren nicht vorgesehen ist. Wegen der unterschiedlichen Organisations- und Verfahrensstrukturen wird man nicht verlangen können, dass derselbe Erhebungseingriff in beiden Verfahren vorgesehen und an identische Voraussetzungen geknüpft ist. Im Schrifttum wird dementsprechend kein „spiegelbildlicher", sondern ein „vergleichbarer" hypothetischer Ersatzeingriff verlangt.[144]

Den hypothetischen Ersatzeingriff zum Prüfstein des verfassungsrechtlich Zulässigen zu erheben, begegnet allerdings weiteren Bedenken. Zum einen kann nicht

---

[140] S. *Bäumler*, in: Lisken/Denninger, Handbuch des Polizeirechts (2001), Abschn. J Rn. 688. Eine mit diesen Anforderungen vereinbare Regelung enthält § 43 SächsPolG; s. aber die weitergehende Regelung in § 26 I Nr. 2 PolG NW.

[141] *Ernst*, Verarbeitung und Zweckbindung (1993), S. 155; *Hilger*, in: Hilger-FS (2003), S. 11, 23; *Walden*, Zweckbindung (1996), S. 315f.

[142] *Schroth*, JuS 1998, 969, 978; s. auch die §§ 100b V, 100d V, 100f, 110e StPO.

[143] S. z.B. die begrenzte Verwertungsbefugnis für Erkenntnisse aus dem Einsatz eines verdeckten Ermittlers (§ 110e StPO).

[144] S. zur Verwertung präventiv-polizeilicher Daten im Strafverfahren: *Ernst*, Zweckbindung und Verarbeitung (1993), S. 156; *Wolter*, in: SK-StPO, Vor § 151 Rn. 104.

generell unterstellt werden, dass sich der Gesetzgeber bei der Ausgestaltung der strafprozessualen Befugnisse stets am äußersten Rand der Verhältnismäßigkeit bewegt; die einfach-gesetzlichen Grenzen der Informationserhebung sind von den verfassungsrechtlichen zu unterscheiden. Zum anderen ist zu berücksichtigen, dass Eingriffe zur Informationserhebung aufgrund von „Begleiteingriffen" eine schwerere Belastung für den Einzelnen darstellen als die anschließende Verwertung zu einem anderen Zweck. Eine anderweitige Verwertung von Informationen kann daher noch verhältnismäßig sein, auch wenn ihre Erhebung zu diesem Zweck unverhältnismäßig wäre.[145]

Unter diesem Vorbehalt ist der Frage nachzugehen, ob durch eine Verwertung von im Verwaltungsverfahren erhobenen Informationen der im Strafverfahren garantierte Schutz vor staatlichen Informationseingriffen beeinträchtigt werden kann. Dabei sind Ermittlungseingriffe in verfassungsrechtlich besonders geschützte Bereiche (Art. 13 GG, Vertrauensbeziehungen) getrennt zu prüfen, da in der Zweckänderung wiederum ein Eingriff in die betroffene Grundrechtsposition vorliegt.[146] Vergleicht man die Ermittlungsbefugnisse der Aufsichtsbehörden mit denen der StPO, so ergibt sich folgendes Bild.

Soweit der Beteiligte im Verwaltungsverfahren behördliche Informationseingriffe zu dulden hat, bestehen im Strafverfahren vergleichbare Erhebungsbefugnisse. Den Anhalte- und Kontrollrechten[147] entsprechen die Befugnisse zur Identitätsfeststellung (§§ 163b, 163c StPO) und, soweit darin eine Überprüfung der Ladung bzw. der mitgeführten Gegenstände enthalten ist, die strafprozessuale Durchsuchung (§§ 102, 103 StPO). Letzteres gilt auch für die Befugnis zur körperlichen Durchsuchung.[148] Die Befugnisse zur Entnahme von Proben[149] finden ihr strafprozessuales Äquivalent in der Beschlagnahme (§§ 94ff. StPO). Die angeführten strafprozessualen Befugnisse stehen auch der Verfolgungsbehörde im Ordnungswidrigkeitenverfahren zu (§ 46 II OWiG)[150], so dass die Ausführungen über das Strafverfahren entsprechend gelten.

Soweit der Beschuldigte im Strafverfahren von Anzeige-, Erklärungs- und Auskunftspflichten freigestellt ist, die ihm im Verwaltungsverfahren auferlegt sind[151], so ist dies nicht Ausdruck eines informationellen Schutzkonzeptes, sondern Ausfluss eines Verfahrensgrundrechtes (Art. 103 I GG: „Nemo tenetur se ipsum accu-

---

[145] *Walden*, Zweckbindung (1996), S. 321, 332; s. auch o. S. 65 f., S. 69 f.; s. dagegen *Hilger*, in: Hilger-FS (2003), S. 11, 23. Aus dem gleichen Grund wird man auch keinen Verstoß gegen das Willkürverbot (Art. 3 I GG) annehmen können, s. insoweit *Hilger*, in: Rieß-FS (2002), S. 171, 183 (zu § 161 II StPO); s. dagegen *Rieß*, in: Hilger-FS (2003), S. 171, 177 (in Fußn. 20).
[146] S. dazu u. S. 328 ff.
[147] S. o. S. 208 f.
[148] S. o. S. 208 f.; s. § 102 StPO.
[149] S. o. S. 208.
[150] Die im Ordnungswidrigkeitenverfahren ausgeschlossenen strafprozessualen Ermittlungsbefugnisse sind in § 46 III–V OWiG abschließend aufgezählt, s. *Lampe*, in: KK-OWiG (2000), § 46 Rn. 13; zu den oben genannten Eingriffen s. auch Rn. 23, 29.
[151] S. o. S. 203 ff.

sare").¹⁵² Der Einzelne wäre in seinem Anspruch auf rechtliches Gehör beeinträchtigt, wenn er im Verfahren Angaben zum Tathergang machen müsste. Durch eine Verwertung werden daher nicht informationelle Abwehrrechte, sondern Verfahrensrechte des Beschuldigten beeinträchtigt. Ob letztere einer Verwertung in einem Straf- oder Ordnungswidrigkeitenverfahren entgegenstehen, wird an anderer Stelle zu untersuchen sein.¹⁵³

Auf die unterschiedliche verfahrensrechtliche Stellung des Beteiligten im Verwaltungsverfahren und des Beschuldigten im Strafverfahren ist es auch zurückzuführen, dass das Strafverfahren Duldungspflichten vorsieht, wo das Verwaltungsverfahren eine aktive Mitwirkung verlangt, wie die Vorlage von Urkunden.¹⁵⁴ So begründet die h.M. die Freistellung des Beschuldigten von der Editionspflicht mit dem Nemo-tenetur-Grundsatz.¹⁵⁵ Dass im Strafverfahren keine Vorlagepflicht vorgesehen ist, beruht also nicht darauf, dass der Beschuldigte vor staatlichen Informationseingriffen mehr geschützt werden soll als der Beteiligte im Verwaltungsverfahren.¹⁵⁶ Die Befugnisse zur Durchsuchung und Beschlagnahme lassen im Ergebnis mindestens ebenso schwerwiegende Ermittlungseingriffe zu.

Die Verwertung von Informationen aus dem Verwaltungsverfahren zur Verfolgung von Straftaten und Ordnungswidrigkeiten ist folglich nicht deshalb verfassungswidrig, weil sie den in den Erhebungsbefugnissen der StPO enthaltenen Verwertungsbeschränkungen in einem Ausmaß zuwiderläuft, der einen Verstoß gegen den Grundsatz der Verhältnismäßigkeit begründet.

(b) Die Verwendung unter Unterschreitung der Verdachtsschwelle

Bei dem Vergleich der strafprozessualen und verwaltungsrechtlichen Informationserhebung wurde vorausgesetzt, dass bereits ein strafrechtliches Ermittlungsverfahren eingeleitet ist und die strafprozessuale Maßnahme aufgrund eines bestehenden Verdachtes gegen den Betroffenen ergriffen wird. Soweit das Strafverfahren erst aufgrund der im Verwaltungsverfahren erhobenen Information eingeleitet werden soll, wird damit, so könnte man meinen, der Frage nach der Zulässigkeit einer Verwertung vorgegriffen.¹⁵⁷

Die Einleitung eines Strafverfahrens – und damit auch die strafprozessualen Ermittlungsmaßnahmen – setzt einen Anfangsverdacht voraus (§ 152 II StPO).¹⁵⁸ Im Verwaltungsverfahren ist die Aufsichtsbehörde bei ihren Ermittlungen hingegen nicht vom Bestehen eines strafprozessualen Verdachts abhängig. Mit der Verwertung von auf diese Weise erlangten Informationen könnte daher die Verdachts-

---

¹⁵² S. dazu o. S. 149 ff.
¹⁵³ S. dazu u. S. 436 ff.
¹⁵⁴ S.o. S. 205 f.; s. auch S. 208.
¹⁵⁵ *Amelung*, in: AK-StPO, Bd. 2/1 (1992), § 95 Rn. 2 m.w.N.; zur Auslegung des § 95 StPO s.u. S. 439 f.
¹⁵⁶ Vgl. auch *H.A. Wolff*, Selbstbelastung (1997), S. 220 f.
¹⁵⁷ S. *Weßlau*, Vorfeldermittlungen (1989), S. 278.
¹⁵⁸ *Eisenberg/Conen*, NJW 1998, 2241.

II. Die Verwendung der im Verwaltungsverfahren erhobenen Daten

schwelle unterlaufen werden. So kann die Außenprüfung bei einem Unternehmer (§ 193 I AO) ergeben, dass dieser einen Teil seiner Gewinne nicht versteuert hat, was zur Einleitung eines Steuerstrafverfahrens gegen den bis dahin Unverdächtigen führt. Übermittelt der Betreiber einer Anlage aufgrund einer entsprechenden Anordnung der Aufsichtsbehörde die bei ihm gemessenen Emissionsdaten im Wege der Datenfernübertragung[159], so kann im Rahmen der Überwachung eine Überschreitung der zulässigen Grenzwerte festgestellt werden und sich daraus der Verdacht einer Umweltstraftat (§ 325 StGB) ergeben. Dass der Betroffene bis dahin keinem Anfangsverdacht und somit auch keinen strafprozessualen Ermittlungen ausgesetzt war, könnte eine Verwertung der in anderem Zusammenhang gewonnenen Information unzulässig erscheinen lassen.

Das Strafverfahren dient der Klärung des Verdachts; dieser ist Anlass und prozessbezogener Grund des Strafverfahrens.[160] Ist ein Verdacht nicht gegeben, also eine Störung des Rechtsfriedens nicht eingetreten, so besteht unmittelbar kein öffentliches Interesse an der Durchführung eines Strafverfahrens.[161] Begründen die im Verwaltungsverfahren erhobenen Informationen hingegen einen Anfangsverdacht, so besteht ein öffentliches Interesse an der Einleitung eines Strafverfahrens. Der Unterschied zur strafprozessualen Informations*erhebung* ohne einen Verdacht besteht gerade darin, dass bei der Entscheidung über die Informations*verwertung* ein Verdacht und damit ein öffentliches Interesse an der Durchführung eines Strafverfahrens besteht (s. § 152 II StPO).[162] Dieses öffentliche Interesse ist grundsätzlich geeignet, die Verwertung und den darin liegenden weiteren Eingriff in die Privatsphäre materiell zu legitimieren. Man wende nicht ein, dass das Legalitätsprinzip keine unzulässigen Verfolgungsmaßnahmen gebiete und die Staatsanwaltschaft vor unverwertbaren Erkenntnissen die Augen verschließen müsse.[163] Dieser Einwand setzt das Ergebnis, nämlich ein Verwertungsverbot, bereits voraus. Dagegen entfällt die infolge des Verdachts eingetretene Störung des Rechtsfriedens nicht durch die Feststellung, die dem Verdacht zugrundeliegenden Tatsachen seien nicht verwertbar. Soweit von diesen Tatsachen Kenntnis genommen worden ist, ist eine solche Störung eingetreten; dem öffentlichen Interesse an ihrer Beseitigung ist daher Rechnung zu tragen.[164] Dies schließt es nicht aus, dem Recht auf informationelle Selbstbestimmung den Vorrang gegenüber dem öffentlichen Strafverfolgungsinteresse einzuräumen.

Nunmehr ist auf die Bedeutung des hypothetischen Ersatzeingriffs in diesem Zusammenhang zurückzukommen. Die Anwendung dieser Rechtsfigur – insbe-

---

[159] S. §§ 28, 31 S. 2 BImSchG; s. dazu BVerwG, DVBl 1997, 726.
[160] *L. Schulz*, Normiertes Misstrauen (2001), S. 475.
[161] S. dazu o. S. 230.
[162] Vgl. zum Legalitätsprinzip bei der Verwertung von Zufallsfunden: *Labe*, Zufallsfund (1990), S. 222ff., 259ff., 269.
[163] S. *Wolter*, ZStW 107 (1995), 793, 816, 817; ders., in: SK-StPO, Vor § 151 Rn. 104 a.
[164] Auch insoweit gilt, dass das Ermittlungsverfahren mit der Kenntnisnahme von einem Vorfall beginnt, nicht mit dem Entschluss der Kenntnisnahme, s. *L. Schulz*, Normiertes Misstrauen (2001), S. 539.

sondere die Hypothesenbildung – ist im Zusammenhang mit ihrer dogmatischen Funktion zu sehen. Im Rahmen der strafprozessualen Verwertungsverbote wurde der hypothetische Ersatzeingriff entwickelt, um zu klären, in welchen Fällen eine Gesetzesverletzung ein Verwertungsverbot begründet. Auf der Grundlage der materiell-rechtlichen Lehren zur objektiven Zurechnung wird ein Verwertungsverbot grundsätzlich verneint, sofern das Beweismittel auch durch eine rechtmäßig ausgeführte Ermittlungshandlung hätte erlangt werden können.[165] Wird hingegen ein Verwertungsverbot bejaht, so wird dies damit begründet, dass die erlangte Information auf der Verletzung eines subjektiven Rechtes beruht und das Recht deshalb auch einer Verwertung entgegensteht.[166]

Der gravierende Unterschied dieser Konstellation zur Zweckänderung besteht darin, dass die Information, die zu einem anderen als dem Erhebungszweck verwertet werden soll, rechtmäßig erhoben worden ist. Insoweit besteht eine Parallele zur Verwertung von Zufallsfunden im Strafverfahren.[167] In beiden Fällen kann die Unzulässigkeit der Verwertung nicht auf eine Rechtsverletzung bei der Beweiserhebung gegründet werden.[168]

Anders als bei Informationen aus rechtswidrigen Ermittlungsmaßnahmen geht es also beim Zufallsfund nicht um die Frage, ob das Ermittlungsergebnis auf einer Rechtsverletzung beruht. Die Bedenken gegen eine Verwertung rühren vielmehr daher, dass die Information nicht gezielt, sondern nur „bei Gelegenheit" (§ 108 I S. 1 StPO) einer Zwangsmaßnahme und insoweit „zufällig" erhoben worden ist. Dementsprechend ist die Hypothese für den Ersatzeingriff umzustellen: Bezugspunkt ist nicht der rechtmäßige, sondern der gezielte Ersatzeingriff.[169] Zieht man nun wiederum die obigen Überlegungen zur Steuerungsfunktion des Verdachts heran, so ist ein solcher gezielter Ersatzeingriff nur unter der Voraussetzung denkbar, dass ein solches Ziel, d.h. die Verdachtsklärung und damit auch der Verdacht, mit-

---

[165] S. etwa BGH, NStZ 1989, 385, 391; *Rogall*, NStZ 1988, 385, 391; *Wolter*, in: SK-StPO, Vor § 151 Rn. 183; zur dogmatischen Begründung: *Kelnhofer*, Hypothetische Ermittlungsverläufe (1994), S. 177ff.

[166] *Amelung*, Informationsbeherrschungsrechte (1990), S. 41, spricht insoweit von informationellem Erfolgsunrecht.

[167] S. *Wolter*, ZStW 107 (1995), 793, 818; ders., in: SK-StPO, Vor § 151 Rn. 180 (zur Verwertung von Erkenntnissen der Sicherheitsbehörden im Strafverfahren).

[168] S. dagegen *Labe*, Zufallsfund (1990), S. 220f., der davon ausgeht, dass der ursprünglich rechtmäßige Ermittlungseingriff, soweit er sich auf den Zufallsfund bezieht, nachträglich rechtswidrig geworden ist, und das allgemeine Restitutionsprinzip es gebietete, die Information nicht zu verwerten. Die von *Labe* vermisste Rechtsgrundlage für die Speicherung der Information findet sich jedoch in der gesetzlichen Grundlage der Zweckentfremdung. Ob die Verwertung auch materiell zulässig ist, soll gerade erst begründet werden; das von *Labe* vorausgesetzte Rechtswidrigkeitsurteil greift dieser Prüfung vor; s. auch die Kritik von *Amelung*, ZStW 104 (1992), 843, 850; *Welp*, GA 1992, 284, 285.

[169] *Kelnhofer*, Hypothetische Ermittlungsverläufe (1994), S. 236. Damit fehlt bezüglich der Zufallsfunde der Anknüpfungspunkt für die materiell-rechtliche Lehre von der objektiven Zurechnung, die eine rechtlich verbotene Gefahr voraussetzt, s. *Jescheck/Weigend*, Strafrecht AT (1996), S. 287 m.w.N.; s. hingegen (für eine Orientierung an der objektiven Zurechnung): *L. Schulz*, Normiertes Misstrauen (2001), S. 652.

II. Die Verwendung der im Verwaltungsverfahren erhobenen Daten 313

gedacht wird.[170] Anderenfalls hätte die Rechtsfigur des hypothetischen Ersatzeingriffs bei Zufallsfunden keinen Anwendungsbereich[171]. Dementsprechend wird es nicht als Verwertungshindernis angesehen, dass ein Anfangsverdacht erst durch den Zufallsfund begründet wird.[172]

Dieses Ergebnis wird bestätigt, wenn man der Frage nachgeht, warum der Einzelne vor der Verwertung von Zufallsfunden besonders geschützt werden sollte.[173] Zu Recht wird darauf hingewiesen, dass der Anfangsverdacht fast immer das Ergebnis eines Zufalls ist.[174] Deshalb spricht es prinzipiell nicht gegen eine Verwertung, dass die Informationen nicht im Strafverfahren erhoben worden sind. Eine Information, die einen Anfangsverdacht erst begründet, kann nicht bereits aus dem daraufhin eingeleiteten Strafverfahren stammen, sondern rührt zwangsläufig aus anderen Quellen her. Verfassungsrechtliche Bedenken gegen die Verwertung eines Zufallsfundes können also nicht mit der Zufälligkeit des Beweisergebnisses begründet werden.

Das im Hinblick auf seine Verwertung Problematische ist beim Zufallsfund vielmehr darin zu sehen, dass er nicht durch irgendeinen Zufall, sondern durch den Einsatz staatlicher Ermittlungseingriffe zu Tage gefördert worden ist.[175] Insoweit verdient der Einzelne Schutz vor einer Verwertung von Informationen, die auf diese Weise erhoben worden sind, denn diese würde den ursprünglichen Eingriff fortsetzen und vertiefen. Es geht also um den Schutz vor der Verwertung von Informationen aus qualifizierten Erhebungseingriffen. Diesem Schutzbedürfnis wurde bereits Rechnung getragen [s.o. (a)].

Ist die Information rechtmäßig erhoben worden, so stehen schutzwürdige Interessen des Betroffenen einer hinreichend materiell legitimierten, anderweitigen Verwertung nicht entgegen. So ist nach § 108 I StPO die Verwertung von Zufallsfunden aus einer Durchsuchung zulässig, sofern diese auf die Begehung einer Straftat hindeuten, d.h. einen strafprozessualen Anfangsverdacht begründen.[176] Unterstellt man die Verfassungsmäßigkeit des § 108 I StPO[177], so ist auch die Verwertung von Informationen aus dem Verwaltungsverfahren zur Verfolgung von Straftaten und Ordnungswidrigkeiten nicht unverhältnismäßig. Daraus folgt, dass die Verwertung einer im Verwaltungsverfahren erlangten Information, um gegen eine bestimmte Person ein Straf- oder Ordnungswidrigkeitenverfahren einzuleiten, nicht allein deshalb unzulässig ist, weil gegen diese Person bis dahin kein derartiger Ver-

---

[170] *Kelnhofer*, Hypothetische Ermittlungsverläufe (1994), S. 234f.
[171] *Kelnhofer*, Hypothetische Ermittlungsverläufe (1994), S. 233f.; s. auch *Weßlau*, Vorfeldermittlungen (1989), S. 278.
[172] *Rogall*, NStZ 1988, 385, 391; *Wolter*, in: SK-StPO, Vor § 151 Rn. 183.
[173] Vgl. *Amelung*, ZStW 104 (1992), 843, 850.
[174] *Labe*, Zufallsfund (1990), S. 67f.
[175] *Labe*, Zufallsfund (1990), S. 104f.
[176] *Amelung*, in: AK-StPO, Bd. 2/1 (1992), § 108 Rn. 8; *Rudophi*, in: SK-StPO, § 108 Rn. 4; weitergehend *Schäfer*, in: Löwe-Rosenberg, StPO (24. Aufl.), § 108 Rn. 8.
[177] *Labe*, Zufallsfund (1990), S. 258, hält § 108 StPO für verfassungswidrig; s. dagegen zu Recht *Amelung*, ZStW 104 (1992), 843, 850; *Welp*, GA 1992, 284, 285.

dacht bestand. Der gegen diese Person entstandene Verdacht rechtfertigt die in der strafprozessualen Verwertung liegende informationelle Belastung.

(c) Die Verwendung von Daten gegen unbeteiligte Dritte

Die Befugnisse zur Nutzung und Übermittlung der erhobenen Daten sind so gefasst, dass sie auch die Verarbeitung von personenbezogenen Daten über Dritte, d. h. am Verwaltungsverfahren nicht beteiligte Personen, zur Verfolgung von Straftaten und Ordnungswidrigkeiten zulassen. Soweit im Rahmen des Verwaltungsverfahrens auch Daten über Unbeteiligte erhoben werden können, stellt sich die Frage, ob deren Zweckentfremdung verhältnismäßig ist, da sie nicht Anlass zu staatlichen Ermittlungen gegeben haben und nicht mit einer Verwendung ihrer Daten in einem gegen sie gerichteten Verfahren rechnen müssen. Als Beispiel sei der Fall angeführt, dass im Rahmen der steuerlichen Betriebsprüfung bei einer Bank Anhaltspunkte dafür aufgedeckt werden, dass Bankkunden Zinseinkünfte erzielt und diese nicht versteuert haben.

Den angedeuteten verfassungsrechtlichen Bedenken ist bereits bei der Informationserhebung Rechnung zu tragen. Die Erhebungsmaßnahme ist darauf zu überprüfen, ob sie mit den informationellen Abwehrrechten eines mitbetroffenen Dritten vereinbar ist.[178] Der Umfang der über den Unbeteiligten zu erhebenden Daten darf nicht über das zur Durchführung des Verwaltungsverfahrens unbedingt erforderliche Maß hinausgehen. Die Daten sind entweder gar nicht erst aufzuzeichnen bzw. zu speichern[179] oder zu löschen, sobald sie nicht mehr benötigt werden, um die informationelle Belastung des Dritten auf das unvermeidbare Maß zu beschränken[180].

Diese Schutzvorkehrungen schließen es jedoch nicht aus, dass eine Situation entstehen kann, in der aufgrund eines gegen den Dritten bestehenden Anfangsverdachts eine Nutzung bzw. Übermittlung der über diesen erhobenen Daten zur Verfolgung einer Straftat oder Ordnungswidrigkeit in Betracht kommt.

So kann wie im oben erwähnten Beispielsfall der Verdacht einer Straftat im Verwaltungsverfahren entstehen und eine spontane Nutzung (oder Übermittlung) zur Durchführung eines Strafverfahrens geboten sein. Ist der mit der Ermittlungsmaßnahme verbundene Informationseingriff bei dem Dritten verfassungsrechtlich gerechtfertigt, so ist dieser jedoch – wie der Verfahrensbeteiligte – zur Duldung des staatlichen Eingriffs verpflichtet. Der Bankkunde muss hinnehmen, dass der Betriebsprüfer auch ihn betreffende Unterlagen einsieht, soweit darin für die Besteuerung der Bank erhebliche Informationen enthalten sind. Eine anderweitige Verwertung der Information ist daher nicht bereits deshalb von vornherein verfassungswidrig, weil der Dritte im Gegensatz zu dem Verfahrensbeteiligten „grund-

---

[178] S. o. S. 221 f.
[179] S. zur verdachtslosen Personenkontrolle: *Möllers*, NVwZ 2000, 382, 386.
[180] *Wolter*, ZStW 107 (1995), 793, 816.

II. Die Verwendung der im Verwaltungsverfahren erhobenen Daten 315

los" in Anspruch genommen worden ist.[181] Mit anderen Worten, der unbeteiligte Dritte, in dessen Privatsphäre rechtmäßig eingegriffen worden ist, ist gegen eine Zweckentfremdung der erhobenen Informationen zum Nachweis einer bis dahin nicht aufgedeckten Straftat nicht mehr und nicht weniger schutzwürdig als der Verfahrensbeteiligte.[182] Dass ersterem ein „informationelles Sonderopfer" abverlangt wird[183], wird bereits bei der Informationserhebung berücksichtigt (s. o.).

An eine Nutzung bzw. Übermittlung der Daten zur Verfolgung einer Straftat sind auch nicht deshalb höhere Anforderungen zu stellen, weil die Erhebung personenbezogener Daten über den Dritten im Verwaltungsverfahren einer besonderen Rechtfertigung bedarf. Wie oben in Bezug auf die Unterschreitung der Verdachtsschwelle ausgeführt worden ist[184], ist der entstandene Verdacht ein Faktum, das bei der Entscheidung über die Zulässigkeit der Nutzung bzw. Übermittlung vorauszusetzen ist. Der Dritte, auf den sich der Verdacht bezieht, ist in diesem Stadium also nicht mehr unbeteiligt und muss daher die Verwendung seiner Daten in einem gegen ihn gerichteten Strafverfahren dulden. Dagegen spricht auch nicht, dass er zu der Erhebung dieser Daten selbst nicht Anlass gegeben hat. Der Grund dafür, dass strafprozessuale Ermittlungseingriffe gegen den Beschuldigten niedrigeren Schranken unterworfen sind als solche gegen Dritte, liegt nicht darin, dass diesem eine besondere Verantwortlichkeit für den auf ihn bezogenen Verdacht zugewiesen wird[185], sondern kann nur mit der spezifischen Eignung dieser Eingriffe zur Sachverhaltsaufklärung begründet werden:[186] Richtet sich der Verdacht gegen eine bestimmte Person, so sind gegen diese gerichtete Ermittlungsmaßnahmen erfahrungswahrscheinlich eher geeignet und erforderlich als solche gegenüber verdachtsfernen Dritten.[187] Aufgrund des entstandenen Verdachts ist die Verwendung der erhobenen Information zur Strafverfolgung offensichtlich geeignet. Dass der Dritte die Zweckentfremdung nicht vorhersehen kann, ist gegenüber anderen Fällen, in denen zufällig eine Straftat aufgedeckt wird, keine Besonderheit und somit auch kein Grund für einen gesteigerten verfassungsrechtlichen Schutz. Der Dritte muss es also grundsätzlich hinnehmen, wenn im Rahmen eines Verwaltungsverfahrens, an dem er selbst nicht beteiligt ist, im Verlauf der Ermittlungen Informationen zu Tage gefördert werden, die gegen ihn einen Anfangsverdacht begründen.[188] Eine

---

[181] S. dagegen *Wolter*, in: SK-StPO, Vor § 151 Rn. 104; *ders.*, ZStW 107 (1995), 793, 816, 818.
[182] *Rieß*, in: Wahrheitsfindung und ihre Schranken (1989), S. 141, 151.
[183] Zur allgemeinen Justiz- und Beweismittelpflicht des Beschuldigten und von Dritten: *Köhler*, ZStW 107 (1995), 10, 22f.
[184] S.o. S. 311.
[185] S. die Parallele der Verdächtigen zum polizeirechtlichen „Störer": *Krauß*, in: Müller-Dietz, Strafrechtsdogmatik (1971), S. 153, 171; kritisch insoweit im Hinblick auf die Unschuldsvermutung: *Frister*, Schuldprinzip (1988), S. 109ff.; *Köhler*, ZStW 107 (1995), 10, 24.
[186] *Frister*, Schuldprinzip (1988), S. 112, 115; *Köhler*, ZStW 107 (1995), 10, 24.
[187] *Köhler*, ZStW 107 (1995), 10, 24.
[188] S. aber *Weßlau*, Vorfeldermittlungen (1989), S. 280, 283, die bei strafprozessualen Vorfeldermittlungen (und der Verwertung der daraus erlangten Ergebnisse) die verdachtsbegrenzende Funktion gefährdet sieht. Gleichwohl wird anerkannt, dass im Besteuerungsverfahren (Steuer-

spontane Nutzung bzw. Übermittlung unterhalb der Verdachtsschwelle ist allerdings unzulässig, wie sich bereits aus den allgemeinen Anforderungen für die Zweckentfremdung der erhobenen Daten zu repressiven Zwecken ergibt.[189] Auf den Beispielsfall bezogen bedeutet dies, dass die Nutzung bzw. Übermittlung zur Durchführung eines Steuerstrafverfahrens zulässig ist, wenn die erhobenen Informationen einen Anfangsverdacht in Bezug auf eine Steuerhinterziehung (§ 370 AO) begründen.

Aus den gleichen Gründen wie die spontane Zweckänderung ist auch eine Übermittlung von Daten auf ein entsprechendes Ersuchen der Verfolgungsbehörde hin zulässig, vorausgesetzt, die Erhebung und Speicherung der betreffenden Daten über an dem Verwaltungsverfahren Unbeteiligte hielt sich im Bereich des Zulässigen. Den Mindestanforderungen an den Schutz des informationellen Selbstbestimmungsrechts wird auch insoweit durch das Erfordernis eines Verdachts Rechnung getragen. Da die Strafverfolgungsbehörde die Ermittlungen bereits aufgenommen hat und sich die Informationen auch bei dem an dem Verwaltungsverfahren Beteiligten (z.B. durch eine Vernehmung oder ein Herausgabeverlangen) verschaffen könnte, besteht kein Grund, den Dritten vor einer Weitergabe seiner Daten durch die Aufsichtsbehörde zu schützen.

Zur Klarstellung sei noch einmal darauf hingewiesen, dass die Zulassung der Zweckänderung in Bezug auf personenbezogene Daten, die im Verwaltungsverfahren über Dritte erhoben worden sind, davon abhängt, dass die Erhebung zu dem dort verfolgten Zweck rechtmäßig war. Ist die Informationserhebung rechtswidrig, so wird regelmäßig bereits das verletzte informationelle Abwehrrecht einer Verwertung entgegenstehen.[190] Dies gilt auch, soweit die Informationserhebung zur Gewinnung von Erkenntnissen zu verfahrensfremden Zwecken missbraucht worden ist.[191] Wird z.B. bereits im Rahmen des Besteuerungsverfahrens in Bezug auf die Bank gezielt nach Informationen über deren Kunden gesucht, um deren steuerliche Verhältnisse zu ermitteln, ist bereits die Erhebung der Information rechtswidrig und eine Verwertung aus diesem Grund ausgeschlossen.[192] Diese Be-

---

fahndung) verdachtslose Ermittlungen zugelassen werden, das Verbot der Ausforschungsermittlungen insoweit also nicht gilt (aaO, 282).

[189] S.o. S. 306f.

[190] Die Folgen der Rechtswidrigkeit eines Informationseingriffs für die Zulässigkeit der Verwendung der erlangten Information sind nicht Gegenstand der vorliegenden Untersuchung; zu informationellen Abwehrrechten als Grundlage von Verwertungsverboten im Strafverfahren: *Amelung*, Informationsbeherrschungsrechte (1990), S. 38ff.; im Hinblick auf den Beispielsfall zu Verwertungsverboten im Steuerrecht: BFH, BStBl II 1979, 704, 705; *Bruder*, Beweisverwertungsverbote im Steuerrecht und Steuerstrafrecht (2000), S. 69ff., 116.

Im Besteuerungsverfahren hängt ein Verwertungsverbot unter Umständen davon ab, dass der Beteiligte den zugrundeliegenden Verwaltungsakt gerichtlich angefochten hat, s. BFH, BStBl II 1978, 501, 502; wistra 1983, 36, 37; BFH/NV 2002, 749, 752; s. dazu *Bruder*, aaO, 69f., 76; *Rogall*, in: Rieß-FS (2002), S. 951, 961 ff., jeweils m.w.N.

[191] *Welp*, GA 1992, 284, 285.

[192] S. zur Ausschreibung von Kontrollmitteilungen: BFH, NJW 2000, 3157, 3160; zur Begründung eines Verwertungsverbotes als Folge der Verletzung des § 30a III AO: *Leist*, Verfassungs-

II. Die Verwendung der im Verwaltungsverfahren erhobenen Daten

denken gelten entsprechend, soweit die Finanzbehörde sich steuerrechtlicher Befugnisse zur Verfolgung von Steuerstraftaten bedient.[193]

Die von der Verdachtsschwelle gezogenen Grenzen gelten naturgemäß nicht bei einer Zweckentfremdung der erhobenen Daten für ein anderes Verwaltungsverfahren. Dies sei am oben genannten Beispiel erläutert: Ergeben sich bei der Betriebsprüfung Anzeichen dafür, dass ein Bankkunde Zinseinkünfte nicht versteuert hat, so erscheint es naheliegend, diese Information zur steuerlichen Veranlagung des Bankkunden zu nutzen und sie zu diesem Zweck dem zuständigen Finanzamt zu übermitteln. Eine solche Kontrollmitteilung (§ 194 III AO) dient nicht der Durchführung eines Steuerstrafverfahrens, sondern eines – anderen – Besteuerungsverfahrens. Es gelten also die Maßstäbe für Informationseingriffe im Verwaltungsverfahren. Dementsprechend ist die Ausschreibung von Kontrollmitteilungen bei einem hinreichenden Anlass zulässig.[194] Ein Anfangsverdacht ist erst erforderlich, sobald die Information zur Durchführung eines Steuerstraf- oder -ordnungswidrigkeitenverfahrens verwendet werden soll. Die Verdachtsschwelle wird durch diese geringeren Anforderungen an die Zweckänderung für ein Verwaltungsverfahren (hinreichender Anlass) ebensowenig unterlaufen wie durch die entsprechenden Voraussetzungen der Informationserhebung im Verwaltungsverfahren.[195]

Aufgrund einer Besonderheit sind die Kriterien für die Übermittlung und Nutzung in dem gegen den Kunden gerichteten Besteuerungsverfahren jedoch im Ergebnis die gleichen wie diejenigen in Bezug auf ein Steuerstrafverfahren. Da anlässlich einer Betriebsprüfung von Banken eine Vielzahl personenbezogener Daten über die Bankkunden gegenüber der Finanzbehörde offengelegt werden und somit eine besondere Gefährdungslage für das allgemeine Persönlichkeitsrecht besteht[196], hat der Gesetzgeber die Ausschreibung von Kontrollmitteilungen bei Banken besonderen Anforderungen unterworfen (§ 30a III AO):[197] Diese ist bei le-

---

rechtliche Schranken (2000), S. 344 ff.; zur Unverwertbarkeit von Ergebnissen aus strafprozessualen „Ermittlungen ins Blaue": L. *Schulz*, Normiertes Misstrauen (2001), S. 651.

[193] S. dazu *Kohlmann*, in: Tipke-FS (1995), 487, 494 ff. m.w.N.; s. auch u. S. 470 zum Prinzip der Zweckrichtigkeit.

[194] BFH, wistra 1998, 110, 115; NJW 2001, 3655 (VII. Senat); *Hamacher*, DB 1996, 2460, 2461; *Neuwald*, Das steuerliche Bankgeheimnis (1999), S. 63; *Pauly*, BB 1986, 1130, 1133; *Streck/Peschges*, DStR 1997, 1993, 1996; a.A. FG Köln, EFG 2002, 66, 67; FG Niedersachsen, EFG 1999, 10, 13; *Rüsken*, in: Klein, AO (2003), § 194 Rn. 28; *Tipke*, in: Tipke/Kruse, AO, § 194 Rn. 31. Der VIII. Senat des BFH, hat erkennen lassen, dass er eine solche Auslegung des § 194 III AO favorisiert (s. BFH, NJW 1997, 2067, 2071: „Für diese Ansicht sprechen beachtliche Gründe."), diese Frage im Ergebnis jedoch offen gelassen.

[195] Zur Verdachtsschwelle: s.o. S. 310 ff.; zu den verfassungsrechtlichen Voraussetzungen der Informationserhebung im Verwaltungsverfahren (hinreichender Anlass): s.o. S. 213 ff.

[196] S.o. S. 111 ff.; s. auch *Dörn*, BuW 1997, 575, 578.

[197] Überwiegend wird § 30a III AO als Spezialregelung angesehen, welche die allgemeine Befugnis nach § 194 III AO begrenzt, s. BFH (VII. Senat), wistra 1998, 11, 115; NJW 2000, 3157, 3160; 2001, 2997, 3000; 2001, 3655, 3656; BFH (I. Senat), NJW 2001, 318, 320; FG Niedersachsen, EFG 1999, 10, 14; FG Schleswig-Holstein, NJW 2001, 2350, 2352; *Hellwig*, in: Hübschmann/Hepp/Spitaler, AO, § 30a Rn. 23; *Tipke*, in: Tipke/Kruse, AO, § 30a Rn. 6; offen gelassen von BFH (VIII. Senat), NJW 1997, 2067, 2071 f.

gitimationsgeprüften Konten nur bei dem konkreten Verdacht einer Steuerstraftat zulässig.[198] Ob und inwieweit ein solcher Schutz des Einzelnen auch in Bezug auf repressive Zwecke wegen der Art und des Umfangs der erhobenen Daten verfassungsrechtlich geboten ist, soll im Folgenden untersucht werden.

(3) Die gesteigerte Schutzwürdigkeit aufgrund von Art und Umfang der erhobenen Daten: besondere Amtsgeheimnisse

Die Art und der Umfang der erhobenen Daten können einen besonderen verfassungsrechtlichen Schutz des Einzelnen vor deren Zweckentfremdung gebieten. In Bezug auf die Art der Daten ist dies der Fall, sofern im Verwaltungsverfahren besonders sensible und persönlichkeitsrelevante Daten erhoben werden.[199] Eine besondere Beeinträchtigung des allgemeinen Persönlichkeitsrechts kann jedoch auch dann drohen, wenn eine Vielzahl für sich genommen nicht besonders sensibler personenbezogener Daten erhoben worden ist, auf die zur Verfolgung von Straftaten und Ordnungswidrigkeiten zugegriffen werden soll.

Im Bereich der Wirtschaftsaufsicht droht eine derartige Beeinträchtigung insbesondere in Bezug auf die im Besteuerungsverfahren erhobenen Daten. Das Steuergeheimnis ist als solches kein Grundrecht.[200] Gleichwohl konkretisiert § 30 AO als einfach-gesetzliche Regelung die verfassungsrechtlichen Vorgaben (Art. 2 I i.V.m. Art. 1 I GG).[201] Steuerpflichten bestehen in nahezu allen Lebensbereichen, so dass

---

[198] BFH (VII. Senat), wistra 1998, 110, 114; NJW 2000, 3157, 3160; 2001, 2997, 3000; 2001, 3655, 3656; FG Schleswig-Holstein, NJW 2001, 2350, 2352; *Krabbe*, DB 1988, 1668, 1673; *Leist*, Verfassungsrechtliche Schranken (2000), S. 299; *Scholtz*, DStZ 1989, 263, 267. Der VIII. Senat des BFH vertritt demgegenüber unter Hinweis auf das Zinsbesteuerungsurteil des BVerfG (BVerfGE 84, 239, 285) die Ansicht, dass § 30a III AO bei verfassungskonformer Auslegung über einen hinreichenden Anlass hinaus keine weiteren Voraussetzungen aufstelle, s. BFH, NJW 1997, 2067, 2071 f.; s. auch NJW 1999, 968; zur Kritik: *Vogt/Kramer*, WM 1997, 2156 ff. Zum Teil wird § 30a AO auch für verfassungswidrig gehalten, so *Neuwald*, das steuerliche Bankgeheimnis (1999), S. 117 ff., 188; *Rüth*, DStZ 2000, 30, 41. Dem steht allerdings entgegen, dass das BVerfG in dem o.g. Urteil trotz der an § 30a AO geübten Kritik nicht diese Norm, sondern die materielle Besteuerungsgrundlage für verfassungswidrig erklärt hat (BVerfGE 84, 239, 285). Für eine verfassungskonforme Auslegung besteht jedenfalls kein Bedürfnis, soweit die Regelung der Zinsbesteuerung für verfassungsmäßig gehalten wird, s. BFH/NV 1996, 228, 229; FG Baden-Württemberg, EFG 1996, 374, 375; 1998, 769; FG Düsseldorf, EFG 1997, 230, 231; FG München, EFG 1995, 723, 724; FG Nürnberg, EFG 1995, 981, 982; *Jakob*, DStR 1992, 893 ff.; *Vogt/Kramer*, WM 1997, 2156, 2162; *Wieland*, JZ 2000, 272, 275; a.A. *Papier/Dengler*, BB 1996, 2541 ff.; *Eckhoff*, DStR 1997, 1071, 1073. Die Verfassungsbeschwerde gegen die Entscheidung des VIII. Senats (BFH, NJW 1997, 2067) wurde vom BVerfG nicht zur Entscheidung angenommen (Beschluss vom 10.10. 1997–2 BvR 1440/97). Der BFH (IX. Senat) geht allerdings von der Verfassungswidrigkeit des § 23 I S. 1 Nr. 1 b) EStG (a.F.) aus und hat einen entsprechenden Vorlagebeschluss nach Art. 100 GG gefasst, s. BFHE 199, 451, 460 ff.; s. auch BFHE 202, 53, 54 ff.

[199] S. das Sozialgeheimnis (§ 35 SGB).

[200] BVerfGE 67, 100, 142; *Besson*, Das Steuergeheimnis (1997), S. 14; *Kruse*, in: Tipke/Kruse, AO, § 30 Rn. 7.

[201] *Besson*, Das Steuergeheimnis (1997), S. 15; *Blesinger*, wistra 1991, 230, 240; *Carl/Klos*, DStZ 1990, 341, 343; *Koch*, in: Koch/Scholtz, AO (1996), § 30 Rn. 3; *Kruse*, in: Tipke/Kruse, AO, § 30

II. Die Verwendung der im Verwaltungsverfahren erhobenen Daten 319

der Steuerpflichtige potentiell mit seiner ganzen Persönlichkeit den Ermittlungen der Steuerverwaltung ausgesetzt ist.[202] Zudem wird im Besteuerungsverfahren eine Vielzahl persönlichkeitsrelevanter Informationen über den Steuerpflichtigen gesammelt (z.b. Unterhaltszahlungen, Aufwendungen aufgrund von Erkrankungen, Spenden an politische Parteien).[203] Die Finanzbehörde erhält auf diese Weise einen umfassenden Einblick in die persönlichen und wirtschaftlichen Verhältnisse des Steuerpflichtigen.[204] In der Verwendung dieser Daten zu anderen Zwecken liegt daher ein schwerwiegender Grundrechtseingriff.

Dem wird in § 30 IV AO Rechnung getragen. Dort werden die Voraussetzungen festgelegt, unter denen eine Durchbrechung des Steuergeheimnisses zulässig ist. Personenbezogene Daten, die im Besteuerungsverfahren aufgrund einer Mitwirkungs- bzw. Duldungspflicht des Betroffenen erhoben worden sind[205], dürfen ohne dessen Zustimmung[206] grundsätzlich[207] nicht zur Verfolgung von Ordnungswidrigkeiten offenbart werden, da eine entsprechende Befugnis fehlt. Die Offenbarung zur Strafverfolgung wird davon abhängig gemacht, dass es sich um besonders schwere Straftaten handelt. Darunter fallen Verbrechen und vorsätzliche schwere Vergehen gegen Leib und Leben oder gegen den Staat und seine Einrichtungen [§ 30 IV Nr. 5 a) AO] und Wirtschaftsstraftaten, die nach ihrer Begehungsweise oder wegen des Umfangs des durch sie verursachten Schadens geeignet sind, die wirtschaftliche Ordnung erheblich zu stören oder das Vertrauen der Allgemeinheit auf die Redlichkeit des geschäftlichen Verkehrs oder auf die ordnungsgemäße Arbeit der Behörden und der öffentlichen Einrichtungen erheblich zu erschüttern [§ 30 IV Nr. 5 b) AO].[208] Anderenfalls dürfen Informationen aus dem Besteuerungsverfahren zur Verfolgung von Straftaten und Ordnungswidrigkeiten nicht offenbart werden. Soweit diese Informationen gleichwohl bekannt werden, besteht grundsätzlich ein Verwertungsverbot (§ 393 II S. 1 AO). Das öffentliche Interesse an der Verfolgung der jeweiligen Straftat muss also besonders gewichtig sein. Mit dieser Abstufung wird der Grundsatz der Verhältnismäßigkeit auf einfach-gesetzlicher Ebene umgesetzt: Den umfassenden Informationseingriffen und der da-

---

Rn. 6; *Tipke*, Die Steuerrechtsordnung, Bd. I (2000), S. 217; zum Zusammenhang mit dem Recht auf Selbstdarstellung: *Lindwurm*, in: Rolinski-FS (2002), S. 95, 105 ff.

[202] *von Hammerstein*, Privatsphäre im Steuerrecht (1993), S. 175.
[203] S. BVerfGE 67, 100, 142 f.
[204] Vgl. o. S. 105 f. Zu Recht wird allerdings darauf hingewiesen, dass der Steuerpflichtige bereits bei der Erhebung davon absehen kann, personenbezogene Daten preiszugeben, indem er auf die Inanspruchnahme von Steuervergünstigungen verzichtet, s. insoweit *Kirchhof*, in: Tipke-FS (1995), S. 27, 38; s. auch BFH, BStBl 1999 II, 199, 200; einschränkend BVerfGE 67, 100, 144.
[205] Wenn eine derartige Pflicht nicht besteht oder der Betroffene auf sein Auskunftsverweigerungsrecht verzichtet hat, ist eine Offenbarung zulässig, s. § 30 IV Nr. 4 b) AO.
[206] S. insoweit § 30 IV Nr. 3 AO.
[207] Zur Verfolgung von Steuerordnungswidrigkeiten (§ 30 IV Nr. 1 AO) s. sogleich im Text.
[208] Die h.M. hält darüber hinaus bei einem „zwingenden öffentlichen Interesse" (§ 30 IV Nr. 5 AO) auch eine Offenbarung zur Verfolgung schwerer Umweltstraftaten für zulässig, s. BMF, BStBl I 1995, 83; *Tipke*, in: Tipke/Kruse, AO, § 30 Rn. 139 m.w.N. Eine dermaßen vage Offenbarungsbefugnis ist jedoch mit dem Bestimmtheitsgebot nicht vereinbar, s. dazu u. S. 360 ff.

durch hervorgerufenen besonderen Beeinträchtigung des allgemeinen Persönlichkeitsrechts entspricht das gesteigerte öffentliche Interesse an der Verfolgung an einer besonders schweren Straftat.

Auf den ersten Blick steht es dazu im scharfen Gegensatz, wenn eine Offenbarung der personenbezogenen Daten aus dem Besteuerungsverfahren zur Verfolgung von Steuerstraftaten und sogar Steuerordnungswidrigkeiten ohne vergleichbare Einschränkungen zugelassen wird (§ 30 IV Nr. 1 AO). Wie bei der Offenbarung zur Verfolgung einer anderen Straftat wird die im Besteuerungsverfahren erhobene Information zweckentfremdet, indem sie zu repressiven Zwecken übermittelt und genutzt wird. Soweit der Verwendungszweck von einem präventiven in einen repressiven geändert wird, unterscheiden sich beide Konstellationen nicht. Die weitgehende Offenbarungsbefugnis in Bezug auf Steuerstraftaten, insbesondere Steuerordnungswidrigkeiten, erscheint angesichts dessen bedenklich.

Die Schwere des in der Zweckentfremdung liegenden Eingriffs in das Recht auf informationelle Selbstbestimmung ist allerdings nicht allein an der abstrakten gesetzlichen Aufgabe zu bestimmen (präventiv – repressiv). Das Prinzip der Zweckbindung soll die staatliche Informationsverarbeitung für den Einzelnen überschaubar machen.[209] Bleibt bei einer Änderung des Verwendungszwecks der sachliche Zusammenhang mit dem ursprünglichen Erhebungszweck erhalten, so ist die Zweckentfremdung für den Betroffenen in der Regel vorhersehbar:[210] Wird im Rahmen einer Außenprüfung eine Steuerhinterziehung aufgedeckt, so dürfte dem Betroffenen bewusst sein, dass dies steuerrechtliche *und* steuerstrafrechtliche Konsequenzen hat.[211] Im Steuerrecht hat sich der sachliche Zusammenhang auch in einer Bündelung der gesetzlichen Zuständigkeiten niedergeschlagen, denn die Finanzbehörde ist auch für die Verfolgung von Steuerstraftaten und Steuerordnungswidrigkeiten zuständig.[212] Die Zweckentfremdung bleibt für den Einzelnen vorhersehbar, indem die Verwendung zwar nicht auf die Erfüllung der gesetzlichen Aufgabe (Verfolgung von Straftaten und Ordnungswidrigkeiten), sondern auf den jeweiligen Sachbereich (Steuerrecht) begrenzt wird. Dem Recht auf informationelle Selbstbestimmung wird in Bezug auf die steuerlichen Daten durch eine informationelle Abschottung dieses Sachbereiches Rechnung getragen. Auf diese Weise wird die Gefahr für das allgemeine Persönlichkeitsrecht begrenzt, dass die umfangreichen und zum Teil sensiblen Daten einer umfassenden staatlichen Nutzung zugänglich gemacht werden. Während die Zweckänderung innerhalb des Sachbereichs „Steuerrecht" unter erleichterten Voraussetzungen zulässig ist (§ 30 IV Nr. 1 AO), bedarf die Verwendung von dem Steuergeheimnis unterliegenden Daten in

---

[209] *Simitis*, NJW 1986, 2795, 2799; s. BVerfGE 65, 1, 43: „Mit dem Recht auf informationelle Selbstbestimmung wären eine Gesellschaftsordnung und eine diese ermöglichende Rechtsordnung nicht vereinbar, in der Bürger nicht mehr wissen können, wer was wann und bei welcher Gelegenheit über sie weiß."
[210] Vgl. *Walden*, Zweckbindung (1996), S. 130.
[211] S. auch *Lindwurm*, in: Rolinski-FS (2002), S. 95, 109.
[212] S. §§ 386, 409 AO.

einem anderen sachlichen Zusammenhang einer besonderen Legitimation [§ 30 IV Nr. 5 a), b) AO]. Die umfassende Offenbarungsbefugnis zur Verfolgung von Steuerstraftaten und Steuerordnungswidrigkeiten kann vor diesem Hintergrund verfassungsrechtlich gerechtfertigt werden.

Diese Ausführungen können auf andere Übermittlungen zu repressiven Zwecken übertragen werden. Bei § 31a I Nr. 1 AO kann die Durchbrechung des Steuergeheimnisses aufgrund des sachlichen Zusammenhangs mit der sekundären Verwendung gerechtfertigt werden: Die Übermittlung zur Bekämpfung von Schwarzarbeit und illegaler Beschäftigung dient – wie das Steuerstrafverfahren – dem strafrechtlichen Schutz der finanziellen Interessen des Staates, insbesondere im Bereich der Sozialversicherung.[213] Die Übermittlung zur Geldwäschebekämpfung (§ 31b AO) ist hingegen in erster Linie vor dem Hintergrund der großen Bedeutung zu sehen, die der Gesetzgeber ihr zur Bekämpfung der organisierten Kriminalität und des Terrorismus beimisst.[214]

Ungeachtet der sachlichen Gründe für diese Differenzierungen kann der weitgehende Ausschluss einer Verwendung von Informationen aus dem Besteuerungsverfahren zur Verfolgung von anderen Straftaten auf diese Weise nicht vollständig erklärt, erst recht nicht unmittelbar aus den verfassungsrechtlichen Vorgaben (Art. 2 I i.V.m. Art. 1 I GG) abgeleitet werden. Die Entstehungsgeschichte des Steuergeheimnisses zeigt, dass dieses ursprünglich zum Schutz fiskalischer Interessen gewährt wurde: Indem dem Steuerpflichtigen die Vertraulichkeit seiner Angaben zugesagt wurde, sollte dieser zur Offenlegung seiner steuerlichen Verhältnisse bewegt werden.[215] § 30 AO zielt also nicht nur auf die Wahrung des allgemeinen Persönlichkeitsrechts des Steuerpflichtigen, sondern auch auf das öffentliche Interesse an einer gleichmäßigen und vollständigen Steuererhebung.[216] Diesem öffentlichen Interesse hat der Gesetzgeber gegenüber dem Interesse an der Verfolgung von Straftaten und Ordnungswidrigkeiten Vorrang eingeräumt, soweit es sich nicht um besonders gravierende Straftaten handelt oder das fiskalische Interesse selbst von dem einschlägigen Tatbestand geschützt wird. In der Abwägung dieser widerstreitenden öffentlichen Interessen ist der Gesetzgeber weitgehend frei.[217]

---

[213] S. im Einzelnen die in § 308 III Nr. 1, 3, 4 und 6 SGB-III genannten Abgaben; zur Anknüpfung an § 308 SGB-III s. die Begründung des Regierungsentwurfes zu § 31a AO n.F., BT-Drucks. 14/8221, S. 20.

[214] S. die Begründung des Regierungsentwurfes zu § 31b AO, BT-Drucks. 14/8017, S. 145; s. auch *Fenchel*, DStR 2002, 1355, 1362; kritisch insoweit *Marx*, DStR 2002, 1467, 1470; zum Zusammenhang von Steuerhinterziehung und Geldwäsche: *Meyer/Hetzer*, NJW 1998, 1017, 1021f.; s. auch u. S. 426ff.

[215] *Besson*, Das Steuergeheimnis (1997), S. 14.

[216] BVerfGE 84, 239, 280f.; BFH, BStBl II 1994, 552, 554; *Alber*, in: Hübschmann/Hepp/Spitaler, AO, § 30 Rn. 7; *Besson*, Das Steuergeheimnis (1997), S. 14; *Kruse*, in: Tipke/Kruse, AO, § 30 Rn. 10; *Rüsken*, in: Klein, AO (2003), § 30 Rn. 4.

[217] Der Umstand, dass eine gleichmäßige Besteuerung verfassungsrechtlich geboten ist und insoweit auch das öffentliche Interesse an dem Steuergeheimnis mit dem Rechtsstaatsprinzip und dem Gleichbehandlungsgebot (Art. 3 I GG) verfassungsrechtliche Wurzeln hat (s. BVerfGE 84,

Von dieser Freiheit hat der Gesetzgeber zuletzt bei der Einführung einer Amnestieregelung Gebrauch gemacht, indem er den Inhalt der strafbefreienden Erklärung einer weitgehenden Verwendungsbeschränkung unterwarf, um den Steuerflüchtigen nicht von der Abgabe einer solchen Erklärung abzuschrecken und damit den Erfolg der neuen Amnestieregelung zu gefährden.[218] Der Gesetzgeber wäre demnach nicht gehindert, eine Verwertung von Informationen aus dem Besteuerungsverfahren zu repressiven Zwecken in größerem Umfang zuzulassen als dies bisher der Fall ist.[219] Die in den §§ 30 IV, 393 II AO enthaltenen Offenbarungs- und Verwertungsverbote sind in diesem Umfang verfassungsrechtlich nicht geboten.[220] Das öffentliche Interesse an der Verfolgung von Straftaten ist prinzipiell geeignet, den in der Durchbrechung des Steuergeheimnisses liegenden Eingriff in das allgemeine Persönlichkeitsrecht materiell zu rechtfertigen.

Ähnliches Gewicht hat der Schutz des informationellen Selbstbestimmungsrechts bei den besonders geregelten Verschwiegenheitspflichten im Rahmen der Finanzaufsicht.[221] So erhält die Bundesanstalt für Finanzen bei ihrer Tätigkeit Einblick in eine Vielzahl von zum Teil äußerst sensiblen Kundendaten. Die Unternehmen sind gegenüber ihren Kunden zur Verschwiegenheit verpflichtet. Wenngleich sich diese Schweigepflicht nicht zu einem besonders geschützten Berufsgeheimnis verfestigt hat[222], wird ihr mit einem besonderen Amtsgeheimnis Rechnung getragen.[223] Aus diesem Grund ist eine Übermittlung dieser Daten zur Verfolgung von Ordnungswidrigkeiten grundsätzlich nicht vorgesehen.[224] Die erhobenen Daten können nur von der Aufsichtsbehörde selbst zur Verfolgung von Ordnungswidrigkeiten genutzt werden, soweit diese aufgrund des sachlichen Zusammenhangs der Ordnungswidrigkeit mit der präventiven Aufgabe zur Verfolgung zuständig ist.[225] In Bezug auf Straftaten ist eine solche Differenzierung hingegen nicht vorgesehen, sondern eine entsprechende Zweckänderung wird ohne Einschränkung zu-

---

239, 281), lässt die Aufgabe des Gesetzgebers, die widerstreitenden Interessen einem Ausgleich zuzuführen, und den ihm dabei zustehenden Spielraum unberührt.

[218] S. § 13 des Gesetzes zur Förderung der Steuerehrlichkeit vom 23.12.2003, BGBl. I S. 2928; s. insoweit die Begründung des Entwurfes, BT-Drucks. 15/1309, S. 12.

[219] So wird zum Teil eine weitergehende Durchbrechung des Steuergeheimnisses zur Strafverfolgung gefordert, s. *Tipke*, Die Steuerrechtsordnung, Bd. I (2000), S. 220 m.w.N. Gegen eine Verabsolutierung des Steuergeheimnisses in seiner gegenwärtigen einfach-gesetzlichen Ausgestaltung spricht auch der Blick auf andere Rechtsordnungen, in denen kein Steuergeheimnis besteht, sondern im Gegenteil durch eine öffentliche Auslegung der Steuerlisten der Grundsatz der Steuerpublizität gilt, s. dazu *Tipke*, aaO, S. 213 ff.

[220] Der Grundsatz „Nemo tenetur se ipsum accusare" bleibt an dieser Stelle noch außer Betracht, s. dazu u. S. 523 ff.

[221] S. §§ 9 KWG, 21a II UBGG, 84 VAG, 9 II WpÜG.

[222] S.o. S. 111 ff.

[223] Zum KWG: *Szagunn/Haug/Ergenzinger*, KWG (1997), § 9 Rn. 1; zum VAG: BT-Drucks. 14/4453, S. 36 f.

[224] S. insoweit o. S. 299; s. insbesondere die Begründung des Regierungsentwurfes zu § 84 IVa VAG, BT-Drucks. 14/4453, S. 37.

[225] S. ausdrücklich § 83 III Nr. 3 VAG

II. Die Verwendung der im Verwaltungsverfahren erhobenen Daten

gelassen.[226] Das öffentliche Interesse an der Strafverfolgung wird vom Gesetzgeber generell als ausreichend angesehen, um eine Ausnahme von der Verschwiegenheitspflicht zu rechtfertigen.[227] Die Differenzierung zwischen Straftaten und Ordnungswidrigkeiten orientiert sich an dem Gewicht des öffentlichen Verfolgungsinteresses und kann insoweit als einfach-gesetzliches Schutzkonzept für das Recht auf informationelle Selbstbestimmung angesehen werden.

Diese besonderen Amtsgeheimnisse schützen zwar in erster Linie das Interesse des Einzelnen an der Vertraulichkeit seiner Daten[228] und nicht das öffentliche Interesse an der Geheimhaltung bestimmter Informationen[229]. Indem die Bereitschaft des Betroffenen, sich gegenüber der Behörde zu offenbaren, durch besondere Verschwiegenheitspflichten gefördert wird, werden jedoch zugleich öffentliche Interessen verfolgt, wie am Beispiel des Steuergeheimnisses gezeigt worden ist. Soweit der Gesetzgeber bei der Ausgestaltung der Übermittlungs- und Nutzungsbefugnisse nicht das informationelle Selbstbestimmungsrecht als maßgeblich ansieht, sondern sich an diesem letztgenannten öffentlichen Interesse orientiert, steht es ihm innerhalb der verfassungsrechtlichen Grenzen frei, ob und inwieweit er diesem öffentlichen Interesse an einer effektiven Gefahrenabwehr gegenüber dem Interesse an der Verfolgung von Straftaten und Ordnungswidrigkeiten den Vorrang einräumt.[230]

Dass der Gesetzgeber bei der Ausgestaltung des Informationsflusses in erster Linie die konkurrierenden öffentlichen Interessen im Blick hat, sei anhand anderer gesetzlicher Verwendungsbeschränkungen illustriert. So dürfen die von der Regulierungsbehörde für Telekommunikation und Post erlangten Informationen nicht zur Verfolgung von Straftaten oder Ordnungswidrigkeiten wegen Verstößen gegen Steuer- und Devisengesetze verwendet werden (§ 72 VIII S. 1 TKG).[231] Dieses Verwendungsverbot lässt sich als Ergebnis einer Abwägung von öffentlichen Verfolgungsinteressen und dem allgemeinen Persönlichkeitsrecht des Einzelnen kaum erklären: Die Zweckentfremdung zur Verfolgung einer Steuerstraftat greift in das informationelle Selbstbestimmungsrecht nicht schwerer ein als die Verwertung zur Verfolgung einer anderen Straftat; umgekehrt besteht an der Verfolgung von Steuer- und Devisenstraftaten grundsätzlich kein geringeres öffentliches Interesse als bei anderen Straftaten.[232] Näher hätte es gelegen, zwischen Straftaten und Ord-

---

[226] S. §§ 9 I S. 3 Nr. 1 KWG, 21a II S. 3 Nr. 1 UBGG, 84 IV Nr. 1 VAG, 9 I S. 3 Nr. 1 WpÜG.
[227] S. die Begründung des Regierungsentwurfes zu § 84 IVa VAG, BT-Drucks. 14/4453, S. 37.
[228] Dafür spricht insbesondere, dass eine Offenbarung zulässig ist, wenn der Betroffene – nicht die Behörde – zustimmt, s. § 30 IV Nr. 3 AO.
[229] S. insoweit die im öffentlichen Interesse bestehende Verschwiegenheitspflicht des Beamten (§§ 61 BBG, 39 BRRG). Die unterschiedliche Schutzrichtung zeigt sich auch darin, dass je nach Schutzrichtung unterschiedliche Straftatbestände einschlägig sind, § 203 StGB (Individualinteresse) oder § 353b StGB (öffentliches Interesse), s. *Szagunn/Haug/Ergenzinger*, KWG (1997), § 9 Rn. 10f.
[230] Zu diesem Spannungsverhältnis vgl. o. S. 303 ff. (zur behördlichen Anzeigepflicht).
[231] S. auch § 45 IV PostG, der auf § 72 VIII TKG verweist.
[232] Eine Weitergabe der erhobenen Daten zu anderen als den in § 72 VIII TKG genannten Zwecken wird für zulässig gehalten, s. *Kerkhoff*, in: BeckTKG-Komm (2000), § 72 Rn. 62; *Spoerr*, in:

nungswidrigkeiten zu differenzieren, was jedoch nicht geschehen ist. Das Verwendungsverbot zielt daher in erster Linie darauf, dem Betroffenen die Angst vor steuer- und devisenrechtlichen Konsequenzen zu nehmen und auf diese Weise an Informationen zu gelangen, die der Betroffene anderenfalls nicht zu geben bereit gewesen wäre. Erscheint dem Gesetzgeber der Einsatz derartiger „Anreize" nicht mehr opportun, steht es ihm grundsätzlich frei, von ihnen Abstand zu nehmen. So hat der Gesetzgeber die Regelung, die als Vorbild für das Verwertungsverbot nach § 72 VIII S. 1 TKG diente (§ 46 IX GWB a. F.)[233], mittlerweile ersatzlos gestrichen.[234]

Auch die besonderen Verschwiegenheitspflichten im Bereich der Finanzdienstleistungsaufsicht sind nicht frei von Opportunitätserwägungen, wie der dort ebenfalls geregelte Ausschluss der Amtshilfe- und Auskunftspflichten der Aufsichtsbehörden gegenüber den Finanzbehörden zeigt.[235] Das Verbot, personenbezogene Daten aus dem Verwaltungsverfahren an die Finanzbehörde weiterzugeben, findet sich in vielen anderen Aufsichtsgesetzen[236], ohne dass dort ebenfalls Daten betroffen sind, für die zum Schutz des Betroffenen eine besondere Verschwiegenheitspflicht besteht. Das eigentliche Ziel dieser Regelungen besteht daher nicht im Schutz des allgemeinen Persönlichkeitsrechts, sondern dem öffentlichen Interesse an einer effektiven Gefahrenabwehr, indem es den Betroffenen motiviert, seine Verhältnisse gegenüber der Aufsichtsbehörde rückhaltlos offenzulegen.[237] Ausweislich der Gesetzesbegründung zu den meisten dieser Vorschriften handelt es sich um einen Zielkonflikt zwischen der Sicherung des Steueraufkommens und den Interessen der anderen Behörden an der Geheimhaltung der ihnen anvertrauten Tatsachen.[238]

Die Zurückstellung des fiskalischen Interesses war im Gesetzgebungsverfahren umstritten[239], was dazu führte, dass in die meisten Gesetze eine missverständlich formulierte Ausnahmevorschrift aufgenommen worden ist, die auf den ersten Blick auch Bedeutung für die Verwendung der Informationen zur Strafverfolgung

---

Trute/Spoerr/Bosch, TKG (2001), § 72 Rn. 41; einschränkend *Badura*, in: BeckPostG-Komm (2000), § 45 Rn. 28, der insoweit eine gesetzliche Ermächtigung fordert; s. insoweit o. S. 285 ff.

[233] S. *Kerkhoff*, in: BeckTKG-Komm (2000), § 72 Rn. 61. In der Begründung des Regierungsentwurfes zu § 72 TKG wird allgemein auf das GWB verwiesen, s. BT-Drucks. 13/3609, S. 51.

[234] S. § 59 GWB n. F.; s. insoweit die Begründung des Regierungsentwurfes, BT-Drucks. 13/9720, S. 65. Auch in Bezug auf die Abfrage der Kundenstammdaten zur Strafverfolgung (§ 24c III Nr. 2 KWG) wurde auf die Kritik des Bundesrates hin auf eine Ausnahmeregelung für die Verfolgung von Steuerstraftaten verzichtet, s. BT-Drucks. 14/8017, S. 48, 124, 169, 183.

[235] §§ 9 II S. 1 KWG, 21a II S. 6 UBGG, 84 IVa S. 1 VAG, 9 II S. 1 WpÜG.

[236] S. z.B. §§ 27 II S. 1, 52 VII S. 1 BImSchG; § 33 IV S. 1 WaStrG; § 21 III S. 1 WHG. Die meisten dieser Vorschriften erhielten ihre heutige Fassung durch das Einführungsgesetz zur AO 1977 (EGAO) vom 14. 12. 1976, BGBl I S. 3341.

[237] *Lechelt*, in: GK-BImSchG, § 52 Rn. 288f (zu § 52 VII BImSchG); *Fülbier*, in: Boos/Fischer/Schulte-Mattler, KWG (2000), § 9 Rn. 22 (zu § 9 II KWG); *Friesecke*, WaStrG (1999), § 33 Rn. 6 (zu § 33 IV WaStrG); *Dahme*, in: Siedler/Zeitler/Dahme, WHG, § 21 Rn. 36f. (zu § 21 III WHG).

[238] S. den Bericht des Finanzausschusses zum EGAO, BT-Drucks. 7/5458, S. 2.

[239] S. die Begründung des Regierungsentwurfes und die Kritik des Bundesrates an dem Ausschluss der Auskunfts- und Amtshilfepflicht der anderen Behörden gegenüber den Finanzbehörden, BT-Drucks. 7/261, S. 37 f., 62.

II. Die Verwendung der im Verwaltungsverfahren erhobenen Daten 325

hat.[240] Danach soll der Ausschluss der Auskunfts- und Amtshilfepflichten der Aufsichtsbehörde gegenüber den Finanzbehörden nicht gelten, „soweit die Finanzbehörden die Kenntnisse für die Durchführung eines Verfahrens wegen einer Steuerstraftat sowie eines damit zusammenhängenden Besteuerungsverfahrens benötigen, an deren Verfolgung ein zwingendes öffentliches Interesse besteht" (§ 9 II S. 2 KWG).[241]

Das Abstellen auf das Vorliegen einer Steuerstraftat, an deren Verfolgung ein zwingendes öffentliches Interesse besteht, deutet zunächst darauf hin, dass die Verwendung von Informationen zur Durchführung eines Steuerstrafverfahrens geregelt ist. Die von der Ausnahme erfassten Auskunfts- und Amtshilfevorschriften[242] werden jedoch zuvor abschließend aufgezählt (§ 9 II S. 1 KWG). Diese betreffen das Besteuerungsverfahren.[243] Das Auskunftsrecht der Finanzbehörde, sofern diese als Strafverfolgungsbehörde tätig wird und an die Aufsichtsbehörde ein entsprechendes Ersuchen richtet (§ 399 I AO i.V.m. § 161 I StPO), wird hingegen nicht erfasst. Für die Übermittlung der erhobenen Daten zur Verfolgung von Straftaten – und dies schließt Steuerstraftaten ein – gilt hingegen § 9 I S. 3 Nr. 1 KWG, wonach eine Weitergabe an die Strafverfolgungsbehörden[244] nicht unbefugt ist.[245] Die Aufsichtsbehörde ist insoweit sogar zur Auskunft verpflichtet (§ 161 I S. 2 StPO). Damit steht die Stellung eines strafprozessualen Auskunftsersuchens auch nicht unter dem Vorbehalt, dass an der Verfolgung der Steuerstraftat „ein zwingendes öffentliches Interesse besteht", sondern ist bereits bei einem Anfangsverdacht in Bezug auf eine Steuerstraftat zulässig. Die auf diese Weise erlangte Information kann anschließend im Besteuerungsverfahren verwendet werden (§ 30 IV Nr. 1 AO).

Der Ausschluss der steuerrechtlichen Auskunfts- und Amtshilfepflichten wird damit nicht völlig gegenstandslos, seine praktische Bedeutung wird jedoch angesichts des § 161 StPO auf das Vorfeld eines strafprozessualen Verdachts reduziert. Das Erfordernis des zwingenden öffentlichen Interesses kann nach dem oben Gesagten entgegen dem Wortlaut nur so verstanden werden, dass es sich auf das Interesse an der Durchführung des mit der Steuerstraftat zusammenhängenden Besteuerungsverfahrens bezieht.[246] Dieser Zusammenhang findet sich unmittelbar zuvor im Gesetzeswortlaut wieder.

---

[240] S. insoweit den Bericht des Finanzausschusses zum EGAO, BT-Drucks. 7/5458, S. 2f.
[241] S. auch §§ 27 II S. 2, 52 VII S. 2 BImSchG; § 33 IV S. 2 WaStrG; § 21 III S. 2 WHG.
[242] §§ 93, 97, 105 I, 111 V, 116 I AO.
[243] Dies gilt insoweit auch für die Pflicht zur Anzeige von Steuerstraftaten (§ 116 I AO), denn diese dient in erster Linie dem Interesse an der Besteuerung, s. *Förster*, in: Koch/Scholtz, AO (1996), § 116 Rn. 4; *Söhn*, in: Hübschmann/Hepp/Spitaler, AO, § 116 Rn. 7a; s. auch bereits RGSt 57, 132, 133.
[244] In älteren Fassungen waren nur die Staatsanwaltschaften und Gerichte erwähnt, die Befugnisse wurden jedoch mittlerweile auf alle Strafverfolgungsbehörden ausgedehnt, s. z.B. § 84 IV Nr. 1 VAG; s. insoweit die Begründung des Regierungsentwurfes, BT-Drucks. 14/4453, S. 36.
[245] Insoweit kann der Aussage, die Aufsichtsbehörde könne die erhobenen Daten nicht an die Finanzbehörde weitergeben, nicht zugestimmt werden, so aber *Jarass*, BImSchG (2002), § 27 Rn. 11; *Lechelt*, in: GK-BImSchG, § 52 Rn. 289.
[246] Im Bericht des Finanzauschusses, auf den die Formulierung zurückgeht, heißt es dement-

Zusammenfassend ist festzuhalten, dass der Ausschluss der steuerrechtlichen Amtshilfe- und Auskunftspflichten nicht Ausdruck eines verfassungsrechtlich gebotenen Schutzkonzeptes ist, sondern maßgeblich von Opportunitätserwägungen des Gesetzgebers bestimmt worden ist. Eine besondere Schutzwürdigkeit des Einzelnen besteht nur, soweit nach Art und Umfang der erhobenen Daten das Recht auf informationelle Selbstbestimmung in besonderer Weise berührt ist. Ist dies nicht der Fall, so ist eine Zweckentfremdung der erhobenen Daten zur Verfolgung von Straftaten und Ordnungswidrigkeiten grundsätzlich materiell gerechtfertigt.

Soweit nach Art und Umfang der Daten ein besonderer verfassungsrechtlicher Schutz geboten ist, ist diesem Umstand in formaler Hinsicht durch eine bereichsspezifische gesetzliche Regelung Rechnung zu tragen.[247] Der Gesetzgeber ist dem durch gesetzliche Verschwiegenheitspflichten im Rahmen der Finanzaufsicht und durch das Steuergeheimnis nachgekommen. Der Vorrang dieser speziellen Befugnisse[248] schließt eine ergänzende Anwendung der Datenschutzgesetze nicht aus, sofern der bereichsspezifische Datenschutz auf diese Weise nicht unterlaufen wird.[249] Soweit der Gesetzgeber diesem Umstand in besonderen Amtsgeheimnissen Rechnung getragen hat, ist zu berücksichtigen, dass der auf diese Weise garantierte Schutz hinter demjenigen zurückbleibt, der den besonderen Vertrauensbeziehungen zu Berufsgeheimnisträgern zuteil wird.[250] Anders als der Berufsgeheimnisträger wird die Behörde nicht im Interesse des Einzelnen, sondern im öffentlichen Interesse tätig. Aufgrund dieser Anbindung an das Individualinteresse geht der persönlichkeitsrechtliche Schutz des Berufsgeheimnisses über den des Amtsgeheimnisses hinaus. Das Gleiche gilt, soweit zwischen dem Adressaten einer Ermittlungsmaßnahme und einem Dritten eine Vertrauensbeziehung besteht, die sich nicht zu einem besonders geschützten Berufsgeheimnis verdichtet hat, wie z.B. das Verhältnis einer Bank zu ihrem Kunden.[251] Das öffentliche Interesse an der Strafverfolgung überwiegt das Interesse des Kunden an der Vertraulichkeit der per-

---

sprechend, mit der Regelung sei ein vernünftiger Kompromiss zwischen dem Besteuerungsinteresse (nicht dem Interesse an der Verfolgung der Steuerstraftat) und den Geheimhaltungsinteressen der anderen Behörden gefunden worden, s. BT-Drucks. 7/5458, S. 3.

[247] S.o. S. 288 ff.

[248] S. insoweit § 1 III BDSG und in den Landesdatenschutzgesetzen: § 2 V (Baden-Württemberg), § 2 VII (Rheinland-Pfalz), § 3 III (Sachsen-Anhalt), § 2 III (Thüringen).

[249] Die allgemeinen Regelungen in den Datenschutzgesetzen, nach denen speziellere Vorschriften in anderen Gesetzen Vorrang genießen (s. die vorherige Fußn.) oder besondere Amtsgeheimnisse unberührt bleiben – s. die Datenschutzgesetze der Länder Bremen (§ 12 II S. 2), Hessen (§ 13 II S. 2), Mecklenburg-Vorpommern (§ 10 III S. 3), Saarland (§ 13 II S. 2) –, widersprechen diesem Ergebnis nicht. Wird die datenschutzrechtliche Befugnis zur spontanen Übermittlung ausgeschlossen, soweit die Daten einem besonderen Amtsgeheimnis unterliegen – s. die Datenschutzgesetze der Länder Brandenburg (§ 13 II S. 3), Hamburg (§ 13 II S. 2), Niedersachsen (§ 10 II S. 2), Nordrhein-Westfalen (§ 13 II S. 2) –, so ist dies unschädlich, da in den Aufsichtsgesetzen eine Übermittlungsbefugnis zur Strafverfolgung vorgesehen ist. Eine ergänzende Anwendung der datenschutzrechtlichen Befugnis zur Nutzung durch die datenverarbeitende Stelle selbst ist hingegen durch die angeführten Vorschriften nicht ausgeschlossen, s. dazu im Einzelnen o. S. 299 f.

[250] S. dazu u. S. 337 ff.

[251] S.o. S. 111 ff.

sonenbezogenen Informationen, die er gegenüber der Bank offenbart hat. Ebensowenig wie die Banken bzw. ihre Mitarbeiter das Recht haben, die Auskunft über ihre Kunden im Strafverfahren oder die Herausgabe der einschlägigen Kontounterlagen zu verweigern, hindert das allgemeine Persönlichkeitsrecht die Strafverfolgungsbehörden, bei den Aufsichtsbehörden die entsprechenden Auskünfte zu verlangen. Einer besonderen verfassungsrechtlichen Rechtfertigung bedarf allerdings aufgrund der spezifischen Gefahren für das allgemeine Persönlichkeitsrecht ein Zugriff auf die Gesamtheit der bei einer Bank gespeicherten Kundendaten, um diese nach bestimmten Kriterien auszuwerten.[252] Für einen solchen Eingriff stellen weder § 161 I StPO noch die Bestimmungen der Aufsichts- und Datenschutzgesetze eine geeignete Grundlage dar, sondern diese begründen lediglich die Befugnis, einzelne Daten zu repressiven Zwecken zu nutzen oder zu übermitteln bzw. um eine Übermittlung zu diesen Zwecken zu ersuchen.

Als Ergebnis ist festzuhalten, dass das öffentliche Interesse an der Verfolgung einer Straftat grundsätzlich geeignet ist, eine Durchbrechung des Steuer- oder eines anderen Amtsgeheimnisses materiell zu rechtfertigen. Dies gilt unabhängig davon, welcher Art die zu verfolgende Straftat ist. Dass der Gesetzgeber eine derartige Zweckentfremdung in bestimmten Fällen aus Opportunitätserwägungen verboten hat, ändert an diesem verfassungsrechtlichen Befund nichts.

Das öffentliche Interesse an der Verfolgung von Ordnungswidrigkeiten ist zwar geringer als das an der Verfolgung von Straftaten. Das bedeutet jedoch nicht, dass eine Zweckentfremdung zur Verfolgung von Ordnungswidrigkeiten generell unverhältnismäßig ist. Die Verhältnismäßigkeit einer Durchbrechung des Amtsgeheimnisses ist im Einzelfall allerdings besonders zu prüfen.[253] Ungeachtet dessen, dass eine solche Zweckänderung je nach Einzelfall grundsätzlich materiell rechtfertigungsfähig ist, wird auf der einfach-gesetzlichen Ebene mit der Begründung besonderer Amtsgeheimnisse zum Schutz des Betroffenen und zur Gewährleistung einer effektiven Gefahrenabwehr eine Verwendung in Bezug auf Ordnungswidrigkeiten, die zu den präventiven Aufgaben der Verfolgungsbehörde in keinem Zusammenhang stehen, gesetzlich für unzulässig erklärt.

(4) Die Übermittlung personenbezogener Daten durch die Verfolgungsbehörde

Abschließend ist auf die materielle Verfassungsmäßigkeit des Eingriffs der Verfolgungsbehörde einzugehen. Soweit diese mit der Stellung eines Auskunftsersuchens personenbezogene Daten an die Aufsichtsbehörde übermittelt, greift sie in das informationelle Selbstbestimmungsrecht des Betroffenen ein. Dies ist insbesondere der Fall, wenn der Aufsichtsbehörde mitgeteilt wird, dass gegen den Betroffenen ein Strafverfahren eingeleitet worden ist.[254]

---

[252] S.o. S. 111 ff.
[253] S. entsprechend zur Verhältnismäßigkeitsprüfung in Bezug auf die Ermittlungsmaßnahmen der Verfolgungsbehörde: *Lampe*, in: KK-OWiG (2000), § 46 Rn. 12 f.
[254] S.o. S. 283 f.

Aus dem Verhältnismäßigkeitsprinzip folgt, dass derartige Eingriffe nur zulässig sind, soweit sie zur Erreichung des angestrebten Zwecks, in diesem Fall der Stellung des Ersuchens, erforderlich sind. Ist es für die Verfolgungsbehörde möglich, die benötigten Informationen zu erhalten, ohne gegenüber der Aufsichtsbehörde personenbezogene Daten zu offenbaren, ist von dieser Möglichkeit Gebrauch zu machen; im Übrigen ist die Mitteilung auf das notwendige Maß zu beschränken.[255]

Im Rahmen der Verhältnismäßigkeit ist zu beachten, dass die Mitteilung im Rahmen eines Ersuchens weiterhin dem ursprünglichen Erhebungszweck dient und deshalb weniger schwer in das Recht auf informationelle Selbstbestimmung eingreift.[256] An derartige Übermittlungen personenbezogener Daten aus dem Strafverfahren sind daher keinesfalls höhere Anforderungen zu stellen als an entsprechende Mitteilungen zu verfahrensübergreifenden Zwecken, d.h. solche, die eine Zweckentfremdung einschließen. Soweit sich diese als materiell verfassungsmäßig erweisen, was im folgenden Kapitel zu untersuchen sein wird[257], ist auch die Weitergabe von Daten im Rahmen eines Ersuchens nicht unverhältnismäßig. Hinsichtlich der materiellen Rechtfertigung dieses Eingriffs soll daher auf die späteren Ausführungen verwiesen werden.

2. Das Brief-, Post- und Fernmeldegeheimnis (Art. 10 GG)

Wie in den allgemeinen Ausführungen zu Art. 10 GG dargelegt worden ist, liegt in der Verwendung von Informationen, die durch einen Eingriff in das Brief-, Post- oder Fernmeldegeheimnis erlangt wurden, zu einem anderen als dem Erhebungszweck ein weiterer, selbständiger Eingriff in dieses Grundrecht.[258] Daher wird im Folgenden zu untersuchen sein, ob die im Verwaltungsverfahren durch Eingriffe in Art. 10 GG erlangten Informationen zur Verfolgung von Straftaten (bzw. Ordnungswidrigkeiten) genutzt und übermittelt werden können oder ob darin eine Verletzung des Brief-, Post- oder Fernmeldegeheimnisses zu sehen ist. Den behördlichen Befugnissen entsprechend soll dabei zwischen der Verwendung von Informationen, welche die Behörde im Rahmen der Prüfung von Postsendungen erhalten hat [a)], und solchen, die durch die Überwachung des Brief-, Post- und Fernmeldeverkehrs erlangt worden sind [b)], differenziert werden.

a) Die Verwendung von Informationen aus der behördlichen Prüfung von Postsendungen

Im Rahmen der zollamtlichen Überwachung kontrollieren die Zollbehörden Postsendungen, um die Einfuhr, Ausfuhr und Durchfuhr bestimmter Waren und sons-

---

[255] S. auch Nr. 4a RiStBV.
[256] Vgl. o. S. 283 f.
[257] S. dazu S. 368 ff.
[258] S.o. S. 48.

II. Die Verwendung der im Verwaltungsverfahren erhobenen Daten

tiger Gegenstände zu verhindern (§§ 2 II S. 1 GÜV, 10 IV ZollVG).[259] Verstöße gegen Verbringungsverbote werden als Straftat oder als Ordnungswidrigkeit verfolgt[260], so dass es naheliegt, die betreffenden Gegenstände und die erhobenen Informationen zu diesem Zweck an die Staatsanwaltschaft bzw. die Verfolgungsbehörde weiterzuleiten. Da die Informationen zu präventiven Zwecken erhoben worden sind, greift eine solche spontane Übermittlung[261] zu repressiven Zwecken in das Grundrecht aus Art. 10 GG ein.

Derartige Eingriffe bedürfen einer gesetzlichen Grundlage.[262] Nach § 12 S. 2 ZollVG gilt die allgemeine Weiterleitungsbefugnis zur Ahndung von Verstößen gegen Verbringungsverbote (§ 12 S. 1 ZollVG) für Postsendungen entsprechend, wenn zureichende Anhaltspunkte für eine Straftat vorliegen. Im Gesetz zur Überwachung strafrechtlicher Verbringungsverbote findet die allgemeine Übermittlungsregelung Anwendung (§ 2 I S. 2 GÜV). Diese Ermächtigungen sind hinreichend bestimmt, da sich die Befugnisse auf die Verfolgung der im Rahmen der Überwachung aufgedeckten Straftat beschränken. Dem Zitiergebot (Art. 19 I S. 2 GG) wird Genüge getan (§§ 4 GÜV, 12 S. 3 ZollVG).

In materieller Hinsicht darf die Übermittlung an die Staatsanwaltschaft nicht gegen den Grundsatz der Verhältnismäßigkeit verstoßen. Ziel des Eingriffs in das Brief- und Postgeheimnis ist die Verfolgung des jeweiligen Verstoßes gegen ein strafbewehrtes Verbringungsverbot. Da die Übermittlungsbefugnis erst bei einem entsprechenden Verdacht eingreift, besteht ein hinreichender Anlass für diesen Eingriff.[263] Dem Brief- und Postgeheimnis wird dabei Rechnung getragen, indem eine Übermittlung zur Verfolgung weniger schwerwiegender Verstöße, die nur mit Geldbuße bedroht sind, nicht von der gesetzlichen Ermächtigung gedeckt ist. Auch eine Prüfung am Maßstab des hypothetischen Ersatzeingriffs[264] ergibt nicht, dass der Eingriff in das Brief- und Postgeheimnis zur Verfolgung von Straftaten unverhältnismäßig ist. Nach der entsprechenden strafprozessualen Erhebungsbefugnis (§ 99 StPO) ist die Beschlagnahme von Postsendungen zulässig, die an den Beschuldigten gerichtet sind oder von denen aufgrund bestimmter Tatsachen anzunehmen ist, dass sie von diesem herrühren oder für ihn bestimmt sind und dass ihr Inhalt für die Untersuchung Bedeutung hat. An den Erhebungseingriff werden also in der gesetzlichen Ermächtigung im Strafverfahren keine höheren materiellen[265] Anforderungen gestellt als in den Übermittlungsbefugnissen nach §§ 2 II S. 1

---

[259] S.o. S. 210f.
[260] S. insbesondere §§ 33, 34 AWG.
[261] S.o. S. 283.
[262] Zur Weiterleitung durch die Zollbehörden: BGHSt 23, 329f.; s. allgemein o. S. 48.
[263] Vgl.o. S. 213ff., 306f.
[264] S.o. S. 307ff.
[265] Ein Richtervorbehalt ist in Art. 10 GG – anders als in Art. 13 II – IV GG – nicht vorgesehen, insbesondere hat es das BVerfG ausdrücklich unbeanstandet gelassen, dass eine Übermittlung personenbezogener Daten, die durch einen Eingriff in das Fernmeldegeheimnis erhoben worden sind, nicht unter den Entscheidungsvorbehalt einer unabhängigen Instanz gestellt wird, s. BVerfGE 100, 313, 395.

GÜV, 12 S. 2 ZollVG. Der Ausschluss einer Übermittlung zur Verfolgung von Ordnungswidrigkeiten entspricht wiederum der gesetzlichen Wertung, zu einem solchen Zweck auf einen entsprechenden Erhebungseingriff zu verzichten: Die Befugnis nach § 99 StPO ist im Ordnungswidrigkeitenverfahren nicht anwendbar (§ 46 III S. 1 OWiG). Schließlich ist zu berücksichtigen, dass diese Normen keine allgemeine Übermittlungsbefugnis zur Strafverfolgung begründen, sondern nur zu einer Weitergabe von Informationen zur Verfolgung bestimmter Straftaten ermächtigen, und zwar solcher, die in einem sachlichen Zusammenhang mit dem Erhebungszweck stehen. Die Verwendung nach den §§ 2 II S. 1 GÜV, 12 S. 2 ZollVG bleibt damit für den Betroffenen im Rahmen des Vorhersehbaren.[266] Die Befugnis zur Weiterleitung der erlangten Informationen an die Staatsanwaltschaft ist demnach materiell verfassungsrechtlich gerechtfertigt.

Die Befugnisse zur spontanen Übermittlung personenbezogener Daten, die im Rahmen der zollamtlichen Überwachung durch die Prüfung von Postsendungen erhoben worden sind, sind nach alledem mit Art. 10 GG vereinbar.[267]

b) Die Verwendung von Informationen aus der Überwachung des Brief-, Post- und Fernmeldeverkehrs

Zur Verhütung von Straftaten im Außenwirtschaftsverkehr ist das Zollkriminalamt zur Überwachung des Brief-, Post- und Fernmeldeverkehrs befugt (§ 39 AWG).[268] Soweit das Zollkriminalamt die erhobenen Daten selbst zu strafrechtlichen Ermittlungen verwendet oder sie zur Durchführung eines Strafverfahrens an die Strafverfolgungsbehörden übermittelt, greift es erneut in das Grundrecht aus Art. 10 GG ein.[269]

Die für solche Eingriffe erforderliche gesetzliche Grundlage enthält § 41 II AWG: Danach dürfen die durch Maßnahmen nach § 39 AWG erlangten personenbezogenen Daten von öffentlichen Stellen nur zur Verhütung oder Aufklärung der in § 39 I AWG und §§ 3 I, 7 I–IV G 10 genannten Straftaten verarbeitet und genutzt werden, soweit sich bei Gelegenheit der Auswertung Tatsachen ergeben, die die Annahme rechtfertigen, dass eine solche Straftat begangen werden soll, begangen wird oder begangen worden ist. § 41 II AWG ermächtigt das Zollkriminalamt also, die erhobenen Daten zur Strafverfolgung („Aufklärung von … Straftaten")[270] entweder selbst zu nutzen oder zu diesem Zweck an andere Strafverfolgungsbehörden (als „öffentliche Stellen")[271] zu übermitteln[272]. Gegenüber der Staatsanwaltschaft

---

[266] S. dazu o. S. 320.
[267] S. auch *Löwer*, in: von Münch/Kunig, GG, Bd. 1 (2000), Art. 10 Rn. 43.
[268] S. o. S. 211.
[269] S. o. S. 48.
[270] S. *Fehn*, in: Hohmann/John, Ausfuhrrecht (2002), § 41 AWG Rn. 6.
[271] Die frühere Beschränkung auf öffentliche Stellen des Bundes ist mit der Neufassung des § 41 II AWG durch das Begleitgesetz zum TKG (BGBl 1997 I S. 3108, 3115) entfallen. Die Erweiterung geht zurück auf eine Initiative des Bundesrates, wie im G 10 auch die Übermittlung an Landesbehörden, z. B. die Landesämter für Verfassungsschutz, zuzulassen, s. BT-Drucks. 13/8453, S. 9. Die

II. Die Verwendung der im Verwaltungsverfahren erhobenen Daten

ist das Zollkriminalamt sogar zur Unterrichtung über die Maßnahme verpflichtet (§ 39 IV S. 2 AWG). Die Nutzung der übermittelten Daten durch die Strafverfolgungsbehörden wird ebenfalls von § 41 II AWG erfasst.

Aufgrund des Zitiergebotes (Art. 19 I S. 2 GG) bestehen allerdings Zweifel an der Verfassungsmäßigkeit der gesetzlichen Grundlage für die Nutzung und Verarbeitung der erhobenen Daten zur Strafverfolgung, denn Art. 10 GG wird in § 41 II AWG nicht als eingeschränktes Grundrecht zitiert. Der Gesetzgeber leistet dem Zitiergebot zwar in § 39 I S. 2 AWG Folge, dieser Satz bezieht sich, wie sich aus der systematischen Stellung und dem Wortlaut („… wird insoweit eingeschränkt.") ergibt, jedoch allein auf die Maßnahmen nach § 39 I S. 1 AWG. Auf die von § 41 II AWG erfassten Eingriffe in das Brief-, Post- und Fernmeldegeheimnis wird im Gesetz nicht hingewiesen.

Eine Verletzung des Art. 19 I S. 2 GG wäre allerdings zu verneinen, sofern eine Ausnahme vom Zitiergebot anzunehmen wäre. Das BVerfG hat zwar bestimmte Grundrechte von dem Anwendungsbereich des Art. 19 I S. 2 GG ausgenommen.[273] Zu diesen Grundrechten zählt jedoch nicht das Brief-, Post- und Fernmeldegeheimnis.[274] Darüber hinaus erübrigt sich nach Ansicht des BVerfG ein gesetzlicher Hinweis auch dann, wenn der grundrechtsbeschränkende Charakter der Regelung offenkundig ist.[275] Begründet wurde diese Ausnahme mit der Erwägung, dass die Grundrechtsbeschränkung den am Gesetzgebungsverfahren Beteiligten in einem solchen Fall hinreichend bewusst ist.[276] Diese Argumentation lässt sich auf § 41 II AWG übertragen; die Weitergabe der erhobenen Daten und die möglichen Empfänger wurden im Gesetzgebungsverfahren bei der Neufassung des § 41 II AWG diskutiert.[277] Gleichwohl ist eine solche Ausnahme vom Zitiergebot bedenklich. Art. 19 I S. 2 GG zielt nicht allein darauf ab, den Gesetzgeber darauf aufmerksam zu machen, dass mit der Regelung Grundrechtsbeschränkungen verbunden sind (Warn- und Besinnungsfunktion), sondern es soll zugleich den Gesetzesanwender auf die Grundrechtsrelevanz der Norm hinweisen und den betroffenen Grund-

---

Bundesregierung (aaO, S. 15) und der Ausschuss für Post und Telekommunikation (BT-Drucks. 13/8776, S. 21, 39) stimmten dem Vorschlag in der Sache zu. § 41 II AWG erfasst daher in der neuen Fassung auch die Übermittlung an die Strafverfolgungsbehörden der Länder, insbesondere die Staatsanwaltschaften, s. *Fehn*, in: Hohmann/John, Ausfuhrrecht (2002), § 41 AWG Rn. 6; zur Kritik an § 41 II AWG a.F.: *Hermes*, in: Dreier, GG, Bd. 1 (1996), Art. 10 Rn. 65.

[272] Das Verarbeiten schließt die Übermittlung ein (§ 3 IV BDSG).
[273] S. insbesondere Art. 2 I, 5 II, 12, 14 GG (BVerfGE 64, 72, 79ff.) und die vorbehaltlos gewährleisteten Grundrechte (BVerfGE 83, 130, 154, zu Art. 5 III GG); s. dazu *Dreier*, in: ders., GG, Bd. 1 (1996), Art. 19 I Rn. 19ff.; *Löwer*, in: von Münch/Kunig, GG, Bd. 1 (2000), Art. 19 Rn. 16, jeweils m.w.N.
[274] S. BVerfGE 85, 386, 404. Dass Art. 10 GG als eingeschränktes Grundrecht gemäß Art. 19 I S. 2 GG im Gesetz zu bezeichnen ist, entspricht auch der allgemeinen Ansicht im Schrifttum, s. *Jarass*, in: Jarass/Pieroth, GG (2002), Art. 19 Rn. 3; *Menger*, in: BK-GG, Art. 19 I Rn. 184.
[275] BVerfGE 35, 185, 189 (zu Art. 2 II S. 2 GG).
[276] BVerfGE 35, 185, 189, mit Hinweis auf die Beratungen im Rechtsausschuss und im Plenum des Bundestages.
[277] S. BT-Drucks. 13/8453, S. 9 (Bundesrat), 15 (Bundesregierung); BT-Drucks. 13/8776, S. 21, 39 (Ausschuss für Post und Telekommunikation).

rechtsträger über die Einschränkung informieren.[278] Die letztgenannten Funktionen werden in der Argumentation des BVerfG nicht berücksichtigt.[279] Darüber hinaus ist die Grenze dessen, was „offenkundig" ist, einer objektiven Prüfung nur schwer zugänglich und hängt von der Beurteilungsperspektive ab: Die Mitglieder des Rechtsausschusses des Bundestages werden die Schwelle zum Offenkundigen eher erreicht sehen als der rechtsunkundige Bürger.[280] Zudem würde das Zitiergebot mit einer Ausnahme für offenkundige Beschränkungen de facto abgeschafft, es würde insbesondere für die besonders gravierenden – und damit offenkundigen – Grundrechtseingriffe nicht mehr gelten. Bedenken im Hinblick auf die praktischen Folgen einer Anwendbarkeit des Art. 19 I S. 2 GG ist entgegenzuhalten, dass es gerade bei offenkundigen Grundrechtseingriffen ohne Weiteres möglich wäre, das beeinträchtigte Grundrecht im Gesetz zu nennen.[281] Eine Ausnahme für offenkundige Eingriffe ist daher nicht anzuerkennen.[282] § 41 II AWG verstößt somit gegen Art. 19 I S. 2 GG. Die Verletzung des Zitiergebotes führt gleichwohl nicht zur Nichtigkeit des Gesetzes[283], sondern der Gesetzgeber ist gehalten, die Verfassungswidrigkeit des § 41 II AWG innerhalb einer Übergangsfrist zu beseitigen.[284] Aufgrund dieser Möglichkeit einer vorläufigen Fortgeltung der gesetzlichen Eingriffsbefugnis ist die Prüfung ihrer Vereinbarkeit mit Art. 10 GG fortzusetzen.

In materieller Hinsicht müsste § 41 II AWG den Anforderungen des Verhältnismäßigkeitsprinzips entsprechen, insbesondere verhältnismäßig i.e.S. sein. Orientiert man sich bei dieser Prüfung wiederum am Maßstab des hypothetischen Ersatzeingriffs[285], so wird man die materiellen Voraussetzungen, an die eine Nutzung und Verarbeitung der erhobenen Daten zur Strafverfolgung geknüpft werden, als prinzipiell ausreichend ansehen können. Indem § 41 II AWG eine anderweitige Verwendung nur zur Strafverfolgung und nicht zur Verfolgung von Ordnungswidrigkeiten zulässt, folgt er der gesetzgeberischen Wertung, die im Ordnungswidrigkeitenverfahren eine Informationserhebung durch Eingriffe in Art. 10 GG ausschließt (§ 46 III S. 1 OWiG). Im Strafverfahren ist eine Überwachung des Fernmeldeverkehrs nur zur Verfolgung bestimmter Straftaten zulässig (§ 100a S. 1 Nr. 1–5 StPO). Auch diese Wertung wird in § 41 II AWG mit der Verweisung auf die §§ 39 AWG und §§ 3 I, 7 I–IV G 10 nachvollzogen. Diese umfasst

---

[278] *Dreier*, in: ders., GG, Bd. 1 (1996), Art. 19 I Rn. 16; *Löwer*, in: von Münch/Kunig, GG, Bd. 1 (2000), Art. 19 Rn. 14; *Menger*, in: BK-GG, Art. 19 I Rn. 142; *Stern*, Staatsrecht III/2 (1994), S. 746.
[279] *Dreier*, in: ders., GG, Bd. 1 (1996), Art. 19 Rn. 22 (in Fußn. 72); *Stern*, Staatsrecht III/2 (1994), S. 757.
[280] *Selk*, JuS 1992, 816, 818; *Stern*, Staatsrecht III/2 (1994), S. 757.
[281] *Dreier*, in: ders., GG, Bd. 1 (1996), Art. 19 Rn. 22 (in Fußn. 72).
[282] *Alberts*, JA 1986, 72, 73f.; *Dreier*, in: ders., GG, Bd. 1 (1996), Art. 19 Rn. 22 (in Fußn. 72); *Selk*, JuS 1992, 816, 818; *Stern*, Staatsrecht III/2 (1994), S. 757; s. auch *Jarass*, in: Jarass/Pieroth, GG (2002), Art. 19 Rn. 5 („sehr zweifelhaft").
[283] So die h.M.: BVerfGE 5, 13, 15f.; s. dazu o. S. 246 m.w.N.
[284] S. dazu o. S. 246f.
[285] BVerfGE 100, 313, 389f. (zum Fernmeldegeheimnis); s. dazu allgemein o. S. 307ff.

II. Die Verwendung der im Verwaltungsverfahren erhobenen Daten

bis auf wenige Ausnahmen[286] nur Taten, die zugleich Katalogtaten i.S.d. § 100a S. 1 StPO sind. Dem Anliegen des Gesetzgebers, einen Eingriff in das Fernmeldegeheimnis nur zur Verfolgung besonders schwerer, in dem jeweiligen Katalog abschließend aufgeführter Straftaten zuzulassen, wird damit insgesamt hinreichend Rechnung getragen. Ungeachtet der Kritik im Detail[287] trägt die Beschränkung der Zweckentfremdung auf die Verfolgung besonders schwerer und abschließend genannter Straftaten dem Verhältnismäßigkeitsprinzip hinreichend Rechnung.

Die Befugnis nach § 41 II AWG wird weiterhin dadurch begrenzt, dass eine Nutzung und Verarbeitung zur Strafverfolgung nur zulässig ist, soweit sich bei Gelegenheit der Auswertung Tatsachen ergeben, die die Annahme rechtfertigen, dass eine Katalogstraftat begangen wird bzw. worden ist. Von Verfassungs wegen ist dies dahingehend auszulegen, dass aufgrund von Tatsachen ein konkreter Verdacht in Bezug auf die Straftat bestehen muss.[288] Darüber hinaus wird von der Verwendungsbefugnis allein die Übermittlung zur Verfolgung von Straftaten, die bei Gelegenheit von Überwachungsmaßnahmen aufgedeckt werden, erfasst; die Übermittlung auf ein Ersuchen anderer Strafverfolgungsbehörden zur Aufklärung anderer Straftaten ist hingegen nicht von § 41 II AWG gedeckt. Derartigen, weitergehenden Zweckänderungen wird zudem durch die Pflicht zur Löschung der aufgezeichneten Daten vorgebeugt (§ 41 III AWG). Angesichts dieser im Gesetz vorgesehenen Grenzen und Sicherungsvorkehrungen erweist sich die Befugnis nach § 41 II AWG insgesamt als mit Art. 10 GG vereinbar.

Als Ergebnis ist somit festzuhalten, dass § 41 II AWG wegen Verletzung des Zitiergebotes (Art. 19 I S. 2 GG) verfassungswidrig ist. Der Gesetzgeber ist aufgefordert, diesen Zustand innerhalb eines Übergangszeitraumes zu beseitigen. In materieller Hinsicht ist § 41 II AWG, soweit er eine Nutzung und Verarbeitung der erhobenen Daten zur Verfolgung besonders schwerer und in einem Katalog abschließend genannter Straftaten zulässt, mit dem Brief-, Post- und Fernmeldegeheimnis vereinbar.

---

[286] Nicht im Katalog enthalten sind lediglich die §§ 83, 87, 316b III StGB und – zum Teil – § 181 StGB.

[287] In seinen Randbereichen erscheint der Katalog verfassungsrechtlich bedenklich, wie die Aufnahme des § 92 I Nr. 7 AuslG zeigt (§ 100a S. 1 Nr. 1 c) StPO, § 3 I S. 1 Nr. 7 G 10). Nach dieser Vorschrift wird mit Freiheitsstrafe bis zu einem Jahr oder mit Geldstrafe bestraft, wer im Bundesgebiet einer überwiegend aus Ausländern bestehenden Vereinigung oder Gruppe angehört, deren Bestehen, Zielsetzung oder Tätigkeit vor den Behörden geheimgehalten wird, um ihr Verbot abzuwenden. Wie sich insbesondere aus der Strafandrohung ergibt, vermag die die Schwere der Tat kein besonderes öffentliches Interesse an der Strafverfolgung zu begründen, so dass auch ein Eingriff in das Fernmeldegeheimnis auf diese Weise nicht gerechtfertigt werden kann. Eine verfassungskonforme Auslegung, wonach die Schwere der Tat im Einzelfall zu berücksichtigen ist (zu § 39 I, II S. 1 Nr. 1 AWG: s.o. S. 262ff.), scheidet angesichts der niedrigen Höchststrafe aus. Zudem fehlt – anders als in § 39 II S. 1 Nr. 1 AWG („Straftaten von erheblicher Bedeutung") – im Wortlaut jeder Anhaltspunkt für eine einschränkende Interpretation.

[288] BVerfGE 100, 313, 395 (zum G 10 a.F.).

3. Die Unverletzlichkeit der Wohnung (Art. 13 GG)

Im Anschluss an die Ausführungen zum Brief-, Post- und Fernmeldegeheimnis (Art. 10 GG) soll nunmehr untersucht werden, ob und inwieweit die Verwendung von Informationen aus dem Verwaltungsverfahren zur Verfolgung von Straftaten und Ordnungswidrigkeiten mit dem Wohnungsgrundrecht (Art. 13 GG) vereinbar ist. Auch in Bezug auf dieses Grundrecht gilt der Grundsatz, dass die Verwendung von Daten, die durch einen Eingriff in das Wohnungsgrundrecht erhoben worden sind, zu einem anderen als dem Erhebungszweck erneut in das Grundrecht aus Art. 13 GG eingreift.[289] Der Darstellung der behördlichen Ermittlungsbefugnisse folgend, ist zwischen Informationen, die im Rahmen einer Nachschau erhoben worden sind [a)][290], und solchen, die durch eine Durchsuchung erlangt worden sind [b)][291], zu unterscheiden.

a) Die Verwendung von Erkenntnissen aus der behördlichen Nachschau

Die Erhebung personenbezogener Daten im Wege der Nachschau greift in das Wohnungsgrundrecht (Art. 13 GG) ein.[292] Ein weiterer Grundrechtseingriff liegt vor, sofern diese Informationen anschließend zu einem anderen Zweck, nämlich zur Verfolgung einer Straftat oder Ordnungswidrigkeit, verwendet werden.[293] Als Beispiel sei folgender Fall angeführt: Im Rahmen einer behördlichen Nachschau in einem Lebensmittelmarkt wird festgestellt, dass rohes Hackfleisch, welches nicht am Tag der Herstellung abgegeben worden ist, weder unbrauchbar gemacht noch weiterverarbeitet, sondern an den Folgetagen verkauft wird. Die Aufsichtsbehörde übermittelt diese Informationen der Staatsanwaltschaft, woraufhin diese ein strafrechtliches Ermittlungsverfahren einleitet.[294] Ebenso sind Fälle denkbar, in denen die Aufsichtsbehörde die erlangte Information selbst zur Verfolgung einer Ordnungswidrigkeit (oder Straftat) nutzt oder in denen sie diese Informationen auf ein Ersuchen der Verfolgungsbehörde übermittelt.

Jede dieser Maßnahmen greift in das Grundrecht aus Art. 13 GG ein[295] und bedarf aus diesem Grund einer gesetzlichen Grundlage.[296] Wie im Rahmen der Ausführungen zum Recht auf informationelle Selbstbestimmung gezeigt worden ist, liegt eine gesetzliche Befugnis grundsätzlich vor: Die Aufsichtsgesetze bzw. die Datenschutzgesetze des Bundes und der Länder ermächtigen die Aufsichtsbehörde zur Nutzung und Übermittlung der Daten zur Verfolgung von Straftaten und

---

[289] S.o. S. 63 ff.
[290] S.o. S. 209.
[291] S.o. S. 210.
[292] S.o. S. 60 ff., 243 ff.
[293] S.o. S. 63 ff.
[294] Zur Strafbarkeit: §§ 5 I, III; 16 I Nr. 4, 5 Hackfleisch-Verordnung i.V.m. § 51 I Nr. 2, II – IV LMBG.
[295] S. insoweit die Ausführungen zum Recht auf informationelle Selbstbestimmung o. S. 282 ff.
[296] S.o. S. 69.

Ordnungswidrigkeiten.[297] Diese Normen könnten auch eine Befugnis zu entsprechenden Eingriffen in das Wohnungsgrundrecht enthalten. Fraglich ist allerdings, ob die angeführten Ermächtigungsgrundlagen dem Gebot der Bestimmtheit und der Normenklarheit ausreichend Rechnung tragen, denn sie erklären die Verwendung von Informationen, die durch einen Eingriff in das Wohnungsgrundrecht erhoben worden sind, unter den gleichen Voraussetzungen für zulässig wie die Verwendung anderer im Verwaltungsverfahren erhobener Informationen. Dies wäre jedoch unschädlich, sofern – was bei der materiellen Vereinbarkeit der Zweckentfremdung mit Art. 13 GG zu untersuchen sein wird – eine solche Verwendung zu repressiven Zwecken grundsätzlich zulässig ist, ohne dass weitere Voraussetzungen gegeben sein müssen. In diesem Fall sind gesetzliche Regelungen, die eine solche Verwertung einschränken, nicht erforderlich.[298] Eine spezielle Norm zu Art. 13 GG würde die allgemeine Ermächtigung lediglich wiederholen; unter dem Aspekt der Normenklarheit ist eine solche Wiederholung nicht geboten. Sofern die Befugnisse nach § 161 I StPO, den Aufsichts- und Datenschutzgesetzen in materieller Hinsicht auch Eingriffe in das Wohnungsgrundrecht abdecken, bedarf es daher keiner gesonderten gesetzlichen Grundlage.

Verfassungsrechtliche Zweifel an der Anwendbarkeit der allgemeinen Befugnisse ergeben sich indessen aus dem Zitiergebot (Art. 19 I S. 2 GG), denn Art. 13 GG wird dort nicht als eingeschränktes Grundrecht genannt.[299] Ein Verstoß gegen Art. 19 I S. 2 GG ist jedoch zu verneinen, sofern eine der Ausnahmen vom Zitiergebot eingreift. So findet Art. 19 I S. 2 GG bei vorbehaltlos gewährleisteten Grundrechten keine Anwendung.[300] Soweit verfassungsimmanente Schranken gesetzlich fixiert werden, wird darin keine Einschränkung i.S.d. Art. 19 I S. 2 GG gesehen.[301] Auf die anderweitige Verwendung von Informationen aus einer behördlichen Nachschau und den darin liegenden Eingriff in Art. 13 GG ist keiner der in Art. 13 II – VII GG enthaltenen Gesetzesvorbehalte anwendbar, sondern zu ihrer verfassungsrechtlichen Rechtfertigung bedarf es eines Rückgriffs auf ungeschriebene, verfassungsimmanente Schranken des Wohnungsgrundrechts.[302] Die gesetzliche Fixierung dieser Schranken ist somit keine Einschränkung i.S.d. Art. 19 I S. 2 GG,

---

[297] S.o. S. 285ff.
[298] So regelt § 2 I S. 2 GÜV nicht nur die Übermittlung von Informationen aus allgemeinen Kontrollen, sondern auch von solchen aus Postkontrollen. § 12 S. 2 ZollVG verweist auf die allgemeine Übermittlungsbefugnis (§ 12 S. 1 ZollVG) und schränkt diese nur insoweit ein, als eine Weiterleitung nur zur Verfolgung von Straftaten zugelassen wird; s.o. S. 329f.
[299] Eine Ausnahme stellt insoweit die allgemeine Zitierung des Art. 13 GG in § 413 AO dar, die auch die Zweckentfremdungseingriffe nach § 30 IV AO umfasst; zu den Anforderungen des Zitiergebotes s.o. S. 245f.
[300] BVerfGE 83, 130, 154 (zu Art. 5 III GG); *Jarass*, in: Jarass/Pieroth, GG (2002), Art. 19 Rn. 4; *Krebs*, in: von Münch/Kunig, GG, Bd. 1 (2000), Art. 19 Rn. 16; *Menger*, in: BK-GG, Art. 19 I Rn. 158.
[301] *Menger*, in: BK-GG, Art. 19 I Rn. 158; s. auch *Jarass*, in: Jarass/Pieroth, GG (2002), Art. 19 Rn. 4.
[302] S.o. S. 68f.

das Zitiergebot findet daher keine Anwendung.[303] Art. 19 I S. 2 GG steht daher einer Anwendung der allgemeinen datenschutzrechtlichen Befugnisse nicht entgegen.

Sieht man in diesen Befugnissen eine ausreichende gesetzliche Grundlage, so stellt sich die Frage, ob die unter den dort vorgesehenen Voraussetzungen erfolgende Verwendung personenbezogener Daten, die im Rahmen einer behördlichen Nachschau erhoben worden sind, zur Verfolgung von Straftaten und Ordnungswidrigkeiten auch in materieller Hinsicht mit Art. 13 GG vereinbar ist. Der Eingriff in das Wohnungsgrundrecht darf nicht außer Verhältnis zu dem öffentlichen Interesse an der Verfolgung von Straftaten und Ordnungswidrigkeiten stehen. Ein begründeter Anlass für die Nutzung bzw. Übermittlung liegt im konkreten Einzelfall in Gestalt des nach den einschlägigen Befugnissen erforderlichen Anfangsverdachtes vor.[304] Es ist zweifelhaft, ob der Grundsatz der Verhältnismäßigkeit es gebietet, die Zweckänderung von weiteren materiellen Voraussetzungen abhängig zu machen. Der Maßstab des hypothetischen Ersatzeingriffs spricht gegen eine solche Annahme, denn zur Durchführung eines Strafverfahrens werden Eingriffe in das Wohnungsgrundrecht, wie die Durchsuchung, unter der Voraussetzung zugelassen, dass gegen den Wohnungsinhaber ein Verdacht besteht und zu vermuten ist, dass die Durchsuchung zur Auffindung von Beweismaterial führt (§ 102 StPO). Werden bei Gelegenheit der Durchsuchung Gegenstände gefunden, die zwar in keiner Beziehung zu der Untersuchung stehen, aber auf die Verübung einer anderen Straftat hindeuten, so sind diese in Beschlag zu nehmen und die Staatsanwaltschaft davon zu unterrichten (§ 108 I S. 1, 2 StPO). Die letztgenannte Befugnis zur Verwendung von Zufallsfunden zeigt besonders deutlich, dass die StPO für die mit einer Durchsuchung verbundenen Eingriffe in das Wohnungsgrundrecht im Rahmen des Strafverfahrens keine gesteigerten materiellen Anforderungen aufstellt, wie z.B. einen Katalog von Straftaten, zu deren Verfolgung die jeweilige Maßnahme ergriffen werden darf. Die behördliche Nachschau und die Verwertung daraus erlangter Erkenntnisse sind gegenüber einer Durchsuchung für den Grundrechtsträger – gerade in informationeller Hinsicht[305] – weniger belastend[306], so dass es, am Maßstab des hypothetischen Ersatzeingriffs gemessen, keinen Bedenken begegnet, die durch eine Nachschau erlangten personenbezogenen Daten nach Maßgabe der allgemeinen Befugnisse zur Strafverfolgung zu nutzen bzw. zu übermitteln. Dies gilt auch für die Verfolgung von Ordnungswidrigkeiten, denn die oben

---

[303] Die Ausnahme vom Zitiergebot greift auch dann, wenn das jeweilige Grundrecht einen Gesetzesvorbehalt vorsieht, der Eingriff aber von diesem nicht erfasst wird, s. BVerwG NVwZ 1996, 474 (zu den immanenten Schranken des Art. 11 I GG); zu Art. 13 GG: *Menger*, in: BK-GG, Art. 19 I Rn. 181, nach dessen Ansicht die Durchsuchungsbefugnisse immanente Schranken des Wohnungsgrundrechts ausformen und demnach nicht dem Zitiergebot unterfallen.
[304] S. dazu o. S. 306f.
[305] So darf die Nachschau im Besteuerungsverfahren nicht zu dem Zweck angeordnet werden, nach unbekannten Gegenständen zu forschen (§ 99 II AO).
[306] S.o. S. 55.

genannten strafprozessualen Befugnisse sind auch im Ordnungswidrigkeitenverfahren anwendbar (§ 46 III S. 1 OWiG).

Als Ergebnis ist festzuhalten: Es ist sowohl in formeller als auch in materieller Hinsicht mit dem Wohnungsgrundrecht (Art. 13 GG) vereinbar, dass Informationen, die im Rahmen der Nachschau für das Verwaltungsverfahren erhoben worden sind, zur Verfolgung von Straftaten und Ordnungswidrigkeiten nach Maßgabe der in den Aufsichts- und Datenschutzgesetzen vorgesehenen Befugnisse und unter Wahrung der Verhältnismäßigkeit im Einzelfall übermittelt und genutzt werden.

b) Die Verwendung von Informationen aus einer Durchsuchung

Die Verwendung von Informationen aus einer Durchsuchung, welche die Aufsichtsbehörde im Rahmen eines Verwaltungsverfahrens durchgeführt hat, greift ebenfalls in das Wohnungsgrundrecht (Art. 13 GG) ein; insoweit wird auf die Ausführungen zur Nachschau verwiesen. Gleiches gilt in Bezug auf die gesetzlichen Grundlagen für diesen Eingriff. Hinsichtlich der materiellen Vereinbarkeit der anderweitigen Verwendung der erlangten Informationen ist zwar zu berücksichtigen, dass die Durchsuchung schwerer in das Grundrecht aus Art. 13 GG eingreift als die Nachschau (s.o.). Als Vergleichsmaßstab (der hypothetische Ersatzeingriff) für die Nachschau ist jedoch in Ermangelung entsprechender strafprozessualer Befugnisse bereits der schwerere Eingriff, d.h. die Durchsuchung, herangezogen worden. Vergleicht man die strafprozessuale mit den verwaltungsrechtlichen Durchsuchungsbefugnissen, so gelangt man zu dem Ergebnis, dass die Durchsuchung von materiellen Voraussetzungen abhängig gemacht wird, die einander gleichwertig sind.[307] Aus diesem Grund können die oben gewonnenen Ergebnisse zur materiellen Vereinbarkeit der Zweckentfremdung mit Art. 13 GG auf die Verwendung von Informationen aus einer verwaltungsrechtlichen Durchsuchung übertragen werden. Die Nutzung und Übermittlung dieser Informationen nach Maßgabe der oben angeführten Befugnisse und unter Wahrung der Verhältnismäßigkeit im Einzelfall verstößt demnach nicht gegen das Wohnungsgrundrecht (Art. 13 GG).

4. Der verfassungsrechtliche Schutz von Berufsgeheimnissen

Im Verwaltungsverfahren greift die Informationserhebung unter Umständen in verfassungsrechtlich besonders geschützte Vertrauensverhältnisse zu Berufsgeheimnisträgern ein. Derartige Eingriffe sind im Besteuerungsverfahren vorgesehen, nämlich einerseits in Gestalt der Vorlagepflicht von Berufsgeheimnisträgern (§ 104 II AO)[308], andererseits in den besonderen Anzeigepflichten der Notare

---

[307] S. zu § 210 II S. 2 AO: *Hellmann*, Neben-Strafverfahrensrecht der AO (1995), S. 241; zur Durchsuchung im Kartellverfahren s.o. S. 219f.
[308] S. dazu o. S. 273ff.

(§§ 102 IV, 104 I S. 2 AO)[309]. Werden die auf diese Weise erhobenen Informationen zu repressiven Zwecken genutzt bzw. übermittelt, so liegt darin – wie bei Art. 10, 13 GG – ein weiterer Eingriff in das geschützte Vertrauensverhältnis. Im Folgenden ist die Zulässigkeit derartiger Informationseingriffe zu untersuchen.

a) Die Verwendung von Informationen aus vorgelegten Urkunden

Werden Informationen, die im Besteuerungsverfahren durch eine Verpflichtung eines Berufsgeheimnisträgers zur Vorlage von Urkunden erhoben werden (§ 104 II AO), anschließend zur Verfolgung von Steuerstraftaten verwertet, so liegt darin ein weiterer Eingriff in das persönlichkeitsrechtlich geschützte Vertrauensverhältnis des Betroffenen zu dem jeweiligen Berufsgeheimnisträger (Art. 2 I i.V.m. Art. 1 I GG).[310]

Dieser Eingriff bedarf einer gesetzlichen Grundlage. Für die Übermittlung der erhobenen personenbezogenen Daten zu repressiven Zwecken ist als spezialgesetzliche Befugnis § 30 IV AO in Betracht zu ziehen. Dort wird zum Schutz des Steuergeheimnisses zwischen der Verfolgung von Steuerstraftaten und -ordnungswidrigkeiten (§ 30 IV Nr. 1 AO) und der Verfolgung anderer Straftaten [§ 30 IV Nr. 5 a), b) AO][311] unterschieden.[312] Bedenken an der Bestimmtheit dieser Norm, soweit sie zu Eingriffen in verfassungsrechtlich geschützte Berufsgeheimnisse ermächtigt, entfallen, sofern eine Übermittlung von Informationen, die durch einen Eingriff in diese Vertrauensverhältnisse erlangt worden sind, grundsätzlich ohne weitere Voraussetzungen verfassungsrechtlich gerechtfertigt werden kann.[313]

Damit stellt sich wiederum die Frage, ob die Übermittlung an die Verfolgungsbehörde materiell mit dem allgemeinen Persönlichkeitsrecht (Art. 2 I i.V.m. Art. 1 I GG), insbesondere dem Grundsatz der Verhältnismäßigkeit, vereinbar ist. Ausgangspunkt der materiellen Rechtfertigung der Übermittlungsbefugnisse ist das öffentliche Interesse an der Aufklärung und Verfolgung von Steuerstraftaten und -ordnungswidrigkeiten (§ 30 IV Nr. 1 AO) bzw. anderen Straftaten [§ 30 IV Nr. 5 a), b) AO]. Während die Übermittlung zur Strafverfolgung in dem letztgenannten Fall zum Teil besonders hohen materiellen Anforderungen unterworfen wird [§ 30 IV Nr. 5 a), b) AO], wird eine Offenbarung von Informationen zur Verfolgung von Steuerstraftaten, sogar von Steuerordnungswidrigkeiten, von keinen weitergehenden materiellen Voraussetzungen abhängig gemacht. Dem besonderen Schutz der Berufsgeheimnisse wird in § 30 IV Nr. 1 AO in keiner Weise Rechnung getragen.

---

[309] S. dazu o. S. 275 ff.
[310] S.o. S. 88 ff.
[311] Die Befugnis nach § 30 IV Nr. 4 a) AO ist nicht einschlägig, da diese Befugnis nur die anderweitige Verwendung von Daten umfasst, die im Steuerstraf- bzw. Steuerordnungswidrigkeitenverfahren, d.h. nicht im Besteuerungsverfahren, erhoben worden sind. § 30 IV Nr. 4 b) AO ist in der vorliegenden Konstellation ebenfalls nicht anwendbar, da die Urkunden oder sonstigen Gegenstände aufgrund einer steuerlichen Verpflichtung vorgelegt werden.
[312] S. dazu o. S. 319 ff.
[313] S.o. S. 334 ff. (zu Art. 13 GG); zu Art. 10 GG: § 2 I S. 2 GÜV; s. auch § 12 S. 2 ZollVG.

II. Die Verwendung der im Verwaltungsverfahren erhobenen Daten

Indessen ist zu berücksichtigen, dass mit der Vorlagepflicht des Berufsgeheimnisträgers keine völlig neue Eingriffsbefugnis gegenüber dem Mandanten geschaffen wird, denn dieser ist als Beteiligter des Besteuerungsverfahrens der allgemeinen Vorlagepflicht (§ 97 AO) ausgesetzt.[314] An diese allgemeine Pflicht knüpft § 104 II AO an, der eine Umgehung der allgemeinen Vorlagepflichten verhindern soll. Die über § 104 II AO erlangten Informationen beruhen daher ebenso auf diesen Pflichten und sind in dem Umfang verwertbar wie Informationen, die der Beteiligte aufgrund seiner gesetzlichen Pflichten gegeben hat. Aus diesem Grund setzt auch die strafprozessuale Verwertung kein gesteigertes öffentliches Interesse an der Strafverfolgung voraus.

Allerdings ist fraglich, ob die Prüfung nach dem Maßstab des hypothetischen Ersatzeingriffs nicht zur Verfassungswidrigkeit einer zu repressiven Zwecken vorgenommenen Übermittlung führt. Im Strafverfahren kann der Berufsgeheimnisträger nicht zur Herausgabe von Gegenständen gezwungen werden, soweit ihm diese im Rahmen der Vertrauensbeziehung übergeben worden sind (§ 95 II S. 2 StPO). Nach Maßgabe des § 97 StPO ist insoweit auch eine Beschlagnahme unzulässig. Dem Staat ist es damit weitgehend verwehrt, zur Erhebung von Informationen auf Gegenstände zuzugreifen, die sich im Gewahrsam des Berufsgeheimnisträgers befinden. Eine Verletzung dieser Schutzvorschriften begründet nach allgemeiner Ansicht ein Verwertungsverbot.[315] Im Hinblick auf den hypothetischen Ersatzeingriff war indessen darauf hingewiesen worden, dass aufgrund der Unterschiede von Verwaltungsverfahren und Strafverfahren kein spiegelbildlicher, sondern allenfalls ein vergleichbarer hypothetischer Ersatzeingriff verlangt werden kann.[316] Dafür, dass eine solche Vergleichbarkeit der Eingriffsbefugnisse gegeben ist, spricht der Umstand, dass die in § 97 I StPO aufgeführten Gegenstände nicht schlechthin dem staatlichen Zugriff entzogen sind. Das Beschlagnahmeverbot setzt voraus, dass der Berufsgeheimnisträger Gewahrsam an dem jeweiligen Gegenstand hat (§ 97 II S. 1 StPO). Befindet sich der Gegenstand bei dem Beschuldigten oder bei einem Dritten, kann er nach §§ 94, 98 StPO beschlagnahmt werden.

Dies vermag im vorliegenden Zusammenhang nicht vollständig zu überzeugen, da es hier gerade um die Weitergabe von Gegenständen geht, die sich zunächst im Gewahrsam des Berufsgeheimnisträgers befanden und welche dieser nur aufgrund eines behördlichen Herausgabeverlangens (§§ 97, 104 II AO) herausgegeben hat. Die unterschiedliche Regelung im Besteuerungsverfahren und Strafverfahren ist jedoch nicht Ausdruck eines unterschiedlichen Grundrechtsschutzes vor staatlichen Informationseingriffen. Auch im Besteuerungsverfahren wird das Berufsgeheimnis grundsätzlich durch ein Vorlageverweigerungsrecht des Berufsgeheimnisträgers geschützt (§ 104 I S. 1 AO). Dieser Grundsatz wird in einem Bereich, in dem der sich Anvertrauende aufgrund einer Vorlagepflicht ohnehin dem staatlichen In-

---

[314] S.o. S. 205 f.
[315] BGHSt 18, 227, 228; *Kleinknecht/Meyer-Goßner*, StPO (2003), § 97 Rn. 46.
[316] S.o. S. 308.

formationseingriff unterliegt, durchbrochen (§ 104 II AO). Im Strafverfahren besteht keine derartige Vorlagepflicht des Beschuldigten (vgl. § 95 StPO)[317], so dass auch eine Durchbrechung des Vorlageverweigerungsrechtes des Berufsgeheimnisträgers (§ 95 II S. 2 StPO) bzw. des Beschlagnahmeschutzes (§ 97 StPO) nicht mit einer solchen Vorlagepflicht des Beschuldigten begründet werden kann. Die Zurückhaltung des Gesetzgebers der StPO liegt jedoch nicht daran, dass dieser einen solchen Eingriff in die Privatsphäre als unangemessen ablehnt, denn den insoweit gravierenderen Grundrechtseingriff, den Zugriff auf diese Gegenstände im Wege einer Beschlagnahme, lässt das Gesetz zu (s. §§ 94, 98 StPO).[318] Der Grund dafür, den Beschuldigten von einer Herausgabepflicht freizustellen, liegt vielmehr in seiner verfahrensrechtlichen Stellung: Durch eine Herausgabepflicht wäre er unter Umständen genötigt, sich – und sei es indirekt – zu dem strafrechtlichen Vorwurf zu äußern, was seine Aussagefreiheit verletzen würde („Nemo tenetur se ipsum accusare.").[319] Dass der Schutz des Berufsgeheimnisses im Strafverfahren (§§ 95, 97 StPO) weiter reicht als im Besteuerungsverfahren (§§ 97, 104 II AO), liegt also nicht daran, dass der Einzelne im Strafprozess in höherem Maße vor staatlichen Eingriffen in seine Privatsphäre geschützt werden soll. Aus diesem Grund verstößt eine Verwertung der im Besteuerungsverfahren erlangten Informationen im Strafverfahren insoweit[320] auch nicht gegen die Wertungen der §§ 95, 97 StPO.

Die These, dass das Beschlagnahmeverbot nach § 97 offen ist für Durchbrechungen, die auf einer „Informationspflichtigkeit" des Beschuldigten gründen, lässt sich an der Diskussion um die Beschlagnahme von Buchhaltungsunterlagen beim Steuerberater des Beschuldigten belegen. Diese wird in weiten Teilen von Rechtsprechung[321] und Schrifttum[322] für zulässig gehalten. Aus dem Wortlaut des § 97 StPO lässt sich dieses Ergebnis nicht herleiten, ohne dass dessen Auslegung insgesamt inkonsistent wird.[323] Die Zulässigkeit einer Beschlagnahme kann allein im Wege ei-

---

[317] Zur Auslegung des § 95 StPO s. u. S. 439 f.
[318] Vgl. *Radtke*, in: Meyer-Goßner-FS (2001), S. 321, 331 f.
[319] Zur verfassungsrechtlichen Begründung dieses Grundsatzes s. o. S. 114 ff; zum entsprechenden Verständnis des § 95 StPO s. u. S. 439 f.
[320] Inwieweit eine Verwertung die Verfahrensrechte des Beschuldigten („Nemo tenetur se ipsum accusare.") verletzt, wird später zu untersuchen sein, s. u. S. 436 ff.
[321] LG Aachen, NJW 1985, 338; LG Berlin, NJW 1977, 725; LG Braunschweig, NJW 1978, 2108, 2109; LG Darmstadt, NStZ 1988, 286; LG Hildesheim, wistra 1988, 327; LG München, wistra 1985, 41; LG Saarbrücken, wistra 1984, 200; LG Stuttgart, wistra 1985, 41; 1988, 40, 41; s. auch die Nachweise, insbesondere zur Gegenansicht bei *Görtz-Leible*, Beschlagnahmeverbote (2000), S. 271; *F. Schreiber*, Beschlagnahme (1993), S. 112 ff.
[322] *Amelung*, DNotZ 1984, 195, 204, 206; *Görtz-Leible*, Beschlagnahmeverbote (2000), S. 278; *Kleinknecht-Meyer-Goßner*, StPO (2003), § 97 Rn. 40; *Moosburger*, wistra 1989, 252, 256; *Nack*, in: KK-StPO (2003), § 97 Rn. 15; *Schäfer*, in: Löwe-Rosenberg, StPO (24. Aufl.), § 97 Rn. 68; a. A. *F. Schreiber*, Beschlagnahme (1993), S. 131 f.; *Volk*, DStR 1989, 338, 342; s. auch die weiteren Nachweise, auch zur Gegenansicht, bei *Görtz-Leible*, aaO, S. 271; *F. Schreiber*, aaO, S. 115 ff.
[323] Die Beschlagnahme wird zum Teil als zulässig angesehen, soweit die Unterlagen zur Erledigung der Buchführung und damit nicht im Rahmen des besonderen Vertrauensverhältnisses (Steuerberatung) übergeben worden sind, s. LG Hildesheim, wistra 1988, 327; LG Saarbrücken, wistra 1984, 200; *Kleinknecht/Meyer-Goßner*, StPO (2003), § 97 Rn. 40. Auch wenn das Buchführungs-

ner teleologischen Reduktion des § 97 StPO begründet werden: Erkennt der Gesetzgeber die Vertraulichkeit bestimmter Unterlagen nicht an, indem er zu Dokumentations- und Beweiszwecken eine Aufzeichnungs- und Vorlagepflicht des Beschuldigten statuiert, so kann eine solche Vertraulichkeit nicht durch eine Übergabe an einen Berufsgeheimnisträger begründet werden.[324] Damit wird nicht ver-

---

privileg der Steuerberater verfassungswidrig ist (BVerfGE 54, 301, 314ff.), ist die Buchführung Teil der beruflichen Tätigkeit der Steuerberater (s. § 33 StBerG). Der Schutz des Berufsgeheimnisses ist „formalisierter Privatsphärenschutz" und umfasst daher die gesamte berufliche Tätigkeit. Die oben genannte Auslegung müsste konsequenterweise auch bei anderen Berufen die Beschlagnahmefreiheit auf die Tätigkeiten beschränken, die den Angehörigen dieser Berufsgruppen gesetzlich vorbehalten sind. Das Anwaltsgeheimnis wäre beispielsweise nicht mehr geschützt, soweit der Rechtsanwalt in einem Bereich tätig ist, in dem sich auch Rechtsbeistände etc. betätigen können. Eine solche Konsequenz wird aber nicht gezogen, s. insoweit die berechtigte Kritik von *Görtz-Leible*, Beschlagnahmeverbote (2000), S. 274f.

Diese Lösung wird zum Teil dahingehend modifiziert, dass man annimmt, dass Unterlagen, die sich auch nach dem Erstellen des Jahresabschlusses bei dem Steuerberater befinden, dort nicht mehr im Rahmen der beruflichen Vertrauensbeziehung lagern und dort ab diesem Zeitpunkt beschlagnahmt werden können, s. LG Berlin, NJW 1977, 725; *Amelung*, in: AK-StPO, Bd. 2/1 (1992), § 97 Rn. 40. Das Vertrauensverhältnis zum Steuerberater, insbesondere dessen Schweigepflicht, besteht jedoch auch nach dem Abschluss der Tätigkeit fort. Auch hier stellt sich die (rhetorische) Frage, ob z.B. eine Krankenakte oder ein Untersuchungsbefund nach Abschluss der Behandlung beschlagnahmt werden können.

Die Zulässigkeit der Beschlagnahme wird zum Teil auch damit begründet, dass sich das Beschlagnahmeverbot nach § 97 I Nr. 3 StPO nur auf Gegenstände beziehe, die durch das Vertrauensverhältnis hervorgebracht worden seien, so LG Braunschweig, NJW 1978, 2108, 2109; LG Darmstadt, NStZ 1988, 286; LG Stuttgart, wistra 1985, 41. Eine solche Regelung widerspräche jedoch dem Sinn und dem systematischen Kontext dieser Regelung, wonach die dem Berufsgeheimnisträger anvertrauten Informationen geschützt werden sollen, gleichgültig ob sie mündlich (vgl. § 97 I Nr. 2 StPO), schriftlich (vgl. § 97 I Nr. 1 StPO) oder auf andere Weise (§ 97 I Nr. 3 StPO) offenbart werden, s. insoweit *Görtz-Leible*, Beschlagnahmeverbote (2000), S. 243f. Ausweislich der Gesetzesbegründung werden daher auch dem Anwalt übergebene Dokumente von § 97 I Nr. 3 StPO erfasst, s. BT-Drucks. I/3713, S. 49.

Andererseits kann auch nicht angenommen werden, das Beschlagnahmeverbot erfasse nur Gegenstände, anhand derer der Mandant den Berufsgeheimnisträger informiert, nicht aber das „fertige Arbeitsprodukt", d.h. die abgeschlossene Buchführung, so *Görtz-Leible*, Beschlagnahmeverbote (2000), S. 240ff., 243f., 278. Gegen eine solche Auslegung spricht bereits der Wortlaut des § 97 I Nr. 3 StPO, der ärztliche Untersuchungsbefunde als Beispiel nennt und damit Ergebnisse der ärztlichen Tätigkeit ausdrücklich für beschlagnahmefrei erklärt (s. auch OLG Köln, NStZ 1991, 452, zum Prüfungsbericht eines Wirtschaftsprüfers). Besonders deutlich wird dies hinsichtlich der vom Rechtsstaatsprinzip gebotenen Vertraulichkeit des Arbeitsergebnisses: So besteht bei der rechtlichen Beratung und Vertretung gegenüber dem Staat ein fundamentales Interesse des Mandanten daran, dass der Staat ihm nicht „in die Karten sieht", s.o. S. 97ff.; s. ferner *Toepke*, AnwBl 1980, 316, 317, zum Schutz des Lawyer's bzw. Attorney's Work Product in den USA.

Schließlich kann auch nicht angenommen werden, der Mandant habe Mitgewahrsam an den Buchführungsunterlagen, da er diese jederzeit zurückfordern könne, so das LG Aachen, NJW 1985, 338. Dieser Rückforderungsanspruch lässt die tatsächliche Sachherrschaft und somit den Alleingewahrsam des Berufsgeheimnisträgers unberührt, s. *Lemke*, in: HK-StPO (2001), § 97 Rn. 14. Auch gegen diese Ansicht lässt sich anführen, dass der Gesetzgeber die übergebenen Unterlagen ausdrücklich dem Beschlagnahmeschutz unterstellen wollte (s.o.) und eine restriktive Auslegung des § 97 II S. 1 StPO unübersehbare (und wohl im Einzelnen nicht gewollte) Weiterungen für den Beschlagnahmeschutz bei anderen Berufsgeheimnisträgern hätte.

[324] LG Stuttgart, wistra 1988, 40, 41; *Amelung*, DNotZ 1984, 195, 204; *Nack*, in: KK-StPO

kannt, dass diese Pflichten nicht zum Zwecke der Strafverfolgung begründet werden.[325] Es geht lediglich darum zu zeigen, dass eine besondere Vertraulichkeit dieser Informationen, wie sie das Berufsgeheimnis gewährleistet ist, angesichts der bereits bestehenden Beweisrechte Dritter an diesen Unterlagen nicht besteht.[326] Diese Begründung der Beschlagnahmefähigkeit von Buchführungsunterlagen entspricht der ratio des § 104 II AO.[327]

Gegen die Übermittlung der Informationen zur Verfolgung von Steuerstraftaten nach § 30 IV Nr. 1 AO sprechen somit auch unter dem Aspekt des hypothetischen Ersatzeingriffs keine durchgreifenden Bedenken. Die Übermittlung ist daher nicht unverhältnismäßig und verletzt daher nicht das allgemeine Persönlichkeitsrecht (Art. 2 I i.V.m. Art. 1 I GG). Dies gilt erst recht für die Übermittlungsbefugnisse zur Verfolgung anderer Straftaten (§ 30 IV Nr. 4 und 5 AO).

Das Rechtsstaatsprinzip wird durch eine Übermittlung an die Verfolgungsbehörden ebenfalls nicht verletzt. Die vom Berufsgeheimnisträger vorzulegenden Unterlagen beziehen sich nicht auf die Beratung und Vertretung des Beschuldigten im (Steuer-)Strafverfahren. Verteidigungsunterlagen sind keine Urkunden, die der Berufsgeheimnisträger für den Beteiligten aufbewahrt, und fallen daher nicht unter § 104 II AO. Die Weiterleitung der vorgelegten Unterlagen an die Verfolgungsbehörde ist daher mit dem Grundgesetz vereinbar. Soweit § 30 IV AO eine Übermittlung an die Verfolgungsbehörde zulässt, ist diese befugt, an die Finanzbehörde ein entsprechendes Auskunftsersuchen zu richten (§ 161 I StPO).

Zweifelhaft ist indessen, ob die Finanzbehörde befugt ist, die nach § 104 II AO erlangten Informationen selbst zur Verfolgung einer Steuerstraftat oder Steuerordnungswidrigkeit zu nutzen. Die Nutzung ohne Übermittlung an eine andere öffentliche Stelle ist in § 30 IV AO nicht geregelt, so dass insoweit die Datenschutzgesetze des Bundes[328] und der Länder[329] Anwendung finden. In diesen ist zum Teil geregelt, dass die Nutzung der personenbezogenen Daten zu repressiven Zwecken ausgeschlossen ist, sofern diese einem Berufsgeheimnis unterliegen und der datenverarbeitenden Stelle von der zur Verschwiegenheit verpflichteten Person in Ausübung ihrer Berufspflicht übermittelt worden sind.[330] In eine ähnliche Richtung geht die Formulierung, wonach besondere Berufsgeheimnisse „unberührt bleiben".[331] In Sachsen ist die Nutzung nur unter der Voraussetzung zulässig, dass die

---

(2003), § 97 Rn. 15; *Schäfer*, in: Löwe-Rosenberg, StPO (24. Aufl.), § 97 Rn. 68; *Weinmann*, in: Dünnebier-FS (1982), S. 199, 209 f.; vgl. auch LG Darmstadt, NStZ 1988, 286, 287; LG München, wistra 1985, 41, 42.

[325] So aber *F. Schreiber*, Beschlagnahme (1993), S. 129, 131 f.; *Kleinknecht/Meyer-Goßner*, StPO (2003), § 97 Rn. 40.

[326] Neben der Pflicht nach § 97 AO besteht nach § 258 HGB eine allgemeine Vorlagepflicht in Arbeitsgerichts- und Zivilprozessen, s. *Ballwieser*, in: MüKo-HGB (2001), §§ 258–260 Rn. 2.

[327] S. den entsprechenden Hinweis von *Moosburger*, wistra 1989, 252, 256.

[328] Dies gilt für die Hauptzollämter und Zollfahndungsämter als Bundesfinanzbehörden, s. § 1 Nr. 4 FVG.

[329] Dies gilt für die Finanzämter als Landesfinanzbehörden, s. § 2 I Nr. 4 FVG.

[330] S. § 13 II S. 3 (Brandenburg); § 13 II S. 2 (Hamburg); § 13 II S. 2 (Nordrhein-Westfalen).

[331] S. § 12 II S. 2 (Bremen); § 13 II S. 2 (Hessen); § 10 III S. 3 (Mecklenburg-Vorpommern); § 13 II

zur Verschwiegenheit verpflichtete Person eingewilligt hat.[332] Aufgrund der gesetzlichen Formulierungen wird daher ein Rückgriff auf die allgemeinen Nutzungsbefugnisse der Datenschutzgesetze in vielen Fällen nicht in Betracht kommen. Das Ergebnis, wonach eine Übermittlung und anschließende Nutzung zu repressiven Zwecken zulässig, eine Nutzung ohne Übermittlung wegen der fehlenden gesetzlichen Grundlage unzulässig ist, erscheint wegen des darin liegenden Wertungswiderspruches unbefriedigend, lässt sich aber nicht vermeiden.[333] Da eine Verfolgung von Steuerstraftaten weiterhin gewährleistet ist – eine Befugnis der Finanzbehörde zur Übermittlung der Informationen an die Staatsanwaltschaft besteht nach § 30 IV Nr. 1 AO –, ist nicht zu befürchten, dass es in der Verfolgungspraxis zu unerträglichen Gerechtigkeitslücken kommt.

b) Die Verwendung von Informationen aus notariellen Anzeigen

Werden Informationen, die Notare zu Zwecken der Besteuerung an die Finanzbehörde aufgrund einer gesetzlichen Verpflichtung übermittelt haben, zur Verfolgung von Straftaten und Ordnungswidrigkeiten verwertet, so liegt darin ein Eingriff in die verfassungsrechtlich geschützte Vertrauensbeziehung des Notars zu seinem Mandanten. Als gesetzliche Grundlage für einen solchen Eingriff kommen wiederum in erster Linie die in § 30 IV AO genannten Offenbarungsbefugnisse in Betracht. Diese entsprechen dem Gebot der Normenklarheit und der Bestimmtheit indessen nur unter der Voraussetzung, dass an eine Offenbarung der mit der notariellen Anzeige erlangten personenbezogenen Daten gegenüber der Verfolgungsbehörde keine weiteren materiellen Anforderungen zu stellen sind.

Die größte praktische Bedeutung dürfte der Offenbarung zur Verfolgung von Steuerstraftaten und Steuerordnungswidrigkeiten zukommen (§ 30 IV Nr. 1 AO). Zur Rechtfertigung der notariellen Anzeigepflichten wurde im Rahmen der Informationserhebung darauf verwiesen, dass es bei der Erhebung bestimmter Steuern solcher Eingriffe in das notarielle Berufsgeheimnis bedarf.[334] Dies könnte auch für die strafrechtliche Verfolgung der Hinterziehung dieser Steuern gelten. Dafür spricht der enge sachliche Zusammenhang des Steuerstrafverfahrens und des Besteuerungsverfahrens, die sich auf ein- und dieselbe Steuerschuld beziehen. Die Reichweite der Verarbeitung seiner personenbezogenen Daten bleibt damit für den Steuerpflichtigen überschaubar, was den in der Zweckänderung liegenden Eingriff weniger schwerwiegend erscheinen lässt.[335] Der Wortlaut des § 30 IV Nr. 1 AO

S. 2 (Saarland); s. auch § 2 V S. 2 (Baden-Württemberg); Art. 2 IX (Bayern); § 2 VII S. 2 (Rheinland-Pfalz); § 3 III S. 2 (Sachsen-Anhalt); § 2 III S. 2 (Thüringen).
[332] § 14 III S. 3 des Sächsischen Datenschutzgesetzes.
[333] Die Alternative bestünde darin, in § 30 IV Nr. 1 AO entgegen dessen Wortlaut („Offenbarung") auch eine Befugnis zur Nutzung der erhobenen Daten zur Verfolgung von Steuerstraftaten und Steuerordnungswidrigkeiten zu sehen, s. dazu o. S. 293f.
[334] S. o. S. 276f.
[335] S. dazu o. S. 320.

geht jedoch über eine auf die jeweilige Steuerschuld bezogene Zweckänderung hinaus, indem er die in notariellen Anzeigen enthaltenen Informationen generell einer Verwendung im Steuerstrafverfahren zugänglich macht. Eine so weitgehende Zweckentfremdung, insbesondere auch zur Verfolgung von Steuerordnungswidrigkeiten, steht außer Verhältnis zu dem Interesse des Einzelnen an der Wahrung des notariellen Berufsgeheimnisses.[336]

Dieses Ergebnis wird durch einen Vergleich mit den strafprozessualen Ermittlungsbefugnissen bestätigt. Ein hypothetischer Ersatzeingriff zur Verfolgung von Steuerstraftaten ist nicht vorgesehen. Das öffentliche Strafverfolgungsinteresse als solches vermag einen Eingriff in das notarielle Berufsgeheimnis nicht zu rechtfertigen, wie der Gesetzgeber ausdrücklich anerkennt (§ 385 I i.V.m. § 53 I Nr. 3 StPO). Im Unterschied zu den Vorlagepflichten der Berufsgeheimnisträger (§ 104 II AO) liegt in den Anzeigepflichten des Notars ein unmittelbarer informationeller Eingriff in das geschützte Vertrauensverhältnis, während die Vorlagepflichten an die Auskunfts- und Vorlagepflichten des Beteiligten anknüpfen und die zusätzliche Belastung des Beteiligten daher unter informationellen Aspekten marginal ist.

Der verfassungsrechtliche Schutz des notariellen Berufsgeheimnisses wird nach alledem in § 30 IV Nr. 1 AO nicht angemessen berücksichtigt. Aus diesem Grund scheidet diese Norm als gesetzliche Grundlage für eine strafprozessuale Verwendung von Informationen aus einer notariellen Anzeige aus. Entsprechendes gilt für die Befugnisse nach den Datenschutzgesetzen des Bundes und der Länder. Soweit dort ausdrücklich eine Durchbrechung besonders geschützter Berufsgeheimnisse ausgeschlossen ist[337], findet die Unzulässigkeit einer Zweckentfremdung der notariellen Anzeigen nach § 30 IV Nr. 1 AO darin seine Bestätigung.

Anders als § 30 IV Nr. 1 AO enthalten die Befugnisse nach § 30 IV Nr. 5 a), b) AO besondere materielle Voraussetzungen für eine Übermittlung personenbezogener Daten aus dem Besteuerungsverfahren an die Strafverfolgungsbehörden. Die Offenbarung wird davon abhängig gemacht, dass es sich um besonders schwere Straftaten handelt. Darunter fallen Verbrechen und vorsätzliche schwere Vergehen gegen Leib und Leben oder gegen den Staat und seine Einrichtungen [§ 30 IV Nr. 5 a) AO] und Wirtschaftsstraftaten, die nach ihrer Begehungsweise oder wegen des Umfangs des durch sie verursachten Schadens geeignet sind, die wirtschaftliche Ordnung erheblich zu stören oder das Vertrauen der Allgemeinheit auf die Redlichkeit des geschäftlichen Verkehrs oder auf die ordnungsgemäße Arbeit der Behörden und der öffentlichen Einrichtungen erheblich zu erschüttern [§ 30 IV Nr. 5 b) AO]. In allen anderen Fällen dürfen Informationen aus dem Besteuerungsverfahren zur Verfolgung von Straftaten und Ordnungswidrigkeiten nicht offenbart werden.

---

[336] Vgl. auch die Kritik von *App*, DNotZ 1988, 339, 342, der eine restriktive Auslegung fordert, nach welcher ein sachlicher Zusammenhang des Erhebungsverfahrens mit dem anderen Verwaltungsverfahren, in dem die Information verwertet werden soll, vorliegen muss.
[337] S.o. S. 342f.

II. Die Verwendung der im Verwaltungsverfahren erhobenen Daten

Angesichts dieser hohen Eingriffsschwellen könnten die Befugnisse nach § 30 IV Nr. 5 a), b) AO eine geeignete gesetzliche Grundlage für eine Verwendung von Informationen aus einer notariellen Anzeige im Strafverfahren darstellen. Dagegen könnte zunächst sprechen, dass die dort genannten besonderen Anforderungen nicht zur Wahrung des notariellen Berufsgeheimnisses, sondern zum Schutz des Steuergeheimnisses aufgestellt worden sind.[338] Weder der Wortlaut noch die Entstehungsgeschichte gebieten es jedoch, den Schutzzweck darauf zu beschränken. Entscheidend ist vielmehr, ob die Kombination des verfassungsrechtlich geschützten Steuergeheimnisses mit dem verfassungsrechtlichen Schutz des notariellen Berufsgeheimnisses ein höheres Schutzniveau verlangt, als es derzeit in § 30 IV Nr. 5 a), b) AO gewährleistet wird. Dagegen spricht, dass der in § 30 IV Nr. 5 AO gewährleistete Schutz, wie der Vergleich mit § 30 IV Nr. 1 AO gezeigt hat, weit über das verfassungsrechtlich gebotene Maß hinausgeht und maßgeblich von Opportunitätserwägungen bestimmt wird.[339] Zudem beruht der Geheimnisschutz in beiden Fällen auf dem Umstand, dass der Steuerpflichtige bzw. Mandant Informationen offenbart, die in besonderer Weise persönlichkeitsrelevant sind.[340] Der Gegenstand des verfassungsrechtlichen Schutzes nach Art. 2 I i.V.m. Art. 1 I GG überschneidet sich also in weiten Bereichen.

Dem notariellen Berufsgeheimnis wird durch die materiellen Voraussetzungen des § 30 IV Nr. 5 a), b) AO hinreichend Rechnung getragen. Das Vertrauensverhältnis des Mandanten gegenüber dem Notar ist verfassungsrechtlich nicht so stark geschützt wie das Verhältnis zu anderen Berufsgeheimnisträgern.[341] Der Gesetzgeber hat dies zum Teil auch in anderem Zusammenhang zum Ausdruck gebracht.[342] Gegen die verfassungsrechtliche Zulässigkeit der Zweckentfremdung notarieller Anzeigen zur Verfolgung schwerer Straftaten spricht auch nicht, dass im Strafverfahren ein vergleichbarer hypothetischer Ersatzeingriff fehlt. Zwar sehen die §§ 53 I Nr. 3, 97 StPO keine Durchbrechungen des notariellen Berufsgeheimnisses zur Verfolgung besonders schwerer Straftaten vor. Gleichwohl wird den Notaren zur strafrechtlichen Verfolgung der Geldwäsche eine Pflicht zur Anzeige von Verdachtsfällen auferlegt und das Berufsgeheimnis insoweit durchbrochen.[343] Ein vergleichbarer Erhebungseingriff für das Strafverfahren liegt demnach vor. Ein absoluter Schutz des Mandanten vor einer Durchbrechung des notariellen Berufsge-

---

[338] S.o. S. 323 ff.
[339] S.o. S. 323 ff.
[340] S.o. S. 102 f. (zum Notar), S. 318 f. (zum Steuergeheimnis).
[341] S.o. S. 102 f., 113.
[342] So ist bei der Nichtanzeige geplanter Straftaten (§ 138 StGB) für Geistliche (§ 139 II StGB), Angehörige (§ 139 III S. 1 StGB) sowie für Verteidiger, Rechtsanwälte und Ärzte (§ 139 III S. 2 StGB) jeweils ein Strafausschließungsgrund (§ 139 II StGB) bzw. Strafaufhebungsgrund (§ 139 III StGB) vorgesehen. Für Notare fehlt eine entsprechende Regelung, s. *Hanack*, in: LK-StGB (11. Aufl.), § 139 Rn. 25.
[343] § 11 I S. 1 i.V.m. § 3 I S. 1 Nr. 1 GwG i.d.F. des Geldwäschebekämpfungsgesetzes vom 8. 8. 2002, BGBl I S. 3105; s. dazu u. S. 421 ff.; s. auch zur Streichung des „Anwaltsprivileges" bei der Pflicht zur Identifizierung: *Oswald*, Geldwäsche (1997), S. 53 f.

heimnisses ist – wie bereits die steuerrechtlichen Anzeigepflichten des Notars belegen – verfassungsrechtlich nicht gewährleistet. Eine Übermittlung der Informationen aus notariellen Anzeigen an die Strafverfolgungsbehörden nach Maßgabe des § 30 IV Nr. 5 a), b) AO ist daher mit der Verfassung (Art. 2 I i.V.m. Art. 1 I GG) vereinbar.

5. Die Konsequenzen rechtswidriger Informationserhebung für die weitere Informationsverarbeitung

Bei den bisherigen Ausführungen ist zugrunde gelegt worden, dass die Information, deren Zweckentfremdung diskutiert wurde, im Verwaltungsverfahren rechtmäßig erhoben worden ist. Es stellt sich daher die Frage, ob die vorstehenden Überlegungen auch für den Fall Gültigkeit beanspruchen können, dass bei der Informationserhebung gegen informationelle Abwehrrechte des Betroffenen verstoßen worden ist, oder ob nicht die Verletzung dieses Abwehrrechts eine Verwendung der Information in einem Straf- oder Ordnungswidrigkeitenverfahren ausschließt.

Diese Frage kann nicht beantwortet werden, ohne auf die Folgen der rechtswidrigen Informationserhebung für das Ausgangsverfahren – das Verwaltungsverfahren – einzugehen. Zur Verwertbarkeit einer rechtswidrig erlangten Information im Verwaltungsverfahren bestehen in Rechtsprechung und Schrifttum unterschiedliche Auffassungen[344], deren Aufarbeitung im Rahmen der vorliegenden Untersuchung, die sich der *verfahrensübergreifenden* Verwendung von Informationen widmet, aus Platzgründen nicht geleistet werden kann. Im Folgenden sollen daher lediglich mögliche Ansätze zur Begründung eines Verwertungsverbotes für rechtswidrig erhobene Informationen im Verwaltungsverfahren vorgestellt werden [a)], bevor anschließend auf die Verwendung dieser Informationen in einem Straf- oder Ordnungswidrigkeitenverfahren, d.h. eine Zweckentfremdung, einzugehen sein wird [b)].

a) Die Verwendung im Ausgangsverfahren

Das Verständnis von Grundrechten (Art. 10, 13 GG, Art. 2 I i.V.m. Art. 1 I GG) als informationellen Abwehrrechten legt es nahe, aus diesen Grundrechten bei rechtswidrig erhobenen Informationen auch in Bezug auf deren nachfolgende Verwertung einen Abwehranspruch abzuleiten.[345] Der von den Grundrechten gewährte

---

[344] S. dazu *Hüsch*, Verwertungsverbote im Verwaltungsverfahren (1991), S. 103ff.; *Macht*, Verwertungsverbote (1999), S. 45ff.; *Südhoff*, Der Folgenbeseitigungsanspruch (1995), S. 87ff.
[345] Auf andere theoretische Möglichkeiten, ein verwaltungsrechtliches Verwertungsverbot zu begründen, wird an dieser Stelle nicht eingegangen, s. etwa *Würtenberger/Heckmann/Riggert*, Polizeirecht (2002), Rn. 659 (zum Zweck, die Amtsträger durch Verwertungsverbote zu disziplinie-

Schutz begründet deshalb nach verbreiteter Ansicht für das Verwaltungsverfahren grundsätzlich ein Verwertungsverbot.[346] Zum Teil wird ein solches Verwertungsverbot auch aus dem allgemeinen öffentlich-rechtlichen Folgenbeseitigungsanspruch hergeleitet.[347]

Ein Unterlassungs- bzw. Folgenbeseitigungsanspruch – und damit auch ein Verwertungsverbot – besteht jedoch nicht, wenn die Information auf rechtmäßige Weise hätte erhoben werden dürfen (hypothetischer Ersatzeingriff), der Staat also einen Anspruch auf die erlangte Information hat.[348] In diesem Fall verstieße es gegen Treu und Glauben, den Anspruch bzw. das Verwertungsverbot geltend zu machen.[349]

Eine Verwertung wird des Weiteren als zulässig angesehen, wenn die (rechtswidrige) Ermittlungsmaßnahme in einem Verwaltungsakt angeordnet wurde, der in Bestandskraft erwachsen ist; in diesem Fall legitimiert der Verwaltungsakt nicht nur die Informationserhebung, sondern auch die anschließende Verwertung der Maßnahme.[350]

Darüber hinaus kann das öffentliche Interesse an der Gefahrenabwehr, insbesondere der Schutz von Grundrechten Dritter, auch die Verwertung rechtswidrig erhobener Informationen gebieten.[351] In diesem Fall ist das öffentliche Interesse gegen die mit der Erhebung verletzten Grundrechtspositionen abzuwägen.[352] Danach dürfte eine Verwertung jedoch nur ausnahmsweise zulässig sein.[353]

Zusammenfassend lässt sich für das Verwaltungsverfahrensrecht das Fazit ziehen, dass nach allen Begründungsansätzen die Verletzung eines informationellen Abwehrrechts grundsätzlich geeignet ist, ein Verwertungsverbot für das Verwal-

---

ren); s. dazu und anderen Begründungsansätzen (allerdings in Bezug auf das Strafverfahren): *Amelung*, Informationsbeherrschungsrechte (1990), S. 14ff.

[346] *Eberle*, in: Martens-GS (1987), S. 351, 359; *Hüsch*, Verwertungsverbote im Verwaltungsverfahren (1991), S. 192ff., 217f.; *Macht*, Verwertungsverbote (1999), S. 179ff., 215ff.; zum Besteuerungsverfahren: *Stibi*, Verwertungsverbote im Steuerrecht (1995), S. 139ff.

[347] *Südhoff*, Der Folgenbeseitigungsanspruch (1995), S. 147ff., 172; s. auch *Gusy*, DÖV 1980, 431, 434; s. dagegen (für das Besteuerungsverfahren): *Bruder*, Beweisverwertungsverbote (2000), S. 76, der den Schutzzweck der verletzten Norm als maßgeblich ansieht.

[348] *Macht*, Verwertungsverbote (1999), S. 252f.; *Südhoff*, Der Folgenbeseitigungsanspruch (1995), S. 166f.

[349] *Eberle*, in: Martens-GS (1987), S. 351, 364.

[350] *Eberle*, in: Martens-GS (1987), S. 351, 363; *Hüsch*, Verwertungsverbote im Verwaltungsverfahren (1991), S. 274; *Macht*, Verwertungsverbote (1999), S. 255f.; *Stelkens/Kallerhoff*, in: Stelkens/Bonk/Sachs, VwVfG (2001), §24 Rn. 33; s. auch zum Besteuerungsverfahren: BFH/NV 1995, 621, 622 m.w.N.; zur Gegenansicht: *Bruder*, Beweisverwertungsverbote (2000), S. 70ff., 76 m.w.N.

[351] *Hufen*, Fehler (2002), Rn. 152; *Stelkens/Kallerhoff*, in: Stelkens/Bonk/Sachs, VwVfG (2001), §24 Rn. 33; *Südhoff*, Der Folgenbeseitigungsanspruch (1995), S. 231.

[352] *Hufen*, Fehler (2002), Rn. 152; *Stelkens/Kallerhoff*, in: Stelkens/Bonk/Sachs, VwVfG (2001), §24 Rn. 33; *Würtenberger/Heckmann/Riggert*, Polizeirecht (2002), Rn. 658ff.; s. auch (zum verwaltungsgerichtlichen Verfahren): *Kopp/Schenke*, VwGO (2003), §98 Rn. 4; s. ferner (zum Besteuerungsverfahren): *Bruder*, Beweisverwertungsverbote (2000), S. 76.

[353] *Hufen*, Fehler (2002), Rn. 151; *Macht*, Verwertungsverbote (1999), S. 255, 274 (Schutz von Leib und Leben Dritter); weitergehend *Würtenberger/Heckmann/Riggert*, Polizeirecht (2002), Rn. 661ff.; zu den im Schrifttum vertretenen Ansichten s. den Überblick bei *Macht*, aaO, S. 51ff.

tungsverfahren zu begründen. Die einzelnen Ansichten messen dem öffentlichen Interesse an einer Verwertung allerdings unterschiedlich hohe Bedeutung bei.

b) Die Verwendung im Straf- bzw. Ordnungswidrigkeitenverfahren (Zweckentfremdung)

Um die Frage nach der Zulässigkeit der Zweckentfremdung einer rechtswidrig erhobenen Information zu beantworten, kann zunächst danach differenziert werden, ob die Information im Ausgangsverfahren verwendet werden darf.

Soweit das betroffene informationelle Abwehrrecht einer Verwendung im Ausgangsverfahren nicht entgegensteht, können die oben entwickelten Anforderungen an die Zulässigkeit einer Zweckentfremdung ohne Einschränkung auch auf die rechtswidrig erhobene Information angewendet werden. Die Verwertbarkeit im Ausgangsverfahren zeigt, dass die Rechtswidrigkeit der Ermittlungsmaßnahme die Information nicht „kontaminiert". Daraus lässt sich die Schlussfolgerung ziehen, dass sich die Rechtsverletzung auch auf die Verwendung in einem anderen Verfahren nicht negativ auswirkt. Der Unterschiedlichkeit der beiden Verfahren wird – unabhängig von der Rechtmäßigkeit oder Rechtswidrigkeit der Informationserhebung – durch die oben dargelegten Grenzen der Zweckentfremdung Rechnung getragen.

Gelangt man hingegen für das Ausgangsverfahren zu dem Ergebnis, dass die rechtswidrig erlangte Information aufgrund der Verletzung eines informationellen Abwehrrechts nicht verwertet werden kann, so ist zu untersuchen, ob dieses Verwertungsverbot auf das andere Verfahren durchschlägt, also auch die anderweitige Verwertung der Information unzulässig ist. Geht man davon aus, dass die Grundrechtsverletzung einen öffentlich-rechtlichen Unterlassungs- bzw. Folgenbeseitigungsanspruch begründet, so erstreckt sich dieser Anspruch grundsätzlich auch auf die Verwertung in anderen Verfahren.

Allerdings könnte die Verwertung dadurch gerechtfertigt werden, dass die Information im Straf- oder Ordnungswidrigkeitenverfahren rechtmäßig hätte erhoben werden können (hypothetischer Ersatzeingriff). Das in der jeweiligen Erhebungsbefugnis enthaltene Recht zum „Besitz" der Information ist also – wie im Verwaltungsverfahren – grundsätzlich geeignet, für diese Verfahren eine Ausnahme von dem Verwertungsverbot zu begründen.

Diese Überlegung kann jedoch nur Gültigkeit beanspruchen, soweit die Erhebungsbehörde zugleich repressive Aufgaben wahrnimmt, also selbst über die einschlägige Ermittlungsbefugnis verfügt, die das Recht an der erhobenen Information begründet. Liegt eine solche doppelte Aufgabenzuweisung nicht vor, so vermag die Ermittlungsbefugnis einer *Verfolgungsbehörde* die Rechtmäßigkeit weiterer, sich an die Erhebung anschließender Informationseingriffe der *Erhebungsbehörde* (Speicherung, Übermittlung) nicht zu begründen.[354] Anderenfalls würde die

---
[354] *Gusy*, DÖV 1980, 431, 435.

Schutzfunktion der Trennung repressiver und präventiver Aufgaben (informationelle Gewaltenteilung) unterlaufen.[355]

Die Grenzen einer Verwertung rechtswidrig erhobener Informationen aus dem Verwaltungsverfahren zur Verfolgung von Straftaten und Ordnungswidrigkeiten sind damit grob skizziert. Ihre nähere Ausformung wird wesentlich davon bestimmt, in welchem Ausmaß man bei der Begründung von Verwertungsverboten der Abwägung der betroffenen Rechte und Interessen Raum gibt.

6. Zusammenfassung

Die Verwendung personenbezogener Daten aus dem Verwaltungsverfahren zur Verfolgung von Straftaten und Ordnungswidrigkeiten greift in das Recht auf informationelle Selbstbestimmung (Art. 2 I i.V.m. Art. 1 I GG) des Betroffenen ein.

Dabei sind folgende Konstellationen zu unterscheiden: Übermittelt oder nutzt die Aufsichtsbehörde die Daten aus eigenem Antrieb (spontan), so greift sie damit in das Recht auf informationelle Selbstbestimmung ein.[356] Übermittelt die Aufsichtsbehörde die Daten an die Verfolgungsbehörde aufgrund eines von dieser gestellten Auskunftsersuchens, so liegt in der Übermittlung wiederum ein Grundrechtseingriff der Aufsichtsbehörde. Darüber hinaus greift die Verfolgungsbehörde in dieses Grundrecht ein, soweit sie mit dem Ersuchen personenbezogene Daten übermittelt.[357]

Die gesetzliche Grundlage für die Übermittlung personenbezogener Daten mit dem Ersuchen ergibt sich aus den Datenschutzgesetzen (s. § 15 I BDSG).[358] Deren ergänzender Anwendung stehen weder die Regelungen der StPO und des OWiG noch der verfassungsrechtliche Bestimmtheitsgrundsatz entgegen.[359] In Bezug auf die Übermittlung und Nutzung durch die Aufsichtsbehörde ergeben sich die entsprechenden Befugnisse aus dem jeweiligen Aufsichtsgesetz.[360] Soweit dort keine Befugnisse vorgesehen sind oder diese Lücken aufweisen, kommt eine ergänzende Anwendung der Datenschutzgesetze des Bundes und der Länder in Betracht.[361] Nach diesen Gesetzen sind die Behörden befugt, personenbezogene Daten, die zu einem anderen Zweck erhoben worden sind, zur Verfolgung von Straftaten und Ordnungswidrigkeiten zu übermitteln und zu nutzen.[362] Bei dem Rückgriff auf die allgemeinen Befugnisse nach den Datenschutzgesetzen ist allerdings der Vorrang des jeweiligen Aufsichtsgesetzes zu beachten; soweit dieses eine Verwendung der

---
[355] *Gusy*, DÖV 1980, 431, 435.
[356] S.o. S. 283.
[357] S.o. S. 283 ff.
[358] S.o. S. 287 ff.
[359] S.o. S. 286 f., 288 ff.
[360] S.o. S. 290 ff.
[361] S.o. S. 294 ff.
[362] S.o. S. 295 ff.

im Verwaltungsverfahren erhobenen Daten untersagt, ist eine ergänzende Anwendung der Datenschutzgesetze ausgeschlossen.[363] Die Heranziehung der Datenschutzgesetze ist mit dem Bestimmtheitsgebot vereinbar.[364] Die Festlegung von Übermittlungspflichten ist dem Gesetzgeber vorbehalten; entsprechende Erlasse sind als Richtlinien anzusehen, die im Einzelfall eine Abweichung zulassen.[365]

In materieller Hinsicht ist eine Übermittlung (bzw. Nutzung) personenbezogener Daten aus dem Verwaltungsverfahren zur Verfolgung von Straftaten und Ordnungswidrigkeiten mit dem Recht auf informationelle Selbstbestimmung (Art. 2 I i.V.m. Art. 1 I GG) vereinbar.[366] Der Grundsatz der Verhältnismäßigkeit wird dadurch gewahrt, dass die Zweckentfremdung einen Anfangsverdacht voraussetzt[367] und diese keine personenbezogenen Daten umfasst, die durch Ermittlungseingriffe erlangt worden sind, die in ihrer Intensität über die im Strafverfahren vorgesehenen Informationseingriffe hinausgehen[368]. Durch diese Voraussetzungen können auch verfassungsrechtliche Bedenken gegen die Verwendung von Daten über unbeteiligte Dritte ausgeräumt werden.[369] Soweit aufgrund der Art und des Umfangs der erhobenen Daten ein besonderes Interesse des Betroffenen an deren Geheimhaltung besteht, wird dem durch besondere Amtsgeheimnisse (§ 30 AO) oder Verschwiegenheitspflichten (§ 9 KWG) Rechnung getragen.[370] Dort wird die Verwendung der erhobenen Daten zur Verfolgung von Ordnungswidrigkeiten grundsätzlich ausgeschlossen.[371] Im Übrigen geht der einfach-gesetzliche Schutz über das verfassungsrechtlich, d.h. zum Schutz des informationellen Selbstbestimmungsrechts (Art. 2 I i.V.m. Art. 1 I GG), gebotene Maß hinaus und wird von Opportunitätserwägungen bestimmt, wie an dem weit verbreiteten Ausschluss der Auskunfts- und Amtshilfepflichten gegenüber den Finanzbehörden gezeigt werden konnte.[372]

Soweit die Verwendung personenbezogener Daten aus dem Verwaltungsverfahren zur Verfolgung von Straftaten und Ordnungswidrigkeiten in spezielle Grundrechte eingreift, war die Verfassungsmäßigkeit dieser Eingriffe gesondert zu untersuchen.

In Bezug auf das Brief-, Post- und Fernmeldegeheimnis (Art. 10 GG) ist festzuhalten, dass die in den Aufsichtsgesetzen vorgesehenen Befugnisse zur Verwendung von Informationen aus der Kontrolle von Postsendungen zur Verfolgung bestimmter, im Gesetz genannter Straftaten verfassungsrechtlich zulässig ist.[373] Die

---

[363] S.o. S. 298 ff.
[364] S.o. S. 300 ff.
[365] S.o. S. 303 ff.
[366] S.o. S. 305 ff.
[367] S.o. S. 306 f.
[368] S.o. S. 307 ff.
[369] S.o. S. 314 ff.
[370] S.o. S. 318 ff.
[371] Eine Ausnahme gilt für die Ordnungswidrigkeiten, die mit der Aufsichtsaufgabe in einem engen Zusammenhang stehen und für deren Verfolgung die Aufsichtsbehörde selbst zuständig ist, s.o. S. 322 f.
[372] S.o. S. 323 ff.
[373] S.o. S. 328 ff.

II. Die Verwendung der im Verwaltungsverfahren erhobenen Daten

gesetzliche Befugnis zur Zweckentfremdung von Daten aus einer Überwachung des Brief-, Post- und Fernmeldeverkehrs (§ 41 II AWG) begegnet im Hinblick auf das Zitiergebot (Art. 19 I S. 2 GG) verfassungsrechtlichen Bedenken, ist in materieller Hinsicht aber mit Art. 10 GG vereinbar.[374]

Die Zweckentfremdung personenbezogener Daten, die durch eine behördliche Nachschau oder eine Durchsuchung erlangt worden sind, ist auf der Grundlage der allgemeinen gesetzlichen Nutzungs- und Übermittlungsbefugnisse mit dem Wohnungsgrundrecht (Art. 13 GG) vereinbar.[375]

In Bezug auf die verfassungsrechtlich besonders geschützten Berufsgeheimnisse stellt sich die Frage nach der Zulässigkeit einer Zweckentfremdung allein in Bezug auf personenbezogene Daten aus dem Besteuerungsverfahren. Soweit dort das Vorlageverweigerungsrecht der Berufsgeheimnisträger für Gegenstände durchbrochen wird, die er für seinen Mandanten aufbewahrt und zu deren Vorlage dieser selbst verpflichtet ist (§ 104 II AO), wird damit nur verhindert, dass der Beteiligte seine Vorlagepflicht umgeht. Eine Zweckentfremdung kann daher auf die steuerrechtlichen Offenbarungsbefugnisse (§ 30 IV Nr. 1, 5 AO) gestützt werden.[376]

Demgegenüber liegt in der notariellen Anzeigepflicht ein so gravierender Eingriff in das verfassungsrechtlich geschützte Vertrauensverhältnis, dass eine Übermittlung nur zur Verfolgung besonders schwerer Straftaten [§ 30 IV Nr. 5 a), b) AO], nicht aber schlechthin zur Verfolgung von Steuerstraftaten und Steuerordnungswidrigkeiten (§ 30 IV Nr. 1 AO) verfassungsrechtlich zulässig ist.[377]

Ob Informationen, die in einem Verwaltungsverfahren rechtswidrig erhoben worden sind, zu repressiven Zwecken verwendet werden dürfen, bestimmt sich zunächst nach der Verwertbarkeit im Ausgangsverfahren[378]. Ist die Information dort verwertbar, sind die für rechtmäßig erhobene Informationen entwickelten Maßstäbe ohne Einschränkungen übertragbar. Besteht im Ausgangsverfahren ein Verwertungsverbot, so ist grundsätzlich auch eine Verwendung im Straf- bzw. Ordnungswidrigkeitenverfahren unzulässig; Ausnahmen können allerdings mit Rücksicht auf die Möglichkeit, die Information rechtmäßig zu erlangen (hypothetischer Ersatzeingriff), oder ein überwiegendes Interesse (Abwägung) angenommen werden.[379]

---

[374] S.o. S. 330ff.
[375] S.o. S. 334ff.
[376] S.o. S. 337ff.
[377] S.o. S. 343ff.
[378] S. insoweit o. S. 346ff.
[379] S.o. S. 348ff.

III. Die Verwendung von Daten aus dem Straf- und Ordnungswidrigkeitenverfahren zur Überwachung der Wirtschaft

Nachdem untersucht worden ist, unter welchen Voraussetzungen personenbezogene Daten aus dem Verwaltungsverfahren zur Verfolgung von Straftaten und Ordnungswidrigkeiten genutzt und übermittelt werden können, soll nunmehr der Frage nachgegangen werden, ob und wie personenbezogene Daten, die im Straf- oder Ordnungswidrigkeitenverfahren erhoben worden sind, in einem Verwaltungsverfahren verwendet werden können. Dies betrifft beispielsweise die Frage, ob die Staatsanwaltschaft, die gegen den Inhaber eines Kreditinstitutes wegen des Betreibens verbotener Bankgeschäfte ein Strafverfahren eingeleitet hat, dies der Aufsichtsbehörde mitteilen kann (bzw. muss). Ermittelt die Staatsanwaltschaft gegen den Betreiber einer Anlage wegen des Verdachts einer Umweltstraftat, so kann es geboten sein, die Umweltbehörde darüber zu informieren, damit diese gegebenenfalls präventive Maßnahmen gegen den Anlagenbetreiber ergreifen kann. Eine Weiterleitung von Informationen aus dem Strafverfahren an die Gewerbeaufsicht kann unter dem Aspekt erfolgen, dass der Gewerbetreibende sich mit der Begehung der Tat als unzuverlässig erwiesen hat und ihm aus diesem Grund die gewerberechtlichen Erlaubnis zu entziehen ist.

Wie im vorangehenden Kapitel ist die Untersuchung nach den einzelnen Grundrechten gegliedert. Sie beginnt mit dem Recht auf informationelle Selbstbestimmung (Art. 2 I i.V.m. Art. 1 I GG) (1.), gefolgt von dem Brief-, Post- und Fernmeldegeheimnis (Art. 10 GG) (2.), dem Wohnungsgrundrecht (Art. 13 GG) (3.) und den verfassungsrechtlich geschützten Vertrauensbeziehungen zu Berufsgeheimnisträgern (4.). Abschließend wird untersucht, ob die entwickelten Maßstäbe auch auf Informationen Anwendung finden, die im Straf- bzw. Ordnungswidrigkeitenverfahren unter Verletzung eines informationellen Abwehrrechts erhoben worden sind (5.).

1. Das Recht auf informationelle Selbstbestimmung (Art. 2 I i.V.m. Art. 1 I GG)

Das Recht auf informationelle Selbstbestimmung gibt den allgemeinen verfassungsrechtlichen Maßstab für die Zweckentfremdung personenbezogener Daten aus dem Straf- und Ordnungswidrigkeitenverfahren vor. Die Prüfung der verfas-

III. Die Verwendung von Daten aus dem Strafverfahren

sungsrechtlichen Zulässigkeit nimmt ihren Ausgangspunkt in der Bestimmung der Eingriffe in den Schutzbereich dieses Grundrechts [a)]. Sodann werden die gesetzlichen Grundlagen dieser Eingriffe herausgearbeitet [b)] und abschließend auf ihre materielle Verfassungsmäßigkeit eingegangen [c)].

a) Der Eingriff und die beteiligten Behörden

Werden personenbezogene Daten, die zur Verfolgung einer Straftat oder Ordnungswidrigkeit erhoben worden sind, zur Durchführung eines Verwaltungsverfahrens im Rahmen der Wirtschaftsaufsicht genutzt oder übermittelt, so wird damit der ursprünglich repressive Erhebungs- und Verwendungszweck in einen präventiven Verwendungszweck geändert. In dieser Zweckentfremdung liegt ein Eingriff in das Recht auf informationelle Selbstbestimmung.[1]

Bei einer Zweckentfremdung von Daten aus einem Straf- oder Ordnungswidrigkeitenverfahren liegt auch dann ein Eingriff in das informationelle Selbstbestimmungsrecht vor, wenn diese Daten zuvor Gegenstand einer öffentlichen Hauptverhandlung gewesen sind.[2] Der Grundsatz der Öffentlichkeit der gerichtlichen Verhandlung (§ 169 GVG) greift in das Recht auf informationelle Selbstbestimmung ein.[3] Dieser Eingriff wird jedoch durch den Zweck dieser Grundrechtsbeschränkung begrenzt, d.h. der Kontrolle der Gerichte durch die Öffentlichkeit.[4] Die Verwendung dieser Daten in einem anderen Verfahren liegt außerhalb dieser Zweckbestimmung; der Betroffene genießt daher insoweit vollen verfassungsrechtlichen Schutz.[5]

Übermittelt das Gericht oder die Verfolgungsbehörde die Daten aus eigenem Antrieb („spontan"), so liegt die Verantwortung für den Eingriff in das Recht auf informationelle Selbstbestimmung bei diesem bzw. dieser.[6] Dies gilt entsprechend für eine Zweckänderung, die sich auf eine anderweitige Nutzung durch dieselbe Behörde beschränkt; diese Möglichkeit besteht, wenn der Verfolgungsbehörde zugleich präventive Aufgaben übertragen sind.[7] Insoweit greift allein die übermittelnde Behörde in das Recht auf informationelle Selbstbestimmung ein.[8]

Dies gilt ungeachtet der datenschutzrechtlichen Verantwortung der ersuchenden Behörde[9] auch in den Fällen, in denen die Daten auf ein Ersuchen hin übermittelt werden.[10] Die ersuchende Behörde greift allerdings insofern in das Recht auf

---

[1] S.o. S.72; zur Zweckentfremdung in der entgegengesetzten Richtung s.o. S.282.
[2] *Mallmann*, DRiZ 1987, 377, 378.
[3] S.o. S.283f.
[4] *Mallmann*, DRiZ 1987, 377, 378.
[5] *Mallmann*, DRiZ 1987, 377, 378.
[6] S. § 12 IV EGGVG; s. auch § 15 II S. 1 BDSG.
[7] Vgl.o. S.283.
[8] S.o. S.283.
[9] S. § 477 IV S. 1 StPO; s. auch § 15 II S. 2 BDSG.
[10] S.o. S.284.

informationelle Selbstbestimmung ein, als sie mit der Stellung des Ersuchens personenbezogene Daten an die ersuchte Behörde übermittelt.[11]

b) Der Gesetzesvorbehalt

Ein Eingriff in das Recht auf informationelle Selbstbestimmung bedarf einer gesetzlichen Grundlage.[12] Bei der Erörterung der gesetzlichen Ermächtigungsgrundlagen soll, der Art des Eingriffs entsprechend, zwischen den Befugnissen der Verfolgungsbehörden und Gerichte [(1)] und denen der Aufsichtsbehörden [(2)] unterschieden werden.

(1) Die Befugnisse der Verfolgungsbehörden und Gerichte

(a) Die spontane Übermittlung („von Amts wegen")

Für die spontane Übermittlung personenbezogener Daten durch Gerichte der ordentlichen Gerichtsbarkeit und Staatsanwaltschaften an öffentliche Stellen des Bundes und der Länder hat der Gesetzgeber in den §§ 12ff. EGGVG („Verfahrensübergreifende Mitteilungen von Amts wegen") eine allgemeine und zugleich bereichsspezifische Regelung für die Justiz vorgesehen [(i)]. Darüber hinaus finden sich in den einzelnen Aufsichtsgesetzen weitere, spezielle Übermittlungsregelungen [(ii)].

(i) Die allgemeinen Übermittlungsbefugnisse (§§ 12ff. EGGVG). Mit dem Justizmitteilungsgesetz vom 18. Juni 1997[13] hat der Gesetzgeber in das EGGVG einen neuen Abschnitt („Verfahrensübergreifende Mitteilungen von Amts wegen") eingeführt und den Gerichten und Staatsanwaltschaften darin verschiedene Befugnisse zur Übermittlung personenbezogener Daten aus dem Strafverfahren eingeräumt.

(α) Der Inhalt der Befugnisse. Nach § 13 II S. 1 EGGVG dürfen Gerichte und Staatsanwaltschaften personenbezogene Daten nach Maßgabe der §§ 14–17 EGGVG übermitteln, soweit für diese nicht offensichtlich ist, dass schutzwürdige Interessen des Betroffenen an dem Ausschluss der Übermittlung überwiegen.

Eine spezielle Befugnis für die Übermittlung personenbezogener Daten in Strafsachen enthält § 14 EGGVG. Danach ist die Übermittlung personenbezogener Daten des Beschuldigten, die den Gegenstand des Verfahrens betreffen, zulässig, wenn die Kenntnis der Daten aus der Sicht der übermittelnden Stelle erforderlich ist, um in einem Verwaltungsverfahren über Aufsichtsmaßnahmen zu entscheiden. Dies gilt zunächst für die Entscheidung über den Widerruf, die Rücknahme, die

---

[11] S.o. S. 284.
[12] S.o. S. 72, 285.
[13] BGBl 1997 I S. 1430.

III. Die Verwendung von Daten aus dem Strafverfahren

Einschränkung einer beördlichen Erlaubnis, Genehmigung oder Zulassung zur Ausübung eines Gewerbes oder einer sonstigen wirtschaftlichen Unternehmung, falls der Betroffene Gewerbetreibender, ein Vertretungsberechtigter eines Gewerbetreibenden oder eine mit der Leitung des Gewerbes oder wirtschaftlichen Unternehmung beauftragte Person oder ein sonstiger Berufstätiger ist und die Daten auf eine Verletzung von Pflichten schließen lassen, die bei der Ausübung des Gewerbes bzw. der wirtschaftlichen Unternehmung zu beachten sind, oder die Daten in anderer Weise geeignet sind[14], Zweifel an der Eignung, Zuverlässigkeit oder Befähigung hervorzurufen (§ 14 I Nr. 5 EGGVG). Diese Übermittlungsbefugnis zielt auf die Abwehr betriebsbezogener Gefahren.

Eine entsprechende Übermittlungsbefugnis zur Abwehr anlage- und produktbezogener Gefahren ist in § 14 I Nr. 7 EGGVG geregelt. Danach ist eine Übermittlung zulässig, falls die Kenntnis der Daten erforderlich ist, um über eine Berechtigung, Erlaubnis oder Genehmigung sowie ggf. Auflagen zu entscheiden, falls der Betroffene in einem genehmigungs- oder erlaubnispflichtigen Betrieb verantwortlich tätig ist, der besonderen gesetzlichen Sicherheitsanforderungen unterliegt (§ 14 I Nr. 7 a) EGGVG), oder Inhaber einer Berechtigung, Erlaubnis oder Genehmigung ist, derer es im Hinblick auf die von einer Anlage oder von einem Produkt ausgehenden oder damit zusammenhängenden Gefahren bedarf[15], oder einen entsprechenden Antrag gestellt hat (§ 14 I Nr. 7 b) EGGVG). Hinzu treten weitere Übermittlungsbefugnisse zur Aufsicht über die Einhaltung der Unfallverhütungs- und Arbeitsschutzvorschriften (§ 14 I Nr. 8 EGGVG) und zur Abwehr von Gefahren für die Umwelt (§ 14 I Nr. 9 EGGVG).

Die auf die Übermittlung in Strafsachen bezogenen Befugnisse nach § 14 EGGVG werden ergänzt durch eine allgemeine Übermittlungsbefugnis (§ 17 EGGVG), welche ebenfalls zu einer Übermittlung personenbezogener Daten aus einem Strafverfahren ermächtigt. Im Unterschied zu § 14 EGGVG bezieht sich diese Befugnis nicht allein auf Daten des Beschuldigten, sondern auch auf die Daten von Dritten, die nicht am Strafverfahren beteiligt sind.[16] Eine Übermittlung von Daten ist nach dieser Vorschrift zulässig, wenn die Kenntnis der Daten aus der Sicht der übermittelnden Stelle erforderlich ist zur Abwehr erheblicher Nachteile für das Gemeinwohl oder einer Gefahr für die öffentliche Sicherheit (§ 17 Nr. 3

---

[14] Die Formulierung des § 14 I Nr. 5 b) EGGVG ist an dieser Stelle missverständlich: Die Worte „oder in anderer Weise geeignet sind" scheinen an den vorangehenden Relativsatz anzuschließen, der sich auf die gewerblichen und beruflichen Pflichten des Betroffenen bezieht. Eine solche Lesart macht jedoch offensichtlich keinen Sinn, denn diese Pflichten sind per se nicht geeignet, „Zweifel an der Eignung, Zuverlässigkeit oder Befähigung hervorzurufen". Es geht vielmehr um die Eignung der Daten (s. § 14 I Nr. 5 b) EGGVG am Anfang), derartige Zweifel hervorzurufen. Mit dem Wortlaut ist dies zu vereinbaren, sofern man nach den Worten „zu beachten sind" ein Komma ergänzt und auf diese Weise den nachfolgenden Halbsatz („oder in anderer Weise geeignet sind") den vorangehenden Nebensätzen mit „falls a) ... und b) die Daten auf eine Verletzung von Pflichten schließen lassen ..." gleichordnet.
[15] S. im Einzelnen die Aufzählung in § 14 I Nr. 7 b) EGGVG.
[16] S. die Begründung des Regierungsentwurfes, BT-Drucks. 13/4709, S. 25; *Böttcher*, in: Löwe-Rosenberg, StPO (25. Aufl.), § 17 EGGVG Rn. 1.

EGGVG), zur Abwehr einer schwerwiegenden Beeinträchtigung der Rechte einer anderen Person (§ 17 Nr. 4 EGGVG) oder zur Abwehr einer erheblichen Gefährdung Minderjähriger (§ 17 Nr. 5 EGGVG). Für die Übermittlung personenbezogener Daten aus einem Ordnungswidrigkeitenverfahren gilt im Wesentlichen das Gleiche (s. § 49a OWiG). Die oben genannten Übermittlungsbefugnisse nach § 14 EGGVG werden mit der Einschränkung für anwendbar erklärt, dass besondere Umstände des Einzelfalles die Übermittlung zu dem jeweiligen Zweck erfordern (§ 49a II OWiG). Die Übermittlung unterbleibt, soweit für die übermittelnde Stelle erkennbar ist, dass schutzwürdige Interessen des Betroffenen an dem Ausschluss der Übermittlung überwiegen (§ 49a III OWiG). Die allgemeine Übermittlungsbefugnis nach § 17 EGGVG ist für die am Ordnungswidrigkeitenverfahren beteiligten Gerichte und Staatsanwaltschaften unmittelbar[17], für die beteiligte Verwaltungsbehörde aufgrund der in § 49a IV S. 1 Nr. 1 OWiG enthaltenen Verweisung anwendbar.

(β) Die Vereinbarkeit der Befugnisse mit dem Bestimmtheitsgrundsatz. Soweit die angeführten Befugnisse reichen, ist eine gesetzliche Grundlage für den in der Übermittlung liegenden Eingriff in das Recht auf informationelle Selbstbestimmung vorhanden. Damit ist jedoch noch nicht gesagt, dass diese Regelungen auch den Anforderungen des Bestimmtheitsgebotes entsprechen. § 14 EGGVG gibt – auch i. V. m. § 49a II OWiG – in dieser Hinsicht aufgrund der detaillierten Ausgestaltung der dort geregelten Übermittlungsbefugnisse wenig Anlass zu verfassungsrechtlichen Bedenken. Demgegenüber ist bei den in § 17 EGGVG enthaltenen Übermittlungsbefugnissen zweifelhaft, ob diese dem verfassungsrechtlichen Gebot der Normenklarheit genügen, soweit eine Übermittlung dort bereits zur Abwehr erheblicher Nachteile für das Gemeinwohl oder einer Gefahr für die öffentliche Sicherheit zugelassen wird (§ 17 Nr. 3 EGGVG).[18] Die weit gefasste Ermächtigung („Generalklausel"[19]) ist Konsequenz des umfassenden Schutzbereichs des informationellen Selbstbestimmungsrechts. Der Gesetzgeber kann auf derartige Regelungen nicht verzichten, wenn er nicht riskieren will, dass eine im Einzelfall unerlässliche Übermittlung in Ermangelung einer einschlägigen gesetzlichen Grundlage für verfassungswidrig erklärt wird.[20] Ein Indiz für die Vereinbarkeit des § 17 EGGVG mit dem Bestimmtheitsgrundsatz ist weiterhin, dass die dort genannten Fallgruppen in weiten Teilen dem BDSG entlehnt worden sind[21] und dort im

---

[17] Vgl. die Begründung des Regierungsentwurfes, BT-Drucks. 13/4709, S. 33. Der Anwendungsbereich des § 17 EGGVG ist im Unterschied zu § 14 EGGVG nicht auf ein bestimmtes Verfahren beschränkt, s. die Begründung, aaO, S. 25; *Kleinknecht/Meyer-Goßner*, StPO (2003), § 17 EGGVG Rn. 1.
[18] S. die Kritik von *Pätzel*, DRiZ 2001, 24, 27.
[19] *Bär*, CR 1998, 767, 771.
[20] S. *Bär*, CR 1998, 767, 771.
[21] *Bär*, CR 1998, 767, 771; s. § 17 Nr. 1 EGGVG (§ 14 II Nr. 7 BDSG); § 17 Nr. 3 EGGVG (§ 14 II Nr. 6 BDSG); § 17 Nr. 4 EGGVG (§ 14 II Nr. 8 BDSG).

Hinblick auf das Bestimmtheitsgebot keine verfassungsrechtlichen Bedenken geäußert werden[22].

Allerdings ist fraglich, ob § 17 EGGVG die Anforderungen erfüllt, die der Bestimmtheitsgrundsatz an ein bereichsspezifisches Gesetz stellt. Dessen Notwendigkeit wird – insbesondere in Bezug auf das Strafverfahren – mit der besonderen Eingriffsintensität der Datenverarbeitung begründet, die präzise und klare Befugnisnormen erfordert.[23] Unter Umständen ist es im Hinblick auf die Sensibilität der Daten oder der Eingriffsintensität der Ermittlungsmethoden geboten, die Zulässigkeit ihrer anderweitigen Verwendung von besonderen, zusätzlichen materiellen Voraussetzungen abhängig zu machen.[24] Dies bedeutet allerdings nicht, dass eine gesetzliche Ermächtigung, die im Hinblick auf die Verwendung von Informationen aus besonders eingriffsintensiven Ermittlungsmaßnahmen keine erhöhten materiellen Voraussetzungen normiert, unbedingt gegen den Bestimmtheitsgrundsatz verstößt und aus diesem Grund verfassungswidrig ist. Soweit eine Zweckentfremdung nicht gesteigerten materiellen Anforderungen an die verfassungsrechtliche Rechtfertigung unterliegt, wird dem Bestimmtheitsgebot – wie im BDSG – hinreichend Rechnung getragen; im Übrigen kommt die Befugnis als gesetzliche Grundlage aufgrund ihrer insoweit fehlenden Bestimmtheit nicht in Betracht. Ob und inwieweit dies der Fall ist, wird auf der Ebene der materiellen Verfassungsmäßigkeit des § 17 EGGVG zu untersuchen sein. Unter Umständen ergeben sich entsprechende Bedenken in Bezug auf § 14 EGGVG. Mit diesem Vorbehalt verstoßen die §§ 14, 17 EGGVG nicht gegen das verfassungsrechtliche Bestimmtheitsgebot.

(ii) Die speziellen Übermittlungsbefugnisse. Der Gesetzgeber hat die Übermittlung personenbezogener Daten, die aus dem Strafverfahren herrühren, an die Aufsichtsbehörde zum Teil auch spezialgesetzlich geregelt. Diese Vorschriften gehen den §§ 12ff. EGGVG vor (§ 12 I S. 2 EGGVG)[25]. Die Spezialität kann sich einerseits auf den Zweck der Übermittlung, z.B. auf eine bestimmten Bereich der Aufsicht, beziehen (Spezialität des Übermittlungszweckes), andererseits kann die Übermittlung aufgrund der Herkunft der Information aus einem bestimmten Straf- bzw. Ordnungswidrigkeitenverfahrens speziell geregelt sein (Spezialität der Herkunft der zu übermittelnden Daten).

---

[22] Vgl. dagegen die Kritik an der Unbestimmtheit des BDSG in Bezug auf andere Vorschriften: *Simitis*, in: ders., BDSG (2003), § 1 Rn. 108.
[23] *Deutsch*, Die heimliche Erhebung (1992), S. 176; *Simitis*, in: ders., BDSG (2003), § 1 Rn. 110; s. o. S. 288f.
[24] S. insoweit o. S. 301f.
[25] Gegebenenfalls i. V. m. § 49a IV S. 1 Nr. 1 OWiG.

C. Die verfahrensübergreifende Verwendung personenbezogener Informationen

(α) Spezialität des Übermittlungszwecks. Eine im Hinblick auf den Zweck der Übermittlung spezielle Regelung zeichnet sich dadurch aus, dass sie für den neuen, präventiven Verwendungszweck eine eigene Übermittlungsbefugnis festlegt. Diese Befugnis findet sich regelmäßig in dem für den neuen Zweck einschlägigen Aufsichtsgesetz. Sollen beispielsweise Daten aus einem Strafverfahren zum Zweck der Bankenaufsicht nach dem KWG übermittelt werden, so findet sich die entsprechende Befugnis in § 60a KWG.[26] Dort ist u.a. vorgesehen, dass in Strafverfahren gegen Inhaber oder Geschäftsleiter von Kreditinstituten wegen Verletzung ihrer Berufspflichten oder in Strafverfahren, die das Betreiben verbotener Bankgeschäfte oder deren Betreiben ohne Erlaubnis (§ 54 KWG) zum Gegenstand haben, im Falle der Anklageerhebung der Aufsichtsbehörde die Anklageschrift, gegebenenfalls der Antrag auf Erlass eines Strafbefehls sowie die das Verfahren abschließende Entscheidung zu übermitteln ist; bei Einlegung eines Rechtsmittels ist bei der Übermittlung darauf hinzuweisen (§ 60a I S. 1 KWG). Im Unterschied zu den in §§ 14, 17 EGGVG vorgesehenen Übermittlungsbefugnissen statuiert § 60a I S. 1 KWG eine gesetzliche Übermittlungspflicht der Gerichte und Staatsanwaltschaften. Darüber hinaus soll eine Übermittlung von Tatsachen erfolgen, die auf Missstände in dem Betrieb eines Instituts hindeuten, sofern deren Kenntnis aus der Sicht der übermittelnden Strafverfolgungsbehörde für Aufsichtsmaßnahmen erforderlich ist und für diese nicht erkennbar ist, dass schutzwürdige Interessen des Betroffenen überwiegen (§ 60a II S. 1 KWG).

Auch zur Durchführung von Besteuerungsverfahren finden sich steuerrechtliche Regelungen zur Übermittlung personenbezogener Daten an die Finanzbehörden. So besteht zur Erhebung bestimmter Steuern eine allgemeine Pflicht der Gerichte, d.h. auch der Strafgerichte, der Finanzbehörde steuerrelevante Tatsachen anzuzeigen.[27] Besondere Bedeutung hat im vorliegenden Zusammenhang die Pflicht von Behörden und Gerichten, Tatsachen, von denen sie im Rahmen eines Strafverfahrens Kenntnis erlangen und die den Verdacht einer Steuerstraftat begründen, der Finanzbehörde mitzuteilen (§ 116 I AO).[28] Diese Anzeigepflichten schließen die Befugnis zur Übermittlung der entsprechenden personenbezogenen Daten ein.[29]

---

[26] S. auch §§ 45b AWG, 27 III und IV BtMG, 145b VAG.
[27] S. §§ 34 I ErbStG, 18 GrEStG; zu den entsprechenden Anzeigepflichten der Notare s.o. S. 275 ff.
[28] Obgleich die Voraussetzung der Anzeigepflicht dem Strafverfahrensrecht entlehnt worden ist („Verdacht einer Steuerstraftat"), dient diese in erster Linie nicht der Strafverfolgung, sondern dem Interesse an einer gleichmäßigen und vollständigen Besteuerung, s. *Förster*, in: Koch/Scholtz, AO (1996), § 116 Rn. 4; *Kühn/Hofmann*, AO (1995), § 116 Anm. 1; *Ruegenberg*, Steuergeheimnis (2001), S. 62; *Söhn*, in: Hübschmann/Hepp/Spitaler, AO, § 116 Rn. 7a; vgl. auch bereits RGSt 57, 132, 133. Für eine solche Einordnung spricht auch der systematische Standort des § 116 AO im Dritten Teil der AO über das Besteuerungsverfahren.
[29] S. etwa *Klos*, ZRP 1997, 50, 51; *Leist*, Verfassungsrechtliche Schranken (2000), S. 216 ff. Soweit § 116 AO als verfassungswidrig angesehen wird – s. *Vultejus*, ZRP 1996, 329 –, wird dieser als Grundlage eines Eingriffs in das Recht auf informationelle Selbstbestimmung behandelt, die aller-

(β) Spezialität der Herkunft der zu übermittelnden Daten. Eine spezielle Übermittlungsregelung kann auch aufgrund der Herkunft der zu übermittelnden Daten geboten sein, soweit der Betroffene vor einer Weitergabe in besonderer Weise geschützt werden soll. Es geht also um einen gegenüber dem „strafprozessualen Datengeheimnis" gesteigerten Schutz vor einer Übermittlung personenbezogener Daten. Dieser Schutz wird vom Gesetzgeber in besonderen Verschwiegenheitspflichten bzw. Amtsgeheimnissen ausgeformt.[30]

Nach § 30 II Nr. 1 b) AO unterliegen auch personenbezogene Daten aus einem Verfahren zur Verfolgung einer Steuerstraftat oder einer Steuerordnungswidrigkeit dem Steuergeheimnis.[31] Die Übermittlung („Offenbarung") dieser Daten bedarf also einer gesetzlich angeordneten Ermächtigung zur Durchbrechung des Steuergeheimnisses. Die Offenbarung wird zunächst allgemein für zulässig erklärt, soweit sie der Durchführung eines Besteuerungsverfahrens dient (§ 30 IV Nr. 1 AO), also ein sachlicher Zusammenhang mit dem ursprünglichen Erhebungszweck besteht.[32] Im Übrigen ist eine Übermittlung personenbezogener Daten zu präventiven Zwecken nur zulässig, soweit diese durch ein Gesetz ausdrücklich zugelassen ist (§ 30 IV Nr. 2 AO)[33] oder ein zwingendes öffentliches Interesse für die Offenbarung besteht (§ 30 IV Nr. 5 AO). Auf die letztgenannte Befugnis wird die Mitteilung personenbezogener Daten von Gewerbetreibenden, die deren steuerliche Unzuverlässigkeit begründen, an die Gewerbeaufsichtsämter zum Zwecke des Konzessionsentzuges gestützt.[34]

Soweit der Gesetzgeber im Rahmen der Finanzdienstleistungsaufsicht die von der Aufsichtsbehörde erhobenen Daten durch eine besondere Verschwiegenheitspflicht geschützt hat, umfasst diese Pflicht auch die personenbezogenen Daten, welche die Behörde im Rahmen eines Ordnungswidrigkeitenverfahrens erlangt hat. Der Gesetzeswortlaut[35] schließt die Informationserhebung zur Verfolgung von Ordnungswidrigkeiten, soweit diese nach dem jeweiligen Aufsichtsgesetz der Behörde obliegt[36], ein. Die besondere Verschwiegenheitspflicht gilt auch für die an dem Ordnungswidrigkeitenverfahren beteiligten Gerichte und Staatsanwaltschaften.[37] Zu präventiven Zwecken ist eine Durchbrechung dieser Pflicht im Wege der Übermittlung an andere Behörden vorgesehen, soweit diese – wie die übermitteln-

---

dings aufgrund ihrer materiellen Verfassungswidrigkeit im Ergebnis keinen Bestand hat, s. *Vultejus*, aaO, 330.
[30] S.o. S. 318ff.
[31] OLG Hamburg, NStZ 1996, 43, 44 m.w.N.
[32] S.o. S. 320.
[33] S. z.B. § 8 II KWG.
[34] BFH, BStBl II 1987, 545, 548f.; *Rüsken*, in: Klein, AO (2003), § 30 Rn. 193.
[35] S. § 9 I S. 1 KWG („... soweit sie zur Durchführung dieses Gesetzes tätig werden..."); s. auch § 84 I S. 1 VAG („... bei ihrer Tätigkeit erhaltene vertrauliche Informationen..."); §§ 8 I S. 1 WpHG, 9 I S. 1 WpÜG („... bei ihrer Tätigkeit bekannt gewordenen Tatsachen...").
[36] S. §§ 60 KWG, 40 WpHG, 61 WpÜG.
[37] S. § 9 I S. 4 i.V.m. S. 3 Nr. 1 KWG; § 84 IV S. 2 i.V.m. S. 1 Nr. 1 VAG; § 8 I S. 4 i.V.m. S. 3 Nr. 1 WpHG; § 9 I S. 4 i.V.m. S. 3 Nr. 1 WpÜG.

de Behörde – Überwachungsaufgaben im Finanzsektor wahrnehmen.[38] Wie bei der Befugnis nach § 30 IV Nr. 1 AO besteht auch in diesen Fällen ein sachlicher Zusammenhang mit dem Erhebungszweck.

(γ) Die speziellen Befugnisse und der Bestimmtheitsgrundsatz. Mit den in den Aufsichtsgesetzen vorgesehenen, speziellen Übermittlungsbefugnissen hat der Gesetzgeber die nach dem Gesetzesvorbehalt erforderliche Grundlage für die dort geregelten Eingriffe in das Recht auf informationelle Selbstbestimmung (Art. 2 I i.V.m. Art. 1 I GG) geschaffen. Die Befugnisse entsprechen auch weitestgehend dem verfassungsrechtlichen Gebot der Bestimmtheit und Normenklarheit.

Soweit die Übermittlungsbefugnisse zur Verfolgung eines speziellen Zweckes normiert worden sind, ist die Befugnis in Bezug auf den neuen Verwendungszweck – die in dem Aufsichtsgesetz normierte Überwachungsaufgabe – klar festgelegt.[39] Auch die Regelung der Voraussetzungen und Grenzen der Übermittlung gibt im Hinblick auf das Bestimmtheitsgebot keinen Anlass zu verfassungsrechtlichen Bedenken; die spezialgesetzlichen Befugnisse enthalten zum Teil präzisere Vorgaben als die allgemeinen Ermächtigungsgrundlagen in § 14 EGGVG.[40]

Soweit die spezielle Übermittlungsbefugnis nicht aufgrund des Übermittlungszwecks, sondern aufgrund der Herkunft der zu übermittelnden Daten geschaffen worden ist, schließt dies nicht aus, dass der Zweck der Übermittlung dort gleichwohl hinreichend bestimmt festgelegt wird. Dies ist bei den Befugnissen der Fall, die eine Übermittlung zu präventiven Zwecken, die mit dem Erhebungszweck in einem sachlichen Zusammenhang stehen, zulassen (z. B. § 30 IV Nr. 1 AO). Demgegenüber wird in § 30 IV Nr. 5 AO als einzige Voraussetzung einer Übermittlung festgelegt, dass an ihr ein zwingendes öffentliches Interesse besteht. Es ist zweifelhaft, ob eine so weit gefasste Befugnis mit dem verfassungsrechtlichen Gebot vereinbar ist, dass der Umfang der Beschränkung des Rechts auf informationelle Selbstbestimmung für den Bürger klar erkennbar sein muss.[41] Ob das öffentliche Interesse an der Offenbarung „zwingend" ist, ist für den betroffenen Bürger nicht vorhersehbar, denn in Ermangelung weiterer gesetzlicher Kriterien ist diese Frage nur am jeweiligen Einzelfall zu beurteilen.[42] Dieser Kritik wird entgegengehalten,

---

[38] S. insbesondere §§ 9 I S. 3 Nr. 2, 6 KWG, 84 IV S. 1 Nr. 2 VAG, 8 I S. 3 Nr. 2 WpHG, 9 I S. 3 Nr. 2 WpÜG. Nach § 9 I S. 3 Nr. 2 WpÜG ist außerdem eine Übermittlung an die Kartellbehörden vorgesehen.

[39] S. insoweit zu § 116 AO: *Leist,* Verfassungsrechtliche Schranken (2000), S. 216 ff.

[40] So wird in § 60a I S. 1 Nr. 1–3 KWG festgelegt, welche Informationen übermittelt werden und dass insoweit eine Übermittlungspflicht besteht; s. auch §§ 27 III BtMG, 145b I S. 1 VAG, 40a I S. 1 WpHG.

[41] S. BVerfGE 65, 1, 44. Das BVerfG hat einerseits darauf hingewiesen, dass die Regelung in § 30 AO in die verfassungsrechtlich gebotene Richtung weist (BVerfGE 65, 1, 45), andererseits aber offen gelassen, ob alle Tatbestände des § 30 AO durch verfassungsrechtliche Anforderungen an den Schutz individualisierter oder individualisierbarer Daten geboten sind oder ihnen genügen (BVerfGE 67, 100, 144).

[42] *Benda,* DStR 1984, 351, 355; s. auch *Kruse,* in: Tipke/Kruse, AO, § 30 Rn. 137.

III. Die Verwendung von Daten aus dem Strafverfahren

dass der Gesetzgeber auf den Einsatz von Generalklauseln mit unbestimmten Rechtsbegriffen nicht verzichten könne, um die erforderliche Flexibilität und Praktikabilität bei der Gesetzesanwendung zu gewährleisten.[43] Auch Generalklauseln dürfen sich jedoch nicht völlig in unbestimmten und vagen Formulierungen verlieren. Geht man davon aus, dass mit dem öffentlichen Interesse eine ohnehin selbstverständliche Voraussetzung für hoheitliche Eingriffe aufgenommen worden ist, so beschränkt sich die Normierung materieller Eingriffsvoraussetzungen auf das Wort „zwingend" und den darin liegenden Versuch, ein bestimmtes Maß an Überwiegen zu beschreiben und das Kriterium der Erforderlichkeit besonders zu betonen. Diese Bestandteile des Prinzips der Verhältnismäßigkeitsprinzips setzen einen Zweck voraus, der mit dem jeweiligen Eingriff verfolgt wird; einen solchen Zweck und damit den Ausgangspunkt des Grundrechtseingriffs und seiner Rechtfertigung nennt § 30 IV Nr. 5 AO indessen nicht. Dieser Zweck ist bei dem Recht auf informationelle Selbstbestimmung von zentraler Bedeutung, wie der Grundsatz der Zweckbindung zeigt.[44] Das Versäumnis des Gesetzgebers kann nicht mehr mit dem Hinweis auf die Unverzichtbarkeit von flexiblen Generalklauseln für verfassungsrechtlich irrelevant erklärt werden, wie ein Vergleich mit den Nutzungs- und Übermittlungsbefugnissen nach §§ 14 II, 15 I BDSG belegt. In diesen Normen zeigt sich der Gesetzgeber der Aufgabe gewachsen, einen abschließenden Katalog an möglichen Verwendungszwecken aufzustellen. Bei Durchbrechungen des Steuergeheimnisses sind aufgrund der Sensibilität der geschützten Daten mindestens ebenso hohe, wenn nicht höhere Anforderungen zu stellen. Um ein Minimum an Bestimmtheit und Normenklarheit sicherzustellen, hätte der Gesetzgeber den Übermittlungszweck (z.B. Überwachung von Gewerbetreibenden) in § 30 IV Nr. 5 AO festlegen müssen, gegebenenfalls auch unter Verwendung unbestimmter Rechtsbegriffe (vgl. § 14 II Nr. 6, 8 BDSG). Das Argument, durch die in § 30 IV Nr. 5 a), b), c) AO genannten Regelbeispiele seien dem Gesetzesanwender Maßstäbe für die Auslegung des Begriffes „zwingendes öffentliches Interesse" vorgegeben[45], kann über diesen Mangel an Präzision nicht hinweghelfen, da die Übermittlung dort zu anderen als präventiven Zwecken erfolgt und die genannten Kriterien deshalb auf eine Übermittlung zur Gefahrenabwehr nicht übertragen werden können, ohne dass weitere Unwägbarkeiten entstehen.[46] Entgegen der h.M., die eine Offenbarung personenbezogener Daten an Aufsichtsbehörden auf der Grundlage des § 30 IV Nr. 5 AO für zulässig erachtet[47], ist diese Befugnis, soweit sie nicht

---

[43] *Besson*, Das Steuergeheimnis (1997), S. 59 f.; *Eilers*, Das Steuergeheimnis (1987), S. 39 f.
[44] S. BVerfGE 65, 1, 46.
[45] *Eilers*, Das Steuergeheimnis (1987), S. 40; s. auch *Besson*, Das Steuergeheimnis (1997), S. 59 f.; *Stern*, AöR 109 (1984), 199, 263.
[46] S. auch *Ruegenberg*, Steuergeheimnis (2001), S. 93, 94.
[47] BFH, BStBl II 1987, 545, 548 f.; *Alber*, in: Hübschmann/Hepp/Spitaler, AO, § 30 Rn. 339; einschränkend *Kruse*, in: Tipke/Kruse, AO, § 30 Rn. 137; für eine verfassungskonforme Auslegung: *Eilers*, Das Steuergeheimnis (1987), S. 40 f.

in § 30 IV Nr. 5 a), b), c) AO präzisiert wird, als mit dem Bestimmtheitsgebot nicht vereinbar anzusehen.[48] Will der Gesetzgeber eine Durchbrechung des Steuergeheimnisses in Form einer Übermittlung personenbezogener Daten an die Aufsichtsbehörden zulassen, so ist er gehalten, eine ausdrückliche gesetzliche Befugnis einzuführen (vgl. § 30 IV Nr. 2 AO).[49]

(b) Die Übermittlung auf Ersuchen

Von der spontanen Übermittlung zu unterscheiden ist die Übermittlung personenbezogener Daten aus einem Straf- oder Ordnungswidrigkeitenverfahren, die aufgrund eines Ersuchens der Behörde stattfindet, an welche die Daten übermittelt werden sollen.

Die Übermittlung personenbezogener Daten auf ein entsprechendes Ersuchen ist in den §§ 474 ff. StPO geregelt. Mit dem Strafverfahrensänderungsgesetz 1999[50] hat der Gesetzgeber insoweit eine bereichsspezifische Regelung für das Strafverfahren geschaffen. Nach § 474 II S. 1 Nr. 2 StPO sind Auskünfte[51] aus Akten an öffentliche Stellen[52] zulässig, soweit diesen auf Grund einer besonderen Vorschrift von Amts wegen personenbezogene Informationen aus Strafverfahren übermittelt werden dürfen oder soweit nach einer Übermittlung von Amts wegen die Übermittlung weiterer personenbezogener Informationen zur Aufgabenerfüllung erforderlich ist. Durch diese Verweisung[53] wird die Erteilung von Auskünften unter den gleichen Voraussetzungen für zulässig erklärt wie die spontane Übermittlung personenbezogener Daten nach den §§ 13 II i.V.m. §§ 14, 17 EGGVG bzw. den speziellen Befugnissen zur Datenübermittlung von Amts wegen. Auf die entsprechenden Ausführungen kann daher verwiesen werden. § 474 II S. 1 Nr. 2 StPO erfasst außerdem den Fall, dass die Aufsichtsbehörde, nachdem ihr bereits von Amts wegen Informationen aus einem Strafverfahren übermittelt worden sind, um die Übermittlung weiterer Informationen ersucht. Für die Erteilung von Auskünften aus einem Ordnungswidrigkeitenverfahren durch die Verwaltungsbehörde gelten die §§ 474 ff. StPO entsprechend (§ 49b OWiG).[54]

---

[48] *Benda*, DStR 1984, 351, 355: Das Wort „namentlich" in § 30 IV Nr. 5 AO, mit dem die anschließende Aufzählung als nicht abschließend qualifiziert wird, hat keinen verfassungsrechtlich erlaubten Regelungsinhalt; ebenso *Ruegenberg*, Steuergeheimnis (2001), S. 95.
[49] S. auch *Kruse*, in: Tipke/Kruse, AO, § 30 Rn. 137.
[50] StVÄG 1999 vom 2. 8. 2000, BGBl I S. 1253.
[51] Zur Gewährung von Akteneinsicht: § 474 III StPO.
[52] S. § 2 I, II BDSG.
[53] Soweit die spezialgesetzlichen Übermittlungsbefugnisse nicht zwischen der spontanen Übermittlung und der Übermittlung auf ein Ersuchen differenzieren (s. z.B. § 30 IV Nr. 1 AO), sind diese unmittelbar auf die letztere anzuwenden, ohne dass es einer Bezugnahme auf § 474 II S. 1 Nr. 2 StPO bedarf.
[54] S. auch o. S. 356 (zu den §§ 12 ff. EGGVG).

III. Die Verwendung von Daten aus dem Strafverfahren

Von den bisher behandelten Befugnissen nicht erfasst wird der Fall, dass personenbezogene Daten aus einem Straf- oder Ordnungswidrigkeitenverfahren[55] auf ein entsprechendes Ersuchen an die Finanzbehörden zur Durchführung eines Besteuerungsverfahrens übermittelt werden.

Zum Teil wird in den allgemeinen Vorschriften der §§ 111 ff. AO eine ausreichende gesetzliche Grundlage für eine solche Übermittlung gesehen.[56] Diese Auffassung ist jedoch zweifelhaft. Zunächst ist festzuhalten, dass die Pflicht der Behörden, einander Amtshilfe zu leisten (Art. 35 GG), nicht von der Notwendigkeit entbindet, die mit der Leistung der Amtshilfe verbundenen Grundrechtseingriffe verfassungsrechtlich zu rechtfertigen und den Gesetzesvorbehalt zu beachten.[57] Dies gilt nach dem Volkszählungsurteil des BVerfG auch für die Übermittlung personenbezogener Daten („Informationshilfe").[58] Werden mit der Weitergabe der Daten sachliche Zuständigkeitsgrenzen überschritten, führt dies, da die Daten zur Erfüllung einer anderen gesetzlichen Aufgabe genutzt werden, zu einer Zweckentfremdung, die als Eingriff in das informationelle Selbstbestimmungsrecht einer gesetzlichen Grundlage bedarf.[59] Der Gesetzgeber muss selbst regeln, welche Daten die Behörden für welche Aufgaben austauschen dürfen.[60] Allgemeine gesetzliche Vorschriften über die Amtshilfe (s. §§ 4–7 VwVfG), in denen eine Bezugnahme auf bestimmte gesetzliche Aufgaben bzw. Zwecke fehlt, werden diesen Anforderungen nicht gerecht.[61] Zwar können die §§ 111 ff. AO insofern als auf eine bestimmte Aufgabe bezogene Regelung angesehen werden, als sie im Hinblick auf den Zweck der Übermittlung eine bereichsspezifische gesetzliche Regelung treffen[62]: Die Rechts- und Amtshilfe dient der Durchführung des Besteuerungsverfahrens (§ 111 I S. 1 AO). Gleichwohl entspricht diese Norm nicht dem Gesetzesvorbehalt, da sie keine näher bestimmten Befugnisse in den Dienst der genannten Aufgabe stellt.[63] Die §§ 111 ff. AO legen die allgemeinen Amtshilfegrundsätze nur noch ein weiteres Mal nieder[64], sind aber wegen ihrer Unbestimmtheit im Hinblick auf vorzuneh-

---

[55] Gemeint sind an dieser Stelle nur Verfahren, die nicht eine Steuerstraftat oder Steuerordnungswidrigkeit zum Gegenstand haben; anderenfalls gilt § 30 IV Nr. 1 AO.

[56] *Söhn*, in: Hübschmann/Hepp/Spitaler, AO, Vor § 111 Rn. 14; *Tipke*, in: Tipke/Kruse, AO, § 112 Rn. 10.

[57] S. dazu *Schlink*, Die Amtshilfe (1982), S. 149 ff.

[58] S. BVerfGE 65, 1, 46: „Die Verwendung der Daten ist auf den gesetzlich bestimmten Verwendungszweck begrenzt. Schon angesichts der Gefahren der automatischen Datenverarbeitung ist ein – amtshilfefester – Schutz gegen Zweckentfremdung durch Weitergabe- und Verwertungsverbote erforderlich."

[59] *Bauer*, in: Dreier, GG, Bd. 2 (1998), Art. 35 Rn. 18; *von Danwitz*, in: von Mangoldt/Klein/Starck, GG, Bd. 2 (2000), Art. 35 Rn. 30; *Gubelt*, in: von Münch/Kunig, GG, Bd. 2 (2001), Art. 35 Rn. 15; *Schlink*, Die Amtshilfe (1982), S. 202; *ders.*, NVwZ 1986, 249, 254 f.

[60] *Schlink*, NVwZ 1986, 249, 253.

[61] *Badura*, in: Erichsen, Allgemeines Verwaltungsrecht (2002), § 37 Rn. 40; *Gubelt*, in: von Münch/Kunig, GG, Bd. 2 (2001), Art. 35 Rn. 15; *Kopp/Ramsauer*, VwVfG (2003), § 5 Rn. 18, 21; *Schlink*, NVwZ 1986, 249, 254 f.

[62] *Söhn*, in: Hübschmann/Hepp/Spitaler, AO, Vor § 111 Rn. 14.

[63] *Schlink*, Die Amtshilfe (1982), S. 213 f. (zu vergleichbaren Vorschriften).

[64] Vgl. *Schlink*, Die Amtshilfe (1982), S. 214.

mende Eingriffe in das Recht auf informationelle Selbstbestimmung keine geeignete gesetzliche Grundlage[65].

Die Übermittlung personenbezogener Daten kann allerdings auf die §§ 93 I S. 2, 97 I S. 3 AO gestützt werden.[66] Nach diesen Bestimmungen sind auch Behörden zur Auskunft und zur Vorlage von Unterlagen verpflichtet, wenn die Finanzbehörde an sie ein entsprechendes Ersuchen richtet. Diese Pflicht der ersuchten Behörden schließt eine entsprechende Befugnis zur Übermittlung personenbezogener Daten ein. Bestätigt wird diese Auslegung durch die gesetzlich angeordnete Durchbrechung behördlicher Schweigepflichten (§ 105 I AO). Der Kreis der Behörden, die Adressaten von Ersuchen nach §§ 93 I S. 2, 97 I S. 3 AO sein können, wird dort nicht näher spezifiziert. Es ist daher davon auszugehen, dass auch Behörden, deren gesetzliche Aufgabe es ist, Straftaten oder Ordnungswidrigkeiten zu verfolgen, befugt sind, auf ein Ersuchen der Finanzbehörde zur Durchführung eines Besteuerungsverfahrens personenbezogene Daten durch Auskünfte und Vorlage von Urkunden zu übermitteln. Dies schließt die Staatsanwaltschaften ein.[67] Für die Gerichte begründen die §§ 93 I S. 2, 97 I S. 3 AO hingegen keine derartige Befugnis. Dies ergibt sich insbesondere aus dem Umstand, dass dort – anders als in § 111 I S. 1 AO – zwar die Behörden, aber nicht die Gerichte Erwähnung finden.

(c) Die anderweitige Nutzung

Die §§ 12ff. EGGVG, §§ 474ff. StPO, §§ 49a, 49b OWiG und die spezialgesetzlichen Befugnisse betreffen ausschließlich die Übermittlung personenbezogener Informationen aus einem Straf- oder Ordnungswidrigkeitenverfahren. Die Nutzung dieser Daten durch dieselbe Behörde zu präventiven Zwecken ist hingegen nicht geregelt.[68]

Nun erscheint es zwar nicht ausgeschlossen, dass die Behörde bei der Verfolgung von Ordnungswidrigkeiten, z.B. durch Befragung von Zeugen, Kenntnis von personenbezogenen Daten erhält, die sie selbst zu Überwachungszwecken verwenden möchte. Der Umstand, dass die Doppelzuständigkeit der Behörde jeweils auf einen bestimmten Sachbereich beschränkt ist, wird jedoch in der Regel dazu führen, dass das Straf- bzw. Ordnungswidrigkeitenverfahren an ein- und denselben Sachverhalt anknüpfen. In diesem Fall ist davon auszugehen, dass die Behörde zunächst zur

---

[65] *Tipke/Lang*, Steuerrecht (2002), S. 800.
[66] *Tipke/Lang*, Steuerrecht (2002), S. 800.
[67] Demgegenüber werden im Schrifttum Justizbehörden, die auf dem Gebiet der Rechtspflege tätig sind, nicht als Behörden i.S.d. § 93 I S. 2 AO angesehen – s. *Tipke*, in: Tipke/Kruse, AO, § 93 Rn. 12 i.V.m. § 111 Rn. 6 –, so dass die Staatsanwaltschaft als Organ der Strafrechtspflege (BVerfGE 32, 199, 216; BGHSt 24, 170, 171) nicht in den Anwendungsbereich dieser Norm fiele. Orientiert man sich bei der Auslegung an § 111 I S. 1 AO und der zu Gerichten und Behörden parallelen Abgrenzung von Rechts- und Amtshilfe, so ist die Staatsanwaltschaft als Behörde anzusehen, s. *Kissel*, GVG (2001), § 156 Rn. 48ff. Zu dem gleichen Ergebnis gelangt man, wenn man die rechtsprechende Funktion als maßgeblich für den Begriff des Gerichts ansieht (s. Art. 92 GG), vgl. *Söhn*, in: Hübschmann/Hepp/Spitaler, AO, § 111 Rn. 26.
[68] Zur entsprechenden Befugnis der Polizeibehörden s. § 481 StPO.

III. Die Verwendung von Daten aus dem Strafverfahren

Gefahrenabwehr tätig wird und sich anschließend der Verfolgung der Normverletzung zuwendet. Dies gilt jedenfalls dann, wenn die Tat lediglich als Ordnungswidrigkeit geahndet wird.[69] In diesem Fall stellt sich die Frage einer anderweitigen Nutzung von zu repressiven Zwecken erhobenen Daten nicht. Soweit die Behörde sowohl zur Gefahrenabwehr als auch zur Ahndung von Normverstößen ermittelt, es sich bei der Erhebung also um eine doppelfunktionale Maßnahme handelt, gilt im Ergebnis das Gleiche.[70]

Praktisch bedeutsam ist die Zulässigkeit einer anderweitigen Nutzung dagegen im Steuerrecht, soweit die Finanzbehörde, insbesondere die Steuerfahndung (§ 208 AO), zur Verfolgung von Steuerstraftaten Informationen erhebt und diese anschließend zu Ermittlungen im Besteuerungsverfahren nutzt. Wie die §§ 12ff. EGGVG, 474ff. StPO regelt § 30 IV AO nur die Übermittlung personenbezogener Daten aus dem Steuerstrafverfahren, nicht aber deren anderweitige Nutzung durch die Erhebungsbehörde.[71] Wie in Bezug auf die im Besteuerungsverfahren erhobenen Daten[72] kann allerdings eine Nutzung nach Maßgabe der in den Datenschutzgesetzen vorgesehenen Nutzungsbefugnis (§ 14 II Nr. 6 BDSG) in Betracht gezogen werden. Danach können erhobene Daten zu einem anderen als dem Erhebungszweck genutzt werden, wenn es zur Abwehr erheblicher Nachteile für das Gemeinwohl oder einer Gefahr für die öffentliche Sicherheit oder zur Wahrung erheblicher Belange des Gemeinwohls erforderlich ist. Wie bereits festgestellt worden ist, kann eine Gefahr für die öffentliche Sicherheit auch in der drohenden Verletzung der Steuerrechtsordnung gesehen werden.[73] Aufgrund des hohen verfassungsrechtlichen Ranges der Gleichmäßigkeit der Besteuerung (Art. 3 I GG) und der Sicherung des Steueraufkommens[74] können darin zugleich erhebliche Belange des Gemeinwohls gesehen werden.[75] Soweit eine Nutzung der Daten zur Besteuerung erforderlich ist, kann diese demzufolge auf § 14 II Nr. 6 BDSG gestützt werden.

Der Umstand, dass mit den §§ 12ff. EGGVG, 474ff. StPO eine bereichsspezifische Regelung geschaffen werden sollte, steht einer Anwendung der Datenschutzgesetze nicht entgegen.[76] Diese Normen werden von § 30 AO IV Nr. 1 AO als der

---

[69] Dafür spricht auch, dass es als erforderlich angesehen wird, den Aufsichtsbehörden trotz ihrer im Ordnungswidrigkeitenverfahren bestehenden Durchsuchungsbefugnis (§ 46 I OWiG i.V.m. §§ 102, 103 StPO) eine verwaltungsrechtliche Durchsuchungsbefugnis einzuräumen, s. etwa die Begründung zur 6. KWG-Novelle, BT-Drucks. 13/7142, S. 93 (zu § 44c III KWG).
[70] S. dazu *Walden*, Zweckbindung (1996), S. 170ff., insbesondere 193f.
[71] Vgl. zu den im Besteuerungsverfahren erhobenen Daten o. S. 292ff.
[72] S.o. S. 298ff.
[73] S.o. S. 248.
[74] S.o. S. 248.
[75] Eine Orientierung an dem Maßstab des Art. 13 VII Alt. 2 GG entspricht insbesondere der Intention des Gesetzgebers, eine hohe Schwelle für die anderweitige Nutzung der erhobenen Daten zu errichten und nicht jedes öffentliche Interesse ausreichen zu lassen, s. die Begründung des Regierungsentwurfes, BT-Drucks. 14/4329, S. 39.
[76] Zur ergänzenden Anwendung der Datenschutzgesetze bei den §§ 12ff. EGGVG s.o. S. 287.

spezielleren Regelung verdrängt[77], es stellt sich also vielmehr die Frage, ob § 30 AO als abschließende Regelung anzusehen ist und deshalb eine Anwendung der Befugnisse nach den Datenschutzgesetzen ausschließt. In Bezug auf die Nutzung von Informationen aus dem Besteuerungsverfahren zu repressiven Zwecken wurde diese Frage verneint.[78] Die in diesem Zusammanhang angestellten Überlegungen sind auf die Nutzung von Informationen im Besteuerungsverfahren zu übertragen: Der Gesetzgeber wollte mit der Regelung mit § 30 IV Nr. 1 AO für eine „informationelle Durchlässigkeit" zwischen Besteuerungs- und Steuerstrafverfahren sorgen, um auf diese Weise die mit der Doppelfunktion der Finanzbehörden verfolgten Ziele erreichen zu können.

Allerdings stellt sich die Frage, ob die Anwendung des § 14 II Nr. 6 BDSG mit dem Bestimmtheitsgebot, insbesondere dem Erfordernis einer bereichsspezifischen Normierung des Verwendungszwecks vereinbar ist. Eine präzise Festlegung des Verwendungszwecks wird am ehesten über § 14 II Nr. 6 Alt. 2 BDSG („zur Abwehr ... einer Gefahr für die öffentliche Sicherheit") gelingen, da das präventive Ziel der Nutzung dort deutlich hervortritt. Die Möglichkeiten einer anderweitigen Verwendungen seiner Daten sind damit für den Betroffenen in ähnlicher Weise erkennbar wie in Bezug auf repressive Verwendungszwecke nach § 14 II Nr. 7 BDSG. Selbst wenn man über die präventive Zielrichtung hinaus eine weitere, bereichsspezifische Eingrenzung fordert, wird dem dadurch Rechnung getragen, dass die Nutzungsbefugnis nach § 14 II Nr. 6 BDSG – anders als eine Übermittlungsbefugnis – im Zusammenhang mit den jeweiligen Aufgaben der Erhebungsbehörde zu lesen ist. So sind die Finanzämter für die Verwaltung von Steuern zuständig (s. § 17 II S. 1 FVG) und den Hauptzollämtern obliegt die Verwaltung der Zölle und der bundesgesetzlich geregelten Verbrauchssteuern (s. § 12 II S. 1 FVG). Eine Nutzung personenbezogener Daten aus einem Steuerstrafverfahren *ohne deren Übermittlung*[79] kommt nur innerhalb des eigenen Zuständigkeitsbereiches in Betracht, wodurch die Möglichkeiten der Finanzbehörde, die personenbezogenen Daten des Betroffenen auf der Grundlage des § 14 II Nr. 6 BDSG anderweitig zu nutzen, eingeschränkt und für diesen überschaubar werden.

Im Hinblick auf die Herkunft der Daten aus einem Strafverfahren bedarf es keiner besonderen bereichsspezifischen Regelung. Der Persönlichkeitsrelevanz der im Strafverfahren erhobenen Daten wird mit dem über § 30 AO gewährleisteten Schutz bereits ausreichend Rechnung getragen.[80] Dies schließt es nicht aus, dass § 14 II Nr. 6 BDSG für besonders schwerwiegende Grundrechtseingriffe keine ge-

---

[77] S. die Begründung des Regierungsentwurfes zum Justizmitteilungsgesetz, BT-Drucks. 13/4709, S. 20; *Katholnigg*, Strafgerichtsverfassungsrecht (1999), § 12 EGGVG Rn. 3; *Kleinknecht/Meyer-Goßner*, StPO (2003), § 12 EGGVG Rn. 5.
[78] S.o. S. 299f.
[79] Eine ergänzende Anwendung der datenschutzrechtlichen Übermittlungsbefugnisse scheidet aufgrund der in § 30 IV AO vom Gesetzgeber spezialgesetzlich und abschließend geregelten Befugnisse aus, s. dazu o. S. 300.
[80] Vgl.o. die entsprechende Argumentation zum Notargeheimnis und zu § 30 IV Nr. 5 a), b) AO, unter S. 344f.

eignete Ermächtigungsgrundlage ist. So wird zu untersuchen sein, ob die Informationen aus einer Durchsuchung im Steuerstrafverfahren zur Besteuerung genutzt werden dürfen.[81] Unter Umständen bedarf es dazu einer präziseren gesetzlichen Grundlage als § 14 II Nr. 6 BDSG. Unter diesem Aspekt ist bereits die Vereinbarkeit der §§ 12ff. EGGVG mit dem Bestimmtheitsgebot unter den Vorbehalt der Prüfung der materiellen Verfassungsmäßigkeit der Zweckentfremdung gestellt worden. Grundsätzlich ist jedoch festzuhalten, dass eine Nutzung personenbezogener Daten auf der Grundlage des § 14 II Nr. 6 BDSG dem Bestimmtheitsgebot nicht widerspricht.[82]

(2) Die Befugnis der Aufsichtsbehörde

Die Aufsichtsbehörde greift in das Recht auf informationelle Selbstbestimmung ein, sofern sie mit der Stellung eines Ersuchens an das Gericht oder die Verfolgungsbehörde personenbezogene Daten des Betroffenen weitergibt.[83]

Eine entsprechende Befugnis besteht nach § 15 I i.V.m. § 14 I S. 1 BDSG bzw. den entsprechenden Vorschriften der Landesdatenschutzgesetze. Auf die Ausführungen zu einem entsprechenden Eingriff der Verfolgungsbehörde kann insoweit verwiesen werden.[84]

(3) Die Regelung einer Übermittlungspflicht

In den §§ 12ff. EGGVG, zum Teil auch in den spezialgesetzlichen Regelungen, werden nur Übermittlungsbefugnisse geregelt. Eine Pflicht, von der Befugnis zur Übermittlung personenbezogener Daten an die Aufsichtsbehörden Gebrauch zu machen, ist nur in Ausnahmefällen gesetzlich vorgeschrieben.[85]

Allerdings wird in der Anordnung über Mitteilungen in Strafsachen (MiStra) angeordnet, dass die Staatsanwaltschaften nach Maßgabe der dort getroffenen Regelungen den Aufsichtsbehörden personenbezogene Daten aus Strafverfahren mitteilen.[86] In der Festlegung dieser Mitteilungspflichten wird zum Teil ein Akt der Normsetzung gesehen, der dem Gesetzgeber vorbehalten bleiben muss. Die Betroffenen könnten der gesetzlichen Regelung die Übermittlung ihrer personenbezogener Daten nur die „gesetzlich begründete Erwartung eines potentiellen Über-

---

[81] S. u. S. 414 ff.
[82] Ob die auch in den §§ 12ff. EGGVG in Bezug auf eine Nutzungsbefugnis bestehende Lücke durch eine subsidiäre Anwendung des § 14 II Nr. 6 BDSG geschlossen werden kann, soll aufgrund der fehlenden praktischen Relevanz dahingestellt bleiben. Im Prinzip erscheint die Argumentation zu § 30 IV Nr. 1 AO insoweit übertragbar, insbesondere wenn man die Voraussetzungen einer Übermittlung nach § 17 Nr. 3 EGGVG mit denen einer Nutzung nach § 14 II Nr. 6 BDSG vergleicht. Dabei wird deutlich, dass die letztgenannte Befugnis dem Bestimmtheitsgebot nicht mehr und nicht weniger Rechnung trägt als die erstgenannte, bereichsspezifische Ermächtigung.
[83] S. o. S. 353 f.
[84] S. o. S. 285 ff.
[85] S. z.B. § 60a I S. 1 KWG.
[86] S. zu § 14 I Nr. 4–9 EGGVG: Nr. 24, 26–28, 36–40, 44, 46, 51 MiStra.

mittlungstatbestandes", aber nicht „den aktuell wirksamen Imperativ" entnehmen.[87]
Gegen eine gesetzliche Regelung können aus dem Gesetzesvorbehalt keine Bedenken begründet werden, wenn und soweit sich der Gesetzgeber zulässigerweise einer Regelung enthalten hat, um der Exekutive einen Spielraum bei der Gesetzesanwendung zu belassen. Dass der Gesetzgeber im Hinblick auf das Recht auf informationelle Selbstbestimmung zu einer Regelungsdichte angehalten ist, die auch die Aufstellung von Mitteilungspflichten umfasst, lässt sich nicht begründen.[88] Es ist auch nicht zu befürchten, dass Konflikte zwischen dem Straf- und Verwaltungsverfahren durch die Statuierung von Mitteilungspflichten einseitig zugunsten des von der Aufsichtsbehörde betriebenen Verfahrens entschieden werden, denn in der MiStra ist eindeutig festgehalten, dass eine Übermittlung nicht erfolgt, sofern sie den Zwecken des Strafverfahrens zuwiderlaufen würde.[89] Im Übrigen ist mit dem Gesetzgeber davon auszugehen, dass es sich bei der MiStra um Ermessensrichtlinien handelt, welche die Ausübung des Ermessens durch die Staatsanwaltschaft bzw. das Gericht im Einzelfall unberührt lässt.[90] Die Festlegung von Ermessensrichtlinien verstößt daher nicht gegen den Gesetzesvorbehalt.[91]

c) Die materielle Verfassungsmäßigkeit der Eingriffe, insbesondere der Übermittlung zu präventiven Zwecken

Im Folgenden soll untersucht werden, ob und inwieweit die Informationseingriffe in das Recht auf informationelle Selbstbestimmung in materieller Hinsicht mit diesem Grundrecht vereinbar sind. Der Schwerpunkt wird dabei auf der verfassungsrechtlichen Rechtfertigung der Übermittlung (und Nutzung) personenbezogener Daten aus dem Straf- und Ordnungswidrigkeitenverfahren zu präventiven Zwecken liegen, also den Grundrechtseingriffen, die eine Zweckentfremdung einschließen [(1) – (4)]. Im Anschluss daran soll die Vereinbarkeit der Übermittlung personenbezogener Daten in einem Auskunftsersuchen der Aufsichtsbehörde behandelt werden [(5)].
Bei der Prüfung der materiellen Verfassungsmäßigkeit der Zweckentfremdung steht die praktisch bedeutsamere Übermittlung im Vordergrund. Die Ergebnisse sind jedoch auf die Zweckentfremdung in Form einer Nutzung durch dieselbe Behörde übertragbar. Da die Behörde mit einer anderweitigen Nutzung weniger schwer in das Recht auf informationelle Selbstbestimmung des Betroffenen eingreift, können an die materielle Verfassungsmäßigkeit keinesfalls höhere Anforderungen gestellt werden als an eine Übermittlung.

---
[87] *Wollweber*, NJW 1997, 2488, 2489.
[88] S.o. S. 304.
[89] S. Nr. 2 I S. 4 MiStra.
[90] S. die Begründung des Regierungsentwurfes, BT-Drucks. 13/4709, S. 18; *Böttcher*, in: Löwe-Rosenberg, StPO (25. Aufl.), Vor § 12 EGGVG Rn. 6; s. auch Nr. 1 III S. 2, Nr. 2 II MiStra.
[91] Vgl. o. S. 305.

III. Die Verwendung von Daten aus dem Strafverfahren 369

Zu Beginn sollen allgemeinen Anforderungen an die Übermittlung personenbezogener Daten erörtert werden [(1)]. Anschließend wird auf die Besonderheiten der Mitteilung eines strafrechtlichen Vorwurfes eingegangen [(2)]. Sodann wird die Weitergabe von Informationen, die mit Hilfe besonders eingriffsintensiver Ermittlungsmethoden erlangt worden sind, untersucht [(3)]. Den Abschluss bilden die verfahrensrechtlichen Vorkehrungen zum Schutz des Rechts auf informationelle Selbstbestimmung [(4)].

(1) Allgemeine Anforderungen an die Übermittlung personenbezogener Daten an die Aufsichtsbehörden

Die Übermittlung personenbezogener Daten an die Aufsichtsbehörden zu präventiven Zwecken kann als Eingriff in das Recht auf informationelle Selbstbestimmungsrecht materiell gerechtfertigt werden, wenn sie dem Grundsatz der Verhältnismäßigkeit entspricht.

(a) Das Erfordernis eines hinreichenden Anlasses

Im Rahmen der verfassungsrechtlichen Grenzen der behördlichen Informationserhebung ist ausgeführt worden, dass diese Ermittlungseingriffe im Hinblick auf das Verhältnismäßigkeitsprinzip grundsätzlich eines hinreichenden Anlasses bedürfen.[92] Dies gilt für die Übermittlung personenbezogener Daten als Eingriff in das Recht auf informationelle Selbstbestimmung entsprechend.

Werden die Informationen auf ein Ersuchen der Aufsichtsbehörde hin übermittelt, so wird dem Erfordernis eines hinreichenden Anlasses dadurch Rechnung getragen, dass die Aufsichtsbehörde selbst bereits ein Verwaltungsverfahren eingeleitet hat, dazu also bereits ein hinreichender Anlass bestanden hat.[93]

Bei der spontanen Übermittlung von Amts wegen nach den §§ 12 ff. EGGVG ist hingegen erforderlich, dass für die übermittelnde Stelle (Gericht, Staatsanwaltschaft, Verwaltungsbehörde) ein hinreichender Anlass für die Übermittlung der Daten besteht.

In § 14 I Nr. 5, 7 und 8 EGGVG wird dieser Anforderung entsprochen, indem eine Übermittlung nur unter der Voraussetzung zugelassen wird, dass die Übermittlung „erforderlich" ist zur Durchführung eines Verwaltungsverfahrens, das sich auf die Rücknahme, den Widerruf etc. einer behördlichen Erlaubnis, Genehmigung oder anderen Berechtigung (§ 14 I Nr. 5, 7 EGGVG) oder den Erlass von Aufsichtsmaßnahmen (§ 14 I Nr. 8 EGGVG) bezieht.[94] Für die Durchführung eines solchen Verfahrens muss also aus der Sicht der übermittelnden Behörde im konkreten Fall Anlass bestehen. Besonders deutlich wird dies in § 14 I Nr. 5 b) EGGVG: Dort wird die Übermittlung der Daten an die Voraussetzung geknüpft, dass diese

---
[92] S.o. S. 213 ff.
[93] Vgl. die Ausführungen zu § 161 I StPO o. S. 306 f.
[94] Verfassungsrechtliche Bedenken an der Verwendung des Begriffs „erforderlich" im Hinblick auf den Bestimmtheitsgrundsatz bestehen nicht, s. insoweit zur Informationserhebung o. S. 220.

geeignet sind, Zweifel an der Eignung, Zuverlässigkeit oder Befähigung des Betroffenen hervorzurufen.

Auch die §§ 14 I Nr. 9, 17 Nr. 3 EGGVG enthalten das eingrenzende Merkmal „erforderlich". Zwar wird dort nicht auf zu ergreifende Maßnahmen Bezug genommen, sondern in allgemeiner Form auf die Abwehr erheblicher Nachteile für die Umwelt (§ 14 I Nr. 9 EGGVG) und auf die Abwehr erheblicher Nachteile für das Gemeinwohl oder einer Gefahr für die öffentliche Sicherheit (§ 17 Nr. 3 EGGVG) verwiesen. Da der polizeirechtliche Gefahrbegriff die konkrete, nicht die abstrakte Gefahr bezeichnet[95], ist auch der Gefahrenbegriff in § 17 Nr. 3 EGGVG in diesem Sinne auszulegen.[96] Dies gilt ebenso für das Merkmal „Nachteil", welches der Gesetzgeber ebenfalls im Sinne einer (konkreten) Gefahr verwendet hat.[97] Bei einer Auslegung, die gewährleistet, dass konkrete Anhaltspunkte eine Gefahr begründen, greifen die Übermittlungsbefugnisse nicht unverhältnismäßig in das informationelle Selbstbestimmungsrecht des Betroffenen ein.[98]

Auch die spezialgesetzlichen Übermittlungsbefugnisse setzen einen hinreichenden Anlass voraus. Hinsichtlich der mit dem Justizmitteilungsgesetz eingeführten Befugnisse gelten die Ausführungen zu § 14 EGGVG entsprechend. Eine Besonderheit enthält allerdings die steuerrechtliche Anzeigepflicht der Gerichte und Behörden (§ 116 I AO). Dort besteht der hinreichende Anlass in dem Verdacht einer Steuerstraftat:[99] In diesem Fall besteht die Möglichkeit, dass der Betroffene seiner Steuerpflicht nicht vollständig nachgekommen ist, so dass ein hinreichender Grund zur Durchführung eines Besteuerungsverfahrens gegeben ist.

(b) Die Güterabwägung (§ 13 II S. 1 EGGVG)

Der Gesetzgeber hat den Grundsatz der Verhältnismäßigkeit auch über das Erfordernis des hinreichenden Anlasses hinaus zu berücksichtigen. Der Eingriff in das Recht auf informationelle Selbstbestimmung darf nicht außer Verhältnis zu dem verfolgten Gemeinwohlinteresse stehen.

Um dem Grundsatz der Verhältnismäßigkeit zu entsprechen[100], hat der Gesetzgeber angeordnet, dass eine Übermittlung nur unter der Voraussetzung erfolgt, dass für die übermittelnde Stelle nicht offensichtlich ist, dass schutzwürdige Inte-

---

[95] S. *Denninger*, in: Lisken/Denninger, Handbuch des Polizeirechts (2001), Abschn. E Rn. 29, 32 m.w.N.

[96] Insoweit ist es unschädlich, dass in § 17 Nr. 3 EGGVG bewusst davon abgesehen wurde, das Erfordernis einer „unmittelbar drohenden" Gefahr aufzunehmen, s. die Begründung des Regierungsentwurfs, BT-Drucks. 13/4709, S. 25, denn diese Formulierung im BDSG bezeichnete nur den Grad der drohenden Gefahr bzw. die Nähe des Schadenseintritts, vgl. *Denninger*, in: Lisken/Denninger, Handbuch des Polizeirechts (2001), Abschn. E Rn. 47.

[97] S. die Begründung des Regierungsentwurfes, BT-Drucks. 13/4709, S. 23 (zu § 14 I Nr. 9 EGGVG: „Abwehr erheblicher Gefahren").

[98] S. die entsprechenden Ausführungen zur Informationserhebung o. S. 213 ff.

[99] S. *Bilsdorfer*, ZRP 1997, 137, 138; s. dagegen *Vultejus*, ZRP 1996, 329 f.; zur materiellen Verfassungsmäßigkeit des § 116 AO: *Leist*, Verfassungsrechtliche Schranken (2000), S. 216 f.

[100] S. die Begründung des Regierungsentwurfes, BT-Drucks. 13/4709, S. 21 („Ausprägung des

III. Die Verwendung von Daten aus dem Strafverfahren

ressen des Betroffenen an dem Ausschluss der Übermittlung überwiegen (§ 13 II S. 1 EGGVG).

An dieser Regelung ist kritisiert worden, dass nicht, wie vom BVerfG gefordert[101], das zur Rechtfertigung des Grundrechtseingriffs herangezogene Gemeinwohlinteresse das Interesse des Einzelnen überwiegen müsse, sondern umgekehrt ein Eingriff erst bei einem überwiegenden Schutzinteresse des Betroffenen vom Gesetz für unzulässig erklärt werde.[102] Erschwerend komme hinzu, dass der Gesetzgeber die Unzulässigkeit der Übermittlung davon abhängig mache, dass das Überwiegen des Individualinteresses für die übermittelnde Behörde „offensichtlich" sei.[103]

Gleichwohl weicht der Gesetzgeber mit der Abwägungsregelung nicht von den verfassungsrechtlichen Vorgaben des Verhältnismäßigkeitsprinzips ab. Dem ersten Einwand gegen die Formulierung des § 13 II S. 1 EGGVG ist zuzugestehen, dass die Begründungslast insoweit umgekehrt wird, als nicht der Staat die Zulässigkeit des Grundrechtseingriffs begründen muss, sondern der Betroffene dessen Unzulässigkeit. Dabei ist allerdings zu berücksichtigen, dass der Gesetzgeber einen wesentlichen Teil der Abwägung bereits selbst vorgenommen hat, indem er eine Übermittlung nach Maßgabe der §§ 14–17 EGGVG grundsätzlich für zulässig erklärt hat. Die dort angeführten öffentlichen Interessen, insbesondere an der Abwehr von Gefahren, überwiegen nach Ansicht des Gesetzgebers prinzipiell das Interesse des Einzelnen an der Wahrung seines Rechts auf informationelle Selbstbestimmung.[104] Soweit im Einzelfall ein konkreter Anlass besteht, personenbezogene Daten zu präventiven Zwecken zu übermitteln[105], bestehen gegen diese Einschätzung des Gesetzgebers keine verfassungsrechtlichen Bedenken.

Auf der Grundlage dieser Überlegungen erscheint § 13 II S. 1 EGGVG in einem anderen Licht: Die danach vorzunehmende Abwägung soll nicht für sich allein die Verhältnismäßigkeit jeder einzelnen Übermittlung gewährleisten, sondern fungiert als „Härteklausel" für die atypischen Fälle, in denen abweichend von der allgemeinen Einschätzung des Gesetzgebers eine Übermittlung unverhältnismäßig schwer in das informationelle Selbstbestimmungsrecht des Betroffenen eingreifen würde. Bei einem solchen Verständnis begegnet die Abwägungsformel in § 13 II S. 1 EGGVG keinen durchgreifenden verfassungsrechtlichen Bedenken.

Dies gilt auch, soweit der Umfang der Rechtmäßigkeitsprüfung durch die übermittelnde Stelle auf ein „offensichtliches" Überwiegen reduziert wird. Anliegen

---

Grundsatzes der Verhältnismäßigkeit"); s. auch *Kleinknecht/Meyer-Goßner*, StPO (2003), § 13 EGGVG Rn. 6.

[101] S. insoweit BVerfGE 65, 1, 44.

[102] *Wollweber*, NJW 1997, 2488.

[103] *Wollweber*, NJW 1997, 2488, wobei *Wollweber* (aaO) noch von der Fassung des Regierungsentwurfes ausgeht, die anstelle des Wortes „offensichtlich" die mildere Variante „erkennbar" enthielt.

[104] Vgl. die Stellungnahme des Bundesrates zum Regierungsentwurf, BT-Drucks. 13/4709, S. 41 (zur allgemeinen Abwägung im Rahmen von Verwaltungsvorschriften).

[105] S. o. S. 369 f.

des Gesetzgebers war es, die übermittelnde Stelle mit dieser Formulierung von eigenen Ermittlungen in Bezug auf die Zulässigkeit der Übermittlung zu entbinden, um auf diese Weise Mehrbelastungen der Justiz mit Verwaltungsaufwand zu vermeiden.[106] Es geht also nicht um die Reduzierung des Prüfungsmaßstabes, sondern darum, dass die Behörde auf der Grundlage der ihr bekannten Tatsachen soll entscheiden können.[107] Für eine solche Regelung spricht nicht allein die Entlastung der Justiz, sondern vor allem auch das Interesse des Betroffenen, denn auf diese Weise werden weitere, im Zuge derartiger Ermittlungen notwendige Eingriffe in sein Recht auf informationelle Selbstbestimmung vermieden.[108]

Diese Regelung fügt sich in andere, verfassungsmäßige Beschränkungen der Prüfung durch die übermittelnde Stelle ein. Diese kann nicht abschließend beurteilen, ob die Empfangsbehörde die zu übermittelnden Informationen zur Erfüllung ihrer Aufgaben benötigt; der übermittelnden Stelle fehlen regelmäßig die für ein definitives Urteil erforderlichen weiteren Informationen und die notwendige Sachkenntnis der mit der jeweiligen präventiven Aufgabe betrauten Behörde. Aus diesem Grund wird man von ihr in Bezug auf den hinreichenden Anlass und die Erforderlichkeit der Übermittlung nicht mehr als eine „Schlüssigkeitsprüfung" verlangen können (§§ 14 I, 17 EGGVG: „aus der Sicht der übermittelnden Stelle erforderlich").[109] Dabei ist die Mitteilung auf den unbedingt notwendigen Inhalt zu beschränken, denn die Aufsichtsbehörde kann gegebenenfalls um die Übermittlung weiterer Informationen ersuchen, soweit dies erforderlich ist (§ 474 II S. 1 Nr. 2 a. E. StPO). Außerdem ist durch den Erlass von Verwaltungsvorschriften dafür Sorge zu tragen, dass den Gerichten und Verfolgungsbehörden zur Kenntnis gegeben wird, unter welchen Bedingungen welche Informationen von der zuständigen Empfangsbehörde benötigt werden.[110]

Diese Ausführungen gelten entsprechend für die Übermittlung personenbezogener Daten auf ein Ersuchen, soweit diese an die Befugnisse zu Mitteilungen von Amts wegen anknüpfen (§ 477 II S. 1 Nr. 2 i.V.m. § 13 II S. 1 EGGVG). Ungeachtet der primären datenschutzrechtlichen Verantwortung der ersuchenden Behörde (§ 477 IV S. 1 StPO) hat die übermittelnde Stelle zu prüfen, ob das Ersuchen im Rahmen der Aufgaben des Empfängers liegt, bei entsprechendem Anlass ist sie auch zu einer weitergehenden Prüfung verpflichtet (§ 477 IV S. 2 StPO). Ein beson-

---

[106] S. bereits die Begründung des Regierungsentwurfes, BT-Drucks. 13/4709, S. 21; auf Vorschlag des Bundesrates wurde aus „erkennbar" (so der Regierungsentwurf) „offensichtlich", s. die Stellungnahme des Bundesrates, aaO, S. 42, und den Bericht des Rechtsausschusses, BT-Drucks. 13/7489, S. 54.

[107] Dementsprechend war die Bundesregierung der Ansicht, die Unterscheidung zwischen der von ihr vorgeschlagenen Formulierung („ohne weitere Ermittlungen erkennbar") und der des Bundesrates („offensichtlich") sei „für den Gesetzesanwender nicht mehr nachvollziehbar", und gab der von ihr vorgeschlagenen „sprachlich klareren" Fassung den Vorzug, s. BT-Drucks. 13/4709, S. 55.

[108] Vgl. *Dammann*, in: Simitis, BDSG (2003), § 15 Rn. 19.

[109] S. die Begründung des Regierungsentwurfes, BT-Drucks. 13/4709, S. 22; *Kleinknecht/Meyer-Goßner*, StPO (2003), § 14 EGGVG Rn. 3 (zu § 14 EGGVG)

[110] Vg. die Stellungnahme des Bundesrates, BT-Drucks. 13/4709, S. 41.

derer Anlass kann auch darin bestehen, dass aus der Sicht der übermittelnden Stelle Umstände vorliegen, bei denen eine Anwendung der Härteklausel (§ 13 II S. 1 EGGVG) in Betracht kommt.

Nach alledem greifen die gesetzlichen Regelungen über die Prüfung der Zulässigkeit der Übermittlung durch die übermittelnde Stelle nicht unverhältnismäßig in das Recht auf informationelle Selbstbestimmung (Art. 2 I i.V.m. Art. 1 I GG) ein.

(c) Die Übermittlung von Daten über unbeteiligte Dritte

Bei der Übermittlung personenbezogener Daten aus einem Straf- oder Ordnungswidrigkeitenverfahren stellt sich die Frage, ob der Grundsatz der Verhältnismäßigkeit es gebietet, an die Zulässigkeit der Übermittlung von Daten über nicht an dem Verfahren beteiligte Dritte erhöhte Anforderungen zu stellen.

Da § 14 EGGVG nur die Übermittlung von Daten des Beschuldigten zulässt, ist eine spontane Übermittlung von Daten Unbeteiligter nur nach § 17 Nr. 3 EGGVG zulässig.[111] Soweit diese Befugnis reicht, besteht auch für die Übermittlung auf ein Ersuchen eine gesetzliche Ermächtigung (§ 474 II S. 1 Nr. 2 StPO i.V.m. §§ 13, 17 EGGVG).

Die Zweckentfremdung von Daten über unbeteiligte Dritte ist bereits bei der Übermittlung und Nutzung von Daten aus dem Verwaltungsverfahren diskutiert worden.[112] An die dortigen Ausführungen kann im vorliegenden Zusammenhang angeknüpft werden. Danach sind erhöhte Anforderungen an eine Zweckentfremdung von Daten über unbeteiligte Dritte grundsätzlich abzulehnen.[113]

Der unbeteiligte Dritte genießt im Straf- und Ordnungswidrigkeitenverfahren bereits weitreichenden Schutz gegen staatliche Informationserhebungseingriffe. Lässt sich ein Eingriff in sein Recht auf informationelle Selbstbestimmung nicht vermeiden, so ist er durch das Verbot, seine Daten zu speichern, bzw. durch das Gebot, seine Daten wieder zu löschen[114], zu schützen.[115] Wird gegen diese Schutzvorschriften verstoßen, so kann der Dritte durch ein auf die Verletzung seines informationellen Abwehrrechts gestütztes Verwertungsverbot geschützt werden.[116]

Ist die Information rechtmäßig erhoben (und gespeichert) worden, so verdient der Dritte vor einer Zweckentfremdung nicht mehr und nicht weniger Schutz als der am Verfahren Beteiligte. Er genießt also den Schutz durch den allgemeinen Verhältnismäßigkeitsgrundsatz, insbesondere darf eine Nutzung oder Übermittlung zu einem anderen Zweck nur bei einem hinreichenden Anlass vorgenommen wer-

---

[111] S. insoweit *Bär*, CR 1998, 767, 771; *Böttcher*, in: Löwe-Rosenberg, StPO (25. Aufl.), § 17 EGGVG Rn. 1; *Kleinknecht/Meyer-Goßner*, StPO (2003), § 17 EGGVG Rn. 1.
[112] S.o. S. 314 ff.
[113] S.o. S. 314 ff.
[114] S. § 98a III S. 2 StPO; s. auch §§ 100b VI, 100d I S. 2 StPO.
[115] S.o. S. 314.
[116] S.o. S. 316.

den.¹¹⁷ Das bedeutet, dass Anhaltspunkte für eine konkrete Gefahr (§ 17 Nr. 3 EGGVG) und eine ordnungsrechtliche Verantwortlichkeit des Dritten für diese Gefahr vorliegen müssen. Unter diesen Voraussetzungen greift eine Übermittlung personenbezogener Daten an die für die Abwendung dieser Gefahr zuständige Behörde nicht unverhältnismäßig schwer in das Recht des Dritten auf informationelle Selbstbestimmung ein.

(2) Mitteilung eines strafrechtlichen Vorwurfes gegen den Betroffenen

Die Übermittlung personenbezogener Daten aus einem Straf- und Ordnungswidrigkeitenverfahren weist die Besonderheit auf, dass – soweit der Beschuldigte betroffen ist – mit den Daten zugleich auch die Tatsache übermittelt wird, dass gegen den Betroffenen ein Straf- bzw. Ordnungswidrigkeitenverfahren eingeleitet worden ist, gegen ihn also von staatlicher Seite der Vorwurf einer Normverletzung erhoben worden ist. Eine solche Mitteilung greift in besonderer Weise in das allgemeine Persönlichkeitsrecht (Art. 2 I i.V.m. Art. 1 I GG) ein [(a)], so dass auch die materielle Rechtfertigung dieses Eingriffs in Bezug auf dessen Erforderlichkeit [(b)] und Verhältnismäßigkeit [(c)] gesteigerten Anforderungen unterliegt.

(a) Der staatliche Vorwurf als Ehrangriff

Das allgemeine Persönlichkeitsrecht (Art. 2 I i.V.m. Art. 1 I GG) umfasst auch den Schutz des sozialen Geltungsanspruchs und der Ehre.¹¹⁸ Mit der Einleitung eines Strafverfahrens erhebt die Strafverfolgungsbehörde gegen den Beschuldigten implizit den Vorwurf, dieser habe (möglicherweise) eine Straftat begangen, und greift damit in das allgemeine Persönlichkeitsrecht ein.¹¹⁹ Mit diesem Vorwurf wird dem Beschuldigten die ehrrelevante Eigenschaft abgesprochen, sich rechtskonform zu verhalten; damit werden seine Möglichkeiten, mit anderen Menschen in Kontakt zu kommen, insbesondere zu kommunizieren, eingeschränkt.¹²⁰

Wird der erhobene Vorwurf gegenüber anderen Stellen offenbart, so wird dem Beschuldigten damit gegenüber diesen Stellen ein weiteres Mal diese ehrrelevante Eigenschaft abgesprochen. Die mit einer solchen Mitteilung verbundene Bloßstellung kann das Verhältnis zwischen dem Beschuldigten und dem Mitteilungsempfänger gravierend beeinträchtigen.¹²¹ So kann es sich beispielsweise im Rahmen einer Bewerbung nachteilig für einen Beamten auswirken, wenn seinem Dienstherrn von der Einleitung eines Strafverfahrens Mitteilung gemacht wird.¹²² Aufgrund dieser Wirkungen, die von einem strafrechtlichen Vorwurf auf das soziale Umfeld

---

¹¹⁷ S.o. S. 317; zum hinreichenden Anlass im vorliegenden Zusammenhang s.o. S. 369f.
¹¹⁸ S.o. S. 128.
¹¹⁹ *Lagodny*, Strafrecht vor den Schranken der Grundrechte (1996), S. 122f.; s.o. S. 128f.
¹²⁰ *Amelung*, Die Ehre (2002), S. 38f.; s. dazu o. S. 142.
¹²¹ *Fleig*, NJW 1991, 1016, 1017; *Krumsiek*, DVBl 1993, 1229, 1230.
¹²² S. den Sachverhalt bei VGH Mannheim, VBlBW 1989, 302.

des Betroffenen ausgehen, werden Mitteilungen über strafrechtliche Verurteilungen besonderen gesetzlichen Voraussetzungen unterworfen (s. §§ 30ff. BZRG). Bei der Übermittlung personenbezogener Daten aus einem Strafverfahren, die auf ein entsprechendes Ersuchen erfolgt, hat die ersuchende Behörde zwar bereits Kenntnis von der Einleitung eines Strafverfahrens; gleichwohl kann die Mitteilung weiterer Einzelheiten, z.B. der Art und Schwere der Tat, seine Ehre über die bisherige Verletzung hinaus beeinträchtigen, so dass auch in diesem Fall von einem ehrrelevanten Eingriff in das allgemeine Persönlichkeitsrecht auszugehen ist.[123] Aufgrund der besonderen Eingriffsintensität der spontanen Übermittlung steht diese bei den folgenden Ausführungen jedoch im Vordergrund. Soweit der Beschuldigte durch die Ausgestaltung dieser Befugnisse ausreichend geschützt ist, gilt dies im Ergebnis auch für eine Übermittlung auf ein Ersuchen (s. § 474 II S. 1 Nr. 2 StPO i.V.m. mit der jeweiligen Befugnis zur Mitteilung von Amts wegen).

Darüber hinaus werden in einem Strafverfahren häufig besonders persönlichkeitsrelevante Daten erhoben.[124] Dies kann erforderlich sein, damit sich das Gericht für die Zumessung der Strafe ein Bild von der Persönlichkeit des Täters machen kann.[125] Auch in Bezug auf diese Daten greift eine Übermittlung besonders intensiv in das allgemeine Persönlichkeitsrecht (Art. 2 I i.V.m. Art. 1 I GG) des Beschuldigten ein.

Die obigen Ausführungen gelten prinzipiell auch für das Ordnungswidrigkeitenverfahren, da auch im Rahmen eines solchen Verfahrens gegen den Betroffenen von Seiten des Staates der Vorwurf einer schuldhaften Normverletzung erhoben wird. Allerdings sind die Auswirkungen auf den Betroffenen wegen des in der Regel geringfügigen Vorwurfes nicht so gravierend. Eine Mitteilung aus einem Ordnungswidrigkeitenverfahren greift daher sehr viel weniger schwer in das allgemeine Persönlichkeitsrecht ein als Mitteilungen über einen strafrechtlichen Vorwurf. Aus diesem Grund wird auf die Übermittlung aus dem Ordnungswidrigkeitenverfahren im Folgenden nicht näher eingegangen; die Ausführungen zum Strafverfahren gelten – wenn auch in abgeschwächter Form – entsprechend.

---

[123] Auf der Grundlage eines normativen Ehrbegriffs wird man an dieser Stelle eine Ehrverletzung verneinen, soweit der Beschuldigte bei einer sachlich zutreffenden Beschuldigung keinen begründeten Anspruch auf soziale Achtung hat, s. dazu *Maurach/Schroeder/Maiwald*, Strafrecht BT-1 (2003), § 24 Rn. 2ff. m.w.N. Bei dem hier zugrunde gelegten funktionalen Verständnis der Ehre als Kommunikationsvoraussetzung – s. dazu *Amelung*, Die Ehre (2002), S. 26f., 43f. – wird man jedoch die Übermittlung der o.g. Informationen als Ehrangriff ansehen müssen; s. auch bereits o. S. 128f. Letzten Endes dürften auch die Vertreter des normativen Ehrbegriffes zu einem Eingriff in das allgemeine Persönlichkeitsrecht gelangen, allerdings nicht unter dem Gesichtspunkt der Ehrverletzung, sondern unter dem Aspekt der Indiskretion oder der Verletzung des Datenschutzes.
[124] S. die Beispiele bei *Groß/Fünfsinn*, NStZ 1992, 105, 106.
[125] *Groß/Fünfsinn*, NStZ 1992, 105, 106; *Zuck*, StV 1987, 32, 34.

(b) Die Erforderlichkeit der Übermittlung

Den oben beschriebenen qualifizierten Eingriffen in das allgemeine Persönlichkeitsrecht (Art. 2 I i.V.m. Art. 1 I GG) wird zunächst dadurch eine Grenze gesetzt, dass die Übermittlung erforderlich sein muss, um den mit ihr verfolgten präventiven Zweck zu erreichen.

Im Gesetzgebungsverfahren zum Justizmitteilungsgesetz wurde es als Ausdruck dieses Prinzips angesehen, dass eine Übermittlung grundsätzlich erst nach dem rechtskräftigen Abschluss des Strafverfahrens erfolgen soll, denn auf diese Weise kann die Belastung eines zwar zunächst Verdächtigen, aber später von dem Anklagevorwurf Freigesprochenen vermieden werden.[126] Dass der Regierungsentwurf insoweit eine ausdrückliche Regelung vorsah[127], wurde vom Rechtsausschuss indessen als entbehrlich angesehen, weil eine Übermittlung ohnehin nur unter der Voraussetzung zulässig sei, dass sie nach Maßgabe des § 14 EGGVG erforderlich sei[128]. An dem in der Begründung des Regierungsentwurfes mehrfach zum Ausdruck gebrachten Grundsatz, dass eine Übermittlung grundsätzlich erst nach Verfahrensabschluss erfolgen soll[129], ist daher festzuhalten.[130]

Nichtsdestoweniger kann eine Übermittlung von Daten des Beschuldigten unter Umständen auch vor dem rechtskräftigen Abschluss des Verfahrens geboten sein. Eine Übermittlung zur Abwehr von Gefahren kommt unter Umständen zu spät, wenn die übermittelnde Stelle zunächst eine rechtskräftige Entscheidung abwartet. So ist in einem Strafverfahren wegen einer Umweltstraftat die Umweltbehörde möglichst frühzeitig zu unterrichten, damit sie sofort Maßnahmen ergreifen kann, um den Schaden zu begrenzen und weitere Schäden zu verhindern.[131] Die Übermittlung von Daten zu einem späteren Zeitpunkt, insbesondere nach rechtskräftigem Abschluss des Verfahrens, ist nicht mehr in gleicher Weise geeignet, den Zweck der Übermittlung (Gefahrenabwehr) zu fördern. In derartigen Fällen ist daher auch die Übermittlung vor Verfahrensabschluss erforderlich. Ob sie auch verhältnismäßig i.e.S. ist, wird noch zu untersuchen sein.[132]

Zum Teil wird in einer so frühzeitigen Übermittlung eine Verletzung der Unschuldsvermutung gesehen.[133] Diese auf dem Rechtsstaatsprinzip beruhende Garantie besagt, dass der Beschuldigte bis zum gesetzlichen Beweis seiner Schuld als unschuldig gilt (s. Art. 6 II EMRK). Die Unschuldsvermutung schützt den Beschuldigten davor, im Strafverfahren vor dem Schuldnachweis als schuldig behandelt zu werden, z.B. durch Verhängung einer Strafe oder einer Maßnahme, die einer

---

[126] S. die Begründung des Regierungsentwurfes, BT-Drucks. 13/4709, S. 21.
[127] S. BT-Drucks. 13/4709, S. 24 (als § 14 IV EGGVG).
[128] S. den Bericht des Rechtsauschusses, BT-Drucks. 13/7489, S. 54.
[129] S. BT-Drucks. 13/4709, S. 17, 21, 24.
[130] *Kleinknecht/Meyer-Goßner*, StPO (2003), § 13 EGGVG Rn. 6.
[131] S. Nr. 51 I Nr. 1 MiStra, wonach bereits die Einleitung eines Strafverfahrens mitzuteilen ist.
[132] S. dazu u. S. 378ff.
[133] S. den Entschließungsantrag der Fraktion Bündnis 90/Die Grünen zum Regierungsentwurf des Justizmitteilungsgesetzes, BT-Drucks. 13/7513, S. 2 (Nr. 2).

III. Die Verwendung von Daten aus dem Strafverfahren 377

Strafe gleichkommt.¹³⁴ Mit der Übermittlung von Informationen aus dem Strafverfahren wird der Beschuldigte jedoch nicht bereits wie ein Verurteilter behandelt, noch liegt in der Übermittlung eine strafähnliche Sanktion.¹³⁵ Mit der Übermittlung wird gegenüber der Aufsichtsbehörde lediglich ein Verdacht geäußert; eine Verdächtigung des Beschuldigten schließt die Unschuldsvermutung, wie die Ermittlungseingriffe gegen den verdächtigen Beschuldigten zeigen, jedoch keineswegs aus. Die Übermittlung von Daten des Beschuldigten aus noch nicht abgeschlossenen Verfahren verletzt daher nicht die Unschuldsvermutung.¹³⁶

Hinsichtlich des Umfangs der zu übermittelnden Daten ist ebenfalls zu prüfen, inwieweit eine Weitergabe zu dem damit verfolgten Zweck erforderlich ist. So wird zu Recht gefordert, von einer Übermittlung der Urteilsgründe abzusehen und lediglich den Tenor der Entscheidung mitzuteilen, wenn dies zu Erreichung des mit der Übermittlung verfolgten Zieles ausreichend ist.¹³⁷ In der MiStra wird dies umgesetzt, indem nur eine Mitteilung über den „Ausgang des Verfahrens" angeordnet wird¹³⁸, d.h. nur der Tenor der abschließenden Entscheidung, nicht aber ihre Begründung mitzuteilen ist. Die Mitteilung sonstiger Tatsachen wird ausdrücklich davon abhängig gemacht, dass ihre Kenntnis für den Empfänger erforderlich ist, um aufsichtsrechtliche Maßnahmen zu treffen.¹³⁹ Gleichwohl hat der Gesetzgeber in einigen bereichsspezifischen Vorschriften ausdrücklich eine Pflicht zur Übermittlung der Entscheidungsgründe vorgesehen, wie z.B. in der gesetzlichen Mitteilungspflicht der Strafgerichte gegenüber der Bankaufsichtsbehörde (§ 60a I S. 1 Nr. 3 KWG).¹⁴⁰ Eine Mitteilung der Urteilsgründe ist in diesem Fall erforderlich, damit die Aufsichtsbehörde beurteilen kann, ob Aufsichtsmaßnahmen zu treffen sind, z.B. wenn die Straftat von einem Mitarbeiter begangen worden ist, die näheren Umstände der Begehung aber Rückschlüsse auf Mängel in der Unternehmensorganisation zulassen, die wiederum möglicherweise auf die unzureichende Eignung oder fehlende Zuverlässigkeit des Geschäftsleiters zurückzuführen sind.¹⁴¹ Die Aufsichtsbehörde benötigt die in der Urteilsbegründung enthaltenen Informationen zum Sachverhalt zudem für ihre Entscheidung über die Abwicklung der

---

[134] BVerfG, NJW 2002, 3231; s.o. S. 174.
[135] S. zur Speicherung personenbezogener Verdachtsmomente für präventiv-polizeiliche Zwecke trotz eines Freispruchs: BVerfG, NJW 2002, 3231, 3232.
[136] *Wollweber*, NJW 1997, 2488, 2491. Dort wird aus dem Rechtsstaatsprinzip abgeleitet, Verwaltungshandeln müsse auf eine möglichst tragfähige Grundlage gestellt werden, und daraus gefolgert, nach Möglichkeit müssten rechtskräftig festgestellte Tatsachen verwertet werden. Die oben mit der Erforderlichkeit gezogene Grenze (Art. 2 I i.V.m. Art. 1 I GG) wird damit um einen weiteren Bezugspunkt erweitert, ohne dass sich dadurch am Ergebnis etwas ändert.
[137] *Zuck*, StV 1987, 32, 34; s. auch *Wollweber*, NJW 1997, 2488, 2491 (zur Übermittlung an den Dienstherrn eines verurteilten Beamten, § 125c BRRG).
[138] S. Nr. 24 I Nr. 4, 26 I Nr. 4, 28 I Nr. 3, 36 II Nr. 3, 36a I a), 40 I Nr. 2, 44 Nr. 3, 46 I Nr. 2, 49 I Nr. 3, 51 I Nr. 2 MiStra.
[139] S. etwa Nr. 29 I, 36 IV S. 1, 47 II, 48 I S. 1 MiStra.
[140] S. insoweit Nr. 25 I Nr. 3 MiStra; s. auch § 145b I S. 1 Nr. 3 VAG (Nr. 25b I Nr. 3 MiStra).
[141] Vgl. die Begründung des Regierungsentwurfes zum JuMiG, BT-Drucks. 13/4709, S. 35.

verbotenen Geschäfte (s. § 37 KWG).[142] Angesichts dessen erscheint die als Ausnahme vorgesehene Übermittlung der gesamten Entscheidung von Amts wegen als mit dem Gebot der Erforderlichkeit vereinbar.[143]

Bei einer Übermittlung auf Ersuchen wird die Weitergabe personenbezogener Daten auf das erforderliche Maß beschränkt, indem der ersuchenden Behörde grundsätzlich nur Auskunft erteilt (§ 477 II StPO) und nur unter besonderen Voraussetzungen Akteneinsicht gewährt wird (§ 477 III StPO). Auf diese Weise können das Gericht bzw. die Staatsanwaltschaft insbesondere verhindern, dass besonders sensible Daten aus dem Strafverfahren, z.B. ein pychiatrisches Gutachten, zur Kenntnis der Verwaltungsbehörde gelangen, ohne dass hierfür ein zwingender Grund besteht. Die Erteilung von Auskünften und die Gewährung von Akteneinsicht ist nur zulässig, *soweit* die Übermittlung nach den Vorschriften über eine Mitteilungen von Amts wegen zulässig bzw. für die Aufgabenerfüllung durch den Empfänger erforderlich ist (§ 474 II S. 1 Nr. 2, III StPO).

(c) Die Verhältnismäßigkeit (i.e.S.)

Im Rahmen der Verhältnismäßigkeit sind das öffentliche Interesse an einer effektiven Gefahrenabwehr und das Interesse des Einzelnen an dem Ausschluss von Mitteilungen über das gegen ihn eingeleitete Strafverfahren gegeneinander abzuwägen. Der Gesetzgeber hat dem Grundsatz der Verhältnismäßigkeit in § 14 II EGGVG Rechnung getragen, indem er bei weniger schwerwiegenden Taten eine Übermittlung grundsätzlich ausgeschlossen hat.[144] Demnach unterbleibt eine Mitteilung in der Regel in Privatklageverfahren, in Verfahren wegen fahrlässig begangener Straftaten, in sonstigen Verfahren bei Verurteilung zu einer anderen Maßnahme als einer Strafe oder einer Maßnahme i.S.d. § 11 I Nr. 8 StGB, oder wenn das Verfahren eingestellt worden ist, wenn nicht besondere Umstände des Einzelfalles die Übermittlung gebieten (§ 14 II S. 1 EGGVG). Die Regelung beruht auf der Erwägung, dass aufgrund der geringen Schuld bzw. der fehlenden Nachweisbarkeit kein bzw. nur ein sehr schwaches Indiz dafür vorliegt, dass von dem Beschuldigten eine Gefahr ausgeht, und eine Übermittlung mit den damit verbundenen Folgen für das Ansehen des Betroffenen dazu außer Verhältnis stünde. Vergleichbare Bestimmungen enthalten die spezialgesetzlichen Übermittlungsvorschriften.[145]

Eine Übermittlung soll jedoch nur im Regelfall ausgeschlossen sein; besondere Umstände können die Übermittlung erfordern. Der Gesetzgeber hat diesen Ausnahmefall in § 14 II S. 2 EGGVG konkretisiert. Danach ist eine Übermittlung er-

---

[142] S. insoweit auch die Mitteilungspflicht nach § 308 III S. 1 Nr. 2 SGB-III (Nr. 47 I Nr. 2 MiStra); s. dazu die Begründung des Regierungsentwurfes, BT-Drucks. 13/4709, S. 36.
[143] Kritisch zur entsprechenden Pflicht nach § 125c I S. 1 Nr. 3 BRRG: *Wollweber*, NJW 1997, 2488, 2491.
[144] S. die Begründung des Regierungsentwurfes zum JuMiG, BT-Drucks. 13/4709, S. 23; *Bär*, CR 1998, 767, 771.
[145] S. etwa §§ 60a I S. 2 KWG, 145b I S. 2 VAG; s. auch *Böttcher*, in: Löwe-Rosenberg, StPO (25. Aufl.), § 14 EGGVG Rn. 20.

forderlich, wenn die Tat bereits ihrer Art nach, d. h. abstrakt[146], geeignet ist, Zweifel an der Zuverlässigkeit oder Eignung des Betroffenen für die von ihm konkret[147] ausgeübte Tätigkeit oder für die Wahrnehmung von Rechten und Pflichten aus einer behördlichen Berechtigung, Genehmigung oder Erlaubnis hervorzurufen. Dies ist angesichts der ratio des § 14 II S. 1 EGGVG konsequent: Ist bereits die Art der verfolgten Straftat Grund genug, der Aufsichtsbehörde Mitteilung zu machen, kommt es auf die (geringe) Schwere der Schuld nicht mehr an. Keinen Bedenken begegnet es, dass Straftaten, durch die der Tod eines Menschen verursacht worden ist, und die gefährliche Körperverletzung (§ 224 StGB) vom Gesetzgeber stets als so schwerwiegend angesehen werden, dass § 14 II S. 1, 2 EGGVG nicht anwendbar sind (§ 14 II S. 3 EGGVG).

Zweifelhaft ist die Zulässigkeit von Mitteilungen allerdings in den Fällen, in denen das Strafverfahren in Ermangelung eines hinreichenden Tatverdachts eingestellt worden ist (§ 170 II StPO).[148] Hat sich der Verdacht im Ermittlungsverfahren nicht bestätigt, so entfällt damit die Grundlage für die Annahme einer von dem Beschuldigten ausgehenden Gefahr und somit auch für eine Mitteilung an die Aufsichtsbehörde. Gleichwohl lässt § 14 II EGGVG eine solche Mitteilung grundsätzlich zu, wenngleich nach § 14 II S. 4 EGGVG bei Einstellungen zu berücksichtigen ist, wie gesichert die zu übermittelnden Erkenntnisse sind. In der Begründung wird dazu ausgeführt, dass eine Übermittlung im Falle einer Einstellung nach § 170 II StPO in aller Regel unterbleiben werde, weil die Ermittlungen nicht genügenden Anlass zur Erhebung der öffentlichen Klage böten.[149] „In aller Regel" meint dort nicht das Regel-Ausnahme-Verhältnis in § 14 II S. 1, 2 EGGVG, denn die Art einer Straftat kann eine Übermittlung nicht begründen, wenn sich der entsprechende Verdacht nicht bestätigt hat. In Anlehnung an § 14 II S. 4 EGGVG wird man eine Übermittlung von Informationen nach einer Einstellung gemäß § 170 II StPO vielmehr nur in dem Ausnahmefall als zulässig ansehen können, dass sich der Verdacht einer rechtswidrigen Tat im Ermittlungsverfahren bestätigt hat, das Verfahren aber aus anderen Gründen eingestellt werden musste, z.B. wegen eines Schuld- oder Strafausschließungsgrundes oder wegen eines Verfahrenshindernisses.[150] In einem solchen Fall ist es angezeigt, dass die Aufsichtsbehörde die Gelegenheit erhält, gegen den Beschuldigten Maßnahmen zur Gefahrenabwehr zu prüfen und gegebenenfalls zu ergreifen. Wird z.B. ein Strafverfahren gegen den Inhaber einer waffenrechtlichen Erlaubnis wegen Verstößen gegen das WaffenG nach § 170 II StPO eingestellt, so ist eine Mitteilung darüber an die Aufsichtsbehörde zulässig, wenn das

---

[146] *Katholnigg*, Strafgerichtsverfassungsrecht (1999), § 14 EGGVG Rn. 20.
[147] S. die Begründung des Regierungsentwurfes zum JuMiG, BT-Drucks. 13/4709, S. 23 f.
[148] Vgl. *Wollweber*, NJW 1997, 2488 f.
[149] S. die Begründung des Regierungsentwurfes, BT-Drucks. 13/4709, S. 24; ebenso *Kleinknecht/Meyer-Goßner*, StPO (2003), § 14 EGGVG Rn. 13.
[150] Vgl. *Wollweber*, NJW 1997, 2488, 2489; für eine weitergehende Übermittlung unter Hinweis auf die Unsicherheit der Erkenntnisse: *Böttcher*, in: Löwe-Rosenberg, StPO (25. Aufl.), § 14 EGGVG Rn. 22.

Verfahren aufgrund der Schuldunfähigkeit des Beschuldigten eingestellt worden ist.[151]

Der Frage, wie gesichert die zu übermittelnden Informationen sind, kommt auch bei der Entscheidung über den Zeitpunkt der Übermittlung maßgebliche Bedeutung zu. Die Übermittlung kann bereits zu einem frühen Zeitpunkt, d.h. vor Rechtskraft der verfahrensabschließenden Entscheidung, in dem Sinne erforderlich sein, dass eine spätere Übermittlung nicht in gleicher Weise geeignet ist, dem Ziel einer effektiven Gefahrenabwehr zu dienen (s.o.). Dessen ungeachtet ist die Verhältnismäßigkeit der Übermittlung unter dem Gesichtspunkt zu prüfen, ob das öffentliche Interesse an einer effektiven Gefahrenabwehr das Schutzinteresse des Betroffenen überwiegt.[152] Ein maßgebliches Kriterium ist insoweit die Nähe der Gefahr, die wiederum in Abhängigkeit zu dem jeweiligen strafrechtlichen Vorwurf zu bestimmen ist. Droht beispielsweise bei einem Ermittlungsverfahren wegen einer Umweltstraftat die fortdauernde Verunreinigung eines Gewässers, so ist eine frühzeitige Mitteilung von dem Strafverfahren zulässig, damit die Behörde unverzüglich die erforderlichen Maßnahmen ergreifen kann.[153] Besteht hingegen aufgrund des Verdachts einer Straftat die Möglichkeit, dass ein Gewerbetreibender nicht die erforderliche Zuverlässigkeit besitzt, so geht es um die weniger dringliche Abwehr der abstrakten Gefahr, die von dem Betrieb eines Gewerbes durch einen unzuverlässigen Inhaber ausgeht. In diesem Fall kann der rechtskräftige Abschluss des Strafverfahrens häufig abgewartet werden.[154] Gegen eine Mitteilung vor Abschluss des Verfahrens spricht auch, dass die in § 14 II S. 1 EGGVG vorgenommene Konkretisierung des Verhältnismäßigkeitsgrundsatzes mit einer frühzeitigen Mitteilung unterlaufen werden könnte, denn vor Anklageerhebung können die dort angegebenen Merkmale von der Staatsanwaltschaft häufig noch nicht geprüft werden, insbesondere ist möglicherweise noch nicht über die Möglichkeit einer Einstellung entschieden worden.[155]

Bei der Bestimmung des Zeitpunktes, zu dem eine Mitteilung zulässig ist, sind allerdings noch weitere Kriterien heranzuziehen. So kann eine frühzeitige Mitteilung im Hinblick auf die besondere Bedeutung bestimmter Berufe[156] oder Wirtschaftszweige[157] und ihrer Funktionsfähigkeit geboten sein. Auch bei der produktbezogenen Aufsicht geht es mitunter um so schwere Gefahren, dass die Unsicherheit über die Zuverlässigkeit des Betroffenen in Bezug auf den Umgang mit den gefährlichen Stoffen nicht über einen längeren Zeitraum hingenommen werden kann.[158] Bei der

---

[151] S. Nr. 36 II Nr. 4 MiStra; s. auch *Katholnigg*, Strafgerichtsverfassungsrecht (1999), § 14 EGGVG Rn. 23.
[152] S. auch *Kleinknecht/Meyer-Goßner*, StPO (2003), § 14 EGGVG Rn. 4, der insoweit auf die allgemeine Abwägungsformel des § 13 II S. 1 EGGVG zurückgreift.
[153] S. Nr. 51 MiStra.
[154] S. Nr. 39 I MiStra; s. auch Nr. 36 III MiStra.
[155] S. auch *Katholnigg*, Strafgerichtsverfassungsrecht (1999), § 14 EGGVG Rn. 19.
[156] S. Nr. 24, 26, 28 MiStra.
[157] Z.B. die Kreditwirtschaft, s. § 60a KWG (Nr. 25 MiStra).
[158] S. Nr. 36 I, II; 40 I MiStra. Bei Zweifeln an der Zuverlässigkeit, die aus der Begehung anderer

III. Die Verwendung von Daten aus dem Strafverfahren

Interessenabwägung ist allerdings zu berücksichtigen, dass die Erkenntnisse in einem frühen Stadium der Ermittlungen noch nicht sehr gesichert sind (vgl. § 14 II S. 4 EGGVG). Sofern es nicht um die Abwehr einer konkreten Gefahr geht, die ein unverzügliches Einschreiten der Aufsichtsbehörde erfordert, kann eine Übermittlung in den meisten Fällen aufgeschoben werden, bis gesicherte Erkenntnisse über die Berechtigung des strafrechtlichen Vorwurfes vorliegen, ohne das Interesse an einer effektiven Gefahrenabwehr nennenswert zu beeinträchtigen. Das Interesse des Betroffenen, dass Mitteilungen nicht auf einer ungesicherten Grundlage erfolgen, und das Interesse der Aufsichtsbehörde an einer möglichst frühzeitigen Unterrichtung werden zum Ausgleich gebracht, indem in den spezialgesetzlichen Übermittlungsregelungen[159] und in der MiStra[160] die Anklageerhebung als maßgeblicher Zeitpunkt festgelegt wird.[161] Eine gesicherte Tatsachengrundlage ist auch gewährleistet und eine Übermittlung damit zulässig, sofern ein Gericht Untersuchungsmaßnahmen angeordnet und damit inzident einen dringenden Tatverdacht angenommen hat.[162] Aufgrund der möglichen Folgen für den Betroffenen sind Mitteilungen vor diesem Zeitpunkt nur in engen Grenzen, insbesondere zur Abwehr bereits unmittelbar drohender Gefahren, zulässig. Dies gilt grundsätzlich ebenso, wenn in der spezialgesetzlichen Regelung derartige Voraussetzungen fehlen, wie z. B. bei der steuerrechtlichen Anzeigepflicht von Behörden und Gerichten (§ 116 AO). Zwar bestehen gewichtige Gründe für eine frühzeitige Übermittlung: Wird der rechtskräftige Abschluss eines Strafverfahrens abgewartet[163], so ist nicht nur zu befürchten, dass ein Zugriff auf das Vermögen des Steuerschuldners nicht mehr möglich ist, sondern eventuell sogar eine Festsetzung der Steuerschuld wegen Verjährung ausgeschlossen ist.[164] Diesen Gefahren kann jedoch in ausreichender Weise begegnet werden, indem man eine Übermittlung zu einem Zeitpunkt zulässt, wenn die dem Verdacht der Steuerstraftat zugrundeliegenden Tatsachen hinreichend gesichert sind.[165]

Straftaten herrühren, kann hingegen eine rechtskräftige Entscheidung abgewartet werden, s. Nr. 36 III MiStra.
[159] S. §§ 60a I S. 1 Nr. 1, 145b I S. 1 Nr. 1 VAG.
[160] Nr. 24 I Nr. 3, 26 I Nr. 3, 28 I Nr. 2, 36 II Nr. 2, 46 I Nr. 2 MiStra.
[161] Kritisch insoweit *Zuck*, StV 1987, 32, 34.
[162] S. zum Haftbefehl (§§ 112, 112a StPO), zum Unterbringungsbefehl (§ 126a StPO) und zum vorläufigen Berufsverbot (§ 132a StPO): Nr. 24 I Nr. 1, 2; 26 I Nr. 1, 2; 28 I Nr. 1; 36 II Nr. 1 MiStra; s. auch zur vorläufigen Entziehung der Fahrerlaubnis (§ 111a StPO): Nr. 24 III MiStra.
[163] In § 10 II GwG a. F. war vorgesehen, dass die zur Bekämpfung der Geldwäsche angefertigten und im Strafverfahren verwerteten Aufzeichnungen im Besteuerungsverfahren erst nach einer rechtskräftigen Verurteilung verwendet werden dürfen.
[164] S. zu § 10 II GwG: *Hoyer/Klos*, Geldwäsche (1998), S. 204 ff.; *Meyer/Hetzer*, NJW 1998, 1017, 1022.
[165] S. auch *Fülbier*, in: Fülbier/Aepfelbach, GwG (1999), § 10 Rn. 19, wonach eine Übermittlung an die Finanzbehörde nach § 10 II GwG erst dann zulässig sein soll, wenn die im Zusammenhang mit dem Geldwäscheverdacht festgestellten Tatsachen für eine Anklageerhebung ausreichen; s. dagegen *Meyer/Hetzer*, NJW 1998, 1017, 1022 („sofort nach Bekanntwerden").

In jedem Fall ist dem Interesse des Beschuldigten an dem Schutz seines Persönlichkeitsrechts dadurch Rechnung zu tragen, dass in der Mitteilung darauf hingewiesen wird, dass es sich um einen Verdacht handelt[166] bzw. eine bereits ergangene Verurteilung noch nicht rechtskräftig ist, und der Empfänger über den Ausgang des Verfahrens unterrichtet wird (§ 20 I S. 1 EGGVG)[167].

Auch in Bezug auf den Inhalt der Mitteilung kann an die Ausführungen zur Erforderlichkeit angeknüpft werden: Vor einer Weitergabe besonders persönlichkeitsrelevanter Daten wird der Beschuldigte bereits dadurch geschützt, dass dem Informationsinteresse der Aufsichtsbehörde zunächst nur die Einleitung bzw. der Stand des Strafverfahrens (z.B. Anklageerhebung) mitgeteilt wird; diese kann bei Bedarf um weitere Auskünfte ersuchen.[168] Die übermittelnde Behörde hat in diesem Fall darauf zu achten, dass die Übermittlung besonders sensibler Daten nicht unverhältnismäßig schwer in das allgemeine Persönlichkeitsrecht des Beschuldigten eingreift.[169]

In Bezug auf den strafrechtlichen Vorwurf gegenüber dem Beschuldigten stellt sich allerdings die Frage, ob die Übermittlungsbefugnis (§ 14 EGGVG bzw. die spezialgesetzliche Regelung) nicht unverhältnismäßig schwer in das allgemeine Persönlichkeitsrecht des Betroffenen und dessen Anspruch auf Resozialisierung eingreift.[170] Die Bundesregierung hatte ursprünglich vorgesehen, dass Erkenntnisse, die nicht in das Führungszeugnis aufzunehmen sind, von dem Empfänger zum Nachteil des Betroffenen nur verwendet werden dürfen, sofern dieser berechtigt ist, aus dem Bundeszentralregister eine unbeschränkte Auskunft zu erhalten, oder die oberste Bundes- oder Landesbehörde einer Verwendung zustimmt (vgl. § 43 BZRG).[171] Mit dieser Regelung sollten die Auskunftsbeschränkungen der §§ 41, 61 BZRG mit den Übermittlungen von Amts wegen harmonisiert werden, um im Interesse der Resozialisierung des Betroffenen eine Umgehung der Schutzvorschriften des BZRG zu verhindern.[172] Auf die Kritik des Bundesrates[173] hin wurde die Regelung gestrichen.[174]

In der Tat stimmt es bedenklich, wenn die Aufsichtsbehörde von Amts wegen eine Mitteilung über eine strafrechtliche Verurteilung erhält, die aus dem Bundeszentralregister einzuholen ihr im Hinblick auf die Förderung der Resozialisierung des

---

[166] S. Nr. 4a RiStBV.
[167] S. die Begründung des Regierungsentwurfes zum JuMiG, BT-Drucks. 13/4709, S. 26.
[168] S.o. S. 377.
[169] S.o. S. 378.
[170] Zum Anspruch auf Resozialisierung s.o. S. 142f.
[171] S. die Begründung des Regierungsentwurfes zum JuMiG, BT-Drucks. 13/4709, S. 23 (zu § 14 II EGGVG).
[172] S. die Begründung des Regierungsentwurfes zum JuMiG, BT-Drucks. 13/4709, S. 23. Insofern wäre es eigentlich konsequent gewesen, bereits eine Übermittlung dieser Daten an die Aufsichtsbehörde auszuschließen. Die Bundesregierung hat hiervon mit Blick auf den damit verbundenen Verwaltungsaufwand Abstand genommen, aaO, S. 23.
[173] S. die Stellungnahme des Bundesrates, BT-Drucks. 13/4709, S. 42f.
[174] S. die Gegenäußerung der Bundesregierung, BT-Drucks. 13/4709, S. 55f., und den Bericht des Rechtsausschusses, BT-Drucks. 13/7489, S. 54.

Verurteilten verwehrt ist.[175] Dieser Widerspruch besteht allerdings nur, soweit eine rechtskräftige Verurteilung vorliegt; die Verwendung von Mitteilungen vor dem rechtskräftigen Abschluss des Verfahrens bliebe unberührt. Dementsprechend argumentierte der Bundesrat, es sei nicht gerechtfertigt, die Verwendung von Informationen nach einem rechtskräftigen Urteil höheren Anforderungen zu unterwerfen als die Verwendung von Mitteilungen vor dem Abschluss des Verfahrens.[176] Dem ist entgegengehalten worden, dass sich der Grundgedanke der Resozialisierung erst nach Rechtskraft des Urteils entfaltet und insoweit eine Differenzierung gerechtfertigt ist.[177]

Bei näherer Betrachtung zeigt sich jedoch, dass Mitteilungen aus dem Bundeszentralregister (§ 41 BZRG) und verfahrensübergreifende Mitteilungen von Amts wegen (§§ 12ff. EGGVG) im Hinblick auf die Resozialisierung des Verurteilten wichtige Unterschiede aufweisen. Die Beschränkung von Auskünften aus dem Bundeszentralregister schützt den Betroffenen davor, durch eine Erwähnung auch geringfügiger strafrechtlicher Verurteilungen im Führungszeugnis als Normbrecher abgestempelt zu werden; erst ab einer bestimmten Schwere der Strafe wird diese als relevant für behördliche Entscheidungen in Bezug auf den Betroffenen angesehen. Dieser Regelung liegt notwendigerweise eine generelle Abwägung zwischen den Interessen des Betroffenen und dem öffentlichen Interesse an einer umfassenden Sachaufklärung in dem jeweiligen Verfahren zugrunde. Eine verfahrensübergreifende Mitteilung nach den §§ 12ff. EGGVG erfolgt dagegen, wenn die Tat aus der Sicht der übermittelnden Stelle im konkreten Fall Anlass zur Prüfung gibt, ob gegen den Beschuldigten Aufsichtsmaßnahmen zu ergreifen sind. Anders als bei der Erteilung eines Führungszeugnisses besteht ein unmittelbarer sachlicher Zusammenhang des Übermittlungszweckes mit dem Gegenstand des Strafverfahrens, der in den Übermittlungsbefugnissen auch zum Ausdruck kommt. Entsprechendes gilt in zeitlicher Hinsicht: Die Mitteilung von Amts wegen erfolgt unmittelbar nach dem rechtskräftigen Abschluss des Verfahrens[178], sie ist aus der Sicht des Täters noch Folge seiner Tat und ihre Auswirkungen sind auf das von der Empfangsbehörde durchzuführende Verfahren begrenzt. Die Aufnahme einer Verurteilung in das Führungszeugnis kann hingegen einer Resozialisierung des Betroffenen auf Jahre hinaus entgegenstehen. Aus diesen Gründen liegt in der verfahrensübergreifenden Übermittlung einer rechtskräftigen Verurteilung, die über die Grenzen einer Auskunft aus dem Bundeszentralregister hinausgeht, und in der Verwendung dieser Information durch die Empfangsbehörde kein unverhältnismäßiger Eingriff

---

[175] S. *Wollweber*, NJW 1997, 2488, 2490f.
[176] S. die Stellungnahme des Bundesrates, BT-Drucks. 13/4709, S. 42f.
[177] *Wollweber*, NJW 1997, 2488, 2490f.
[178] Insofern entbehrt es nicht einer gewissen Widersprüchlichkeit, einerseits im Interesse des Betroffenen eine Mitteilung vor Verfahrensabschluss abzulehnen, um die Entscheidung der Empfangsbehörde auf eine möglichst tragfähige Grundlage zu stellen (*Wollweber*, NJW 1997, 2488, 2489), andererseits aber, sofern diese Forderung erfüllt worden ist, aufgrund des Verfahrensabschlusses neue Hürden für eine Übermittlung errichten zu wollen (s. *Wollweber*, aaO, 2490f.).

384 C. Die verfahrensübergreifende Verwendung personenbezogener Informationen

in den Anspruch des Verurteilten auf Resozialisierung. Dies gilt entsprechend in den Fällen, in denen die Aufsichtsbehörde nach einer solchen Mitteilung um ergänzende Informationen ersucht (s. § 474 II S. 1 Nr. 2 a. E. StPO).[179]

Nach alledem ist als Ergebnis festzuhalten, dass die Befugnisse zur Übermittlung personenbezogener Daten über den Beschuldigten, insbesondere über den strafrechtlichen Vorwurf, in Bezug auf Voraussetzungen, Zeitpunkt und Inhalt der Mitteilungen bzw. Auskünfte mit dem Grundsatz der Verhältnismäßigkeit vereinbar sind.

(3) Übermittlung von Informationen, die unter Einsatz besonderer Ermittlungsmethoden erlangt worden sind

Einer gesonderten Erörterung bedarf die Übermittlung von Informationen, die unter Einsatz besonders eingriffsintensiver Ermittlungsmaßnahmen im Strafverfahren[180] erhoben worden sind. Deren Verwendung zu einem anderen als dem Erhebungszweck greift besonders schwer in das Recht auf informationelle Selbstbestimmung ein. Die Zweckentfremdung führt unter Umständen dazu, dass Informationen, deren Erhebung mit Hilfe der jeweiligen Ermittlungsmethode im Verwaltungsverfahren unzulässig ist, in das Verwaltungsverfahren eingeführt werden und der Schutz des Einzelnen vor entsprechenden Informationseingriffen auf diese Weise unterlaufen wird.[181] Eine Übermittlung begegnet demgegenüber im Hinblick auf die Eingriffsintensität der Informationserhebung keinen Bedenken, soweit derartige Eingriffe auch im Verwaltungsverfahren zulässig sind [(a)]. Im Übrigen stellt sich die Frage, ob der Gesetzgeber bei der Regelung der Übermittlungsbefugnisse den Grundsatz der Verhältnismäßigkeit beachtet hat. Bei der Übermittlung auf Ersuchen hat er insoweit eine besondere Regelung geschaffen [(b)], während eine vergleichbare Vorschrift bei den verfahrensübergreifenden Mitteilungen von Amts wegen fehlt [(c)]. Abschließend soll auf die Übermittlung von Informationen aus dem Steuerstrafverfahren zur Besteuerung des Betroffenen eingegangen werden [(d)].

(a) Hypothetische Ersatzeingriffe im Verwaltungsverfahren

Eine dem Wortlaut nach unbeschränkte Verwertungsbefugnis ist jedenfalls insoweit materiell verfassungsmäßig und mit dem Verhältnismäßigkeitsprinzip vereinbar, als im Besteuerungsverfahren vergleichbare Befugnisse zur Informationserhebung vorgesehen sind.[182] Bei der Prüfung sind allerdings Ermittlungseingriffe, die in andere, spezielle Grundrechte eingreifen (s. §§ 99, 100a, 100c I Nr. 3, 100g, 102ff.

---

[179] S. auch OLG Karlsruhe, MDR 1993, 1229, 1230 (zum Verhältnis der Auskunft aus dem Zentralregister zur Auskunft aus den Strafakten).
[180] Im Ordnungswidrigkeitenverfahren sind derartige Eingriffe ausgeschlossen (s. § 46 III, IV OWiG und die entsprechenden Ermächtigungsgrundlagen der StPO).
[181] S. o. S. 307 ff.
[182] S. o. S. 307 ff. (zum hypothetischen, vergleichbaren Ersatzeingriff).

III. Die Verwendung von Daten aus dem Strafverfahren

StPO), noch nicht zu berücksichtigen, sondern die Übermittlung dieser Erkenntnisse wird gesondert zu untersuchen sein.[183]

Keine verfassungsrechtlichen Bedenken bestehen gegen die Übermittlung von Informationen aus einer Vernehmung des Beschuldigten (§§ 136, 163a StPO). Da der Betroffene – anders als Strafverfahren – gegenüber der Aufsichtsbehörde verpflichtet ist, auf Verlangen Auskunft zu geben[184], gehen die behördlichen Befugnisse im Verwaltungsverfahren insoweit sogar über die strafprozessualen Ermittlungsbefugnisse hinaus. Übermittelt werden können außerdem Erkenntnisse aus einer Beschlagnahme (§ 94 StPO) von Unterlagen des Beschuldigten. Zwar steht die Aufsichtsbehörde in der Regel keine Beschlagnahmebefugnis zu[185], der Betroffene ist aber verpflichtet, auf Verlangen der Behörde Geschäftsbücher, Aufzeichnungen und sonstige Unterlagen vorzulegen[186]. Die unterschiedliche Regelung des Zugriffs auf diese Unterlagen beruht nicht auf einem unterschiedlich weitgehenden Schutz vor staatlichen Informationseingriffen, sondern auf dem weiten Verständnis des Gesetzgebers vom Schutzbereich des Nemo-tenetur-Prinzips.[187] Entsprechendes gilt für die Beschlagnahme von Gegenständen, soweit diese wissenschaftlich untersucht werden sollen, und die Befugnis der Behörde, bei dem Betroffenen Proben zu entnehmen, um diese untersuchen zu lassen[188]. Auch insoweit ist im Verwaltungsverfahren ein hypothetischer Ersatzeingriff vorgesehen, so dass einer Übermittlung entsprechender Informationen aus dem Strafverfahren keine Bedenken entgegenstehen.

Überwiegend stehen den Ermittlungsbehörden im Strafverfahren allerdings Befugnisse zu, die in dem von der Aufsichtsbehörde durchgeführten Verwaltungsverfahren nicht vorgesehen sind. Dies gilt beispielsweise für die körperliche Untersuchung (§ 81a StPO), die Rasterfahndung (§§ 98a, 98b StPO), den Einsatz technischer Mittel zu Observationszwecken (§ 100c I Nr. 1 StPO), das Abhören des nicht öffentlich gesprochenen Wortes (§ 100c I Nr. 2 StPO), den Einsatz verdeckter Ermittler (§§ 110a ff. StPO) und die längerfristige Observation (§ 163f StPO). Die Informationserhebung mit Hilfe dieser Ermittlungsmethoden greift besonders schwer in die Rechte des Betroffenen ein. Aus diesem Grund ist zu untersuchen, ob und inwieweit die Verwendung der erhobenen Informationen in einem Verfahren, zu dessen Durchführung die Informationen auf diese Weise nicht hätten erhoben werden dürfen, verfassungsrechtlich gerechtfertigt werden kann. Das Prinzip der Verhältnismäßigkeit könnte insoweit eine differenzierte, nach dem Gewicht des Erhebungseingriffs und dem öffentlichen Interesse an der Gefahrenabwehr abgestufte Regelung gebieten.

---

[183] S. dazu u. S. 403 ff.
[184] S. o. S. 204 f.
[185] S. aber o. S. 210.
[186] S. o. S. 205 f.
[187] S. dazu bereits o. S. 340; s. auch u. S. 439 f. (zu § 95 StPO).
[188] S. o. S. 208.

(b) Die Voraussetzungen für eine Übermittlung auf Ersuchen (§ 477 II S. 2 StPO)

Eine nach der Eingriffsintensität der Ermittlungsmaßnahme und dem öffentlichen Interesse an der Abwehr von Gefahren differenzierende Regelung trifft § 477 II S. 2 StPO. Danach dürfen Informationen, die durch dort angeführte, besonders eingriffsintensive Ermittlungsmaßnahmen (§§ 98a, 100c I Nr. 2, 110a, 163f StPO)[189] erlangt worden sind, nur für Zwecke eines Strafverfahrens, zur Abwehr von erheblichen Gefahren und für die Zwecke, für die eine Übermittlung nach § 18 BVerfSchG zulässig ist, übermittelt werden. Eine Übermittlung derartiger Informationen an eine Aufsichtsbehörde darf daher nur zur Abwehr einer erheblichen Gefahr erfolgen. Im Hinblick auf die Verfassungsmäßigkeit der Übermittlung von Informationen wirft § 477 II S. 2 StPO zunächst die Frage auf, ob diese Norm die Übermittlung von Erkenntnissen aus den dort genannten Eingriffen in dem verfassungsrechtlich gebotenen Maß begrenzt [(i)]. Im Anschluss daran ist zu untersuchen, ob nicht in Bezug auf andere Ermittlungseingriffe Schutzlücken bestehen, welche die Übermittlung der erlangten Informationen als verfassungswidrig erscheinen lassen [(ii)].

(i) Abwehr erheblicher Gefahren als verfassungsmäßiges Kriterium. Nach § 477 II S. 2 StPO dürfen die aus den dort genannten Eingriffen erlangten Erkenntnisse „zur Abwehr erheblicher Gefahren" übermittelt werden. Der Begriff der erheblichen Gefahr begegnet bereits in formeller Hinsicht verfassungsrechtlichen Bedenken, da der Gesetzgeber auf diese Weise nicht sehr präzise die Voraussetzungen einer Übermittlung festgelegt hat. Eine Verletzung des Bestimmtheitsgebotes ist indessen nicht anzunehmen. Der Begriff der erheblichen Gefahr ist im Polizeirecht verbreitet und wird dort als „Gefahr für ein bedeutsames Rechtsgut, wie Bestand des Staates, Leben, Gesundheit, Freiheit, nicht unwesentliche Vermögenswerte sowie andere strafrechtlich geschützte Güter" verstanden.[190] Auch wenn die Regelung des § 477 StPO gerade nicht auf die polizeiliche Gefahrenabwehr zielt (s. § 481 StPO)[191], kann an diese Begriffsbestimmung angeknüpft werden. Das Vorliegen einer „erheblichen Gefahr" bestimmt sich also nach der Bedeutung des Rechtsgutes und dem Ausmaß des drohenden Schadens.[192] Die Verwendung des Wortes „erheblich" hat sich auch in anderem Zusammenhang als mit dem Bestimmtheitsgebot vereinbar erwiesen.[193] Des Weiteren ist zu berücksichtigen, dass in § 477 II S. 2

---

[189] Die ebenfalls genannten Maßnahmen nach §§ 100a, 100c I Nr. 3 StPO bleiben in diesem Zusammenhang allerdings außer Betracht, da die Übermittlung der auf diese Weise erhobenen Informationen im Zusammenhang mit dem jeweils berührten Grundrecht (Art. 10, 13 GG) zu erörtern sein wird, s. dazu u. S. 403 ff., 409 ff.

[190] S. § 2 Nr. 1 c) des Niedersächsischen Gefahrenabwehrgesetzes (NGefAG); § 14 II S. 2 BGSG; s. auch die etwas engere Definition in § 3 Nr. 3 c) des Sicherheits- und Ordnungsgesetzes des Landes Sachsen-Anhalt.

[191] *Hilger*, in: Löwe-Rosenberg, StPO (25. Aufl.), § 477 Rn. 12.

[192] *Denninger*, in: Lisken/Denninger, Handbuch des Polizeirechts (2001), Abschn. E Rn. 49.

[193] S.o. S. 261 ff., zu § 39 AWG („Straftat von erheblicher Bedeutung") und Art. 10 GG.

StPO nur die *zusätzlichen* Voraussetzungen für eine Übermittlung bestimmter Informationen normiert werden, welche die allgemeinen gesetzlichen Grenzen einer Übermittlung (§ 474 II S. 1 Nr. 2 StPO i. V. m. §§ 13, 14 EGGVG) ergänzen. Die Gesamtheit dieser Normen stellt demnach eine hinreichend bestimmte gesetzliche Ermächtigung für die Übermittlung von Erkenntnissen aus Maßnahmen nach §§ 98a, 100c I Nr. 2, 110a, 163f StPO dar.

Zweifel an der materiellen Verfassungsmäßigkeit des § 477 II S. 2 StPO weckt, wie bereits erwähnt, der Umstand, dass im Verwaltungsverfahren keine vergleichbaren Ermittlungsbefugnisse vorgesehen sind. Wie bei der Zweckentfremdung von Informationen aus dem Verwaltungsverfahren ausgeführt wurde, führt das Fehlen eines vergleichbaren Ersatzeingriffs für die Zwecke, zu denen die Information übermittelt werden soll, indessen nicht automatisch zur Verfassungswidrigkeit der Übermittlung.[194] Es kann nicht ohne Weiteres davon ausgegangen werden, dass sich der Gesetzgeber bei der Ausgestaltung der behördlichen Befugnisse stets am äußersten Rand des verfassungsrechtlich Zulässigen bewegt.[195] Außerdem ist zu berücksichtigen, dass die Voraussetzungen verwaltungsrechtlicher und strafrechtlicher Ermittlungsmaßnahmen gravierende Unterschiede aufweisen: Während die erstgenannten in der Regel an eine ordnungsrechtliche Verantwortlichkeit, d.h. an eine abstrakte Gefahr, anknüpfen[196], ist Voraussetzung jedweden strafrechtlichen Ermittlungseingriffs ein auf konkrete Tatsachen gestützter Verdacht. Auf der Grundlage einer abstrakten Gefahr kann z.B. der Einsatz eines verdeckten Ermittlers materiell nicht gerechtfertigt werden. Andererseits besteht aufgrund der Überwachungsbefugnisse im Vorfeld in der Regel auch kein praktisches Bedürfnis für derartige Maßnahmen. Allerdings zeigen die behördlichen Befugnisse zur Durchsuchung[197] und zu Eingriffen in den Brief-, Post- und Fernmeldeverkehr[198], dass bei konkreten Anhaltspunkten für eine Gefahr auch im Verwaltungsverfahren sehr eingriffsintensive Ermittlungsmaßnahmen verfassungsrechtlich gerechtfertigt werden können.[199] Es ist dem Gesetzgeber also nicht von vornherein verwehrt, den Aufsichtsbehörden zu präventiven Zwecken Ermittlungsbefugnisse einzuräumen, die denen der Strafverfolgungsbehörden entsprechen. Dies gilt entsprechend für die Verwendung von Informationen aus dem Strafverfahren. Soweit der Gesetzgeber die verfassungsrechtlichen Vorgaben, insbesondere den Grundsatz der Verhältnismäßigkeit beachtet, kann er sich im Rahmen seiner Einschätzungsprärogative von den Wertungen lösen, die er in Bezug auf die Informationserhebung vorgenommen hat.

---

[194] S. o. S. 308 f.
[195] S. o. S. 308 f.
[196] Vgl. o. S. 213.
[197] S. o. S. 210.
[198] S. o. S. 210 f.
[199] Zur verfassungsrechtlichen Rechtfertigung der Eingriffe in Art. 10 und Art. 13 GG s. o. S. 242 ff., 257 ff.

Entscheidend für die materielle Verfassungsmäßigkeit des § 477 II S. 2 StPO ist also nicht, ob im Verwaltungsverfahren vergleichbare Ermittlungsbefugnisse vorgesehen sind, sondern ob die Übermittlungsbefugnis mit dem Grundsatz der Verhältnismäßigkeit vereinbar ist. Dies hängt davon ab, wie der Begriff der erheblichen Gefahr im Einzelnen auszulegen ist. Die Anknüpfung der oben genannten Definition an den Schutz eines Rechtsgutes durch das Strafrecht legt nahe, eine erhebliche Gefahr bereits dann anzunehmen, sofern die Begehung einer Straftat droht. Dafür spricht auch, dass mit der Verhinderung einer Straftat nicht nur das jeweilige Rechtsgut gerettet, sondern zugleich eine empfindliche Störung des menschlichen Zusammenlebens abgewendet wird.[200]

Eine so weite Auslegung stößt gleichwohl auf Bedenken, denn sie würde dazu führen, eine erhebliche Gefahr bereits anzunehmen, wenn eine Anlage ohne Genehmigung betrieben[201] oder ein Gewerbe ohne Erlaubnis ausgeübt[202] wird. Im Strafrecht sind abstrakte Gefährdungsdelikte und Tatbestände, die ein Verhalten im Vorfeld einer Rechtsgutsverletzung bzw. – gefährdung kriminalisieren, weit verbreitet.[203] Mit der Begehung derartiger Straftaten wird das jeweils geschützte Rechtsgut häufig noch nicht konkret gefährdet. Eine konkrete Gefahr für die öffentliche Sicherheit liegt zwar vor, da mit der Begehung einer Straftat die Unverletzlichkeit der Rechtsordnung Schaden nimmt.[204] Eine erhebliche Gefahr verlangt jedoch eine konkrete Gefahr für ein Rechtsgut[205], d.h. das Gut, das hinter der jeweiligen Strafnorm steht und das zu schützen diese bestimmt ist[206], muss konkret gefährdet sein. Der drohende Schaden muss also über die bloße Verletzung eines Strafgesetzes hinausgehen. Darüber hinaus muss eine Gefahr für ein *bedeutsames* Rechtsgut bestehen. Erfasst werden also nur Fälle, in denen ein Schaden von beträchtlichem Ausmaß droht. Dementsprechend wird als Beispiel für erhebliche Gefahren i.S.d. § 477 II S. 2 StPO die Gefahr der Verbreitung von Seuchen angeführt.[207] Als weitere Fälle, in denen eine erhebliche Gefahr angenommen werden kann, sind die drohende Ausfuhr von Kriegswaffen in ein Krisengebiet oder die Einleitung giftiger Chemikalien in einen Fluss zu nennen. Sofern eine konkrete Gefahr für das jeweilige Rechtsgut vorliegt, kann zur Bestimmung der Erheblichkeit an die in § 18 BVerfSchG genannten Gefahren (s. § 477 II S. 2 StPO) und an den Begriff der Straftat von erheblicher Bedeutung angeknüpft werden.[208] Eine Übermitt-

---

[200] S. BVerwGE 45, 51, 59.
[201] S. z.B. § 327 II StGB.
[202] S. z.B. § 54 KWG.
[203] S. dazu *Roxin*, Strafrecht AT, Bd. I (1997), § 2 Rn. 25 ff. m.w.N.
[204] Zum Begriff der öffentlichen Sicherheit: *Götz*, Polizei- und Ordnungsrecht (2001), Rn. 89 ff.
[205] Der Begriff der erheblichen Gefahr knüpft an den allgemeinen polizeirechtlichen Gefahrenbegriff an, der die konkrete Gefahr bezeichnet, s. etwa § 2 Nr. 1 a), c) des Niedersächsischen Gefahrenabwehrgesetzes.
[206] S. *Amelung*, in: Jung/Müller-Dietz/Neumann, Recht und Moral (1991), S. 269, 275f.
[207] *Hilger*, in: Löwe-Rosenberg, StPO (25. Aufl.), § 477 Rn. 12 (Fußn. 23), verweist auf die im IfSG und TierSG genannten Gefahren.
[208] Vgl. *Denninger*, in: Lisken/Denninger, Handbuch des Polizeirechts (2001), Abschn. E

lungsbefugnis besteht hingegen nicht, wenn z.B. die Strafverfolgungsbehörde durch Einsatz eines verdeckten Ermittlers oder durch eine längerfristige Observation Kenntnis von der Spielsucht eines Gewerbetreibenden erhält und die Aufsichtsbehörde sie um entsprechende Auskünfte ersucht, um dem Betroffenen wegen Unzuverlässigkeit die gewerbliche Erlaubnis zu entziehen.

Bei einer solchen Auslegung des Begriffs der erheblichen Gefahr greift eine Übermittlung von Informationen, die durch Maßnahmen nach §§ 98a, 100c I Nr. 2, 110a, 163f StPO erhoben worden sind, nicht unverhältnismäßig in das allgemeine Persönlichkeitsrecht (Art. 2 I i.V.m. Art. 1 I GG) ein. Die Maßnahmen zeichnen sich zwar durch eine besonders hohe Eingriffsintensität aus, die erhobenen Daten sind daher besonders persönlichkeitsrelevant. Durch die enge Auslegung des Begriffs der erheblichen Gefahr ist jedoch gewährleistet, dass eine Zweckentfremdung dieser Daten zu präventiven Zwecken nur im Ausnahmefall erfolgt. Das öffentliche Interesse an der Abwehr einer erheblichen Gefahr überwiegt in diesem Fall das Interesse des Einzelnen an der Wahrung seines Rechts auf informationelle Selbstbestimmung.

Für die Verhältnismäßigkeit der Übermittlung spricht außerdem ein weiterer Gesichtspunkt. Der Auftrag des Strafrechts besteht nicht allein in der repressiven Ahndung der Tat, sondern, wie sich bei der Verhängung der spezialpräventiven Maßregeln der Besserung und Sicherung zeigt, auch in der Abwendung von Gefahren, die von dem Täter ausgehen, soweit die Tat Anlass gibt, derartige Maßnahmen zu ergreifen. Das Strafverfahren ist also auf eine umfassende Beseitigung der durch den Verdacht eingetretenen Störung des Rechtsfriedens gerichtet.[209] Sofern die Aufsichtsbehörde aus Anlass der Straftat eine Maßnahme gegen den Täter ergreift, die ihn daran hindern soll, weitere Straftaten zu begehen, ist dies gewissermaßen bereits in der umfassenden Zielsetzung des Strafverfahrens angelegt. Im Bereich der Wirtschaftsaufsicht zeigt sich dies sehr deutlich an der Parallele zwischen einem strafrechtlichen Berufsverbot (§ 70 StGB) als spezialpräventiver Maßregel und der verwaltungsrechtlichen Entziehung einer gewerberechtlichen Erlaubnis. Mit der Durchführung eines Verwaltungsverfahrens auf der Grundlage der aus dem Strafverfahren übermittelten Daten verselbständigt sich nur ein Teilaspekt des Strafverfahrens in einem eigenen Verfahren. Die Zweckentfremdung ist eher formaler als materieller Natur; der Eingriff in das Recht auf informationelle Selbstbestimmung ist daher als weniger gravierend anzusehen.

§ 477 II S. 2 StPO verletzt auch nicht deshalb das Recht auf informationelle Selbstbestimmung, weil er nicht zwischen den einzelnen Ermittlungsmaßnahmen und den daraus erlangten Informationen differenziert. Hinsichtlich einer anderweitigen Verwertung zur Strafverfolgung ist eine solche Differenzierung vorgesehen: Eine Verwertung von Informationen aus einer Maßnahme nach § 163f StPO

Rn. 49, der in der Straftat von erheblicher Bedeutung eine „ähnliche Anhebung der Eingriffsschwelle" sieht.
[209] S. o. S. 13

hat der Gesetzgeber nicht an weitere Voraussetzungen geknüpft[210], während Erkenntnisse aus dem Einsatz eines verdeckten Ermittlers oder aus einer Rasterfahndung nur zur Verfolgung von Straftaten nach §§ 98a I, 110a I StPO verwertet werden dürfen (§§ 98b III S. 3, 110e StPO). Entsprechendes gilt für die Verwertung von Erkenntnissen aus Ermittlungsmaßnahmen nach § 100c I Nr. 2 StPO (§ 100d V S. 1 StPO). Die in diesen Normen enthaltenen besonderen Voraussetzungen lassen sich jedoch nicht auf eine Verwendung der jeweiligen Information zu präventiven Zwecken übertragen: Das öffentliche Interesse an der Verhinderung einer Straftat ist höher zu gewichten als das an ihrer Aufklärung und Ahndung.[211] Deshalb kann eine Verwendung zu präventiven Zwecken bereits zulässig sein, wenn eine Straftat zu verhindern ist, die nicht die Anforderungen der §§ 98b III S. 3, 100d V S. 1, 110e StPO erfüllt. Mit anderen Worten, an der Abwehr einer erheblichen Gefahr (§ 477 II S. 2 StPO) besteht ein größeres öffentliches Interesse als an der Aufklärung einer Straftat von erheblicher Bedeutung (§§ 98a I, 110a I, 163f StPO). Deshalb verletzt der generalisierende Maßstab des § 477 II S. 2 StPO, der für die Übermittlung von Informationen aus den dort genannten Ermittlungseingriffen die gleichen Voraussetzungen aufstellt, nicht den Grundsatz der Verhältnismäßigkeit.

Fragwürdig ist es allerdings, dass der Gesetzgeber den Ausschluss der Übermittlung davon abhängig macht, dass die Informationen „erkennbar" durch eine der in § 477 II S. 2 StPO genannten Maßnahmen ermittelt worden sind. Wie in § 13 II S. 1 EGGVG verfolgte der Gesetzgeber mit dieser Formulierung das Ziel, die übermittelnde Stelle von Nachforschungen über die Herkunft der Information zu entlasten.[212] Anders als bei den für die Güterabwägung nach § 13 II S. 1 EGGVG zu ermittelnden Umständen geht es bei der Herkunft der Information um einen Sachverhalt, der ausschließlich in der Sphäre der übermittelnden Stelle liegt. Soweit sich die Herkunft der Information nicht ohnehin aus den Akten ergibt, ist die Strafverfolgungsbehörde gehalten, die Einhaltung der Übermittlungsgrenzen durch eine Kennzeichnung der mit Hilfe von Maßnahmen nach §§ 98a, 100c I Nr. 2, 110a, 163f StPO erlangten Informationen sicherzustellen.[213] Wird diese Kennzeichnungspflicht verletzt und eine Information in Unkenntnis ihrer Herkunft übermittelt, so ändert dies nichts daran, dass die Herkunft der Information – bei Beachtung der Kennzeichnungspflicht – erkennbar war, also § 477 II S. 2 StPO anwendbar ist. Dementsprechend wird in derartigen Fällen, wenn die Herkunft der Information nachträglich aufgedeckt wird, ein Verwertungsverbot angenommen.[214]

---

[210] Kritisch insoweit *Wolter*, in: SK-StPO, § 163f Rn. 17, der eine Verwertung von Zufallsfunden nur zur Verfolgung von Straftaten i.S.d. § 139 III StGB und nicht in Strafverfahren gegen Unbeteiligte für zulässig hält.
[211] S. zur polizeilichen Gefahrenabwehr: *Würtenberger/Schenke*, JZ 1999, 548, 553.
[212] S. die Begründung des Regierungsentwurfes zum StVÄG 1999, BT-Drucks. 14/1484, S. 29.
[213] *Hilger*, NStZ 2001, 15, 16 (in Fußn. 82), 18 (in Fußn. 103); *ders.*, in: Löwe-Rosenberg, StPO (25. Aufl.), § 477 Rn. 13; s. auch BVerfGE 100, 313, 360f. (zu Art. 10 GG).
[214] *Hilger*, in: Löwe-Rosenberg, StPO (25. Aufl.), § 477 Rn. 11; *Kleinknecht/Meyer-Goßner*, StPO (2003), § 477 Rn. 3; *Temming*, in: HK-StPO (2001), § 477 Rn. 4.

III. Die Verwendung von Daten aus dem Strafverfahren

Die Übermittlung personenbezogener Daten, die im Strafverfahren durch Ermittlungsmaßnahmen nach den §§ 98a, 100c I Nr. 2, 110a, 163f StPO erlangt worden sind, zur Abwehr erheblicher Gefahren (§ 477 II S. 2 StPO) ist nach alledem mit Art. 2 I i. V. m. Art. 1 I GG vereinbar.

(ii) Verfassungsmäßigkeit der Übermittlung in Bezug auf die übrigen Ermittlungsmethoden. In § 477 II S. 2 StPO findet nur ein kleiner Teil der strafprozessualen Ermittlungsbefugnisse Erwähnung, die im Verwaltungsverfahren kein vergleichbares Äquivalent haben. Es stellt sich die Frage, ob durch diese Begrenzung des § 477 II S. 2 StPO Lücken im Schutz des Betroffenen vor einer Übermittlung seiner Daten entstehen, die mit Art. 2 I i. V. m. Art. 1 I GG unvereinbar sind. Wie bei der Zweckentfremdung von Informationen aus dem Verwaltungsverfahren ausgeführt wurde, führt das Fehlen eines vergleichbaren Ersatzeingriffs für die Zwecke, zu denen die Information übermittelt werden soll, nicht automatisch zur Verfassungswidrigkeit der Übermittlung.[215] Die Verfassungsmäßigkeit der Übermittlung kann entweder darauf beruhen, dass der Erhebungseingriff seinem Schwerpunkt nach nicht in ein informationelles Abwehrrecht des Betroffenen eingreift und die anschließende anderweitige Verwendung der erhobenen Information den Betroffenen deshalb nur noch vergleichsweise geringfügig belastet. Anderseits kann sich der Gesetzgeber im Rahmen seiner Einschätzungsprärogative von den bezüglich der Informationserhebung für richtig gehaltenen Wertungen lösen, soweit er dabei den Grundsatz der Verhältnismäßigkeit beachtet.

(α) Ermittlungsmethoden mit nicht-informationellem Schwerpunkt. Im Verwaltungsverfahren nicht vorgesehen ist eine Befugnis zur körperlichen Untersuchung (s. § 81a StPO).[216] Die Verwertung einer auf diese Weise erlangten Information ist jedoch nicht ohne weiteres als unverhältnismäßig anzusehen. Dies ist insbesondere dann nicht der Fall, wenn eine Verwertung deutlich weniger schwer in die Rechte des Betroffenen eingreift als die Informationserhebung, weil die mit der Erhebung verbundenen Begleiteingriffe entfallen.[217]

Die Befugnis zur körperlichen Untersuchung greift in das Recht auf körperliche Unversehrtheit ein (Art. 2 II S. 1 GG).[218] Dieser Eingriff entfällt bei einer anschließenden, anderweitigen Verwertung des Untersuchungsergebnisses. Das BVerfG hat die Verhältnismäßigkeit von Untersuchungsmaßnahmen bisher allein unter dem Aspekt der Beeinträchtigung der körperlichen Integrität, nicht des Eindrin-

---

[215] S. o. S. 308 f.
[216] § 10 III ZollVG enthält nur eine Befugnis zur körperlichen *Durch*suchung (s. insoweit § 102 StPO).
[217] Vgl. o. S. 69 f. (zu Art. 13 GG); s. auch o. S. 309.
[218] BVerfGE 16, 194, 198; 17, 108, 114 f.; *Schulze-Fielitz*, in: Dreier, GG, Bd. 1 (1996), Art. 2 II Rn. 30.

gens in die Intimsphäre geprüft.[219] Anders als bei dem Fernmeldegeheimnis (Art. 10 GG) geht es nicht von einer Spezialität des Art. 2 II S. 1 GG gegenüber dem Recht auf informationelle Selbstbestimmung aus[220], sondern trennt die Beeinträchtigung der körperlichen Unversehrtheit (Art. 2 II S. 1 GG) von dem Eingriff in das allgemeine Persönlichkeitsrecht (Art. 2 I i.V.m. Art. 1 I GG).[221] Das eine Grundrecht schützt die körperliche, das andere Grundrecht die informationelle Selbstbestimmung. Dies schließt es nicht aus, das Grundrecht auf körperliche Unversehrtheit als informationelles Abwehrrecht zu begreifen, weil der Körper „das Intimste birgt".[222] Der Schwerpunkt des Ermittlungseingriffs liegt gleichwohl nicht auf der informationellen Belastung des Grundrechtsträgers. Dies zeigt sich insbesondere daran, dass die in § 81a I StPO enthaltenen Beschränkungen auf die Wahrung der körperlichen Integrität bzw. der Gesundheit des Betroffenen gerichtet sind (Arztvorbehalt, keine Untersuchung bei drohenden gesundheitlichen Nachteilen). Aus diesem Grund ist die anderweitige Verwertung nicht an den hohen Anforderungen der Informationserhebung zu bewerten; dass im Verwaltungsverfahren keine vergleichbare Erhebungsbefugnis vorgesehen ist, steht daher einer Verwertung der Erkenntnisse aus strafprozessualen körperlichen Untersuchung nicht entgegen.[223]

(β) Die Abweichung von den gesetzlichen Wertungen bei der Informationserhebung. Fraglich ist, ob dem Recht auf informationelle Selbstbestimmung (Art. 2 I i.V.m. Art. 1 I GG) mit der Begrenzung des § 477 II S. 2 StPO in Bezug auf andere Ermittlungseingriffe ausreichend Rechnung getragen wird, die in qualifizierter Weise in das Persönlichkeitsrecht des Betroffenen eingreifen. Der Grundsatz der Verhältnismäßigkeit könnte es gebieten, dass auch die Übermittlung von Erkenntnissen aus anderen strafprozessualen Ermittlungseingriffen von dem Bestehen einer erheblichen Gefahr (§ 477 II S. 2 StPO) abhängig gemacht werden. Da nicht alle strafprozessualen Befugnisse erörtert werden können, soll im Folgenden – pars pro toto – nur auf die Übermittlung von Informationen aus einer DNA-Analyse (§ 81e StPO), aus dem Einsatz technischer Mittel zur Observation (§ 100c I Nr. 1 StPO) und aus der Ausschreibung zur polizeilichen Beobachtung (§ 163e StPO) eingegangen werden.

Für die in § 477 II S. 2 StPO angeführten Ermittlungsmaßnahmen ist charakteristisch, dass sie entweder in einen besonders geschützten Bereich der Privatsphäre eingreifen (§§ 100a, 100c I Nr. 2 und 3 StPO) oder die Persönlichkeitsrechte des Be-

---

[219] S. BVerfGE 16, 194, 203 (Liquorentnahme); 17, 108, 114, 115 (Elektroenzephalogramm, Pneumoenzephalographie).
[220] S. BVerfGE 100, 313, 358.
[221] BVerfG, NJW 1996, 771, 772.
[222] So *Amelung*, Informationsbeherrschungsrechte (1990), S. 34.
[223] Dies gilt entsprechend für die Verwertung von Erkenntnissen aus einer erkennungsdienstlichen Behandlung (§ 81b StPO).

III. Die Verwendung von Daten aus dem Strafverfahren

troffenen durch die Vielzahl der erhobenen und verarbeiteten personenbezogenen Informationen in besonderer Weise beeinträchtigen (§§ 98a, 110a, 163f StPO).

Demgegenüber werden mit anderen Ermittlungsmaßnahmen keine Informationen erhoben, indem in einen besonders geschützten, privaten Bereich eingegriffen wird, sondern es werden Daten über das Verhalten des Betroffenen in der Öffentlichkeit erhoben. Insoweit ist der Einzelne vor staatlichen Informationseingriffen nicht in dem gleichen Umfang geschützt, da er mit einer Wahrnehmung durch andere rechnen muss. Dies gilt etwa für den Einsatz technischer Hilfsmittel zur Observation in der Öffentlichkeit (§ 100c I Nr. 1 a), b) StPO).[224] Die Herstellung von Lichtbildern und Bildaufzeichnungen berührt zwar das Recht am eigenen Bild (vgl. § 22 KUG)[225], das als spezieller Ausschnitt des allgemeinen Persönlichkeitsrechts die eigene Regie der bildlichen Selbstdarstellung sichert.[226] Die Übermittlung im Strafverfahren angefertigter Bilder lässt die Möglichkeiten des Einzelnen zur Selbstdarstellung, insbesondere in der Öffentlichkeit[227], jedoch weitgehend unberührt.

Des Weiteren greifen andere als die in § 477 II S. 2 StPO genannten Ermittlungsmaßnahmen nur punktuell in das Recht auf informationelle Selbstbestimmung ein. So wird bei dem Vergleich entnommenen Körpermaterials mit Spurenmaterial (§ 81e StPO) nur ein winziger Ausschnitt aus dem Lebensbereich des Betroffenen zur Kenntnis genommen, nämlich dass er irgendwann an einem bestimmten Ort gewesen ist.[228] Auch bei dem Einsatz von Mitteln zur Observation nach § 100c I Nr. 1 a), b) StPO werden lediglich einzelne Informationen über das Verhalten des Betroffenen in der Öffentlichkeit mit Hilfe technischer Instrumente erhoben. Werden derartige Maßnahmen im Rahmen einer längerfristigen Observation ergriffen, also eine Vielzahl von Daten über den Betroffenen zusammengetragen, so ist dies nur innerhalb der Grenzen des § 163f StPO zulässig.[229] Das bedeutet zugleich, dass bei einer Zweckänderung der auf diese Weise erhobenen Daten § 477 II S. 2 StPO zu beachten ist. Ein qualifizierter Datenschutz ist damit gesetzlich gewährleistet.

Eine gewisse Nähe zu den in § 477 II S. 2 StPO genannten Maßnahmen, insbesondere zu § 163f StPO, ist bei der Ausschreibung zur polizeilichen Beobachtung (§ 163e StPO) festzustellen.[230] Die Eingriffsintensität der Maßnahme bleibt allerdings insoweit hinter § 163f StPO zurück, als nur bestimmte Informationen (s.

---

[224] *Kleinknecht/Meyer-Goßner*, StPO (2003), § 100c Rn. 1, verneint in Bezug auf § 100c I Nr. 1 a) StPO bereits einen Grundrechtseingriff.
[225] *Amelung/Tyrell*, NJW 1980, 1560, 1561.
[226] *Amelung/Tyrell*, NJW 1980, 1560; *Götting*, Persönlichkeitsrechte (1995), S. 30.
[227] § 22 KUG schützt vor der Verbreitung und der öffentlichen Ausstellung des Bildnisses.
[228] Dass eine Untersuchung, die auf die Feststellung der Abstammung gerichtet ist, als tiefgreifender Eingriff in das Persönlichkeitsrecht angesehen werden kann, soll hier unberücksichtigt bleiben, da kaum vorstellbar ist, dass das Untersuchungsergebnis für das Verwaltungsverfahren relevant sein könnte.
[229] BGH, NStZ 2001, 386, 388; *Krehl*, in: HK-StPO (2001), § 163f Rn. 2.
[230] Im Gesetzentwurf der Bundesregierung wurden die §§ 163e, 163f StPO in § 477 II S. 2 StPO nicht erwähnt (s. BT-Drucks. 14/1484, S. 8). Der Rechtsausschuss schlug in seinem Bericht die

§ 163e II, III StPO), die im Rahmen einer anderweitig veranlassten Kontrolle (z.B. Grenzkontrolle, Kontrolle nach § 111 StPO) erhoben werden, gesammelt werden. Die Maßnahme ist also darauf gerichtet (und begrenzt), ein Bewegungsbild von der ausgeschriebenen Person zu erhalten[231], das aufgrund der Zufälligkeit der erhobenen Daten nicht mit einer umfassenden Überwachung (§ 163f StPO) zu vergleichen ist. Ein weiterer Unterschied liegt darin, dass die Daten bei der jeweiligen Kontrolle zunächst offen erhoben werden; erst die weitere Verarbeitung durch die ausschreibende Stelle erfolgt heimlich.

Aus dem Vorstehenden ergibt sich, dass die angeführten Ermittlungsmaßnahmen in ihrer Eingriffsintensität deutlich hinter den in § 477 II S. 2 StPO genannten Eingriffen zurückbleiben. Aus diesem Grund ist eine Regelung, die eine Übermittlung der Ermittlungsergebnisse an die Aufsichtsbehörden in vergleichbarer Form begrenzt, verfassungsrechtlich nicht geboten. Das Gleiche gilt für die Erwägung, ob der Gesetzgeber für die Übermittlung dieser Erkenntnisse nicht eine eigenständige Übermittlungsbefugnis hätte schaffen müssen, um sie von der Übermittlung sonstiger Informationen aus dem Strafverfahren abzuheben. Die generalisierende Betrachtungsweise des Gesetzgebers, der in Bezug auf die Eingriffsintensität der Informationserhebung lediglich zwischen zwei Kategorien unterscheidet, ist verfassungsrechtlich nicht zu beanstanden. Dafür spricht im Ergebnis auch, dass der Gesetzgeber in Bezug auf die anderweitige Verwendung der erlangten Informationen im Strafverfahren ebenfalls keine Einschränkungen vorgesehen hat.[232] Bei der Übermittlung an die Aufsichtsbehörde kann der Eingriffsintensität der Erhebungsmaßnahme im Rahmen der Abwägungsklausel (§ 474 II S. 1 Nr. 2 StPO i.V.m. § 13 II S. 1 EGGVG) ausreichend Rechnung getragen werden.

Im Ergebnis greift daher die Übermittlung von Informationen, die durch andere als die in § 477 II S. 2 StPO genannten Maßnahmen erhoben worden sind, nicht unverhältnismäßig schwer in das Recht auf informationelle Selbstbestimmung ein, auch wenn die Übermittlung nicht zu dem Zweck erfolgt, eine erhebliche Gefahr (§ 477 II S. 2 StPO) abzuwenden.[233]

Aufnahme beider Vorschriften vor (BT-Drucks. 14/2595, S. 29), was wiederum beim Bundesrat auf Kritik stieß (s. BT-Drucks. 14/2886, S. 4).

[231] *Kleinknecht/Meyer-Goßner*, StPO (2003), § 163e Rn. 2.

[232] Zur Verwertbarkeit der erlangten Erkenntnisse: *Kleinknecht/Meyer-Goßner*, StPO (2003), § 100d Rn. 11; *Rudolphi/Wolter*, in: SK-StPO, § 100c Rn. 6a, 9a [zu § 100c I Nr. 1 a), b) StPO]; *Krehl*, in: HK-StPO (2001), § 163e Rn. 8 (zu § 163e StPO); kritisch insoweit *Wolter*, in: SK-StPO, § 163e Rn. 30, der eine anderweitige Verwertung ohne eine spezielle gesetzliche Regelung nur zur Verfolgung von Straftaten i.S.d. § 139 III StGB und keinesfalls in Strafverfahren gegen unbeteiligte Dritte für zulässig hält.

[233] Die praktische Relevanz des § 163e StPO wird überdies allgemein bezweifelt: *Kleinknecht/Meyer-Goßner*, StPO (2003), § 163e Rn. 2; *Krehl*, in: HK-StPO (2001), § 163e Rn. 2. Im Hinblick auf die Notwendigkeit und Verhältnismäßigkeit der Maßnahme gibt die Vorschrift auch Anlass zu Zweifeln an ihrer Verfassungsmäßigkeit, s. *Krahl*, NStZ 1998, 339, 341f.; *Schoreit*, in: KK-StPO (2003), § 163e Rn. 4.

(c) Verfassungsmäßigkeit der spontanen Übermittlung

Bei den Regelungen zu verfahrensübergreifenden Mitteilungen von Amts wegen fehlt eine dem § 477 II S. 2 StPO vergleichbare Regelung für Erkenntnisse aus besonders eingriffsintensiven Ermittlungsmaßnahmen.

Nichtsdestoweniger setzt der Grundsatz der Verhältnismäßigkeit auch der spontanen Übermittlung von Informationen aus besonders eingriffsintensiven Ermittlungsmaßnahmen Grenzen. Je intensiver die Informationserhebung in das Grundrecht auf informationelle Selbstbestimmung eingreift, desto mehr gewinnt der Grundsatz der Zweckbindung an Bedeutung. Eine Durchbrechung der Bindung an den Erhebungszweck bedarf also bei Informationen aus eingriffsintensiven Erhebungsmaßnahmen einer besonderen gesetzlichen Regelung, aus der sich ergibt, in welchen Fällen der Gesetzgeber eine anderweitige Verwendung dieser Informationen als zulässig ansieht. Die allgemeine Abwägungsklausel nach § 13 II S. 1 EGGVG wird diesen Anforderungen nicht gerecht. Auch § 14 II EGGVG lassen sich keine besonderen Anforderungen an die Übermittlung von Informationen aus besonders eingriffsintensiven strafprozessualen Ermittlungsmaßnahmen entnehmen.

Dies hat zur Folge, dass Erkenntnisse aus besonders eingriffsintensiven strafprozessualen Ermittlungsmaßnahmen nicht von Amts wegen an die Aufsichtsbehörde übermittelt werden dürfen, da es insoweit einer besonderen gesetzlichen Grundlage bedarf. Von diesem Ausschluss einer Übermittlung erfasst werden zunächst die Erkenntnisse aus den in § 477 II S. 2 StPO genannten Maßnahmen. Darüber hinaus wird man für die Erkenntnisse aus den Maßnahmen eine Entscheidung des Gesetzgebers verlangen müssen, deren Anordnung im Strafverfahren an materielle Voraussetzungen geknüpft werden, die über den Verdacht einer Straftat hinausgehen.[234] Dass der Gesetzgeber in § 477 II S. 2 StPO den einfach-gesetzlichen Schutz auf bestimmte Maßnahmen beschränkt hat, macht seine Entscheidung in einem anderen Zusammenhang nicht entbehrlich. Die ratio des Gesetzesvorbehaltes und des Bestimmtheitsgrundsatzes, dass es Aufgabe des Gesetzgebers ist, die Grenzen eines Eingriffs in das Recht auf informationelle Selbstbestimmung (Art. 2 I i.V.m. Art. 1 I GG) festzulegen, verbietet es, auf Grenzen, die der Gesetzgeber an anderer Stelle gezogen hat, zurückzugreifen oder an seiner Stelle die Grenzen der Zulässigkeit am allgemeinen Maßstab des Verhältnismäßigkeitsprinzips festzulegen.

Dass die Übermittlung von Erkenntnissen aus qualifizierten Ermittlungseingriffen nur auf ein Ersuchen der Aufsichtsbehörde zulässig ist, führt zu einem höheren Schutz des informationellen Selbstbestimmungsrechts, ohne dass die Belange der Gefahrenabwehr vernachlässigt werden. Die Mitteilung über die Einleitung eines Strafverfahrens nach den allgemeinen Vorschriften bleibt unberührt.[235] Auf dieser

---

[234] S. etwa §§ 100c I Nr. 1, 163d, 163e StPO.
[235] Bei den verfahrensübergreifenden Mitteilungen von Amts wegen steht ohnehin die Mitteilung von Prozesshandlungen im Vordergrund (Einleitung des Ermittlungsverfahrens, Anklageerhebung, Erlass eines Haftbefehls), vgl. die Nr. 24ff. MiStra.

Grundlage können von der Aufsichtsbehörde gegebenenfalls weitere Informationen – unter Umständen auch nach § 477 II S. 2 StPO – angefordert werden. Auf diese Weise ist gewährleistet, dass Informationen aus qualifizierten Ermittlungseingriffen nur übermittelt werden, wenn dies auch aus der Sicht der Aufsichtsbehörde notwendig ist.

(d) Die Übermittlung von Informationen aus dem Steuerstrafverfahren zur Durchführung des Besteuerungsverfahrens

Abschließend soll auf den Sonderfall eingegangen werden, dass Informationen aus dem Steuerstrafverfahren zur Durchführung eines Besteuerungsverfahrens an eine andere Finanzbehörde übermittelt werden. Die dafür vorgesehene Befugnis (§ 30 IV Nr. 1 AO) enthält – wie die §§ 12 ff. EGGVG – keine besondere Regelung für Erkenntnisse aus strafprozessualen Ermittlungsmaßnahmen, die in informationeller Hinsicht besonders schwer in die Rechte des Einzelnen eingreifen. Die verfassungsrechtlichen Bedenken gegen eine Übermittlung solcher Informationen ohne ausdrückliche gesetzliche Regelung gelten daher auch für die Übermittlung nach § 30 IV Nr. 1 AO.

Diese Bedenken werden allerdings gegenstandslos, sofern § 477 II S. 2 StPO auch auf die Übermittlung von Informationen aus dem Steuerstrafverfahren an die für das Besteuerungsverfahren zuständige Finanzbehörde Anwendung findet. Die Vorschriften der StPO gelten grundsätzlich im Steuerstrafverfahren entsprechend (§ 385 I AO).

Eine Anwendung des § 477 StPO ist jedoch ausgeschlossen, wenn § 30 IV Nr. 1 AO als spezielle und abschließende Übermittlungsregelung anzusehen ist (§ 480 StPO). Soweit § 30 AO die Übermittlung personenbezogener Informationen zu anderen Zwecken als der Besteuerung oder der Verfolgung von Steuerstraftaten einschränkt (s. § 477 II S. 1 StPO), wird man eine solche Spezialität annehmen müssen.[236] Spezialgesetzliche Ausprägungen des Datenschutzes wie das Steuergeheimnis sollen gerade nicht durch die §§ 474 ff. StPO beseitigt werden. Die Spezialität nach § 480 StPO zielt jedoch nicht auf einen erweiterten Datenschutz, sondern auf weitergehende Befugnisse zur Informationsverarbeitung. Ungeachtet des Umstandes, dass § 30 IV AO grundsätzlich derartige Befugnisse begründet, ist es nicht Sinn und Zweck dieser Regelung, einen unter anderen Aspekten rechtlich begründeten Datenschutz zu verdrängen. Ziel des § 477 II S. 2 StPO ist es, die Übermittlung von Informationen aus besonders tiefgehenden Grundrechtseingriffen zu beschränken[237], also den Einzelnen vor weiteren Belastungen durch die anschließende Verarbeitung der Information zu schützen. In Bezug auf diesen Normzweck, d.h. auf die von der Informationserhebung für die weitere Verarbeitung ausgehende Belastung des Einzelnen, kann § 477 II S. 2 StPO als gegenüber § 30 IV Nr. 1 AO speziel-

---

[236] *Kleinknecht/Meyer-Goßner*, StPO (2003), § 477 Rn. 3 i.V.m. § 12 EGGVG Rn. 6.
[237] S. den Gesetzesentwurf der Bundesregierung, BT-Drucks. 14/1484, S. 29.

lere Norm angesehen werden. Bei einer solchen Sichtweise würden beide Datenschutzkonzepte einander ergänzen.

Dennoch bestehen Zweifel, ob der Gesetzgeber eine Zweckentfremdung auch bei eingriffsintensiven Erhebungsmethoden nur unter den Voraussetzungen des § 477 II S. 2 StPO zulassen wollte, sofern – wie im Steuerrecht – ein Sachzusammenhang mit dem ursprünglichen Erhebungszweck bestehen bleibt. Dagegen spricht, dass die Polizeibehörden bei der weiteren Verwendung und Übermittlung der im Strafverfahren erhobenen Daten zu präventiven Zwecken gerade nicht dieser Einschränkung unterliegen (s. §§ 477 II S. 4, 481 I S. 1, 2 StPO). Wie § 481 StPO könnte auch § 30 IV Nr. 1 AO als abschließende Regelung auszulegen sein, auf welche die Befugnisgrenzen nach § 477 II S. 2 StPO keine Anwendung finden. Im Unterschied zu § 30 IV Nr. 1 AO enthält die allgemeine Verwendungsbefugnis nach § 481 I S. 1 StPO indessen eine wichtige Einschränkung, indem sie nur zur Verwendung „nach Maßgabe der Polizeigesetze" ermächtigt. Eine differenzierte Regelung zur Übermittlung und Verwendung von Erkenntnissen aus besonders eingriffsintensiven Ermittlungsmaßnahmen wird damit entbehrlich, da der Landesgesetzgeber diese im Rahmen der Polizeigesetze treffen kann. Dementsprechend verweist § 481 II StPO darauf, dass Landesrecht einer Verwendung entgegenstehen kann. Das Polizeigesetz des jeweiligen Landes kann bestimmen, dass Daten, die ausschließlich aufgrund strafprozessualer Befugnisse, die besonders eingriffsintensiven, polizeirechtlichen Erhebungsbefugnissen entsprechen, zu präventiven Zwecken nur unter der Voraussetzung verarbeitet werden dürfen, dass diese Daten auch nach den entsprechenden polizeirechtlichen Befugnissen hätten erhoben werden dürfen (s. § 16 II S. 2 SOG Hamburg). Der hypothetische Erhebungseingriff als Bezugspunkt für die Zulässigkeit der anderweitigen Informationsverarbeitung lässt es sachgerecht erscheinen, die Regelung dieser Frage dem Landesgesetzgeber zu überlassen[238] – einschließlich der Entscheidung, ob und in welchem Umfang er sich von diesem Maßstab lösen will.[239] § 481 StPO hat demnach nur die Funktion einer „Öffnungsklausel"[240]: Der Bundesgesetzgeber erklärt eine Zweckänderung von der repressiven zur präventiven Zielsetzung der Informationsverarbeitung grundsätzlich für zulässig und gibt damit die Information aus der Sicht der Strafverfolgung für präventive Zwecke frei[241]; der Landesgesetzgeber regelt, inwieweit die-

---

[238] S. den Gesetzesentwurf der Bundesregierung, BT-Drucks. 14/1484, S. 31; s. auch die Forderung nach einer Präzisierung der Übermittlungsschwellen in den Landespolizeigesetzen von *R. P. Schenke*, in: Hilger-FS (2003), S. 211, 219, 220 (zu Erkenntnissen aus der Telefonüberwachung).

[239] Überwiegend orientieren sich die Polizeigesetze bei der weiteren Verarbeitung repressiv erhobener Daten zu präventiven Zwecken nicht am hypothetischen Ersatzeingriff, s. den Überblick bei *Walden*, Zweckbindung (1996), S. 327 ff.; s. dort auch zum Polizeigesetz Baden-Württemberg, aaO, S. 330 ff.

[240] *Temming*, in: HK-StPO (2001), § 481 Rn. 2.

[241] S. die Begründung zum Gesetzesentwurf der Bundesregierung, BT-Drucks. 14/1484, S. 31: „Es wäre schwer verständlich, wenn die Polizei Informationen, über die sie verfügt und die sie damit nicht noch einmal erheben muss, nicht zur Gefahrenabwehr nutzen dürfte, *nur weil* die Informationen aus dem Strafverfahren stammen." (Hervorhebung vom Verfasser)

se Information übernommen und zu präventiven Zwecken verwendet werden darf.[242]

Eine vergleichbare Ausgestaltung der Voraussetzungen für die Übermittlung strafprozessualer Erkenntnisse fehlt in § 30 IV Nr. 1 AO. Dort wird auch nicht auf solche Normen verwiesen. Es ist vielmehr davon auszugehen, dass die Anwendung der oben angeführten, besonders eingriffsintensiven Ermittlungsmethoden im Steuerstrafverfahren und die Übermittlung der erlangten Erkenntnisse zur Besteuerung bisher vom Gesetzgeber nicht als Problem erkannt worden sind. Die Einführung des Verbrechenstatbestandes der gewerbsmäßigen oder bandenmäßigen Steuerhinterziehung (§ 370a AO)[243] lässt erwarten, dass in Zukunft in höherem Umfang von den entsprechenden Befugnissen Gebrauch gemacht werden wird. Eine ausnahmslose Übermittlung der erlangten Daten zur Durchführung von Besteuerungsverfahren wird man jedoch nicht als vom Gesetzgeber gewollt ansehen können. Aus diesen Gründen ist § 30 IV Nr. 1 AO nicht als abschließende Regelung auszulegen, sondern offen für eine Beschränkung der dort enthaltenen Übermittlungsbefugnis durch eine andere Gesetzesnorm.

Eine Übermittlung von Informationen aus einem Steuerstrafverfahren, die durch Maßnahmen nach §§ 98a, 100c I Nr. 2, 110a, 163f StPO erlangt worden sind, setzt daher eine „erhebliche Gefahr" voraus. Die Möglichkeit, dass Steuern nicht oder nicht vollständig erhoben werden, ist eine Gefahr im polizeirechtlichen Sinne, da in der Nichterhebung eine Verletzung der Steuerrechtsordnung liegt und zudem die finanzielle Leistungsfähigkeit des Staates und die Gleichmäßigkeit der Besteuerung bedroht sind.[244] Eine derartige Gefahr besteht auch dann noch, wenn Steuern in der Vergangenheit nicht oder nicht vollständig erhoben worden sind, denn der polizeirechtliche Begriff der Gefahrenabwehr umfasst auch die Beseitigung eines bereits eingetretenen Schadens.[245] Soweit die Landespolizeigesetze Legaldefinitionen für die erhebliche Gefahr enthalten, zählen zu den geschützten Gütern auch wesentliche[246] bzw. nicht unwesentliche[247] Vermögenswerte, ohne dass der geforderte Schadensumfang näher, etwa in Form einer Summe, präzisiert wird. In Bezug auf das Besteuerungsverfahren wird daher im Ausgangspunkt auf die Höhe der zu erhebenden Steuer abzustellen sein. Hinsichtlich der Schadenshöhe ist zu berück-

---

[242] Dies entspricht dem vom Gesetzgeber zugrunde gelegten „Zwei-Türen-Modell", s. *R.P. Schenke*, in: Hilger-FS (2003), S. 211, 213, 214. Nach anderer Ansicht fällt die Zweckentfremdung zur Gefahrenabwehr allein in die Gesetzgebungskompetenz der Länder, s. *Gärditz*, Strafprozess und Prävention (2003), S. 345, 361; *Paeffgen*, in: Hilger-FS (2003), S. 153, 164; *Würtenberger*, in: Hilger-FS (2003), S. 263, 266. Selbst wenn man der letztgenannten Auffassung zuneigt, lässt sich § 481 StPO als deklaratorische Norm verfassungskonform auslegen, s. *Würtenberger*, aaO, 267; s. dagegen *Gärditz*, aaO, S. 358.

[243] S. das Steuerverkürzungsbekämpfungsgesetz (StVBG) vom 19.12. 2001, BGBl I S. 3922.

[244] S. auch o. S. 248 (zu Art. 13 GG).

[245] *Götz*, Polizei- und Ordnungsrecht (2001), Rn. 149, unter Hinweis auf ausdrückliche Regelungen in einzelnen Polizeigesetzen, z.B. § 1 I S. 1 des Sächsischen Polizeigesetzes.

[246] S. § 3 Nr. 3 c) des Sicherheits- und Ordnungsgesetzes des Landes Sachsen-Anhalt; s. auch § 14 II S. 2 BGSG.

[247] S. § 2 Nr. 1 c) des Niedersächsischen Gefahrenabwehrgesetzes.

sichtigen, dass neben der Übermittlung zur Abwehr einer „erheblichen Gefahr" die Übermittlung nach § 18 BVerfSchG geregelt ist. Dies spricht dafür, eine „erhebliche Gefahr" erst ab einer Schadenshöhe anzunehmen, welche die Gefahr mit einer Gefährdung der in § 3 I BVerfSchG genannten Rechtsgüter vergleichbar erscheinen lässt. Diese Schwelle könnte man bei einer Steuerverkürzung in „großem Ausmaß" (vgl. § 370 III Nr. 1 AO), d. h. bei Schäden in Millionenhöhe[248], ansetzen.

Der Eingriff in das Recht auf informationelle Selbstbestimmung (Art. 2 I i.V.m. Art. 1 I GG) ist bei einer solchen Auslegung nicht unverhältnismäßig. Soweit es um die rechtliche Abwicklung der Folgen einer Straftat geht, liegt in der Verarbeitung strafprozessualer Daten in anderen staatlichen Verfahren kein tiefgreifender Grundrechtseingriff. Auf den Zusammenhang des von der Aufsichtsbehörde durchzuführenden Verwaltungsverfahrens mit dem strafprozessualen Erhebungszweck wurde bereits hingewiesen.[249] In Bezug auf das Besteuerungsverfahrens ist dies dahingehend zu modifizieren, dass es dort eher um den Ersatz eines eingetretenen Schadens als um die Abwehr einer drohenden Gefahr geht. Der Auftrag des Strafrechts umfasst indessen auch die Beseitigung der durch die Tat eingetretenen Folgen (Reparation).[250] Wird diese in einem anderen staatlichen Verfahren angestrebt – wie hier im Besteuerungsverfahren –, so verselbständigt sich damit nur ein Teilaspekt des Strafverfahrens.[251] Dementsprechend wird eine aus diesem Grund veranlasste Übermittlung von Informationen aus dem Strafverfahren vom Gesetzgeber für zulässig erklärt (§ 474 II Nr. 1 StPO). Die Übermittlung von Informationen aus besonders eingriffsintensiven Ermittlungsmaßnahmen zu Zwecken der Besteuerung nach Maßgabe des § 477 II S. 2 StPO greift daher nicht unverhältnismäßig in das informationelle Selbstbestimmungsrecht (Art. 2 I i.V.m. Art. 1 I GG) des Betroffenen ein.

Für die spontane Übermittlung derartiger Erkenntnisse nach § 30 IV Nr. 1 AO gelten die Ausführungen zu den §§ 12 ff. EGGVG entsprechend. Soweit die Finanzbehörde, welche die Informationen im strafrechtlichen Ermittlungsverfahren erhoben hat, diese selbst im Besteuerungsverfahren nutzen möchte, stellt § 14 II Nr. 6 BDSG[252] aus den gleichen Gründen keine geeignete gesetzliche Ermächtigungsgrundlage dar.

(4) Verfahrensrechtliche Schutzvorkehrungen – Auskunft und Unterrichtung

Das Grundrecht auf informationelle Selbstbestimmung (Art. 2 I i.V.m. Art. 1 I GG) fordert, dass der Gesetzgeber organisatorische und verfahrensrechtliche Vorkeh-

---

[248] *Gast-de Haan*, in: Klein, AO (2003), § 370 Rn. 68; *Joecks*, in: Franzen/Gast/Joecks, Steuerstrafrecht (2001), § 370 Rn. 270.
[249] S.o. S. 389.
[250] S. insoweit *Walther*, Rechtsbruch (2000), S. 274 f.; s. auch o. S. 13.
[251] Ein strafrechtsspezifisches Recht des Schadensersatzes erscheint daher nur konsequent, s. die entsprechenden Vorschläge bei *Walther*, Rechtsbruch (2000), S. 410 ff.
[252] Vgl. o. S. 365 ff.

rungen gegen eine Verletzung dieses Rechts trifft.²⁵³ Zu diesen Schutzvorkehrungen zählen Auskunfts- und Unterrichtungspflichten gegenüber dem Betroffenen.²⁵⁴

Bei den verfahrensübergreifenden Mitteilungen von Amts wegen hat der Gesetzgeber dieser Forderung entsprochen, indem er der übermittelnden Stelle die Pflicht auferlegt hat, den Betroffenen, soweit dieser nicht zugleich der Beschuldigte ist, über den Inhalt und den Empfänger der Mitteilung zu unterrichten (§ 21 II S. 1 EGGVG). Dem Beschuldigten ist auf Antrag Auskunft über die übermittelten Daten und den Empfänger zu erteilen (§ 21 I S. 1 EGGVG).

Im Entwurf zum Justizmitteilungsgesetz war zunächst auch eine obligatorische Unterrichtung des Beschuldigten vorgesehen, da dieser auch als Verfahrensbeteiligter nicht ohne Weiteres mit der Übermittlung seiner Daten rechnen müsse.²⁵⁵ Auf den Einwand des Bundesrates, der Betroffene könne bereits aus der gesetzlichen Regelung ersehen, inwieweit eine ihn betreffende Mitteilung in Strafsachen in Betracht zu ziehen sei²⁵⁶, wurde die Unterrichtungspflicht auf Betroffene, die nicht am Verfahren beteiligt sind, begrenzt und der Verfahrensbeteiligte auf das ihm zustehende Auskunftsrecht verwiesen.²⁵⁷

Diese Regelung verstößt nicht gegen das Recht auf informationelle Selbstbestimmung (Art. 2 I i.V.m. Art. 1 I GG).²⁵⁸ Die Aussage des BVerfG, eine Rechtsordnung, „in der Bürger nicht mehr wissen können, wer was wann und bei welcher Gelegenheit über sie weiß", sei mit dem Recht auf informationelle Selbstbestimmung nicht vereinbar²⁵⁹, ist nicht dahingehend zu verabsolutieren, dass der Staat seine Bürger lückenlos über die staatliche Informationsverarbeitung unterrichten muss.²⁶⁰ Es ist vielmehr ausreichend, wenn dem Einzelnen die Möglichkeit gegeben wird, über die weitere Verarbeitung der über ihn erhobenen Daten Auskunft zu verlangen (s. § 19 BDSG). Nur soweit der Betroffene keine Kenntnis von der Erhebung hat und deshalb nicht von seinem Auskunftsanspruch Gebrauch machen kann, ist eine Benachrichtigung geboten (s. § 19a BDSG).

Dieses Konzept hat der Gesetzgeber bei der Ausgestaltung der Unterrichtungspflicht nach § 21 II S. 1 EGGVG zugrundegelegt.²⁶¹

Hat der Beschuldigte Kenntnis von der Einleitung des Strafverfahrens und der Erhebung ihn betreffender Daten, kann er von seinem Auskunftsrecht Gebrauch machen, um in Erfahrung zu bringen, ob seine Daten an eine Verwaltungsbehörde

---

[253] S. o. S. 72.
[254] BVerfGE 65, 1, 46.
[255] S. die Begründung des Regierungsentwurfes, BT-Drucks. 13/4709, S. 27.
[256] S. die Stellungnahme des Bundesrates, BT-Drucks. 13/4709, S. 45.
[257] S. die Gegenäußerung der Bundesregierung, BT-Drucks. 13/4709, S. 57; s. auch den Bericht des Rechtsausschusses, BT-Drucks. 13/7489, S. 55.
[258] S. aber die Kritik von *Pätzel*, DRiZ 2001, 24, 26f.; *Wollweber*, NJW 1997, 2488, 2489.
[259] BVerfGE 65, 1, 43.
[260] S. auch die Kritik von *Gusy*, KritV 2000, 52, 62 („ganz unrealistische Vorstellung").
[261] S. die Gegenäußerung der Bundesregierung, BT-Drucks. 13/4709, S. 57, und den Bericht des Rechtsausschusses, BT-Drucks. 13/7489, S. 55.

übermittelt worden sind.[262] Zudem hat er das Recht, entweder selbst (§ 147 VII StPO) oder über seinen Verteidiger (§ 147 I StPO) Akteneinsicht zu nehmen. Dem Gebot der Transparenz der staatlichen Datenverarbeitung wird damit Genüge getan.

Fraglich ist allerdings, wie die Konstellation zu beurteilen ist, in welcher der Beschuldigte keine Kenntnis von dem gegen ihn eingeleiteten Verfahren hat und ohne sein Wissen ihn betreffende Daten erhoben und an die Aufsichtsbehörde übermittelt werden. Zugegebenermaßen handelt es sich dabei um einen Ausnahmefall, da der Beschuldigte spätestens vor Abschluss der Ermittlungen zu vernehmen ist (§ 163a I S. 1 StPO) und eine verfahrensübergreifende Mitteilung regelmäßig nicht vor Anklageerhebung erfolgt.[263] Nach dem Wortlaut des § 21 II S. 1 EGGVG wäre der Betroffene und Beschuldigte in dem geschilderten Fall jedoch nicht von der Übermittlung zu unterrichten.[264]

Dem Anliegen des Gesetzgebers würde dies nicht gerecht. Der Kritik des Bundesrates sollte dadurch Rechnung getragen werden, „dass die Pflicht, den Betroffenen von der Übermittlung ihn betreffender Daten zu unterrichten, auf das verfassungsrechtlich Notwendige begrenzt wird".[265] In den Fällen, in denen der Betroffene nicht am Verfahren beteiligt sei und deshalb in der Regel keine Kenntnis darüber habe, dass in einem ihm nicht bekannten Verfahren personenbezogene Daten über ihn vorliegen, konnte aber nach Ansicht der Bundesregierung nicht auf eine Unterrichtung des Betroffenen verzichtet werden.[266] Der Rechtsausschuss hat sich dieser Begründung angeschlossen.[267] In den Beratungen wurde also die fehlende Kenntnis des Betroffenen von der Erhebung ihn betreffender Daten als maßgeblicher Grund für eine Pflicht zur Benachrichtigung angesehen. Anders als in § 19a BDSG hat der Gesetzgeber im Gesetzestext allerdings nicht auf die Kenntnis des Betroffenen, sondern auf dessen Beteiligung an dem jeweiligen Verfahren abgestellt. Im Regelfall ist dies, wie gesehen, unschädlich, da der Beschuldigte spätestens mit seiner Vernehmung von der Einleitung des Strafverfahrens erfährt. Für verfahrensübergreifende Mitteilungen nach § 14 EGGVG vor diesem Zeitpunkt besteht hingegen eine vom Gesetzgeber nicht beabsichtigte, verdeckte Regelungslücke. In diesem Fall kann der Beschuldigte nicht, wie vom Gesetzgeber vorausgesetzt, von seinem Auskunftsrecht Gebrauch machen. Der Ausschluss der Benachrichtigungspflicht ist deshalb dahingehend teleologisch zu reduzieren, dass er nur

---
[262] Die erschwerenden Voraussetzungen des § 21 I S. 3 EGGVG – der Gesetzgeber hat insoweit die Regelung in § 19 I S. 3 BDSG übernommen –, dürften in der Praxis nicht relevant werden, s. *Böttcher*, in: Löwe-Rosenberg, StPO (25. Aufl.), § 21 EGGVG Rn. 3.
[263] S.o. S. 381. Auch bei richterlichen Anordnungen gegen den Betroffenen (z.B. dem Erlass eines Haftbefehls) erlangt dieser automatisch Kenntnis von dem Strafverfahren, s.o. aaO.
[264] Demgegenüber ist der lediglich Verdächtige, der mangels eines erkennbaren Verfolgungswillens der Strafverfolgungsbehörde noch nicht Beschuldigter ist, nach § 21 II S. 1 EGGVG von einer Übermittlung zu unterrichten, s. *Wollweber*, NJW 1997, 2488, 2489.
[265] S. den Bericht des Rechtsausschusses, BT-Drucks. 13/7489, S. 57.
[266] S. die Gegenäußerung der Bundesregierung, BT-Drucks. 13/4709, S. 57.
[267] S. den Bericht des Rechtsausschusses, BT-Drucks. 13/7489, S. 55.

den Beschuldigten erfasst, der von der Einleitung des Strafverfahrens und somit auch von der Erhebung ihn betreffender Daten Kenntnis hat. Wird beispielsweise ein Ermittlungsverfahren nach § 170 II StPO eingestellt, ohne dass der Beschuldigte zuvor vernommen worden ist, so ist dieser, wenn aus den Ermittlungen von Amts wegen personenbezogene Daten an eine Aufsichtsbehörde übermittelt werden, von der Mitteilung zu benachrichtigen. Eine Unterrichtung kann hingegen unterbleiben, soweit der Beschuldigte von der Einleitung des strafrechtlichen Ermittlungsverfahrens in Unkenntnis gelassen wird, um den Erfolg der Untersuchung nicht zu gefährden. In diesen Fällen verbietet es sich, den Beschuldigten von einer verfahrensübergreifenden Mitteilung zu unterrichten. Entsprechende Einschränkungen sind in Bezug auf das strafprozessuale Akteneinsichtsrecht (s. § 147 II StPO) und auch für das datenschutzrechtliche Auskunftsrecht (§ 21 IV Nr. 1 EGGVG, § 19 IV Nr. 1 BDSG) anerkannt.

Die in § 21 EGGVG vorgesehenen Auskunfts- und Unterrichtungspflichten tragen daher unter Brücksichtigung der erwähnten teleologischen Reduktion den Vorgaben des BVerfG zu den verfahrensrechtlichen Sicherungen gegen eine Verletzung des Rechts auf informationelle Selbstbestimmung ausreichend Rechnung.

Bei der Übermittlung personenbezogener Daten auf ein Ersuchen (§§ 474, 477 StPO) hat der Gesetzgeber keine obligatorische Unterrichtung des Betroffenen vorgesehen.[268] Dem Auskunftsinteresse des Betroffenen wird insoweit durch den allgemeinen datenschutzrechtlichen Auskunftsanspruch (§ 19 BDSG) und durch das Akteneinsichtsrecht ausreichend Rechnung getragen, das ihm im Verwaltungsverfahren zusteht (§ 29 VwVfG). Da die Übermittlung von der Aufsichtsbehörde veranlasst wird und im Rahmen ihrer Ermittlungtätigkeit erfolgt, ist sie für den Betroffenen grundsätzlich ebenso vorhersehbar wie die anderweitige Erhebung von Informationen durch die ersuchende Behörde. Soweit der Betroffene keine Kenntnis von dem Verfahren hat, zu dessen Durchführung um die Datenübermittlung ersucht wird, kann dem Interesse des Betroffenen an der Benachrichtigung von der Informationsübermittlung kein höheres Gewicht beigemessen werden als dem Interesse an der Unterrichtung über das Verfahren selbst.

(5) Übermittlung personenbezogener Daten durch die Aufsichtsbehörde mit dem Ersuchen

Soweit die Aufsichtsbehörde mit der Stellung eines Ersuchens personenbezogene Daten des Betroffenen übermittelt, greift sie in dessen Recht auf informationelle Selbstbestimmung ein.[269] Die Daten werden allerdings zu dem Zweck übermittelt, zu dem sie erhoben worden sind, d.h. zur Durchführung des jeweiligen Verwaltungsverfahrens. Eine Zweckentfremdung liegt also nicht vor. Der Eingriff in das informationelle Selbstbestimmungsrecht hat also ein geringeres Gewicht als die

---

[268] S. die Begründung des Regierungsentwurfes zum StVÄG 1999, BT-Drucks. 14/1484, S. 29f. (zur Unterrichtung über Auskünfte an Private).
[269] S.o. S. 353f.

Übermittlung personenbezogener Daten an eine Verfolgungsbehörde zur Durchführung eines Straf- oder Ordnungswidrigkeitenverfahrens. Da sich letztere weitestgehend als materiell verfassungsmäßig erwiesen hat[270], bestehen auch gegen eine Übermittlung personenbezogener Daten im Zusammenhang mit einem Auskunftsersuchen keine verfassungrechtlichen Bedenken.

2. Das Brief-, Post- und Fernmeldegeheimnis (Art. 10 GG)

Im Strafverfahren[271] wird durch die Beschlagnahme von Postsendungen und Telegrammen (§ 99 StPO), durch die Anforderung von Telekommunikationsverbindungsdaten (§ 100g StPO) und durch die Überwachung des Fernmeldeverkehrs (§ 100a StPO) in das Grundrecht aus Art. 10 eingegriffen. Die Übermittlung von auf diese Weise erhaltenen personenbezogenen Daten an eine Aufsichtsbehörde zu präventiven Zwecken greift erneut in dieses Grundrecht ein.[272] In Bezug auf auf die Zulässigkeit einer solchen Übermittlung soll wiederum danach unterschieden werden, ob die Übermittlung spontan [a)] oder auf ein entsprechendes Ersuchen der Aufsichtsbehörde [b)] erfolgt.

a) Die spontane Übermittlung

Die spontane Übermittlung personenbezogener Daten, die mit Hilfe eines Eingriffs in Art. 10 GG erhoben worden sind, bedarf einer gesetzlichen Grundlage (Art. 10 II S. 1 GG). Als gesetzliche Ermächtigung für eine spontane Übermittlung an die Aufsichtsbehörde kommen die allgemeinen Befugnisse zu verfahrensübergreifenden Mitteilungen von Amts wegen (§§ 12 ff. EGGVG) und die entsprechenden Befugnisse in den speziellen Aufsichtsgesetzen[273] in Betracht.

Allerdings wird in diesen Befugnissen die Weitergabe von Informationen aus Eingriffen in das Brief-, Post- oder Fernmeldegeheimnis nicht besonders erwähnt, so dass zweifelhaft ist, ob der Gesetzgeber auch die Übermittlung dieser Daten für zulässig erklärt hat. Es fehlt insbesondere eine präzise Festlegung der Voraussetzungen für die Verarbeitung von Informationen, die durch einen Eingriff in Art. 10 GG erlangt worden sind.

Zur Durchführung von Besteuerungsverfahren ist zum Schutz des Brief-, Postund Fernmeldegeheimnis die Übermittlung derartiger Daten durch andere Behörden ausdrücklich ausgeschlossen worden (§§ 105 II, 116 II AO). Dementsprechend hat der BFH Erkenntnisse aus einer strafprozessualen Überwachung des Fernmeldeverkehrs (§ 100a StPO) im Besteuerungsverfahren als nicht verwertbar angese-

---

[270] S.o. S. 305 ff.
[271] Im Ordnungswidrigkeitenverfahren sind Eingriffe in Art. 10 GG nicht zulässig, s. § 46 III OWiG.
[272] S.o. S. 48; s. auch BFH, NJW 2001, 2118; FG Baden-Württemberg, EFG 1990, 507, 509.
[273] S.o. S. 358.

hen, weil die AO keine spezielle gesetzliche Grundlage für eine solche Verwertung enthält.[274] Im Gegenteil, die §§ 105 II, 116 II AO und das Fehlen anderweitiger Befugnisse zu einem solchen Grundrechtseingriff bringen die Wertentscheidung des Gesetzgebers zum Ausdruck, das Brief-, Post- und Fernmeldegeheimnis bei der Durchführung des Besteuerungsverfahrens unangetastet zu lassen.[275]

In den §§ 12ff. EGGVG und den anderen spezialgesetzlichen Übermittlungsbefugnissen fehlen zwar vergleichbare einfach-gesetzliche Vorschriften zum Schutz des Brief-, Post- und Fernmeldegeheimnisses. Gleichwohl bestehen Bedenken, auf der Grundlage dieser Befugnisse auch Eingriffe in Art. 10 GG zuzulassen, wenn eine Beschränkung dieses Grundrechts nicht ausdrücklich im Gesetz erwähnt wird. Bei einer Auslegung der Übermittlungsbefugnisse, die auch zu Eingriffen in das Brief-, Post- und Fernmeldegeheimnis ermächtigt, wäre das Zitiergebot (Art. 19 I S. 2 GG) zu beachten. Im Justizmitteilungsgesetz[276], mit dem die §§ 12ff. EGGVG und die meisten[277] der spezialgesetzlichen Übermittlungsbefugnisse eingeführt worden sind, ist Art. 10 GG nicht als eingeschränktes Grundrecht genannt worden; demnach verstieße das Justizmitteilungsgesetz bei einer Einbeziehung derartiger Grundrechtseingriffe gegen das Zitiergebot.[278] Legt man die Übermittlungsbefugnisse hingegen so aus, dass Eingriffe in Art. 10 GG nicht von ihnen gedeckt sind, liegt kein Verstoß gegen das Zitiergebot vor. In Ermangelung einer ausdrücklichen Beschränkung des Art. 10 GG sind die Übermittlungsbefugnisse daher verfassungskonform dahingehend auszulegen, dass sie die Übermittlung personenbezogener Daten, die durch einen Eingriff in das Brief-, Post- oder Fernmeldegeheimnis erhoben worden sind, nicht zulassen.[279]

Nach alledem ist festzuhalten, dass eine spontane Übermittlung personenbezogener Daten, die durch Maßnahmen nach den §§ 99, 100a, 100g StPO erhoben worden sind, nicht auf die allgemeinen (§§ 12ff. EGGVG) und spezialgesetzlichen Befugnisse zu verfahrensübergreifenden Mitteilungen von Amts wegen gestützt werden kann. Eine solche Übermittlung wäre daher aufgrund der fehlenden gesetzlichen Ermächtigung wegen Verletzung des Brief-, Post- und Fernmeldegeheimnisses (Art. 10 GG) verfassungswidrig.

---

[274] BFH, NJW 2001, 2118, 2119; ebenso FG Baden-Württemberg, EFG 1990, 507, 509f.; 2002, 1148, 1149.
[275] BFH, NJW 2001, 2118, 2119.
[276] JuMiG vom 18.6.1997, BGBl I S. 1430.
[277] Für die Übermittlungsbefugnisse nach der AO wird dem Zitiergebot durch § 413 AO Rechnung getragen – vgl. o. S. 245 –, s. insoweit aber §§ 105 II, 116 II AO und die obigen Ausführungen im Text.
[278] Vgl. auch o. S. 331.f. (zu § 41 II AWG).
[279] S. zum Gebot der verfassungskonformen Auslegung zur Vermeidung von Verstößen gegen Art. 19 I S. 2 GG: *Dreier*, in: ders., GG, Bd. 1 (1996), Art. 19 I Rn. 17; *Huber*, in: von Mangoldt/Klein/Stark, GG, Bd. 1 (1999), Art. 19 I Rn. 103; zur präventiv-polizeilichen Verwendung von Informationen aus einer strafprozessualen Telefonüberwachung (§ 100a StPO): *Würtenberger/Heckmann/Riggert*, Polizeirecht (2002), Rn. 651 ff. m.w.N.

b) Die Übermittlung auf Ersuchen

Die Übermittlung personenbezogener Daten, die aus einem Eingriff in das Brief-, Post- oder Fernmeldegeheimnis stammen, bedarf, auch soweit sie auf ein Ersuchen der Aufsichtsbehörde erfolgt, als Eingriff in Art. 10 GG einer gesetzlichen Grundlage. Ein solcher Eingriff liegt hingegen nicht vor, soweit die Aufsichtsbehörde mit der Stellung des Ersuchens Informationen weitergibt; insoweit kann auf die Ausführungen zum Recht auf informationelle Selbstbestimmung (Art. 2 I i.V.m. Art. 1 I GG) verwiesen werden.[280]

Bei der Zulässigkeit der Datenübermittlung auf ein Ersuchen soll nach der Art und Weise der Informationserhebung und den damit verbundenen Eingriffen in Art. 10 GG unterschieden werden. Am Anfang wird die Übermittlung personenbezogener Daten aus der Überwachung des Fernmeldeverkehrs (§ 100a StPO) untersucht, gefolgt von der Weitergabe im Strafverfahren angeforderter Telekommunikationsverbindungsdaten (§ 100g StPO) und von Informationen aus einer Beschlagnahme von Postsendungen und Telegrammen (§ 99 StPO).

(1) Die Übermittlung personenbezogener Daten aus einer Überwachung des Fernmeldeverkehrs (§ 100a StPO)

Als gesetzliche Grundlage für eine Übermittlung personenbezogener Daten aus einer Überwachung der Fernmeldeverkehrs (§ 100a StPO) auf ein Ersuchen der Aufsichtsbehörde kommt § 474 II S. 1 Nr. 2 i.V.m. § 477 II S. 2 StPO in Betracht. Aus der ausdrücklichen Erwähnung von Ermittlungsmaßnahmen nach § 100a StPO in § 477 II S. 2 StPO wird deutlich, dass der Gesetzgeber auch die Übermittlung von auf diese Weise erlangten Informationen zulassen wollte. Das Zitiergebot (Art. 19 I S. 2 GG) ist bei der Einführung der §§ 474ff. StPO mit dem StVÄG 1999 beachtet worden.[281] Da in § 477 II S. 2 StPO die Voraussetzungen für einen Eingriff in Art. 10 GG präzise und hinreichend bestimmt niedergelegt werden, ist diese Befugnis auch mit dem Bestimmtheitsgebot vereinbar.[282]

In materieller Hinsicht stellt sich die Frage, ob die Zweckentfremdung von Informationen, die durch einen so gravierenden Ermittlungseingriff wie die Überwachung des Fernmeldeverkehrs nach § 100a StPO erlangt worden sind, mit dem Grundsatz der Verhältnismäßigkeit vereinbar ist. Der Gesetzgeber hat bis auf eine Ausnahme[283] davon abgesehen, zu präventiven Zwecken eine solche Befugnis vorzusehen. Der Maßstab des hypothetischen Ersatzeingriffs spricht also gegen die Zulässigkeit der in § 477 II S. 2 StPO vorgesehenen Übermittlung.

Wie bereits ausgeführt worden ist, führt der Umstand, dass ein hypothetischer Ersatzeingriff im Verwaltungsverfahren weitgehend fehlt, nicht automatisch zur

---

[280] S.o. S. 367, 402f.
[281] S. Art. 12a des StVÄG 1999 vom 2.8.2000, BGBl I S. 1253; zu den Anforderungen des Art. 19 I S. 2 GG s.o. S. 246f.
[282] Vgl.o. S. 386f.
[283] § 39 AWG; s. dazu o. S. 211, 261ff.

Verfassungswidrigkeit der gesetzlichen Ermächtigung zur Zweckentfremdung. Maßgeblich ist vielmehr, ob das öffentliche Interesse an der Abwehr der jeweiligen Gefahr den Eingriff in Art. 10 GG materiell zu rechtfertigen vermag.[284] An der Abwehr einer erheblichen Gefahr (§ 477 II S. 2 StPO) besteht ein öffentliches Interesse, welches das Interesse des Einzelnen an dem Ausschluss einer Zweckentfremdung von Erkenntnissen aus besonders schwerwiegenden strafprozessualen Ermittlungseingriffen überwiegt.[285] Mit dem Begriff der erheblichen Gefahr wird in § 477 II S. 2 StPO gewährleistet, dass einerseits Art und Ausmaß des drohenden Schadens erheblich sein müssen und andererseits bereits eine konkrete Gefahr für das betroffene Rechtsgut vorliegt.[286] Im Rahmen der Ausführungen zum Recht auf informationelle Selbstbestimmung wurde als Beispiel für eine erhebliche Gefahr die drohende Ausfuhr von Kriegswaffen in ein Krisengebiet genannt.[287] Dass eine solche Gefahr in materieller Hinsicht geeignet ist, auch zu präventiven Zwecken Eingriffe in Art. 10 GG zu begründen, die strafprozessualen Maßnahmen nach § 100a StPO vergleichbar sind, belegt die – verfassungsgemäße[288] – Erhebungsbefugnis nach § 39 AWG. Bei einer restriktiven Auslegung des Begriffes der „erheblichen Gefahr" kann auch die Übermittlung personenbezogener Daten aus Maßnahmen nach § 100a StPO materiell gerechtfertigt werden. Eine solche Übermittlung verstößt nicht gegen den Grundsatz der Verhältnismäßigkeit.

Die Übermittlung personenbezogener Daten aus der strafprozessualen Überwachung des Fernmeldeverkehrs (§ 100a StPO) nach Maßgabe der §§ 474 II S. 1 Nr. 2, 477 II S. 2 StPO ist demzufolge mit Art. 10 GG vereinbar.

(2) Die Übermittlung von im Strafverfahren angeforderten Telekommunikationsverbindungsdaten (§ 100g StPO)

Zu den strafprozessualen Erhebungsbefugnissen, die zu einem Eingriff in Art. 10 GG ermächtigen, zählt auch die Befugnis, von Telekommunikationsunternehmen Auskunft über Verbindungsdaten der Telekommunikation zu verlangen (§ 100g StPO). Als gesetzliche Grundlage für eine Übermittlung der erhobenen Daten an die Aufsichtsbehörde aufgrund eines von dieser gestellten Ersuchens kommt wiederum § 474 II S. 1 Nr. 2 StPO in Betracht. Anders als bei der Überwachung des Fernmeldeverkehrs (§ 100a StPO) hat der Gesetzgeber nicht durch eine ausdrückliche Erwähnung des § 100g StPO in § 477 II S. 2 StPO zum Ausdruck gebracht, dass eine Übermittlung der nach § 100g StPO angeforderten Verbindungsdaten zulässig sein soll. Eine Übermittlung könnte allerdings auf der Grundlage der allgemeinen Befugnis (§ 474 II S. 1 Nr. 2 StPO) erfolgen, d.h. ohne dass die besonderen Voraussetzungen des § 477 II S. 2 StPO vorliegen müssen. Das Zitiergebot steht einer sol-

---

[284] S.o. S. 387.
[285] S.o. S. 388f. (zu Art. 2 I i.V.m. Art. 1 I GG).
[286] S.o. S. 388.
[287] S.o. S. 388.
[288] S.o. S. 261 ff.

III. Die Verwendung von Daten aus dem Strafverfahren

chen Auslegung nicht entgegen, da bei Einführung der §§ 100g, 100h StPO im Gesetz auf die Einschränkung des Grundrechts nach Art. 10 GG hingewiesen worden ist[289] und dieser Hinweis auch die mit der Einführung von Erhebungsbefugnissen verbundene Ausweitung von Übermittlungsbefugnissen umfasst.

Allerdings ist zweifelhaft, ob eine Übermittlung nach § 474 II S. 1 Nr. 2 StPO materiell mit Art. 10 GG vereinbar ist. Dagegen spricht nicht nur, dass im Verwaltungsverfahren ein vergleichbarer Erhebungseingriff fehlt. Wie in der Ausgestaltung der Eingriffsvoraussetzungen zum Ausdruck kommt, ist die Schwere eines Eingriffs nach § 100g StPO mit der Überwachung des Fernmeldeverkehrs (§ 100a StPO) vergleichbar. Der Gesetzgeber lässt einen Eingriff in Art. 10 GG zur Informationserhebung nur unter besonderen materiellen Voraussetzungen zu (auf bestimmte Tatsachen gestützten Verdacht; Straftat von erheblicher Bedeutung oder von einer Endeinrichtung begangene Straftat).[290] Durch die beispielhafte Erwähnung der Katalogstraftaten nach § 100a StPO werden die Anforderungen an die Straftat von erheblicher Bedeutung erhöht.[291] Diese Anforderungen werden in der Verwertungsregelung (§ 100h III StPO) wieder aufgenommen.

Vergleichbare Einschränkungen enthält § 474 II S. 1 Nr. 2 StPO nicht. Anstatt auch die Übermittlung von Erkenntnissen aus Maßnahmen nach § 100g StPO nur nach Maßgabe des § 477 II S. 2 StPO, insbesondere zur Abwehr einer erheblichen Gefahr, zuzulassen, hat der Gesetzgeber insoweit keine besonderen, materiellen Voraussetzungen niedergelegt.[292] Eine Übermittlung wäre also zulässig, wenn die Aufsichtsbehörde darum ersuchte und die Kenntnis der Daten z. B. in einem Verwaltungsverfahren zur Entziehung einer gewerberechtlichen Erlaubnis wegen Unzuverlässigkeit erforderlich wäre. Eine so weitgehende Übermittlungsbefugnis wäre jedoch als ein unverhältnismäßiger Eingriff in das nach Art. 10 GG geschützte Fernmeldegeheimnis anzusehen. Eine verfassungskonforme Auslegung des § 474 II S. 1 Nr. 2 StPO, wonach im Einzelfall die Verhältnismäßigkeit einer Übermittlung von Erkenntnissen aus einer Maßnahme nach § 100g StPO und ein Ausschluss der Übermittlung (§ 13 II S. 1 EGGVG) zu prüfen ist[293], scheidet aus. Wie sich an den Erhebungsvoraussetzungen und an den eingeschränkten strafprozessualen Verwertungsmöglichkeiten (§ 100h III StPO) zeigt, ist die Übermittlung von nach § 100g StPO angeforderten Telekommunikationsverbindungsdaten ein so schwerwiegender Grundrechtseingriff, dass es Aufgabe des Gesetzgebers ist, Vorgaben für die Zulässigkeit einer anderweitigen Verwendung der nach § 100g StPO angeforderten Verbindungsdaten zu entwickeln, wie er dies für andere strafprozessuale Verwendungszwecke getan hat (s. § 100h III StPO).

---

[289] S. Art. 3 des Gesetzes zur Änderung der StPO vom 20. 12. 2002, BGBl 2001 I S. 3879.
[290] Vgl. *Möllenhoff*, DStR 2001, 706, 707.
[291] *Wollweber*, NJW 2002, 1554; s. auch die Begründung des Gesetzesentwurfes, BT-Drucks. 14/7008, S. 6.
[292] Kritisch insoweit *Wollweber*, NJW 2002, 1554, 1555.
[293] Vgl. o. S. 391 ff., zu anderen nicht von § 477 II S. 2 StPO erfassten strafprozessualen Ermittlungseingriffen.

Als Ergebnis ist daher festzuhalten, dass eine Übermittlung von Informationen, die im Strafverfahren durch eine Anforderung von Verbindungsdaten (§§ 100g, 100h StPO) erhoben worden sind, nicht auf § 474 II S. 1 Nr. 2 StPO gestützt werden kann. Eine Übermittlung dieser Daten verstößt deshalb gegen das Fernmeldegeheimnis (Art. 10 GG).

(3) Die Übermittlung von Informationen aus beschlagnahmten Postsendungen und Telegrammen (§ 99 StPO)

Zu guter Letzt ist zu erörtern, ob personenbezogene Daten, die im Wege einer strafprozessualen Beschlagnahme von Postsendungen und Telegrammen erhoben worden sind, auf ein Ersuchen der Aufsichtsbehörde an diese übermittelt werden dürfen.

Die Beschlagnahme und Öffnung der Sendungen (s. § 100 III StPO) greift in das grundrechtlich geschützte Fernmeldegeheimnis (Telegramme), in das Briefgeheimnis (Briefe) und das Postgeheimnis (andere Postsendungen) ein.[294] Die Übermittlung der auf diese Weise erhobenen Informationen ist daher ebenfalls ein Eingriff in dieses Grundrecht, der einer gesetzlichen Grundlage bedarf. Da in § 477 II S. 2 StPO nicht auf § 99 StPO Bezug genommen wird, kommt – wie bei § 100g StPO – nur die allgemeine Übermittlungsbefugnis (§ 474 II S. 1 Nr. 2 StPO) in Betracht. Da bei Einführung der §§ 474 ff. StPO im Gesetz allgemein auf die Einschränkung des Art. 10 GG hingewiesen worden ist[295], verstößt eine solche Auslegung des § 474 II S. 1 Nr. 2 StPO nicht gegen das Zitiergebot (Art. 19 I S. 2 GG).

Die Heranziehung der allgemeinen Übermittlungsbefugnis begegnet indessen den gleichen grundlegenden Bedenken, die bereits in Bezug auf § 100g StPO dargelegt worden sind:[296] § 474 II S. 1 Nr. 2 StPO sind keine materiellen Kriterien zu entnehmen, an denen die Zulässigkeit eines Übermittlungseingriffs gemessen werden kann. Zwar ist die Beschlagnahme von Postsendungen und Telegrammen nicht von im Vergleich zu anderen Ermittlungsbefugnissen besonders hohen materiellen Voraussetzungen abhängig: In § 99 StPO wird weder ein gesteigerter Verdachtsgrad gefordert noch ein Straftatenkatalog aufgestellt.[297] Anders als andere strafprozessuale Ermittlungsbefugnisse, wie z.B. die Durchsuchung, hat der Gesetzgeber eine Anwendung des § 99 StPO jedoch im Ordnungswidrigkeitenverfahren ausgeschlossen (§ 46 III S. 1 OWiG); in materieller Hinsicht setzt § 99 StPO daher zumindest den Verdacht einer Straftat voraus. Dem hohen Rang des Brief-, Post- und Fernmeldegeheimnisses (Art. 10 GG) hat der Gesetzgeber schließlich dadurch Rechnung getragen, dass nicht nur die Anordnung der Beschlagnahme (§ 100 I

---

[294] S. *Hermes*, in: Dreier, GG, Bd. 1 (1996), Art. 10 Rn. 68.
[295] S. Art. 12a des StVÄG 1999 vom 2. 8. 2000, BGBl I S. 1253; zu den Anforderungen des Art. 19 I S. 2 GG s.o. S. 245.
[296] S.o. S. 406ff.
[297] Vgl. *Möllenhoff*, DStR 2001, 706, 707 (zum Vergleich von Abhörmaßnahme und Durchsuchung).

StPO), sondern auch die Öffnung der beschlagnahmten Sendungen grundsätzlich dem Richter vorbehalten ist (§ 100 III StPO). Diese Sicherungen werden ergänzt durch eine verfassungskonforme, restriktive Auslegung des § 99 StPO: Der Grundrechtseingriff darf zur Bedeutung der Straftat und der zu erwartenden Strafe nicht außer Verhältnis stehen[298], so dass eine Postbeschlagnahme zur Verfolgung von Privatklagedelikten kaum in Betracht kommen wird.[299]

Im Unterschied zu den §§ 99, 100 StPO wird dem schwerwiegenden Eingriff in Art. 10 GG, der in einer Übermittlung personenbezogener Daten aus einer Beschlagnahme von Postsendungen bzw. Telegrammen liegt, in § 474 II S. 1 Nr. 2 StPO i.V.m. §§ 12ff. EGGVG an keiner Stelle Rechnung getragen, sondern eine Übermittlung nach den gleichen Maßstäben für zulässig erklärt, die für Erkenntnisse aus anderen Ermittlungsmaßnahmen gelten. Eine uneingeschränkte Übermittlung von nach §§ 99, 100 StPO erhobenen Informationen an die Aufsichtsbehörde wäre jedoch mit dem Fernmelde-, Brief- und Postgeheimnis (Art. 10 GG) unvereinbar.

Als Ergebnis ist daher festzuhalten, dass § 474 II S. 1 Nr. 2 StPO für eine Übermittlung von Informationen, die im Strafverfahren durch eine Beschlagnahme von Postsendungen und Telegrammen (§§ 99, 100 StPO) erlangt worden sind, keine geeignete gesetzliche Grundlage darstellt und eine solche Übermittlung demzufolge in Ermangelung einer gesetzlichen Ermächtigung gegen das Grundrecht aus Art. 10 GG verstößt.

3. Die Unverletzlichkeit der Wohnung (Art. 13 GG)

Strafprozessuale Maßnahmen zur Informationserhebung können in zweierlei Hinsicht in das Wohnungsgrundrecht (Art. 13 GG) eingreifen. Zum einen kann das in einer Wohnung nichtöffentlich gesprochene Wort mit technischen Mitteln abgehört und aufgezeichnet werden („Großer Lauschangriff", § 100c I Nr. 3 StPO). Zum anderen können Wohnungen und andere von Art. 13 GG geschützte Räumlichkeiten durchsucht werden (§§ 102 ff. StPO). Die Übermittlung dieser im Strafverfahren erhobenen personenbezogenen Daten an eine Aufsichtsbehörde zu präventiven Zwecken greift erneut in das Wohnungsgrundrecht ein.[300] Bei der Untersuchung der Zulässigkeit einer solchen Übermittlung soll nach den Erhebungseingriffen differenziert werden.

---

[298] *Hermes*, in: Dreier, GG, Bd. 1 (1996), Art. 10 Rn. 68; s. auch *Nack*, in: KK-StPO (2003), § 99 Rn. 9.
[299] *Amelung*, in: AK-StPO, Bd. 2/1 (1992), § 99 Rn. 8; *Schäfer*, in: Löwe-Rosenberg, StPO (24. Aufl.), § 99 Rn. 33.
[300] S. dazu S. 63 ff.

a) Die Übermittlung von Erkenntnissen aus einem „großen Lauschangriff" (§ 100c I Nr. 3 StPO)

(1) § 100f I Alt. 2 StPO als gesetzliche Grundlage

Die Übermittlung von Erkenntnissen aus einem „großen Lauschangriff" (§ 100c I Nr. 3 StPO) bedarf als Eingriff in das Wohnungsgrundrecht (Art. 13 GG) einer gesetzlichen Grundlage.[301] Als gesetzliche Übermittlungsbefugnis kommt § 100f I StPO in Betracht. Danach dürfen personenbezogene Informationen, die durch eine Maßnahme nach § 100c I Nr. 3 StPO ermittelt worden sind, nur für Zwecke eines Strafverfahrens oder zur Abwehr einer im Einzelfall bestehenden Gefahr für Leben, Leib oder Freiheit einer Person oder für erhebliche Sach- oder Vermögenswerte verwendet werden. Mit dem Begriff der „Verwendung" knüpft der Gesetzgeber an die Terminologie des BDSG an.[302] Die Verwendung ist dort der Oberbegriff für die Nutzung und die Verarbeitung von Daten (§ 3 V BDSG). Da die Verarbeitung auch die Übermittlung einschließt (s. § 3 IV S. 1 BDSG), schließt die „Verwendung" i.S.d. § 100f I StPO auch die Übermittlung personenbezogener Daten zu präventiven Zwecken ein. Da § 100f I StPO nicht zwischen der spontanen Übermittlung und der Übermittlung auf ein Ersuchen unterscheidet, gilt er seinem Wortlaut nach für beide Arten der Übermittlung. § 100f I Alt. 2 StPO enthält insoweit allerdings keine abschließende Regelung, d.h. die allgemeinen Voraussetzungen für verfahrensübergreifende Mitteilungen (§§ 12 ff. EGGVG) bzw. die Übermittlung personenbezogener Daten auf ein Ersuchen (§§ 474 ff. StPO) sind ergänzend anzuwenden.

Problematisch ist allerdings das Verhältnis des § 100f I Alt. 2 StPO zu § 477 II S. 2 StPO, denn die letztgenannte Vorschrift stellt ebenfalls besondere Voraussetzungen für die Übermittlung von Erkenntnissen aus einer Maßnahme nach § 100c I Nr. 3 StPO auf. Zum Teil wird davon ausgegangen, dass § 477 II S. 2 StPO als lex posterior eine von § 100f I Alt. 2 StPO abweichende Regelung getroffen hat und § 100f I Alt. 2 StPO dadurch obsolet geworden ist.[303] Es liegt in der Konsequenz dieses Begründungsansatzes, dass die Regelung über die Verwendung von Informationen durch Polizeibehörden (§ 481 StPO) ebenfalls als lex posterior angesehen wird und § 100f I Alt. 2 StPO auch insoweit gegenstandslos geworden sein soll.[304]

Bereits der Umstand, dass sich Vorläufer des § 477 II S. 2 StPO in Gesetzesentwürfen vor der Einführung des § 100f StPO finden[305], spricht dagegen, dass sich der Gesetzgeber mit der Regelung des § 477 II S. 2 StPO von der in § 100f StPO vorgenommen Wertung lösen wollte.[306] Angesichts der besonderen Grundrechtsrele-

---

[301] S.o. S. 69.
[302] *Dencker*, in: Meyer-Goßner-FS (2001), S. 237, 243.
[303] *Brodersen*, NJW 2000, 2536, 2540; *Gemählich*, in: KMR-StPO, § 477 Rn. 5.
[304] *Brodersen*, NJW 2000, 2536, 2540.
[305] S. insbesondere den Regierungsentwurf zum StVÄG 1996, BT-Drucks. 13/9718, S. 8, 26; s. auch den Entwurf zum StVÄG 1994, BT-Drucks. 13/194, S. 5, 12.
[306] *Wollweber*, NJW 2000, 3623, 3624.

III. Die Verwendung von Daten aus dem Strafverfahren

vanz einer Verwertung von Erkenntnissen aus einem großen Lauschangriff wäre ein solcher Schritt, der auf eine Aufhebung des § 100f I Alt. 2 StPO hinausläuft[307], Anlass zu einer ausführlichen Diskussion im Gesetzgebungsverfahren gewesen.[308] Da der Gesetzgeber davon abgesehen hat, die Grenzen einer Verwendung zu präventiven Zwecken in § 100f I Alt. 2 StPO selbst neu zu bestimmen, ist davon auszugehen, dass diese Norm auch nach der Einführung des § 477 II S. 2 StPO weiter bestehen bleiben soll.[309]

Mit § 477 II S. 2 StPO verfolgte der Gesetzgeber das Ziel, die Übermittlung von Informationen, die durch einen besonders tiefgreifenden Eingriff in Grundrechte verbunden sind, einzuschränken.[310] Diesem Anliegen des Gesetzgebers wird gerade durch eine Auslegung des § 477 II S. 2 StPO Rechnung getragen, die einen weitergehenden Schutz des Einzelnen vor der Übermittlung personenbezogener Daten nicht ausschließt. Auch das Interesse an einer klaren und abschließenden Übermittlungsregelung rechtfertigt keine Verdrängung des § 100f I StPO[311], denn auch und gerade in der praktisch besonders relevanten Verwendungsregelung des § 481 StPO hat der Gesetzgeber ausdrücklich angeordnet, dass besondere bundesgesetzliche oder landesgesetzliche Verwendungsregelungen unberührt bleiben (§ 481 II StPO). § 100f I Alt. 2 StPO ist daher gegenüber § 477 II S. 2 StPO als speziellere Norm anzusehen, die für die Übermittlung von Erkenntnissen aus einem „großen Lauschangriff" besondere, über § 477 II S. 2 StPO hinausgehende Voraussetzungen aufstellt.[312] Die Übermittlung von personenbezogenen Daten aus einer strafprozessualen Ermittlungsmaßnahme nach § 100c I Nr. 3 StPO ist daher einheitlich nach § 100f I Alt. 2 StPO zu beurteilen.

Mit § 100f I Alt. 2 StPO liegt demnach eine gesetzliche Grundlage für eine Übermittlung vor. Das Zitiergebot (Art. 19 I S. 2 GG) gilt insoweit nicht, da die Verwendungsregelung in § 100f StPO immanente Schranken des Art. 13 GG ausgestaltet.[313]

---

[307] Da § 477 II S. 2 StPO nur die Übermittlung auf ein Ersuchen umfasst, wäre es denkbar, dem § 100f I Alt. 2 StPO einen Anwendungsbereich für die spontane Übermittlung personenbezogener Daten an andere als Polizeibehörden (vgl. § 481 StPO) zu belassen. Die spontane Übermittlung von strengeren Voraussetzungen abhängig zu machen, entspricht zwar dem Grundsatz der Verhältnismäßigkeit – s. o. S. 395 –, an der weitgehenden Aufhebung des § 100f I Alt. 2 StPO und den dagegen bestehenden Bedenken (s. o. im Text) würde dies jedoch nichts ändern.
[308] S. auch *Wollweber*, NJW 2000, 3623, 3624.
[309] So wird auch für den umgekehrten Fall – die Verwertung von präventiv-polizeilichen Informationen im Strafverfahren – davon ausgegangen, dass die bestehende Regelung (§ 100f II StPO) von der durch das StVÄG 1999 eingeführten Regelung (§ 161 II StPO) unberührt bleibt, s. *Brodersen*, NJW 2000, 2536, 2539.
[310] BT-Drucks. 14/1484, S. 29.
[311] S. insoweit *Gemählich*, in: KMR-StPO, § 477 Rn. 5.
[312] Für einen Vorrang des § 100f I Alt. 2 StPO: *Kleinknecht/Meyer-Goßner*, StPO (2003), § 477 Rn. 3; *Rudolphi/Wolter*, SK-StPO, § 100f Rn. 13; *Wollweber*, NJW 2000, 3623, 3624.
[313] S. dazu o. S. 335. Hält man das Zitiergebot hingegen für anwendbar – vgl. *Wollweber*, NJW 2000, 3623, 3624 –, so wird ihm mit dem allgemeinen Hinweis bei der Einführung des § 100f StPO Genüge getan, s. Art. 6 des Gesetzes zur Verbesserung der Bekämpfung der Organisierten Kriminalität vom 4. 5. 1998, BGBl I S. 845.

(2) Die materielle Verfassungsmäßigkeit der Übermittlung

Die materielle Verfassungsmäßigkeit einer Übermittlung von Erkenntnissen aus einer strafprozessualen Maßnahme nach § 100c I Nr. 3 StPO bestimmt sich nach den Schranken, die dem Wohnungsgrundrecht (Art. 13 GG) für einen solchen Eingriff zu entnehmen sind.

Abgesehen von Art. 13 V S. 2 GG enthält das Wohnungsgrundrecht keine Schranken für Grundrechtseingriffe durch die weitere Verwendung personenbezogener Daten, die mit Hilfe eines Eingriffs in Art. 13 GG erhoben worden sind. Gleichwohl sind die Schranken für die Informationserhebung auch bei der Verwendung von Informationen zu dem jeweiligen Zweck heranzuziehen. Hinsichtlich der Verwertung von Informationen aus einem Ermittlungseingriff nach § 100c I Nr. 3 StPO zu präventiven Zwecken ist daher der Maßstab heranzuziehen, der für die entsprechende Erhebungsmaßnahme zu diesem Zweck gilt. Das Abhören und Aufzeichnen des nicht öffentlich gesprochenen Wortes zu präventiven Zwecken ist in Art. 13 IV GG geregelt, diese Schranke ist daher Ausgangspunkt der materiellen Rechtfertigung einer Übermittlung nach § 100f I Alt. 2 StPO.[314] Da die anderweitige Verwendung weniger schwer in das Wohnungsgrundrecht eingreift als der Erhebungseingriff, sind die materiellen Anforderungen des Art. 13 IV S. 1 GG allerdings nicht in vollem Umfang auf die Übermittlung personenbezogener Daten nach § 100f I Alt. 2 StPO zu übertragen.[315] Eine Übermittlung zu einem präventiven Zweck setzt allerdings voraus, dass dieser in seiner Wertigkeit wenigstens annähernd dem Zweck entspricht, zu dessen Verwirklichung der entsprechende Erhebungseingriff zulässig gewesen wäre; wird der Maßstab des Art. 13 IV GG hingegen deutlich verfehlt, ist eine Übermittlung von Erkenntnissen aus einer Maßnahme nach § 100c I Nr. 3 StPO unzulässig.[316]

Art. 13 IV S. 1 GG setzt voraus, dass die Erhebung der Abwehr einer dringenden Gefahr für die öffentliche Sicherheit, insbesondere einer gemeinen Gefahr oder Lebensgefahr dient. Anders als in Art. 13 VII GG wird nicht auf die Verhütung, sondern auf die Abwehr einer Gefahr für die öffentliche Sicherheit abgestellt und für eine Rechtfertigung des Grundrechtseingriffs das Bestehen einer konkreten Gefahr gefordert.[317] Dementsprechend ist eine Verwendung der erlangten Informationen nach § 100f I Alt. 2 StPO nur zur Abwehr „einer im Einzelfall bestehenden Gefahr" zulässig; es wird dort also eine konkrete Gefahr vorausgesetzt.[318]

Der Begriff der dringenden Gefahr für die öffentliche Sicherheit ist nach dem Rang des gefährdeten Rechtsgutes zu bestimmen.[319] Diesen Anforderungen wird

---

[314] S. dazu o. S. 69.
[315] S. o. S. 70.
[316] S. o. S. 70f.
[317] S. o. S. 70.
[318] *Nack*, in: KK-StPO (2003), § 100f Rn. 3; *Rudolphi/Wolter*, in: SK-StPO, § 100f Rn. 11.
[319] S. o. S. 62 (zu Art. 13 VII GG). Der Begriff der dringenden Gefahr wird in Art. 13 IV GG grundsätzlich ebenso verstanden wie in Art. 13 VII GG, s. etwa *Gornig*, in: von Mangoldt/Klein/ Starck, GG, Bd. 1 (1999), Art. 13 Rn. 127, 162; *Kunig*, in: von Münch/Kunig, GG, Bd. 1 (2000),

III. Die Verwendung von Daten aus dem Strafverfahren

in § 100f I Alt. 2 StPO dadurch Rechnung getragen, dass der Kreis der Rechtsgüter, zu deren Wahrung eine Verwendung zugelassen wird, auf wenige begrenzt wird.[320] An dem Schutz der Individualrechtsgüter Leben, Leib und Freiheit (i.S.d. Art. 2 II S. 2 GG) besteht aufgrund ihres besonderen Ranges ein gewichtiges öffentliches Interesse; dies gilt auch für den Schutz von „erheblichen" Vermögens- und Sachwerten, solange eine restriktive Auslegung dieses Merkmals sichergestellt ist.[321] Mit der Beschränkung auf die genannten Rechtsgüter wird vermieden, dass durch eine Bezugnahme auf andere Rechtsgüter, deren Gefährdung schwer zu fassen ist, wie z.B. die Funktionsfähigkeit der Kredit- und Versicherungswirtschaft, das Erfordernis einer konkreten Gefahr ausgehöhlt wird. Sollen also beispielsweise Erkenntnisse aus einem Lauschangriff an die Bundesanstalt für Finanzdienstleistungsaufsicht übermittelt werden, so ist eine abstrakte Gefahr für das Vermögen der Kunden, z.B. aufgrund der Unzuverlässigkeit eines Geschäftsleiters, ebensowenig ausreichend wie die möglicherweise aufgrund der fehlenden Zuverlässigkeit anzunehmenden Gefahr für die Funktionsfähigkeit der Kreditwirtschaft. Auch das öffentliche Interesse an der Funktionsfähigkeit eines Gewerbezweiges oder am Schutz der Umwelt kann eine Übermittlung von personenbezogenen Daten aus einem strafprozessualen Erhebungseingriff nach § 100c I Nr. 3 StPO nicht rechtfertigen.[322] Eine Übermittlung kann dagegen zulässig sein, wenn z.B. infolge der Einleitung giftiger Chemikalien in ein Gewässer eine konkrete Gefahr für die Gesundheit (§ 100f I Alt. 2 StPO: „Leib") besteht. Die Abwehr einer Gefahr für „erhebliche Vermögenswerte" (§ 100f I Alt. 2 StPO) kann darin liegen, dass eine Finanzbehörde mit den übermittelten Daten in die Lage versetzt wird, einen Millionenschaden für den Fiskus durch die Nacherhebung hinterzogener Steuern abzuwenden.[323] Im Regelfall wird eine Weitergabe von Erkenntnissen aus einer Maßnahme nach § 100c I Nr. 3 StPO jedoch nicht in Betracht kommen.

Die Verwendungsregelung des § 100f I Alt. 2 StPO orientiert sich nach alledem sehr eng an den Kriterien des Art. 13 IV S. 1 GG. Es kann nicht die Rede davon sein, dass der dort aufgestellte Maßstab deutlich verfehlt wird. Da § 100f I Alt. 2 StPO auch im Übrigen keinen Anlass gibt, die Verhältnismäßigkeit einer Übermittlung nach Maßgabe der dort enthaltenen Voraussetzungen in Zweifel zu ziehen[324], ist diese Befugnis in materieller Hinsicht mit Art. 13 GG vereinbar.

Art. 13 Rn. 47 i.V.m. Rn. 63, 65. Eine gegenwärtige Gefahr wird in § 100f I Alt. 2 StPO nicht verlangt, s. *Rudolphi/Wolter*, in: SK-StPO, § 100f Rn. 11; s. auch *Nack*, in: KK-StPO (2003), § 100f Rn. 3 (keine unmittelbar bevorstehende Gefahr).
[320] Vgl. *Nack*, in: KK-StPO (2003), § 100f Rn. 4.
[321] Vgl. zur „erheblichen Gefahr" (§ 477 II S. 2 StPO) o. S. 388 f.; vgl. ferner *Rudolphi/Wolter*, in: SK-StPO, § 100f Rn. 12. Nach Ansicht von *Würtenberger*, in: Hilger-FS (2003), S. 263, 269, ist der grundrechtlich gebotene Schutz erheblicher Sach- und Vermögenswerte die unterste Schwelle, die eine solche Zweckänderung zulässt.
[322] Zur Rechtfertigung von Eingriffen nach Art. 13 VII GG unter Berufung auf diese Gemeinwohlinteressen s.o. S. 247.
[323] Vgl. o. S. 399.
[324] Zur Verhältnismäßigkeit der Übermittlung von Informationen aus besonders eingriffsintensiven Ermittlungsmaßnahmen (§ 477 II S. 2 StPO) s.o. S. 388 f.

Eine Übermittlung von Erkenntnissen aus einer Ermittlungsmaßnahme nach § 100c I Nr. 3 StPO auf der Grundlage des § 100f I Alt. 2 StPO unter ergänzender Anwendung der §§ 12ff. EGGVG bzw. §§ 474ff. StPO verletzt daher nicht das Wohnungsgrundrecht (Art. 13 GG).

b) Die Übermittlung von Informationen aus einer Durchsuchung (§§ 102ff. StPO)

Sofern im Rahmen des strafrechtlichen Ermittlungsverfahrens oder eines Ordnungswidrigkeitenverfahrens Durchsuchungen durchgeführt worden sind, stellt sich die Frage, ob die dabei gewonnenen Informationen an die Aufsichtsbehörde übermittelt werden dürfen oder ob das Wohnungsgrundrecht (Art. 13 GG) einer solchen Verwertung entgegensteht. Da eine solche Übermittlung erneut in Art. 13 GG eingreift, bedarf sie einer gesetzlichen Grundlage.

Eine ausdrückliche Befugnis für die Übermittlung von Erkenntnissen aus einer strafprozessualen Durchsuchung besteht nicht, so dass insoweit nur die allgemeinen Übermittlungsbefugnisse (§§ 12ff. EGGVG, 474ff. StPO, 49a, 49b OWiG) als gesetzliche Grundlage in Betracht kommen. Das Zitiergebot steht einer Auslegung dieser Befugnisse, die auch Eingriffe in das Wohnungsgrundrecht (Art. 13 GG) einschließt, nicht entgegen, da die gesetzliche Ausgestaltung der Übermittlung verfassungsimmanente Schranken des Art. 13 GG ausformt und Art. 19 I S. 2 GG daher keine Anwendung findet.[325]

Ob die allgemeinen Befugnisse eine tragfähige Grundlage für einen solchen Eingriff in das Wohnungsgrundrecht darstellen, hängt daher davon ab, ob diese Befugnisse in materieller Hinsicht den Anforderungen des Art. 13 GG entsprechen. Da Art. 13 II GG für die Durchsuchung keine materiellen Vorgaben enthält, können aus Art. 13 GG unmittelbar keine Anhaltspunkte für die materiellen Anforderungen an die Verwendung von Informationen aus einer Durchsuchung entnommen werden.[326] Die verfassungsrechtlichen Grenzen für eine Übermittlung dieser Informationen setzt folglich das allgemeine Verhältnismäßigkeitsprinzip.

Die Antwort auf die Frage, ob eine Übermittlung von Informationen aus einer Durchsuchung zur Gefahrenabwehr noch verhältnismäßig ist, hängt maßgeblich von der Schwere des Grundrechtseingriffs ab. Zieht man den Maßstab des hypothetischen Ersatzeingriffs heran, so stellt man fest, dass die Aufsichtsbehörde in der Regel nicht über eine Durchsuchungsbefugnis verfügt[327], sondern allein zu einer Nachschau berechtigt ist[328]. Die Nachschaubefugnis bleibt aber in der Eingriffsintensität hinter einer Durchsuchung zurück; eine gezielte Suche („Herumwühlen")

---

[325] S. o. S. 335.
[326] S. o. S. 70.
[327] S. o. S. 210.
[328] S. o. S. 209.

ist nicht zulässig.³²⁹ Im Übrigen ist eine Nachschau häufig nur in Geschäftsräumen und nicht in Wohnräumen zulässig.³³⁰ Dass der Gesetzgeber vergleichbare Erhebungsbefugnisse im Verwaltungsverfahren geschaffen bzw. nicht geschaffen hat, ist jedoch lediglich ein Indiz für bzw. gegen die Verhältnismäßigkeit der anderweitigen Verwendung der erhobenen Informationen.³³¹ Die Erhebung einer Information kann in mehrfacher Hinsicht stärker in das betroffene Grundrecht eingreifen als die anderweitige Verwendung der erhobenen Information. Bei letzterer entfallen zunächst die mit der Informationserhebung verbundenen Begleiteingriffe: Die Störung des Hausfriedens, die mit einer Durchsuchung einhergeht, unterbleibt bei einer Übermittlung von Informationen aus einer solchen Maßnahme.³³² Bei der Übermittlung personenbezogener Daten geht es ausschließlich um die informationelle Belastung des Grundrechtsträgers, die mit dem Grundrechtseingriff verbunden ist.³³³ Entscheidend ist also, ob die Übermittlung von Informationen aus einer Durchsuchung in informationeller Hinsicht in vergleichbar schwerer Weise in das Wohnungsgrundrecht eingreift wie die Durchsuchung selbst.

Die Eingriffsintensität der Durchsuchung ergibt sich daraus, dass bei der Suche nach einem bestimmten Gegenstand eine Vielzahl von Informationen aus der geschützten Sphäre offenbart werden.³³⁴ Soweit sich die Übermittlung auf die Information beschränkt, die in dem gesuchten (und gefundenen) Gegenstand verkörpert ist, entfällt die spezifische informationelle Belastung, die mit einer Durchsuchung verbunden ist: Die bei der Suche aufgenommenen Informationen bleiben von einer weiteren Verwendung ausgeschlossen. In Bezug auf den gesuchten Gegenstand konzentriert sich die mit der Durchsuchung verbundene Belastung darauf, dass dieser einer Beschlagnahme zugänglich gemacht wird. Die Durchsuchung ist insoweit eine Modalität der Vollstreckung des staatlichen Inbesitznahmeanspruchs.³³⁵ Kommt z.B. ein Unbeteiligter einem Herausgabeverlangen (§ 95 StPO) nicht nach, so kann seine Wohnung nach dem Beweismittel durchsucht (§ 103 I S. 1 StPO) und dieses sodann beschlagnahmt werden (§ 94 StPO).³³⁶ Bei dieser Sichtweise der Durchsuchung als Mittel zur Realisierung des staatlichen Inbesitznahmeanspruchs ist das Urteil zu revidieren, die Aufsichtsbehörde sei zu einem vergleichbaren, hypothetischen Ersatzeingriff nicht befugt, denn ihr steht ein solcher Eingriff zu Ge-

---

³²⁹ S.o. S.55.
³³⁰ S.o. S.209.
³³¹ S.o. S.387.
³³² S.o. S.69f.
³³³ S.o. S.70.
³³⁴ S.o. S.55; vgl. auch LG Freiburg, NStZ 1999, 582, 583 (zur Durchsuchung von Banken).
³³⁵ Zum staatlichen Inbesitznahmeanspruch: *Amelung*, in: AK-StPO, Bd.2/1 (1992), § 94 Rn.2ff.
³³⁶ Vgl. *Amelung*, in: AK-StPO, Bd.2/1 (1992), § 94 Rn.12 (zur Beschlagnahme und zum Herausgabeverlangen als Arten der Realisierung des staatlichen Inbesitznahmeanspruchs); s. auch zum Zusammenhang von Beschlagnahme und Durchsuchung: *Ransiek*, StV 2002, 565, 568; *Wesser*, NJW 2002, 2138, 2139.

bote: Die Behörde kann von dem Betroffen verlangen, ihr Geschäftsunterlagen und andere Dokumente zur Einsichtnahme vorzulegen, und dieses Verlangen auch mit Hilfe von Zwangsmitteln durchsetzen.[337] Dass die Behörde ihre Aufforderung auf bestimmte Unterlagen konkretisieren muss, unterscheidet das Vorlageverlangen nicht von einer Durchsuchung, denn auch in der Durchsuchungsanordnung sind die Art und der vermutete Inhalt der gesuchten Beweismittel anzugeben.[338] Eine Durchsuchung zur Ausforschung des Beschuldigten ist dagegen unzulässig.[339] Ein Unterschied besteht allerdings darin, dass vor einer Durchsuchung nicht sicher ist, ob sich die gesuchten Gegenstände im räumlichen Herrschaftsbereich des Betroffenen befinden. Die informationelle Belastung für den Betroffenen besteht darin, dass sich die durchsuchende Behörde insoweit Gewissheit verschafft und gegebenenfalls auch präzisere Informationen über die gesuchten Gegenstände erhält. Diese informationelle Belastung wirkt bei der Übermittlung dieser „verdichteten" Information fort. Im Vergleich zu der Vielzahl an Informationen, die im Verlauf einer Durchsuchung offenbart werden, ist diese Belastung jedoch vergleichsweise gering. Eine Übermittlung von Durchsuchungsergebnissen nach Maßgabe der allgemeinen Regelungen für Informationen aus einem Straf- oder Ordnungswidrigkeitenverfahren erscheint angesichts dessen nicht als unverhältnismäßig.

Demgegenüber greift die Übermittlung von anderen, im Verlauf der Durchsuchung erlangten Informationen besonders schwer in das Wohnungsgrundrecht ein. Wie bereits ausgeführt, begründet gerade die Offenbarung einer Vielzahl von anderen, d.h. nicht auf das Ziel der Suche bezogenen Informationen die Eingriffsintensität der Durchsuchung. Aus diesem Grund verlangt das BVerfG, dass in der richterlichen Anordnung das Ziel, der Rahmen und die Grenzen der Durchsuchung festgelegt werden.[340] Diese Festlegungen verlieren ihre begrenzende Funktion, wenn bei jeder im Verlauf der Suche offenbarten Information geprüft wird, ob sich diese nicht in einem anderen Zusammenhang verwenden lässt.[341] Das „Herumwühlen" in der räumlichen Privatsphäre ist dem Betroffenen nur deshalb zuzumuten, weil eine Verwertung der auf diese Weise erlangten Informationen allein zu einem vorab festgelegten Zweck erfolgt. Aus diesem Grund kann die anderweitige Verwendung von Informationen, die anlässlich einer strafprozessualen Durchsuchung gewonnen worden sind, nur in Ausnahmefällen zugelassen werden und bedarf einer ausdrücklichen gesetzlichen Grundlage.[342]

---

[337] S.o. S.205f.
[338] BVerfGE 42, 212, 220f.; 44, 353, 371; NJW 1992, 551, 552; wistra 1994, 221, 223; StV 2000, 465; zu weiteren Anforderungen an den richterlichen Beschluss: *Amelung/Wirth*, StV 2002, 161, 162; *Papier/Dengler*, BB 1996, 2593, 2595.
[339] LG Bremen, StV 2002, 536; s. auch *Amelung*, in: AK-StPO, Bd.2/1 (1992), §102 Rn.28 m.w.N.
[340] BVerfGE 96, 44, 51f.; s. auch bereits BVerfGE 20, 162, 227; zur Bedeutung der richterlichen Entscheidung für den inhaltlichen Umfang des Grundrechtsschutzes: *Ransiek*, StV 2002, 565, 569, 570.
[341] *Dörn*, DStR 2002, 574, 575; *Pütz*, wistra 1998, 54, 57.
[342] S. auch *Dörn*, DStR 2002, 574, 576. Die Durchbrechung der Zweckbindung hat auch Konse-

III. Die Verwendung von Daten aus dem Strafverfahren

Einen solchen Ausnahmefall normiert § 108 StPO.[343] Dort werden an die Verwertung eines Zufallsfundes mit einem strafprozessualen Anfangsverdacht die gleichen materiellen Anforderungen gestellt wie an die Erhebungsmaßnahme. Diese Durchbrechung der Zweckbindung ist nach dem Maßstab des hypothetischen Ersatzeingriffes zulässig. Dies bedeutet nach dem oben Gesagten, dass ein „Zufallsfund" i. S. d. § 108 StPO dem Ergebnis einer Durchsuchung gleichgestellt wird und daher auch zu präventiven Zwecken verwendet werden darf. Darüber hinaus kann eine Verwertung von Zufallsfunden im Verwaltungsverfahren nicht auf § 108 StPO gestützt werden.[344] Im Gegensatz zu § 108 StPO enthalten die allgemeinen Befugnisse zur Übermittlung personenbezogener Daten aus einem Straf- oder Ordnungswidrigkeitenverfahren keine besonderen Regelungen für Zufallsfunde aus einer Durchsuchung, ganz zu schweigen von der Normierung entsprechender Voraussetzungen. Als Ermächtigungsgrundlagen für eine Übermittlung von Zufallsfunden aus einer Durchsuchung scheiden sie daher aus.

Die Unzulässigkeit einer Übermittlung von Zufallsfunden aus einer Durchsuchung soll abschließend am Beispiel der Durchsuchung von Banken zur Verfolgung von Steuerstraftaten erläutert werden. Werden im Rahmen einer solchen Durchsuchung Kontrollmitteilungen über unbeteiligte Bankkunden angefertigt und diese den zuständigen Finanzämtern zur Durchführung der Besteuerung übersandt, so sind diese Maßnahmen nicht allein unter dem Gesichtspunkt des zu dem Bankkunden bestehenden Vertrauensverhältnisses (§ 30a AO) zu sehen[345], sondern es geht auch und vor allem um einen Eingriff in das Grundrecht der Bank aus Art. 13 GG.[346] Wird eine solche Durchsuchung wegen des Verdachts der Beihil-

---

quenzen für den zulässigen Rechtsweg: Gegen eine Verwendung der erhobenen Informationen im Besteuerungsverfahren ist nicht der Rechtsweg zu den ordentlichen Gerichten, sondern zu den Finanzgerichten gegeben, s. BFH (VII. Senat), wistra 2001, 354, 358; s. auch BFH (I. Senat), NJW 2001, 318, 319.

[343] *Pütz*, wistra 1998, 54, 56. Nach Ansicht des LG Freiburg, NStZ 1999, 582, 583, kann eine Anwendung des § 108 StPO aufgrund des richterlichen Durchsuchungsbefehls ausgeschlossen sein; s. dagegen zu Recht *Hentschel*, NStZ 2000, 274 f.

[344] *Joecks*, WM 1998, Sonderbeilage 1/1998, S. 30; *Pütz*, wistra 1998, 54, 57; s. auch FG Baden-Württemberg, wistra 1997, 158, 160, das eine Anwendung des § 108 StPO insoweit ablehnt, eine Verwertung gleichwohl nach § 208 I Nr. 3 AO für zulässig hält. Die Heranziehung einer Aufgabenzuweisung macht deutlich, dass der Eingriffscharakter der anderweitigen Verwertung (insbesondere in Bezug auf Art. 13 GG) nicht erkannt wird, § 108 StPO also nicht als Verwertungsbefugnis, sondern ausschließlich als Verwertungsbeschränkung gesehen wird, s. die entsprechende Kritik von *Pütz*, wistra 1998, 54, 56.

[345] So ist in der Rechtsprechung umstritten, ob die Begrenzung der Ausschreibungsbefugnis bei der Betriebsprüfung von Banken (§ 30a III AO) auf Durchsuchungen der Steuerfahndung entsprechend anzuwenden sind, so BFH (VII. Senat), wistra 1998, 110, 113 f.; a. A. BFH (I. Senat), NJW 2001, 318, 320; FG Baden-Württemberg, wistra 1997, 158, 160; zuletzt offen gelassen von BFH (VII. Senat), NJW 2001, 2997, 3000. Sieht man eine Verwertung nur in den Fällen als zulässig an, in denen ein Zufallsfund zur Verfolgung einer Steuerstraftat verwertet werden kann (s. § 108 StPO), so gelangt man im Ergebnis zu der gleichen Einschränkung, s. dazu o. im Text.

[346] *Dörn*, DStR 2002, 574, 576; s. auch *Möllenhoff*, DStR 2001, 706, 707. Mit der Verwertung wird zwar insoweit nicht in ein Grundrecht des Bankkunden eingegriffen, es ist jedoch keineswegs ausgeschlossen, dass subjektive Rechte eines an dem Besteuerungsverfahren nicht Beteiligten einer

fe zur Steuerhinterziehung angeordnet, so wird die Begrenzung der Durchsuchung in der richterlichen Anordnung unterlaufen, wenn ohne Bezug zu dem Tatvorwurf[347] aus Geschäftsunterlagen der Bank Auszüge angefertigt werden, um Kontrollmitteilungen auszuschreiben.[348] § 194 III AO kann als rechtliche Grundlage einer solchen Praxis nicht herangezogen werden[349], denn dort ist nur die Ausschreibung von Kontrollmitteilungen bei einer Außenprüfung, nicht im Rahmen einer strafprozessualen Durchsuchung geregelt; eine Anwendung von Befugnisnormen[350] über deren Wortlaut hinaus verstößt gegen den Gesetzesvorbehalt. Darüber hinaus ist die Durchsuchung – anders als die in § 194 AO geregelte Außenprüfung – Bestandteil des Strafverfahrens, sie steht also in einem völlig anderen Erhebungszusammenhang als die steuerrechtliche Außenprüfung. Auch die doppelfunktionale Stellung der Finanzbehörde bzw. der Steuerfahndung führt nicht zu einer Anwendbarkeit des § 194 III AO, denn bei einer Durchsuchung wird diese gerade nicht in beiden Verfahren tätig, sondern allein zur Verfolgung einer Steuerstraftat. Sie erhält erst aufgrund der Durchsuchungsanordnung umfangreiche Zugriffsmöglichkeiten auf die räumliche Privatsphäre des Betroffenen.[351] Solange sie von dieser Möglichkeit Gebrauch macht, ist es ihr verwehrt, bei dieser Gelegenheit durch einen „Rollenwechsel" zugleich Informationen für das Besteuerungsverfahren zu sammeln.[352] Im Rahmen einer Durchsuchung durch die Steuerfahndung ist daher auch eine Durchsicht von Papieren (§ 110 StPO i.V.m. § 404 S. 2 AO) nur zulässig, soweit die Relevanz als Beweismittel im Rahmen der Strafverfolgung geprüft wird; diese Zweckbindung wird allein durch § 108 StPO in zulässiger Weise durchbrochen.

Informationsverwertung entgegenstehen. Nur so ist es zu erklären, dass bei der Verwertung von Informationen aus einem „Lauschangriff" nicht danach unterschieden wird, ob sich das jeweilige Verfahren gegen den Wohnungsinhaber oder eine andere Person richtet (s. §§ 100d V S. 2, 100f StPO). Aufgrund des zu dem Kunden bestehenden Vertrauensverhältnisses (s. § 30a AO) hat die Bank überdies ein berechtigtes Interesse daran, dass die erlangten Informationen nicht verwertet werden.

[347] Bedenklich daher BFH/NV 2002, 749, 753. Im Ergebnis kommt bei dem dort angenommenen Anfangsverdacht jedoch eine Anwendung des § 108 StPO und auf diesem Umweg letzten Endes auch eine Verwertung in dem insoweit durchzuführenden Besteuerungsverfahren in Betracht, vgl. auch BFH, aaO.

[348] *Dörn*, DStR 2002, 574, 576.

[349] So aber *Leist*, Verfassungsrechtliche Schranken (2000), S. 267 ff.

[350] Davon zu unterscheiden ist die Frage, ob befugnisbegrenzende Normen wie § 30a III AO entsprechend anzuwenden sind, s. dazu o. Fußn. 345.

[351] *Dörn*, DStR 2002, 574, 575; *Pütz*, wistra 1998, 54, 56.

[352] *Kohlmann*, in: Tipke-FS (1995), S. 487, 498 f.; *Pütz*, wistra 1998, 54, 56, 57; s. dagegen *Leist*, Verfassungsrechtliche Schranken (2000), S. 274 f. Aufgrund des erst durch den Durchsuchungsbeschluss erhaltenen Zugriffs ist der Zusammenhang zu den strafrechtlichen Ermittlungen jedoch nicht nur ein „mittelbarer" (*Leist*, aaO, S. 275, in Fußn. 62). Soweit dort eine Beinträchtigung von strafprozessualen Rechten des Beschuldigten (s. *Pütz*, wistra 1998, 54, 56) mit der Begründung verneint wird, diese entstünden erst mit einem gegen diesen bestehenden Verdacht (*Leist*, aaO), wird übersehen, dass es nicht um die prozessinternen Mitwirkungsrechte des Beschuldigten geht, sondern um ein prozessexternes, materielles Grundrecht, das den Einzelnen unabhängig von seiner strafprozessualen Stellung gegen staatliche Ermittlungseingriffe schützt, s.o. S. 39 ff.

III. Die Verwendung von Daten aus dem Strafverfahren

Soweit hingegen das Durchsuchungsergebnis übermittelt werden soll, um die hinterzogenen Steuern zu erheben, wird der von der richterlichen Anordnung gezogene Rahmen nicht überschritten.[353] Hinzu kommt, dass die Beseitigung des mit der Steuerstraftat verursachten Schadens im Strafverfahren angelegt ist und die Verfolgung dieses Zwecks in einem selbständigen Verfahren aus diesem Grund nicht als unverhältnismäßig angesehen werden kann.[354] Die Übermittlung ist daher von der allgemeinen Befugnis des § 30 IV Nr. 1 AO gedeckt.[355]

Zusammenfassend ist daher festzuhalten, dass bei der Übermittlung personenbezogener Daten, die durch eine strafprozessuale Durchsuchung erlangt worden sind, zu differenzieren ist.

Die Übermittlung von Durchsuchungsergebnissen zu präventiven Zwecken kann auf die Übermittlungsbefugnisse gestützt werden, die auf die Übermittlung von Informationen aus einem Straf- oder Ordnungswidrigkeitenverfahren (§§ 12ff. EGGVG, 474ff. StPO) Anwendung finden.

Die Übermittlung von Informationen, die bei Gelegenheit einer strafprozessualen Durchsuchung gewonnen werden, bedarf einer besonderen gesetzlichen Grundlage. Zur Verfolgung repressiver Zwecke ist diese in § 108 StPO geschaffen worden; in Bezug auf die Verwendung der erlangten Informationen zur Gefahrenabwehr fehlt eine entsprechende Regelung. Eine Übermittlung von derartigen Informationen zu präventiven Zwecken ist daher unzulässig.

Die allgemeinen Übermittlungsbefugnisse sind daher einschränkend in dem oben genannten Sinne auszulegen, dass sie nur die Übermittlung von Durchsuchungsergebnissen (einschließlich von Zufallsfunden i.S.d. § 108 StPO) erfassen. Mit dem Grundsatz der Normenklarheit ist dies vereinbar, da sich im Wege des Umkehrschlusses aus der gesetzlichen Regelung über Zufallsfunde im Strafverfahren (§ 108 StPO) ableiten lässt, dass die Verwendung von Informationen, die bei Gelegenheit einer Durchsuchung erlangt werden, einer besonderen gesetzlichen Regelung bedarf.[356]

4. Der verfassungsrechtliche Schutz von Berufsgeheimnissen

Werden im Rahmen eines strafrechtlichen Ermittlungsverfahrens oder eines Ordnungswidrigkeitenverfahrens personenbezogene Daten erhoben, indem in ein verfassungsrechtlich besonders geschütztes Vertrauensverhältnis zu einem Berufsgeheimnisträger eingegriffen wird, so unterliegen diese Daten auch in Bezug auf eine Verwendung zu präventiven Zwecken weiterhin dem besonderen verfassungsrechtlichen Schutz. Eine solche Verwendung, insbesondere die Übermittlung, greift also erneut in das geschützte Vertrauensverhältnis ein.

---

[353] S. auch BFH/NV 2002, 749, 753.
[354] S.o. S. 399.
[355] S. auch OLG Bremen, wistra 1999, 74, 76.
[356] Vgl. *Joecks*, WM 1998, Sonderbeilage 1/1998, S. 30 (§ 108 StPO als abschließende Regelung).

420　C. Die verfahrensübergreifende Verwendung personenbezogener Informationen

Soweit das Vertrauensverhältnis im Straf- und Ordnungswidrigkeitenverfahren bereits vor Erhebungseingriffen geschützt ist, ist bei Beachtung der gesetzlichen Vorschriften keine Verletzung des Berufsgeheimnisses durch eine Übermittlung zu befürchten. Dies gilt entsprechend, soweit der Gesetzgeber den Gegenstand des besonderen Schutzes in beiden Verfahren in gleicher Weise ausgestaltet [a)]. Einer besonderen Untersuchung bedarf hingegen die Übermittlung von Informationen, die durch einen strafprozessualen Erhebungseingriff in das Berufsgeheimnis erlangt worden sind. Das Geldwäschegesetz sieht für Berufsgeheimnisträger eine Pflicht zur Anzeige von Verdachtsfällen vor, die nicht nur zur Verfolgung von Straftaten verwendet werden kann [b)].

a) Die parallele Ausgestaltung des gesetzlichen Schutzes

Der Schutz des besonderen Vertrauensverhältnisses zu einem Berufsgeheimnisträger wird im Straf- und Ordnungswidrigkeitenverfahren durch Zeugnisverweigerungsrechte (§ 53 StPO) und Beschlagnahmeverbote (§ 97 StPO) gewährleistet. Im Regelfall stellt sich daher nicht die Frage, ob die durch einen rechtmäßigen Eingriff in ein solches Vertrauensverhältnis gewonnene Information in einem Verwaltungsverfahren verwertet werden kann.

Im Übrigen begegnet es keinen verfassungsrechtlichen Bedenken, wenn eine Information, die im Hinblick auf ihre Erhebung in beiden Verfahren nicht dem einfach-gesetzlichen Schutz des beruflichen Vertrauensverhältnisses unterliegt, im Strafverfahren nach den allgemeinen Vorschriften erhoben und auf der Grundlage der jeweils einschlägigen Übermittlungsbefugnis[357] an die Aufsichtsbehörde übermittelt und von dieser zu präventiven Zwecken genutzt wird. So ist eine strafprozessuale Beschlagnahme der in § 97 I StPO genannten Gegenstände nur ausgeschlossen, sofern sich diese im Gewahrsam des Berufsgeheimnisträgers befinden (§ 97 II S. 1 StPO). Eine vergleichbare Einschränkung findet sich im Besteuerungsverfahren, da die Vorlage nur verweigern kann, wer die Auskunft verweigern darf (§ 104 I S. 1 AO), während der Beteiligte und andere Personen uneingeschränkt zur Vorlage verpflichtet sind (§ 97 I S. 1 AO). Dies ist ebenso in den anderen Verwaltungsverfahren der Fall, in denen die Berufsgeheimnisträger bereits tatbestandsmäßig nicht von der Auskunfts- und Vorlagepflicht erfasst werden.[358] Da die gesetzlichen Grenzen des Schutzes in beiden Verfahren parallel ausgestaltet sind, steht einer Verwendung im Strafverfahren erhobener Informationen im Verwaltungsverfahren nach Maßgabe der jeweils einschlägigen Befugnisse nichts entgegen.

Im Ergebnis gilt dies auch für die Grenzen der Beschlagnahmefreiheit nach § 97 II S. 3 StPO. Diese Ausnahme beruht auf der Erwägung, dass ein Vertrauensverhältnis zwischen Rechtsbrechern nicht schutzwürdig ist, so dass die allgemeinen

---

[357] S. insoweit o. S. 354 ff.
[358] S. o. S. 268 ff.

Vorschriften zur Beschlagnahme Anwendung finden.[359] Soweit die materielle Grundlage für einen gesetzlichen Schutz des Vertrauensverhältnisses fehlt, können die erhobenen Informationen auch im Verwaltungsverfahren verwendet und zu diesem Zweck an die zuständige Behörde übermittelt werden. Dass im Verwaltungsverfahren keine vergleichbare Einschränkung vorgesehen ist, steht dem nicht entgegen. Zum einen formuliert § 97 II S. 3 StPO keine Eingriffsbefugnis (s. §§ 94, 98 StPO), sondern gestaltet die gesetzlichen Grenzen des geschützten Vertrauensverhältnisses aus, d.h. es regelt den Gegenstand des rechtlichen Schutzes. Zum anderen ist eine Regelung in dem jeweiligen Aufsichtsgesetz nicht aufgrund einer anderen gesetzgeberischen Wertung unterblieben, sondern weil für eine solche Regelung kein Bedürfnis bestand, da die Behörde gegenüber dem Betroffenen über ausreichende Instrumente verfügt, sich die erforderlichen Informationen zu verschaffen.[360] Werden im Straf- oder Ordnungswidrigkeitenverfahren Gegenstände beschlagnahmt, die nach § 97 II StPO nicht dem Schutz beruflicher Vertrauensverhältnisse unterliegen, so verletzt eine Übermittlung der erlangten Informationen zu präventiven Zwecken demnach nicht das verfassungsrechtlich geschützte Vertrauensverhältnis.

b) Die Verwendung von Verdachtsanzeigen (§§ 10, 11 GwG)

Mit der Novellierung des Geldwäschegesetzes[361] aufgrund der Vorgaben der Geldwäsche-Richtlinie[362] wurde der Kreis derjenigen, die gesetzlich verpflichtet sind, den Strafverfolgungsbehörden Verdachtsfälle der Geldwäsche anzuzeigen, um Rechtsanwälte, Notare, Patentanwälte, Wirtschaftsprüfer, vereidigte Buchprüfer, Steuerberater und Steuerbevollmächtigte erweitert (§ 11 I i.V.m. § 3 I S. 1 Nr. 1 und 2 GwG).

Mit einer solchen Anzeigepflicht wird in das zu dem jeweiligen Berufsgeheimnisträger bestehende Vertrauensverhältnis eingegriffen, denn der Berufsgeheimnisträger wird auf diese Weise gezwungen, Informationen über seinen Mandanten gegenüber der Strafverfolgungsbehörde zu offenbaren. Wird der Inhalt der Anzeige anschließend zu einem anderen Zweck verwendet, so liegt darin ein erneuter Eingriff in das verfassungsrechtlich geschützte Vertrauensverhältnis.

Zunächst soll der Inhalt der Anzeigepflicht dargestellt und verfassungsrechtlich beleuchtet werden [(1)], um sodann auf die gesetzlichen und verfassungsrechtlichen Grenzen einer anderweitigen Verwendung einzugehen [(2)].

---

[359] *Amelung*, in: AK-StPO, Bd. 2/1 (1992), § 97 Rn. 18; *Schäfer*, in: Löwe-Rosenberg, StPO (24. Aufl.), § 97 Rn. 23; s. auch *Görtz-Leible*, Die Beschlagnahmeverbote (2000), S. 280 f.; s. ferner BVerfG, NJW 2002, 2090, 2091.

[360] S. auch die Durchbrechung des Vorlageverweigerungsrechtes im Besteuerungsverfahren (§ 104 II AO); s. dazu o. S. 273 ff.

[361] S. das Gesetz zur Verbesserung der Bekämpfung der Geldwäsche und der Bekämpfung des Terrorismus vom 8. 8. 2002, BGBl I S. 3105.

[362] Richtlinie Nr. 91/308/EWG vom 10. 6. 1991, ABlEG L 166/77, geändert durch die Richtlinie Nr. 2001/97/EG vom 4. 12. 2001, ABlEG L 344/76.

(1) Die Anzeigepflicht des Berufsgeheimnisträgers

§ 11 I S. 1 GwG begründet eine Pflicht, bei der Feststellung von Tatsachen, die darauf schließen lassen, dass eine Finanztransaktion einer Geldwäsche (§ 261 StGB) dient oder im Falle ihrer Durchführung dienen würde, diese unverzüglich anzuzeigen. Hinsichtlich des von der Pflicht erfassten Personenkreises wird auf § 3 I GwG verwiesen. Dort werden u.a. Wirtschaftsprüfer, vereidigte Buchprüfer, Steuerberater und Steuerbevollmächtigte (§ 3 I S. 1 Nr. 2 GwG) genannt sowie Rechtsanwälte, Patentanwälte und Notare, wenn sie für ihre Mandanten an der Planung oder Durchführung bestimmter Geschäfte mitwirken (§ 3 I S. 1 Nr. 1 a.–e. GwG). Im Unterschied zu den Angehörigen anderer Berufsgruppen übermitteln die Berufsgeheimnisträger die Anzeige nicht direkt an die zuständige Strafverfolgungsbehörde und an das Bundeskriminalamt (s. § 11 I S. 1 GwG), sondern an die für sie zuständige Bundesberufskammer bzw. Aufsichtsbehörde (§ 11 IV S. 1, 4 GwG). Die Kammer leitet die Anzeige, unter Umständen mit einer Stellungnahme versehen (§ 11 IV S. 2 GwG), an die Strafverfolgungsbehörde und das Bundeskriminalamt weiter (§ 11 IV S. 3 GwG).

Eine Anzeigepflicht des Berufsgeheimnisträgers besteht nicht, wenn dem Geldwäscheverdacht Informationen von dem oder über den Mandanten zugrunde liegen, die sie im Rahmen der Rechtsberatung oder der Prozessvertretung dieses Mandaten erhalten haben (§ 11 III S. 1 GwG). Dies gilt nicht, wenn der Berufsgeheimnisträger weiß, dass der Mandant seine Rechtsberatung bewusst für den Zweck der Geldwäsche in Anspruch nimmt (§ 11 III S. 2 GwG).

Da die Verfassungsmäßigkeit einer anderweitigen Verwendung des Anzeigeinhalts nicht ohne eine verfassungsrechtliche Würdigung der Anzeigepflicht beurteilt werden kann, soll nun der Frage nachgegangen werden, inwieweit die verfassungsrechtlichen Grundlagen, auf denen der besondere Schutz des Vertrauensverhältnisses vor staatlichen Informationseingriffen beruht, von der vorgesehenen Anzeigepflicht (§§ 11 I, 3 I S. 1 Nr. 1 und 2 GwG) berührt werden.[363]

Mit dem Berufsgeheimnis wird zum einen über das Rechtsstaatsprinzip das Interesse des Einzelnen an einer kompetenten rechtlichen Beratung und Vertretung seiner Interessen in staatlichen Verfahren geschützt.[364] Zum anderen ist der Gegenstand der Beratung des Mandanten häufig persönlicher Natur, so dass auch das allgemeine Persönlichkeitsrecht (Art. 2 I i.V.m. Art. 1 I GG) über das informationelle Selbstbestimmungsrecht hinaus verfassungsrechtlichen Schutz bietet.[365]

---

[363] Die Anzeigepflicht nach §§ 11 I, 3 I GwG ist gleichwohl nicht am Maßstab der Grundrechte des GG zu messen, sondern – da sie auf gemeinschaftsrechtlichen Vorgaben beruht – ausschließlich an den Grundrechten des Gemeinschaftsrechts, s. *Fülbier*, in: Fülbier/Aepfelbach, GwG (1999), Vor § 1 Rn. 25, § 10 Rn. 7; s. auch BVerfGE 73, 339, 387; *Streinz*, Bundesverfassungsgerichtlicher Grundrechtsschutz (1989), S. 183 ff., 247 ff.; zur Neufassung der Geldwäsche-Richtlinie und des GwG: *Sommer*, PStR 2002, 220 ff.; *Wegner*, NJW 2002, 2276 ff.
[364] S.o. S. 93, 97 ff.
[365] S.o. S. 88 ff.

III. Die Verwendung von Daten aus dem Strafverfahren

Das Rechtsstaatsprinzip wird durch die Anzeigepflicht nicht berührt, denn soweit die Berufsgeheimnisträger im Rahmen der Rechtsberatung oder der Prozessvertretung des Mandanten tätig werden und dabei Informationen erlangen, sind sie nicht zur Anzeige verpflichtet (§ 11 III S. 1 GwG). Dieser Regelung liegt eine Bestimmung der Geldwäsche-Richtlinie zugrunde, mit welcher den Mitgliedstaaten die Möglichkeit eingeräumt worden ist, die Anzeigepflicht nicht auf die oben genannten Berufsgeheimnisträger anzuwenden, wenn es sich um Informationen handelt, die diese von einem oder über einen ihrer Klienten im Rahmen der Beurteilung der Rechtslage für diesen erhalten oder die sie im Rahmen ihrer Tätigkeit als Verteidiger oder Vertreter ihres Klienten in einem Gerichtsverfahren oder betreffend ein solches, einschließlich einer Beratung über das Betreiben oder Vermeiden eines Verfahrens, vor oder nach einem derartigen Verfahren bzw. während eines derartigen Verfahrens erhalten oder erlangen.[366] Abgesehen von der allgemeinen Pflicht, § 11 III S. 1 GwG richtlinienkonform auszulegen[367], ergibt sich auch aus der Gesetzesbegründung, die auf die Richtlinie Bezug nimmt, dass die Begriffe Beratung und Vertretung in einem umfassenden Sinne zu verstehen sind.[368] Auf diese Weise bleibt das Berufsgeheimnis, soweit es auf dem Rechtsstaatsprinzip beruht, gewahrt.[369] Dies gilt trotz der Ausnahmeregelung (§ 11 III S. 2 GwG), denn ein Vertrauensverhältnis, in dem der Berufsgeheimnisträger und der Mandant zur Begehung einer Straftat zusammenwirken, ist – wie in Bezug auf § 97 II S. 3 StPO dargelegt[370] – nicht schutzwürdig.[371]

Auch in Bezug auf das allgemeine Persönlichkeitsrecht (Art. 2 I i.V.m. Art. 1 I GG) ist zweifelhaft, ob dieses dem Vertrauensverhältnis zu dem Berufsgeheimnisträger im vorliegenden Zusammenhang besonderen Schutz verleiht. Bei den Rechtsanwälten, Patentanwälten und Notaren wird die Anzeigepflicht von vornherein auf den Tätigkeitsbereich beschränkt, in dem keine besonders persönlichkeitsrelevanten Informationen offenbart werden (Kauf und Verkauf von Immobilien oder Gewerbebetrieben, Vermögensverwaltung etc.)[372], während Mandate mit stärkerem Persönlichkeitsbezug (z.B. Familien- und Erbschaftsangelegenheiten) von der Anzeigepflicht nicht erfasst werden[373]. Bei den anderen Berufsgeheimnisträgern, d.h. Wirtschaftsprüfern, Buchprüfern und Steuerberatern, erfordert die berufliche Tätigkeit typischerweise nicht die Offenbarung besonders persönlich-

---

[366] S. Art. 6 III S. 2 der Geldwäsche-Richtlinie in der Fassung der Richtlinie Nr. 2001/97/EG vom 4.12. 2001, ABlEG 2001 L 344/83.
[367] Zur gemeinschaftsrechtlichen Pflicht, nationales Recht richtlinienkonform auszulegen: EuGH, Rs. 14/83 (von Colson und Kamann), Slg. 1984, 1891, 1909; Rs. C-106/89 (Marleasing), Slg. 1990, I-4135, 4159; Rs. C-91/92 (Faccini Dori), Slg. 1994, 3325, 3357.
[368] S. die Begründung des Regierungsentwurfes, BT-Drucks. 14/8739, S. 15.
[369] *Burger*, wistra 2002, 1, 8; *Wegner*, NJW 2002, 2276, 2278; s. auch die Begründung des Regierungsentwurfes, BT-Drucks. 14/8739, S. 15.
[370] S.o. S. 420f.
[371] S. die Begründung des Regierungsentwurfes, BT-Drucks. 14/8739, S. 15.
[372] S. im Einzelnen die Aufzählung in § 3 I S. 1 Nr. 1 a.–e. GwG.
[373] S. insoweit S. 100ff., 102f.

keitsrelevanter Informationen.[374] Soweit dies im Bereich der Steuerberatung aufgrund der Vielzahl der relevanten Umstände gleichwohl der Fall ist[375], greift wiederum die Ausnahme von der Anzeigepflicht (§ 11 III S. 1 GwG), da es sich bei der Steuerberatung um Rechtsberatung handelt[376].

Ein gesteigerter Schutz des Betroffenen gegenüber der Anzeigepflicht nach §§ 11 I, 3 I S. 1 Nr. 1 und 2 GwG könnte allenfalls damit begründet werden, dass das Vertrauensverhältnis zu dem Angehörigen einer bestimmten Berufsgruppe abstrakt, d. h. ohne Rücksicht auf die ausgeübte Tätigkeit und den Inhalt der anvertrauten Informationen, verfassungsrechtlich besonders schutzwürdig ist. Dafür spricht, dass das Berufsgeheimnis den Schutz der Privatsphäre formalisiert, d. h. unabhängig von dem Inhalt der anvertrauten Informationen und der im konkreten Einzelfall geleisteten Tätigkeit besteht.[377] Allerdings beruht der besondere verfassungsrechtliche Schutz darauf, dass dem Berufsgeheimnisträger typischerweise oder zumindest regelmäßig besonders persönlichkeitsrelevante und geheimhaltungsbedürftige Informationen anvertraut werden.[378] Schließt der Gesetzgeber insoweit eine Durchbrechung des Berufsgeheimnisses aus, so wird der Kern des persönlichkeitsrechtlich garantierten Berufsgeheimnisses nicht beeinträchtigt. Das Vertrauensverhältnis wird durch einzelne Durchbrechungen des Berufsgeheimnisses nicht gefährdet, zumal es dem Berufsgeheimnisträger offensteht, den Mandanten zu Beginn der Beratung auf die Pflichten nach dem GwG hinzuweisen.[379]

Als Ergebnis ist daher festzuhalten, dass die Anzeigepflicht der Berufsgeheimnisträger nach §§ 11 I, 3 I S. 1 Nr. 1 und 2 GwG das zu diesen bestehende Vertrauensverhältnis, soweit es verfassungsrechtlich geschützt ist, weitgehend unberührt lässt.

(2) Die Verwendung des Inhalts der Anzeige

Wird auf die Anzeige hin ein Strafverfahren eingeleitet, so ist der Finanzbehörde davon und von den entsprechenden Tatsachen Mitteilung zu machen, sobald eine Transaktion festgestellt wird, die für die Einleitung oder Durchführung eines Besteuerungsverfahrens Bedeutung haben könnte (§ 10 II S. 1 GwG). Die Verwendung des Inhalts der Anzeige zur Durchführung eines Besteuerungsverfahrens wird ausdrücklich zugelassen (§ 11 VII GwG). Außerdem darf der Inhalt der Anzeige für Aufsichtsaufgaben (§ 16 GwG) verwendet werden. Der Begriff der Verwendung schließt die Übermittlung an die für die jeweilige Aufgabe zuständige Behörde ein.[380]

---

[374] S. o. S. 105 f., 106 ff.
[375] S. o. S. 105 f.
[376] S. die Begründung des Regierungsentwurfes, BT-Drucks. 14/8739, S. 15.
[377] S. o. S. 89.
[378] S. o. S. 89 f.
[379] Einem solchen allgemeinen Hinweis steht das Mitteilungsverbot (§ 11 V GwG) nicht entgegen, s. die Begründung des Regierungsentwurfes, BT-Drucks. 14/8739, S. 16.
[380] S. § 3 IV S. 1, V BDSG; s. auch o. S. 410 (zu § 100f StPO).

III. Die Verwendung von Daten aus dem Strafverfahren

Der Untersuchung der Verfassungsmäßigkeit dieser Übermittlungs- und Verwendungsbefugnisse[381] ist die verfassungsrechtliche Würdigung der Anzeigepflicht zugrunde zu legen.[382] Da die Anzeigepflicht das Rechtsstaatsprinzip unberührt lässt, wird dieses Prinzip auch durch die Verwendung der mit der Anzeige erlangten Informationen nicht beeinträchtigt. Die Übermittlung und Verwendung greift insofern in das allgemeine Persönlichkeitsrecht (Art. 2 I i.V.m. Art. 1 I GG) ein, als die Bindung der Informationsverarbeitung an den ursprünglichen Erhebungszweck – strafrechtliche Verfolgung eines Geldwäscheverdachts – aufgehoben wird und die Information zu einem anderen Zweck verwendet wird. Dieser Eingriff in das informationelle Selbstbestimmungsrecht (Art. 2 I i.V.m. Art. 1 I GG) bedarf einer gesetzlichen Grundlage. Diesem Erfordernis ist mit den §§ 10 II, 11 VII GwG Genüge getan. Ob die Übermittlung der Anzeige eines Berufsgeheimnisträgers einer besonderen gesetzlichen Grundlage bedarf, in welcher der Eingriff in das Vertrauensverhältnis präzise geregelt wird[383], ist im vorliegenden Zusammenhang fraglich. Angesichts des Umstandes, dass die Übermittlung und Verwendung der Anzeige die verfassungsrechtlichen Grundlagen des Berufsgeheimnisses weitgehend unberührt lässt, erscheint die Beachtung der allgemeinen Anforderungen an eine gesetzliche Beschränkung des Art. 2 I i.V.m. Art. 1 I GG als ausreichend; als gesetzliche Grundlage für die Übermittlung und anderweitige Verwendung können daher die oben genannten Befugnisse, auch wenn sie nicht ausdrücklich auf die Berufsgeheimnisse Bezug nehmen, herangezogen werden.[384]

Aus den gleichen Erwägungen erscheinen die §§ 10 II, 11 VII GwG nicht als unverhältnismäßige Eingriffe in das Vertrauensverhältnis des Betroffenen zu dem jeweiligen Berufsgeheimnisträger. Soweit gegen diese Befugnisse allgemeine, d.h. nicht auf besonders geschützte Berufsgeheimnisse gegründete, verfassungsrechtliche Einwände erhoben werden, greifen diese ebenfalls nicht durch.[385] Die Verwendung des Inhalts einer Anzeige zur Einleitung und Durchführung eines Besteuerungsverfahrens greift nicht unverhältnismäßig in das Recht auf informationelle Selbstbestimmung ein[386], sondern ist durch das öffentliche Interesse an einer gleichmäßigen und vollständigen Steuererhebung gerechtfertigt.[387]

Die §§ 10 II, 11 VII GwG entsprechen zum großen Teil der allgemeinen Pflicht und der darin enthaltenen Befugnis von Gerichten und Behörden, den Finanzbe-

---

[381] Diese sind einer verfassungsgerichtlichen Überprüfung zugänglich, da sie nicht auf den gemeinschaftsrechtlichen Vorgaben der Geldwäsche-Richtlinie beruhen, s. *Fülbier*, in: Fülbier/Aepfelbach, GwG (1999), § 10 Rn. 9.
[382] S.o. S. 422ff.
[383] S.o. S. 91; s. auch o. S. 343.
[384] S. auch o. S. 344f. [zu § 30 IV Nr. 5 a), b) AO].
[385] Auf die Berufsfreiheit der Berufsgeheimnisträger (Art. 12 GG) wird an dieser Stelle nicht eingegangen, da die weitere Verwendung der erhobenen Information nicht in dieses Grundrecht eingreift, s.o. S. 94; ebenso *Werner*, Bekämpfung der Geldwäsche (1996), S. 163.
[386] S. aber *Fülbier*, in: Fülbier/Aepfelbach, GwG (1999), § 10 Rn. 10f.
[387] *Hoyer/Klos*, Geldwäsche (1998), S. 208; *Kreß*, wistra 1998, 121, 129; *Werner*, Bekämpfung der Geldwäsche (1996), S. 164; s. auch *Meyer/Hetzer*, NJW 1998, 1017, 1021f.

hörden den Verdacht einer Steuerstraftat anzuzeigen (§ 116 AO) und auf diese Weise eine Erhebung der hinterzogenen Steuern zu ermöglichen.[388] Diese Befugnis verstößt nicht gegen das Recht auf informationelle Selbstbestimmung.[389] Dass zahlreiche Aufsichtsgesetze eine Ausnahme von dieser Anzeigepflicht enthalten, beruht nicht auf den verfassungsrechtlichen Vorgaben zum Schutz des Einzelnen (Art. 2 I i.V.m. Art. 1 I GG), sondern auf Opportunitätserwägungen: Der Gesetzgeber hat es als zweckmäßig angesehen, die Bereitschaft des Betroffenen zur Mitwirkung im Verwaltungsverfahren und zur Offenbarung von Informationen durch einen Ausschluss der Anzeigepflicht gegenüber den Finanzbehörden zu fördern.[390]

Im Unterschied zu § 116 AO besteht bei § 10 II S. 1 GwG eine Übermittlungspflicht nicht erst bei dem Verdacht einer Steuerstraftat, sondern bereits dann, wenn eine Finanztransaktion für die Einleitung oder Durchführung eines Besteuerungsverfahrens Bedeutung haben könnte.[391] Die Schwelle für eine spontane Übermittlung, die § 116 AO mit dem Verdacht einer Steuerstraftat errichtet[392], entspricht in § 10 II S. 1 GwG die Einleitung eines Strafverfahrens wegen Geldwäsche oder einer der dort genannten Katalogtaten. Dies ist offensichtlich, sofern das eingeleitete Strafverfahren eine Steuerstraftat (§§ 370a, 373, 374 AO) zum Gegenstand hat (s. § 261 I S. 2 Nr. 1 und 3 StGB). Im Übrigen lässt eine Finanztransaktion, die einerseits steuerlich relevant ist, andererseits aber den Anfangsverdacht für eine Geldwäsche begründet, regelmäßig eine Hinterziehung von Steuern auf die Erträge aus der Vortat vermuten. Jedenfalls wird mit der Einleitung eines Strafverfahrens wegen Geldwäsche eine gleichwertige Übermittlungsschwelle geschaffen.[393] Die Befürchtung, mit der Zulassung der Verwendung der erlangten Informationen im Besteuerungsverfahren werde das Geldwäschegesetz zum Instrument der Steuerfahndung[394], ist insofern berechtigt, als die Anzeigepflicht bisher nicht zu nennenswerten Erfolgen bei der Geldwäschebekämpfung geführt hat[395], sich die erhobenen Daten aber für die Besteuerung des Betroffenen mitunter als nützlich erweisen[396]. Hält man den Ausgangspunkt dieser Kritik für berechtigt, so wäre die Ineffektivität der Anzeigepflicht Grund, dieses Instrument selbst zu überdenken.

---

[388] S. den Hinweis auf § 116 AO bei *Hoyer/Klos*, Geldwäsche (1998), S. 204, 206.
[389] S. o. S. 358, 360 ff., 370, 381.
[390] S. o. S. 323 ff.
[391] S. *Meyer/Hetzer*, NJW 1998, 1017, 1022; *Sommer*, PStR 2002, 220, 222.
[392] S. o. S. 370.
[393] Zum Teil scheint man davon auszugehen, dass die Schwelle des § 10 II S. 1 GwG höher liegt als die des § 116 I AO, s. *Spatscheck/Alvermann*, BB 1999, 2107, 2110 („Eine Datenübermittlung allein wegen des Verdachts der Steuerhinterziehung ist somit nach dieser Vorschrift unzulässig.").
[394] S. *Fülbier*, in: Fülbier/Aepfelbach, GwG (1999), § 10 Rn. 22; *Kreß*, wistra 1998, 121, 129; s. auch *Spatscheck/Alvermann*, BB 1999, 2107, 2108 und passim (zu §§ 12a ff. ZollVG).
[395] S. etwa die Untersuchung von *Oswald*, Geldwäsche (1997), S. 268, wonach die Verdachtsanzeige in keinem der untersuchten 380 Ermittlungsverfahren zu einer Anklageerhebung führte; s. auch *Fülbier*, in: Fülbier/Aepfelbach, GwG (1999), § 11 Rn. 22 (95% der Anzeigen ohne Bezug zur Organisierten Kriminalität).
[396] S. *Sommer*, PStR 2002, 220, 222.

Ist man hingegen der Ansicht, selbst ein geringer Nutzen sei ausreichend, um die mit der Anzeigepflicht verbundenen Grundrechtseingriffe zu rechtfertigen, so muss man sich auf dieser Basis die Frage stellen, ob eine Zweckentfremdung der erhobenen Daten zulässig ist. Mit anderen Worten, solange man die Zulässigkeit der Anzeigepflicht nicht in Frage stellt, spielt es für die Verwendung der Daten im Besteuerungsverfahren keine Rolle, wie effektiv die Anzeigepflicht als Mittel zur Geldwäschebekämpfung ist. Die Übermittlung an die Finanzbehörde ist als selbständiger Grundrechtseingriff auf seine Verhältnismäßigkeit zu untersuchen. Maßgeblich ist insbesondere, ob die Übermittlung auf einem hinreichenden Anlass beruht, also nicht automatisch erfolgt. In § 10 II S. 1 GwG kommt dies in der Voraussetzung zum Ausdruck, dass vor einer Mitteilung an die Finanzbehörde eine Finanztransaktion festgestellt werden muss, die für die Einleitung oder Durchführung eines Besteuerungsverfahrens Bedeutung haben könnte.[397]

Dass eine spontane Übermittlung in derartigen Fällen nicht unverhältnismäßig ist, zeigt zudem der Vergleich mit der Übermittlungsbefugnis nach § 30 IV Nr. 1 AO. Aufgrund des engen Sachzusammenhangs zwischen Besteuerungsverfahren und Steuerstrafverfahren können Informationen aus dem einen Verfahren ohne besondere Voraussetzungen in das andere Verfahren einfließen; der Einzelne wird durch besonders hohe Schranken für eine Verwendung außerhalb dieser beiden Verfahrensarten ausreichend geschützt.[398] Die Verwendungs- und Übermittlungsregelung der §§ 10 II S. 1, 11 VI GwG bewirkt in der Sache nichts anderes als die verfahrensrechtlichen Folgen, die mit einer materiell-rechtlichen Einstufung der Geldwäsche (§ 261 StGB) als Steuerstraftat verbunden wären. Ein sachlicher Zusammenhang, der eine solche Einordnung tragen würde, besteht zwischen der Steuerhinterziehung und der Geldwäsche.[399] Der Gesetzgeber hat diesen Zusammenhang über die §§ 10 II S. 1, 11 VII GwG hinaus auch in anderen verfahrensrechtlichen Bestimmungen zum Ausdruck gebracht.[400]

Die Übermittlung und Verwendung des Inhalts einer Anzeige nach § 11 I GwG im Besteuerungsverfahren ist daher mit Art. 2 I i.V.m. Art. 1 I GG vereinbar und verletzt nicht das verfassungsrechtlich geschützte Vertrauensverhältnis zu den in § 3 I S. 1 Nr. 1 und 2 GwG genannten Berufsgeheimnisträgern. Dies gilt ebenso für die Verwendung der Anzeige zu präventiven Zwecken im Rahmen der Aufsicht

---

[397] Zu den allgemeinen materiellen Voraussetzungen einer Übermittlung s.o. S. 368ff., insbesondere S. 381 – zum Zeitpunkt der Übermittlung (Anklageerhebung). Soweit gegen eine Verwendung angeführt wird, die Informationen seien über eine besondere Inpflichtnahme Privater erlangt worden (*Kreß*, wistra 1998, 121, 128f.), ist dem nach dem Maßstab des hypothetischen Ersatzeingriffs entgegenzuhalten, dass im Besteuerungsverfahren ebenfalls Private, insbesondere Banken, zur Sachverhaltsaufklärung in die Pflicht genommen werden, sei es in Form von Auskunftsverlangen (§ 93 AO), sei es in Form von Anzeigepflichten (s. § 33 ErbStG); s. auch *Werner*, Bekämpfung der Geldwäsche (1996), S. 163.
[398] S.o. S. 320f.
[399] S. zu diesem Zusammenhang: *Hoyer/Klos*, Geldwäsche (1998), S. 209; *Meyer/Hetzer*, NJW 1998, 1017, 1021f.
[400] S. §§ 12a ff. ZollVG, 31b AO.

über die Einhaltung der Pflichten nach dem GwG (§ 11 VII i.V.m. § 16 Nr. 4 GwG). Insoweit besteht ein besonderer Sachzusammenhang mit dem Erhebungszweck (Geldwäsche), der die Durchbrechung der Zweckbindung als weniger schwerwiegend erscheinen lässt.[401] Die §§ 10 II, 11 VII GwG verletzen nach alledem nicht die verfassungsrechtlich besonders geschützten Berufsgeheimnisse, so dass eine Übermittlung und Verwendung personenbezogener Daten nach Maßgabe dieser Vorschriften zulässig ist.[402]

5. Die Konsequenzen rechtswidriger Informationserhebung für die weitere Informationsverarbeitung

Bei der Erörterung der Zulässigkeit einer Zweckentfremdung von Informationen aus dem Straf- oder Ordnungswidrigkeitenverfahren zur Durchführung eines Verwaltungsverfahrens wurde die Annahme zugrunde gelegt, dass die betreffende Information rechtmäßig erhoben worden ist. Es stellt sich daher die Frage, ob die vorstehenden Überlegungen auch für den Fall Gültigkeit beanspruchen können, dass die Verfolgungsbehörde bei der Informationserhebung informationelle Abwehrrechte des Betroffenen verletzt hat, oder ob nicht die Rechtswidrigkeit der Informationserhebung deren Verwendung zu präventiven Zwecken ausschließt.

Diese Frage kann nicht beantwortet werden, ohne auf die Folgen der rechtswidrigen Informationserhebung für das Ausgangsverfahren – das Straf-bzw. Ordnungswidrigkeitenverfahren – einzugehen. Zur Zulässigkeit der Verwertung einer rechtswidrig erlangten Information in dem Verfahren, in dem diese Information erhoben worden ist, sind im Strafprozessrecht eine Reihe von Lösungsansätzen entwickelt worden.[403] Eine Aufarbeitung der einzelnen Lehren zu den Verwertungsverboten würde allerdings den Rahmen der vorliegenden Untersuchung, die sich der *verfahrensübergreifenden* Verwendung von Informationen widmet, sprengen. Im Folgenden sollen daher lediglich mögliche Ansätze zur Begründung eines Verwertungsverbotes für rechtswidrig erhobene Informationen im Straf- bzw. Ordnungswidrigkeitenverfahren vorgestellt werden [a)], bevor anschließend auf die Verwendung dieser Information im Verwaltungsverfahren, d.h. eine Zweckentfremdung, einzugehen sein wird [b)].

---

[401] S. dazu o. S. 320.

[402] Davon gehen nach der Neufassung des GwG ebenfalls aus: *Sommer*, PStR 2002, 220, 222; *Wegner*, NJW 2002, 2276, 2278. Die anderweitige Verwendung verstößt auch nicht gegen die Geldwäsche-Richtlinie Nr. 91/308/EWG vom 10.6. 1991, ABlEG L 166/77. In der ursprünglichen Fassung war zwar vorgesehen, dass die erlangten Informationen nur zur Bekämpfung der Geldwäsche verwendet werden dürften (Art. 6 III S. 1), den Mitgliedstaaten wurde aber zugleich die Möglichkeit eingeräumt, eine Verwendung zu anderen Zwecken gesetzlich zuzulassen (Art. 6 III S. 2), s. auch *Hoyer/Klos*, Geldwäsche (1998), S. 79, 209f. Nach der Neufassung des Art. 6 durch die Richtlinie 2001/97/EG, ABlEG L 344/76, enthält die Vorschrift keine Aussage mehr zur Verwendung der Informationen.

[403] S. etwa den Überblick bei *Schroth*, JuS 1998, 969, 973f.

a) Die Verwertung im Ausgangsverfahren

Die Verwertung rechtswidrig erhobener Informationen wird im strafprozessrechtlichen Schrifttum kontrovers diskutiert. Wie im Verwaltungsrecht kann auch im Strafverfahrensrecht an das Verständnis von Grundrechten als Abwehrrechte gegen staatliche Informationseingriffe angeknüpft werden.[404]

Nach der Lehre von den Informationsbeherrschungsrechten[405] führt die Verletzung eines subjektiven Rechts, welches dem Inhaber die Befugnis verleiht, gegenüber dem Staat Informationen zurückzuhalten, zu einem öffentlich-rechtlichen Anspruch, kraft dessen der Staat verpflichtet ist, die Verwertung der rechtswidrig erlangten Information im Strafverfahren zu unterlassen. Dieser öffentlich-rechtliche Unterlassungsanspruch begründet mithin ein strafprozessuales Verwertungsverbot.[406] Eine Verwertung ist allerdings zulässig, wenn der Staat einen berechtigten Anspruch auf die Information hat, da kein „informationelles Erfolgsunrecht" vorliegt; dies ist insbesondere der Fall, wenn die Information auf rechtmäßige Weise hätte erhoben werden können (hypothetischer Ersatzeingriff[407]).[408]

Eine andere Auffassung stellt bei der Begründung strafprozessualer Verwertungsverbote auf den Schutzzweck der verletzten Norm ab. Danach ist die Verwertung eines Beweismittels unzulässig, wenn der Schutzzweck durch einen Verzicht auf die Verwertung zumindest teilweise noch erreicht werden kann bzw. die Verwertung die Rechtsverletzung weiter vertiefen würde.[409] Zielt die Norm – wie die informationellen Abwehrrechte – auf den Schutz des Einzelnen gegen staatliche Informationseingriffe, so begründet der Schutzzweck dieses Abwehrrechts regelmäßig ein Verwertungsverbot.[410] Auch nach der Schutzzwecklehre ist eine Verwertung ausnahmsweise zulässig, wenn das Beweismittel auch bei einem rechtmäßigen Vorgehen erlangt worden wäre.[411] In eine ähnliche Richtung geht die Auffassung, wonach in den Beweiserhebungsvorschriften eine bewusste Selbstbeschränkung des Staates bei der Wahrheitsfindung zum Ausdruck kommt; die in den Regelungen getroffene Abwägung ist daher nicht nur im Rahmen der Beweisgewinnung, sondern auch bei der Beweisverwertung verbindlich.[412]

---

[404] Auf andere Möglichkeiten zur Begründung von strafprozessualen Verwertungsverboten wird an dieser Stelle nicht eingegangen, s. dazu *Amelung*, Informationsbeherrschungsrechte (1990), S. 14ff.; *Störmer*, Verwertungsverbote (1992), S. 197ff., jeweils m.w.N.
[405] *Amelung*, Informationsbeherrschungsrechte (1990), S. 30ff.
[406] *Störmer*, Verwertungsverbote (1992), S. 222, 223ff.; für einen Folgenbeseitigungsanspruch: *Amelung*, Informationsbeherrschungsrechte (1990), S. 38ff.; s. aber nunmehr *ders.*, in: Bemmann-FS (1997), S. 505, 507.
[407] S. dazu auch o. S. 307ff.
[408] *Amelung*, Informationsbeherrschungsrechte (1990), S. 51f.; *Störmer*, Verwertungsverbote (1992), S. 231.
[409] *Grünwald*, JZ 1966, 489, 492; *ders.*, Das Beweisrecht der StPO (1993), S. 143ff.; s. auch *Beulke*, ZStW 103 (1991), 657, 663f., 671; *Rudolphi*, MDR 1970, 93, 97.
[410] S. *Grünwald*, JZ 1966, 489, 496.
[411] *Grünwald*, JZ 1966, 489, 496; *ders.*, Das Beweisrecht der StPO (1993), S. 161; einschränkend *Beulke*, ZStW 103 (1991), 657, 668ff.
[412] *Fezer*, Strafprozessrecht (1995), S. 220.

Eine dritte Ansicht bestimmt die Zulässigkeit der Verwertung eines rechtswidrig gewonnenen Beweismittels auf der Grundlage einer umfassenden Güter- und Interessenabwägung.[413] Als Abwägungskriterien werden u.a. die Schwere des Rechtsverstoßes, die Schutzbedürftigkeit des Betroffenen sowie die Möglichkeit, die Information rechtmäßig zu erlangen (hypothetischer Ersatzeingriff), herangezogen.[414] Diese Abwägungslehre wird auch von der Rechtsprechung vertreten.[415]

Eine umfassende Diskussion dieser unterschiedlichen Lehren ist an dieser Stelle, wie bereits erwähnt, nicht möglich. Allen Ansichten gemeinsam ist, dass die Verletzung des informationellen Abwehrrechts bzw. der gesetzlichen Schutzvorschrift im Strafverfahren Grundlage für ein strafprozessuales Verwertungsverbot sein kann. Während nach den ersten beiden Ansichten aufgrund der Schutzrichtung des subjektiven Rechts (Informationsbeherrschungsrecht) bzw. der Verfahrensnorm regelmäßig ein Verwertungsverbot eingreifen wird, lässt die Abwägungslehre in größerem Umfang Raum für die Berücksichtigung des öffentlichen Interesses an der Strafverfolgung.

b) Die Verwendung im Verwaltungsverfahren (Zweckentfremdung)

Die Frage nach der Zulässigkeit einer Zweckentfremdung der rechtswidrig erlangten Information, d.h. ihrer Verwendung zu präventiven Zwecken, ist auf der Grundlage der Entscheidung über die Verwendung dieser Information im Ausgangsverfahren zu beantworten.[416]

Gelangt man für das Straf- bzw. Ordnungswidrigkeitenverfahren zu dem Ergebnis, dass eine Verwertung der rechtswidrig erhobenen Information zulässig ist, so kommen die oben entwickelten Maßstäbe ohne Einschränkung zur Anwendung. Wie die Verwertbarkeit im Ausgangsverfahren zeigt, lässt die Rechtswidrigkeit der Erhebung als solche die Zulässigkeit der Verwertung unberührt. Dies muss grundsätzlich auch für die Verwertung in einem anderen Verfahren gelten.[417]

Soweit die rechtswidrig erhobene Information hingegen nicht zu dem Erhebungszweck verwertet werden darf, die Rechtswidrigkeit der Erhebung also auf die weitere Informationsverarbeitung durchschlägt, wird grundsätzlich auch für das Verwaltungsverfahren ein Verwertungsverbot eingreifen.[418] Eine Ausnahme ist für die Konstellationen anzuerkennen, in denen die Behörde zugleich repressive und präventive Aufgaben wahrnimmt und die Information zur Gefahrenabwehr rechtmäßig hätte erheben können (hypothetischer Ersatzeingriff).[419] In diesem

---

[413] *Rogall*, ZStW 91 (1979), 1, 31.
[414] *Rogall*, ZStW 91 (1979), 1, 30f.
[415] S. etwa BGHSt 19, 325, 332; 24, 125, 130.
[416] S. zur Zweckentfremdung rechtswidrig erhobener Informationen aus dem Verwaltungsverfahren o. S. 348.
[417] Vgl. o. S. 348.
[418] Vgl. o. S. 348.
[419] Vgl. o. S. 348.

Fall fehlt im Verwaltungsverfahren das „informationelle Erfolgsunrecht" bzw. die Selbstbeschränkung des Staates bei der Informationserhebung; zugleich zeigt die einschlägige verwaltungsrechtliche Ermittlungsbefugnis, dass der Betroffene vor derartigen Informationseingriffen nicht geschützt werden soll. Ob eine Verwertung zu präventiven Zwecken darüber hinaus zulässig ist, hängt davon ab, in welchem Umfang man bereit ist, den im Rahmen der Gefahrenabwehr zu schützenden Interessen durch eine Abwägung gegen das Interesse an der Wahrung des verletzten informationellen Abwehrrechtes Rechnung zu tragen.

6. Zusammenfassung

Die Verwendung personenbezogener Daten aus einem Straf- und Ordnungswidrigkeitenverfahren zu präventiven Zwecken greift in das Recht auf informationelle Selbstbestimmung (Art. 2 I i.V.m. Art. 1 I GG) ein. In der Übermittlung liegt in erster Linie ein Grundrechtseingriff der Verfolgungsbehörde (bzw. des Gerichts). Erfolgt die Übermittlung auf ein Ersuchen der Aufsichtsbehörde, so greift auch diese, soweit sie in dem Ersuchen personenbezogene Daten übermittelt, in das informationelle Selbstbestimmungsrecht ein.[420]

Die gesetzlichen Grundlagen für die spontane Übermittlung enthalten die §§ 12, 13 II i.V.m. §§ 14, 17 EGGVG bzw. § 49a OWiG.[421] Neben diesen allgemeinen Regelungen finden sich in den einzelnen Aufsichtsgesetzen eine Reihe spezialgesetzlicher Übermittlungsbefugnisse (z.B. § 60a KwG, §§ 30 IV, 116 AO).[422] Die Übermittlung auf ein Ersuchen der Aufsichtsbehörde ist in den §§ 474ff. StPO und § 49b OWiG geregelt; dort wird weitgehend auf die Befugnisse zur spontanen Übermittlung verwiesen (§ 474 II S. 1 Nr. 2 StPO).[423] Die Nutzung von Daten aus einem Straf- oder Ordnungswidrigkeitenverfahren zu präventiven Zwecken, soweit sie durch die Erhebungsbehörde selbst, d.h. ohne Übermittlung, erfolgen soll, wird von den genannten Regelungen nicht erfasst; insoweit kommt eine subsidiäre Anwendung der Befugnis nach § 14 II Nr. 6 BDSG und der entsprechenden Befugnisse in den Landesdatenschutzgesetzen in Betracht.[424] Den Datenschutzgesetzen ist auch die Übermittlungsbefugnis der Aufsichtsbehörde zu entnehmen, soweit diese bei der Stellung des Ersuchens personenbezogene Daten weitergibt.[425]

Dass in Verwaltungsvorschriften Vorgaben für die Ermessensausübung bei der Anwendung der Übermittlungsbefugnisse niedergelegt sind, begegnet im Hinblick auf den Gesetzesvorbehalt keinen verfassungsrechtlichen Bedenken.[426]

---

[420] S.o. S. 353 f.
[421] S.o. S. 354 ff.
[422] S.o. S. 357 ff.
[423] S.o. S. 362 ff.
[424] S.o. S. 364 ff.
[425] S.o. S. 367; zur materiellen Verfassungsmäßigkeit s.o. S. 402 f.
[426] S.o. S. 367 f.

Im Rahmen der materiellen Verfassungsmäßigkeit einer Übermittlung personenbezogener Daten aus einem Straf- oder Ordnungswidrigkeitenverfahren sind zunächst die allgemeinen Anforderungen an eine solche Übermittlung zu beachten: Es muss sichergestellt sein, dass die Übermittlung nur bei einem hinreichenden Anlass erfolgt.[427] Durch eine Abwägung der beteiligten Interessen ist sicherzustellen, dass der Eingriff in das informationelle Selbstbestimmungsrecht nicht außer Verhältnis zu dem öffentlichen Interesse an der Gefahrenabwehr steht (s. § 13 II S. 1 EGGVG).[428] Dies gilt auch für den nicht am Straf- bzw. Ordnungswidrigkeitenverfahren beteiligten Dritten; an die Übermittlung personenbezogener Daten ist insoweit aber kein strengerer Maßstab anzulegen als bei dem Beschuldigten.[429]

Neben diesen allgemeinen Anforderungen sind bei der Übermittlung personenbezogener Daten aus einem Straf- oder Ordnungswidrigkeitenverfahren jedoch weitere verfassungsrechtliche Schranken zu beachten. Zunächst greift die Mitteilung, dass gegen den Beschuldigten ein Strafverfahren eingeleitet worden ist, als Angriff auf seine Ehre in besonderer Weise in das allgemeine Persönlichkeitsrecht (Art. 2 I i.V.m. Art. 1 I GG) ein.[430] Darüber hinaus werden im Strafverfahren bei der Erforschung der Persönlichkeit des Täters regelmäßig besonders persönlichkeitsrelevante Daten erhoben.[431] Aus diesem Grund ist die Erforderlichkeit und Verhältnismäßigkeit der Übermittlung besonders genau zu prüfen.[432] Dies betrifft einerseits den Zeitpunkt der Übermittlung, denn der Beschuldigte hat ein starkes Interesse daran, dass nur gesicherte Informationen über den gegen ihn erhobenen Vorwurf an Dritte weitergegeben werden. Kann der rechtskräftige Abschluss des Verfahrens nicht abgewartet werden[433], so ist eine Übermittlung in der Regel frühestens zulässig, wenn die Tatsachen für eine Anklageerhebung ausreichen bzw. in einer gerichtlichen Entscheidung im Ermittlungsverfahren inzident ein dringender Tatverdacht bejaht worden ist.[434] Das Resozialisierungsinteresse des Täters steht einer verfahrensübergreifenden Mitteilung an eine Aufsichtsbehörde nach einer rechtskräftigen Verurteilung nicht entgegen.[435]

Der Umfang der übermittelten Daten ist strikt auf das erforderliche Maß zu beschränken.[436] Dies gilt insbesondere bei der spontanen Übermittlung, denn die Aufsichtsbehörde kann gegebenenfalls um die Übermittlung weiterer Daten ersuchen, soweit dies aus ihrer Sicht erforderlich ist. Bei einem Ersuchen der Aufsichts-

---

[427] S.o. S. 369f.
[428] S.o. S. 370ff.
[429] S.o. S. 373f.
[430] S.o. S. 374.
[431] S.o. S. 375.
[432] S.o. S. 376ff.
[433] Vgl. o. S. 376.
[434] S.o. S. 381.
[435] S.o. S. 382ff.
[436] S.o. S. 377f.

III. Die Verwendung von Daten aus dem Strafverfahren

behörde ist dieser grundsätzlich nicht volle Akteneinsicht zu gewähren, sondern nur die benötigte Auskunft zu erteilen.[437]

Ein qualifizierter verfassungsrechtlicher Schutz ist des Weiteren geboten, soweit die Daten aus dem Strafverfahren mit Hilfe besonders eingriffsintensiver Ermittlungsmaßnahmen erhoben worden sind, die im Verwaltungsverfahren so oder in ähnlicher Form nicht vorgesehen sind.[438] Bei der Übermittlung auf ein Ersuchen der Aufsichtsbehörde wird der Betroffene dadurch geschützt, dass personenbezogene Daten aus bestimmten, besonders gravierenden Ermittlungseingriffen nur zur Abwehr einer erheblichen Gefahr übermittelt werden dürfen (§ 477 II S. 2 StPO). Eine Übermittlung personenbezogener Daten nach Maßgabe dieser Vorschrift verstößt nicht gegen das Recht auf informationelle Selbstbestimmung (Art. 2 I i.V.m. Art. 1 I GG).[439] Eine Übermittlung personenbezogener Daten aus Ermittlungsmaßnahmen, die nicht in § 477 II S. 2 StPO genannt werden, ist nach den allgemeinen Übermittlungsbefugnissen zulässig. Auch darin liegt kein Verstoß gegen das informationelle Selbstbestimmungsrecht, da diese Erhebungseingriffe entweder weit hinter den in § 477 II S. 2 StPO angeführten zurückbleiben oder die Schwere des Erhebungseingriffs von dem nicht-informationellen Begleiteingriff bestimmt wird.[440]

Bei der spontanen Übermittlung fehlt eine § 477 II S. 2 StPO vergleichbare Regelung für Erkenntnisse aus besonders eingriffsintensiven Ermittlungsmaßnahmen. Auf die allgemeinen Befugnisse kann eine Übermittlung dieser Erkenntnisse nicht gestützt werden, diese ist daher unzulässig. Die Aufsichtsbehörde kann jedoch gegebenenfalls nach einer spontanen Mitteilung über das Strafverfahren um die Übermittlung dieser Erkenntnisse ersuchen.[441] Bei der Übermittlung von Informationen aus einem Steuerstrafverfahren zur Durchführung eines Besteuerungsverfahrens gilt zwar die spezielle Befugnis (§ 30 IV Nr. 1 AO), die Beschränkungen des § 477 II S. 2 StPO sind jedoch entsprechend anzuwenden. Die allgemeinen Ausführungen zur Übermittlung gelten entsprechend.[442]

Den Forderungen des BVerfG im Volkszählungsurteil entsprechend, enthält § 21 EGGVG Vorschriften über die Benachrichtigung und die Erteilung von Auskünften gegenüber dem Betroffenen. Mit der obligatorischen Unterrichtung des nicht am Straf- bzw. Ordnungswidrigkeitenverfahren Beteiligten wird dessen Interessen an einer verfahrensmäßigen Sicherung seines Rechts auf informationelle Selbstbestimmung ausreichend Rechnung getragen. Dahingegen genügt bei dem Verfahrensbeteiligten grundsätzlich ein Auskunftsrecht, da er sich in diesem Fall selbst Kenntnis von etwaigen verfahrensübergreifenden Mitteilungen verschaffen kann.

---

[437] S.o. S. 378.
[438] S.o. S. 384 ff.
[439] S.o. S. 386 ff.
[440] S.o. S. 391 ff.
[441] S.o. S. 395 f.
[442] S.o. S. 396 ff.

Das Gleiche gilt für eine Übermittlung auf ein Ersuchen in Bezug auf die Informationsmöglichkeiten in dem bei der ersuchenden Behörde geführten Verfahren.[443]

Soweit die Übermittlung personenbezogener Daten aus einem Straf- oder Ordnungswidrigkeitenverfahren in spezielle Grundrechte eingreift, ist die Verfassungsmäßigkeit dieser Eingriffe gesondert zu betrachten.

In Bezug auf das Brief-, Post- und Fernmeldegeheimnis (Art. 10 GG) ist danach zu differenzieren, ob die personenbezogenen Daten, die durch einen Eingriff in dieses Grundrecht erhoben worden sind, spontan oder auf ein Ersuchen der Aufsichtsbehörde an diese übermittelt werden: Die Befugnisse zur spontanen Übermittlung sind als Grundlage für einen Eingriff in Art. 10 GG nicht geeignet, da sie bei einer entsprechenden Auslegung gegen das Zitiergebot (Art. 19 I S. 2 GG) verstoßen würden.[444] Bei einer Übermittlung auf ein Ersuchen hat der Gesetzgeber für die Übermittlung von Erkenntnissen aus einer Überwachung des Fernmeldeverkehrs (§ 100a StPO) eine Sonderregelung geschaffen (§ 477 II S. 2 StPO). Eine Übermittlung auf der Grundlage dieser Vorschrift ist mit Art. 10 GG vereinbar.[445] Eine vergleichbare Regelung fehlt für die Anforderung von Telekommunikationsverbindungsdaten (§ 100g StPO) und die Beschlagnahme von Postsendungen und Telegrammen (§ 99 StPO). Da eine Übermittlung personenbezogener Daten aus diesen Ermittlungseingriffen nach Maßgabe der allgemeinen Befugnisse unverhältnismäßig wäre, ist eine solche Übermittlung in Ermangelung einer gesetzlichen Grundlage unzulässig.[446]

Die Übermittlung personenbezogener Daten aus einem Ermittlungseingriff in das Wohnungsgrundrecht ist an Art. 13 GG zu messen. Für Erkenntnisse aus einem „großen Lauschangriff" (§ 100c I Nr. 3 StPO) hat der Gesetzgeber in § 100f I Alt. 2 StPO eine Verwendungsregelung geschaffen; § 477 II S. 2 StPO wird von § 100f I Alt. 2 StPO als der spezielleren Vorschrift verdrängt.[447] Da sich die gesetzlichen Voraussetzungen der Übermittlung eng an den Anforderungen an einen vergleichbaren Erhebungseingriff zu präventiven Zwecken (Art. 13 IV S. 1 GG) orientieren, ist § 100f I Alt. 2 StPO mit dem Wohnungsgrundrecht vereinbar.[448] Bei der Übermittlung personenbezogener Daten, die aus einer Durchsuchung stammen, ist zu unterscheiden. Ist die Information in einem Gegenstand verkörpert, zu dessen Auffindung die Durchsuchung angeordnet und durchgeführt worden ist, so steht Art. 13 GG einer Übermittlung zu präventiven Zwecken nicht entgegen. Wird dagegen bei Gelegenheit der Durchsuchung eine Information erhoben, die für das Straf- bzw. Ordnungswidrigkeitenverfahren ohne Bedeutung ist und auf

---

[443] S.o. S. 399ff.
[444] S.o. S. 403f.; in Bezug auf die Befugnisse der AO folgt dieses Ergebnis aus den §§ 105 II, 116 II AO, s.o. S. 404.
[445] S.o. S. 405f.
[446] S.o. S. 406ff.
[447] S.o. S. 410f.
[448] S.o. S. 412ff.

III. Die Verwendung von Daten aus dem Strafverfahren

welche die Durchsuchung nicht gerichtet war, so steht Art. 13 GG einer Übermittlung dieser Information an die Aufsichtsbehörde entgegen.[449]

In Bezug auf die verfassungsrechtlich besonders geschützten Berufsgeheimnisse ist der einfach-gesetzliche Schutz vor der staatlichen Informationserhebung in weiten Teilen parallel ausgestaltet. Das zu dem Berufsgeheimnisträger bestehende Vertrauensverhältnis ist daher in der Regel für die Zulässigkeit einer Übermittlung personenbezogener Daten aus einem Straf- oder Ordnungswidrigkeitenverfahren ohne Bedeutung.[450] Eine Ausnahme gilt insoweit für die Pflicht von Berufsgeheimnisträgern, den Verdacht einer Geldwäsche anzuzeigen (§ 11 I GwG).[451] Da die gesetzliche Ausgestaltung der Anzeigepflicht den verfassungsrechtlichen Kern des Vertrauensverhältnisses jedoch weitgehend unberührt lässt[452], bestehen im Hinblick auf den Schutz der Berufsgeheimnisse keine verfassungsrechtlichen Bedenken gegen eine Verwendung der in der Anzeige enthaltenen personenbezogenen Daten im Besteuerungsverfahren und zum Zweck der Aufsicht über die Einhaltung der Pflichten nach dem GwG (§§ 10 II, 11 VII GwG).[453]

Ob Informationen, die in einem Straf- oder Ordnungswidrigkeitenverfahren rechtswidrig erhoben worden sind, zu präventiven Zwecken verwendet werden dürfen, bestimmt sich zunächst nach der Verwertbarkeit im Ausgangsverfahren[454]. Ist die Information dort verwertbar, sind die für rechtmäßig erhobene Informationen entwickelten Maßstäbe ohne Einschränkungen übertragbar. Besteht im Ausgangsverfahren ein Verwertungsverbot, so ist grundsätzlich auch eine Verwendung im Verwaltungsverfahren unzulässig; Ausnahmen können allerdings mit Rücksicht auf die Möglichkeit, die Information rechtmäßig zu erlangen (hypothetischer Ersatzeingriff), oder ein überwiegendes Interesse (Abwägung) angenommen werden.[455]

---

[449] S.o. S. 414 ff.
[450] S.o. S. 419 ff.
[451] S.o. S. 421 ff.
[452] S.o. S. 422 ff.
[453] S.o. S. 424 ff.
[454] S. insoweit o. S. 428 ff.
[455] S.o. S. 430 f.

IV. Die Verwendung von Informationen aus dem Verwaltungsverfahren im Straf- und Ordnungswidrigkeitenverfahren und der Nemo-tenetur-Grundsatz

Im letzten Abschnitt soll nunmehr die Verwendung von Informationen aus dem Verwaltungsverfahren zur Verfolgung von Straf- und Ordnungswidrigkeiten unter dem Aspekt untersucht werden, ob und inwieweit sie gegen den Grundsatz „Nemo tenetur se ipsum accusare" verstößt. Die Verwendung personenbezogener Daten aus dem Straf- und Ordnungswidrigkeitenverfahren im Verwaltungsverfahren begegnet insoweit keinen Bedenken, da der Nemo-tenetur-Grundsatz im Straf- und Ordnungswidrigkeitenverfahren bereits bei der Informationserhebung zu beachten ist und darüber hinaus im Verwaltungsverfahren nicht gilt.[1]

Der Nemo-tenetur-Grundsatz ist kein materielles Grundrecht, das den Einzelnen vor verfahrensbedingten Eingriffen schützt, sondern ein Verfahrensgrundrecht, das die Mitwirkung des Einzelnen an einem ihn betreffenden Verfahren sichert.[2] Als Bestandteil des Anspruchs auf rechtliches Gehör (Art. 103 I GG)[3] soll er den Einzelnen davor schützen, sich nicht mehr frei verteidigen zu können, weil er durch staatlichen Zwang bereits auf eine Aussage festgelegt worden ist. Eine solche Festlegung kann auch dadurch erfolgen, dass der Einzelne im Verwaltungsverfahren zur Mitwirkung bei der Informationserhebung gezwungen wird und diese Informationen anschließend im Straf- oder Ordnungswidrigkeitenverfahren verwendet werden. Eine solche Verwendung verstößt nicht in jedem Fall gegen den Grundsatz „Nemo tenetur se ipsum accusare". Daher soll zunächst der sachliche und zeitliche Anwendungsbereich des Nemo-tenetur-Grundsatzes untersucht werden (1.). Anschließend werden die möglichen Folgerungen für die Mitwirkungspflichten vorgestellt, die in den Schutzbereich des Nemo-tenetur-Grundsatzes fallen (2.).

Da eine Festlegung auf eine bestimmte Aussage im Verwaltungsverfahren für die Verteidigung im Straf- oder Ordnungswidrigkeitenverfahren besonders gravierend ist, wenn die Aufsichtsbehörde nicht nur für die Durchführung des Verwaltungsverfahrens zuständig ist, sondern zu ihren Aufgaben auch die Verfolgung von Straftaten bzw. Ordnungswidrigkeiten gehört, soll danach untersucht werden, in-

---

[1] Zu letzterem s.o. S. 181 f.
[2] S.o. S. 149 ff.; s. auch S. 39 ff.
[3] S.o. S. 166 ff.

wieweit der Grundsatz „Nemo tenetur se ipsum accusare" einer Verwendung von Informationen aus dem Verwaltungsverfahren im Straf- bzw. Ordnungswidrigkeitenverfahren entgegensteht, wenn ein- und dieselbe Behörde sowohl präventive als auch repressive Aufgaben wahrnimmt (3.). Im Anschluss daran wird zu erörtern sein, ob dieselben Grenzen gelten, wenn nicht die Aufsichtsbehörde, sondern eine andere Behörde für die Verfolgung der jeweiligen Straftat oder Ordnungswidrigkeit zuständig ist und an letztere personenbezogene Daten aus dem Verwaltungsverfahren übermittelt werden sollen (4.).

1. Der Nemo-tenetur-Grundsatz und die Mitwirkung im Verwaltungsverfahren

Ein Zwang zur Mitwirkung an der Informationserhebung im Verwaltungsverfahren mit der anschließenden Verwendung der erlangten Informationen zu repressiven Zwecken stellt nur dann einen Verstoß gegen den Nemo-tenetur-Grundsatz dar, wenn die erzwungene Mitwirkung von dem sachlichen und zeitlichen Anwendungsbereich dieses Grundsatzes erfasst wird.

a) Der sachliche Anwendungsbereich des Nemo-tenetur-Grundsatzes

Der Grundsatz „Nemo tenetur se ipsum accusare" ist Bestandteil des verfassungsrechtlich garantierten Anspruchs auf rechtliches Gehör (Art. 103 I GG).[4] Er schützt den Einzelnen davor, zu Äußerungen gezwungen zu werden, die seine Verteidigung inhaltlich festlegen und ihm damit die Freiheit nehmen, selbst zu bestimmen, auf welche Weise er sich gegen den erhobenen Vorwurf verteidigt. Nicht jede Mitwirkung an der Informationserhebung, zu der er im Verwaltungsverfahren gezwungen werden kann, ist geeignet, die Freiheit seiner Verteidigung zu beeinträchtigen. Bei welchen Mitwirkungshandlungen dies der Fall ist, soll im Folgenden untersucht werden.

(1) Die Auskunftspflichten

Den sichtbarsten Widerspruch zu der von dem Nemo-tenetur-Grundsatz im Strafverfahren garantierten Aussagefreiheit formulieren die verwaltungsrechtlichen Auskunftspflichten[5]: Wird der Einzelne durch ein Auskunftsverlangen gezwungen, Angaben über eine von ihm begangene Straftat zu machen, wird seine Verteidigung im Strafprozess auf diese Weise festgelegt und sein Anspruch auf rechtliches Gehör (Art. 103 I GG) verletzt. Die verwaltungsrechtlichen Auskunftspflichten werden daher vom Schutzbereich des Nemo-tenetur-Grundsatzes umfasst.

---
[4] S.o. S. 166ff.
[5] S. insoweit o. S. 204f.

(2) Die gesetzlichen Anzeige- und Erklärungspflichten

Die Aufsichtsgesetze enthalten eine Reihe von Anzeige- und Erklärungspflichten. Diese unterscheiden sich von den Auskunfts- und Vorlagepflichten darin, dass der Betroffene unmittelbar durch die jeweilige gesetzliche Bestimmung verpflichtet ist, die Aufsichtsbehörde über bestimmte Tatsachen zu informieren.[6] Der Gegenstand der Pflicht, die Erteilung von Informationen aus eigener Kenntnis, ist der gleiche wie bei der Auskunftspflicht. Der Betroffene wird also zu einer Äußerung angehalten, mit der er sich unter Umständen in seiner Verteidigung gegen einen strafrechtlichen oder bußgeldrechtlichen Vorwurf festlegt. Der Grundsatz „Nemo tenetur se ipsum accusare" wird also berührt.

(3) Die Vorlagepflichten

Nach allgemeiner Auffassung verstößt es gegen den Grundsatz „Nemo tenetur se ipsum accusare", den Beschuldigten im Strafverfahren zu einer Herausgabe von Gegenständen und damit zu einer aktiven Mitwirkung an der eigenen Überführung zu zwingen.[7] Die der Differenzierung zwischen aktiver Mitwirkung und passiver Duldung zugrundeliegende persönlichkeitsrechtliche bzw. naturrechtliche Begründung für den Grundsatz „Nemo tenetur se ipsum accusare" hat sich jedoch als nicht tragfähig erwiesen.[8] Auf der Grundlage einer Ableitung des Nemo-tenetur-Grundsatzes aus Art. 103 I GG[9] hat eine solche Unterscheidung keinen Platz. Dass der Beschuldigte mit einer Herausgabe von Beweismitteln gezwungen würde, aktiv an seiner Überführung mitzuwirken, begründet daher keinen Verstoß gegen den Nemo-tenetur-Grundsatz.[10]

Die Herleitung aus Art. 103 I GG lässt jedoch andererseits nicht jedweden Zusammenhang zwischen Aussagefreiheit und Freistellung von der Editionspflicht entfallen. In bestimmten Fällen kann die Pflicht zur Herausgabe von Beweismitteln gegen den verfassungsrechtlichen Grundsatz „Nemo tenetur se ipsum accusare" (Art. 103 I GG) verstoßen, nämlich dann, wenn der Beschuldigte nicht umhin kann, sich mit der Herausgabe zugleich zu dem gegen ihn erhobenen Vorwurf zu äußern. Besonders deutlich wird dies, wenn ein Besitzdelikt Gegenstand des strafrechtlichen Vorwurfes ist. Wird der Beschuldigte bei einem Verdacht einer Straftat

---

[6] S.o. S. 203f.
[7] *Amelung*, in: AK-StPO, Bd. 2/1 (1992), § 95 Rn. 2; *Dingeldey*, NStZ 1984, 529, 530; *Lemke*, in: HK-StPO (2001), § 95 Rn. 3; *Rudolphi*, in: SK-StPO, § 95 Rn. 5; *Tschaksch*, Editionspflicht (1988), S. 90; im Ergebnis ebenso: *Kleinknecht/Meyer-Goßner*, StPO (2003), § 95 Rn. 5; *Nack*, in: KK-StPO (2003), § 95 Rn. 2; *Schäfer*, in: Löwe-Rosenberg, StPO (24. Aufl.), § 95 Rn. 5 s. auch *Müller*, in: KMR-StPO, § 95 Rn. 3 (Herausgabepflicht nicht erzwingbar); a.A. *Lesch*, Strafprozessrecht (2001), S. 198.
[8] S.o. S. 128ff.
[9] S.o. S. 166ff.
[10] So auch *Lesch*, Strafprozessrecht (2001), S. 198, der es konsequenterweise als zulässig ansieht, den Beschuldigten zur Herausgabe potentieller Beweismittel zu zwingen; eine Herausgabepflicht des Beschuldigten nehmen ebenfalls an: *Nobbe/Vögele*, NuR 1988, 313, 315.

IV. Die Verwendung von Informationen und der Nemo-tenetur-Grundsatz

nach § 29 I Nr. 3 BtMG aufgefordert, die in seinem Gewahrsam befindlichen Betäubungsmittel herauszugeben, so kann er diesem Verlangen nicht Folge leisten, ohne zugleich einzuräumen, dass er im Besitz dieser Betäubungsmittel ist, und damit den gegen ihn bestehenden Verdacht zu bestätigen. Der Unterschied zu dem herkömmlichen Verständnis besteht darin, dass ein Zwang zur Herausgabe nicht in jedem Fall den Nemo-tenetur-Grundsatz verletzt, sondern dies nur in den Fällen anzunehmen ist, in denen dem Herausgabeakt der Charakter einer Äußerung zu dem strafrechtlichen Vorwurf zukommt. In der Regel ist die Vorlage von Gegenständen – im Unterschied zur Auskunft – gerade kein kommunikativer Akt.[11] Wird der Betreiber einer Anlage in einem gegen ihn gerichteten Ermittlungsverfahren wegen einer Umweltstraftat aufgefordert, die Messergebnisse über die von der Anlage ausgehenden Emissionen[12] vorzulegen, so liegt in der Vorlage nicht zugleich eine Äußerung zu dem erhobenen Vorwurf: Der Betreiber berichtet nicht aus eigener Kenntnis über die von seiner Anlage ausgehenden Emissionen, sondern übergibt lediglich die Aufzeichnungen einer Maschine. Wird die Vorlage erzwungen und werden die Aufzeichnungen in einem anschließenden Strafverfahren gegen den Betreiber verwertet, so liegt darin keine Verletzung des Nemo-tenetur-Grundsatzes. Für die Verpflichtung des Betriebsinhabers, seine Geschäftsbücher den Aufsichtsbehörden zur Einsicht vorzulegen, gilt das Gleiche. Das BVerfG hat die Vereinbarkeit dieser Pflicht und ihrer zwangsweisen Durchsetzung mit dem Nemo-tenetur-Grundsatz ausdrücklich bestätigt.[13]

Den Beschuldigten zur Herausgabe von potentiellen Beweismitteln zu zwingen, ist daher entgegen der h.M. nicht generell verfassungswidrig, sondern in der Regel mit dem Nemo-tenetur-Grundsatz vereinbar. Soweit Vorlagepflichten den Nemo-tenetur-Grundsatz unberührt lassen, ist auch die Verwendung der im Verwaltungsverfahren vorgelegten Unterlagen zur Verfolgung von Straftaten oder Ordnungswidrigkeiten mit diesem Grundsatz vereinbar.[14]

Dem Gesetzgeber bleibt es indessen unbenommen, über das verfassungsrechtlich vorgegebene Schutzniveau hinauszugehen und einen Herausgabezwang generell für unzulässig zu erklären. Die ganz überwiegende Ansicht legt § 95 StPO so aus, dass der Beschuldigte nicht zur Herausgabe potentieller Beweismittel verpflichtet ist.[15] Nach dieser Norm ist derjenige, der einen Gegenstand, der als Be-

---

[11] S. auch *H.A. Wolff*, Selbstbelastung (1997), S. 227, der allerdings die Grenze des verfassungsrechtlich Zulässigen nach einem anderen Maßstab bestimmt, s. *H.A. Wolff*, aaO, 228.
[12] Zur Vereinbarkeit der Pflicht zur Eigenüberwachung mit dem Nemo-tenetur-Grundsatz s.u. S. 441f., 451f.
[13] BVerfGE 55, 144, 150f. (zu § 31a II Nr. 1 BSchVG). Diese Rechtsprechung wurde nach dem sog. Gemeinschuldner-Beschluss (BVerfGE 56, 37) aufrecht erhalten, s. BVerfG, VkBl. 1985, 303; ebenso BVerwG DÖV 1984, 73, 74; VG Berlin, NJW 1988, 1105, 1107.
[14] VG Berlin, NJW 1988, 1105, 1107; s. auch *Klaue*, in: Immenga/Mestmäcker, GWB (2001), § 59 Rn. 54; a.A. *H.A. Wolff*, Selbstbelastung (1997), S. 228, der auf die aktive Mitwirkung abstellt, andererseits aber im Hinblick auf „enorme Hindernisse" für die Praxis Ausnahmen konzediert, aaO, S. 221.
[15] *Amelung*, in: AK-StPO, Bd. 2/1 (1992), § 95 Rn. 2, 7; *Dingeldey*, NStZ 1984, 529, 530; *Kleinknecht/Meyer-Goßner*, StPO (2003), § 95 Rn. 5; *Lemke*, in: HK-StPO (2001), § 95 Rn. 3; *Nack*, in:

weismittel von Bedeutung sein kann, im Gewahrsam hat, verpflichtet, ihn auf Erfordern vorzulegen und auszuliefern (§ 95 I StPO). Bei einer Weigerung können die für die Zeugnisverweigerung vorgesehenen Zwangsmittel (s. § 70 StPO) angewendet werden (§ 95 II S. 1 StPO), allerdings nicht gegenüber Personen, die zur Verweigerung des Zeugnisses berechtigt sind (§ 95 II S. 2 StPO). Die Regelung über die Editionspflicht im Strafverfahren enthält also in Bezug auf den persönlichen Anwendungsbereich nur eine Einschränkung: Die Anwendung von Zwangmitteln wird für zeugnisverweigerungsberechtigte Personen ausgeschlossen (§ 95 II S. 2 StPO). Dieser Umstand sowie die allgemeine Formulierung der Pflicht nach § 95 I StPO („Wer ..., ist verpflichtet ...") deuten darauf hin, dass auch der Beschuldigte zur Herausgabe potentieller Beweismittel verpflichtet ist.[16]

Eine solche Auslegung wäre jedoch in den oben angeführten Ausnahmefällen, in denen eine Herausgabe den Charakter einer Äußerung zu dem erhobenen Vorwurf hätte, verfassungswidrig. Insoweit wäre die restriktive Interpretation der herrschenden Ansicht vorzuziehen. Für eine solche Auslegung des § 95 StPO spricht auch die Entstehungsgeschichte dieser Norm. Wie sich aus den Motiven zur StPO ergibt, war zwar die Einführung einer allgemeinen Herausgabepflicht beabsichtigt.[17] Als in der ersten Lesung diskutiert wurde, ob der Beschuldigte oder ein Verdächtiger zur Herausgabe potentieller Beweismittel gezwungen werden könne, wurde diese Frage jedoch einhellig verneint.[18] Zur Begründung wurde darauf verwiesen, dass auf Zwangsmittel gegen den Zeugen und die Berechtigung zur Zeugnisverweigerung Bezug genommen werde.[19] Der historische Gesetzgeber ging also davon aus, dass der Beschuldigte nicht von § 95 I StPO erfasst wird. Der Wille des Gesetzgebers hat sich – wenngleich sehr schwach – in § 95 II StPO niedergeschlagen, denn die dortige Anknüpfung an die Vorschriften über den Zeugen deutet – wie soeben gesehen – darauf hin, dass der Beschuldigte nicht als Adressat der Editionspflicht anzusehen ist.[20] Auf diese Weise kann eine Verletzung des Nemo-tenetur-Grundsatzes vermieden werden, soweit einer Herausgabe der Charakter einer Äußerung zu dem erhobenen Vorwurf zukäme. Im Ergebnis ist daher der Auslegung der h.M. zu folgen, die eine Herausgabepflicht des Beschuldigten nach § 95 I StPO verneint.[21]

KK-StPO (2003), § 95 Rn. 2; *Rudolphi*, in: SK-StPO, § 95 Rn. 5; *Schäfer*, in: Löwe-Rosenberg, StPO (24. Aufl.), § 95 Rn. 5; *Tschaksch*, Editionspflicht (1988), S. 90; s. auch *Müller*, in: KMR-StPO, § 95 Rn. 3 (Herausgabepflicht nicht erzwingbar).

[16] *Tschaksch*, Editionspflicht (1988), S. 85; s. auch *Radtke*, in: Meyer-Goßner-FS (2001), S. 321, 330.

[17] S. die Motive des Entwurfes (zu § 86 RStPO), in: *Hahn/Stegemann*, Materialien zur StPO, Abt. 1, S. 124.

[18] S. die Abgeordneten *von Puttkamer* und *Hanauer*, in: *Hahn/Stegemann*, Materialien zur StPO, Abt. 1, S. 622.

[19] So der Abgeordnete *Hanauer*, in: *Hahn/Stegemann*, Materialien zur StPO, Abt. 1, S. 622.

[20] *Eb. Schmidt*, Lehrkommentar, Bd. II (1957), § 95 Rn. 1.

[21] Alternativ könnte man annehmen, dass zwar eine Herausgabepflicht besteht, diese aber nicht mit Zwangsmitteln durchgesetzt werden darf, so *Müller*, in: KMR-StPO, § 95 Rn. 3; *Radtke*, in: Meyer-Goßner-FS (2001), S. 321, 332. Da die Verletzung der Herausgabepflicht aufgrund der Un-

(4) Die übrigen Duldungs- und Mitwirkungspflichten bei der Informationserhebung

Schließlich ist zu untersuchen, inwieweit die übrigen Duldungs- und Mitwirkungspflichten bei der behördlichen Informationserhebung vom Anwendungsbereich des Nemo-tenetur-Grundsatzes erfasst werden.

Die Pflicht zur Duldung behördlicher Ermittlungseingriffe im Verwaltungsverfahren (Entnahme von Proben, Kontrollen, Nachschau, Durchsuchung, Eingriffe in das Brief-, Post- und Fernmeldegeheimnis)[22] ist nicht geeignet, die Aussagefreiheit zu beeinträchtigen. Dem Betroffenen wird mit diesen Befugnissen eine Pflicht zur Passivität auferlegt, deren Erfüllung ihn in keiner Weise zwingt, sich zu dem gegen ihn erhobenen Vorwurf zu äußern und sich damit in seiner Verteidigung festzulegen. Macht die Aufsichtsbehörde im Verwaltungsverfahren von den oben genannten Ermittlungsbefugnissen Gebrauch und werden die auf diese Weise erlangten Informationen anschließend zu repressiven Zwecken verwendet, so liegt darin kein Verstoß gegen den Grundsatz „Nemo tenetur se ipsum accusare".[23]

Weniger eindeutig sind die Konsequenzen für die im Verwaltungsverfahren vorgesehenen Pflichten des Betroffenen, die Behörde bei der Informationserhebung, z.B. im Rahmen einer Nachschau, zu unterstützen (Hilfspflichten).[24] Weder die StPO noch der Grundsatz „Nemo tenetur se ipsum accusare" enthalten ein allgemeines Verbot, den Beschuldigten zur aktiven Mitwirkung im Strafverfahren zu zwingen.[25] So wird im Strafverfahren z.B. bei einer ärztlichen Untersuchung des Beschuldigten mitunter ein Verhalten verlangt, das über eine reine Passivität hinausgeht.[26] Entscheidend ist vielmehr, ob der Beschuldigte zu einem Verhalten gezwungen wird, das sich als Äußerung zu dem gegen ihn erhobenen Vorwurf darstellt. Dies ist bei alltäglichen Hilfeleistungen, z.B. dem Öffnen einer Tür im Rahmen der Nachschau, nicht der Fall. Im Verwaltungsverfahren ist der Beteiligte daher grundsätzlich auch nach der Einleitung eines Straf- oder Ordnungswidrigkeitenverfahrens zur aktiven Unterstützung der Aufsichtsbehörde verpflichtet; soweit eine solche Pflicht besteht, kann sie auch erzwungen werden.

Im Hinblick auf die Aussagefreiheit problematisch erscheint hingegen eine verwaltungsrechtliche Befugnis, den Betreiber einer Anlage zur Durchführung von kontinuierlichen Messungen und zur Übermittlung der Ergebnisse an die Aufsichtsbehörde zu verpflichten (§§ 29, 31 BImSchG).[27] Mit der Übermittlung der Messdaten werden der Aufsichtsbehörde unter Umständen Tatsachen (z.B. Grenz-

---

schuldsvermutung nicht zum Nachteil des Betroffenen gewürdigt werden darf, haben die unterschiedlichen Auffassungen keine Konsequenzen; auf eine Erörterung wird daher verzichtet.
[22] S.o. S.208f.
[23] So auch *H.A. Wolff*, Selbstbelastung (1997), S.186.
[24] S.o. S.209.
[25] VG Berlin, NJW 1988, 1105, 1107; zur Widersprüchlichkeit der Unterscheidung von Aktivität und Passivität s. auch o. S.140.
[26] S. dazu *Bosch*, Aspekte (1998), S.286ff. m.w.N.
[27] S. dazu BVerwG, DVBl 1997, 726.

wertüberschreitungen) bekannt, die gegen ihn den Anfangsverdacht einer Straftat oder Ordnungswidrigkeit begründen. Die Aufzeichnung der Emissionsdaten erfolgt „unter Verwendung aufzeichnender Messgeräte" (§ 29 I S. 1 BImSchG), d.h. die Messung und Aufzeichnung erfolgt selbsttätig.[28] Die Aufzeichnung selbst enthält daher keine Äußerung des Anlagenbetreibers in Bezug auf einen möglicherweise gegen ihn zu erhebenden Vorwurf: Nicht der Anlagenbetreiber macht Angaben über die von der Anlage ausgehenden Emissionen, sondern das automatische Messgerät.[29] Mit der Übermittlung der Daten wird dem Betreiber zwar eine aktive Mitwirkung abverlangt, aber wiederum keine Aussage zu den Messdaten. Dies gilt insbesondere für die automatische Übermittlung der Messdaten im Rahmen eines behördlich angeordneten Fernüberwachungssystems.[30] Der Grundsatz „Nemo tenetur se ipsum accusare" bleibt daher unberührt.[31]

(5) Die Pflichten im Vorfeld der behördlichen Informationserhebung

Zur Überwachung sind in den Aufsichtsgesetzen häufig Pflichten im Vorfeld der behördlichen Informationserhebung, wie z.B. Aufzeichnungspflichten oder Pflichten zur Eigenüberwachung, vorgesehen. Die Pflichten, bestimmte Informationen vorzuhalten, ermöglichen es der Aufsichtsbehörde, diese Informationen zu erheben.[32] Andererseits findet durch die Befolgung dieser Pflichten allein noch keine Informationserhebung statt, sondern es bedarf dazu einer weiteren Handlung von Seiten der Behörde (oder des Überwachungspflichtigen), mit welcher die Informationen angefordert (bzw. übermittelt) werden. Dieser Umstand lässt die Pflichten im Vorfeld der behördlichen Informationserhebung als eine Besonderheit erscheinen, da der Betroffene nicht unmittelbar zu einer Mitwirkung bei der Informationserhebung gezwungen wird. Aus diesem Grund ist zweifelhaft, ob dem gebotenen Verhalten überhaupt der Charakter einer Äußerung im Hinblick auf einen erhobenen Vorwurf zugeschrieben werden kann.

Dieser Frage soll im Folgenden in Bezug auf die Pflichten zur Anfertigung von Aufzeichnungen [(a)], zur Kennzeichnung von Tieren, Produkten und anderen Gegenständen [(b)], zur Bestellung eines Betriebsbeauftragten [(c)] und zum Betrieb von automatischen Messeinrichtungen [(d)] nachgegangen werden.

---

[28] *Jarass*, BImSchG (2002), § 29 Rn. 5; *Lechelt*, in: GK-BImSchG, § 29 Rn. 28.
[29] S. die entsprechende Unterscheidung im materiellen Strafrecht zwischen § 267 und § 268 StGB, vgl. *Maurach/Schroeder/Maiwald*, Strafrecht BT-2 (1999), § 65 Rn. 81.
[30] S. BVerwG, DVBl 1997, 726ff.; *Jarass*, BImSchG (2002), § 31 Rn. 2; *Lechelt*, in: GK-BImSchG, § 31 Rn. 26.
[31] BVerwG, DVBl 1997, 726, 728; s. auch *Jarass*, BImSchG (2002), § 31 Rn. 4; *Lechelt*, in: GK-BImSchG, § 31 Rn. 15. Für Einzelmessungen (§§ 26, 28 BImSchG) gilt dies entsprechend, da diese Messungen ebenfalls nicht von dem Anlagenbetreiber, sondern von einer Messstelle durchzuführen sind (s. § 26 I S. 1 BImSchG), s. *Jarass* und *Lechelt*, jeweils aaO; s. dagegen (für ein strafprozessuales Verwertungsverbot): *Michalke*, NJW 1990, 417, 419.
[32] S.o. S. 206f.

(a) Die Aufzeichnungspflichten

Die bedeutsamste Pflicht im vorliegenden Zusammenhang ist die Pflicht zur Anfertigung von Aufzeichnungen.[33] Zwar werden der Aufsichtsbehörde auf diese Weise noch keine Informationen offenbart. Die Behörde kann jedoch auf die aufgezeichneten Informationen zugreifen, indem sie an den Betroffenen ein Vorlageverlangen richtet.

Nun stellt die zeitliche Ausdehnung des Erhebungsvorgangs auf zwei Akte (Aufzeichnung und Vorlage) keinen Grund dar, den Einzelnen weniger zu schützen, als wenn die behördliche Informationserhebung in einem Akt erfolgte. Wie eine Anzeige- oder Auskunftspflicht ist auch eine Aufzeichnungspflicht in Verbindung mit der Pflicht zur Vorlage der Aufzeichnungen geeignet, die Verteidigungsmöglichkeiten des Verpflichteten in einem gegen ihn geführten Straf- oder Ordnungswidrigkeitenverfahren zu beeinträchtigen, indem er mit seinen eigenen Aufzeichnungen konfrontiert wird. Die Aufzeichnungen sind nichts Anderes als Erklärungen des Beschuldigten, die für die Behörde bereits im Vorfeld eines Verfahrens und eines konkreten Informationsbedürfnisses vorgehalten werden.[34] Die Erklärungen werden bereits abgegeben, der Behörde aber erst zu einem späteren Zeitpunkt zugänglich gemacht. Weil die Aufzeichnungspflicht erst in Verbindung mit einer Vorlagepflicht zu einer (potentiellen) Auskunftspflicht wird, werden beide Pflichten als eine Einheit angesehen.[35] Es erscheint daher konsequent, dem Verpflichteten – wie bei der Anzeigepflicht – schon zum Zeitpunkt der Aufzeichnung im Hinblick auf seine Aussagefreiheit den notwendigen Schutz zukommen zu lassen. Der Ausgangspunkt dieser Folgerung – die Einheit von Aufzeichnungs- und Vorlagepflicht – bedarf indessen genauerer Betrachtung.

(i) Einheit und Trennung von Aufzeichnungs- und Vorlagepflicht am Beispiel der Pflicht zur Buchführung (§§ 238ff. HGB). Die Übertragung der Ausführungen zur Anzeige- und Auskunftspflicht auf die Pflicht, Informationen aufzuzeichnen und vorzuhalten, setzt notwendigerweise die Verbindung dieser Pflicht mit einer korrespondierenden Vorlagepflicht voraus, denn nur in diesem Fall ist aus der Sicht des Betroffenen zu besorgen, dass die aufgezeichnete Information zur Kenntnis der Behörde gelangt. Mit anderen Worten, die Aufzeichnungspflicht muss dem Einzelnen auferlegt worden sein, damit dieser der Behörde auf ein entsprechendes Verlangen hin die benötigten Informationen zur Verfügung stellen kann. So dient die Pflicht des Mietwagenunternehmers, den Eingang des Beförderungsauftrages aufzuzeichnen und die Eintragung ein Jahr lang aufzubewahren (§ 49 IV S. 4 PBefG), dem Zweck, die Überwachung der Einhaltung der Pflichten des Mietwa-

---

[33] S.o. S. 206f.
[34] S. auch *Mäder*, Betriebliche Offenbarungspflichten (1997), S. 165.
[35] So *Gröschner*, Das Überwachungsrechtsverhältnis (1992), S. 252; *H.A. Wolff*, Selbstbelastung (1997), S. 214.

genunternehmers zu sichern und die Ahndung von Verstößen zu erleichtern.[36] Die Aufzeichnungs- und Aufbewahrungspflichten bilden daher mit dem Recht der Aufsichtsbehörde zur Einsichtnahme in die Aufzeichnungen (§ 54a I S. 1 Nr. 1 PBefG) eine Einheit.

Eine Einheit von Aufzeichnungs- und Vorlagepflicht ist hingegen zweifelhaft, wenn sich die Behörde mit einem Vorlageverlangen Aufzeichnungen des Betroffenen zunutze macht, die dieser ohne Rücksicht auf ein behördliches Informationsinteresse anzufertigen verpflichtet ist. Die Pflicht zur Aufzeichnung und Vorhaltung von Informationen rechtfertigt sich in diesem Fall nicht aus dem staatlichen Informationsinteresse, sondern aus dem Interesse an der privaten Sammlung und Vorhaltung bestimmter Informationen. Die Aufzeichnungs- und Vorhaltungspflichten bestehen also unabhängig von der Pflicht zur Vorlage gegenüber der Aufsichtsbehörde. Die beiden Pflichten bilden keine Einheit mehr, so dass die Grundlage für eine Gleichstellung der Aufzeichnungspflichten mit den Anzeige- und Auskunftspflichten entfällt.

Das typische Beispiel für eine nicht staatsgerichtete Aufzeichnungspflicht ist die handelsrechtliche Pflicht zur Buchführung (§§ 238ff. HGB). Der Kaufmann wird mit dieser Dokumentationspflicht zur Selbstkontrolle angehalten.[37] Auf diese Weise werden die Interessen von Gläubigern und sonstigen Dritten geschützt.[38] Durch die Buchführung ist der Kaufmann besser über den Stand des Unternehmens informiert, die Grundlage für unternehmerische Entscheidungen wird dadurch verbessert: Eine bessere Durchleuchtung des Unternehmens führt zu besseren Diskussionen und zu besseren Entscheidungen.[39] Die Buchführung zielt also auf die interne Organisation des kaufmännischen Geschäftsbetriebes.[40] Die §§ 238ff. HGB begründen eine Pflicht zur innerbetrieblichen Kommunikation, indem sie den Kaufmann zum „unternehmerischen Selbstgespräch" anhalten. Dies gilt auch, soweit die Buchführungspflicht, z.B. als Grundlage der Bemessung einer Gewinnausschüttung, den Interessen der Gesellschafter dient.[41]

Diese Zielrichtung schließt es nicht aus, dass die Buchführungsunterlagen in staatlichen Verfahren als Beweismittel herangezogen werden (s. §§ 258ff. HGB). Dementsprechend können auch die Aufsichtsbehörden zur Informationserhebung auf diese Aufzeichnungen zugreifen oder diese zur Verfolgung von Straftaten oder

---

[36] BVerfGE 81, 70, 95; *Bidinger*, Personenbeförderungsrecht, § 49 PBefG Rn. 192.
[37] *Ballwieser*, in: MüKo-HGB, Bd. 4 (2001), § 238 Rn. 1; *Baumbach/Hopt*, HGB (2003), Einl. v. § 238 Rn. 14; *Canaris*, Handelsrecht (2000), § 12 Rn. 11.
[38] *Ballwieser*, in: MüKo-HGB, Bd. 4 (2001), § 238 Rn. 1; *Baumbach/Hopt*, HGB (2003), Einl. v. § 238 Rn. 14; *Canaris*, Handelsrecht (2000), § 12 Rn. 11. Ob es dabei um den Schutz von Individuen – so *Baumbach/Hopt*, HGB (2003), Einl. v. § 238 Rn. 14 – oder Institutionen (Zahlungs- und Kreditverkehr) – so *Canaris*, Handelsrecht (2000), § 12 Rn. 11 – geht, kann an dieser Stelle offen bleiben, denn auch der Schutz von Institutionen zielt letzten Endes auf den Schutz der Gläubigerinteressen, s. *Canaris*, aaO.
[39] *Baumbach/Hopt*, HGB (2003), Einl. v. § 238 Rn. 14.
[40] *Canaris*, Handelsrecht (2000), § 12 Rn. 3.
[41] S. insoweit *Ballwieser*, in: MüKo-HGB, Bd. 4 (2001), § 238 Rn. 1; *Baumbach/Hopt*, HGB (2003), Einl. v. § 238 Rn. 15.

Ordnungswidrigkeiten verwertet werden. Der Umstand, dass diese Pflichten nicht zur Befriedigung öffentlicher Informationsinteressen eingeführt worden sind, führt jedoch dazu, dass diese Aufzeichnungspflichten mit den Vorlagepflichten nicht als eine Einheit betrachtet und die Aufzeichnungen als bereits abgegebene, aber noch nicht zugegangene Erklärungen des Pflichtigen gegenüber der Aufsichtsbehörde angesehen werden können.

(ii) Die fehlende Drittwirkung des Nemo-tenetur-Grundsatzes. Ungeachtet ihrer Einordnung als öffentlich-rechtliche Pflichten[42] handelt es sich bei den Buchführungspflichten des Kaufmanns um Erklärungen, die zunächst nicht darauf angelegt sind, den Bereich des Unternehmens zu verlassen; es handelt sich vielmehr um Erklärungen innerhalb des unternehmensinternen, privaten Bereiches. Für die Aussagefreiheit hat dies insofern Bedeutung, als der Grundsatz „Nemo tenetur se ipsum accusare" zwischen Privaten nicht gilt.[43] Art. 103 I GG ist als Verfahrensgrundrecht nicht geeignet, eine Drittwirkung zu entfalten.[44] Der Anspruch auf rechtliches Gehör in der Ausprägung des Nemo-tenetur-Grundsatzes soll (und kann) den Einzelnen nicht davor schützen, dass Äußerungen, die er gegenüber Privaten in Bezug auf den gegen ihn erhobenen Vorwurf getätigt hat, in einem Straf- oder Ordnungswidrigkeitenverfahren gegen ihn verwertet werden. Ihm bleibt in diesem Fall die Möglichkeit, sich von diesen Äußerungen bzw. deren Verständnis durch den Empfänger zu distanzieren. Gegenüber einer staatlichen Stelle, die das Straf- bzw. Ordnungswidrigkeitenverfahren durchführt, hat er diese Möglichkeit nicht, wenn und soweit er sich ihr gegenüber bereits geäußert hat. Verfassungsrechtlich unzulässig ist nur der Zwang, sich in staatlichen Beweisverfahren vor staatlichen Stellen äußern und selbst bezichtigen zu müssen.[45]

Dies sei wiederum an einigen Beispielen verdeutlicht. So wurde die Vereinbarkeit des Straftatbestandes der Unfallflucht (§ 142 StGB) mit dem Nemo-tenetur-Grundsatz wiederholt bezweifelt, da dem Unfallbeteiligten darin die Pflicht auferlegt wird, sich gegenüber den anderen Unfallbeteiligten aktiv als Unfallbeteiligter vorzustellen (§ 142 I Nr. 1 StGB).[46] Die Angabe dieser Tatsache kann ihn möglicherweise im Hinblick auf eine bei der Unfallverursachung begangene Straftat belasten. § 142 StGB dient jedoch nicht dem staatlichen Strafverfolgungsinteresse,

---

[42] S. dazu *Canaris*, Handelsrecht (2000), § 12 Rn. 15 m.w.N.
[43] *Reiß*, Besteuerungsverfahren (1987), S. 197; s. dagegen *Samson*, wistra 1988, 130, 132. Auf der Basis einer Herleitung des Nemo-tenetur-Grundsatzes aus Art. 103 I GG kann der letzteren Ansicht jedoch nicht gefolgt werden.
[44] Eine unmittelbare Drittwirkung wird auch dann verneint, wenn man als verfassungsrechtliche Grundlage des Nemo-tenetur-Grundsatzes ein materielles Grundrecht (Art. 2 I i.V.m. Art. 1 I GG) heranzieht; in diesem Fall wird allerdings eine mittelbare Drittwirkung angenommen, s. *Rogall*, in: SK-StPO, Vor § 133 Rn. 157.
[45] *H. Schneider*, Selbstbegünstigungsprinzip (1991), S. 143 f.; auf Beweisführungsinteressen, allerdings auch außerhalb staatlicher Verfahren abstellend: *Reiß*, Besteuerungsverfahren (1987), S. 187.
[46] *Reiß*, Besteuerungsverfahren (1987), S. 201 ff.; *Rogall*, Der Beschuldigte (1977), S. 163 f.; *Schünemann*, DAR 1998, 424, 427 f.

sondern dem privaten Interesse des Unfallgegners, die Durchsetzung etwaiger Ersatzansprüche zu sichern.[47] Die Vorstellungspflicht besteht daher gegenüber den möglicherweise geschädigten Unfallgegnern. Der Unfallbeteiligte kann diese Pflicht also erfüllen, ohne den staatlichen Behörden seine Unfallbeteiligung anzeigen zu müssen.[48] Mit dieser Maßgabe ist § 142 StGB mit dem Grundsatz „Nemo tenetur se ipsum accusare" vereinbar.[49] Die spätere Verwertung der gegenüber dem Unfallgegner mitgeteilten Tatsachen in einem Strafverfahren muss der Verpflichtete hinnehmen.[50]

Entsprechendes gilt für zivilrechtliche Auskunfts- und Rechenschaftspflichten (z.B. § 260, § 666 – auch i.V.m. §§ 681 S. 2, 713 –, § 740 II, § 2130 II, § 2218 BGB). Muss der Schuldner im Rahmen der Erfüllung dieser Pflichten Umstände offenbaren, die ihn selbst der Gefahr der Strafverfolgung aussetzen, so befreit ihn diese Gefahr nicht von seiner Verpflichtung gegenüber dem Gläubiger.[51] Der Schuldner bleibt daher im Insolvenzverfahren auch dann zur Auskunft verpflichtet, wenn er sich mit Erteilung der Auskunft der Gefahr einer Strafverfolgung aussetzen würde; das BVerfG hat es in diesen Fall allerdings als verfassungswidrig angesehen, die Information anschließend in einem Strafverfahren gegen den Schuldner zu verwerten.[52] § 97 I S. 3 InsO trägt dem Gemeinschuldner-Beschluss mit einem Verwertungsverbot Rechnung. Diese Rechtsprechung wird auf andere zivilrechtliche Verfahren und Auskunftspflichten übertragen.[53] Der Grundsatz „Nemo tenetur se ipsum accusare" schützt jedoch allein gegen einen Zwang, sich vor staatlichen Stellen, d.h. in einem staatlichen Verfahren, wegen einer Straftat oder Ordnungswidrigkeit belasten zu müssen. Solange der Schuldner seiner Auskunfts- und Rechenschaftspflicht gegenüber dem Gläubiger außerhalb eines solchen Verfahrens nachkommt, genießt er diesen Schutz nicht. Auf diese Weise kann auch erklärt werden, dass Aufklärungspflichten, deren Erfüllung nicht erzwungen werden kann, deren Nichterfüllung aber für den Schuldner rechtliche Nachteile zur Folge hat (Obliegenheiten), nicht gegen den Grundsatz „Nemo tenetur se ipsum accusare" verstoßen.[54] Der Schuldner hat es in diesen Fällen selbst in der Hand, eine Offenbarung

---

[47] BGHSt 12, 253, 255, 257f.; *Cramer/Sternberg-Lieben*, in: Schönke/Schröder, StGB (2001), § 142 Rn.1; *Maurach/Schroeder/Maiwald*, Strafrecht BT-1 (2003), § 49 Rn.6.

[48] *H. Schneider*, Selbstbegünstigungsprinzip (1991), S.149, 151.

[49] *Geppert*, in: LK-StGB (11. Aufl.), § 142 Rn.64, 141; *H. Schneider*, Selbstbegünstigungsprinzip (1991), S.149, 151. Die h.M. geht von der Verfassungsmäßigkeit des § 142 StGB aus, s. *Kühl*, in: Lackner/Kühl, StGB (2001), § 142 Rn.2 m.w.N.; s. auch BVerfGE 16, 191, 194.

[50] S. auch *H. Schneider*, Selbstbegünstigungsprinzip (1991), S.144; a.A. *Reiß*, Besteuerungsverfahren (1987), S.204.

[51] BGHZ 41, 318, 322f.; 109, 260, 268; *Reiß*, Besteuerungsverfahren (1987), S.197.

[52] BVerfGE 56, 37, 51.

[53] Zur Annahme eines Verwertungsverbotes für Angaben bei einer eidesstattlichen Versicherung nach § 807 ZPO: BGHSt 37, 340, 343; *Schäfer*, in: Dünnebier-FS (1982), S.11, 40; zu den materiell-rechtlichen Auskunftspflichten: *Dingeldey*, NStZ 1984, 529, 531f.; *Taupitz*, Offenbarung eigenen Fehlverhaltens (1989), S.33f.

[54] S. etwa zur Aufklärungspflicht gegenüber der Haftpflichtversicherung: BVerfG, NStZ 1995, 599; KG NZV 1994, 403, 404; OLG Celle, NJW 1985, 640; zu den Angaben des Asylbewerbers im

der Information gegenüber staatlichen Stellen zu vermeiden, indem er die rechtlichen Konsequenzen der Obliegenheitsverletzung in Kauf nimmt.[55] Entscheidet er sich hingegen für eine Offenbarung der selbstbelastenden Tatsachen und leitet der Gläubiger diese Informationen an die Strafverfolgungsbehörden weiter, so sind diese in einem Strafverfahren gegen den Schuldner verwertbar.[56]

Für die Pflicht, Informationen aufzuzeichnen und vorzuhalten, bedeutet dies, dass eine solche Pflicht den Nemo-tenetur-Grundsatz nicht berührt, solange diese Pflicht zu ihrer Legitimation nicht einer hinzugedachten Vorlagepflicht bei der Behörde bedarf, sondern ohne eine solche Pflicht und die damit verbundene Weitergabe an staatliche Stellen gerechtfertigt werden kann, sei es im Hinblick auf die innerbetriebliche Kommunikation, sei es im Hinblick auf die Kommunikation mit anderen, betriebsexternen Privaten. In beiden Fällen ist der Grundsatz „Nemo tenetur se ipsum accusare" nicht berührt, denn dieser gilt nur für die Kommunikation zwischen dem Einzelnen und staatlichen Stellen. Die Verwertung von Buchführungsunterlagen zur Verfolgung von Straftaten oder Ordnungswidrigkeiten verstößt daher nicht gegen den Nemo-tenetur-Grundsatz.[57]

(iii) Übertragung auf andere Aufzeichnungspflichten. Die vorstehenden Überlegungen können auf die umweltrechtliche Eigenüberwachung übertragen werden. Im Umweltrecht wird der Unternehmer durch entsprechende gesetzliche Regelungen zur eigenverantwortlichen Gefahrenabwehr verpflichtet, d.h. er hat von sich aus dafür Sorge zu tragen, dass von seinem Betrieb, der von ihm betriebenen Anlage, den dort hergestellten Produkten etc. keine Gefahren für die Umwelt ausgehen.[58] Die im Rahmen der Eigenüberwachung vorgesehenen Pflichten sollen den Unternehmer zur Einhaltung und Kontrolle der rechtlichen Vorgaben anhalten.[59] Zugleich dienen sie den Informationsinteressen der Aufsichtsbehörde.[60]

Asylverfahren: BGHSt 36, 328, 333f.; OLG Düsseldorf, StV 1992, 503, 504; s. dazu *Böse*, wistra 1999, 451, 454f. m.w.N.

[55] *Stürner*, NJW 1981, 1757, 1760, überträgt diesen Gedanken konsequent auf die erzwingbaren Aufklärungspflichten: Soweit der Schuldner durch Anerkennung der Forderung des Gläubigers eine Erzwingung der Auskunft abwenden könne, liege kein Verstoß gegen den Nemo-tenetur-Grundsatz vor.

[56] S. auch BVerfG, ZfS 1982, 13; NStZ 1995, 599 (zur Verwertung von Angaben gegenüber der Versicherung); a.A. *Dingeldey*, NStZ 1984, 529, 532. Auch im Übrigen wird bei der Annahme eines Verwertungsverbotes nicht zwischen Auskünften innerhalb und außerhalb eines gerichtlichen Verfahrens differenziert, s. *Taupitz*, Offenbarung eigenen Fehlverhaltens (1989), S.33f.; zur Offenbarungspflicht bei ärztlichen Behandlungsfehlern: *Terbille/Schmitz-Herscheidt*, NJW 2000, 1749, 1751.

[57] S. nur *Franzheim*, NJW 1990, 2049; *Otto*, wistra 1983, 233, 234; a.A. *Reiß*, Besteuerungsverfahren (1987), S.238f.; zu dem dort angeführten Argument der Zweckentfremdung s. sogleich S.448f.

[58] S. *Kloepfer/Rehbinder/Schmidt-Aßmann*, UGB-AT (1991), S.294.

[59] *Sander*, in: HdUR, Bd.I, Stichwort Eigenüberwachung (Spalte 449).

[60] *H.A. Wolff*, Selbstbelastung (1997), S.165.

So ist beispielsweise in der Störfall-Verordnung[61] die Pflicht geregelt, über die regelmäßige sicherheitstechnische Prüfung der Anlage Unterlagen zu erstellen und diese aufzubewahren (§ 12 II). Diese Pflicht konkretisiert die allgemeine Grundpflicht des Anlagenbetreibers, die Anlage so zu betreiben, dass schädliche Umwelteinwirkungen und sonstige Gefahren für die Allgemeinheit und die Nachbarschaft nicht hervorgerufen werden können (s. § 5 I Nr. 1 BImSchG).[62] Die Aufzeichnungen erleichtern es also dem Betreiber, den sicherheitstechnischen Zustand der Anlage zu beurteilen.[63] Zugleich ermöglichen die Aufzeichnungen eine effektive behördliche Überwachung.[64] Die Aufzeichnungspflicht dient also einerseits der Selbstinformation des Betreibers, um eigenverantwortlich zur Gefahrenabwehr tätig werden zu können, andererseits den Informationsinteressen der Aufsichtsbehörde.[65] Ungeachtet der „Janusköpfigkeit" der Aufzeichnungspflicht ist entscheidend, dass die Verpflichtung allein auf den Aspekt der Eigenüberwachung gestützt werden kann. Dass den Aufzeichnungen daneben auch eine Funktion als Informationsträger für die Verwaltung zukommt, ist unbeachtlich. Da sich die Aufsichtsbehörde mit einem Vorlageverlangen jedes Dokument zugänglich machen kann, könnte ansonsten jede Aufzeichnung als potentielle Erklärung an die Behörde angesehen werden; schließlich können auch die Buchführungsunterlagen in staatlichen Verfahren zu Beweiszwecken herangezogen werden (§§ 258 ff. HGB). Aus diesem Grund sind die Unterlagen nach § 12 II Störfall-Verordnung dem innerbetrieblichen, privaten Bereich zuzuordnen. Diese Überlegungen sind auf andere Pflichten zur Eigenüberwachung übertragbar.[66] Entgegen einer verbreiteten Ansicht[67] verstößt eine Verwertung von Aufzeichnungen, die im Rahmen der Eigenüberwachung erstellt worden sind, zur Verfolgung von Straftaten oder Ordnungswidrigkeiten daher nicht gegen den Grundsatz „Nemo tenetur se ipsum accusare".[68] Die Zulässigkeit einer Verwertung ist insbesondere nicht davon abhängig, ob die zu verfolgende Zuwiderhandlung in einem sachlichen Zusammenhang mit dem

---

[61] 12. Verordnung zum BImSchG vom 26. 4. 2000, BGBl I S. 603.
[62] *Hansmann*, in: Landmann/Rohmer, Umweltrecht, § 12 12. BImSchVO Rn. 14. Mit § 12 II der Verordnung hat der Verordnungsgeber die Regelungen aus der Vorgängerverordnung übernommen, s. die Begründung des Verordnungsentwurfes, BR-Drucks. 511/99, S. 100; 75/00, S. 74. Im Verfahren zu deren Erlass hatte der damalige Bundesinnenminister *Baum* die dort geregelten Pflichten als Konkretisierung der grundlegenden Verpflichtung des Unternehmers bezeichnet, für einen gefahrenfreien Anlagenbetrieb zu sorgen, s. die Plenarprotokolle des Bundesrates, 485. Sitzung vom 18. 4. 1983, S. 168.
[63] *Hansmann*, in: Landmann/Rohmer, Umweltrecht, § 12 12. BImSchVO Rn. 14.
[64] *Hansmann*, in: Landmann/Rohmer, Umweltrecht, § 12 12. BImSchVO Rn. 14.
[65] S. dazu allgemein *H. A. Wolff*, Selbstbelastung (1997), S. 165 (in Fußn. 306) m. w. N.
[66] S. etwa die Aufzeichnungspflicht nach § 6 III S. 1 GenTG i. V. m. der Gentechnik-Aufzeichnungsverordnung; zur entsprechenden Zielvorgabe des Gesetz- bzw. Verordnungsgebers s. die Begründung der Gentechnik-Aufzeichnungsverordnung, BR-Drucks. 230/90, S. 7f.; *Fluck*, DÖV 1991, 129, 130.
[67] *J. M. Günther*, ZfW 1996, 290, 293; *Mäder*, Betriebliche Offenbarungspflichten (1997), S. 202ff., 258ff.; *Michalke*, NJW 1990, 417, 419; *Schramm*, Verpflichtung des Abwassereinleiters (1990), S. 124.
[68] *Franzheim*, NJW 1990, 2049; s. auch *Schoeneck*, in: Sanden/Schoeneck, BBodSchG (1998),

IV. Die Verwendung von Informationen und der Nemo-tenetur-Grundsatz

präventiven Zweck der Eigenüberwachung stehen.[69] Dieser Aspekt ist vielmehr im Rahmen der verfassungsrechtlichen Vorgaben des Rechts auf informationelle Selbstbestimmung (Art. 2 I i. V. m. Art. 1 I GG) zu berücksichtigen.[70] Das Prinzip der Zweckbindung ist für den Nemo-tenetur-Grundsatz allein in der – negativen – Hinsicht bedeutsam, dass eine Verletzung dieses Grundsatzes durch ein strafprozessuales Verwertungsverbot vermieden werden kann; eine Differenzierung nach der Art der Straftat ist diesem Grundsatz dagegen fremd.[71]

Anders als die Pflichten zur Eigenüberwachung sind die Aufzeichnungspflichten zu beurteilen, die ausschließlich als Vorstufe zu einem behördlichen Vorlageverlangen konzipiert sind. So dient die Pflicht, über die Herkunft und den Verbleib von Wirbeltieren, die zu Versuchszwecken gezüchtet werden, Aufzeichnungen anzufertigen und diese drei Jahre lang aufzubewahren (§ 11a I S. 1 TierSchG), allein dem Zweck, der Behörde die Überwachung über die Einhaltung der Tierschutzvorschriften zu ermöglichen.[72] Das Gleiche gilt für die oben bereits erwähnte Pflicht zur Aufzeichnung nach § 49 IV S. 4 PBefG. Diese Aufzeichnungen werden ausschließlich im Interesse der Aufsichtsbehörden erstellt. Es handelt sich also um die Pflicht zur Abgabe von Erklärungen, die der Aufsichtsbehörde erst auf ein entsprechendes Verlangen hin zugänglich gemacht werden. Auf diese Aufzeichnungspflichten findet der Grundsatz „Nemo tenetur se ipsum accusare" daher Anwendung.

Die Aufzeichnungspflichten im Rahmen der produktbezogenen Überwachung sind nicht einheitlich zu beurteilen. Während die Führung eines Waffenbuches (§ 23 WaffenG) ausschließlich staatlichen Informationsinteressen dient (gewerbepolizeiliche Überwachung)[73], soll die Pflicht zur Aufzeichnung des Zugangs und Abgangs von Betäubungsmitteln (§ 17 BtMG) nicht nur der Überwachung durch das Bundesinstitut für Arzneimittel und Medizinprodukte dienen, sondern dem Verpflichteten eine Bestandskontrolle und die Erfüllung seiner Meldepflichten ermöglichen.[74] Im letztgenannten Fall steht der Nemo-tenetur-Grundsatz einer Verwertung der Aufzeichnungen im Ordnungswidrigkeitenverfahren nicht entgegen.

---

§ 15 Rn. 14; s. ferner BVerwG, DVBl 1997, 726, 728; *Jarass*, BImSchG (2002), § 31 Rn. 4; *Lechelt*, in: GK-BImSchG, § 31 Rn. 15.

[69] So aber *H. A. Wolff*, Selbstbelastung (1997), S. 220.

[70] S. dazu o. S. 320.

[71] Dessen ungeachtet wird danach zu differenzieren sein, ob ein- und dieselbe Behörde das Verwaltungsverfahren und das Straf- bzw. Ordnungswidrigkeitenverfahren führt oder daran beteiligt ist (s. u. S. 462ff.) oder die präventiven und repressiven Aufgaben von unterschiedlichen Behörden wahrgenommen werden (s. u. S. 523ff.). Diese Frage wird jedoch erst dann relevant, wenn der Schutzbereich des Nemo-tenetur-Grundsatzes berührt ist, was in Bezug auf die Pflichten zur Eigenüberwachung – wie gesehen – nicht der Fall ist.

[72] *Schiwy*, TierSchG, Anm. zu § 11a.

[73] S. zu § 12 WaffenG a. F.: BT-Drucks. V/1268, S. 56; OVG Bautzen, NVwZ-RR 1997, 411, 412; *Steindorf*, in: Erbs/Kohlhaas, § 12 WaffenG Rn. 1. Dementsprechend ist das Waffenbuch der Behörde zu übergeben, wenn der Buchführungspflichtige es nach Ablauf der Aufbewahrungsfrist nicht mehr aufbewahren will, s. § 17 VI S. 2 der Allgemeinen Waffengesetz-Verordnung vom 27.10.2003 (BGBl. I S. 2123). Hinzu kommt der kriminalpolizeiliche Zweck, mit Hilfe der Waffenbücher Straftaten aufzuklären, s. OVG Bautzen, aaO; *Steindorf*, aaO.

[74] *Körner*, BtMG (2001), § 17 Rn. 1.

(iv) Die Aufzeichnungen selbsttätiger Messeinrichtungen. Einer gesonderten Betrachtung bedürfen Pflichten zum Betrieb von automatischen Aufzeichnungsgeräten, deren Ergebnisse von dem Überwachungspflichtigen auf Verlangen der Aufsichtsbehörde vorzulegen sind.

Als Beispiel sei in diesem Zusammenhang die Pflicht zum Betrieb eines Kontrollgerätes bei Fahrzeugen genannt, die der Beförderung von Personen oder Gütern im Straßenverkehr dienen. Mit dem Kontrollgerät werden die zurückgelegte Wegstrecke, die Geschwindigkeit und die Lenk- und Ruhezeiten vollautomatisch aufgezeichnet.[75] Auf Verlangen der Aufsichtsbehörde hat der Fahrer die Schaublätter des Kontrollgerätes vorzulegen (§ 4 III S. 1 Nr. 2 Fahrpersonalgesetz).[76] Da aus den Aufzeichnungen unter Umständen Geschwindigkeitsüberschreitungen ersichtlich sind, ist fraglich, ob die belastenden Schaublätter im Straf- oder Ordnungswidrigkeitenverfahren verwertet werden dürfen.

Mit der Pflicht, die Messgeräte zu installieren und die von dem Gerät getätigten Aufzeichnungen aufzubewahren, wird der Betroffene nicht zu einer Äußerung in Bezug auf einen gegen ihn erhobenen bzw. zu erhebenden Vorwurf gezwungen. Die Angaben über Wegstrecke, Geschwindigkeit und Ruhezeiten sind nicht Erklärungen des Fahrers oder des Unternehmers, sondern werden von dem Kontrollgerät ohne Zutun einer Person erstellt.[77] Die Aufzeichnungen sind daher nicht geeignet, eine natürliche Person in einem gegen sie betriebenen Straf- oder Ordnungswidrigkeitenverfahren in ihrer Verteidigung festzulegen. Die Aufzeichnungen dürfen daher zur Verfolgung von Straftaten und Ordnungswidrigkeiten verwertet werden; ein Verstoß gegen den Grundsatz „Nemo tenetur se ipsum accusare" liegt nicht vor.[78]

(b) Die Kennzeichnungspflichten

Wie die Aufzeichnungspflichten sind auch die Kennzeichnungspflichten im Hinblick auf eine Verletzung des Nemo-tenetur-Grundsatz danach zu beurteilen, ob sie auf die staatliche Überwachung bezogen oder auf die Information Privater gerichtet sind.

Überwiegend zielen die öffentlich-rechtlichen Kennzeichnungspflichten darauf, denjenigen, der mit dem Produkt in Kontakt kommt, über dessen (gefährliche) Eigenschaften zu informieren. So dienen die lebensmittelrechtlichen Kennzeichnungsvorschriften[79] dem Schutz und der Information des Verbrauchers.[80] Das

---

[75] S. im Einzelnen die Verordnung (EWG) Nr. 3821/85 des Rates vom 20.12.1985 über das Kontrollgerät im Straßenverkehr, ABlEG L 274/1.
[76] S. *Schulz,* in: Erbs/Kohlhaas, § 4 Fahrpersonalgesetz Rn. 5.
[77] Vgl. auch o. S. 442.
[78] OLG Hamm, NZV 1992, 159, 160; *Franzheim,* NJW 1990, 2049; *Mäder,* Betriebliche Offenbarungspflichten (1997), S. 200; *Zeising,* NZV 1994, 383, 385; s. auch BayObLGSt 1985, 107, 110.
[79] § 16 LMBG i.V.m. der Lebensmittel-Kennzeichnungsverordnung vom 15.12.1999, BGBl I S. 2464; s. auch § 22 FlHG.
[80] S. die Gesetzesbegründung zu § 16 LMBG, BT-Drucks. 7/255, S. 31.

Gleiche gilt für die Kennzeichnungspflichten für Chemikalien und Pflanzenschutzmittel.[81] Aufgrund ihrer Schutzwirkung gegenüber jedermann werden diese Pflichten als „absolute Pflichten" bezeichnet.[82]

Der Gesetzgeber hat allerdings auch Kennzeichnungspflichten geschaffen, die der Erleichterung behördlicher Kontrollen dienen. Dieses Ziel wird beispielsweise mit der Pflicht zur Kennzeichnung von Wirbeltieren, die zu Versuchszwecken gezüchtet worden sind (§ 11a II TierSchG), verfolgt.[83] Eine Kennzeichnungspflicht ist mitunter auch zur vollständigen Erfassung steuerpflichtiger Waren vorgesehen.[84] In derartigen Konstellationen ist der Nemo-tenetur-Grundsatz grundsätzlich anwendbar.

(c) Die Pflicht zur Bestellung eines Betriebsbeauftragten

Eine weitere Pflicht, die der Behörde Möglichkeiten zur Informationserhebung erschließt, ist die Pflicht zur Bestellung von Betriebsbeauftragten.[85] Soweit der Betriebsbeauftragte im Rahmen seiner Tätigkeit Informationen erlangt, die den Unternehmer wegen einer Straftat oder Ordnungswidrigkeit belasten, besteht die Gefahr, dass die Aufsichtsbehörde sich diese Informationen zugänglich macht und diese zur Verfolgung der Zuwiderhandlung verwendet. Bei der Untersuchung, ob eine solche Vorgehensweise mit dem Nemo-tenetur-Grundsatz vereinbar ist, kann an die obigen Ausführungen zur Aufzeichnungspflicht angeknüpft werden. Es stellt sich also die Frage, ob die Angaben des Unternehmers gegenüber dem Betriebsbeauftragten für die Aufsichtsbehörde bestimmt sind, der Betriebsbeauftragte also nur „Bote" oder „Verwahrer" einer an die Aufsichtsbehörde gerichteten Information ist.

Nach allgemeiner Ansicht ist der Betriebsbeauftragte nicht der „verlängerte Arm" der Aufsichtsbehörde, sondern ein Organ des Betriebes.[86] Er wird privatrechtlich vom Betriebsinhaber bestellt.[87] Seine Aufgaben bestehen im Wesentlichen darin, die Einhaltung der umweltrechtlichen Vorschriften zu überwachen (Überwachungsfunktion), auf die Entwicklung und Einführung umweltfreundlicher Techniken hinzuwirken (Initiativfunktion), die Beschäftigten zu informieren (Informationsfunktion) und dem Unternehmer in regelmäßigen Abständen zu berichten (Berichtsfunktion).[88] Der Betriebsbeauftrage hat also betriebsintern auf die

---

[81] S. § 13 I S. 1 ChemG (i.V.m. § 20 I PflSchG); zum Zweck der Kennzeichnungspflicht (Verbraucherschutz): *Klein,* in: Rehbinder/Kayser/Klein, ChemG (1985), § 13 Rn. 2.
[82] *Gröschner,* Das Überwachungsrechtsverhältnis (1992), S. 256, 265.
[83] *Schiwy,* TierSchG, Anm. zu § 11a; s. auch zur waffenrechtlichen Kennzeichnungspflicht: *Steindorf,* in: Erbs/Kohlhaas, § 13 WaffenG Rn. 1.
[84] S. § 3 II S. 2 MinöStG und die HeizölkennzV.
[85] S.o. S. 207 f.; s. etwa §§ 53 BImSchG, 6 IV GenTG, 54 KrW-/AbfG, 21a WHG.
[86] *H.A. Wolff,* Selbstbelastung (1997), S. 175 f.
[87] *Jarass,* BImSchG (2002), § 53 Rn. 3; *Nisipeanu,* NuR 1990, 439, 447; *Steiner,* DVBl 1987, 1133, 1137.
[88] *Dirks,* DB 1996, 1021, 1024; *Kaster,* GewArch 1998, 129, 135 f.; *Nisipeanu,* NuR 1990, 439, 450 f.; *Steiner,* DVBl 1987, 1133, 1137; s. auch *Dirks,* aaO, 1025, zu den Meldepflichten (z.B. § 58b I

Abwehr von Gefahren hinzuwirken.[89] Seine Rechte und Pflichten sind innerbetrieblich ausgerichtet.[90] Soweit der Unternehmer im Rahmen seiner Pflicht, den Betriebsbeauftragten zu unterstützen[91], Informationen offenbart, dient dies also der betriebsinternen Gefahrenabwehr. Dass der Betriebsbeauftragte die ihm zugänglichen Informationen an die Aufsichtsbehörde weitergibt, ist hingegen die Ausnahme.[92] Die Informationspflichten des Betriebsinhabers gegenüber dem Betriebsbeauftragten sind nicht „Vorstufe" einer Weitergabe dieser Informationen an die Aufsichtsbehörde. Es handelt es sich auch hier um eine Regelung von Informationspflichten unter Privaten (Betriebsinhaber und Betriebsbeauftragter), die nicht in den Schutzbereich des Grundsatzes „Nemo tenetur se ipsum accusare" fällt.

Die Verwertung von Informationen, die der Betriebsbeauftragte im Rahmen seiner Tätigkeit erlangt hat, zur Verfolgung von Straftaten und Ordnungswidrigkeiten verstößt daher nicht gegen den Grundsatz „Nemo tenetur se ipsum accusare".[93]

b) Der zeitliche Anwendungsbereich des Nemo-tenetur-Grundsatzes

Nach Erörterung des sachlichen Anwendungsbereiches des Grundsatzes „Nemo tenetur se ipsum accusare" ist nunmehr auf die Frage einzugehen, in welchem zeitlichen Rahmen der Schutz der Aussagefreiheit verfassungsrechtlich gewährleistet ist.

Verfassungsrechtlichen Schutz genießt unzweifelhaft derjenige, gegen den bereits ein Ermittlungsverfahren wegen einer Straftat oder Ordnungswidrigkeit eingeleitet worden ist. In diesem Stadium kann er nicht gezwungen werden, sich zu dem gegen ihn erhobenen Vorwurf zu äußern. Konsequenterweise wird dem Beschuldigten vom Gesetzgeber ausdrücklich das Recht zuerkannt, nicht zur Sache auszusagen (s. § 136 I S. 2 StPO).

Der Einzelne genießt aber bereits im Vorfeld eines Straf- oder Ordnungswidrigkeitenverfahrens den Schutz des Nemo-tenetur-Grundsatzes. Eine einfach-gesetzliche Ausprägung hat dieser Schutz in dem Auskunftsverweigerungsrecht des (noch nicht beschuldigten) Zeugen erfahren (§ 55 StPO). Danach kann der Zeuge die Auskunft auf solche Fragen verweigern, deren Beantwortung ihm die Gefahr zuziehen würde, wegen einer Straftat oder Ordnungswidrigkeit verfolgt zu wer-

---

S. 2 Nr. 2, 4 BImSchG); s. auch die gesetzlichen Regelungen zum Aufgabenbereich (z.B. §§ 54 BImSchG, 21b WHG).

[89] *Dahme*, in: Sieder/Zeitler/Dahme, WHG, § 21a Rn. 4, 45; *Nisipeanu*, NuR 1990, 439, 447.
[90] *Steiner*, DVBl 1987, 1133, 1137; *H.A. Wolff*, Selbstbelastung (1997), S. 176.
[91] S. z.B. § 55 IV BImSchG (ggf. i.V.m. § 55 III KrW-/AbfG), § 21c IV WHG.
[92] Die Frage, ob der Betriebsbeauftragte befugt ist, Informationen von sich aus an die Aufsichtsbehörde weiterzuleiten, kann an dieser Stelle offen bleiben, vgl. *H.A. Wolff*, Selbstbelastung (1997), S. 177 m.w.N.
[93] A.A. wohl *Michalke*, NJW 1990, 417, 419. Im Ergebnis dürfte die hier vertretene Ansicht mit der Auffassung von *H.A. Wolff*, Selbstbelastung (1997), S. 223, weitgehend übereinstimmen, der eine Verwertung zur Verfolgung von Zuwiderhandlungen für zulässig hält, zu deren Überwachung die Beauftragte eingesetzt wurde.

IV. Die Verwendung von Informationen und der Nemo-tenetur-Grundsatz 453

den (§ 55 I StPO). Entsprechendes gilt für das Ordnungswidrigkeitenverfahren (§ 46 I OWiG). Dass § 55 StPO auf dem verfassungsrechtlichen Gebot beruht, den Einzelnen vor einem Zwang zur Selbstbezichtigung zu schützen, ist vom BVerfG mehrfach bestätigt worden.[94] Dies gilt auch auf der Grundlage der hier vertretenen Herleitung des Nemo-tenetur-Grundsatzes aus Art. 103 I GG, denn auch die Äußerungen, die der Täter als Zeuge gemacht hat, sind in einem anschließend gegen ihn eingeleiteten Strafverfahren geeignet, die Art und Weise seiner Verteidigung festzulegen und damit seinen Anspruch auf rechtliches Gehör (Art. 103 I GG) zu beeinträchtigen. Die Aussagefreiheit des Einzelnen wird also bereits im Vorfeld eines gegen ihn einzuleitenden Ermittlungsverfahrens geschützt. Diesem Schutz ist allerdings eine zeitliche Grenze gesetzt: Auf seine Aussagefreiheit kann sich nicht berufen, wer eine Äußerungspflicht bereits vor der (vermeintlichen) Tatbegehung nicht erfüllen will, denn eine Selbstbezichtigung ist zu diesem Zeitpunkt ausgeschlossen.

Dies lässt sich am Beispiel der Fahrtenbuchauflage (§ 31a StVZO) illustrieren. Nach einer solchen Auflage ist der Fahrzeughalter verpflichtet, vor Beginn einer jeden Fahrt den Führer des Fahrzeugs, das Fahrzeug mit amtlichem Kennzeichen und den Beginn der Fahrt und nach Beendigung der Fahrt diesen Zeitpunkt im Fahrtenbuch festzuhalten (s. § 31a II Nr. 1 und 2 StVZO). Begeht der Fahrzeughalter im Verlauf einer von ihm durchgeführten Fahrt eine Verkehrsordnungswidrigkeit, so kann dies an seinen Eintragungspflichten vor Antritt der Fahrt nichts mehr ändern. Zu diesem Zeitpunkt setzt er sich mit einer Eintragung nicht der Gefahr einer Verfolgung aus.[95] Für die Vereinbarkeit seiner Selbstdarstellung mit früheren Äußerungen gegenüber staatlichen Stellen hat er selbst Sorge zu tragen. Soweit die Konfrontation mit den Aufzeichnungen im Fahrtenbuch seine Verteidigung in einem Strafverfahren wegen einer später begangenen Straftat beeinträchtigt, muss er dies daher hinnehmen. Das BVerfG hat in einem ähnlichen Zusammenhang darauf hingewiesen, dass der Charakter der Aufzeichnungen für den Betroffenen erkennbar und eine solche Konfrontation daher für den Betroffenen vorhersehbar ist.[96] Eine Pflicht zur Anfertigung von Aufzeichnungen und deren Verwertung in einem späteren Straf- oder Ordnungswidrigkeitenverfahren verstößt daher nicht gegen den Nemo-tenetur-Grundsatz.[97]

Die Beendigung der Fahrt wäre hingegen erst nach der Entstehung der Verfolgungsgefahr in das Fahrtenbuch einzutragen (§ 31a II S. 1 Nr. 2 StVZO). In zeitlicher Hinsicht ist der Schutzbereich des Nemo-tenetur-Grundsatzes berührt.[98] Der Schutz der Aussagefreiheit im Vorfeld eines Straf- oder Ordnungswidrigkeitenver-

---

[94] BVerfGE 38, 105, 113; StV 1999, 71; 2001, 257, 258; NJW 2002, 1411, 1412.
[95] S. auch *H.A. Wolff*, Selbstbelastung (1997), S. 218.
[96] BVerfGE 81, 70, 97.
[97] So auch *H.A. Wolff*, Selbstbelastung (1997), S. 218; s. auch allgemein: BVerwG, NJW 1981, 1852; BayVBl 2000, 380; die Zulässigkeit einer Verwertung wird offen gelassen von *Mäder*, Betriebliche Offenbarungspflichten (1997), S. 198; vgl. auch BVerfG, NJW 1982, 568.
[98] S. auch *Bottke*, DAR 1980, 238, 240.

fahrens setzt jedoch voraus, dass die vom Betroffenen erzwungene Äußerung ihn selbst wegen einer Straftat oder Ordnungswidrigkeit zu belasten geeignet ist. Die Eintragung des Fahrtendes sagt über die Begehung einer Straftat oder Ordnungswidrigkeit nichts aus; anders als z. B. bei Aufzeichnungen im Rahmen der umweltrechtlichen Eigenüberwachung wird der Rechtsverstoß nicht dokumentiert.[99] Mit Hilfe der Eintragungen lässt sich lediglich ermitteln, wer das Fahrzeug in einem bestimmten Zeitraum gelenkt hat.[100]

Nach Ansicht des BVerfG beginnt der verfassungsrechtliche Schutz durch den Grundsatz „Nemo tenetur se ipsum accusare" indessen bereits weit im Vorfeld einer direkten Belastung, indem der Einzelne auch vor einem Zwang geschützt wird, mittelbare Hinweise auf eine von ihm begangene Straftat zu geben.[101] Das heißt, aus der Sicht der Behörde müssen die Angaben des Betroffenen auf die Begehung einer Straftat oder Ordnungswidrigkeit hinweisen. Dies ist ohne Zweifel der Fall, wenn diese Angaben für sich genommen einen Anfangsverdacht begründen. Im Einzelfall mag es allerdings auch ausreichen, wenn die Erklärungen des Täters zusammen mit der Verfolgungbehörde bereits vorliegenden Informationen auf die Begehung einer Straftat oder Ordnungswidrigkeit hindeuten.[102] Letzteres ist bei den Eintragungen im Fahrtenbuch der Fall. Im Verlauf der Fahrt ist bereits ein Verkehrsverstoß mit einem bestimmten Fahrzeug (z. B. eine Geschwindigkeitsüberschreitung) dokumentiert worden; die Eintragung im Fahrtenbuch komplettiert die bereits erhobenen Informationen zu einem Anfangsverdacht gegen eine bestimmte Person. Der Fahrer kann die Eintragung des Fahrtendes daher unter Berufung auf seine Aussagefreiheit verweigern – freilich dürfte ihm dies im Ergebnis wegen des bereits eingetragenen Fahrtantritts und der Verwertbarkeit dieser Angaben wenig nützen.

2. Die möglichen Konsequenzen für die vom Nemo-tenetur-Grundsatz erfassten Mitwirkungspflichten

Soweit die Mitwirkungspflichten im Verwaltungsverfahren in den sachlichen und zeitlichen Anwendungsbereich des Grundsatzes „Nemo tenetur se ipsum accusare" fallen, stellt sich die Frage nach den verfahrensrechtlichen Konsequenzen. Um einen Verstoß gegen den Nemo-tenetur-Grundsatz zu vermeiden, stehen dem Gesetzgeber mehrere Möglichkeiten zur Verfügung [a)]. Die entscheidende Frage lautet jedoch, wie dem Nemo-tenetur-Grundsatz zur Durchsetzung verholfen wer-

---

[99] *Mäder*, Betriebliche Offenbarungspflichten (1997), S. 196, 198.
[100] *Mäder*, Betriebliche Offenbarungspflichten (1997), S. 198.
[101] BVerfG, NJW 2002, 1411, 1412; s. auch BVerfG, NStZ 2003, 666.
[102] S. auch BVerfG, NJW 2002, 1411, 1412, für den Fall, dass der Staatsanwaltschaft bereits Anhaltspunkte für eine Straftat vorliegen und die Auskunft des Zeugen einen lediglich allgemein bestehenden Verdacht konkretisieren würde.

den kann, wenn der Gesetzgeber von keiner dieser Lösungsmöglichkeiten Gebrauch gemacht hat [b)].

a) Die Lösungsmöglichkeiten zur Vermeidung eines Verstoßes gegen den Nemo-tenetur-Grundsatz

Im vorliegenden Zusammenhang vollzieht sich eine Verletzung des Nemo-tenetur-Grundsatzes in zwei Akten: Der Einzelne wird im Verwaltungsverfahren zu einer selbstbelastenden Äußerung gezwungen und diese Äußerung wird anschließend in einem gegen ihn betriebenen Straf- oder Ordnungswidrigkeitenverfahren verwertet. Diese Aufteilung zeigt die möglichen Wege auf, wie eine Verletzung des Grundsatzes „Nemo tenetur se ipsum accusare" vermieden werden kann. Entweder wird davon abgesehen, den Einzelnen im Verwaltungsverfahren zu einer Selbstbezichtigung zu zwingen – s. sogleich (1) und (2) –, oder es wird ausgeschlossen, dass die Angaben des Betroffenen zur Verfolgung einer Straftat oder Ordnungswidrigkeit verwertet werden – s. sogleich (3) und (4).[103]

(1) Die Einräumung von Mitwirkungsverweigerungsrechten im Verwaltungsverfahren

Dem Grundsatz „Nemo tenetur se ipsum accusare" kann dadurch Rechnung getragen werden, dass dem Betroffenen im Verwaltungsverfahren das Recht eingeräumt wird, die Mitwirkung zu verweigern. Von dieser Möglichkeit hat der Gesetzgeber in den meisten Aufsichtsgesetzen durch Einführung von Auskunftsverweigerungsrechten Gebrauch gemacht.[104] Eine ähnliche Lösung besteht darin, an der Pflicht zur Mitwirkung festzuhalten, aber den Einsatz von Zwangsmitteln zu ihrer Durchsetzung zu verbieten.[105]

(2) Die Aussetzung des Verwaltungsverfahrens

Die zweite Möglichkeit besteht darin, das Verwaltungsverfahren bis zum Abschluss des Straf- bzw. Ordnungswidrigkeitenverfahrens auszusetzen. Damit wird wie bei den Rechten zur Verweigerung einer Mitwirkung darauf verzichtet, den Betroffenen im Verwaltungsverfahren zu selbstbelastenden Angaben zu zwingen. Die Sachverhaltsaufklärung erfolgt also ausschließlich im Rahmen des Straf- bzw. Ordnungswidrigkeitenverfahrens.[106]

---

[103] S. dazu *H.A. Wolff*, Selbstbelastung (1997), S. 135 ff.
[104] S.o. S. 204 f.
[105] S. insbesondere das Zwangsmittelverbot in § 393 I S. 2 AO, s. BFH/NV 2002, 305, 306 m.w.N. Bei *H.A. Wolff*, Selbstbelastung (1997), S. 135, 136 f., werden diese Möglichkeiten getrennt behandelt.
[106] S. etwa *Gallandi*, wistra 1987, 127, 129; *Rengier*, BB 1985, 720, 722 f. (zum Besteuerungsverfahren).

456 C. Die verfahrensübergreifende Verwendung personenbezogener Informationen

Ist das Straf- bzw. Ordnungswidrigkeitenverfahren abgeschlossen, kann das Verwaltungsverfahren wiederaufgenommen werden. Dem Betroffenen droht bei Erfüllung seiner verwaltungsrechtlichen Mitwirkungspflichten keine Verfolgung mehr, so dass diese nunmehr auch erzwungen werden kann. Eine Verletzung des Nemo-tenetur-Grundsatzes ist damit ausgeschlossen.

(3) Der Verzicht auf die Verfolgung

Soll an der Erhebung der Information festgehalten werden, so kann eine Verletzung des Nemo-tenetur-Grundsatzes dadurch ausgeschlossen werden, dass auf die Verfolgung der Tat verzichtet wird, die Gegenstand der erzwungenen Selbstbelastung ist.[107]

Der Gesetzgeber hat dem Täter zum Teil die Möglichkeit eingeräumt, durch sein Nachtatverhalten Straffreiheit zu erlangen, z.B. im Wege der Selbstanzeige (§ 371 AO) oder der tätigen Reue (z.B. §§ 264a III, 265b II, 330b StGB). Soweit der Täter es in der Hand hat, die Gefahr einer Verfolgung auszuschließen, liegt keine Verletzung des Nemo-tenetur-Grundsatzes vor. Dies setzt jedoch voraus, dass der Täter die Voraussetzungen der jeweiligen Norm erfüllen kann[108] und eine Gefahr der Verfolgung definitiv ausgeschlossen ist.

(4) Die Annahme eines Verwertungsverbotes für das Straf- und Ordnungswidrigkeitenverfahren

Die Gewährung von Straffreiheit bzw. der Ausschluss einer Sanktionierung nach dem OWiG wird angesichts des prinzipiell bestehenden öffentlichen Interesses an der Durchführung eines Straf- bzw. Ordnungswidrigkeitenverfahrens nur im Ausnahmefall in Betracht kommen. Anstatt insgesamt von einer Verfolgung abzusehen, kann eine Verletzung des Nemo-tenetur-Grundsatzes auch dadurch vermieden werden, dass die erzwungene Selbstbelastung im Straf- oder Ordnungswidrigkeitenverfahren nicht verwertet wird[109], dieses Verfahren aber im Übrigen durchgeführt wird. Ein solches Verwertungsverbot hat der Gesetzgeber in § 393 II S. 1 AO und in § 97 I S. 3 InsO vorgesehen.

b) Die Konsequenzen für die Untersuchung

(1) Der Vorrang des Gesetzesrechts

Der Gesetzgeber ist grundsätzlich in seiner Entscheidung frei, welchen der oben genannten Wege er beschreitet, um den verfassungsrechtlichen Anforderungen des Grundsatzes „Nemo tenetur se ipsum accusare" gerecht zu werden.[110] Hat der Ge-

---

[107] *H.A. Wolff*, Selbstbelastung (1997), S. 137.
[108] S. etwa § 371 II, III AO und dazu u. S. 487f.
[109] *H.A. Wolff*, Selbstbelastung (1997), S. 136.
[110] *Mäder*, Betriebliche Offenbarungspflichten (1997), S. 140; vgl. auch BVerfGE 56, 37, 46f.

setzgeber keine ausdrückliche Regelung geschaffen, so muss versucht werden, auf der Grundlage des positiven Rechts eine Lösung zu entwickeln, um eine Verletzung dieses Grundsatzes zu vermeiden. Die Möglichkeiten zur verfassungskonformen Auslegung sind auszuschöpfen, ohne deren Grenzen zu überschreiten. Dies wird in den folgenden Abschnitten (3., 4.) in dem jeweiligen gesetzlichen Kontext zu untersuchen sein.

(2) Die Folge der Nicht-Regelung: Verfassungswidrigkeit oder ein verfassungsrechtliches Verwertungsverbot?

Kann auf der Basis des positiven Gesetzesrechts keine Lösung gefunden werden, so bedeutet dies, dass der Zwang zur Selbstbezichtigung im Verwaltungsverfahren und die anschließende Verwertung im Straf- bzw. Ordnungswidrigkeitenverfahren gegen den Nemo-tenetur-Grundsatz verstoßen, d.h. die gesetzliche Regelung verfassungswidrig ist.

Das Verdikt der Verfassungswidrigkeit geht nicht über die beiden erwähnten Elemente (Zwang zur Selbstbezichtigung, Verwertung im Straf- bzw. Ordnungswidrigkeitenverfahren) hinaus, so dass weder die Durchführung des Verwaltungsverfahrens parallel zum Straf- bzw. Ordnungswidrigkeitenverfahren – vgl. o. 1.b) – noch die Verfolgung als solche – vgl. o. 1.c) – verfassungswidrig sind.

Damit lautet die entscheidende Frage, ob die Verfassungswidrigkeit den Zwang zur Selbstbelastung *und* die anschließende Verwertung zu repressiven Zwecken umfasst, denn einem Verstoß gegen den Nemo-tenetur-Grundsatz kann auch dadurch abgeholfen werden, dass allein die Verwertung als verfassungswidrig qualifiziert wird. Wird der Betroffene im Verwaltungsverfahren zu selbstbelastenden Angaben gezwungen, ist dieser Zwang für sich genommen nicht verfassungswidrig.[111] Die überwiegende Ansicht nimmt deshalb bei einem drohenden Verstoß gegen den Nemo-tenetur-Grundsatz ein verfassungsrechtliches Verwertungsverbot an, hält aber den Zwang zu selbstbelastenden Angaben im Verwaltungsverfahren für verfassungsmäßig.[112] Dafür wird angeführt, dass, sofern bereits die Informationserhebung im Verwaltungsverfahren für verfassungswidrig erklärt wird, der Aufsichtsbehörde damit Aufklärungsmöglichkeiten genommen werden, derer sie zur Erfüllung ihrer präventiven Aufgaben bedarf. Dementsprechend sind die bestehenden Auskunftsverweigerungsrechte als Hindernis einer effektiven Gefahrenabwehr heftiger Kritik ausgesetzt.[113]

---

[111] *H.A. Wolff*, Selbstbelastung (1997), S. 140; s. auch *Mäder*, Betriebliche Offenbarungspflichten (1997), S. 193 (zur Eigenüberwachung).
[112] *J.M. Günther*, ZfW 1996, 290, 293; *Hahn*, Offenbarungspflichten (1984), S. 164; *Mäder*, Betriebliche Offenbarungspflichten (1997), S. 202 ff., 207, 212, 258 ff.; *Michalke*, NJW 1990, 417, 419; *Nobbe/Vögele*, NuR 1988, 313, 317; *H.A. Wolff*, Selbstbelastung (1997), S. 231 f.; s. auch *Schendel*, in: Meinberg/Möhrenschlager/Link, Umweltstrafrecht (1989), S. 256.
[113] *Scholl*, Behördliche Prüfungsbefugnisse (1989), S. 130 ff.

Die Ergänzung der gesetzlichen Regelungen um ein verfassungsrechtliches Verwertungsverbot wird auf eine Entscheidung des BVerfG gestützt[114], in der das Gericht es als zulässig angesehen hatte, im Konkursverfahren den Gemeinschuldner zur Erteilung der erforderlichen Auskünfte zu zwingen, auch wenn sich dieser mit seinen Angaben möglicherweise selbst einer Straftat bezichtigen muss[115]. Dem Grundsatz „Nemo tenetur se ipsum accusare" sei nach Ansicht des BVerfG jedoch dadurch Rechnung zu tragen, dass die Angaben des Gemeinschuldners in einem späteren Strafverfahren nicht gegen ihn verwertet werden dürften.[116] Das BVerfG hat die damalige Konkursordnung aus diesem Grund um ein verfassungsrechtliches Verwertungsverbot ergänzt.[117]

Diese Ergänzung des Gesetzesrechts geht über eine Kontrolle der Verfassungsmäßigkeit der gesetzlichen Regelungen hinaus: Wie das BVerfG in seiner Entscheidung ausgeführt hat, obliegt es grundsätzlich dem Gesetzgeber, die in der Konkursordnung bestehende Lücke durch Einführung eines Verwertungsverbotes zu schließen.[118] Gleichwohl hat es das BVerfG als zulässig angesehen, bei aus vorkonstitutioneller Zeit überkommenen Regelungen, die aus verfassungsrechtlicher Sicht ergänzungsbedürftig sind, diese Lücken bis zu einer Neuregelung durch den Gesetzgeber in möglichst enger Anlehnung an das geltende Recht und unter Rückgriff auf die unmittelbar geltenden Vorschriften der Verfassung zu schließen.[119] Vorkonstitutionelle Regelungen zeichnen sich dadurch aus, dass diese nicht durch den parlamentarischen Gesetzgeber des Grundgesetzes legitimiert sind. Hat der demokratisch legitimierte Gesetzgeber hingegen eine gesetzliche Regelung erlassen, so kann das BVerfG dieses Gesetz zwar für verfassungswidrig erklären, es kann sich aber nicht an die Stelle des Gesetzgebers setzen und die bestehende Regelung ändern oder ergänzen. Der Gemeinschuldner-Beschluss des BVerfG ist daher nicht auf nachkonstitutionelle Gesetze zu übertragen.[120] Da die meisten Aufsichtsgesetze[121] nach Inkrafttreten des Grundgesetzes erlassen worden sind, können diese nicht um ein strafprozessuales Verwertungsverbot ergänzt werden.[122] Hinzu

---

[114] S. etwa *J.M. Günther*, ZfW 1996, 290, 292; *Mäder*, Betriebliche Offenbarungspflichten (1997), S. 208; *Michalke*, NJW 1990, 417, 419; *Nobbe/Vögele*, NuR 1988, 313, 316; *H.A. Wolff*, Selbstbelastung (1997), S. 144f. und 145ff. passim.

[115] BVerfGE 56, 37, 50.

[116] BVerfGE 56, 37, 51.

[117] BVerfGE 56, 37, 51.

[118] BVerfGE 56, 37, 51.

[119] BVerfGE 56, 37, 51.

[120] *Dingeldey*, NStZ 1984, 529, 530; *Schäfer*, in: Dünnebier-FS (1982), S. 11, 38f.; a.A. *Mäder*, Betriebliche Offenbarungspflichten, S. 142; *Schramm*, Verpflichtung des Abwassereinleiters (1990), S. 122f.; *H.A. Wolff*, Selbstbelastung (1997), S. 144.

[121] Entgegen *H.A. Wolff*, Selbstbelastung (1997), S. 144f., geht es nicht um eine Ergänzung der StPO, sondern um eine Ergänzung der Konkursordnung, s. BVerfGE 56, 37, 51. Dementsprechend hat der Gesetzgeber das vom BVerfG angenommene Verwertungsverbot nicht in der StPO, sondern in § 97 I S. 3 der Insolvenzordnung geregelt. Das Gleiche gilt für die in den Aufsichtsgesetzen geregelten Befugnisse zur Verwendung personenbezogener Daten zur Verfolgung von Straftaten und Ordnungswidrigkeiten, s. dazu sogleich im Text.

[122] *Breuer*, AöR 115 (1990), 448, 484f.; *Dingeldey*, NStZ 1984, 529, 530.

IV. Die Verwendung von Informationen und der Nemo-tenetur-Grundsatz

kommt, dass in den Aufsichtsgesetzen bzw. den Datenschutzgesetzen ausdrücklich eine Befugnis vorgesehen ist, personenbezogene Daten aus dem Verwaltungsverfahren auch zur Verfolgung von Straftaten oder Ordnungswidrigkeiten zu übermitteln und zu nutzen.[123] Die Annahme eines Verwertungsverbot widerspräche daher dem vom BVerfG ausgeprochenen Gebot, die bestehende Lücke in enger Anlehnung an das geltende Recht zu schließen. Dies gilt um so mehr, wenn man die Begründung eines Verwertungsverbotes durch das BVerfG als einen Anwendungsfall der verfassungkonformen Auslegung ansieht, wofür einzelne Passagen der Begründung[124] und die dort zitierten Enscheidungen[125] sprechen.[126]

Für die Begründung eines verfassungsrechtlichen Verwertungsverbotes wird des Weiteren angeführt, unmittelbar aus der Verfassung abgeleitete Verwertungsverbote seien unserer Verfassungsordnung nicht fremd.[127] Diesem Befund ist ohne Weiteres zuzustimmen: Grundrechte, die auf die Abwehr staatlicher Informationseingriffe gerichtet sind, begründen ein Verwertungsverbot, sofern keine formell und materiell verfassungsmäßige gesetzliche Grundlage für die Nutzung der personenbezogenen Daten besteht.[128] Die Erhebung personenbezogener Daten und deren Verwendung zu einem anderen als dem Erhebungszweck sind jeweils selbständige Eingriffe in das einschlägige Grundrecht; dementsprechend ist die anderweitige Verwendung als Grundrechtseingriff für sich genommen auf seine Verfassungsmäßigkeit zu untersuchen. Im Gegensatz dazu bilden die Erhebung unter Einsatz von Zwang und die anschließende Verwertung in Bezug auf ihre Vereinbarkeit mit dem Nemo-tenetur-Grundsatz eine Einheit, denn der Gesetzgeber kann einen Verstoß gegen diesen Grundsatz dadurch abwenden, dass er entweder den Zwang bei der Erhebung *oder* die anschließende Verwertung für unzulässig erklärt. Anders gewendet, es ist nicht die Verwertung allein, die den Verstoß gegen den Nemo-tenetur-Grundsatz begründet. Mit der Annahme eines Verwertungsverbotes wird der Entscheidung des Gesetzgebers, auf welche Weise er den oben beschriebenen Konflikt auflöst, vorgegriffen. Die Einführung eines Verwertungsverbotes ist eine „wesentliche" Frage, die vom Gesetzgeber zu entscheiden ist.[129]

---

[123] S.o. S.285ff.
[124] S. BVerfGE 56, 37, 51: „Die Regelung der Konkursordnung steht einer solchen ergänzenden Auslegung weder nach ihrem Wortlaut noch nach ihrem Sinngehalt entgegen ..."; s. dagegen zuvor, aaO: „... dann stellt sich auch für den Richter die Aufgabe, Gesetzeslücken ... in möglichst enger Anlehnung an das geltende Recht und unter Rückgriff auf die unmittelbar geltenden Vorschriften der Verfassung zu schließen ..."
[125] Die im Gemeinschuldner-Beschluss (BVerfGE 56, 37, 51) zitierten Entscheidungen beziehen sich auf die verfassungskonforme Auslegung (BVerfGE 33, 23, 34; 49, 286, 301) oder auf die allgemeine Befugnis des Richters, Gesetzeslücken, z.B. im Wege der Analogie, zu schließen (BVerfGE 37, 67, 81).
[126] Zum Vorrang der verfassungskonformen Auslegung der gesetzlichen Regelung s.o. S.456f.
[127] *H.A. Wolff*, Selbstbelastung (1997), S.145.
[128] S.o. S.42ff., 281ff., 352ff.
[129] *Breuer*, AöR 115 (1990), 448, 485; s. auch *Rupp*, in: Verhandlungen des 46. DJT (1966), Bd.I, Gutachten, S.205ff.

460 C. Die verfahrensübergreifende Verwendung personenbezogener Informationen

Eine gesetzliche Regelung ist auch aus einem weiteren Grund geboten. Der Vorbehalt des Gesetzes schützt unter dem Aspekt der Bestimmtheit und Normenklarheit auch das Interesse des Einzelnen, aus der gesetzlichen Regelung ersehen zu können, ob und inwieweit Eingriffe in seine Rechte zulässig sind. Diesem Interesse an Rechtsklarheit widerspricht es, wenn Beschränkungen staatlicher Befugnisse ohne Anbindung an die gesetzliche Regelung unmittelbar aus der Verfassung abgeleitet werden. Symptomatisch sind in diesem Zusammenhang gerichtliche Entscheidungen, in denen ein Zwang zur Mitwirkung in einem staatlichen Verfahren für zulässig erklärt wird und die Zulässigkeit einer Verwertung der erhobenen Information im Hinblick auf den Nemo-tenetur-Grundsatz offen gelassen wird.[130] Dies soll nicht als Kritik an diesen Entscheidungen missverstanden zu werden: Es ist nicht Sache der Gerichte, durch obiter dicta für den Betroffenen Rechtssicherheit in Bezug auf die Zulässigkeit einer Verwertung seiner Angaben im Strafverfahren zu schaffen. Aber gerade weil dies nicht Aufgabe der Gerichte, sondern des Gesetzgebers ist, ist im Interesse der Rechtsklarheit für ein strafprozessuales Verwertungsverbot eine gesetzliche Regelung notwendig.[131]

Für die Ablehnung eines verfassungsrechtlichen Verwertungsverbotes spricht auch die Rechtsprechung des BVerfG zu den Folgen der Verfassungswidrigkeit einer gesetzlichen Regelung: Um nicht in die Gestaltungsfreiheit des Gesetzgebers einzugreifen, sieht das Gericht von einer Nichtigerklärung ab, wenn dem Gesetzgeber mehrere Möglichkeiten zur Verfügung stehen, eine verfassungsmäßige Gesetzeslage herzustellen.[132] Dem BVerfG ist es in diesem Fall verwehrt, durch seine Entscheidung selbst eine neue Rechtslage in einem bestimmten Sinne herbeizuführen.[133] Dies gilt auch, wenn sich die Verfassungswidrigkeit aus dem Zusammenwirken verschiedener Bestimmungen ergibt und der Gesetzgeber den Mangel durch Nachbesserung an der einen oder der anderen Regelung beheben könnte.[134] Das BVerfG beschränkt sich in diesem Fall darauf, die Unvereinbarkeit der gesetzlichen Regelung mit der Verfassung festzustellen (s. § 31 II S. 2 Alt. 2 BVerfGG).[135]

---

[130] S. etwa BVerfG, NStZ 1993, 482; BGHSt 47, 8, 15f.; s. auch BVerfG, NJW 1982, 568.
[131] Dementsprechend geht *Joecks*, in: Kohlmann-FS (2003), S. 451, 463f., davon aus, dass die Befolgung der steuerlichen Erklärungspflicht dem Betroffenen ohne Rechtssicherheit im Hinblick auf ein solches Verwertungsverbot nicht zugemutet werden kann und eine Strafbarkeit nach § 370 I Nr. 2 AO wegen Unzumutbarkeit normgemäßen Verhaltens entfällt.
[132] BVerfGE 87, 114, 136; *Bethge*, in: Maunz/Schmidt-Bleibtreu/Klein/Ulsamer, BVerfGG, § 31 Rn. 211; s. auch BVerfGE 82, 126, 154; 91, 389, 404; 93, 37, 84; 93, 386, 402; 99, 165, 185; 100, 59, 103; 101, 397, 409; kritisch insoweit *Schlaich/Korioth*, BVerfG (2004), Rn. 401ff., wonach die bloße Feststellung der Unvereinbarkeit mit der Verfassung im Wesentlichen auf Verstöße gegen Art. 3 I GG beschränkt sein soll; s. aber BVerfGE 99, 202, 216 (zu Art. 12 GG); BVerfGE 87, 114, 136; 101, 54, 104f. (zu Art. 14 GG); BVerfGE 101, 106, 131f. (zu Art. 19 IV GG).
[133] BVerfGE 87, 114, 136; *Bethge*, in: Maunz/Schmidt-Bleibtreu/Klein/Ulsamer, BVerfGG, § 31 Rn. 211f. Eine Ausnahme gilt allein in den Fällen, in denen aufgrund eines zwingenden Verfassungsauftrages oder aus anderen verfassungsrechtlichen Gründen nur eine Möglichkeit zur Beseitigung des Verfassungsverstoßes in Betracht kommt, s. BVerfGE 22, 349, 362 (zu Art. 3 I GG).
[134] BVerfGE 82, 126, 154; 87, 114, 136; *Benda/Klein*, Verfassungsprozessrecht (2001), Rn. 1271.
[135] BVerfGE 82, 126, 155; 87, 114, 135f.; 91, 389, 404; 93, 37, 84; 93, 386, 403; 99, 165, 184; 100,

Für den vorliegenden Konflikt mit dem Nemo-tenetur-Grundsatz bedeutet dies, dass das BVerfG die Unvereinbarkeit der gesetzlichen Regelungen, die einen Zwang zur selbstbelastenden Mitwirkung im Verwaltungsverfahren und die Verwertbarkeit dieser Äußerungen zu repressiven Zwecken vorsehen, feststellen wird. Der oben bereits formulierte Einwand, zur Abwendung eines verfassungswidrigen Zustandes sei es nicht erforderlich, bereits die Informationserhebung für verfassungswidrig zu erklären, ist – wie bei der gesetzlichen Normierung von Auskunftsverweigerungsrechten – an den Gesetzgeber zu richten. Solange keine dem Gesetzesvorbehalt genügende Regelung geschaffen worden ist, bleibt es dem Gesetzesanwender verwehrt, über eine „geltungserhaltende Reduktion" der bestehenden Regelung einen verfassungsmäßigen Zustand herbeizuführen.

Stellt das BVerfG die Unvereinbarkeit einer gesetzlichen Regelung mit der Verfassung fest, so hat dies eine Anwendungssperre für die von der Feststellung erfassten Normen zur Folge.[136] Behörden und Gerichte dürfen diese Normen nicht mehr anwenden, sondern müssen eine Neuregelung durch den Gesetzgeber abwarten.[137] Das BVerfG kann allerdings auf der Grundlage des § 35 BVerfGG die Weitergeltung der verfassungswidrigen Normen anordnen und zugleich eine Übergangsregelung für den Zeitraum treffen, bis der Gesetzgeber eine verfassungsmäßige Gesetzeslage hergestellt hat.[138] Eine solche Anordnung kommt vor allem dann in Betracht, wenn mit dem Absehen von einer Nichtigerklärung vermieden werden soll, dass infolge der Nichtigkeit ein „gesetzloser Zustand" eintritt, welcher der Verfassung noch ferner wäre als die vorläufige, zeitlich begrenzte Anwendung des verfassungswidrigen Gesetzes.[139] Im Hinblick auf das Gewaltenteilungsprinzip sollte die „quasilegislatorische Interimsherrschaft" des BVerfG indessen auf Ausnahmefälle beschränkt bleiben.[140]

Trifft das BVerfG für einen Übergangszeitraum eine vorläufige Regelung, so kommt dort – neben den anderen oben aufgezeigten Möglichkeiten – grundsätzlich auch die Anordnung eines Verwertungsverbotes in Betracht. Die Vorläufigkeit

---

59, 103; 101, 397, 409; *Bethge*, in: Maunz/Schmidt-Bleibtreu/Klein/Ulsamer, BVerfGG, § 31 Rn. 211.

[136] BVerfGE 55, 100, 110; 82, 126, 155; 87, 114, 136; 92, 53, 73; 93, 386, 402; 100, 59, 103; *Benda/Klein*, Verfassungsprozessrecht (2001), Rn. 1274; *Bethge*, in: Maunz/Schmidt-Bleibtreu/Klein/Ulsamer, BVerfGG, § 31 Rn. 219; *Schlaich/Korioth*, BVerfG (2004), Rn. 413; *Voßkuhle*, in: von Mangoldt/Klein/Starck, GG, Bd. 3 (2001), Art. 93 Rn. 49.

[137] BVerfGE 37, 217, 261; 87, 114, 136; 92, 53, 73; 93, 386, 402; 100, 59, 103; *Bethge*, in: Maunz/Schmidt-Bleibtreu/Klein/Ulsamer, BVerfGG, § 31 Rn. 221.

[138] *Benda/Klein*, Verfassungsprozessrecht (2001), Rn. 1277; *Bethge*, in: Maunz/Schmidt-Bleibtreu/Klein/Ulsamer, BVerfGG, § 31 Rn. 227, 229; *Schlaich/Korioth*, BVerfG (2004), Rn. 421; *Voßkuhle*, in: von Mangoldt/Klein/Starck, GG, Bd. 3 (2001), Art. 93 Rn. 50; aus der Rechtsprechung: BVerfGE 91, 186, 207; 91, 389, 404f.; 92, 53, 73f.; 93, 37, 85; 93, 121, 148; 99, 216, 244f.; 101, 106, 131f.

[139] BVerfGE 33, 303, 347; 83, 130, 154; 85, 386, 401; 90, 60, 104f.; 92, 53, 73; 99, 216, 244; *Benda/Klein*, Verfassungsprozessrecht (2001), Rn. 1268; *Bethge*, in: Maunz/Schmidt-Bleibtreu/Klein/Ulsamer, BVerfGG, § 31 Rn. 215; *Schlaich/Korioth*, BVerfG (2004), Rn. 421; *Voßkuhle*, in: von Mangoldt/Klein/Starck, GG, Bd. 3 (2001), Art. 93 Rn. 48.

[140] S. *Voßkuhle*, in: von Mangoldt/Klein/Starck, GG, Bd. 3 (2001), Art. 93 Rn. 50 m.w.N.

eines solchen Verwertungsverbotes klingt auch in dem Gemeinschuldner-Beschluss an, wenn das BVerfG ausführt, es stelle sich für den Richter die Aufgabe, Gesetzeslücken „bis zu einer Neuregelung durch den Gesetzgeber" zu schließen.[141] An der Verfassungswidrigkeit der gesetzlichen Regelung und dem damit verbundenen Auftrag an den Gesetzgeber, eine verfassungsmäßige Gesetzeslage herzustellen, ändert der Erlass einer solchen Übergangsregelung allerdings nichts.

3. Die Wahrnehmung von Überwachungs- und Verfolgungsaufgaben durch dieselbe Behörde

Wie bereits erwähnt, droht der Aussagefreiheit besondere Gefahr, wenn das Verwaltungsverfahren und das Straf- bzw. Ordnungswidrigkeitenverfahren von ein- und derselben Behörde geführt werden. Dies liegt auf der Hand, wenn ein- und derselbe Amtsträger an beiden Verfahren mitwirkt. Häufig werden indessen beide Verfahren von unterschiedlichen Dienststellen derselben Behörde geführt. Für die Rechtsposition des Einzelnen macht dies jedoch keinen Unterschied, da er kein Recht auf die Einhaltung der behördeninternen Zuständigkeitsregeln hat.[142] Solange diese nicht in Rechtsvorschriften niedergelegt sind und ihnen damit Verbindlichkeit nach außen zukommt, begründet der Verstoß gegen behördeninterne Geschäftsverteilungsregeln nicht die Rechtswidrigkeit der getroffenen Entscheidung.[143] In Bezug auf die Beeinträchtigung von Verfahrensrechten infolge einer Verbindung von Verwaltungsverfahren und Straf- bzw. Ordnungswidrigkeitenverfahren ist daher die Zuständigkeit im Außenverhältnis zum Bürger maßgeblich. Diese ist in der Regel einer Behörde, nicht einer bestimmten Dienststelle oder einem bestimmten Beamten zugewiesen.[144]

Eine solche Bündelung von Aufgaben und Verfahren findet sich an erster Stelle im Steuerrecht: Die Finanzbehörden führen nicht nur das Besteuerungsverfahren als Verwaltungsverfahren durch, sondern nehmen daneben auch Strafverfolgungsaufgaben wahr. Im Steuerrecht findet sich daher mit § 393 AO auch eine ausdrückliche Regelung zur Wahrung des Nemo-tenetur-Grundsatzes bei der verfahrensübergreifenden Verwendung von Informationen [a)].

Aber auch in anderen Bereichen wirken Aufsichtsbehörden über ihre präventiven Aufgaben hinaus an der Verfolgung von Straftaten mit.[145] Bei der Verfolgung

---

[141] BVerfGE 56, 37, 51.
[142] *Kopp/Ramsauer*, VwVfG (2003), § 3 Rn. 16.
[143] OVG Münster, ZfW 1988, 300, 303; *Sachs*, in: Stelkens/Bonk/Sachs, VwVfG (2001), § 44 Rn. 166; *Maurer*, Allgemeines Verwaltungsrecht (2002), § 21 Rn. 50, nennt als Beispiel für eine behördeninterne funktionelle Zuständigkeit die polizeirechtlichen Behördenleitervorbehalte.
[144] S. aber die Zuweisung von Aufgaben an die Steuerfahndung als Dienststellen der Finanzämter (§ 208 II AO).
[145] So ist den Zollbehörden die Überwachung des grenzüberschreitenden Warenverkehrs auch in Bezug auf die Einhaltung von Verbringungsverboten übertragen worden (§ 1 III ZollVG); zu-

von Ordnungswidrigkeiten ist eine Verbindung präventiver und repressiver Aufgaben sogar die Regel: Dort führt die Überwachungsbehörde zugleich das Bußgeldverfahren.[146] Wenngleich in diesen Bereichen eine gesetzliche Regelung zum Nemo-tenetur-Grundsatz fehlt, kann dort möglicherweise an die Ausführungen zum Steuerrecht angeknüpft werden [b)].

a) Die Besteuerung und die Verfolgung von Steuerstraftaten und Steuerordnungswidrigkeiten

Am Anfang der Untersuchung der verfassungsrechtlichen Grenzen einer Verwendung von Informationen aus dem Besteuerungsverfahren zur Verfolgung von Steuerstraftaten und Steuerordnungswidrigkeiten soll die Doppelfunktion der mit den beiden Verfahren betrauten Behörden dargelegt werden [(1)]. Es folgt eine kurze Diskussion über das Verhältnis dieser Verfahren zueinander [(2)] und die Verfassungsmäßigkeit der Aufgabenzuweisung [(3)]. Erst im Anschluss daran wird der Frage nachgegangen, ob dem Grundsatz „Nemo tenetur se ipsum accusare" in § 393 I AO ausreichend Rechung getragen wird und inwieweit dieser Grundsatz darüber hinaus bei der Gesetzesanwendung und -auslegung zu berücksichtigen ist [(4)].

(1) Die Doppelfunktion der steuerverwaltenden Finanzbehörden

Der enge sachliche Zusammenhang von Besteuerungsverfahren und Steuerstrafverfahren bzw. Steuerordnungswidrigkeitenverfahren hat den Gesetzgeber veranlasst, die Zuständigkeit zur Durchführung dieser Verfahren nicht strikt voneinander zu trennen, sondern diese vielmehr bei einer Behörde zu bündeln. Auf diese Weise wird einerseits der Sachverstand der für das Besteuerungsverfahren zuständigen Behörde auch im Strafverfahren genutzt, andererseits ist diese Verbindung beider Verfahren auch unter dem Gesichtspunkt der Verfahrensökonomie vorteilhaft, da sich der Gegenstand der Ermittlungen in weiten Teilen überschneidet. Durch die Verbindung beider Verfahren wird schließlich auch dem Steuergeheimnis Rechnung getragen.[147] Eine solche Doppelfunktion ist zum einen den steuerverwaltenden Finanzbehörden (s. § 386 AO), zum anderen der Steuer- bzw. Zollfahndung zugewiesen (s. § 208 AO).

(a) Die Finanzbehörde

Die Finanzbehörden haben im Besteuerungsverfahren die Aufgabe, die Steuern nach Maßgabe der Gesetze gleichmäßig festzusetzen und zu erheben (§ 85 S. 1

---

gleich wirken sie insoweit auch an der Strafverfolgung mit (s. §§ 37 I, II AWG, 27 GÜG, 30c BNatSchG); s. dazu u. S. 497 ff.
[146] S. aber die Verfolgung durch die Staatsanwaltschaft nach §§ 40 ff. OWiG.
[147] S. die Begründung des Regierungsentwurfes für das AOStrafÄndG, BT-Drucks. V/1812, S. 21; *Joecks*, in: Franzen/Gast/Joecks, Steuerstrafrecht (2001), § 386 Rn. 8; *Rüster*, wistra 1988, 49, 55; kritisch insoweit *Hellmann*, Neben-Strafverfahrensrecht der AO (1995), S. 402 ff.

AO). Daneben sind den Finanzbehörden auch repressive Aufgaben zugewiesen: Bei dem Verdacht einer Steuerstraftat ermittelt die Finanzbehörde den Sachverhalt (§ 386 I S. 1 AO). Die sachliche Zuständigkeit für die Strafverfolgung richtet sich nach der Zuständigkeit für die betroffene Steuer (§ 387 I AO). Sofern die verfahrensgegenständliche Tat ausschließlich eine Steuerstraftat (§ 369 AO) darstellt oder die Tat zugleich andere Strafgesetze verletzt, die andere öffentlich-rechtliche Abgaben betrifft, die an Besteuerungsgrundlagen, Steuermessbeträge oder Steuerbeträge anknüpfen, führt die Finanzbehörde das strafprozessuale Ermittlungsverfahren selbständig durch (§ 386 II Nr. 1, 2 AO). In diesem Fall nimmt sie die Rechte und Pflichten wahr, die der Staatsanwaltschaft im Ermittlungsverfahren zustehen (§ 399 I AO). Sind die Voraussetzungen des § 386 II AO nicht gegeben, so verfügt die Finanzbehörde über eine unselbständige Ermittlungskompetenz.[148] Die Finanzbehörde hat die Rechte und Pflichten der Polizeibehörden im Strafverfahren (vgl. § 402 I AO).[149] Soweit eine Finanzbehörde i.S.d. § 386 I S. 2 AO Steuern verwaltet, d.h. das Ermittlungs- und Festsetzungsverfahren durchführt[150], nimmt sie also eine Doppelfunktion ein, indem sie sowohl im Besteuerungsverfahren als auch im Strafverfahren tätig wird. Eine solche Doppelfunktion hat die Finanzbehörde auch in Bezug auf die Verfolgung von Steuerordnungswidrigkeiten (§ 409 S. 1 i.V.m. § 387 I AO).

Die Zuständigkeit zur Verfolgung von Steuerstraftaten kann durch Rechtsverordnung einer Finanzbehörde für den Bereich mehrerer Finanzbehörden übertragen werden (§ 387 II S. 1 AO, ggf. i.V.m. § 409 S. 2 AO).[151] Eine solche Zuständigkeitskonzentration bei einer Finanzbehörde lässt jedoch das Recht und die Pflicht der anderen Behörden unberührt, bei dem Verdacht einer Steuerstraftat den Sachverhalt zu erforschen und alle unaufschiebbaren Anordnungen zu treffen, um die Verdunkelung der Sache zu verhüten (§ 399 II S. 1 AO). Die Finanzbehörde behält also das „Recht des ersten Zugriffs" (vgl. § 163 StPO)[152], und insoweit obliegt ihr auch weiterhin die Aufgabe der Strafverfolgung.[153]

---
[148] Dies gilt jedenfalls in Bezug auf die Ermittlung und Verfolgung von Steuerstraftaten. Die h.M. erstreckt die unselbständige Ermittlungskompetenz auch auf tateinheitlich – BGHSt 36, 283, 284 f.; *Joecks*, in: Franzen/Gast/Joecks, Steuerstrafrecht (2001), § 386 Rn. 18 – oder innerhalb derselben prozessualen Tat – OLG Braunschweig, wistra 1998, 71, 72; *Gast-de Haan*, in: Klein, AO (2003), § 386 Rn. 5 – verwirklichten Straftaten nach allgemeinem Strafrecht. Demgegenüber nehmen eine auf die Verfolgung von Steuerstraftaten beschränkte Ermittlungskompetenz an: OLG Frankfurt, wistra 1987, 32; *Bender*, wistra 1998, 93, 94; *Rüping*, in: Hübschmann/Hepp/Spitaler, AO, § 386 Rn. 23.
[149] *Gast-de Haan*, in: Klein, AO (2003), § 386 Rn. 5.
[150] *Rüping*, in: Hübschmann/Hepp/Spitaler, AO, § 387 Rn. 8: Die bloße Mitwirkung im Besteuerungsverfahren ist nicht ausreichend.
[151] Davon zu unterscheiden ist die Übertragung der sachlichen Zuständigkeit für die Verwaltung der Steuern, an die § 387 I AO anknüpft, nach §§ 12 III, 17 II S. 3 FVG, s. *Joecks*, in: Franzen/Gast/Joecks, Steuerstrafrecht (2001), § 387 Rn. 6.
[152] S. die Begründung zur Vorgängerregelung (§ 424 II RAO), BT-Drucks. V/1812, S. 35; *Rüping*, in: Hübschmann/Hepp/Spitaler, AO, § 387 Rn. 21.
[153] *Joecks*, in: Franzen/Gast/Joecks, Steuerstrafrecht (2001), § 399 Rn. 106; a.A. *Schick*, in: Hübschmann/Hepp/Spitaler, AO, § 208 Rn. 178.

IV. Die Verwendung von Informationen und der Nemo-tenetur-Grundsatz   465

Für die Finanzbehörde, auf welche die Zuständigkeit nach § 387 II AO übertragen worden ist, gelten die obigen Ausführungen zur Doppelfunktion entsprechend. Bei den jeweiligen Hauptzollämtern und Finanzämtern der meisten Länder ist eine Strafsachen- und Bußgeldstelle eingerichtet.[154] Die Durchführung des Besteuerungsverfahrens wird auf diese Weise von dem strafrechtlichen Ermittlungsverfahren organisatorisch getrennt. Die behördeninterne Aufgabenverteilung lässt allerdings die sachliche Zuständigkeit der Behörde im Verhältnis zum Bürger unberührt.[155] Im Außenverhältnis ist daher auch die Dienststelle, die das Besteuerungsverfahren durchführt, zuständig für das strafprozessuale Ermittlungsverfahren nach §§ 386, 387 AO.[156] Anders als im Verhältnis zwischen den an einer Zuständigkeitskonzentration nach § 387 II AO beteiligten Finanzbehörden besteht daher kein Regelungsbedürfnis für eine „Restkompetenz" i.S.d. § 399 II AO.[157] Behördenintern mag eine Abgabe an die Strafsachenstelle vorgeschrieben sein, man wird jedoch auch die internen Regelungen sinnvollerweise so verstehen müssen, dass sie es der Besteuerungsdienststelle nicht untersagen, die unaufschiebbaren strafprozessualen Maßnahmen zu treffen, die nötig sind, um eine Verdunkelung der Sache zu verhindern.[158]

In Berlin, Niedersachsen und Nordrhein-Westfalen hat man die organisatorische Trennung von Besteuerungs- und Steuerstrafverfahren auf andere Weise vollzogen. Dort wurde die Zuständigkeit für Bußgeld- und Strafsachen und die Steuerfahndung Finanzämtern übertragen, die eigens für diese Aufgabe eingerichtet wurden.[159] Diese Finanzämter sind daher nicht zugleich für die Verwaltung der betroffenen Steuern zuständig. Aus diesem Grund ist fraglich, ob diese Zuständigkeitskonzentration auf § 387 II AO gestützt werden kann, denn diese Ermächtigung setzt eine sachliche Zuständigkeit des Finanzamtes, auf das die Zuständigkeit übertragen wird, voraus.[160] Von der sachlichen Zuständigkeit (§ 387 AO) ist aller-

---

[154] *Hellmann*, Neben-Strafverfahrensrecht der AO (1995), S. 137 f.; s. die Dienstanweisung für das Bußgeld- und Steuerstrafverfahren im Zusammenhang mit der Durchführung des Familienlastenausgleiches nach §§ 31, 62–78 EStG (DA FamBuStra), BStBl 1996 I S. 943 (unter Nr. 8). Beim Bundesamt für Finanzen findet eine solche Trennung hingegen nicht statt, s. *Hellmann*, Neben-Strafverfahrensrecht der AO (1995), S. 138.
[155] *Maurer*, Allgemeines Verwaltungsrecht (2002), § 21 Rn. 50.
[156] *Reiß*, Besteuerungsverfahren (1987), S. 253; *Teske*, Abgrenzung der Zuständigkeiten (1987), S. 186.
[157] *Hellmann*, Neben-Strafverfahrensrecht der AO (1995), S. 353 f., lehnt eine entsprechende Anwendung des § 399 II AO daher im Ergebnis zu Recht ab, zieht daraus aber die Konsequenz, dass die Besteuerungsdienststelle in der Finanzbehörde, bei der infolge einer Zuständigkeitskonzentration nach § 387 II AO eine Strafsachenstelle eingerichtet worden ist, nicht zur Ermittlung von Steuerstraftaten berechtigt ist (aaO, 354).
[158] Vgl. auch Nr. 116 der Anweisungen für das Straf- und Bußgeldverfahren vom 22.6.1995, BStBl I 1996, 959 ff.
[159] S. für Berlin die Zuständigkeitsverordnung vom 18.12.1995, GVOBl. 1995, 830, 836; für Niedersachsen die Zuständigkeitsverordnung vom 10.1.1991, GVOBl. 1991, 17 (§ 4); für Nordrhein-Westfalen die Zuständigkeitsverordnung vom 16.12.1987, GVOBl. 1987, 450 (§ 1 III i.V.m. Anlage 4).
[160] *Hellmann*, Neben-Strafverfahrensrecht der AO (1995), S. 141.

dings die örtliche Zuständigkeit (§ 388 AO) zu unterscheiden. Bei der ersteren geht es allein um die Frage, ob das Finanzamt der Art nach zuständig ist (oder nicht vielmehr das Bundesamt für Finanzen oder das Hauptzollamt).[161] Im Rahmen der sachlichen Zuständigkeit der Finanzämter kann die Aufgabe der Strafverfolgung nach § 387 II AO auch bei einem Finanzamt konzentriert werden, das ausschließlich diese Aufgabe wahrnimmt und keine Steuern verwaltet.[162] Bei den steuerverwaltenden Finanzämtern verbleibt in diesem Fall eine strafprozessuale Restkompetenz nach § 399 II AO (s.o.).[163]

(b) Die Steuerfahndung

Eine weitere Schnittstelle zwischen Besteuerungsverfahren und Strafverfahren ist die Steuer- bzw. Zollfahndung (§ 208 AO). Die Zollfahndungsämter sind selbständige Finanzbehörden des Bundes (§ 1 Nr. 4 FVG, § 6 II Nr. 5 AO).[164] Im Gegensatz dazu ist die Steuerfahndung eine unselbständige Dienststelle des jeweiligen Finanzamtes (vgl. § 208 II AO).[165] Ungeachtet der Tatsache, dass die Steuerfahndung

---

[161] *Hellmann*, Neben-Strafverfahrensrecht der AO (1995), S. 142; *Joecks*, in: Franzen/Gast/Joecks, Steuerstrafrecht (2001), § 387 Rn. 5; *Kühn/Hofmann*, AO (1995), § 387 Anm. 1.

[162] *Joecks*, in: Franzen/Gast/Joecks, Steuerstrafrecht (2001), § 387 Rn. 19; *Rüping*, in: Hübschmann/Hepp/Spitaler, AO, § 387 Rn. 18.
Hellmann, Neben-Strafverfahrensrecht der AO (1995), S. 141 ff., 144, hält eine solche Konzentration auf der Grundlage des § 17 II S. 3 FVG für zulässig. Auch diese Norm wird in den landesrechtlichen Zuständigkeitsverordnungen zitiert, s. für Berlin: GVOBl. 1995, 830 (unter Nr. 1); für Niedersachsen: GVOBl. 1991, 17 (unter Nr. 1); für Nordrhein-Westfalen: GVOBl. 1987, 450, 451 (Nr. 3). Dies ist insofern bedenklich, als es sich bei § 387 II AO um eine Spezialregelung für die Zuständigkeitsübertragung im Rahmen der Strafverfolgung handeln könnte (s. *Hellmann*, aaO, 141).

[163] § 399 II AO gilt seinem Wortlaut nach nicht, sofern man der Ansicht folgt, die Ermächtigungsgrundlage für die Zuständigkeitskonzentration sei § 17 II S. 3 FVG (s. die vorige Fußn.). In Betracht kommt allerdings eine analoge Anwendung. Die Ermächtigung des § 17 II S. 3 FVG ist so allgemein gefasst, dass davon auszugehen ist, dass der Gesetzgeber die Folgen einer Einrichtung besonderer Finanzämter für Straf- und Bußgeldsachen keineswegs bewusst nicht geregelt hat. Die Einführung des § 17 II S. 3 FVG verfolgte das Ziel, alle im Aufgabenbereich der Finanzämter zweckmäßigen Konzentrationen zu ermöglichen (so die Begründung des Regierungsentwurfes, BT-Drucks. VI/1771, S. 22 f.). Die spätere Änderung sollte lediglich klarstellen, dass die Ermächtigung auch Zuständigkeitsbeschränkungen erfasst (s. die Begründung des Regierungsentwurfes, BT-Drucks. 10/1636, S. 54). Eine Regelungslücke liegt also vor. Auf der anderen Seite ist in § 399 II AO das gesetzgeberische Anliegen erkennbar, dass den steuerverwaltenden Finanzbehörden, auch soweit sie nicht zur Durchführung des Strafverfahrens zuständig sind, eine strafprozessuale Restkompetenz erhalten bleiben sollte. Ziel der Regelung ist es zu verhindern, dass infolge der Zuständigkeitsübertragung eine Tat nicht aufgeklärt werden kann, weil die erforderlichen strafprozessualen Maßnahmen nicht ergriffen werden. Eine vergleichbare Konstellation ist in Berlin, Niedersachsen und Nordrhein-Westfalen gegeben, da den steuerverwaltenden Finanzbehörden ihre strafprozessuale Kompetenz entzogen wird und somit ein Interesse an einer solchen Notkompetenz besteht. § 399 II AO ist daher auf die steuerverwaltenden Finanzämter in Berlin, Niedersachsen und Nordrhein-Westfalen analog anzuwenden.

[164] S. insoweit auch das Zollfahndungsdienstgesetz (ZFdG) vom 16. 8. 2002, BGBl I S. 3203.

[165] In Niedersachsen und Nordrhein-Westfalen ist die Steuerfahndung den Finanzämtern für Straf- und Bußgeldsachen angegliedert.

IV. Die Verwendung von Informationen und der Nemo-tenetur-Grundsatz 467

nicht als selbständige Behörde organisiert ist[166], handelt es sich bei § 208 AO nicht um eine rein behördeninterne Regelung, sondern um eine im Außenverhältnis gegenüber dem Bürger verbindliche Aufgabenzuweisung.[167]

Aufgabe der Steuer- und Zollfahndung ist die Erforschung von Steuerstraftaten und Steuerordnungswidrigkeiten (§ 208 I S. 1 Nr. 1). Der Steuerfahndung ist insoweit eine strafverfahrensrechtliche (bzw. bußgeldrechtliche) Aufgabe zugewiesen (s. § 404 AO).[168] Darüber hinaus wird in § 208 I S. 1 Nr. 2 AO als Aufgabe der Steuer- und Zollfahndung die Ermittlung der Besteuerungsgrundlagen in den in § 208 I S. 1 Nr. 1 AO genannten Fällen genannt. Die überwiegende Ansicht sieht darin eine Aufgabe im Rahmen des Besteuerungsverfahrens:[169] Aufgrund der Ermittlungsergebnisse wird die Steuerschuld festgesetzt.

Die Gegenansicht weist darauf hin, dass auch die Erforschung von Steuerstraftaten (§ 208 I S. 1 Nr. 1 AO) voraussetzt, dass die Besteuerungsgrundlagen ermittelt werden, damit der objektive Tatbestand – die Steuerverkürzung – festgestellt werden kann. § 208 I S. 1 Nr. 2 AO weise der Steuerfahndung daher keine steuerverfahrensrechtliche Aufgabe zu, sondern enthalte lediglich eine Bekräftigung des steuerstrafrechtlichen Ermittlungsauftrages nach § 208 I S. 1 Nr. 1 AO.[170] Die steuerverfahrensrechtliche Aufgabe gehe in der strafverfahrensrechtlichen Funktion auf.[171] Die Steuerfahndung werde daher allein zum Zwecke der Strafverfolgung tätig.[172]

Bei dieser Auslegung wäre § 208 I S. 1 Nr. 2 AO überflüssig.[173] Gegen eine solche – deklaratorische – Bedeutung des § 208 I S. 1 Nr. 2 AO spricht indessen der Umstand, dass der Gesetzgeber der AO 1977 diese Ermittlungsaufgabe eigens eingeführt hat. Der Finanzausschuss, auf den der § 208 AO zurückgeht, bezeichnete die Ermittlung der Besteuerungsgrundlagen als „weitere Aufgabe" der Steuerfahndung.[174] Der Gesetzgeber schien dem § 208 I S. 1 Nr. 2 AO demnach eigenständige Bedeutung beizumessen.[175]

Auch der Wortlaut des § 208 I S. 1 Nr. 2 AO fordert nicht, dass die Ermittlung der Besteuerungsgrundlagen im Rahmen eines Steuerstrafverfahrens erfolgt, sondern knüpft diese Aufgabe an die Voraussetzung, dass ein in § 208 I S. 1 Nr. 1 AO be-

---

[166] *Joecks*, in: Franzen/Gast/Joecks, Steuerstrafrecht (2001), § 404 Rn. 10; *Rüsken*, in: Klein, AO (2003), § 208 Rn. 10; *Seer*, in: Tipke/Kruse, AO, § 208 Rn. 4; a.A. *Schick*, JZ 1982, 125, 127.
[167] Vgl. o. S. 294.
[168] BFHE 147, 492, 494; *Hellmann*, Neben-Strafverfahrensrecht der AO (1995), S. 198; *Joecks*, in: Franzen/Gast/Joecks, Steuerstrafrecht (2001), § 404 Rn. 15, 19f.; *Seer*, in: Tipke/Kruse, AO, § 208 Rn. 15; *Tipke/Lang*, Steuerrecht (2002), S. 796.
[169] BFHE 147, 492, 494; *Rüsken*, in: Klein, AO (2003), § 208 Rn. 30; *Scheurmann-Kettner*, in: Koch/Scholtz, AO (1996), § 208 Rn. 21f.; *Seer*, in: Tipke/Kruse, AO, § 208 Rn. 15; *Tipke/Lang*, Steuerrecht (2002), S. 797.
[170] *Schick*, JZ 1982, 125, 130.
[171] *Hamacher*, DStZ 1987, 224, 227.
[172] *Dücker/Keune*, DStR 1999, 14, 16; *Hellmann*, Nebe-Strafverfahrensrecht der AO (1995), S. 237; *Schick*, JZ 1982, 125, 130; ders., in: Hübschmann/Hepp/Spitaler, AO, § 208 Rn. 99.
[173] *Tormöhlen*, wistra 1993, 174, 176.
[174] Bericht des Finanzausschusses, BT-Drucks. VII/4292, S. 36.
[175] S. auch *Hellmann*, Neben-Strafverfahrensrecht der AO (1995), S. 201f.

zeichneter Fall vorliegt, d.h. dass die Steuerfahndung zur Erforschung einer Steuerstraftat tätig geworden ist.[176] § 208 I S. 1 Nr. 2 AO erhält damit eine selbständige, über das Steuerstrafverfahren hinausgehende Bedeutung, sofern nach Beginn des strafrechtlichen Ermittlungsverfahrens in Bezug auf die Straftat Verfolgungsverjährung, hinsichtlich der Steuer jedoch noch keine Festsetzungsverjährung eingetreten ist.[177] Gegen eine solche Auslegung wird eingewandt, dass sie mit dem Sinn und Zweck des § 208 I S. 3 AO nicht im Einklang stehe: Um den Erfolg der strafrechtlichen Ermittlungen nicht zu gefährden, würden dort einige im Besteuerungsverfahren geltende Beschränkungen für Ermittlungsmaßnahmen aufgehoben[178]; sei eine Strafverfolgung aufgrund eines Verfahrenshindernisses ausgeschlossen, so entfalle der Grund für eine solche Regelung.[179] § 208 I S. 3 AO wird auf der Grundlage der obigen Auslegung jedoch keineswegs gegenstandslos, sondern behält für die überwiegende Zahl der Fälle seine Bedeutung, in denen Besteuerungsverfahren und Strafverfahren nebeneinander geführt werden. Ob diese Regelung auch in der geschilderten Konstellation (Strafverfolgungsverjährung) anwendbar ist oder nicht vielmehr eine teleologische Reduktion in Betracht zu ziehen ist, ist eine Frage, die auf der Ebene der Befugnisse im Rahmen des jeweiligen Verfahrens zu klären ist.

Auch die in § 208 I S. 1 Nr. 3 AO angeführte Aufgabe, unbekannte Steuerfälle aufzudecken und zu ermitteln, wird von der h.M. als Teil des Besteuerungsverfahrens angesehen[180], selbst wenn im Hinblick auf eine spätere Verwertung im Strafverfahren eine strafprozessuale Komponente angenommen wird[181]. Für eine solche Zuordnung spricht, dass § 208 I S. 3 AO eine einheitliche Regelung für die Aufgaben nach § 208 I S. 1 Nr. 2 und 3 AO trifft. Dass die Steuerfahndung auch im Besteuerungsverfahren ermittelt, zeigt schließlich die Regelung des § 30a V S. 2 AO. Dort wird auf das Verfahren nach § 208 I S. 1 AO verwiesen und dabei die Möglichkeit in Betracht gezogen, dass in einem solchen Verfahren noch kein Strafverfahren eingeleitet worden ist. Diese Norm kann nur vor dem Hintergrund erklärt werden, dass die Steuerfahndung auch im Besteuerungsverfahren tätig

---

[176] BFHE 184, 266, 270.
[177] BFHE 184, 266, 271; wistra 2002, 27, 30; *Ehlscheid*, in: von Briel/Ehlscheid, Steuerstrafrecht (2001), S.333; *Tipke/Lang*, Steuerrecht (2002), S.797; *Tormöhlen*, wistra 1993, 174, 176; a.A. *Joecks*, in: Franzen/Gast/Joecks, Steuerstrafrecht (2001), § 404 Rn. 24, 26.
[178] S. insoweit die Begründung zu § 208 I S. 3 AO im Bericht des Finanzausschusses, BT-Drucks. VII/4292, S. 36.
[179] *Hellmann*, Neben-Strafverfahrensrecht der AO (1995), S. 203.
[180] BFHE 147, 492, 494; *Ehlscheid*, in: von Briel/Ehlscheid, Steuerstrafrecht (2001), S.339; *Kohlmann*, in: Tipke-FS (1995), S. 487, 491; *Kühn/Hofmann*, AO (1995), § 208 Anm. 2.c); *Rüsken*, in: Klein, AO (2003), § 208 Rn. 40; *Scheurmann-Kettner*, in: Koch/Scholtz, AO (1996), § 208 Rn. 21; *Seer*, in: Tipke/Kruse, AO (2003), § 208 Rn. 26; *Tipke/Lang*, Steuerrecht (2002), S.797; a.A. *Hellmann*, Neben-Strafverfahrensrecht der AO (1995), S. 276; *Hübner*, in: Hübschmann/Hepp/Spitaler, AO, § 404 Rn. 101, 107; *Schick*, JZ 1982, 125, 131.
[181] *Joecks*, in: Franzen/Gast/Samson, Steuerstrafrecht (2001), § 404 Rn. 32; *Tormöhlen*, wistra 1993, 174.

IV. Die Verwendung von Informationen und der Nemo-tenetur-Grundsatz 469

wird.[182] Des Weiteren kann der Umstand, dass der Steuerfahndung neben den strafprozessualen (§ 404 AO) auch die steuerverfahrensrechtlichen Befugnisse eingeräumt werden (§ 208 I S. 2, 3 AO), als ein Indiz dafür angesehen werden, dass die Steuerfahndung auch im Rahmen des Besteuerungsverfahrens tätig wird.[183] Zwar hat die Einräumung von an anderer Stelle geregelten Befugnissen nicht zwingend die Konsequenz, dass diese Befugnisse zur Erfüllung der dort geregelten Aufgaben übertragen worden sind.[184] Andererseits besteht für die Übertragung steuerverfahrensrechtlicher Befugnisse zur Strafverfolgung angesichts des strafprozessualen Befugnisinstrumentariums kein Bedürfnis.[185] Will man andererseits nicht die Konsequenz ziehen, dass § 208 I S. 2 AO ohne Anwendungsbereich ist[186], so bleibt nur die Auslegung, nach welcher der Gesetzgeber in § 208 I S. 1 AO der Steuerfahndung auch Aufgaben im Besteuerungsverfahren zugewiesen hat.

Als Ergebnis kann nach alledem festgehalten werden, dass der Steuerfahndung nach § 208 I S. 1 Nr. 2 und 3 AO Aufgaben im Besteuerungsverfahren zugewiesen sind. Die Steuerfahndung hat demnach eine Doppelfunktion.[187] Den verfassungsrechtlichen Bedenken gegen eine solche Bündelung von Aufgaben des Besteuerungsverfahrens und des Steuerstrafverfahrens bei den Finanzbehörden, insbesondere bei der Steuerfahndung, wird noch nachzugehen sein.

(2) Das Verhältnis von Besteuerungsverfahren und Steuerstrafverfahren (Steuerordnungswidrigkeitenverfahren)

Die Doppelfunktion der Finanzbehörden, insbesondere der Steuer- und Zollfahndung, wirft die Frage auf, in welchem Verhältnis die beiden von der Behörde durchzuführenden Verfahren stehen. Nach § 393 I S. 1 AO richten sich die Rechte und Pflichten der Steuerpflichtigen und der Finanzbehörde im Besteuerungsverfahren und im Steuerstrafverfahren nach den für das jeweilige Verfahren geltenden Vor-

---

[182] *Tormöhlen*, wistra 1993, 174, 176; s. dagegen *Hellmann*, Neben-Strafverfahrensrecht der AO (1995), S. 203, der eine solche Schlussfolgerung zurückweist, da sich § 30a V S. 2 AO auch mit § 208 I S. 1 Nr. 3 AO erklären lasse. Diesem Einwand ist jedoch die Grundlage entzogen, wenn man auch § 208 I S. 1 Nr. 3 AO als steuerstrafverfahrensrechtliche Aufgabe ansieht und dieser Regelung entnimmt, dass ein Steuerstrafverfahren nach § 208 I S. 1 Nr. 1 AO bereits einzuleiten ist, wenn eine überzufällige Wahrscheinlichkeit für eine Steuerstraftat gegeben ist (§ 208 I S. 1 Nr. 3 AO), s. *Hellmann*, aaO, S. 276.
[183] *Reiß*, Besteuerungsverfahren (1987), S. 252.
[184] Vgl. BFHE 184, 266, 269.
[185] S. dagegen BFHE 138, 164, 168, wonach die Finanzbehörde im Steuerstrafverfahren auch von den steuerverfahrensrechtlichen Befugnissen Gebrauch machen kann; s. insoweit die Kritik bei *Reiß*, Besteuerungsverfahren (1987), S. 252 f.; *Hellmann*, Neben-Strafverfahrensrecht der AO (1995), S. 214 ff.
[186] So aber *Hellmann*, Neben-Strafverfahrensrecht der AO (1995), S. 233, 276.
[187] So die ganz h.M.: BFHE 147, 492, 494; 184, 266, 272 f.; *Ehlscheid*, in: von Briel/Ehlscheid, Steuerstrafrecht (2001), S. 327 f.; *Jakob*, Abgabenordnung (2001), Rn. 547; *Reiß*, Besteuerungsverfahren (1987), S. 252; *Rogall*, in: Rieß-FS (2002), S. 951, 953; *Rüster*, wistra 1998, 49, 55; *Scheurmann-Kettner*, in: Koch/Scholtz, AO (1996), § 208 Rn. 11; *Seer*, in: Tipke/Kruse, AO, § 208 Rn. 11; *Tipke/Lang*, Steuerrecht (2002), S. 796.

schriften.[188] Darin kommt zum Ausdruck, dass das Besteuerungsverfahren und das Steuerstrafverfahren unabhängig voneinander durchgeführt werden.[189] Der Gesetzgeber geht also grundsätzlich von einer Gleichwertigkeit der mit den beiden Verfahren verfolgten Zwecke aus.[190] Die Finanzbehörde ist also weder durch die Einleitung eines Strafverfahrens daran gehindert, das Besteuerungsverfahren fortzuführen[191], noch besteht ein Vorrang des Besteuerungsverfahrens vor dem Steuerstrafverfahren[192]. Die Finanzbehörde führt beide Verfahren vielmehr nebeneinander durch.

Wenngleich ein genereller Vorrang des Steuerstrafverfahrens demnach nicht besteht, wird gleichwohl die Ansicht vertreten, dass die Finanzbehörde nach der Einleitung eines Steuerstrafverfahrens gehalten sei, zur Sachverhaltsermittlung allein von den strafprozessualen Befugnissen Gebrauch zu machen, nicht hingegen von den Befugnissen im Rahmen des Besteuerungsverfahrens.[193]

Daran ist sicherlich richtig, dass es der Finanzbehörde verwehrt ist, steuerrechtliche Befugnisse zum Zweck der Strafverfolgung auszuüben (und umgekehrt). Die Wahrnehmung der jeweiligen Befugnis muss vielmehr zu dem dort vorgesehenen Zweck erfolgen (Gebot der Zweckrichtigkeit).[194] Dies vermag jedoch nicht zu begründen, warum es der Finanzbehörde prinzipiell verwehrt sein soll, ihre steuerrechtlichen Befugnisse zur Ermittlung der Besteuerungsgrundlagen in Anspruch zu nehmen, sobald ein Steuerstrafverfahren eingeleitet worden ist. Geht man von der Gleichrangigkeit beider Verfahren aus, so muss die Finanzbehörde darauf bedacht sein, den Zielen von Besteuerungsverfahren und Steuerstrafverfahren bestmöglich gerecht zu werden.[195] Sie ist daher in beiden Verfahren verpflichtet, die zur Aufklärung am Besten geeigneten, erforderlichen und gebotenen Mittel einzusetzen.[196] Angesichts dessen ist es der Finanzbehörde nicht verwehrt, von dem Steuerstrafverfahren in das Besteuerungsverfahren überzugehen (und umgekehrt).[197] So-

---

[188] § 393 AO gilt für das Verhältnis zwischen Besteuerungsverfahren und Steuerordnungswidrigkeitenverfahren entsprechend, s. § 410 Nr. 4 AO. Die folgenden Ausführungen sind daher auf das Ordnungswidrigkeitenverfahren zu übertragen.
[189] S. die Begründung des Finanzausschusses, BT-Drucks. VII/4292, S. 46; BFH/NV 2002, 748, 749; *Ruegenberg*, Steuergeheimnis (2001), S. 170, 173; *Teske*, Abgrenzung der Zuständigkeiten (1987), S. 270f.; kritisch insoweit *Streck*, in: Kohlmann, Strafverfolgung (1983), S. 217, 234.
[190] *Teske*, Abgrenzung der Zuständigkeiten (1987), S. 272.
[191] So aber *Rengier*, BB 1985, 720, 722f.; s. dagegen *Hellmann*, Neben-Strafverfahrensrecht der AO (1995), S. 91ff.; *Rüping/Kopp*, NStZ 1997, 530, 532.
[192] Eine Aussetzung des Strafverfahrens wird zum Teil gefordert, um den Interpretationsvorrang der Finanzverwaltung zu sichern, s. *Isensee*, NJW 1985, 1007, 1009f.; s. dagegen *Hellmann*, Neben-Strafverfahrensrecht der AO (1995), S. 94ff.
[193] *Ehlscheid*, in: von Briel/Ehlscheid, Steuerstrafrecht (2001), S. 335 (zur Steuerfahndung).
[194] *Kohlmann*, in: Tipke-FS (1995), S. 487, 494; *Streck*, in: Kohlmann, Strafverfolgung (1983), S. 217, 236, 247; *Tipke/Lang*, Steuerrecht (2002), S. 797; s. auch *Reiß*, Besteuerungsverfahren (1987), S. 253.
[195] Vgl. *Teske*, Abgrenzung der Zuständigkeiten (1987), S. 280 („Prinzip der optimalen Zweckverwirklichung").
[196] *Von Briel/Ehlscheid*, Steuerstrafrecht (1997), S. 277 (zur Steuerfahndung).
[197] *Streck*, in: Kohlmann, Strafverfolgung (1983), S. 217, 237.

weit gefordert wird, dieser „Rollenwechsel"[198] dürfe nicht willkürlich geschehen[199], geht dies richtigerweise nicht über das Gebot der Zweckrichtigkeit hinaus.[200] Eine weitergehende Festlegung der Behörde auf ein einmal eingeschlagenes Verfahren und die dort vorgesehenen Befugnisse[201] lässt sich dagegen nicht begründen: Die Behörde kann sich durch ihr eigenes Handeln nicht ihrer anderweitig durch Gesetz festgelegten Aufgaben und Befugnisse begeben.

Dass die Behörde nach Einleitung des Strafverfahrens ausschließlich nach den Regeln dieses Verfahrens ermitteln müsse, wird des Weiteren damit begründet, dass die Finanzbehörde nicht mehr die Wahl habe, welche Aufgabe sie wahrnehme, sondern aufgrund des Legalitätsprinzips zur Strafverfolgung und daher zum Handeln als Strafverfolgungsbehörde verpflichtet sei.[202] Das Legalitätsprinzip (§ 152 StPO) besagt indessen nur, dass die Finanzbehörde die Tat verfolgen muss; aus ihm folgt weder ein unmittelbares Gebot, bestimmte Ermittlungshandlungen vorzunehmen, noch verbietet es der Finanzbehörde, daneben auch ihre Aufgaben im Besteuerungsverfahren wahrzunehmen. Das strafprozessuale Beschleunigungsgebot mag zwar in der Regel gebieten, von den strafprozessualen Ermittlungsbefugnissen Gebrauch zu machen.[203] Daraus folgt jedoch nicht, dass die Finanzbehörde nicht daneben im Rahmen des Besteuerungsverfahrens ihre dort vorgesehenen Befugnisse ausüben darf. Überdies zeigen die §§ 154d, 154e StPO, dass es unter Umständen verfahrensökonomisch sinnvoll und auch zulässig sein kann, zur Durchführung des Strafverfahrens das Ergebnis eines anderen Verfahrens abzuwarten. Aus den gleichen Gründen kann eine Beschränkung auf die strafprozessualen Ermittlungsbefugnisse nicht damit gerechtfertigt werden, dass die Sachleitungsbefugnis der Staatsanwaltschaft durch parallel laufende Ermittlungen im Besteuerungsverfahren beeinträchtigt werde.[204] Diese betrifft allein die Frage, ob eine strafprozessuale Ermittlungsmaßnahme ausgeführt wird oder nicht; ob daneben (oder stattdessen) steuerrechtliche Ermittlungen durchgeführt werden, ist nicht Sache der Staatsanwaltschaft. Vor Behinderungen der Staatsanwaltschaft bei der Erfüllung ihrer Aufgaben ist diese durch die allgemeinen gesetzlichen Regelungen hinreichend geschützt (s. § 258 StGB). Allen Begründungen für eine Nichtanwendbarkeit der steuerrechtlichen Befugnisnormen ist gemeinsam, dass sie mit verfahrensinternen Wertungen des Strafprozesses argumentieren, ohne diese Wertungen zu denen des Besteuerungsverfahrens in Beziehung zu setzen. Der dabei unterschwellig vorausgesetzte Vorrang des Strafverfahrens besteht jedoch grundsätzlich nicht.

---

[198] BFH, BStBl II 1977, 318; 1981, 349.
[199] So *Kohlmann*, in: Tipke-FS (1995), S. 487, 496 m. w. N.
[200] *Von Briel/Ehlscheid*, Steuerstrafrecht (1997), S. 277 (zur Steuerfahndung).
[201] S. etwa zur Steuerfahndung FG Schleswig-Holstein, EFG 1982, 284, 285; s. auch *Streck*, in: Kohlmann, Strafverfolgung (1983), S. 217, 237, 247 (Prinzip der Stetigkeit).
[202] *Hellmann*, Neben-Strafverfahrensrecht der AO (1995), S. 225.
[203] *Hellmann*, Neben-Strafverfahrensrecht der AO (1995), S. 233f.
[204] *Hellmann*, Neben-Strafverfahrensrecht der AO (1995), S. 234f.

Nach einer anderen Ansicht folgt aus dem Anspruch des Beschuldigten auf eine justizförmige Verdachtsklärung und ein faires Strafverfahren, dass die Ermittlung des Sachverhaltes ausschließlich nach den Regeln des Strafverfahrens erfolgt.[205] Eine steuerrechtliche Ermittlungsmaßnahme der Finanzbehörde kann durch die Verwertung der Erkenntnisse in das strafrechtliche Ermittlungsverfahren hineinwirken und die dort garantierten Rechte beeinträchtigen. Derartige Auswirkungen können es rechtfertigen, der Finanzbehörde die Ausübung bestimmter Befugnisse zu verwehren. Dies zeigt das Verbot, im Besteuerungsverfahren Zwangsmittel einzusetzen, wenn der Steuerpflichtige auf diese Weise gezwungen würde, sich selbst einer Steuerstraftat zu bezichtigen (§ 393 I S. 2 AO). Die gesetzlichen Regelungen tragen der oben angeführten Gefahr also – wenigstens teilweise – Rechnung. Ob und inwieweit die strafprozessualen Mitwirkungsrechte einer Anwendung der steuerrechtlichen Ermittlungsbefugnisse entgegenstehen, wäre im Einzelnen zu untersuchen. Da die Rechte des Beschuldigten und sein Anspruch auf ein faires Strafverfahren zumindest zum Teil auf andere Weise gewahrt werden, ist es jedoch nicht erforderlich, der Finanzbehörde zur Wahrung dieser Rechte generell die Ausübung ihrer steuerrechtlichen Befugnisse zu verwehren, zumal als Alternative zu einem Vorrang der strafprozessualen Sachverhaltsermittlung ein Verwertungsverbot für die im Besteuerungsverfahren erlangten Informationen in Betracht zu ziehen wäre, um die Rechte des Beschuldigten zu wahren und eine justizförmige Verdachtsklärung zu gewährleisten. Nach alledem werden die steuerrechtlichen Ermittlungsbefugnisse der Finanzbehörde nicht von ihren strafprozessualen Befugnissen verdrängt, sondern sie kann von ersteren auch während eines strafrechtlichen Ermittlungsverfahrens Gebrauch machen.

(3) Die Verfassungsmäßigkeit der Aufgabenzuweisung

Die Doppelfunktion der Finanzbehörden bzw. der Steuerfahndung wird zum Teil als verfassungsrechtlich problematisch angesehen. Diese verfassungsrechtlichen Bedenken werden vor allem auf das Rechtsstaatsprinzip gestützt.[206]

So wird in der mit der Doppelfunktion der Finanzbehörden einhergehenden Unsicherheit über die im Einzelfall wahrgenommenen Zuständigkeiten und Befugnisse eine Verletzung der im Rechtsstaatsprinzip wurzelnden Grundsätze der Rechtssicherheit und Rechtsklarheit gesehen.[207] Die organisatorische Verbindung von Finanzbehörden und Steuerstrafverfolgungsbehörden widerspreche dem rechtsstaatlichen Gebot einer klaren Verwaltungsorganisation.[208]

---

[205] *Ehlscheid*, in: von Briel/Ehlscheid, Steuerstrafrecht (2001), S. 336f.; s. ferner *Jakob*, Abgabenordnung (2001), Rn. 550.
[206] *Hübner*, in: Hübschmann/Hepp/Spitaler, AO, § 404 Rn. 109; *Schick*, JZ 1982, 125, 130 (in Fußn. 31); *Teske*, Abgrenzung der Zuständigkeiten (1987), S. 333ff.
[207] *Schick*, in: Hübschmann/Hepp/Spitaler, AO, § 208 Rn. 60; *Teske*, Abgrenzung der Zuständigkeiten (1987), S. 338; *dies.*, wistra 1988, 207, 208 (in Fußn. 21).
[208] *Schick*, JZ 1982, 125, 127; *ders.*, in: Hübschmann/Hepp/Spitaler, AO, § 208 Rn. 50.

IV. Die Verwendung von Informationen und der Nemo-tenetur-Grundsatz

Diesen Bedenken ist Rechnung zu tragen, indem man der Behörde auferlegt, klar zum Ausdruck zu bringen, welche Aufgabe sie gerade wahrnimmt (Transparenzgebot).[209] Dies ist insbesondere bei einer Ermittlungsmaßnahme notwendig, die objektiv zur Förderung beider Verfahren geeignet ist. Dies geschieht in der Regel bereits dadurch, dass die Finanzbehörde behördenintern die Zuständigkeiten trennt und diese Trennung nach außen zu erkennen gibt.[210] Für die verbleibenden Fälle sind Zweifelsregelungen für die Einordnung des finanzbehördlichen Handelns aufzustellen; so handelt es sich bei einer Außenprüfung grundsätzlich um eine Maßnahme im Rahmen des Besteuerungsverfahrens[211], während Ermittlungen der Steuerfahndung nach Einleitung eines Steuerstrafverfahrens in der Regel strafverfahrensrechtlicher Natur sind.[212] Eine Verfassungswidrigkeit ergibt sich aus den angeführten Bedenken nicht.[213]

Die auf das Rechtsstaatsprinzip gegründeten Bedenken sind jedoch nicht allein formaler Natur. So wird vertreten, dass es der Finanzbehörde unmöglich sei, ihre Aufgaben im Besteuerungsverfahren und im Steuerstrafverfahren in gleicher Weise sachgerecht wahrzunehmen. Diese Aufgaben seien miteinander unvereinbar, denn im Strafrecht gehe es um die Ahndung kriminellen Unrechts, im Steuerrecht um die Steuerschuld des Bürgers.[214] Bei Beamten, die in beiden Verfahren tätig seien, bestehe die Besorgnis der Befangenheit, da die Gefahr bestehe, dass sie mit einer Verfahrenshandlung zugleich ein Interesse an dem jeweils anderen Verfahren verfolgten.[215] So könne sich ein Amtsträger im Hinblick auf die in Aussicht gestellte Erfüllung einer Steuerschuld auch im Strafverfahren eher „kompromissbereit" zeigen[216] oder geneigt sein, den erfolgreichen Abschluss des Besteuerungsverfahrens nicht durch die Einleitung eines Strafverfahrens zu gefährden[217]. Andererseits könnten die Strafgerichte ihre Kontrollfunktion nicht wahrnehmen, da die Hauptverhandlung von einer Behörde vorbereitet werde, die zugleich strafverfahrensfremde, fiskalische Interessen wahrnehme.[218] Die Unvereinbarkeit dieser Aufgaben zeige sich auch in den unterschiedlichen Ermittlungsbefugnissen und Verfahrensprinzi-

---

[209] *Kohlmann*, in: Tipke-FS (1995), S. 487, 494; *Mösbauer*, Steuerstrafrecht (2000), S. 275f.; *Streck*, in: Kohlmann, Strafverfolgung (1983), S. 217, 237.
[210] *Hellmann*, Neben-Strafverfahrensrecht der AO (1995), S. 410.
[211] *Reiß*, Besteuerungsverfahren (1987), S. 253; *Streck*, in: Kohlmann, Strafverfolgung (1983), S. 217, 238.
[212] BFH/NV 1990, 151, 152; 1992, 254, 255; *Seer*, in: Tipke/Kruse, AO, § 208 Rn. 25; *Streck*, in: Kohlmann, Strafverfolgung (1983), S. 217, 247; *Tipke/Lang*, Steuerrecht (2002), S. 797.
[213] *Hellmann*, Neben-Strafverfahrensrecht der AO (1995), S. 410.
[214] *Schick*, JZ 1982, 125, 127. Die Ableitung aus dem Rechtsstaatsprinzip ergibt sich aus dem Zusammenhang. *Schick* verweist zudem später auf „rechtsstaatliche Gründe" (aaO, 130); zur Konsequenz der Verfassungswidrigkeit, aaO, 130 (in Fußn. 31).
[215] *Schick*, JZ 1982, 125, 128; *ders.*, in: Hübschmann/Hepp/Spitaler, AO, § 208 Rn. 57.
[216] *Schick*, in: Hübschmann/Hepp/Spitaler, AO, § 208 Rn. 59.
[217] *Hübner*, in: Hübschmann/Hepp/Spitaler, AO, § 404 Rn. 108.
[218] *Teske*, Abgrenzung der Zuständigkeiten (1987), S. 335ff.; *dies.*, wistra 1988, 207, 208 (in Fußn. 21).

pien.[219] Auch aus der getrennten Regelung der Gesetzgebungskompetenzen (Art. 74 Nr. 1 GG – Strafrecht, Art. 105 ff. GG – Steuerrecht) folge, dass die Systematik der Verfassung auch eine organisatorische Trennung bei der Ausführung dieser Gesetze fordere.[220]

Gegen das letztgenannte Argument ist einzuwenden, dass die Regelung der Gesetzgebungskompetenz nichts über die Art und Weise der Gesetzesvollziehung und deren Organisation aussagt. Diese unterliegt vielmehr eigenständigen Regelungen (s. Art. 83 ff. GG).[221] Aber auch die These von der Unvereinbarkeit der Aufgaben Strafverfolgung und Besteuerung ist zweifelhaft. Beide Verfahren dienen unterschiedlichen, aber keineswegs gegenläufigen Zielen. In beiden Verfahren besteht ein öffentliches Interesse daran, die Besteuerungsgrundlagen zu ermitteln, um auf dieser Basis das fiskalische Interesse ebenso wie das öffentliche Interesse an Strafverfolgung zu befriedigen. Dass die Befriedigung des fiskalischen Interesses das Interesse an Strafverfolgung unter bestimmten Voraussetzungen beseitigt, beruht nicht auf der Doppelzuständigkeit der Finanzbehörden, sondern auf den strafrechtlichen Regelungen (s. § 371 AO) und den Möglichkeiten zur Einstellung aus Opportunitätserwägungen (§§ 398, 399 I AO, 153 ff. StPO). Dass die Finanzbehörde sich hier generell nachgiebiger zeigt als die Staatsanwaltschaft, ist nicht erkennbar. Selbst wenn man dies annehmen wollte, wäre immer noch zu begründen, warum darin eine Verletzung des Rechtsstaatsprinzips liegen sollte. Auch die richterliche Kontrollfunktion wird durch die Doppelzuständigkeit der Finanzbehörden nicht nennenswert beeinträchtigt. Zum einen ist bereits zweifelhaft, ob die Finanzbehörde im Rahmen der Strafverfolgung derart von fiskalischen Interessen geleitet wird, dass sie ihrer Pflicht zur Objektivität nicht gerecht werden kann (§§ 399 I AO, 160 II StPO). Die Kontrollbefugnisse des Strafrichters werden jedenfalls durch die Doppelfunktion der Finanzbehörde nicht beschnitten, sondern es ist an ihm, auf der Grundlage des Untersuchungsgrundsatzes (§ 155 StPO) die Berechtigung des Anklagevorwurfs zu prüfen.[222]

Es verbleiben damit die auf die unterschiedlichen Befugnisse und Verfahrensprinzipien gegründeten verfassungsrechtlichen Bedenken. Ungeachtet der Bindung der Befugnisse an den jeweiligen Verfahrenszweck besteht die Gefahr, dass die Behörde die Befugnisse aus beiden Verfahren kombiniert und auf diese Weise Rechte des Einzelnen unterläuft.[223] Diese Gefahr beruht jedoch nicht auf der Bündelung von Aufgaben, sondern auf der Häufung der zur Erfüllung dieser Aufgaben zugewiesenen Befugnisse.[224] Dementsprechend ist die Lösung auf der Ebene

---

[219] *Schick*, JZ 1982, 125, 127; *ders.*, in: Hübschmann/Hepp/Spitaler, AO, § 208 Rn. 58; s. auch *Hellmann*, Neben-Strafverfahrensrecht der AO (1995), S. 207 ff.
[220] *Schick*, in: Hübschmann/Hepp/Spitaler, AO, § 208 Rn. 59; *Teske*, Abgrenzung der Zuständigkeiten (1987), S. 333 f.; *dies.*, wistra 1988, 207, 208 (in Fußn. 21).
[221] *Hellmann*, Neben-Strafverfahrensrecht der AO (1995), S. 409.
[222] *Hellmann*, Neben-Strafverfahrensrecht der AO (1995), S. 410.
[223] *Schick*, JZ 1982, 125, 127 f., 130; s. auch *Kohlmann*, in: Tipke-FS (1995), S. 487, 492.
[224] Zur Trennung von Aufgabe und Befugnis: BFHE 184, 266, 268 f.

einer Beschränkung der Befugnisse und ihrer Ausübung zu suchen und nicht auf der Ebene der Zuständigkeiten. Die Sorge, dass Grund- und Verfahrensrechte des Einzelnen ausgehöhlt werden, rechtfertigt es also nicht, die Doppelfunktion der Finanzbehörden von vornherein mit dem Verdikt der Verfassungswidrigkeit zu belegen. Im Übrigen ist eine derartige Doppelfunktion auch der Polizei zugewiesen, ohne dass insoweit verfassungsrechtliche Bedenken erhoben werden.[225]

Schließlich wird in der Übertragung staatsanwaltschaftlicher Kompetenzen auf die Finanzbehörde eine sachlich nicht gerechtfertigte Durchbrechung des Anklagemonopols gesehen.[226] Eine dem Art. 92 GG vergleichbare Garantie, dass Aufgaben der Staatsanwaltschaft nur von Staatsanwälten wahrgenommen werden können, enthält die Verfassung jedoch nicht.[227] Soweit man den Anklagegrundsatz als verfassungsrechtliches Prinzip ansieht, wird dieser Grundsatz ebenfalls nicht verletzt, da man auch die Finanzbehörde als Staatsanwaltschaften im funktionellen Sinne ansehen kann.[228]

Die verfassungsrechtlichen Bedenken gegen die Doppelfunktion der Finanzbehörden erweisen sich nach alledem als unbegründet.[229]

(4) Die steuerrechtlichen Mitwirkungspflichten und der Nemo-tenetur-Grundsatz

Die Verfassungsmäßigkeit der Doppelfunktion der Finanzbehörden besagt nicht, dass die Behörde personenbezogene Daten aus dem Besteuerungsverfahren ohne Einschränkungen auch zur Verfolgung von Steuerstraftaten und Steuerordnungswidrigkeiten verwenden darf. Der Grundsatz „Nemo tenetur se ipsum accusare" schützt den Beschuldigten davor, in seiner Verteidigung gegen den staatlichen Vorwurf festgelegt zu werden, indem er zu einer Äußerung zu dem Gegenstand dieses Vorwurfs gezwungen wird. Deshalb beeinträchtigen steuerrechtliche Mitwirkungspflichten, die eine Pflicht zu derartigen Äußerungen (Auskünfte, Erklärungen etc.) begründen und die mit Hilfe staatlichen Zwanges durchgesetzt werden können, die Rechtsstellung des Beschuldigten, sofern diese Auskünfte im Strafverfahren gegen ihn verwertet werden.

---

[225] *Reiß*, Besteuerungsverfahren (1987), S. 254.
[226] *Teske*, Abgrenzung der Zuständigkeiten (1987), S. 339f.; *dies.*, wistra 1988, 207, 208 (in Fußn. 21).
[227] *Reiß*, Besteuerungsverfahren (1987), S. 255. Dies wird auch von *Teske*, Abgrenzung der Zuständigkeiten (1987), S. 339, anerkannt. Der ergänzend herangezogene allgemeine Gleichheitssatz (aaO, S. 341) ist ebenfalls nicht verletzt, da die Doppelfunktion der Finanzbehörde auf sachlichen Gründen beruht, s.o. S. 463.
[228] *Hellmann*, Neben-Strafverfahrensrecht der AO (1995), S. 411.
[229] *Reiß*, Besteuerungsverfahren (1987), S. 255; *Rüster*, wistra 1988, 49, 55f.
Gleiches gilt für die verfassungsrechtlichen Bedenken gegen die Zusammenfassung der Strafsachen- und Bußgeldstellen und der Steuerfahndung in einem Finanzamt in Berlin, Niedersachsen und Nordrhein-Westfalen, s. insoweit *Hellmann*, Neben-Strafverfahrensrecht der AO (1995), S. 339ff.

476 C. Die verfahrensübergreifende Verwendung personenbezogener Informationen

(a) Wahrung durch das Verbot von Zwangsmitteln (§ 393 I S. 2 AO)

Dem Grundsatz „Nemo tenetur se ipsum accusare" wird in § 393 I S. 2 AO Rechnung getragen.[230] Der Grundsatz, dass sich die Rechte und Pflichten des Steuerpflichtigen und der Finanzbehörde im Besteuerungsverfahren und im Steuerstrafverfahren nach den jeweils geltenden Vorschriften richten (§ 393 I S. 1 AO), wird insoweit durchbrochen, als im Besteuerungsverfahren keine Zwangsmittel gegen den Steuerpflichtigen angewandt werden dürfen, wenn dieser dadurch gezwungen würde, sich selbst wegen einer von ihm begangenen Steuerstraftat oder Steuerordnungswidrigkeit zu belasten (§ 393 I S. 2 AO). Mit Rücksicht auf ein strafprozessuales Verfahrensrecht werden daher Befugnisse der Finanzbehörde im Besteuerungsverfahren eingeschränkt. Bezogen auf die Rechtsfolge handelt es sich dabei um eine steuerverfahrensrechtliche Regelung, deren Zweck allerdings mit dem Grundsatz „Nemo tenetur se ipsum accusare" im Strafverfahrensrecht wurzelt.[231] Dass dieser Grundsatz verfassungsrechtlich nur den Schutz vor erzwungener Kommunikation gewährleistet[232], führt nicht zu einer einschränkenden Auslegung des § 393 I S. 2 AO. Soweit der Einzelne im Strafverfahren durch das einfache Recht von einer Mitwirkung freigestellt ist (z.B. von einer Editionspflicht, § 95 StPO)[233], ist er im Besteuerungsverfahren ebenso davor zu schützen, dass seine strafprozessuale Mitwirkungsfreiheit durch die Anwendung von Zwangsmitteln unterlaufen wird.[234]

(i) Sachlicher Schutzbereich (Gefahr der Selbstbelastung). Der Zweck des Zwangsmittelverbotes besteht darin, den Steuerpflichtigen als Beschuldigten im Strafverfahren davor zu schützen, dass sein Anspruch auf rechtliches Gehör (Art. 103 I GG) beeinträchtigt wird. Eine solche Beeinträchtigung ist daher nur vor dem Hintergrund eines Strafverfahrens denkbar.

Das Zwangsmittelverbot greift dementsprechend ohne Weiteres ein, sofern bereits ein Steuerstrafverfahren gegen den Steuerpflichtigen eingeleitet ist (§ 393 I S. 3 AO). In diesem Fall bestimmt sich die sachliche Reichweite des Schutzes vor einer Selbstbelastung nach dem Gegenstand des eingeleiteten Strafverfahrens, also nach dem prozessualen Tatbegriff.[235] Die Gefahr, dass der Steuerpflichtige durch die

---

[230] S. die Begründung des Regierungsentwurfs, BT-Drucks. VI/1982, S. 198 (neu eingebracht mit BT-Drucks. VII/79); Bericht des Finanzausschusses, BT-Drucks. VII/4292, S. 46; s. auch BGHSt 47, 8, 12; wistra 1993, 66, 68; *Hellmann,* in: Hübschmann/Hepp/Spitaler, AO, § 393 Rn. 14; *Joecks,* in: Franzen/Gast/Joecks, Steuerstrafrecht (2001), § 393 Rn. 8; *Mösbauer,* Steuerstrafrecht (2000), S. 275; *Reiß,* Besteuerungsverfahren (1987), S. 261; *Teske,* wistra 1988, 207, 211 f.
[231] *Reiß,* Besteuerungsverfahren (1987), S. 261; *Streck,* in: Kohlmann, Strafverfolgung (1983), S. 217, 241.
[232] S.o. S. 198.
[233] Zur Auslegung des § 95 StPO s.o. S. 439 f.
[234] So i.E. auch die h.M., s. *Joecks,* in: Franzen/Gast/Joecks, Steuerstrafrecht (2001), § 393 Rn. 4; *Senge,* in: Erbs/Kohlhaas, § 393 AO Rn. 2.
[235] *Besson,* Das Steuergeheimnis (1997), S. 127; *Hellmann,* in: Hübschmann/Hepp/Spitaler,

IV. Die Verwendung von Informationen und der Nemo-tenetur-Grundsatz 477

Anwendung von Zwangsmitteln zu einer Selbstbezichtigung gezwungen würde (§ 393 I S. 2 AO), kann jedoch auch bestehen, ohne dass insoweit bereits ein Strafverfahren eingeleitet worden ist. In Bezug auf die vergleichbare Schutznorm des § 55 StPO wird eine Gefahr der Strafverfolgung angenommen, wenn die zu erzwingende Aussage auf Tatsachen zielt, die einen Anfangsverdacht (§ 152 II StPO) begründen[236] oder einen solchen Verdacht verstärken[237]. § 55 StPO gilt auch, wenn der Zeuge Auskünfte über Tatsachen geben müsste, die wie Teilstücke in einem mosaikartig zusammengesetzten Beweisgebäude mittelbar den Verdacht einer Straftat begründen.[238] Der Zeuge kann sich also auf sein Auskunftsverweigerungsrecht berufen, ohne dass bereits ein Anfangsverdacht gegen ihn besteht, sofern sich ein solcher Verdacht aus der von ihm geforderten Aussage ergeben würde.

Diese Auslegung der einfach-gesetzlichen Schutznorm ist auch verfassungsrechtlich geboten.[239] Nach Ansicht des BVerfG beginnt der verfassungsrechtliche Schutz durch den Grundsatz „Nemo tenetur se ipsum accusare" bereits weit im Vorfeld einer direkten Belastung, indem der Einzelne auch vor einem Zwang geschützt wird, mittelbare Hinweise auf eine von ihm begangene Straftat zu geben.[240] Das BVerfG hat es daher als unzulässig angesehen, einen bereits wegen gewerbsmäßigen Handeltreibens mit Betäubungsmitteln verurteilten Zeugen zu Auskünften über seine Lieferanten hinsichtlich der abgeurteilten Straftaten zu zwingen, wenn Anhaltspunkte für weitere, nicht rechtskräftig abgeurteilte Betäubungsmittelstraftaten vorliegen, für die der Zeuge durch die verlangten Auskünfte mittelbar neue Ermittlungsansätze liefern würde.[241]

Auf das Steuerrecht übertragen[242], bedeutet dies, dass das Zwangsmittelverbot sich nicht allein auf Tatsachen bezieht, die unmittelbar Gegenstand des strafrechtlichen Vorwurfs sind, sondern auch auf Tatsachen, die mittelbar auf die Begehung einer Steuerstraftat hindeuten. Unter dieser Voraussetzung kann sich der Steuerpflichtige unter Berufung auf § 393 I S. 2 AO auch gegen Zwangsmittel wenden, die zur Durchsetzung von Mitwirkungspflichten in Bezug auf Besteuerungszeiträume verhängt werden sollen, die nicht potentieller Gegenstand eines Steuerstrafverfahrens sind:[243] So darf der Steuerpflichtige auch zur Auskunft über Zeiträume, hinsichtlich derer strafrechtlich bereits Verjährung eingetreten ist, nicht gezwungen werden, soweit sich aus diesen Angaben Rückschlüsse für spätere, nicht verjährte

---

AO, § 393 Rn. 89; *Joecks*, in: Franzen/Gast/Joecks, Steuerstrafrecht (2001), § 393 Rn. 33; *Reiß*, Besteuerungsverfahren (1987), S. 277.

[236] BGH, NStZ 1994, 499, 500; NJW 1999, 1413; *Senge*, in: KK-StPO (2003), § 55 Rn. 4.
[237] BGH, StV 1987, 328, 329; *Dahs*, in: Löwe-Rosenberg, StPO (25. Aufl.), § 55 Rn. 10.
[238] BGH, NJW 1999, 1413; *Kleinknecht/Meyer-Goßner*, StPO (2003), § 55 Rn. 7; *Lemke*, in: HK-StPO (2001), § 55 Rn. 3; s. auch BGH, StV 1987, 328, 329; *Senge*, in: KK-StPO (2003), § 55 Rn. 10.
[239] S. o. S. 454.
[240] BVerfG, NJW 2002, 1411, 1412.
[241] BVerfG, NJW 2002, 1411, 1412; s. auch BVerfG, NStZ 2003, 666.
[242] Zur Parallele von § 55 StPO und § 393 I S. 2 AO: *Reiß*, Besteuerungsverfahren (1987), S. 275.
[243] *Joecks*, in: Franzen/Gast/Joecks, Steuerstrafrecht (2001), § 393 Rn. 28a.

Veranlagungszeiträume ziehen lassen: Wer während eines Steuerstrafverfahrens wegen der Hinterziehung von Kapitalertragssteuern gezwungen wird, Kapitaleinkünfte aus einem strafrechtlich verjährten Zeitraum zu erklären, liefert damit den Anfangsbestand des Kapitalvermögens und damit eine Grundlage zur Feststellung des hinterzogenen Betrages.[244] Gleiches gilt umgekehrt für den Zwang zur vollständigen Erklärung der Zinseinkünfte in den Folgejahren. Auch diese Angaben tragen dazu bei, dass die wahrscheinliche Höhe der Erträge berechnet und somit die Grundlage des strafrechtlichen Vorwurfes konkretisiert werden kann.[245]

Diesem weiten Verständnis des Zwangsmittelverbotes scheint § 10 der Betriebsprüfungsordnung (BpO)[246] zu widersprechen: Ergibt sich während einer Außenprüfung (§§ 193 ff. AO) ein Anfangsverdacht (§ 152 II StPO), dass der Steuerpflichtige eine Steuerstraftat begangen hat, so darf die Prüfung hinsichtlich des Sachverhalts, auf den sich der Verdacht bezieht, erst fortgesetzt werden, nachdem dem Verdächtigen die Einleitung des Strafverfahrens mitgeteilt worden ist (§ 10 I S. 3 BpO); zugleich ist dieser über das Zwangsmittelverbot zu belehren (§ 10 I S. 4 BpO). Diesen Regelungen wird entnommen, in Bezug auf andere, unverdächtige Geschäftsvorfälle könne die Prüfung nicht nur fortgesetzt, sondern der Betroffene auch durch Zwangsmittel zur Mitwirkung angehalten werden.[247]

Den sachlichen Schutzbereich des Zwangsmittelverbotes auf die unmittelbar verdachtsbezogenen Umstände zu begrenzen, widerspräche indessen den verfassungsrechtlichen Vorgaben, denn der Nemo-tenetur-Grundsatz schützt auch vor einem Zwang zu mittelbar belastenden Auskünften.[248] Deshalb wird zum Teil gefordert, bei einem gegen den Steuerpflichtigen bestehenden Verdacht die Außenprüfung insgesamt abzubrechen und erst nach einer Einleitung eines Steuerstrafverfahrens und der Belehrung über das Zwangsmittelverbot fortzusetzen.[249] Die in § 10 I S. 3 BpO enthaltene Einschränkung („hinsichtlich des Sachverhalts, auf den sich der Verdacht bezieht") würde auf diese Weise bedeutungslos.

Eine solche Konsequenz ginge jedoch über das verfassungsrechtlich Gebotene hinaus. Dass die Prüfung in Bezug auf andere steuerlich relevante Sachverhalte fortgesetzt wird, bedeutet nicht automatisch, dass der Prüfer die Mitwirkung des

---

[244] *Joecks*, in: Franzen/Gast/Joecks, Steuerstrafrecht (2001), § 393 Rn. 28a; *I. Meyer*, DStR 2001, 461, 464; *Streck/Spatscheck*, wistra 1998, 334, 341.

[245] *Joecks*, in: Franzen/Gast/Joecks, Steuerstrafrecht (2001), § 393 Rn. 28a; s. auch *Streck/Spatscheck*, wistra 1998, 334, 342, nach denen die Mitwirkungspflicht, nicht nur deren Erzwingbarkeit entfällt.

[246] Allgemeine Verwaltungsvorschrift für die Betriebsprüfung vom 15.3. 2000 (BAnz Nr. 58 S. 4898).

[247] Vgl. *Reiß*, Besteuerungsverfahren (1987), S. 275, 276 m.w.N. Dies gilt unabhängig davon, ob man bei der Auslegung des § 10 I S. 2 BpO einen engen oder weiten (in diesem Fall strafprozessualen) Tatbegriff zugrundelegt, s. dazu *Mösbauer*, Steuerliche Außenprüfung (1994), S. 167f. (zu § 9 BpO a. F.).

[248] Vgl. auch den Hinweis auf das Gesetzesrecht (§ 393 I S. 3 AO): *Reiß*, Besteuerungsverfahren (1987), S. 275, 277.

[249] *I. Meyer*, DStR 2001, 461, 462; für eine entsprechende Änderung der BpO: *Mösbauer*, Steuerliche Außenprüfung (1994), S. 169.

Steuerpflichtigen auch mit Hilfe von Zwangsmitteln durchsetzen kann; vielmehr ist davon auszugehen, dass das Zwangsmittelverbot (§ 393 I S. 2 AO) von der Fortsetzung der Prüfung unberührt bleibt.[250] Besteht allerdings die Gefahr, dass sich der Steuerpflichtige durch seine Mitwirkung an der fortgesetzten Prüfung mittelbar selbst belastet, so besteht ein Anlass, ihn über das Zwangsmittelverbot zu belehren (§ 393 I S. 4 AO); anderenfalls entsteht bei dem Betroffenen der Eindruck, seine Mitwirkung könne, soweit die Prüfung fortgesetzt wird, weiterhin erzwungen werden.[251] Auf diese Weise kann den auf den Nemo-tenetur-Grundsatz gestützten Bedenken gegen eine Fortsetzung der Prüfung Rechnung getragen werden.

Anders als es der Wortlaut des § 393 I S. 2 AO auf den ersten Blick nahelegt („wegen einer von ihm begangenen Steuerstraftat"), setzt das Zwangsmittelverbot nicht voraus, dass der Steuerpflichtige die Straftat tatsächlich begangen hat. Andere Regelungen (§§ 55 StPO, 103 AO) stellen zwar im Unterschied zu § 393 I S. 2 AO ausdrücklich auf die Gefahr ab, wegen einer Straftat verfolgt zu werden, und beziehen damit den Unschuldigen mit ein, der durch seine Aussage zu Unrecht in den Verdacht geriete, eine Straftat begangen zu haben. Die Formulierung des § 393 I S. 2 AO lässt jedoch auch eine Auslegung zu, nach der sich die Worte „von ihm begangenen Steuerstraftat" auf den Inhalt der belastenden Äußerung und nicht auf die Schuldfrage beziehen, deren Klärung dem nachfolgenden Steuerstrafverfahren vorbehalten ist. Eine solche Auslegung ist auch verfassungsrechtlich geboten, da der Grundsatz „Nemo tenetur se ipsum accusare" den Beschuldigten ungeachtet dessen schützt, ob der strafrechtliche Vorwurf gegen ihn zu Recht oder zu Unrecht erhoben wird.[252]

(ii) Persönlicher Schutzbereich (Steuerpflichtiger). Der persönliche Schutzbereich des § 393 I S. 2 AO umfasst nach dessen Wortlaut allein den Steuerpflichtigen. Der Verfahrensbeteiligte (§ 78 AO), der nicht zugleich materiell Steuerpflichtiger ist, wird nicht erfasst. Gleichwohl ist dessen Schutz vor einer erzwungenen Selbstbelastung verfassungsrechtlich geboten, da er gesetzlichen Mitwirkungspflichten unterworfen wird (s. etwa §§ 93, 97 AO), ohne dass ihm wie dem Unbeteiligten ein Weigerungsrecht eingeräumt wird (s. § 103 AO).[253] Gleiches gilt für Personen, die für einen Beteiligten auskunftspflichtig sind (vgl. §§ 34, 35, 103 AO).[254] In diesen Konstellationen würde also ohne ein Zwangsmittelverbot eine gesetzliche Pflicht

---

[250] *Tipke*, in: Tipke/Kruse, AO, Vor § 193 Rn. 30.
[251] S. *Mösbauer*, Steuerliche Außenprüfung (1994), S. 168 f.; zur Belehrungspflicht nach § 393 I S. 4 AO s.u. S. 480 ff.
[252] *Reiß*, Besteuerungsverfahren (1987), S. 262; s. auch o. S. 175 (in Fußn. 992).
[253] *Hellmann*, Neben-Strafverfahrensrecht der AO (1995), S. 100; ders., in: Hübschmann/Hepp/Spitaler, AO, § 393 Rn. 24; *Teske*, Abgrenzung der Zuständigkeiten (1987), S. 359; dies., wistra 1988, 207, 210 f.
[254] *Hellmann*, Neben-Strafverfahrensrecht der AO (1995), S. 101 f.; *Teske*, Abgrenzung der Zuständigkeiten (1987), S. 209, 361; dies., wistra 1988, 207, 210, 211.

zu einer Selbstbezichtigung bestehen, die mit staatlichem Zwang durchgesetzt werden könnte.[255]

Nach allgemeiner Ansicht ist diese Schutzlücke durch eine analoge Anwendung des § 393 I S. 2 AO zu schließen.[256] Ausweislich der Gesetzesmaterialien verfolgte der Gesetzgeber das Ziel, dem Grundsatz „Nemo tenetur se ipsum accusare" mit der Regelung des § 393 I S. 2 AO Rechnung zu tragen.[257] Dass nicht nur der Steuerpflichtige in diese Gefahr geraten kann, wurde mit dem Auskunftsverweigerungsrecht für Unbeteiligte (§ 103 AO) berücksichtigt. In der Gesetzesbegründung wird die Beschränkung auf Unbeteiligte damit begründet, dass der am Besteuerungsverfahren Beteiligte durch § 393 I S. 2 AO geschützt wird.[258] Es ist davon auszugehen, dass die verbleibende Lücke für andere Auskunftspflichtige (s.o.) dem Gesetzgeber verborgen geblieben ist.[259] Der geregelte und der nicht geregelte Sachverhalt sind einander vergleichbar, da der Mitwirkungspflichtige aufgrund des verfassungsrechtlichen Grundsatzes „Nemo tenetur se ipsum accusare" von staatlichem Zwang freigestellt werden soll, sich selbst wegen einer Steuerstraftat belasten zu müssen.

Das Zwangsmittelverbot nach § 393 I S. 2 AO gilt daher unabhängig von der materiellen Steuerpflicht für alle Beteiligten des Besteuerungsverfahrens und die Personen, die für einen Beteiligten zur Mitwirkung verpflichtet sind (s. §§ 34, 35 AO).

(iii) Belehrungspflicht (§ 393 I S. 4 AO). Der Steuerpflichtige ist über das Zwangsmittelverbot zu belehren, soweit dazu Anlass besteht (§ 393 I S. 4 AO). Die Belehrung muss spätestens erfolgen, wenn dem Steuerpflichtigen die Einleitung eines

---

[255] Eine weitere Lücke besteht für die Mitwirkung von am Besteuerungsverfahren beteiligten Angehörigen, s. dazu *Teske*, Abgrenzung von Zuständigkeiten (1987), S. 359f., 418. Entgegen der Ansicht von *Teske*, aaO, S. 107f., beruht der gesetzliche Schutz nicht auf dem Nemo-tenetur-Grundsatz – s. dazu *Verrel*, Die Selbstbelastungsfreiheit (2001), S. 273ff. m.w.N. –, sondern auf dem besonderen, familiären Vertrauensverhältnis (s. Art. 6 GG) als einer Ausformung des Privatsphärenschutzes, s. *Wisser*, in: Klein, AO (2003), § 393 Rn. 16. Auf die Frage, ob der persönliche Schutzbereich des § 393 I S. 2 AO auf Angehörige auszudehnen ist, wird daher an dieser Stelle nicht eingegangen; für eine solche Ausdehnung: *Streck/Spatscheck*, wistra 1998, 334, 336; *Teske*, aaO, S. 418; kritisch insoweit *Joecks*, in: Franzen/Gast/Joecks, Steuerstrafrecht (2001), § 393 Rn. 31a; *Rogall*, in: Kohlmann-FS (2003), S. 465, 473; für ein strafrechtliches Verwertungsverbot bei einer erzwungenen Belastung naher Angehöriger: *Hellmann*, in: Hübschmann/Hepp/Spitaler, AO, § 393 Rn. 81; *Wisser*, in: Klein, AO (2003), § 393 Rn. 16; weitergehend *Besson*, Das Steuergeheimnis (1997), S. 120f.
[256] *Hellmann*, Neben-Strafverfahrensrecht der AO (1995), S. 102f.; *ders.*, in: Hübschmann/Hepp/Spitaler, AO, § 393 Rn. 24, 77; *Joecks*, in: Franzen/Gast/Joecks, Steuerstrafrecht (2001), § 393 Rn. 31; *Reiß*, Besteuerungsverfahren (1987), S. 262; *Rogall*, in: Kohlmann-FS (2003), S. 465, 472; *Streck/Spatscheck*, wistra 1998, 334, 336; i.E. ebenso, aber für ein unmittelbar aus der Verfassung abgeleitetes Zwangsmittelverbot: *Teske*, Abgrenzung der Zuständigkeiten (1987), S. 417, 419; *dies.*, wistra 1988, 207, 215.
[257] S. den Regierungsentwurf, BT-Drucks. VI /1982, S. 198 (neu eingebracht mit BT-Drucks. VII/79); Bericht des Finanzausschusses, BT-Drucks. VII/4292, S. 46.
[258] S. den Regierungsentwurf, BT-Drucks. VI/1982, S. 137.
[259] *Hellmann*, Neben-Strafverfahrensrecht der AO (1995), S. 102.

IV. Die Verwendung von Informationen und der Nemo-tenetur-Grundsatz   481

Steuerstrafverfahrens mitgeteilt wird (s. § 397 III AO).²⁶⁰ Vor diesem Zeitpunkt besteht Anlass zu einer Belehrung, wenn sich konkrete Anhaltspunkte dafür ergeben, dass die Anwendung von Zwangsmitteln nach § 393 I S. 2 AO unzulässig sein könnte, weil sich der Steuerpflichtige mit der gebotenen Mitwirkung selbst belasten würde.²⁶¹ Angesichts der „Doppelgleisigkeit" von Besteuerungsverfahren und Steuerstrafverfahren besteht ein besonderes Bedürfnis dafür, den Beschuldigten über den Umfang seiner Rechte aufzuklären.²⁶²

Unter diesem Gesichtspunkt ist es zu begrüßen, dass der Steuerpflichtige in einem Merkblatt²⁶³ vor Beginn einer Außenprüfung generell über das Zwangsmittelverbot (§ 393 I S. 2 AO) belehrt wird.²⁶⁴ Gleichwohl ist er erneut auf diese Regelung hinzuweisen, sobald ein Anlass dafür besteht (vgl. § 10 I S. 3, 4 BpO). Auf diese Weise wird sichergestellt, dass der Steuerpflichtige in der konkreten Verfahrenssituation Kenntnis von seiner Rechtsstellung erlangt.²⁶⁵ Aus dem gleichen Grund ist der Steuerpflichtige, falls sich im Rahmen einer Außenprüfung gegen ihn der Verdacht einer Steuerstraftat erhebt und die Prüfung nicht insgesamt abgebrochen wird, nach § 393 I S. 4 AO zu belehren.

Ist eine Belehrung unterblieben oder fehlerhaft erteilt worden, so sind die Auskünfte, die durch die Mitwirkung erlangt worden sind, im Steuerstrafverfahren nicht verwertbar.²⁶⁶ Die Belehrungspflicht nach § 393 I S. 4 AO hat die gleiche Funktion wie die Pflicht zur Belehrung des Beschuldigten im Strafverfahren (§ 136 I S. 2 StPO).²⁶⁷ Die Rechtsprechung zur Begründung eines Verwertungsverbotes als Folge einer Verletzung der strafprozessualen Belehrungspflicht²⁶⁸ ist daher auf § 393 I S. 4 AO zu übertragen. Hat der nicht oder nicht richtig belehrte Steuerpflichtige im Besteuerungsverfahren Informationen preisgegeben, so ist davon auszugehen, dass er dies infolge seiner Unkenntnis über das Zwangsmittelverbot und somit aufgrund

---

²⁶⁰ S. Nr. 28 S. 1 der Anweisungen für das Straf- und Bußgeldverfahren, BStBl I 1996, 959ff.; s. zur Außenprüfung § 10 S. 2, 3 BpO.
²⁶¹ S. Nr. 11 III der Anweisungen für das Straf- und Bußgeldverfahren, BStBl I 1996, 959ff.; *Bruder*, Beweisverwertungsverbote (2000), S. 88; *Joecks*, in: Franzen/Gast/Joecks, Steuerstrafrecht (2001), § 393 Rn. 40; *Streck/Spatscheck*, wistra 1998, 334, 337.
²⁶² *Kohlmann*, in: Tipke-FS (1995), S. 487, 502.
²⁶³ S. BStBl I 1989, S. 122f.; s. auch (in Bezug auf die Steuerfahndung) BStBl I 1979, S. 115; kritisch dazu wegen des Hinweises auf nachteilige Folgen einer Verweigerung der Mitwirkung: *Kohlmann*, in: Tipke-FS (1995), S. 487, 502f.
²⁶⁴ s. bereits die Forderung von *Reiß*, Besteuerungsverfahren (1987), S. 287; s. auch die entsprechende Erwartung des Finanzausschusses, BT-Drucks. VII/4292, S. 46; s. ferner § 5 II S. 2 BpO.
²⁶⁵ *Burkhard*, AnwBl 2003, 70, 77; *Dierlamm*, StraFo 1999, 289, 291; *Hellmann*, in: Hübschmann/Hepp/Spitaler, AO, § 393 Rn. 106; *Streck/Spatscheck*, wistra 1998, 334, 337.
²⁶⁶ *Besson*, Das Steuergeheimnis (1997), S. 138; *Bruder*, Beweisverwertungsverbote (2000), S. 90; *Dierlamm*, StraFo 1999, 289, 291; *Hellmann*, Neben-Strafverfahrensrecht der AO (1995), S. 377; *Kohlmann*, in: Tipke-FS (1995), S. 487, 501; *Reiß*, Besteuerungsverfahren (1987), S. 296, 297; *Ruegenberg*, Steuergeheimnis (2001), S. 210; *Rüping*, Beweisverbote (1981), S. 54; *Stibi*, Verwertungsverbote (1995), S. 116; *Streck/Spatscheck*, wistra 1998, 334, 337; *Wisser*, in: Klein, AO (2003), § 393 Rn. 19; a. A. *Rüster*, wistra 1988, 49, 54.
²⁶⁷ *Reiß*, Besteuerungsverfahren (1987), S. 295.
²⁶⁸ S. BGHSt 38, 214, 218ff.

der Verletzung der Belehrungspflicht getan hat. Dies gilt auch dann, wenn er in einem Merkblatt abstrakt über die ihm zustehenden Rechte informiert wurde, denn angesichts der Parallelität von Besteuerungsverfahren und Steuerstrafverfahren kann nicht davon ausgegangen werden, dass ihm in der jeweiligen Situation bewusst ist, dass er nicht zur Mitwirkung gezwungen werden kann.[269] Im Steuerstrafverfahren wirkt die Verletzung der Belehrungspflicht fort, da er sich die eigenen Auskünfte entgegenhalten lassen muss und er in der Art und Weise, wie er sich verteidigt und seinen Anspruch auf rechtliches Gehör wahrnimmt, nicht mehr frei ist.

Die Folgen eines Verstoßes gegen § 393 I S. 4 AO für das Besteuerungsverfahren sind davon strikt zu unterscheiden. Aus dem Umstand, dass die verletzte Norm eine steuerverfahrensrechtliche Regelung ist, kann nicht gefolgert werden, auch im Besteuerungsverfahren sei eine Verwertung der erlangten Information unzulässig.[270] Das Zwangsmittelverbot schützt den Steuerpflichtigen allein im Hinblick auf seine (potentielle) Stellung als Beschuldigter im Steuerstrafverfahren; als Beteiligter des Besteuerungsverfahrens genießt er keinen vergleichbaren Schutz.[271] Der Schutzzweck des § 393 I S. 2, 4 AO gebietet es also nicht, eine Verwertung der rechtswidrig erlangten Information im Besteuerungsverfahren zu untersagen, da die Stellung des Beschuldigten im Steuerstrafverfahren, deren Schutz § 393 I S. 2, 4 AO dient, von einer solchen Verwertung unberührt bleibt.[272] Eine Verletzung des § 393 I S. 4 AO lässt daher die Verwertung der erlangten Information im Besteuerungsverfahren unberührt.[273]

(b) Zwang durch Schätzung (§ 162 AO)

Soweit der Einzelne durch die Anwendung von Zwangsmitteln i.S.d. § 328 AO in seiner strafprozessualen Aussagefreiheit beeinträchtigt werden kann, verleiht ihm § 393 I S. 2 AO nach den bisherigen Ausführungen ausreichenden Schutz. Dessen

---

[269] *Besson*, Das Steuergeheimnis (1997), S. 137; s. auch *Hellmann*, Neben-Strafverfahrensrecht der AO (1995), S. 377; *Joecks*, in: Franzen/Gast/Joecks, Steuerstrafrecht (2001), § 393 Rn. 46; zur Pflicht zu einer erneuten Belehrung s.o. im Text.
[270] So aber *Hellmann*, in: Hübschmann/Hepp/Spitaler, AO, § 393 Rn. 118, 123; *Plewka/Söffing*, NJW 2002, 2765; s. auch *Streck/Spatscheck*, wistra 1998, 334, 338; s. ferner *Rogall*, in: Rieß-FS (2002), S. 951, 980 (zu § 393 I S. 3 AO).
[271] *Besson*, Das Steuergeheimnis (1997), S. 154; *Joecks*, in: Franzen/Gast/Joecks, Steuerstrafrecht (2001), § 393 Rn. 51; s. auch BFH, BB 2002, 1035, 1036.
[272] *Engelhardt*, in: Wahrheitsfindung und ihre Schranken (1989), S. 40, 48 f.
[273] BFH, BB 2002, 1035, 1036; *Besson*, Das Steuergeheimnis (1997), S. 154; *Bruder*, Beweisverwertungsverbote (2000), S. 90; *Engelhardt*, in: Wahrheitsfindung und ihre Schranken (1989), S. 40, 48 f.; *Schleifer*, wistra 1986, 250, 253; s. auch *Joecks*, in: Franzen/Gast/Joecks, Steuerstrafrecht (2001), § 393 Rn. 46. Dessen ungeachtet kann ein Verwertungsverbot auf den allgemeinen Rechtsgedanken des § 136a StPO gestützt werden, sofern der Finanzbeamte den Steuerpflichtigen über seine Mitwirkungspflichten und ihre Durchsetzung täuscht oder sich anderer, in § 136a StPO erwähnter Methoden bedient, s. *Joecks*, in: Franzen/Gast/Joecks, Steuerstrafrecht (2001), § 393 Rn. 51 f.; *Stibi*, Verwertungsverbote (1995), S. 116 f.; offen gelassen von BFH, BB 2002, 1035, 1036 f. In der unterlassenen Belehrung kann jedenfalls nicht bereits eine Täuschung i.S.d. § 136a StPO gesehen werden, vgl. BFH, aaO; s. dagegen *Streck/Spatscheck*, wistra 1998, 334, 338.

ungeachtet stellt sich die Frage, ob der Grundsatz „Nemo tenetur se ipsum accusare" durch andere Maßnahmen im Besteuerungsverfahren Gefahr läuft, ausgehöhlt zu werden. Eine solche Gefahr wird vor allem in der Möglichkeit der Schätzung der Besteuerungsgrundlagen (§ 162 AO) gesehen, soweit die unterbliebene Mitwirkung des Steuerpflichtigen bei der Schätzung zu seinem Nachteil gewürdigt werden kann.[274] Auf diese Weise entsteht ein Druck auf den Steuerpflichtigen, an der Feststellung der Besteuerungsgrundlagen mitzuwirken, um einer Schätzung zu entgehen, die zu einer höheren steuerlichen Belastung führt, als es den tatsächlichen Besteuerungsgrundlagen entspricht. Aus diesem Grund wird in der nachteiligen Schätzung zum Teil eine Verletzung des Nemo-tenetur-Grundsatzes gesehen.[275]

Charakteristisch für die Schätzung ist, dass sie sich als Instrument der Sachverhaltsaufklärung mit einem geringeren Maß an Sicherheit des Urteils begnügt.[276] Damit stellt sich regelmäßig die Frage, wie das Risiko, dass die Steuerschuld auf der Grundlage der Schätzung zu hoch oder zu niedrig festgesetzt wird, zwischen dem Steuerpflichtigen und dem Fiskus verteilt wird. Grundsätzlich trägt die Finanzbehörde die objektive Beweislast für steuerbegründende und steuererhöhende Tatsachen.[277] Im Hinblick auf die größere Beweisnähe sind dem Beteiligten jedoch Mitwirkungspflichten auferlegt (§ 90 AO). Insoweit trägt der Steuerpflichtige eine Mitverantwortung für die Sachverhaltsaufklärung.[278] Wird er dieser Verantwortung nicht gerecht, indem er die Mitwirkung an der Aufklärung verweigert (s. § 162 II S. 1 AO), so erscheint es grundsätzlich gerechtfertigt, ihm in höherem Maße das Risiko zuzuweisen, dass der Sachverhalt nicht vollständig aufgeklärt werden kann, indem das Beweismaß für die infolge der unterbliebenen Mitwirkung ungeklärten steuerbegründenden Tatsachen reduziert wird.[279] Die Verletzung der Mitwirkungspflicht kann dabei zum Nachteil des Steuerpflichtigen gewürdigt werden.[280] Hat der Steuerpflichtige selbst dazu Anlass gegeben, dass der Sachverhalt nicht auf-

---

[274] *Kohlmann*, in: Tipke-FS (1995), S. 487, 504.
[275] *Burkhard*, AnwBl 2003, 70, 71; *Dierlamm*, StraFo 1999, 289, 290; *Henneberg*, BB 1988, 2181, 2187; *Kohlmann*, in: Tipke-FS (1995), S. 487, 504; *Rogall*, Der Beschuldigte (1977), S. 171 f.; *Streck*, StV 1981, 362, 364; *Streck/Spatscheck*, wistra 1998, 334, 339 f.; *Teske*, wistra 1988, 207, 213; s. auch *Rengier*, BB 1985, 720, 723; a. A. (zur Intensität der Zwangswirkung): *Rüster*, wistra 1988, 49, 50.
Als Konsequenz der Verfassungswidrigkeit wird ein strafprozessuales Verwertungsverbot – *Henneberg*, BB 1988, 2181, 2187 –, die Verpflichtung, sich bei einer Schätzung strikt an den Mittelwerten zu orientieren – so *Dierlamm*, StraFo 1999, 289, 290; *Teske*, wistra 1988, 207, 215 f. – oder ein Vorrang des Steuerstrafverfahrens – *Rengier*, BB 1985, 720, 723 – angenommen.
[276] *Rüsken*, in: Klein, AO (2003), § 162 Rn. 1.
[277] BFH, BStBl II 1983, 760, 761; 1987, 679, 680; *Brockmeyer*, in: Klein, AO (2003), § 88 Rn. 15.
[278] BFH, BStBl II 1989, 462, 464; *Tipke/Lang*, Steuerrecht (2002), S. 772.
[279] BFH, BStBl II 1989, 462, 464; 1992, 128, 131; *Seer*, in: Tipke/Kruse, AO, § 162 Rn. 6.
[280] BFH, BStBl II 1989, 462, 464; *Trzaskalik*, in: Hübschmann/Hepp/Spitaler, AO, § 162 Rn. 23. Dies gilt nur, soweit die Verweigerung der Mitwirkung entsprechende Schlussfolgerungen zulässt. Umgekehrt ginge es zu weit, den Steuerpflichtigen so zu behandeln wie jemanden, der unverschuldet seinen Mitwirkungspflichten nicht nachkommen kann, so aber *Hellmann*, Neben-Strafverfahrensrecht der AO (1995), S. 117; *Joecks*, in: Franzen/Gast/Joecks, Steuerstrafrecht (2001), § 393 Rn. 30.

geklärt werden kann und deshalb geschätzt werden muss, so muss er es hinnehmen, wenn die Schätzung zu seinem Nachteil ausfällt.[281] Eine solche Schätzung dient nicht dem Zweck, den Steuerpflichtigen zur Mitwirkung zu zwingen, sondern ist Konsequenz der Mitverantwortung des Steuerpflichtigen für die Sachverhaltsaufklärung und der Funktionsweise der behördlichen Aufklärungspflicht.[282] Dies zeigt auch der Umstand, dass eine möglicherweise nachteilige Schätzung auch dann zulässig ist, wenn den Beteiligten an der Verletzung seiner Aufklärungspflicht kein Verschulden trifft.[283] Dass die Besteuerungsgrundlagen zur Verfolgung einer Steuerstraftat nicht im Wege einer solchen nachteiligen Schätzung festgestellt werden können, widerspricht dem nicht, da die Schätzung allein für das Besteuerungsverfahren maßgeblich ist und im Steuerstrafverfahren weiterhin der Grundsatz „in dubio pro reo" und die Unschuldsvermutung gelten[284].[285]

Dies setzt allerdings voraus, dass die Schätzung innerhalb eines Rahmens erfolgt, in dem sich die Höhe der geschätzten Beträge auf der Grundlage der vorliegenden Erkenntnisse plausibel begründen lässt.[286] Unzulässig ist es hingegen, die Besteuerungsgrundlagen aufgrund der unterbliebenen Mitwirkung bewusst zu hoch zu schätzen, um die fehlende Mitwirkung zu ahnden bzw. eine solche zu erzwingen.[287]

§ 162 AO ermächtigt nicht zur Verhängung einer Strafe, Geldbuße oder eines Zwangsgeldes, sondern zur Schätzung als einer besonderen Art der Sachverhaltsaufklärung: Die Schätzung ist darauf gerichtet, dem wahren Ergebnis möglichst nahe zu kommen.[288] Der Missbrauch der Schätzungsbefugnis, um den Steuerpflichtigen zur Mitwirkung zu zwingen, verstieße also bereits gegen § 162 AO.[289]

---

[281] BFH, BStBl II 1986, 226, 229; *Trzaskalik*, in: Hübschmann/Hepp/Spitaler, AO, § 162 Rn. 39; *Wisser*, in: Klein, AO (2003), § 393 Rn. 12.

[282] *Volk*, in: Kohlmann-FS (2003), S. 579, 588; s. auch zu den Aufklärungslasten im Zivilprozess: *Böse*, wistra 1999, 451, 453.

[283] *Reiß*, Besteuerungsverfahren (1987), S. 266; zur Schätzungsmöglichkeit bei unverschuldet unterbliebener Mitwirkung: BFH/NV 1995, 28, 31; *Brockmeyer*, in: Klein, AO (2003), § 162 Rn. 24.

[284] Zur unterschiedlichen Beweiswürdigung im Strafverfahren und Besteuerungsverfahren: *Besson*, Das Steuergeheimnis (1997), S. 116f.; *Ehlscheid*, in: von Briel/Ehlscheid, Steuerstrafrecht (2001), S. 571f.; *Streck/Spatscheck*, wistra 1998, 334, 338; *Teske*, wistra 1988, 207, 209; für eine Geltung des Grundsatzes „in dubio pro reo" auch im Besteuerungsverfahren hingegen BFH/NV 2002, 749, 755 m.w.N.; für eine Konvergenz der steuerlichen und strafrechtlichen Schätzung: *Volk*, in: Kohlmann-FS (2003), S. 579, 588f.

[285] S. *Reiß*, Besteuerungsverfahren (1987), S. 267.

[286] S. *Hellmann*, Neben-Strafverfahrensrecht der AO (1995), S. 116; zum Schätzungsrahmen: *Trzaskalik*, in: Hübschmann/Hepp/Spitaler, AO, § 162 Rn. 39.

[287] BFH, NJW 2002, 847, 848; FG Köln, EFG 1996, 571; FG Bremen, EFG 1997, 449, 451; *Joecks*, in: Franzen/Gast/Joecks, Steuerstrafrecht (2001), § 393 Rn. 30; *Reiß*, Besteuerungsverfahren (1987), S. 265, 267; *Rüster*, in: Klein, AO (2003), § 162 Rn. 36; *Seer*, in: Tipke/Kruse, § 162 Rn. 13.

[288] BFH, BStBl II 1967, 686, 687; 1979, 149; 1986, 226, 228f.; *Trzaskalik*, in: Hübschmann/Hepp/Spitaler, AO, § 162 Rn. 38.

[289] FG Köln, EFG 1996, 571, 572; *Hellmann*, Neben-Strafverfahrensrecht der AO (1995), S. 115f.; *ders.*, in: Hübschmann/Hepp/Spitaler, AO, § 393 Rn. 76; s. aber die Kritik an der überzogenen Schätzungspraxis der Finanzbehörden bei *Burkhard*, AnwBl 2003, 70, 71.

IV. Die Verwendung von Informationen und der Nemo-tenetur-Grundsatz   485

Die Konfliktsituation des Steuerpflichtigen, dem eine nachteilige Schätzung droht, wenn er nicht durch selbstbezichtigende Angaben an der Sachverhaltsaufklärung mitwirkt, soll mit der obigen Argumentation nicht geleugnet werden. Der Grundsatz „Nemo tenetur se ipsum accusare" schützt den Einzelnen jedoch allein vor finalem, d. h. auf eine Mitwirkung zielenden, Zwang, nicht vor einer Konfliktsituation.[290] Wie das BVerfG festgestellt hat, garantiert die Verfassung nicht, dass „ein Tatverdächtiger sich einerseits der Gefahr der Bestrafung entziehen, andererseits aber auch zugleich private Rechte voll durchsetzen kann"[291]. Der Nemo-tenetur-Grundsatz schützt nicht vor dem „Risiko einer ungünstigen Tatsachenwürdigung"[292]. Zu Recht wird daher in vergleichbaren Fällen „mittelbaren Zwanges" ein Verstoß gegen diesen Grundsatz verneint.[293]

Die unterbliebene Mitwirkung des Beteiligten im Besteuerungsverfahren kann daher zu dessen Nachteil bei einer Schätzung der Besteuerungsgrundlagen (§ 162 AO) gewürdigt werden, ohne dass darin eine Verletzung des Grundsatzes „Nemo tenetur se ipsum accusare" liegt.[294] Gegen die entsprechende Praxis[295] bestehen daher keine verfassungsrechtlichen Bedenken.

(c) Zwang durch Androhung von Strafe (§ 370 AO)[296]

Der Steuerpflichtige ist jedoch nicht allein durch Maßnahmen im Rahmen des Besteuerungsverfahrens der Gefahr ausgesetzt, sich selbst wegen einer Steuerstraftat belasten zu müssen. Der Steuerpflichtige, der seine Erklärungspflichten verletzt und dadurch Steuern verkürzt, macht sich wegen Steuerhinterziehung strafbar (§ 370 AO). Nach dem Wortlaut des § 370 I AO gilt dies auch dann, wenn sich der Steuerpflichtige mit seinen Angaben wegen einer Steuerstraftat selbst belasten muss. Mit der Strafandrohung wird der Steuerpflichtige gezwungen, seine steuerrechtlichen Erklärungspflichten zu erfüllen. Deshalb stellt sich die Frage, ob die Strafbewehrung der Erklärungspflicht (§ 370 I Nr. 2 AO) gegen den Grundsatz „Nemo tenetur se ipsum accusare" verstößt. Bei der Beantwortung dieser Frage

---
[290] *Verrel*, NStZ 1997, 361, 362 und 415; s. auch *Rengier*, BB 1985, 720, 722. Der Beschuldigte, der sich wegen Verdunkelungsgefahr in Untersuchungshaft befindet und durch ein Geständnis den Haftgrund beseitigen und auf diese Weise die Freiheit wiedererlangen kann, befindet sich in einer vergleichbaren Situation, dieser Zwang wird gleichwohl als unvermeidlich angesehen, s. *Böse*, wistra 1999, 451, 454; vgl. insoweit BGH, StV 1996, 77, 78.
[291] BVerfG, NStZ 1995, 599, 600; s. auch *Reiß*, Besteuerungsverfahren (1987), S. 267.
[292] S. BVerfGE 56, 37, 44.
[293] S. insoweit *Böse*, wistra 1999, 451, 454f. m.w.N.; gegen derartige Parallelen: *Teske*, wistra 1988, 207, 215; s. auch die Parallele zur Schätzung des Schadens beim Betrug: *Volk*, in: Kohlmann-FS (2003), S. 579, 583f., 589.
[294] BFH, NJW 2002, 847, 848; *Hellmann*, Neben-Strafverfahrensrecht der AO (1995), S. 113; *Reiß*, Besteuerungsverfahren (1987), S. 267f.; *Stürner*, NJW 1981, 1757, 1762; *Volk*, in: Kohlmann-FS (2003), S. 579, 589; *Wisser*, in: Klein, AO (2003), § 393 Rn. 12.
[295] S. den Hinweis auf die nachteiligen Folgen der Nichtmitwirkung in den Merkblättern für den Steuerpflichtigen: BStBl I 1979, 115 (Steuerfahndung); 1989, 122, 123 (Außenprüfung); s. auch den Bericht des Finanzausschusses, BT-Drucks. VII/4292, S. 46 (zu § 393 AO).
[296] S. zum Folgenden bereits *Böse*, wistra 2003, 47ff.

soll danach unterschieden werden, ob die begangene und die zu begehende Steuerstraftat einen (teilweise) identischen Veranlagungszeitraum betreffen [(i)] oder sich auf verschiedene Zeiträume beziehen [(ii)]. Anschließend soll untersucht werden, ob gegen die Strafbewehrung der Pflicht, gegenüber der Finanzbehörde richtige und vollständige Angaben zu machen (§ 370 I Nr. 1 AO), vergleichbare verfassungsrechtliche Bedenken bestehen [(iii)]. Die auf diese Weise gewonnenen Erkenntnisse sind auf andere Sanktionsvorschriften zu übertragen [(iv)].

(i) § 370 I Nr. 2 AO und (teil-)identische Veranlagungszeiträume. Zunächst soll in Bezug auf § 370 I Nr. 2 AO die Konstellation untersucht werden, dass die strafbewehrte Erklärungspflicht sich auf denselben Zeitraum bezieht wie die (möglicherweise) bereits begangene Steuerstraftat. Hat der Steuerpflichtige eine Steuerhinterziehung begangen, indem er es unterlassen hat, der Finanzbehörde steuerlich relevante Tatsachen anzuzeigen (§ 370 I Nr. 2 AO), so besteht diese Erklärungspflicht auch nach einer Schätzung der Besteuerungsgrundlagen fort (§ 149 I S. 4 AO).[297] Der Steuerpflichtige kann sie nicht erfüllen, ohne sich zugleich selbst zu bezichtigen. In diesen Fällen entfällt eine Strafbarkeit des Steuerpflichtigen wegen der weiteren Unterlassung bereits deshalb, weil diese allein auf die Sicherung der bisher erlangten Vorteile gerichtet ist und somit als mitbestrafte Nachtat hinter die zuvor begangenen Steuerhinterziehung zurücktritt.[298] Eine Verletzung des Nemo-tenetur-Grundsatzes ist insoweit grundsätzlich nicht zu besorgen.[299]

Anders liegt es, soweit die Verletzung unterschiedlicher Erklärungspflichten, die einen zum Teil identischen Veranlagungszeitraum betreffen, jeweils ein selbständiges Unrecht begründen. Nach h.M. stellt die Steuerverkürzung durch die Nicht-Abgabe einer Umsatzsteuerjahreserklärung gegenüber der jeweils unterlassenen Abgabe von einzelnen Umsatzsteuervoranmeldungen ein selbständiges Unrecht dar, da letztere nur eine Steuerverkürzung auf Zeit bewirken, während die fehlende Abgabe der Jahreserklärung zu einer dauerhaften Verkürzung führt.[300] Hat der Steuerpflichtige keine Umsatzsteuervoranmeldungen abgegeben oder dort unrichtige oder unvollständige Angaben gemacht, so müsste er dies in Erfüllung seiner Pflicht zur Abgabe der Jahreserklärung aufdecken und sich damit selbst einer Steuerhinterziehung bezichtigen. Gäbe er keine Jahreserklärung ab, wäre er nach § 370 I Nr. 2 AO strafbar. Darin läge ein verbotener Zwang zur Selbstbelastung.

---

[297] S. auch BGH, NStZ 1996, 136, 137; OLG Hamburg, wistra 1996, 239, 240.

[298] Zur mitbestraften Nachtat bei § 370 AO: BGHSt 38, 336, 368f.; *Joecks*, in: Franzen/Gast/Joecks, Steuerstrafrecht (2001), § 369 Rn. 118; *Kühn/Hofmann*, AO (1995), § 370 Anm. 11.d). Hinsichtlich der vorliegenden Konstellation bereits für einen Tatbestandsausschluss: *Joecks*, aaO, § 370 Rn. 36; *Streck/Spatscheck*, wistra 1998, 334, 341.

[299] Kann die Vortat nicht bestraft werden (z.B. wegen Verjährung), entfällt nach h.M. die Straflosigkeit der (nicht „mitbestraften") Nachtat (s. BGHSt 38, 336, 338f. m.w.N.). Insoweit gelten die nachfolgenden Ausführungen zum Nemo-tenetur-Grundsatz entsprechend, s. insoweit OLG Hamburg, wistra 1996, 239, 240.

[300] BGH, NStZ 1996, 136, 137; *von Briel*, in: von Briel/Ehlscheid, Steuerstrafrecht (2001), S. 107.

IV. Die Verwendung von Informationen und der Nemo-tenetur-Grundsatz

Um eine Verletzung des Nemo-tenetur-Grundsatzes zu vermeiden, sind verschiedene Wege denkbar. Die Rechtsprechung verneint eine strafbewehrte Pflicht zur Abgabe einer Umsatzsteuerjahreserklärung.[301] Zur Begründung wird auf § 393 I S. 2 AO verwiesen, der seinem Sinn und Zweck nach auch andere Arten staatlichen Zwanges zur Durchsetzung steuerlicher Mitwirkungspflichten verbiete.[302] Die Strafbarkeit entfalle wegen des für Unterlassungsdelikte geltenden Grundsatzes der Unzumutbarkeit normgemäßen Verhaltens.[303]

Dieser Begründung wird vorgehalten, sie sei widersprüchlich, da sie einerseits in § 370 I Nr. 2 AO die Mitwirkungspflicht entfallen, diese aber andererseits im Hinblick auf die Voraussetzungen einer Schätzung (§ 162 AO) bestehen lasse.[304] Das fiskalische Interesse gebiete es, uneingeschränkt an der Erklärungspflicht und ihrer Strafbewehrung festzuhalten.[305] Der Straflosigkeit der nachfolgenden Steuerhinterziehung sei daher ein Verwertungsverbot hinsichtlich der aufgrund der Strafandrohung offenbarten Tatsachen vorzuziehen.[306]

Eine weitere Alternative zur Wahrung des Nemo-tenetur-Grundsatzes bestünde darin, dem Steuerpflichtigen nach Maßgabe des § 371 AO hinsichtlich der bereits begangenen Steuerstraftat Straffreiheit zu gewähren.[307] Diese Möglichkeit besteht jedoch nicht mehr, sofern bei dem Steuerpflichtigen bereits ein Amtsträger zur steuerlichen Prüfung oder zu steuerstrafrechtlichen Ermittlungen erschienen ist [§ 371 I Nr. 1 a) AO], dem Steuerpflichtigen bereits die Einleitung eines gegen ihn gerichteten Steuerstrafverfahrens bekannt gegeben worden ist [§ 371 I Nr. 1 b) AO] oder die die Tat bereits entdeckt war und der Täter dies wusste oder damit hätte rechnen müssen (§ 371 II Nr. 2 AO). Eine strafbefreiende Selbstanzeige ist darüber hinaus ausgeschlossen, wenn der Täter die hinterzogenen Steuern nicht innerhalb einer ihm zu bestimmenden Frist entrichtet (§ 371 III AO). In diesen Fällen ist dem Steuerpflichtigen der Weg über die strafbefreiende Selbstanzeige versperrt.[308] Eine Verletzung des Nemo-tenetur-Grundsatzes kann also mit Hilfe der strafbefreienden Selbstanzeige nicht verhindert werden.[309] Dies schließt eine ergänzende An-

---

[301] BGHSt 47, 8, 12; NJW 2002, 1134; 2002, 1733, 1734; s. auch BGH, NStZ-RR 1999, 218; OLG Hamburg, wistra 1996, 239, 240; *I. Meyer*, DStR 2001, 461, 465; *Reiß*, Besteuerungsverfahren (1987), S. 243; *Röckl*, Das Steuerstrafrecht (2002), S. 129; für eine Entschuldigung: *Joecks*, in: Franzen/Gast/Joecks, Steuerstrafrecht (2001), § 393 Rn. 39; de lege ferenda für einen persönlichen Strafausschließungsgrund: *Berthold*, Zwang zur Selbstbezichtigung (1993), S. 106 ff., 124 f.
[302] BGHSt 47, 8, 15.
[303] BGHSt 47, 8, 15; OLG Hamburg, wistra 1996, 239, 241.
[304] *Hellmann*, in: Hübschmann/Hepp/Spitaler, AO, § 393 Rn. 29.
[305] *Hellmann*, in: Hübschmann/Hepp/Spitaler, AO, § 393 Rn. 30.
[306] *Hellmann*, in: Hübschmann/Hepp/Spitaler, AO, § 393 Rn. 30; ebenso *Rüping/Kopp*, NStZ 1997, 530, 533; *Streck*, StV 1981, 362, 364; für ein umfassendes Verwendungsverbot: *Joecks*, in: Kohlmann-FS (2003), S. 451, 462.
[307] S. BVerfG, wistra 1988, 302; *Berthold*, Zwang zur Selbstbezichtigung (1993), S. 75.
[308] BGHSt 47, 8, 14; NJW 2002, 1733, 1734; *Berthold*, Zwang zur Selbstbezichtigung (1993), S. 75 f.; zu weiteren Lücken des § 371 AO im Hinblick auf den Nemo-tenetur-Grundsatz: *Rüping/Kopp*, NStZ 1997, 530, 533; s. de lege ferenda auch *Berthold*, aaO, S. 77 ff.
[309] Eine denkbare Lösung bestünde darin, § 371 AO über dessen Wortlaut hinaus auch dann anzuwenden, wenn dem Täter die Zahlung der Steuerschuld nicht möglich ist, s. dazu *Zimmermann*,

wendung des § 371 AO nicht aus; so kann die Abgabe einer zutreffenden Steuererklärung zumutbar sein, wenn der Steuerpflichtige nach § 371 AO Straffreiheit erlangen kann.[310] In diesem Fall wäre auch ein Verwertungsverbot zu verneinen.[311]

Dass die Rechtsprechung die Erklärungspflicht im Straftatbestand entfallen, sie aber im Besteuerungsverfahren bestehen lässt, ist nicht widersprüchlich, sondern Konsequenz des § 393 I S. 2 AO, der nicht die (steuerliche) Mitwirkungspflicht aufhebt, sondern ein Verbot begründet, diese Pflicht mit staatlichem Zwang durchzusetzen. Deshalb ist nicht bereits die steuerliche Mitwirkungspflicht suspendiert, sondern erst ihre Durchsetzung mit dem (Zwangs-)Mittel des Steuerstrafrechts.[312] Mit anderen Worten, die Lösung der Rechtsprechung ist insofern nicht mehr und nicht weniger widersprüchlich als das Zwangsmittelverbot (§ 393 I S. 2 AO). Das Fortbestehen der steuerlichen Erklärungspflicht führt auch keineswegs zwangsläufig dazu, dass das Tatbestandsmerkmal „pflichtwidrig" (§ 370 I Nr. 2 AO) gegeben ist, denn die tatbestandliche Pflicht wird durch eine einschränkende Auslegung des Straftatbestandes begrenzt. Ebenfalls gegenstandslos werden derartige Bedenken, sofern die Straflosigkeit über einen Schuldausschluss begründet wird.[313]

Zuzustimmen ist der Kritik darin, dass § 393 I S. 2 AO nur Zwangsmittel i.S.d. § 328 AO, nicht den Einsatz materiell-rechtlicher Steuerstrafnormen für unzulässig erklärt.[314] Die Straflosigkeit kann jedoch ergänzend unter Heranziehung der Grundsätze zur Unzumutbarkeit normgemäßen Verhaltens begründet werden.[315] Demgegenüber kann die Annahme eines Verwertungsverbotes auf keinerlei rechtliche Grundlage gestützt werden.[316] Das Verwertungsverbot des § 393 II AO gilt seinem eindeutigen Wortlaut nach nur für Straftaten, die keine Steuerstraftaten sind (§ 393 II S. 1 a. E.). Anders als im Gemeinschuldnerbeschluss des BVerfG[317] ist eine verfassungskonforme Ergänzung der gesetzlichen Regelung ausgeschlossen, da es sich bei § 393 AO um ein nachkonstitutionelles Gesetz handelt.[318] Überdies bringt das Zwangsmittelverbot die Wertung des Gesetzgebers zum Ausdruck, in Bezug auf die Verfolgung von Steuerstraftaten bereits auf den Einsatz von Zwang

---

Nachzahlung bei Selbstanzeige (2001), S. 150. Die Gewährung von Straffreiheit nach § 371 AO beruht indessen auf der Erwägung, dass dem fiskalischen Interesse nachträglich Genüge getan worden ist; ist dies nicht der Fall, entfällt der vom Gesetzgeber vorausgesetzte Grund für die Straffreiheit des Täters. Eine erweiternde Anwendung des § 371 AO ist daher abzulehnen, s. im Einzelnen *Zimmermann*, aaO, 150ff., 155.

[310] *von Briel*, in: von Briel/Ehlscheid, Steuerstrafrecht (2001), S. 106; *Joecks*, in: Franzen/Gast/Joecks, Steuerstrafrecht (2001), § 393 Rn. 39.
[311] *Hellmann*, in: Hübschmann/Hepp/Spitaler, AO, § 393 Rn. 31.
[312] BGHSt 47, 8, 15.
[313] So *Joecks*, in: Franzen/Gast/Joecks, Steuerstrafrecht (2001), § 393 Rn. 39; de lege ferenda im Hinblick auf die Teilnahmestrafbarkeit für einen persönlichen Strafausschließungsgrund: *Berthold*, Zwang zur Selbstbezichtigung (1993), S. 124 f.
[314] S. auch OLG Hamburg, wistra 1996, 239, 240.
[315] BGHSt 47, 8, 15; OLG Hamburg, wistra 1996, 239, 241; de lege ferenda *Berthold*, Zwang zur Selbstbezichtigung (1993), S. 103.
[316] S. auch die Zweifel von *Joecks*, in: Kohlmann-FS (2003), S. 451, 463.
[317] BVerfGE 56, 37, 51.
[318] *Röckl*, Das Steuerstrafrecht (2002), S. 128 f.; s. auch o. S. 458.

zur Durchsetzung von Mitwirkungspflichten zu verzichten und nicht erst auf die strafprozessuale Verwertung von auf diese Weise erlangten Informationen.[319] Auch wenn der Gesetzgeber die von der Strafandrohung ausgehende Zwangswirkung nicht bedacht haben mag[320], ist der von ihm vorgenommenen Differenzierung zwischen Steuerstraftaten (§ 393 I AO) und anderen Straftaten (§ 393 II AO) Rechnung zu tragen. Das fiskalische Interesse wird durch den Wegfall der Strafandrohung nicht in nennenswertem Maße beeinträchtigt, da die Abgabe der Jahressteuererklärung denselben Veranlagungszeitraum wie die Umsatzsteuervoranmeldungen betrifft, der Steuerpflichtige durch die Straffreiheit also nicht zur Hinterziehung weiterer, darüber hinausgehender Beträge ermuntert wird.

Aus diesen Gründen gebührt der Lösung der Vorzug, die über die Straflosigkeit der nachfolgenden Steuerstraftat eine Verletzung des Grundsatzes „Nemo tenetur se ipsum accusare" vermeidet. Als Zwischenergebnis ist daher festzuhalten: Besteht für den Steuerpflichtigen durch Erfüllung einer steuerlichen Erklärungspflicht die Gefahr, dass er sich wegen einer in Bezug auf denselben (oder teilweise identischen) Zeitraum begangenen Steuerstraftat belastet, so ist dem Steuerpflichtigen die Erfüllung dieser Pflicht unzumutbar; ihre Verletzung ist daher nicht nach § 370 I Nr. 2 AO strafbar.

(ii) § 370 I Nr. 2 AO und unterschiedliche Veranlagungszeiträume – die Grundsätze der „omissio libera in causa"[321]. Auf der Grundlage der obigen Überlegungen ist nun der Frage nachzugehen, wie dem Nemo-tenetur-Grundsatz Geltung zu verschaffen ist, wenn die begangene Steuerstraftat und die nachfolgende Nichterfüllung der steuerlichen Erklärungspflicht unterschiedliche Besteuerungszeiträume betreffen. Der Steuerpflichtige kann auch in dieser Konstellation durch strafbewehrte Erklärungspflichten zu selbstbelastenden Angaben gezwungen werden, soweit diese Rückschlüsse auf vergangene Zeiträume zulassen. Der verfassungsrechtliche Schutz durch den Nemo-tenetur-Grundsatz geht – wie bereits erörtert – über den jeweiligen Besteuerungszeitraum hinaus.[322]

Geht man von dem Lösungsansatz des BGH aus, so liegt es nahe, eine Verletzung des Nemo-tenetur-Grundsatzes wiederum über die Straflosigkeit der nachfolgenden Steuerhinterziehung zu vermeiden.[323] Der BGH hat dies jedoch mit der Begründung abgelehnt, der Nemo-tenetur-Grundsatz gewähre kein Recht, neues Unrecht zu begehen.[324] Auf dieser Prämisse hätte der BGH allerdings auch die Nichtabgabe der Umsatzsteuerjahreserklärung nicht für straffrei erklären dürfen,

---

[319] *Von Briel*, in: von Briel/Ehlscheid, Steuerstrafrecht (2001), S. 106.
[320] *Hellmann*, in: Hübschmann/Hepp/Spitaler, AO, § 393 Rn. 30.
[321] S. zum Folgenden bereits *Böse*, wistra 2003, 47, 49f.
[322] S. o. S. 477f.; s. auch *Salditt*, NStZ 2001, 544.
[323] *Von Briel*, in: von Briel/Ehlscheid, Steuerstrafrecht (2001), S. 106; *Grezesch*, DStR 1997, 1273, 1275; *I. Meyer*, DStR 2001, 461, 465; *Streck/Spatscheck*, wistra 1998, 334, 342; s. auch *Salditt*, NStZ 2001, 544.
[324] BGHSt 47, 8, 15f.; NJW 2002, 1134, 1135; 2002, 1733, 1734.

denn diese stellt gegenüber der Nichtabgabe der Voranmeldungen selbständiges, d. h. „neues" Unrecht dar. Der Grund für die Differenzierung dürfte darin liegen, dass im Unterschied zu dem oben behandelten Fall die nachfolgende Steuerhinterziehung nicht dieselbe Steuerschuld betrifft, der finanzielle Schaden also nicht nur in dem Umschlagen von einer vorläufigen in eine endgültige Steuerverkürzung besteht. Bei einer Straflosigkeit der Steuerhinterziehung (§ 370 I Nr. 2 AO) entfiele also für das Steueraufkommen in den nachfolgenden Zeiträumen der bisher insoweit bestehende steuerstrafrechtliche Schutz. Zugleich würde auf diese Weise der Steuerpflichtige, der Steuern hinterzogen hat, in den Folgejahren gegenüber dem Steuerehrlichen strafrechtlich privilegiert.[325]

Angesichts der gegen die alternativen Lösungsmodelle (Verwertungsverbot bzw. strafbefreiende Selbstanzeige) bestehenden Einwände stellt sich gleichwohl die Frage, ob der Ansatz der Rechtsprechung nicht auf andere Weise mit dem fiskalischen Interesse am strafrechtlichen Schutz des Steueraufkommens in Einklang zu bringen ist.[326] Lässt man die Strafbarkeit der nachfolgenden Steuerhinterziehung (§ 370 I Nr. 2 AO) entfallen, so ist das Steueraufkommen keineswegs ohne weiteres dem Schutz durch das Steuerstrafrecht entzogen. Es ist vielmehr denkbar, dass der Steuerpflichtige sich aufgrund der ersten von ihm begangenen Steuerhinterziehung auch die in den nachfolgenden Zeiträumen eingetretenen Steuerverkürzungen zurechnen lassen muss. Grundlage einer solchen Zurechnung könnte der Umstand sein, dass der Steuerpflichtige es sich selbst unzumutbar gemacht hat, in den Folgejahren eine richtige und vollständige Steuererklärung abzugeben. Die Strafbarkeit könnte also auf die Grundsätze der „omissio libera in causa" gestützt werden.

Nach diesen Grundsätzen ist auch derjenige strafbar, der die zur Erfolgsabwendung erforderliche Handlung unterlässt, weil er sie zum maßgeblichen Zeitpunkt nicht vornehmen kann, sofern er sich im Vorfeld dieser Handlungsmöglichkeit begeben hat.[327] Als Beispiel wird der Bahnwärter angeführt, der sich so betrinkt, dass er bei Ankunft des Zuges nicht mehr imstande ist, die Schranke zu schließen, so dass sich ein Zugunglück ereignet.[328] Mit der Begehung einer Steuerstraftat führt der Steuerpflichtige selbst eine Situation herbei, in der er in den folgenden Jahren keine Steuererklärung abgeben kann, ohne sich damit zugleich wegen der begangenen Tat zu belasten. Soweit ihm die Abgabe einer Steuererklärung aus diesem Grund unzumutbar geworden ist, ist dies auf sein eigenes Verhalten zurückzuführen. Ob es dem Täter unzumutbar oder aus tatsächlichen Gründen unmöglich ist, die erforderliche Handlung vorzunehmen, ist irrelevant, da es allein darauf an-

---

[325] BGH, NJW 2002, 1134, 1135.

[326] Ob in derartigen Fällen ein strafprozessuales Verwertungsverbot anzunehmen wäre, hat der BGH ausdrücklich offen gelassen (BGHSt 47, 8, 15f.).

[327] *Baumann/Weber/Mitsch*, Strafrecht AT (2003), S. 273f.; *Kühl*, Strafrecht AT (2002), § 18 Rn. 22; *Stree*, in: Schönke/Schröder, StGB (2001), Vorbem §§ 13ff. Rn. 144. Dies gilt auch, soweit die Unmöglichkeit der Erfolgsabwendung auf einem vorangegangenem Unterlassen beruht, s. die vorgenannten Nachweise.

[328] *Stree*, in: Schönke/Schröder, StGB (2001), Vorbem §§ 13ff. Rn. 144; s. auch die Beispiele bei *Baumann/Weber/Mitsch*, Strafrecht AT (2003), S. 273f.

IV. Die Verwendung von Informationen und der Nemo-tenetur-Grundsatz 491

kommt, dass zum Zeitpunkt der vorzunehmenden Handlung (irgend-)ein zurechnungskonstitutierendes Merkmal fehlt.[329] Dies ist bei der strafbewehrten Erklärungspflicht als Grundlage der Zurechung der Steuerverkürzung der Fall. Die Rechtsfigur der omissio libera in causa ist in Rechtsprechung[330] und Schrifttum[331] nahezu einhellig anerkannt. Angesichts der zunehmenden Kritik an der parallelen Rechtsfigur der actio libera in causa[332] stellt sich allerdings die Frage, ob an der omissio libera in causa festgehalten werden kann.[333] Im vorliegenden Zusammenhang ist dies im Ergebnis zu bejahen, da eine Strafbarkeit über die Vorverlagerung des tatbestandsmäßigen Verhaltens (Tatbestandsmodell) begründet werden kann.[334] Dieses Zurechnungsmodell hat der BGH nur in Bezug auf verhaltensgebundene Delikte als unzulässig verworfen.[335] Da die Steuerhinterziehung ein Erfolgsdelikt ist[336], steht die Struktur des § 370 AO der Anwendung des Tatbestandsmodells nicht entgegen.[337]

Legt man dieses zugrunde, so ist das Verhalten, mit dem die ursprüngliche Steuerstraftat begangen wird, zugleich der Ausgangspunkt für die Tatbestandsmäßigkeit der Hinterziehung der Steuern aus den nachfolgenden Zeiträumen. Die in diesen Zeiträumen eingetretene Steuerverkürzung ist der tatbestandsmäßige Erfolg, der diesem Verhalten des Steuerpflichtigen – vermittelt über die nachfolgende Nichtabgabe einer Steuererklärung – zugerechnet werden soll. Die ursprüngliche Hinterziehung kann durch aktives Tun (§ 370 I Nr. 1 AO) oder durch Unterlassen (§ 370 I Nr. 2 AO) begangen worden sein. Im letztgenannten Fall ist eine hypothetische Kausalität zwischen der Steuerhinterziehung durch Unterlassen und dem nachfolgenden Unterlassen anzunehmen, da bei Abgabe einer richtigen Steuererklärung kein Grund bestanden hätte, in den nachfolgenden Jahren keine Steuererklärung abzugeben. Die Nichtabgabe der Erklärung und damit auch die dadurch verursachte Steuerverkürzung beruht auf der Gefahr der Selbstbelastung, die der

---

[329] *Joerden*, Strukturen (1988), S. 54.
[330] BGHSt 47, 318, 320 ff. (zu § 266a StGB); OLG Frankfurt, Urt. v. 18.8. 2000–1 Ws 106/00 –, EZAR 355 Nr. 26, S. 7; s. auch BGH, JZ 1997, 1002; OLG Celle, wistra 1996, 114 (zu § 266a StGB); vgl. auch BGHSt 38, 78, 81 f. (zu § 221 StGB a. F.).
[331] *Baumann/Weber/Mitsch*, Strafrecht AT (2003), S. 274; *Jakobs*, Strafrecht AT (1991), S. 219; *Joerden*, Strukturen (1988), S. 47 ff.; *Kühl*, Strafrecht AT (2002), § 18 Rn. 22; *ders.*, in: Lackner/Kühl, StGB (2001), § 13 Rn. 3; *Rudolphi*, in: SK-StGB, Vor § 13 Rn. 46; *Stree*, in: Schönke/Schröder, StGB (2001), Vorbem §§ 13 ff. Rn. 144.
[332] S. BGHSt 42, 235, 240 ff.; *Paeffgen*, in: NK-StGB, vor § 323a Rn. 5 ff. m.w.N.
[333] S. die Kritik von *Baier*, GA 1999, 272, 279 ff.
[334] So *Baumann/Weber/Mitsch*, Strafrecht AT (2003), S. 274; zum Tatbestandsmodell bei der actio libera in causa: *H.J. Hirsch*, NStZ 1997, 230, 231 f.; *Jakobs*, Strafrecht AT (1991), S. 506 ff.; *Roxin*, Strafrecht AT-I (1997), § 20 Rn. 56, 58 ff.
[335] BGHSt 42, 235, 239 f. (zu §§ 315c StGB, 21 StVG); zur Kritik an den anderen Lösungsmodellen: BGH, aaO, 240 ff.
[336] *Gast-de Haan*, in: Klein, AO (2003), § 370 Rn. 50; *Joecks*, in: Franzen/Gast/Joecks, Steuerstrafrecht (2001), § 393 Rn. 20.
[337] S. insoweit BGHSt 42, 235, 236 f. (zu § 222 StGB); s. auch BGH, NStZ 1997, 230; 2002, 28 (zu § 212 StGB); s. ferner – jeweils in Bezug auf § 21 StGB – BGH, NStZ 1999, 448, 449; 2000, 584 f.; 2002, 31, 32 f. (zu §§ 224 I Nr. 2, 239a, 250 II Nr. 1 StGB).

Steuerpflichtige mit der ersten Unterlassung geschaffen hat. Die Steuerverkürzung ist damit objektiv zurechenbar. Ist die erste Steuerstraftat durch aktives Tun begangen worden (§ 370 I Nr. 1 AO), so führt dies ebenfalls dazu, dass sich der Steuerpflichtige danach gezwungen sieht, keine Steuererklärungen mehr abzugeben, und dadurch Steuern verkürzt werden. Obgleich der Täter zunächst den Tatbestand eines Begehungsdelikts verwirklicht, ist er hinsichtlich der nachfolgenden Zeiträume nach h.M. nur wegen Unterlassung strafbar: Der Grund für die Strafbarkeit liegt nicht darin, dass der Täter aktiv einen Erfolg herbeiführt, sondern darin, dass er sich nicht die Möglichkeit bewahrt, diesen Erfolg zu verhindern.[338] Dem Wortlaut des § 370 I AO widerspricht dies nicht: Der Täter lässt die Finanzbehörde über steuerlich relevante Tatsachen in Unkenntnis (§ 370 I Nr. 2 AO), indem er sich die Erfüllung einer darauf gerichteten Erklärungspflicht durch vorsätzlich falsche Angaben in einem früheren Besteuerungszeitraum (s. § 370 I Nr. 1 AO) unmöglich macht. Dass der Steuerpflichtige zu diesem Zeitpunkt noch gar keine Angaben über seine Einkünfte in nachfolgenden Veranlagungszeiträumen machen kann und dementsprechend auch noch nicht dazu verpflichtet ist, steht dem nicht entgegen, da der Rechtsgrund für die ständig wiederkehrende Erklärungspflicht (z.B. durch Aufnahme einer gewerblichen Tätigkeit) bereits gelegt ist.[339] Hinsichtlich der nachfolgenden Zeiträume liegt der Schwerpunkt der Vorwerfbarkeit[340] auf der Nichtabgabe der jeweiligen Steuererklärung. Die auf die actio libera in causa bezogene Kritik, dass mit dem Tatbestandsmodell das tatbestandsmäßige Verhalten zu weit vorverlagert wird[341], ist unberechtigt. Zum einen wird eine Strafbarkeit erst mit dem Eintreten des Erfolgs, d.h. mit der Steuerverkürzung, begründet.[342] Zum anderen setzt der Täter mit der ersten Steuerhinterziehung die Kausalkette in Gang und kann weitere Steuerhinterziehungen nur um den Preis einer Selbstbezichtigung verhindern. Damit gibt er den Geschehensablauf weitgehend aus der Hand. Dass in derartigen Fällen ein bereits strafbares Handlungsunrecht vorliegen kann, zeigt die entsprechende Bestimmung des Versuchsbeginns beim Unterlassungsdelikt.[343]

Für eine Strafbarkeit ist weiterhin erforderlich, dass der Täter bei der ersten Steuerhinterziehung mit dem Vorsatz handelt, in den nachfolgenden Perioden keine

---

[338] *Baumann/Weber/Mitsch*, Strafrecht AT (2003), S. 274; *Kühl*, Strafrecht AT (2002), § 18 Rn. 22; i.E. ebenso *Joerden*, Strukturen (1988), S. 52 f.; *Stree*, in: Schönke/Schröder, StGB (2001), Vorbem §§ 13 ff. Rn. 144; a.A. (Strafbarkeit wegen aktiven Tuns, allerdings nur bei Bestehen einer Garantenpflicht): *Jakobs*, Strafrecht AT (1991), S. 219.

[339] So wird auch im Rahmen des § 266a StGB die allgemeine Pflicht des Arbeitgebers zur Beitragsabführung als maßgeblich angesehen und nicht darauf abgestellt, ob die einzelne Beitragsschuld zu dem Zeitpunkt besteht, in dem der Arbeitgeber sich deren Erfüllung unmöglich macht, s. insoweit *Baier*, GA 1999, 272, 277.

[340] S. zur Abgrenzung von Tun und Unterlassen: BGHSt 6, 46, 59; 40, 257, 265 f.; *Stree*, in: Schönke/Schröder, StGB (2001), Vorbem §§ 13 ff. Rn. 158 m.w.N.

[341] So zur omissio libera in causa: *Baier*, GA 1999, 272, 281.

[342] S. zur actio libera in causa: *H.J. Hirsch*, NStZ 1997, 230, 231.

[343] S. zur actio libera in causa: *H.J. Hirsch*, NStZ 1997, 230, 231; *Roxin*, Strafrecht AT-I (1997), § 18 Rn. 60.

IV. Die Verwendung von Informationen und der Nemo-tenetur-Grundsatz 493

richtigen und vollständigen Steuererklärungen abzugeben und dadurch weitere Steuerverkürzungen zu bewirken.³⁴⁴ Der Täter, der in dem Bewusstsein handelt, dass er in den nachfolgenden Jahren keine wahrheitsgemäßen Erklärungen abgeben kann, ohne sich selbst wegen der begangenen Steuerstraftat zu belasten, nimmt eine solche Konsequenz regelmäßig in Kauf.³⁴⁵ Vorsatz wird daher in vielen Fällen gegeben sein.³⁴⁶ Ist ein entsprechender Vorsatz zu verneinen, kommt eine Verfolgung wegen leichtfertiger Steuerhinterziehung (§ 378 AO) nach den Grundsätzen der omissio libera in causa in Betracht.

Die Anknüpfung an die begangene Steuerstraftat hat zur Folge, dass die sich über mehrere Veranlagungszeiträume erstreckende Hinterziehung von Steuern zu einer materiell-rechtlichen Tat zusammengefasst werden, da die Strafbarkeit auf ein- und derselben Handlung beruht. In dieser Hinsicht sind Parallelen zur Rechtsfigur des Fortsetzungszusammenhangs erkennbar, die u.a. wegen der für den Täter nachteiligen Konsequenzen bei der Verjährung aufgegeben worden ist.³⁴⁷ Die Verjährung beginnt mit der Beendigung der Tat (§ 78a StGB), d.h. nicht vor Eintritt des vollständigen Erfolges.³⁴⁸ Im vorliegenden Zusammenhang würde dies bedeuten, dass die Steuerhinterziehung nicht verjähren könnte, solange der Täter aufgrund der bereits gemachten Angaben keine Steuererklärung abgibt und dadurch weitere Steuerverkürzungen bewirkt.³⁴⁹ Im Unterschied zum Fortsetzungszusammenhang werden jedoch nicht verschiedene, jeweils für sich strafbare Handlungen zu einer Bewertungseinheit verbunden, sondern ein- und dieselbe Handlung führt verschiedene Erfolge herbei. In derartigen Fällen ist anerkannt, dass eine einheitliche Verjährung zum spätestmöglichen Zeitraum eintritt.³⁵⁰ Selbst wenn man diese

---

³⁴⁴ Dies wird bei vorsätzlichen Delikten als selbstverständlich vorausgesetzt, s. etwa *Jakobs*, Strafrecht AT (1991), S. 219; *Stree*, in: Schönke/Schröder, StGB (2001), Vorbem §§ 13 ff. Rn. 144; zur actio libera in causa: *Roxin*, Strafrecht AT-I (1997), § 20 Rn. 65 m.w.N.
³⁴⁵ Kritisch insoweit *Joecks*, in: Kohlmann-FS (2003), S. 451, 462 (in Fußn. 40).
³⁴⁶ S. zum ähnlichen Problem des Gesamtvorsatzes bei der (mittlerweile aufgegebenen) Figur des Fortsetzungszusammenhangs und der „institutionalisierten" Steuerhinterziehung: BGH, wistra 1991, 302, 303. Dort wurde – neben anderen Umständen – darauf abgestellt, dass der Täter die Entscheidung, ob und in welchem Umfang er Steuern hinterziehen wollte, aus der Hand gegeben hatte, s. BGHSt 39, 256, 259. Skeptisch zum Vorliegen des Vorsatzes bei der omissio libera in causa: *Baier*, GA 1999, 272, 281 f.
³⁴⁷ S. dazu BGH(GS)St 40, 138, 153; zu § 370 AO: BGHSt 40, 195, 197 (mit Hinweis auf die Hemmung der steuerrechtlichen Verjährungsfrist, § 171 VII AO). Insgesamt wurde die Aufgabe vor allem damit begründet, dass die Rechtsfigur des Fortsetzungszusammenhangs Vorteile und Nachteile für den Täter begründet, die den gesetzlichen Wertungen des materiellen Rechts und des Verfahrensrechts zuwiderlaufen, s. BGHSt 40, 138, 148. Vor dem BVerfG hatte der späte Verjährungsbeginn bei der fortgesetzten Tat indessen Bestand, s. BVerfG, NJW 1992, 223.
³⁴⁸ BGHSt 27, 342 (zu § 263 StGB); BGH, wistra 1989, 97, 98; 1996, 28, 30 (zu § 266 StGB).
³⁴⁹ S. die entsprechende Kritik von *Joecks*, in: Kohlmann-FS (2003), S. 451, 462 (in Fußn. 40).
³⁵⁰ S. insbesondere zu wiederkehrenden Geldleistungen infolge eines Betruges: BGHSt 27, 342 f.; OLG Koblenz MDR 1993, 70; *Maurach/Schroeder/Maiwald*, Strafrecht BT-1 (2003), § 41 Rn. 153; *Stree*, in: Schönke/Schröder, StGB (2001), § 78a Rn. 4; *Tiedemann*, in: LK-StGB (11. Aufl.), § 263 Rn. 275. Die gegenteilige Ansicht zum Anstellungsbetrug – s. *Tiedemann*, aaO, Rn. 274 m.w.N. - stellt auf den vollendeten Eingehungsbetrug ab; dieser Weg ist bei der Steuerhinterziehung hinsichtlich der späteren Zeiträume nicht gangbar.

Konsequenz ablehnte, wäre es denkbar, diese Fragen im Rahmen der Verjährungsregelungen einer Lösung zuzuführen.³⁵¹

Die Strafbarkeit nach den Grundsätzen der omissio libera in causa bewirkt einerseits, dass der strafrechtliche Schutz des Steueraufkommens für die nachfolgenden Zeiträume erhalten bleibt. Andererseits erlaubt es diese Lösung, die Nichtabgabe der Steuererklärung in diesen Zeiträumen für sich genommen als nicht tatbestandsmäßig anzusehen.³⁵² Das bedeutet, dass der Steuerpflichtige nicht durch eine Strafandrohung gezwungen wird, eine Steuererklärung abzugeben und sich damit selbst einer Steuerstraftat zu bezichtigen. Die bereits begründete Strafbarkeit stellt – auch hinsichtlich der Folgejahre – keinen verbotenen Zwang dar, da insoweit auf das frühere Verhalten des Steuerpflichtigen abgestellt wird. Dass er eine strafrechtliche Verantwortlichkeit hinsichtlich der nachfolgenden Zeiträume nur abwenden kann, indem er den Zurechnungszusammenhang durch Abgabe einer richtigen und vollständigen Steuererklärung unterbricht, verletzt den Nemo-tenetur-Grundsatz nicht, denn dieser „Zwang" beruht auf von ihm selbst gesetzten Faktoren.³⁵³

Nach alledem kann der Grundsatz „Nemo tenetur se ipsum accusare" im materiellen Steuerstrafrecht gewahrt werden, indem die Nichtabgabe einer Steuererklärung nicht nach § 370 I Nr. 2 AO bestraft wird, sofern die Gefahr besteht, dass er sich mit dieser Erklärung selbst wegen einer begangenen Steuerstraftat belastet. Eine Strafbarkeit nach den Grundsätzen der omissio libera in causa bleibt davon unberührt.

(iii) § 370 I Nr. 1 AO – Steuerhinterziehung durch aktives Tun. Die obigen Ausführungen hatten allein die Strafbarkeit nach § 370 I Nr. 2 AO, also wegen Unterlassens der Abgabe einer Steuererklärung, zum Gegenstand. Anstatt keine Steuererklärung abzugeben, könnte der Steuerpflichtige jedoch auch in den nachfolgenden Steuererklärungen falsche oder unvollständige Angaben machen, um sich nicht einer begangenen Steuerstraftat zu bezichtigen. Soweit darin nicht eine bloße Sicherung bereits erlangter Vorteile zu sehen ist³⁵⁴, macht sich der Steuerpflichtige nach § 370 I Nr. 1 AO strafbar.³⁵⁵ Es stellt sich also die Frage, ob es der Nemo-tene-

---

³⁵¹ S. etwa den Vorschlag von *Schlüchter/Duttge*, NStZ 1998, 618, 620, hinsichtlich einzelner Zeiträume die absolute Verjährungsfrist (§ 78c III S. 2 StGB) anzuwenden.

³⁵² Dies gilt ebenso für den unschuldigen Steuerpflichtigen, der sich mit der Abgabe einer Erklärung wegen einer (vermeintlich) begangenen Steuerstraftat belasten würde.

³⁵³ Entgegen *Joecks*, in: Kohlmann-FS (2003), S. 451, 462 (in Fußn. 40), wird dies der Konfliktlage des Betroffenen sehr wohl gerecht. Vergleichbar ist die Situation beim strafbefreienden Rücktritt (§ 24 StGB). Der Täter trägt das Risiko, dass die Tat trotz seiner Bemühungen vollendet wird, und ist in diesem Fall wegen Vollendung strafbar. Darauf, dass er weitere Rettungsbemühungen allein aufgrund der Gefahr strafrechtlicher Verfolgung unterlassen hat, kann er sich insoweit nicht berufen, vgl. BGHSt 31, 46, 50.

³⁵⁴ Dies wäre als mitbestrafte Nachtat grundsätzlich straflos, s.o. S. 486; s. insoweit auch: *Joecks*, in: Franzen/Gast/Joecks, Steuerstrafrecht (2001), § 393 Rn. 36 (zu § 370 I Nr. 1 AO).

³⁵⁵ Entgegen *Berthold*, Zwang zur Selbstbezichtigung (1993), S. 72 f., liegt auch bei unvollständigen Angaben ein aktives Tun vor, das nach § 370 I Nr. 1 AO strafbar ist, da die Steuererklärung

tur-Grundsatz auch verbietet, die durch aktives Tun begangene Steuerhinterziehung (§ 370 I Nr. 1 AO) zu bestrafen.

Der Grundsatz „Nemo tenetur se ipsum accusare" enthält die negative Komponente des Anspruchs auf rechtliches Gehör (Art. 103 I GG): Der Einzelne wird davor geschützt, durch eine Aussage zu dem strafrechtlichen Vorwurf in seiner Verteidigung festgelegt zu werden.[356] Der Anspruch auf rechtliches Gehör enthält jedoch auch und vor allem eine positive Kompenente, die sich mit dem Begriff der Aussagefreiheit beschreiben lässt.[357] Der Beschuldigte kann im Strafverfahren frei entscheiden, auf welche Weise er sich gegenüber den tatsächlichen Grundlagen des Anklagevorwurfes zur Wehr setzt; dieser prozessuale Freiraum bedingt es, dass keine inhaltlichen Anforderungen an seine Aussage gestellt werden dürfen.[358] Er unterliegt also keiner prozessualen Wahrheitspflicht.[359] Mit anderen Worten, prozessintern ist die Lüge nicht verboten.[360]

Dennoch muss der Beschuldigte weiterhin die allgemeinen Grenzen beachten, die ihm durch die materiell-rechtlichen Strafvorschriften gezogen sind: Die Aussagefreiheit verleiht ihm nicht das Recht, andere Rechtsgüter außerhalb des Strafverfahrens zu verletzen.[361] Ein „Recht auf Lüge", welches die Begehung neuen Unrechts rechtfertigen könnte, besteht nach h.M. nicht.[362] Sofern ihm durch einzelne Strafvorschriften zum Schutz von Rechtsgütern außerhalb der Strafrechtspflege unwahre Aussagen verboten werden, verbleibt ihm im Rahmen der Strafgesetze ein

---

die Versicherung enthält, die Angaben seien vollständig, s. dazu *Wulf*, Handeln und Unterlassen (2001), S. 56f., 58.

[356] S.o. S. 168

[357] Zum Zusammenhang von Schweigerecht und Aussage- bzw. Lügefreiheit: *Bosch*, Aspekte (1998), S. 187ff.; s. hingegen *Fezer*, in: Stree/Wessels-FS (1993), S. 663, 671.

[358] *Bosch*, Aspekte (1998), S. 189, 190; *Fezer*, in: Stree/Wessels-FS (1993), S. 663, 670f.

[359] BGHSt 3, 149, 152; 27, 374, 379f.; *Fezer*, in: Stree/Wessels-FS (1993), S. 663, 671; *Hanack*, in: Löwe-Rosenberg, StPO (25. Aufl.), § 136 Rn. 41; *Kühne*, Strafprozessrecht (2003), Rn. 803; *Pfeiffer*, in: KK-StPO (2003), Einleitung Rn. 89; *Rogall*, in: SK-StPO, Vor § 133 Rn. 72; zum Zusammenhang mit dem Nemo-tenetur-Prinzip: *Bosch*, Aspekte (1998), S. 185ff.

[360] Vgl. *Hanack*, in: Löwe-Rosenberg, StPO (25. Aufl.), § 136 Rn. 41.

[361] *Bosch*, Aspekte (1998), S. 192; s. dazu *H. Schneider*, Selbstbegünstigungsgedanke (1991), S. 374ff. Der Schutz der staatlichen Rechtspflege ist indessen gegenüber der Aussagefreiheit nachrangig, s. *Bosch*, aaO, 192; s. auch *H. Schneider*, aaO.

[362] *Beulke*, Strafprozessrecht (2002), Rn. 125; *Bosch*, Aspekte (1998), S. 192; *Hanack*, in: Löwe-Rosenberg, StPO (25. Aufl.), § 136 Rn. 41; *Kleinknecht/Meyer-Goßner*, StPO (2003), § 136 Rn. 18; *Pfeiffer*, in: KK-StPO (2003), Einleitung Rn. 89; *Rogall*, in: SK-StPO, Vor § 133 Rn. 72; gegen eine solche Rechtfertigung, wenngleich für eine Anerkennung eines „Lügerechts": *Fezer*, in: Stree/Wessels-FS (1993), S. 663, 678.

Demgegenüber ist der Täter nach Ansicht von *Torka*, Nachtatverhalten (2002), S. 171ff., aufgrund eines speziellen Entschuldigungsgrundes der Unzumutbarkeit normgemäßen Verhaltens zur Sicherung der verfassungsrechtlich garantierten Lügefreiheit entschuldigt. Die Lügefreiheit folgt nach *Torka*, aaO, 82, 134f., aus dem Übermaßverbot: Zur Durchführung des Strafverfahrens sei es zur Sicherung der Strafrechtspflege nicht erforderlich, zusätzlich zu dem strafrechtlichen Primärvorwurf noch den Sekundärvorwurf der Lüge zu erheben. Diese Begründung greift jedoch nicht mehr, sofern aufgrund der Lüge ein Primärvorwurf im Hinblick auf die Verletzung weiterer, außerprozessualer Rechtsgüter erhoben wird, s. auch *Torka*, aaO, 85. Gleichwohl sollen auch derartige Taten entschuldigt werden, s. *Torka*, aaO, 190, 193f.

ausreichender Freiraum zur Verteidigung durch Lügen.[363] Notfalls kann er sich, um eine Selbstbelastung auf der einen und eine strafbare Lüge auf der anderen Seite zu vermeiden, auf sein Schweigerecht zurückziehen.

Im Hinblick auf § 370 I Nr. 1 AO bedeutet dies, dass es verfassungsrechtlich nicht geboten ist, die Strafbarkeit wegen Steuerhinterziehung durch aktives Tun entfallen zu lassen.[364] Dass die Nicht-Abgabe einer Steuererklärung, auf die der Steuerpflichtige oben verwiesen wird, möglicherweise zur Einleitung eines Steuerstrafverfahrens führt, muss der Steuerpflichtige hinnehmen; Art. 103 I GG bzw. der Nemo-tenetur-Grundsatz verleiht kein allgemeines Recht auf Selbstschutz.[365] Der Anspruch auf rechtliches Gehör soll vielmehr gewährleisten, dass der Einzelne im Strafverfahren frei ist, ob und wie er sich gegen den strafrechtlichen Vorwurf verteidigt. Das Verbot, in der Steuererklärung, d. h. vor und außerhalb des Strafverfahrens, falsche Angaben zu machen, nimmt ihm diese Freiheit nicht, denn er kann insoweit nicht zur Mitwirkung gezwungen werden.

(iv) Auswirkungen auf andere Straf- und Bußgeldtatbestände. Die Ausführungen zu § 370 I Nr. 1 und 2 AO sind sinngemäß auf andere Tatbestände des Steuerstraf- und Steuerordnungswidrigkeitenrechts zu übertragen, soweit der Adressat durch die Androhung der Sanktion gezwungen würde, sich selbst wegen einer Steuerstraftat zu belasten. Das bedeutet, dass die Verletzung einer Pflicht, gegenüber der Finanzbehörde über einen bestimmten Sachverhalt Angaben zu machen, nicht sanktioniert werden darf, sofern die Gefahr einer Selbstbezichtigung besteht.[366] Soweit der Steuerpflichtige die Angaben nicht verweigert, sondern unwahre Erklärungen abgibt, kann dies allerdings – wie im Falle des § 370 I Nr. 1 AO – geahndet werden.[367]

Die Grenze der Zumutbarkeit verläuft in entsprechender Anwendung des Zwangsmittelverbotes (§ 393 I S. 2 AO) an der Stelle, an welcher der Steuerpflichtige sich durch seine aktive Mitwirkung im Besteuerungsverfahren selbst wegen einer Steuerstraftat belasten müsste. Ungeachtet der Frage, ob der Grundsatz „Nemo tenetur se ipsum accusare" einen so weitgehenden Schutz gebietet[368], wird die einfach-gesetzliche Ausprägung dieses Grundsatzes auch für das Verbot des Zwanges durch das materielle Steuerstraf- und Steuerordnungswidrigkeitenrecht gelten müssen:[369] Soweit der Einsatz von Zwangsmitteln im Besteuerungsverfahren im Hinblick auf strafprozessuale Mitwirkungsverweigerungsrechte des Beschuldig-

---

[363] *Bosch*, Aspekte (1998), S. 192; zur einschränkenden Auslegung der §§ 145d, 164 StGB: *Fezer*, in: Stree/Wessels-FS (1993), S. 663, 673 ff.
[364] BGH, wistra 1993, 66, 68; NJW 2002, 1133, 1134; *Joecks*, in: Franzen/Gast/Joecks, Steuerstrafrecht (2001), § 393 Rn. 37; *I. Meyer*, DStR 2001, 461, 465.
[365] S. dazu o. S. 135 ff.
[366] S. z. B. § 382 I Nr. 1 AO i. V. m. § 31 I Nr. 5, II Nr. 2a ZollVG.
[367] S. auch insoweit § 382 I Nr. 1 AO i. V. m. § 31 I Nr. 5, II Nr. 2a ZollVG; s. ferner § 379 I Nr. 1 AO.
[368] S. dazu o. S. 437 ff.
[369] S. auch die ausdrückliche Berufung des BGH auf § 393 I S. 2 AO: BGHSt 47, 8, 15.

ten unzulässig ist, kann die Nichterfüllung einer Pflicht auch nicht mit Strafe oder Geldbuße geahndet werden.[370]

b) Die Wirtschaftsaufsicht und die Verfolgung von Straftaten und Ordnungswidrigkeiten in den übrigen Fällen

Eine Bündelung präventiver und repressiver Aufgaben findet sich nicht nur im Steuerrecht. Den Aufsichtsbehörden ist vielmehr auch in anderen Bereichen neben der Aufgabe der Gefahrenwehr zusätzlich die Verfolgung von Straftaten und Ordnungswidrigkeiten übertragen worden. Soweit dies der Fall ist [(1)], stellt sich wiederum die Frage nach dem Verhältnis von Verwaltungsverfahren und Straf- bzw. Ordnungswidrigkeitenverfahren [(2)]. Sodann wird die Verwendung personenbezogener Daten aus dem Verwaltungsverfahren zur Verfolgung von Straftaten und Ordnungswidrigkeiten – soweit diese im Zuständigkeitsbereich der Aufsichtsbehörde liegen – zu erörtern sein [(3)].

(1) Die Doppelfunktion der Aufsichtsbehörden

Soweit der Gesetzgeber der Aufsichtsbehörde für einen bestimmten Sachbereich nicht nur präventive, sondern zugleich auch repressive Aufgaben übertragen hat, hat er damit wie im Steuerrecht dem engen sachlichen Zusammenhang beider Aufgaben in einem speziellen Sachgebiet Rechnung getragen. Dass den Aufsichtsbehörden dabei wie der Zollverwaltung Aufgaben im Rahmen der Strafverfolgung zugewiesen werden, ist die Ausnahme [(a)]. In den meisten Fällen sind die Aufsichtsbehörde allein zur Verfolgung von Ordnungswidrigkeiten zuständig [(b)].

(a) Die Zollbehörde als Verwaltungs- und Strafverfolgungsbehörde

Der Zollverwaltung obliegt die Überwachung des grenzüberschreitenden Warenverkehrs (§ 1 I S. 1, II ZollVG). Die zollamtliche Überwachung dient damit einerseits der Erhebung der Einfuhr- und Ausfuhrabgaben (§ 1 I S. 2, 3 ZollVG) sowie der Verbrauchssteuern (§ 1 II ZollVG). Die zollamtliche Überwachung greift indes über das Abgabenrecht hinaus, indem sie die Einhaltung der gemeinschaftsrechtlichen und nationalen Vorschriften sichert, die das Verbringen von Waren in den, durch den oder aus dem deutschen Hoheitsbereich verbieten oder beschränken (§ 1 III ZollVG). Derartige Verbote und Beschränkungen sind in zahlreichen Gesetzen enthalten.[371] Als Folge einer Zuwiderhandlung kommen insbesondere die Be-

---

[370] Dies gilt z.B. für die Verletzung der Pflicht, die Beförderungspapiere vorzulegen, s. § 382 I Nr. 1 AO i.V.m. § 31 I Nr. 4 ZollVG.
[371] S. etwa § 11 BtMG; §§ 15, 16 FlHG; §§ 17, 18 KrWaffG; §§ 23, 24 PflSchG; s. insoweit *Rogmann*, in: Henke, Verbote und Beschränkungen (2000), S. 31 ff.; s. im Übrigen die Zusammenstellung bei *Schwarz*, in: Schwarz/Wockenfoth, Zollrecht, § 1 ZollVG Rn. 60 ff.

schlagnahme und Einziehung der verbrachten Waren in Betracht.[372] Die Mitwirkung der Zollbehörden ist zum Teil ausdrücklich geregelt.[373] Sachlich zuständig ist das Hauptzollamt[374], das insoweit verwaltungsrechtlich, d.h. zur Gefahrenabwehr, tätig wird.[375]

In den Aufsichtsgesetzen sind den Zollbehörden daneben ausdrücklich Strafverfolgungsaufgaben übertragen worden.[376] Soweit dies nicht der Fall ist, ergibt sich eine solche Zuständigkeit aus § 385 I AO, da der Verstoß gegen Einfuhr-, Ausfuhr- und Durchfuhrverbote als Bannbruch (§ 372 I, II AO) eine Steuerstraftat ist (s. § 369 I Nr. 2 AO).[377] Da bei dem Bannbruch ein unmittelbarer Bezug zu einer bestimmten Steuer fehlt, ist in entsprechender Anwendung des § 386 AO die Finanzbehörde sachlich zuständig, in deren Aufgabenbereich der Verdacht entstanden ist.[378] Für die Verfolgung des Bannbruchs ist daher das Hauptzollamt zuständig.[379]

Neben der Überwachung der Einhaltung der Verbote und Beschränkungen ist der Zollverwaltung schließlich noch die Aufgabe übertragen worden, die Geldwäsche (präventiv) zu verhindern und (repressiv) zu verfolgen (§ 1 IIIa S. 1

---

[372] S. etwa § 21f BNatSchG, Art. 53, 75 Zoll-Kodex; s. dazu *Witte*, in: Henke, Verbote und Beschränkungen (2000), S. 75 f.

[373] S. etwa § 74 I AMG; § 46 IV AWG; § 21 BtMG; § 24 I GÜG; § 14 II KrWaffG; § 48 LMBG, § 21d BNatSchG, § 35 PflSchG; § 15 V SprengG.

[374] § 12 II FVG.

[375] Der Gesetzgeber folgt in jüngster Zeit einem weiten Verständnis des Begriffs der Überwachung, s. § 4 II S. 1 des Zollfahndungsdienstgesetzes vom 16.8.2002, BGBl I S. 3203 („Das Zollkriminalamt wirkt bei der Überwachung des Außenwirtschaftsverkehrs insbesondere durch Maßnahmen zur Verhütung von Straftaten oder Ordnungswidrigkeiten, zur Aufdeckung unbekannter Straftaten sowie zur Vorsorge für künftige Strafverfahren im Zuständigkeitsbereich der Zollverwaltung mit.")

[376] S. § 37 I, II AWG; § 27 GÜG; § 30c BNatSchG.

[377] Zwar enthält § 372 keine selbständige Strafandrohung, sondern verweist auf den Strafrahmen in § 370 I, II AO und schließt eine Bestrafung nach diesen Vorschriften aus, wenn die Tat in anderen Vorschriften als Zuwiderhandlung gegen ein Einfuhr-, Ausfuhr- oder Durchfuhrverbot mit Strafe oder mit Geldbuße bedroht ist (§ 372 II AO). Die überwiegende Ansicht geht indessen auch in den Fällen, in welchen der Verstoß in anderen Vorschriften mit Strafe bedroht ist und die Subsidiaritätsklausel (§ 372 II 2. Halbsatz AO) eingreift, von einer Anwendbarkeit der §§ 385 ff. AO aus, s. *Bender*, wistra 1990, 285, 286 f.; *ders.*, ZfZ 1992, 199, 202 f.; *von Briel*, in: von Briel/Ehlscheid, Steuerstrafrecht (2001), S. 145; *Fehn*, in: Hohmann/John, Ausfuhrrecht (2002), § 37 AWG Rn. 12; *Hübner*, in: Hübschmann/Hepp/Spitaler, AO, § 372 Rn. 90; *Körner*, BtMG (2001), § 21 AO Rn. 4; *Senge*, in: Erbs/Kohlhaas, § 372 AO Rn. 1; *Voß*, in: Franzen/Gast/Joecks, Steuerstrafrecht (2001), § 372 Rn. 54; *Wisser*, in: Klein, AO (2003), § 372 Rn. 9; a. A. *Kramer*, wistra 1990, 169, 174. Die Subsidiaritätsklausel ist Ausprägung des allgemeinen Grundsatzes, dass die allgemeinere Norm hinter der spezielleren zurücktritt; sie regelt also eine Frage der Gesetzeskonkurrenz, s. *Voß*, in: Franzen/Gast/Joecks, Steuerstrafrecht (2001), § 372 Rn. 41; s. dagegen *Hübner*, in: Hübschmann/Hepp/Spitaler, AO, Vor § 372 Rn. 22, der nicht eine Subsidiarität des Bannbruchtatbestandes, sondern der Strafandrohung annimmt. Im Ergebnis läuft dies ebenfalls auf eine Zuständigkeit der Zollbehörden hinaus. Dass der Bannbruch auf der Konkurrenzebene zurücktritt, lässt das Vorliegen eines Bannbruchs unberührt, s. auch BGHSt 25, 137, 139; 25, 215, 217.

[378] *Gast-de Haan*, in: Klein, AO (2003), § 387 Rn. 4.

[379] *Joecks*, in: Franzen/Gast/Joecks, Steuerstrafrecht (2001), § 387 Rn. 4; s. auch § 37 I, II AWG; § 27 I, II GÜG.

IV. Die Verwendung von Informationen und der Nemo-tenetur-Grundsatz

ZollVG).[380] Eine allgemeine Zuweisung sowohl präventiver als auch repressiver Aufgaben an die Zollfahndungsämter enthält § 24 II ZFdG[381], wonach diese zur Verhütung und Verfolgung von Straftaten und Ordnungswidrigkeiten, zur Aufdeckung unbekannter Straftaten sowie zur Vorsorge für künftige Strafverfahren im Zuständigkeitsbereich der Zollverwaltung tätig werden.[382]

(b) Die Aufsichtsbehörde als Verwaltungs- und Verfolgungsbehörde

Im Bereich der Ordnungswidrigkeiten ist die gesetzgeberische Praxis verbreitet, der Aufsichtsbehörde nicht nur die Aufgabe der Gefahrenabwehr, sondern zugleich auch die Verfolgung der entsprechenden Ordnungswidrigkeiten zu übertragen. Eine derartige Bündelung präventiver und repressiver Zuständigkeiten hat der Gesetzgeber auf Bundesebene bei der Bundesanstalt für Finanzdienstleistungsaufsicht[383], bei dem Bundeskartellamt[384] und bei den Regulierungsbehörden[385] vorgenommen. Aber auch auf Landesebene sind die präventiven und repressiven Zuständigkeiten in weiten Bereichen parallel ausgestaltet.[386]

(2) Das Verhältnis von Verwaltungsverfahren und Straf- bzw. Ordnungswidrigkeitenverfahren

Die Zuweisung präventiver und repressiver Aufgabe an die Aufsichtsbehörde wirft erneut die Frage auf, wie sich die beiden Aufgaben bzw. die zu ihrer Erfüllung durchzuführenden Verfahren zueinander verhalten. Das Verhältnis von Verwaltungsverfahren und Straf- bzw. Ordnungswidrigkeitenverfahren ist gesetzlich nicht geregelt. § 393 I S. 1 AO gilt allein für das Besteuerungsverfahren.[387] Eine vergleichbare Regelung für die Überwachung der Verbote und Beschränkungen oder die anderen Bereiche der Wirtschaftsaufsicht fehlt. Gleichwohl ist wie im Steuerrecht von einer Gleichrangigkeit beider Verfahren auszugehen. Der Gesetzgeber

---

[380] Die zollamtliche Überwachung obliegt auch insoweit den Hauptzollämtern (§ 12 II FVG). Dass deren Zuständigkeit die Strafverfolgung einschließt, ergibt sich unmittelbar aus § 1 IIIa S. 1 ZollVG („Verfolgung der Geldwäsche").
[381] Zollfahndungsdienstgesetz vom 16. 8. 2002, BGBl I S. 3203.
[382] Zur Zuständigkeit der Zollfahndungsämter s. auch § 37 I, II AWG; § 27 I, II GÜG; § 1c IIIc ZollVG; s. ferner § 4 ZFdG (zur Zuständigkeit des Zollkriminalamtes).
[383] S. §§ 60 KWG, 145a VAG, 40 WpHG, 61 WpÜG.
[384] S. § 81 IV Nr. 2 GWB; s. auch § 82 S. 1 Nr. 1 GWB.
[385] S. §§ 50 PostG, 96 II S. 2 TKG.
[386] S. etwa § 2 I–III des Sächsischen Gesetzes zur Ausführung des LMBG vom 31. 3. 1994, GVBl. S. 682; s. auch die §§ 2ff. der Verordnung der Sächsischen Staatsregierung über Zuständigkeiten nach dem OWiG vom 2. 7. 1993, GVBl. S. 561: Dort erfolgt die Abgrenzung der repressiven Zuständigkeiten in enger Anlehnung an die präventiven Zuständigkeiten, s. z.B. § 4 Nr. 25 (zum BImSchG).
[387] Zuwiderhandlungen gegen die von den Zollbehörden zu überwachenden Verbote und Beschränkungen sind in der Regel Steuerstraftaten (§§ 369 I Nr. 2, 372 AO), so dass § 393 I S. 1 AO insoweit („Steuerstrafverfahren") anwendbar wäre. In Bezug auf die anderen Aufsichtsbehörden greift § 393 I S. 1 AO indessen insgesamt nicht ein.

500 C. Die verfahrensübergreifende Verwendung personenbezogener Informationen

folgt mit § 393 I S. 1 AO einem allgemeinem Grundsatz[388], der über den Wortlaut dieser Norm hinaus Geltung beansprucht: Weist der Gesetzgeber einer Behörde mehrere Aufgaben zu, ohne dass er erkennen lässt, dass eine dieser Aufgaben vorrangig zu erfüllen ist, so ist davon auszugehen, dass die Behörde diese Aufgaben parallel wahrzunehmen hat und grundsätzlich nicht durch die Erfüllung der einen Aufgabe an der Erfüllung einer anderen gehindert ist.[389]

Für die Zollverwaltung bedeutet dies, dass die Behörde selbst nach pflichtgemäßem Ermessen entscheidet, welche Aufgabe sie jeweils wahrnimmt. Dem scheint zwar die vom Gesetzgeber bei der Neuregelung des Zollfahndungsdienstes in der Begründung vertretene Auffassung zu widersprechen, ab dem Zeitpunkt des Bestehens eines strafprozessualen Anfangsverdachtes richteten sich die Befugnisse der Zollfahndungsbehörden ausschließlich nach der StPO.[390] Im Gesetzestext des Zollfahndungsdienstgesetzes (ZFdG) findet sich indessen keinerlei Hinweis auf einen Vorrang des Strafverfahrens. Der Kontext in der Begründung – die Abgrenzung zu verdachtslosen Vorermittlungen – spricht eher dagegen, dass der Äußerung grundlegende Bedeutung für das Verhältnis von Gefahrenabwehr und Strafverfolgung zukommt. Bei den Zielen der Verhütung und der Verfolgung von Straftaten[391] ist die Ähnlichkeit mit der Aufgabenzuweisung an die Polizeibehörden unverkennbar. Im Polizeirecht wird jedoch von einer Gleichrangigkeit und einem Nebeneinander beider Verfahren ausgegangen, d.h. die Polizeibehörde entscheidet nach pflichtgemäßem Ermessen, ob sie zur Gefahrenabwehr oder zur Verfolgung von Straftaten tätig wird. So kann die Polizei in einer bestimmten Situation ein „Bündel von Maßnahmen" ergreifen, das Maßnahmen zur Gefahrenabwehr und zur Strafverfolgung enthält.[392] Unter Umständen dient eine polizeiliche Maßnahme sogar zugleich präventiven und repressiven Zwecken.[393] Gleiches wird auch für die Zollbehörden zu gelten haben, d.h. diese haben ihre repressiven und präventiven Aufgaben nebeneinander zu erfüllen. Darin liegt nicht ohne Weiteres ein Widerspruch zu der oben wiedergegebene Passage aus der Begründung des ZFdG,

---

[388] *Streck*, in: Kohlmann, Strafverfolgung (1983), S. 217, 234, sieht die Regelung des § 393 I S. 1 AO als „selbstverständlich" an; auch wenn es § 393 I S. 1 AO nicht gäbe, würden beide Verfahrensordnungen auf das jeweilige Verfahren Anwendung finden.

[389] Gleichwohl kann sich die Wahrnehmung präventiver und repressiver Aufgaben im Einzelfall gegenseitig ausschließen (Aufgabenkollision), s. *Walden*, Zweckbindung (1996), S. 176ff.; s. auch *Pieroth/Schlink/Kniesel*, Polizei- und Ordnungsrecht (2002), § 2 Rn. 12.

[390] S. die Begründung des Regierungsentwurfes zum ZFdG, BT-Drucks. 14/8007, S. 28.

[391] S. § 24 II ZFdG; s. auch § 4 ZFdG (zum Zollkriminalamt).

[392] S. *Götz*, Polizei- und Ordnungsrecht (2001), Rn. 547; *Walden*, Zweckbindung (1996), S. 175f.

[393] In diesem Fall ist umstritten, ob die maßgebliche Ermächtigungsgrundlage nach dem Schwerpunkt der Maßnahme zu bestimmen ist – so die h.M., s. VGH München, NVwZ 1986, 655; *Lisken*, in: Lisken/Denninger, Handbuch des Polizeirechts (2001), Abschn. K Rn. 111; *Pieroth/Schlink/Kniesel*, Polizei- und Ordnungsrecht (2002), § 2 Rn. 15 – oder ob die Maßnahme sowohl an der polizeirechtlichen als auch an der strafverfahrensrechtlichen Befugnis zu prüfen ist – so *Götz*, Polizei- und Ordnungsrecht (2001), Rn. 550; *Schenke*, Polizei- und Ordnungsrecht (2003), Rn. 423; *Walden*, Zweckbindung (1996), S. 203.

denn diese bezieht sich nicht auf die Aufgaben des Zollfahndungsdienstes, sondern auf dessen Befugnisse. Ob und inwieweit aufgrund der Einleitung eines Strafverfahrens die Inanspruchnahme verwaltungsrechtlicher Befugnisse ausgeschlossen ist, ist eine andere Frage und wird gesondert zu untersuchen sein.

Dies gilt entsprechend für das Verhältnis von Verwaltungs- und Ordnungswidrigkeitenverfahren, wie am Beispiel des Wettbewerbsrechts dargelegt werden soll. Dort wird zwar vereinzelt vertreten, aus Gründen der Rechtssicherheit sei eine parallele Durchführung von Verwaltungs- und Bußgeldverfahren ausgeschlossen: Die Behörde müsse sich für eines der beiden Verfahren entscheiden und sei im weiteren Verlauf an diese Entscheidung gebunden.[394] Der Rechtssicherheit kann jedoch dadurch Rechnung getragen werden, dass der Behörde auferlegt wird, deutlich zum Ausdruck zu bringen, in welchem Verfahren sie tätig wird.[395] Auch der Nemo-tenetur-Grundsatz gebietet es nicht, nach Einleitung eines Strafverfahrens von der Durchführung eines Verwaltungsverfahrens abzusehen[396], denn dies ist – wie soeben gesehen – keine Frage der parallelen Aufgabenwahrnehmung, sondern der Ausübung einzelner Befugnisse.[397] Dementsprechend ist auch der Gesetzgeber bei der Einführung des verwaltungsrechtlichen Untersagungsverfahrens (s. § 32 GWB) davon ausgegangen, dass das Bußgeldverfahren das Verwaltungsverfahren nicht blockiert (und umgekehrt), sondern dass die Behörde nach pflichtgemäßem Ermessen über die Fortsetzung bzw. Einstellung des jeweiligen Verfahrens entscheidet.[398] Die Kartellbehörde ist also nicht gehindert, parallel ein verwaltungsrechtliches Untersagungsverfahren und ein Ordnungswidrigkeitenverfahren durchzuführen.[399]

Nach alledem gilt für das Verhältnis von Verwaltungsverfahren und Straf- bzw. Ordnungswidrigkeitenverfahren, dass die beiden Verfahren parallel durchgeführt werden können und die Aufsichtsbehörde nach ihrem pflichtgemäßen Ermessen über die Einleitung – und gegebenenfalls die Fortsetzung – des jeweiligen Verfahrens entscheidet.[400] Die Behörde muss allerdings gegenüber dem Betroffenen zu er-

---

[394] *Nacken*, WRP 1983, 380, 384.
[395] S.o. S. 473; zur entsprechenden Pflicht der Kartellbehörden: *Fischötter*, in: GK-GWB, Vorb. §§ 81–85 Rn. 39; *Grützner/Reimann/Wissel*, Kartellamtsermittlungen (1993), S. 29.
[396] *Nacken*, WRP 1983, 380, 384.
[397] S. auch *Klemp*, BB 1976, 912, 193; *Lupberger*, Auskunfts- und Prüfungsverfahren (1987), S. 216.
[398] S. die Begründung des Regierungsentwurfes zur Einführung des selbständigen Untersagungsverfahrens, BR-Drucks. 265/71, abgedruckt in: WuW 1971, 531, 564.
[399] *Grützner/Reimann/Wissel*, Kartellamtsermittlungen (1993), S. 29; *Junge*, in: GK-GWB, § 46 Rn. 4; *Klemp*, BB 1976, 912, 913; *Lupberger*, Auskunfts- und Prüfungsverfahren (1987), S. 215f.; *Schultz*, in: Langen/Bunte, Kartellrecht (2001), § 54 Rn. 4; s. auch (zur Zulässigkeit eines Übergangs vom Verwaltungsverfahren in ein Bußgeldverfahren): *Bechtold*, GWB (2002), § 59 Rn. 2; *Klaue*, in: Immenga/Mestmäcker, GWB (2001), § 59 Rn. 10; *Quack*, in: FK-GWB, § 46 (a.F.) Rn. 14; offen gelassen von KG, Beschluss vom 19.2. 1980 – Kart. 6/78 („Schulbuchvertrieb"), WuW/E/OLG 2441, 2444.
[400] S. auch *Breuer*, DÖV 1987, 169, 182 (zum Umweltrecht); s. ferner o. S. 469ff. zum Verhältnis von Besteuerungsverfahren und Steuerstraf- bzw. Steuerordnungswidrigkeitenverfahren. Gegen die parallele Wahrnehmung präventiver und repressiver Aufgaben bestehen keine verfassungsrechtlichen Bedenken, s. insoweit o. S. 472ff.

kennen geben, in welchem Verfahren, d.h. zu welchem Zweck, sie jeweils vorgeht.[401]

(3) Die verwaltungsrechtlichen Mitwirkungspflichten und der Nemo-tenetur-Grundsatz

Der Umstand, dass ein- und dieselbe Behörde sowohl präventive als auch repressive Aufgaben wahrnimmt, führt zu einem Spannungsverhältnis zwischen der Aussagefreiheit des Beschuldigten im Strafverfahren und seinen Mitwirkungspflichten bei der Informationserhebung im Verwaltungsverfahren. Bei der Auflösung dieses Konfliktes hat der Gesetzgeber den Grundsatz „Nemo tenetur se ipsum accusare" zu beachten. Zunächst wird untersucht, auf welche Weise sich dieser Grundsatz auf die verwaltungsrechtlichen Auskunftspflichten auswirkt [(a)]. Sodann werden die Konsequenzen für die anderen Mitwirkungspflichten im Verwaltungsverfahren erörtert: die Vorlagepflichten [(b)], die Anzeige- und Erklärungspflichten [(c)] sowie die übrigen Mitwirkungspflichten [(d)].

(a) Die Auskunftspflichten und die Aussagefreiheit

Den sichtbarsten Widerspruch zu der von dem Nemo-tenetur-Grundsatz im Strafverfahren garantierten Aussagefreiheit formulieren die verwaltungsrechtlichen Auskunftspflichten[402]: Wird der Einzelne durch ein Auskunftsverlangen gezwungen, Angaben über eine von ihm begangene Straftat zu machen, wird seine Verteidigung im Strafprozess auf diese Weise festgelegt und sein Anspruch auf rechtliches Gehör (Art. 103 I GG) verletzt. Eine solche Verletzung wird vermieden, wenn diesem Verfahrensgrundrecht bereits auf der Ebene des einfachen Rechts Rechnung getragen wird, indem die verwaltungsrechtlichen Befugnisse mit Rücksicht auf die Aussagefreiheit zurückgenommen werden. In weiten Teilen hat der Gesetzgeber dies mit der Einräumung von Auskunftsverweigerungsrechten getan [(i)]. Angesichts der verbleibenden Schutzlücken stellt sich die Frage, ob die im Strafverfahren gesetzlich garantierte Aussagefreiheit auch für das Verwaltungsverfahren Geltung beansprucht und das Auskunftsrecht der Behörde verdrängt [(ii)] und welche verfahrensrechtlichen Konsequenzen damit verbunden sind [(iii)].

(i) Wahrung der Aussagefreiheit durch Auskunftsverweigerungsrechte. Zur Wahrung der strafprozessualen Aussagefreiheit hat der Gesetzgeber in den meisten Aufsichtsgesetzen ein Auskunftsverweigerungsrecht eingeführt. Danach kann der Auskunftspflichtige die Auskunft verweigern, soweit er sich selbst oder einen Angehörigen der Gefahr strafgerichtlicher Verfolgung oder eines Ordnungswidrig-

---

[401] Zum Wettbewerbsrecht: *Fischötter*, in: GK-GWB, Vorb. §§ 81–85 Rn. 39; *Grützner/Reimann/Wissel*, Kartellamtsermittlungen (1993), S. 29; zum Polizeirecht: *Schenke*, Polizei- und Ordnungsrecht (2003), Rn. 420.

[402] S. insoweit o. S. 204f.

IV. Die Verwendung von Informationen und der Nemo-tenetur-Grundsatz 503

keitenverfahrens aussetzen würde.[403] Soweit der Betroffene über ein solches Auskunftsverweigerungsrecht verfügt, liegt keine Verletzung des Nemo-tenetur-Grundsatzes vor.

Allerdings ist ein Auskunftsverweigerungsrecht nicht in allen Aufsichtsgesetzen vorgesehen. Einige Aufsichtsgesetze enthalten eine uneingeschränkte Auskunftspflicht[404], ohne dass eine anderweitige Regelung zur Wahrung des Nemo-tenetur-Grundsatzes getroffen wird. Da eine Verwendung der im Verwaltungsverfahren erlangten Informationen zur Verfolgung von Straftaten und Ordnungswidrigkeiten innerhalb der oben dargelegten, von den informationellen Abwehrrechten gezogenen verfassungsrechtlichen Grenzen zulässig ist[405], können auch die mit der Auskunft erhaltenen Informationen grundsätzlich in einem Straf- oder Ordnungswidrigkeitenverfahren gegen den Betroffenen verwertet werden. In diesem Fall liegt jedoch ein Verstoß gegen den Grundsatz „Nemo tenetur se ipsum accusare" vor, da der Beschuldigte auf seine Auskunft im Verwaltungsverfahren festgelegt wird und in seiner Verteidigung nicht mehr frei ist. Es wird deshalb vorgeschlagen, einer Verletzung des Nemo-tenetur-Grundsatzes durch eine analoge Anwendung der anderweitig geregelten Auskunftsverweigerungsrechte oder durch ein strafprozessuales Verwertungsverbot abzuhelfen.[406] Derartiger Lösungsansätze bedarf es nicht, wenn die gesetzlich garantierte Aussagefreiheit des Beschuldigten (§§ 136 I S. 2, 163a IV S. 2 StPO) es der Behörde verwehrt, im Verwaltungsverfahren von ihrem Auskunftsrecht Gebrauch zu machen, die strafprozessuale Aussagefreiheit also verfahrensübergreifend wirkt.

(ii) Die verfahrensübergreifende Geltung der Aussagefreiheit. Im Steuerrecht ordnet § 393 I S. 2 AO die verfahrensübergreifende Wirkung der Aussagefreiheit an, indem er der Finanzbehörde untersagt, den Beschuldigten auch im Besteuerungsverfahren nicht zu selbstbelastenden Angaben zu zwingen. In dieser Regelung könnte ein allgemeiner Grundsatz zum Ausdruck kommen, der auch ohne ausdrückliche Verankerung im positiven Recht der Aussagefreiheit Vorrang vor dem behördlichen Auskunftsrecht verleiht.

Der erste Einwand, dem sich die Aufstellung eines solchen Grundsatzes ausgesetzt ist, liegt auf der Hand: Wie oben festgestellt wurde, führt die Aufsichtsbehörde das Verwaltungsverfahren und das Straf- bzw. Ordnungswidrigkeitenverfahren parallel durch.[407] Das bedeutet, dass auch das Verfahrensrecht parallel angewendet wird, d.h. die Rechte und Pflichten der Behörde und des Betroffenen bestimmen sich nach den für das jeweilige Verfahren geltenden Vorschriften. Eine entspre-

---

[403] S.o. S. 205; s. auch *H.A. Wolff*, Selbstbelastung (1997), S. 189 m.w.N.
[404] S. z.B. die Auskunftspflichten nach §§ 19 II S. 2 AtG, 22 III Nr. 1 LadschlG; s. *H.A. Wolff*, Selbstbelastung (1997), S. 197 m.w.N.
[405] S. § 14 II Nr. 7 BDSG; s. dazu im Einzelnen o. S. 281 ff.
[406] S. dazu *H.A. Wolff*, Selbstbelastung (1997), S. 199 ff., 202 ff.
[407] S.o. S. 499 ff.

chende Regelung enthält auch § 393 I S. 1 AO. Die verfahrensübergreifende Geltung eines Verfahrensrechtes wäre das genaue Gegenteil dieser Regel.

Die strikte gedankliche Trennung der beiden Verfahren, auf denen die ausschließliche Anwendung des jeweiligen Verfahrensrechtes beruht, ist berechtigt, soweit es bei den Rechten und Pflichten der Behörde und des Beteiligten um einen Ausgleich zwischen dem öffentlichen Interesse (Gefahrenabwehr oder Verfolgung von Straftaten und Ordnungswidrigkeiten) und dem Interesse des Einzelnen an der Wahrung seiner *verfahrensexternen* Rechte und Interessen geht. Für diese Abwägung haben die Rechte und Pflichten in dem jeweils anderen Verfahren keine Bedeutung.[408]

Anders verhält es sich, wenn eine Maßnahme in dem einen Verfahren ein Verfahrensrecht des Einzelnen in dem jeweils anderen Verfahren beeinträchtigt. In diesem Fall greift die Maßnahme nicht in eine materielle, d.h. außerhalb beider Verfahren stehende Rechtsposition des Beteiligten ein, sondern in ein *Verfahrensrecht*, das dem Beteiligten die Möglichkeit eröffnet, in dem anderen Verfahren an der Entscheidungsfindung mitzuwirken.[409] In einem solchen Fall ist eine strikte gedankliche Trennung zwischen beiden Verfahren nicht sachgerecht, sondern es ist vielmehr ein Ausgleich zwischen dem öffentlichen Interesse an der Durchführung des erstgenannten Verfahrens und dem Interesse des Betroffenen an der Wahrung seines Mitwirkungsrechts in dem zweiten Verfahren herbeizuführen.

Ein Konflikt zwischen der Aufgabe der Gefahrenabwehr und der Verfolgung von Straftaten oder Ordnungswidrigkeiten ist nichts Ungewöhnliches. Eine solche Situation ist insbesondere gegeben, wenn sich die Wahrnehmung präventiver und repressiver Aufgaben gegenseitig ausschließt. Als Beispiel für eine solche Aufgabenkollision wird etwa der Fall angeführt, das ein Polizist auf einer freien Feldfläche in einem Wasserschutzgebiet beobachtet, wie zwei Männer einen als gestohlen gemeldeten Lkw abstellen und sich schnell von diesem entfernen, und feststellt, dass aus dem Tank des Fahrzeugs in einer nicht unerheblichen Menge Treibstoff ausläuft.[410] Der Polizist hat in diesem Fall zwischen dem öffentlichen Interesse an der Abwehr einer Gefahr für die Umwelt und dem öffentlichen Strafverfolgungsinteresse abzuwägen.[411] Die vorliegende Konstellation unterscheidet sich von der Aufgabenkollision allein darin, dass nur auf der einen Seite ein öffentliches Interesse steht, während auf der anderen Seite das Interesse des Einzelnen an der Wahrung seiner Mitwirkungsrechte im Verfahren, mit anderen Worten die Verfahrensgerechtigkeit als Element einer richtigen Entscheidung[412] steht. Beide Aspekte sind Teil des mit dem Verfahren verfolgten Zieles.[413] Die Verfahrensrechte des Einzelnen sind daher auch in dem jeweils anderen Verfahren zu berücksichtigen.

---

[408] Vgl. o. S. 40.
[409] Vgl. o. S. 41.
[410] S. das entsprechende Beispiel bei *Walden*, Zweckbindung (1996), S. 176 f.
[411] *Walden*, Zweckbindung (1996), S. 177 f.
[412] S.o. S. 20 ff., 32 ff.
[413] Zur Wahrung subjektiver Rechte als Verfahrensziel s.o. S. 17 f., 28 f.; zum Zusammenhang

IV. Die Verwendung von Informationen und der Nemo-tenetur-Grundsatz

Diesem Gebot hat der Gesetzgeber Folge geleistet, indem er in den meisten Aufsichtsgesetzen ein Auskunftsverweigerungsrecht vorgesehen hat; es ist also keineswegs so, dass der Gesetzgeber bei der Ausgestaltung der Befugnisse im Verwaltungsverfahren allein materielle Grundrechtspositionen berücksichtigt. Mit dem Auskunftsverweigerungsrecht wird vielmehr auch einem Mitwirkungsrecht, nämlich dem Anspruch auf rechtliches Gehör (Art. 103 I GG) im Strafverfahren, verfahrensübergreifende Geltung verschafft. Die Auskunftsverweigerungsrechte sind jedoch nicht auf ein konkretes Verfahren bezogen, sondern sichern die Aussagefreiheit in jedem denkbaren Straf- oder Ordnungswidrigkeitenverfahren gegen den Betroffenen; sie gewähren ihm einen allgemeinen, unspezifischen Schutz.

Im Gegensatz dazu ist die Konstellation im vorliegenden Zusammenhang dadurch gekennzeichnet, dass ein- und dieselbe Behörde ein Verwaltungsverfahren und zugleich ein Straf- oder Ordnungswidrigkeitenverfahren durchführt. Der Beschuldigte verfügt also gegenüber der Behörde bereits über Mitwirkungsrechte in einem konkreten Ermittlungsverfahren. Es ist der Behörde versagt, sich der Inanspruchnahme dieser Rechte durch ein Ausweichen auf das Verwaltungsverfahren zu entziehen. So darf das Recht des Beschuldigten auf Teilnahme an einer richterlichen Vernehmung im strafrechtlichen Ermittlungsverfahren (§ 168c I, V StPO) nicht dadurch vereitelt werden, dass die Aufsichtsbehörde die richterliche Vernehmung im Verwaltungsverfahren vornimmt. Am Ergebnis ändert eine verfahrensübergreifende Wirkung des Anwesenheits- und Fragerechts allerdings nichts, denn auch im Verwaltungsverfahren besteht ein solches Recht, soweit dort eine richterliche Vernehmung vorgesehen ist, um einen Zeugen vereidigen zu können (z.B. § 57 VI GWB).[414]

Für die verfahrensübergreifende Geltung von Mitwirkungsrechten bei einer Behörde mit Doppelfunktion spricht auch die folgende Überlegung. Der Gesetzgeber hat präventive und repressive Aufgaben bei ein- und derselben Behörde angesiedelt, um auf diese Weise Synergieeffekte zu erzielen und doppelten Verwaltungsaufwand bei der Aufarbeitung ein- und desselben Sachverhaltes zu vermeiden. Dieses Ziel wird nur erreicht, wenn eine informationelle Durchlässigkeit zwischen beiden Verfahren gewährleistet ist, d.h. Informationen aus dem Verwaltungsverfahren im Straf- bzw. Ordnungswidrigkeitenverfahren genutzt werden können und umgekehrt. Werden dem Betroffenen nun in einem Verfahren Mitwirkungsrechte bei der Aufklärung des Sachverhaltes eingeräumt, um auf dieser Grundlage eine Entscheidung zu treffen, so muss dieses Recht auch in dem anderen Verfahren beachtet werden, wenn die erhobenen Informationen in beiden Verfahren verwendbar sein sollen. Lehnt man eine verfahrensübergreifende Geltung von Mitwirkungsrechten ab, so läuft dies darauf hinaus, die Mitwirkung des Betroffe-

---

mit der Verfahrensgerechtigkeit als Maßstab für eine richtige Entscheidung s.o. B.I.1.b)(3)., S. 20f., 32f.

[414] Das Anwesenheits- und Fragerecht ergibt sich aus § 57 II GWB i.V.m. § 397 ZPO, s. *K. Schmidt*, in: Immenga/Mestmäcker, GWB (2001), § 57 Rn. 21; zur Benachrichtigungspflicht: *Junge*, in: GK-GWB, § 54 (a.F.) Rn.3; s. ferner § 94 II S.2, 3 AO.

nen auf den kleinsten gemeinsamen Nenner beider Verfahren zu reduzieren. Die Alternative besteht darin, für das jeweils andere Verfahren ein Verwertungsverbot anzunehmen; dies dürfte jedoch in der Regel nicht der Intention des Gesetzgebers entsprechen, durch die informationelle Durchlässigkeit beider Verfahren für eine effektive Erfüllung präventiver und repressiver Aufgaben zu sorgen.

Gegen eine verfahrensübergreifende Wirkung der Aussagefreiheit spricht allerdings, dass die Aufklärungsmöglichkeiten der Behörde im Verwaltungsverfahren erheblich beeinträchtigt werden. Aus diesem Grund wird gefordert, an der Auskunftspflicht und ihrer Durchsetzbarkeit festzuhalten und die Aussagefreiheit durch ein strafprozessuales Verwertungsverbot zu schützen.[415] Zur Begründung wird auf eine Entscheidung des BVerfG verwiesen, in der das Gericht aus dem Grundsatz „Nemo tenetur se ipsum accusare" ein verfassungsrechtliches Verwertungsverbot für die vom Gemeinschuldner im Konkursverfahren erzwungenen Angaben abgeleitet hat.[416] Das BVerfG hat die Erhebung der Informationen, auch wenn der Schuldner damit zu einer Selbstbezichtigung gezwungen wird, durch das Interesse der Gläubiger als verfassungsrechtlich gerechtfertigt angesehen.[417] Die damit vorgenommene Trennung zwischen Konkursverfahren und Strafverfahren scheint auch in der vorliegenden Konstellation die Annahme eines strafprozessualen Verwertungsverbotes anstelle eines Erhebungsverbotes zu gebieten. Neben den allgemeinen Bedenken gegen ein verfassungsrechtliches Verwertungsverbot[418] spricht dagegen allerdings folgender Gesichtspunkt: Im vorliegenden Zusammenhang geht es um zwei Verfahren, die von ein- und derselben Behörde durchgeführt werden, während im Gemeinschuldner-Beschluss das Konkursgericht das Konkursverfahren und die Staatsanwaltschaft das Strafverfahren durchzuführen hatten. Die Verfahren und die dort jeweils zu leistende Aufklärung des Sachverhalts sind also deutlich voneinander getrennt. Führt ein- und dieselbe Behörde beide Verfahren durch, so bricht ein Verwertungsverbot mit der oben beschriebenen gesetzlichen Wertung, dass beide Verfahren „informationell durchlässig" sein sollen. Wie die zahlreichen Auskunftsverweigerungsrechte zeigen, die in den Aufsichtsgesetzen vorgesehen sind[419], geht der Gesetzgeber davon aus, dass die Aufsichtsbehörde ihre Aufgaben auch dann erfüllen kann, wenn die Aussagefreiheit bereits im Verwaltungsverfahren berücksichtigt wird und die Inanspruchnahme einer Erhebungsbefugnis ausschließt. Die darin liegende Beeinträchtigung ihrer Aufklärungsmöglichkeiten wird dadurch kompensiert, dass der Behörde mit einem Anfangsverdacht Ermittlungsbefugnisse im Straf- bzw. Ordnungswidrigkeitenverfahren zur Verfügung stehen. Des Weiteren wird dem Aufklärungsinteresse der Be-

---

[415] *H.A. Wolff*, Selbstbelastung (1997), S. 202; s. auch *Stern*, Staatsrecht I (1984), S. 848; de lege ferenda kritisch zu den Auskunftsverweigerungsrechten: *Sautter*, NVwZ 1988, 487, 488; *Scholl*, Behördliche Prüfungsbefugnisse (1989), S. 130ff.
[416] BVerfGE 56, 37, 51 (Gemeinschuldner-Beschluss).
[417] BVerfGE 56, 37, 50.
[418] S. o. S. 458ff.
[419] S. o. im Text und bei S. 205.

IV. Die Verwendung von Informationen und der Nemo-tenetur-Grundsatz   507

hörde dadurch Rechnung getragen, dass der Einzelne – wie bei Inanspruchnahme eines gesetzlich geregelten Auskunftsverweigerungsrechtes[420] – ausdrücklich die Auskunft verweigern und sich dabei auf die Gefahr der Selbstbezichtigung berufen muss.

Gegen eine verfahrensübergreifende Wirkung der Aussagefreiheit könnten allerdings die in zahlreichen Aufsichtsgesetzen ausdrücklich vorgesehenen Auskunftsverweigerungsrechte sprechen. Aus diesen könnte im Wege eines Umkehrschlusses gefolgert werden, dass ein Recht, selbstbelastende Auskünfte zu verweigern, gegenüber einem Auskunftsverlangen nach Maßgabe der anderen Aufsichtsgesetze nicht besteht.[421] Umgekehrt könnte man der hier vertretenen Ansicht entgegenhalten, die ausdrücklich geregelten Auskunftsverweigerungsrechte wären bei einer verfahrensübergreifenden Wirkung der Aussagefreiheit überflüssig und keiner sinnvollen Auslegung mehr zugänglich. Dem ist zu entgegnen, dass sich die verfahrensübergreifende Wirkung der Aussagefreiheit nur auf Zuwiderhandlungen erstreckt, für deren Verfolgung die Aufsichtsbehörde zuständig ist, während die Auskunftsverweigerungsrechte sich ungeachtet der Zuständigkeit der Behörde auf jedwede Straftat und Ordnungswidrigkeit beziehen, in Bezug auf welche dem Auskunftspflichtigen die Gefahr einer Verfolgung droht. Aufgrund dieses umfassenden Anwendungsbereiches sind die Auskunftsverweigerungsrechte auch bei einer verfahrensübergreifenden Wirkung der Aussagefreiheit nicht überflüssig und bleiben einer sinnvollen Auslegung zugänglich.[422] Aus dem gleichen Grund geht auch der oben beschriebene Umkehrschluss fehl.

Dass der Betroffene die ihm zustehenden Verfahrensrechte verfahrensübergreifend in Anspruch nehmen kann, ist als „Meistbegünstigung" keine ungerechtfertigte Privilegierung des Betroffenen, sondern der „Preis" für die Bündelung von Aufgaben und Befugnissen bei der Aufsichtsbehörde. Mit der Doppelfunktion wird diese in die Lage versetzt, sich zur Aufklärung eines „doppelrelevanten" Sachverhaltes sowohl präventiver als auch repressiver Befugnisse zu bedienen. Die auf diese Weise erlangten Informationen kann sie weitestgehend auch in beiden Verfahren nutzen.[423] Der „Verdoppelung" der Befugnisse der Aufsichtsbehörde gegenüber dem Betroffenen entspricht die „Verdoppelung" der Mitwirkungsrechte

---

[420] S. dazu allgemein: *Scholl*, Behördliche Prüfungsbefugnisse (1989), S. 121; *H.A. Wolff*, Selbstbelastung (1997), S. 195; ebenso BayObLG, GewArch 1969, 41, 42; AG Bad Segeberg, GewArch 1978, 380 (zu § 17 III HandwO); *Jarass*, BImSchG (2002), § 52 Rn. 37 (zu § 52 V BImSchG); *Klaue*, in: Immenga/Mestmäcker, GWB (2001), § 59 Rn. 42 (zu § 59 V GWB).

[421] Vgl. *H.A. Wolff*, Selbstbelastung (1997), zur analogen Anwendung der Auskunftsverweigerungsrechte.

[422] Angesichts der verfahrensübergreifenden Wirkung der Aussagefreiheit könnten die in den Aufsichtsgesetzen enthaltenen Auskunftsverweigerungsrechte sogar auf die Fälle beschränkt werden, in denen Straftaten oder Ordnungswidrigkeiten offenbar werden könnten, deren Verfolgung nicht zum Aufgabenbereich der Aufsichtsbehörde gehört. Eine solche Ansicht wurde – de lege lata – bereits vertreten, allerdings ohne die verfahrensübergreifende Wirkung der Aussagefreiheit anzuerkennen, s. OVG Koblenz, NJW 1982, 1414 (zu § 4 IV Fahrpersonalgesetz); VGH München, GewArch 1983, 330, 331; s. dagegen die berechtigte Kritik von *Reiß*, NJW 1982, 2540f.

[423] S. insoweit o. S. 281ff., 352ff.

des Betroffenen gegenüber der Aufsichtsbehörde. Die Verdoppelung der Befugnisse[424] begegnet keinen verfassungsrechtlichen Bedenken, da jede Befugnis für sich genommen, d.h. auf die mit ihr verfolgte Aufgabe bezogen, verfassungsrechtlich gerechtfertigt werden kann und der Beschuldigte den Eingriff auch hinnehmen müsste, wenn eine Behörde ohne Doppelfunktion ihn vornehmen würde. Für eine Reduzierung der Mitwirkungsrechte in einem bereits laufenden Verfahren besteht keine derartige Rechtfertigungsmöglichkeit. Der Beschuldigte kann sich daher auch in einem Verwaltungsverfahren, das von derselben Behörde geführt wird, auf seine Mitwirkungsrechte im Strafverfahren berufen, ohne dass es einer besonderen gesetzlichen Regelung bedarf.[425] Die einfach-gesetzlichen Bestimmungen zum Schutz der Aussagefreiheit des Beschuldigten im Strafverfahren (§§ 136 I S. 2, 163a III, IV StPO) gelten daher verfahrensübergreifend; das Gleiche gilt für die Aussagefreiheit des Betroffenen im Ordnungswidrigkeitenverfahren (s. § 46 I OWiG). Dies gilt allerdings nur, soweit der Gegenstand des eingeleiteten Straf- bzw. Ordnungswidrigkeitenverfahrens reicht. Der Beschuldigte bzw. Betroffene kann sich also in Bezug auf Umstände, die mit dem erhobenen Vorwurf in keinem Zusammenhang stehen, im Verwaltungsverfahren nicht auf seine Aussagefreiheit berufen.[426]

(iii) Konsequenzen. Die verfahrensübergreifende Geltung der strafverfahrensrechtlichen Vorschriften zum Schutz der Aussagefreiheit führt dazu, dass die Aufsichtsbehörde nach Einleitung eines Straf- bzw. Ordnungswidrigkeitenverfahrens den Beschuldigten bzw. Betroffenen im Verwaltungsverfahren nicht mehr mit Hilfe eines Auskunftsverlangens und verwaltungsrechtlicher Zwangsmittel zur Erteilung von Auskünften zwingen kann. Die Pflicht des Betroffenen, im Verwaltungsverfahren Auskunft zu erteilen, bleibt allerdings bestehen; sie wird – da ihre Erfüllung nicht erzwungen werden kann – zu einer prozessualen Last, die Verweigerung der Auskunft kann also für den Betroffenen nachteilige Folgen haben. Die Ausführungen zum Zwangsmittelverbot in § 393 I S. 2 AO gelten entsprechend.[427]

Der Einzelne kann sich demzufolge im Verwaltungsverfahren auf seine strafprozessuale Aussagefreiheit berufen, wenn gegen ihn bereits ein Straf- bzw. Ordnungswidrigkeitenverfahren eingeleitet worden ist. In diesem Fall ist er auch bei einer Befragung im Verwaltungsverfahren über seine Aussagefreiheit zu belehren (§§ 163a III S. 2, IV S. 2, 136 I S. 2 StPO, ggf. i.V.m. § 46 I OWiG).

In diesem Zusammenhang stellt sich häufig die Frage, ob der Beteiligte „Beschuldigter" i.S.d. StPO bzw. „Betroffener" i.S.d. OWiG ist.[428] Den Beschuldigtensta-

---

[424] Zur Verfassungsmäßigkeit der Aufgabenzuweisung s.o. S. 501 (in Fußn. 400).
[425] So zur Aussagefreiheit: *Bärlein/Pananis/Rehmsmeier*, NJW 2002, 1825, 1830; *Klemp*, BB 1976, 912, 913 (zum Wettbewerbsrecht); s. auch *Bernsmann*, StV 1996, 416, 417.
[426] *Klemp*, BB 1976, 912, 913; vgl. auch BGHSt 27, 374, 378 (zur Anwendung des § 55 StPO im Rahmen der Aufsicht der Rechtsanwaltskammer).
[427] S.o. S. 475ff.
[428] S. dazu ausführlich *Rogall*, in: SK-StPO, Vor § 133 Rn. 25ff.

IV. Die Verwendung von Informationen und der Nemo-tenetur-Grundsatz

tus erhält der Einzelne in jedem Fall dann, wenn eine Strafverfolgungsbehörde ihn ausdrücklich zum Beschuldigten erklärt.[429] Oft wird es allerdings im Interesse der Strafverfolgungsbehörde liegen, diesen Zeitpunkt hinauszuzögern, um den Sachverhalt besser aufklären zu können, während das Interesse des Einzelnen dahingeht, möglichst früh zum Beschuldigten erklärt zu werden, um in den Genuss der damit verbundenen Rechte, insbesondere der Aussagefreiheit, zu kommen.[430] Diese widerstreitenden Interessen spiegeln sich in der Diskussion um die Zulässigkeit der „informatorischen Befragungen" wider. Soweit dieser Begriff dahingehend verstanden wird, dass der Ermittlungsbeamte sich – in völliger Unkenntnis über die Situation – einen ersten Informationszugang verschaffen will und zu diesem Zweck einzelne Personen befragt[431], steht außer Zweifel, dass diese noch nicht den Status eines Beschuldigten haben. Problematisch sind hingegen die Fälle, in denen gegen die Person bereits ein Verdacht besteht, diese aber gleichwohl nicht als Beschuldigter vernommen, sondern „informatorisch befragt" wird.[432] Die Rechtsprechung hält eine solche Vorgehensweise für zulässig.[433] Die Strafverfolgungsbehörde verfügt danach bei ihrer Entscheidung über die Beschuldigteneigenschaft über einen Beurteilungsspielraum.[434] Gleichwohl besteht die Gefahr, dass mit der informatorischen Befragung die Aussagefreiheit des Beschuldigten ausgehöhlt, wenn nicht umgangen wird.[435] Nicht zuletzt deshalb stellt die h.M. bei der Begründung der Beschuldigteneigenschaft nicht allein auf die formelle Inkulpation ab, sondern sieht es als ausreichend an, wenn eine Strafverfolgungsbehörde faktische Maßnahmen gegen ihn ergreift, die erkennbar darauf abzielen, gegen ihn wegen einer Straftat vorzugehen (s. § 397 I AO).[436] Dies ist beispielsweise der Fall, wenn die Strafverfolgungsbehörde gegen die betreffende Person bereits als Verdächtigen Ermittlungseingriffe vorgenommen hat.[437] Mit der Ermittlungsmaßnahme wird der Einzelne gewissermaßen „konkludent" zum Beschuldigten erklärt.

---

[429] BGH, NStZ 1997, 398; *Beulke*, Strafprozeßrecht (2002), Rn. 111; *Hanack*, in: Löwe-Rosenberg, StPO (25. Aufl.), § 136 Rn. 4.

[430] Bei der Rechtfertigung von Ermittlungseingriffen gegen den Beschuldigten ist es hingegen umgekehrt, s. *Rogall*, NStZ 1997, 399, 400; *Satzger*, JZ 2001, 639, 643.

[431] *Eisenberg*, Beweisrecht (2002), Rn. 509; *Lesch*, in: KMR-StPO, Vor § 133 Rn. 18; s. auch BGHSt 38, 214, 227f.

[432] Ablehnend insoweit *Achenbach*, in: AK-StPO, Bd. 2/1 (1992), § 163a Rn. 24; *Rieß*, in: Löwe-Rosenberg, StPO (24. Aufl.), § 163a Rn. 22; *Rogall*, in: SK-StPO, Vor § 133 Rn. 45; *Roxin*, Strafverfahrensrecht (1998), S. 199.

[433] BGH, NStZ 1983, 86; s. auch BGHSt 38, 214, 228; NStZ 1997, 398: Die Strafverfolgungsbehörde hat den Status des zu Vernehmenden nach der Stärke des Tatverdachts zu beurteilen – was im Umkehrschluss bedeutet, dass das Vorliegen eines Verdachts für sich genommen nicht ausreicht.

[434] BGHSt 37, 48, 52; 38, 214, 228; NStZ 1997, 398; *Lesch*, in: KMR-StPO, Vor § 133 Rn. 8; *Rogall*, NStZ 1997, 399, 400.

[435] S. BGHSt 38, 214, 228; NStZ 1997, 398.

[436] BGH, NStZ 1997, 398; *Achenbach*, in: AK-StPO, Bd. 2/1 (1992), § 163a Rn. 20; *Hanack*, in: Löwe-Rosenberg, StPO (25. Aufl.), § 136 Rn. 4; *Lesch*, in: KMR-StPO, Vor § 133 Rn. 4ff.; *Rogall*, in: SK-StPO, Vor § 133 Rn. 33 m.w.N.

[437] S. für eine Durchsuchung: BGH, NStZ 1997, 398, 399; s. auch die weiteren Beispiele bei *Lesch*, in: KMR-StPO, Vor § 133 Rn. 10.

Diese Erwägungen gelten auch für die Aufsichtsbehörden, die sowohl repressive als auch präventive Aufgaben wahrnehmen: Der Einzelne erwirbt in dem Moment den Status eines Beschuldigten (bzw. eines „Betroffenen" i.S.d. OWiG), in dem die Behörde erkennbar mit dem Willen gegen ihn vorgeht, ihn wegen einer Straftat oder Ordnungswidrigkeit zu verfolgen. Dem wird entgegengehalten, dass der Maßstab der Erkennbarkeit in dieser Konstellation versage, denn aufgrund der Doppelfunktion der Behörde sei im Regelfall nicht erkennbar, ob diese zur Aufklärung eines ordnungswidrigkeitenrechtlichen Sachverhaltes handele oder ob sie zur Gefahrenabwehr tätig werde.[438] Wie bereits an anderer Stelle ausgeführt worden ist, ist die Behörde gehalten, in dieser Hinsicht für Klarheit zu sorgen.[439] Die Erkennbarkeit eines Verfolgungswillens ist auf diese Weise grundsätzlich gewährleistet. Dies belegt nicht zuletzt der Umstand, dass die h.M. bei der Begründung des Beschuldigtenbegriffs mit Hilfe eines erkennbaren Verfolgungswillens auf den Rechtsgedanken des § 397 I AO verweist[440], also auf eine Norm für die Finanzbehörde, die zugleich für die Besteuerung und die Verfolgung von Steuerstraftaten und Steuerordnungswidrigkeiten zuständig ist.

Das eigentliche Problem liegt darin, dass die Behörde möglicherweise davon absieht, einen Verfolgungswillen erkennen zu lassen, damit die Aufklärung des Sachverhaltes nicht durch die Belehrungspflicht und ein daraufhin in Anspruch genommenes Schweigerecht erschwert wird. Dem Einzelnen wird in einer solchen Situation also weder ausdrücklich noch konkludent der Beschuldigtenstatus zugewiesen.

Die Behörde kann jedoch die Einleitung eines Strafverfahrens nicht nach Belieben hinauszögern. Besteht der Anfangsverdacht einer Straftat, so ist die Staatsanwaltschaft zum Einschreiten verpflichtet, (§ 152 II StPO). Die Staatsanwaltschaft und die Polizei haben zu diesem Zweck den Sachverhalt zu erforschen (§§ 160 I, 163 I StPO). Liegt ein Anfangsverdacht gegen eine bestimmte Person vor, so ist die Strafverfolgungsbehörde verpflichtet, gegen diese zu ermitteln.[441] Dies gilt entsprechend für die Zollbehörden, die für die Verfolgung von Straftaten zuständig sind.[442] Wird auf einen Anfangsverdacht hin ein Strafverfahren eingeleitet, so ergibt sich daraus in der Regel ein gegen den am Verwaltungsverfahren Beteiligten gerichteter Verfolgungswille, soweit sich der Anfangsverdacht aus einem Verwaltungsverfahren heraus entwickelt hat, das auf die Überwachung des Betroffenen gerichtet ist. Allerdings verfügt die Behörde bei der Prüfung, ob ein Anfangsverdacht i.S.d. § 152 II StPO vorliegt, über einen Beurteilungsspielraum.[443] Innerhalb dieses Beurteilungsspielraums ist sie in ihrer Entscheidung über die Einleitung eines Er-

---

[438] *Bärlein/Pananis/Rehmsmeier*, NJW 2002, 1825, 1828.
[439] S.o. S. 501 f.
[440] S. BGH, NStZ 1997, 398; *Achenbach*, in: AK-StPO, Bd. 2/1 (1992), § 163 a Rn. 20; *Rogall*, in: SK-StPO, Vor § 133 Rn. 33.
[441] BGH, NJW 1989, 96, 97; *Hanack*, in: Löwe-Rosenberg, StPO (25. Aufl.), § 136 Rn. 4, 5.
[442] S. z. B. § 37 III AWG.
[443] BVerfG, MDR 1984, 284; BGH, NJW 1989, 96, 97; *Schoreit*, in: KK-StPO (2003), § 152 Rn. 28; s. dagegen *Bernsmann*, StV 1996, 416, 418, der einen Beurteilungsspielraum nur in Bezug auf die Individualisierung des Verdachts anerkennt.

mittlungsverfahrens frei. Dies mag unbefriedigend erscheinen, da die Behörde auf diese Weise auf den Zeitpunkt, in dem der Einzelne den Status und die Rechte eines Beschuldigten erhält, Einfluss nehmen kann. Dieses Problem besteht jedoch unabhängig davon, ob ein Verwaltungsverfahren und ein Strafverfahren nebeneinander durchgeführt werden. Der Strafverfolgungsbehörde steht ein solcher Beurteilungsspielraum im Strafverfahren auch bei der Bildung eines Verfolgungswillens gegen eine bestimmte Person zu.[444] Sieht die Strafverfolgungsbehörde innerhalb des ihr zustehenden Beurteilungsspielraums davon ab, gegen die betreffende Person einen Verfolgungswillen zu bilden, so hat diese Person nicht die Rechte eines Beschuldigten.[445] Wird der Beurteilungsspielraum hingegen überschritten und der betroffenen Person auf diese Weise die Wahrnehmung ihrer Beschuldigtenrechte unmöglich gemacht, so sind die Folgen dieser Rechtsverletzung durch Annahme eines Verwertungsverbotes zu beseitigen.[446]

Diese Ausführungen gelten auch für das Ordnungswidrigkeitenverfahren. Zwar gilt dort der Opportunitätsgrundsatz, d.h. die Verfolgung von Ordnungswidrigkeiten liegt im pflichtgemäßen Ermessen der Verfolgungsbehörde (§ 47 I S. 1 OWiG). Die Behörde kann also von einer Verfolgung der Zuwiderhandlung absehen. Opportunität bedeutet jedoch nicht Willkür, sondern – wie es im „pflichtgemäßen Ermessen" zum Ausdruck kommt – dass sich die Behörde bei ihrer Entscheidung an dem gesetzlich festgelegten Zweck der Bußgeldvorschrift zu orientieren hat.[447] Mit der Einführung eines Bußgeldtatbestandes missbilligt der Gesetzgeber das darin umschriebene Verhalten und verlangt als Regelfall dessen Ahndung.[448] Das Absehen von einer Verfolgung bedarf hingegen als Ausnahmefall einer Begründung.[449] Die Behörde muss in diesem Fall einen „besonderen Nichtverfolgungsgrund" angeben können.[450] Soweit eine Behörde die Ordnungswidrigkeit im Einzelfall nicht verfolgen will, sind die entsprechenden Umstände also im Bußgeldverfahren aufzuklären. Zwar kann sie ihr Verfolgungsermessen auch dahingehend ausüben, dass sie von vornherein von einer Verfolgung Abstand nimmt, z.B. weil der Umfang der Ermittlungen außer Verhältnis zu der Bedeutung der Zuwiderhandlung stünde.[451] Einem solchen Verzicht auf die Verfolgung muss jedoch eine pflichtgemäße Ermessensausübung vorausgehen, d.h. die Behörde kann einen bestehenden Verdacht nicht einfach ignorieren, sondern muss eine Entscheidung über die Verfolgung treffen.[452] Bei einem Absehen von der Verfolgung wird die Aussagefreiheit des Betroffenen im Bußgeldverfahren nicht berührt; leitet die Be-

---

[444] S.o. im Text.
[445] *Rogall*, NStZ 1997, 399, 400.
[446] So zur Vernehmung eines Beschuldigten als Zeuge: OLG Oldenburg, StV 1995, 178, 179; zur Annahme eines Verwertungsverbotes bei Verletzung der Belehrungspflicht: BGHSt 38, 214ff.
[447] *Bohnert*, in: KK-OWiG (2000), Einleitung Rn. 147, 149; *Göhler*, OWiG (2002), § 47 Rn. 2, 3.
[448] *Bohnert*, in: KK-OWiG (2000), Einleitung Rn. 148, 150.
[449] *Bohnert*, in: KK-OWiG (2000), Einleitung Rn. 150.
[450] *Bohnert*, in: KK-OWiG (2000), § 47 Rn. 2.
[451] *Göhler*, OWiG (2002), § 47 Rn. 4.
[452] *Mitsch*, Ordnungswidrigkeitenrecht (1995), Teil IV. § 3 Rn. 7.

hörde ein Verfahren ein, gelten die Ausführungen zum Strafverfahren entsprechend.

Die Praxis trägt den Problemen, die aus dem Nebeneinander von Verwaltungs- und Straf- bzw. Ordnungswidrigkeitenverfahren resultieren, bereits in entsprechenden Dienstanweisungen Rechnung, wie z.B. in der Anweisung zur Durchführung einer Außenwirtschaftsprüfung (§ 44 I S. 3 AWG).[453] Eine solche Prüfung wird in der Regel von der Oberfinanzdirektion angeordnet und vom Hauptzollamt durchgeführt.[454] Ergeben sich während der Prüfung zureichende tatsächliche Anhaltspunkte dafür, dass eine Ordnungswidrigkeit begangen worden ist, so ist die Oberfinanzdirektion unverzüglich zu unterrichten.[455] Diese prüft, ob ein Bußgeldverfahren einzuleiten ist und entscheidet über das weitere Vorgehen.[456] Die Oberfinanzdirektion kann den Prüfer auch nach Einleitung eines Bußgeldverfahrens beauftragen, die Prüfung fortzusetzen; in diesem Fall ist dem Betroffenen die Einleitung des Bußgeldverfahrens mitzuteilen und dieser darüber zu belehren, dass er Auskünfte und Erläuterungen verweigern kann, soweit diese für Zwecke des Bußgeldverfahrens gegen ihn verwendet werden können.[457] Bei dem Verdacht einer Straftat ist nach Einleitung eines Strafverfahrens ebenso zu verfahren.[458] Mit der Einleitung des Straf- bzw. Ordnungswidrigkeitenverfahrens genießt der Betroffene also auch bei der Vornahme einer Außenwirtschaftsprüfung gegenüber dem Prüfer die Rechte eines Beschuldigten.[459]

Abschließend sollen die Probleme, die sich aufgrund des Beurteilungsspielraums der Aufsichtsbehörde stellen, an einem Beispiel diskutiert werden. Einem Zollbeamten fällt bei der Kontrolle einreisender Personen ein auffällig nervöser Mann auf. Der Beamte befragt den Reisenden daraufhin, ob er Betäubungsmittel oder Waffen bei sich führe. Der Befragte händigt dem Beamten daraufhin zwei Tüten Marihuana aus.[460] Die Nervosität einer einreisenden Person ist ein so schwaches

---

[453] S. die Dienstanweisung Prüfungen, Auskünfte und Vorlage geschäftlicher Unterlagen im Verkehr mit Marktordnungswaren, im Außenwirtschafts- und innerdeutschen Wirtschaftsverkehr – III A 6 – S 1540–111/88 vom 31.8.1988, VSF N 50 88 Nr. 377 (im Folgenden: Prüfungsanweisung).

[454] § 38 III S.1 i.V.m. § 44 I S.3 AWG; § 44 I S.4 AWG.

[455] Abschnitt (33) der Prüfungsanweisung. Dass die Oberfinanzdirektion danach bei geringfügigen Ordnungswidrigkeiten nicht zu unterrichten ist, kann dahingehend interpretiert werden, dass es für die Einleitung eines Bußgeldverfahrens keiner Unterrichtung bedarf, da das Hauptzollamt insoweit selbst das Verfahren durchführen kann, s. § 38 IV AWG.

[456] Abschnitt (34) der Prüfungsanweisung; s. auch *Ricke*, in: Bieneck, Außenwirtschaftsrecht (1998), § 22 Rn. 44.

[457] Abschnitt (35) der Prüfungsanweisung; s. auch *Ricke*, in: Bieneck, Außenwirtschaftsrecht (1998), § 22 Rn. 47, der allerdings die Aushändigung eines Merkblattes vor der Prüfung genügen lässt; zur Belehrungspflicht gelten die Ausführungen zu § 393 I S.4 AO entsprechend, s.o. S. 480 ff.

[458] Abschnitt (39) der Prüfungsanweisung; vgl. auch *Ricke*, in: Bieneck, Außenwirtschaftsrecht (1998), § 22 Rn. 45.

[459] Besonders aufschlussreich ist, dass der Betroffene – anders als nach § 44 III AWG – auch die Vorlage von Unterlagen verweigern kann, s. Abschnitt (35) der Prüfungsanweisung, s. dazu auch o. S. 438 ff.

[460] S. den Sachverhalt der Entscheidung des OLG Oldenburg, StV 1996, 416.

IV. Die Verwendung von Informationen und der Nemo-tenetur-Grundsatz 513

Indiz für die Verletzung eines Verbringungsverbotes, dass es nicht den Beurteilungsspielraum des Zollbeamten überschreitet, wenn er einen Anfangsverdacht verneint und keine auf die Verfolgung einer solchen Zuwiderhandlung gerichteten Ermittlungen aufnimmt, sondern sich auf eine verwaltungsrechtliche Prüfung im Rahmen der zollamtlichen Überwachung beschränkt (s. § 10 ZollVG). Im Beispielsfall wird der einreisenden Person allerdings eine so gezielte Frage gestellt, dass der Befragte bei einer positiven Antwort die Begehung einer Straftat zugeben muss.[461] Durch seine Frage nach Betäubungsmitteln und Waffen hat der Zollbeamte den Betroffenen mit einem strafrechtlichen Vorwurf konfrontiert. Er bringt zum Ausdruck, dass der Befragte möglicherweise eine Straftat begangen hat[462], d.h. er äußert einen Verdacht, und stellt zugleich eine auf die Klärung dieses Verdachts gerichtete Frage.[463] Damit ergreift der Zollbeamte Maßnahmen gegen den Betroffenen, die erkennbar darauf abzielen, gegen ihn wegen einer Straftat vorzugehen. Der Betroffene wird damit konkludent zum Beschuldigten erklärt; er hätte also über seine Rechte im Strafverfahren belehrt werden müssen.[464] Anders wäre der Fall zu beurteilen, wenn der einreisenden Person allgemein gehaltene Kontrollfragen gestellt werden, also z.B., ob sie etwas anzumelden habe.[465] Dies gilt auch für die Aufforderung, mitgeführte Zahlungsmittel und Wertgegenstände mit einem Gesamtwert von über 15.000 Euro anzuzeigen (s. § 12a I S. 1 ZollVG), denn der Besitz dieser Geldmittel begründet für sich genommen noch keinen Geldwäscheverdacht.[466]

Mit den vorstehenden Ausführungen soll nicht der Eindruck erweckt werden, der Schutz der Aussagefreiheit stehe und falle mit dem Beschuldigtenstatus. Der Einzelne wird im Strafverfahren bereits geschützt, bevor er den Status eines Beschuldigten erlangt.[467] Auch der Zeuge kann die Auskunft auf solche Fragen verweigern, deren Beantwortung ihm die Gefahr zuziehen würde, wegen einer Straftat oder Ordnungswidrigkeit verfolgt zu werden (§ 55 I StPO). Entsprechendes gilt für das Ordnungswidrigkeitenverfahren (§ 46 I OWiG). Mit dem Auskunftsverweigerungsrecht wird die Aussagefreiheit des Einzelnen im Vorfeld eines gegen ihn einzuleitenden Ermittlungsverfahrens geschützt. Der Einzelne kann daher bereits zu diesem Zeitpunkt gegenüber der Aufsichtsbehörde die Auskunft auf Fragen verweigern, welche für ihn die Gefahr einer Selbstbezichtigung bergen. Wie im Straf- und Ordnungswidrigkeitenverfahren (§ 55 I StPO) darf der Beteiligte eines

---
[461] S. auch *Bernsmann*, StV 1996, 416, 417.
[462] S. §§ 29 I Nr. 1 BtMG, 52 I Nr. 1 WaffenG.
[463] S. auch *Bernsmann*, StV 1996, 416, 417, der allerdings auf die Nervosität des Betroffenen abstellt; a.A. OLG Oldenburg, StV 1996, 416.
[464] *Bernsmann*, StV 1996, 416, 417; *Roxin*, Strafverfahrensrecht (1998), S. 199; a.A. OLG Oldenburg, StV 1996, 416.
[465] Vgl. *Bernsmann*, StV 1996, 416, 417.
[466] S. auch *Schmitz*, DStZ 2003, 606, 607: Wird die Frage nach der Mitführung von Zahlungsmitteln oder Wertgegenständen mit einem solchen Gesamtwert verneint und finden die Zollbeamten nach einer Durchsuchung derartige Gegenstände, so ist ein Ordnungswidrigkeitenverfahren einzuleiten und der Betroffene über sein Schweigerecht zu belehren.
[467] S. auch o. S. 454.

Verwaltungsverfahrens die ihn belastenden Umstände jedoch nicht einfach verschweigen, sondern ist gehalten, die Auskunft unter ausdrücklicher Berufung auf die Gefahr der Selbstbelastung (bzw. der Belastung Angehöriger) zu verweigern.[468]
Die verfahrensübergreifende Wirkung der Aussagefreiheit hat auch Konsequenzen für das materielle Straf- und Ordnungswidrigkeitenrecht: Verweigert der Beschuldigte die Auskunft, so kann dieses Verhalten weder als Straftat noch als Ordnungswidrigkeit sanktioniert werden. Im Hinblick auf die Aussagefreiheit sind die jeweiligen Tatbestände unter Heranziehung der Grundsätze zur Unzumutbarkeit normgemäßen Verhaltens[469] entsprechend auszulegen. In dem oben genannten Beispielsfall kann daher gegen die kontrollierte Person, die auf die gezielte Frage nach Waffen und Betäubungsmittel die Antwort verweigert, keine Geldbuße (s. § 31 I Nr. 5, II Nr. 2a ZollVG) verhängt werden.

(b) Die Vorlagepflichten und § 95 StPO

Der Gesetzgeber hat den Beschuldigten zum Schutz des verfassungsrechtlichen Grundsatzes „Nemo tenetur se ipsum accusare" von der Herausgabepflicht nach § 95 I StPO freigestellt.[470] Wie in Bezug auf die Auskunftspflichten festgestellt wurde, gilt die im Strafverfahren einfach-gesetzlich garantierte Aussagefreiheit verfahrensübergreifend und somit auch im Verwaltungsverfahren.[471] In Bezug auf die Vorlagepflicht bedarf es daher keiner Analogie zu § 95 II S. 2 StPO.[472] Der am Verwaltungsverfahren Beteiligte und dort Mitwirkungspflichtige ist bereits Beschuldigter eines Strafverfahrens und genießt als solcher gegenüber der Aufsichts- und Verfolgungsbehörde die mit diesem Status verbundenen Verfahrensrechte. Er kann sich daher auf seine im Strafverfahren als Ausfluss der Aussagefreiheit verbürgte Freistellung von der Editionspflicht berufen und die Vorlage von potentiellen Beweismitteln verweigern. Der oben angeführten Rechtsprechung des BVerfG zur Verfassungsmäßigkeit der Vorlagepflicht widerspricht dies nicht, denn das Recht, die Vorlage von Geschäftsunterlagen zu verweigern, ergibt sich nicht aus der Ver-

---

[468] BVerfGE 38, 105, 113; BGHSt 7, 127, 128; 21, 167, 171; *Dahs*, in: Löwe-Rosenberg, StPO (25. Aufl.), § 55 Rn. 17; *Eisenberg*, Beweisrecht (2002), Rn. 1123; *Kleinknecht/Meyer-Goßner*, StPO (2003), § 55 Rn. 11; *Senge*, in: KK-StPO (2003), § 55 Rn. 12.
[469] S. dazu o. S. 485 ff.
[470] S.o. S. 438 ff.
[471] S.o. S. 503 ff. Dies entspricht einer verbreiteten Meinung, wonach die Auskunftsverweigerungsrechte auch für die Pflicht zur Vorlage von selbstbelastenden Unterlagen gelten, s. OVG Koblenz, NJW 1982, 1414; *Reiß*, NJW 1982, 2540 (zu § 4 IV Fahrpersonalgesetz); *Fehn*, in: Hohmann/John, Ausfuhrrecht (2002), § 44 AWG Rn. 46; *Ricke*, in: Bieneck, Außenwirtschaftsrecht (1998), § 22 Rn. 46a (zu § 44 III AWG); *Grützner/Reimann/Wissel*, Kartellamtsermittlungen (1993), S. 98 (zu § 59 V GWB); die h.M. lehnt dies allerdings ab, s. dazu *H.A. Wolff*, Selbstbelastung (1997), S. 224 ff.
[472] S. dagegen *Hartung*, NJW 1988, 1070, 1071; *Lindemann*, in: Boos/Fischer/Schulte-Mattler, KWG (2000), § 44c Rn. 43; *Schröder/Hansen*, ZBB 2003, 113, 119.

fassung, sondern aus dem Gesetz (§ 95 StPO), über dessen Auslegung nicht die Verfassungsgerichte, sondern die Fachgerichte entscheiden.[473]

Nach alledem kann die Behörde zwar nach Einleitung eines Straf- bzw. Ordnungswidrigkeitenverfahrens an den Beschuldigten bzw. Betroffenen im parallel laufenden Verwaltungsverfahren ein Vorlageverlangen richten; es ist ihr jedoch verwehrt, dieses Vorlageverlangen mit Hilfe von Zwangsmitteln durchzusetzen.

(c) Die Anzeige- und Erklärungspflichten und die Aussagefreiheit

Die Aufsichtsgesetze enthalten eine Reihe von Anzeige- und Erklärungspflichten. Diese unterscheiden sich von den Auskunfts- und Vorlagepflichten darin, dass der Betroffene unmittelbar durch die jeweilige gesetzliche Bestimmung verpflichtet ist, die Aufsichtsbehörde über bestimmte Tatsachen zu informieren.[474] Soweit ersichtlich, wird der Aussagefreiheit im Straf- bzw. Ordnungswidrigkeitenverfahren in den Vorschriften über Anzeige- und Erklärungspflichten allein durch § 27 I S. 2 i.V.m. § 52 V BImSchG, § 36a III KrW-/AbfG und § 40a S. 3 LMBG[475] Rechnung getragen. Nach den erstgenannten Bestimmungen kann der Betreiber einer Anlage die Abgabe einer Emissionserklärung verweigern, soweit ihn dies der Gefahr einer strafgerichtlichen Verfolgung oder der Gefahr eines Bußgeldverfahrens aussetzen würde. § 40a S. 3 LMBG legt fest, dass eine Unterrichtung nach § 40a S. 1 und 2 LMBG nicht zur strafrechtlichen Verfolgung des Unterrichtenden oder für ein Verfahren nach dem OWiG verwendet werden darf, d.h. die erlangten Informationen unterliegen einem Verwertungsverbot.[476] Den meisten Aufsichtsgesetzen ist eine solche Regelung allerdings fremd, so dass sich die Frage stellt, wie sich die Aussagefreiheit auf die verwaltungsrechtlichen Anzeige- und Erklärungspflichten auswirkt.

Den bisher erörterten Konstellationen vergleichbar ist der Fall, dass die Aufsichtsbehörde bereits in einem Straf- oder Ordnungswidrigkeiten gegen den Betroffenen ermittelt, wenn die Anzeigepflicht entsteht. Als Beispiel sei der Fall angeführt, dass ein Unternehmer den Werkverkehr innerhalb seines Unternehmens nicht dem Bundesamt für Güterverkehr anzeigt.[477] Nachdem das Bundesamt Ermittlungen wegen einer Verletzung der Anzeigepflicht aufgenommen hat[478], führt der Unternehmer den Werkverkehr nicht weiter durch. Um sich nicht selbst im Hinblick auf die laufenden Ermittlungen zu belasten, sieht er wiederum von einer Anzeige der Beendigung des Werkverkehrs ab.[479]

---
[473] S. aber BVerwG, DÖV 1984, 73, 74, das ein Vorlageverweigerungsrecht verneint. Eine verfahrensübergreifende Wirkung des § 95 StPO wird dort allerdings nicht diskutiert.
[474] S.o. S. 203f.
[475] In der Fassung vom 8. 8. 2002, BGBl I S. 3116.
[476] *Baumann*, ZLR 2003, 27, 42.
[477] S. die Anzeigepflicht nach § 15a II, III GüKG.
[478] Zur Zuständigkeit des Bundesamtes s. § 20 I S. 1 GüKG; zur Verletzung der Anzeigepflicht als Ordnungswidrigkeit s. § 19 I Nr. 12a GüKG.
[479] S. insoweit § 15a VI GüKG.

In diesem Fall stehen die anzuzeigenden Umstände (Beendigung des Werkverkehrs) ohne Zweifel mit dem erhobenen Vorwurf (Nichtanzeige des Werkverkehrs) in einem Zusammenhang, die Erfüllung der Anzeigepflicht würde daher die Aussagefreiheit in dem bereits eingeleiteten Ordnungswidrigkeitenverfahren beeinträchtigen. Dass im Straf- bzw. Ordnungswidrigkeitenverfahren keine Anzeigepflicht vorgesehen ist, ist insoweit Ausfluss des Nemo-tenetur-Grundsatzes.[480] Der Betroffene darf also nicht zu einer Anzeige gezwungen werden. Dieser Schutz entfällt nicht deshalb, weil es sich bei der Anzeigepflicht um eine Verpflichtung handelt, die präventiven Zwecken dient.[481] Die Bündelung repressiver und präventiver Aufgaben bei ein- und derselben Behörde führt dazu, dass die Mitwirkungsrechte des Einzelnen verfahrensübergreifend wirken.[482]

Da die Anzeigepflicht unmittelbar auf einer Rechtsvorschrift beruht, wird die Aufsichtsbehörde – da sie keine Kenntnis von der bestehenden Pflicht hat – häufig keine Maßnahmen treffen können, um die Erfüllung der Anzeigepflicht mit Zwangsmitteln durchzusetzen. Auf den Betroffenen kann aber auch dadurch Zwang ausgeübt werden, dass – wie im Beispielsfall[483] – für die Nichterfüllung dieser Pflicht eine Geldbuße angedroht wird. Dieser – verbotene – Zwang kann durch Anwendung der Grundsätze über die Unzumutbarkeit normgemäßen Verhaltens beseitigt werden.[484] Wegen der Verletzung der (zweiten) Anzeigepflicht darf daher gegen den Unternehmer keine Geldbuße verhängt werden.

Der Konflikt zwischen Anzeigepflicht und Aussagefreiheit kann allerdings auch dadurch aufgelöst werden, dass der Inhalt der Anzeige für das Straf- bzw. Ordnungswidrigkeitenverfahren einem Verwertungsverbot unterworfen wird. Als Beispiel mag der Fall dienen, dass ein Gewerbetreibender die Aufnahme seiner Tätigkeit pflichtwidrig[485] nicht der Aufsichtsbehörde anzeigt. Nach Einleitung eines Ordnungswidrigkeitenverfahrens[486] gibt er den Betrieb auf, will aber im Hinblick auf das laufende Bußgeldverfahren von der gebotenen Anzeige der Betriebsaufgabe absehen.[487] Die Anzeige dient der Überwachung der Gewerbeausübung; ausweislich der gesetzlichen Regelung darf die Behörde die auf diese Weise erhobenen Daten nur zu diesem Zweck verwenden.[488] Eine Verwendung zu repressiven Zwe-

---

[480] S. auch *H.A. Wolff*, Selbstbelastung (1997), S. 231. Dass der Gesetzgeber im Strafverfahren keine Anzeigepflicht eingeführt hat, basiert allerdings nur zum Teil auf dem Grundsatz „Nemo tenetur se ipsum accusare", da er – anders als in § 95 StPO – auch Unbeteiligte von einer solchen Pflicht freigestellt hat. Der völlige Ausschluss einer Anzeigepflicht wird darin begründet sein, dass bei Delikten, die verborgen bleiben, der Rechtsfrieden noch nicht in einem Umfang gestört ist, dass die mit einer Anzeigepflicht vorgenommene Freiheitsbeschränkung gerechtfertigt werden kann. Die Anzeigepflicht nach § 11 GwG hat demzufolge Ausnahmecharakter.
[481] S. aber *Schäfer*, in: Dünnebier-FS (1982), S. 11, 48.
[482] S. dazu o. S. 503 ff.
[483] S. § 19 I Nr. 12e GüKG.
[484] S. dazu o. S. 485 ff., 514.
[485] S. § 14 I S. 1 GewO.
[486] S. den entsprechenden Ordnungswidrigkeitentatbestand in § 146 II Nr. 1 GewO.
[487] S. § 14 I S. 2 Nr. 3 GewO.
[488] § 14 I S. 3, 4 GewO.

IV. Die Verwendung von Informationen und der Nemo-tenetur-Grundsatz

cken wird nur zur Verfolgung von Straftaten zugelassen[489], d.h. eine Nutzung zur Verfolgung von Ordnungswidrigkeiten ist ausgeschlossen. Die Anzeige ist also nicht geeignet, die Aussagefreiheit des Betroffenen im Ordnungswidrigkeitenverfahren zu beeinträchtigen.[490] Für den Beispielsfall bedeutet dies, dass der Gewerbetreibende nicht befürchten muss, dass der Inhalt seiner zweiten Anzeige im Ordnungswidrigkeitenverfahren gegen ihn verwertet wird. Daher kann er – insbesondere durch Androhung eines Bußgeldes – zur Erfüllung der Anzeigepflicht gezwungen werden. Den Weg, die Aussagefreiheit des Betroffenen über ein Verwertungsverbot zu wahren, hat der Gesetzgeber auch bei der lebensmittelrechtlichen Unterrichtungspflicht beschritten (s. § 40a S. 3 LMBG).

Der Vorteil der Lösung über ein Verwertungsverbot besteht darin, dass die Behörde Kenntnis von dem gefahrbegründendem Umstand erhält und Maßnahmen zur Gefahrenabwehr ergreifen kann, während für sie kein Anlass zum Einschreiten gegeben ist, wenn eine Anzeige von vornherein unterbleibt.[491] Aus diesem Grund wird an Stelle eines „Anzeigeverweigerungsrechts" generell ein Verwertungsverbot angenommen, um einen Verstoß gegen den Grundsatz „Nemo tenetur se ipsum accusare" abzuwenden. Danach bliebe die Anzeigepflicht bestehen und ihre Verletzung könnte geahndet werden; allerdings wäre es der Behörde verwehrt, den Inhalt der Anzeige zur Verfolgung von Straftaten oder Ordnungswidrigkeiten zu verwerten.[492]

Aus den gesetzlichen Regelungen lässt sich ein solches Verwertungsverbot jedoch nicht begründen:[493] Liegt eine formell und materiell verfassungsmäßige Nutzungsbefugnis vor, so ist eine Verwertung grundsätzlich zulässig.[494] Eine Verwendungsbeschränkung in Bezug auf selbstbelastende Angaben ist in diesen Befugnissen nicht vorgesehen. Sie würde auch dem Anliegen des Gesetzgebers nicht gerecht: Die Bündelung präventiver und repressiver Aufgaben bei einer Behörde setzt voraus, dass die Informationen aus dem einen Verfahren auch in dem anderen Verfahren genutzt werden können. Die vom Gesetzgeber angestrebten Synergieeffekte können nur erreicht werden, wenn der Informationsfluss nicht durch Verwertungsverbote gehemmt wird, sondern ungeachtet der Unterschiede zwischen

---

[489] § 14 IX GewO.

[490] Die Behörde kann allerdings auf der Grundlage der Anzeige weitere Daten erheben, deren Nutzung wiederum nach § 11 I S. 1, IV GewO auch zur Verfolgung von Ordnungswidrigkeiten nach der GewO zulässig ist, s. *Marcks*, in: Landmann/Rohmer, GewO, § 14 Rn. 74 i.V.m. § 11 Rn. 5. Eine solche Verwendung anderer erhobener Daten verletzt jedoch nicht den Grundsatz „Nemo tenetur se ipsum accusare", denn diese Informationen sind – anders als die Anzeige – nicht Teil einer Äußerung des Betroffenen und können deshalb dessen Verteidigung auch nicht beeinträchtigen.

[491] *H.A. Wolff*, Selbstbelastung (1997), S. 232f.

[492] *J.M. Günther*, ZfW 1996, 290, 293; *Hahn*, Offenbarungspflichten (1984), S. 164; *Mäder*, Betriebliche Offenbarungspflichten (1997), S. 202ff., 207, 212, 258ff.; *Michalke*, NJW 1990, 417, 419; *Nobbe/Vögele*, NuR 1988, 313, 317; *H.A. Wolff*, Selbstbelastung (1997), S. 231f.; s. auch *Schendel*, in: Meinberg/Möhrenschlager/Link, Umweltstrafrecht (1989), S. 256.

[493] Zur Ablehnung eines verfassungsrechtlichen Verwertungsverbotes s.o. S. 458ff.

[494] S. dazu im Einzelnen o. S. 281ff.

C. Die verfahrensübergreifende Verwendung personenbezogener Informationen

Verwaltungsverfahren einerseits und Straf- bzw. Ordnungswidrigkeitenverfahren andererseits der Sachverhalt einheitlich ermittelt wird. Ein Verwertungsverbot kommt daher grundsätzlich nur in Betracht, wenn die Zuständigkeit für die Gefahrenabwehr von der Zuständigkeit für die Verfolgung von Zuwiderhandlungen unterschiedlichen Behörden zugewiesen und die Verfahren auf diese Weise deutlich voneinander getrennt werden, denn in diesem Fall klärt jede Behörde im Rahmen des von ihr geführten Verfahrens den Sachverhalt selbständig auf.[495] Die Annahme, das Interesse an einer effektiven Gefahrenabwehr verdränge grundsätzlich das staatliche Verfolgungsinteresse (s. auch § 40a S. 3 LMBG)[496], wird im Übrigen durch die ausdrückliche Erstreckung des Auskunftsverweigerungsrechtes auf die Emissionserklärung (§ 27 I S. 2 BImSchG) widerlegt.[497]

Dem Grundsatz „Nemo tenetur se ipsum accusare" wird durch die verfahrensübergreifende Wirkung der Aussagefreiheit ausreichend Rechnung getragen.[498] Der Gesetzgeber hat es in der Hand, mit einer ausdrücklichen Verwertungsbeschränkung (s.o.) die verwaltungsrechtlichen Aufklärungsbefugnisse von den verfahrensrechtlichen Bindungen des Straf- und Ordnungswidrigkeitenverfahrens zu befreien. Soweit er dies nicht getan hat, bleibt es bei seiner mit der Doppelfunktion und den entsprechenden Nutzungsbefugnissen zum Ausdruck gebrachten Wertung zugunsten einer einheitlichen Sachverhaltsermittlung. Die Nachteile für die Effektivität der Gefahrenabwehr werden dadurch gemindert, dass der Betroffene sein Weigerungsrecht gegenüber der Behörde grundsätzlich ausdrücklich geltend machen muss.[499] Zudem ist in den genannten Beispielsfällen bereits ein Ordnungswidrigkeitenverfahren eingeleitet worden, d.h. die Behörde ist nicht völlig in Unkenntnis über die abzuwehrende Gefahr und damit grundsätzlich in der Lage, Maßnahmen zur Gefahrenabwehr zu ergreifen.

Häufiger dürfte allerdings der Fall sein, dass zu diesem Zeitpunkt noch kein Ordnungswidrigkeitenverfahren gegen den Anzeigepflichtigen läuft, die Behörde also noch keine Informationen über die Zuwiderhandlung hat und damit auch die Grundlage für ein ordnungsrechtliches Einschreiten fehlt. Zur Verdeutlichung sei auch an dieser Stelle wieder ein Beispiel angeführt. Ein Hersteller von Betäubungsmitteln, der über eine entsprechende Erlaubnis verfügt[500], weitet seine Produktion auf andere Betäubungsmittel aus, ohne dies der Aufsichtsbehörde anzuzeigen[501].

---

[495] Eine solche Konstellation ist Gegenstand des „Gemeinschuldner-Beschlusses" (BVerfGE 56, 37), auf den zur Begründung eines Verwertungsverbotes Bezug genommen wird; s. dazu o. S. 458 ff.; zur Unterscheidung von der vorliegenden Konstellation s. auch o. S. 503 ff.
[496] S. *J. M. Günther*, ZfW 1996, 291, 292; *Hahn*, Offenbarungspflichten (1984), S. 164; *Nobbe/Vögele*, NuR 1988, 313, 317.
[497] S. dagegen *H. A. Wolff*, Selbstbelastung (1997), S. 214 f., der eine analoge Anwendung dieser Norm ablehnt. Die Zulässigkeit einer Analogie kann an dieser Stelle offen bleiben, da es im vorliegenden Zusammenhang allein um die verfahrensübergreifende Wirkung der Aussagefreiheit gegenüber doppelfunktionellen Behörden geht.
[498] S.o. S. 503 ff.
[499] S. dazu sogleich im Text.
[500] S. § 3 BtMG.
[501] S. die entsprechende Anzeigepflicht nach § 8 III S. 1 i.V.m. § 7 I S. 2 Nr. 6 BtMG.

Um sich nicht selbst wegen der Verletzung der Anzeigepflicht zu belasten, unterlässt er die vorgeschriebene halbjährliche Meldung über seinen Bestand an Betäubungsmitteln.[502]

Dabei stellt sich zunächst die Frage, ob der Anzeigepflichtige sich überhaupt auf die Aussagefreiheit berufen kann, denn ein Ordnungswidrigkeitenverfahren ist noch nicht gegen ihn eingeleitet worden. Im Strafverfahren wird die Aussagefreiheit indessen bereits geschützt, bevor der Einzelne den Status eines Beschuldigten erlangt, wie das Auskunftsverweigerungsrecht des Zeugen (§ 55 StPO) belegt.[503] Eine Pflicht des Einzelnen, von ihm begangene Straftaten den Strafverfolgungsbehörden anzuzeigen, wäre somit ein klarer Verstoß gegen den Grundsatz „Nemo tenetur se ipsum accusare".[504]

Wendet man diese Grundsätze auf den Beispielsfall an, so kann die Aufsichts- und Verfolgungsbehörde[505] die Verweigerung der Meldung nicht als Ordnungswidrigkeit[506] verfolgen, da darin ein unzulässiger Zwang zur Selbstbezichtigung zu sehen wäre. Dem Interesse an einer effektiven Gefahrenabwehr wird dadurch Rechnung getragen, dass eine Meldung in regelmäßigen Abständen gesetzlich vorgeschrieben ist, so dass zu erwarten ist, dass die Behörde bei einem Ausbleiben der Meldung tätig wird. Der Einzelne kann sich dem nicht entziehen, in dem er eine unvollständige Meldung abgibt und damit gegenüber der Behörde den Anschein erweckt, es habe alles seine Richtigkeit. Dies zeigt zunächst der Vergleich mit dem Weigerungsrecht nach § 27 I S. 2 BImSchG: Dort ist anerkannt, dass der Anlagenbetreiber dieses Recht ausdrücklich geltend machen muss[507] und bei einer Teilerklärung nicht den Eindruck erwecken darf, seine Erklärung sei vollständig[508]. Nichts anderes gilt im Strafverfahren: Dort darf der Zeuge, dem ein Auskunftsverweigerungsrecht nach § 55 StPO zusteht, die ihn belastenden Umstände nicht einfach verschweigen, sondern ist gehalten, die Auskunft unter ausdrücklicher Berufung auf die Gefahr der Selbstbelastung (bzw. der Belastung Angehöriger) zu verweigern.[509] Gegebenenfalls hat er das Auskunftsverweigerungsrecht, z.B. durch eine eidliche Versicherung, glaubhaft zu machen (§ 56 StPO).[510] Der Zeuge wird – wie der Beteiligte im Verwaltungsverfahren – nur davor geschützt, dass seine Aus-

---

[502] S. § 18 BtMG.
[503] S.o. S. 454; s. auch o. S. 513f.
[504] S. auch *Reiß*, Besteuerungsverfahren (1987), S. 182; *H.A. Wolff*, Selbstbelastung (1997), S. 231.
[505] Die Meldung nach § 18 BtMG erfolgt an das Bundesinstitut für Arzneimittel und Medizinprodukte, welches zugleich auch für die Verfolgung der Verletzung der Anzeigepflicht (§§ 8 III S. 1, 32 I Nr. 3 BtMG) zuständig ist (§ 32 III BtMG).
[506] S. § 32 I Nr. 12 BtMG.
[507] *Hahn*, Offenbarungspflichten (1984), S. 60; *Jarass*, BImSchG (2002), § 27 Rn. 10.
[508] *Lechelt*, GK-BImSchG, § 27 Rn. 30.
[509] BVerfGE 38, 105, 113; BGHSt 7, 127, 128; 21, 167, 171; *Dahs*, in: Löwe-Rosenberg, StPO (25. Aufl.), § 55 Rn. 17; *Eisenberg*, Beweisrecht (2002), Rn. 1123; *Kleinknecht/Meyer-Goßner*, StPO (2003), § 55 Rn. 11; *Senge*, in: KK-StPO (2003), § 55 Rn. 12.
[510] Diese Pflicht findet dort ihre Grenze, wo sich der Zeuge mit der Angabe solcher Tatsachen bereits der Gefahr einer Verfolgung aussetzen könnte, s. BGH, StV 1986, 282; 1987, 328, 329.

sagefreiheit in einem späteren Straf- bzw. Ordnungswidrigkeitenverfahren entwertet wird; es kann hingegen nicht die Aufgabe eines Verfahrensgrundrechts (Art. 103 I GG) sein, den Einzelnen davor zu schützen, dass überhaupt ein Verfahren eingeleitet wird. Der Betroffene muss es also hinnehmen, wenn die Auskunftsverweigerung eine verwaltungsrechtliche Untersuchung durch die Behörde nach sich zieht[511], die wiederum zur Einleitung eines Ordnungswidrigkeitenverfahrens führt.

Das bedeutet, dass der Hersteller im Beispielsfall ausdrücklich erklären muss, dass er die Meldung mit Rücksicht auf die Gefahr der Selbstbelastung verweigert; anderenfalls sind Zwangsmittel der Behörde, insbesondere die Verhängung eines Bußgeldes, zulässig. Dies gilt entsprechend für Anzeigepflichten, die aufgrund eines bestimmten Anlasses entstehen.[512] Anders als bei in regelmäßigen Abständen zu erfüllenden Meldepflichten würde die Verletzung einer solchen Anzeigepflicht der Behörde nicht auffallen. Unterliegt die von dem Anzeigepflichtigen ausgeübte Tätigkeit bereits der behördlichen Überwachung, so hat dieser der Aufsichtsbehörde im Rahmen dieses Überwachungsrechtsverhältnisses mitzuteilen, dass er seiner Anzeigepflicht nicht nachkommen wird, weil er sich mit ihrer Erfüllung der Gefahr einer Selbstbezichtigung aussetzen würde. Diese Pflicht findet dort ihre Grenze, wo der Pflichtige sich bereits mit einem solchen Hinweis selbst belasten würde.[513] Dies ist beispielsweise der Fall, wenn der Betroffene eine anzeigepflichtige Tätigkeit aufnimmt, ohne dies anzuzeigen. Dies gilt für den oben genannten Fall des Unternehmers, der die Aufnahme des Werkverkehrs nicht anzeigt. Er könnte seine Weigerung, die mit dieser Tätigkeit verbundenen Anzeigepflichten (z.B. in Bezug auf die Beendigung des Werkverkehrs, s.o.) zu erfüllen, nicht mitteilen, ohne zugleich die Aufnahme dieser Tätigkeit und die Verletzung der Anzeigepflicht einzugestehen. Soweit der Gesetzgeber die Verwertung des Anzeigeinhalts nicht ausdrücklich auf präventive Zwecke beschränkt hat[514], muss das Aufklärungsinteresse der Behörde und das dahinterstehende Interesse an einer effektiven Gefahrenabwehr hinter dem verfassungsrechtlich gebotenen Schutz der Aussagefreiheit zurückstehen.[515] Insgesamt wird dem Interesse an einer effektiven Gefahrenabwehr gleichwohl mit einer Pflicht zur ausdrücklichen Berufung auf das Recht, eine Anzeige bzw. Meldung wegen der Gefahr der Selbstbelastung zu verweigern, ausreichend Rechnung getragen.

---

511 S. auch *Hahn*, Offenbarungspflichten (1984), S. 60 (zu § 27 I S. 2 BImSchG).

512 S. z.B. § 14 KWG (Anzeige von Millionenkrediten), § 12 VI KrWaffG (Anzeige des Erwerbs bzw. Verlustes des Besitzes von Kriegswaffen), § 9 TierSG (Anzeige des Ausbruchs einer Tierseuche); s. auch die Fallgruppen bb), cc), ff) bei *H.A. Wolff*, Selbstbelastung (1997), S. 170ff.

513 S. die entsprechende Begrenzung bei der Pflicht zur Glaubhaftmachung nach § 56 StPO: BGH, StV 1986, 282; 1987, 328, 329.

514 S. § 14 I S. 3, 4 GewO und dazu o. Text.

515 Dem entspricht es, wenn die Anzeige einer unerlaubten gewerblichen Tätigkeit nicht als tatbestandsmäßig i.S.d. § 146 II Nr. 1 i.V.m. § 14 I GewO angesehen wird, s. OLG Celle, GA 52 (1905), 433, 434; *Kahl*, in: Landmann/Rohmer, GewO, § 146 Rn. 12; s. dagegen BayObLG, GewArch 1962, 245; *Schäfer*, in: Dünnebier-FS (1982), S. 11, 48.

(d) Die übrigen Duldungs- und Mitwirkungspflichten bei der behördlichen Informationserhebung

Wie bereits dargelegt worden ist[516], fallen weder die Pflichten zur Duldung behördlicher Ermittlungseingriffe im Verwaltungsverfahren (Entnahme von Proben, Kontrollen, Nachschau, Durchsuchung, Eingriffe in das Brief-, Post- und Fernmeldegeheimnis)[517] noch die Pflichten zur aktiven Mitwirkung (Hilfspflichten, Installation von Messgeräten) in den Anwendungsbereich des Grundsatzes „Nemo tenetur se ipsum accusare". Diese Duldungs- und Mitwirkungspflichten begründen daher keinen Verstoß gegen diesen Grundsatz. Ebensowenig bestehen einfachgesetzliche Schutzvorschriften, die einer Erzwingung der Mitwirkung im Verwaltungsverfahren entgegenstehen.[518]

(4) Die Pflichten im Vorfeld der behördlichen Informationserhebung

Zur Überwachung sind in den Aufsichtsgesetzen häufig Pflichten im Vorfeld der behördlichen Informationserhebung, wie z.B. Aufzeichnungspflichten oder Pflichten zur Eigenüberwachung, vorgesehen. Der Grundsatz „Nemo tenetur se ipsum accusare" wird nicht berührt, soweit die Aufzeichnungen automatisch erstellt werden und keine Äußerung des Überwachungspflichtigen vorliegt.[519] Das Gleiche gilt wegen der fehlenden Drittwirkung für die Pflicht zur Sammlung und Vorhaltung von Informationen, die für den Unternehmer selbst oder private Dritte bestimmt sind.[520] Aus diesem Grund beeinträchtigt auch die Bestellung eines Betriebsbeauftragten nicht den Nemo-tenetur-Grundsatz.[521] Soweit Aufzeichnungs- und Kennzeichnungspflichten hingegen allein mit dem behördlichen Informationsinteresse gerechtfertigt werden, ist der Grundsatz „Nemo tenetur se ipsum accusare" berührt.[522]

(a) Die Aufzeichnungspflichten

Der Grundsatz „Nemo tenetur se ipsum accusare" ist auf Aufzeichnungspflichten anwendbar, die ausschließlich als Vorstufe zu einem behördlichen Vorlageverlangen konzipiert sind. So dient die Pflicht, über die Herkunft und den Verbleib von Wirbeltieren, die zu Versuchszwecken gezüchtet werden, Aufzeichnungen anzufertigen und diese drei Jahre lang aufzubewahren (§ 11a I S. 1 TierSchG), allein dem Zweck, der Behörde die Überwachung über die Einhaltung der Tierschutzvorschriften zu ermöglichen; das Gleiche gilt für die Pflicht zur Aufzeichnung nach

---

[516] S.o. S. 441 f.
[517] S.o. S. 208 ff.
[518] S. dagegen § 393 I S. 2 AO und dazu o. S. 476 ff.
[519] S.o. S. 450.
[520] S.o. S. 443 ff.
[521] S.o. S. 451 f.
[522] S.o. S. 442 ff.

§ 49 IV S. 4 PBefG und die Führung eines Waffenbuches (§ 23 WaffenG).[523] Diese Aufzeichnungen werden ausschließlich im Interesse der Aufsichtsbehörden erstellt. Es handelt sich also um die Pflicht zur Abgabe von Erklärungen, die der Aufsichtsbehörde erst auf ein entsprechendes Verlangen hin zugänglich gemacht werden.

Soweit der Nemo-tenetur-Grundsatz anwendbar ist, gelten die Ausführungen zur Anzeigepflicht[524] entsprechend, d. h. die Aufzeichnung selbstbelastender Umstände darf verweigert werden. Da die Pflicht zur Aufzeichnung regelmäßig im Vorfeld eines Straf- bzw. Ordnungswidrigkeitenverfahrens zu erfüllen wäre, setzt eine solche Weigerung allerdings voraus, dass die aufzuzeichnenden Umstände „selbstbelastungsrelevant" sind. In diesem Fall ist die Verweigerung der Aufzeichnung gegenüber der Aufsichtsbehörde offenzulegen und unter Hinweis auf die Gefahr der Selbstbelastung zu begründen.[525] Dies kann entweder durch einen entsprechenden Vermerk in den Aufzeichnungen oder durch einen entsprechenden Hinweis bei Vorlage der Aufzeichnungen erfolgen. Wenngleich der Grundsatz „Nemo tenetur se ipsum accusare" den Einzelnen bereits im Vorfeld eines Straf- oder Ordnungswidrigkeitenverfahrens schützt, ist diesem Schutz eine zeitliche Grenze gesetzt: Aufzeichnungen über Umstände vor der (vermeintlichen) Tatbegehung werden von dem Grundsatz „Nemo tenetur se ipsum accusare" nicht betroffen, da eine Selbstbezichtigung zu diesem Zeitpunkt ausgeschlossen ist.[526]

(b) Die Kennzeichnungspflichten

Wie die Aufzeichnungspflichten sind auch die Kennzeichnungspflichten im Hinblick auf eine Verletzung des Nemo-tenetur-Grundsatz danach zu beurteilen, ob sie auf die staatliche Überwachung bezogen oder auf die Information Privater gerichtet sind. Überwiegend zielen die öffentlich-rechtlichen Kennzeichnungspflichten darauf, denjenigen, der mit dem Produkt in Kontakt kommt, über dessen (gefährliche) Eigenschaften zu informieren.[527] Der Gesetzgeber hat allerdings auch Kennzeichnungspflichten geschaffen, die der Erleichterung behördlicher Kontrollen dienen. Dieses Ziel wird beispielsweise mit der Pflicht zur Kennzeichnung von Wirbeltieren, die zu Versuchszwecken gezüchtet worden sind (§ 11a II TierSchG), verfolgt.[528] Zwar ist der Nemo-tenetur-Grundsatz in einer solchen Konstellation grundsätzlich anwendbar[529], so dass die Ausführungen über die Aufzeichnungspflichten entsprechend gelten. Gleichwohl dürfte das Recht zur Verweigerung der Kennzeichnung kaum zur Anwendung kommen, da es – soweit es vor der Einlei-

---

[523] S. dazu o. S. 449.
[524] S. o. S. 515 ff.
[525] S. o. S. 514, 518.
[526] S. o. S. 453 f. (am Beispiel der Fahrtenbuchauflage – § 31a StVZO).
[527] S. o. S. 450 f.
[528] *Schiwy*, TierSchG, Anm. zu § 11a; s. auch zur waffenrechtlichen Kennzeichnungspflicht: *Steindorf*, in: Erbs/Kohlhaas, § 13 WaffenG Rn. 1.
[529] S. auch o. S. 451.

tung eines Ermittlungsverfahrens in Anspruch genommen werden soll – voraussetzt, dass der Inhalt der Kennzeichnung unmittelbar oder mittelbar auf die Begehung einer Straftat oder Ordnungswidrigkeit hindeutet.[530]

4. Die getrennte Wahrnehmung von präventiven und repressiven Aufgaben

Zu guter Letzt ist zu untersuchen, auf welche Weise der Grundsatz „Nemo tenetur se ipsum accusare" zu berücksichtigen ist, wenn präventive und repressive Aufgaben von unterschiedlichen Behörden wahrgenommen werden. Dabei ist wiederum zwischen den einschlägigen Regelungen im Steuerrecht [a)] und den entsprechenden Bestimmungen in den übrigen Bereichen der Wirtschaftsaufsicht [b)] zu differenzieren.

a) Das Besteuerungsverfahren und die Verfolgung allgemeiner Straftaten und Ordnungswidrigkeiten

Im Steuerrecht hat der Gesetzgeber dem Nemo-tenetur-Grundsatz Rechnung getragen, indem er die Verwertung von Angaben des Steuerpflichtigen im Besteuerungsverfahren zur Verfolgung von Zuwiderhandlungen untersagt, die keine Steuerstraftaten bzw. Steuerordnungswidrigkeiten sind [(1), (2)]. Dieser Schutz erfährt jedoch Einschränkungen, deren Vereinbarkeit mit dem Nemo-tenetur-Grundsatz zweifelhaft ist [(3), (4)].

(1) Schutz durch ein Verwertungsverbot (§ 393 II S. 1 AO)

Soweit der Staatsanwaltschaft oder dem Gericht in einem Strafverfahren aus den Steuerakten Tatsachen oder Beweismittel bekannt werden, die der Steuerpflichtige der Finanzbehörde vor Einleitung des Strafverfahrens oder in Unkenntnis der Einleitung des Strafverfahrens in Erfüllung steuerrechtlicher Pflichten offenbart hat, dürfen diese Kenntnisse gegen ihn nicht für die Verfolgung einer Tat verwendet werden, die keine Steuerstraftat ist (§ 393 II S. 1 AO). Dies gilt entsprechend für Ordnungswidrigkeiten (§ 410 I Nr. 4 AO).

Soweit er im Besteuerungsverfahren zu selbstbelastenden Angaben gezwungen werden kann (Offenbarung „in Erfüllung steuerrechtlicher Pflichten"), wird ein Verstoß gegen den Nemo-tenetur-Grundsatz also vermieden, indem diese Angaben einem strafprozessualen Verwertungsverbot unterworfen werden.

Dass diesem Verwertungsverbot nur Tatsachen und Beweismittel unterliegen, die der Steuerpflichtige offenbart hat, bevor das Strafverfahren eingeleitet bzw. er von der Einleitung Kenntnis erlangt hat, ist unbedenklich. Wie sich aus dem syste-

---

[530] S.o. S. 454; im Ergebnis ähnlich *H.A. Wolff*, Selbstbelastung (1997), S. 221 f.

matischen Zusammenhang mit § 30 IV Nr. 4 a) AO ergibt, ist die Einleitung eines Steuerstraf- bzw. Steuerordnungswidrigkeitenverfahrens gemeint.[531] Ist gegen den Steuerpflichtigen ein Steuerstrafverfahren eingeleitet und dieser davon in Kenntnis gesetzt worden, so wird er durch das Zwangsmittelverbot (§ 393 I S. 2 AO) davor geschützt, im Besteuerungsverfahren zu selbstbelastenden Angaben gezwungen zu werden.[532]

Mit dem Verwertungsverbot wird der Steuerpflichtige daher ausreichend davor geschützt, dass selbstbelastende Äußerungen gegenüber der Finanzbehörde, die er im Besteuerungsverfahren aufgrund erzwingbarer Mitwirkungspflichten getätigt hat, gegen ihn in einem Straf- oder Ordnungswidrigkeitenverfahren verwendet werden. Seine Aussagefreiheit bleibt auf diese Weise gewahrt.

(2) Exkurs: Fernwirkung des Verwertungsverbotes?

Die Gefahr einer strafrechtlichen Verfolgung droht dem Steuerpflichtigen aber auch dann, wenn seine Angaben im Besteuerungsverfahren zwar nicht unmittelbar gegen ihn verwertet werden, aber die Staatsanwaltschaft aufgrund dieser Angaben Ermittlungsmaßnahmen ergreift und auf diese Weise andere Beweismittel erlangt. Vor einer solchen Verfahrenspraxis ist der Steuerpflichtige geschützt, sofern § 393 II S. 1 AO Fernwirkung entfaltet, d.h. auch die Verwertung seiner Angaben als Ansatz zu weiteren Ermittlungen verbietet.

Zum Schutz des Grundsatzes „Nemo tenetur se ipsum accusare" ist ein so weit gefasstes Verwertungsverbot nicht geboten. Dieser Grundsatz bleibt gewahrt, wenn der Beschuldigte davor geschützt ist, im Strafverfahren mit seinen eigenen, erzwungenen Äußerungen konfrontiert und dadurch in seiner Verteidigung (Art. 103 I GG) beeinträchtigt zu werden. Die Verwertung anderer Beweismittel wirkt sich nicht auf die Freiheit des Beschuldigten aus, über die Art und Weise seiner Verteidigung selbst zu bestimmen. Dies gilt auch dann, wenn diese Beweismittel erst auf der Grundlage seiner Angaben gewonnen werden konnten. Der Nemo-tenetur-Grundsatz wird also auch durch ein Verwertungsverbot ohne Fernwirkung gewahrt.[533]

Gleichwohl ist der Gesetzgeber nicht gehindert, über das verfassungsrechtlich Gebotene hinauszugehen und auf einfach-gesetzlicher Ebene ein Verwertungsverbot mit Fernwirkung vorzusehen. So ist in § 97 I S. 3 InsO angeordnet, dass die selbstbezichtigenden Angaben des Schuldners im Insolvenzverfahren nur mit dessen Zustimmung in einem gegen diesen gerichteten Straf- oder Ordnungswidrig-

---

[531] *Hellmann*, in: Hübschmann/Hepp/Spitaler, AO, § 393 Rn. 142.
[532] *Hellmann*, in: Hübschmann/Hepp/Spitaler, AO, § 393 Rn. 145.
[533] So im Ergebnis auch *Mäder*, Betriebliche Offenbarungspflichten (1997), S. 262; *Röckl*, Das Steuerstrafrecht (2002), S. 124; *H. A. Wolff*, Selbstbelastung (1997), S. 207; a. A. *Reiß*, Besteuerungsverfahren (1987), S. 226f., 229. Auch aus dem Gemeinschuldner-Beschluss (BVerfGE 56, 37) lässt sich eine solche Fernwirkung nicht ableiten, s. *Dingeldey*, NStZ 1984, 529, 530f.; *Schäfer*, in: Dünnebier-FS (1982), S. 11, 43; *Stürner*, NJW 1981, 1757, 1758; a. A. *Besson*, Das Steuergeheimnis (1997), S. 173; *Streck*, StV 1981, 362, 364.

IV. Die Verwendung von Informationen und der Nemo-tenetur-Grundsatz 525

keitenverfahren verwendet werden dürfen. Im Verlauf des Gesetzgebungsverfahren wurde der Begriff „verwertet" durch den datenschutzrechtlichen Terminus „verwendet"[534] ersetzt, um klarzustellen, dass auch eine Nutzung der Angaben als Ansatz für weitere Ermittlungen ausgeschlossen sein soll.[535] Dementsprechend geht die h.M. dort von einer Fernwirkung aus.[536]

Die sprachliche Fassung des § 393 II S. 1 AO, in der ebenfalls von einem „Verwenden" die Rede ist, spricht auf den ersten Blick dafür, ebenfalls eine Fernwirkung anzunehmen.[537] Anders als in § 97 I S. 3 InsO liegt der Formulierung des § 393 II S. 1 AO jedoch keine Anlehnung an die neuere[538] datenschutzrechtliche Terminologie zugrunde, sondern geht auf den bereits im Jahr 1967 eingeführten § 428 II S. 1 RAO[539] zurück. Dass der Gesetzgeber nicht von dem Begriff „verwerten" Gebrauch gemacht hat, liegt daran, dass dieser Begriff in der Abgabenordnung in erster Linie die wirtschaftliche Verwertung bezeichnet (s. § 30 II AO).[540] Dem Wortlaut des § 393 II S. 1 AO ist demzufolge nicht zu entnehmen, dass der Gesetzgeber ein Verwertungsverbot mit Fernwirkung schaffen wollte.[541] In der Begründung zu § 428 II S. 1 RAO wird zunächst ausgeführt, diese Norm schütze das Steuergeheimnis; anschließend wird jedoch problematisiert, dass der Steuerpflichtige gegenüber der Finanzbehörde selbst strafbare Handlungen nicht verheimlichen dürfe und die Schaffung eines Verwertungsverbotes rechtsstaatlichen Grundsätzen entspreche.[542] Diese Bezugnahme deutet darauf hin, dass der Gesetzgeber das Verwertungsverbot (auch) mit Rücksicht auf den verfassungsrechtlichen Grundsatz „Nemo tenetur se ipsum accusare" eingeführt hat.[543] Andererseits zeigen die in § 393 II S. 2 AO vorgesehenen Ausnahmen von dem Verwertungsverbot, welche Bedeutung der Gesetzgeber dem öffentlichen Strafverfolgungsinteresse beigemessen hat.[544] Dies spricht dafür, dass der Gesetzgeber dieses Interesse nicht weiter zu-

---

[534] S. § 3 V BDSG; s. dagegen das „Verwertungs-"verbot nach § 101a IV UrhG.
[535] S. die Beschlussempfehlung und den Bericht des Rechtsausschusses, BT-Drucks. 12/7302, S. 39, 166.
[536] LG Stuttgart, wistra 2000, 439; *Bittmann/Rudolph*, wistra 2001, 81, 84; *Passauer*, in: MüKo-InsO, Bd. 1 (2001), § 97 Rn. 17; *Uhlenbruck*, in: Uhlenbruck, InsO (2003), § 97 Rn. 8; einschränkend *Hefendehl*, wistra 2003, 1, 3 ff.; s. auch die der h.M. entsprechende Auslegung des § 40a S. 3 LMBG: *Streinz*, ZLR 2003, 11, 22.
[537] In diesem Sinne (Verwendungsverbot): *Rogall*, in: Kohlmann-FS (2003), S. 465, 480, 485.
[538] So findet der Terminus „verwenden" in den Begriffsbestimmungen nach § 2 BDSG vom 27.1.1977 (BGBl I S. 201) noch keine Erwähnung.
[539] S. das 1. AOStrafÄndG vom 10.8.1967, BGBl I S. 877.
[540] Vgl. *Rüsken*, in: Klein, AO (2003), § 30 Rn. 61.
[541] S. auch *Reiß*, Besteuerungsverfahren (1987), S. 227, der zwar eine Fernwirkung als verfassungsrechtlich geboten ansieht, in § 393 II S. 1 AO aber gleichwohl kein umfassendes Beweisverwendungsverbot sieht.
[542] S. BT-Drucks. V/1812, S. 32. Das Verwertungsverbot wird in den nachfolgenden Änderungen übernommen, s. den Regierungsentwurf zur AO 1974, BT-Drucks. VI/1982, S. 198, und den Bericht des Finanzausschusses zur AO 1977, BT-Drucks. 7/4292, S. 46.
[543] Zur doppelten Schutzrichtung des § 393 II S. 1 AO: *Hellmann*, in: Hübschmann/Hepp/Spitaler, AO, § 393 Rn. 128; *Wisser*, in: Klein, AO (2003), § 393 Rn. 21.
[544] S. die entsprechende Begründung zu § 428 II S. 2 RAO, BT-Drucks. V/1812, S. 32.

rückstellen wollte, als es aus verfassungsrechtlichen Gründen notwendig ist. Die Auslegung des § 393 II S. 1 AO ist daher an den verfassungsrechtlichen Vorgaben durch den Nemo-tenetur-Grundsatz auszurichten. Da dieser Grundsatz eine Fernwirkung nicht gebietet (s. o.), verstößt es nicht gegen § 393 II S. 1 AO, wenn die Staatsanwaltschaft auf der Grundlage der Angaben des Steuerpflichtigen zur anderweitigen Beweisgewinnung Ermittlungsmaßnahmen ergreift.[545]

(3) Durchbrechung des Verwertungsverbotes (§ 393 II S. 2 AO)

Das Verwertungsverbot nach § 393 II S. 1 AO erfährt eine Einschränkung für Straftaten, an deren Verfolgung ein zwingendes öffentliches Interesse besteht (§ 393 II S. 2 i. V. m. § 30 IV Nr. 5 AO). Dies gilt für Verbrechen und vorsätzliche schwere Vergehen gegen Leib und Leben oder gegen den Staat und seine Einrichtungen [§ 30 IV Nr. 5 a) AO] und für schwere Wirtschaftsstraftaten [§ 30 IV Nr. 5 b) AO].[546] In dieser Durchbrechung des Verwertungsverbotes könnte ein Verstoß gegen den Nemo-tenetur-Grundsatz gesehen werden.

(a) Mögliche Verstöße gegen den Nemo-tenetur-Grundsatz

Die Einschränkung des Verwertungsverbotes führt nicht zwangsläufig zu einem Verstoß gegen den Nemo-tenetur-Grundsatz. So wird im Schrifttum bezweifelt, dass § 393 II S. 2 AO in der Praxis zu Verstößen gegen den Nemo-tenetur-Grundsatz führt, da ohnehin nicht damit zu rechnen sei, dass der Straftäter im Besteuerungsverfahren schwere Straftaten offenbart.[547] Aus diesem Grund soll beispielhaft untersucht werden, inwieweit der Steuerpflichtige im Besteuerungsverfahren

---

[545] So auch die wohl h.M. im Steuerrecht: *Hellmann*, in: Hübschmann/Hepp/Spitaler, AO, § 393 Rn. 178; *Hildebrandt*, DStR 1982, 20, 24; *Meine*, wistra 1985, 186, 187; *Scheurmann-Kettner*, in: Koch/Scholtz, AO (1996), § 393 Rn. 22/1; *Senge*, in: Erbs/Kohlhaas, § 393 AO Rn. 9; s. dagegen für eine Fernwirkung: *Bruder*, Beweisverwertungsverbote (2000), S. 88; *Joecks*, in: Franzen/Gast/Joecks, Steuerstrafrecht (2001), § 393 Rn. 68; *Rogall*, in: Kohlmann-FS (2003), S. 465, 485; *Streck*, StV 1981, 362, 364; s. auch *Wisser*, in: Klein, AO (2003), § 393 Rn. 25; weitergehend (Verfolgungsverbot): *Ruegenberg*, Steuergeheimnis (2001), S. 216f., 230f.; für eine vermittelnde Lösung: *Besson*, Das Steuergeheimnis (1997), S. 173f.; *Teske*, Die Abgrenzung der Zuständigkeiten (1987), S. 439.
Im Strafverfahren hat es der BGH als zulässig angesehen, die Aussage eines Zeugen zu verwerten, der erst aufgrund von Angaben des Beschuldigten gefunden worden ist, die durch unzulässigen Zwang auf den Beschuldigten (s. § 136a StPO) erlangt worden sind, s. BGHSt 34, 362, 364. Überwiegend wird auch im Schrifttum davon ausgegangen, dass ein Verstoß gegen § 136a StPO nicht automatisch ein Verwertungsverbot mit Fernwirkung nach sich zieht, s. *Hanack*, in: Löwe-Rosenberg, StPO (25. Aufl.), § 136a Rn. 66f. m. w. N. Da es im Rahmen des § 393 II S. 1 AO nicht um die Verwertung rechtswidrig erhobener Beweise geht, der Gewicht des Verstoßes gegen eine Erhebungsnorm bei der Entscheidung über die Zulässigkeit einer Verwertung mithin keine Rolle spielt, können für die Verwertung der im Besteuerungsverfahren rechtmäßig erhobenen Informationen keinesfalls strengere Anforderungen aufgestellt werden.

[546] Darüber hinaus kann eine Offenbarung zur Strafverfolgung nicht auf § 30 IV Nr. 5 AO gestützt werden – s. o. S. 360ff. –, so dass eine Einschränkung des Verwertungsverbotes (§ 393 II S. 1 AO) nach § 393 II S. 2 AO insoweit nicht in Betracht kommt; kritisch zur Unbestimmtheit des § 393 II S. 2 AO auch *Hellmann*, in: Hübschmann/Hepp/Spitaler, AO, § 393 Rn. 183.

[547] *Rüster*, wistra 1988, 49, 52; *Wisser*, in: Klein, AO (2003), § 393 Rn. 29.

zu einer Selbstbezichtigung in Bezug auf Straftaten i.S.d. § 30 IV Nr. 5 a), b) AO gezwungen werden kann. Als Faktoren, die für die Begründung eines Verstoßes gegen den Nemo-tenetur-Grundsatz maßgeblich sind, werden dabei die steuerliche Relevanz der Angaben [(i)], der selbstbezichtigende Charakter der Äußerung [(ii)] und die Voraussetzungen für eine Durchbrechung des Verwertungsverbotes [(iii)] näher untersucht.

(i) Die steuerliche Relevanz der Angaben. Die Finanzbehörde ermittelt den steuerlich erheblichen Sachverhalt (§§ 85, 88 AO).[548] Die Ermittlungen beziehen sich daher nicht auf Tatsachen, die für die Entscheidung über die Besteuerung unerheblich sind.[549] Soweit die Begehung einer Straftat steuerlich nicht relevant ist, kann der Betroffene im Besteuerungsverfahren daher nicht zu Angaben über diese Tat gezwungen werden.

So unterliegen beispielsweise die „Einkünfte" aus einer Unterschlagung oder Untreue nicht der Einkommenssteuer.[550] Der Steuerpflichtige ist also nicht verpflichtet, diese Einkünfte in seiner Steuererklärung anzugeben. In der Regel sind jedoch auch Gewinne aus verbotenen und sittenwidrigen Tätigkeiten steuerpflichtig (s. § 40 AO). Dies gilt auch dann, wenn das Verhalten den Tatbestand eines Strafgesetzes verwirklicht, wie z.B. bei Bestechungsgeldern[551], bei Einkünften aus dem illegalen Drogenhandel (s. §§ 29 ff. BtMG)[552], der unerlaubten Veranstaltung von Glücksspielen (s. § 284 StGB)[553] oder einem Bordellbetrieb (s. § 180a StGB)[554]. Insoweit besteht also eine Pflicht zur Abgabe einer Steuererklärung und damit die Möglichkeit einer Verletzung des Nemo-tenetur-Grundsatzes.

Darüber hinaus ist eine solche Gefahr auch dann gegeben, wenn die Finanzbehörde im Rahmen ihrer Ermittlungen auf Vorgänge aufmerksam wird, die aus ihrer Sicht möglicherweise steuerlich relevant sind, weil z.B. die Quelle der Einkünfte des Steuerpflichtigen für sie nicht eindeutig ist. Wird darüber zur Aufklärung des Sachverhalts vom Steuerpflichtigen Auskunft verlangt (§ 93 AO), so besteht ebenfalls die Gefahr einer Selbstbezichtigung.

Schließlich wird nicht zu Unrecht darauf hingewiesen, dass nicht die Begehung von Kapitalverbrechen (Auftragsmorde, Drogenhandel) bei § 393 II S. 2 AO im Vordergrund steht, sondern von praktischer Relevanz ist vor allem der Bereich der schweren Wirtschaftskriminalität [§ 30 IV Nr. 5 b) AO], in dem Unternehmen

---

[548] *Brockmeyer,* in: Klein, AO (2003), § 88 Rn. 1.
[549] FG Rheinland-Pfalz, EFG 1990, 184; *Brockmeyer,* in: Klein, AO (2003), § 88 Rn. 1.
[550] BGH, HFR 1990, 521; FG München, EFG 1985, 71, 72.
[551] BFH, DB 2000, 1714.
[552] S. dazu BFHE 192, 64 ff. Da der Umsatz mit Erzeugnissen erzielt wird, die ihrem Wesen nach einem Verkehrsverbot unterliegen, ist nach der Rechtsprechung des EuGH allerdings die Erhebung einer Umsatzsteuer ausgeschlossen, s. EuGH, Rs. 269/86 (Mol), Slg. 1988, 3627, 3650; Rs. C-158/98 (Coffeeshop „Siberie"), Slg. 1999, I-3971, 3993.
[553] FG Münster, EFG 1996, 267, 268; FG Saarland, EFG 1992, 343; s. auch BFH, BStBl II 1987, 516, 518 (zur Umsatzsteuerpflicht).
[554] BFHE 73, 692, 694 f.; s. auch BFH/NV 1992, 277 (zur Umsatzsteuerpflicht eines Zuhälters).

durch kriminelle Vorgehensweisen (z.B. Submissionsabsprachen, Subventionsbetrug) höhere Gewinne erzielen wollen.[555] Diese sind als Teil des Gesamtgewinns des Unternehmens steuerlich relevant.

Insgesamt ist daher davon auszugehen, dass eine Verletzung des Nemo-tenetur-Grundsatzes in den meisten Fällen nicht bereits deshalb ausgeschlossen ist, weil die Begehung der Straftat nicht steuerlich relevant ist und deshalb diesbezügliche Angaben im Besteuerungsverfahren nicht erzwungen werden dürfen.

(ii) Der selbstbezichtigende Charakter der Angaben. Ein Verstoß gegen den Grundsatz „Nemo tenetur se ipsum accusare" droht nur dann, wenn die Angaben des Steuerpflichtigen geeignet sind, diesen wegen einer möglicherweise von ihm begangenen Straftat zu belasten.

Eine Selbstbezichtigung liegt vor, sofern sich aus den Angaben ein strafprozessualer Anfangsverdacht gegen den Steuerpflichtigen ergibt. Darüber hinaus wurde eine Selbstbezichtigung auch dann angenommen, wenn die Angaben zusammen mit anderen, der Verfolgungsbehörde bereits vorliegenden Informationen einen Anfangsverdacht ergeben.[556] Dies ist abzugrenzen von der Konstellation, in welcher der Staatsanwaltschaft weitere Informationen vorliegen, die Äußerung jedoch gegenüber der Finanzbehörde getätigt wird, denn in diesem Fall wird die Selbstbezichtigung nicht mit der Äußerung des Steuerpflichtigen gegenüber der Finanzbehörde „komplettiert". Mit anderen Worten, die Angaben des Steuerpflichtigen begründen für diesen nicht die Gefahr einer Strafverfolgung (s. § 55 I StPO). Diese Auslegung entspricht der jüngst ergangenen Entscheidung des BVerfG zum Auskunftsverweigerungsrecht des Zeugen im Strafverfahren. Dort hatte das Gericht darauf abgestellt, dass der Zeuge gegenüber der Staatsanwaltschaft Angaben, die einen in allgemeiner Form gegen ihn bestehenden Verdacht konkretisieren, machen und damit der Staatsanwaltschaft neue Ermittlungsansätze liefern müsste.[557] Mit der Aussage hätte der Zeuge also unmittelbar Anlass zu seiner strafrechtlichen Verfolgung gegeben. Davon zu unterscheiden ist die Situation, in welcher einer Behörde Auskünfte erteilt werden, die für sich genommen keinen Verdacht ergeben und erst im Verlauf eines strafrechtlichen Ermittlungsverfahrens von der Staatsanwaltschaft angefordert werden. Zu dem Zeitpunkt, in dem von dem Steuerpflichtigen eine Mitwirkung im Besteuerungsverfahren verlangt wird, ist in der Regel noch nicht einmal ein Strafverfahren eingeleitet worden. Es liefe auf eine Überdehnung des Grundsatzes „Nemo tenetur se ipsum accusare" hinaus, wollte man jeden Zwang zu einer Äußerung für unzulässig erklären, die geeignet ist, zusammen mit anderen Informationen einen strafprozessualen Anfangsverdacht gegen den Betroffenen zu begründen. Der Grundsatz „Nemo tenetur se ipsum accusare" ist da-

---

[555] *Joecks*, in: Franzen/Gast/Joecks, Steuerstrafrecht (2001), § 393 Rn. 69.
[556] S.o. S. 453f. zu den Eintragungen im Fahrtenbuch (§ 31a StVZO).
[557] BVerfG, NJW 2002, 1411, 1412; NStZ 2003, 666.

IV. Die Verwendung von Informationen und der Nemo-tenetur-Grundsatz 529

her nur berührt, sofern aufgrund der Mitwirkung im Besteuerungsverfahren ein strafprozessualer Anfangsverdacht hervorgerufen wird. Das bedeutet, dass die Angabe von „neutralen" Tatsachen im Besteuerungsverfahren keinen Verstoß gegen den Nemo-tenetur-Grundsatz begründen kann.[558] Dies gilt für Straftaten, die im Rahmen eines grundsätzlich legalen Geschäftsbetriebes begangen werden.[559] Vertreibt ein Unternehmer Wein, dem verbotene Zusatzstoffe zugesetzt worden sind und der mit anderen Weinen gesetzwidrig verschnitten worden ist, so liegt darin zwar eine Straftat.[560] Dem Steuerpflichtigen ist es jedoch möglich, seinen Gewinn in zutreffender Höhe zu deklarieren, ohne erkennen zu lassen, dass dieser zu einem großen Teil aus einem strafbaren Verhalten herrührt.[561] Der Steuerpflichtige wird also nicht zu einer Selbstbezichtigung gezwungen.[562]

Der Grundsatz „Nemo tenetur se ipsum accusare" ist dagegen berührt, wenn der Steuerpflichtige bei der Versteuerung seiner Einkünfte Tatsachen offenbaren muss, die auf die Begehung einer Straftat hindeuten. Da die Finanzbehörde im Besteuerungsinteresse vom Steuerpflichtigen verlangt, die Art des ausgeübten Gewerbes anzugeben[563], liegt eine Selbstbezichtigung vor, wenn derartige Angaben bereits einen Anfangsverdacht begründen, z.B. die Veranstaltung von Glücksspielen (s. § 284 StGB) oder der Handel mit Betäubungsmitteln (s. § 29 I Nr. 2 BtMG).[564]

Nicht eindeutig zuzuordnen ist der Fall, dass der Geschäftsführer einer GmbH nach Begehung von Untreuehandlungen zu Lasten der Gesellschaft die gegen ihn bestehenden Regressansprüche nicht in die Bilanz einstellt und damit den zu versteuernden Gewinn der GmbH reduziert.[565] Durch die handelsrechtlichen Buchführungspflichten wird der Nemo-tenetur-Grundsatz nicht tangiert[566], so dass gegen die Pflicht zur Aktivierung der Regressforderung insoweit keine Bedenken bestehen.[567] Die Jahresbilanz ist allerdings notwendiger Bestandteil der für die GmbH abzugebenden Steuererklärung.[568] Die Pflicht zur Abgabe einer Steuererklärung fällt in den Schutzbereich des Nemo-tenetur-Grundsatzes, da sie dem Ein-

---

[558] *Reiß*, Besteuerungsverfahren (1987), S. 244, unter Hinweis auf RGSt 59, 90, 93.
[559] *Reiß*, Besteuerungsverfahren (1987), S. 243 f.
[560] S. § 48 I Nr. 2 WeinG i.V.m. §§ 12 ff., 52 Wein-Verordnung; zur Strafbarkeit wegen Betruges (§ 263 StGB) aufgrund der fehlenden Verkehrsfähigkeit: BGH, NJW 1995, 2933, 2934.
[561] *Reiß*, Besteuerungsverfahren (1987), S. 244.
[562] S. auch RGSt 59, 90, 93 (zu Gewinnen aus dem verbotenen Handel mit ausländischen Wertpapieren).
[563] Die steuerrechtliche Pflicht zur Anmeldung einer Erwerbstätigkeit wird mit der Anzeige nach § 14 GewO erfüllt – s. *Brockmeyer*, in: Klein, AO (2003), § 138 Rn. 3 –; die Gewerbeanmeldung umfasst auch die Art des ausgeübten Gewerbes, s. § 14 IV Nr. 1 i.V.m. Anlage 1 (Feld 15 des Vordrucks) der GewO.
[564] *Reiß*, Besteuerungsverfahren (1987), S. 246.
[565] Vgl. den Sachverhalt zu BGH, wistra 1988, 151, dokumentiert bei *Samson*, wistra 1988, 130.
[566] S.o. S. 443 ff.
[567] *Reiß*, Besteuerungsverfahren (1987), S. 245; a.A. *Samson*, wistra 1988, 130, 132.
[568] S. §§ 31 I KStG, 25 III EStG i.V.m. § 60 I EStDV.

zelnen eine Äußerung gegenüber der Behörde abverlangt[569], so dass sich die Frage stellt, ob der Umstand, dass gegen den Geschäftsführer eine Regressforderung besteht, einen Anfangsverdacht gegen diesen begründet. Aus dem Bestehen der Regressforderung allein lassen sich keinerlei Rückschlüsse auf die Begehung einer Straftat ziehen, da eine solche Forderung die unterschiedlichsten Gründe haben kann; sie ist ein „neutraler" Umstand.[570] Dass ein Betriebsprüfer möglicherweise weitere Nachforschungen anstellt, in deren Verlauf ein Verdacht gegen den Geschäftsführer entsteht, steht dem nicht entgegen.[571] Der Grundsatz „Nemo tenetur se ipsum accusare" schützt den Einzelnen nicht davor, dass seine Straftat aufgedeckt und gegen ihn ein Ermittlungsverfahren eingeleitet wird, sondern er sichert die Freiheit der Verteidigung *in einem solchen Verfahren*.[572] Durch die Pflicht, in der Steuererklärung die bestehende Regressforderung zu erwähnen, wird der Nemo-tenetur-Grundsatz demzufolge nicht berührt.[573] Eine Selbstbezichtigung liegt hingegen vor, sobald der Geschäftsführer im weiteren Verlauf des Besteuerungsverfahrens zu weiteren Auskünften über die der Regressforderung zugrundeliegenden Tatsachen aufgefordert wird.

Als Zwischenfazit ist festzuhalten, dass nicht jede Angabe des Steuerpflichtigen, die in einem späteren Strafverfahren gegen ihn Verwendung finden kann, als Selbstbezichtigung in den Schutzbereich des Nemo-tenetur-Grundsatzes fällt. Andererseits sind Fälle vorstellbar, in denen die Finanzbehörde im Rahmen ihrer Ermittlungen den Betroffenen zu ergänzenden Angaben zwingt, die geeignet sind, gegen diesen einen Anfangsverdacht zu begründen. In derartigen Fällen ist ein Verstoß gegen den Grundsatz „Nemo tenetur se ipsum accusare" zu befürchten, wenn diese Angaben anschließend in einem Strafverfahren gegen den Betroffenen verwertet werden.

(iii) Die Voraussetzungen des § 393 II S. 2 AO. Soweit nach den obigen Ausführungen der Schutzbereich des Grundsatzes „Nemo tenetur se ipsum accusare" berührt ist, ist ein Verstoß gegen diesen Grundsatz von der weiteren Voraussetzung abhängig, dass die Angaben des Steuerpflichtigen nach Maßgabe des § 393 II S. 2 AO in einem Strafverfahren gegen ihn verwertet werden dürfen.

An dieser Stelle wird man erneut differenzieren müssen: Die unerlaubte Veranstaltung eines Glücksspiels (§ 284 StGB) ist keine Straftat, an deren Verfolgung ein zwingendes öffentliches Interesse [§ 30 IV Nr. 5 a), b) AO] besteht.[574] Das Verwertungsverbot des § 393 II S. 1 AO bleibt also unangetastet, so dass keine Verletzung

---

[569] S.o. S. 438.
[570] *Reiß*, Besteuerungsverfahren (1987), S. 245.
[571] S. aber *Samson*, wistra 1988, 130, 132.
[572] S.o. S. 519f.
[573] *Reiß*, Besteuerungsverfahren (1987), S. 245.
[574] Abgesehen davon, dass keine der in § 30 IV Nr. 5 a), b) AO angeführten Straftaten gegeben ist, scheidet ein zwingendes öffentliches Interesse an der Strafverfolgung auch aufgrund der geringen Strafandrohung (Geldstrafe oder Freiheitsstrafe bis zu zwei Jahren) aus.

IV. Die Verwendung von Informationen und der Nemo-tenetur-Grundsatz 531

des Nemo-tenetur-Grundsatzes vorliegt. Demgegenüber handelt es sich bei dem gewerbsmäßigen Handel mit Betäubungsmitteln in nicht geringer Menge ohne die erforderliche Erlaubnis (§ 29a I Nr. 2 BtMG) um ein Verbrechen, so dass diesbezügliche Angaben aus dem Besteuerungsverfahren in einem Strafverfahren gegen den Steuerpflichtigen verwendet werden dürfen [§ 393 II S. 2 i. V. m. § 30 IV Nr. 5 a) AO]. Soweit der Täter im Besteuerungsverfahren zu selbstbezichtigenden Angaben gezwungen wird[575], liegt also ein Verstoß gegen den Grundsatz „Nemo tenetur se ipsum accusare" vor.

Eine Verwertung zur Strafverfolgung droht dem Betroffenen darüber hinaus bei Wirtschaftsstraften, die nach ihrer Begehungsweise oder wegen des Umfangs des durch sie verursachten Schadens geeignet sind, die wirtschaftliche Ordnung erheblich zu stören oder das Vertrauen der Allgemeinheit auf die Redlichkeit des geschäftlichen Verkehrs oder auf die ordnungsgemäße Arbeit der Behörden und der öffentlichen Einrichtungen erheblich zu erschüttern [§ 30 IV Nr. 5 b) AO]. Der Begriff der Wirtschaftsstraftat wird in Anlehnung an die Zuständigkeit der Wirtschaftsstrafkammer (§ 74c GVG) bestimmt[576] und umfasst daher einen großen Teil der in den Aufsichtsgesetzen enthaltenen Straftatbestände.[577] Die Rechtsprechung hat die Voraussetzungen des § 30 IV Nr. 5 b) AO bei einem Subventionsbetrug mit einem Schaden von 350.000 DM[578] und bei Korruption im Rahmen von Beschaffungen für die Bundeswehr[579] als erfüllt angesehen.[580] Soweit im Besteuerungsverfahren von dem Steuerpflichtigen ergänzende Auskünfte verlangt werden, mit denen er sich einer Wirtschaftsstraftat von diesem Gewicht bezichtigt, d. h. gegen sich einen entsprechenden Anfangsverdacht hervorrufen würde, verstößt die Verwertung dieser erzwungenen Angaben in einem anschließenden Strafverfahren nach § 393 II S. 2 i. V. m. § 30 IV Nr. 5 b) AO gegen den Grundsatz „Nemo tenetur se ipsum accusare".[581]

Nach alledem sind also Konstellationen vorstellbar, in denen der Einzelne nach Maßgabe steuerrechtlicher Anzeige-, Erklärungs- und Auskunftspflichten im Besteuerungsverfahren gezwungen wird, sich selbst einer Straftat zu bezichtigen, und diese Angaben anschließend in einem Strafverfahren gegen ihn verwertet werden. Darin liegt ein Verstoß gegen den Grundsatz „Nemo tenetur se ipsum accusare".[582]

---

[575] S. o. S. 527 ff.
[576] OLG Stuttgart, wistra 1986, 191, 192; *Joecks*, in: Franzen/Gast/Joecks, Steuerstrafrecht (2001), § 393 Rn. 81; *Rüsken*, in: Klein, AO (2003), § 30 Rn. 185.
[577] Dies gilt insbesondere für die betriebsbezogene Aufsicht, während die produktbezogene Aufsicht nur vereinzelt (Weingesetz und Lebensmittelrecht) und die anlagenbezogene Aufsicht (Umweltrecht) erfasst werden.
[578] FG Niedersachsen, EFG 1991, 436.
[579] BGH, NJW 1982, 1648, 1649.
[580] S. dagegen OLG Stuttgart, wistra 1986, 191 (zu § 82 I GmbHG).
[581] S. auch *Hellmann*, in: Hübschmann/Hepp/Spitaler, AO, § 393 Rn. 181; *Joecks*, in: Franzen/Gast/Joecks, Steuerstrafrecht (2001), § 393 Rn. 69.
[582] So die ganz überwiegende Ansicht: *Besson*, Das Steuergeheimnis (1997), S. 168; *Bruder*, Beweisverwertungsverbote (2000), S. 87; *Hellmann*, in: Hübschmann/Hepp/Spitaler, AO, § 393 Rn. 181 f.; *Joecks*, in: Franzen/Gast/Joecks, Steuerstrafrecht (2001), § 393 Rn. 69 ff.; *ders.*, in: Kohl-

Demgegenüber hat der BGH in einer neueren Entscheidung die Ansicht vertreten, die in § 393 II S. 2 AO enthaltene Ausnahmeregelung sei nicht verfassungswidrig, sondern stelle in den Fällen des § 30 IV Nr. 5 AO, also bei Vorliegen eines zwingenden öffentlichen Interesses, eine verhältnismäßige Einschränkung des Grundrechts aus Art. 2 I i.V.m. Art. 1 I GG dar.[583] In dieser Entscheidung wird die verfassungsrechtliche Grundlage des Nemo-tenetur-Grundsatzes (Art. 103 I GG)[584] verkannt. Infolgedessen geht der BGH fälschlicherweise davon aus, der Gesetzgeber könne diesen Grundsatz nach Maßgabe des Verhältnismäßigkeitsgrundsatzes einschränken, und setzt sich damit in Widerspruch mit der allgemein angenommenen absoluten Geltung der Aussagefreiheit.[585] Vor diesem Hintergrund erweist sich die Ansicht des BGH als nicht haltbar.[586]

(b) Die Lösungsmöglichkeiten auf der einfach-gesetzlichen Ebene

Um dem festgestellten Verstoß gegen den Grundsatz „Nemo tenetur se ipsum accusare" abzuhelfen und eine Verfassungswidrigkeit zu vermeiden, ist auf der einfach-gesetzlichen Ebene nach Lösungsmöglichkeiten Ausschau zu halten. In Betracht kommen eine Anwendung des Zwangsmittelverbots im Besteuerungsverfahren [(i)], die Annahme eines Verwertungsverbotes [(ii)], die Aussetzung des Besteuerungsverfahrens [(iii)] oder die Gewährung von Straflosigkeit für die aufzudeckende Tat [(iv)].

(i) Die erweiternde Auslegung des Zwangsmittelverbotes (§ 393 I S. 2 AO). Der Grundsatz „Nemo tenetur se ipsum accusare" bleibt gewahrt, wenn gegen den Betroffenen im Besteuerungsverfahren keine Zwangsmittel verhängt werden können, um diesen zu Angaben zu zwingen, mit denen er sich zugleich einer Straftat bezichtigt (s. § 393 I S. 2 AO).

Nach seinem Wortlaut gilt § 393 I S. 2 AO nur für die drohende Selbstbelastung in Bezug auf eine Steuerstraftat. Eine Steuerstraftat begeht auch derjenige, der Gegenstände entgegen einem Verbot einführt, ausführt oder durchführt (Bannbruch – § 372 AO). Der Charakter als Steuerstraftat bleibt auch dann erhalten, wenn die Verbringung in einem Spezialgesetz mit Strafe bedroht ist und die Subsidiaritäts-

---

mann-FS (2003), S. 451, 455; *Reiß*, NJW 1977, 1436, 1437; *ders.*, Besteuerungsverfahren (1987), S. 234f.; *Rogall*, Der Beschuldigte (1977), S. 173; *Spriegel*, in: Wannemacher, Steuerstrafrecht (1999), Rn. 3195; *Teske*, Abgrenzung der Zuständigkeiten (1987), S. 325, 381.
[583] BGH (Dienstgericht des Bundes), Urteil vom 10. 8. 2001 – RiSt (R) 1/00, unter II.1.a).; ebenso *Meine*, wistra 1985, 186f.; *Scheurmann-Kettner*, in: Koch/Scholtz, AO (1996), § 393 Rn. 23; s. auch *Rüster*, wistra 1988, 49, 52, die einen „Zwang" zur Selbstbezichtigung erst bei konkreten Zwangsmaßnahmen annimmt; ähnlich *Meine*, aaO. Für die Aussagefreiheit des Beschuldigten ist es jedoch gleichgültig, durch welche Art von Zwang sie beeinträchtigt wird, zu Recht die Ansicht von *Rüster* ablehnend daher *Besson*, Das Steuergeheimnis (1997), S. 167.
[584] S.o. S. 166ff.
[585] S. insoweit die berechtigte Kritik von *Rogall*, in: Kohlmann-FS (2003), S. 465, 497.
[586] *Rogall*, in: Kohlmann-FS (2003), S. 465, 497.

IV. Die Verwendung von Informationen und der Nemo-tenetur-Grundsatz 533

klausel (§ 372 II AO) eingreift.[587] Das Zwangsmittelverbot (§ 393 I S. 2 AO) schützt daher z.b. auch den Steuerpflichtigen, der sich im Besteuerungsverfahren z.B. der Einfuhr oder Ausfuhr von Betäubungsmitteln (§§ 29 I Nr. 1, 30 I Nr. 4 BtMG) oder Kriegswaffen (§ 22a I Nr. 4 KrWaffG) oder eines Verstoßes gegen ein anderes Verbringungsverbot (z.B. § 34 AWG) bezichtigen müsste. Faktischen Schutz vor einem Zwang zur Selbstbezichtigung genießt der Steuerpflichtige außerdem, soweit er zugleich mit der Straftat eine Steuerhinterziehung offenbaren müsste und § 393 I S. 2 AO ihn davor bewahrt, zu Angaben über den gesamten Sachverhalt gezwungen zu werden.[588]

Gleichwohl bleiben Konstellationen, in denen der Steuerpflichtige sich im Besteuerungsverfahren ausschließlich einer Straftat bezichtigen müsste, die keine Steuerstraftat ist, sei es im Bereich der allgemeinen Wirtschaftskriminalität (z.B. Angaben über betrügerisch erlangte Subventionen), sei es in anderen Bereichen (z.B. dem unerlaubten Drogenhandel). Für diese Fälle wird eine verfassungskonforme, d.h. erweiternde Anwendung des § 393 I S. 2 AO vorgeschlagen, um einen Verstoß gegen den Nemo-tenetur-Grundsatz zu vermeiden.[589]

Eine solche Lösung widerspricht dem klaren Wortlaut des § 393 I S. 2 AO.[590] Die Voraussetzungen einer Analogie liegen nicht vor. Eine Regelungslücke ist nicht gegeben, denn in § 393 AO hat der Gesetzgeber entsprechend der Zuständigkeit der Finanzbehörden bewusst zwischen der Verfolgung von Steuerstraftaten (§ 393 I AO) und der Verfolgung anderer Straftaten (§ 393 II AO) unterschieden. Die Anwendung einer Regelung des § 393 I AO auf einen Bereich, für den der Gesetzgeber eine eigenständige Regelung getroffen hat, würde somit dem gesetzgeberischen Willen zuwiderlaufen.[591] Darüber hinaus wäre eine solche Erweiterung auf Fälle, in denen nach § 393 II S. 2 AO i.V.m. § 30 IV Nr. 5 a), b) AO eine Verwertung zur Strafverfolgung droht, für den Betroffenen im Hinblick auf die Unbestimmtheit dieser Normen mit erheblichen Problemen bei der Normanwendung verbunden.[592] Mit der ganz überwiegenden Ansicht ist daher eine erweiternde Anwendung des § 393 I S. 2 AO abzulehnen.[593]

(ii) Die teleologische Reduktion der Beschränkung des Verwertungsverbotes. Um einen Verstoß gegen den Nemo-tenetur-Grundsatz zu vermeiden, kommt als letzte

---

[587] *Wisser*, in: Klein, AO (2003), § 372 Rn. 9; s. dazu o. S. 498.
[588] *Rüster*, wistra 1988, 49, 52; vgl. auch *Samson*, wistra 1988, 130, 132; zur Auflösung des infolge der Strafbarkeit nach § 370 AO bestehenden Konfliktes mit dem Nemo-tenetur-Grundsatzes s.o. S. 485ff.
[589] *Eilers*, Steuergeheimnis (1987), S. 51; *Otto*, wistra 1983, 233; s. auch *Schäfer*, in: Dünnebier-FS (1982), S. 11, 50; *Stürner*, NJW 1981, 1757, 1761.
[590] *Besson*, Das Steuergeheimnis (1997), S. 167f.; *Reiß*, NJW 1977, 1436.
[591] S. die Begründung zur Vorläuferregelung des § 393 AO (§ 428 RAO), BT-Drucks. V/1812, S. 32; s. auch den Bericht des Finanzausschusses zu § 393 AO, BT-Drucks. 7/4292, S. 46.
[592] *Joecks*, in: Franzen/Gast/Joecks, Steuerstrafrecht (2001), § 393 Rn. 76.
[593] *Besson*, Das Steuergeheimnis (1997), S. 168; *Hellmann*, in: Hübschmann/Hepp/Spitaler, AO, § 393 Rn. 182; *Joecks*, in: Franzen/Gast/Joecks, Steuerstrafrecht (2001), § 393 Rn. 76.

Möglichkeit eine teleologische Reduktion des § 393 II S. 2 AO in Betracht, wonach diese Bestimmung nicht auf selbstbezichtigende Angaben des Steuerpflichtigen im Besteuerungsverfahren anzuwenden wäre.[594] Diese Lösung würde darauf hinauslaufen, § 393 II S. 2 AO in weiten Teilen obsolet werden zu lassen, ohne dass sich im Gesetzeswortlaut oder in der Systematik des § 393 AO dafür ein Anhaltspunkt fände. Auch mit einer solchen Lösung würde man sich über den ausdrücklich vom Gesetzgeber geäußerten Willen hinwegsetzen. Eine verfassungskonforme Anwendung des § 393 II S. 2 AO ist daher ausgeschlossen.[595]

(iii) Die Aussetzung des Besteuerungsverfahrens. Eine Verfassungswidrigkeit der gesetzlichen Regelung könnte des Weiteren dadurch abgewendet werden, dass das Besteuerungsverfahren bis zum Abschluss des Strafverfahrens ausgesetzt wird.[596] Dadurch wird gewährleistet, dass die steuerrechtlichen Mitwirkungspflichten erst dann durch Einsatz von Zwangsmitteln durchgesetzt werden, wenn die auf diese Weise erlangten Angaben des Steuerpflichtigen nicht mehr in einem Straf- oder Ordnungswidrigkeitenverfahren gegen ihn verwertet werden können.[597]

Gegen eine solche Aussetzung des Besteuerungsverfahrens spricht allerdings die gesetzliche Wertung in § 393 I S. 1, II AO, wonach das Besteuerungsverfahren unabhängig von einem gegebenenfalls einzuleitenden Strafverfahren durchgeführt wird.[598] Darüber hinaus ist im Regelfall damit zu rechnen, dass das Besteuerungsverfahren über einen langen Zeitraum ausgesetzt werden muss, wenn der rechtskräftige Abschluss des Straf- bzw. Ordnungswidrigkeitenverfahrens abgewartet werden soll. Durch diese Verzögerung drohen dem Fiskus nicht unerhebliche Einnahmeausfälle, ganz abgesehen von der Gefahr sich verschlechternder Vermögensverhältnisse des Steuerpflichtigen.[599] Schließlich erweist sich die Lösung über einen Vorrang des Strafverfahrens in Bezug auf die gesetzlichen Mitwirkungspflichten (z.B. zur Abgabe einer Steuererklärung) praktisch nicht durchführbar, denn zu dem Zeitpunkt der selbstbelastenden Erklärung, Anzeige oder Aufzeichnung ist in der Regel noch kein strafrechtliches Ermittlungsverfahren eingeleitet worden. Ein Vorrang dieses Verfahrens greift also zu spät, um einen Verstoß gegen den Grundsatz „Nemo tenetur se ipsum accusare" verhindern zu können.

Aus diesen Gründen ist ein Vorrang des Strafverfahrens und ein Gebot zur Aussetzung des Besteuerungsverfahrens abzulehnen.

---

[594] So *Rüster*, wistra 1988, 49, 53, in Bezug auf Angaben, die durch Anwendung von Zwangsmitteln erzwungen worden sind.
[595] S. auch *Hellmann*, in: Hübschmann/Hepp/Spitaler, AO, § 393 Rn. 182.
[596] So *Rengier*, BB 1985, 720, 723.
[597] S.o. S. 456.
[598] So zur Parallelität von Besteuerungsverfahren und Steuerstrafverfahren: *Rüping/Kopp*, NStZ 1997, 530, 532; s. insoweit auch o. S. 469ff.
[599] *Rengier*, BB 1985, 720, 723, will dieser Gefahr mit Ausnahmeregelungen begegnen. In diesem Fall stellt sich aber die Frage, auf welche Weise in derartigen Ausnahmefällen dem Nemo-tenetur-Grundsatz Rechnung getragen werden soll.

(iv) Der Ausschluss der Strafbarkeit. Eine letzte Möglichkeit zur Wahrung des Nemo-tenetur-Grundsatzes besteht darin, dem Betroffenen bei Erfüllung seiner steuerrechtlichen Mitwirkungspflichten Straffreiheit zu gewähren.[600] Die gesetzlichen Möglichkeiten, insbesondere die Vorschriften über die tätige Reue, sind insoweit allerdings begrenzt. Zum einen sehen einige dieser Vorschriften lediglich vor, dass bei einem bestimmten Nachtatverhalten von einer Bestrafung abgesehen werden *kann*[601]. Auch die Möglichkeit, von der Verfolgung einer Ordnungswidrigkeit abzusehen (§ 47 OWiG), ist nicht geeignet, die *Gefahr* einer Verfolgung im Moment der selbstbezichtigenden Äußerung auszuschließen.[602]

Zum anderen lässt die Anwendung eines solchen Strafaufhebungsgrundes die Strafbarkeit nach anderen Tatbeständen unberührt[603], so dass insoweit weiterhin die Gefahr einer Verfolgung des Steuerpflichtigen und damit auch einer Verwertung seiner Angaben im Besteuerungsverfahren besteht. Die im StGB vorgesehenen Strafaufhebungsgründe sind daher nicht geeignet, einen Verstoß gegen den Nemo-tenetur-Grundsatz abzuwenden.

(c) Die Verfassungswidrigkeit der gesetzlichen Regelung

Auf der Ebene des Gesetzesrechts kann ein Verstoß gegen den Grundsatz „Nemo tenetur se ipsum accusare" nach alledem nicht vermieden werden. Die gesetzliche Regelung ist daher verfassungswidrig.[604] Wie bereits ausgeführt wurde, scheidet bei einer nachkonstitutionellen Regelung eine Ergänzung um ein unmittelbar aus der Verfassung abgeleitetes Verwertungsverbot aus, um nicht in die Gestaltungsfreiheit des parlamentarischen Gesetzgebers einzugreifen.[605] Die gesetzliche Regelung bleibt daher mit ihrem bisherigen Inhalt anwendbar, bis sie vom BVerfG in einem Normenkontrollverfahren für verfassungswidrig erklärt wird.[606]

Das BVerfG ist seinerseits gehalten, nicht dem parlamentarischen Gesetzgeber vorzugreifen. Dieser ist in seiner Entscheidung frei, ob er dem Nemo-tenetur-Grundsatz durch eine Ausweitung des Zwangsmittelverbotes (s. § 393 I S. 2 AO) oder des Verwertungsverbotes (s. § 393 II S. 1 AO) Rechnung trägt. Aus diesem Grund ist es dem BVerfG verwehrt, § 393 II S. 2 AO für verfassungswidrig und nichtig zu erklären, denn mit einer solchen Entscheidung würde es anstelle des Gesetzgebers eine Entscheidung treffen, auf welche Weise ein Verstoß gegen den Nemo-tenetur-Grundsatz zu vermeiden ist.[607] Die Verfassungswidrigkeit bezieht sich

---
[600] S.o. S. 456.
[601] S. §§ 266a V S. 1, 330b I S. 1 StGB; s. dagegen §§ 264 V, 264a III, 265bII StGB.
[602] Vgl. *Göhler*, OWiG (2002), § 55 Rn. 8a; *Michalke*, NJW 1990, 417, 420, für Verstöße, die aufgrund einer freiwillig vorgenommenen Eigenüberwachung aufgedeckt worden sind.
[603] Bei Anwendung des § 264a III StGB bleibt z. B. eine Bestrafung nach § 263 StGB möglich, s. *Kühl*, in: Lackner/Kühl, StGB (2001), § 264a Rn. 16 m. w. N.
[604] S.o. die Nachweise auf S. 531 (Fußn. 582).
[605] S.o. S. 458 ff.; zu § 393 II AO: *Spriegel*, in: Wannemacher, Steuerstrafrecht (1999), Rn. 3195.
[606] *Hellmann*, in: Hübschmann/Hepp/Spitaler, AO, § 393 Rn. 182.
[607] S. dazu o. S. 460 f.

nicht allein auf § 393 II S. 2 AO⁶⁰⁸, sondern erstreckt sich ebenso auf die Normen, welche die Anwendung von Zwang zulassen, um den Steuerpflichtigen zu selbstbelastenden Äußerungen zu zwingen.⁶⁰⁹ Das BVerfG ist folglich gehalten, die Unvereinbarkeit der gesamten Regelung mit der Verfassung festzustellen.⁶¹⁰ Das hat zur Folge, dass sich der Steuerpflichtige bereits gegenüber der Anwendung von Zwangsmitteln im Besteuerungsverfahren eine Verletzung des Grundsatzes „Nemo tenetur se ipsum accusare" geltend machen kann, wenn aufgrund der Regelung des § 393 II S. 2 AO die Gefahr besteht, dass seine selbstbelastenden Angaben anschließend in einem Strafverfahren gegen ihn verwertet werden.⁶¹¹

(4) Übermittlungsbefugnisse als weitere Durchbrechungen des Verwertungsverbotes?

Soweit die Ausnahmevorschrift des § 393 II S. 2 AO nicht eingreift, wird der Grundsatz „Nemo tenetur se ipsum accusare" durch das Verwertungsverbot nach § 393 II S. 1 AO gewahrt. Gleichwohl sind steuerrechtliche Vorschriften, die eine Übermittlung personenbezogener Daten aus dem Besteuerungsverfahren vorsehen, verfassungsrechtlich zweifelhaft, sofern diese Daten zur Verfolgung von Straftaten und Ordnungswidrigkeiten verwendet werden sollen. Die Übermittlungsbefugnis könnte eine solche Nutzung einschließen, so dass sich die Frage stellt, ob das Verwertungverbot (§ 393 II S. 1 AO) mit dieser Befugnis derogiert wird und ob insoweit ein weiterer Verstoß gegen den Nemo-tenetur-Grundsatz vorliegt. Dem soll zum einen für die Übermittlungsregelungen zur Bekämpfung von illegaler Beschäftigung und Schwarzarbeit (§ 31a AO) und Geldwäsche (§ 31b AO), zum anderen für die Mitteilungen zur Korruptionsbekämpfung (§ 4 V Nr. 10 EStG) nachgegangen werden.

(a) Die Übermittlungspflichten nach §§ 31a, 31b AO

Nach § 31a I Nr. 1 a) AO ist eine Offenbarung personenbezogener Daten, die dem Steuergeheimnis unterliegen, zulässig, soweit sie für die Durchführung eines Straf- oder Bußgeldverfahrens zur Bekämpfung der illegalen Beschäftigung oder der Schwarzarbeit erforderlich ist. Die Finanzbehörde ist zur Übermittlung der benötigten Tatsachen verpflichtet (§ 31a II S. 1 AO). § 31b AO enthält eine entsprechende Regelung für die Geldwäschebekämpfung.

---

⁶⁰⁸ So aber *Besson*, Das Steuergeheimnis (1997), S. 168; *Bruder*, Beweisverwertungsverbote (2000), S. 87; *Hellmann*, in: Hübschmann/Hepp/Spitaler, AO, § 393 Rn. 182; *Joecks*, in: Franzen/Gast/Joecks, Steuerstrafrecht (2001), § 393 Rn. 72; *Ruegenberg*, Steuergeheimnis (2001), S. 221; *Teske*, Abgrenzung der Zuständigkeiten (1987), S. 381.
⁶⁰⁹ *Reiß*, Besteuerungsverfahren (1987), S. 235; *Samson*, wistra 1988, 130, 132; *Spriegel*, in: Wannemacher, Steuerstrafrecht (1999), Rn. 3195.
⁶¹⁰ S. o. S. 460 ff.; s. dort auch zur Möglichkeit, Übergangsregelungen zu treffen.
⁶¹¹ *Reiß*, Besteuerungsverfahren (1987), S. 235.

Die Befugnis zur Übermittlung an die Verfolgungsbehörden schließt grundsätzlich die Zulässigkeit einer Nutzung zu dem dort betriebenen Verfahren ein.[612] Dementsprechend ging der Gesetzgeber davon aus, dass die nach §§ 31a, 31b AO übermittelten Daten zur Verfolgung von Straftaten und Ordnungswidrigkeiten verwertet werden.[613] Andererseits begründet § 393 II S. 1 AO ausdrücklich ein Verwertungsverbot für Tatsachen und Beweismittel, die der Steuerpflichtige der Finanzbehörde vor der Einleitung eines Steuerstrafverfahrens oder in Unkenntnis der Einleitung eines solchen Verfahrens in Erfüllung steuerrechtlicher Pflichten offenbart hat. Anders als für die Offenbarungsbefugnisse nach § 30 IV Nr. 5 a), b) AO ist für die §§ 31a, 31b AO keine Durchbrechung dieses Verwertungsverbotes geregelt.

Angesichts der fehlenden Regelung in § 393 II AO kann eine Durchbrechung des Verwertungsverbotes nur unmittelbar auf die §§ 31a, 31b AO gestützt werden. Dagegen spricht indessen die ausdrückliche Ausnahmeregelung in § 393 II S. 2 AO, denn diese wäre überflüssig, wenn sich die Zulässigkeit der Verwertung bereits aus der entsprechenden Offenbarungsbefugnis [s. § 30 IV Nr. 5 a), b) AO] ergäbe. Darüber hinaus stehen die Regelungen in §§ 31a, 31b AO im Kontext des Schutzes des Steuergeheimnisses und werden somit allein als Eingriff in das allgemeine Persönlichkeitsrecht (Art. 2 I i.V.m. Art. 1 I GG) gewürdigt[614], während das Verwertungsverbot nach § 393 II S. 1 AO sowohl das Steuergeheimnis als auch die Aussagefreiheit des Beschuldigten im Strafverfahren schützt[615]. § 393 II S. 1 AO weist also einen eigenständigen, über die §§ 31a, 31b AO hinausgehenden Regelungsgehalt auf. Auch dies spricht dagegen, dass eine Einschränkung des Verwertungsverbotes auf die letztgenannten Vorschriften gestützt werden kann.

Allerdings stellt sich die Frage, ob die Übermittlungsregelungen der §§ 31a, 31b AO nicht aus praktischen Erwägungen so ausgelegt werden müssen, dass sie das strafprozessuale Verwertungsverbot derogieren, denn es könnte der nicht ganz fernliegende Einwand erhoben werden, dass eine Übermittlungsbefugnis zu repressiven Zwecken keinen Sinn macht, wenn die übermittelten Daten anschließend nicht verwertet werden dürfen. Im Ergebnis greift dieser Einwand indes aus mehreren Gründen nicht durch.

Zunächst greift das Verwertungsverbot nicht bei jedweder Übermittlung nach §§ 31a, 31b AO ein. So sind Angaben, die der Steuerpflichtige in Kenntnis eines gegen ihn eingeleiteten Steuerstrafverfahrens gemacht hat, verwertbar.[616] Des Weiteren verbietet § 393 II S. 1 AO nur die Verwertung in einem gegen den Steuerpflichti-

---
[612] S. o. S. 291.
[613] S. zu § 31a AO die Begründung des Regierungsentwurfes und die Stellungnahme des Bundesrates, BT-Drucks. 14/8221, S. 20 und 31; zu § 31b AO s. die Begründung des Regierungsentwurfes, die Stellungnahme des Bundesrates und die Gegenäußerung des Bundesregierung, BT-Drucks. 14/8017, S. 145, 173 und 185.
[614] Die Gesetzesbegründungen heben allein auf die Durchbrechung des Steuergeheimnisses ab, vgl. BT-Drucks. 14/8221, S. 20 (zu § 31a AO); BT-Drucks. 14/8017, S. 144 (zu § 31b AO).
[615] Zur doppelten Schutzrichtung des Verwertungsverbotes nach § 393 II S. 1 AO s. o. S. 525.
[616] Vgl. § 393 II S. 1 AO; s. auch Senge, in: Erbs/Kohlhaas, § 393 AO Rn. 8.

gen betriebenen Strafverfahren, nicht hingegen eine Verwertung zur Verfolgung von Straftaten, die durch Dritte begangen worden sind.[617] Auch die Angaben von Dritten im Besteuerungsverfahren unterliegen grundsätzlich nicht dem Verwertungsverbot.[618] Soweit personenbezogene Daten des Steuerpflichtigen von einem Dritten offenbart und anschließend nach §§ 31a, 31b AO zur Durchführung eines Straf- oder Ordnungswidrigkeitenverfahrens übermittelt werden, steht § 393 II S. 1 AO einer Verwertung also ebenfalls nicht entgegen.

Dass den §§ 31a, 31b AO auch bei Annahme eines strafprozessualen Verwertungsverbotes ein sinnvoller Anwendungsbereich verbleibt, zeigt schließlich die begrenzte Reichweite dieses Verwertungsverbotes. Lehnt man eine Fernwirkung des § 393 II S. 1 AO ab[619], so können die Verfolgungsbehörden auf der Grundlage der übermittelten Daten – ungeachtet der Unzulässigkeit einer Verwendung zu Beweiszwecken – Ermittlungsmaßnahmen gegen den Steuerpflichtigen ergreifen, um auf andere Weise Beweismaterial gegen diesen zu sammeln. Gibt der Steuerpflichtige z.B. in der Steuererklärung Gewinne an, die durch seine geschäftliche Tätigkeit nicht plausibel erklärt werden können, so kann eine Pflicht zur Mitteilung an die Strafverfolgungsbehörden nach § 31b AO bestehen.[620] Diese können die Gewinnerklärung selbst nicht zu Beweiszwecken verwerten (§ 393 II S. 1 AO), sind aber nicht gehindert, anderweitige Maßnahmen zur Beweiserhebung (z.B. Beschlagnahme von Buchführungsunterlagen) zu ergreifen. Eine sinnvolle Anwendung der §§ 31a, 31b AO erfordert daher nicht die Durchbrechung des in § 393 II S. 1 AO enthaltenen Verwertungsverbotes.

Schließlich steht einer Auslegung der §§ 31a, 31b AO, die zu einer Einschränkung des § 393 II S. 1 AO führt, das Gebot der verfassungskonformen Auslegung entgegen: Eine Ausnahme von dem Verwertungsverbot wäre – wie § 393 II S. 2 AO[621] – verfassungswidrig. Bleibt das Verwertungsverbot dagegen in Bezug auf nach §§ 31a, 31b AO übermittelte Daten uneingeschränkt bestehen, so wird ein Verstoß gegen den Grundsatz „Nemo tenetur se ipsum accusare" – zumindest zum Teil (s. § 393 II S. 2 AO) – vermieden.[622] Dass die Übermittlung der Daten als solche nicht gegen diesen Grundsatz verstößt, hat das BVerfG im Gemeinschuldner-Beschluss anerkannt, indem es nur die Verwertung und nicht bereits die Offenbarung

---

[617] *Besson*, Das Steuergeheimnis (1997), S. 162; *Hellmann*, in: Hübschmann/Hepp/Spitaler, AO, § 393 Rn. 171; *Scheurmann-Kettner*, in: Koch/Scholtz, AO (1996), § 393 Rn. 20; *Senge*, in: Erbs/Kohlhaas, § 393 AO Rn. 8; *Wisser*, in: Klein, AO (2003), § 393 Rn. 27.

[618] *Besson*, Das Steuergeheimnis (1997), S. 159; *Ehlscheid*, in: von Briel/Ehlscheid, Steuerstrafrecht (2001), S. 726; *Joecks*, in: Franzen/Gast/Joecks, Steuerstrafrecht (2001), § 393 Rn. 54a; *Spriegel*, in: Wannemacher, Steuerstrafrecht (1999), Rn. 3184; einschränkend: *Hellmann*, in: Hübschmann/Hepp/Spitaler, AO, § 393 Rn. 133 ff.

[619] S.o. S. 524 ff.

[620] S. die Begründung des Regierungsentwurfes zu § 31b AO, BT-Drucks. 14/8017, S. 145.

[621] S.o. S. 526 ff.

[622] Vgl. o. S. 536 ff. Eine verfassungskonforme, einschränkende Anwendung des § 31b AO befürwortet auch *Joecks*, in: Kohlmann-FS (2003), S. 451, 456. Eine Verletzung des Nemo-tenetur-Grundsatzes befürchtet hingegen *Marx*, DStR 2002, 1467, 1468.

der vom Schuldner erzwungenen Angaben für verfassungswidrig erklärt hat.[623] Das Verwertungsverbot nach § 393 II S. 1 AO gilt somit auch für Daten, die gemäß §§ 31a, 31b AO an die Strafverfolgungsbehörden übermittelt worden sind.

(b) Die Mitteilung von Bestechungsfällen (§ 4 V S. 1 Nr. 10 EStG)

Eine weitere Regelung über die Übermittlung personenbezogener Daten durch die Finanzbehörden an die Verfolgungsbehörden enthält § 4 V S. 1 Nr. 10 S. 3 EStG. In § 4 V S. 1 Nr. 10 S. 1 EStG ist geregelt, dass die Zuwendung von Vorteilen und damit zusammenhängende Aufwendungen nicht vom zu versteuernden Gewinn abgezogen werden dürfen, wenn die Zuwendung eine rechtswidrige Handlung darstellt, die den Tatbestand eines Strafgesetzes oder eines Gesetzes verwirklicht, das die Ahndung mit Geldbuße zulässt. Mit diesem Abzugsverbot wird erreicht, dass die Aufwendungen für die Begehung von Bestechungsdelikten im privaten und öffentlichen Sektor („Schmiergelder") nicht mehr gewinnmindernd geltend gemacht werden können.[624] Die Finanzbehörden sind bei dem Verdacht einer strafbaren Handlung i.S.d. § 4 V S. 1 Nr. 10 EStG verpflichtet, der Staatsanwaltschaft bzw. den Verfolgungsbehörden Mitteilung zu machen (§ 4 V S. 1 Nr. 10 S. 3 EStG). In der gesetzlichen Mitteilungspflicht liegt zugleich eine Befugnis zur Offenbarung personenbezogener Daten, die dem Steuergeheimnis unterliegen (s. § 30 IV Nr. 2 AO).[625]

Angesichts der Mitteilungspflicht besteht für den Steuerpflichtigen die Gefahr, dass die von ihm im Besteuerungsverfahren gemachten Angaben gegen ihn in einem Strafverfahren wegen eines Bestechungsdeliktes verwendet werden, so dass sich die Frage stellt, ob die gesetzliche Regelung mit dem Nemo-tenetur-Grundsatz vereinbar ist.[626]

Der Steuerpflichtige kann einer solchen Mitteilung allerdings ausweichen, indem er die Zuwendung in der Steuererklärung nicht als Betriebsausgabe angibt, d.h. indem er – steuerlich korrekt – die Aufwendungen nicht von seinem zu versteuernden Gewinn abzieht. Auf ihn wird kein Zwang ausgeübt, diese Aufwendungen als gewinnmindernde Betriebsausgaben abzusetzen.[627] Das Abzugsverbot

---

[623] BVerfGE 56, 37, 51f.; s. dagegen das Sondervotum des Richters *Heußner,* aaO, 52, 53.
[624] S. die Aufzählung der erfassten Straftaten in der Verfügung des BMF vom 10.10.2002 – IV A 6 – S 2145–35/02, Rn. 5ff.; s. auch die Rundverfügung der OFD Frankfurt a.M. vom 29.5.2000, S 2145 A – 17 – St II 20, BB 2000, 1822.
[625] BMF, Verfügung vom 10.10.2002 – IV A 6 – S 2145–35/02, Rn. 31; OFD Frankfurt a.M., Rundverfügung vom 29.5.2000, S 2145 A – 17 – St II 20, BB 2000, 1822; *Ruegenberg,* Steuergeheimnis (2001), S. 68, 69; *Stapf,* DB 2000, 1092, 1099; i.E. ebenso OFD München, Verfügung vom 28.12.1999 – S 2144–66 St 41/42 M, DB 2000, 178; *Heinicke,* in: Schmidt, EStG (2003), § 4 Rn. 612; a.A. *Heerspink,* wistra 2001, 441, 447, der eine Mitteilungspflicht nach § 4 V S. 1 Nr. 10 S. 3 EStG nur unter der Voraussetzung annimmt, dass eine Offenbarungsbefugnis nach § 30 IV AO vorliegt und § 30 IV Nr. 2 AO nicht als einschlägig ansieht. Der Nemo-tenetur-Grundsatz, auf den *Heerspink* diese Auslegung stützt (aaO, in Fußn. 48, und passim), rechtfertigt eine so weitgehende Einschränkung jedoch nicht, s. dazu sogleich im Text.
[626] Kritisch insoweit *Heerspink,* wistra 2001, 441, 443.
[627] *Joecks,* in: Kohlmann-FS (2003), S. 451, 454; *Ruegenberg,* Steuergeheimnis (2001), S. 70; s. auch *Heerspink,* wistra 2001, 441, 443.

(§ 4 V S. 1 Nr. 10 S. 1 EStG) verlangt von ihm vielmehr das Gegenteil. Auf welche Weise er den – versteuerten – Gewinn verwendet, ist steuerlich nicht relevant. Praktisch viel bedeutsamer ist die Konstellation, dass der Unternehmer die Bestechungsgelder unter einer neutralen Bezeichnung („Provision", „Vergütung") verbucht und als gewinnmindernde Betriebsausgaben geltend macht.[628] In diesem Fall macht er sich mit der Abgabe der falschen Steuererklärung wegen versuchter Steuerhinterziehung (§ 370 I Nr. 1, II AO) strafbar.[629] Er wird also im weiteren Verlauf des Besteuerungsverfahrens durch das Zwangsmittelverbot (§ 393 I S. 2 AO) davor geschützt, sich wegen dieser Steuerstraftat – und somit auch wegen des damit zusammenhängenden Bestechungsdeliktes – selbst belasten zu müssen.[630] Ein Verstoß gegen den Nemo-tenetur-Grundsatz ist also insofern nicht zu befürchten. Vor den nachteiligen Folgen, die eine Verweigerung der Mitwirkung im Besteuerungsverfahren nach sich zieht[631], schützt ihn dieser Grundsatz nicht.[632]

Gleichwohl erscheint es im Einzelfall nicht völlig ausgeschlossen, dass im Besteuerungsverfahren auch bei der korrekten Behandlung von Bestechungsgeldern, z.B. im Rahmen einer Betriebsprüfung, Tatsachen aufgedeckt werden, die den Verdacht eines Bestechungsdeliktes begründen.[633] Regelmäßig wird dieser Verdacht jedoch nicht auf Äußerungen des Steuerpflichtigen beruhen, sondern auf den Erkenntnissen des Prüfers bei der Durchsicht der Buchführungsunterlagen, so dass der Schutzbereich des Nemo-tenetur-Grundsatzes nicht berührt ist.[634] In den seltenen Fällen, in denen der Nemo-tenetur-Grundsatz eingreift, z.B. weil eine Auskunft des Steuerpflichtigen den Verdacht eines Korruptionsdeliktes begründet, und die Finanzbehörde verpflichtet ist, diesen Verdacht der Staatsanwaltschaft mitzuteilen[635], wird die Aussagefreiheit des Steuerpflichtigen[636] in einem gegen ihn

---

[628] Vgl. *Klingelhöfer*, StBp 1999, 309, 312.

[629] Zum Versuchsbeginn durch die Abgabe der Steuererklärung: BGH, NStZ 1984, 510, 512; *Gast-de Haan*, in: Klein, AO (2003), § 370 Rn. 60; *Senge*, in: Erbs/Kohlhaas, § 370 AO Rn. 71; einschränkend *Joecks*, in: Franzen/Gast/Joecks, Steuerstrafrecht (2001), § 370 Rn. 261a.

[630] S. auch BMF, Verfügung vom 10. 10. 2002 – IV A 6 – S 2145–35/02, Rn. 30. Der Schutz durch das Zwangsmittelverbot entfällt zwar, sofern der Steuerpflichtige von der Möglichkeit der strafbefreienden Selbstanzeige (§ 371 AO) Gebrauch macht, s. *Heerspink*, wistra 2001, 441, 442. Soweit der Steuerpflichtige dadurch Gefahr läuft, wegen einer anderen Straftat verfolgt zu werden, ist er verfassungsrechtlich nicht vor einem Zwang zur Selbstbezichtigung im Besteuerungsverfahren geschützt, denn der Wegfall des Zwangsmittelverbotes beruht auf von ihm selbst gesetzten Faktoren, s. auch o. S. 482ff., 494.

[631] So muss der Steuerpflichtige, der auf Verlangen der Finanzbehörde nicht die Empfänger der geleisteten Zahlungen benennt, damit rechnen, dass diese Ausgaben nicht als abzugsfähige Betriebsausgaben anerkannt werden (§ 160 I S. 1 AO), s. BMF, Verfügung vom 10. 10. 2002 – IV A 6 – S 2145–35/02, Rn. 36; *Klingelhöfer*, StBp 1999, 309, 312. Ein mitteilungspflichtiger Verdacht in Bezug auf ein Bestechungsdelikt wird allein durch eine solche Weigerung jedoch nicht begründet, s. *Klingelhöfer*, aaO; s. auch *Stapf*, DB 2000, 1092, 1100.

[632] S. dazu o. S. 482ff.

[633] Vgl. *Joecks*, DStR 1997, 1025, 1030; *Klingelhöfer*, StBp 1999, 309, 312.

[634] Zu den Buchführungsunterlagen s.o. S. 443ff.

[635] Der Wortlaut des § 4 V S. 1 Nr. 10 S. 3 EStG differenziert nicht danach, ob der Steuerpflichtige die Aufwendungen als Betriebsausgabe angesetzt hat oder diese steuerlich korrekt nicht vom Gewinn abgezogen hat, so dass auch in dem letztgenannten Fall eine Mitteilungspflicht besteht, s.

eingeleiteten Strafverfahren durch das Verwertungsverbot nach § 393 II S. 1 AO geschützt.[637] Die Ausführungen zu §§ 31a, 31b AO gelten insoweit entsprechend.[638] Soweit eine Durchbrechung des Verwertungsverbotes nach § 393 II S. 2 AO in Betracht kommt[639], wird man allerdings einen Verstoß gegen den Grundsatz „Nemo tenetur se ipsum accusare" annehmen müssen.[640]

b) Das Verwaltungsverfahren und die Verfolgung allgemeiner Straftaten und Ordnungswidrigkeiten

Zu guter Letzt ist das Verhältnis von Verwaltungsverfahren zu den Straf- und Ordnungswidrigkeitenverfahren zu klären, an denen die Aufsichtsbehörde nicht beteiligt ist, und zu erörtern, inwieweit die Erhebung von Informationen und die anschließende Verwertung zu repressiven Zwecken gegen den Grundsatz „Nemo tenetur se ipsum accusare" verstößt. Zunächst werden die möglichen Konflikte mit diesem Grundsatz aufgezeigt [(1)]. Sodann werden die Möglichkeiten zur Auflösung dieses Konfliktes auf einfach-gesetzlicher Ebene diskutiert [(2)]. Abschließend wird auf die verfassungsrechtlichen Konsequenzen eingegangen [(3)].

(1) Die Konflikte mit dem Nemo-tenetur-Grundsatz

Auf die Frage, inwieweit die Mitwirkungspflichten des Beteiligten im Verwaltungsverfahren geeignet sind, einen Verstoß gegen den Nemo-tenetur-Grundsatz zu begründen, wurde bereits zu Beginn dieses Abschnitts eingegangen.[641] Die folgende Darstellung wird sich daher auf das Notwendige beschränken.

Klingelhöfer, StBp 1999, 309, 312; *Stapf*, DB 2000, 1092, 1099; a.A. *Joecks*, DStR 1997, 1025, 1030, unter Hinweis auf den systematischen Zusammenhang mit dem Abzugsverbot. Diese einschränkende Auslegung konnte bis zur Neufassung des § 4 V S. 1 Nr. 10 EStG im Jahr 1999 darauf gestützt werden, dass die Abzugsfähigkeit erst bei einer rechtskräftigen Verurteilung oder einer Einstellung nach den §§ 153 ff. StPO entfiel, die Mitteilung also auch fiskalischen Zwecken diente. Nach der Neufassung, die auf die abstrakte Verwirklichung des einschlägigen Tatbestands abstellt, ist die Mitteilung für das Funktionieren der steuerlichen Regelung nicht mehr erforderlich; der Gesetzgeber hat gleichwohl aus generalpräventiven Erwägungen an der Mitteilungspflicht festgehalten, s. den Bericht des Finanzausschusses, BT-Drucks. 14/443, S. 21. Diese vom Gesetzgeber angestellten Erwägungen sprechen gegen eine einschränkende Auslegung der Mitteilungspflicht, s. auch *Klingelhöfer*, aaO; *Stapf*, aaO.

[636] Dass Angaben des Steuerpflichtigen in einem Strafverfahren gegen Dritte verwertet werden – vgl. o. S. 536 ff. –, verstößt nicht gegen den Nemo-tenetur-Grundsatz; insoweit bestehende „Schutzlücken" für Mitarbeiter und Zahlungsempfänger resultieren aus dem begrenzten Schutzbereich dieses Grundsatzes und verstoßen nicht gegen den Gleichheitsgrundsatz (Art. 3 I GG), s. dagegen *Heerspink*, wistra 2001, 441, 446.

[637] *Stapf*, DB 2000, 1092, 1099; so wohl auch *Heerspink*, wistra 2001, 441, 443 f., 445; vgl. ferner *Wacker*, in: Blümich, § 4 EStG Rn. 298a.

[638] S.o. S. 536 ff.

[639] Vgl. insoweit BGH, NJW 1982, 1648 (Bestechung im Rahmen von Beschaffungen für die Bundeswehr).

[640] S. dazu o. S. 526 ff.

[641] S.o. S. 437 ff.

(a) Auskunftspflichten

Die Pflicht des Beteiligten, auf Verlangen der Behörde über selbstbelastende Umstände Auskunft zu erteilen, wird vom Schutzbereich des Nemo-tenetur-Grundsatzes erfasst.[642] Die Verwertung derartiger Auskünfte zu repressiven Zwecken stellt daher eine Verletzung dieses Grundsatzes dar. In den meisten Aufsichtsgesetzen wird der strafprozessualen Aussagefreiheit mit der Gewährung eines Auskunftsverweigerungsrechts Rechnung getragen.[643] Soweit der Gesetzgeber von dieser Möglichkeit nicht Gebrauch gemacht hat[644], wären die Informationserhebung mit Hilfe eines Auskunftsverlangens und die anschließende Verwertung der erhobenen Informationen in einem Strafverfahren[645] gegen den Beteiligten verfassungswidrig.

(b) Anzeige- und Erklärungspflichten

Die verwaltungsrechtlichen Anzeige- und Erklärungspflichten berühren ebenfalls den Grundsatz „Nemo tenetur se ipsum accusare".[646] Ein Recht, die Abgabe von Erklärungen bei der Gefahr einer Selbstbezichtigung zu verweigern, ist nur vereinzelt vorgesehen.[647] In den übrigen Fällen wären ein Zwang zur Abgabe von selbstbezichtigenden Anzeigen und Erklärungen und deren anschließende Verwertung zu repressiven Zwecken ein Verstoß gegen den Grundsatz „Nemo tenetur se ipsum accusare". Dies gilt beispielsweise für die Pflicht des Betreibers einer wassergefährdenden Anlage, den Austritt von wassergefährdenden Stoffen anzuzeigen, denn dieser setzt sich mit der Anzeige der Gefahr einer strafrechtlichen Verfolgung aus (s. § 324 StGB).[648]

(c) Vorlagepflichten

Durch die verwaltungsrechtlichen Vorlagepflichten wird der Nemo-tenetur-Grundsatz grundsätzlich nicht berührt, da der Vorlage nicht der Charakter einer Äußerung zukommt.[649] Es verstößt daher nicht gegen den Grundsatz „Nemo tenetur se ipsum accusare", Informationen aus Geschäftsbüchern, die in einem Verwaltungsverfahren vorgelegt worden sind, in einem Straf- oder Ordnungswidrigkeitenverfahren gegen den Beteiligten zu verwerten.[650] Ein verbotener Zwang zur

---

[642] S. o. S. 437.
[643] S. o. die Beispiele unter auf S. 205.
[644] S. z. B. §§ 19 II S. 2 AtG, 22 III Nr. 1 LadschlG.
[645] Vgl. etwa § 25 LadschlG.
[646] S. o. S. 438.
[647] S. § 27 I S. 2 i.V.m. § 52 V BImSchG; § 36a III KrW-/AbfG i.V.m. §§ 27 I S. 2, 52 V BImSchG.
[648] *Mäder*, Betriebliche Offenbarungspflichten (1997), S. 34; s. etwa die Anzeigepflicht nach § 55 S. 1 des Sächsischen Wassergesetzes. Aus diesem Grund wird zum Teil davon ausgegangen, dass die Anzeigepflicht bei der Gefahr der Selbstbezichtigung entfällt, s. *Habel/Zeppernick*, Wasserrecht in Sachsen, § 55 Rn. 7.
[649] S. o. S. 438 f.; im Ergebnis weitgehend ebenso: *Schröder/Hansen*, ZBB 2003, 113, 120 f.
[650] S. auch *H. A. Wolff*, Selbstbelastung (1997), S. 220 f. (in Bezug auf Straftaten, die sachlich mit

Selbstbezichtigung liegt – eine anschließende Verwertung zu repressiven Zwecken vorausgesetzt – allenfalls dann vor, wenn bereits der Besitz der vorzulegenden Gegenstände den Anfangsverdacht wegen einer Straftat oder Ordnungswidrigkeit begründet. Soweit ersichtlich, ist dies jedoch bei den verwaltungsrechtlichen Vorlagepflichten nicht der Fall.[651] Aus diesem Grund bestehen keine verfassungsrechtlichen Bedenken gegen die verwaltungsrechtlichen Vorlagepflichten und die anschließende Verwertung der auf diese Weise erhaltenen Informationen in einem Straf- oder Ordnungswidrigkeitenverfahren.

(d) Aufzeichnungs- und Kennzeichnungspflichten

Bei den Aufzeichnungs- und Kennzeichnungspflichten ist der Schutzbereich des Nemo-tenetur-Grundsatzes betroffen, sofern diese Pflichten allein darauf gerichtet sind, die Aufsichtbehörde über bestimmte Tatsachen zu informieren.[652] Um eine solche Norm handelt es sich bei der Pflicht, in einem Waffenbuch Art, Menge und Verbleib der hergestellten bzw. vertriebenen Waffen festzuhalten (§ 23 WaffenG). Unter Umständen kann sich aus den Aufzeichnungen der Verdacht einer Straftat ergeben, wie z.B. des Umgangs mit verbotenen Waffen[653]. In diesem Fall verstießen ein Zwang zur Führung des Waffenbuches und die anschließende Verwertung der Aufzeichnungen im Strafverfahren gegen den Grundsatz „Nemo tenetur se ipsum accusare". Die Gefahr, dass der Einzelne sich mit der Kennzeichnung von Gegenständen einer Straftat bezichtigt, ist im Vergleich dazu vergleichsweise gering. Diese Möglichkeit kann jedoch nicht völlig ausgeschlossen werden; in einem solchen Fall wäre ebenfalls eine Verletzung des Nemo-tenetur-Grundsatzes anzunehmen.[654]

(e) Sonstige Mitwirkungspflichten

Die übrigen Mitwirkungspflichten werden nicht vom Schutzbereich des Nemo-tenetur-Grundsatzes umfasst.[655] Die auf diese Weise erhobenen Informationen können daher auch zur Verfolgung von Straftaten und Ordnungswidrigkeiten verwertet werden, ohne dass ein Verstoß gegen den Grundsatz „Nemo tenetur se ipsum accusare" zu befürchten ist.

---

dem Überwachungsauftrag der Erhebungsbehörde zusammenhängen); zur Kritik an diesem Kriterium s.o. S. 448 f.
[651] Dies gilt auch in Bezug auf diePflicht zur Vorlage von Gegenständen, s. z.B. die Vorzeigepflicht nach § 39 III WaffenG, denn der Umstand, dass der Beteiligte Waffen besitzt, wird in dieser Vorschrift vorausgesetzt.
[652] S.o. S. 449, 451.
[653] § 52 I Nr. 1, III Nr. 1 i.V.m. § 2 III i.V.m. Anlage 2 Abschnitt 1 WaffenG.
[654] S. auch H.A. Wolff, Selbstbelastung (1997), S. 221 f. (in Bezug auf Straftaten, die sachlich mit dem Überwachungsauftrag der Erhebungsbehörde zusammenhängen); zur Kritik an diesem Kriterium s.o. S. 448 f.
[655] S.o. S. 441 f., 451 f.

544 C. Die verfahrensübergreifende Verwendung personenbezogener Informationen

(2) Die Lösungsmöglichkeiten auf einfach-gesetzlicher Ebene

Nachdem die Konfliktkonstellationen dargelegt worden sind, ist nunmehr zu untersuchen, inwieweit den verfassungsrechtlichen Anforderungen auf der Ebene des einfachen Gesetzes Rechnung getragen werden kann. Um einen Verstoß gegen den Grundsatz „Nemo tenetur se ipsum accusare" zu vermeiden, sind verschiedene Lösungsmöglichkeiten denkbar.

(a) Berechtigung zur Mitwirkungsverweigerung

Die gesetzliche Regelung verstößt nicht gegen den Nemo-tenetur-Grundsatz, wenn der Betroffene das Recht hat, selbstbelastende Äußerungen gegenüber der Aufsichtsbehörde zu verweigern. Ein solches Recht kann sich aus der verfahrensübergreifenden Wirkung der Aussagefreiheit ergeben [(i)] oder mit Hilfe der gesetzlich vorgesehenen Auskunftsverweigerungsrechte begründet werden [(ii), (iii), (iv)].

(i) Der Schutz durch die verfahrensübergreifende Wirkung der Aussagefreiheit. Wie bereits ausgeführt, kann sich der Betroffene auch im Verwaltungsverfahren auf die gesetzlichen Vorschriften zum Schutz der Aussagefreiheit im Straf- bzw. Ordnungswidrigkeitenverfahren berufen, soweit die Aufsichtsbehörde für die Verfolgung des jeweiligen Verstoßes zuständig ist.[656] Soweit ihm ein solcher Schutz zuteil wird, ist er de facto zugleich davor geschützt, sich wegen anderer, mit diesem Verstoß zusammenhängender Zuwiderhandlungen belasten zu müssen, deren Verfolgung nicht zu den Aufgaben der Aufsichtsbehörde gehört.[657]

Dieser Schutz ist jedoch lückenhaft, denn er greift nicht, sofern der Betroffene sich ausschließlich in Bezug auf Taten belasten müsste, die nicht von der Aufsichtsbehörde zu verfolgen sind.[658] Da den Aufsichtsbehörden in der Regel keine Aufgaben im Rahmen der Strafverfolgung übertragen sind[659], besteht eine solche Schutzlücke insbesondere in den Fällen, in denen sich die Selbstbezichtigung (ausschließlich) auf eine Straftat bezieht. So würde sich derjenige, der eine Anlage zum Umgang mit wassergefährdenden Stoffen (§ 19g WHG) ohne die erforderliche Erlaubnis betreibt, mit der pflichtgemäßen[660] Anzeige einer Havarie einer Straftat (§ 324 StGB) bezichtigen. Eine Verletzung des Grundsatzes „Nemo tenetur se ipsum accusare" kann daher auf diese Weise nicht ausgeschlossen werden.

(ii) Die analoge Anwendung der Auskunftsverweigerungsrechte auf andere Aufsichtsgesetze. Wie bereits erwähnt[661], hat der Gesetzgeber dem Nemo-tenetur-

---
[656] S.o. S. 502 ff.
[657] Vgl. o. S. 532 f.
[658] Vgl. auch o. S. 533.
[659] S. aber o. S. 497 ff.
[660] S. z.B. § 55 S. 1 des Sächsischen Wassergesetzes.
[661] S.o. S. 542.

IV. Die Verwendung von Informationen und der Nemo-tenetur-Grundsatz

Grundsatz in den meisten Aufsichtsgesetzen durch ein Auskunftsverweigerungsrecht Rechnung getragen. Soweit derartige Vorschriften in den übrigen Gesetzen fehlen, kommt eine analoge Anwendung dieser Auskunftsverweigerungsrechte in Betracht.

Eine Analogie setzt zunächst eine planwidrige Regelungslücke voraus.[662] In den Aufsichtsgesetzen besteht insofern eine Lücke, als der verfassungsrechtliche Grundsatz „Nemo tenetur se ipsum accusare" keine Berücksichtigung findet. Bei vorkonstitutionellen Gesetzen wird man ohne Weiteres von einer unbewussten Regelungslücke ausgehen können, denn die Auswirkungen der Aussagefreiheit auf andere staatliche Verfahren wurden vor dem Inkrafttreten des Grundgesetzes nicht als problematisch und somit regelungsbedürftig angesehen.[663] Symptomatisch ist eine Entscheidung des Reichsgerichts zur allgemeinen Verordnung über die Auskunftspflicht[664], in der eine entsprechende Anwendung des § 55 StPO abgelehnt wurde.[665] Aus dieser Entwicklung kann jedoch nicht im Umkehrschluss gefolgert werden, dass bei nachkonstitutionellen Gesetzen keine Lücke besteht, sondern die fehlende Normierung eines Auskunftsverweigerungsrechtes Ausfluss des gesetzgeberischen Willens ist.[666] Es ist vielmehr auffällig, dass gerade ältere Gesetze, wie z.B. das Ladenschlussgesetz aus dem Jahr 1956, kein Auskunftsverweigerungsrecht enthalten, während in den neueren Gesetzen ein solches Recht ausnahmslos vorgesehen ist.[667] Das Auskunftsverweigerungsrecht fand vielmehr erst allmählich Eingang in das positive Recht.[668] Angesichts der Vielzahl der gesetzlich festgeschriebenen Auskunftsverweigerungsrechte und der Verschiedenartigkeit der Gesetze, in denen ein solches Recht fehlt[669], ist daher davon auszugehen, dass der Gesetzgeber in den meisten der letztgenannten Gesetze „vergessen" hat, ein solches Recht zu normieren. Eine Regelungslücke liegt daher vor.

Die zweite Voraussetzung für eine Analogie ist die Rechtsähnlichkeit des zu regelnden Sachverhaltes. Diese Ähnlichkeit liegt darin, dass der Beteiligte eines Verwaltungsverfahrens ohne das Auskunftsverweigerungsrecht zu einer selbstbelastenden Auskunft gezwungen werden könnte, die nach einer Übermittlung an eine andere Behörde oder ein Gericht zur Verfolgung einer Straftat oder Ordnungswidrigkeit gegen ihn verwertet wird. Der darin liegende Verstoß gegen den Nemo-tenetur-Grundsatz kann in beiden Fällen durch das Auskunftsverweigerungsrecht abgewendet werden. Das Auskunftsverweigerungsrecht zählt zu den allgemeinen

---

[662] Zu den Voraussetzungen einer Analogie: *Bydlinski*, Methodenlehre (1991), S. 473, 475.
[663] *H.A. Wolff*, Selbstbelastung (1997), S. 200; zur Entwicklung: *Hahn*, Offenbarungspflichten (1984), S. 151 ff.
[664] RGBl I Nr. 63 vom 28.7. 1923, S. 723.
[665] RGSt 60, 290, 291 ff.
[666] S. aber *H.A. Wolff*, Selbstbelastung (1997), S. 199.
[667] S. zuletzt §§ 25 IV GenTG, 72 VII TKG.
[668] Soweit ersichtlich, wurde ein Auskunftsverweigerungsrecht zum ersten Mal in § 38 des Gesetzes gegen Wettbewerbsbeschränkungen vom 27.7. 1957 (BGBl I S. 1081) normiert; s. auch die Nachweise bei *H.A. Wolff*, Selbstbelastung (1997), S. 199 (in Fußn. 539).
[669] S. §§ 19 II S. 2 AtG, 47 II, IV,V BAFöG, 22 III Nr. 1 LadschlG, 68a PStG, 17 VII S. 4 WPflG.

rechtsstaatlichen Grundsätzen des Verwaltungsverfahrens (s. § 65 I S. 2 VwVfG i.V.m. § 384 Nr. 2 ZPO), welche die spezialgesetzlichen Regelungen in den Aufsichtsgesetzen ergänzen.[670] So hat der BGH ein Recht des Anwalts, gegenüber dem Vorstand der Rechtsanwaltskammer selbstbelastende Auskünfte zu verweigern, bejaht, obgleich ein solches Recht nicht ausdrücklich in der BRAO vorgesehen war.[671] Schließlich ist zu berücksichtigen, dass der Gesetzgeber in den meisten Aufsichtsgesetzen ein Auskunftsverweigerungsrecht statuiert hat, während er von der alternativen Lösungsmöglichkeit (Schaffung eines Verwertungsverbotes) nur vereinzelt Gebrauch gemacht hat.[672] Aus diesem Grund kann in der Regel nicht angenommen werden, dass den in diesen Gesetzen geregelten Aufgaben, wie z.B. eine wirksame Kontrolle der Einhaltung des Ladenschlussgesetzes, vom Gesetzgeber eine so grundlegende Bedeutung beigemessen worden ist, dass eine uneingeschränkte Auskunftspflicht als unabdingbar anzusehen ist.[673] Eine Ausnahme gilt insoweit für die Atomaufsicht, da diese auf die Beherrschung eines außergewöhnlichen Gefahrenpotentials gerichtet ist und somit ein umfassendes staatliches Informationsbedürfnis besteht.[674] In der Regel sind die Aufsichtsaufgaben jedoch mit denjenigen vergleichbar, bei denen der Gesetzgeber dem Überwachten ein Auskunftsverweigerungsrecht eingeräumt hat.

Im Ergebnis sind die in den Aufsichtsgesetzen geregelten Auskunftsverweigerungsrechte daher analog auf die gesetzlichen Auskunftspflichten – mit Ausnahme des § 19 II S. 2 AtomG[675] – anzuwenden, für die ein solches Recht nicht ausdrücklich vorgesehen ist.[676]

(iii) Die analoge Anwendung der §§ 27 I S. 2 BImSchG, 36a III KrW-/AbfG.
Auch bei den gesetzlichen Offenbarungspflichten könnte die Verfassungswidrigkeit im Wege der Analogie abzuwenden sein. Nach § 27 I S. 2 i.V.m. § 52 V BImSchG kann der Betreiber einer Anlage nicht nur die Auskunft, sondern auch die Abgabe einer Emissionserklärung verweigern, soweit er sich damit wegen einer Straftat oder Ordnungswidrigkeit belasten würde. § 36a III KrW-/AbfG verweist auf diese Vorschriften.

Gegen eine analoge Anwendung dieser Normen auf andere gesetzliche Erklärungspflichten spricht allerdings, dass der Gesetzgeber in Bezug auf die im BImSchG vorgesehene Anzeigepflicht (§ 15 BImSchG) keine vergleichbaren Ein-

---

[670] *Kopp/Ramsauer*, VwVfG (2003), § 26 Rn. 46; s. auch *Gusy*, NVwZ 1991, 614, 618.
[671] BGHSt 27, 374, 376, 378; zustimmend *Feuerich*, AnwBl 1992, 61, 63; s. nunmehr § 56 I S. 2 BRAO.
[672] *H.A. Wolff*, Selbstbelastung (1997), S. 200; s. insoweit o. S. 523 (§ 393 II S. 1 AO); s. ferner §§ 97 I S. 3 InsO, 101a IV UrhG.
[673] Vgl. aber *Zmarlik/Roggendorf*, LadschlG (1997), § 22 Rn. 6.
[674] *Hartung*, Die Atomaufsicht (1992), S. 145.
[675] S. *Hartung*, Die Atomaufsicht (1992), S. 145.
[676] S. auch *Stürner*, NJW 1981, 1757, 1761; einschränkend (nur für vorkonstitutionelle Gesetze): *H.A. Wolff*, Selbstbelastung (1997), S. 199 f.; s. dagegen (zu § 22 III Nr. 1 LadschlG): *Schunder*, in: Stober, LadschlG (2000), § 22 Rn. 16; *Zmarlik/Roggendorf*, LadschlG (1997), § 22 Rn. 6.

schränkungen vorgesehen hat.⁶⁷⁷ Es ist nicht anzunehmen, dass der Gesetzgeber den möglichen Konflikt der selbständigen Offenbarungspflichten mit der strafprozessualen Aussagefreiheit in der einen Vorschrift geregelt und in der anderen völlig übersehen hat.⁶⁷⁸ Eine planwidrige Regelungslücke ist daher in Bezug auf § 15 BImSchG zu verneinen. Angesichts der uneinheitlichen Regelungen im BImSchG ist auch das Vorliegen einer Regelungslücke in den anderen Aufsichtsgesetzen zweifelhaft. Jedenfalls fehlt es insoweit an einem rechtsähnlichen Sachverhalt, denn das Weigerungsrecht nach § 27 I S. 2 BImSchG hat Ausnahmecharakter und ist auf eine spezifische Regelungssituation (die Abgabe von Emissionserklärungen) zugeschnitten.⁶⁷⁹ Mit dem Weigerungsrecht nach § 27 I S. 2 BImSchG hat der Gesetzgeber demnach keine verallgemeinerungsfähige Regelung geschaffen, die auf andere selbständige Offenbarungspflichten übertragen werden könnte (s. § 15 BImSchG); eine Analogie ist daher abzulehnen.⁶⁸⁰

(iv) Die erweiternde Auslegung der Auskunftsverweigerungsrechte. Eine weitere Lösungsmöglichkeit besteht schließlich darin, die gesetzlich vorgesehenen Auskunftsverweigerungsrechte nicht nur auf die Auskunftspflichten, sondern auch auf die anderen Äußerungspflichten anzuwenden (Anzeige-, Erklärungs-, Aufzeichnungs- und Kennzeichnungspflichten).⁶⁸¹ So wird zum Teil die Ansicht vertreten, das Auskunftsverweigerungsrecht schließe auch das Recht ein, die Vorlage von Unterlagen zu verweigern.⁶⁸²

Eine so extensive Auslegung des Begriffs „Auskunft" im Sinne von Äußerung widerspricht jedoch Wortlaut und Systematik der Vorschriften. Der Begriff „Auskunft" wird bei den Mitwirkungspflichten des Betroffenen nur im Zusammenhang mit einem Auskunftsverlangen verwendet und damit terminologisch deutlich von anderen Pflichten unterschieden.⁶⁸³ Die Anwendung auf Mitwirkungspflichten, die unmittelbar auf gesetzlichen Vorschriften beruhen, stünde auch insofern im Widerspruch zum Wortlaut, als bei dem Weigerungsrecht von einer Auskunft auf

---

⁶⁷⁷ Vgl. auch *H.A. Wolff*, Selbstbelastung (1997), S. 215, der insoweit auf die §§ 26, 28, 29 BImSchG verweist. Da die dort geregelten Pflichten den Nemo-tenetur-Grundsatz nicht berühren – s.o. S. 441f. –, lässt die fehlende Normierung eines Rechts, die Mitwirkung zu verweigern, dort allerdings keine Aussage über das Bestehen einer Regelungslücke in Bezug auf diesen Grundsatz zu.
⁶⁷⁸ S. auch *H.A. Wolff*, Selbstbelastung (1997), S. 215.
⁶⁷⁹ *H.A. Wolff*, Selbstbelastung (1997), S. 215.
⁶⁸⁰ *H.A. Wolff*, Selbstbelastung (1997), S. 215.
⁶⁸¹ Einen Wegfall der Anzeigepflicht nach § 55 S. 1 des Sächsischen Wassergesetzes nehmen an: *Habel/Zeppernick*, Wasserrecht in Sachsen, § 55 Rn. 7.
⁶⁸² OVG Koblenz, NJW 1982, 1414; *Reiß*, NJW 1982, 2540 (zu § 4 IV Fahrpersonalgesetz); *Fehn*, in: Hohmann/John, Ausfuhrrecht (2002), § 44 AWG Rn. 46; *Ricke*, in: Bieneck, Außenwirtschaftsrecht (1998), § 22 Rn. 46a (zu § 44 I S. 3 AWG); *Grützner/Reimann/Wissel*, Kartellamtsermittlungen (1993), S. 98 (zu § 59 V GWB). Die Anwendung auf die Vorlagepflichten bedarf an dieser Stelle keiner Diskussion, da diese Pflichten den Schutzbereich des Nemo-tenetur-Grundsatzes nicht berühren, s.o. S. 438ff., 542f.
⁶⁸³ S. zur Vorlagepflicht: VG Berlin, NJW 1988, 1105, 1106; *H.A. Wolff*, Selbstbelastung (1997), S. 225 m.w.N.

"Fragen" die Rede ist[684], d.h. es wird ein Anfordern von Informationen durch die Behörde vorausgesetzt. Systematisch steht einer solchen Interpretation entgegen, dass die Auskunftsverweigerungsrechte im Zusammenhang mit der Auskunftspflicht geregelt sind und ein Bezug zu den anderen Mitwirkungspflichten fehlt.[685] Dementsprechend hat der Gesetzgeber die Rechte zur Verweigerung anderer Mitwirkungsakte im Zusammenhang mit der jeweiligen Mitwirkungspflicht geregelt[686] oder zumindest ausdrücklich ein solches Recht vorgesehen[687].

Aus den gleichen Gründen ist auch eine analoge Anwendung der Auskunftsverweigerungsrechte auf die anderen Mitwirkungspflichten abzulehnen. Der Gesetzgeber hat dem Betroffenen diese Mitwirkungspflichten im Gegensatz zu den Auskunftspflichten in fast allen Aufsichtsgesetzen ohne Einschränkungen auferlegt und ihm nur in den §§ 27 I S. 2 BImSchG, 36a III KrW-/AbfG ein Weigerungsrecht eingeräumt. Eine planwidrige Regelungslücke kann angesichts dieses Umstandes nicht angenommen werden, sondern den genannten Regelungen ist vielmehr im Umkehrschluss zu entnehmen, dass der Gesetzgeber sich in den anderen Gesetzen bewusst gegen die Einräumung eines solchen Rechtes entschieden hat.[688]

Ein Recht, die Erfüllung gesetzlicher Mitwirkungspflichten (Anzeige- und Erklärungspflichten, Aufzeichnungs- und Kennzeichnungspflichten) zu verweigern, kann daher nicht auf die in den Aufsichtsgesetzen vorgesehenen Auskunftsverweigerungsrechte gestützt werden.[689]

(b) Annahme eines Verwertungsverbotes

Um den verfassungsrechtlichen Anforderungen des Nemo-tenetur-Grundsatzes zu entsprechen, kommt als Alternative zu dem Recht, die Mitwirkung im Verwaltungsverfahren zu verweigern, ein strafprozessuales Verwertungsverbot in Betracht.[690] Ein solches Verwertungsverbot ist, soweit ersichtlich, allein in § 40a S. 3 LMBG vorgesehen. In Bezug auf die Verfolgung von Ordnungswidrigkeiten ergibt sich außerdem zum Teil aus den begrenzten Verwendungsbefugnissen, dass die erhobenen Daten nicht zur Durchführung eines Bußgeldverfahrens übermittelt

---

[684] S. etwa §§ 44 III AWG, 59 V GWB, 44 VI KWG.
[685] Vgl. auch die entsprechende Argumentation in Bezug auf die Vorlagepflichten: VG Berlin, NJW 1988, 1105, 1106; *H.A. Wolff*, Selbstbelastung (1997), S. 225.
[686] S. für die Erklärungspflichten: § 27 I S. 2 BImSchG.
[687] S. für die Vorlagepflichten: §§ 104 AO, 16 II S. 4 IfSG.
[688] *H.A. Wolff*, Selbstbelastung (1997), S. 226.
[689] In Bezug auf die Vorlagepflichten entspricht dies der h.M.: BVerfGE 55, 144, 151; BVerwG, DÖV 1984, 73, 74; VG Berlin, NJW 1988, 1105, 1106; *Fluck*, DÖV 1991, 129, 137; *Fuhrmann*, in: Erbs/Kohlhaas, § 44 AWG Rn. 11; *Hartung*, NJW 1988, 1070, 1071; *Jarass*, BImSchG (2002), § 52 Rn. 38; *Klaue*, in: Immenga/Mestmäcker, GWB (2001), § 59 Rn. 54; *Lindemann*, in: Boos/Fischer/Schulte-Mattler, KWG (2000), § 44c Rn. 42; *Nobbe/Vögele*, NuR 1988, 313, 315; *Pietsch*, in: Hohmann/John, Ausfuhrrecht (2002), § 14 KrWaffG Rn. 6; *Schäfer*, in: Dünnebier-FS (1982), S. 11, 48; *Stelkens/Kallerhoff*, in: Stelkens/Bonk/Sachs, VwVfG (2001), § 26 Rn. 60; s. dazu *H.A. Wolff*, Selbstbelastung (1997), S. 224ff. m.w.N.
[690] Vgl. *Schröder/Hansen*, ZBB 2003, 113, 121 (für ein eingeschränktes Verwertungsverbot).

IV. Die Verwendung von Informationen und der Nemo-tenetur-Grundsatz 549

und genutzt werden dürfen.[691] Wie die ausdrückliche Zulassung einer Verwendung zur Strafverfolgung zeigt, zielen diese Regelungen jedoch auf den Schutz des Rechts auf informationelle Selbstbestimmung (Art. 2 I i.V.m. Art. 1 I GG) und nicht auf die Wahrung der Aussagefreiheit im Ordnungswidrigkeitenverfahren.[692]

Ein Verwertungsverbot könnte zunächst auf eine analoge Anwendung des § 40a S. 3 LMBG gestützt werden. Eine solche Analogie setzt das Bestehen einer Regelungslücke in den anderen Aufsichtsgesetzen voraus. Daran bestehen insofern Zweifel, als der Gesetzgeber dem Grundsatz „Nemo tenetur se ipsum accusare" durch die Einräumung von Rechten, die Auskunft und gegebenenfalls auch die anderweitige Mitwirkung[693] zu verweigern, Rechnung getragen, sich also dafür entschieden hat, den Konflikt mit der Aussagefreiheit durch diese Rechte anstatt durch Verwertungsverbote aufzulösen. In Bezug auf andere Mitwirkungspflichten im Wege der Analogie ein Verwertungsverbot zu begründen, würde im Hinblick auf die in den Aufsichtsgesetzen enthalten Rechte, die Mitwirkung zu verweigern, einen Systembruch darstellen. Gegen eine planwidrige Lücke spricht ferner, dass der Gesetzgeber an anderer Stelle durchaus eine anderweitige Verwendung der im Verwaltungsverfahren erhobenen Informationen untersagt hat[694], während er umgekehrt eine Verwendung zur Verfolgung von Straftaten in vielen Gesetzen ausdrücklich zulässt.[695]

Zweifel bestehen zudem an der Rechtsähnlichkeit der geregelten Sachverhalte. Mit der Einführung des § 40a S. 3 LMBG beabsichtigte der Gesetzgeber, eine entsprechende gemeinschaftsrechtliche Unterrichtungspflicht[696] vorwegzunehmen.[697] Da diese gemeinschaftsrechtliche Pflicht keine Einschränkungen zur Wahrung der strafprozessualen Aussagefreiheit vorsieht, liegt die Vermutung nahe, dass sich der Gesetzgeber an den gemeinschaftsrechtlichen Vorgaben orientiert und sich aus diesem Grund für ein Verwertungsverbot entschieden hat, anstatt die Unterrichtungspflicht (bzw. ihre Erzwingbarkeit) durch Weigerungsrechte einzuschränken. So ist es auffällig, dass der Gesetzgeber in keinem anderen der vielen Aufsichtsgesetze ein Verwertungsverbot zum Schutz der Aussagefreiheit vorgesehen hat. Die in anderen staatlichen Verfahren vorgesehenen Verwertungsverbote (§§ 97 I S. 3 InsO, 101a IV UrhG) sind nicht vergleichbar, da diese Verfahren im Interesse von Privaten durchgeführt werden.

Als einfach-gesetzliche Grundlage für ein Verwertungsverbot verbleibt somit eine analoge Anwendung des in § 393 II S. 1 AO angeordneten Verwertungsverbotes

---

[691] S. z.B. §§ 11 IV, V S. 3, 14 IX GewO, § 25 V GenTG, § 83 III Nr. 3 VAG.
[692] S. insoweit o. S. 291 f.; s. auch S. 299, 322 f.
[693] S. § 16 II S. 4 IfSG (zur Vorlagepflicht); §§ 27 I S. 2 BImSchG, 36a III KrW-/AbfG (zur Abgabe von Emissionserklärungen).
[694] S. den Schutz des Betroffenen vor der Weitergabe seiner Daten an die Finanzbehörden (z.B. § 53 VII BImSchG), s. dazu ausführlich o. S. 323 ff.
[695] S. o. S. 290 f.
[696] S. Art. 19 III der Verordnung (EG) Nr. 178/2002 vom 28.1. 2002, ABlEG L 31/1.
[697] S. den Bericht des Ausschusses für Verbraucherschutz, Ernährung und Landwirtschaft, BT-Drucks. 14/9249, S. 5.

550 C. Die verfahrensübergreifende Verwendung personenbezogener Informationen

auf Informationen, die im Verwaltungsverfahren erhoben worden sind.[698] Eine solche Lösung begegnet insofern Bedenken, als sie aufgrund der Ausnahmeregelung nach § 393 II S. 2 AO nicht geeignet ist, einen Verstoß gegen den Grundsatz „Nemo tenetur se ipsum accusare" vollständig zu vermeiden.[699] Gleichwohl könnte die Verfassungswidrigkeit der gesetzlichen Regelung auf diese Weise zumindest in einem Teilbereich abgewendet werden. Aus diesem Grund sollte eine analoge Anwendung des § 393 II S. 1 AO nicht von vornherein verworfen werden. Gleichwohl ist eine Analogie im Hinblick auf die fehlende Regelungslücke abzulehnen; auf die Ausführungen zu § 40a S. 3 LMBG kann insoweit verwiesen werden. Darüber hinaus fehlt es auch in Bezug auf § 393 II S. 1 AO an der Rechtsähnlichkeit der Sachverhalte: Bei der Schaffung des Verwertungsverbotes nach § 393 II S. 1 AO verfolgte der Gesetzgeber fiskalische Interessen, indem er durch das Verwertungsverbot darauf hinwirkte, dass der Steuerpflichtige auch über strafbares Verhalten Auskunft erteilt, soweit dies für die Besteuerung von Bedeutung ist.[700] Demgegenüber hat der Gesetzgeber bei den Aufsichtsgesetzen das öffentliche Interesse an der Gefahrenabwehr zu berücksichtigen. Nach alledem liegen die Voraussetzungen für eine analoge Anwendung des § 393 II S. 1 AO auf Informationen, die im Verwaltungsverfahren erlangt worden sind, nicht vor.

(c) Vorrang des Strafverfahrens

Um die Verfassungswidrigkeit der gesetzlichen Regelung abzuwenden, kommt des Weiteren ein Vorrang des Strafverfahrens vor dem Verwaltungsverfahren in Betracht, d.h. das verwaltungsrechtliche Ermittlungsverfahren wird bis zum Abschluss des Strafverfahrens suspendiert.[701]

Diese Lösung hat allerdings den gravierenden Nachteil, dass eine effektive Gefahrenabwehr praktisch unmöglich wird, wenn das Verwaltungsverfahren erst nach dem – rechtskräftigen (!) – Abschluss des Straf- bzw. Ordnungswidrigkeitenverfahrens fortgesetzt wird. Da der Staatsanwaltschaft weder die Aufgabe der Gefahrenabwehr obliegt noch ihr die entsprechenden Befugnisse zur Verfügung stehen, können von dieser nicht „sämtliche Ordnungsfunktionen" der Aufsichtsbehörde wahrgenommen werden.[702] Zudem ist ein Vorrang des Strafverfahrens in Bezug auf die oben problematisierten gesetzlichen Offenbarungspflichten praktisch nicht durchführbar, denn zu dem Zeitpunkt der selbstbelastenden Erklärung,

---

[698] In diesem Sinne OLG Hamburg, NJW 1985, 2541, 2542 (zur Verwertung von Angaben aus dem Asylverfahren); s. dagegen BGHSt 36, 328, 337.
[699] S.o. dazu o. S. 526ff.
[700] S. die Begründung zur Einführung des Verwertungsverbotes im Regierungsentwurf zum 1. AOStrafÄndG, BT-Drucks. V/1812, S. 32.
[701] S. *Gallandi*, wistra 1987, 127, 129 (Aussetzung des Verwaltungsverfahrens bei dem Verdacht schwerer Wirtschaftsstraftaten).
[702] S. dagegen *Gallandi*, wistra 1987, 127, 129. Gegen die Ansicht von *Gallandi*, aaO, spricht darüber hinaus die dem Gesetz nicht zu entnehmende Differenzierung zwischen leichter und schwerer Kriminalität, s. auch *Lindemann*, in: Boos/Fischer/Schulte-Mattler, KWG (2000), § 44c Rn. 41.

Anzeige oder Aufzeichnung ist in der Regel noch kein strafrechtliches Ermittlungsverfahren eingeleitet worden. Ein Verstoß gegen den Grundsatz „Nemo tenetur se ipsum accusare" kann daher mit einem Vorrang des Strafverfahrens nicht vermieden werden.[703]

(d) Auschluss der Strafbarkeit

Eine letzte Möglichkeit zur Wahrung des Nemo-tenetur-Grundsatzes besteht darin, dem Betroffenen bei Erfüllung seiner verwaltungsrechtlichen Mitwirkungspflichten Straffreiheit zu gewähren. Die gesetzlichen Möglichkeiten, insbesondere die Vorschriften über die tätige Reue, sind insoweit allerdings sowohl im Hinblick auf die begrenzte Anzahl an Tatbeständen, für die eine solche Regelung besteht, als auch in Bezug auf die Rechtsfolge (fakultativer Strafaufhebungsgrund) nicht geeignet, einen Verstoß gegen den Nemo-tenetur-Grundsatz abzuwenden.[704]

(3) Ergebnis: Die Verfassungswidrigkeit der gesetzlichen Regelung

Bei der Informationserhebung im Verwaltungsverfahren und der anschließenden Verwertung dieser Informationen in einem Straf- oder Ordnungswidrigkeitenverfahren wird dem Grundsatz „Nemo tenetur se ipsum accusare" auf einfach-gesetzlicher Ebene nicht ausreichend Rechnung getragen. Soweit der Schutzbereich dieses Grundsatzes berührt ist und eine Verletzung nicht durch einfach-gesetzliche Schutzmechanismen abgewendet werden kann, ist die gesetzliche Regelung daher insgesamt verfassungswidrig, so dass bereits die Informationserhebung im Verwaltungsverfahren gegen den Grundsatz „Nemo tenetur se ipsum accusare" verstößt.[705]

5. Zusammenfassung

Der Grundsatz „Nemo tenetur se ipsum accusare" schützt als Kehrseite des Anspruchs auf rechtliches Gehör (Art. 103 I GG) den Einzelnen davor, in seiner Verteidigung in einem Straf- oder Ordnungswidrigkeitenverfahren festgelegt zu werden. Im Verwaltungsverfahren kann eine solche Festlegung durch Pflichten erfolgen, die ihm eine Äußerung in Bezug auf die möglicherweise von ihm begangene Zuwiderhandlung abverlangen, vorausgesetzt, diese Äußerung wird später zur Verfolgung dieser Zuwiderhandlung gegen ihn verwertet. In den Schutzbereich des Nemo-tenetur-Grundsatz fallen daher die Auskunftspflichten sowie die gesetzlichen Anzeige- und Erklärungspflichten, während die anderen Duldungs- und Mitwirkungspflichten die Aussagefreiheit (Art. 103 I GG) nicht beeinträchtigen.[706]

---

[703] Vgl. o. S. 534.
[704] Vgl. o. S. 535.
[705] S. o. S. 460 f.
[706] S. o. S. 437 ff.

Der Gesetzgeber kann jedoch, wie in Bezug auf die Vorlagepflicht geschehen (§ 95 StPO), über den verfassungsrechtlich gebotenen Schutz hinausgehen.[707]

Mitwirkungspflichten im Vorfeld der behördlichen Informationserhebung berühren den Nemo-tenetur-Grundsatz nicht, da sie nicht als Äußerung gegenüber einer staatlichen Stelle anzusehen sind; eine Ausnahme gilt für Aufzeichnungs- und Kennzeichnungspflichten, die allein behördlichen Informationszwecken dienen und deshalb als Teil einer Äußerung gegenüber der Aufsichtsbehörde anzusehen sind.[708] In zeitlicher Hinsicht ist der Nemo-tenetur-Grundsatz berührt, sobald gegen den Betroffenen ein Straf- oder Ermittlungsverfahren eingeleitet ist oder wenn infolge der von ihm verlangten Äußerung mit der Einleitung eines solchen Verfahrens zu rechnen ist.[709]

Soweit der Schutzbereich des Grundsatzes „Nemo tenetur se ipsum accusare" tangiert ist, hat der Gesetzgeber vier Möglichkeiten, einen Verstoß gegen diesen Grundsatz abzuwenden: Er kann dem Betroffenen im Verwaltungsverfahren das Recht einräumen, die Mitwirkung zu verweigern; er kann vorsehen, dass das Verwaltungsverfahren bis zum Abschluss des Straf- bzw. Ordnungswidrigkeitenverfahrens ausgesetzt wird oder dass von einer Verfolgung der Zuwiderhandlung abgesehen wird; er kann die Verwertung der unter Mitwirkung des Betroffenen erlangten Informationen in einem gegen diesen gerichteten Straf- oder Ordnungswidrigkeitenverfahren für unzulässig erklären.[710] Lässt sich auf der Grundlage der gesetzlichen Vorschriften keiner dieser Wege beschreiten, um einen Verstoß gegen den Nemo-tenetur-Grundsatz abzuwenden, so erweist sich die gesetzliche Regelung insgesamt, d.h. die Erhebung der Information im Verwaltungsverfahren und die anschließende Verwertung zu repressiven Zwecken, als verfassungswidrig.[711]

Bei der nachfolgenden Untersuchung der gesetzlichen Vorschriften wird zunächst die Konstellation untersucht, in der beide Verfahren von ein- und derselben Behörden geführt werden. So ist die Finanzbehörde sowohl für die Durchführung des Besteuerungsverfahrens als auch für die Verfolgung von Steuerstraftaten und Steuerordnungswidrigkeiten zuständig; eine entsprechende Doppelfunktion hat die Steuerfahndung.[712] Die Behörden führen beide Verfahren unabhängig voneinander nach den jeweils einschlägigen Verfahrensregelungen durch, ohne dass eines der beiden Verfahren Vorrang genießt (s. § 393 I S. 1 AO).[713] Die Doppelfunktion der Finanzbehörden und die Parallelität der beiden Verfahren sind verfassungsmäßig.[714]

---

[707] S.o. S. 439f.
[708] S.o. S. 442ff.
[709] S.o. S. 452ff.
[710] S.o. S. 454ff.
[711] S.o. S. 456ff.
[712] S.o. S. 462ff.
[713] S.o. S. 469ff.
[714] S.o. S. 472ff.

IV. Die Verwendung von Informationen und der Nemo-tenetur-Grundsatz

Die Vereinbarkeit der steuerrechtlichen Mitwirkungspflichten mit dem Grundsatz „Nemo tenetur se ipsum accusare" hat der Gesetzgeber dadurch gewährleistet, dass er die Durchsetzung dieser Pflichten unter Einsatz von Zwangsmitteln für unzulässig erklärt hat, soweit der Einzelne sich mit der Erfüllung der jeweiligen Pflicht wegen einer Steuerstraftat oder Steuerordnungswidrigkeit bezichtigen müsste (§ 393 I S. 2 AO).[715] Auf den Steuerpflichtigen wird auch nicht dadurch ein verbotener Zwang zur Selbstbelastung ausgeübt, dass seine Besteuerungsgrundlagen bei einer Verweigerung der Mitwirkung zu seinem Nachteil geschätzt werden, sofern die Schätzung sich plausibel begründen lässt; die mit der Schätzung verbundenen Nachteile sind Konsequenz der Mitverantwortung des Steuerpflichtigen für die Sachverhaltsaufklärung im Besteuerungsverfahren.[716] Ein verfassungswidriger Zwang liegt auch nicht in der Androhung von Strafe für die Verletzung steuerrechtlicher Erklärungspflichten mit der Folge der Steuerverkürzung (§ 370 AO): Die jüngere Rechtsprechung des BGH, die in Anlehnung an § 393 I S. 2 AO unter bestimmten Voraussetzungen zu einer Straflosigkeit der Steuerhinterziehung wegen Unzumutbarkeit normgemäßen Verhaltens gelangt, lässt sich auf andere Konstellationen übertragen; der strafrechtliche Schutz des Steueraufkommens bleibt durch einen Rückgriff auf die Grundsätze der „omissio libera in causa" erhalten.[717] Diese Erwägungen gelten entsprechend für andere Straf- und Bußgeldtatbestände.[718]

Neben dem Steuerrecht ist eine Wahrnehmung von präventiven und repressiven Aufgaben durch ein- und dieselbe Behörde auch in anderen Bereichen der Wirtschaftsaufsicht vorgesehen: So werden die Zollbehörden sowohl als Aufsichts- als auch als Strafverfolgungsbehörde tätig; im Übrigen sind die meisten Aufsichtsbehörden auch für die Verfolgung von Ordnungswidrigkeiten zuständig.[719] Das Verwaltungsverfahren und das Straf- bzw. Ordnungswidrigkeitenverfahren werden parallel durchgeführt; auch insoweit genießt keines der beiden Verfahren Vorrang.[720]

Die Vereinbarkeit der verwaltungsrechtlichen Mitwirkungspflichten mit dem Nemo-tenetur-Grundsatz ist dadurch gewährleistet, dass sich der Beteiligte des Verwaltungsverfahrens aufgrund der Doppelfunktion der Aufsichtsbehörde unmittelbar auf seine gesetzlich garantierten Rechte im Straf- bzw. Ordnungswidrigkeitenverfahren berufen kann.[721] Der Aufsichtsbehörde ist es also aufgrund ihrer Stellung als Verfolgungsbehörde verwehrt, die im Verwaltungsverfahren bestehenden Mitwirkungspflichten durchzusetzen, soweit dadurch die in dem anderen Verfahren bestehenden gesetzlichen Mitwirkungsrechte des Betroffenen beeinträchtigt werden. Der Betroffene darf daher nicht zu selbstbelastenden Äußerungen (s.

---

[715] S. o. S. 475 ff.
[716] S. o. S. 482 ff.
[717] S. o. S. 485 ff.
[718] S. o. S. 469 f.
[719] S. o. S. 497 ff.
[720] S. o. S. 499 ff.
[721] S. o. S. 502 ff.

§ 136 I S. 2 StPO), sei es aufgrund eines behördlichen Auskunftsverlangens, sei es aufgrund gesetzlicher Vorschriften (Anzeige-, Erklärungs- und Aufzeichnungspflichten), oder zur Vorlage von Beweismitteln (s. § 95 StPO) gezwungen werden.[722]

Soweit die Aufsicht und die Verfolgung unterschiedlichen Behörden obliegt, war zunächst die Erhebung und Verwertung von Informationen aus dem Besteuerungsverfahren zu untersuchen.[723] Um einen Verstoß gegen den Grundsatz „Nemo tenetur se ipsum accusare" zu vermeiden, hat der Gesetzgeber in § 393 II S. 1 AO vorgesehen, dass der Steuerpflichtige durch ein Verwertungsverbot davor geschützt wird, dass Angaben, die er im Besteuerungsverfahren aufgrund seiner steuerrechtlichen Pflichten getätigt hat, in einem Straf- oder Ordnungswidrigkeitenverfahren gegen ihn verwertet werden.[724] Die in § 393 II S. 2 AO vorgesehenen Ausnahmen von dem Verwertungsverbot führen jedoch zur Verfassungswidrigkeit der gesetzlichen Regelung, denn es sind Konstellationen vorstellbar, in denen der Steuerpflichtige im Besteuerungsverfahren zu einer selbstbelastenden Äußerung gezwungen ist und er infolge der Regelung des § 393 II S. 2 AO nicht vor deren Verwertung in einem gegen ihn gerichteten Straf- oder Ordnungswidrigkeitenverfahren geschützt ist.[725] Da der Verstoß gegen den Nemo-tenetur-Grundsatz auf der Ebene des einfachen Gesetzes nicht vermieden werden kann, ist die gesetzliche Regelung insgesamt verfassungswidrig.[726] Soweit das Verwertungsverbot nicht eingreift und die verfassungsrechtlich garantierte Aussagefreiheit des Steuerpflichtigen nicht in anderer Weise geschützt wird, verstößt es gegen den Grundsatz „Nemo tenetur se ipsum accusare", den Steuerpflichtigen zur Mitwirkung im Besteuerungsverfahren zu zwingen, wenn dieser sich durch die erzwungenen Äußerungen selbst wegen einer Straftat oder Ordnungswidrigkeit bezichtigen müsste.[727] In Bezug auf andere Übermittlungsregelungen gilt das Verwertungsverbot nach § 393 II S. 1 AO ebenfalls, so dass – soweit nicht wiederum die Ausnahme (§ 393 II S. 2 AO) eingreift – der Nemo-tenetur-Grundsatz gewahrt bleibt.[728]

Ein Verstoß gegen den Grundsatz „Nemo tenetur se ipsum accusare" kann auch darin liegen, dass Informationen aus dem Verwaltungsverfahren in einem von einer anderen Behörde betriebenen Straf- oder Ordnungswidrigkeitenverfahren verwertet werden.[729] Ein solcher Verstoß droht nicht bei Pflichten, die den Betroffenen nicht zu einer Äußerung anhalten.[730] In Bezug auf die Auskunftspflichten wird der Nemo-tenetur-Grundsatz durch die Einräumung von Auskunftsverweigerungs-

---

[722] S.o. S. 508 ff., 514 ff.
[723] S.o. S. 523 ff.
[724] S.o. S. 523 ff. (zur Fernwirkung des Verwertungsverbotes)
[725] S.o. S. 526 ff.
[726] S.o. S. 532 ff.
[727] S.o. S. 535 f.
[728] S.o. S. 536 ff.
[729] S.o. S. 542 f.
[730] S.o. S. 542 f.

IV. Die Verwendung von Informationen und der Nemo-tenetur-Grundsatz 555

rechten gewahrt[731]; insoweit bestehende Lücken können im Wege der Analogie ergänzt werden.[732] In Bezug auf die übrigen Pflichten kann die Verfassungswidrigkeit nicht durch ein Recht zur Verweigerung der Mitwirkung abgewendet werden.[733] Eine analoge Anwendung des Verwertungsverbotes nach § 393 II S. 1 AO scheidet ebenfalls aus.[734] Ein Verstoß gegen den Nemo-tenetur-Grundsatz kann daher auf einfach-gesetzlicher Ebene nicht vollständig vermieden werden.[735] Dies hat wiederum die Verfassungswidrigkeit der gesetzlichen Regelung zur Folge; soweit eine Verwertung seiner Angaben in einem Straf- oder Ordnungswidrigkeitenverfahren droht, kann der Einzelne sich daher bereits gegenüber der Anwendung von Zwang zur Durchsetzung von verwaltungsrechtlichen Äußerungspflichten auf die Verfassungswidrigkeit berufen.[736]

Als Ergebnis kann daher festgehalten werden, dass ein Zwang zu selbstbelastenden Äußerungen im Verwaltungsverfahren entweder aufgrund gesetzlicher Schutzvorschriften[737] oder wegen Verletzung des Grundsatzes „Nemo tenetur se ipsum accusare"[738] unzulässig ist, soweit der Schutzbereich dieses Grundsatzes berührt ist. Im Steuerrecht gilt dies mit der Einschränkung, dass eine Anwendung von Zwang zulässig ist, soweit der Steuerpflichtige durch das Verwertungsverbot nach § 393 II S. 1 AO geschützt ist.

---

[731] S. o. S. 542.
[732] S. o. S. 544 ff.
[733] S. o. S. 544, 546 ff.
[734] S. o. S. 548 ff.
[735] S. o. S. 550 f.
[736] S. o. S. 551.
[737] S. o. S. 502 ff.
[738] S. o. S. 551.

D. Zusammenfassung und Ausblick

Ausgangspunkt der vorliegenden Untersuchung war ein Vergleich der Ziele von Strafverfahren und Verwaltungsverfahren. Beiden Verfahren gemeinsam ist das Ziel, eine „richtige" verfahrensabschließende Entscheidung hervorzubringen. Diese Richtigkeit bezieht sich auf die mit der verfahrensgegenständlichen hoheitlichen Maßnahme verfolgten Ziele und die Wahrung subjektiver Rechte.[1] Sie ist an den Maßstäben der materialen Gerechtigkeit des positiven Rechts, der Wahrheit und der Verfahrensgerechtigkeit zu messen.[2] An Unterschieden war festzustellen, dass der Wahrheit im Strafverfahren eine herausgehobene Bedeutung zukommt, während das Verwaltungsverfahren maßgeblich durch den Parameter der Zweckmäßigkeit bestimmt wird.[3] Dementsprechend ist das Verwaltungsverfahren offener für konsensuale Elemente als das „vergleichsfeindliche" Strafverfahren.[4]

Der verfassungsrechtliche Rahmen der staatlichen Informationsverarbeitung wird von den Grundrechten bestimmt. Strafverfahren und Verwaltungsverfahren berühren die Grundrechte dabei in mehrfacher Hinsicht. Einerseits dient das jeweilige Verfahren (auch) dem Schutz von Grundrechten (Grundrechtsschutz *durch* Verfahren), andererseits ist es zur Durchführung eines Verfahrens häufig notwendig, in Grundrechte einzugreifen; im letztgenannten Fall bedarf es des Grundrechtsschutzes *im* Verfahren. Soweit dem Einzelnen im Rahmen des Grundrechtsschutzes durch Verfahren bestimmte Mitwirkungsrechte garantiert sind, wirken diese Rechte prinzipiell nicht über das Verfahren hinaus. Demgegenüber sind die Grundrechte, in die zur Verfahrensdurchführung eingegriffen wird, unabhängig von dem Verfahren gewährleistet. Bei der verfassungsrechtlichen Untersuchung staatlicher Maßnahmen zur Informationsverarbeitung ist dementsprechend zwischen prozessinternen Verfahrensrechten und prozessexternen materiell-rechtlichen Grundrechten zu differenzieren.[5]

Für die vorliegende Untersuchung sind die materiellen Grundrechte von Bedeutung, die den Einzelnen vor staatlichen Informationseingriffen schützen. Diese Grundrechte, die gegen die staatliche Erhebung und Verarbeitung von Informatio-

---

[1] S.o. S. 10ff., 26ff.
[2] S.o. S. 18ff., 29ff.
[3] S.o. S. 34ff.
[4] S.o. S. 36ff.
[5] S.o. S. 39ff.

nen über den Grundrechtsträger gerichtet sind, werden als informationelle Abwehrrechte bezeichnet.[6]

Ein solches Grundrecht ist das Brief-, Post- und Fernmeldegeheimnis (Art. 10 GG), das den Schutz der Privatsphäre für bestimmte Kommunikationsmedien ausformt. Dieses Grundrecht schützt vor der Erhebung[7] und der Verarbeitung[8] von Informationen über die Kommunikationsteilnehmer.

Das Wohnungsgrundrecht (Art. 13 GG) dient dem Schutz der räumlichen Privatsphäre. Der Schutzbereich umfasst nicht nur die Wohnung i.e.S., sondern auch Betriebs- und Geschäftsräume; in Bezug auf letztere sind auch juristische Personen verfassungsrechtlich geschützt.[9] Die Verfassungsmäßigkeit von Eingriffen zur Informationserhebung ist nach der jeweils einschlägigen Schrankenbestimmung zu beurteilen.[10] Demgegenüber enthält Art. 13 GG für die Verarbeitung der erhobenen Information – bis auf eine Ausnahme[11] – keine Schrankenbestimmung. Da nicht nur die Erhebung, sondern auch die weitere Verarbeitung der Information in das Wohnungsgrundrecht eingreift, wird man im Ergebnis von einer ungeschriebenen Schranke ausgehen müssen; die materielle Rechtfertigung hat sich an der nach der Eingriffsintensität der Erhebungsmaßnahme und nach der neuen Zweckbestimmung einschlägigen Schrankenbestimmung zu orientieren.[12]

Die speziellen Abwehrrechte der Art. 10, 13 GG werden durch das allgemeine Recht auf informationelle Selbstbestimmung (Art. 2 I i.V.m. Art. 1 I GG) ergänzt.[13] Dieses Recht schützt den Einzelnen vor der staatlichen Erhebung, Speicherung, Verwendung und Weitergabe seiner persönlichen Daten.[14] Der zunehmenden Kritik an dem umfassenden Schutzbereich des informationellen Selbstbestimmungsrechts wird Rechnung getragen, indem die Untersuchung auf personenbezogene Daten beschränkt wird, die ohne oder gegen den Willen des Betroffenen erhoben werden.[15] Das Recht auf informationelle Selbstbestimmung schützt auch juristische Personen.[16]

Im Gegensatz zum allgemeinen Persönlichkeitsrecht (Art. 2 I i.V.m. Art. 1 I GG) kann das Eigentumsgrundrecht (Art. 14 GG) nicht als Grundlage für ein informationelles Abwehrrecht herangezogen werden. Art. 14 GG schützt das Vermögen, d.h. den in einer Sache verkörperten Wert, einschließlich der Möglichkeit, diese zu eigenen Zwecken zu nutzen, aber nicht das Interesse an der Vertraulichkeit der in

---

[6] S.o. S. 42.
[7] S.o. S. 43 ff.
[8] S.o. S. 48 ff.
[9] S.o. S. 50 ff.
[10] S.o. S. 54 ff.
[11] S.o. S. 64 ff. (zu Art. 13 V S. 2 GG)
[12] S.o. S. 66 ff.
[13] S.o. S. 71 ff.
[14] S.o. S. 71 ff.
[15] S.o. S. 73 ff.
[16] S.o. S. 76 ff.

ihr enthaltenen Informationen.[17] Auch bei dem Schutz von Betriebs- und Geschäftsgeheimnissen geht es allein um den Schutz vor der in der Offenbarung liegenden „Entwertung".[18] Art. 14 GG findet daher bei der Beurteilung der verfassungsrechtlichen Zulässigkeit der staatlichen Informationsverarbeitung keine weitere Berücksichtigung. Dies gilt entsprechend für die Berufsfreiheit (Art. 12 GG).[19]

Das Vertrauensverhältnis zu einem Berufsgeheimnisträger ist in mehrfacher Hinsicht verfassungsrechtlich geschützt. Zum einen genießt der Berufsgeheimnisträger selbst verfassungsrechtlichen Schutz (Art. 12 GG, ggf. Art. 5 I GG); dieser Schutz richtet sich jedoch nicht gegen staatliche Informationseingriffe, so dass diese Grundrechte im Folgenden außer Betracht bleiben.[20] Demgegenüber ist die Person, die sich dem Berufsgeheimnisträger anvertraut, durch das allgemeine Persönlichkeitsrecht (Art. 2 I i.V.m. Art. 1 I GG) und das Rechtsstaatsprinzip vor staatlicher Ausforschung geschützt.[21] Im Berufsgeheimnis verbinden sich damit Elemente eines materiellen Grundrechts mit denen eines Verfahrensgrundrechts, die jeweils verfassungsrechtlichen Schutz vor staatlichen Erhebungs- und Verarbeitungseingriffen in Bezug auf die anvertrauten Informationen gewähren. Die Reichweite des Schutzes ist einerseits nach der Intensität des Eingriffs in das allgemeine Persönlichkeitsrecht (Art. 2 I i.V.m. Art. 1 I GG) zu bestimmen: Einem Notar werden unter Umständen sehr persönliche Angelegenheiten anvertraut, während einem Patentanwalt nur geschäftliche Informationen offenbart werden. Andererseits wird dem Vertrauensverhältnis unter Umständen durch das Rechtsstaatsprinzip ein weitergehender Schutz zuteil: Die dem Verteidiger anvertrauten Informationen müssen im Hinblick auf die Vertretung der Interessen des Beschuldigten im Strafverfahren vertraulich bleiben, während ein vergleichbares Bedürfnis bei einem Notar nicht besteht.[22]

Die Untersuchung der verfassungsrechtlichen Wurzeln des Grundsatzes „Nemo tenetur se ipsum accusare" hat ergeben, dass dieser nicht auf ein materielles Freiheitsgrundrecht[23], sondern auf ein Verfahrensgrundrecht zurückzuführen ist (Art. 103 I GG)[24]. Der Nemo-tenetur-Grundsatz gilt daher nicht im Verwaltungsverfahren[25], aber im Strafverfahren und im Ordnungswidrigkeitenverfahren[26]. Auf diesen Grundsatz können sich – wie auf Art. 103 I GG – auch juristische Personen berufen.[27]

---

[17] S.o. S. 78 ff.
[18] S.o. S. 82 ff.
[19] S.o. S. 86 f.
[20] S.o. S. 93 ff.
[21] S.o. S. 88 ff.
[22] S.o. S. 97 ff.
[23] S.o. S. 114 ff.
[24] S.o. S. 149 ff.
[25] S.o. S. 181 f.
[26] S.o. S. 183 ff.
[27] S.o. S. 195 ff.

Der Einzelne ist bei der Informationserhebung im Verwaltungsverfahren in vielfacher Hinsicht zur Duldung und zur Mitwirkung verpflichtet. So trifft ihn von Gesetzes wegen die Verpflichtung, die Aufsichtsbehörde über bestimmte Umstände zu informieren (Anzeige- und Erklärungspflichten) oder im Vorfeld der behördlichen Informationserhebung tätig zu werden (Aufzeichnungs- und Kennzeichnungspflichten).[28] Daneben stehen der Behörde eine Reihe von Ermittlungsbefugnissen zur Verfügung. Sie kann insbesondere vom Betroffenen Auskunft und die Vorlage von Unterlagen verlangen, Proben entnehmen, Personen anhalten und kontrollieren, Betriebs- und Geschäftsräume betreten und besichtigen.[29] In einigen Aufsichtsgesetzen ist die Behörde sogar zu Durchsuchungen ermächtigt.[30] Im Zoll- und Außenwirtschaftsrecht sind darüber hinaus Befugnisse zur Prüfung von Postsendungen und zur Überwachung des Brief-, Post- und Fernmeldeverkehrs vorgesehen.[31]

Soweit die Informationserhebung in das Recht auf informationelle Selbstbestimmung (Art. 2 I i.V.m. Art. 1 I GG) eingreift, folgt aus dem Grundsatz der Verhältnismäßigkeit, dass der Erhebungseingriff nur bei einem „hinreichenden Anlass" erfolgen darf. Ein solcher Anlass kann einerseits aufgrund einer abstrakten Gefahr, wie z.B. dem Betrieb einer Anlage, gegeben sein. Darüber hinaus liegt ein hinreichender Anlass vor, wenn aufgrund konkreter Umstände oder belegbarer allgemeiner Erfahrungen anzunehmen ist, dass die Ermittlungsmaßnahme zur Aufdeckung einer Gefahrensituation führen kann. Die verfassungsrechtlichen Anforderungen bleiben damit hinter denen eines strafprozessualen Anfangsverdachts zurück.[32] Eingriffe in Rechte unbeteiligter Dritter unterliegen im Rahmen der Informationserhebung erhöhten verfassungsrechtlichen Anforderungen, da sie nicht ordnungsrechtlich für die zu überwachende Gefahr verantwortlich sind.[33]

Einige Aufsichtsgesetze enthalten Regelungen zur Informationserhebung, die sich nicht dem Verwaltungsverfahren zuordnen lassen. Die Verfassungsmäßigkeit dieser Regelungen bedarf daher einer gesonderten Betrachtung: Wird die Aufsichtsbehörde als Informationsmittler zum Zwecke der Strafverfolgung tätig, indem sie den automatisierten Zugriff auf Kundendaten von Banken und Telekommunikationsunternehmen ermöglicht, so kann dieser Eingriff grundsätzlich verfassungsrechtlich gerechtfertigt werden. Das datenschutzrechtliche Transparenzgebot steht aber einer gesetzlichen Regelung entgegen, wonach sicherzustellen ist, dass die Abrufe den betroffenen Unternehmen nicht zur Kenntnis gelangen.[34] Bereits im Ansatz verfassungsrechtlich problematisch ist eine Meldepflicht in Bezug auf getätigte Wertpapiergeschäfte und deren anschließende Auswertung nach

---

[28] S.o. S. 203f., 206ff.
[29] S.o. S. 204ff., 208ff.
[30] S.o. S. 210.
[31] S.o. S. 210f.
[32] S.o. S. 213ff.
[33] S.o. S. 221ff.
[34] S.o. S. 223ff.

möglichen Insidergeschäften. Diese Eingriffe dienen nicht der Gefahrenabwehr, sondern der Strafverfolgung, so dass die im Strafverfahren geltenden Eingriffsschwellen anwendbar sind. Ein Abweichen von dem Erfordernis des Anfangsverdachts kann in diesem Fall verfassungsrechtlich nicht gerechtfertigt werden.[35] Wiederum anders zu beurteilen ist die von staatlicher Seite veranlasste Informationsverarbeitung durch Private, wie sie im Bereich der Geldwäschebekämpfung vorgesehen ist. Die bankinternen Sicherungsmaßnahmen („EDV-Monitoring") sind als Form der Eigenüberwachung zu qualifizieren, d.h. sie dienen präventiven Zwecken. Da die aufsichtsrechtlichen Pflichten der Banken zu unbestimmt sind, um eine Duldungspflicht der betroffenen Kunden zu begründen, ist die Datenverarbeitung nur nach Maßgabe der für die private Datenverarbeitung geltenden Regelungen des BDSG zulässig.[36]

Soweit die Aufsichtsbehörde bei ihren Ermittlungen in das Wohnungsgrundrecht (Art. 13 GG) eingreift, ist zwischen der behördlichen Nachschau und der Durchsuchung zu unterscheiden. Die behördliche Nachschau stellt, auch soweit sie in Geschäftsräumen während der üblichen Öffnungszeiten vorgenommen wird, einen Eingriff in das Wohnungsgrundrecht dar.[37] Dieser Eingriff kann jedoch nach Art. 13 VII Alt. 2 GG verfassungsrechtlich gerechtfertigt werden, da die Nachschau der Wirtschaftsaufsicht und somit der Verhütung dringender Gefahren für die öffentliche Sicherheit dient.[38] Eine Durchsuchung setzt demgegenüber voraus, dass aufgrund konkreter Umstände Grund für die Annahme einer Gefahr besteht. Diese Voraussetzungen entsprechen den Anforderungen eines strafprozessualen Anfangsverdachts.[39] Findet der verfassungsrechtlich zwingende Richtervorbehalt (Art. 13 II GG) in der Befugnis keine Erwähnung, so ist die Norm in verfassungskonformer Weise entweder als Nachschaubefugnis auszulegen oder um einen Richtervorbehalt zu ergänzen.[40]

Die Ermächtigungsgrundlagen für Eingriffe in das Brief-, Post- und Fernmeldegeheimnis (Art. 10 GG) sind insgesamt mit diesem Grundrecht vereinbar.[41] Die Befugnis zum Öffnen und Prüfen von Postsendungen bedarf allerdings der Ergänzung um eine Pflicht der Behörden, den Betroffenen über die Öffnung und Prüfung zu informieren.[42]

In Bezug auf den verfassungsrechtlichen Schutz des Vertrauensverhältnisses zu Berufsgeheimnisträgern gilt zunächst, dass die allgemeinen Ermittlungsbefugnisse der Aufsichtsbehörde keine geeignete gesetzliche Ermächtigung darstellen, um zur Aufklärung des Sachverhaltes auf den Berufsgeheimnisträger (z.B. den Anwalt

---

[35] S.o. S. 227 ff.
[36] S.o. S. 235 ff.
[37] S.o. S. 243 ff.
[38] S.o. S. 245 ff.
[39] S.o. S. 255 ff.
[40] S.o. S. 250 ff.
[41] S.o. S. 257 ff.
[42] S.o. S. 260 f.

oder Steuerberater) zurückzugreifen, dem sich der Überwachungspflichtige anvertraut hat.[43] Soweit im Besteuerungsverfahren Ausnahmen vorgesehen sind, insbesondere in Gestalt der notariellen Beistandspflichten, sind diese allerdings mit den verfassungsrechtlichen Vorgaben vereinbar.[44]

Die Verwendung personenbezogener Daten aus dem Verwaltungsverfahren zur Verfolgung von Straftaten und Ordnungswidrigkeiten stellt als Zweckentfremdung einen Eingriff in das Recht auf informationelle Selbstbestimmung (Art. 2 I i.V.m. Art. 1 I GG) dar.[45] Übermittelt oder nutzt die Aufsichtsbehörde die Daten aus eigenem Antrieb (spontan), so greift sie in das Recht auf informationelle Selbstbestimmung ein.[46] Bei einer Übermittlung aufgrund eines von der Verfolgungsbehörde gestellten Auskunftsersuchens liegt außer dem Übermittlungseingriff der Aufsichtsbehörde ein Grundrechtseingriff der Verfolgungsbehörde vor, soweit diese mit dem Ersuchen personenbezogene Daten übermittelt.[47]

Die gesetzliche Grundlage für die Übermittlung personenbezogener Daten mit dem Ersuchen ergibt sich aus den Datenschutzgesetzen (s. § 15 I BDSG).[48] Deren ergänzender Anwendung stehen weder die Regelungen der StPO und des OWiG noch der verfassungsrechtliche Bestimmtheitsgrundsatz entgegen.[49] In Bezug auf die Übermittlung und Nutzung durch die Aufsichtsbehörde ergeben sich die entsprechenden Befugnisse aus dem jeweiligen Aufsichtsgesetz.[50] Soweit dort keine Befugnisse vorgesehen sind oder diese Lücken aufweisen, kommt eine Anwendung der Datenschutzgesetze des Bundes und der Länder in Betracht.[51] Nach diesen Gesetzen sind die Behörden befugt, personenbezogene Daten, die zu einem anderen Zweck erhoben worden sind, zur Verfolgung von Straftaten und Ordnungswidrigkeiten zu übermitteln und zu nutzen.[52] Bei dem Rückgriff auf die allgemeinen Befugnisse nach den Datenschutzgesetzen ist allerdings der Vorrang des jeweiligen Aufsichtsgesetzes zu beachten; soweit dieses eine Verwendung der im Verwaltungsverfahren erhobenen Daten untersagt, ist eine ergänzende Anwendung der Datenschutzgesetze ausgeschlossen.[53] Die ergänzende Heranziehung der Datenschutzgesetze ist mit dem Bestimmtheitsgebot vereinbar.[54] Die Festlegung von Übermittlungspflichten ist dem Gesetzgeber vorbehalten; entsprechende Erlasse sind als Verwaltungsrichtlinien anzusehen, die im Einzelfall eine Abweichung zulassen.[55]

---

[43] S.o. S. 268 ff.
[44] S.o. S. 272 ff.
[45] S.o. S. 281 ff.
[46] S.o. S. 283.
[47] S.o. S. 283 ff.
[48] S.o. S. 286 ff.
[49] S.o. S. 286, 288 ff.
[50] S.o. S. 290 ff.
[51] S.o. S. 294 ff.
[52] S.o. S. 295 ff.
[53] S.o. S. 298 ff.
[54] S.o. S. 300 ff.
[55] S.o. S. 303 ff.

D. Zusammenfassung und Ausblick

In materieller Hinsicht ist eine Übermittlung (bzw. Nutzung) personenbezogener Daten aus dem Verwaltungsverfahren zur Verfolgung von Straftaten und Ordnungswidrigkeiten mit dem Recht auf informationelle Selbstbestimmung (Art. 2 I i.V.m. Art. 1 I GG) vereinbar.[56] Der Grundsatz der Verhältnismäßigkeit wird dadurch gewahrt, dass die Zweckentfremdung einen Anfangsverdacht voraussetzt[57] und diese keine personenbezogenen Daten umfasst, die durch Ermittlungseingriffe erlangt worden sind, die in ihrer Intensität über die im Strafverfahren vorgesehenen Informationseingriffe hinausgehen[58]. Durch diese Voraussetzungen können auch verfassungsrechtliche Bedenken gegen die Verwendung von Daten über unbeteiligte Dritte ausgeräumt werden.[59] Soweit aufgrund der Art und des Umfangs der erhobenen Daten ein besonderes Interesse des Betroffenen an deren Geheimhaltung besteht, wird dem durch besondere Amtsgeheimnisse (§ 30 AO) oder Verschwiegenheitspflichten (§ 9 KWG) Rechnung getragen.[60] Danach wird die Verwendung der erhobenen Daten zur Verfolgung von Ordnungswidrigkeiten grundsätzlich ausgeschlossen.[61] Im Übrigen geht der einfach-gesetzliche Schutz über das verfassungsrechtlich, d.h. zum Schutz des informationellen Selbstbestimmungsrechts (Art. 2 I i.V.m. Art. 1 I GG), gebotene Maß hinaus und wird von Opportunitätserwägungen bestimmt, wie an dem weit verbreiteten Ausschluss der Auskunfts- und Amtshilfepflichten gegenüber den Finanzbehörden gezeigt werden konnte.[62]

In Bezug auf das Brief-, Post- und Fernmeldegeheimnis (Art. 10 GG) ist festzuhalten, dass die in den Aufsichtsgesetzen vorgesehene Verwendung von Informationen aus der Kontrolle von Postsendungen zur Verfolgung bestimmter, im Gesetz genannter Straftaten verfassungsrechtlich zulässig ist.[63] Die gesetzliche Befugnis zur Zweckentfremdung von Daten aus einer Überwachung des Brief-, Post- und Fernmeldeverkehrs (§ 41 II AWG) begegnet im Hinblick auf das Zitiergebot (Art. 19 I S. 2 GG) verfassungsrechtlichen Bedenken, ist in materieller Hinsicht aber mit Art. 10 GG vereinbar.[64]

Die Zweckentfremdung personenbezogener Daten, die durch eine behördliche Nachschau oder eine Durchsuchung erlangt worden sind, auf der Grundlage der allgemeinen gesetzlichen Nutzungs- und Übermittlungsbefugnisse ist mit dem Wohnungsgrundrecht (Art. 13 GG) vereinbar.[65]

---

[56] S.o. S. 305 ff.
[57] S.o. S. 306 f.
[58] S.o. S. 307 ff.
[59] S.o. 314 ff.
[60] S.o. S. 318 ff.
[61] Eine Ausnahme gilt für die Ordnungswidrigkeiten, die mit der Aufsichtsaufgabe in einem engen Zusammenhang stehen und für deren Verfolgung die Aufsichtsbehörde selbst zuständig ist, s.o. S. 322.
[62] S.o. S. 323 ff.
[63] S.o. S. 328 ff.
[64] S.o. S. 330 ff.
[65] S.o. S. 334 ff.

In Bezug auf die verfassungsrechtlich besonders geschützten Berufsgeheimnisse stellt sich die Frage nach der Zulässigkeit einer Zweckentfremdung allein in Bezug auf personenbezogene Daten aus dem Besteuerungsverfahren. Soweit dort das Vorlageverweigerungsrecht der Berufsgeheimnisträger für Gegenstände durchbrochen wird, die er für seinen Mandanten aufbewahrt und zu deren Vorlage dieser selbst verpflichtet ist (§ 104 II AO), wird damit nur verhindert, dass der Beteiligte seine Vorlagepflicht umgeht. Eine Zweckentfremdung kann daher auf die steuerrechtlichen Offenbarungsbefugnisse (§ 30 IV Nr. 1, 5 AO) gestützt werden.[66]

Demgegenüber liegt in der notariellen Anzeigepflicht ein so gravierender Eingriff in das verfassungsrechtlich geschützte Vertrauensverhältnis, dass eine Übermittlung nur zur Verfolgung besonders schwerer Straftaten [§ 30 IV Nr. 5 a), b) AO], nicht aber schlechthin zur Verfolgung von Steuerstraftaten und Steuerordnungswidrigkeiten (§ 30 IV Nr. 1 AO) verfassungsrechtlich zulässig ist.[67]

Ob Informationen, die in einem Verwaltungsverfahren rechtswidrig erhoben worden sind, zu repressiven Zwecken verwendet werden dürfen, bestimmt sich zunächst nach der Verwertbarkeit im Ausgangsverfahren[68]. Ist die Information dort verwertbar, sind die für rechtmäßig erhobene Informationen entwickelten Maßstäbe ohne Einschränkungen übertragbar. Besteht im Ausgangsverfahren ein Verwertungsverbot, so ist grundsätzlich auch eine Verwendung im Straf- bzw. Ordnungswidrigkeitenverfahren unzulässig; Ausnahmen können allerdings mit Rücksicht auf die Möglichkeit, die Information rechtmäßig zu erlangen (hypothetischer Ersatzeingriff), oder ein überwiegendes Interesse (Abwägung) angenommen werden.[69]

Auch die Zweckentfremdung in die entgegengesetzte Richtung, d.h. die Verwendung personenbezogener Daten aus einem Straf- oder Ordnungswidrigkeitenverfahren zu präventiven Zwecken, greift in das Recht auf informationelle Selbstbestimmung (Art. 2 I i.V.m. Art. 1 I GG) ein.[70] An dieser Stelle ist wiederum zwischen der spontanen Übermittlung und der Übermittlung auf ein entsprechendes Ersuchen zu differenzieren; die Ausführungen zur Zweckentfremdung von Daten aus dem Verwaltungsverfahren gelten an dieser Stelle entsprechend.[71]

Die gesetzliche Grundlagen für die spontane Übermittlung enthalten die §§ 12, 13 II i.V.m. §§ 14, 17 EGGVG bzw. § 49a OWiG.[72] Neben dieser allgemeinen Regelung finden sich in den einzelnen Aufsichtsgesetzen eine Reihe spezialgesetzlicher Übermittlungsbefugnisse (z.B. § 60a KwG, §§ 30 IV, 116 AO).[73] Die Übermittlung auf ein Ersuchen der Aufsichtsbehörde ist in den §§ 474 ff. StPO und § 49b OWiG geregelt; dort wird weitgehend auf die Befugnisse zur spontanen Übermittlung

---

[66] S.o. S. 338 ff.
[67] S.o. S. 343 ff.
[68] S. insoweit o. S. 346 ff.
[69] S.o. S. 348 f.
[70] S.o. S. 352 ff.
[71] S.o. S. 353 f.
[72] S.o. S. 354 ff.
[73] S.o. S. 357 ff.

D. Zusammenfassung und Ausblick

verwiesen (§ 474 II S. 1 Nr. 2 StPO).[74] Die Nutzung von Daten aus einem Straf- oder Ordnungswidrigkeitenverfahren zu präventiven Zwecken, soweit sie durch die Erhebungsbehörde selbst, d. h. ohne Übermittlung, erfolgen soll, wird von den genannten Regelungen nicht erfasst; insoweit kommt eine subsidiäre Anwendung der datenschutzrechtlichen Befugnisse in Betracht.[75] Den Datenschutzgesetzen ist auch die Übermittlungsbefugnis der Aufsichtsbehörde zu entnehmen, soweit diese bei der Stellung des Ersuchens personenbezogene Daten weitergibt.[76] Dass in Verwaltungsvorschriften (MiStra) Vorgaben für die Ermessensausübung bei der Anwendung der Übermittlungsbefugnisse niedergelegt sind, begegnet im Hinblick auf den Gesetzesvorbehalt keinen verfassungsrechtlichen Bedenken.[77]

Im Rahmen der materiellen Verfassungsmäßigkeit einer Übermittlung personenbezogener Daten aus einem Straf- oder Ordnungswidrigkeitenverfahren sind zunächst die allgemeinen Anforderungen an eine solche Übermittlung zu beachten: Es muss sichergestellt sein, dass die Übermittlung nur bei einem hinreichenden Anlass erfolgt.[78] Durch eine Abwägung der beteiligten Interessen ist sicherzustellen, dass der Eingriff in das informationelle Selbstbestimmungsrecht nicht außer Verhältnis zu dem öffentlichen Interesse an der Gefahrenabwehr steht (s. § 13 II S. 1 EGGVG).[79] Dies gilt auch für den nicht am Straf- bzw. Ordnungswidrigkeitenverfahren beteiligten Dritten; an die Übermittlung personenbezogener Daten ist insoweit aber kein strengerer Maßstab anzulegen als bei dem Beschuldigten.[80]

Neben diesen allgemeinen Anforderungen sind bei der Übermittlung personenbezogener Daten aus einem Straf- oder Ordnungswidrigkeitenverfahren jedoch weitere verfassungsrechtliche Schranken zu beachten. Zunächst greift die Mitteilung, dass gegen den Beschuldigten ein Strafverfahren eingeleitet worden ist, als Angriff auf seine Ehre in besonderer Weise in das allgemeine Persönlichkeitsrecht (Art. 2 I i.V.m. Art. 1 I GG) ein.[81] Darüber hinaus werden im Strafverfahren bei der Erforschung der Persönlichkeit des Täters regelmäßig besonders persönlichkeitsrelevante Daten erhoben.[82] Aus diesem Grund ist die Erforderlichkeit und Verhältnismäßigkeit der Übermittlung besonders genau zu prüfen.[83] Dies betrifft einerseits den Zeitpunkt der Übermittlung, denn der Beschuldigte hat ein starkes Interesse daran, dass nur gesicherte Informationen über den gegen ihn erhobenen Vorwurf an Dritte weitergegeben werden. Kann der rechtskräftige Abschluss des Verfahrens nicht abgewartet werden[84], so ist eine Übermittlung in der Regel frü-

---

[74] S. o. S. 362 ff.
[75] S. o. S. 364 ff.
[76] S. o. S. 367; zur materiellen Verfassungsmäßigkeit s. o. S. 402 f.
[77] S. o. S. 367 f.
[78] S. o. S. 369 f.
[79] S. o. S. 370 ff.
[80] S. o. S. 373 f.
[81] S. o. S. 374 f.
[82] S. o. S. 375.
[83] S. o. S. 376 ff.
[84] Vgl. o. S. 376.

hestens zulässig, wenn die Tatsachen für eine Anklageerhebung ausreichen bzw. in einer gerichtlichen Entscheidung im Ermittlungsverfahren inzident ein dringender Tatverdacht bejaht worden ist.[85] Das Resozialisierungsinteresse des Täters steht einer verfahrensübergreifenden Mitteilung an eine Aufsichtsbehörde nach einer rechtskräftigen Verurteilung nicht entgegen.[86]

Der Umfang der übermittelten Daten ist strikt auf das erforderliche Maß zu beschränken.[87] Dies gilt insbesondere bei der spontanen Übermittlung, denn die Aufsichtsbehörde kann gegebenenfalls um die Übermittlung weiterer Daten ersuchen, soweit dies aus ihrer Sicht erforderlich ist. Bei einem Ersuchen der Aufsichtsbehörde ist dieser grundsätzlich nicht volle Akteneinsicht zu gewähren, sondern nur die benötigte Auskunft zu erteilen.[88]

Ein besonderer verfassungsrechtlicher Schutz ist des Weiteren geboten, soweit die Daten aus dem Strafverfahren mit Hilfe besonders eingriffsintensiver Ermittlungsmaßnahmen erhoben worden sind, die im Verwaltungsverfahren so oder in ähnlicher Form nicht vorgesehen sind.[89] Bei der Übermittlung auf ein Ersuchen der Aufsichtsbehörde wird der Betroffene dadurch geschützt, dass personenbezogene Daten aus bestimmten, besonders gravierenden Ermittlungseingriffen nur zur Abwehr einer erheblichen Gefahr übermittelt werden dürfen (§ 477 II S. 2 StPO).[90]

Bei der spontanen Übermittlung fehlt eine § 477 II S. 2 StPO vergleichbare Regelung für Erkenntnisse aus besonders eingriffsintensiven Ermittlungsmaßnahmen. Auf die allgemeinen Befugnisse kann eine Übermittlung dieser Erkenntnisse nicht gestützt werden, diese ist daher unzulässig. Die Aufsichtsbehörde kann jedoch gegebenfalls nach einer spontanen Mitteilung über das Strafverfahren um die Übermittlung dieser Erkenntnisse ersuchen.[91] Bei der Übermittlung von Informationen aus einem Steuerstrafverfahren zur Durchführung eines Besteuerungsverfahrens gilt zwar die spezielle Befugnis (§ 30 IV Nr. 1 AO), die Beschränkungen des § 477 II S. 2 StPO sind jedoch entsprechend anzuwenden.[92] Den Forderungen des BVerfG nach verfahrensmäßigen Schutzvorkehrungen wird in § 21 EGGVG durch Benachrichtigungspflichten und Auskunftsansprüche Rechnung getragen.[93]

Soweit die Übermittlung personenbezogener Daten aus einem Straf- oder Ordnungswidrigkeitenverfahren in spezielle Grundrechte eingreift, ist die Verfassungsmäßigkeit dieser Eingriffe gesondert zu betrachten.

In Bezug auf das Brief-, Post- und Fernmeldegeheimnis (Art. 10 GG) ist danach zu differenzieren, ob die personenbezogenen Daten, die durch einen Eingriff in dieses Grundrecht erhoben worden sind, spontan oder auf ein Ersuchen der Auf-

---

[85] S.o. S. 381.
[86] S.o. S. 382ff.
[87] S.o. S. 377f.
[88] S.o. S. 378.
[89] S.o. S. 384f.
[90] S.o. S. 386ff.
[91] S.o. S. 395f.
[92] S.o. S. 396ff.
[93] S.o. S. 399ff.

sichtsbehörde an diese übermittelt werden: Die Befugnisse zur spontanen Übermittlung sind als Grundlage für einen Eingriff in Art. 10 GG nicht geeignet, da sie bei einer entsprechenden Auslegung gegen das Zitiergebot (Art. 19 I S. 2 GG) verstoßen würden.[94] Bei einer Übermittlung auf ein Ersuchen hat der Gesetzgeber für die Übermittlung von Erkenntnissen aus einer Überwachung des Fernmeldeverkehrs (§ 100a StPO) eine Sonderregelung geschaffen (§ 477 II S. 2 StPO). Eine Übermittlung auf der Grundlage dieser Vorschrift ist mit Art. 10 GG vereinbar.[95] Eine vergleichbare Regelung fehlt für die Anforderung von Telekommunikationsverbindungsdaten (§ 100g StPO) und die Beschlagnahme von Postsendungen und Telegrammen (§ 99 StPO). Da eine Übermittlung personenbezogener Daten aus diesen Ermittlungseingriffen nach Maßgabe der allgemeinen Befugnisse unverhältnismäßig wäre, ist eine solche Übermittlung in Ermangelung einer gesetzlichen Grundlage unzulässig.[96]

Die Übermittlung personenbezogener Daten aus einem Ermittlungseingriff in das Wohnungsgrundrecht ist an Art. 13 GG zu messen. Für Erkenntnisse aus einem „großen Lauschangriff" (§ 100c I Nr. 3 StPO) hat der Gesetzgeber in § 100f I Alt. 2 StPO eine Verwendungsregelung geschaffen; § 477 II S. 2 StPO wird von § 100f I Alt. 2 StPO als der spezielleren Vorschrift verdrängt.[97] Da sich die gesetzlichen Voraussetzungen der Übermittlung eng an den Anforderungen an einen vergleichbaren Erhebungseingriff zu präventiven Zwecken (Art. 13 IV S. 1 GG) orientieren, ist § 100f I Alt. 2 StPO mit dem Wohnungsgrundrecht vereinbar.[98] Bei der Übermittlung personenbezogener Daten, die aus einer Durchsuchung stammen, ist zu unterscheiden. Ist die Information in einem Gegenstand verkörpert, zu dessen Auffindung die Durchsuchung angeordnet und durchgeführt worden ist, so steht Art. 13 GG einer Übermittlung zu präventiven Zwecken nicht entgegen. Wird dagegen bei Gelegenheit der Durchsuchung eine Information erhoben, die für das Straf- bzw. Ordnungswidrigkeitenverfahren ohne Bedeutung ist und auf welche die Durchsuchung nicht gerichtet war, so steht Art. 13 GG einer Übermittlung dieser Information an die Aufsichtsbehörde entgegen.[99]

In Bezug auf die verfassungsrechtlich besonders geschützten Berufsgeheimnisse ist der einfach-gesetzliche Schutz vor der staatlichen Informationserhebung in weiten Teilen parallel ausgestaltet. Das zu dem Berufsgeheimnisträger bestehende Vertrauensverhältnis ist daher in der Regel für die Zulässigkeit einer Übermittlung personenbezogener Daten aus einem Straf- oder Ordnungswidrigkeitenverfahren ohne Bedeutung.[100] Eine Ausnahme gilt insoweit für die Pflicht von Berufsgeheim-

---

[94] S.o. S. 403 f.; in Bezug auf die Befugnisse der AO folgt dieses Ergebnis aus den §§ 105 II, 116 II AO, s.o. S. 403 f
[95] S.o. S. 405 f.
[96] S.o. S. 406 ff.
[97] S.o. S. 410 f.
[98] S.o. S. 412 ff.
[99] S.o. S. 414 ff.
[100] S.o. S. 420 f.

niströgern, den Verdacht einer Geldwäsche anzuzeigen (§ 11 I GwG).[101] Da die gesetzliche Ausgestaltung der Anzeigepflicht den verfassungsrechtlichen Kern des Vertrauensverhältnisses jedoch weitgehend unberührt lässt[102], bestehen im Hinblick auf den Schutz der Berufsgeheimnisse keine verfassungsrechtlichen Bedenken gegen eine Verwendung der in der Anzeige enthaltenen personenbezogenen Daten im Besteuerungsverfahren und zum Zweck der Aufsicht über die Einhaltung der Pflichten nach dem GwG (§§ 10 II, 11 VII GwG).[103]

Ob Informationen, die in einem Straf- oder Ordnungswidrigkeitenverfahren rechtswidrig erhoben worden sind, zu präventiven Zwecken verwendet werden dürfen, bestimmt sich zunächst nach der Verwertbarkeit im Ausgangsverfahren[104]. Ist die Information dort verwertbar, sind die für rechtmäßig erhobene Informationen entwickelten Maßstäbe ohne Einschränkungen übertragbar. Besteht im Ausgangsverfahren ein Verwertungsverbot, so ist grundsätzlich auch eine Verwendung im Verwaltungsverfahren unzulässig; Ausnahmen können allerdings mit Rücksicht auf die Möglichkeit, die Information rechtmäßig zu erlangen (hypothetischer Ersatzeingriff), oder ein überwiegendes Interesse (Abwägung) angenommen werden.[105]

Der Grundsatz „Nemo tenetur se ipsum accusare" schützt als Kehrseite des Anspruchs auf rechtliches Gehör (Art. 103 I GG) den Einzelnen davor, in seiner Verteidigung in einem Straf- oder Ordnungswidrigkeitenverfahren festgelegt zu werden. Im Verwaltungsverfahren kann eine solche Festlegung durch Pflichten erfolgen, die ihm eine Äußerung in Bezug auf die möglicherweise von ihm begangene Zuwiderhandlung abverlangen, vorausgesetzt, diese Äußerung wird später zur Verfolgung dieser Zuwiderhandlung gegen ihn verwertet. In den Schutzbereich des Nemo-tenetur-Grundsatz fallen daher die Auskunftspflichten sowie die gesetzlichen Anzeige- und Erklärungspflichten, während die anderen Duldungs- und Mitwirkungspflichten die Aussagefreiheit nicht beeinträchtigen.[106] Der Gesetzgeber kann allerdings in der Ausgestaltung des einfach-gesetzlichen Schutzes über das verfassungsrechtlich Gebotene hinausgehen (s. § 95 StPO).[107] Mitwirkungspflichten im Vorfeld der behördlichen Informationserhebung berühren den Nemo-tenetur-Grundsatz nicht, da sie nicht als Äußerung gegenüber einer staatlichen Stelle anzusehen sind; eine Ausnahme gilt für Aufzeichnungs- und Kennzeichnungspflichten, die allein behördlichen Informationszwecken dienen und deshalb als Teil einer Äußerung gegenüber der Aufsichtsbehörde anzusehen sind.[108] In zeitlicher Hinsicht ist der Nemo-tenetur-Grundsatz berührt, sobald gegen den Betroffenen

---
[101] S.o. S. 421 ff.
[102] S.o. S. 422 ff.
[103] S.o. S. 424 ff.
[104] S. insoweit o. S. 429 f.
[105] S.o. S. 430 f.
[106] S.o. S. 437 ff.
[107] S.o. S. 439 f.
[108] S.o. S. 442 ff.

ein Ermittlungsverfahren eingeleitet ist oder wenn infolge der von ihm verlangten Äußerung mit der Einleitung eines solchen Verfahrens zu rechnen ist.[109]

Soweit der Schutzbereich des Grundsatzes „Nemo tenetur se ipsum accusare" tangiert ist, hat der Gesetzgeber vier Möglichkeiten, einen Verstoß gegen diesen Grundsatz abzuwenden: Er kann dem Betroffenen im Verwaltungsverfahren das Recht einräumen, die Mitwirkung zu verweigern; er kann vorsehen, dass das Verwaltungsverfahren bis zum Abschluss des Straf- bzw. Ordnungswidrigkeitenverfahrens ausgesetzt wird oder dass von einer Verfolgung der Zuwiderhandlung abgesehen wird; er kann die Verwertung der unter Mitwirkung des Betroffenen erlangten Informationen in einem gegen diesen gerichteten Straf- oder Ordnungswidrigkeitenverfahren für unzulässig erklären.[110] Lässt sich auf der Grundlage der gesetzlichen Vorschriften keiner dieser Wege beschreiten, um einen Verstoß gegen den Nemo-tenetur-Grundsatz abzuwenden, so erweist sich die gesetzliche Regelung insgesamt, d.h. die Erhebung der Information im Verwaltungsverfahren und die anschließende Verwertung zu repressiven Zwecken, als verfassungswidrig.[111]

In Bezug auf die Vereinbarkeit der verwaltungsrechtlichen Pflichten mit dem Nemo-tenetur-Grundsatz ist danach zu differenzieren, ob das Straf- bzw. Ordnungswidrigkeitenverfahren und das Verwaltungsverfahren von ein- und derselben Behörde geführt werden oder die sachliche Zuständigkeit insoweit getrennt ist.

Die erstgenannte Konstellation ist insbesondere im Steuerrecht gegeben: Die Finanzbehörde ist sowohl für die Durchführung des Besteuerungsverfahrens als auch für die Verfolgung von Steuerstraftaten und Steuerordnungswidrigkeiten zuständig; eine entsprechende Doppelfunktion hat die Steuerfahndung.[112] Die Behörden führen beide Verfahren unabhängig voneinander nach den jeweils einschlägigen Verfahrensregelungen durch, ohne dass eines der beiden Verfahren Vorrang genießt (s. § 393 I S. 1 AO).[113] Die Doppelfunktion der Finanzbehörden und die Parallelität der beiden Verfahren sind verfassungsmäßig.[114]

Die Vereinbarkeit der steuerrechtlichen Mitwirkungspflichten mit dem Grundsatz „Nemo tenetur se ipsum accusare" hat der Gesetzgeber dadurch sichergestellt, dass er die Durchsetzung dieser Pflichten unter Einsatz von Zwangsmitteln für unzulässig erklärt hat, soweit der Einzelne sich mit der Erfüllung der jeweiligen Pflicht wegen einer Steuerstraftat oder Steuerordnungswidrigkeit bezichtigen müsste (§ 393 I S. 2 AO).[115] Auf den Steuerpflichtigen wird auch nicht dadurch ein verbotener Zwang zur Selbstbelastung ausgeübt, dass seine Besteuerungsgrundlagen bei einer Verweigerung der Mitwirkung zu seinem Nachteil geschätzt werden, sofern die Schätzung sich plausibel begründen lässt; die mit der Schätzung verbun-

---

[109] S.o. S. 452 ff.
[110] S.o. S. 455 f.
[111] S.o. S. 456 ff.
[112] S.o. S. 463 ff.
[113] S.o. S. 469 ff.
[114] S.o. S. 472 ff.
[115] S.o. S. 476 ff.

denen Nachteile sind Konsequenz der Mitverantwortung des Steuerpflichtigen für die Sachverhaltsaufklärung im Besteuerungsverfahren.[116] Ein verfassungswidriger Zwang liegt auch nicht in der Androhung von Strafe für die Verletzung steuerrechtlicher Erklärungspflichten mit der Folge der Steuerverkürzung (§ 370 AO): Die jüngere Rechtsprechung des BGH, die in Anlehnung an § 393 I S. 2 AO unter bestimmten Voraussetzungen zu einer Straflosigkeit der Steuerhinterziehung wegen Unzumutbarkeit normgemäßen Verhaltens gelangt, lässt sich auf andere Konstellationen übertragen; der strafrechtliche Schutz des Steueraufkommens bleibt durch einen Rückgriff auf die Grundsätze der „omissio libera in causa" erhalten.[117] Diese Erwägungen gelten entsprechend für andere Straf- und Bußgeldtatbestände.[118]

Neben dem Steuerrecht ist eine Wahrnehmung von präventiven und repressiven Aufgaben durch ein- und dieselbe Behörde auch in anderen Bereichen der Wirtschaftsaufsicht vorgesehen: So werden die Zollbehörden sowohl als Aufsichts- als auch als Strafverfolgungsbehörde tätig; im Übrigen sind die meisten Aufsichtsbehörden auch für die Verfolgung von Ordnungswidrigkeiten zuständig.[119] Das Verwaltungsverfahren und das Straf- bzw. Ordnungswidrigkeitenverfahren werden parallel durchgeführt; auch insoweit genießt keines der beiden Verfahren Vorrang.[120]

Die Vereinbarkeit der verwaltungsrechtlichen Mitwirkungspflichten mit dem Nemo-tenetur-Grundsatz ist dadurch gewährleistet, dass sich der Beteiligte des Verwaltungsverfahrens aufgrund der Doppelfunktion der Aufsichtsbehörde unmittelbar auf seine gesetzlich garantierten Rechte im Straf- bzw. Ordnungswidrigkeitenverfahren berufen kann.[121] Der Aufsichtsbehörde ist es also aufgrund ihrer Stellung als Verfolgungsbehörde verwehrt, die im Verwaltungsverfahren bestehenden Mitwirkungspflichten durchzusetzen, soweit dadurch die in dem anderen Verfahren bestehenden gesetzlichen Mitwirkungsrechte des Betroffenen beeinträchtigt werden. Der Betroffene darf daher nicht zu selbstbelastenden Äußerungen (s. § 136 I S. 2 StPO), sei es aufgrund eines behördlichen Auskunftsverlangens, sei es aufgrund gesetzlicher Vorschriften (Anzeige-, Erklärungs- und Aufzeichnungspflichten), oder zur Vorlage von Beweismitteln (s. § 95 StPO) gezwungen werden.[122]

Soweit die Aufsicht und die Verfolgung unterschiedlichen Behörden obliegt, ist zunächst die Erhebung und Verwertung von Informationen aus dem Besteuerungsverfahren verfassungsrechtlich problematisch.[123] Um einen Verstoß gegen den Grundsatz „Nemo tenetur se ipsum accusare" zu vermeiden, hat der Gesetzge-

---

[116] S.o. S. 482 ff.
[117] S.o. S. 485 ff.
[118] S.o. S. 496 f.
[119] S.o. S. 497 ff.
[120] S.o. S. 499 ff.
[121] S.o. S. 502 ff.
[122] S.o. S. 503 ff., 514 ff.
[123] S.o. S. 523 ff.

ber in § 393 II S. 1 AO vorgesehen, dass der Steuerpflichtige durch ein Verwertungsverbot davor geschützt wird, dass Angaben, die er im Besteuerungsverfahren aufgrund seiner steuerrechtlichen Pflichten getätigt hat, in einem Straf- oder Ordnungswidrigkeitenverfahren gegen ihn verwertet werden.[124] Die in § 393 II S. 2 AO vorgesehenen Ausnahmen von dem Verwertungsverbot führen jedoch zur Verfassungswidrigkeit der gesetzlichen Regelung, denn es sind Konstellationen vorstellbar, in denen der Steuerpflichtige im Besteuerungsverfahren zu einer selbstbelastenden Äußerung gezwungen ist und er infolge der Regelung des § 393 II S. 2 AO nicht vor deren Verwertung in einem gegen ihn gerichteten Straf- oder Ordnungswidrigkeitenverfahren geschützt ist.[125] Da der Verstoß gegen den Nemo-tenetur-Grundsatz auf der Ebene des einfachen Gesetzes nicht vermieden werden kann, ist die gesetzliche Regelung insgesamt verfassungswidrig.[126] Soweit das Verwertungsverbot nicht eingreift und die verfassungsrechtlich garantierte Aussagefreiheit des Steuerpflichtigen nicht in anderer Weise geschützt wird, verstößt es gegen den Grundsatz „Nemo tenetur se ipsum accusare", den Steuerpflichtigen zur Mitwirkung im Besteuerungsverfahren zu zwingen, wenn dieser sich durch die erzwungenen Äußerungen selbst wegen einer Straftat oder Ordnungswidrigkeit bezichtigen müsste.[127] In Bezug auf andere Übermittlungsregelungen gilt das Verwertungsverbot nach § 393 II S. 1 AO ebenfalls, so dass – soweit nicht wiederum die Ausnahme (§ 393 II S. 2 AO) eingreift – der Nemo-tenetur-Grundsatz gewahrt bleibt.[128]

Ein Verstoß gegen den Grundsatz „Nemo tenetur se ipsum accusare" kann auch darin liegen, dass Informationen aus dem Verwaltungsverfahren in einem von einer anderen Behörde betriebenen Straf- oder Ordnungswidrigkeitenverfahren verwertet werden.[129] Ein solcher Verstoß droht nicht bei Pflichten, die den Betroffenen nicht zu einer Äußerung anhalten.[130] In Bezug auf die Auskunftspflichten wird der Nemo-tenetur-Grundsatz durch die Einräumung von Auskunftsverweigerungsrechten gewahrt[131]; insoweit bestehende Lücken können im Wege der Analogie geschlossen werden.[132] In Bezug auf die übrigen Pflichten kann die Verfassungswidrigkeit nicht durch ein Recht zur Verweigerung der Mitwirkung abgewendet werden.[133] Eine analoge Anwendung des Verwertungsverbotes nach § 393 II S. 1 AO scheidet ebenfalls aus.[134] Ein Verstoß gegen den Nemo-tenetur-Grundsatz kann daher auf einfach-gesetzlicher Ebene nicht vollständig vermieden werden.[135] Dies

---

[124] S.o. S. 523 ff. (zur Fernwirkung des Verwertungsverbotes).
[125] S.o. S. 526 ff.
[126] S.o. S. 532 ff.
[127] S.o. S. 536.
[128] S.o. S. 536 ff.
[129] S.o. S. 541 ff.
[130] S.o. S. 542 f.
[131] S.o. S. 542.
[132] S.o. S. 544 ff.
[133] S.o. S. 544 ff.
[134] S.o. S. 548 ff.
[135] S.o. S. 550 f.

hat wiederum die Verfassungswidrigkeit der gesetzlichen Regelung zur Folge; soweit eine Verwertung seiner Angaben in einem Straf- oder Ordnungswidrigkeitenverfahren droht, kann der Einzelne sich daher bereits gegenüber der Anwendung von Zwang zur Durchsetzung von verwaltungsrechtlichen Äußerungspflichten auf die Verfassungswidrigkeit der gesamten Regelung berufen.[136]

Im Ergebnis ist ein Zwang zu selbstbelastenden Äußerungen im Verwaltungsverfahren entweder aufgrund gesetzlicher Schutzvorschriften[137] oder wegen Verletzung des Grundsatzes „Nemo tenetur se ipsum accusare"[138] unzulässig, soweit der Schutzbereich dieses Grundsatzes berührt ist. Im Steuerrecht gilt dies mit der Einschränkung, dass eine Anwendung von Zwang zulässig ist, soweit der Steuerpflichtige durch das Verwertungsverbot nach § 393 II S. 1 AO geschützt ist.

Als Fazit der Untersuchung kann festgehalten werden, dass die gesetzlichen Regelungen über die verfahrensübergreifende Verwendung personenbezogener Informationen weitgehend den verfassungsrechtlichen Vorgaben entsprechen. Mit Einschränkungen gilt dies auch für den Grundsatz „Nemo tenetur se ipsum accusare", denn dieser Grundsatz wird von den verwaltungsrechtlichen Mitwirkungspflichten entweder nicht berührt oder seine Verletzung wird durch die verfahrensübergreifende Wirkung der strafprozessualen Schutzvorschriften vermieden. Schutzlücken bestehen damit allein in den – seltenen, aber nicht ausgeschlossenen – Fällen, in denen der Betroffene sich wegen einer Tat bezichtigen müsste, die nicht in die Verfolgungszuständigkeit der Aufsichtsbehörde fällt.

Nun besteht einerseits kein Bedürfnis, dem Betroffenen über den sachlichen Aufgabenbereich der Verfolgungsbehörde hinaus die mit dem Beschuldigtenstatus verbundenen Verfahrensrechte einzuräumen. Andererseits wäre es verfehlt, die strafprozessualen Verfahrensrechte im Verwaltungsverfahren nur noch in dem verfassungsrechtlich gebotenen Umfang zu sichern und im Übrigen die Erzwingung verwaltungsrechtlicher Mitwirkungspflichten für zulässig zu erklären. Angesichts des Umstandes, dass die Aufsichtsbehörde zugleich Verfolgungsbehörde ist, bliebe eine solche Änderung nicht ohne Folgen für die Stellung des Beschuldigten im Strafverfahren, so dass eine Erweiterung strafprozessualer Ermittlungsbefugnisse zu Lasten der Beschuldigtenrechte über das Verwaltungsverfahren hinaus zu befürchten wäre.

Damit deutet sich bereits der mögliche Ausweg aus diesem Dilemma an: die organisatorische Trennung der Wahrnehmung präventiver und repressiver Aufgaben. Danach wäre die Aufsichtsbehörde ausschließlich für die Gefahrenabwehr, die Verfolgungsbehörde allein für die Verfolgung von Straftaten und/oder Ordnungswidrigkeiten zuständig. Bei einer Trennung der Verfahren könnte der Gesetzgeber bei der Ausgestaltung der verwaltungsrechtlichen Mitwirkungspflichten von den strafprozessualen Schutzvorschriften abweichen, ohne dass es zu Wertungswidersprüchen mit schwer vorhersehbaren Weiterungen käme.

---

[136] S.o. S. 551.
[137] S.o. S. 551.
[138] S.o. S. 551.

D. Zusammenfassung und Ausblick

Bei der Schaffung von Schutzvorschriften im Verwaltungsverfahren kann an die bestehenden Auskunftsverweigerungsrechte angeknüpft werden. Eine solche Lösung wäre auch für selbständige Informationspflichten praktikabel[139], insbesondere wenn man von dem Pflichtigen verlangt, dass er das Weigerungsrecht ausdrücklich geltend machen muss[140]. Für das Steuerrecht würde dies bedeuten, dass die Beschränkung des Zwangsmittelverbotes (§ 393 I S. 2 AO) auf Steuerstraftaten und Steuerordnungswidrigkeiten entfiele.[141] Die Alternative bestünde in der gesetzlichen Anordnung, dass die Angaben des Betroffenen in einem Straf- oder Ordnungswidrigkeitenverfahren nicht gegen ihn verwertet[142] werden. Dieser Weg wird einzuschlagen sein, wenn es zur Abwehr bestimmter Gefahren, wie z.B. im Bereich der Atomaufsicht[143], unabdingbar ist, ohne Einschränkungen an den Informationspflichten des ordnungsrechtlich Verantwortlichen festzuhalten.

Eine Trennung der Aufsichts- und Verfolgungsaufgaben ist im Steuerrecht wiederholt vorgeschlagen worden.[144] Eine organisatorische Verselbständigung ist dort bereits dadurch eingetreten, dass behördenintern für die Verfolgung von Steuerstraftaten und Steuerordnungswidrigkeiten eigene Straf- und Bußgeldstellen eingerichtet worden sind.[145] Dieser Realität sollte der Gesetzgeber Rechnung tragen. Dies schließt es nicht aus, in einzelnen Bereichen an der Doppelfunktion festzuhalten (z.B. bei der Steuer- und Zollfahndung) – dann allerdings mit den gebotenen Konsequenzen für den Schutz der Beschuldigtenrechte. Nicht zuletzt könnte eine deutliche Trennung von repressiven und präventiven Aufgaben Versuchen entgegenwirken, strafprozessuale Eingriffsvoraussetzungen durch eine „verwaltungsrechtliche Formenwahl" zu unterlaufen.[146]

---

[139] So werden bestehende Anzeigepflichten im „Praktiker-Kommentar" zum Sächsischen Wassergesetz bereits dahingehend eingeschränkt, dass sie bei der Gefahr der Selbstbezichtigung wegen einer Straftat oder Ordnungswidrigkeit entfallen, s. *Habel/Zeppernick*, Wasserrecht in Sachsen, § 55 Rn. 7; s. auch o. S. 515.

[140] Vgl. o. S. 519.

[141] Dies widerspricht zwar auf den ersten Blick dem fiskalischen Interesse an einer umfassenden Besteuerung auch gesetzwidriger Einkünfte (s. § 40 AO); die fortbestehenden Mitwirkungspflichten und die Schätzungsbefugnis (§ 162 AO) tragen diesem Interesse jedoch hinreichend Rechnung, wie der Umstand zeigt, dass in Bezug auf Einkünfte, die durch strafbare Verstöße gegen Ein- und Ausfuhrverbote erzielt werden (§ 372 AO), das Zwangsmittelverbot bereits anwendbar ist (s.o. S. 532f.), ohne dass der Gesetzgeber insoweit mit Blick auf seine fiskalischen Interessen Änderungsbedarf sieht.

[142] Ein umfassendes Verbot, die Angaben des Betroffenen zu repressiven Zwecken zu verwenden, ist verfassungsrechtlich nicht geboten, s.o. S. 524ff. (zur Fernwirkung des § 393 II S. 1 AO).

[143] Vgl. o. S. 546.

[144] *Hellmann*, Neben-Strafverfahrensrecht der AO (1995), S. 387ff., 414; *Schick*, JZ 1982, 125, 127; *Teske*, Abgrenzung der Zuständigkeiten (1987), S. 387f.; s. dagegen *Rüster*, wistra 1988, 49, 54ff.; s. auch die weitergehenden Überlegungen von *H.A. Wolff*, Selbstbelastung (1997), S. 233ff., zu einem Prinzip der Verfahrenstrennung.

[145] S.o. S. 465.

[146] Vgl. o. S. 227ff. (zu „verwaltungsrechtlichen" Ermittlungen zur strafrechtlichen Verfolgung von Insidergeschäften).

Literaturverzeichnis

Abegg, Julius Friedrich Heinrich: Beiträge zur Strafprocess-Gesetzgebung, Neustadt an der Orla 1841 (zitiert: *Abegg*, Strafprocess-Gesetzgebung).
Adler/Düring/Schmaltz, Rechnungslegung und Prüfung der Unternehmen. Kommentar zum HGB, AktG, GmbHG, PublG nach den Vorschriften des Bilanzrichtlinien-Gesetzes (Bearbeiter: Karl-Heinz Forster, Reinhard Goederler, Josef Lantermann, Hans-Peter Müller, Welf Müller, Günter Siepe, Klaus Stolberg, Siegfried Weinrich), 5. Aufl., Stuttgart 1987, Loseblattsamlung (Stand: 10. Lieferung – 1992).
Albers, Marion: Zur Neukonzeption des grundrechtlichen „Daten"schutzes, in: Haratsch, Andreas/Kugelmann, Dieter/Repkewitz, Ulrich (Hrsg.), Herausforderungen an das Recht der Informationsgesellschaft, 36. Tagung der wissenschaftlichen Mitarbeiterinnen und Mitarbeiter der Fachrichtung „Öffentliches Recht", Stuttgart München Hannover Berlin Weimar Dresden 1996, S. 113–139 (zitiert: *Albers*, in: Haratsch/Kugelmann/Repkewitz, Informationsgesellschaft).
Alberts, Hans W.: Die Bedeutung des Zitiergebots, Art. 19 Abs. 1 S. 2 GG, insbesondere für die neuere Polizeigesetzgebung, JA 1986, 72–76.
Alexy, Robert: Theorie der juristischen Argumentation: die Theorie des rationalen Diskurses als Theorie der juristischen Begründung, 2. Aufl., Frankfurt am Main 1991 (zitiert: *Alexy*, Theorie);
– Recht, Vernunft, Diskurs: Studien zur Rechtsphilosophie, Frankfurt am Main 1995 (zitiert: *Alexy*, Recht, Vernunft, Diskurs).
Alternativ-Entwurf Zeugnisverweigerungsrechte und Beschlagnahmefreiheit (AE-ZVR), Entwurf eines Arbeitskreises deutscher, österreichischer und schweizerischer Strafrechtslehrer (Arbeitskreis AE), München 1996 (zitiert: AE-ZVR).
Alternativ-Kommentar zum Grundgesetz für die Bundesrepublik Deutschland (Gesamthrsg. Rudolf Wassermann), Band 1: Art. 1–37, 2. Aufl., Neuwied 1989, und Band 2: Art. 38–146, 2. Aufl., Neuwied 1989 (zitiert: *Bearb.*, in: AK-GG).
Alternativ-Kommentar zur Strafprozeßordnung (Gesamthrsg. Rudolf Wassermann), Band 1: §§ 1–93, Neuwied 1988, und Band 2/Teilband 1: §§ 94–212b, Neuwied 1992 (zitiert: *Bearb.*, in: AK-StPO).
Amelung, Knut: Rechtsgüterschutz und Schutz der Gesellschaft: Untersuchungen zum Inhalt und zum Anwendungsbereich eines Strafrechtsprinzips auf dogmengeschichtlicher Grundlage; zugleich ein Beitrag zur Lehre von der Sozialschädlichkeit des Verbrechens, Frankfurt am Main 1972 (Diss. Göttingen 1971) (zitiert: *Amelung*, Rechtsgüterschutz);
– Rechtsschutz gegen strafprozessuale Grundrechtseingriffe, Berlin 1976 (zitiert: *Amelung*, Rechtsschutz);
– Grenzen der Beschlagnahme notarieller Unterlagen, DNotZ 1984, 195–225;
– Grundrechtstheoretische Aspekte der Entwicklung des Grundrechts auf Unverletzlichkeit der Wohnung, in: Birtsch, Günter (Hrsg.), Grund- und Freiheitsrechte von der ständischen zur spätbürgerlichen Gesellschaft, Göttingen 1987, S. 291–329 (zitiert: *Amelung*, in:

Birtsch, Grund- und Freiheitsrechte);
- Zur dogmatischen Einordnung strafprozessualer Grundrechtseingriffe, JZ 1987, 737–745;
- Der Grundrechtsschutz der Gewissenserforschung und die strafprozessuale Behandlung von Tagebüchern, NJW 1988, 1002–1006;
- Informationsbeherrschungsrechte im Strafprozess – Dogmatische Grundlagen individualrechtlicher Beweisverbote, Berlin 1990 (zitiert: *Amelung*, Informationsbeherrschungsrechte);
- Die zweite Tagebuchentscheidung des BVerfG, NJW 1990, 1753–1760;
- Rechtsgutsverletzung und Sozialschädlichkeit, in: Heike Jung/Heinz Müller-Dietz/Ulfrid Neumann (Hrsg.), Recht und Moral, Baden-Baden 1991, S. 269–279 (zitiert: *Amelung*, in: Jung/Müller-Dietz/Neumann, Recht und Moral);
- Rezension von Labe, Michael: Zufallsfund und Restitutionsprinzip im Strafverfahren, Berlin 1990, in: ZStW 104 (1992), 843–850;
- Subjektive Rechte in der Lehre von den strafprozessualen Beweisverboten, in: Schulz, Joachim/Vormbaum, Thomas (Hrsg.), Festschrift für Günter Bemmann, Baden-Baden 1997, S. 505–523;
- Entwicklung, gegenwärtiger Stand und zukunftsweisende Tendenzen der Rechtsprechung zum Rechtsschutz gegen strafprozessuale Grundrechtseingriffe, in: Canaris, Claus Wilhelm/Heldrich, Andreas/Hopt, Klaus J./Roxin, Claus/Schmidt, Karsten/Widmaier, Gunter (Hrsg.), 50 Jahre Bundesgerichtshof – Festgabe aus der Wissenschaft, Band IV, Strafrecht, Strafprozessrecht (Hrsg.: Roxin, Claus/Widmaier, Gunter), München 2000, S. 911–932;
- Der Rechtsschutz gegen strafprozessuale Grundrechtseingriffe und die neue Rechtsprechung zur Ausweitung des Eingriffsbegriffs bei staatlichen Ermittlungsmaßnahmen, StV 2001, 131–133;
- Die Entscheidung des BVerfG zur „Gefahr im Verzug" i.S.d. Art. 13 II GG, NStZ 2001, 337–343;
- Zum Streit über die Grundlagen der Lehre von den Beweisverwertungsverboten, in: Schünemann, Bernd/Achenbach, Hans/Bottke, Wilfried/Haffke, Bernhard/Rudolphi, Hans-Joachim (Hrsg.), Festschrift für Claus Roxin zum 70. Geburtstag am 15. Mai 2001, Berlin New York 2001, S. 1258–1280;
- Die Ehre als Kommunikationsvoraussetzung, Baden-Baden 2002 (zitiert: *Amelung*, Die Ehre).

Amelung, Knut/Tyrell, Christoph: Zur Behandlung des Rechts am eigenen Bild in der neueren strafrechtlichen Rechtsprechung, NJW 1980, 1560–1561.

Amelung, Knut/Wirth, Stefan: Die Rechtsprechung des Bundesverfassungsgerichts seit 1990 zum Schutz der materiellen Grundrechte im Strafverfahren, StV 2002, 161–168.

Anton, R.: Wohnungsdurchsuchungen im Rahmen von Überholungen, ZfZ 1991, 370–373.

Apitz, Wilfried: Digitale Buchführung und Datenzugriff der Finanzverwaltung ab 1.1.2002, StBp 2002, 33–46.

App, Michael: Zweckwidrige Verwendung von Kaufvertragsurkunden durch die Finanzämter, DNotZ 1988, 339–343.

Appel, Ivo: Verfassung und Strafe: zu den verfassungsrechtlichen Grenzen staatlichen Strafens, Berlin 1998 (Diss. Freiburg im Breisgau 1997) (zitiert: *Appel*, Verfassung und Strafe).

Aquin, Thomas von: Summa Theologica – Recht und Gerechtigkeit, Deutsche Thomas-Ausgabe, Übersetzt von den Dominikanern und Benediktinern Deutschlands und Österreichs, 18. Band, Heidelberg München Graz Wien Salzburg 1953 (zitiert: *Thomas von Aquin*, Summa Theologica – Recht und Gerechtigkeit).

Arens, Peter: Zur Aufklärungspflicht der nicht beweisbelasteten Partei im Zivilprozess, ZZP 96 (1983), 1–24.

Arndt, Adolf: Das rechtliche Gehör, NJW 1959, 6–8;
- Rechtsprechende Gewalt und Strafkompetenz, in: Eschenburg, Theodor/Heuss, Theodor/ Zinn, Georg-August (Hrsg.), Festgabe für Carlo Schmid zum 65. Geburtstag, Tübingen 1962, S. 5–32;
- Umwelt und Recht, NJW 1966, 869–872.

Arndt, Herbert/Lerch, Klaus/Sandkühler, Gerd: Bundesnotarordnung, 5. Aufl., Köln Berlin Bonn München 2003 (zitiert: *Bearb.*, in: Arndt/Lerch/Sandkühler, BNotO).

Arnold, Jörg: Modelle strafrechtlicher Reaktionen auf Systemunrecht, in: Eser, Albin/Arnold, Jörg (Hrsg.), Strafrecht in Reaktion auf Systemunrecht – Vergleichende Einblicke in Transitionsprozesse, Internationales Kolloquium Freiburg im Breisgau 2. – 5. Juni 1999, Bd. 1, Freiburg im Breisgau 2000, S. 11–18 (zitiert: *Arnold*, in: Eser/Arnold, Systemunrecht, Bd. 1).

Artzt, Matthias: Die verfahrensrechtliche Bedeutung polizeilicher Vorfeldermittlungen. Zugleich eine Studie zur Rechtsstellung des von Vorfeldermittlungen betroffenen Personenkreises, Frankfurt am Main 2000 (Diss. Tübingen 2000) (zitiert: *Artzt*, Vorfeldermittlungen).

Arzt, Gunther: Schutz juristischer Personen gegen Selbstbelastung, JZ 2003, 456–460.

Aschmann, Tjark Erich: Der Richtervorbehalt im deutschen Polizeirecht, Würzburg 1999 (Diss. Würzburg 1998) (zitiert: *Aschmann*, Richtervorbehalt).

Ashworth, Andrew: Repressiver Umschwung der englischen Strafjustiz, ZStW 109 (1997), 677–685.

Assmann, Heinz-Dieter: Das neue deutsche Insiderrecht, ZGR 1994, 494–529.

Assmann, Heinz-Dieter/ Schneider, Uwe H.: Wertpapierhandelsgesetz – Kommentar, 3. Aufl., Köln 2003 (zitiert: *Bearb.*, in: Assmann/Schneider, WpHG).

Auernhammer, Herbert: Bundesdatenschutzgesetz. Kommentar, 3. Aufl., Köln Berlin Bonn München 1993 (zitiert: *Auernhammer*, BDSG).

Aulehner, Josef: Wandel der Informationskompetenz bei der Erfüllung der staatlichen Kernaufgaben, in: Haratsch, Andreas/Kugelmann, Dieter/Repkewitz, Ulrich (Hrsg.), Herausforderungen an das Recht der Informationsgesellschaft, 36. Tagung der wissenschaftlichen Mitarbeiterinnen und Mitarbeiter der Fachrichtung „Öffentliches Recht", Stuttgart München Hannover Berlin Weimar Dresden 1996, S. 195–215 (zitiert: *Aulehner*, in: Haratsch/ Kugelmann/Repkewitz, Informationsgesellschaft).

Austermühle, Gisa: Zur Entstehung und Entwicklung eines persönlichen Geheimsphärenschutzes vom Spätabsolutismus bis zur Gesetzgebung des Deutschen Reiches, Berlin 2002 (Diss. Dresden 2000) (zitiert: *Austermühle*, Entwicklung eines persönlichen Geheimsphärenschutzes).

Badura, Peter: Auftrag und Grenzen der Verwaltung im sozialen Rechtsstaat, DÖV 1968, 446–455.

Bär, Wolfgang: Der Zugriff auf Computerdaten im Strafverfahren, Köln Berlin Bonn München 1992 (Diss. Bayreuth 1991) (zitiert: *Bär*, Zugriff auf Computerdaten);
- Informationelle Selbstbestimmung und Justiz. Das neue Justizmitteilungsgesetz, CR 1998, 767–773.

Bärlein, Michael/Pananis, Panos/Rehmsmeier, Jörg: Spannungsverhältnis zwischen der Aussagefreiheit im Strafverfahren und den Mitwirkungspflichten im Verwaltungsverfahren, NJW 2002, 1825–1830.

Bäumler, Helmut: Datenschutz beim Verfassungsschutz, AöR 110 (1985), 30–54.

Bäumlin, Richard: Das Grundrecht der Gewissensfreiheit, VVDStRL 28 (1970), 3–32.

Baier, Helmut: Strafprozessuale Zeugnisverweigerungsrechte außerhalb der Strafprozessordnung als Ergänzung der §§ 52ff. StPO, Frankfurt am Main 1996 (Diss. Erlangen, Nürnberg 1995) (zitiert: *Baier*, Strafprozessuale Zeugnisverweigerungsrechte);

- Unterlassungsstrafbarkeit trotz fehlender Handlungs- oder Schuldfähigkeit. Zugleich ein Beitrag zur Rechtsfigur der omissio libera in causa, GA 1999, 272–284;
- Kein strafprozessuales Zeugnisverweigerungsrecht mehr für Wirtschaftsprüfer?, wistra 2000, 165–171.

Bar, F. von: Gutachten über die Frage „Ist unter Voraussetzung freier richterlicher Beweiswürdigung die eidliche Vernehmung der Parteien als Zeugen in eigener Sache in den deutschen Civilprozeß einzuführen?", in: Verhandlungen des 8. DJT, Bd. 1, Berlin 1869, S. 12–38.

Battis, Ulrich: Schutz der Gewerberäume durch Art. 13 GG und Wirtschafts-, Arbeits- und Steueraufsicht – BVerfGE 32, 54, JuS 1973, 25–30.

Battis, Ulrich/Gusy, Christoph: Öffentliches Wirtschaftsrecht, Heidelberg 1983.

Bauer, Gerhard: Die Aussage des über das Schweigerecht nicht belehrten Beschuldigten, Diss. Göttingen 1972 (zitiert: *G. Bauer*, Die Aussage).

Bauer, Hartmut: Informelles Verwaltungshandeln im öffentlichen Wirtschaftsrecht, VerwArch 78 (1987), 241–268.

Baumann, Fabian: Die neue Unterrichtungspflicht für Lebensmittelunternehmer, ZLR 2003, 27–43.

Baumann, Jürgen/Weber, Ulrich/Mitsch, Wolfgang: Strafrecht Allgemeiner Teil – Lehrbuch, 11. Aufl., Bielefeld 2003.

Baumbach, Adolf/Hopt, Klaus J.: Handelsgesetzbuch, 31. Aufl., München 2003.

Baumbach, Adolf/Lauterbach, Wolfgang/Albers, Jan/Hartmann, Peter: Zivilprozessordnung, mit Gerichtsverfassungsgesetz und anderen Nebengesetzen, 61. Aufl., München 2003 (zitiert: *Bearb.*, in: Baumbach/Lauterbach/Albers/Hartmann, ZPO).

Bechtold, Rainer: GWB. Kartellgesetz. Gesetz gegen Wettbewerbsbeschränkungen. Kommentar, 3. Aufl., München 2002 (zitiert: *Bechtold*, GWB).

Beck'scher PostG-Kommentar, Hrsg.: Peter Badura, Thomas von Danwitz, Matthias Herdegen, Joachim Sedemund, Klaus Stern, München 2000 (zitiert: *Bearb.*, in: BeckPostG-Komm).

Beck'scher TKG-Kommentar, Hrsg.: Wolfgang Büchner, Jörg Ehmer, Martin Geppert, Bärbel Kerkhoff, Hermann-Josef Piepenbrock, Raimund Schütz, Fabian Schuster, 2. Aufl., München 2000 (zitiert: *Bearb.*, in: BeckTKG-Komm).

Behr, Johannes: Vollstreckung ohne Durchsuchungsanordnung, Art 13 II GG, NJW 1992, 2125–2128.

Behringer, Wolfgang: Hexen und Hexenprozesse, 3. Aufl., Nördlingen 1988 (zitiert: *Behringer*, Hexen und Hexenprozesse).

Beling, Ernst: Die Beweisverbote als Grenzen der Wahrheitserforschung im Strafprozess, Breslau 1903 (zitiert: *Beling*, Beweisverbote);
- Deutsches Reichsstrafprozessrecht mit Einschluss des Strafgerichtsverfassungsrechts, Berlin 1928 (zitiert: *Beling*, Reichsstrafprozessrecht).

Benda, Ernst: Steuergeheimnis: Kann der Bürger noch darauf vertrauen?, DStR 1984, 351–356.

Benda, Ernst/Klein, Eckart: Verfassungsprozessrecht, Ein Lehr- und Handbuch, 2. Aufl., Heidelberg 2001 (zitiert: *Benda/Klein*, Verfassungsprozessrecht).

Benda, E./Weber, A.: Der Einfluß der Verfassung im Prozessrecht, ZZP 96 (1983), 285–306.

Bender, Peter: Die Bekämpfung der grenzüberschreitenden Rauschgiftkriminalität als Aufgabe des Zollfahndungsdienstes – Eine Erwiderung zu den Ausführungen von Kramer wistra 1990, 169ff. –, wistra 1990, 285–289;
- Verbote und Beschränkungen im Binnenmarkt – straf- und bußgeldrechtliche Aspekte, ZfZ 1992, 199–204;

– Erweiterte Ermittlungsbefugnisse der Finanzbehörden im allgemeinstrafrechtlichen Bereich, wistra 1998, 93–95.

Benfer, Jost: Rechtseingriffe von Polizei und Staatsanwaltschaft. Voraussetzungen und Grenzen, 2. Aufl., München 2001 (zitiert: *Benfer*, Rechtseingriffe).

Bergles, Siegfried/Eul, Harald: „Rasterfahndung" zur Geldwäschebekämpfung – ein Konflikt mit dem Datenschutz ?, BKR 2002, 556–564.

Bergner, Daniel: Grundrechtsschutz durch Verfahren: eine rechtsvergleichende Untersuchung des deutschen und britischen Verwaltungsverfahrensrechts, München 1998 (Diss. Regensburg 1997) (zitiert: *Bergner*, Grundrechtsschutz).

Bernsmann, Klaus: „Entschuldigung" durch Notstand ? Studien zu § 35 StGB, Köln Berlin Bonn München 1989 (Habil. Bochum 1987) (zitiert: *Bernsmann*, „Entschuldigung").

Berthold, Volker: Der Zwang zur Selbstbezichtigung aus § 370 Abs. 1 AO und der Grundsatz des nemo-tenetur, Frankfurt am Main Bern New York Paris Wien 1993 (Diss. Kiel 1992) (zitiert: *Berthold*, Zwang zur Selbstbezichtigung).

Besson, Philipp A.: Das Steuergeheimnis und das Nemo-tenetur-Prinzip im (steuer-) strafrechtlichen Ermittlungsverfahren, Frankfurt am Main 1997 (Diss. Bochum 1996) (zitiert: *Besson*, Das Steuergeheimnis).

Bethge, Herbert: Grundrechtsverwirklichung und Grundrechtssicherung durch Organisation und Verfahren, NJW 1982, 1–7.

Bettermann, Karl August/Nipperdey, Hans Carl/Scheuner, Ulrich (Hrsg.): Die Grundrechte, Dritter Band, 2. Halbband: Rechtspflege und Grundrechtsschutz, Berlin 1959, und Vierter Band, 1. Halbband, Berlin 1960.

Beulke, Werner: Der Verteidiger im Strafverfahren. Funktionen und Rechtsstellung, Frankfurt am Main 1980 (Habil. Göttingen 1978) (zitiert: *Beulke*, Der Verteidiger);
– Hypothetische Kausalverläufe im Strafverfahren, ZStW 103 (1991), 657–680;
– Strafprozessrecht, 6. Aufl., Heidelberg 2002 (zitiert: *Beulke*, Strafprozessrecht).

Bidinger, Helmuth: Personenbeförderungsrecht Kommentar zum Personenbeförderungsgesetz neben sonstigen einschlägigen Vorschriften, 2. Aufl., Berlin 1971 (Loseblattsammlung, Stand: Ergänzungslieferung 2/03 – Dezember 2003) (zitiert: *Bidinger*, PersonenbeförderungsR).

Bieneck, Klaus: Handbuch des Außenwirtschaftsrechts mit Kriegswaffenkontrollrecht, Köln 1998 (zitiert: *Bearb.*, in: Bieneck, Außenwirtschaftsrecht).

Biener, Friedrich August: Beiträge zu der Geschichte des Inquisitionsprozesses und der Geschworenengerichte, Leipzig 1827 (Nachdruck Aalen 1965) (zitiert: *Biener*, Geschichte des Inquisitionsprozesses);
– Beitrag zu der Theorie des neueren Criminalprocesses, GS 7.1 (1855), 408–439.

Bilsdorfer, Peter: Die Anzeige von Steuerstraftaten nach § 116 AO und das Recht auf informationelle Selbstbestimmung, ZRP 1997, 137–138.

Bittmann, Folker/Rudolph, Carolin: Das Verwendungsverbot gemäß § 97 I S. 3 InsO, wistra 2001, 81–85.

Bleckmann, Albert: Staatsrecht II – Die Grundrechte, 4. Aufl., Köln Berlin Bonn München 1997 (zitiert: *Bleckmann*, Staatsrecht II).

Blesinger, Karl: Das Steuergeheimnis im Strafverfahren, wistra 1991, 239–245.

Blümich: Einkommensteuergesetz, Körperschaftsteuergesetz, Gewerbesteuergesetz, Kommentar (Hrsg.: Ebling, Klaus), Loseblattsammlung (Stand: 80. Lieferung – Oktober 2003), München (zitiert: *Bearb.*, in: Blümich).

Bödecker, Andreas: Prüfungen nach § 44 Abs. 1 Kreditwesengesetz – Verfahren und Kosten, Stuttgart Berlin Köln Mainz 1986 (zitiert: *Bödecker*, Prüfungen).

Böse, Martin: Der Nemo-tenetur-Grundsatz als Gebot zur Aussetzung des Zivilprozesses ?, wistra 1999, 451–456;

- Die verfassungsrechtlichen Grundlagen des Satzes „Nemo tenetur se ipsum accusare", GA 2002, 98–128;
- Die Strafbarkeit wegen Steuerhinterziehung und der Nemo-tenetur-Grundsatz, wistra 2003, 47–51.

Bohnert, Joachim: Beschränkungen der strafprozessualen Revision durch Zwischenverfahren, Frankfurt am Main 1983 (Habil. Freiburg im Breisgau 1981/1982) (zitiert: *Bohnert*, Beschränkungen der strafprozessualen Revision).

Bonner Kommentar zum Grundgesetz (Hrsg.: Dolzer, Rudolf/Vogel, Klaus), Loseblattsammlung (Stand: 109. Lieferung, Dezember 2003), Heidelberg (zitiert: *Bearb.*, in: BK-GG).

Boos, Karl-Heinz/Fischer, Reinfried/Schulte-Mattler, Hermann (Hrsg.): Kreditwesengesetz. Kommentar zu KWG und Ausführungsvorschriften, München 2000 (zitiert: *Bearb.*, in: Boos/Fischer/Schulte-Mattler, KWG).

Boruttau, Ernst Paul: Grunderwerbsteuergesetz, Kommentar, 15. Aufl., München 2002 (zitiert: *Bearb.*, in: Boruttau, GrEStG).

Bosch, Nikolaus: Aspekte des nemo-tenetur-Prinzips aus verfassungsrechtlicher und strafprozessualer Sicht, Berlin 1998 (Diss. Augsburg 1997) (zitiert: *Bosch*, Aspekte).

Bottke, Wilfried: Rechtsprobleme bei der Auflage eines Fahrtenbuches, DAR 1980, 238–243;
- Materielle und formelle Verfahrensgerechtigkeit im demokratischen Rechtsstaat, Berlin 1991 (zitiert: *Bottke*, Verfahrensgerechtigkeit).

Braun, Stefan: Die Absprache im deutschen Strafverfahren, Aachen 1998 (Diss. Tübingen 1997) (zitiert: *Braun*, Absprache).

Breuer, Rüdiger: Der Schutz von Betriebs- und Geschäftsgeheimnissen im Umweltrecht, NVwZ 1986, 171–178;
- Konflikte zwischen Verwaltung und Strafverfolgung, DÖV 1987, 169–183;
- Probleme der Zusammenarbeit zwischen Verwaltung und Strafverfolgung auf dem Gebiet des Umweltschutzes, AöR 115 (1990), 448–488.

von Briel, Olaf G./Ehlscheid, Dirk: Steuerstrafrecht, Bonn 1997 (zitiert: *von Briel/Ehlscheid*, Steuerstrafrecht).

von Briel, Olaf G./Ehlscheid, Dirk: Steuerstrafrecht, 2. Aufl., Bonn 2001 (zitiert: *Bearb.*, in:von Briel/Ehlscheid, Steuerstrafrecht).

Brodersen, Kilian: Das Strafverfahrensänderungsgesetz 1999, NJW 2000, 2536–2542.

Bruchner, Helmut/Stützle, Rudolf: Leitfaden zu Bankgeheimnis und Bankauskunft, 2. Aufl., Frankfurt am Main 1990 (zitiert: *Bearb.*, in: Bruchner/Stützle, Bankgeheimnis).

Bruder, Michael: Beweisverwertungsverbote im Steuerrecht und Steuerstrafrecht, Frankfurt am Main 2000 (Diss. Frankfurt am Main 2000) (zitiert: *Bruder*, Beweisverwertungsverbote).

Bruns, Hans-Jürgen: Das Recht der Strafzumessung, 2. Aufl., Köln Berlin Bonn München 1985 (zitiert: *Bruns*, Strafzumessung).

Bruns, Silvin: Zur Geschichte des Inquisitionsprozesses: der Beschuldigte im Verhör nach Abschaffung der Folter, Diss. Bonn 1994 (zitiert: *S. Bruns*, Geschichte des Inquisitionsprozesses).

Büdenbender, Ulrich: Schwerpunkte der Energierechtsreform 1998, Köln 1999 (zitiert: *Büdenbender*, Energierechtsreform).

Bullinger, Martin: Wettbewerbsgerechtigkeit bei präventiver Wirtschaftsaufsicht, NJW 1978, 2173–2181.

Burger, Armin: Die Einführung der gewerbs- und bandenmäßigen Steuerhinterziehung sowie aktuelle Änderungen im Bereich der Geldwäsche, wistra 2002, 1–8.

Burkhard, Jörg: Die Taktik der Steuerfahndungsdienststellen im Steuerstrafverfahren, AnwBl 2003, 70–77.

Bussmann, Kai-D.: Verbot familialer Gewalt gegen Kinder. Zur Einführung strafrechtlicher Regelungen sowie zum (Straf-)Recht als Kommunikationsmedium, Köln Berlin Bonn München 2000 (Habil. Bielefeld 1997) (zitiert: *Bussmann*, Verbot familialer Gewalt).
Bydlinski, Franz: Juristische Methodenlehre und Rechtsbegriff, 2. Aufl., Wien New York 1991 (zitiert: *Bydlinski*, Methodenlehre).
Calliess, Rolf-Peter: Theorie der Strafe im demokratischen und sozialen Rechtsstaat: ein Beitrag zur strafrechtsdogmatischen Grundlagendiskussion, Frankfurt am Main 1974 (zitiert: *Calliess*, Theorie der Strafe).
Calliess, Rolf-Peter/Müller-Dietz, Heinz: Strafvollzugsgesetz, 9. Aufl., München 2002.
Canaris, Claus-Wilhelm: Bankvertragsrecht, 3. Aufl., Berlin New York 1988;
– Handelsrecht, 23. Aufl., München 2000.
Carl, Dieter/Klos, Joachim: Das Recht auf informationelle Selbstbestimmung – Neue Herausforderungen an Besteuerungsverfahren und Steuerkontrolle, DStZ 1990, 341–348;
– Informationssammlung durch das Bundesaufsichtsamt für den Wertpapierhandel zur Insiderbekämpfung, wistra 1995, 10–18.
Castringius, Arnold: Schweigen und Leugnen des Beschuldigten im Strafprozess, Diss. Hamburg 1965 (zitiert: *Castringius*, Schweigen und Leugnen).
Christopoulou, Christina: Das Bankgeheimnis im Wirtschaftsverkehr, Münster New York 1995 (Diss. Münster 1994).
Conrad, Hermann: Die geschichtlichen Grundlagen des modernen Notariats in Deutschland, DNotZ 1960, 3–33.
Cook, Joseph G.: Constitutional Rights of the Accused, Vol. 1, second edition, Deerfield New York Rochester 1985.
Cosack, Tilman/Tomerius, Stephan: Betrieblicher Geheimnisschutz und Interesse des Bürgers an Unweltinformationen bei der Aktenvorlage im Verwaltungsprozess, NVwZ 1993, 841–846.
Dahm, Joachim: Banken im Spannungsfeld zwischen Staat und Kunden – Der Versuch einer Standortbestimmung am Beispiel der Weitergabe von Daten an staatliche Stellen –, WM 1996, 1285–1292.
Dahm, Joachim/Hamacher, Rolfjosef: Geldwäschebekämpfung und strafrechtliche Verfahrensgarantien – Eine stille Verfassungsreform –, wistra 1995, 206–217.
Dahs, Hans: Die Beschlagnahme von Verteidigungsmaterial und die Ausforschung der Verteidigung, in: Geppert, Klaus/Dehnicke, Diether (Hrsg.), Gedächtnisschrift für Karlheinz Meyer, Berlin New York 1990, S. 61–79.
Dalcke: Die gegenwärtige Stellung der Staatsanwaltschaft im Preußischen Strafverfahren und ihre Reform, GA 7 (1859), 734–745.
Dallmeyer, Jens: Verletzt der zwangsweise Brechmitteleinsatz gegen Beschuldigte deren Persönlichkeitsrechte ?, StV 1997, 606–610.
Dannecker, Gerhard: Beweiserhebung, Verfahrensgarantien und Verteidigungsrechte im europäischen Kartellordnungswidrigkeitenverfahren als Vorbild für ein europäisches Sanktionsverfahren, ZStW 111 (1999), 256–296.
Degener, Wilhelm: § 136a StPO und die Aussagefreiheit des Beschuldigten, GA 1992, 443–469.
Degenhart, Christoph: Das allgemeine Persönlichkeitsrecht, Art. 2 I i.V.m. Art. 1 I GG, JuS 1992, 361–368.
Dencker, Friedrich: Verwertungsverbote und Verwendungsverbote im Strafprozess, in: Eser, Albin/Goydke, Jürgen/Maatz, Kurt Rüdiger/Meurer, Dieter (Hrsg.), Strafverfahrensrecht in Theorie und Praxis, Festschrift für Lutz Meyer-Goßner zum 65. Geburtstag, München 2001, S. 237–255.

Denninger, Erhard: Die Zweitanmelderproblematik im Arzneimittelrecht, GRUR 1984, 627–637.

Deringer, Arved: Können nach deutschem Recht Unternehmen gegenüber Kartellbehörden Auskünfte verweigern, wenn sie sich dadurch der Gefahr einer Verfolgung nach dem Strafrecht oder dem Recht der Ordnungswidrigkeiten aussetzen ?, WuW 1988, 933–943.

Der Parlamentarische Rat 1948–1949 (Hrsg.: Deutscher Bundestag/Bundesarchiv unter der Leitung von Kurt G. Wernicke und Hans Booms), Akten und Protokolle, Band 2: Der Verfassungskonvent auf Herrenchiemsee (Bearb.: Peter Bucher), Boppard am Rhein 1981.

Deutsch, Markus: Die heimliche Erhebung von Informationen und deren Aufbewahrung durch die Polizei, Heidelberg 1992 (Diss. Mannheim 1991) (zitiert: *Deutsch*, Die heimliche Erhebung).

Dibbert, Alf-Tobias: Ermittlungen in Großunternehmen, Berlin 1999 (Diss. Greifswald 1998) (zitiert: *Dibbert*, Ermittlungen).

Dierlamm, Alfred: Betriebsprüfung/Steuerfahndung – Strategien/Verwertungsverbote/ Verständigung –, StraFo 1999, 289–292.

Dingeldey, Thomas: Das Prinzip der Aussagefreiheit im Strafprozessrecht, JA 1984, 407–414;

– Der Schutz der prozessualen Aussagefreiheit durch Verwertungsverbote bei außerstrafrechtlichen Aussage- und Mitwirkungspflichten, NStZ 1984, 529–534.

Dirks, Gudrun: Die Umweltschutzbeauftragten im Betrieb, DB 1996, 1021–1027.

Dißars, Ulf-Christian/Dißars, Björn-Axel: Die Steueraufsicht in besonderen Fällen und ihre verfassungsrechtlichen Ausübungsschranken, ZfZ 1996, 130–138.

Dittmann, Armin: Grundrechtlicher Wohnungsschutz und Vollstreckungseffizienz, Die Verwaltung 16 (1983), 17–34.

Dörn, Harald: Zinsbesteuerung im Veranlagungszeitraum 1993 verfassungsgemäß – Anmerkungen zum BFH-Urteil vom 18.12. 1997 – VIII R 33/95, BuW 1997, 572–578;

– Vorfeldermittlungen der Steuerfahndung gemäß § 208 Abs. 1 Nr. 3 AO während Durchsuchungsmaßnahmen bei Kreditinstituten ?, DStR 2002, 574–576.

Dötsch, Franz: Anmerkung zu BFH, Urteil vom 15.12. 1998 – VIII R 6/98, DStZ 1999, 221–223.

Dreier, Horst (Hrsg.): Grundgesetz Kommentar, Band I, Artikel 1–19, Tübingen 1996, Band II, Artikel 20–82, Tübingen 1998, und Band III, Art. 83–146, Tübingen 2000 (zitiert: *Bearb.*, in: Dreier, GG).

Dressler, Joshua: Understanding Criminal Procedure, New York 1991.

Drope, Katharina: Strafprozessuale Probleme bei der Einführung einer Verbandsstrafe, Berlin 2002 (Diss. Hamburg 2001) (zitiert: *Drope*, Strafprozessuale Probleme).

Dücker, Reinhard/Keune, Peter: Zuständigkeit der Steuerfahndung nach Ablauf der Strafverfolgungsverjährung – Anmerkung zu den Beschlüssen des BFH vom 16.12. 1997, VII B 45/97, und des FG Kassel vom 8.11. 1996, 4 V 3735/96 –, DStR 1999, 14–16.

Dürig, Günter: Der Grundrechtssatz von der Menschenwürde, AöR 81 (1956), S. 117–157.

Dütz, Wilhelm: Rechtsstaatlicher Gerichtsschutz im Privatrecht, Berlin Zürich 1970 (Habil. Münster 1969).

Duttge, Gunnar: Der Begriff der Zwangsmaßnahme im Strafprozessrecht unter besonderer Berücksichtigung der allgemeinen Handlungsfreiheit, des allgemeinen Persönlichkeitsrechts sowie des Rechts auf informationelle Selbstbestimmung, Baden-Baden 1995 (Diss. Würzburg 1995)(zitiert: *Duttge*, Begriff der Zwangsmaßnahme);

– Recht auf Datenschutz, Der Staat 36 (1997), 281–308.

Eberle, Carl-Eugen: Zum Verwertungsverbot für rechtswidrig erlangte Informationen im Verwaltungsverfahren, in: Selmer, Peter/von Münch, Ingo (Hrsg.), Gedächtnisschrift für Wolfgang Martens, Berlin New York 1987, S. 351–367.

Eckhoff, Rolf: Verfassungsmäßigkeit der Zinsbesteuerung – Anmerkung zum BFH-Urteil vom 18.2. 1997 – VIII R 33/95, DStR 1997, 961 –, DStR 1997, 1071–1073.

Ehlers, Dirk: Ziele der Wirtschaftsaufsicht, Köln Berlin Bonn München 1997 (zitiert: *Ehlers*, Ziele der Wirtschaftsaufsicht).

Ehmann, Horst: Informationsschutz und Informationsverkehr im Zivilrecht, AcP 188 (1988), 230–380.

Eilers, Stephan: Das Steuergeheimnis als Grenze des internationalen Auskunftsverkehrs, Köln 1987 (Diss. Bonn 1987) (zitiert: *Eilers*, Steuergeheimnis).

Eisenberg, Ulrich: Beweisrecht der StPO. Spezialkommentar, 4. Aufl., München 2002 (zitiert: *Eisenberg*, Beweisrecht).

Eisenberg, Ulrich/Conen, Stefan: § 152 II StPO: Legalitätsprinzip im gerichtsfreien Raum, NJW 1998, 2241–2249.

Endemann, W.: Der Eid bei freier Beweiswürdigung, AcP 43 (1860), 349–384.

Enders, Christoph: Die Menschenwürde in der Verfassungsordnung, Tübingen 1997 (Habil. Freiburg im Breisgau 1995/96) (zitiert: *Enders*, Menschenwürde).

Engelhardt, Hanns: Wahrheitsfindung und Verwertungsverbote im Spannungsverhältnis zwischen Steuerstrafverfahren und Besteuerungsverfahren (§ 393 AO), in: DAV (Hrsg.), Wahrheitsfindung und ihre Schranken, Essen 1989, S. 40–58.

Ennuschat, Jörg: Behördliche Nachschau in Geschäftsräume und die Unverletzlichkeit der Wohnung gem. Art. 13 GG, AöR 127 (2002), 252–290.

Erb, Volker: Legalität und Opportunität: gegensätzliche Prinzipien der Anwendung von Strafrechtsnormen im Spiegel rechtstheoretischer, rechtsstaatlicher und rechtspolitischer Überlegungen, Berlin 1999 (Habil. Mainz 1997/98) (zitiert: *Erb*, Legalität und Opportunität).

Erbs, Georg/Kohlhaas, Max: Strafrechtliche Nebengesetze, Loseblattsammlung, München (Stand: 151. Ergänzungslieferung – November 2003) (zitiert: *Bearb.*, in: Erbs/Kohlhaas).

Erdmann, Willi: Der Selbstbegünstigungsgedanke im Strafrecht, Diss. Göttingen 1969 (zitiert: *Erdmann*, Selbstbegünstigungsgedanke).

Erichsen, Hans-Uwe: Das Recht auf freien Zugang zu Informationen über die Umwelt, NVwZ 1992, 409–419;
– Allgemeines Verwaltungsrecht, 12. Aufl., Berlin 2002 (zitiert: *Bearb.*, in: Erichsen, Allgemeines Verwaltungsrecht).

Ernst, Marcus A.: Verarbeitung und Zweckbindung von Informationen im Strafprozess, Berlin 1993 (Diss. Regensburg 1992/93) (zitiert: *Ernst*, Verarbeitung und Zweckbindung).

Eschenbach, Jürgen: Der verfassungsrechtliche Schutz des Eigentums, Berlin 1996 (Diss. Osnabrück 1995) (zitiert: *Eschenbach*, Schutz des Eigentums).

Escher, Markus: Bankaufsichtsrechtliche Änderungen im KWG durch das Vierte Finanzmarktförderungsgesetz, BKR 2002, 652–662.

Eser, Albin: Aussagefreiheit und Beistand des Verteidigers im Ermittlungsverfahren, ZStW 79 (1967), 565–623;
– Der Schutz vor Selbstbezichtigung im deutschen Strafprozess, in: Deutsche strafrechtliche Landesreferate zum IX. Internationalen Kongreß für Rechtsvergleichung, Teheran 1974, Beiheft zur ZStW 86 (1974), 136–171.

Eser, Albin/Arnold, Jörg (Hrsg.): Strafrecht in Reaktion auf Systemunrecht – Vergleichende Einblicke in Transitionsprozesse, Internationales Kolloquium Freiburg im Breisgau 2.–5. Juni 1999, Bd. 1, Freiburg im Breisgau 2000 (zitiert: *Eser/Arnold*, Systemunrecht).

Eul, Harald: Banken im Dienste der Obrigkeit – datenschutzrechtliche Fragestellungen beim Geldwäschegesetz, RDV 1999, 199–205.

Eylmann, Horst/Vaasen, Hans-Dieter: Bundesnotarordnung Beurkundungsgesetz. Kommentar, München 2000 (zitiert: *Bearb.*, in: Eylmann/Vaasen, BNotO).

Fehn, Bernd Josef: Nochmals: Geheimdienstliche Außenwirtschaftskontrolle, ZfZ 1995, 347–349.
Fenchel, Udo: Das Vierte Finanzmarktförderungsgesetz – ein Überblick, DStR 2002, 1355–1362.
Feuchthofen, Jörg: Der Verfassungsgrundsatz des rechtlichen Gehörs und seine Ausgestaltung im Verwaltungsverfahren, DVBl 1984, 170–175.
Feuerich, Wilhelm: Zum Umfang der Auskunftspflicht der Rechtsanwälte gegenüber dem Vorstand der Rechtsanwaltskammer, AnwBl 1992, 61–65.
Feuerich, Wilhelm E./Braun, Anton: Bundesrechtsanwaltsordnung. Recht für Anwälte aus dem Gebiet der Europäischen Union, 6. Aufl., München 2003 (zitiert: *Feuerich/Braun*, BRAO).
Fezer, Gerhard: Hat der Beschuldigte ein „Recht auf Lüge" ?, in: Küper, Wilfried/Welp, Jürgen (Hrsg.), Beiträge zur Rechtswissenschaft, Festschrift für Walter Stree und Johannes Wessels zum 70. Geburtstag, Heidelberg 1993, S. 663–684;
– Strafprozessrecht, 2. Aufl., München 1995.
Fiala, Johannes/von Walter, Axel: Die Handakte des Steuerberaters, Wirtschaftsprüfers und Rechtsanwalts (Teil II), DStR 1998, 736–740.
Fichte, Johann Gottlieb: Grundlage des Naturrechts nach den Prinzipien der Wissenschaftslehre, Jena Leipzig 1796, Mit Einleitung und Registern von Manfred Zahn, Hamburg 1979 (zitiert: *Fichte*, Grundlage des Naturrechts).
Filmer, Fridtjof: Das Gewissen als Argument im Recht, Berlin 2000 (Diss. Bonn 1998/99) (zitiert: *Filmer*, Das Gewissen).
Fincke, Martin: Zum Begriff des Beschuldigten und den Verdachtsgraden, ZStW 93 (1985), 918–972.
Findeisen, Michael: Der Präventionsgedanke im Geldwäschegesetz – Anforderungen der Bankenaufsicht an die internen Sicherungsmaßnahmen der Kreditinstitute gem. § 14 Abs. 2 GwG zur Bekämpfung der Geldwäsche –, wistra 1997, 121–128;
– Deliktsspezifische Strukturprävention gegen Geldwäsche im Finanzsektor, WM 1998, 2410–2421.
Fischer, Bianca: Divergierende Selbstbelastungspflichten nach geltendem Recht. Versuch einer Harmonisierung, Berlin 1979 (zitiert: *B. Fischer*, Selbstbelastungspflichten).
Fischer, Kristian: Die Zwangsverwertung von Unternehmensdaten im Chemikalienrecht, DVBl 2003, 777–782.
Fisahn, Andreas: Bankgeheimnis und informationelle Selbstbestimmung, CR 1995, 632–636.
Fleig, Meinrad: Die Mitteilungspflichten der Justizorgane bei Straftaten von Angehörigen des öffentlichen Dienstes im Licht neuerer Rechtsprechung, NJW 1991, 1016–1021.
Fluck, Jürgen: Aufzeichnungs-, Aufbewahrungs- und Vorlagepflichten bei gentechnischen Arbeiten, DÖV 1991, 129–138;
– Der Schutz von Unternehmensdaten im Umweltinformationsgesetz, NVwZ 1994, 1048–1056.
Förster, Martin: Datenschutz und Abgabenordnung, DStZ 1995, 621–622.
Franken, Paul: Grenzen der Mitwirkungspflichten der Kreditinstitute bei Ermittlungs- und Fahndungsmaßnahmen der Steuerbehörden, in: Kübler, Friedrich/Mertens, Hans-Joachim/Werner, Winfried (Hrsg.), Festschrift für Theodor Heinsius zum 65. Geburtstag am 25. September 1991, Berlin New York 1991, S. 147–167.
Frankfurter Kommentar zum Gesetz gegen Wettbewerbsbeschränkungen (Hrsg.: Glassen, Helmut/von Hahn, Helmuth/Kersten, Hans-Christian/Rieger, Harald), 3. Aufl., Köln 1982/1997 (Loseblattsammlung – Stand: 54. Ergänzungslieferung, Dezember 2002) (zitiert: *Bearb.*, in: FK-GWB).

Franzen, Klaus/Gast-de Haan, Brigitte/Joecks, Wolfgang: Steuerstrafrecht mit Steuerordnungswidrigkeiten und Verfahrensrecht, 5. Aufl., München 2001 (zitiert: *Bearb.*, in: Franzen/Gast/Joecks, Steuerstrafrecht).

Franzheim, Horst: Beweisverbote bei Erkenntnissen der Eigenüberwachung, NJW 1990, 2049.

Freitag, Jan: Staatliche Handlungspflichten im Justizbereich – Eine Arbeit über die Überlastung der bundesdeutschen Justiz in 90er Jahren, Berlin 2000 (Diss. Hamburg 1999/2000) (zitiert: *Freitag*, Staatliche Handlungspflichten im Justizbereich).

Freud, Sigmund: Vorlesungen zur Einführung in die Psychoanalyse (1916–17) und Neue Folge (1933), zitiert nach: Mitscherlich, Alexander/Richards, Angela/Strachey, James (Hrsg.), Studienausgabe, Band I, 11. Aufl., Frankfurt am Main 1989.

Friedberg, Emil: Corpus iuris canonici / ed. Lipesiensis secunda post Aemilii Ludovici Richteri curas ad librorum manu scriptorum et ed. romanae fidem recogn. Et adnotatione critica instruxit Aemilius Friedberg, Leipzig 1879 (Nachdruck Graz 1955) (zitiert: *Friedberg*, Corpus iuris canonici).

Friesecke, Albrecht: Bundeswasserstraßengesetz, Kommentar, 4. Aufl., Köln Berlin Bonn München 1999 (zitiert: *Friesecke*, WaStraG).

Friesenhahn, Ernst: Über Begriff und Arten der Rechtsprechung unter besonderer Berücksichtigung der Staatsgerichtsbarkeit nach dem Grundgesetz und den westdeutschen Landesverfassungen, in: Festschrift für Richard Thoma zum 75. Geburtstag, Tübingen 1950, S. 21–69.

Frister, Helmut: Schuldprinzip, Verbot der Verdachtsstrafe und Unschuldsvermutung als materielle Grundprinzipien des Strafrechts, Berlin 1988 (Diss. Bonn 1986) (zitiert: *Frister*, Schuldprinzip);
– Der Lügendetektor – Zulässiger Sachbeweis oder unzulässige Vernehmungsmethode ?, ZStW 106 (1994), 303–331.

Fromm, Erich: Psychoanalyse und Ethik (1947), zitiert aus: Funk, Rainer (Hrsg.), Erich Fromm Gesamtausgabe, Band II, Analytische Charaktertheorie, München 1989.

Fülbier, Andreas/Aepfelbach, Rolf R.: Das Geldwäschegesetz, 4. Aufl., Köln 1999 (zitiert: *Fülbier/Aepfelbach*, GwG).

Gärditz, Klaus: Strafprozess und Prävention. Entwurf einer verfassungsrechtlichen Zuständigkeits- und Funktionenordnung, Tübingen 2003 (Diss. Bonn 2001/2002).

Gallandi, Volker: Das Auskunftsverweigerungsrecht nach § 44 Abs. 4 KWG, wistra 1987, 127–129.

Gaul, Hans Friedhelm: Zur Frage nach dem Zweck des Zivilprozesses, AcP 168 (1968), 27–62.

Geddert-Steinacher, Tatjana: Menschenwürde als Verfassungsbegriff, Berlin 1990 (Diss. Tübingen 1989) (zitiert: *Geddert-Steinacher*, Menschenwürde).

Gehre, Horst: Steuerberatungsgesetz mit Durchführungsverordnungen. Kommentar, 4. Aufl., München 1999 (zitiert: *Gehre*, StBerG).

Geis, Max-Emanuel: Die „Eilversammlung" als Bewährungsprobe verfassungskonformer Auslegung – Verfassungsrechtsprechung im Dilemma zwischen Auslegung und Rechtsschöpfung –, NVwZ 1992, 1025–1031.

Gemeinschaftskommentar zum Gesetz gegen Wettbewerbsbeschränkungen und Europäisches Kartellrecht, begründet von Hans Müller-Henneberg, Hans und Gustav Schwartz, Hrsg.: Werner Benisch, 4. Lieferung: §§ 44–75 GWB, 4. Aufl., Köln Berlin Bonn München 1981 (zitiert: *Bearb.*, in: GK-GWB).

Gentz, Manfred: Die Unverletzlichkeit der Wohnung, Berlin 1968 (Diss. Berlin 1967/1968) (zitiert: *Gentz*, Unverletzlichkeit der Wohnung).

Gerau: Ueber Bedeutung des Geständnisses im allgemeinen wie des außergerichtlichen im Strafverfahren nebst einigen Bemerkungen über das Wahrheitserforschungsprincip von Amtswegen und über Voruntersuchung, Zeitschrift für deutsches Strafverfahren (N.F.), Bd. 1 (1844), 261–303.

Gerhardt, Michael: Überlegungen zur rechtlichen Struktur von Handlungsspielräumen, in: Ziekow, Jan (Hrsg.), Handlungsspielräume der Verwaltung, Berlin 2000, S. 57–65.

Gerlach, Jürgen von: Der Angeklagte als Zeuge für sich selbst im englischen Strafverfahren, Marburg 1964 (zitiert: *von Gerlach*, Der Angeklagte);
– Die Vernehmung des Beschuldigten und der Schutz vor Selbstbeschuldigung im deutschen und anglo-amerikanischen Strafverfahren, in: Ebert, Udo/Rieß, Peter/Roxin, Claus/Wahle, Eberhard (Hrsg.), Festschrift für Walter Hanack zum 70. Geburtstag, Berlin New York 1999, S. 117–143.

Gerland, Heinrich B.: Der Deutsche Strafprozess: eine systematische Darstellung, Mannheim 1927 (zitiert: *Gerland*, Strafprozess).

Geurts, Matthias: Allgemeine Erfahrungen im Steuerrecht – Zur Zulässigkeit finanzbehördlicher Kontrollen auf der Grundlage des BFH-Urteils vom 18.2. 1997, DStR 1997, 1871–1875.

Glaser, Julius: Über die Vernehmung des Angeklagten und der Zeugen in der Hauptverhandlung, Archiv für Criminalrecht 1851, S. 70ff., zitiert aus: ders., Kleine Schriften über Strafrecht und Strafprozess, 2. Aufl., Wien 1883, S. 407–429;
– Gutachten über die Frage: Soll in der Hauptverhandlung des Strafprozesses von dem Angeklagten, welcher sich nicht schuldig erklärt, noch eine spezielle Einlassung oder Rechtfertigung auf die Anklage verlangt werden ?, in: Verhandlungen des Siebenten Deutschen Juristentages, Erster Band, Berlin 1868, S. 86–91;
– Handbuch des Strafprozesses, Band 1, Leipzig 1883 (zitiert: *Glaser*, Handbuch, Bd. 1).

Globig, Klaus: Die Verwertung von Abhörerkenntnissen aus einer Telefonüberwachung gem. § 100a StPO, ZRP 1991, 81–85.

Glücklich, Heinz-Werner: Parteivernehmung nach deutschem Zivilprozessrecht, Berlin 1938 (Diss. Berlin 1938) (zitiert: *Glücklich*, Parteivernehmung).

Gneist, Rudolf: Vier Fragen zur Deutschen Strafproceßordnung mit einem Schlußwort über die Schöffengerichte, Berlin 1874 (zitiert: *Gneist*, Vier Fragen).

Göhler, Erich: Ordnungswidrigkeitengesetz, 13. Aufl., München 2002 (zitiert: *Göhler*, OWiG).

Görtz-Leible, Monika: Die Beschlagnahmeverbote des § 97 Abs. 1 StPO im Lichte der Zeugnisverweigerungsrechte, Tübingen 2000 (Diss. Bayreuth 1999) (zitiert: *Görtz-Leible*, Die Beschlagnahmeverbote).

Gössel, Karl Heinz: Ermittlung oder Herstellung von Wahrheit im Strafprozess ?, Vortrag gehalten vor der Juristischen Gesellschaft zu Berlin am 2. Juni 1999, Berlin New York 2000 (zitiert: *Gössel*, Ermittlung oder Herstellung).

Götting, Horst-Peter: Persönlichkeitsrechte als Vermögensrechte, Tübingen 1995 (Habil. München 1995) (zitiert: *Götting*, Persönlichkeitsrechte).

Götz, Volkmar: Allgemeines Polizei- und Ordnungsrecht, 13. Aufl., Göttingen 2001 (zitiert: *Götz*, Polizei- und Ordnungsrecht).

Goffman, Erving: Wir alle spielen Theater – Die Selbstdarstellung im Alltag (The Presentation of Self in Everyday Life, 1959), Übersetzung von Peter Weber-Schäfer, München 1969 (zitiert: *Goffman*, Wir alle spielen Theater).

Gola, Peter/Schomerus, Rudolf: Bundesdatenschutzgesetz, Kommentar, 7. Aufl., München 2002 (zitiert: *Gola/Schomerus*, BDSG).

Goldschmidt, James: Der Prozess als Rechtslage: eine Kritik des prozessualen Denkens, Berlin 1925 (zitiert: *Goldschmidt*, Prozess).

Goldstone, Richard J.: Healing wounded People – War Crimes and Truth Commissions. Verletzte Menschen heilen – Kriegsverbrechen und Wahrheitskommissionen (Deutsche Übersetzung von Dieter Anders), Heidelberg 1998 (zitiert: *Goldstone*, Healing wounded People).

Gommolla, Monika: Der Schutz des Zeugen im Strafprozess, Frankfurt am Main 1986 (Diss. Göttingen 1986) (zitiert: *Gommolla*, Schutz des Zeugen).

Gossrau, Eberhard: Ist die Strafgewalt und die Bußgeldkompetenz von Verwaltungsbehörden mit Art. 92 GG vereinbar ?, NJW 1958, 929–932.

Gottwald, Peter/Schwab, Karl Heinz: Verfassung und Zivilprozess, Bielefeld 1984.

Gramlich, Ludwig: Art. 10 GG nach der zweiten Postreform 1994, CR 1996, 102–115;
– Entwicklungen der staatlichen Wirtschaftsaufsicht: Das Telekommunikationsrecht als Modell ?, VerwArch 88 (1997), 598–644.

Grasnick, Walter: Anmerkung zu BayObLG, Urteil vom 29.11.1990 – RReg 3 St 166/90 (AG Ingolstadt), JZ 1992, 260–264.

Graul, Eva: Abstrakte Gefährdungsdelikte und Präsumtionen im Strafrecht, Berlin 1991 (Diss. Marburg 1991) (zitiert: *Graul*, Abstrakte Gefährdungsdelikte).

Gray, Charles M.: Self-Incrimination in Interjurisdictional Law: The Sixteenth and Seventeenth Centuries, in: Helmholz, R.H./Gray, Charles M./Langbein, John H./Moglen, Eben/Smith, Henry E./Alschuler, Albert W.: The Privilege against Self-incrimination: Its Origins and Development, Chicago 1997, S. 47–81 (zitiert: *Gray*, in: The Privilege).

Grezesch, Wolf: Steuererklärungspflichten im Strafverfahren – zugleich ein Beitrag über die Zusammenarbeit zwischen Steuerberater und Strafverteidiger vor dem Hintergrund der Entscheidung des OLG Hamburg vom 7.5.1996 –, DStR 1997, 1273–1276.

Grimm, Dieter: Verfahrensfehler als Grundrechtsverstöße, NVwZ 1985, 865–872.

Gröschner, Rolf: Das Überwachungsrechtsverhältnis: Wirtschaftsüberwachung in gewerbepolizeirechtlicher Tradition und wirtschaftsverwaltungsrechtlichem Wandel, Tübingen 1992 (Habil. Erlangen-Nürnberg 1990) (zitiert: *Gröschner*, Überwachungsrechtsverhältnis);
– Grundlagen des Wirtschaftsverwaltungs- und Umweltrechts, ThürVBl 1996, 217–222.

Gropp, Walter: Zum verfahrenslimitierenden Wirkungsgehalt der Unschuldsvermutung, JZ 1991, 804–813.

Groß, Gerhard: Das Recht auf informationelle Selbstbestimmung mit Blick auf die Volkszählung 1987, das neue Bundesstatistikgesetz und die Amtshilfe, AöR 113 (1988), 161–213.

Groß, Karl-Heinz/Fünfsinn, Helmut: Datenweitergabe im strafrechtlichen Ermittlungsverfahren, NStZ 1992, 105–112.

Groß, Thomas: Die Schutzwirkung des Brief-, Post- und Fernmeldegeheimnisses nach der Privatisierung der Post, JZ 1999, 326–335.

Grünwald, Gerald: Beweisverbote und Verwertungsverbote im Strafverfahren, JZ 1966, 489–501;
– Probleme der Gegenüberstellung zum Zwecke der Wiedererkennung, JZ 1981, 423–429;
– Das Beweisrecht der Strafprozessordnung, Baden-Baden 1993 (zitiert: *Grünwald*, Das Beweisrecht der StPO).

Grützner, Winfried/Reimann, Thomas/Wissel, Holger: Richtiges Verhalten bei Kartellamtsermittlungen im Unternehmen, 3. Aufl., Heidelberg 1993 (zitiert: *Grützner/Reimann/Wissel*, Kartellamtsermittlungen).

Günther, Hans-Ludwig: Strafrichterliche Beweiswürdigung und schweigender Angeklagter, JR 1978, 89–94;

- Die Schweigebefugnis des Tatverdächtigen im Straf- und Bußgeldverfahren aus verfassungsrechtlicher Sicht, GA 1978, 193–206.

Günther, Jörg-Michael: Wasserrechtliche Meldepflichten und ihre Bedeutung im Strafverfahren, ZfW 1996, 290–295.

Guradze, Heinz: Schweigerecht und Unschuldsvermutung im englisch-amerikanischen und bundesdeutschen Strafprozess, in: Commager, Henry Steele/Doeker, Günther/Fraenkel, Ernst/Hermes, Ferdinand/Harvard, William C./Maunz, Theodor (Hrsg.), Festschrift für Karl Loewenstein aus Anlass seines 80. Geburtstages, Tübingen 1971, S. 151–165.

Gusy, Christoph: Der Schutz gegen rechtswidrige Informationsermittlung durch die Nachrichtendienste, DÖV 1980, 431–436;
- Polizeiliche Befragung am Beispiel des § 9 NRWPolG, NVwZ 1991, 614–620;
- Vorbeugende Verbrechensbekämpfung nach dem Außenwirtschaftsgesetz, StV 1992, 484–489;
- Verfassungsfragen vorbeugenden Rechtsschutzes, JZ 1998, 167–174;
- Informationelle Selbstbestimmung und Datenschutz: Fortführung oder Neuanfang ?, KritV 2000, 52–64.

Haas, Eberhard: Durchbrechung der Verschwiegenheitspflicht und des Verschwiegenheitsrechts bei Notar und Rechtsanwalt, in: Bundesnotarkammer (Hrsg.), Festschrift für Helmut Schippel zum 65. Geburtstag, München 1996, S. 631–643.

Habel, Wolfgang/Zeppernick, Volker: Das Wasserrecht in Sachsen – Praktiker-Kommentar, Loseblattsammlung (Stand: 6. Lieferung – März 1998), München Berlin (zitiert: *Habel/Zeppernick*, Wasserrecht in Sachsen).

Habermas, Jürgen: Wahrheit und Rechtfertigung, Philosophische Aufsätze, Frankfurt am Main 1999 (zitiert: *Habermas*, Wahrheit und Rechtfertigung).

Haberstroh, Dieter: Unschuldsvermutung und Rechtsfolgenausspruch, NStZ 1984, 289–295.

Habetha, Joachim W.: Verwaltungsrechtliche Rasterfahndung mit strafrechtlichen Konsequenzen ? – Zur Einschränkung des Bankgeheimnisses durch § 16 WpHG –, WM 1996, 2133–2140.

Hachmeister, Dirk: Die gewandelte Rolle des Wirtschaftsprüfers als Partner des Aufsichtsrates nach den Vorschriften des KonTraG, DStR 1999, 1453–1460.

Häberle, Peter: Grundrechte im Leistungsstaat, VVDStRL 30 (1972), 43–141.

Haeberlin, C. F. W. J.: Sammlung der neuen deutschen Strafprocessordnungen mit Einschluss der französischen und belgischen sowie der Gesetze über Einführung des mündlichen und öffentlichen Strafverfahrens mit Schwurgerichten, Greifswald 1852 (Nachdruck Goldbach 1996).

Hahn, Carl: Die gesamten Materialien zu den Reichsjustizgesetzen, Band 3: Materialien zur Strafprozessordnung, 2. Aufl (Hrsg.: Stegemann, Eduard), Abteilung 1, Berlin 1885, und Abteilung 2, Berlin 1886 (Nachdruck Aalen 1983) (zitiert: *Hahn/Stegemann*, Materialien zur StPO).

Hahn, Werner: Offenbarungspflichten im Umweltschutzrecht, Köln Berlin Bonn München 1984 (Diss. Bonn 1983/84) (zitiert: *Hahn*, Offenbarungspflichten).

Hamacher, Rolfjosef: Neue Rechtsprechung zu den Voraussetzungen von Ermittlungsmaßnahmen der Finanzbehörden, DStZ 1987, 224–228;
- Kontrollmitteilungen bei Betriebsprüfungen in Banken, DB 1996, 2460–2465.

von Hammerstein, Fritz: Der verfassungsrechtliche Schutz der Privatsphäre im Steuerrecht, Frankfurt am Main 1993 (Diss. Heidelberg 1993) (zitiert: *von Hammerstein*, Privatsphäre im Steuerrecht).

Handbuch des Staatsrechts der Bundesrepublik Deutschland (Hrsg.: Isensee, Josef/Kirchhof, Paul), Band I, Grundlagen von Staat und Verfassung, 2. Aufl., Heidelberg 1995, Band III, Das Handeln des Staates, 2. Aufl., Heidelberg 1996, Band V, Allgemeine Grundrechtslehren, 2. Aufl., Heidelberg 2000, und Band VI, Freiheitsrechte, Heidelberg 1989 (zitiert: *Bearb.*, in: HStR).

Handwörterbuch des Umweltrechts (Hrsg.: Kimminich, Otto/Freiherr von Lersner, Otto/ Storm, Peter-Christoph), I. Band: Abfallrecht – Mosel, Berlin 1986 (zitiert: *Bearb.*, in: HdUR).

Hann, Michael: Die Steueraufsicht in besonderen Fällen, Diss. Mainz 1988 (zitiert: *Hann*, Die Steueraufsicht).

Hantke, Wolfgang: Die Verschärfung des Außenwirtschaftsrechts, NJW 1992, 2123–2125.

Haouache, Gerhard Gordon: Börsenaufsicht durch Strafrecht, Frankfurt am Main 1996 (Diss. Frankfurt am Main 1995) (zitiert: *Haouache*, Börsenaufsicht durch Strafrecht).

Hartstang, Gerhard: Anwaltsrecht, Köln Berlin Bonn München 1991.

Hartung, Markus: Zum Umfang des Auskunftsverweigerungsrechts nach § 44 IV KWG, NJW 1988, 1070–1072.

Hartung, Sven: Die Atomaufsicht – Zur staatlichen Aufsicht nach § 19 des Atomgesetzes, Baden-Baden 1992 (Diss. Frankfurt am Main 1991/1992) (zitiert: *Hartung*, Die Atomaufsicht).

Hassemer, Winfried: Die „Funktionstüchtigkeit der Strafrechtspflege" – ein neuer Rechtsbegriff ?, in: Lüderssen, Klaus (Hrsg.), V-Leute. Die Falle im Rechtsstaat, Frankfurt am Main 1985, S. 71–88 (zitiert: *Hassemer*, in: Lüderssen, V-Leute);
– Das Zeugnisverweigerungsrecht des Syndikusanwalts, wistra 1986, 1–17;
– Unverfügbares im Strafprozess, in: Kaufmann, Arthur/Mestmäcker, Ernst-Joachim/Zacher, Hans F. (Hrsg.), Rechtsstaat und Menschenwürde, Festschrift für Werner Maihofer zum 70. Geburtstag, Frankfurt am Main 1988, S. 183–204;
– Einführung in die Grundlagen des Strafrechts, 2. Aufl., München 1990 (zitiert: *Hassemer*, Einführung).

Heerspink, Frank: Zum Konflikt zwischen der steuerlichen Mitteilungspflicht des § 4 V Nr. 10 EStG und dem nemo-tenetur-Prinzip, wistra 2001, 441–447.

Hefendehl, Roland: Beweisermittlungs- und Beweisverwertungsverbote bei Auskunfts- und Mitwirkungspflichten – das sog. Verwendungsverbot nach § 97 I S. 3 InsO –, wistra 2003, 1–9.

Heidelberger Kommentar zur Strafprozessordnung (Verfasser: Lemke, Michael/Julius, Karl-Peter/Krehl, Christoph/Kurth, Hans-Joachim/Rautenberg, Erardo Cristoforo/Temming, Dieter), 3. Aufl., Heidelberg 2001 (zitiert: *Bearb.*, in: HK-StPO).

Heine, Günter/Meinberg, Volker: Empfehlen sich Änderungen im strafrechtlichen Umweltschutz, insbesondere in Verbindung mit dem Verwaltungsrecht ?, Gutachten D für den 57. Deutschen Juristentag, Verhandlungen des 57. DJT, Band I – Gutachten, Mainz 1988, D 1–171.

Held, Jürgen: Der Grundrechtsbezug des Verwaltungsverfahrens, Berlin 1984 (Diss. Bonn 1983) (zitiert: *Held*, Grundrechtsbezug).

Hellmann, Uwe: Das Neben-Strafverfahrensrecht der Abgabenordnung, Köln Berlin Bonn München 1995 (Habil. Osnabrück 1991/92) (zitiert: *Hellmann*, Neben-Strafverfahrensrecht der AO).

Helmholz, R. H.: The Privilege and the Ius Commune: The Middle Ages to the Seventeenth Century, in: Helmholz, R.H./Gray, Charles M./Langbein, John H./Moglen, Eben/Smith, Henry E./Alschuler, Albert W.: The Privilege against Self-incrimination: Its Origins and Development, Chicago 1997, S. 17–46 (zitiert: *Helmholz*, in: The Privilege).

Henckel, Wolfram: Prozessrecht und materielles Recht, Göttingen 1970 (zitiert: *Henckel*, Prozessrecht).

Henke, Reginhard (Hrsg.): Verbote und Beschränkungen bei der Ein- und Ausfuhr. Lehrbuch und Fallsammlung, Herne/Berlin 2000 (zitiert: *Bearb.*, in: Henke, Verbote und Beschränkungen).

Henke, Reginhard/Huchatz, Wolfgang: Das neue Abgabenverwaltungsrecht für Einfuhr- und Ausfuhrabgaben. Die Überlagerung der Abgabenordnung durch den Zollkodex – Teil I und Teil II –, ZfZ 1996, 226–233 und 262–274.

Henkel, Heinrich: Strafverfahrensrecht, Stuttgart 1953 (zitiert: *Henkel*, Strafverfahrensrecht);
– Strafverfahrensrecht, 2. Aufl., Stuttgart 1968 (zitiert: *Henkel*, Strafverfahrensrecht).

Henneberg, Ernst: Der Steuerpflichtige im Spannungsfeld zwischen Besteuerungsverfahren und Steuerstrafverfahren, BB 1988, 2181–2188.

Henschel, Arthur: Die Vernehmung des Beschuldigten. Ein Beitrag zur Reform des Strafprocesses, GS 74 (1909) – 1. Beilageheft.

Henssler, Martin: Das anwaltliche Berufsgeheimnis, NJW 1994, 1817–1824.

Hentschel, Carsten: Anmerkung zu LG Freiburg, Beschl. v. 4.3.1999 – VIII QS 17/98, NStZ 2000, 274–275.

Herdegen, Matthias: Gewissensfreiheit und Normativität des positiven Rechts, Berlin 1989 (Habil. Heidelberg 1989).

Hermanns, Ferdinand: Die Ermittlungsbefugnisse der Kartellbehörden, Köln 1972 (zitiert: *Hermanns*, Die Ermittlungsbefugnisse);
– Der Syndikus-Anwalt und der Schutz des Anwaltsgeheimnisses in Deutschland, AnwBl 1980, 326–327.

Herzog, Felix: Der Banker als Fahnder ? Von der Verdachtsanzeige zur systematischen Verdachtsgewinnung – Entwicklungstendenzen der Geldwäschebekämpfung –, WM 1996, 1753–1763;
– Geldwäschebekämpfung – quo vadis ? – Rechtsstaatliche Grenzen der Geldwäschebekämpfung durch Aufsichtshandlungen des Bundesaufsichtsamtes für das Kreditwesen, WM 1999, 1905–1919;
– Die Spuren des „schmutzigen Geldes" – Finanzermittlungen vor der Verdachtsschwelle, in: Hirsch, Hans Joachim/Wolter, Jürgen/Brauns, Uwe (Hrsg.), Festschrift für Günter Kohlmann zum 70. Geburtstag, Köln 2003, S. 427–450.

Herzog, Felix/Christmann, Rainer M.: Geldwäsche und „Bekämpfungsgesetzgebung" – Ein Plädoyer für rechtsstaatliche Sensibilität –, WM 2003, 6–14.

Hesse, Konrad: Grundzüge des Verfassungsrechts der Bundesrepublik Deutschland, 20. Aufl., Heidelberg 1995 (zitiert: *Hesse*, Verfassungsrecht).

Hetzer, Wolfgang: Geheimdienstliche Außenwirtschaftskontrolle, ZfZ 1995, 34–40.

Hildebrandt, Bernd: Verwertungsverbote für Tatsachen oder Beweismittel im Steuerstrafverfahren und im Besteuerungsverfahren, DStR 1982, 20–25.

Hilgendorf, Eric: Tatsachenaussagen und Werturteile im Strafrecht entwickelt am Beispiel des Betruges und der Beleidigung, München 1998 (Habil. Tübingen 1996) (zitiert: *Hilgendorf*, Tatsachen und Werturteile).

Hilger, Hans: Zum Strafverfahrensrechtsänderungsgesetz 1999 (StVÄG 1999) – 2. Teil, NStZ 2001, 15–19;
– StVÄG 1999 und Verteidigung, in: Hanack, Ernst Walter/Hilger, Hans/Mehle, Volkmar/Widmaier, Gunter (Hrsg.), Festschrift für Peter Rieß zum 70. Geburtstag am 4. Juni 2002, Berlin New York 2002, S. 171–184;
– Vor(feld)ermittlungen/Datenübermittlungen, in: Wolter, Jürgen/Schenke, Wolf-Rüdiger/Rieß, Peter/Zöller, Mark Alexander (Hrsg.), Datenübermittlungen und Vorermittlungen, Festgabe für Hans Hilger, Heidelberg 2003, S. 11–24.

Hill, Hermann: Zehn Jahre Verwaltungsverfahrensgesetz, Speyer 1987 (zitiert: *Hill*, Verwaltungsverfahrensgesetz).

Hippel, Robert von: Der Deutsche Strafprozess, Marburg 1941 (zitiert: *von Hippel*, Strafprozess).

Hirsch, Conrad: Auskünfte durch Kreditinstitute im straf- und steuerstrafrechtlichen Ermittlungsverfahren, Konstanz 1991 (Diss. Konstanz 1991) (zitiert: *C. Hirsch*, Auskünfte durch Kreditinstitute).

Hirsch, Hans Joachim: Anmerkung zu BGH, Urteil vom 22. 8. 1996 – 4 StR 217/96 –, NStZ 1997, 230–232.

Hobbes, Thomas: Leviathan (1651), Hrsg.: Iring Fetscher, Übersetzung: Walter Euchner, Neuwied 1966.

Hocke, Ernst/ Berwald, Siegfried/ Maurer, Heinz Dieter: Außenwirtschaftsrecht – Gesetze, Verordnungen und Erlasse zum Außenwirtschaftsrecht mit Kommentar (Loseblattsammlung, Stand: 96. Lieferung – Februar 2002), Heidelberg (zitiert: *Hocke/Berwald/Maurer*, Außenwirtschaftsrecht).

Höppner, Horst-Dieter: Zur verfassungsrechtlichen Gewährleistung des Steuergeheimnisses, DVBl. 1969, 723–727.

Hörnle, Tatjana/von Hirsch, Andrew: Positive Generalprävention und Tadel, GA 1995, 261–282.

Hoffmann, Roland: Verfahrensgerechtigkeit: Studien zu einer Theorie prozeduraler Gerechtigkeit, Paderborn München Wien Zürich 1992 (Diss. Freiburg im Breisgau 1992) (zitiert: *Hoffmann*, Verfahrensgerechtigkeit).

Hoffmann-Riem, Wolfgang: Konfliktmittler in Verwaltungsverhandlungen, Heidelberg 1989 (zitiert: *Hoffmann-Riem*, Konfliktmittler);
- Verwaltungsrechtsreform – Ansätze am Beispiel des Umweltschutzes, in: Hoffmann-Riem, Wolfgang/Schmidt-Aßmann, Eberhard/Schuppert, Gunnar Folke (Hrsg.), Reform des Allgemeinen Verwaltungsrechts, Baden-Baden 1993, S. 115–175 (zitiert: *Hoffmann-Riem*, in: Hoffmann-Riem/Schmidt-Aßmann/Schuppert, Reform);
- Ermöglichung von Flexibilität und Innovationsoffenheit im Verwaltungsrecht – Einleitende Problemskizze –, in: Hoffmann-Riem, Wolfgang/Schmidt-Aßmann, Eberhard (Hrsg.), Innovation und Flexibilität des Verwaltungshandelns, Baden-Baden 1994, S. 9–66 (zitiert: *Hoffmann-Riem*, in: Hoffmann-Riem/Schmidt-Aßmann, Innovation);
- Effizienz als Herausforderung an das Verwaltungsrecht – Einleitende Problemskizze, in: Hoffmann-Riem, Wolfgang/Schmidt-Aßmann, Eberhard (Hrsg.), Effizienz als Herausforderung an das Verwaltungsrecht, Baden-Baden 1998, S. 11–57 (zitiert: *Hoffmann-Riem*, in: Hoffmann-Riem/Schmidt-Aßmann, Effizienz);
- Informationelle Selbstbestimmung in der Informationsgesellschaft – Auf dem Wege zu einem neuen Konzept des Datenschutzes –, AöR 123 (1998), 513–540.

Hohmann, Harald/John, Klaus: Ausfuhrrecht. Kommentar mit EG-Dual-Use-Verordnung, EG-Ausfuhrverordnungen, Außenwirtschaftsgesetz, Außenwirtschaftsverordnung, Kriegswaffenkontrollgesetz, München 2002 (zitiert: *Bearb.*, in: Hohmann/John, Ausfuhrrecht).

Holznagel, Bernd: Verfahrensbezogene Aufgabenkritik und Änderungen von Verfahrensstandards als Reaktionen auf die staatliche Finanzkrise, in: Hoffmann-Riem, Wolfgang/Schmidt-Aßmann, Eberhard (Hrsg.), Effizienz als Herausforderung an das Verwaltungsrecht, Baden-Baden 1998, S. 205–230 (zitiert: *Holznagel*, in: Hoffmann-Riem/Schmidt-Aßmann, Effizienz).

Hoyer, Andreas: Die Rechtsnatur des Verfalls angesichts des neuen Verfallsrechts, GA 1993, 406–422.

Hoyer, Petra/Klos, Joachim: Regelungen zur Bekämpfung der Geldwäsche und ihre Anwendung in der Praxis, 2. Aufl., Bielefeld 1998 (zitiert: *Hoyer/Klos*, Geldwäsche).

Huber, Barbara/ Umbreit, Dirk: Landesbericht Südafrika, in: Eser, Albin/Arnold, Jörg (Hrsg.), Strafrecht in Reaktion auf Systemunrecht – Vergleichende Einblicke in Transitionsprozesse, Internationales Kolloquium Freiburg im Breisgau 2. – 5. Juni 1999, Bd. 1, Freiburg im Breisgau 2000, S. 273–281 (zitiert: *Huber/Umbreit*, in: Eser/Arnold, Systemunrecht).

Huber, Berthold: Post aus Pullach – Das G 10 – Urteil des BVerfG vom 14.7. 1999, NVwZ 2000, 393–396.

Hubmann, Heinrich/Götting, Horst-Peter: Gewerblicher Rechtsschutz (Patent-, Gebrauchsmuster-, Geschmacksmuster-, Marken- und Wettbewerbsrecht), 7. Aufl., München 2002 (zitiert: *Hubmann/Götting*, Gewerblicher Rechtsschutz).

Hübschmann, Walter/Hepp, Ernst/Spitaler, Armin: Abgabenordnung. Finanzgerichtsordnung, Loseblattsammlung, 10. Aufl., Köln 1995 (Stand: 179. Lieferung – Dezember 2003) (zitiert: *Bearb.*, in: Hübschmann/Hepp/Spitaler, AO).

Hüsch, Hans-Peter: Verwertungsverbote im Verwaltungsverfahren, Pfaffenweiler 1991 (Diss. Hamburg 1991).

Hufen, Friedhelm: Heilung und Unbeachtlichkeit grundrechtsrelevanter Verfahrensfehler, NJW 1982, 2160–2169;
– Fehler im Verwaltungsverfahren, 4. Aufl., Baden-Baden 2002 (zitiert: *Hufen*, Fehler);
– Schutz der Persönlichkeit und Recht auf informationelle Selbstbestimmung, in: Badura, Peter/Dreier, Horst (Hrsg.), Festschrift 50 Jahre Bundesverfassungsgericht, Zweiter Band: Klärung und Fortbildung des Verfassungsrechts, Tübingen 2001, S. 105–125.

Hund, Horst: Überwachungsstaat auf dem Vormarsch – Rechtsstaat auf dem Rückzug, NJW 1992, 2118–2123.

Hutter, Stephan/Leppert, Michael: Das 4. Finanzmarktförderungsgesetz aus Unternehmenssicht, NZG 2002, 649–657.

Immenga, Ulrich/Mestmäcker, Ernst-Joachim: Gesetz gegen Wettbewerbsbeschränkungen Kommentar, 3. Aufl., München 2001 (zitiert: *Bearb.*, in: Immenga/Mestmäcker, GWB).

Internationaler Kommentar zur Europäischen Menschenrechtskonvention (Redaktion: *W. Karl/H. Miehsler/L. Wildhaber*), Loseblattsammlung, Köln Berlin Bonn München (Stand: 5. Lieferung – Januar 2002) (zitiert: *Bearb.*, in: IntKommEMRK).

Isensee, Josef: Aussetzung des Steuerstrafverfahrens – rechtsstaatliche Ermessensdirektiven, NJW 1985, 1007–1010.

Jahnke, Joachim: Mit den Mitteln des Rechtsstaates gegen die Verbreitung von Massenvernichtungs-Technologie, ZRP 1992, 83–84.

Jakob, Wolfgang: Gedanken zur Verfassungsmäßigkeit der neuen Zinsbesteuerung, DStR 1992, 893–896;
– Abgabenordnung, 3. Aufl., München 2001.

Jakobs, Günther: Strafrecht, Allgemeiner Teil, 2. Aufl., Berlin New York 1991 (zitiert: *Jakobs*, Strafrecht AT);
– Das Strafrecht zwischen Funktionalismus und „alteuropäischem" Prinzipiendenken, ZStW 107 (1995), 843–876.

Jansen, Nils: Die Struktur der Gerechtigkeit, Baden-Baden 1998 (Diss. Kiel 1997) (zitiert: *Jansen*, Gerechtigkeit).

Janssen, Gerhard: Rechtliche Grundlagen und Grenzen der Beschlagnahme, Berlin 1995 (Diss. Bielefeld 1995) (zitiert: *Janssen*, Beschlagnahme).

Jarass, Hans D.: Das allgemeine Persönlichkeitsrecht im Grundgesetz, NJW 1989, 857–862;
– Bundes-Immissionsschutzgesetz. Kommentar unter Berücksichtigung der Bundes-Im-

missionsschutzverordnungen und der TA Luft sowie der TA Lärm, 5. Aufl., München 2002 (zitiert: *Jarass*, BImSchG).

Jarass, Hans D./Pieroth, Bodo: Grundgesetz für die Bundesrepublik Deutschland. Kommentar, 6. Aufl., München 2002 (zitiert: *Bearb.*, in: Jarass/Pieroth, GG).

Jellinek, Georg: System der subjektiven öffentlichen Rechte, 2. Aufl., Tübingen 1919 (zitiert: *G. Jellinek*, System).

Jescheck, Hans-Heinrich/Weigend, Thomas: Lehrbuch des Strafrechts: Allgemeiner Teil, 5. Aufl., Berlin 1996 (zitiert: *Jescheck/Weigend*, Strafrecht AT).

Jessen, Uwe: Das Auskunftsverweigerungsrecht gegenüber einem Auskunftsverlangen der Kartellbehörde, BB 1962, 278–281.

Jessnitzer, Kurt/Blumberg, Hanno: Bundesrechtsanwaltsordnung, 9. Aufl., Köln Berlin Bonn München 2000 (zitiert: *Jessnitzer/Blumberg*, BRAO).

Joecks, Wolfgang: Abzugsverbot für Bestechungs- und Schmiergelder – Korruptionsbekämpfung durch Steuerrecht? –, DStR 1997, 1025–1032;
– Die Stellung der Kreditwirtschaft im steuerstrafrechtlichen Ermittlungsverfahren gegen Kunden, WM – Sonderbeilage Nr. 1/1998;
– Der nemo-tenetur-Grundsatz und das Steuerstrafrecht, in: Hirsch, Hans Joachim/Wolter, Jürgen/Brauns, Uwe (Hrsg.), Festschrift für Günter Kohlmann zum 70. Geburtstag, Köln 2003, S. 451–464.

Joerden, Jan C.: Strukturen des strafrechtlichen Verantwortlichkeitsbegriffs: Relationen und ihre Verkettungen, Berlin 1988 (Habil. Erlangen-Nürnberg 1987) (zitiert: *Joerden*, Strukturen).

Kaiser, Gerd: Die Beschwer als Voraussetzung strafprozessualer Rechtsmittel: Zuständigkeiten zur Realisierung des objektiven Rechts im Strafverfahren, Heidelberg 1993 (Diss. Mannheim 1992) (zitiert: *Kaiser*, Beschwer).

Kaiser, Günther: Kriminologie. Ein Lehrbuch, 3. Aufl., Heidelberg 1996 (zitiert: *Kaiser*, Kriminologie).

Kant, Immanuel: Grundlegung zur Metaphysik der Sitten (1785). Mit einer Einleitung herausgegeben von Bernd Kraft und Dieter Schönecker, Hamburg 1999 (zitiert: *Kant*, Grundlegung zur Metaphysik der Sitten).

Kapp, Reinhard/Ebeling, Jürgen: Erbschaftsteuer- und Schenkungsteuergesetz, Kommentar, Köln, Loseblattsammlung (Stand: 44. Lieferung – September 2003) (zitiert: *Kapp/Ebeling*, ErbStG).

Kareseit, Jörn Helge: Die verfassungswidrige Überholung nach §7 Zollgesetz (ZG), ZfZ 1987, 98–108.

Karlsruher Kommentar zum Gesetz über Ordnungswidrigkeiten (Hrsg.: Boujong, Karlheinz), 2. Aufl., München 2000 (zitiert: *Bearb.*, in: KK-OWiG).

Karlsruher Kommentar zur Strafprozessordnung und zum Gerichtsverfassungsgesetz mit Einführungsgesetz (Hrsg.: Pfeiffer, Gerd), 5. Aufl., München 2003 (zitiert: *Bearb.*, in: KK-StPO).

Kaster, Georg: Die Rechtsstellung der Betriebsbeauftragten für den Umweltschutz, GewArch 1998, 129–140.

Katholnigg, Oskar: Strafgerichtsverfassungsrecht. Kommentar zu den allgemeinen und den die Strafrechtspflege regelnden Vorschriften des Gerichtsverfassungsgesetzes, des Einführungsgesetzes zum Gerichtsverfassungsgesetz und des Gesetzes zur Wahrung der Einheitlichkeit der Rechtsprechung der obersten Gerichtshöfe des Bundes, 3. Aufl., Köln Berlin Bonn München 1999 (zitiert: *Katholnigg*, Strafgerichtsverfassungsrecht).

Kau, Wolfgang: Vom Persönlichkeitsschutz zum Funktionsschutz – Persönlichkeitsschutz juristischer Personen des Privatrechts in verfassungsrechtlicher Sicht, Heidelberg 1989 (Diss. Freiburg im Breisgau 1987) (zitiert: *Kau*, Persönlichkeitsschutz).

Kaufmann, Arthur: Unzeitgemäße Betrachtungen zum Schuldgrundsatz im Strafrecht, Jura 1986, 225–233;
- Läßt sich die Hauptverhandlung in Strafsachen als rationaler Diskurs auffassen ?, in: Jung, Heike/Müller-Dietz, Heinz (Hrsg.), Dogmatik und Praxis des Strafverfahrens, Beiträge anläßlich des Kolloquiums zum 65. Geburtstag von Gerhard Kielwein, Köln Berlin Bonn München 1989, S. 15–24.

Kaufmann, Michael: Die Bedeutung der Einbeziehung von Bankmitarbeitern in die strafrechtliche Bekämpfung der Geldwäsche, Diss. Bremen 2000 (zitiert: *Kaufmann*, Einbeziehung von Bankmitarbeitern).

Keiser, Claudia: Die Anwendung des „nemo-tenetur-Grundsatzes" auf das Prozessverhalten des Angeklagten – Zugleich Anmerkung zu BGH StV 2000, 234 und StV 2000, 293 –, StV 2000, 633–637.

Keller, Rainer: Rechtliche Grenzen der Provokation von Straftaten, Berlin 1989 (Habil. Hannover 1988) (zitiert: *Keller*, Provokation von Straftaten).

Keller, Rolf: Empfehlen sich Änderungen im strafrechtlichen Umweltschutz, insbesondere in Verbindung mit dem Verwaltungsrecht ?, Referat zum 57. Deutschen Juristentag, Verhandlungen des 57. DJT, Band II, Mainz 1988, L 7 – L 35;
- Grenzbereiche zwischen Strafrecht und Standesrecht des Notars, DNotZ 1995, 99–115.

Keller, Rolf/Griesbaum, Rainer: Das Phänomen der vorbeugenden Bekämpfung von Straftaten, NStZ 1990, 416–420.

Kelnhofer, Evelyn: Hypothetische Ermittlungsverläufe im System der Beweisverbote, Berlin 1994 (Diss. Mannheim 1993/94) (zitiert: *Kelnhofer*, Hypothetische Ermittlungsverläufe).

Kirchhof, Paul: Steueranspruch und Informationseingriff, in: Lang, Joachim (Hrsg.), Die Steuerrechtsordnung in der Diskussion, Festschrift für Klaus Tipke zum 70. Geburtstag, Köln 1995, S. 27–45.

Kirsch, Stefan: Freiheit von Selbstbezichtigungszwang ?, Institut für Kriminalwissenschaften Frankfurt am Main (Hrsg.), Vom unmöglichen Zustand des Strafrechts, Frankfurt am Main 1995, S. 229–243.

Kissel, Otto Rudolf: Gerichtsverfassungsgesetz. Kommentar, 3. Aufl., München 2001 (zitiert: *Kissel*, GVG).

Klein, Franz: Kommentar zur Abgabenordnung, 8. Aufl., München 2003 (zitiert: *Bearb.*, in: Klein, AO).

Kleinknecht, Theodor/Meyer-Goßner, Lutz: Strafprozessordnung – Gerichtsverfassungsgesetz, Nebengesetze und ergänzende Bestimmungen, 46. Aufl., München 2003 (zitiert: *Kleinknecht/Meyer-Goßner*, StPO).

Klemp, Wolfram: Übergang vom kartellrechtlichen Verwaltungsverfahren zum Bußgeldverfahren, BB 1976, 912–914.

Klier, Gerhard: Gewissensfreiheit und Psychologie: der Beitrag der Psychologie zur Normbereichsanalyse des Grundrechts der Gewissensfreiheit, Berlin 1978 (Diss. Gießen 1977) (zitiert: *Klier*, Gewissensfreiheit).

Klindt, Thomas: Produktsicherheitsgesetz (ProdSG), München 2001 (zitiert: *Klindt*, ProdSG).

Klingelhöfer, Wolfgang: Im Spannungsfeld von Steuer- und Strafrecht: Schmiergelder, StBp 1999, 309–315;
- Anfertigung von Kontrollmaterial – Möglichkeiten und Grenzen –, StBp 2002, 1–7.

Kloepfer, Michael: Verfahrensdauer und Verfassungsrecht, JZ 1979, 209–216;
- Der Vorbehalt des Gesetzes im Wandel, JZ 1984, 685–695;
- Umweltrecht, 2. Aufl., München 1998.

Kloepfer, Michael/Rehbinder, Eckard/Schmidt-Aßmann, Eberhard: Umweltgesetzbuch,

Allgemeiner Teil, 2. Aufl., Berlin 1991 (zitiert: *Kloepfer/Rehbinder/Schmidt-Aßmann,* UGB-AT).

Klos, Joachim: Nochmals: Das Datengeheimnis des Richters, ZRP 1997, 50–52.

KMR – Kommentar zur Strafprozessordnung (Hrsg.: *von Heintschel-Heinegg, Bernd/Stöckel, Heinz*), Loseblattsammlung Neuwied Kriftel (Stand: 36. Lieferung, Dezember 2003) (zitiert: *Bearb.,* in: KMR-StPO).

Knauth, Oliver: Änderung der Wertpapierhandel-Meldeverordnung – § 9 WpHG quo vadis?, WM 2003, 1593–1598.

Koch, Hans-Joachim/Scheuing, Dieter H. (Hrsg.): Gemeinschaftskommentar zum Bundes-Immissionsschutzgesetz, Loseblattsammlung, Düsseldorf (Stand: 13. Lieferung – November 2003) (zitiert: *Bearb.,* in: GK-BImSchG).

Koch, Karl/Scholtz, Rolf-Detlev: Abgabenordnung, 5. Aufl., München 1996 (zitiert: *Bearb.,* in: Koch/Scholtz, AO).

Köhler, Michael: Prozessrechtsverhältnis und Ermittlungseingriffe, ZStW 107 (1995), 10–47.

Kölbel, Ralf/Morlok, Martin: Geständniszwang in parlamentarischen Untersuchungen ? Grenzen des Aussageverweigerungsrechtes in parlamentarischen Untersuchungsausschüssen, ZRP 2000, 217–222.

Körner, Harald Hans: Betäubungsmittelgesetz. Arzneimittelgesetz, 5. Aufl., München 2001 (zitiert: *Körner,* BtMG).

Köster, Rolf-Jürgen: Die Rechtsvermutung der Unschuld, Diss. Bonn 1979 (zitiert: *Köster,* Rechtsvermutung der Unschuld).

Köstlin, Christian Reinhold: Der Wendepunkt des deutschen Strafverfahrens im neunzehnten Jahrhundert: kritisch und geschichtlich beleuchtet, nebst ausführlicher Darstellung der Entstehung des Geschworenengerichts, Tübingen 1849 (zitiert: *Köstlin,* Wendepunkt).

Kohlmann, Günter: Strafprozessuale Verwertungsverbote als Schranken für steuerliche und steuerstrafrechtliche Ermittlungen der Fahndungsbehörden, in: Lang, Joachim (Hrsg.), Die Steuerrechtsordnung in der Diskussion, Festschrift für Klaus Tipke zum 70. Geburtstag, Köln 1995, S. 487–508.

Kopp, Ferdinand O./Ramsauer, Ulrich: Verwaltungsverfahrensgesetz, 8. Aufl., München 2003 (zitiert: *Kopp/Ramsauer,* VwVfG).

Kopp, Ferdinand O./Schenke, Wolf-Rüdiger: Verwaltungsgerichtsordnung, 13. Aufl., München 2003 (zitiert: *Kopp/Schenke,* VwGO).

Krabbe, Helmut: Änderungen des Steuerverfahrensrechts durch das Steuerreformgesetz 1990 (Teil I), DB 1988, 1668–1673.

Krämer, Achim: Das „Verteidigerprivileg" der §§ 97, 53 StPO im Ermittlungsverfahren nach dem GWB aus verfassungsrechtlicher Sicht, BB 1975, 1225–1230.

Krahl, Matthias: Der Anwendungsbereich der polizeilichen Beobachtung nach § 163e StPO als strafprozessuale Ermittlungsmaßnahme, NStZ 1998, 339–342.

Kramer, Bernhard: Zur Zulässigkeit gemeinsamer Ermittlungsgruppen des Polizeivollzugsdienstes und des Zollfahndungsdienstes in Zusammenhang mit der Bekämpfung der Betäubungsmittelkriminalität, wistra 1990, 169–177.

Krause, Peter: Grundrechtliche Grenzen staatlicher und privater Informationserhebung und -verarbeitung, DB-Beilage Nr. 23/1983, S. 1–15.

Krauß, Detlef: Der Grundsatz der Unschuldsvermutung im Strafverfahren, in: Müller-Dietz, Heinz (Hrsg.), Strafrechtsdogmatik und Kriminalpolitik, Köln Berlin Bonn München 1971, S. 153–178;

– Richter und Sachverständiger im Strafverfahren, ZStW 85 (1973), 320–359;

– Das Prinzip der materiellen Wahrheit im Strafprozess, in: Grünwald, Gerald/Miehe, Olaf/

Rudolphi, Hans-Joachim/Schreiber, Hans-Ludwig (Hrsg.), Festschrift für Friedrich Schaffstein zum 70. Geburtstag, Göttingen 1975, S. 411–431.

Krehl, Christoph: Anmerkung zu BayObLG, Beschluss vom 29.10. 2002–4 St RR 104/2002, JR 2003, 302–304.

Kreß, Claus: Das neue Recht der Geldwäschebekämpfung, wistra 1998, 121- 130.

Kröpil, Karl: Die Bedeutung der strafprozessualen Verfahrensziele für den Mißbrauch strafprozessualer Befugnisse, JZ 1998, 135–136.

Krumsiek, Rolf: Die unendliche Geschichte des Justizmitteilungsgesetzes, DVBl. 1993, 1229–1234.

Kühl, Kristian: Unschuldsvermutung, Freispruch und Einstellung, Köln Berlin Bonn München 1983 (Habil. Bielefeld 1980/81) (zitiert: *Kühl*, Unschuldsvermutung);
- Freie Beweiswürdigung des Schweigens des Angeklagten und der Untersuchungsverweigerung eines angehörigen Zeugen – BGHSt 32, 140, JuS 1986, 115–122;
- Strafrecht, Allgemeiner Teil, 4. Aufl., München 2002 (zitiert: *Kühl*, Strafrecht AT).

Kühn, Rolf/Hofmann, Ruth: Abgabenordnung Finanzgerichtsordnung Nebengesetze, 17. Aufl., Stuttgart 1995 (zitiert: *Kühn/Hofmann*, AO).

Kühne, Hans-Heiner: Strafprozessrecht, 6. Aufl., Heidelberg 2003 (zitiert: *Kühne*, Strafprozessrecht).

Kunig, Philip: Der Rechtsstaat, in: Badura, Peter/Dreier, Horst (Hrsg.), Festschrift 50 Jahre Bundesverfassungsgericht, Zweiter Band: Klärung und Fortbildung des Verfassungsrechts, Tübingen 2001, S. 421–444.

Labe, Michael: Zufallsfund und Restitutionsprinzip im Strafverfahren, Berlin 1990 (Diss. Hamburg 1989) (zitiert: *Labe*, Zufallsfund).

Lackner, Karl/Kühl, Kristian: Strafgesetzbuch mit Erläuterungen, 24. Aufl., München 2001 (zitiert: *Bearb.*, in: Lackner/Kühl, StGB).

Lagodny, Otto: Strafrecht vor den Schranken der Grundrechte: die Ermächtigung zum strafrechtlichen Vorwurf im Lichte der Grundrechtsdogmatik, dargestellt am Beispiel der Vorfeldkriminalisierung, Tübingen 1996 (Habil. Freiburg im Breisgau 1995) (zitiert: *Lagodny*, Strafrecht vor den Schranken der Grundrechte);
- Verdeckte Ermittler und V-Leute im Spiegel von § 136a StPO als „angewandtes Verfassungsrecht" – zugleich eine Analyse neuerer BGH-Entscheidungen, StV 1996, 167–172.

Lampe, Ernst-Joachim: Strafphilosophie: Studien zur Strafgerechtigkeit, Köln Berlin Bonn München 1999.

Landmann/Rohmer: Gewerbeordnung und ergänzende Vorschriften, München (Loseblattsammlung, Stand: 44. Lieferung – Mai 2003) (zitiert: *Bearb.*, in: Landmann/Rohmer, GewO).

Landmann/Rohmer: Umweltrecht, München (Loseblattsammlung, Stand: 41. Lieferung – Oktober 2003) (zitiert: *Bearb.*, in: Landmann/Rohmer, Umweltrecht).

Langbein, John H.: The Privilege and Common Law Criminal Procedure: The Sixteenth to the Eighteenth Centuries, in: Helmholz, R.H./Gray, Charles M./Langbein, John H./Moglen, Eben/Smith, Henry E./Alschuler, Albert W.: The Privilege against Self-incrimination: Its Origins and Development, Chicago 1997, S. 82–108 (zitiert: *Langbein*, in: The Privilege).

Lange, Nicole: Vorermittlungen. Die Behandlung des staatsanwaltschaftlichen Vorermittlungsverfahrens unter besonderer Berücksichtigung von Abgeordneten, Politikern und Prominenten, Frankfurt am Main 1999 (Diss. Göttingen 1998) (zitiert: *Lange*, Vorermittlungen).

Langen, Eugen/ Bunte, Hermann-Josef: Kommentar zum deutschen und europäischen Kartellrecht, Band 1, 9. Aufl., Neuwied Kriftel Berlin 2001 (zitiert: *Bearb.*, in: Langen/Bunte, Kartellrecht).

Laubinger, Hans-Werner: Grundrechtsschutz durch Gestaltung des Verwaltungsverfahrens, VerwArch 73 (1982), 60–85.

Lea, Henry Charles: Geschichte der Inquisition im Mittelalter; autorisierte Übersetzung, bearbeitet von Heinz Wieck und Max Rackel, revidiert und herausgegeben von Joseph Hansen, Band 1: Ursprung und Organisation der Inquisition, Bonn 1905 (Neudruck Aalen 1980) (zitiert: *Lea*, Geschichte der Inquisition).

Lehnhoff, Jochen: Geplante Kontenüberwachung und Kundenrasterung bei Werpapiergeschäften gehen zu weit !, WM 2002, 687.

Leipziger Kommentar zum Strafgesetzbuch – Großkommentar (Hrsg.: Jähnke, Burkhard/Laufhütte, Heinrich Wilhelm/Odersky, Walter), 11. Aufl., 2. Lieferung: Vor § 61; §§ 61–67, Berlin New York 1992; 18. Lieferung: §§ 44–51, Berlin New York 1994; 20. Lieferung: §§ 125–141, Berlin New York 1996; 33. Lieferung: § 263; Nachtrag zu §§ 264, 265, 265a, Berlin New York 2000; 35. Lieferung: §§ 201–206, Berlin New York 2001; 40. Lieferung: §§ 123, 124, 142, 143, Berlin New York 2001 [zitiert: *Bearb.*, in: LK-StGB (11. Aufl.)].

Leist, Matthias: Verfassungsrechtliche Schranken des steuerlichen Auskunfts- und Informationsverkehrs, Frankfurt am Main 2000 (Jurist. Diss. Mannheim 1999) (zitiert: *Leist*, Verfassungsrechtliche Schranken).

Lemke, Michael: Heidelberger Kommentar zum Ordnungswidrigkeitengesetz, Heidelberg 1999 (zitiert: *Lemke*, OWiG).

Lerche, Peter: Bankgeheimnis – verfassungsrechtliche Rechtsgrundlagen, ZHR 149 (1985), 165–176.

Lesch, Heiko Hartmut: Inquisition und rechtliches Gehör in der Beschuldigtenvernehmung, ZStW 111 (1999), 624–646;
– Strafprozessrecht, 2. Aufl., Neuwied 2001.

Levy, Leonard W.: Origins of the Fifth Amendment, second edition, New York London 1986 (zitiert: *Levy*, Origins).

Lexikon des Rechts der Wirtschaft (Hrsg.: Bunte, Hermann-Josef/Stober, Rolf), Neuwied (Stand: 38. Lieferung – April 2000) (zitiert: *Bearb.*, in: LdWR).

Limbach, Anna Caroline: Das Strafrecht der Paulskirchenverfassung 1848/1849, Frankfurt am Main 1995 (Diss. Münster 1994) (zitiert: *Limbach*, Strafrecht der Paulskirchenverfassung).

Lindwurm, Christoph: Der Schutz der Selbstdarstellung im Alltag – Das Steuergeheimnis neu interpretiert, in: Kühne, Hans-Heiner/Jung, Heike/Kreuzer, Arthur/Wolter, Jürgen (Hrsg.), Festschrift für Klaus Rolinski zum 70. Geburtstag am 11. Juli 2002, Baden-Baden 2002, S. 95–119.

Lisken, Hans/Denninger, Erhard (Hrsg.): Handbuch des Polizeirechts, 3. Aufl., München 2001 (zitiert: *Bearb.*, in: Lisken/Denninger, Handbuch des Polizeirechts).

Löffler, Martin/Ricker, Reinhart: Handbuch des Presserechts, 4. Aufl., München 2000 (zitiert: *Löffler/Ricker*, Handbuch).

Löwe, Ewald/Hellweg, August: Die Strafprozessordnung für das Deutsche Reich nebst dem Gerichtsverfassungsgesetz und den das Strafverfahren betreffenden Bestimmungen der übrigen Reichsgesetze, mit Kommentar, 9. Aufl., Berlin 1898 (zitiert: *Löwe/Hellweg*, StPO , 9. Aufl.).

Löwe-Rosenberg, Die Strafprozessordnung und das Gerichtsverfassungsgesetz – Großkommentar (Hrsg.: *Rieß, Peter*), Erster Band: Einleitung; §§ 1–71, 25. Aufl., Berlin New York 1999; 2. Lieferung, §§ 112–136a, Berlin New York 1997; 10. Lieferung, §§ 1–38 EGGVG; §§ 1–21 GVGVO, Berlin New York 1999; 21. Lieferung: §§ 137–157, Berlin New York 2002; Sechster Band: §§ 374–495; EGStPO, 25. Aufl., Berlin New York 2001; Erster Band: Einleitung; §§ 1–111n, 24. Aufl., Berlin New York 1988; Zweiter Band:

§§ 112–197, 24. Aufl., Berlin New York 1989 Sechster Band, 2. Teilband: Rechtspflegerecht des Einigungsvertrages; MRK, IPBPR; Register; 24. Aufl., Berlin New York 1996 (zitiert: *Bearb.*, in: Löwe-Rosenberg, StPO).

Lorenz, Dieter: Der Rechtsschutz des Bürgers und die Rechtsweggarantie, München 1973 (Habil. München 1971/72) (zitiert: *Lorenz*, Rechtsschutz des Bürgers).

Lorenz, Frank Lucien: Absoluter Schutz versus absolute Relativität. Die Verwertung von Tagebüchern zur Urteilsfindung im Strafprozess, GA 1992, 254–279;
– „Operative Informationserhebung" im Strafverfahren, „Unverfügbares" und Grundrechtsschutz durch „institutionelle Kontrolle", JZ 1992, 1000–1011.

Lübben, Heike/Zühlke, Roland: Anfertigung von Kontrollmitteilungen bei Kreditinstituten im Rahmen von Außenprüfungen, StBp 1999, 169–177.

Lübbe-Wolff, Gertrude: Satzungsrechtliche Betretungsrechte und Art. 13 GG, DVBl 1993, 762–769.

Lücker, Volker: Der Straftatbestand des Mißbrauchs von Insiderinformationen nach dem Wertpapierhandelsgesetz (WpHG), Köln Berlin Bonn München 1998 (Diss. Bochum 1997) (zitiert: *Lücker*, Missbrauch von Insiderinformationen).

Lüderssen, Klaus: Kriminologie – Einführung in die Probleme, Baden-Baden 1984 (zitiert: *Lüderssen*, Kriminologie).

Lüttger, Hans: Zum Gesetz zur Überwachung strafrechtlicher und anderer Verbringungsverbote, MDR 1961, 809–818.

Luhmann, Niklas: Die Gewissensfreiheit und das Gewissen, AöR 90 (1965), 257–286;
– Legitimation durch Verfahren, 4. Aufl., Frankfurt am Main 1997 (zitiert: *Luhmann*, Legitimation durch Verfahren;
– Grundrechte als Institution. Ein Beitrag zur politischen Soziologie, 4. Aufl., Berlin 1999.

Lupberger, Dirk R.: Auskunfts- und Prüfungsverfahren der Kartellbehörden gegen Unternehmen und verfassungsrechtlicher Datenschutz, Köln Berlin Bonn München 1987 (zitiert: *Lupberger*, Auskunfts- und Prüfungsverfahren).

Macht, Klaus: Verwertungsverbote bei rechtswidriger Informationserlangung im Verwaltungsverfahren, Berlin 1999 (Diss. München 1998) (zitiert: *Macht*, Verwertungsverbote).

Mäder, Detlef: Betriebliche Offenbarungspflichten und Schutz vor Selbstbelastung, Freiburg im Breisgau 1997 (Diss. Freiburg im Breisgau 1996) (zitiert: *Mäder*, Betriebliche Offenbarungspflichten).

Maiwald, Manfred: Das Absehen von Strafe nach § 16 StGB, ZStW 83 (1971), 663–696.

Mallmann, Otto: Das Spannungsverhältnis zwischen Justiz und Datenschutz. Ist der Datenschutz Sand im Getriebe der Justiz ?, DRiZ 1987, 377–381.

von Mangoldt, Hermann/Klein, Friedrich/Starck, Christian (Hrsg.): Das Bonner Grundgesetz – Kommentar, Band 1: Präambel, Artikel 1–19, 4. Aufl., München 1999; Band 2: Art. 20–69, 4. Aufl., München 2000; Band 3: Artikel 70–146, 4. Aufl., München 2001 (zitiert: *Bearb.*, in: von Mangoldt/Klein/Starck, GG).

Mark, Jürgen/Spehl, Stephan D.: Rechtsanwälte und Wirtschaftsprüfer – Aktuelle Betrachtungen zu einem alten Thema, in: Kübler, Friedrich/Scherer, Joachim/Treeck, Joachim (Hrsg.), The International Lawyer, Freundesgabe für Wulf H. Döser, Baden-Baden 1999, S. 337–346.

Marx, Thomas: Paradigmenwechsel beim Steuergeheimnis ? Die Einführung eines § 31b AO durch das 4. Finanzmarktförderungsgesetz zur Bekämpfung der Geldwäsche, DStR 2002, 1467–1470.

Marxen, Klaus: Straftatsystem und Strafprozess, Berlin 1984 (Habil. Frankfurt am Main 1982) (zitiert: *Marxen*, Straftatsystem).

Mattes, Heinz: Untersuchungen zur Lehre von den Ordnungswidrigkeiten, Zweiter Halbband, Geltendes Recht und Kritik, Berlin 1982 (zitiert: *Mattes,* Ordnungswidrigkeiten, Bd. 2/2).

Mattheus, Daniela: Die gewandelte Rolle des Wirtschaftsprüfers als Partner des Aufsichtsrates nach dem KonTraG, ZGR 1999, 682–714.

Maunz, Theodor/Dürig, Günter: Grundgesetz Kommentar, Loseblattsammlung München (Stand: 42. Lieferung – Februar 2003) (zitiert: *Bearb.*, in: Maunz/Dürig, GG).

Maunz, Theodor/Schmidt-Bleibtreu, Bruno/Klein, Franz/Ulsamer, Gerhard/Bethge, Herbert/Graßhof, Karin/Rozek, Jochen: Bundesverfassungsgerichtsgesetz. Kommentar, Loseblattsammlung München (Stand: 22. Lieferung – September 2003) (zitiert: *Bearb.*, in: Maunz/Schmidt-Bleibtreu/Klein/Ulsamer, BVerfGG).

Maurach, Reinhart/Gössel, Karl Heinz/Zipf, Heinz: Strafrecht Allgemeiner Teil, Teilband 2: Erscheinungsformen des Verbrechens und Rechtsfolgen der Tat, 7. Aufl., Heidelberg 1989 (zitiert: *Maurach/Gössel/Zipf,* Strafrecht AT-2).

Maurach, Reinhart/Schroeder, Friedrich-Christian/Maiwald, Manfred: Strafrecht Besonderer Teil, Teilband 1: Straftaten gegen Persönlichkeits- und Gemeinschaftswerte, 9. Aufl., Heidelberg 2003, und Teilband 2: Straftaten gegen Gemeinschaftswerte, 8. Aufl., Heidelberg 1999 (zitiert: *Maurach/Schroeder/Maiwald,* Strafrecht BT).

Maurer, Hartmut: Allgemeines Verwaltungsrecht, 14. Aufl., München 2002 (zitiert: *Maurer,* Verwaltungsrecht);
– Rechtsstaatliches Prozessrecht, in: Badura, Peter/Dreier, Horst (Hrsg.), Festschrift 50 Jahre Bundesverfassungsgericht, Zweiter Band: Klärung und Fortbildung des Verfassungsrechts, Tübingen 2001, S. 467–503.

Mayer, Max Ernst: Rechtsnormen und Kulturnormen, Breslau 1903.

Meinberg, Volker/Möhrenschlager, Manfred/Link, Wolfgang: Umweltstrafrecht, Düsseldorf 1989 (zitiert: *Bearb.*, in: Meinberg/Möhrenschlager/Link, Umweltstrafrecht).

Meincke, Jens Peter: Erbschaftsteuer- und Schenkungsteuergesetz, Kommentar, 13. Aufl., München 2002 (zitiert: *Meincke,* ErbStG).

Meine, Hans-Gerd: Die Reichweite des Verwertungsverbotes nach § 393 Abs. 2 AO, wistra 1985, 186–187.

Meng, Dietrich: Berufsrecht der Steuerberater, Heidelberg 1991 (zitiert: *Meng,* Berufsrecht der Steuerberater).

Meyer, Ingeborg M.: Steuerstrafrechtliche Probleme bei Betriebsprüfungen, DStR 2001, 461–467.

Meyer, Jürgen: Dialektik im Strafprozess: eine Untersuchung der Spannungen im Strafprozess unter besonderer Berücksichtigung der dialektischen Gewinnung der Strafurteile im Kräftefeld der Schlußanträge, Tübingen 1965 (Diss. Tübingen 1964) (zitiert: *J. Meyer,* Dialektik).

Meyer, Jürgen/ Hetzer, Wolfgang: Neue Gesetze gegen die Organisierte Kriminalität, NJW 1998, 1017–1029.

Meyer, Karlheinz: Grenzen der Unschuldsvermutung, in: Jescheck, Hans-Heinrich/Vogler, Theo (Hrsg.), Festschrift für Herbert Tröndle zum 70. Geburtstag, Berlin New York 1989, S. 61–75.

Michalke, Regina: Die Verwertbarkeit von Erkenntnissen der Eigenüberwachung zu Beweiszwecken im Straf- und Ordnungswidrigkeitenverfahren, NJW 1990, 417–421;
– Die strafrechtlichen und verfahrensrechtlichen Änderungen des Außenwirtschaftsgesetzes, StV 1993, 262–269.

Mitsch, Wolfgang: Recht der Ordnungswidrigkeiten, Berlin Heidelberg 1995 (zitiert: *Mitsch,* Ordnungswidrigkeitenrecht).

Mittelsteiner, Karl-Heinz: Der Steuerberater als Prozessbevollmächtigter, DStR 1993, 702–704.

Mittermaier, Carl Joseph Anton: Deutsches Strafverfahren, Band 1, 4. Aufl., Heidelberg 1845 (zitiert: *Mittermaier*, Strafverfahren);
- Ueber die Stellung des Assisenpräsidenten, GS 1.1 (1849), 17–40;
- Praktische Erörterungen aus dem Gebiete der Gesetzgebung über das Verfahren vor den Schwurgerichten, GS 1.1 (1849), 431–442;
- Gesetzgebung und Rechtsübung über Strafverfahren, Erlangen 1856 (Nachdruck Goldbach 1995) (zitiert: *Mittermaier*, Gesetzgebung).

Möllenhoff, Ulrich M.: Anmerkung zu BFH, Beschl. v. 26.2. 2001, VII B 265/00, DStR 2001, 706–707.

Möllers, Christoph: Polizeikontrollen ohne Gefahrverdacht. Ratio und rechtliche Grenzen der neuen Vorsorgebefugnisse, NVwZ 2000, 382–387.

Mörlein, Wolfgang: Der Schutz des Vertrauensverhältnisses zwischen Verteidiger und Beschuldigtem im Rahmen des § 100a StPO, München 1993 (Diss. München 1993) (zitiert: *Mörlein*, Schutz des Vertrauensverhältnisses).

Mösbauer, Heinz: Zum Umfang der Mitwirkungspflichten der Beteiligten und anderer Personen im Besteuerungsverfahren, DB 1985, 410–416;
- Befugnisgrenzen der finanzbehördlichen Steueraufsicht, DStZ 1988, 267–273;
- Staatsaufsicht über die Wirtschaft, Köln Berlin Bonn München 1990 (zitiert: *Mösbauer*, Staatsaufsicht);
- Steuerliche Außenprüfung (Betriebsprüfung) Steuerfahndung Steueraufsicht, München Wien 1994 (zitiert: *Mösbauer*, Steuerliche Außenprüfung);
- Steuerstraf- und Steuerordnungswidrigkeitenrecht (einschließlich Steuer- und Zollfahndung), 2. Aufl., München Wien 2000 (zitiert: *Mösbauer*, Steuerstrafrecht).

Möstl, Markus: Grundrechtsbindung öffentlicher Wirtschaftstätigkeit. Insbesondere die Bindung der Nachfolgeunternehmen der Deutschen Bundespost an Art. 10 GG nach der Postreform II, München 1999 (Diss. München 1998) (zitiert: *Möstl*, Grundrechtsbindung);
- Verfassungsrechtliche Vorgaben für die strategische Fernmeldeaufklärung und die informationelle Vorfeldarbeit im allgemeinen, DVBl 1999, 1394–1403.

Moglen, Eben: The Privilege in British North America: The Colonial Period to the Fifth Amendment, in: Helmholz, R.H./Gray, Charles M./Langbein, John H./Moglen, Eben/Smith, Henry E./Alschuler, Albert W.: The Privilege against Self-incrimination: Its Origins and Development, Chicago 1997, S. 109–144 (zitiert: *Moglen*, in: The Privilege).

Moosburger, H.: § 104 Abs. 2 AO – eine gesetzlich fixierte „Umgehung" des Schutzes von Berufsgeheimnissen ?, wistra 1989, 252–256.

Moosmayer, Klaus: Straf- und bußgeldrechtliche Regelungen im Entwurf eines Vierten Finanzmarktförderungsgesetzes, wistra 2002, 161–170.

Mozek, Martin: Der „große Lauschangriff", Aachen 2002 (Diss. Bonn 2001/2002).

Müller, Egon: Gedanken zur Vernehmung des Angeklagten in der Hauptverhandlung und zum sog. Opening-Statement des Verteidigers, in: Ebert, Udo/Rieß, Peter/Roxin, Claus/Wahle, Eberhard (Hrsg.), Festschrift für Walter Hanack zum 70. Geburtstag, Berlin New York 1999, S. 67–76.

Müller, Ingo: Rechtsstaat und Strafverfahren, Frankfurt am Main 1980 (zitiert: *I. Müller*, Rechtsstaat und Strafverfahren).

Müller, Kai: Insiderrechtliche Mitwirkungspflichten der Kreditinstitute im Lichte des Nemo-tenetur-Grundsatzes, wistra 2001, 167–171.

Müller, Jörg Paul: Grundrechtliche Anforderungen an Entscheidungsstrukturen, in: Müller, Georg/Rhinow, René A./Schmid, Gerhard/Wildhaber, Luzius (Hrsg.), Staatsorganisation und Staatsfunktionen im Wandel, Festschrift für Kurt Eichenberger zum 60. Geburtstag, Basel Frankfurt am Main 1982, S. 169–181.

Müller, Rudolph: Neue Ermittlungsmethoden und das Verbot des Zwanges zur Selbstbelastung, EuGRZ 2002, 546–559.

Müller-Tuckfeld, Jens Christian: Integrationsprävention – Studien zu einer Theorie der gesellschaftlichen Funktion des Strafrechts, Frankfurt am Main 1998 (Diss. Frankfurt am Main 1997) (zitiert: *Müller-Tuckfeld*, Integrationsprävention).

von Münch, Ingo/Kunig, Philip (Hrsg.): Grundgesetz-Kommentar, Band 1 (Präambel – Art. 19), 5. Aufl., München 2000, Band 2 (Art. 20–69), 5. Aufl., München 2001, und Band 3 (Art. 70–146 und Gesamtregister), 5. Aufl., München 2003 (zitiert: *Bearb.*, in: von Münch/Kunig, GG).

Münchener Handbuch zum Arbeitsrecht (Hrsg.: Richardi, Reinhard/Wlotzke, Otfried), Band 1, Individualarbeitsrecht I, 2. Aufl., München 2000 (zitiert: *Bearb.*, in: Münchener Handbuch zum Arbeitsrecht).

Münchener Kommentar zum Handelsgesetzbuch (Hrsg.: Schmidt, Karsten), Band 4: Drittes Buch. Handelsbücher §§ 238–342a HGB (Redakteur: Ebke, Werner F.), München 2001 (zitiert: *Bearb.*, in: MüKo-HGB).

Münchener Kommentar zur Insolvenzordnung (Hrsg.: Kirchhof, Hans-Peter/Lwowski, Hans-Jürgen/Stürner, Rolf), Band 1: §§ 1–102 InsO, InsVV, München 2001 (zitiert: *Bearb.*, in: MüKo-InsO).

Münks, Andrea: Vom Parteieid zur Parteivernehmung in der Geschichte des Zivilprozesses, Köln Berlin Bonn München 1992 (Diss. Köln 1991) (zitiert: *Münks*, Parteieid).

Müssig, Bernd: Beweisverbote im Legitimationszusammenhang von Strafrechtstheorie und Strafverfahren, GA 1999, 119–142.

Nacken, Gert: Bedeutungswandel des § 46 GWB ?, WRP 1983, 380–384.

Nelles, Ursula: Statusfolgen als „Nebenfolgen" einer Straftat (§ 45 StGB), JZ 1991, 17–24.

Neumann, Ulfrid: Materiale und prozedurale Gerechtigkeit im Strafverfahren, ZStW 101 (1989), 52–74;
– Mitwirkungs- und Duldungspflichten des Beschuldigten bei körperlichen Eingriffen im Strafverfahren, in: Zaczyk, Rainer/Köhler, Michael/Kahlo, Michael (Hrsg.), Festschrift für E. A. Wolff zum 70. Geburtstag, Berlin Heidelberg 1998, S. 373–393.

Neuwald, Philipp: Das steuerliche Bankgeheimnis – Reichweite und Verfassungsmäßigkeit des § 30a AO, Diss. Augsburg 1999 (zitiert: *Neuwald*, Das steuerliche Bankgeheimnis).

Niemöller, Martin/ Schuppert, Gunnar Folke: Die Rechtsprechung des BVerfG zum Strafverfahrensrecht, AöR 107 (1982), 387–498.

Niese, Werner: Doppelfunktionelle Prozesshandlungen. Ein Beitrag zur allgemeinen Prozessrechtslehre, Göttingen 1950 (zitiert: *Niese*, Doppelfunktionelle Prozesshandlungen);
– Narkoanalyse als doppelfunktionelle Prozesshandlung, ZStW 63 (1951), 199–228.

Nisipeanu, Peter: Der Betriebsbeauftragte für Gewässerschutz (Gewässerschutzbeauftragte), NuR 1990, 439–456.

Nobbe, U./ Vögele, P.: Offenbarungspflichten und Auskunftsverweigerungsrechte, NuR 1988, 313–318.

Nomos-Kommentar zum Strafgesetzbuch (Gesamtredaktion: *Neumann, Ulfrid/Puppe, Ingeborg/Schild, Wolfgang*), Loseblattsammlung Baden-Baden 1995 (Stand: 13. Lieferung – Januar 2003) (zitiert: *Bearb.*, in: NK-StGB).

Nothhelfer, Martin: Die Freiheit vom Selbstbezichtigungszwang. Verfassungsrechtliche Grundlagen und einfachgesetzliche Ausformungen, Heidelberg 1989 (Diss. Heidelberg 1987) (zitiert: *Nothhelfer*, Selbstbezichtigungszwang).

Öhlinger, Theo: Das Verbot des Zwangs zur Selbstbezichtigung: ein neues Grundrecht in der Rechtsprechung des VfGH, in: Morscher, Siegbert/Pernthaler, Peter/Wimmer, Norbert (Hrsg.), Recht als Aufgabe und Verantwortung, Festschrift für Hans R. Klecatsky zum 70. Geburtstag, Wien 1990, S. 193–207.

Ossenbühl, Fritz: Welche normativen Anforderungen stellt der Verfassungsgrundsatz des demokratischen Rechtsstaates an die planende staatliche Tätigkeit, dargestellt am Beispiel der Entwicklungsplanung, Gutachten B zum 50. Deutschen Juristentag, Verhandlungen des 50. DJT, Bd. I, München 1974;
- Verwaltungsverfahren zwischen Verwaltungseffizienz und Rechtsschutzauftrag, NVwZ 1982, 465–472;
- Grundrechtsschutz im und durch Verfahrensrecht, in: Müller, Georg/Rhinow, René A./Schmid, Gerhard/Wildhaber, Luzius (Hrsg.), Staatsorganisation und Staatsfunktionen im Wandel, Festschrift für Kurt Eichenberger zum 60. Geburtstag, Basel Frankfurt am Main 1982, S. 183–195.

Oswald, Katharina: Die Implementation gesetzlicher Maßnahmen zur Bekämpfung der Geldwäsche in der Bundesrepublik Deutschland, Freiburg im Breisgau 1997 (zugleich Diss. Freiburg im Breisgau 1996) (zitiert: *Oswald*, Geldwäsche).

Otto, Harro: Beweisverbote aus steuerrechtlicher Mitwirkungspflicht, wistra 1983, 233–235.

Paa, Kai Uwe: Der Abschlussprüfer im Spannungsverhältnis zwischen Prüfungs- und Beratungstätigkeit, INF 1996, 437–442.

Paeffgen, Hans-Ullrich: Vorüberlegungen zu einer Dogmatik des Untersuchungshaft-Rechts, Köln Berlin Bonn München 1986 (Habil. Mainz 1982) (zitiert: *Paeffgen*, Vorüberlegungen);
- Rezension von Martin Nothhelfer, Die Freiheit vom Selbstbezichtigungszwang, Heidelberg 1989, in: GA 1991, 282–285;
- Das Urteil des Bundesverfassungsgerichts zum G 10 in der Fassung des Verbrechensbekämpfungsgesetzes 1994, StV 1999, 668–678;
- Kompetenzen zur (präventiven und repressiven) Datenübermittlung, in: Wolter, Jürgen/Schenke, Wolf-Rüdiger/Rieß, Peter/Zöller, Mark Alexander (Hrsg.), Datenübermittlungen und Vorermittlungen, Festgabe für Hans Hilger, Heidelberg 2003, S. 153–170.

Pätzel, Claus: Probleme des Datenschutzes bei Staatsanwaltschaft und Gericht in Gegenwart und Zukunft, DRiZ 2001, 24–34.

Pahlke, Armin/Franz, Willy: Grunderwerbsteuergesetz, Kommentar, 2. Aufl., München 1999 (zitiert: *Bearb.*, in: Pahlke/Franz, GrEStG).

Papier, Hans-Jürgen: Verfassungs- und verwaltungsrechtliche Probleme der Zweitanmeldung, NJW 1985, 12–17;
- Umweltschutz durch Strafrecht? Problematisiert am Beispiel des Gewässerschutzes, in: Jahrbuch des Umwelt- und Technikrechts, Band 3, 1987, S. 65–81 (zitiert: *Papier*, in: UTR, Bd. 3);
- Der Wandel der Lehre von Ermessens- und Beurteilungsspielräumen als Reaktion auf die staatliche Finanzkrise, in: Hoffmann-Riem, Wolfgang/Schmidt-Aßmann, Eberhard (Hrsg.), Effizienz als Herausforderung an das Verwaltungsrecht, Baden-Baden 1998, S. 231–243 (zitiert: *Papier*, in: Hoffmann-Riem/Schmidt-Aßmann, Effizienz).

Papier, Hans-Jürgen/Dengler, Andreas: Verfassungsrechtliche Fragen im Zusammenhang mit Steuerfahndungsmaßnahmen bei Banken, BB 1996, 2541–2548 und 2593–2601.

Pauly, Eberhard: Grenzen für Kontrollmitteilungen, BB 1986, 1130–1134.

Pawlik, Michael: Verdeckte Ermittlungen und das Schweigerecht des Beschuldigten. Zu den Anwendungsgrenzen der §§ 136 Abs. 1 Satz 2 und 136a StPO, GA 1998, 378–389.

Pawlowski, Hans-Martin: Aufgabe des Zivilprozesses, ZZP 80 (1967), 345–391;
- Methodenlehre für Juristen: Theorie der Norm und des Gesetzes, 3. Aufl., Heidelberg 1999 (zitiert: *Pawlowski*, Methodenlehre).

Peres, Holger: Strafprozessuale Beweisverbote und Beweisverwertungsverbote und ihre Grundlagen in Gesetz, Verfassung und Rechtsfortbildung, München 1991 (Diss. München 1988) (zitiert: *Peres*, Beweisverbote).

Peters, Karl: Literaturbericht Gerichtswesen und Kriminalistik – Teil II, ZStW 91 (1979), 96–138;
– Strafprozess: ein Lehrbuch, 4. Aufl., Heidelberg 1985 (zitiert: *Peters*, Strafprozess).
Perron, Walter: Vermögensstrafe und erweiterter Verfall, JZ 1993, 918–925;
– Das Beweisantragsrecht des Beschuldigten im deutschen Strafprozess: eine Untersuchung der verfassungsrechtlichen und verfahrensstrukturellen Grundlagen, gesetzlichen Regelungen und rechtstatsächlichen Auswirkungen sowie eine Erörterung der Reformperspektiven unter rechtsvergleichender Berücksichtigung des adversatorischen Prozessmodells, Berlin 1995 (Habil. Freiburg im Breisgau 1992/93) (zitiert: *Perron*, Beweisantragsrecht).
Philipps, Lothar: Wann beruht ein Strafurteil auf einem Verfahrensmangel, in: Kaufmann, Arthur/Bemmann, Günter/Krauß, Detlef/Volk, Klaus (Hrsg.), Festschrift für Paul Bockelmann zum 70. Geburtstag, München 1979, S. 831–845.
Pieroth, Bodo/Schlink, Bernhard: Grundrechte. Staatsrecht II, 19. Aufl., Heidelberg 2003 (zitiert: *Pieroth/Schlink*, Grundrechte).
Pieroth, Bodo/Schlink, Bernhard/Kniesel, Michael: Polizei- und Ordnungsrecht, München 2002 (zitiert: *Pieroth/Schlink/Kniesel*, Polizei- und Ordnungsrecht).
Pitschas, Rainer: Verwaltungsverantwortung und Verwaltungsverfahren: Strukturprobleme, Funktionsbedingungen und Entwicklungsperspektiven eines konsensualen Verwaltungsrechts, München 1990 (Habil. München 1988) (zitiert: *Pitschas*, Verwaltungsverantwortung).
Planck, Johann Julius Wilhelm von: Systematische Darstellung des deutschen Strafverfahrens auf der Grundlage der neueren Strafprozessordnungen seit 1848, Göttingen 1857 (zitiert: *Planck*, Strafverfahren).
Plewka, Harald/Söffing, Matthias: Die Entwicklung des Steuerrechts, NJW 2002, 2752–2756.
Polyzogopoulos, Konstantin P.: Parteianhörung und Parteivernehmung in ihrem gegenseitigen Verhältnis, Berlin 1976 (Diss. Tübingen 1975) (zitiert: *Polyzogopoulos*, Parteianhörung).
Pottmeyer, Klaus: Kriegswaffenkontrollgesetz (KWKG), Kommentar, 2. Aufl., Köln Berlin Bonn München 1994 (zitiert: *Pottmeyer*, KrWaffG).
Prittwitz, Cornelius: Der Mitbeschuldigte im Strafprozess, Frankfurt am Main 1984 (Diss. Frankfurt am Main 1983) (zitiert: *Prittwitz*, Der Mitbeschuldigte).
Prölss, Erich R.: Versicherungsaufsichtsgesetz, 11. Aufl., München 1997 (zitiert: *Bearb.*, in: Prölss, VAG).
Püttner, Günter: Verwaltungslehre, 3. Aufl., München 2000 (zitiert: *Püttner*, Verwaltungslehre).
Pütz, Johannes: Fahndungsermittlungen in den Bank-Verfahren nach dem Meistbegünstigungsprinzip ?, wistra 1998, 54–57.
Pufendorf, Samuel A.: De Iure Naturae Et Gentium, Bd. I, Frankfurt Leipzig 1759 (Nachdruck Frankfurt am Main 1967).
Puppe, Ingeborg: List im Verhör des Beschuldigten, GA 1978, 289–306.
Rabe von Kühlewein, Malte: Der Richtervorbehalt im Polizei- und Strafprozessrecht, Frankfurt am Main Berlin Bern Wien 2001 (Diss. Hannover 2000) (zitiert: *Rabe von Kühlewein*, Der Richtervorbehalt).
Radbruch, Gustav: Entwurf eines Allgemeinen Deutschen Strafgesetzbuches (1922), Hrsg. Thomas Dehler, Tübingen 1952.
Radtke, Henning: Aktive Mitwirkungspflichten und die „freiwillige" aktive Mitwirkung des Betroffenen bei dem Zugriff auf elektronisch gespeicherte Daten im Strafprozess – Überlegungen am Beispiel der sog. Bankendurchsuchungen –, in: Eser, Albin/Goydke, Jürgen/

Maatz, Kurt Rüdiger/Meurer, Dieter (Hrsg.), Strafverfahrensrecht in Theorie und Praxis, Festschrift für Lutz Meyer-Goßner zum 65. Geburtstag, München 2001, S. 321–346.

Raiser, Thomas: Das lebende Recht – Rechtssoziologie in Deutschland, 3. Aufl., Baden-Baden 1999 (zitiert: *Raiser*, Das lebende Recht).

Ranft, Otfried: Hilfspflicht und Glaubensfreiheit in strafrechtlicher Sicht, in: Evers, Hans Ulrich/Friauf, Karl Heinrich/Hanack, Ernst Walter/Reinhardt, Rudolf (Hrsg.), Persönlichkeit in der Demokratie, Festschrift für Erich Schwinge zum 70. Geburtstag, Köln Bonn 1972, S. 111–125;
– Strafprozessrecht, 2. Aufl., Stuttgart München Hannover Berlin Weimar Dresden 1995.

Ransiek, Andreas: Die Rechte des Beschuldigten in der Polizeivernehmung, Heidelberg 1990 (zitiert: *Ransiek*, Die Rechte des Beschuldigten);
– Zur prozessualen Durchsetzung des Insiderstrafrechts, DZWir 1995, 53–58;
– Durchsuchung, Beschlagnahme und Verwertungsverbot, StV 2002, 565–571.

Rawls, John: Eine Theorie der Gerechtigkeit (A Theory of Justice) Übersetzung von Hermann Vetter, 7. Aufl., Frankfurt am Main 1993 (zitiert: *Rawls*, Eine Theorie der Gerechtigkeit).

Rehbein, Dieter: Rechtsfragen zum Bankgeheimnis, ZHR 149 (1985), 139–150.

Rehbinder, Eckard/Kayser, Detlev/Klein, Helmut: Chemikaliengesetz. Kommentar und Rechtsvorschriften zum Chemikalienrecht, Heidelberg 1985.

Rehm: Die Stellung des Vorsitzenden, des Staatsanwalts und der Verteidigung im strafgerichtlichen Hauptverfahren, GS 12 (1860), 3–18.

Rehmann, Wolfgang A.: AMG – Arzneimittelgesetz, 2. Aufl., München 2003 (zitiert: *Rehmann*, AMG).

Reichert, Christoph: Intersubjektivität durch Strafzumessungsrichtlinien – Eine Untersuchung mit Bezug auf die „sentencing guidelines" in den USA, Berlin 1999 (Diss. Augsburg 1998) (zitiert: *Reichert*, Intersubjektivität durch Strafzumessungsrichtlinien).

Reinhardt, Michael: Die Überwachung durch Private im Umwelt- und Technikrecht, AöR 118 (1994), 617–663.

Reiß, Wolfram: Zwang zur Selbstbelastung nach der neuen Abgabenordnung, NJW 1977, 1436–1437;
– Gesetzliche Auskunftsverweigerungsrechte bei Gefahr der Strafverfolgung in öffentlich-rechtlichen Verfahren, NJW 1982, 2540–2541;
– Besteuerungsverfahren und Strafverfahren, Köln 1987 (Habil. Bonn 1986) (zitiert: *Reiß*, Besteuerungsverfahren).

Reiwald, Paul: Die Gesellschaft und ihre Verbrecher, neu herausgegeben mit Beiträgen von Tilmann Moser und Herbert Jäger (Erstausgabe 1948), Frankfurt am Main 1973 (zitiert: *Reiwald*, Die Gesellschaft und ihre Verbrecher).

Rengier, Rudolf: Die Zeugnisverweigerungsrechte im geltenden und künftigen Strafverfahrensrecht, Paderborn München Wien Zürich 1979 (Diss. Freiburg im Breisgau 1978) (zitiert: *Rengier*, Zeugnisverweigerungsrechte);
– Aushöhlung der Schweigebefugnis des auch steuerlich belangten Beschuldigten durch „nachteilige" Schätzung der Besteuerungsgrundlagen, BB 1985, 720–723.

Renzikowski, Joachim: Die förmliche Vernehmung des Beschuldigten und ihre Umgehung, JZ 1997, 710–717.

Riegel, Reinhard: Datenschutz bei den Sicherheitsbehörden, 2. Aufl., Köln Berlin Bonn München 1992 (zitiert: *Riegel*, Datenschutz bei den Sicherheitsbehörden).

Rieß, Peter: Der Beschuldigte als Subjekt des Strafverfahrens in Entwicklung und Reform der Strafprozessordnung, in: Bundesministerium der Justiz (Hrsg.), Vom Reichsjustizamt zum Bundesministerium der Justiz, Festschrift zum 100jährigen Gründungstag des

Reichsjustizamtes am 1. Januar 1877, Köln 1977, S. 373–440 (zitiert: *Rieß*, in: 100 Jahre Reichsjustizamt);
- Rezension von Fischer, Bianca: Divergierende Selbstbelastungspflichten nach geltendem Recht, Berlin 1979, in: GA 1981, 47–48;
- Verwertungsprobleme bei der Aufklärung von Katalogtaten am Beispiel der Fernmeldeüberwachung (§ 100a StPO), in: DAV (Hrsg.), Wahrheitsfindung und ihre Schranken, Essen 1989, S. 141–158;
- Datenübermittlungen im neuen Strafprozessrecht, in: Wolter, Jürgen/Schenke, Wolf-Rüdiger/Rieß, Peter/Zöller, Mark Alexander (Hrsg.), Datenübermittlungen und Vorermittlungen, Festgabe für Hans Hilger, Heidelberg 2003, S. 171–181.

Röckl, Edgar: Das Steuerstrafrecht im Spannungsfeld des Verfassungs- und Europarechts, Berlin 2002 (zugl. Diss. Bayreuth 2002) (zitiert: *Röckl*, Das Steuerstrafrecht).

Röhl, Klaus F.: Allgemeine Rechtslehre, 2. Aufl., Köln Berlin Bonn München 2001 (zitiert: *Röhl*, Allgemeine Rechtslehre).

Rönnau, Thomas: Die Absprache im Strafprozess, Baden-Baden 1990 (Diss. Kiel 1989) (zitiert: *Rönnau*, Die Absprache).

Rogall, Klaus: Der Beschuldigte als Beweismittel gegen sich selbst, Berlin 1977 (Diss. Bonn 1975/76) (zitiert: *Rogall*, Der Beschuldigte);
- Gegenwärtiger Stand und Entwicklungstendenzen der Lehre von den strafprozessualen Beweisverboten, ZStW 91 (1979), 1–44;
- Hypothetische Ermittlungsverläufe im Strafprozess. Ein Beitrag zur Lehre der Beweiserhebungs- und Beweisverwertungsverbote, NStZ 1988, 385–393;
- Informationseingriff und Gesetzesvorbehalt im Strafprozessrecht, Tübingen 1992 (zitiert: *Rogall*, Informationseingriff);
- Rezension von Hartmut Schneider, Grund und Grenzen des strafrechtlichen Selbstbegünstigungsprinzips, Berlin 1991, und Martin Nothhelfer, Die Freiheit vom Selbstbezichtigungszwang, Heidelberg 1989, StV 1996, 63–70;
- Anmerkung zu BGH, Beschl. v. 28.2. 1997 – StB 14/96 (Generalbundesanwalt), NStZ 1997, 399–400;
- Verwertungsverbote im Besteuerungsverfahren, in: Hanack, Ernst Walter/Hilger, Hans/Mehle, Volkmar/Widmaier, Gunter (Hrsg.), Festschrift für Peter Rieß zum 70. Geburtstag am 5. Juni 2002, Berlin New York 2002, S. 951–982;
- Das Verwendungsverbot des § 393 II AO, in: Hirsch, Hans Joachim/Wolter, Jürgen/Brauns, Uwe (Hrsg.), Festschrift für Günter Kohlmann zum 70. Geburtstag, Köln 2003, S. 465–498.

Rohlf, Dietwalt: Der grundrechtliche Schutz der Privatsphäre, Berlin 1980 (Diss. Tübingen 1979) (zitiert: *Rohlf*, Privatsphäre).

Rolletschke, Stefan: Kontrollmitteilungen der Steuerfahndung in Bankverfahren: Ein Auslegungsdissens zwischen dem VIII. und VII. Senat des BFH, DStZ 1999, 887–896.

Rosenbaum, Christian: Der grundrechtliche Schutz vor Informationseingriffen, Jura 1988, 178–185.

Rosenberg, Leo/Schwab, Karl Heinz/Gottwald, Peter: Zivilprozessrecht, 15. Aufl., München 1993 (zitiert: *Rosenberg/Schwab/Gottwald*, Zivilprozessrecht).

Rottleuthner, Hubert: Zur Soziologie richterlichen Handelns (II), KJ 1971, 60–88.

Roxin, Claus: Das Zeugnisverweigerungsrecht des Syndikusanwalts, NJW 1992, 1129–1136;
- Strafrecht, Allgemeiner Teil, Bd. I, 3. Aufl., München 1997 (zitiert: *Roxin*, Strafrecht AT I);
- Strafverfahrensrecht, 25. Aufl., München 1998 (zitiert: *Roxin*, Strafverfahrensrecht).

Rozek, Jochen: Die Unterscheidung von Eigentumsbindung und Enteignung: eine Bestandsaufnahme zur dogmatischen Struktur des Art. 14 GG nach 15 Jahren „Naßauskiesung", Tübingen 1998 (Habil. Passau 1996) (zitiert: *Rozek*, Eigentumsbindung und Enteignung).

Rudolphi, Hans-Joachim: Die Revisibilität von Verfahrensmängeln im Strafprozess, MDR 1970, 93–100.

Rüfner, Wolfgang: Der personale Grundzug der Grundrechte und der Grundrechtsschutz juristischer Personen, in: Badura, Peter/Dreier, Horst (Hrsg.), Festschrift 50 Jahre Bundesverfassungsgericht, Zweiter Band: Klärung und Fortbildung des Verfassungsrechts, Tübingen 2001, S. 55–76.

Ruegenberg, Guido: Das nationale und internationale Steuergeheimnis im Schnittpunkt von Besteuerungs- und Strafverfahren, Köln 2001 (Diss. Bayreuth 1999) (zitiert: *Ruegenberg*, Steuergeheimnis).

Rühl, Ulli F.: Tatsachen – Interpretationen – Wertungen. Grundfragen einer anwendungsorientierten Grundrechtsdogmatik der Meinungsfreiheit, Baden-Baden 1998 (Habil. Bielefeld 1997) (zitiert: *Rühl*, Tatsachen).

Rüping, Hinrich: Zur Mitwirkungspflicht des Beschuldigten und Angeklagten, JR 1974, 135–140;
- Der Grundsatz des rechtlichen Gehörs und seine Bedeutung im Strafverfahren, Berlin 1976 (Habil. Göttingen 1974) (zitiert: *Rüping*, Rechtliches Gehör);
- Beweisverbote als Schranken der Aufklärung im Steuerrecht, 1981 (zitiert: *Rüping*, Beweisverbote).

Rüping, Hinrich/Jerouschek, Günter: Grundriss der Strafrechtsgeschichte, 4. Aufl., München 2002 (zitiert: *Rüping/Jerouschek*, Strafrechtsgeschichte).

Rüping, Hinrich/ Kopp, Thomas: Steuerrechtliche Mitwirkungspflichten und strafrechtlicher Schutz vor Selbstbelastung, NStZ 1997, 530–534.

Rüpke, Giselher: Freie Advokatur, anwaltliche Informationsverarbeitung und Datenschutzrecht, München 1995 (zitiert: *Rüpke*, Freie Advokatur).

Rüster, Susanne: Rechtsstaatliche Probleme im Grenzbereich zwischen Besteuerungsverfahren und Strafverfahren, wistra 1988, 49–56.

Rüth, Henning H.: Zum sogenannten stuerlichen Bankgeheimnis – 50 Jahre Bankenerlass und § 30a AO, DStZ 2000, 30–41.

Rupp, Hans Heinrich: Beweisverbote im Strafprozess aus verfassungsrechtlicher Sicht, Gutachten für den 46. Deutschen Juristentag, in: Verhandlungen des 46. DJT, München Berlin 1966, Bd. I, Teil 3 A, S. 165–211;
- Grundfragen der heutigen Verwaltungsrechtslehre: Verwaltungsnorm und Verwaltungsrechtsverhältnis, 2. Aufl., Tübingen 1991 (zitiert: *Rupp*, Grundfragen).

Ruthig, Josef: Die Unverletzlichkeit der Wohnung (Art. 13 GG n.F.), JuS 1998, 506–516.

Rzepka, Dorothea: Zur Fairness im deutschen Strafverfahren, Frankfurt am Main 2000 (Habil. Frankfurt am Main 1998/99) (zitiert: *Rzepka*, Zur Fairness).

Sachs, Michael: Behördliche Nachschaubefugnisse und richterliche Durchsuchung nach Art. 13 II GG, NVwZ 1987, 560–562;
- Grundgesetz: Kommentar, 3. Aufl., München 2003 (zitiert: *Bearb.*, in: Sachs, GG).

Salditt, Franz: Anmerkung zu BGH, Beschl. v. 26.4. 2001–5 StR 587/00 – (LG Bochum), NStZ 2001, 544.

Saliger, Frank: Grundrechtsschutz durch Verfahren und Sterbehilfe, in: Schulz, Lorenz (Hrsg.), Verantwortung zwischen materialer und prozeduraler Zurechnung, Referate der 6. Tagung des Jungen Forum der Rechtsphilosophie 1. Oktober 1998 in Frankfurt am Main, ARSP-Beiheft Nr. 75, Stuttgart 2000, S. 101–148.

Samson, Erich: Steuerhinterziehung, nemo tenetur und Selbstanzeige – eine Dokumentation, wistra 1988, 130–136.

Sanden, Joachim/Schoeneck, Stefan: Bundes-Bodenschutzgesetz. Kurzkommentar, Heidelberg 1998 (zitiert: *Bearb.*, in: Sanden/Schoeneck, BBodSchG).

Satzger, Helmut: DNA-Massentests – kriminalistische Wunderwaffe oder ungesetzliche Ermittlungsmethode ?, JZ 2001, 639–649.

Sauer, Wilhelm: Allgemeine Prozessrechtslehre, Berlin 1951 (zitiert: *Sauer*, Prozessrechtslehre).

Sautter, Bruno: Zielorientierter Vollzug der Wassergesetze – wasserbehördliche Kontrolle der Abwassereinleitungen, NVwZ 1988, 487–492.

Sax, Walter: Grundsätze der Strafrechtspflege, in: Bettermann, Karl August/Nipperdey, Hans Carl/Scheuner, Ulrich (Hrsg.), Die Grundrechte, Dritter Band, 2. Halbband: Rechtspflege und Grundrechtsschutz, Berlin 1959, S. 909–1014 (zitiert: *Sax*, in: Bettermann/Nipperdey/Scheuner, Grundrechte, III/2).

Schäfer, Frank A.: Wertpapierhandelsgesetz, Börsengesetz mit BörsZulV, Verkaufsprospektgesetz mit VerkProspV, Kommentar, Stuttgart Berlin Köln 1999 (zitiert: *Bearb.*, in: Schäfer, WpHG/BörsenG/VerkProspG).

Schäfer, Harald J.: Unternehmensberatung durch Steuerberater, DStR 1997, 794–800.

Schäfer, Karl: Einige Bemerkungen zu dem Satz „nemo tenetur se ipsum accusare", in: Hanack, Ernst-Walter/Rieß, Peter/Wendisch, Günter (Hrsg.), Festschrift für Hans Dünnebier zum 75. Geburtstag, Berlin New York 1982, S. 11–51.

Schäuble, Wolfgang: Die berufsrechtliche Stellung der Wirtschaftsprüfer in Wirtschaftsprüfungsgesellschaften, Diss. Freiburg im Breisgau 1971.

Schall, Herbert: Anmerkung zu BFH, Beschluss vom 21.12.1992 – XI B 55/92, BStBl II 1993, 451 –, DStZ 1993, 574–575.

Schaper, Jürgen: Studien zur Theorie und Soziologie des gerichtlichen Verfahrens: ein Beitrag zur Diskussion um Grundlagen und Grundbegriffe von Prozess und Prozessrecht, Berlin 1985 (Diss. Göttingen 1984) (zitiert: *Schaper*, Studien).

Scheller, Susanne: Ermächtigungsgrundlagen für die internationale Rechts- und Amtshilfe zur Verbrechensbekämpfung, Freiburg im Breisgau 1997 (Diss. Freiburg im Breisgau 1997) (zitiert: *Scheller*, Ermächtigungsgrundlagen).

Schenke, Ralf P.: Verfassungsfragen einer Nutzung repressiver Daten zu Zwecken der Gefahrenabwehr am Beispiel der Überwachung der Telekommunikation, in: Wolter, Jürgen/Schenke, Wolf-Rüdiger/Rieß, Peter/Zöller, Mark Alexander (Hrsg.), Datenübermittlungen und Vorermittlungen, Festgabe für Hans Hilger, Heidelberg 2003, S. 211–223.

Schenke, Wolf-Rüdiger: Polizei- und Ordnungsrecht, 2. Aufl., Heidelberg 2003 (zitiert: *Schenke*, Polizei- und Ordnungsrecht).

Scherp, Dirk: Gesetze gegen die Geldwäsche und gegen die Finanzierung des Terrorismus – eine stille Verfassungsreform?, WM 2003, 1254–1259.

Scheuner, Ulrich: Der Bereich der Regierung, in: Rechtsprobleme in Staat und Kirche, Festschrift für Rudolf Smend zum 70. Geburtstag, Göttingen 1952, S. 253–301.

Schick, Walter: Steuerfahndung im Rechtsstaat, JZ 1982, 125–132.

Schimansky, Herbert/Bunte, Hermann-Josef/Lwowski, Hans-Jürgen (Hrsg.): Bankrechts-Handbuch, Band 1, München 1997 (zitiert: *Bearb.*, in: Schimanski/Bunte/Lwowski, Bankrechts-Handbuch).

Schink, Alexander: Vollzug des Umweltstrafrechts durch die Umweltbehörden ?, DVBl 1986, 1073–1081.

Schippel, Helmut: Bundesnotarordnung, 7. Aufl., München 2000 (zitiert: *Bearb.*, in: Schippel, BNotO).

Schiwy, Peter: Chemikaliengesetz. Kommentar und Sammlung deutscher und internationaler Vorschriften, Starnberg (Loseblattsammlung, Stand: 155. Lieferung – November 2003) (zitiert: *Schiwy*, ChemG);
– Deutsche Tierschutzgesetze, Kommentar zum Tierschutzgesetz und Sammlung deutscher

und internationaler Bestimmungen, Starnberg (Loseblattsammlung, Stand: 99. Lieferung – September 2003) (zitiert: *Schiwy*, TierSchG).

Schlaich, Klaus/Korioth, Stefan: Das Bundesverfassungsgericht. Stellung, Verfahren, Entscheidungen, 6. Aufl., München 2004 (zitiert: *Schlaich/Korioth*, BVerfG).

Schleifer, Carl-Hermann: Zum Verhältnis von Besteuerungs- und Steuerstrafverfahren, wistra 1986, 250–253.

Schlink, Bernhard: Die Amtshilfe. Ein Beitrag zu einer Lehre von der Gewaltenteilung in der Verwaltung, Berlin 1982 (Habil. Freiburg im Breisgau 1981/82) (zitiert: *Schlink*, Die Amtshilfe);
– Datenschutz und Amtshilfe, NVwZ 1986, 249–256.

Schlüchter, Ellen: Das Strafverfahren, Köln Berlin Bonn München 1983.

Schlüchter, Ellen/Duttge, Gunnar: Anmerkung zu BGH, Urt. v. 28. 11. 1997–3 StR 114/97 – (OLG Düsseldorf), NStZ 1998, 618–620.

Schlüter, Jan: Die Strafbarkeit von Unternehmen in einer prozessualen Betrachtung, Frankfurt am Main 2000 (Diss. Kiel 1999) (zitiert: *Schlüter*, Strafbarkeit von Unternehmen).

Schmidhäuser, Eberhard: Zur Frage nach dem Ziel des Strafprozesses, in: Bockelmann, Paul/ Gallas, Wilhelm (Hrsg.), Festschrift für Eberhard Schmidt zum 70. Geburtstag, Göttingen 1961, S. 511–524.

Schmidt, Eberhard: Lehrkommentar zur Strafprozessordnung und zum Gerichtsverfassungsgesetz, Teil I: Die rechtstheoretischen und rechtspolitischen Grundlagen des Strafverfahrensrechts, 2. Aufl., Göttingen 1964; Teil II: Erläuterungen zur Strafprozessordnung und zum Einführungsgesetz zu Strafprozessordnung, Göttingen 1957 (zitiert: *Eb. Schmidt*, Lehrkommentar);
– Der Strafprozess – Aktuelles und Zeitloses, NJW 1969, 1137–1146;
– § 261 StPO in der neueren höchstrichterlichen Rechtsprechung, JZ 1970, 337–343;
– Einführung in die Geschichte der deutschen Strafrechtspflege, 3. Aufl., Göttingen 1983 (zitiert: *Eb. Schmidt*, Geschichte der deutschen Strafrechtspflege).

Schmidt, Ludwig: Einkommensteuergesetz, Kommentar, 22. Aufl., München 2003 (zitiert: *Bearb.*, in: Schmidt, EStG).

Schmidt, Reiner: Öffentliches Wirtschaftsrecht – Allgemeiner Teil, unter Mitarbeit von Hartmut Bauer und Rudolf Mögele, Berlin Heidelberg 1990 (zitiert: *R. Schmidt*, Öffentliches Wirtschaftsrecht AT).

Schmidt-Aßmann, Eberhard: Verwaltungsverantwortung und Verwaltungsgerichtsbarkeit, VVDStRL 34 (1976), 221–274;
– Verwaltungslegitimation als Rechtsbegriff, AöR 116 (1991), 329–390.

Schmidt-Bleibtreu, Bruno/Klein, Franz: Kommentar zum Grundgesetz, 9. Aufl., Neuwied 1999 (zitiert: *Schmidt-Bleibtreu/Klein*, GG).

Schmitt, Petra: Die Berücksichtigung der Zeugnisverweigerungsrechte nach §§ 52, 53 StPO bei den auf Beweisgewinnung gerichteten Zwangsmaßnahmen, Berlin 1993 (Diss. Bonn 1992) (zitiert: *Schmitt*, Zwangsmaßnahmen).

Schmitt Glaeser, Walter: Partizipation an Verwaltungsentscheidungen, VVDStRL 31 (1973), 179–265.

Schmitz, Alexandra: Grenzüberschreitender Bargeldtransfer – Kritische Betrachtung der aktuellen Rechtsprechung zu § 12a ZollVG und § 12a a.F. FVG, DStZ 2003, 606–609.

Schnapp, Friedrich E./ Düring, Ruth: Anzeigepflicht der Krankenkassen und Kassenärztlichen Vereinigungen beim Verdacht auf sogenannten Abrechnungsbetrug, NJW 1988, 738–741.

Schneider, Hans Joachim: Kriminologie, Berlin New York 1987 (zitiert: *H.J. Schneider*, Kriminologie).

Schneider, Hartmut: Grund und Grenzen des strafrechtlichen Selbstbegünstigungsprinzips, Berlin 1991 (Diss. Berlin 1990) (zitiert: *H. Schneider*, Selbstbegünstigungsprinzip).

Schneider, Jens-Peter: Nachvollziehende Amtsermittlung bei der Umweltverträglichkeitsprüfung: zum Verhältnis zwischen dem privaten Träger des Vorhabens und der zuständigen Behörde bei der Sachverhaltsermittlung nach dem UVPG, Berlin 1991 (Diss. Freiburg im Breisgau 1990) (zitiert: *J.P. Schneider*, Nachvollziehende Amtsermittlung).

Schneider, Rolf: Der Rechtsanwalt, ein unabhängiges Organ der Rechtspflege, Berlin 1976 (Diss. Würzburg 1975/76) (zitiert: *R. Schneider*, Der Rechtsanwalt).

Schoch, Friedrich: Rechtsbeistand beim Einstellungsgespräch von Beamtenbewerbern, NJW 1982, 545–551;
– Der Verfahrensgedanke im allgemeinen Verwaltungsrecht, Die Verwaltung 1992, 21–53.

Schöch, Heinz: Empirische Grundlagen der Generalprävention, in: Vogler, Theo (Hrsg.), Festschrift für Hans-Heinrich Jescheck zum 70. Geburtstag, Zweiter Halbband, Berlin 1985, S. 1081–1105;
– Verdachtlose Atemalkoholkontrolle und Grenzwertdiskussion, DAR 1996, 44–50.

Schönke, Adolf/Schröder, Horst: Strafgesetzbuch Kommentar, 26. Aufl., München 2001 (zitiert: *Bearb.*, in: Schönke/Schröder, StGB).

Scholl, Stefan: Behördliche Prüfungsbefugnisse im Recht der Wirtschaftsüberwachung, Berlin 1989 (Diss. Erlangen-Nürnberg 1988) (zitiert: *Scholl*, Behördliche Prüfungsbefugnisse).

Scholler, Heinrich: Die Freiheit des Gewissens, Berlin 1958.

Scholtz, Rolf-Detlev: Die Erfassung der Zinserträge unter Berücksichtigung der gesetzlichen Regelungen des Bankgeheimnisses und der sog. Zinsamnestie, DStZ 1989, 263–273.

Scholz, Rupert: Wirtschaftsaufsicht und subjektiver Konkurrentenschutz, Berlin 1971 (zitiert: *Scholz*, Wirtschaftsaufsicht).

Scholz, Rupert/Pitschas, Rainer: Informationelle Selbstbestimmung und staatliche Informationsverantwortung, Berlin 1984 (zitiert: *Scholz/Pitschas*, Informationelle Selbstbestimmung).

Schopenhauer, Arthur: Die Grundlage der Moral (1840), zitiert nach: Arthur Schopenhauers Werke in fünf Bänden nach der Ausgabe letzter Hand. Herausgegeben von Ludger Lütkehaus, Band III – Kleinere Schriften, Zürich 1988, 1999, S. 459ff.

Schramm, Hans-Holger: Die Verpflichtung des Abwassereinleiters zur Weitergabe von Eigenmeßwerten und der nemo-tenetur-Satz, Frankfurt am Main Bern New York Paris 1990 (Diss. Kiel 1988) (zitiert: *Schramm*, Verpflichtung des Abwassereinleiters).

Schreiber, Frank: Die Beschlagnahme von Unterlagen beim Steuerberater, Köln 1993 (Diss. Frankfurt am Main 1992) (zitiert: *F. Schreiber*, Beschlagnahme).

Schreiber, Hans-Ludwig: Verfahrensrecht und Verfahrenswirklichkeit, ZStW 88 (1976), 117–161.

Schröder, Christian/Hansen, Hauke: Die Ermittlungsbefugnisse der BAFin nach § 44c KWG und ihr Verhältnis zum Strafprozeßrecht, ZBB 2003, 113–121.

Schroeder, Friedrich-Christian: Strafprozessrecht, 3. Aufl., München 2001 (zitiert: *Schroeder*, Strafprozessrecht).

Schröder, Meinhard: Der Schutz von Betriebs- und Geschäftsgeheimnissen im Umweltschutzrecht, UPR 1985, 394–403.

Schroth, Klaus-Dieter: Handbuch zum Außenwirtschaftsverkehr, Berlin 1994 (zitiert: *K.D. Schroth*, Außenwirtschaftsverkehr).

Schroth, Ulrich: Beweisverwertungsverbote im Strafverfahren – Überblick, Strukturen und Thesen zu einem umstrittenen Thema, JuS 1998, 969–980.

Schubarth, Martin: Zur Tragweite des Grundsatzes der Unschuldsvermutung, Basel Stuttgart 1978 (zitiert: *Schubarth*, Unschuldsvermutung).

Schubert, Werner/Regge, Jürgen (Hrsg.): Entstehung und Quellen der Strafprozessordnung von 1877, Frankfurt am Main 1989.

Schünemann, Bernd: Reflexionen über die Zukunft des deutschen Strafverfahrens, in: von Gamm, Otto Friedrich Freiherr/Raisch, Peter/Tiedemann, Klaus (Hrsg.), Strafrecht, Unternehmensrecht, Anwaltsrecht, Festschrift für Gerd Pfeiffer zum Abschied aus dem Amt als Präsident des Bundesgerichtshofes, Köln Berlin Bonn München 1988, S. 461–484;
- Der deutsche Strafprozess im Spannungsfeld von Zeugenschutz und materieller Wahrheit, StV 1998, 391–401;
- Überkriminalisierung und Perfektionismus als Krebsschaden des Verkehrsstrafrechts oder: Deutschland – ein Land der kriminellen Autofahrer ?, DAR 1998, 424–433.

Schuler, Patrick: Zur Diskussion um ein Aussageverweigerungsrecht juristischer Personen, JR 2003, 265–270.

Schulz, Heinz Friedrich: Außenwirtschaftsrecht Kommentar, Köln Berlin Bonn München 1965/1966 (zitiert: *H.F. Schulz*, Außenwirtschaftsrecht).

Schulz, Lorenz: Normiertes Misstrauen – Der Verdacht im Strafverfahren, Frankfurt am Main 2001 (Habil. Frankfurt am Main 1997) (zitiert: *L. Schulz*, Normiertes Misstrauen);
- Grenzen prozessualer Normativierung. Aspekte der Unschuldsvermutung, GA 2001, 226–242.

Schuppert, Gunnar Folke: Staatsaufsicht im Wandel, DÖV 1998, 831–838.

Schwan, Eggert: Datenschutz, Vorbehalt des Gesetzes und Freiheitsgrundrechte, VerwArch 66 (1975), 120–150.

Schwarz, Oliver: Die strafgerichtliche Aberkennung der Amtsfähigkeit und des Wahlrechts, Baden-Baden 1991 (Diss. Freiburg im Breisgau 1990) (zitiert: *O. Schwarz*, Aberkennung der Amtsfähigkeit).

Schwarz, Otfried/Wockenfoth, Kurt: Zollrecht. Zollkodex, Zollverwaltungsgesetz, Gemeinsamer Zolltarif, EWG-Vertrag, Marktordnungsrecht, Einfuhrumsatzsteuer, Abgabenordnung. Kommentar, Texte und Entscheidungssammlung, 3. Aufl., Köln Berlin Bonn München (Stand: 36. Lieferung – November 2003).

Schwarze: Die Stellung und Aufgabe der Staatsanwaltschaft, GS 11 (1859), 3–31.

Schweinitz, Wolf Bernhard von: Rechtsberatung durch Juristen und Nichtjuristen, insbesondere durch Wirtschaftsprüfer, Berlin 1975 (Diss. Bielefeld 1973) (zitiert: *von Schweinitz*, Rechtsberatung).

Selk, Michael: Zum heutigen Stand der Diskussion um das Zitiergebot, Art. 19 I 2 GG, JuS 1992, 816–820.

Sellert, Wolfgang/Rüping, Hinrich: Studien- und Quellenbuch zur Geschichte der deutschen Strafrechtspflege, Band 1: Von den Anfängen bis zur Aufklärung, Aalen 1989 (zitiert: *Sellert/Rüping*, Studien- und Quellenbuch).

Sichtermann, S.: Das Bankgeheimnis als Teil des allgemeinen Persönlichkeitsrechts, MDR 1965, 697–700;
- Bankgeheimnis und Bankauskunft in der Bundesrepublik Deutschland sowie in wichtigen ausländischen Staaten, 3. Aufl., Frankfurt am Main 1984 (zitiert: *Bearb.*, in: Sichtermann, Bankgeheimnis).

Siebold, Hanns Christoph: Das neue Insiderstrafrecht – Von der freiwilligen Selbstkontrolle zum internationalen Standard, Berlin 1994 (Diss. Münster 1994) (zitiert: *Siebold*, Das neue Insiderstrafrecht).

Sieder, Frank/Zeitler, Herbert/Dahme, Heinz: Wasserhaushaltsgesetz, Abwasserabgabengesetz, Loseblattsammlung, München (Stand: 26. Lieferung – Juni 2003) (zitiert: *Bearb.*, in: Sieder/Zeitler/Dahme, WHG).

Simitis, Spiros: Die informationelle Selbstbestimmung – Grundbedingung einer verfassungskonformen Informationsordnung, NJW 1984, 398–405;

- Von der Amtshilfe zur Informationshilfe, Informationsaustausch und Datenschutzanforderungen in der öffentlichen Verwaltung, NJW 1986, 2795-2805;
- (Hrsg.), Kommentar zum Bundesdatenschutzgesetz, 5. Aufl., Baden-Baden 2003 (zitiert: *Bearb.*, in: Simitis, BDSG).

Smid, Stefan: Rechtsprechung – Zur Unterscheidung von Rechtsfürsorge und Prozess, Köln Berlin Bonn München 1990 (Habil. Mannheim 1987/88) (zitiert: *Smid*, Rechtsprechung).

Smith, Henry E.: The Modern Privilege: Its Nineteenth-Century Origins, in: Helmholz, R.H./Gray, Charles M./Langbein, John H./Moglen, Eben/Smith, Henry E./Alschuler, Albert W.: The Privilege against Self-incrimination: Its Origins and Development, Chicago 1997, S. 145-180 (zitiert: *H.E. Smith*, in: The Privilege).

Snoxall, M.D.: Legal Professional Privilege and its Place in the Legal System of the United Kingdom, AnwBl 1980, 321-322.

Sommer, Alexander: Das Geldwäschebekämpfungsgesetz, PStR 2002, 220-224.

Spatscheck, Rainer/Alvermann, Jörg: Die Überwachung des grenzüberschreitenden Bargeldverkehrs nach §§ 12a ff. FVG – Einführung einer „mobilen Steuerfahndung"?, BB 1999, 2107-2111.

Spendel, Günter: Beweisverbote im Strafprozess, NJW 1966, 1102-1108.

Stahl, Rudolf: Beschlagnahme von Anderkonten von Berufsgeheimnisträgern bei Kreditinstituten, wistra 1990, 94-96.

Stapf, Joachim: Steuerliche Folgen der Zuwendung korrumpierender Vorteile ab 1999, DB 2000, 1092-1100.

Stark, Ralf: Ehrenschutz in Deutschland, Berlin 1996 (Diss. Köln 1994) (zitiert: *Stark*, Ehrenschutz).

Stein, Ekkehart: Die Wirtschaftsaufsicht, Tübingen 1967 (Habil. Bonn 1964) (zitiert: *E. Stein*, Wirtschaftsaufsicht).

Stein, Ekkehart/Frank, Götz: Staatsrecht, 18. Aufl., Tübingen 2002 (zitiert: *E. Stein/Frank*, Staatsrecht).

Stein, Friedrich/Jonas, Martin: Kommentar zur Zivilprozessordnung, Band 2, §§ 91-252, 21. Aufl., Tübingen 1994, und Band 4, Teilband 2, §§ 348-510b, 21. Aufl., Tübingen 1999 (zitiert: *Bearb.*, in: Stein/Jonas, ZPO).

Steiner, Udo: Technische Kontrolle im privaten Bereich – insbesondere Eigenüberwachung und Betriebsbeauftragte, DVBl. 1987, 1133-1142.

Stelkens, Paul/Bonk, Heinz Joachim/Sachs, Michael: Verwaltungsverfahrensgesetz. Kommentar, 6. Aufl., München 2001 (zitiert: *Bearb.*, in: Stelkens/Bonk/Sachs, VwVfG).

Stenglein, Melchior: Die Strafprozess-Ordnung für das Deutsche Reich nebst dem Gerichtsverfassungsgesetz und den Einführungsgesetzen zu beiden Gesetzen, Nördlingen 1885 (zitiert: *Stenglein*, StPO).

Stern, Klaus: Das Staatsrecht der Bundesrepublik Deutschland, Band I – Grundbegriffe und Grundlagen des Staatsrechts, Strukturprinzipien der Verfassung, 2. Aufl., München 1984; Band II – Staatsorgane, Staatsfunktionen, Finanz- und Haushaltsverfassung, Notstandsverfassung, München 1980; Band III – Allgemeine Lehren der Grundrechte, 1. Halbband, München 1988; Band III – Allgemeine Lehren der Grundrechte, 2. Halbband, München 1994 (zitiert: *Stern*, Staatsrecht);
- Die Kompetenz der Untersuchungsausschüsse nach Artikel 44 Grundgesetz im Verhältnis zur Exekutive unter besonderer Berücksichtigung des Steuergeheimnisses, AöR 109 (1984), 199-303.

Sternberg-Lieben, Detlev: Einstellungsurteil oder Freispruch, ZStW 108 (1996), 721-758.

Stibi, Axel: Verwertungsverbote im Steuerrecht, Diss. Münster 1995 (zitiert: *Stibi*, Verwertungsverbote).

Stober, Rolf: Handlungs- und Verfahrensspielräume der Wirtschaftsverwaltung im deregulierten Rechtstaat, in: Blümel, Willi/Pitschas, Rainer (Hrsg.), Verwaltungsverfahren und Verwaltungsprozess im Wandel der Staatsfunktionen, Berlin 1997, S. 131–174 (zitiert: *Stober*, in: Blümel/Pitschas, Verwaltungsverfahren);
- Allgemeines Wirtschaftsverwaltungsrecht, 13. Aufl., Stuttgart Berlin Köln 2002 (zitiert: *Stober*, Allgemeines Wirtschaftsverwaltungsrecht);
- (Hrsg.), Ladenschlussgesetz – Kommentar, 4. Aufl., Köln Berlin Bonn München 2000 (zitiert: *Bearb.*, in: Stober, LadschlG).

Stock, Ulrich: Das Ziel des Strafverfahrens, in: Engisch, Karl/Maurach, Reinhart (Hrsg.), Festschrift für Edmund Mezger zum 70. Geburtstag, München Berlin 1954, S. 429–453.

Störmer, Rainer: Dogmatische Grundlagen der Verwertungsverbote – Eine Untersuchung über die Strukturen strafprozessualer Verwertungsverbote unter dem Einfluß der Verfassung und der Grundsätze des öffentlichen Rechts, Marburg 1992 (Diss. Marburg 1992) (zitiert: *Störmer*, Verwertungsverbote).

Stoll, Jutta: Zur Verschwiegenheitspflicht des Wirtschaftsprüfers gegenüber Auftraggebern und geprüften Unternehmen, BB 1998, 785–788.

Stratenwerth, Günter. Strafrecht, Allgemeiner Teil, Band I – Die Straftat, 4. Aufl., Köln Berlin Bonn München 2000 (zitiert: *Stratenwerth*, Strafrecht AT I).

Strauss, Friedrich Leopold: Die Parteivernehmung in der deutschen Zivilprozessordnung, Diss. Frankfurt am Main 1936 (zitiert: *Strauss*, Die Parteivernehmung).

Streck, Michael: Der Beschluß des Bundesverfassungsgerichts zum strafrechtlichen Verwertungsverbot bei Aussagen des Gemeinschuldners und seine Auswirkungen im Steuerstrafrecht, StV 1981, 362–364;
- Das Recht des Verhältnisses von Steuer- und Strafverfahren, in: Kohlmann, Günter (Hrsg.), Strafverfolgung und Strafverteidigung im Steuerstrafrecht, Köln 1983, S. 217–251 (zitiert: *Streck*, in: Kohlmann, Strafverfolgung).

Streck, Michael/Peschges, Sandra: Die Fertigung von Kontrollmitteilungen bei Außenprüfungen in Banken, DStR 1997, 1993–1998.

Streck, Michael/Spatscheck, Rainer: Steuerliche Mitwirkungspflicht trotz Strafverfahrens, wistra 1998, 334–342.

Stree, Walter: Schweigen des Beschuldigten im Strafverfahren, JZ 1966, 593–600.

Streinz, Rudolf: Bundesverfassungsgerichtlicher Grundrechtsschutz und Europäisches Gemeinschaftsrecht. Die Überprüfung grundrechtsbeschränkender deutscher Begründungs- und Vollzugsakte von Europäischem Gemeinschaftsrecht durch das Bundesverfassungsgericht, Baden-Baden 1989 (Habil. Passau 1987) (zitiert: *Streinz*, Bundesverfassungsgerichtlicher Grundrechtsschutz);
- Meldepflicht nach § 40a LMBG – Aktuelle Rechtsfragen für die Lebensmittelwirtschaft, ZLR 2003, 11–25.

Streng, Franz: Grundfälle zum Strafzumessungsrecht, JuS 1993, 919–927.

Stuckenberg, Carl-Friedrich: Untersuchungen zur Unschuldsvermutung, Berlin New York 1998 (Diss. Bonn 1997);
- Die normative Aussage der Unschuldsvermutung, ZStW 111 (1999), 422–460.

Stürner, Rolf: Die Aufklärungspflicht der Parteien des Zivilprozesses, Tübingen 1976 (Habil. Tübingen 1976) (zitiert: *Stürner*, Die Aufklärungspflicht);
- Strafrechtliche Selbstbelastung und verfahrensförmige Wahrheitsermittlung, NJW 1981, 1757–1763.

Südhoff, Stephan: Der Folgenbeseitigungsanspruch als Grundlage verwaltungsverfahrensrechtlicher Verwertungsverbote, Frankfurt am Main 1995 (Diss. Heidelberg 1993) (zitiert: *Südhoff*, Der Folgenbeseitigungsanspruch).

Süß, Frank: Vom Umgang mit dem Bestimmtheitsgebot, in: Institut für Kriminalwissenschaften Frankfurt am Main (Hrsg.), Vom unmöglichen Zustand des Strafrechts, Frankfurt am Main 1995, S. 207–226.

Süßmann, Rainer: Meldepflichten nach § 9 Wertpapierhandelsgesetz – Zugleich eine Erläuterung der Meldeverordnung und des Meldebogens –, WM 1996, 937–948.

Sundelin: Die Berechtigung und Bedeutung des Verhörs im gegenwärtigen Preußischen Strafverfahren gegenüber der Forderung seiner Beseitigung, GA 6 (1858), 624–635;
– Die gegenwärtigen Reformwünsche für das deutsche Strafverfahren, besonders für das Geschworenengericht und die Bedingungen einer Einigung des deutschen Strafverfahrens, GS 12 (1860), 19–38.

Systematischer Kommentar zum Strafgesetzbuch (Gesamtredaktion: Rudolphi, Hans-Joachim), 7./8. Aufl., Neuwied, Loseblattsammlung (Stand: 38. Lieferung – April 2003) (zitiert: *Bearb.*, in: SK-StGB).

Systematischer Kommentar zur Strafprozessordnung und zum Gerichtsverfassungsgesetz (Gesamtredaktion: Rudolphi, Hans-Joachim), Neuwied, Loseblattsammlung (Stand: 34. Lieferung – Oktober 2003) (zitiert: *Bearb.*, in: SK-StPO).

Szagunn, Volkhard/Haug, Ulrich/Ergenzinger, Wilhelm: Gesetz über das Kreditwesen, 6. Aufl., Stuttgart 1997 (zitiert: *Szagunn/Haug/Ergenzinger*, KWG).

Taupitz, Jochen: Die zivilrechtliche Pflicht zur unaufgeforderten Offenbarung eigenen Fehlverhaltens, Tübingen 1989 (zitiert: *Taupitz*, Offenbarung eigenen Fehlverhaltens).

Terbille, Michael/Schmitz-Herscheidt, Stephan: Zur Offenbarungspflicht bei ärztlichen Behandlungsfehlern, NJW 2000, 1749–1756.

Teske, Doris: Die Abgrenzung der Zuständigkeiten und das Beweisverfahren im Besteuerungsverfahren und im Steuerstrafverfahren unter besonderer Berücksichtigung des § 393 AO de lege lata und de lege ferenda, Diss. Köln 1987 (zitiert: *Teske*, Abgrenzung der Zuständigkeiten);
– Das Verhältnis von Besteuerungs- und Steuerstrafverfahren unter besonderer Berücksichtigung des Zwangsmittelverbotes (§ 393 Abs. 1 S. 2 und S. 3 AO), wistra 1988, 207–216.

Tettinger, Peter J./Wank, Rolf: Gewerbeordnung, 6. Aufl., München 1999.

The Statutes of the Realm, Printed by Command of His Majesty King George the Third, in Pursuance of an Address of the House of Commons of Great Britain, London 1810ff. (Nachdruck London 1963).

Thomas, Sven: Der Zeugenbeistand im Strafprozess – Zugleich ein Beitrag zu BVerfGE 38, 105 –, NStZ 1982, 489–496.

Thomasius, Christian: De tortura – Über die Folter (1705), Übersetzt und herausgegeben von Rolf Lieberwirth, Weimar 1960.

Tiedemann, Klaus: Wirtschaftsstrafrecht – Einführung und Übersicht, JuS 1989, 689–698.

Tinnefeld, Marie-Therese/Ehmann, Eugen: Einführung in das Datenschutzrecht, 3. Aufl., München Wien 1998.

Tipke, Klaus: Die Steuerrechtsordnung, Band I: Wissenschaftsorganisatorische, systematische und grundrechtsstaatliche Grundlagen, 2. Aufl., Köln 2000 (zitiert: *Tipke*, Die Steuerrechtsordnung, Bd. I).

Tipke, Klaus/Kruse, Heinrich Wilhelm: Abgabenordnung Finanzgerichtsordnung, Kommentar zur AO und FGO (ohne Steuerstrafrecht), Köln, Loseblattsammlung (Stand: 102. Lieferung, November 2003).

Tipke, Klaus/Lang, Joachim: Steuerrecht, 17. Aufl., Köln 2002.

Toepke, Utz P.: Die Stellung des Rechtsanwalts und der Schutz des Anwaltsgeheimnisses – USA Perspektive, AnwBl 1980, 315–320.

Torka, Ronald: Nachtatverhalten und Nemo tenetur. Eine Untersuchung über die Grenzen „zulässiger Verteidigung" und die Relevanz des Nemo-tenetur-Prinzips bei der Strafzumessung selbstbegünstigenden Nachtatverhaltens gem. § 46 Abs. 2 StGB, Berlin 2000 (Diss. Passau 1998/99) (zitiert: *Torka*, Nachtatverhalten).

Tormöhlen, Helmut: Befugnisse der Steuerfahndung bei Sachverhalten, in denen Strafverfolgungsverjährung, aber noch keine Festsetzungsverjährung nach § 169 AO eingetreten ist, wistra 1993, 174–177.

Triepel, Heinrich: Die Reichsaufsicht: Untersuchungen zum Staatsrecht des Deutschen Reiches, Berlin 1917 (zitiert: *Triepel*, Reichsaufsicht).

Troll, Max/Gebel, Dieter/Jülicher, Marc: Erbschaftsteuer- und Schenkungsteuergesetz, München, Loseblattsammlung (Stand: 27. Ergänzungslieferung – Oktober 2003) (zitiert: *Bearb.*, in: Troll/Gebel/Jülicher, ErbStG).

Trute, Hans-Heinrich: Der Schutz personenbezogener Informationen in der Informationsgesellschaft, JZ 1998, 822–831;
– Verantwortungsteilung als Schlüsselbegriff eines sich verändernden Verhältnisses von öffentlichem und privatem Sektor, in: Schuppert, Gunnar Folke (Hrsg.), Jenseits von Privatisierung und „schlankem" Staat, Baden-Baden 1999, S. 13–45 (zitiert: *Trute*, in: Schuppert, Jenseits von Privatisierung).

Trute, Hans-Heinrich/Spoerr, Wolfgang/Bosch, Wolfgang: Telekommunikationsgesetz mit FTEG, Kommentar, 1. Aufl., Berlin New York 2001 (zitiert: *Bearb.*, in: Trute/Spoerr/Bosch, TKG).

Tschacksch, Diethard: Die strafprozessuale Editionspflicht, Düsseldorf Kaarst Gelsenkirchen 1988 (zitiert: *Tschacksch*, Editionspflicht).

Turin, Bernard: Versuch einer Darstellung des Rechts peinlicher Vertheidigung gegen die Läsionen an der Strafbarkeit eines Inquisiten mit Hinsicht auf die neueren Revisionen im Kriminalrechte, Erster Theil, Chemnitz 1801 (zitiert: *Turin*, Vertheidigung).

Uhlenbruck, Wilhelm (Hrsg.): Insolvenzordnung – Kommentar, 12. Aufl., München 2003 (zitiert: *Bearb.*, in: Uhlenbruck, InsO).

Ullmann, Emanuel: Lehrbuch des deutschen Strafprocessrechts, München 1893 (zitiert: *Ullmann*, Deutsches Strafprocessrecht).

Ulsenheimer, Klaus: Zumutbarkeit normgemäßen Verhaltens bei Gefahr eigener Strafverfolgung, GA 1972, 1–26.

Vassalli, August: Allgemeine rechtsphilosophische Betrachtungen über das Strafverfahren, nebst einigen critischen Erörterungen über den bündnerischen Strafprocess, als Anhang zum ersten Bande, I. Band – Allgemeine Principien, Erlangen 1869 (zitiert: *Vassalli*, Betrachtungen, Bd. I).

Verrel, Torsten: Nemo tenetur – Rekonstruktion eines Verfahrensgrundsatzes, NStZ 1997, 361–365 und 415–420;
– Die Selbstbelastungsfreiheit im Strafverfahren. Ein Beitrag zur Konturierung eines überdehnten Verfahrensgrundsatzes, München 2001 (Habil. München 2001) (zitiert: *Verrel*, Die Selbstbelastungsfreiheit).

Vitzthum, Wolfgang Graf: Die Menschenwürde als Verfassungsbegriff, JZ 1985, 201–209.

Vogelbruch, Jürgen: Die Auskunftspflicht der einer gesetzlichen Verschwiegenheitspflicht unterliegenden rechts- und steuerberatenden Berufe gegenüber der Finanzbehörde, DStZ A 1978, 340–344.

Vogt, Martin/Kramer, Andreas: Steuerliche Ermittlungsbefugnisse bei Kreditinstituten – Widerspruch zum BFH-Urteil vom 18. Februar 1997 –, WM 1997, 2156–2163.

Volk, Klaus: Prozessvoraussetzungen im Strafrecht: zum Verhältnis von materiellem Recht und Prozessrecht, Ebelsbach 1978 (Habil. München 1977) (zitiert: *Volk*, Prozessvoraussetzungen);
– Durchsuchung und Beschlagnahme von Geschäftsunterlagen beim Steuerberater, DStR 1989, 338–344;

– Zur Schätzung im Steuerstrafrecht, in: Hirsch, Hans Joachim/Wolter, Jürgen/Brauns, Uwe (Hrsg.), Festschrift für Günter Kohlmann zum 70. Geburtstag, Köln 2003, S. 579–589.

Voßkuhle, Andreas: Rechtsschutz gegen den Richter, München 1993 (Diss. München 1991/92) (zitiert: *Voßkuhle*, Rechtsschutz);
– Behördliche Betretungs- und Nachschaurechte, DVBl 1994, 611–620.

Vultejus, Ulrich: Das Datengeheimnis des Richters, ZRP 1996, 329–330.

Wabnitz, Heinz-Bernd/Janovsky, Thomas: Handbuch des Wirtschafts- und Steuerstrafrechts, München 2000 (zitiert: *Bearb.*, in: Wabnitz/Janovsky, Handbuch des Wirtschafts- und Steuerstrafrechts).

Wach, Adolf: Der Entwurf einer deutschen Civilprozeßordnung, Kritsche Vierteljahresschrift für Gesetzgebung und Rechtswissenschaft XIV (1872), 329–373.

Wahl, Rainer: Verwaltungsverfahren zwischen Verwaltungseffizienz und Rechtsschutzauftrag, VVDStRL 43 (1983), 151–192.

Walden, Marcus: Zweckbindung und -änderung präventiv und repressiv erhobener Daten im Bereich der Polizei, Berlin 1996 (Diss. Freiburg im Breisgau 1996) (zitiert: *Walden*, Zweckbindung).

Walder, Hans: Grenzen der Ermittlungstätigkeit, ZStW 95 (1983), 862–893.

Walther, Susanne: Mehr Publizität oder mehr Diskretion ? Zu den Grundlagen und zum zeitgemäßen Verständnis von Gerichtsöffentlichkeit aus strafverfahrensrechtlicher Sicht, JZ 1998, 1145–1153;
– Vom Rechtsbruch zum Realkonflikt: Grundlagen und Grundzüge einer Wiedergutmachung und Strafe verbindenden Neuordnung des kriminalrechtlichen Sanktionensystems, Berlin 2000 (Habil. Freiburg im Breisgau 1998) (zitiert: *Walther*, Rechtsbruch).

Wamers, Paul Peter: Marktbeobachtung – Rechtliche und verwaltungspraktische Grundlagen einer Aufgabe der Zollfahndung –, Diss. Münster 1997 (zitiert: *Wamers*, Marktbeobachtung).

Wannemacher, Wolfgang: Steuerstrafrecht, Handbuch, 4. Aufl., Bonn Berlin 1999 (zitiert: *Bearb.*, in: Wannemacher, Steuerstrafrecht).

Waschull, Dirk: Das Unternehmen im engeren Sinne als verfassungsrechtliches Eigentum. Zum Begriff des Eigentums in Art. 14 GG, Baden-Baden 1999 (Diss. Hamburg 1998) (zitiert: *Waschull*, Das Unternehmen).

Wegner, Carsten: Das Geldwäschebekämpfungsgesetz – Neue Pflichten für rechtsberatende Berufe und verfahrensrechtliche Besonderheiten, NJW 2002, 2276–2278.

Weichert, Thilo: Informationelle Selbstbestimmung und strafrechtliche Ermittlung, Pfaffenweiler 1990 (Jur. Diss. Freiburg im Breisgau 1990) (zitiert: *Weichert*, Informationelle Selbstbestimmung).

Weigend, Thomas: Deliktsopfer und Strafverfahren, Berlin 1989 (Habil. Freiburg im Breisgau 1986) (zitiert: *Weigend*, Deliktsopfer);
– Der BGH vor der Herausforderung der Absprachenpraxis, in: Canaris, Claus Wilhelm/Heldrich, Andreas/Hopt, Klaus J./Roxin, Claus/Schmidt, Karsten/Widmaier, Gunter (Hrsg.), 50 Jahre Bundesgerichtshof – Festgabe aus der Wissenschaft, Band IV, Strafrecht, Strafprozeßrecht (Hrsg.: Roxin, Claus/Widmaier, Gunter), München 2000, S. 1011–1042;
– Unverzichtbares im Strafverfahrensrecht, ZStW 113 (2001), 271–304.

Weinmann, Günther: Die Beschlagnahme von Geschäftsunterlagen des Beschuldigten bei Zeugnisverweigerungsberechtigten, in: Hanack, Ernst-Walter/Rieß, Peter/Wendisch, Günter (Hrsg.), Festschrift für Hans Dünnebier zum 75. Geburtstag, Berlin New York 1982, S. 199–213.

Weiß, Wolfgang: Die Verteidigungsrechte im EG-Kartellverfahren – zugleich ein Beitrag zu

den allgemeinen Rechtsgrundsätzen des Gemeinschaftsrechts, Köln Berlin Bonn München 1996 (Diss. Bayreuth 1994/95) (zitiert: *Weiß*, Verteidigungsrechte);
- Haben juristische Personen ein Auskunftsverweigerungsrecht ?, JZ 1998, 289- 297.

Welp, Jürgen: Die Geheimsphäre des Verteidigers in ihren strafprozessualen Funktionen, in: Lackner, Karl/Leferenz, Heinz/Schmidt, Eberhard/Welp, Jürgen/Wolff, Ernst Amadeus (Hrsg.), Festschrift für Wilhelm Gallas zum 70. Geburtstag, Berlin New York 1973, S. 391–425;
- Abhörverbote zum Schutz der Strafverteidigung, NStZ 1986, 294–299;
- Rezension von Labe, Michael: Zufallsfund und Restitutionsprinzip im Strafverfahren, Berlin 1990, in: GA 1992, 284–285;
- Zeugnisverweigerungsrechte und Beschlagnahmeverbote – Anmerkungen zum Alternativentwurf „Zeugnisverweigerungsrechte und Beschlagnahmefreiheit" (AE-ZVR), in: Schulz, Joachim/Vormbaum, Thomas (Hrsg.), Festschrift für Günter Bemmann, Baden-Baden 1997, S. 626–651;
- Überwachung und Kontrolle. Telekommunikationsdaten als Gegenstand strafprozessualer Ermittlungen, Berlin 2000 (zitiert: *Welp*, Überwachung und Kontrolle).

Welzel, Hans: Zur Problematik der Unterlassungsdelikte, JZ 1958, 494–497.

Wengert, Georg/Widmann, Andreas: Ist die Kontrollmitteilungspraxis im Rahmen einer steuerlichen Außenprüfung noch von rechtsstaatlichen Grundsätzen gedeckt ?, StBp 1998, 57–61.

Werner, Gerhard: Bekämpfung der Geldwäsche in der Kreditwirtschaft, Freiburg im Breisgau 1996 (Diss. Freiburg im Breisgau 1995) (zitiert: *Werner*, Bekämpfung der Geldwäsche).

Wessels, Johannes: Schweigen und Leugnen im Strafverfahren, JuS 1966, 169–176.

Wesser, Sabine: Der Schutz der räumlichen Privatsphäre bei Wohnungsdurchsuchungen nach §§ 758, 758a ZPO, NJW 2002, 2138–2145.

Wessing, Jürgen: Die Kommunikation des Verteidigers mit seinem Mandanten. Eine rechtshistorische und aktuelle Untersuchung mit Ausblick auf Österreich und die Schweiz, Diss. Köln 1985 (zitiert: *Wessing*, Die Kommunikation).

Weßlau, Edda: Vorfeldermittlungen. Probleme der Legalisierung „vorbeugender Verbrechensbekämpfung" aus strafprozessrechtlicher Sicht, Berlin 1989 (Diss. Hamburg 1988) (zitiert: *Weßlau*, Vorfeldermittlungen);
- Zwang, Täuschung und Heimlichkeit im Strafverfahren, ZStW 110 (1998), 1–37;
- Vor(feld)ermittlungen, Datentransfer und Beweisrecht, in: Wolter, Jürgen/Schenke, Wolf-Rüdiger/Rieß, Peter/Zöller, Mark Alexander (Hrsg.), Datenübermittlungen und Vorermittlungen, Festgabe für Hans Hilger, Heidelberg 2003, S. 57–72.

Weyreuther, Felix: Einflußnahme durch Anhörung, in: Franßen, Everhardt/Redeker, Konrad/Schlichter, Otto/Wilke, Dieter (Hrsg.), Bürger – Richter – Staat, Festschrift für Horst Sendler, Präsident des Bundesverwaltungsgerichts, zum Abschied aus seinem Amt, München 1991, S. 183–198.

Wichmann, Hermann; Das Berufsgeheimnis als Grenze des Zeugenbeweises. Ein Beitrag zur Lehre von den Beweisverboten, Frankfurt am Main 2000 (Diss. Göttingen 2000) (zitiert: *Wichmann*, Das Berufsgeheimnis).

Wieland, Joachim: Zinsbesteuerung und Bankgeheimnis, JZ 2000, 272–275.

Wigmore, John Henry: A Treatise on the Anglo-American System of Evidence in Trials at Common Law, Volume 8, Revised by John T. McNaughton, Boston Toronto 1961 (zitiert: *Wigmore*, Evidence).

Winter, Gerd/Wagenknecht, Nils: Gemeinschaftsverfassungsrechtliche Probleme der Neugestaltung der Vorlage von Prüfnachweisen im EG-Chemikalienrecht, DVBl 2003, 10–22.

von Winterfeld, Achim: Zur Vernehmung von Zeugen durch das Bundeskartellamt in Kartellordnungswidrigkeitenverfahren, BB 1976, 344–346.

Wintrich, Josef: Über Eigenart und Methode verfassungsgerichtlicher Rechtsprechung, in: Verfassung und Verwaltung in Theorie und Praxis, Festschrift für Wilhelm Laforet anlässlich seines 75. Geburtstages, München 1952, S. 227–249.

Wirth, Gerhard: Keine Auskunftspflicht der Rechtsanwälte, Wirtschaftsprüfer und Steuerberater gegenüber der Wertpapieraufsicht, BB 1996, 1725–1726.

Witte, Peter: Zollkodex mit Durchführungsverordnung und Zollbefreiungsverordnung, 3. Aufl., München 2002 (zitiert: *Bearb.*, in: Witte, Zollkodex).

Witte, Peter/Wolffgang, Hans-Michael: Lehrbuch des Europäischen Zollrechts, 4. Aufl., Berlin 2003 (zitiert: *Bearb.*, in: Witte/Wolffgang, Europäisches Zollrecht).

Wohlers, Wolfgang: Entstehung und Funktion der Staatsanwaltschaft: ein Beitrag zu den rechtshistorischen und strukturellen Grundlagen des reformierten Strafverfahrens, Berlin 1994 (Diss. Hamburg 1992) (zitiert: *Wohlers*, Staatsanwaltschaft).

Wolff, Ernst Amadeus: Das neuere Verständnis von Generalprävention und seine Tauglichkeit für eine Antwort auf Kriminalität, ZStW 97 (1985), 786–830.

Wolff, Heinrich Amadeus: Selbstbelastung und Verfahrenstrennung. Das Verbot des Zwangs zur aktiven Mitwirkung am eigenen Strafverfahren und seine Ausstrahlungswirkung auf die gesetzlichen Mitwirkungspflichten des Verwaltungsrechts, Berlin 1997 (Diss. Speyer 1995/96) (zitiert: *H.A. Wolff*, Selbstbelastung);
– Der verfassungsrechtliche Schutz der Betriebs- und Geschäftsgeheimnisse, NJW 1997, 98–101.

Wolff, Hans J./Bachof, Otto/Stober, Rolf: Verwaltungsrecht, Bd. 2, 6. Aufl., München 2000.

Wolfslast, Gabriele: Staatlicher Strafanspruch und Verwirkung, Köln Berlin Bonn München 1995 (Habil. Göttingen 1993) (zitiert: *Wolfslast*, Strafanspruch).

Wollweber, Harald: Iustitias langer Arm – Analyse und Kritik des Justizmitteilungsgesetzes, NJW 1997, 2488–2492;
– Nochmals: Das Strafverfahrensänderungsgesetz 1999, NJW 2000, 3623–3625;
– Verbindungsdaten der Telekommunikation im Visier der Strafverfolgungsbehörden, NJW 2002, 1554–1556.

Wolter, Jürgen: Strafverfahrensrecht und Strafprozessreform, GA 1985, 49–53;
– Datenschutz und Strafprozess, ZStW 107 (1995), 793–842.

Würtenberger, Thomas: Akzeptanz durch Verwaltungsverfahren, NJW 1991, 257–263;
– Rechtliche Optimierungsgebote oder Rahmensetzungen für das Verwaltungshandeln ?, VVDStRL 58 (1999), 139–176;
– Übermittlung und Verwendung strafprozessual erhobener Daten für präventivpolizeiliche Zwecke, in: Wolter, Jürgen/Schenke, Wolf-Rüdiger/Rieß, Peter/Zöller, Mark Alexander (Hrsg.), Datenübermittlungen und Vorermittlungen, Festgabe für Hans Hilger, Heidelberg 2003, S. 263–274.

Würtenberger, Thomas/Heckmann, Dirk/Riggert, Rainer: Polizeirecht in Baden-Württemberg, 5. Aufl., Heidelberg 2002 (zitiert: *Würtenberger/Heckmann/Riggert*, Polizeirecht).

Würtenberger, Thomas/Schenke, Ralf P.: Der Schutz von Amts- und Berufsgeheimnissen im Recht der polizeilichen Informationserhebung, JZ 1999, 548–554.

Wulf, Martin: Handeln und Unterlassen im Steuerstrafrecht. Eine Untersuchung zum Verhaltensunrecht der Steuerhinterziehung, Baden-Baden 2001 (zugl. Diss. Kiel 2000) (zitiert: *Wulf*, Handeln und Unterlassen).

Zachariae, Heinrich Albert: Die Gebrechen und die Reform des deutschen Strafverfahrens: dargestellt auf der Basis einer konsequenten Entwicklung des inquisitorischen und des accusatorischen Prinzips, Göttingen 1846 (zitiert: *Zachariae*, Gebrechen und Reform).

Zaczyk, Rainer: Bindungswirkungen eines rechtskräftigen Strafurteils für das materielle Strafrecht, GA 1988, 356–372.

Zeising, Klaus: Die Verwertung von Diagrammscheiben aus Fahrtschreibern zum Nachweis von Geschwindigkeitsverstößen, NZV 1994, 383–386.

Zieschang, Frank: Das Sanktionensystem in der Reform des französischen Strafrechts im Vergleich mit dem deutschen Strafrecht, Berlin 1992 (Diss. Köln 1992) (zitiert: *Zieschang*, Sanktionensystem).

Zimmermann, Friedrich: Nachzahlung bei Selbstanzeige, Frankfurt am Main Berlin Bern Bruxelles New York Oxford Wien 2001 (Diss. Greifswald 2000) (zitiert: *Zimmermann*, Nachzahlung bei Selbstanzeige).

Zipfel, Walter/Rathke, Kurt-Dietrich: Lebensmittelrecht – Loseblatt-Kommentar aller wesentlichen Vorschriften für das Herstellen und Inverkehrbringen von Lebensmitteln, kosmetischen Mitteln, Tabakerzeugnissen und Bedarfsgegenständen, München (Stand: 115. Lieferung – August 2003) (zitiert: *Bearb.*, in: Zipfel/Rathke, Lebensmittelrecht).

Zmarlik, Johannes/Roggendorf, Peter: Kommentar zum Ladenschlußgesetz, 2. Aufl., Heidelberg 1997 (zitiert: *Zmarlik/Roggendorf*, LadschlG).

Zöller, Mark Alexander: Informationssysteme und Vorfeldmaßnahmen von Polizei, Staatsanwaltschaft und Nachrichtendiensten, Heidelberg 2000 (Diss. Mannheim 2001/2002).

Zöller, Richard: Zivilprozessordnung mit Gerichtsverfassungsgesetz und den Einführungsgesetzen, mit Internationalem Zivilprozessrecht, EG-Verordnungen, Kostenanmerkungen – Kommentar, 23. Aufl., Köln 2002 (zitiert: *Bearb.*, in: Zöller, ZPO).

Zöllner, Wolfgang: Datenschutz in einer freiheitlichen, marktwirtschaftlichen Ordnung, RDV 1991, 1–11.

Zubrod, Andreas: Automatisierter Abruf von Kontoinformationen nach § 24c KWG – Rechtliche Voraussetzungen und Grenzen –, WM 2003, 1210–1218.

Zuck, Rüdiger: Verfassungsrechtliche Anforderungen an eine Regelung der MiStra, StV 1987, 32–35.

Stichwortverzeichnis

actio libera in causa 491 f.
allgemeines Persönlichkeitsrecht 43, 71, 199
– Berufsgeheimnis 88 ff., 97 ff.
– innerster Kernbereich 131 f.
– juristische Personen 76 f.
– und der Nemo-tenetur-Grundsatz 128 ff
– Recht am eigenen Bild 393
– – auf körperliche Unversehrtheit 392
– – auf Selbstdarstellung 128 ff., 168, 179
– Schutz vor Ehrverlust 128 ff., 374 f.
Amtsgeheimnisse 318 ff.
Anklagegrundsatz 159 ff., 475
Anlass und abstrakte Gefahr 213
– allgemeine Erfahrungen 218
– als Eingriffsschwelle 213 ff., 306 f., 369 f.
Anspruch auf rechtliches Gehör 41, 148, 166 ff., 340 ff., 420 f., 194, 196, 198, 310, 437, 445, 453, 476, 482, 495 f., 502, 505
– im Verwaltungsverfahren 181 f.
Anzeigepflichten 203 f., 438, 542
– und Aussagefreiheit 515 ff.
– von Behörden 303 ff.
Aufzeichnungspflichten 206 ff., 443 ff., 521 f., 543
Auskunftspflicht 204 f., 437, 542
– und Aussagefreiheit 502 ff., 544 ff.
– Weigerungsrecht 205, 502 ff., 544 ff.
Aussagefreiheit siehe Nemo-tenetur-Grundsatz
automatisierter Abruf von Kundendaten 223 ff.
Autonomie 120, 167

Bankgeheimnis 111 ff.
Benachrichtigung bei Eingriffen in das Brief-, Post- und Fernmeldegeheimnis 260 f., 267

– Recht auf informationelle Selbstbestimmung 224 ff., 399 ff.
Berufsfreiheit 52 f., 86 f., 93 f., 96 f., 211, 247
Berufsgeheimnis 87 f.
– und behördliche Ermittlungsbefugnisse 267 ff.
– Geldwäschebekämpfung 421 ff.
– notarielle Anzeigepflichten 275 ff.
– des Notars 102 f.
– des Patentanwalts 104 f.
– des Rechtsanwalts 100 f.
– des Steuerberaters 105 f.
– steuerrechtliche Vorlagepflichten 273 ff.
– des Verteidigers 97 ff.
– des Wirtschaftsprüfers 106 ff.
– Zweckentfremdung von Daten zur Prävention 424 ff.
– – Strafverfolgung 337 ff.
Beschlagnahme 78, 210
– von Buchführungsunterlagen 340 ff.
Beschlagnahmeverbot 340 ff., 420 f.
Beschuldigter als Beweismittel 165
– Status als 508 ff.
– Stellung als Prozesssubjekt 161
Betriebsbeauftragte 207 f., 451 f.
Betriebsgeheimnis 82 ff.
Betriebsprüfung 209
Brief- und Postgeheimnis 45 ff.
– und behördliche Prüfungsbefugnisse 257 ff.
– und behördliche Überwachungsbefugnisse 261 ff.
– und Informationsverarbeitung 48 ff.
– Zweckentfremdung von Daten zur Prävention 403 ff.
– – zur Strafverfolgung 328 ff.

Datenschutzgesetze 286 ff., 294 ff., 365 ff.
Doppelfunktion der Aufsichtsbehörden 497 ff.

- der Finanzbehörden 463ff.
- der Steuerfahndung 466ff.
- Verfassungsmäßigkeit 472ff.
- der Zollbehörden 497ff.
Durchsuchung Begriff 54ff.
- Eingriffsintensität 55, 415
- von Gepäck und Fahrzeugen 208f.
- körperliche 208f.
- Richtervorbehalt 57f., 250ff., 416
- von Wohn- und Geschäftsräumen 210
- Zweckentfremdung erlangter Daten zur Prävention 414ff.

Effektivität der Strafrechtspflege 91
Ehrenstrafen 143
Eidesverbot religiöses 123
Eigentumsgarantie 78ff., 212
- und Datenschutz 79ff.
- und Wohnungsgrundrecht 81f.
Emissionserklärung 204, 515, 518, 546f.
Entnahme von Proben 208, 309, 441, 521
Erklärungspflichten 203f., 438, 542
Ermittlungsbefugnisse der Aufsichtsbehörden 202ff.

Fernmeldegeheimnis 43ff.
- und behördliche Überwachungsbefugnisse 261ff.
- und Informationsverarbeitung 48ff.
- Zweckentfremdung von Daten zur Prävention 403ff.,
- - zur Strafverfolgung 330ff.
freie Beweiswürdigung und Schweigen des Angeklagten 177

Gefahr dringende 61ff., 247f., 412f.
Gefahr erhebliche 386ff., 398f.
Gefahrenverdacht 213
Geldwäschebekämpfung 536ff.
- Anzeigepflichten 421ff.
- und Eigenüberwachung 235ff.
- kundenbezogene Sicherungssysteme der Banken 235ff.
Geschäftsgeheimnis 82ff.
Gewissen 116ff.
Gewissensfreiheit 116ff.
Grundrechtsschutz durch Verfahren 40, 224f., 402
- im Strafverfahren 17f.

- im Verwaltungsverfahren 28f.
hypothetischer Ersatzeingriff 67, 307ff., 336, 339, 347f., 384f., 387, 397, 405, 414f., 417, 429f.

illegale Beschäftigung Bekämpfung der 321, 536ff.
Informationsbeherrschungsrechte 42, 169, 429f.
Informationsmittler 223
Initiativermittlungen 231
Inquisitionsprozess 159, 161, 163
Insiderhandel Maßnahmen gegen den 227ff.

Justizmitteilungsgesetz 302, 354ff., 366, 370, 376, 400, 404

Kennzeichnungspflichten 207, 450f., 522f., 543
Kommunikation Ehre als Voraussetzung von 142
- im Strafverfahren 167
kommunikatives Element der Strafe 12, 187
Konsens im Strafverfahren 37f.
- im Verwaltungsverfahren 36
Kontrollmitteilungen 82, 113, 316f., 417f.
Korruption Bekämpfung der 539ff.

Lauschangriff 58ff.
- Zweckentfremdung der erhobenen Daten 410ff.

Meinungsfreiheit 179
- negative 95f., 125ff.
Menschenwürde 77, 146ff., 198
Mitteilungspflichten der Gerichte und Strafverfolgungsbehörden 367f.

Nachschau 209
Nemo-tenetur-Grundsatz fehlende Drittwirkung 445ff.
- gesetzliche Schutzkonzepte 456f.
- historische Wurzeln 150ff.
- und juristische Personen 195ff.
- Konsequenzen eines Verstoßes 457ff.
- und öffentlich-rechtliche Mitwirkungspflichten 437ff., 502ff., 541ff.

– im Ordnungswidrigkeitenverfahren 183 ff.
– und die Parteivernehmung im Zivilprozess 170 f.
– und Selbstbelastung wegen Korruption 539 ff.
– und Steuerhinterziehung 485 ff.
– und steuerrechtliche Mitwirkungspflichten 475 ff.
– verfassungsrechtliche Grundlagen 114 ff.
– Verhältnis zur Unschuldsvermutung 174 ff.
– im Verwaltungsverfahren 181 f.
– und § 393 II S. 2 AO 526 ff.

Offizialeid 152
Öffnungsklausel 397
omissio libera in causa 490 ff.
Opportunitätsprinzip 37 f., 511

Parteivernehmung im Zivilprozess 170 ff.
Prüfung von Postsendungen 210 f.

Rasterfahndung 224, 233 f., 241, 385, 390
Recht auf informationelle Selbstbestimmung 71 ff.
– Bestimmtheitsgebot 300 ff., 356 f.
– Eingriff in die Rechte Dritter 221 f., 314 ff. 373 f.
– Erfordernis bereichsspezifischer Regelungen 288 ff., 365 f.
– und Ermittlungsbefugnisse der Aufsichtsbehörden 211 ff.
– und juristische Personen 76 ff.
– Kritik 73 ff.
– und der Nemo-tenetur-Grundsatz 131 ff.
– Zweckentfremdung von Daten zur Prävention 352 ff.
– – zur Strafverfolgung 281 ff.
Recht auf Lüge 495
Recht auf Selbsterhaltung 135 ff.
– und Anspruch auf rechtliches Gehör 166
Rechtsberatung und Vertretung Recht auf 101 f., 104, 106
Rechtsfrieden 11 ff., 35, 37, 179, 187 f, 190, 192, 311, 389
Rechtskraft 16

Rechtsprechung vorbehaltene Aufgaben 183 ff.
Rechtsprechungsbegriffe formelle 183 ff.
– materielle 185 ff.
Rechtsstaatprinzip 39, 88, 93, 97 ff., 150, 174, 182, 196, 198, 267, 271, 275, 321, 341 f., 376 f., 422 f., 425, 472 f., 559
reformierter Strafprozess 150, 159 ff., 170
Resozialisierung 142, 382 f, 432, 566
Richtervorbehalt 40, 55, 57, 59, 64 ff., 184 f., 189, 192, 226, 250 ff., 259, 280, 329, 561

Schätzung im Steuerrecht 482 ff.
Schweigerecht siehe Nemo-tenetur-Grundsatz
Staatsvertrag 138
Steuergeheimnis 318 ff.
Steuerhinterziehung 485 ff.
Strafverfahren Offenheit des Verfahrensausgangs 179
– Verhältnis zum Besteuerungsverfahren 469 ff.
– – zum Verwaltungsverfahren 499 ff.
– Ziele 10 f., 389, 399
Strafverfolgung 5
Strafzwecke 11 ff.
StVÄG 1999 286 f., 362, 390, 402, 405, 408, 411

Tagebuch 122, 130 f., 134

Übermittlung auf Ersuchen 283 ff., 362 ff., 386 ff.
– spontan 283, 354 ff., 395 f.
Überwachung des Brief-, Post- und Fernmeldeverkehrs im Verwaltungsverfahren 211
Unschuldsvermutung 174 ff., 376 f., 484
Unzumutbarkeit 140, 488

Verdachtsklärung 15, 230
Verfahrensgerechtigkeit und Justizförmigkeit 24 f.
– im Strafverfahren 20 ff.
– im Verwaltungsverfahren 32 ff.
verfassungskonforme Auslegung 217, 251 ff., 260 f., 404, 457, 459, 538
Verfassungsmäßigkeit der behördlichen

Verfolgung von Ordnungswidrigkeiten 194
Vernehmung des Beschuldigten Funktion 164f.
Verteidigung Recht auf 99, 156, 160, 163, 165f., 169, 181, 524
Verwaltungsverfahren Verhältnis zum Strafverfahren 499ff.
– Ziele 25ff., 389
Verwertungsverbot 101, 158, 308, 312, 319, 324, 339, 373, 390, 446, 456, 487f., 503, 506, 511, 516f., 548f.
– für andere als Steuerstraftaten 523ff.
– verfassungsrechtliches 458ff.
– wegen Verstoßes gegen die Belehrungspflicht 481f.
– im Strafverfahren 348f., 429f.
– im Verwaltungsverfahren 348, 431
Vorermittlungen 231
Vorfeldermittlungen und Insiderhandel 227ff.
Vorlagepflicht 205f., 438ff., 514f., 542f.
Wahrheit im Strafverfahren 14f., 19f., 34f., 179
– im Verwaltungsverfahren 31, 34

Wirtschaftsaufsicht 3ff.
– Ziele 26ff.
Wohnungsgrundrecht 50ff.
– und behördliche Durchsuchungen 250ff.
– – Nachschau 243ff.
– Durchsuchung 54ff.
– Eingriffe zum Schutz verdeckter Ermittler 60
– und Informationsverarbeitung 63ff.
– Schutz von Geschäftsräumen 51ff.
– sonstige Eingriffe und Beschränkungen 60ff.
– ungeschriebene Schranken 68f.
– Zweckentfremdung von Daten zur Prävention 409ff.
– – zur Strafverfolgung 334ff.

Zitiergebot 69, 245f., 257, 262, 329, 331f., 335f., 351, 404ff., 408, 411, 414, 434, 563, 567
Zufallsfund 313, 417
Zwangsmittelverbot im Steuerrecht 476ff.
Zweckmäßigkeit im Strafverfahren 35f.
– im Verwaltungsverfahren 29ff., 35f.

Jus Publicum

Beiträge zum Öffentlichen Recht – Alphabetische Übersicht

Axer, Peter: Normsetzung der Exekutive in der Sozialversicherung. 2000. *Band 49.*
Bauer, Hartmut: Die Bundestreue. 1992. *Band 3.*
Beaucamp, Guy: Das Konzept der zukunftsfähigen Entwicklung im Recht. 2002. *Band 85.*
Becker, Joachim: Transfergerechtigkeit und Verfassung. 2001. *Band 68.*
Blanke, Hermann-Josef: Vertrauensschutz im deutschen und europäischen Verwaltungsrecht. 2000. *Band 57.*
Böhm, Monika: Der Normmensch. 1996. *Band 16.*
Böse, Martin: Wirtschaftsaufsicht und Strafverfolgung. 2005. *Band 127.*
Bogdandy, Armin von: Gubernative Rechtsetzung. 2000. *Band 48.*
Brenner, Michael: Der Gestaltungsauftrag der Verwaltung in der Europäischen Union. 1996. *Band 14.*
Britz, Gabriele: Kulturelle Rechte und Verfassung. 2000. *Band 60.*
Bröhmer, Jürgen: Transparenz als Verfassungsprinzip. 2004. *Band 106.*
Brüning, Christoph: Einstweilige Verwaltungsführung. 2003. *Band 103.*
Burgi, Martin: Funktionale Privatisierung und Verwaltungshilfe. 1999. *Band 37.*
Bultmann, Peter Friedrich: Beihilfenrecht und Vergaberecht. 2004. *Band 109.*
Bumke, Christian: Relative Rechtswidrigkeit. 2004. *Band 117.*
Butzer, Hermann: Fremdlasten in der Sozialversicherung. 2001. *Band 72.*
Calliess, Christian: Rechtsstaat und Umweltstaat. 2001. *Band 71.*
Classen, Claus Dieter: Die Europäisierung der Verwaltungsgerichtsbarkeit. 1996. *Band 13.*
– Religionsfreiheit und Staatskirchenrecht in der Grundrechtsordnung. 2003. *Band 100.*
Cornils, Matthias: Die Ausgestaltung der Grundrechte. 2005. *Band 126.*
Cremer, Wolfram: Freiheitsgrundrechte. 2003. *Band 104.*
Danwitz, Thomas von: Verwaltungsrechtliches System und Europäische Integration. 1996. *Band 17.*
Dederer, Hans-Georg: Korporative Staatsgewalt. 2004. *Band 107.*
Detterbeck, Steffen: Streitgegenstand und Entscheidungswirkungen im Öffentlichen Recht. 1995. *Band 11.*
Di Fabio, Udo: Risikoentscheidungen im Rechtsstaat. 1994. *Band 8.*
Dörr, Oliver: Der europäisierte Rechtsschutzauftrag deutscher Gerichte. 2003. *Band 96.*
Durner, Wolfgang: Konflikte räumlicher Planungen. 2005. *Band 119.*
Enders, Christoph: Die Menschenwürde in der Verfassungsordnung. 1997. *Band 27.*
Epping, Volker: Die Außenwirtschaftsfreiheit. 1998. *Band 32.*

Jus Publicum – Beiträge zum Öffentlichen Recht

Fehling, Michael: Verwaltung zwischen Unparteilichkeit und Gestaltungsaufgabe. 2001. Band 79.
Felix, Dagmar: Einheit der Rechtsordnung. 1998. Band 34.
Fisahn, Andreas: Demokratie und Öffentlichkeitsbeteiligung. 2002. Band 84.
Franz, Thorsten: Gewinnerzielung durch kommunale Daseinsvorsorge. 2005. Band 123.
Frenz, Walter: Selbstverpflichtungen der Wirtschaft. 2001. Band 75.
Gellermann, Martin: Grundrechte im einfachgesetzlichen Gewande. 2000. Band 61.
Grigoleit, Klaus Joachim: Bundesverfassungsgericht und deutsche Frage. 2004. Band 108.
Gröpl, Christoph: Haushaltsrecht und Reform. 2001. Band 67.
Gröschner, Rolf: Das Überwachungsrechtsverhältnis. 1992. Band 4.
Groß, Thomas: Das Kollegialprinzip in der Verwaltungsorganisation. 1999. Band 45.
Grzeszick, Bernd: Rechte und Ansprüche. 2002. Band 92.
Guckelberger, Annette: Die Verjährung im Öffentlichen Recht. 2004. Band 111.
Gurlit, Elke: Verwaltungsvertrag und Gesetz. 2000. Band 63.
Häde, Ulrich: Finanzausgleich. 1996. Band 19.
Hase, Friedhelm: Versicherungsprinzip und sozialer Ausgleich. 2000. Band 64.
Heckmann, Dirk: Geltungskraft und Geltungsverlust von Rechtsnormen. 1997. Band 28.
Heitsch, Christian: Die Ausführung der Bundesgesetze durch die Länder. 2001. Band 77.
Hellermann, Johannes: Örtliche Daseinsvorsorge und gemeindliche Selbstverwaltung. 2000. Band 54.
Hermes, Georg: Staatliche Infrastrukturverantwortung. 1998. Band 29.
Hösch, Ulrich: Eigentum und Freiheit. 2000. Band 56.
Hohmann, Harald: Angemessene Außenhandelsfreiheit im Vergleich. 2002. Band 89.
Holznagel, Bernd: Rundfunkrecht in Europa. 1996. Band 18.
Horn, Hans-Detlef: Die grundrechtsunmittelbare Verwaltung. 1999. Band 42.
Huber, Peter-Michael: Konkurrenzschutz im Verwaltungsrecht. 1991. Band 1.
Hufeld, Ulrich: Die Vertretung der Behörde. 2003. Band 102.
Huster, Stefan: Die ethische Neutralität des Staates. 2002. Band 90.
Ibler, Martin: Rechtspflegender Rechtsschutz im Verwaltungsrecht. 1999. Band 43.
Jestaedt, Matthias: Grundrechtsentfaltung im Gesetz. 1999. Band 50.
Jochum, Heike: Verwaltungsverfahrensrecht und Verwaltungsprozeßrecht. 2004. Band 116.
Kadelbach, Stefan: Allgemeines Verwaltungsrecht unter europäischem Einfluß. 1999. Band 36.
Kämmerer, Jörn Axel: Privatisierung. 2001. Band 73.
Kahl, Wolfgang: Die Staatsaufsicht. 2000. Band 59.
Kaufmann, Marcel: Untersuchungsgrundsatz und Verwaltungsgerichtsbarkeit. 2002. Band 91.
Kersten, Jens: Das Klonen von Menschen. 2004. Band 115.
Khan, Daniel-Erasmus: Die deutschen Staatsgrenzen. 2004. Band 114.
Kingreen, Thorsten: Das Sozialstaatsprinzip im europäischen Verfassungsbund. 2003. Band 97.
Kischel, Uwe: Die Begründung. 2002. Band 94.
Koch, Thorsten: Der Grundrechtsschutz des Drittbetroffenen. 2000. Band 62.

Jus Publicum – Beiträge zum Öffentlichen Recht

Korioth, Stefan: Der Finanzausgleich zwischen Bund und Ländern. 1997. *Band 23.*
Kluth, Winfried: Funktionale Selbstverwaltung. 1997. *Band 26.*
Kube, Hanno: Finanzgewalt in der Kompetenzordnung. 2004. *Band 110.*
Kugelmann, Dieter: Die informatorische Rechtsstellung des Bürgers. 2001. *Band 65.*
Langenfeld, Christine: Integration und kulturelle Identität zugewanderter Minderheiten. 2001. *Band 80.*
Lehner, Moris: Einkommensteuerrecht und Sozialhilferecht. 1993. *Band 5.*
Leisner, Anna: Kontinuität als Verfassungsprinzip. 2002. *Band 83.*
Lepsius, Oliver: Besitz und Sachherrschaft im öffentlichen Recht. 2002. *Band 81.*
Lorz, Ralph Alexander: Interorganrespekt im Verfassungsrecht. 2001. *Band 70.*
Lücke, Jörg: Vorläufige Staatsakte. 1991. *Band 2.*
Luthe, Ernst-Wilhelm: Optimierende Sozialgestaltung. 2001. *Band 69.*
Mager, Ute: Einrichtungsgarantien. 2003. *Band 99.*
Mann, Thomas: Die öffentlich-rechtliche Gesellschaft. 2002. *Band 93.*
Manssen, Gerrit: Privatrechtsgestaltung durch Hoheitsakt. 1994. *Band 9.*
Masing, Johannes: Parlamentarische Untersuchungen privater Sachverhalte. 1998. *Band 30.*
Möstl, Markus: Die staatliche Garantie für die öffentliche Sicherheit und Ordnung. 2002. *Band 87.*
Morgenthaler, Gerd: Freiheit durch Gesetz. 1999. *Band 40.*
Morlok, Martin: Selbstverständnis als Rechtskriterium. 1993. *Band 6.*
Müller-Franken, Sebastian: Maßvolles Verwalten. 2004. *Band 105.*
Niedobitek, Matthias: Das Recht der grenzüberschreitenden Verträge. 2001. *Band 66.*
Oeter, Stefan: Integration und Subsidiarität im deutschen Bundesstaatsrecht. 1998. *Band 33.*
Pache, Eckhard: Tatbestandliche Abwägung und Beurteilungsspielraum. 2001. *Band 76.*
Pauly, Walter: Der Methodenwandel im deutschen Spätkonstitutionalismus. 1993. *Band 7.*
Pielow, Johann-Christian: Grundstrukturen öffentlicher Versorgung. 2001. *Band 58.*
Poscher, Ralf: Grundrechte als Abwehrrechte. 2003. *Band 98.*
Puhl, Thomas: Budgetflucht und Haushaltsverfassung. 1996. *Band 15.*
Reinhardt, Michael: Konsistente Jurisdiktion. 1997. *Band 24.*
Remmert, Barbara: Private Dienstleistungen in staatlichen Verwaltungsverfahren. 2003. *Band 95.*
Rodi, Michael: Die Subventionsrechtsordung. 2000. *Band 52.*
Rossen, Helge: Vollzug und Verhandlung. 1999. *Band 39.*
Rozek, Jochen: Die Unterscheidung von Eigentumsbindung und Enteignung. 1998. *Band 31.*
Ruffert, Matthias: Vorrang der Verfassung und Eigenständigkeit des Privatrechts. 2001. *Band 74.*
Sacksofsky, Ute: Umweltschutz durch nicht-steuerliche Abgaben. 2000. *Band 53.*
Šarčević, Edin: Das Bundesstaatsprinzip. 2000. *Band 55.*
Schlette, Volker: Die Verwaltung als Vertragspartner. 2000. *Band 51.*
Schliesky, Utz: Souveränität und Legitimtät von Herrschaftsgewalt. 2004. *Band 112.*
Schmehl, Arndt: Das Äquivalenzprinzip im Recht der Staatsfinanzierung. 2004. *Band 113.*

Jus Publicum – Beiträge zum Öffentlichen Recht

Schmidt-De Caluwe, Reimund: Der Verwaltungsakt in der Lehre Otto Mayers. 1999. Band 38.
Schroeder, Werner: Das Gemeinschaftrechtssystem. 2002. Band 86.
Schulte, Martin: Schlichtes Verwaltungshandeln. 1995. Band 12.
Schwartmann, Rolf: Private im Wirtschaftsvölkerrecht. 2005. Band 122.
Sobota, Katharina: Das Prinzip Rechtsstaat. 1997. Band 22.
Sodan, Helge: Freie Berufe als Leistungserbringer im Recht der gesetzlichen Krankenversicherung. 1997. Band 20.
Sommermann, Karl-Peter: Staatsziele und Staatszielbestimmungen. 1997. Band 25.
Stoll, Peter-Tobias: Sicherheit als Aufgabe von Staat und Gesellschaft. 2003. Band 101.
Storr, Stefan: Der Staat als Unternehmer. 2001. Band 78.
Sydow, Gernot: Verwaltungskooperation in der Europäischen Union. 2004. Band 118.
Trute, Hans-Heinrich: Die Forschung zwischen grundrechtlicher Freiheit und staatlicher Institutionalisierung. 1994. Band 10.
Uerpmann, Robert: Das öffentliche Interesse. 1999. Band 47.
Uhle, Arnd: Freiheitlicher Verfassungsstaat und kulturelle Identität. 2004. Band 121.
Unruh, Peter: Der Verfassungsbegriff des Grundgesetzes. 2002. Band 82.
Wall, Heinrich de: Die Anwendbarkeit privatrechtlicher Vorschriften im Verwaltungsrecht. 1999. Band 46.
Wolff, Heinrich Amadeus: Ungeschriebenes Verfassungsrecht unter dem Grundgesetz. 2000. Band 44.
Volkmann, Uwe: Solidarität – Programm und Prinzip der Verfassung. 1998. Band 35.
Voßkuhle, Andreas: Das Kompensationsprinzip. 1999. Band 41.
Weiß, Wolfgang: Privatisierung und Staatsaufgaben. 2002. Band 88.
Ziekow, Jan: Über Freizügigkeit und Aufenthalt. 1997. Band 21.

*Einen Gesamtkatalog erhalten Sie gerne vom Verlag
Mohr Siebeck, Postfach 2040, D–72010 Tübingen.
Aktuelle Informationen im Internet unter www.mohr.de*